中国古代名著全本译注丛书

古文观止译注

上

[清] 吴楚材 吴调侯 编选

李梦生 史良昭 等 译注

图书在版编目(CIP)数据

古文观止译注/(清)吴楚材,(清)吴调侯编选;李梦生等译注. —上海:上海古籍出版社,2016.5
(2017.12重印)
(中国古代名著全本译注丛书)
ISBN 978-7-5325-7861-0

Ⅰ.①古… Ⅱ.①吴… ②吴… ③李… Ⅲ.①古典散文—散文集—中国②《古文观止》—译文③《古文观止》—注释 Ⅳ.①H194.1

中国版本图书馆CIP数据核字(2015)第251005号

中国古代名著全本译注丛书
古文观止译注
(全二册)
[清]吴楚材 吴调侯 编选
李梦生等 译注
上海世纪出版股份有限公司
上 海 古 籍 出 版 社 出版
(上海瑞金二路272号 邮政编码200020)
(1) 网址:www.guji.com.cn
(2) E-mail:guji1@guji.com.cn
(3) 易文网网址:www.ewen.co
上海世纪出版股份有限公司发行中心发行经销
江阴金马印刷有限公司印刷
开本 890×1240 1/32 印张 37.75 插页 10 字数 725,000
2016年5月第1版 2017年12月第4次印刷
印数:11,301—16,400
ISBN 978-7-5325-7861-0
I·2988 定价:78.00元
如有质量问题,请与承印公司联系

译注者（以姓氏笔画为序）

丁如明　王水照　王兴康　王根林
仓阳卿　田松青　史良昭　李祚唐
李笑野　李梦生　张扬之　张国浩
汪贤度　孟　斐　胡士明　袁啸波
顾易生　徐粹育　高克勤　萧善芗
曹明纲　盖国梁　曾维华

前　言

中华民族有着光辉灿烂的文明史，留下浩如烟海的古代典籍。中国古代散文和诗歌，源远流长，长盛不衰，名篇佳作，不胜枚举。

古代散文通称古文，肇始于商代卜辞，只是一些用文字记载的句子，很少有完整的章节。《尚书》是我国最早的历史典籍之一，虽诘屈聱牙，仍可算是古代散文的发端。战国时代，游说之风盛行，巧言善辩，形诸文字，先秦诸子散文蜂起，出现百家争鸣的盛况。《论语》、《孟子》、《荀子》、《墨子》都以记言说理为主，《庄子》多用神话，《韩非子》多用历史故事，均独立成篇；至《吕氏春秋》、《淮南子》形成结构完整自成体系的著作。《春秋左氏传》是中国第一部编年史，叙事完整翔实，把千头万绪的战争叙述得层次分明，刻画人物形象生动，语言简练，字句谨严，是先秦散文发展的一个里程碑。此外，《国语》记事简括朴实；《战国策》以人物活动为记叙中心，人物形象风姿各异，文笔酣畅，长于状物体情，均对先秦散文发展作出重要贡献。汉代司马迁的《史记》，开创了纪传的体制，行文委婉自然，刻画人物栩栩如生，语言峻洁生动，是我国第一部纪传体的历史巨著，历来被推崇为我国传记文学的典范。自汉魏两晋至宋、齐、梁、陈、隋，骈文写作鼎盛，作文讲究辞藻对仗，强调音韵，大量用典，追求形式技巧的新奇完美，散文的作用相对降低。唐代著名文学家韩愈提倡古文运动，起衰救弊，力挽狂澜，为古代散文的历史发展开创新路。柳宗元与韩愈此呼彼应，他们的创作，交相辉映，登上散文创作的峰巅。宋代欧阳修继承并进一步发展韩愈的文学主张，高举诗文革新的旗帜，在他的奖引下，王安石、曾巩和苏洵、苏轼、苏辙父子所创作的散文，都取得很大的成就。韩、柳、欧、苏等“唐宋八大家”的创作，代表我国散文自秦汉之后出现的第二个高峰。明清两代，散文流派纷呈，有以李梦阳、何景明为代表的“前七子”，以李攀龙、王世贞为代表的“后七子”，以归有光为代表的“唐宋派”，以袁宗道、袁宏道、袁中道为代表的“公安派”，直至清代以方苞、刘大櫆、姚鼐为代表的“桐城派”等。他们的文学创作主张，或推崇秦汉之文，提倡“文必秦汉”；或推崇《史记》及唐宋散文，提倡文学创作要独树一帜；或主张义理、考据、词章三端相济，以挽救明清散文深受八股经学束缚，渐趋衰落之势。

为展示我国历代散文发展的脉络，自古以来均有编选古文选本的传统。南朝梁萧统编的《昭明文选》是现存最早的一部分类诗文选集，共六十卷，选录自东周至梁八百年间的诗歌 434 篇，辞赋 99 篇，杂文 219 篇，共计 752 篇，其中不少作品的集子早已失传，因而《文选》是研究梁以前文学的重要参考资料。自《昭明文选》以后，各种诗文选本层出不穷，大体有三种类型。一是通代选本，所收文章跨度大，篇幅长，如宋代编的《文苑英华》，1000 卷，上续《昭明文选》，收南朝梁末至唐代末年作家 2200 余人，作品近 2 万篇。又如清代姚鼐编的《古文辞类纂》，75 卷，选录《战国策》、《史记》、两汉散文家、唐宋八大家，以及明清作家的古文辞赋 700 余篇，以唐宋八大家的作品为主。二是断代选本，规模大，尽量收辑完备，如《全唐文》、《宋文鉴》、《元文类》、《明文海》、《清文汇》等，其中《全唐文》1000 卷，收文 18488 篇，计作家 3000 余人。《明文海》482 卷，可谓明代文章之渊薮，有很高的文学史料价值。三是名家名著选本，如唐宋古文兴盛，就有《唐宋八大家文钞》、《唐宋文举要》的编纂。总之，目前存世的著名古文选本，数以百计，这些选本保存了大量的作家作品，但由于规模较大，篇幅过多，有的文章比较深奥庞杂，其对于研究古文，有弥足珍贵的价值，却不适宜一般读者阅读。从普及传统文化的角度看，篇幅适中，雅俗共赏的选本比较罕见。

清代康熙、乾隆年间，先后出现过两种著名的选本，一为编纂于康熙三十四年（1695）的《古文观止》，一为编纂于乾隆二十八年（1763）的《唐诗三百首》。这两种堪称诗文双璧的选本，所收诗文均为脍炙人口的作品，名篇荟萃，包含多种风格，作为家塾训蒙课本，广受欢迎，问世之后，立即风行海内，几至家置一编。三百年来，一再重印，其影响持久不衰。

《古文观止》的编者吴乘权（字楚材）、吴大职（字调侯），系叔侄二人，浙江山阴（今绍兴）人。他们均是乡间塾师，以课业授徒为生。吴楚材学识丰富，除《古文观止》外，还编有《纲鉴易知录》传世。吴调侯随叔父吴楚材一起授课，《古文观止》就是他们共同编选的讲授古文的教材。他们编选此书的宗旨十分明确："杂选古文，原为初学设也。"（吴乘权《例言》）编选时，他们既注意继承古文选本的优良传统，又有创新："集古人之文，集古今人之选，而略者详之，繁者简之，散者合之，舛错者厘定之，差讹者校正之云尔。"（吴乘权、吴大职《序》）康熙三十四年（1695）春天，吴楚材、吴调侯将编好的《古文观止》寄给吴楚材的伯父吴兴祚。吴兴祚，字伯成，号留村，累官至两广总督。其时他正在归化（今呼和浩特市）任右翼汉军副都统。收到《古文观止》后，他给予高度评价："阅其选简而该，评注详而不繁，其审音辨字无不精切而确当。披阅数过，觉向时之所阙如者，今则㸌然以喜矣。以此正蒙养而裨后学，厥功岂浅鲜哉！"（吴兴祚《序》）于是吴兴祚就在当年五月端阳日"亟命付诸梨枣"，这是《古文观止》的最初刊本。原刻本已佚，存世者有鸿文堂、映雪堂两种翻刻本。康熙三十七年（1698）年仲冬，吴楚材、吴调侯在浙江家乡又应乡先生之请，刊刻《古文观止》，即文富堂本。

两种版本大体相同而又稍有差异，为通行本。此后的各种刻本多由这两个本子繁衍而成。

吴楚材、吴调侯为什么把他们编的古文选本，冠以“观止”之名？其用典见《左传·季札观周礼》篇（《古文观止》卷二）：“见舞《韶箾》者，曰：‘德至矣哉，大矣。如天之无不帱也，如地之无不载也。虽甚盛德，其蔑以加于此矣。观止矣！若有他乐，吾不敢请已。’”此处写吴公子季札在鲁国观看乐舞《韶箾》时，认为其表演十分精采，臻于完美，无以复加，吴楚材、吴调侯认为他们所选的古文均为上乘作品，尽善尽美，应为最佳选本，其余选本不足观也。吴楚材、吴调侯还在《序》中借乡先生之口，说出以“观止”作为书名的用意：“诸选之美者毕集，其缺者无不备，而讹者无不正，是集古文之成者也，观止矣！”

我们以现代的眼光来看，《古文观止》还不是一本尽善尽美的古文选本，有些选目已不适应现代读者的需求，所选作品下限到明代末期，还不能反映中国古代散文的全貌，有待完善。因此，各种新编的古文选本仍然不断出版。但是，我们也不能否认，《古文观止》是一个编得比较好的古文选本，特别是它作为旧时的启蒙读本，对普及传统文化产生巨大的作用，至今仍有阅读价值，其成功的经验，值得我们借鉴，举其要者，有以下数端。

一是选目精要，能概括地展示中国古代散文发展的脉络及重要时代和作家的风貌。《古文观止》选目注重文学性，不收《尚书》和先秦诸子散文，却从《春秋左氏传》开端，选出 34 篇，在全部 222 篇中所占数量最多，这是因为《左传》往往被后代古文家奉为作文的楷模。由于同样的原因，《国语》、《战国策》和《左传》一起，被作为《古文观止》所收先秦散文的重点。汉代散文重点收司马迁的《史记》，而不收《汉书》。《古文观止》收“唐宋八大家”作品达 78 篇，构成全书的另一个重点。由于重点突出，兼顾其他风格的作家和作品，构成上自先秦下迄明代末期散文发展的长廊，使读者领略古代散文的精粹。

二是篇幅适中，所选文章大多具有较高的思想性和艺术性，极便初学者诵读。《古文观止》按时代和作家编排，分为 12 卷，收作品 222 篇，其中绝大多数是散文，只有少量几篇是骈文，长篇多达数千言，短者不足百字，叙事论辩，写景抒情，咏物明志，各体兼备，大多为脍炙人口的名篇佳作。

三是编者对所选文章均进行注释串讲，对“字义典故逐次注明，复另加评语，庶读之者明若观火”。同时“遍采名家旧注，参以己私，毫无遗漏”（吴乘权《例言》）。编者对所选作品，既有字词语句的简要注释和音读，还有对谋篇布局的点评，更有对史事和人物的评述，颇具识见，持论也较妥贴，对文章笔法的评析大多得其真髓，发人深省。凡此种种，对《古文观止》的流播，发挥重要作用。

本书译注的底本采用文学古籍刊行社 1956 年本，此本即据映雪堂本排印。此次整理，译注者同时用有关史书或别集校勘，择善而从，不出校记。每篇作品均作题解、注释，并附译文，对吴楚材、吴调侯原有的讲评，有选择地加以辑录，保存在题解之中。本书在译注过程中，得到各位专家的鼎力支持，使之能顺利出版，特向他们表示衷心谢意。由于本书译注成于众手，难免有不妥之处，望方家和广大读者不吝赐教。

李国章

1998 年 6 月

目　录

卷二

卷三

卷四

卷五

卷六

卷七

卷八

卷九

卷十

卷十一

卷十二

卷　一

郑伯克段于鄢

《左传》隐公元年

【题解】

《左传》全名《春秋左氏传》，是解释孔子所编鲁国国史《春秋》的“三传”之一，它的作者相传是左丘明。左丘明，或云为鲁君子，或云为鲁国的史官。《左传》的成书年代，一般认为是在战国初年。全书编集大体依据《春秋》，重点在陈述史事，同时征引孔子的话及当时“君子”的评论，以阐述孔子在《春秋》中提倡的攘夷尊王、劝恶扬善的思想，表明《春秋》的“一字褒贬”、“微言大义”，因此桓谭《新论》认为《左传》对《春秋》来说，“犹衣之表里相持而成。经而无传，使圣人闭目思之，十年不能知也”。对后世的读者来说，《左传》不仅是一部经书，还是一部史书，更是一部杰出的散文著作。《左传》详细地记载了春秋间各国的重大历史事件及重要人物的生平行事，善于把复杂的事写得有条不紊，剪裁得当，文笔优美流畅，人物个性分明，杜预《春秋左传序》称它“其文缓，其旨远”，盛赞它的委婉含蓄，意隽味永。这些优点，被后代史学家、散文家奉为规矩与楷模，《左传》中的一些优秀篇章也就一向受到散文选家的青睐，从而脍炙人口。

春秋是争战的时代，各国对外战争与内部倾轧共存，父子、兄弟残杀的事件不断发生。这篇文章记的是郑庄公平定弟弟共叔段与母亲姜氏勾结发动兵乱的故事。作者用了极其简洁的笔墨，写郑庄公用老谋深算的政治手腕，把共叔段一步步逼上死路的经过，通过郑庄公的行事与言语，十分生动精确地刻绘了他的性格与心理活动，阐述了《春秋》原文对郑庄公的狡诈不孝与不讲兄弟情义的贬斥。最后母子相见的情节也一向为人称道，无论是颍考叔的机智善谏还是郑庄公的悔恨，都写得委婉动人，开以抒情笔墨写史之先河。

初，郑武公娶于申〔1〕，曰武姜〔2〕。生庄公及共叔段〔3〕。庄公寤生〔4〕，惊姜氏，故名曰寤生，遂恶之。爱共叔段，欲立之。亟请于武公〔5〕，公弗许。

【注释】

〔1〕郑武公：名掘突，桓公子。　申：国名　姜姓　国土在今河南南阳市。

〔2〕武姜：姜为姓，武为夫谥，即武公妻姜氏的意思。

〔3〕共(gōng 工)叔段：共为国名，地在今河南辉县。段后来逃亡到共，叔为长幼次序，他是庄公的弟弟，所以称共叔段。

〔4〕寤生：倒生，出生时脚先出来，是难产的一种。

〔5〕亟：多次。

【译文】

当初，郑武公娶了申国的女子，名叫武姜。武姜生了庄公与共叔段。庄公出生时倒生，使姜氏受到惊吓，所以取名寤生，姜氏因此不喜欢他，姜氏喜爱共叔段，想立他为太子，她多次向武公请求，武公没有同意。

及庄公即位，为之请制〔1〕，公曰：“制，岩邑也〔2〕，虢叔死焉〔3〕。佗邑唯命〔4〕。”请京〔5〕，使居之，谓之京城大叔〔6〕。祭仲曰〔7〕：“都城过百雉〔8〕，国之害也。先王之制，大都不过参国之一〔9〕，中五之一，小九之一。今京不度〔10〕，非制也，君将不堪。”公曰：“姜氏欲之，焉辟害[11]？”对曰：“姜氏何厌之有[12]？不如早为之所，无使滋蔓。蔓，难图也。蔓草犹不可除，况君之宠弟乎？”公曰：“多行不义必自毙[13]，子姑待之。”

【注释】

〔1〕制：在今河南汜水县境内。原为东虢属地，东虢被郑所灭，地入郑。

〔2〕岩邑：险要的城市。

〔3〕虢叔：东虢国君。

〔4〕佗：同“他”。

〔5〕京：在今河南荥阳县。

〔6〕大：通“太”。

〔7〕祭(zhài 债)仲：郑大夫，字足，其先为祭地封人。

〔8〕都城：指一般的城市。　雉：城墙长三丈、高一丈为一雉。

〔9〕参(sān 三)：同“三”（繁体字作叁）。　国：此指国都。

〔10〕不度：不合乎制度规定。

〔11〕辟：同“避”。

〔12〕厌：满足。

〔13〕毙：跌仆。

【译文】

等到庄公即位后，姜氏请求把制邑作为共叔段的封地，庄公说：“制邑是个险要的地方，虢叔就死在那儿。你要其他地方我都照办。”姜氏就要了京邑，庄公就让共叔段住在那儿，人们称他为京城太叔。祭仲对庄公说：“一般的城市，城墙超过三百丈，那就要成为国家的祸害。先王规定的制度：大城市的规模不得超过国都的三分之一，中等的不得超过五分之一，小的不得超过九分之一。现在京邑的城市规模不合乎规定，违反了制度，恐怕对您将有所不利。”庄公说：“姜氏要这么做，我有什么办法来躲避因此产生的祸害？”祭仲回答说：“姜氏怎么有满足的时候呢？不如及早作好打算，别让祸害滋生蔓延开来。一旦蔓延开来，就难以对付了。蔓草尚且难以铲除干净，更何况是您的受宠的弟弟呢？”庄公说：“不道德的事做多了必然会栽跟斗，你姑且等着瞧吧。”

既而，大叔命西鄙、北鄙贰于己[1]。公子吕曰[2]：“国不堪贰，君将若之何？欲与大叔，臣请事之；若弗与，则请除之，无生民心。”公曰：“无庸，将自及。”大叔又收贰以为己邑，至于廪延[3]。子封曰：“可矣，厚将得众[4]。”公曰：“不义不暱，厚将崩。”

【注释】

〔1〕鄙：边境。此指边境地区。　贰：不专一。此指背叛国君。

〔2〕公子吕：郑大夫，字子封。

〔3〕廪延：在今河南延津县北。

〔4〕厚：谓土地广大。

【译文】

过了不久，太叔命令西部、北部边境地区违背中央听从自己的节制。公子吕对庄公说：“国家不能忍受两种政权共存，对此您打算如何处理？如果想让位给太叔，那么请允许我去侍奉他；不然的话，就把他除了，不要让百姓们产生疑虑。”庄公说：“用不着这样，他会自作自受的。”太叔又把那两个地区划入自己的封地，领土一直扩展到廪延。公子吕又进言说：“现在可以剿灭他了，土地广了，得到的民众也就多了。”庄公说：“对君主不义，对兄长不亲，土地扩展得越大，瓦解倒台得越快。”

大叔完聚[1]，缮甲兵[2]，具卒乘[3]，将袭郑[4]，夫人将启之[5]。公闻其期，曰：“可矣！”命子封帅车二百乘以伐京。京叛大叔段，段入于鄢[6]，公伐诸鄢。

五月辛丑[7]，大叔出奔共。

【注释】

〔1〕完聚：修理城墙，屯聚粮食。
〔2〕甲兵：皮甲、兵器。
〔3〕卒乘：步兵、车兵。
〔4〕郑：指郑国国都。
〔5〕启：开、导，此指作内应。
〔6〕鄢：在今河南鄢陵县北。
〔7〕五月辛丑：为五月二十三日。

【译文】

太叔修葺城墙，屯聚粮食，修整皮甲武器，训练好步兵、车兵，将要偷袭国都。姜夫人准备好开城门接应。庄公打听到太叔起兵的日期，说："可以下手了！"命令公子吕率领二百辆战车去攻打京邑。京邑的人叛离太叔段，太叔段只好逃到鄢邑，庄公又领兵攻打鄢邑。五月二十三日，太叔逃亡到共国。

书曰[1]："郑伯克段于鄢。"段不弟，故不言弟；如二君，故曰"克"；称郑伯，讥失教也，谓之郑志[2]。不言出奔，难之也。

【注释】

〔1〕书：指《春秋》记载。
〔2〕郑志：郑伯的意愿。

【译文】

《春秋》上写："郑伯克段于鄢。"意思是说段没有恪守做弟弟的本分，所以不称他为弟弟；兄弟间如同两个国家的国君争斗，所以用"克"字；称呼庄公为郑伯，是讥刺他没管教好弟弟，表示这样的结果正是庄公的意愿，不说太叔出奔，是史官下笔有为难之处。

遂置姜氏于城颍[1]，而誓之曰："不及黄泉[2]，无相见也！"既而悔之。颍考叔为颍谷封人[3]，闻之，有献于公。公赐之食，食舍肉。公问之，对曰："小人有母，皆尝小人之食矣。未尝君之羹，请以遗之[4]。"公曰："尔有母遗，繄我独无[5]！"颍考叔曰："敢问何谓也？"公语之故，且告之悔。对曰："君何患焉！若阙地及泉[6]，隧而相见[7]，其谁曰不然？"公从之。公入而赋："大隧之中，其乐也融融[8]！"姜出而赋："大隧之外，其乐也洩洩[9]！"遂为母子如初。

【注释】

〔1〕城颍：在今河南临颍县西北。
〔2〕黄泉：地下的泉水。常以之指死后埋在地下。
〔3〕颍谷：即城颍之谷。　封人：管守护疆界的官。
〔4〕遗（wèi 为）：赠，送。
〔5〕繄（yī 衣）：语首助词。
〔6〕阙：同"掘"。
〔7〕隧：地道。
〔8〕融融：和乐的样子。
〔9〕洩洩：舒畅快乐。

【译文】

于是庄公把姜氏安置在城颍，并发誓说："不到黄泉，不再相见！"没过多久，庄公又后悔了。颍考叔当时任颍谷的封人。听说这件事，就假借贡献礼物，进见庄公。庄公赏赐他吃饭，他吃的时候有意把肉放在一边不吃。庄公询问原因，颍考叔说："小人家有母亲，小人所能办到的食物她都吃过了，可是从没尝过国君的肉汤，请允许我把这肉带给她。”庄公说：“你有母亲可以孝敬，偏我就没有！”颍考叔问：“请问这是什么意思？”庄公说出了事情的前因后果，并告诉他自己后悔的心情。颍考叔回答说：“您何必为这发愁呢？如果挖个地道见到泉水涌出，在地道中见面，谁会说您违背了誓言呢？”庄公照他的话做了。庄公在进入地道时，赋诗说：“走入地道中，心里乐融融！”姜氏走出地道时也赋诗说：“走出地道外，心里真爽快！”于是恢复了以往的母子关系。

君子曰：“颍考叔，纯孝也。爱其母，施及庄公〔1〕。《诗》曰：‘孝子不匮，永锡尔类〔2〕。’其是之谓乎！”

【注释】

〔1〕施(yì 义)：推广，扩展。

〔2〕所引诗见今本《诗经》《大雅·既醉》。锡，同“赐”。

【译文】

君子说：“颍考叔的孝心真称得上纯正，他爱自己的母亲，把爱心推广到庄公身上。《诗经》说：‘孝子的孝心没有穷尽，他永远把自己的孝思分给同类的人。’说的就是这样的情况吧！”

（李梦生）

周郑交质

《左传》隐公三年

【题解】

这篇短文，先用事实，说明周天子与郑庄公想通过交换人质来缓解矛盾、取信对方的不可靠与不可取，然后通过君子对此事的评论，指出互相之间的了解与信任在于彼此体谅、坦诚相待，强调恪守礼仪、忠于信义的重要性，这些都是儒家学说的中心主旨。文章虽然不长，但有事实，有根据，有旁证，有结论，词气充沛，说服力很强。这样旁征博引、设疑送难、理辞俱到的议论手法，是《左传》的艺术特色之一，成为后世史论一类文章的圭臬。

郑武公、庄公为平王卿士〔1〕。王贰于虢〔2〕，郑伯怨王，王曰："无之。"故周郑交质〔3〕，王子狐为质于郑〔4〕，郑公子忽为质于周〔5〕。王崩〔6〕，周人将畀虢公政〔7〕。四月，郑祭足帅师取温之麦〔8〕。秋，又取成周之禾〔9〕。周郑交恶〔10〕。

【注释】

〔1〕卿士：周朝的执政官。

〔2〕贰于虢：指偏信虢公，想把政权的一部分让虢公执掌。 虢，指西虢公，仕于周。

〔3〕交质：交换人质。

〔4〕王子狐：周平王的儿子。

〔5〕公子忽：郑庄公太子，后即位为昭公。

〔6〕崩：去世。

〔7〕畀(bì 避)：交给。

〔8〕祭(zhài 债)足：即祭仲，郑大夫。　温：周朝畿内小国，地在今河南温县南。

〔9〕成周：周地，在今河南洛阳市东。

〔10〕恶：憎恨，厌恶。

【译文】

郑武公、郑庄公先后担任周平王的卿士。平王又偏爱虢公，想把政权分一部分给虢公，郑庄公因此埋怨平王，平王说："没有这么回事。"因此周、郑交换人质，王子狐到郑国去做人质，郑公子忽到周朝去做人质。平王去世，周朝的大夫们打算把国政交给虢公管理。四月，郑国的祭足率领军队割取了温地的麦子。秋天，又割取了成周的谷子。周、郑互相憎恨。

君子曰："信不由中〔1〕，质无益也。明恕而行〔2〕，要之以礼〔3〕，虽无有质，谁能间之〔4〕？苟有明信〔5〕，涧溪沼沚之毛〔6〕，蘋蘩蕴藻之菜〔7〕，筐筥锜釜之器〔8〕，潢汙行潦之水〔9〕，可荐于鬼神〔10〕，可羞于王公〔11〕，而况君子结二国之信，行之以礼，又焉用质？《风》有《采蘩》、《采蘋》〔12〕，《雅》有《行苇》、《泂酌》〔13〕，昭忠信也〔14〕。"

【注释】

〔1〕中：同"衷"，内心。

〔2〕明恕：互相体谅。

〔3〕要：约束。

〔4〕间：离间。

〔5〕明信：彼此了解，坦诚相待。

〔6〕沼沚（zhǐ 止）：均为小池塘。　毛：植物。此指野草。

〔7〕蘋：浅水中长的植物，即浮萍。　蘩：白蒿。　蕴藻：聚集而生的水草。　菜：此指野菜。

〔8〕筐筥（jǔ 举）：均为竹制容器，方的叫筐，圆的叫筥。　锜（qí 奇）釜：均为炊具，有脚的叫锜，没脚的叫釜。

〔9〕潢：积水池。　污（wū 乌）：池塘。　行潦：道路上的积水。

〔10〕荐：进献。

〔11〕羞：进奉。

〔12〕《采蘩》、《采蘋》：均为《诗·召南》篇名，写妇女采集野菜以供祭祀。

〔13〕《行苇》、《泂（jiǒng 扃）酌》：均为《诗·大雅》篇名。前者写周祖先宴享先人的仁德，歌颂忠厚。后者写汲取行潦之水供宴享。

〔14〕昭：表彰。

【译文】

君子说："诚信不是出自于内心，交换人质是没有益处的。彼此互相体谅而后行事，用礼仪来加以约束，即使没有人质做保证，又有谁能离间他们呢？只要彼此了解以诚相待，山涧小溪与池塘中的野草，蘋蘩蕴藻一类野菜，筐筥锜釜一类器具，积水池与水塘、道路上的积水，可以供献给鬼神，可以进奉给王公，何况君子缔结两国间的信任，按照礼仪行事，又哪里用得着人质？《国风》有《采蘩》、《采蘋》篇，《大雅》有《行苇》、《泂酌》篇，就是为了表彰忠诚信用的。"

（李梦生）

石碏谏宠州吁

《左传》隐公三年

【题解】

怎样做才是对孩子真正的爱，石碏在这里十分精辟地阐述了自己的看法。针对卫庄公宠爱州吁，放任他骄奢佚荡，石碏指出：爱自己的儿子，一定要以正确的礼法来教导约束他，这样才能使他不走上邪路，家庭才能和睦，国家才能安定。石碏所举的"六逆"、"六顺"虽然是根基于封建的伦理道德，但其中合理的部分，在今天仍有一定的借鉴意义。卫庄公没有听从石碏的劝谏，对州吁溺爱放任，后来州吁终于谋反，杀了哥哥桓公自立。教子以义方，防患于未然，州吁的事留给后人的教训是深刻的。

卫庄公娶于齐东宫得臣之妹〔1〕，曰庄姜，美而无子，卫人所为赋《硕人》也〔2〕。又娶于陈，曰厉妫〔3〕，生孝伯，蚤死〔4〕。其娣戴妫生桓公〔5〕。庄姜以为己子。公子州吁，嬖人之子也〔6〕，有宠而好兵，公弗禁，庄姜恶之。

【注释】

〔1〕卫庄公：名扬，武公子。　东宫得臣：齐庄公太子得臣。东宫，太子所居。

〔2〕《硕人》：见《诗·卫风》。诗写庄姜的美貌，车马服饰的讲究，

婚姻的美满等。

〔3〕妫(guī 归)：姓。

〔4〕蚤：同“早”。

〔5〕娣：妹妹。一般指同嫁一个丈夫的妹妹。春秋时嫁女有以妹为陪嫁之礼。

〔6〕嬖(bì 避)人：受宠爱的人。此指宠妾。

【译文】

卫庄公娶齐国太子得臣的妹妹为夫人，名叫庄姜，美貌而没有生儿子，就是卫国人作《硕人》诗赞美的那个人。庄公又娶陈国女子，名叫厉妫，生下孝伯，很小就死了。她的妹妹戴妫与庄公生下桓公，庄姜收领桓公作为自己的儿子。公子州吁是庄公宠妾所生的儿子，受到宠爱又喜欢舞刀弄剑，庄公不管束他，庄姜却很讨厌他。

石碏谏曰〔1〕：“臣闻爱子，教之以义方，弗纳于邪。骄、奢、淫、泆所自邪也〔2〕。四者之来，宠禄过也。将立州吁，乃定之矣。若犹未也，阶之为祸〔3〕。夫宠而不骄，骄而能降，降而不憾，憾而能眕者〔4〕，鲜矣〔5〕。且夫贱妨贵，少陵长，远间亲，新间旧〔6〕，小加大，淫破义，所谓六逆也。君义，臣行，父慈，子孝，兄爱，弟敬，所谓六顺也。去顺效逆，所以速祸也〔7〕。君人者将祸是务去〔8〕，而速之，无乃不可乎？”弗听。其子厚与州吁游，禁之，不可。桓公立，乃老〔9〕。

【注释】

〔1〕石碏(què 雀)：卫大夫。

〔2〕泆：同“逸”，荒淫放荡。

〔3〕阶之为祸：即“为祸之阶”，成为酿成祸乱的阶梯。

〔4〕昣(zhěn 诊)：克制。
〔5〕鲜(xiǎn 显)：少。
〔6〕新：州吁之母后来得宠，所以称为“新”。
〔7〕速：招致。
〔8〕务：勉力从事。
〔9〕老：告老退休。

【译文】

石碏劝谏庄公说：“臣下听说爱自己的儿子，应当用正确的道义规矩来教导他，不让他走上邪道。骄傲、奢侈、淫欲、放荡，是走入邪道的根由。这四者所以产生，是宠爱、得益过分的缘故。如果您打算立州吁为太子，那就定下来，如果没有决定，这样做就会逐步酿成祸乱。受到宠爱而不骄傲，骄傲而能安心于地位的下降，地位下降而能无所怨恨，怨恨而能自我克制，这样的人是很少的。再说卑贱的妨害高贵的，年幼的欺凌年长的，疏远的代替亲近的，新人离间旧人，权势小的超越权势大的，淫邪破坏道义，这就叫做六逆。国君行事合乎道义，臣子奉命执行，父亲慈爱，儿子孝顺，哥哥友爱，弟弟恭敬，这就叫做六顺。抛弃了顺的而效法逆的。这就是招致祸害的根由。作为人民的君主应该勉力去消除祸害。现在却去招致祸害，这样做恐怕不妥当吧?”庄公不听。石碏的儿子石厚与州吁交游往来，石碏禁止他，但没办到。卫桓公即位后，石碏就告老退休了。

（李梦生）

臧僖伯谏观鱼

《左传》隐公五年

【题解】

俗话说：上行下效。君王的一举一动，对臣下与国民都起着示范的作用，都是关系到国计民生的大事，所以鲁隐公想到棠地去观看捕鱼，臧僖伯认为不合乎礼义，谆谆劝阻。臧僖伯即公子姬彄，是鲁国著名的贤臣，他的这通谏辞，以君王是“纳民于轨物者”为出发点，从行为准则、物用谈到政事，指出君王治理国家成败的关键，因小见大，抓住要害，层层深入，条理清晰，说服力很强。隐公此行明明是为游玩，臧僖伯不直接点明，只说捕鱼是下等官吏所管的事，避免了正面冲突，显示了臧僖伯论辩的技巧，也密合《左传》所奉行的“婉而讽”、“为尊者讳”的原则。

春，公将如棠观鱼者〔1〕。臧僖伯谏曰：“凡物不足以讲大事〔2〕，其材不足以备器用〔3〕，则君不举焉。君将纳民于轨物者也〔4〕。故讲事以度轨量〔5〕，谓之‘轨’；取材以章物采〔6〕，谓之‘物’。不轨不物，谓之乱政。乱政亟行〔7〕，所以败也。故春蒐夏苗，秋狝冬狩〔8〕，皆于农隙以讲事也。三年而治兵〔9〕，入而振旅〔10〕，归而饮至〔11〕，以数军实〔12〕。昭文章〔13〕，明贵贱，辨等列，顺少长，习威仪也。鸟兽之肉不登于俎[14]，皮革、齿牙、骨角、毛羽不登于器，则君不射，古之制也。若夫山林川泽之实，器用之资，皂隶之事[15]，官司之守，非君所及也。”

【注释】

〔1〕公：鲁隐公。　如：往。　棠：在今山东鱼台县西北。

〔2〕讲：讲习。　大事：指祭祀与军事。

〔3〕器用：指祭祀所用的器具与军事物资。

〔4〕纳：纳入。　轨物：法度礼制。

〔5〕度：衡量。

〔6〕章：彰明，发扬。

〔7〕亟：多次，屡次。

〔8〕春蒐夏苗，秋狝冬狩：对四季打猎的不同称呼。蒐，搜索，指猎取未怀胎的兽。苗，指猎取那些践坏庄稼的兽。狝，把兽杀死。狩，围猎，各种兽都能猎取。

〔9〕治兵：外出整治训练军队。

〔10〕振旅：军队回来后进行整顿。

〔11〕饮至：诸侯外出朝觐、盟会、作战，回来后到宗庙中饮酒庆贺。

〔12〕军实：指车马、人数、器械及所缴获的物品。

〔13〕文章：服饰、旌旗等的颜色花纹。

〔14〕登：装入，陈列。　俎：祭祀时用的礼器。

〔15〕皂隶：下等贱役。

【译文】

春天，鲁隐公打算去棠地观看捕鱼，臧僖伯进谏说：“一切物品凡是不能用来讲习祭祀和军事等军国大事，它的材料不能用来制作礼器和兵器的，国君就不会对它有所举动。国君是要把百姓纳入法度与礼制中去的人。因此，讲习祭祀和军事来衡量法度的程度称为法度，选取材料来发扬礼制的光彩称为礼制。既不合乎法度，又不合乎礼制，就叫做乱政。乱政的次数多了，就导致国家败亡。因此，春蒐夏苗，秋猕冬狩，都是在农闲时讲习军事。每过三年出城演习训练一次军队，回城时整顿好部队，然后到宗庙去祭祀庆贺，清点车马、人数、器械及所获物品。彰明器物的文采，分清贵贱的区别，辨别等级的差阶，理清少年和老年的顺序，这是讲习威仪。鸟兽的肉不是用于祭祀，其皮革、齿牙、骨角、毛羽不是用于制造军用器具，国君就不去射杀它们，这是自古以来的制度。至于那些山林川泽中的物产，一般器具的材料，那是下等贱役的事，是有关官员的职责，不是国君所应该过问的。”

公曰：“吾将略地焉〔1〕。”遂往，陈鱼而观之。僖伯称疾不从。

书曰：“公矢鱼于棠〔2〕。”非礼也，且言远地也。

【注释】

〔1〕略地：巡视边境。

〔2〕矢：陈列，陈设。

【译文】

隐公说：“我要去巡视边境。”于是前往棠地，陈设捕鱼的用具让人捕鱼而观赏。臧僖伯借口有病没有随从前往。

《春秋》记载说：“隐公在棠地陈列捕鱼的用具。”是说隐公此举不合乎礼法，并且点明棠地远离国都。

（李梦生）

郑庄公戒饬守臣

《左传》隐公十一年

【题解】

在《左传》中，反复倡导行事要合乎礼义，所以往往用礼义来评判是非，褒贬美刺。这篇文章记的是郑庄公联合齐僖公、鲁隐公一起讨伐许国，攻下许国后，诸侯互相推让，不肯接受许国国土事。郑庄公推己及人，保留许国的祭祀，不矜功，不贪婪，使许国口服心服，既维护了周天子的威严，惩罚了不肯臣服的许国，又给予改过的机会，并能衡量自己的德行、力量处事，合符礼义的标准，所以得到了赞扬。文章首段写郑军攻城事，着墨不多，但将激烈的战斗渲染得十分传神。郑庄公对百里的一段话是本文中心，写得恳切委婉，推心置腹，毫无跋扈之气，成功地刻画了人物的心理。

秋七月，公会齐侯、郑伯伐许〔1〕。庚辰〔2〕，傅于许〔3〕。颍考叔取郑伯之旗蝥弧以先登〔4〕，子都自下射之〔5〕，颠。瑕叔盈又以蝥弧登〔6〕，周麾而呼曰："君登矣！"郑师毕登。壬午〔7〕，遂入许。许庄公奔卫。

【注释】

〔1〕公：鲁隐公。 齐侯：齐僖公。 郑伯：郑庄公。按：《左传》于诸侯排名，本国国君列前，以后按盟主，次依爵位，所以这次战争虽

然是郑国发起，但列名最后。　许：姜姓国。地在今河南许昌一带。

〔2〕庚辰：七月一日。

〔3〕傅：迫近。

〔4〕蝥(máo 矛)弧：旗名。

〔5〕子都：郑大夫公孙阏，字子都。在队伍出发前，颍考叔曾与公孙阏为争车而斗，所以公孙阏忌恨，射死颍考叔。

〔6〕瑕叔盈：郑大夫。

〔7〕壬午：七月三日。

【译文】

秋七月，鲁隐公会合齐僖公、郑庄公攻打许国。七月一日，迫近许国都城。颍考叔拿过郑庄公的大旗蝥弧抢先登上城，子都从城下用箭射他，他从城上掉了下来。瑕叔盈又拿起蝥弧旗登上城，向四面挥动，大叫说："国君登上城了！"郑国的军队全部登上城。七月三日，于是攻入许都。许庄公逃往卫国。

齐侯以许让公，公曰："君谓许不共〔1〕，故从君讨之。许既伏其罪矣，虽君有命，寡人弗敢与闻。"乃与郑人。

【注释】

〔1〕不共：不恭顺，指没有尽到诸侯对周天子的义务。

【译文】

齐僖公把许国让给鲁隐公。隐公说："君王认为许国不恭顺，所以我们跟从君王讨伐它。许国既然已经伏罪，虽然君王有令，但寡人不敢领受。"于是把许国给了郑国人。

郑伯使许大夫百里奉许叔以居许东偏〔1〕，曰："天祸许国，鬼神实不逞于许君〔2〕，而假手于我寡人。寡人唯是一二父兄不能共亿[3]，其敢以许自为功乎？寡人有弟[4]，不能和协，而使糊其口于四方[5]，其况能久有许乎？吾子其奉许叔以抚柔此民也[6]，吾将使获也佐吾子[7]。若寡人得没于地[8]，天其以礼悔祸于许，无宁兹许公复奉其社稷[9]。唯我郑国之有请谒焉[10]，如旧昏媾[11]，其能降以相从也[12]。无滋他族实偪处此[13]，以与我郑国争此土也。吾子孙其覆亡之不暇，而况能禋祀许乎[14]？寡人之使吾子处此，不唯许国之为，亦聊以固吾圉也[15]。"

【注释】

〔1〕许叔：许庄公的弟弟，后即位为穆公。

〔2〕不逞：不满意。

〔3〕父兄：父老兄弟。指同姓臣子。　共亿：相安无事。

〔4〕弟：指共叔段。

〔5〕糊其口：靠薄粥维持生活。形容生计艰难，勉强度日。　四方：此指国外。

〔6〕吾子：二人谈话时对对方的敬称。后文同此。　抚柔：安抚。

〔7〕获：公孙获，郑大夫。

〔8〕得没于地：得以善终，埋葬入地。

〔9〕无：发语词，无义。　宁：宁可。

〔10〕请谒：请求。

〔11〕昏媾：婚姻，姻亲。

〔12〕降：降格，屈己。

〔13〕滋：使之蔓延滋长。　他族：指别的国家。　实：定居。　偪：同"逼"，迫近。

〔14〕禋（yīn 因）祀：祭祀。禋为祭天神之礼，把牺牲、玉帛放在柴上，点燃柴，借上升的烟气以告神。禋祀许，即替许国主持祭祀，就是占有许国之意。

〔15〕圉：边境。

【译文】

郑庄公让许国的大夫百里扶持许叔，居住在许都的东边，对他说：“上天降祸给许国，鬼神确实对许君不满意，所以借寡人的手惩罚他。只是寡人连一两个父老兄弟尚且不能相安无事，怎么敢把讨伐许国当作自己的功劳呢？寡人有个弟弟，不能和睦相处，使他在外邦奔走谋生，怎么有可能长久地占有许国呢？您要侍奉许叔安抚好此地的百姓，我将派公孙获来帮助你。如果寡人能得到善终入土，上天或许会依礼撤消降给许国的灾祸，宁可让许公重新主持他的国家。那时候如果我们郑国对他有所请求，可能他会像对待老姻亲一样，降格同意的吧。请不要让别的国家滋蔓扩张到这里，迫近这里居住，来和我们郑国争夺这块土地。我的子孙挽救自己的危亡还来不及，又怎么能代替你们许国主持祭祀呢？寡人之所以让您住在这里，不单是为了许国，也聊且以此来巩固我国的边境。”

乃使公孙获处许西偏，曰：“凡而器用财贿〔1〕，无置于许。我死，乃亟去之〔2〕。吾先君新邑于此〔3〕，王室而既卑矣〔4〕。周之子孙日失其序〔5〕。夫许，大岳之胤也〔6〕。天而既厌周德矣，吾其能与许争乎？”

【注释】

〔1〕而：你。　财贿：财物。

〔2〕亟：急，赶快。

〔3〕先君：指郑武公。　新邑：新建都城。郑原在陕西，武公东迁至新郑。

〔4〕卑：衰微。

〔5〕序：同“绪”，前人的功业。

〔6〕大岳：太岳，上古官名，掌四岳祭祀，是四方诸侯的领袖。胤：后代。

【译文】

郑庄公于是派公孙获居许都的西边，对他说：“凡是你的用具财物，都不要放在许国。我死后，你就赶快离开这里。我的先君在这儿新建都城不久，而周王室已经衰微了。周王朝的子孙也一天天丢失了祖先的功业。许国是太岳的后代，上天既然已经认为周德不足而厌弃它，我怎能与许国相争呢？”

君子谓：“郑庄公于是乎有礼。礼，经国家〔1〕，定社稷，序民人〔2〕，利后嗣者也。许无刑而伐之〔3〕，服而舍之〔4〕，度德而处之，量力而行之，相时而动〔5〕，无累后人，可谓知礼矣。”

【注释】

〔1〕经：治理。

〔2〕序：用作动词，谓使人民有次序等级，不致混乱。

〔3〕无刑：不守法度。

〔4〕服：服罪。

〔5〕相（xiàng 向）：相度，观察。

【译文】

君子说：“郑庄公在这件事上做的是合乎礼的。礼，是用来治理国家，安定社稷，使人民有次序，使后代获得利益的东西。许国不守法度就去攻打它，它服罪就饶恕它，衡量德行而处置，估察力量而行事，看准了时机而动作，不给后代添麻烦，可以说是懂得礼了。”

（李梦生）

臧哀伯谏纳郜鼎

《左传》桓公二年

【题解】

宋庄公以不正当手段取得君位，怕诸侯干涉，用原郜国的大鼎贿赂鲁国，鲁桓公把它放在太庙里，为此，臧哀伯提出异议。臧哀伯从接受贿赂这一点出发，纵论国君应该节俭有度，修明德行，杜绝邪恶，为人民做榜样，成为后代子孙的表率；由此，他严正指出，把郜鼎放在太庙，是引导鼓励人们犯罪，是不合乎礼的。臧哀伯的话理正辞严，虽则针对国君而说，但对普通人修身治家、自重自律也有重要意义。文章不是空泛地说理，而是旁征博引，正反对照，以事实服人，利用排比手法，词气滂沛，语调顺畅，充分体现了《左传》行文的特色。

夏四月，取郜大鼎于宋〔1〕，纳于大庙〔2〕，非礼也。

臧哀伯谏曰〔3〕：“君人者，将昭德塞违〔4〕，以临照百官〔5〕，犹惧或失之，故昭令德以示子孙。是以清庙茅屋〔6〕，大路越席〔7〕，大羹不致〔8〕，粢食不凿〔9〕，昭其俭也。衮冕黻珽〔10〕，带裳幅舄〔11〕，衡紞纮綖〔12〕，昭其度也，藻率鞞鞛〔13〕，鞶厉游缨〔14〕，昭其数也。火龙黼黻〔15〕，昭其文也。五色比象〔16〕，昭其物也。钖鸾和铃〔17〕，昭其声也。三辰旂旗〔18〕，昭其明也。夫德俭而有度，登降有数。文物以纪之，声明以发之，以临照百官，百官于是乎戒惧，而不敢易纪律。今灭德立违，而置其赂器于大庙，以明示百官。百官象之，其又何诛焉？国家之败，由官邪也。官之失德，宠赂章也。郜鼎在庙，章孰甚焉〔19〕？武王克商，迁九鼎于雒邑〔20〕，义士犹或非之〔21〕，而况将昭违乱之赂器于大庙，其若之何？”公不听。

【注释】

〔1〕郜：国名，地在今山东城武县。文王子所封。

〔2〕大庙：太庙，即祖庙。鲁太庙祀始祖周公。

〔3〕臧哀伯：鲁大夫臧孙达，僖伯之子。

〔4〕塞违：杜绝邪恶。

〔5〕临照：显示，示范。

〔6〕清庙：周祀文王的庙。庙堂必须保持肃穆清静，故名清庙。茅屋：用茅草装饰屋顶。

〔7〕大路：即玉辂，天子祭天时所乘的大车。　越(kuò 阔)席：用蒲草编织的席子。

〔8〕大羹：祭祀用的肉汁。　不致：不用全五味来调和。

〔9〕粢食(zī sì 滋四)：供祭祀用的各类食物。　凿：细舂。将糙米加工成精米。

〔10〕衮：帝王及上公的礼服。　冕：帝王、诸侯与卿大夫所戴的礼帽。　黻(fú 扶)：用作祭服的蔽膝，用皮革制成。　珽(tǐng 挺)：帝王所持的玉笏，即大圭。

〔11〕带：指束衣的革带。　裳：下身的衣服。　幅：邪幅，即绑腿布。　舄(xì 戏)：履。

〔12〕衡：系冠冕与发髻的横簪。　紞(dǎn 胆)：冠冕上系结玉瑱的绳子。　纮(hōng 轰)：冠冕上的纽带。　綖(yān 烟)：覆盖在冕上的布。

〔13〕藻、率(lǜ 虑)：放置圭、璋等玉器的皮垫子，上绘有花纹。鞞、鞛(bǐng běng 柄本)：均为佩刀上的装饰物。

〔14〕鞶(pǎn 盘)：衣服上的大带，皮制。　厉：带子下垂的部分。　游(liú 流)：同“旒”，旌旗边缘悬垂的装饰品。　缨：马胸前的装饰品。

〔15〕火龙：均为衣上所绘的图像。　黼(fǔ 斧)黻：衣上的图案。黑白相间的称黼，黑青相间的称黻。

〔16〕五色比象：古以器物上的五种颜色，象征天地四方，即东青、南赤、西白、北黑、天玄、地黄。玄不为正色，故略去不称，仅称五色。

〔17〕钖(yáng 阳)鸾和铃：分别指系在马头、马勒、车轼、旂上的铃。

〔18〕三辰：日、月、星。此指画在旗上的图。　旂旗：画龙或悬有铃的称旂，画熊虎的称旗。

〔19〕章：同“彰”，显著。

〔20〕九鼎：传为夏禹所铸，以代表九州。周灭商后，把九鼎迁移到雒邑(今河南洛阳市)。

〔21〕义士：指伯夷、叔齐一类认为周不应灭商的人。

【译文】

夏四月，从宋国取来郜国的大鼎，把鼎送入太庙，这是不合乎礼的。

臧哀伯进谏说：“作为百姓的君王，应该宣扬美德，杜绝邪恶的行为，以此为准则来作为百官的表率，这样尚且担心还会有所闪失，所以要宣扬美德，用来教育子孙后代。因此，太庙用茅草来盖顶，玉辂用蒲草席做垫子，肉汁不用全五味来调和，供祭祀用的米不加细舂，这是为了表明节俭。礼服、礼帽、蔽膝、玉笏，革带、裙子、绑腿、鞋子，横簪、瑱绳、纽带、冕布(各不相同)，这是为了表明法度。玉器的垫子、佩刀的装饰，衣带、飘带、旗帜及马胸前的装饰品(各不相同)，这是为了表明等级尊卑。衣上所绘火、龙及图案，这是为了表明文饰高下。五色用来绘物，这是为了表明物的色彩。钖、鸾、和、铃的安装，这是为了表明声音。旗帜上的日月星及各种形象，这是为了表明光彩。行为的准则应当是节俭而有法度，升降增减有一定的程度。以花纹和物色来作为标志，以声音与光彩来发扬它，以此来明显地向各级官吏表示，各级官吏才会警戒畏惧，不敢违反纪律。如今却抛弃德行而树立邪恶，把人家贿赂的器物放在太庙里，公然将它展示在各级官吏面前。各级官吏如跟着学坏样，又如何去责备他们呢？一个国家的衰败，是由于官吏的行为不正。官吏们道德沦丧，是由于受到宠爱与贿赂公然进行。把郜国的大鼎放在太庙里，还有比这更明显的受贿吗？武王战胜殷商，把九鼎迁移到雒邑，尚且有义士对他责问，更何况把表明违法叛乱的贿赂来的器物放在太庙里，这怎么能行呢？”鲁桓公没有听从。

周内史闻之〔1〕，曰：“臧孙达其有后于鲁乎！君违，不忘谏之以德。”

【注释】

〔1〕内史：掌书王命之事的官。

【译文】

周朝的内史听说这件事后，说：“臧孙达的后代一定能在鲁国长享禄位吧！君王违背礼制，他没有忘记以美德来进行规劝。”

（李梦生）

季梁谏追楚师

《左传》桓公六年

【题解】

春秋是一个弱肉强食的时代，小国要自保，就必须互相团结，共同抵御大国的侵略，同时要修明政治，自强不息，使大国不敢欺侮。这个道理，作为大国的楚国的鬥伯比与小国的随国的季梁，认识是一致的，所以鬥伯比建议制造假象，使随国放松戒备，自高自大，使它周围的小国离心，最终达到消灭它的目的；季梁则谆谆劝谏国君要忠于民而信于神，修政而亲兄弟之国，粉碎了楚国的阴谋。文章结构谨严，“季梁在何益”一句，呼应下段，是连接全文的脉线，起了点睛的作用，使文章能放手从两方面进行渲染。《左传》记事往往这样，通过对立双方的行事言语，将事件的全过程完整有序地记录下来。这种“花开两朵”的写法，成为后来传奇、小说的惯用手法。

楚武王侵随〔1〕，使薳章求成焉〔2〕，军于瑕以待之〔3〕。随人使少师董成〔4〕。鬥伯比言于楚子曰〔5〕：“吾不得志于汉东也〔6〕，我则使然。我张吾三军而被吾甲兵〔7〕，以武临之，彼则惧而协以谋我，故难间也。汉东之国随为大，随张必弃小国，小国离，楚之利也。少师侈〔8〕，请羸师以张之。”熊率且比曰〔9〕：“季梁在〔10〕，何益?”鬥伯比曰：“以为后图，少师得其君。”王毁军而纳少师[11]。

【注释】

〔1〕楚武王：名熊通，是楚国第十七代国君。　随：姬姓国，侯爵，地在今湖北随县。

〔2〕薳(wěi 伟)章：楚大夫。　成：讲和。

〔3〕瑕：随地，在今湖北随县。

〔4〕少师：官名。　董：主持。

〔5〕鬥伯比：楚大夫。

〔6〕汉东：指汉水之东的小国，如随、江、黄、六等国。

〔7〕张：张大，扩张。

〔8〕侈：狂妄，自大。

〔9〕熊率且(jū 居)比：楚大夫。

〔10〕季梁：随大夫。

〔11〕毁军：毁损军容。故意使军容不整。

【译文】

楚武王入侵随国，派薳章去随国讲和，把军队驻扎在瑕地等待结果。随国人派少师来楚军主持和议。鬥伯比对楚武王说："我国在汉东一带不能得志，是我们自己失策所造成的。我们扩大三军整顿装备，用武力威胁他们，他们便会因为恐惧而联合起来对付我们，因此很难离间瓦解他们。汉东的国家以随国最大，随国如果自高自大，就一定会抛弃小国，小国离心，对我们楚国有利。少师这个人狂妄自大，请君王让军队装成疲弱的状况来使他更加自满。"熊率且比说："随国有季梁，这计谋有什么用？"鬥伯比说："这是为日后打算，少师得到他们国君的信任。"楚武王因此有意使军容不整，以接待少师。

少师归，请追楚师，随侯将许之。季梁止之曰："天方授楚[1]，楚之羸，其诱我也，君何急焉？臣闻小之能敌大也，小道大淫[2]。所谓道，忠于民而信于神也。上思利民，忠也；祝史正辞[3]，信也，今民馁而君逞欲，祝史矫举以祭[4]，臣不知其可也。”公曰：“吾牲牷肥腯[5]，粢盛丰备[6]，何则不信？”对曰：“夫民，神之主也，是以圣王先成民而后致力于神[7]。故奉牲以告曰‘博硕肥腯[8]，’谓民力之普存也，谓其畜之硕大蕃滋也[9]，谓其不疾瘯蠡也[10]，谓其备腯咸有也[11]。奉盛以告曰‘洁粢丰盛’，谓其三时不害[12]，而民和年丰也。奉酒醴以告曰‘嘉栗旨酒[13]’，谓其上下皆有嘉德，而无违心也。所谓馨香[14]，无谗慝也[15]，故务其三时，修其五教[16]，亲其九族[17]。以致其禋祀[18]。于是乎民和而神降之福，故动则有成。今民各有心，而鬼神乏主，君虽独丰，其何福之有？君姑修政而亲兄弟之国，庶免于难。”

随侯惧而修政，楚不敢伐。

【注释】

〔1〕授：赋予好运，照顾。

〔2〕淫：淫虐乱政。

〔3〕祝史：主持祭祀的官。　正辞：讲实话，无虚言诡语。

〔4〕矫举：诈称功德以欺骗鬼神。

〔5〕牲：牛、羊、猪。　牷（quán 全）：毛色纯一的牲畜。　腯（tú 图）：肥壮。

〔6〕粢（zī 资）：粮食。粢盛，装在祭器中的粮食。

〔7〕成民：谓养民而使之安居乐业。

〔8〕博硕：宽广硕大。

〔9〕蕃滋：蕃育滋生。

〔10〕瘯蠡（cù luǒ 醋裸）：家畜疫病，皮毛上生疥癣。蠡，此通瘰。

〔11〕咸有：兼备。

〔12〕三时：指春、夏、秋农忙时季。三时不害。即农时不受扰害。

〔13〕嘉栗：使之美善。　旨酒：美酒。

〔14〕馨香：芳香远闻。

〔15〕谗：谗言，诬陷别人的坏话。　慝（tè 特）：邪恶。

〔16〕五教：指父义、母慈、兄友、弟恭、子孝。

〔17〕九族：说法不一。一说自高、曾至曾孙、玄孙九代。一说己族之外，加外祖父、外祖母、岳父、岳母、姨母之子、姑母之子、姊妹之子、女之子。

〔18〕禋祀：见《郑庄公戒饬守臣》篇第三段注〔14〕。

【译文】

少师回去后，请求追击楚军。随侯准备听从他的请求。季梁劝阻随侯说："上天正眷顾楚国，楚军表现疲弱，是在诱惑我们，君王何必急着出兵呢？臣听说小国所以能抗拒大国，是由于小国得道而大国淫虐乱政。所谓道，就是忠于人民而取信于鬼神。国君经常想到对百姓有利，这就是忠；祝史祭祀时的言词诚实不欺，这就是信。如今人民挨饿而国君放纵私欲，祝史在祭祀时虚报功德，我不知道这样做有什么好。"随侯说："我祭祀时用的牲畜毛色纯正而且肥壮，盛在祭器中的粮食丰富完备，怎么会不取信于鬼神？"季梁回答说："人民，是神灵的主宰。因此圣明的君王先使人民安居乐业后才致力于祭祀鬼神。所以在奉献祭品时就祝告说'牲畜又大又肥壮'，是说人民的财力普遍存在，是说他们的牲畜肥大而且繁殖众多，是说牲畜不生疾病皮毛又纯洁，是说牲畜类全体壮，兼而得之。在奉献粮食时祝告说'洁净的粮食丰富充足'，是说他们春夏秋三季没有遇到灾害，人民和睦，年成丰收。在奉献甜酒时祝告说'至善至洁酿好酒'，是说他们上下都有美好的德行而没有背离的心念。所谓芳香之气远闻，是说没有诬陷别人的邪恶。因此他们专心忙着春、夏、秋三季的农事，修明五教，亲近九族，用这些来向鬼神祭祀。这样，人民就和睦，鬼神也就赐予他们幸福，因此做任何事都会获得成功。现在人民各自怀着异心，鬼神也就没有主宰，君王的祭祀虽然丰盛，又怎能求得鬼神降福？君王姑且修明政事，与周围兄弟国家亲近，也许能免于灾难。”

随侯感到恐惧，于是修明政事，楚国就没有敢再来攻打随国。

（李梦生）

曹刿论战

《左传》庄公十年

【题解】

鲁国与齐国的长勺之战，是春秋时一次著名的战役，记载这次战役的这段文字，也是《左传》中著名的篇章。文章以传神的笔墨记载了曹刿自荐与破敌的经过，在他身上，体现了一个普通百姓以国家利益为重及参政议政的自觉性，“肉食者鄙，未能远谋”这句名言，也成为后人批判官僚尸位素餐的诛心之论。不过，从另一个角度上讲，鲁庄公与手下大臣能在危难时认识到自己的无能，让曹刿得以自由发挥自己的才干，不能不说是难能可贵的。写曹刿先是蓄气破敌，继而谨慎从事、不贸然追击敌人，十分细致精彩。文章通过问答与动作，在极混乱紧张的场面中写出曹刿的智谋与冷静，使史笔与文学家之笔高度结合，司马迁的《史记》与韩愈的记人的散文都受到这一文风的影响。

齐师伐我，公将战，曹刿请见〔1〕。其乡人曰：“肉食者谋之〔2〕，又何间焉〔3〕？”刿曰：“肉食者鄙〔4〕，未能远谋。”乃入见，问：“何以战〔5〕？”公曰：“衣食所安〔6〕，弗敢专也，必以分人。”对曰：“小惠未遍，民弗从也。”公曰：“牺牲玉帛〔7〕，弗敢加也〔8〕，必以信。”对曰：“小信未孚〔9〕，神弗福也。”公曰：“小大之狱，虽不能察，必以情。”对曰：“忠之属也，可以一战。战则请从。”

【注释】

〔1〕曹刿(guì 贵)：鲁国人，一名曹沫。

〔2〕肉食者：即食肉者，指做官有俸禄的人。

〔3〕间：参与。

〔4〕鄙：鄙薄，目光短浅。

〔5〕何以战：即以何战。以，凭借。后文“可以一战”以字同此解。

〔6〕安：安身。

〔7〕牺牲玉帛：祭神用的牛、羊、豕及珠玉、绸帛。

〔8〕加：增加，夸大。

〔9〕孚：信服。

【译文】

齐国军队攻打我国，庄公准备迎战，曹刿请求面见。他的同乡人说：“这让当官的人去谋画，你又何必参与其中呢？”曹刿说：“当官的目光短浅，没有深谋远见。”于是入宫进见。曹刿问庄公：“你依靠什么作战？”庄公说：“衣服和食物这些用来安身的东西，我不敢独自享受，一定把它们分给众人。”曹刿回答说：“这些小恩小惠不能遍及百姓，百姓是不会因此而听从您的。”庄公说：“祭祀用的牺牲玉帛，不敢虚报夸大，一定如实反映。”曹刿回答说：“这是小信用，不能使鬼神信服，鬼神不会因此而保佑您。”庄公说：“大大小小的诉讼案件，虽然不能详细审察，但一定按照实际情况处理。”曹刿回答说：“这是忠心尽力为人民办事，可以凭借这点一战。作战时请让我跟随您同往。”

公与之乘，战于长勺〔1〕。公将鼓之，刿曰：“未可。”齐人三鼓，刿曰：“可矣！”齐师败绩。公将驰之〔2〕，刿曰：“未可。”下视其辙〔3〕，登，轼而望之〔4〕，曰：“可矣！”遂逐齐师。

【注释】

〔1〕长勺：在今山东莱芜县东北。

〔2〕驰：驱车追赶。
〔3〕辙：车轮行过的痕迹。
〔4〕轼：车前横木。

【译文】

庄公与曹刿同乘一辆兵车，在长勺与齐军交战。庄公准备下令击鼓进击，曹刿说："还不行。"齐军击了三通鼓，曹刿说："可以击鼓了。"齐军大败。庄公准备下令驱车追击，曹刿说："还不行。"跳下车，察看齐军兵车行过的痕迹，登上车，靠着车前横木眺望齐军，说："可以追击了。"于是追赶齐军。

既克[1]，公问其故，对曰："夫战，勇气也。一鼓作气，再而衰，三而竭。彼竭我盈，故克之。夫大国，难测也，惧有伏焉。吾视其辙乱，望其旗靡[2]，故逐之。"

【注释】

〔1〕克：战胜。
〔2〕靡：倒下。

【译文】

打了胜仗后，庄公问曹刿这样指挥的缘故，曹刿回答说："战争，靠的是勇气。第一次击鼓时，士兵们鼓足了勇气；第二次击鼓，勇气便有所衰落；第三次击鼓时，勇气就差不多耗尽了。敌人的勇气竭尽，而我方勇气高涨充沛，所以能战胜。大国是难以测度的，我怕他们有埋伏。我看他们车轮的痕迹混乱，眺望他们的旗帜倒伏，所以追赶他们。"

（李梦生）

齐桓公伐楚盟屈完

《左传》僖公四年

【题解】

这篇文章写楚使者及屈完善于应对，最终取得外交上胜利的经过。齐桓公率领诸侯军队攻打楚国，目的在于执行“攘夷”政策，以实力震慑中原诸侯，树立自己的威信，巩固自己盟主的地位。但是当时楚国并没有侵犯中原，齐国找不到合适的借口来讨伐，只好说楚国没有进贡菁茅，小题大作；又以周昭王死在楚国为要挟，更是牵强无稽。为此，楚使者及屈完理直气壮地进行反驳，使一场战争不了了之。前后两番对答，针锋相对，词气凛然，并能抓住齐桓公口头上讲求仁义这一点，大谈“以德服人”的道理，迫使齐国收兵。屈完面对侵略，毫不让步的坚强不屈的精神历来为人们推崇，“方城为城”二句，为后世不少不屈服武力的人所引用；楚使者对齐国的责备也比喻切当，使“风马牛不相及”成为人们熟用的成语。

春，齐侯以诸侯之师侵蔡[1]。蔡溃，遂伐楚。楚子使与师言曰[2]：“君处北海，寡人处南海。唯是风马牛不相及也[3]。不虞君之涉吾地也，何故?”管仲对曰[4]：“昔召康公命我先君太公曰[5]：‘五侯九伯[6]，女实征之，以夹辅周室[7]。’赐我先君履，东至于海，西至于河，南至于穆陵[8]，北至于无棣[9]。尔贡包茅不入[10]，王祭不共[11]，无以缩酒[12]，寡人是征。昭王南征而不复[13]，寡人是问。”对曰：“贡之不入，寡君之罪也，敢不共给[14]？昭王之不复，君其问诸水滨！”师进，次于陉[15]。

【注释】

〔1〕齐侯：齐桓公。名小白，春秋五霸之一。　蔡：国名，地在今河南新蔡一带。

〔2〕楚子：楚成王。

〔3〕风：牛马牝牡相诱相逐。

〔4〕管仲：名夷吾，佐齐桓公成就霸业。

〔5〕召（shào 绍）康公：周文王庶子姬奭，封于召。　太公：即太公吕望，齐始封祖。

〔6〕五侯：公、侯、伯、子、男五等爵位的诸侯。　九伯：九州之长。

〔7〕夹辅：左右辅助。

〔8〕穆陵：楚地，在今湖北麻城县北。

〔9〕无棣：在今河北卢龙县。

〔10〕尔：你，你们。　包茅：包扎捆束好的菁茅。菁茅是一种带刺的草，古人用来滤酒。

〔11〕共：同“供”。

〔12〕缩酒：滤酒去掉酒渣。

〔13〕昭王：周昭王。周昭王曾南征楚国，渡汉水时，当地人用胶粘的船给他乘坐。船到中流散架，昭王及臣属都被淹死。事已隔三百五十多年。　不复：不回。

〔14〕敢：反语，怎敢，不敢。

〔15〕陉（xíng 形）：山名，在今河南郾城县东南。

【译文】

春天，齐桓公率领诸侯的军队侵袭蔡国，蔡国溃败，又接着去攻打楚国。楚成王派人到诸侯军中，对齐桓公说：“您住在北海，寡人我住在南海，这真是风马牛不相及。没料到您竟然踏上了我们楚国的土地，这是什么缘故？”管仲代表桓公回答说：“从前召康公命令我上代君主太公说：‘五等爵位的诸侯，九州的长官，你都可以征伐他们，以便辅佐周王室。’赐给我们上代君主管辖的范围，东到大海，西到黄河，南到穆陵，北到无棣。你们应该进贡的包茅没有按时进贡，使得天子祭祀时供应不上，缺少滤酒的东西，这是寡人我要向你们征收的。当年昭王南下巡狩没有能再回去，这是寡人我要向你们质问的。”楚使者回答说：“贡品没能按时进献，这是我国君王的罪过，怎么敢不供给？昭王没有能再回去，请您到水边去问吧。”诸侯军队又向前开进，驻扎在陉山。

夏，楚子使屈完如师〔1〕。师退，次于召陵〔2〕。齐侯陈诸侯之师〔3〕，与屈完乘而观之。齐侯曰：“岂不穀是为〔4〕？先君之好是继。与不穀同好，何如？”对曰：“君惠徼福于敝邑之社稷〔5〕，辱收寡君，寡君之愿也。”齐侯曰：“以此众战，谁能御之？以此攻城，何城不克？”对曰：“君若以德绥诸侯，谁敢不服？君若以力，楚国方城以为城〔6〕，汉水以为池，虽众，无所用之。”

屈完及诸侯盟。

【注释】

〔1〕屈完：楚大夫。

〔2〕召陵：楚地，在今河南郾城县东。

〔3〕陈：摆开，陈列。

〔4〕不穀：不善。齐侯自称的谦词。

〔5〕徼福：求福。

〔6〕方城：山名，在淮水以南，长江、汉水以北，今河南叶县附近，为楚与中原国家的边境地带。

【译文】

夏，楚成王派屈完到诸侯军中。诸侯军队后退，驻扎在召陵。齐桓公把诸侯的军队列成阵势，与屈完一起坐着兵车检阅。齐桓公说：“这些军队岂是为了我个人？他们是为了继续我们先代君王的友好关系而来到这里。与我们和好，怎么样？”屈完回答说：“承蒙您的恩惠为敝国求福，肯降格接纳我国的国君，这正是我国国君的愿望。”齐桓公说：“我用这么多军队去作战，有谁能够抵挡？用这么多军队去攻城，什么城攻不下？”屈完回答说：“您如果以恩德来安抚诸侯，谁敢不服从？您如凭藉武力，楚国以方城山为城墙，以汉水为护城河，您的军队再多，恐怕也用不上。”

屈完与诸侯订立了盟约。

（李梦生）

宫之奇谏假道

《左传》僖公五年

【题解】

僖公二年(前658)，晋大夫荀息建议晋献公用名马美玉向虞国借道攻打虞国的邻邦虢国，虞国国君贪图财宝，答应了晋国的要求，晋国借道虞国，攻下了虢国重镇下阳。僖公五年，晋国再次向虞国借道，灭亡了虢国，回兵时又灭了虞国。这篇文章介绍的是第二次借道的经过，突出反映了虞国国君的昏聩愚昧，与宫之奇分析问题的清晰与敏锐。长期以来，人们读这篇文章，都十分注意从虞国国君贪小失大、忽视“唇亡齿寒”的道理从而亡国的事件中吸取教训，却往往忽略了“得士者昌，失士者亡”的道理：晋献公用荀息“假途灭虢”的计策，一箭双雕；虞君不听贤臣宫之奇的劝阻，亡国亡家。人才的作用在尔虞我诈的春秋时代十分突出，这是值得后人再三玩味的。

晋侯复假道于虞以伐虢〔1〕。宫之奇谏曰：“虢，虞之表也〔2〕。虢亡，虞必从之。晋不可启〔3〕，寇不可玩〔4〕，一之谓甚，其可再乎？谚所谓‘辅车相依〔5〕，唇亡齿寒’者，其虞、虢之谓也。”

【注释】

〔1〕晋侯：晋献公。　虞：姬姓国，地在今山西平陆县东。　虢：国

名，地在今山西平陆县南。

〔2〕表：外围，屏障。

〔3〕启：启发，开端。

〔4〕玩：忽视。

〔5〕辅车：面颊与牙床。一说辅指车厢两边的夹板。

【译文】

晋献公再次向虞国借道去攻打虢国。宫之奇劝阻说：“虢国是虞国的屏障，虢国灭亡了，虞国必然会跟着灭亡。晋国的侵略野心不能开启，对外国的军队不能放松警惕。一次已经太过分了，怎么可以再来第二次呢？谚语所说的‘脸颊与牙床互相依靠，嘴唇缺了牙齿便会寒冷’，就是虞国与虢国的写照。”

公曰：“晋，吾宗也〔1〕，岂害我哉？”对曰：“大伯、虞仲〔2〕，大王之昭也〔3〕。大伯不从〔4〕，是以不嗣。虢仲、虢叔，王季之穆也，为文王卿士，勋在王室，藏于盟府〔5〕。将虢是灭，何爱于虞？且虞能亲于桓、庄乎〔6〕？其爱之也，桓、庄之族何罪？而以为戮，不唯逼乎〔7〕？亲以宠逼，犹尚害之，况以国乎？”

【注释】

〔1〕宗：同宗。晋、虞二国皆姬姓国。

〔2〕大伯：即泰伯，周太王之子，吴始祖，虞仲为其弟，二人不愿为君，一起逃往江南。

〔3〕大王：周太王古公亶父，周文王的祖父。　昭：古代宗庙神主排列分昭、穆两行，昭左穆右。始祖后第一代为昭，第二代为穆，依此而推。大伯、虞仲、王季为太王之子，为昭，东虢、西虢的始封君虢仲、虢叔为王季之子，为穆。

〔4〕不从：不跟从父亲，避位出逃。

〔5〕盟府：主管策勋封赏及盟约的机构。

〔6〕桓、庄：曲沃桓叔、曲沃庄伯，为晋献公的曾祖父与祖父，二族均被献公所灭。

〔7〕逼：逼迫，威胁。

【译文】

虞公说："晋国是我的同宗，难道会危害我国吗？"宫之奇回答说："太伯、虞仲，是太王的儿子。太伯没有跟从他父亲，所以没能继承王位。虢仲、虢叔，是王季的儿子，担任文王的卿士，对周王室立下勋劳，因功封赏的记录保存在盟府。现在晋国连虢国也要灭掉，对虞国又有什么爱惜呢？再说虞与晋的关系能比桓叔、庄伯的后人更亲吗？如果晋爱惜同宗的话，桓叔、庄伯的族人有什么罪，却都被杀戮，还不是因为他们是近亲又对自身有威胁吗？至亲的人，因为受宠而使人感到产生威胁，尚且要杀害他们，何况是一个国家呢？"

公曰："吾享祀丰洁，神必据我〔1〕。"对曰："臣闻之，鬼神非人实亲〔2〕，惟德是依。故《周书》曰〔3〕：'皇天无亲，惟德是辅。'又曰：'黍稷非馨，明德惟馨〔4〕。'又曰：'民不易物，惟德繄物〔5〕。'如是，则非德，民不和，神不享矣。神所冯依〔6〕，将在德矣。若晋取虞，而明德以荐馨香，神其吐之乎？"

【注释】

〔1〕据：依从，凭借。

〔2〕实：语助词，无意义。

〔3〕周书：古代周朝的史书。

〔4〕馨：香气。

〔5〕繄：语助词。

〔6〕冯(píng 平)依：凭依。

【译文】

虞公说："我祭神的祭品既丰盛又清洁，神灵一定会保佑我。"宫之奇回答说："臣子听说，鬼神不固定亲近哪一个人，只保佑有德行的人。所以《周书》说：'皇天没有固定的亲近的人，只对有德行的人加以辅助。'又说：'祭祀的禾黍并不香，美好的德行才香。'又说：'人民不能改易祭祀的物品，只有德行才能充当祭品。'这样说来，没有德行，人民就不和，神灵也不肯享用他的祭品了。神灵所凭藉的，就在于德行了。如果晋国攻取了虞国，而能够修明德行，向神灵献上这芳香的祭品，神灵难道会吐出来吗？"

弗听，许晋使。宫之奇以其族行。曰："虞不腊矣〔1〕。在此行也，晋不更举矣〔2〕。"冬，晋灭虢。师还，馆于虞，遂袭虞，灭之，执虞公。

【注释】

〔1〕腊：古代年终时的祭祀。

〔2〕更：再次。

【译文】

虞公不听，答应晋国的使者借道。宫之奇带着他的族人离开虞国，说："虞国等不到腊祭就要灭亡了，就是在这一次，晋国用不着再次出兵了。"冬天，晋国灭亡了虢国。军队班师，在虞国住下休整，乘机袭击虞国，把虞国灭掉了，俘虏了虞公。

（李梦生）

齐桓下拜受胙

《左传》僖公九年

【题解】

齐桓公是春秋五霸中最有成就的人，任诸侯盟主达数十年之久。他巩固霸主地位的主要方针策略，除了发展经济增强国力与以武力征服不顺从的国家外，就是借周天子的名号，使自己的霸权合法化。这篇短文，写齐桓公在会合诸侯时接受周天子所赐的胙肉的言行举动。作品详尽地描绘了齐桓公的谦恭有礼，这是他当着诸侯面前所做，无疑带有矫揉的成分，由于与《春秋》与《左传》所提倡的礼法与“尊王”的宗旨是一致的，所以文章在平稳朴实中仍可见到作者对他的赞许，《古文观止》将其选入，也正处于这样的立场。

会于葵丘〔1〕，寻盟，且修好，礼也。

王使宰孔赐齐侯胙〔2〕，曰：“天子有事于文、武〔3〕，使孔赐伯舅胙〔4〕。”齐侯将下拜，孔曰：“且有后命。天子使孔曰：‘以伯舅耋老〔5〕，加劳，赐一级，无下拜。’”对曰：“天威不违颜咫尺〔6〕，小白余敢贪天子之命无下拜〔7〕？恐陨越于下〔8〕，以遗天子羞，敢不下拜？”下，拜，登，受。

【注释】

〔1〕葵丘：宋地，在今河南民权县东北。当时齐桓公与宋襄公、鲁僖公、卫文公、郑文公、许僖公、曹共公在葵丘相会。

〔2〕王：周襄王。　宰孔：名孔，宰是官名。　齐侯：齐桓公。　胙：胙肉。

〔3〕事：祭祀之事。　文、武：周文王与周武王。

〔4〕伯舅：天子对异姓诸侯的尊称。

〔5〕耋(dié 碟)：七十岁。

〔6〕颜：面。　咫尺：指很近。八寸为咫。

〔7〕小白：齐桓公名。　余：我。　敢：反语，怎敢。　贪：贪妄，这里有不该受而受之，恃宠而违礼之意。

〔8〕陨越：坠落。这里指有违礼法。

【译文】

(众诸侯)在葵丘相会，是重温旧盟，并调整发展友好关系，这是合乎礼的。

周襄王派宰孔赐给齐桓公胙肉，说："天子祭祀文王与武王，派我来赐给伯舅胙肉。"齐桓公准备下阶跪拜接受。宰孔说："还有后面的命令。天子派我说：'因为伯舅已是高龄，再加上有功劳，赐进一级，不用下阶跪拜。'"齐桓公回答说："天子的威严就在我面前连咫尺的距离都不到，小白我怎敢妄自借天子的命令而不下阶跪拜？恐我违背礼法于下，给天子带来不光彩。我怎敢不下阶跪拜？"下阶，跪拜、登堂，受胙。

(李梦生)

阴饴甥对秦伯

《左传》僖公十五年

【题解】

秦穆公帮助晋惠公取得了君位，晋惠公背信弃义，原先答应秦国的条件一条也没兑现，于是秦穆公攻打晋国，战于韩原，俘虏了晋惠公。秦穆夫人是晋献公之女，因为她挺身斡旋，加上晋国臣民上下同心、誓雪国耻，秦穆公因而审时度势，与晋议和。这篇文章写晋阴饴甥与秦穆公订盟事。全文通过问答，将秦穆公与阴饴甥的处境与心理描摹得十分逼真。尤其是战败国一方的阴饴甥，面对秦穆公的逼人语词，毫不避让退缩、低头求怜，反而以退为进、以抑为扬，通过君子与小人的不同表现与看法，既申明了晋国坚定不屈的斗志，又用礼义套住秦穆公，使他不得不作出让步，表现了一个杰出的外交家的非凡才干。

十月，晋阴饴甥会秦伯〔1〕，盟于王城〔2〕。秦伯曰："晋国和乎？"对曰："不和。小人耻失其君，而悼丧其亲，不惮征缮以立圉也〔3〕，曰：'必报仇，宁事戎狄〔4〕，'君子爱其君，而知其罪，不惮征缮以待秦命，曰：'必报德，有死无二。'以此不和。"

【注释】

〔1〕阴饴甥：晋大夫，复姓瑕吕，名饴甥，封于阴。　秦伯：

秦穆公。

〔2〕王城：秦地，在今陕西大荔县。

〔3〕圉：晋惠公太子。

〔4〕宁：宁可，不惜。

【译文】

十月，晋国阴饴甥会见秦穆公，在王城订立盟约。秦穆公说："晋国国内和睦吗？"阴饴甥回答说："不和睦。小人因为失掉国君而感到羞耻，因为死去亲属而感到哀悼，不怕征收赋税、修治武备以拥立圉为国君，说：'一定要报仇，宁可为此而事奉戎狄。'君子爱戴自己的国君，也知道他的罪过，不怕征收赋税，修治武备以等待秦国的命令，说：'一定要报答秦国的恩德，纵是死也不改变。'因此不和睦。"

秦伯曰："国谓君何〔1〕？"对曰："小人戚，谓之不免；君子恕〔2〕，以为必归。小人曰：'我毒秦，秦岂归君？'君子曰：'我知罪矣，秦必归君。贰而执之，服而舍之，德莫厚焉，刑莫威焉。服者怀德，贰者畏刑。此一役也，秦可以霸。纳而不定，废而不立，以德为怨，秦不其然。'"秦伯曰："是吾心也。"改馆晋侯，馈七牢焉〔3〕。

【注释】

〔1〕国：指国中的人。

〔2〕恕：推己及人。

〔3〕牢：一牛一羊一猪为一牢。

【译文】

秦穆公说："晋国人对国君的未来如何判断？"阴饴甥回答

说："小人忧戚，认为他不会被赦免。君子推己及人，认为他一定会被赦免回国。小人说：'我们损害了秦国，秦国怎么肯放回国君？'君子说：'我们已经认识到自己的过错，秦国一定会放国君回国。不忠心时就擒拿他，服罪认错了就宽免他，没有比这更厚重的恩德了，没有比这更威严的刑罚了。服罪的人怀念恩德，不忠心的人害怕刑罚。通过这件事，秦国就能成为诸侯的领袖了。送他回国为君而不安定他的君位，废掉一个国君又不另立新的国君，把恩德变为仇怨，秦国不会这样做。'"秦穆公说："这正是我的心意。"于是改善晋惠公的待遇，让他住入宾馆，送给他牛、羊、猪各七头。

（李梦生）

子鱼论战

《左传》僖公二十二年

【题解】

宋襄公也是春秋五霸之一，实际上他国力薄弱，缺乏威望，不是个霸才。僖公二十一年(前639)，宋襄公召集诸侯会盟，受尽楚国的蔑视侮辱，因此第二年起兵攻打亲楚的郑国以报复，与援郑的楚军在泓水交战，被打得大败。这篇文章记泓水之战。写宋襄公为得人心，表现自己霸主的气度，在对敌作战时还满口仁义道德，墨守成规，结果兵败受伤，引起国人的强烈不满。作者对宋襄公的愚昧迂腐抱嘲笑的态度，所以把重点放在子鱼对他的批判上，以冷峻的笔墨对他进行挖苦讽刺，宋襄公也因此成为古代昏君的典型。

楚人伐宋以救郑。宋公将战〔1〕，大司马固谏曰〔2〕：“天之弃商久矣〔3〕，君将兴之，弗可赦也已。”弗听。

及楚人战于泓〔4〕。宋人既成列〔5〕，楚人未既济〔6〕。司马曰：“彼众我寡，及其未既济也，请击之。”公曰：“不可。”既济而未成列，又以告。公曰：“未可。”既陈而后击之〔7〕，宋师败绩。公伤股，门官歼焉〔8〕。

【注释】

〔1〕宋公：宋襄公。

〔2〕大司马固：公孙固，字子鱼。大司马为执掌军政的官。

〔3〕天之弃商：上天不肯降福给商。宋国为商微子的后代，其地为商旧都及周围地区。

〔4〕泓：水名，在今河南柘城县。

〔5〕成列：排成战斗行列。

〔6〕未既济：还没完全渡过河。

〔7〕陈：同“阵”，排成阵势。

〔8〕门官：国君的亲军侍卫。

【译文】

楚国人攻打宋国用以救援郑国。宋襄公准备迎战，大司马公孙固劝阻他说：“上天不肯降福给商朝已经很久了，君王现在打算复兴它，那是上天所不肯饶恕的事。”宋襄公不听。

宋襄公与楚军在泓水交战。宋军已经排成战斗的行列，楚军还没有完全渡过河来。公孙固说：“他们人多我们人少，趁他们还没全部渡河，请下令攻击他们。”宋襄公说：“不行。”楚军渡过了河而没排成战斗行列，公孙固又请求下令攻击，宋襄公说：“还不行。”等楚军摆好阵势后宋军才发动攻击，宋军大败。宋襄公大腿负伤，近卫军被杀得一干二净。

国人皆咎公〔1〕。公曰：“君子不重伤〔2〕，不禽二毛〔3〕。古之为军也，不以阻隘也〔4〕。寡人虽亡国之余，不鼓不成列〔5〕。”子鱼曰：“君未知战。勍敌之人〔6〕，隘而不列，天赞我也。阻而鼓之，不亦可乎？犹有惧焉。且今之勍者，皆吾敌也。虽及胡耇〔7〕，获则取之，何有于二毛？明耻教战〔8〕，求杀敌也。伤未及死，如何勿重？若爱重伤，则如勿伤；爱其二毛，则如服焉。三军以利用也〔9〕，金鼓以声气也〔10〕。利而用之，阻隘可也。声盛致志〔11〕，鼓儳可也〔12〕。”

【注释】

〔1〕咎：归罪，指责。

〔2〕重伤：杀伤已受伤的人。

〔3〕禽：同“擒”。　二毛：头发花白。指老人。

〔4〕阻隘：险要的地势。

〔5〕鼓：击鼓，号令进军攻击。

〔6〕勍（qíng 情）敌：劲敌，强敌。

〔7〕胡耇（gǒu 狗）：年纪很老的人。

〔8〕明耻：宣明失败误国是耻辱的道理。

〔9〕三军：诸侯大国设上、中、下三军。　利用：凭借有利条件来作战。

〔10〕声气：以声音鼓励士气。

〔11〕声盛：谓金鼓之声大作。　致志：鼓起斗志。

〔12〕儳（chǎn 产）：阵列不整齐。

【译文】

宋国的百姓都归罪于宋襄公。宋襄公说：“君子不杀伤已经受伤的人，不擒捉头发花白的人。古代的用兵之道，不凭借险要的地势攻击敌人。寡人虽然是亡国者的后代，但仍然不会下令攻击还没有排成战斗行列的人。”子鱼说：“君王不懂得作战的道理。实力强大的敌人，由于地形阻隘而没能排成战斗行列，是上天帮助我们。趁他们被阻隔而进行攻击，不也是可以的吗？这样做尚且担心不能取胜呢。再说现在的强者，都是我们的敌人。即使是遇到老人，能够俘获就抓回来，对头发花白的人有什么可怜惜的？使战士明白失败是耻辱，教导士兵如何作战，是为了杀死敌人。敌人受伤还没有死，为什么不再次杀伤他？如果可怜敌人不再次杀伤他们，那还不如起初就不要杀伤他们；如果可怜敌人中头发花白的人，那还不如向他们屈服。三军是凭借有利条件来作战的，鸣金击鼓是以声音来鼓励士气。抓住有利的机会就使用，在险要的地方攻击敌人是可以的；盛大的金鼓之声是为了鼓舞起斗志，向那些没有排列成战斗行列的人进攻是可以的。”

（李梦生）

寺人披见文公

《左传》僖公二十四年

【题解】

虚己待人、宽宏大度，才能使人才为自己所用，从而成就大事业，这是《左传》通过许多实例留给后人的一条宝贵经验。晋文公跋涉列国、历尽艰辛，最后取得君位，并且成为卓越的霸主，不拘一格重用能人是关键。这篇文章记叙了晋文公从拒绝接见寺人披到虚心接受寺人披的意见与他相见，从而免受灾难的经过，赞颂了晋文公勇于认错、不计前嫌的高尚品格。晋文公是《左传》中写得最为详尽的人物，这里记的虽然是一件小事，但即小见大，烘托渲染出晋文公谦恭有礼的政治家形象，充分体现了《左传》写人揣摩忖度入情入微的特点。

吕、郤畏逼〔1〕，将焚公宫而弑晋侯〔2〕。寺人披请见〔3〕。公使让之〔4〕，且辞焉，曰："蒲城之役〔5〕，君命一宿〔6〕，女即至〔7〕。其后余从狄君以田渭滨〔8〕，女为惠公来求杀余〔9〕，命女三宿，女中宿至。虽有君命，何其速也？夫袪犹在〔10〕，女其行乎！"对曰："臣谓君之入也，其知之矣。若犹未也，又将及难。君命无二，古之制也。除君之恶，唯力是视。蒲人、狄人，余何有焉？今君即位，其无蒲、狄乎？齐桓公置射钩而使管仲相[11]，君若易之，何辱命焉？行者甚众，岂唯刑臣[12]。”

【注释】

〔1〕吕、郤：吕指吕饴甥，即瑕吕饴甥，一称瑕甥。郤，郤芮。二人均为晋大夫，是拥护晋惠公的大夫。　畏逼：恐怕受到迫害。当时晋文公通过秦国的支持回国为君，吕、郤二人曾拥兵阻拦。

〔2〕公宫：国君居住的宫室。　晋侯：指晋文公。

〔3〕寺人披：宦官，名披。

〔4〕让：责备。

〔5〕蒲城之役：鲁僖公五年（前655），晋献公听信骊姬谗言，逼死太子申生，下令捕捉公子夷吾（即晋惠公）与重耳（即晋文公）。当时寺人披奉命到蒲城（在今山西隰县北）来抓重耳，受命后连夜起程，几乎抓住重耳，把重耳的衣袖割断。

〔6〕一宿：住一晚。意为第二天。

〔7〕女：即“汝”，你。

〔8〕余：我。　狄：同“翟”，北方民族名，居住在黄河以西的陕西一带。重耳逃离蒲城后，投奔狄人，在那儿住了十二年。　田：打猎。

〔9〕“女为”句：鲁僖公十六年（前644），晋惠公派寺人披等到狄地去谋杀重耳，未成功，重耳遂决定逃亡向齐国。

〔10〕袪：衣袖。

〔11〕“齐桓公”句：齐桓公与公子纠争夺君位，管仲当时拥护公子纠，曾放箭射中齐桓公带钩。齐桓公即位，听鲍叔牙言，仍重用管仲。

〔12〕刑臣：受过刑的臣，指宦官。

【译文】

吕饴甥、郤芮恐怕受到迫害，准备放火焚烧宫室杀死晋文公。寺人披请求接见，文公派人责备他，并拒绝见他，说：“蒲城那一役，君王命令你第二天到达，你马上就来了。以后我跟着狄君在渭水边打猎，你为惠公来搜索杀死我，惠公命令你第四天到达，你第三天就到了。虽然说是有君王的命令，可是为什么要那么快呢？我那只被你割断的衣袖还在，你还是走吧！”寺人披回答说：

“臣以为君王这次回国，大概已经懂得做国君的道理了。假如还没有，又将遭到祸难。君王的命令要不折不扣地执行，这是从古以来的制度。铲除国君所厌恶的人，应当尽力而为。蒲人、狄人，对我来说又有什么关系呢？如今君王即位为君，难道就没有蒲、狄一类对头吗？齐桓公不追究射钩的事而让管仲为相，君王如果背其道而行之，我自己会走，何必要劳驾君王下令呢？走的人会很多，岂止我这个受过刑的臣子。”

公见之，以难告。晋侯潜会秦伯于王城〔1〕。己丑晦〔2〕，公宫火。瑕甥、郤芮不获公，乃如河上〔3〕，秦伯诱而杀之。

【注释】

〔1〕秦伯：秦穆公。　王城：在今陕西大荔县。

〔2〕己丑晦：三月三十日。

〔3〕如：往，到。　河：黄河。

【译文】

晋文公接见了他，他把吕、郤作乱的事告诉了文公。晋文公秘密到王城会见秦穆公。三月三十日，宫室起火，吕饴甥、郤芮没能抓到晋文公，于是到黄河边上去，秦穆公设计把他们骗去杀了。

（李梦生）

介之推不言禄

《左传》僖公二十四年

【题解】

介之推是随从晋文公流亡国外的功臣，曾割股给晋文公充饥。晋文公登基后，封赏功臣，介之推没有声张，晋文公因事情繁多，一时疏忽，没有封赏他，他便隐居绵上以终。传晋文公曾放火烧山逼介之推出山，介之推与母亲誓不出山被烧死，后人因此用寒食禁火的风俗来纪念他。本文着重记载了介之推决定隐居时与母亲的一番对话：所说的是当时也是后世一直很敏感的问题：即从龙功臣怎样正确对待皇帝与自己。介之推认为皇帝上应天命，功臣不应该徼功求赏，这一出世高蹈、功成不居的思想，被后世奉为隐士的清高淡泊的准则。晋文公的表现，在本文中虽则仅一二句话，但仍反映了他爱贤改过的高尚品格，《左传》每多此类点睛之笔。

晋侯赏从亡者[1]，介之推不言禄，禄亦弗及。推曰："献公之子九人，唯君在矣。惠、怀无亲，外内弃之。天未绝晋，必将有主。主晋祀者，非君而谁？天实置之，而二三子以为己力[2]，不亦诬乎？窃人之财，犹谓之盗，况贪天之功以为己力乎？下义其罪，上赏其奸；上下相蒙[3]，难与处矣。"其母曰："盍亦求之？以死谁怼[4]？"对曰："尤而效之[5]，罪又甚焉。且出怨言，不食其食。”其母曰：“亦使知之，若何?”对曰：“言，身之文也。身将隐，焉用文之？是求显也。”其母曰：“能如是乎？与汝偕隐。”遂隐而死。

【注释】

〔1〕晋侯：晋文公。

〔2〕二三子：指跟随晋文公逃亡的大臣。

〔3〕蒙：欺骗。

〔4〕怼(duì 队)：怨恨。

〔5〕尤：过失，罪过。

【译文】

晋文公赏赐跟随他逃亡的人，介之推不称功求禄赏，禄赏也没有轮到他。介之推说：“献公的九个儿子，只有国君还在世。惠公、怀公没有亲近的人，国内国外的人都抛弃他们。上天不绝晋国，必定会有君主。主持晋国祭祀的人，不是国君又是谁？这实在是上天的安排，而这几个人却以为是他们的力量，这不是欺罔吗？偷别人的财物，尚且称之为盗，何况贪天之功以为自己的力量呢？下面的人把罪过当作合乎义，上面的人对这欺骗行为加以赏赐，上下互相欺蒙，这就难以和他们相处了！”介之推的母亲说：“你何不也去求赏？不求而死，将能怨谁?”介之推回答说：“明知是错的而又效仿他们，罪就更大了。而且我既口出怨言，不能再得他的俸禄了。”介之推的母亲说：“也让他知道一下，怎么样?”介之推回答说：“言语，是身体的纹饰。身体将要隐藏，怎还用得着纹饰？这样做是去求显露了。”他母亲说：“你能这样做吗？我与你一起隐居。”于是隐居而死。

晋侯求之不获，以绵上为之田〔1〕，曰：“以志吾过〔2〕，且旌善人〔3〕。”

【注释】

〔1〕绵上：在今山西介休县。　田：私田，封地。

〔2〕志：记载。

〔3〕旌：表扬，表彰。

【译文】

晋文公寻找他们，没找到，就把绵上的田作为介之推的祭田，说："用这来记录我的过错，并且表彰善人。"

（李梦生）

展喜犒师

《左传》僖公二十六年

【题解】

这篇文章的结构立意与《阴饴甥对秦伯》完全相同，都是弱者向强者标举礼义原则，给对方施加压力，使对方不得不为自己的名誉着想而作让步。春秋虽然是战争频仍、勾心斗角的时代，但不少君主为了外交上的需要，不得不在表面上称扬道义，表示自己是仁者之师，是以义服人，一些政客辩士就是利用这一点，来缓和矛盾，解救自己国家的危难。《左传》中记下了不少出色的说词，宋苏洵在《谏论》中总结说词的方法有五种，即理谕之、势禁之、利诱之、激怒之、隐讽之，这篇文章采用了前两种，词气充沛而不卑不亢，堂正威严，封死了对方斡旋的余地，齐孝公无法回答，只好撤兵。

齐孝公伐我北鄙〔1〕，公使展喜犒师〔2〕，使受命于展禽〔3〕。齐侯未入竟〔4〕，展喜从之〔5〕，曰："寡君闻君亲举玉趾，将辱于敝邑，使下臣犒执事。"齐侯曰："鲁人恐乎？"对曰："小人恐矣，君子则否。"齐侯曰："室如县罄〔6〕，野无青草，何恃而不恐？"对曰："恃先王之命。昔周公、大公股肱周室，夹辅成王。成王劳之，而赐之盟，曰：'世世子孙，无相害也。'载在盟府[7]，太师职之[8]。桓公是以纠合诸侯而谋其不协，弥缝其阙而匡救其灾，昭旧职也。及君即位，诸侯之望曰：‘其率桓之功[9]。’我敝邑用不敢保聚[10]，曰：‘岂其嗣世九年，而弃命废职，其若先君何？君必不然。’恃此以不恐。”齐侯乃还。

【注释】

〔1〕鄙：边境。

〔2〕公：鲁僖公。　展喜：鲁大夫。

〔3〕展禽：名获，字禽，谥惠，食邑于柳下，故又称柳下惠。展喜是他弟弟。

〔4〕竟：同“境”。

〔5〕从之：迎上去见齐孝公。

〔6〕室如县罄：县同“悬”，罄同“磬”。磬悬挂，中高两边低，中间空虚。此比喻百姓贫乏，家中一无所有，虽房舍高起，两檐低垂，但同悬磬，内中空空。

〔7〕载：载书，即盟约。

〔8〕太师：掌管盟约的官。或谓即齐姜太公。

〔9〕率：因循。

〔10〕保聚：保城聚众。

【译文】

齐孝公攻打我国北部边境，僖公派遣展喜去犒劳齐军，令他去展禽那儿去请教如何措辞。齐孝公还没进入鲁境，展喜迎上去进见齐孝公，说：“寡君听说君王您亲自前来，将要屈尊驾临我国，派下臣前来犒劳您的左右。”齐孝公说：“鲁国人害怕吗？”展喜回答说：“小人害怕了，君子却不害怕。”齐孝公说：“你们家中空虚如悬磬，原野中寸草不长，凭仗着什么不害怕？”展喜回答说：“凭仗着先王的命令。往昔周公、太公辅佐周室，在左右协助成王。成王慰劳他们，命令他们结盟，说：‘世世代代的子孙，不要互相侵害。’这盟约存放在盟府，由太师掌管着。齐桓公因此而联合诸侯，解决他们之间的纠纷，补救诸侯的缺失而抚恤救援他们的灾害，这都是显扬齐国往昔辅佐周室的旧责啊。等到君王即位，诸侯都盼望说：‘他会继承桓公的事业。’因此，我敝邑不敢保城聚众，说：‘难道他刚继位九年就抛弃王命、废弃自己的职责，他怎么向先君交代？君王一定不会这样。’凭仗着这些，所以不害怕。”齐孝公于是撤兵回国。

（李梦生）

烛之武退秦师

《左传》僖公三十年

【题解】

晋、秦两个大国联合起来攻打郑国，郑国危如累卵，于是派出了烛之武去瓦解离间两国。烛之武的说辞完全围绕着秦国的利害展开。当时秦穆公励精图治，有问鼎中原之志，所以烛之武以灭郑对秦无利作为论辩的核心，指出亡郑的结果是“陪邻”，而“邻之厚，君之薄”也；在主动表示与秦友好的前提下揭示晋国种种背信弃义的行为。秦穆公为了自己的利益，同意了烛之武退兵的要求。春秋时的结盟往往以各自的利益为鹄的，烛之武抓住这点进行击破，所以取得了胜利。烛之武在关键时刻展示了他的才能，但他的身世却令历来怀才不遇的人所注意，他回答郑文公的话“臣之壮也，犹不如人”，饱含辛酸，足以引起人们深思。各级领导应善于发现人才，早些利用人才，不要等到人才老了才用。

晋侯、秦伯围郑〔1〕，以其无礼于晋，且贰于楚也〔2〕。晋军函陵〔3〕，秦军氾南〔4〕。

【注释】

〔1〕晋侯：晋文公。　秦伯：秦穆公。

〔2〕贰于楚：背离晋国，结好楚国。

〔3〕函陵：在今河南新郑县北。

〔4〕氾(fán 凡)南：氾水之南，在今河南中牟县南，距函陵不远。

【译文】

晋文公、秦穆公率军包围郑国都城，为的是郑国对晋国无礼，并且亲近楚国。晋国的军队驻扎在函陵，秦国的军队驻扎在氾水南面。

佚之狐言于郑伯曰[1]：“国危矣！若使烛之武见秦君，师必退。”公从之。辞曰：“臣之壮也，犹不如人，今老矣，无能为也已。”公曰：“吾不能早用子，今急而求子，是寡人之过也。然郑亡，子亦有不利焉。”许之。

【注释】

〔1〕佚之狐：郑大夫。　郑伯：郑文公。

【译文】

佚之狐对郑文公说：“国家危险了！如果派烛之武去见秦国国君，秦军一定会退走。”郑文公同意了。烛之武推辞说：“臣子少壮的时候，尚且不如别人，如今年老了，不能有所作为了。”郑文公说：“我没能及早任用你，如今危急了而来求你，这是寡人的过错。但是郑国灭亡，对你也有不利啊。”烛之武答应了郑文公。

夜，缒而出[1]，见秦伯曰：“秦、晋围郑，郑既知亡矣。若亡郑而有益于君，敢以烦执事。越国以鄙远，君知其难也，焉用亡郑以陪邻？邻之厚，君之薄也。若舍郑以为东道主，行李之往来[2]，共其乏困[3]，君亦无所害。且君尝为晋君赐矣，许君焦、瑕〔4〕，朝济而夕设版焉〔5〕，君之所知也。夫晋，何厌之有〔6〕？既东封郑〔7〕，又欲肆其西封〔8〕。若不阙秦〔9〕，将焉取之？阙秦以利晋，唯君图之！”

【注释】

〔1〕缒：用绳子缚在身上吊下城。

〔2〕行李：指外交使臣。

〔3〕共：同“供”，供应，供给。

〔4〕焦、瑕：在今河南陕县附近。 秦穆公帮助晋惠公回国为国君，晋惠公曾答应割给秦国五座城邑，后来反悔了。焦、瑕为其中二城。

〔5〕设版：筑城墙，即设防。古代修城以版为夹，中实土。

〔6〕厌：满足。

〔7〕封：此指占有土地，扩张自己的领土。

〔8〕肆：任意。

〔9〕阙：同“缺”，亏损，损害。

【译文】

夜晚，烛之武用绳子缚住身体从城上吊下城去，进见秦穆公，说：“秦、晋包围郑国，郑国已经知道自己灭亡是无法避免的了。如果郑国灭亡对君王有好处，那就不妨烦劳您的左右。一个国家越过别人的国家以远方的土地作为自己的边邑，君王知道这是很困难的。何必要灭掉郑国来给你的邻国增加土地呢？邻国增强实力，就等于君王削弱实力。如果您放弃灭掉郑国的计划，以郑国为东路上的主人，凡是贵国使者往来，我国会供应他各方面需要，这对君王一点没有害处。再说君王曾经给晋君以恩赐，晋君答应过给你焦、瑕土地，但他早晨渡河回去，晚上就修筑防卫工事，这是君王所清楚的。晋国哪有满足的时候？已经东边向郑国扩张领土，又想为所欲为地向西方拓展。如果不损害它西边秦国利益，他又向哪里去取得土地？损害秦国来有利于晋国，请君王考虑是否值得。”

秦伯说[1]，与郑人盟，使杞子、逢孙、杨孙戍之，乃还。子犯请击之[2]，公曰："不可。微夫人之力不及此[3]。因人之力而敝之[4]，不仁；失其所与[5]，不知[6]；以乱易整[7]，不武。吾其还也。"亦去之。

【注释】

〔1〕说(yuè 月)：同"悦"，欢喜，此指赞同。

〔2〕子犯：晋上卿狐偃。

〔3〕微：非。　夫(fú 扶)人：指秦穆公。夫，语助词。

〔4〕敝：失败。此指伤害。

〔5〕与：友好。

〔6〕知：同"智"。

〔7〕乱：动乱。指关系破裂，互相攻战。　整：友好和睦。

【译文】

秦穆公赞同他的话，与郑国人订立盟约，派杞子、逢孙、杨孙帮助郑国戍守，便回国去了。子犯请求追击秦军，晋文公说："不行。如果没有那个人的力量，我们就到不了今天这地位。凭借别人的力量取得成功反而去伤害他，不合乎仁义；失去友好邻邦，是不明智；以关系破裂代替和睦，这不是勇敢。我们还是回国去吧。"于是晋军也离开了郑国。

（李梦生）

蹇叔哭师

《左传》僖公三十二年

【题解】

僖公三十二年冬，晋文公去世。一直与晋文公争霸的秦穆公看到自己取代晋文公的时机到了，企图派兵偷袭晋国东面的郑国，结果消息泄漏，无功而返，归途中受到晋国的攻击，在殽山被打得大败。这里选的片段是殽地战役的前奏曲。秦穆公在出兵时征求老臣蹇叔的意见，蹇叔坚决反对，认为劳师袭远，必定不会成功，在遭到秦穆公的训斥后，蹇叔哭着为秦军送行，并预言秦军将在殽地被晋军阻击。文章在记事上井井有条，渲染了一个悲壮的场景，留下悬念引导人们去探求战争的结果。蹇叔的深忧痛伤，秦穆公的骄怒无状，都声口毕肖，令人有身临目见的感觉。

杞子自郑使告于秦曰[1]："郑人使我掌其北门之管[2]，若潜师以来，国可得也。"穆公访诸蹇叔[3]，蹇叔曰："劳师以袭远，非所闻也。师劳力竭，远主备之，无乃不可乎？师之所为，郑必知之。勤而无所，必有悖心[4]。且行千里，其谁不知？"公辞焉。召孟明、西乞、白乙[5]，使出师于东门之外。蹇叔哭之，曰："孟子！吾见师之出，而不见其人也！"公使谓之曰："尔何知[6]，中寿[7]，尔墓之木拱矣！"

【注释】

〔1〕杞子：僖公三十年(前630)秦国留在郑国帮助戍守的将领。

〔2〕管：钥匙。此指防守。

〔3〕访：访问。这里是咨询、请教的意思。　蹇叔：秦老臣，曾为上大夫。

〔4〕悖：违逆，背叛。

〔5〕孟明：姓百里，名视，字孟明。　西乞：名术。　白乙：名丙。

〔6〕尔：你。

〔7〕中寿：一般指六七十岁。

【译文】

杞子从郑国派人报告秦穆公，说："郑国人委托我掌管他们都城北门的钥匙，如果派兵悄悄而来，就可以占领郑国。"秦穆公就此事向蹇叔征求意见，蹇叔说："让军队辛苦疲劳地去偷袭远方国家，我没听说过有这样的事。军队劳苦，力量耗尽，远方的国家已经有了防备，这恐怕不会成功吧？我们军队的目的，郑国必然会知道。辛苦一场而无所得，士兵一定会产生不满。再说行军千里之远，还瞒得了谁呢？"秦穆公不接受他的意见。召见孟明视、西乞术、白乙丙，命令他们率军由东门出发。蹇叔哭着为他们送行，说："孟明视！我看到军队出去但不能看到他们回国了！"秦穆公派人对蹇叔说："你知道什么？你如果活到中等寿命就死去，你墓上的树已经长得快有合抱粗了！"

蹇叔之子与师〔1〕，哭而送之，曰："晋人御师必于殽〔2〕。殽有二陵焉〔3〕：其南陵，夏后皋之墓也〔4〕；其北陵，文王之所辟风雨也〔5〕。必死是间〔6〕，余收尔骨焉！"秦师遂东。

【注释】

〔1〕与：参与，参加。

〔2〕殽：即崤山，在今河南洛宁县西北，西接陕县，东连渑池，是

晋国要塞，为秦往郑必经之地。

〔3〕二陵：两座山陵，即东、西崤山。二山相距三十五里，山多险坡，路窄难行。

〔4〕夏后皋：夏帝皋。后，帝。

〔5〕辟：同“避”。

〔6〕必死是间：按礼，一个国家有丧事，别国军队通过这个国家去袭击它的邻国是无礼行为，所以蹇叔判断晋国必然不会容忍，会利用崤山险要伏击秦军。

【译文】

蹇叔的儿子也在出征队伍中，蹇叔哭着送他，对他说：“晋国人必定会在殽山埋伏拦截我们的军队。殽山有两座山陵，那南边的山陵，有夏代天子皋的坟墓；那北边的山陵，是文王曾经躲避过风雨的地方。你一定会死在两座山陵之间，我就在那里收拾你的尸骨吧！”秦国军队于是向东进发。

（李梦生）

卷　二

郑子家告赵宣子

《左传》文公十七年

【题解】

郑国地处中原，夹在争霸的晋国与楚国之间，顺楚则晋国来攻，顺晋则被楚讨伐，日子十分难过。郑子家在写给晋国执政赵宣子的这封信中，对晋国的指责针锋相对地进行回击。子家先历数郑国对晋国的忠诚，阐明立场；继而强调郑国顺服楚国是不得已，从而做出“居大国之间，而从于强令，岂其罪也”的结论，暗中指责晋国无力保护郑国。子家又利用晋楚对立的矛盾，在表示顺晋的同时，回击晋国的无理谴责，理直气壮地声明，晋国逼人太甚的话，郑国将拼死一战。子家的书信虽多外交辞令，但重于用事实说话，做到有理有节，柔中有刚，攻守严密，使对方无懈可击，是《左传》中理辞俱胜的篇章之一。

晋侯合诸侯于扈〔1〕，平宋也〔2〕。于是晋侯不见郑伯〔3〕，以为贰于楚也。

【注释】

〔1〕晋侯：晋灵公。　扈：郑地，在今河南原阳县西。

〔2〕平：讲和。

〔3〕是：这个时候。　郑伯：郑穆公。

【译文】

晋灵公在扈地会合诸侯，是为了与宋国讲和。这时，晋灵公不肯与郑穆公相见，是因为认为他与楚国勾结背叛晋国。

郑子家使执讯而与之书[1]，以告赵宣子[2]，曰："寡君即位三年[3]，召蔡侯而与之事君[4]。九月，蔡侯入于敝邑以行。敝邑以侯宣多之难[5]，寡君是以不得与蔡侯偕。十一月，克减侯宣多[6]，而随蔡侯以朝于执事。十二年六月，归生佐寡君之嫡夷[7]，以请陈侯于楚而朝诸君[8]。十四年七月，寡君又朝，以蒇陈事[9]。十五年五月，陈侯自敝邑往朝于君[10]。往年正月[11]，烛之武往朝夷也[12]。八月，寡君又往朝。以陈、蔡之密迩于楚，而不敢贰焉，则敝邑之故也。虽敝邑之事君，何以不免？在位之中[13]，一朝于襄，而再见于君。夷与孤之二三臣相及于绛[14]，虽我小国，则蔑以过之矣[15]。今大国曰：'尔未逞吾志。'敝邑有亡，无以加焉。古人有言曰：'畏首畏尾[16]，身其余几？'又曰：'鹿死不择音[17]。'小国之事大国也，德，则其人也[18]；不德，则其鹿也。铤而走险[19]，急何能择？命之罔极[20]，亦知亡矣。将悉敝赋以待于儵[21]，唯执事命之。文公二年[22]，朝于齐。四年，为齐侵蔡，亦获成于楚[23]。居大国之间，而从于强令[24]，岂其罪也？大国若弗图，无所逃命。"

【注释】

〔1〕子家：公子归生，郑执政。　执讯：通讯问之官。

〔2〕赵宣子：赵盾，晋执政大夫。

〔3〕三年：郑穆公三年，即鲁文公二年(前625)。

〔4〕蔡侯：指蔡庄侯。　君：此指晋襄公，晋灵公兄。

〔5〕侯宣多之难：郑穆公为侯宣多所立，侯宣多时恃宠专权。

〔6〕克减：消灭。

〔7〕寡君之嫡夷：指郑穆公太子，名夷，字子蛮，后即位为郑灵公。

〔8〕请：请命。　陈侯：陈共公。陈共公其时追随楚国，而晋、楚有郤，故朝晋前先要请郑国代向楚君请命，以取得谅解。　君：指晋灵公，以下同。

〔9〕蒇：完成。

〔10〕陈侯：指陈灵公，陈共公子。

〔11〕往年：指郑穆公十七年，鲁文公十六年(前611)。

〔12〕烛之武往朝夷：指烛之武为太子夷而朝晋。

〔13〕在位之中：指郑穆公在君位时。

〔14〕绛：晋国都城，在今山西翼城。

〔15〕则蔑以过之：谓事大国之礼不能再超过此了。蔑，不，无以。

〔16〕畏首畏尾：喻郑北畏晋，南畏楚。

〔17〕音："荫"的通假字。一云即指声音。

〔18〕则其人也：言则以人道相事。

〔19〕铤而走险：铤，急走貌。此言晋如不以德相待，郑国将如鹿将死，不再选择庇荫之地，急走险地，投向楚国。

〔20〕命之罔极：言晋责备没有止境。罔，无。

〔21〕悉敝赋：尽征军队与军需品。古时按田赋出兵丁。　鯈：地名，在晋、郑边境。

〔22〕文公二年：郑文公二年，即鲁庄公二十二年(前671)。

〔23〕成：和解，讲和。

〔24〕强令：大国施加压力命令，强制执行。

【译文】

郑子家派执讯带上他的书信去晋国，告达赵宣子，说："寡君即位三年，召请蔡侯和他一起事奉贵国国君。九月，蔡侯进入我国前去贵国。我国因为有侯宣多造成的祸难，寡君因此而不能与蔡侯一起去贵国。十一月，消灭了侯宣多，就跟随蔡侯一起向贵国执事朝见。十二年六月，归生我辅佐寡君的太子夷，请命于楚，与陈侯一起朝见贵国国君。十四年七月，寡君再次朝见，以完成关于陈国的事。十五年五月，陈侯从我国前去朝见贵国国君。去年正月，烛之武为太子夷朝晋事而去贵国。八月，寡君又去贵国朝见。以陈、蔡二国紧挨着楚国而不敢不顺服贵国，这是因为我国在中间起作用的缘故。我国虽然如此事奉贵国国君，为什么仍然不能免于祸难呢？寡君在位期间，一次朝见襄公，两次朝见当今的国君。太子夷与我们几个臣子不停地到绛都去，我们虽是小国，但事奉大国的礼数不能再有超过的了。如今大国说：'你们没能满足我的愿望。'这样我国只有灭亡而已，再不能增加什么了。古人有句话说：'害怕头又害怕尾，中间身子又剩多少。'又说：'鹿在临死时顾不上选择庇荫之所。'小国事奉大国，大国以德相待，小国就以人道相事；不以德相待，那小国就像鹿一样，奔走险地，在急迫中怎么会留意选择庇荫之地？贵国的责备没有止境，我们也知道难免灭亡了，只好把我国所有的军队集中起来等在儵地，听凭执事的命令。我们文公在二年去齐国朝见。四年，为齐国侵袭蔡国，也和楚国达成和议。处在大国的中间而屈从于压力，难道是小国的罪过吗？大国如果不加谅解，我们也没有地方可以逃避你们的命令。"

晋巩朔行成于郑〔1〕，赵穿、公婿池为质焉〔2〕。

【注释】

〔1〕巩朔：晋大夫，亦称士庄伯、巩伯。　行成：达成和议。

〔2〕赵穿：晋大夫。　公婿池：晋大夫。或云为晋侯女婿。

【译文】

晋巩朔去郑国表示和解，以赵穿、公婿池作为人质。

（李梦生）

王孙满对楚子

《左传》宣公三年

【题解】

楚庄王与中原诸侯经过长期的抗争，凭借强大的兵力登上了霸主的宝座。但在中原诸侯与周天子眼中，仍然是窃位的蛮夷之君，所以王孙满借题发挥，就鼎的轻重问题，讥讽楚庄王，说他靠武力而不靠德行是无法真正服人，更不能达到统治天下的目的。王孙满是著名的才智之士，他在这里妙设机杼，因楚庄王问鼎意识到他吞并天下的野心，因此，由鼎的轻重引申到德行的轻重上，摧挫打击了楚庄王的嚣张气焰，又使楚庄王无法辩复。王孙满在这里强调的就是儒家所提倡的以德服人、得人心则得天下的思想，这一思想始终贯穿在《左传》富有文采的叙事与人物言论中，使《左传》成为独具一格的儒家经典。

楚子伐陆浑之戎[1]，遂至于雒，观兵于周疆[2]。定王使王孙满劳楚子。楚子问鼎之大小轻重焉[3]。对曰："在德不在鼎。昔夏之方有德也，远方图物[4]，贡金九牧[5]，铸鼎象物，百物而为之备，使民知神奸[6]。故民入川泽山林，不逢不若[7]。螭魅罔两[8]，莫能逢之。用能协于上下，以承天休[9]。桀有昏德[10]，鼎迁于商，载祀六百[11]。商纣暴虐，鼎迁于周。德之休明[12]，虽小，重也[13]。其奸回昏乱，虽大，轻也。天祚明德，有所底止[14]。成王定鼎于郏鄏[15]，卜世三十，卜年七百，天所命也。周德虽衰，天命未改，鼎之轻重，未可问也。”

【注释】

〔1〕楚子：楚庄王。　陆浑之戎：西北少数民族的一支，原居今甘肃敦煌一带，后迁居到今河南洛水两岸。

〔2〕观兵：检阅军队。这里有耀武扬威的意思。

〔3〕鼎：九鼎，传夏时用九州贡的铜铸成，以代表九州。

〔4〕图物：把事物画成图像。

〔5〕金：指铜。　九牧：九州之牧。牧为一州之长。

〔6〕奸：指邪恶的东西。

〔7〕不若：不顺。有危害的东西。

〔8〕螭魅罔两：即魑魅魍魉，山林水泽中的精灵妖异。

〔9〕承：领受。　天休：上天赐予的福分。

〔10〕昏德：德行昏聩惑乱。

〔11〕载祀：年代。载与祀均为年的意思。

〔12〕休明：美好光明。

〔13〕重：意为无法移动搬迁。

〔14〕厎(zhǐ 止)止：最终的年代。

〔15〕定鼎：安置稳固好鼎。　郏鄏(jiá rǔ 夹辱)：即今河南洛阳，为周王城。

【译文】

楚庄王攻打陆浑之戎，于是到达洛水边，在周朝的疆界内检阅军队。周定王派王孙满去慰问楚庄王。楚庄王问起九鼎的大小与轻重。王孙满说：“这决定于君主的道德而不在于鼎的本身。往昔夏朝实行德政的时候，远方的人把各种东西画成图像，九州的长官贡献了铜，铸成鼎，把各种东西的图像铸在鼎上，各种事物都得以备载，让人民认识神道与邪恶的东西。因此人民进入川泽山林，就不会碰上有危害的东西。魑魅魍魉，这类鬼怪都不会遇到。因而能够使上上下下的人们和睦相处，以领受上天赐予的福分。桀德行昏聩惑乱，九鼎迁移到商朝，经历了六百年。商纣王残暴肆虐，鼎又迁移到周朝。德行美好光明，鼎虽小，分量却很重；如果奸邪昏乱，鼎虽大，分量则很轻。上天赐福给明德的君王，总有终结的日子。成王把鼎安顿在郏鄏，占卜的预言说可传三十代，享年七百年，这是天意决定的。周朝的德行虽然衰弱，天命并没有改变，鼎的轻重，还不可以询问。”

（李梦生）

齐国佐不辱命

《左传》成公二年

【题解】

面对胜券在握、怒气冲冲的敌人，如何恰到好处地使用外交谈判的手段与辞令完成难度很大的讲和任务，国佐在这里进行了精彩的表演。当时晋国在鞌地大败齐军后，向齐国国都挺进，齐国精锐尽失，危在旦夕。盛气凌人的晋军被胜利冲昏了头脑，提出了荒谬的讲和条件，没想到正给国佐抓住了把柄，进行了犀利的反击，一下子扭转了逆势；晋国在理屈词穷的被动局面下，最终为维护表面上的道义，答应讲和。引用经典，以理服人是国佐取得胜利的关键；但更主要的是，国佐靠着背城借一的勇气，宁可玉石俱焚，所以能慷慨陈词，毫不让步，使齐国虽败而不辱。

晋师从齐师〔1〕，入自丘舆〔2〕，击马陉〔3〕。齐侯使宾媚人赂以纪甗、玉磬与地〔4〕，“不可，则听客之所为。”

【注释】

〔1〕从：跟随。这里是追赶之意。

〔2〕丘舆：齐邑，在今山东益都县西南。

〔3〕击：攻打。　马陉：在益都县西南。

〔4〕齐侯：齐顷公。　宾媚人：即国佐，齐上大夫。　纪甗（yán沿）：纪国的一件古炊器。纪为古国，地在今山东寿光南，被齐灭亡。

【译文】

晋军追击齐军，从丘舆进入齐国，攻打马陉。齐顷公派宾媚人送上纪甗、玉磬并答应割让土地以求和，指示他："如果晋国不同意，那就随便他们好了。"

宾媚人致赂，晋人不可，曰："必以萧同叔子为质[1]，而使齐之封内尽东其亩[2]。"对曰："萧同叔子非他，寡君之母也。若以匹敌[3]，则亦晋君之母也。吾子布大命于诸侯，而曰必质其母以为信，其若王命何？且是以不孝令也。《诗》曰：'孝子不匮，永锡尔类[4]。'若以不孝令于诸侯，其无乃非德类也乎[5]？先王疆理天下物土之宜[6]，而布其利[7]，故《诗》曰：'我疆我理，南东其亩[8]。'今吾子疆理诸侯，而曰'尽东其亩'而已，唯吾子戎车是利，无顾土宜，其无乃非先王之命也乎？反先王则不义，何以为盟主？其晋实有阙。四王之王也[9]，树德而济同欲焉[10]。五伯之霸也[11]，勤而抚之，以役王命。今吾子求合诸侯，以逞无疆之欲[12]。《诗》曰：'敷政优优，百禄是遒[13]。'子实不优，而弃百禄，诸侯何害焉？不然，寡君之命使臣，则有辞矣，曰：'子以君师辱于敝邑，不腆敝赋[14]，以犒从者。畏君之震，师徒挠败[15]。吾子惠徼齐国之福[16]，不泯其社稷[17]，使继旧好。唯是先君之敝器、土地不敢爱[18]，子又不许，请收合余烬，背城借一。敝邑之幸，亦云从也。况其不幸，敢不唯命是听[19]？'"

【注释】

〔1〕萧同叔子：齐顷公的母亲，萧国国君同叔的女儿。晋上军元帅郤克有残疾，出使齐国时受到萧同叔子的嘲笑，是导致晋军攻打齐国的根源。

〔2〕封内：封疆内，即境内。

〔3〕匹敌：对等国家。

〔4〕所引诗见《诗·大雅·既醉》。匮，穷尽。

〔5〕德类：道德法式。

〔6〕疆理：定疆界，区分条理。　物：物色、考察。

〔7〕布：分布。

〔8〕所引诗见《诗·小雅·信南山》。

〔9〕四王：虞舜、夏禹、商汤、周武。或云指禹、汤、周文、周武。王（wàng旺）：成就王业。

〔10〕同欲：共同的要求。

〔11〕五伯：即五霸。霸谓“以力假仁”，即能令天下共同效力于天子的诸侯。五霸指夏伯昆吾，商伯大彭、豕韦，周伯齐桓、晋文。

〔12〕无疆：无尽。

〔13〕所引诗见《诗·商颂·长发》。遒，积聚。

〔14〕不腆：不丰厚。

〔15〕挠败：打败。

〔16〕徼：求。

〔17〕泯：灭亡。

〔18〕爱：吝惜，爱惜。

〔19〕敢：反语，怎敢。

【译文】

宾媚人献上礼物，晋国人不同意和解，说：“一定要以萧同叔子作为人质，而且把齐国境内的垄亩畦埂全都改成东西走向。”宾媚人回答说：“萧同叔子不是别人，是寡君的母亲。如果从对等的地位来说，她也就如同是晋国国君的母亲。您在诸侯中发布重大命令，却说一定要用人家的母亲做人质才能取信，将怎样对待周天子的命令呢？而且这是以不孝来号令诸侯。《诗经》说：‘孝子的孝心没有穷尽，他永远把自己的孝思分给同类的人。’如果以不孝的行为来号令诸侯，那不就是不符合道德法则了吗？先王把天下的田地划分疆界，区分条理，考察土地性质特点，从而作有利于生产的布置，所以《诗经》说：‘我划定疆界、区分条理，分别南向东向，开辟田间的垄亩。’如今您让诸侯定疆界、分条理，却说‘把田中垄亩全部改作东向’而已，只考虑方便自己的兵车通行，不管土地是否适宜，那不就是不符合先王的政令了吗？违反先王的制度就是不义，怎能做诸侯的盟主呢？晋国在这点上确实是有过失的。四王之所以成就王业，是因为他们树立德行，满足诸侯的共同愿望。五伯之所以成就霸业，是因为他们勤劳而安抚诸侯，共同为天子效命。如今您要求会合诸侯，却是用以满足自己没有止境的欲望。《诗经》说：‘推行政事和缓宽大，各种福禄都会集中到你身上。’你如果不肯施政宽和，而丢弃一切福禄，这对诸侯又有什么害处呢？你如果不答应讲和，寡君命令我使臣，还有一番话要说，话是这样的：‘您带领贵国国君的军队光临敝邑，我们只能尽自己微薄的力量来犒劳您的随从。畏惧贵国国君的威严，我们的军队战败了。承蒙您光临为齐国求福，如果不灭亡我们的国家，让我们继续过去的友好关系，那么先君留下的破旧的器具、土地，我们是不敢爱惜的。您如果不允许，我们就只能请求收拾残兵败将，背靠着我们的城墙决一死战。如果敝邑侥幸取胜，也还是依从贵国。如果不幸败了，岂敢不唯命是听？’”

（李梦生）

楚归晋知罃

《左传》成公三年

【题解】

这篇文章，记叙了楚共王与晋国的战俘知罃的对话。楚共王放走知罃，心中不无顾虑，同时又以施恩有德自居，所以对知罃作了试探性的盘问，从“怨我”、“德我”、“报我”三方面探讨，问得很有技巧，也充分展示了心中所思。知罃对这三个问题实在很难回答，因为答得不合楚共王的意，很有可能回不了国，甚至被杀。于是知罃别出心裁，看似直接回答问题，实际上把自己置身事外，从臣子应尽的道义与国家利益的高度上来表明自己应有的态度，不卑不亢，进退有度，恰到好处地应对了楚共王的盘问，既维护了国格，又维护了人格，赢得了楚共王的尊重。楚共王与知罃在这里行事都遵循了道义，所以《左传》的作者是带着赞赏的语气进行介绍的。

晋人归楚公子縠臣与连尹襄老之尸于楚〔1〕，以求知罃〔2〕。于是荀首佐中军矣〔3〕，故楚人许之。

【注释】

〔1〕公子縠臣：楚庄王之子。　连尹：官名。宣公十二年(前597)晋楚邲之战，知罃被楚军俘虏，其父荀首闻知冲入楚军，杀死连尹襄老，擒获公子縠臣。

〔2〕知罃：即荀罃，荀首之子。

〔3〕是：这个时候。　荀首：又称知庄子、知季，晋卿。

【译文】

晋国人把楚公子穀臣以及连尹襄老的尸体送回楚国，用以交换知罃。这时候荀首已经任中军副帅了，所以楚国人答应了晋国。

王送知罃，曰："子其怨我乎？"对曰："二国治戎[1]，臣不才，不胜其任，以为俘馘[2]。执事不以衅鼓，使归即戮，君之惠也。臣实不才，又谁敢怨？"王曰："然则德我乎？"对曰："二国图其社稷，而求纾其民[3]。各惩其忿以相宥也[4]，两释累囚以成其好[5]。二国有好，臣不与及[6]，其谁敢德？"王曰："子归，何以报我？"对曰："臣不任受怨[7]，君亦不任受德，无怨无德，不知所报。"王曰："虽然，必告不穀[8]。"对曰："以君之灵，累臣得归骨于晋[9]，寡君之以为戮，死且不朽。若从君惠而免之，以赐君之外臣首[10]。首其请于寡君，而以戮于宗，亦死且不朽。若不获命，而使嗣宗职，次及于事[11]，而帅偏师以修封疆，虽遇执事，其弗敢违[12]。其竭力致死，无有二心，以尽臣礼，所以报也。"王曰："晋未可与争。"重为之礼而归之。

【注释】

〔1〕治戎：治兵，作战。

〔2〕俘馘（guó 国）：俘与馘（割取战俘的左耳），这里仅为俘虏的意思。

〔3〕纾：舒缓。

〔4〕惩：懊悔。
〔5〕累囚：拘禁的囚犯。
〔6〕臣不与及：与臣无关。
〔7〕任：担负。
〔8〕不榖：不善，古代王侯自称的谦词。
〔9〕累臣：被拘禁的臣子。
〔10〕首：指知罃之父荀首。
〔11〕次及于事：轮到我担任国家政事。
〔12〕违：避。

【译文】

楚共王为知罃送行，说："你怨恨我吗？"知罃回答说："二国交战，下臣不才，不能胜任，所以做了俘虏。君王的左右没有用我的血来涂鼓面，让我回国接受诛戮，这是君王对我的恩惠。下臣实在没有才能，又敢怨恨谁？"楚共王说："那么你感激我吗？"知罃回答说："二国为自己的国家利益打算，希望让人民松口气，各自懊悔自己当初的怨恨而相互宽恕，双方释放被拘禁的人来建立友好关系。两国友好，与下臣没有关系，又敢感激谁呢？"楚共王说："你回去后，用什么来报答我？"知罃说："下臣没有什么可怨恨的，君王也对我没有什么恩德，没有怨恨没有恩德，就不知道要报答什么。"楚共王说："尽管这样，你一定要告诉我你的想法。"知罃说："因为君王的威灵，我这个被囚禁的臣子能够带着这身骨头回到晋国，寡君如果加以诛戮，死且不朽。如果由于君王的恩惠而免受惩罚，把我赐给君王的外臣荀首，荀首向寡君请求而按家法把下臣在宗庙中诛戮，也死而不朽。如果得不到寡君的同意，而让下臣继承宗族的职位，按次序承担国家政事，率领部分军队治理边疆，假使碰到君王的左右，我不敢避让，竭尽全力一直到战死，也不会有其他念头，以尽到做臣子的职责，这就是用来报答君王的。"楚共王说："晋国是不能够与它争斗的。"于是对知罃倍加礼遇后放他回去。

（李梦生）

吕相绝秦

《左传》成公十三年

【题解】

本文是《左传》中最完整、典型的外交辞令。鲁成公十一年（前580），晋厉公与秦桓公约定在令狐（今山西猗氏县）会盟，秦桓公违约未至。接着，秦国又联合狄、楚，妄图引导二国伐晋，秦、晋关系恶化，导致晋派吕相去与秦国绝交。吕相的长篇言辞中列举了秦、晋二国历代邦交的情况，以大量事实来说明与指责秦国的背信弃义、自绝于晋，同时又留有转圜的余地，希望秦国能悔悟和好。全文以雄辩壮阔著称，在委婉中锋芒毕露，系统而富有条理，充分利用了夸饰铺张、纵横反复的论辩手段，甚至强词夺理，揭示了当时大国之间激烈的政治、军事、外交斗争的实质，对后世“檄文”一类文章产生了较大的影响。

晋侯使吕相绝秦[1]，曰：

“昔逮我献公及穆公相好[2]，戮力同心[3]，申之以盟誓，重之以昏姻[4]。天祸晋国，文公如齐，惠公如秦。无禄[5]，献公即世[6]。穆公不忘旧德，俾我惠公用能奉祀于晋[7]。又不能成大勋，而为韩之师[8]。亦悔于厥心，用集我文公[9]，是穆之成也[10]。

【注释】

〔1〕晋侯：晋厉公。　吕相：魏锜之子魏相。

〔2〕昔逮：自从。

〔3〕戮力：并力，合力。

〔4〕昏姻：即婚姻。

〔5〕无禄：没有福禄。即不幸。

〔6〕即世：去世。

〔7〕用：因而。　奉祀：主持祭祀。即为国君。秦纳惠公在僖公十年（前650）。

〔8〕韩之师：僖公十五年（前645），二国在韩地交战，晋惠公被秦国俘虏，后放回。

〔9〕集：成就，成全。秦纳文公在僖公二十四年（前636）。

〔10〕成：成就，成全。

【译文】

晋厉公派吕相去与秦国绝交，说：

“自从我们献公与你们穆公相互友好，合力同心，用盟誓加以申明，又用婚姻来加深这种关系。上天降祸给晋国，文公去了齐国，惠公到了秦国。不幸，献公去世，穆公不忘昔日的情义，使我们惠公因此能在晋国主持祭祀。但他又不能完成这一重大功勋，从而发动了韩地的战役。他后来心中懊悔，因此支持我们文公登上君位，这是穆公成全我们的结果。

“文公躬擐甲胄〔1〕，跋履山川，逾越险阻，征东之诸侯，虞、夏、商、周之胤而朝诸秦〔2〕，则亦既报旧德矣。郑人怒君之疆埸〔3〕，我文公帅诸侯及秦围郑。秦大夫不询于我寡君，擅及郑盟。诸侯疾之，将致命于秦〔4〕。文公恐惧，绥靖诸侯，秦师克还无害，则是我有大造于西也〔5〕。

【注释】

〔1〕擐（huàn 幻）：穿。

〔2〕胤（yìn 印）：后代。

〔3〕怒：侵犯。　疆埸（yì 义）：边境。

〔4〕致命：拼死决战。

〔5〕造：功劳。　西：指秦国，在晋国之西。

【译文】

“文公亲自披甲带胄，跋涉山川，逾越艰难险阻，征服东方的诸侯，虞、夏、商、周的后代，都向秦国朝见，这也可以算是报答了秦国往日的恩惠了。郑国人侵犯君王的边境，我们文公率领诸侯与秦国一起包围郑国。秦大夫不征求我国寡君的意见，擅自与郑结盟。诸侯憎恨这事，准备与秦拼死一战。文公恐惧，安抚诸侯，使秦军得以安然回国，这也算是我国给予秦国的大恩惠了。

“无禄，文公即世，穆为不吊〔1〕，蔑死我君〔2〕，寡我襄公〔3〕，迭我殽地〔4〕，奸绝我好〔5〕，伐我保城〔6〕，殄灭我费滑〔7〕，散离我兄弟〔8〕，挠乱我同盟，倾覆我国家。我襄公未忘君之旧勋，而惧社稷之陨，是以有殽之师。犹愿赦罪于穆公〔9〕，穆公弗听，而即楚谋我。天诱其衷〔10〕，成王陨命〔11〕，穆公是以不克逞志于我〔12〕。

【注释】

〔1〕吊：吊唁。

〔2〕蔑死我君：或谓当从《释文》所引作“蔑我死君”，与下“寡我襄公”对。

〔3〕寡：少，这里是欺侮的意思。

〔4〕迭：同“轶”，突然进犯。事详前《蹇叔哭师》篇。

〔5〕奸绝：遏绝，断绝。

〔6〕保城：谓边境小城。

〔7〕费滑：即滑国，费为滑都。秦灭滑在鲁僖公三十三年(前627)。

〔8〕散离我兄弟：秦伐郑灭滑，二国与晋同为姬姓国，故云。

〔9〕赦罪：即释罪，求和解。

〔10〕天诱其衷：当时俗语，即天心在我。

〔11〕成王：楚成王。 陨：同“殒”。楚成王陨命在鲁文公元年(前626)。

〔12〕逞：满足。

【译文】

“不幸，文公去世，穆公不肯来吊唁，轻视我们去世的君主，欺负我们的襄公，突然袭击我们殽地，断绝我们的友好邻邦，攻打我们边境城堡，灭亡我们的同姓滑国，离间我们兄弟国家，扰乱我们同盟诸侯，倾覆我们国家。我们襄公没有忘记贵国君王过去的勋劳，而又害怕国家遭到灭亡，所以才有了殽地一役。我们国君仍然希望向穆公解释我们的罪过，但穆公不答应，而勾结楚国打我们的主意。上天保佑我国，楚成王丧命，穆公侵犯我国的阴谋因此没能得逞。

“穆、襄即世，康、灵即位。康公，我之自出〔1〕，又欲阙剪我公室〔2〕，倾覆我社稷，帅我蝥贼〔3〕，以来荡摇我边疆，我是以有令狐之役。康犹不悛〔4〕，入我河曲，伐我涑川〔5〕，俘我王官〔6〕，剪我羁马〔7〕，我是以有河曲之战〔8〕。东道之不通〔9〕，则是康公绝我好也。

【注释】

〔1〕我之自出：秦康公为晋献公女伯姬所生。

〔2〕阙剪：损害。

〔3〕蝥贼：二者均为食苗的害虫，此喻危害国家的人。指晋文公子公子雍，秦曾应晋求送其回国为君，后晋变卦，于是二国战于令狐。事在鲁文公七年(前620)。

〔4〕悛(quán 全)：悔改。

〔5〕涑川：水名，在今山西西南部。或谓指山西永济县之涑水城。

〔6〕王官：在今山西闻喜县南。秦康公伐涑川、掠王官不见记载。

〔7〕剪：削断。　羁马：在今山西永济县南。

〔8〕河曲之战：事在文公十二年(前615)。

〔9〕东道不通：指两国不相往来。晋在秦东面。

【译文】

“穆公、襄公去世，康公、灵公即位。康公，是我们晋国女子所生，却又想损害我们公室，倾覆我们国家，率领我国败类，前来扰乱我国边疆，因此，我国才发动了令狐这一战役。康公仍然不思悔改，侵入我们河曲，攻打我国涑川，掠夺我国王官，毁除我国羁马，我国因此才发动了河曲之战。东面道路的不通，就是由于康公和我们断绝友好关系的缘故。

“及君之嗣也[1]，我君景公引领西望曰：‘庶抚我乎！’君亦不惠称盟[2]，利吾有狄难[3]，入我河县[4]，焚我箕、郜[5]，芟夷我农功[6]，虔刘我边陲[7]。我是以有辅氏之聚[8]。

【注释】

〔1〕君：指秦桓公。

〔2〕称盟：举行盟会。

〔3〕狄难：晋军入赤狄作战，为鲁宣公十五年(前594)事。

〔4〕河县：临黄河的县。秦、晋以黄河为界。

〔5〕箕：在今山西蒲县。　郜：在今山西祁县。

〔6〕芟夷：收割。　农功：已经成熟的庄稼。

〔7〕虔刘：杀戮。

〔8〕辅氏之聚：辅氏之战，亦鲁宣公十五年事。辅氏，今陕西大荔县。

【译文】

“到了君王即位，我们国君景公伸长了脖子朝西望说：‘也许要安抚我们了吧！’君王却同样不肯加恩结盟，反而乘我们有狄人侵犯的机会，攻入我国沿河城县，焚毁我们的箕邑、郜邑，收割我们成熟的庄稼，杀戮我们边境的人民。我国因此而发动辅氏战役。

“君亦悔祸之延，而欲徼福于先君献、穆[1]，使伯车来[2]，命我景公曰：‘吾与女同好弃恶[3]，复修旧德，以追念前勋。’言誓未就，景公即世。我寡君是以有令狐之会[4]。君又不祥[5]，背弃盟誓。白狄及君同州[6]，君之仇雠，而我之昏姻也[7]。君来赐命曰：‘吾与女伐狄。’寡君不敢顾昏姻，畏君之威，而受命于吏[8]。君有二心于狄[9]，曰：‘晋将伐女。’狄应且憎，是用告我。楚人恶君之二三其德也[10]，亦来告我曰：‘秦背令狐之盟，而来求盟于我，昭告昊天上帝、秦三公、楚三王曰[11]：“余虽与晋出入[12]，余唯利是视。”不穀恶其无成德[13]，是用宣之，以惩不壹。’

【注释】

〔1〕徼：祈求。

〔2〕伯车：秦桓公子，名鍼。

〔3〕女：同“汝”，你。

〔4〕令狐之会：在鲁成公十一年(前580)。

〔5〕不祥：不善。

〔6〕同州：同在禹贡九州之雍州。

〔7〕我之昏姻：白狄女子曾嫁晋文公。

〔8〕受：同“授”。

〔9〕有：同“又”。

〔10〕二三其德：主意不定，反复无常。
〔11〕秦三公：穆、康、共。　楚三王：成、穆、庄。
〔12〕出入：往来。
〔13〕不穀：不善，古代王侯自称的谦词。

【译文】

“君王也懊悔祸患蔓延，而想求福于先君献公、穆公，派伯车来我国，命令我们景公说：‘我与你同心同德抛弃怨恶，重新完善过去的情谊，用以追念先君的功勋。’盟誓尚未完成，景公去世。我们寡君因此与君王有令狐的约会。君王又居心不良，背弃了盟约。白狄与君王同处一州，是君王的仇敌，但与我们有婚姻关系。君王派人来命令说：‘我和你去攻打狄国。’寡君不敢顾及婚姻关系，害怕君王的威力，就向下吏下达了出兵的命令。君王却又讨好狄人，说：‘晋国将要攻打你们。’狄人口头上应付你们，心中却憎恶你们，因此把你们的话告诉了我们。楚国人讨厌君王这种反复无常的德行，也来告诉我们说：‘秦国背弃了令狐的盟约，却来要求与我国结盟，他们对着皇天上帝、秦国的三位先公、楚国的三位先王发誓说：“我们虽然与晋国来往，我不过是为了图谋利益而已。”鄙人憎恶他们没有应有的德行，所以把真相宣布出来，用来惩戒表里不一的人。’

“诸侯备闻此言，斯是用痛心疾首，昵就寡人。寡人帅以听命，唯好是求。君若惠顾诸侯，矜哀寡人，而赐之盟，则寡人之愿也。其承宁诸侯以退〔1〕，岂敢徼乱？君若不施大惠，寡人不佞〔2〕，其不能以诸侯退矣。敢尽布之执事，俾执事实图利之！”

【注释】

〔1〕承宁：宁静，平息。
〔2〕不佞：即“不才”。

【译文】

“诸侯全都听到了这话，因此而痛心疾首，来亲近寡人。寡人率领诸侯来听取君王的命令，只是为了求得友好。君王如果加恩于诸侯，怜悯寡人，赐给我们盟约，那是寡人的愿望，寡人就会率领诸侯心平气和地退走，怎么敢求取战乱！君王如果不肯施予大恩，寡人不才，就不能率领诸侯退走了。谨把详情全部报告给您的执事，请执事仔细权衡一下利弊吧！”

（李梦生）

驹支不屈于晋

《左传》襄公十四年

【题解】

《春秋》与《左传》的宗旨是强调中原正统，攘斥戎夷。当时的霸主为了维护自己的地位，常常贬抑或讨伐小国与戎夷，以树立自己的威望，达到震慑诸侯的目的。襄公十四年(前559)，晋国召集鲁、齐、宋、卫、郑、吴等国在向地(今安徽怀远县)集会，在教训了吴国不守道义后，又打算拘捕戎子驹支。按照惯例，范宣子先为驹支定罪，没想到他举出的几项罪行却遭到了驹支强有力的反驳，在事实面前，戎人不惟无罪，反而有功，范宣子只好服输而待之以礼。《左传》记录这事目的当然不是赞赏戎人，主要是表彰晋国以礼服人、大度谦让，但从此可见当时少数民族在霸权制度下受到压迫的深重。驹支因不平而鸣，但鸣得恰到好处，所以取得成功，再次证明了言辞在当时的重要。

会于向，将执戎子驹支〔1〕。范宣子亲数诸朝〔2〕，曰："来，姜戎氏！昔秦人迫逐乃祖吾离于瓜州〔3〕，乃祖吾离被苫盖、蒙荆棘以来归我先君〔4〕。我先君惠公有不腆之田〔5〕，与女剖分而食之〔6〕。今诸侯之事我寡君不如昔者，盖言语漏泄，则职女之由〔7〕。诘朝之事〔8〕，尔无与焉〔9〕！与，将执女。"

【注释】

〔1〕戎子：此指姜戎（戎人的一支）的首领。

〔2〕范宣子：士匄，晋执政大夫。 数：历数，列举。 朝：此指盟会时诸侯、使臣一起议事的临时设立的朝廷。

〔3〕乃：你。 瓜州：今甘肃敦煌。

〔4〕苫盖：用草编成的覆盖物。 荆棘：此指用荆棘条编成的帽子。

〔5〕不腆：不丰厚，很少。

〔6〕女：同“汝”，你。

〔7〕职：主要。

〔8〕诘朝（zhāo 昭）：明天早上。

〔9〕与：参与，参加。

【译文】

诸侯在向地会议，晋国准备拘捕姜戎人首领驹支。范宣子亲自在朝堂上列举他的罪状，说：“过来，姜戎人！往昔秦国人把你的祖先吾离从瓜州赶走，你的祖先吾离披着茅草衣，戴着荆条帽，前来投靠我国先君。我国先君惠公当时只有很少的土地，却与你们平分，使你们吃上饭。如今诸侯事奉我们寡君不如以前，这是因为说话间漏泄了机密，这主要是你们所造成的。明天的会议，你不要参加了！你若是参加，就把你抓起来！”

对曰：“昔秦人负恃其众，贪于土地，逐我诸戎。惠公蠲其大德[1]，谓我诸戎是四岳之裔胄也[2]，毋是剪弃。赐我南鄙之田，狐狸所居，豺狼所嗥。我诸戎除剪其荆棘，驱其狐狸豺狼，以为先君不侵不叛之臣，至于今不贰。昔文公与秦伐郑，秦人窃与郑盟而舍戍焉[3]，于是乎有殽之师[4]。晋御其上，戎亢其下[5]，秦师不复，我诸戎实然。譬如捕鹿，晋人角之，诸戎掎之[6]，与晋踣之。戎何以不免？自是以来，晋之百役，与我诸戎相继于时，以从执政，犹殽志也，岂敢离逷[7]？今官之师旅无乃实有所阙，以携诸侯[8]，而罪我诸戎！我诸戎饮食衣服不与华同，贽币不通[9]，言语不达，何恶之能为？不与于会，亦无瞢焉[10]！”赋《青蝇》而退[11]。宣子辞焉，使即事于会，成恺悌也。

【注释】

〔1〕蠲(juān 娟)：显示，明示。

〔2〕四岳：舜时四方部落的首领。　裔胄：后裔，后代。

〔3〕舍戍：留下戍守的人。事在僖公三十年(前630)，参前《烛之武退秦师》篇。

〔4〕殽之师：参前《蹇叔哭师》篇。秦、晋殽之战，戎人出兵助晋。

〔5〕亢：同“抗”。

〔6〕掎：拉、拖。

〔7〕逷(tì 替)：远。疏远。

〔8〕携：叛离。

〔9〕贽币：往来会见时所奉的礼物。

〔10〕瞢：惭愧。

〔11〕青蝇：《诗·小雅》篇名，驹支取其中“恺悌君子，无信谗言”句讽谕范宣子，所以下文范宣子让步，以“成恺悌”。

【译文】

驹支回答说：“往昔秦国人凭仗着他们人多，贪婪地掠夺土地，把我们各部戎人赶走。惠公表现了他高尚的品德，认为我们各部戎人是四岳的后代，不应该就这样被抛弃灭绝。赐给我们南部边境地区的土地，那是个狐狸居住、豺狼嗥叫的地方。我们各部戎人铲除了那儿的荆棘，赶走了狐狸豺狼，从此成了你们先君不内侵也不外叛的臣子，一直到今天还是没有二心。往昔文公与秦国攻打郑国，秦国人私下与郑国人订立盟约，留下军队帮他们戍守，因此而发生殽地的战役。晋国在上边抵御秦兵，戎人在下面攻击他们，秦军全军覆没，实在是我们戎人们出了大力。譬如捕捉一只鹿，晋国人抓住它的角，戎人们拉住它的腿，和晋国人一起把它拖倒。戎人为什么不能免于罪责呢？从那时以来，晋国多次出征作战，我们各部戎人都是紧接着跟上，以追随你们的执政，如同殽地战役一样，怎么敢违背疏远贵国？如今你们的将帅官员们，恐怕实在有些地方做得不够，使得诸侯叛离，你们却要责备我们各部戎人！我们各部戎人吃的穿的都与华夏不同，使者不相往来，言语不相通，能做什么坏事？不出席会议，也不会感到惭愧！”赋了《青蝇》诗后退了下去。范宣子连忙道歉，请驹支参与会议事务，成全了自己和蔼可亲的君子美德。

（李梦生）

祁奚请免叔向

《左传》襄公二十一年

【题解】

本文是《左传》中的名篇。叔向是晋国的贤臣，因为弟弟羊舌虎参与叛乱被牵连下狱。面对死亡，他坦然处之，甚至对晋平公宠臣乐王鲋主动表示愿为他说情也不屑一顾，反而寄希望于已经告老退休的祁奚。祁奚听到叔向被囚，果然如叔向所说，赶到京城为他说情，列举古代君王贤臣对罪人亲人的态度进行劝说，强调以国家利益为重，打动了范宣子，赦免了叔向。文章对人物性格的刻绘十分传神饱满，通过言语、行为，简洁地写出叔向的镇静大度与知人，祁奚的急公好义。结尾一段，写祁奚不居功，叔向不道谢，尤为点睛之笔，神悠韵远。刘义庆《世说新语》中颇多此类笔法，可能即受本文影响。

栾盈出奔楚〔1〕，宣子杀羊舌虎〔2〕，囚叔向〔3〕。人谓叔向曰："子离于罪〔4〕，其为不知乎〔5〕？"叔向曰："与其死亡，若何？《诗》曰：'优哉游哉，聊以卒岁〔6〕。'知也！"

【注释】

〔1〕栾盈：晋大夫。他为争夺执政之位而发起叛乱，失利后逃亡。

〔2〕宣子：范宣子，晋执政大夫。　羊舌虎：晋大夫，栾盈同党。栾

盈出逃后，与箕遗、黄渊等十人一起被杀。

〔3〕叔向：即羊舌肸，晋大夫，羊舌虎之兄。

〔4〕离：同“罹”，遭受。

〔5〕知：同“智”。

〔6〕所引诗为佚诗，今《小雅·采菽》有上句。叔向因为受弟弟牵连而下狱，所以用此诗表示自己不介入党争，优游卒岁是明智的行为。

【译文】

栾盈出逃到楚国，范宣子杀死羊舌虎，囚禁了叔向。有人对叔向说：“您遭受这样的罪，恐怕是由于自己不明智吧！”叔向回答说：“比起死了的与逃亡的怎么样？《诗经》说：‘自在逍遥真清闲，就此度过一年年。’这就是明智啊！”

乐王鲋见叔向[1]，曰：“吾为子请！”叔向弗应。出，不拜。其人皆咎叔向。叔向曰：“必祁大夫[2]。”室老闻之[3]，曰：“乐王鲋言于君，无不行，求赦吾子，吾子不许。祁大夫所不能也，而曰必由之，何也？”叔向曰：“乐王鲋，从君者也，何能行？祁大夫，外举不弃仇，内举不失亲，其独遗我乎？《诗》曰：‘有觉德行，四国顺之[4]。’夫子，觉者也。”

【注释】

〔1〕乐王鲋：晋大夫，受到晋平公的宠爱。

〔2〕祁大夫：祁奚，晋大夫。他曾举荐仇人解狐及自己的儿子祁午，为时人称道。

〔3〕室老：家宰，宗族家臣的负责人。

〔4〕所引诗见《诗·大雅·抑》。觉，直。

【译文】

乐王鲋去见叔向说：“我为您去求情！”叔向没有接口。乐王鲋走时，叔向也不拜谢。叔向的从人都责备叔向，叔向说："一定要祁大夫才能救我。"他的家宰听说后，对他说："乐王鲋在国君面前说的话没有不被采纳的，他要去请求赦免您，您却不答应。祁大夫做不到这些，您却说一定要由他去办，这是为什么？"叔向说："乐王鲋是行事完全顺从君王意思做的人，他怎么能行？祁大夫举拔宗族外的人不丢弃仇人，举拔自己人时不回避亲人，他难道会单单遗弃我吗？《诗经》说：'有正直的德行，四方的国家都归顺。'祁大夫这个人，就是一个正直的人。"

晋侯问叔向之罪于乐王鲋，对曰："不弃其亲，其有焉。"于是祁奚老矣[1]，闻之，乘驲而见宣子[2]，曰："《诗》曰：'惠我无疆，子孙保之[3]。'《书》曰：'圣有谟勋，明征定保[4]。'夫谋而鲜过[5]，惠训不倦者，叔向有焉，社稷之固也，犹将十世宥之，以劝能者[6]。今壹不免其身，以弃社稷，不亦惑乎？鲧殛而禹兴[7]。伊尹放大甲而相之[8]，卒无怨色。管、蔡为戮，周公右王[9]。若之何其以虎也弃社稷[10]？子为善，谁敢不勉？多杀何为？"宣子说[11]，与之乘，以言诸公而免之[12]。不见叔向而归。叔向亦不告免焉而朝。

【注释】

〔1〕于是：在这个时候。

〔2〕驲（rì 日）：古代驿站用车。

〔3〕所引诗见《诗·周颂·烈文》。

〔4〕所引句见古文《尚书·胤征》。谟，谋略。征，证明。

〔5〕鲜（xiǎn 显）：少。

〔6〕劝：鼓励，激励。

〔7〕鲧（gǔn 滚）：禹的父亲。

〔8〕大甲：汤之孙，即位后荒淫，伊尹把他放逐到桐宫，使改过后

复位，己为相，大甲终无怨色。

〔9〕右：同“佐”，辅佐。管叔、蔡叔与周公为兄弟，二人被杀，周公佐成王。

〔10〕虎：羊舌虎。

〔11〕说(yuè 月)：同“悦”，喜悦。此处意为赞同。

〔12〕诸：之于。

【译文】

晋平公向乐王鲋问起叔向的罪过，乐王鲋回答说：“他这人不会背弃自己的亲人，他可能参与了策划叛乱。”这时候祁奚已经告老在家，听说后，乘驿站的传车入都来见范宣子，说：“《诗经》说：‘赐给我们的恩惠没有边际，子子孙孙永远保持。’《尚书》说：‘圣贤有谋略训诲，应该对他的保护有明确的表示。’说到谋划而少有过错，教诲别人不知疲倦，这些叔向都具备了，他是国家的栋梁基础，即使他的十代子孙有过错都该赦免，用来激励有能力的人。如今偶尔获次罪却连本身都不能赦免，抛弃国家的栋梁，这不使人感到困惑吗？鲧被杀而他儿子禹被重用。伊尹曾放逐大甲而大甲用他为相，对他始终没有怨恨的表示。管叔、蔡叔被杀，他们的兄长周公却辅佐成王。为什么要因为一个羊舌虎，而杀死一个国家栋梁？您如果多做善事，谁敢不努力？何必要多杀人呢？”范宣子听了觉得不错，就和他一起乘车入朝，向晋平公劝说而赦免了叔向。祁奚没有去见叔向便回家去了。叔向也没有去拜谢祁奚，直接就去朝见晋平公。

（李梦生）

子产告范宣子轻币

《左传》襄公二十四年

【题解】

晋平公时，范宣子主持国政。当时晋国的实力仍然很强，是中原地区的盟主。范宣子贪财，责令诸侯交纳大量的贡品，充实晋国的国库并中饱私囊，诸侯不堪负担，怨声载道。郑大夫子产便写了这封书信，利用晋国讲究表面上的声誉与想继续保持盟主地位的心理，晓以大义，又切中范宣子本身利害关系，使范宣子不得不减轻诸侯的贡献。子产的书信，层层深入，以冠冕堂皇的言词辅以讽刺劝谏，显示了他出色的外交手腕。行贿、索贿在春秋时是个普遍的社会问题，在金玉珠宝的诱惑掩盖下，正义与非正义的分界变得模糊不清，严重干扰了社会秩序，产生了极其严重的后果，这点，本文已略有披露；而贪图贿赂的人到头来必无好下场，子产的这封信中也已说得明明白白，值得人们借鉴与思考。

范宣子为政，诸侯之币重[1]，郑人病之。二月，郑伯如晋，子产寓书于子西[2]，以告宣子，曰："子为晋国，四邻诸侯不闻令德[3]，而闻重币，侨也惑之[4]。侨闻君子长国家者，非无贿之患[5]，而无令名之难。夫诸侯之贿聚于公室，则诸侯贰。若吾子赖之[6]，则晋国贰。诸侯贰，则晋国坏。晋国贰，则子之家坏。何没没也[7]，将焉用贿？夫令名，德之舆也。德，国家之基也。有基无坏，无亦是务乎！有德则乐，乐则能久。《诗》云：‘乐只君子，邦家之基[8]。’有令德也夫！‘上帝临女，无贰尔心[9]。’有令名也夫！恕思以明德，则令名载而行之，是以远至迩安。毋宁使人谓子‘子实生我’，而谓‘子浚我以生’乎[10]？象有齿以焚其身，贿也。”宣子说[11]，乃轻币。

【注释】

〔1〕币：指诸侯向晋国贡献的礼物。

〔2〕子产：公孙侨，郑卿。　寓书：托人捎带书信。　子西：公孙夏，郑大夫。

〔3〕令德：美好的德行。

〔4〕侨：子产名。

〔5〕贿：财物。

〔6〕赖：利。指占为己有。

〔7〕没没：同“昧昧”，昏聩，糊涂。

〔8〕所引诗见《诗·小雅·南山有台》。只，语助词；或说为指示代词，这。

〔9〕所引诗见《诗·大雅·大明》。

〔10〕浚：搜刮。

〔11〕说(yuè 月)：同“悦”。

【译文】

范宣子执掌晋国朝政，对诸侯加重征收贡品，郑国人不堪负担。二月，郑简公去晋国，子产写了一封信托随简公同行的子西交给范宣子。信中说：“您作为晋国的执政官，四邻各国没听见有人传颂您的美德，只听说您加重征收贡品，我对此难以理解。我听说君子掌管国家政事，不担心财物不足，只担心没有美好的声誉。如果诸侯的财宝都被收聚进晋国的国库，诸侯就会对晋国产生离异之心。如果这些财宝被您私自占有了，晋国人民就会对您产生离异之心。诸侯有离异之心，晋国就不能保全。晋国人民有离异之心，您的家便不能保全。您为什么如此执迷不悟？要这些财宝干什么？好的声誉，是传播美德的工具。美德是国家的基础。有了好的基础，国家就不会衰亡，您为什么不尽力去谋求这一切呢？执政有美德，人民就快乐，人民快乐，国家就能长治久安。《诗经》说：‘得到君子真快乐，你是国家的根基。’这是称赞君子有美德。又说：‘上帝监视着你，你不要有离异之心。’这是称赞君子有良好的声誉。以宽厚的心情来推行美德，良好的声誉便会随着美德四处传播，这样便远方会来归附，近处安居乐业。您是愿意让人们说我们得以生存是出自您的恩赐，还是说您榨干了我们养肥了自己呢？大象因为有象牙而导致杀身，就是因为象牙是珍贵的财宝啊！”宣子觉得子产的话有道理，便下令减少各国进贡的数目。

（李梦生）

晏子不死君难

《左传》襄公二十五年

【题解】

崔杼在自己府中杀死了齐庄公，晏子赶去凭吊，在崔杼家门外发表了这一通令人深思的谈话。这番话的中心，是围绕着臣子是否应该为国君殉身或逃亡展开的。晏子认为，不论是国君还是臣子，都应该以国家利益为重，以人民利益为重，作为臣子，要以此标准来选择自己的行为态度。晏子在这里把传统的忠义提高到国家、人民利益的高度来认识，而不是简单地对哪个君王负责，间接地批判了愚忠。儒家提倡民本，孟子说："民为贵，社稷次之，君为轻。"(《孟子·尽心》)晏子的行为与观点正与儒家学说合辙，所以历来被推许为贤明的榜样。

崔武子见棠姜而美之[1]，遂取之[2]。庄公通焉，崔子弑之。

晏子立于崔氏之门外[3]，其人曰："死乎?"曰："独吾君也乎哉，吾死也?"曰："行乎?"曰："吾罪也乎哉，吾亡也[4]?"曰："归乎?"曰："君死，安归?君民者，岂以陵民?社稷是主。臣君者，岂为其口实[5]?社稷是养。故君为社稷死，则死之；为社稷亡，则亡之。若为己死，而为己亡，非其私昵[6]，谁敢任之？且人有君而弑之[7]，吾焉得死之？而焉得亡之？将庸何归？”门启而入，枕尸股而哭。兴[8]，三踊而出[9]。人谓崔子：“必杀之。”崔子曰：“民之望也，舍之得民。”

【注释】

〔1〕崔武子：崔杼。齐执政大夫。　棠姜：齐棠邑大夫的遗孀。

〔2〕取：同“娶”。

〔3〕晏子：晏婴，字平仲，曾任齐卿。

〔4〕亡：与上“行”同意，指逃往国外。

〔5〕口实：指俸禄。

〔6〕私昵：为个人宠爱的人。

〔7〕有君：立了国君。庄公为崔杼所立。

〔8〕兴：起来。

〔9〕三踊：跳脚三次，表示哀痛。

【译文】

崔武子见到棠姜，觉得她很美，就娶她为妻。齐庄公与棠姜私通，崔武子杀了齐庄公。

晏子站在崔武子家门外，他的随从问他：“你准备去死吗？”晏子说：“他只是我一个人的国君吗，我该为他死？”随从说：“那么逃亡吗？”晏子说：“他死是我的罪过吗，我要因此而逃亡？”随从说：“那么回去吗？”晏子说：“国君已经死了，我回到哪里去？做人民君主的人，难道是用来凌驾在人民之上的吗？是让他来主持国政的。做君主的臣子的人，难道是为了自己的俸禄？是让他来治理国家的。所以国君为了国家而死，臣子就应该为他而死；国君是为了国家而逃亡，臣子就跟随他逃亡。如果国君是为自己个人而死，为自己个人而逃亡，不是他私人宠爱的人，谁胆敢承担这责任？而且别人立了国君又杀害了他，我岂能为他而死，又岂能为他而逃亡？但是我又能回到哪里去呢？”崔家把门打开，晏子进去，头枕在尸体的大腿上号哭，然后站起来，跳脚三次后出去。有人对崔武子说："一定要杀了他！"崔武子说："他是人民爱戴的人，放过他，可以得到民心。"

（李梦生）

季札观周乐

《左传》襄公二十九年

【题解】

中国古代十分重视对乐的教育，崇尚礼乐被当作君子必备的修养，并且认为从一个国家、一个时期的音乐，能够品味出这个国家的风俗民情、治乱盛衰。吴季札观周乐，便是这一思想的形象表达。季札在这里十分细致地对各国的音乐进行了品评，紧密地将乐舞与政治相联系，揭示内涵，寻求真谛，纵深地反映了儒家对乐的理解，体现了极高的水平。《左传》的这篇记载，是现存的较完整的有关《诗经》演奏及演唱的资料，而季札对乐舞的解说及形象的描绘，对后世记音乐的文学，如有关伯牙、钟子期“高山流水”的传说，及韩愈、白居易等人写音乐的诗篇，都有直接的影响。

吴公子札来聘[1]，请观于周乐[2]。使工为之歌《周南》、《召南》[3]，曰：“美哉！始基之矣[4]，犹未也[5]。然勤而不怨矣[6]。”为之歌《邶》、《鄘》、《卫》[7]，曰：“美哉！渊乎[8]！忧而不困者也[9]。吾闻卫康叔、武公之德如是[10]，是其《卫风》乎？”为之歌《王》[11]，曰：“美哉！思而不惧[12]，其周之东乎[13]？”为之歌《郑》[14]，曰：“美哉！其细已甚[15]，民弗堪也。是其先亡乎！”为之歌《齐》〔16〕，曰：“美哉！泱泱乎〔17〕，大风也哉〔18〕！表东海者〔19〕，其大公乎〔20〕？国未可量也。”为之歌《豳》〔21〕，曰：“美哉！荡乎〔22〕！乐而不淫〔23〕，其周公之东乎？”为之歌《秦》〔24〕，曰：“此之谓夏声〔25〕。夫能夏则大〔26〕，大之至也，其周之旧乎？”为之歌《魏》〔27〕，曰：“美哉！沨沨乎〔28〕！大而婉〔29〕，险而易行〔30〕，以德辅此，则明主也。”为之歌《唐》〔31〕，曰：“思深哉！其有陶唐氏之遗民乎〔32〕？不然，何忧之远也。非令德之后，谁能若是？”为之歌《陈》〔33〕，曰：“国无主，其能久乎？”自《郐》以下无讥焉〔34〕。

【注释】

〔1〕公子札：即季札，吴王寿梦的小儿子。　来聘：来鲁国聘问。

〔2〕周乐：周天子的乐舞。鲁国是周公之后，所以备有周乐。

〔3〕《周南》、《召南》：采自周、召地方的诗。周、召为周公、召公的封地，在今江、汉一带。

〔4〕始基之矣：周的教化已奠定基础了。“二南”是产生较早的音乐，故云。

〔5〕犹未：还没有尽善尽美。

〔6〕勤：勤劳。

〔7〕《邶》、《鄘》、《卫》：采自三地的诗。邶，地在今河南汤阴东南。鄘，地在今河南新乡西南。卫，地在今河南淇县一带。

〔8〕渊：深。

〔9〕忧：忧虑。　困：困穷。

〔10〕卫康叔、武公：卫康叔为卫国始封君，周公之弟。武公是康叔九世孙，是卫国贤君。

〔11〕《王》：指周王城洛阳一带的诗。

〔12〕思：忧思。

〔13〕周之东：周室东迁。

〔14〕《郑》：采自郑地的诗。郑地在今河南新郑、郑州一带。

〔15〕细：琐碎。以象征郑国政令苛细。

〔16〕《齐》：采自齐地的诗。齐地在今山东东北与中部。

〔17〕泱泱：深广宏大貌。

〔18〕大风：大国之风。

〔19〕表：表率。

〔20〕大公：即齐始封君姜太公。

〔21〕《豳》：豳地的诗。豳地在今陕西旬邑、彬县一代，是周朝祖先所居。

〔22〕荡：坦荡无邪。

〔23〕淫：过度。

〔24〕《秦》：秦地的诗。秦地在今陕西、甘肃一带。

〔25〕夏声：西方之声。

〔26〕能夏则大：此“夏”亦“大”意，云夏声宏大。

〔27〕《魏》：魏地的诗。魏地在今山西芮城一带。

〔28〕沨(fàn 犯)沨：浮泛轻飘。

〔29〕婉：委婉，多曲折。

〔30〕险而易行：指节拍局促但不艰涩难歌。险，迫促，狭隘。

〔31〕《唐》：唐地的诗。唐地在今山西南部，是周叔虞的封地。

〔32〕陶唐氏：即唐尧。

〔33〕《陈》：陈地的诗。陈地在今河南东南及安徽北部。

〔34〕《郐》：郐地的诗。郐地在今河南郑州南。　无讥：不加评论。《诗经》在《郐风》下尚有《曹风》。

【译文】

吴公子札来我国聘问，请求观赏周朝的音乐舞蹈。于是让乐工为他歌唱《周南》、《召南》，他说：“真美妙啊！周朝的教化已经开始奠定基础了，然而还未尽善，不过人民勤劳而没有怨恨了。”为他歌唱《邶风》、《鄘风》、《卫风》，他说：“真美妙啊，这样地深厚！虽有忧思但不至于困穷。我听说卫康叔、武公的德行就是如此，这恐怕是《卫风》吧？”为他歌唱《王风》，他说：“真美妙啊！虽有忧思但不至于恐惧，这大概是周室东迁以后的诗吧？”为他歌唱《郑风》，他说：“真美妙啊！它的音节过于琐碎，人民受不了了，这个国家恐怕要先灭亡吧！”为他歌唱《齐风》，他说：“真美妙啊！这样深广宏大！这是大国的音乐吧！它象征着可做东海一带诸侯的表率，那莫非是太公的国家吧！国家的前程不可限量。”为他歌唱《豳风》，他说：“真美妙啊，如此坦荡！欢乐而有节制，大概是周公东征时的歌吧？”为他歌唱《秦风》，他说：“这就叫作西方的夏声。能发出夏声声音自然洪亮，洪亮到顶了，这也许是周朝的旧乐吧？”为他歌唱《魏风》，他说：“真美妙啊，多么轻飘浮泛！声音虽大而委婉曲折，节拍局促却容易歌唱，如果再用道德进行辅佐，那一定是个贤明的君主。”为他歌唱《唐风》，他说：“忧思多么深沉啊！也许是陶唐氏的遗民吧？不然的话，怎么会忧思如此深远呢？不是美德者的后代，谁能够这么样？”为他歌唱《陈风》，他说：“国家没有主人，难道能维持长久吗？”从《郐风》以下，公子札不再评论。

为之歌《小雅》，曰：“美哉！思而不贰，怨而不言〔1〕，其周德之衰乎？犹有先王之遗民焉。”为之歌《大雅》，曰：“广哉！熙熙乎〔2〕！曲而有直体〔3〕，其文王之德乎？”

【注释】

〔1〕不言：不尽情吐述。

〔2〕熙熙：和美，融洽。

〔3〕直体：本体刚劲有力。

【译文】

为他歌唱《小雅》，他说：“真美妙啊！虽然有忧思但没有背叛的意思，虽然有怨恨但不尽情倾吐，莫不是周德衰落时的乐曲吧？还有先王的遗民在啊。”为他歌唱《大雅》，他说：“真宽广啊！多和美啊！柔婉曲折而本体则刚劲有力，大概表现的是文王的德行吧？”

为之歌《颂》，曰：“至矣哉！直而不倨〔1〕，曲而不屈〔2〕，迩而不逼，远而不携〔3〕，迁而不淫〔4〕，复而不厌，哀而不愁，乐而不荒〔5〕，用而不匮，广而不宣〔6〕，施而不费〔7〕，取而不贪〔8〕，处而不底〔9〕，行而不流〔10〕。五声和〔11〕，八风平〔12〕，节有度〔13〕，守有序〔14〕，盛德之所同也。”

【注释】

〔1〕倨：放肆。

〔2〕屈：卑下、靡弱。

〔3〕携：离开。

〔4〕迁：变化。　淫：过分。

〔5〕荒：过度。

〔6〕宣：显露。

〔7〕费：减少。

〔8〕不贪：言易于满足。

〔9〕处：不动。　底：停止。

〔10〕不流：不流荡泛滥无归。

〔11〕五声：宫、商、角、徵、羽。

〔12〕八风：即八音。指金、石、丝、竹、匏、土、革、木八类乐器奏的声音。

〔13〕节：节奏。

〔14〕守有序：言更相鸣奏，次序不乱。

【译文】

为他歌唱《颂》，他说：“美极了！刚劲而不放肆，柔婉曲折而不卑下靡弱，紧密而不局促逼迫，悠远疏旷而不散漫游离，变化多端而不过分，反复重叠而不使人厌倦，哀伤而不使人忧愁，快乐而不放浪过度，使用它而不会匮乏，宽广而不显露，施予而不会减少，收取而不会增多，静止而不显得留滞，流动而不显得泛滥。五音和谐，八风协调，节奏有一定的尺度，乐器交相鸣奏有一定顺序，与有盛德的相同。”

见舞《象箾》、《南籥》[1]者，曰："美哉！犹有憾[2]。"见舞《大武》者[3]，曰："美哉！周之盛也，其若此乎？"见舞《韶濩》者[4]，曰："圣人之弘也[5]，而犹有惭德[6]，圣人之难也。"见舞《大夏》者[7]，曰："美哉！勤而不德[8]，非禹，其谁能修之[9]？"见舞《韶箾》者[10]，曰："德至矣哉！大矣，如天之无不帱也[11]，如地之无不载也，虽甚盛德，其蔑以加于此矣。观止矣[12]！若有他乐，吾不敢请已！"

【注释】

〔1〕《象箾(shuò 朔)》：一种武舞。箾是舞者所持的竿子。象箾，执竿而舞，如战争时以戈刺击之状。　《南籥(yuè 越)》：以籥伴奏而舞，是一种文舞。籥，管乐器，似笛。

〔2〕憾：遗憾，美中不足。

〔3〕《大武》：周武王之乐。

〔4〕《韶濩(hù 护)》：殷汤之乐。

〔5〕弘：伟大。

〔6〕惭德：缺点。

〔7〕《大夏》：夏禹之乐。

〔8〕不德：不自以为功德。

〔9〕修：作。

〔10〕《韶箾》：即《箫韶》，虞舜之乐。

〔11〕帱(dào 到)：覆盖。

〔12〕观止：到达顶点了。

【译文】

公子札见到跳《象箾》、《南籥》舞，说："真美妙啊！然而还有遗憾。"见到跳《大武》舞，说："真美妙啊！周朝的兴盛时，大概就是这样的吧？"见到跳《韶濩》舞，他说："圣人这么伟大，但还表现出缺点，圣人真不容易做啊。"见到跳《大夏》

舞，他说："真美妙啊！勤劳于民事而不自以为功，不是大禹还有谁能做到呢？"见到跳《韶濩》舞，他说："道德到达顶点了，真伟大啊！就好像是天无所不覆盖，就好像是地无所不承载，德行大到了顶点，没有办法再增加了。尽善尽美到这里达到止境了！即使有别的乐舞，我也不敢再请求观看了！"

（李梦生）

子产坏晋馆垣

《左传》襄公三十一年

【题解】

子产陪郑简公去晋国，受到怠慢，晋平公没有及时接见郑简公，以致郑国带去的礼物无法安置。子产当机立断，命令手下拆了宾馆的围墙安放好车马。这一无礼行为触怒了晋国，但面对晋国派来问罪的大夫士匄，子产不慌不忙，先以保护礼物为由为自己辩白，进而指责晋国没有尽到待客的礼仪，举出晋文公当年的情况作对比对晋国进行批评，使士匄理屈词穷。最后，晋国反过来向郑国道歉，子产出色地维护了本国尊严，完成了使命。子产先以非常的行动迫使晋国人与他接触，接着胸有成竹地回答晋国的责备，词正而不阿，气壮而不激，所以受到同样善于辞令的叔向的赞赏。这种故意先激怒对方的外交手段，对后世影响很大，战国及秦汉时均曾为辩士、说客所仿效。

子产相郑伯以如晋〔1〕，晋侯以我丧故〔2〕，未之见也。子产使尽坏其馆之垣〔3〕，而纳车马焉。士文伯让之〔4〕，曰："敝邑以政刑之不修，寇盗充斥，无若诸侯之属辱在寡君者何〔5〕，是以令吏人完客所馆〔6〕，高其闬闳〔7〕，厚其墙垣，以无忧客使。今吾子坏之，虽从者能戒〔8〕，其若异客何〔9〕？以敝邑之为盟主，缮完葺墙〔10〕，以待宾客，若皆毁之，其何以共命〔11〕？寡君使匄请命。”

【注释】

〔1〕郑伯：郑简公。　如：到，往。

〔2〕晋侯：晋平公。　我丧：这时鲁襄公去世。

〔3〕馆：接待外宾的馆舍。

〔4〕士文伯：士匄，字伯瑕，晋大夫，与名士匄的范宣子非一人。让：责备。

〔5〕诸侯之属：诸侯的臣属。

〔6〕完：修缮。

〔7〕闬（hàn 旱）闳：闬为大门，闳为里巷的门。这里指馆舍的大门。

〔8〕从者：指跟随郑简公来的随从。

〔9〕异客：他国的宾客。

〔10〕完：此与下“墙”对举，当为“院”字，指围墙。

〔11〕共命：供应其他宾客的需要。共，同“供”。

【译文】

子产辅相郑简公去晋国，晋平公由于我国有丧事，没有会见他们。子产让人把招待外宾的馆舍的围墙全都拆毁，让车马进入馆舍安放。士文伯责备他，说：“敝邑因为政事与刑法不修明，以致盗贼到处都是，这对于屈尊来存问寡君的诸侯的臣属来说是无可奈何的事，因此命令官吏修缮宾客居住的馆舍，使大门高敞，墙壁厚实，来使宾客没有盗贼之忧。如今您把它拆毁了，即使您的随从能够戒备，但别的国家的宾客怎么办？由于敝邑是诸侯的盟主，所以修葺围墙，以接待宾客，如果全都拆毁了，那将怎样供应其他宾客的需要呢？寡君派我来向您求教拆毁围墙的用意何在。”

对曰：“以敝邑褊小，介于大国，诛求无时〔1〕，是以不敢宁居，悉索敝赋〔2〕，以来会时事〔3〕。逢执事之不闲，而未得见；又不获闻命，未知见时，不敢输币[4]，亦不敢暴露。其输之，则君之府实也[5]，非荐陈之[6]，不敢输也。其暴露之，则恐燥湿之不时而朽蠹，以重敝邑之罪。侨闻文公之为盟主也[7]，宫室卑庳[8]，无观台榭，以崇大诸侯之馆，馆如公寝。库厩缮修，司空以时平易道路[9]，圬人以时塓馆宫室[10]。诸侯宾至，甸设庭燎[11]，仆人巡宫[12]，车马有所，宾从有代[13]，巾车脂辖[14]，隶人、牧、圉[15]，各瞻其事[16]，百官之属，各展其物[17]。公不留宾[18]，而亦无废事。忧乐同之，事则巡之[19]，教其不知，而恤其不足。宾至如归，无宁灾患[20]，不畏寇盗，而亦不患燥湿。今铜鞮之宫数里[21]，而诸侯舍于隶人[22]。门不容车，而不可逾越。盗贼公行，而天疠不戒[23]。宾见无时，命不可知。若又勿坏，是无所藏币以重罪也。敢请执事，将何所命之？虽君之有鲁丧，亦敝邑之忧也。若获荐币，修垣而行，君之惠也，敢惮勤劳？”

【注释】

〔1〕诛求：责求。指责成郑国供献礼物。

〔2〕赋：指财物。

〔3〕时事：朝见聘问。

〔4〕输币：献纳礼物。币，财帛之类。

〔5〕府实：府库中的物品。

〔6〕荐陈：朝聘向主人献礼，必先陈列于庭，称荐陈。

〔7〕侨：子产名。

〔8〕卑庳（bǐ 比）：卑小。

〔9〕易：修治。

〔10〕圬人：泥水匠。　塓（mì 密）：粉刷墙壁。

〔11〕甸：甸人，管薪火之官。　庭燎：庭中设大烛照明。

〔12〕巡：巡视、警卫。

〔13〕有代：代仆役服劳役。

〔14〕巾车：管车辆的官。　脂辖：给车轴上涂油。辖本为镶在车轴上的铁皮，此代指车轴。

〔15〕隶人：指司职洒扫的人。　牧、圉：牧牛羊看马匹的人。

〔16〕瞻：照顾，管理。

〔17〕展：陈列。

〔18〕不留宾：谓随到随见。留，耽搁。

〔19〕事：指意外事件。

〔20〕无宁：岂但没有。

〔21〕铜鞮(dī 堤)之宫：晋君别宫，在今山西沁县南。

〔22〕舍于隶人：住在奴仆所住的地方。舍，住宿。

〔23〕夭疠：天灾。

【译文】

子产回答说："因为敝邑狭小，又处在大国之间，大国不断责成敝邑贡献礼物，所以我们不敢安居，尽量搜索敝邑的财物，前来朝见。正碰上执事没有空闲，而没能见到，又没得到指示，不知道什么时候召见，不敢把礼物呈献，也不敢让它放在露天。如果献上，这些东西就是贵国国君仓库中的财物，可是不经过朝见陈列在庭上的仪式，我们不敢奉献。如果让它们放在露天，又恐怕有时干燥有时潮湿东西会朽烂，这样便加重了敝邑的罪过。我听说当年文公做盟主的时候，他的宫室低矮狭小，没有供赏玩的台榭，而把接待诸侯的馆舍造得高大宽敞，如同现在国君的寝宫。对馆舍中的仓库、马厩加以缮修，司空按时平整修治道路，泥水匠按时粉刷宫室的墙壁。诸侯宾客到来，甸人在庭院中点起大烛照明，仆人巡视馆舍宫室，车马有一定的地方安置，宾客的仆从有专人替代，管车的官给车轴加好油，管洒扫的隶人与养牛羊、管马的，都各自做好各自的事，百官们各人陈列他的礼品。文公对宾客随到随见从不滞留，而一切应有的礼节从不废除。与宾客同忧乐，有意外的事发生就格外注意巡视，宾客有不懂的事就加以教导，对他们的缺乏加以接济。宾客到这里就好像回到家里一样，岂但没有什么灾患，不怕盗贼，也不担心干燥潮湿。如今贵国的铜鞮别宫宽广数里，而让诸侯住在如同奴隶住的屋子里。大门进不去车，又有围墙阻隔使车不能越过。盗贼公开抢劫，而天灾又无法防止。没有一定的时间接见宾客，也不知道什么时候才发布召见我们的命令。如果还不拆毁围墙，就没有地方藏礼物，这样就更加重我们的罪过了。谨此询问执事，您对我有什么指教？虽然贵国国君遭到鲁国的丧事，但这对我们也是同样感到忧戚的事。如果能够献上礼物，我们愿把墙修好再走，这是君王的恩惠，岂敢害怕辛勤劳苦？”

文伯复命，赵文子曰〔1〕：“信！我实不德，而以隶人之垣以赢诸侯〔2〕，是吾罪也。”使士文伯谢不敏焉。晋侯见郑伯，有加礼，厚其宴好而归之〔3〕。乃筑诸侯之馆。

【注释】

〔1〕赵文子：赵武，晋卿。

〔2〕赢：受，这里指接待、容纳。

〔3〕厚其宴好：厚加宴礼、多送礼物。

【译文】

士文伯回来复命，赵文子说：“他讲的对！我们实在没有德行，而用给奴隶居住的屋子接待诸侯，这是我们的罪过。”便派士文伯去赔礼道歉。晋平公接见郑简公，增加礼仪，厚加款待，赠送丰厚礼物，然后让他们回去。于是就建筑接待诸侯的宾馆。

叔向曰〔1〕：“辞之不可以已也如是夫〔2〕！子产有辞，诸侯赖之〔3〕，若之何其释辞也〔4〕？《诗》曰：‘辞之辑矣，民之协矣。辞之怿矣，民之莫矣〔5〕。’其知之矣。”

【注释】

〔1〕叔向：羊舌肸，晋大夫。

〔2〕辞：辞令，口才。　不可以已：不可以废。　是：这样。

〔3〕赖：利。

〔4〕释辞：放弃辞令。释，弃。

〔5〕所引诗见《诗·大雅·板》。辑，和。怿，喜悦。莫，安定。

【译文】

叔向说："辞令不可以废弃就像这样子吧！子产善于辞令，诸侯因此而得利，怎么能放弃辞令呢？《诗经》说：'把话说得很和谐，人民融洽又齐心。把话说得很动听，人民高兴又安定。'他是懂得这道理了。"

（李梦生）

子产论尹何为邑

《左传》襄公三十一年

【题解】

子皮是郑国的执政大夫，他打算委任自己喜爱的人尹何做自己封邑的长官，让他边干边学，成为有用的人才。子产对此提出不同意见，认为应当让尹何先学习，有了丰富的知识后再干。两人的见解都有道理，关键是所安排的人是去干什么。因为尹何是担任管理政事的要职，所以子产的方法显然要稳妥得多。子产对子皮的询问做到了知无不言，言无不尽；他对如何用人、培养人的卓越见解，对今天仍有很高的参考价值。子皮虚心听从不同意见，并由此认识到子产的才干，便委以重任，自己退居二线。他这一善于发现人才、虚怀若谷，并主动让贤的高尚品格，值得今天的人学习借鉴。

子皮欲使尹何为邑〔1〕。子产曰："少，未知可否。"子皮曰："愿〔2〕，吾爱之，不吾叛也。使夫往而学焉，夫亦愈知治矣。"子产曰："不可。人之爱人，求利之也。今吾子爱人则以政。犹未能操刀而使割也，其伤实多。子之爱人，伤之而已，其谁敢求爱于子？子于郑国，栋也。栋折榱崩〔3〕，侨将厌焉〔4〕，敢不尽言？子有美锦，不使人学制焉。大官、大邑，身之所庇也，而使学者制焉。其为美锦，不亦多乎？侨闻学而后入政，未闻以政学者也。若果行此，必有所害。譬如田猎，射御贯则能获禽[5]，若未尝登车射御，则败绩厌覆是惧[6]，何暇思获？”

【注释】

〔1〕子皮：名罕虎，郑上卿。

〔2〕愿：为人谨慎厚道。

〔3〕榱：椽子。

〔4〕侨：子产名。　厌：同“压”。

〔5〕贯：同“惯”，熟练。

〔6〕败绩：此指碰坏车辆。

【译文】

子皮想委任尹何做自己封邑的长官。子产说：“他年纪太轻了些，不知道行不行。”子皮说：“他为人忠厚老实，我喜爱他，他不会背叛我。让他去边学边干，时间长了他就懂得怎么治理了。”子产说：“不行！一个人喜爱另一个人，总要让被爱的人得到好处。现在您爱一个人，却让他管理政事，这如同让一个不知道怎样拿刀的人去割东西，会使他大大受到伤害。您爱别人，而使所爱的人受伤害，还有谁敢求得您的喜爱呢？您对于郑国，好比是房子的栋梁，栋梁折断了，椽子将崩毁，我也将会被压在底下，怎敢不畅所欲言呢？您有一匹漂亮的锦缎，一定不会随便让人用它学裁剪。大官、大邑，是您自身的依托庇护，您却让人去学着治理，这样做岂不是把漂亮的锦缎看得比大官大邑还要重吗？我只听说学习好了才去从政，没有听说过用从政来作为学习的。如果这样，一定会有所不利。这好比打猎，猎手对射箭、驾车都富有经验，就能够获得禽兽，如果猎手从来没有登过车，不会射箭与驾车，他一定会害怕车辆崩毁翻倒压坏自己，哪里还有时间顾及猎获禽兽呢？”

子皮曰："善哉！虎不敏。吾闻君子务知大者远者，小人务知小者近者。我，小人也。衣服附在吾身，我知而慎之；大官、大邑，所以庇身也，我远而慢之[1]。微子之言[2]，吾不知也。他日我曰[3]：'子为郑国[4]，我为吾家，以庇焉，其可也。'今而后知不足。自今请虽吾家，听子而行。"子产曰："人心之不同，如其面焉。吾岂敢谓子面如吾面乎？抑心所谓危，亦以告也。"子皮以为忠，故委政焉。子产是以能为郑国。

【注释】

〔1〕远：此有"疏忽"的意思。　慢：轻视。

〔2〕微：无，没有。

〔3〕他日：往日，以前。

〔4〕为：治理。

【译文】

子皮说："你说的对！这是我考虑不周到。我听说君子考虑的是重大深远的事，小人则只注意眼前的小事。我是一个小人。衣服穿在我的身上，我知道爱惜它；大官、大邑，是我身体所依托庇护的，我反而疏略轻视它。不是你的提醒，我还不知道这道理。从前我说过：'您治理郑国，我管好我的家族，让我有所依托庇护，也就足够了。'现在看来，这样做还不行。从今以后，我请求即使是我的家事，也得遵照您的指示去办。"子产说："每个人都有自己的想法，就好像人们的面貌各不相同一样。我怎敢说您的面貌同我的一样呢？不过是我心里觉得您这样做很危险，所以就以实相告了。"子皮认为子产是个忠诚的人，所以把郑国的国政委托给他。子产因此能够把郑国治理得很好。

（李梦生）

子产却楚逆女以兵

《左传》昭公元年

【题解】

郑国与楚国交界，是中原诸侯的屏障，占有了郑国，楚国就有了对外扩张的跳板，所以楚国这次派人到郑国聘问、迎亲，实际上抱着不可告人的目的。郑国断然拒绝了公子围带兵入城的要求，楚国以不合礼仪为由，严厉指责郑国，郑国处在十分不利的地位。没料到郑国并不在礼仪上辩复，干脆在低姿态的外交辞令中把楚国的阴谋捅破，使自己的失礼行为变成正当的防卫措施，取得了胜利。全文虽然以伯州犁与子羽的问答为中心展开，但在双方的问答中读者始终能感受到当时极其紧张的气氛，这是《左传》常用的纪事手法。

楚公子围聘于郑〔1〕，且娶于公孙段氏〔2〕。伍举为介〔3〕。将入馆，郑人恶之〔4〕。使行人子羽与之言〔5〕，乃馆于外。既聘，将以众逆〔6〕。子产患之，使子羽辞曰：“以敝邑褊小，不足以容从者，请墠听命〔7〕！”令尹使太宰伯州犁对曰〔8〕：“君辱贶寡大夫围〔9〕，谓围：‘将使丰氏抚有而室〔10〕。’围布几筵〔11〕，告于庄、共之庙而来〔12〕。若野赐之，是委君贶于草莽也，是寡大夫不得列于诸卿也。不宁唯是，又使围蒙其先君〔13〕，将不得为寡君老[14]，其蔑以复矣[15]。唯大夫图之！”子羽曰：“小国无罪，恃实其罪[16]。将恃大国之安靖己，而无乃包藏祸心以图之。小国失恃，而惩诸侯，使莫不憾者，距违君命，而有所壅塞不行是惧！不然，敝邑馆人之属也[17]，其敢爱丰氏之祧[18]？”伍举知其有备也，请垂櫜而入[19]，许之。

【注释】

〔1〕公子围：楚令尹，后为王，即灵王。

〔2〕公孙段：字子石，赐丰氏，郑大夫。

〔3〕伍举：即椒举，楚大夫。　介：副使。

〔4〕恶（wù 务）之：郑国人知楚国别有图谋，所以厌恶楚国人。

〔5〕行人：掌管朝见聘问的官。　子羽：公孙挥，字子羽。

〔6〕逆：迎亲。

〔7〕墠（shàn 善）：祭祀的场地。依礼，迎亲时婿受女于女家祖庙。子产不想让楚国军队进城，所以在郊外辟墠代庙举行迎亲之礼。

〔8〕太宰：楚掌宫庭内外事务的官员。

〔9〕贶：赐予。

〔10〕抚有：即“有”。　室：结婚成家。

〔11〕布几筵：陈设筵席。此指布置祭品。

〔12〕庄、共：楚庄王、共王，是公子围的祖父与父亲。

〔13〕蒙：欺骗。

〔14〕老：卿的谦称。

〔15〕蔑：无。　复：复命。

〔16〕恃：指依靠大国。

〔17〕馆人：馆舍。

〔18〕祧（tiāo 挑）：祖庙。

〔19〕垂櫜（gāo 高）：倒悬弓袋，示无兵器。

【译文】

楚公子围到郑国聘问，同时娶公孙段的女儿为妻。伍举做他的副手。楚国人将要进入城中宾馆，郑国人对他们不欢迎，派行人子羽通知他们，于是就住在城外。聘问完成后，公子围准备带着大队人马入城迎亲。子产为此担心，派子羽去拒绝他们，说："因为敝邑窄小，容不下您的从人，请求在郊外建墠，听取您的命令。"令尹命令太宰伯州犁回答说："蒙贵君赏赐寡大夫围，对围说：'将让丰氏女儿嫁给你做妻子。'围陈列祭品，在庄王、共王的庙中祭告后前来。如果在野外赐给我，是把贵君的赏赐丢在草丛里了，这样是让寡大夫无法排在卿的行列中了！不仅如此，又使围欺骗了他的先君，将不能再担任寡君的卿，恐怕也无法回去复命了。请大夫好好考虑一下！"子羽说："小国没有罪过，如果依靠大国而不加防备就是罪过。我们打算依靠大国使自己安定，而大国也许却包藏祸心前来图谋我国。我们害怕的是我们小国失去了依靠，而使诸侯引起惩戒，全都怨恨大国，违抗拒绝贵国国君的命令，使贵国国君的命令行不通！不然的话，敝邑就等于贵国的宾馆，怎敢爱惜丰氏的宗庙？"伍举知道郑国有了准备，请求倒悬弓袋入城，郑国人答应了。

（李梦生）

子革对灵王

《左传》昭公十二年

【题解】

楚灵王是个狂妄的暴君，本文一开始只用了“王皮冠，秦复陶，翠被，豹舄，执鞭以出”十四个字，便使他的形象跃然纸上。然后，作者通过楚灵王所提的三个问题，深入刻画了他目空一切、不可一世的心理。子革在本文中描写也很出色。他对楚灵王的提问只是冷言附和，隐现讽刺；然后又借灵王称赞左史倚相为契机，引出《祈招》之诗，言语始终在不即不离间，却涵意深厚，既尖利又委婉地击中了灵王的要害，使他惶恐不安，狂焰顿熠。文章在布局上也很见匠心。开篇时楚灵王的扬扬得意与结尾的“辱于乾谿”形成鲜明的对照，正是作者“诛心”之处。

楚子狩于州来〔1〕，次于颍尾〔2〕，使荡侯、潘子、司马督、嚣尹午、陵尹喜帅师围徐以惧吴〔3〕。楚子次于乾谿〔4〕，以为之援。雨雪，王皮冠，秦复陶〔5〕，翠被〔6〕，豹舄〔7〕，执鞭以出，仆析父从。

【注释】

〔1〕楚子：楚灵王。　州来：今安徽凤台县。

〔2〕次：屯驻。　颍尾：即颍口，颍水入淮处，在今安徽颍上县东南。

〔3〕徐：同名，在今安徽泗县。
〔4〕乾谿：在今安徽亳县东南。
〔5〕复陶：羽绒衣。
〔6〕翠被：翠鸟羽毛做的披风。
〔7〕舄（xì 戏）：木底鞋。

【译文】

楚灵王在州来打猎，驻扎在颍口，派荡侯、潘子、司马督、嚣尹午、陵尹喜率领军队包围徐国以威胁吴国。楚灵王驻扎在乾谿，作为楚国大军后援。天下雪，灵王戴着皮帽子，穿着秦国产的羽绒衣，披着翠鸟羽做的披风，穿着豹皮靴子，手持鞭子出外，仆析父跟随着他。

右尹子革夕〔1〕，王见之，去冠、被，舍鞭。与之语曰："昔我先王熊绎，与吕伋、王孙牟、燮父、禽父并事康王〔2〕，四国皆有分〔3〕，我独无有。今吾使人于周，求鼎以为分，王其与我乎？"对曰："与君王哉！昔我先王熊绎，辟在荆山〔4〕，筚路蓝缕，以处草莽。跋涉山林，以事天子，唯是桃弧、棘矢，以共御王事〔5〕。齐，王舅也。晋及鲁、卫，王母弟也。楚是以无分，而彼皆有。今周与四国服事君王，将唯命是从，岂其爱鼎！"王曰："昔我皇祖伯父昆吾〔6〕，旧许是宅〔7〕。今郑人贪赖其田〔8〕，而不我与。我若求之，其与我乎？"对曰："与君王哉！周不爱鼎，郑敢爱田？"王曰："昔诸侯远我而畏晋，今我大城陈、蔡、不羹〔9〕，赋皆千乘，子与有劳焉。诸侯其畏我乎？"对曰："畏君王哉！是四国者〔10〕，专足畏也，又加之以楚，敢不畏君王哉？"

【注释】

〔1〕子革：郑丹。 夕：晚上来见。

〔2〕吕伋：姜太公子丁公。 王孙牟：卫康叔子康伯。 燮父：晋唐叔子。 禽父：伯禽，姬旦子。 康王：周成王子。

〔3〕四国：齐、卫、晋、鲁。 分：天子分给诸侯的珍宝之器。

〔4〕荆山：在熊绎之都丹阳北，即今湖北秭归县。

〔5〕共御：供奉。

〔6〕昆吾：楚远祖季连之兄。

〔7〕旧许：即许国。

〔8〕赖：利。

〔9〕不羹：有二，西不羹在今河南襄城，东不羹在今河南舞阳。

〔10〕四国：四大城。即陈、蔡、东西不羹。

【译文】

右尹子革晚上求见，楚灵王接见他，脱掉帽子、披风，放下鞭子，对他说："往昔我们先王熊绎，与吕伋、王孙牟、燮父、禽父一起事奉周康王，四国都赐有宝器，唯独我国没有。如今我派人去周朝，请求赐给鼎作为宝器，周王会给我吗？"子革回答说："会给君王的！往昔我们先王熊绎，居住在偏僻的荆山，乘柴车穿破衣，以开辟荒芜的土地。在山林跋涉，以事奉天子，只能把桃木弓、棘枝箭作为给天子的贡品。齐国，是天子的舅父。晋国与鲁国、卫国，是天子的同胞弟弟。楚国因此没有赏赐宝器，而他们都有。如今周朝与四方诸侯服事君王，将会唯命是听，怎么敢吝惜一鼎！"楚灵王说："往昔我们皇祖伯父昆吾，居住在原许国。如今郑国人贪图那地方的土地，而不肯给我们。我如果求取这片土地，他们会给我吗？"子革说："会给君王的！周朝不敢吝惜鼎，郑国怎敢吝惜田地？"楚灵王说："往昔诸侯疏远我国而畏惧晋国，如今我大的城邑如陈、蔡、不羹，兵车都有上千辆，你是有功劳的。诸侯会畏惧我吗？"子革说："会畏惧君王的！这四座大城邑，就足够使诸侯畏惧了，又加上楚国全国，他们敢不畏惧君王吗？"

工尹路请曰："君王命剥圭以为镦柲[1]，敢请命。"王入视之。

析父谓子革："吾子，楚国之望也！今与王言如响[2]，国其若之何?"子革曰："摩厉以须[3]，王出，吾刃将斩矣[4]。"

【注释】

〔1〕剥圭：破圭玉。　镦柲(qī bì 七必)：斧柄。

〔2〕如响：如回声，言皆顺着灵王意思回答。

〔3〕摩厉：同"磨砺"。

〔4〕此句杜预注："以己喻锋刃，欲自摩厉以斩王之淫慝。"

【译文】

工尹路请示说："君王下令剖玉圭装饰斧柄，谨请命令怎么做。"楚灵王进去察看。

析父对子革说："你是楚国有名望的人，如今与君王说话一味顺应，国家怎么办?"子革说："我磨快了刀剑等着，君王出来，我的锋刃就要斩过去了。"

王出，复语。左史倚相趋过。王曰："是良史也，子善视之。是能读《三坟》、《五典》、《八索》、《九丘》[1]。"对曰："臣尝问焉，昔穆王欲肆其心[2]，周行天下，将皆必有车辙马迹焉。祭公谋父作《祈招》之诗[3]，以止王心，王是以获没于祗宫[4]。臣问其诗而不知也。若问远焉，其焉能知之?"王曰："子能乎?"对曰："能。其诗曰：'祈招之愔愔[5]，式昭德音[6]。思我王度，式如玉，式如金。形民之力[7]，而无醉饱之心。'"

【注释】

〔1〕《三坟》、《五典》、《八索》、《九丘》：都是古代书名。

〔2〕穆王：周穆王。　肆：放纵。

〔3〕祭公谋父：周公之孙。　祈招：周司马祈父，名招。

〔4〕没：同"殁"，死。　祗宫：故址在今陕西华县北。

〔5〕愔愔（yīn yīn 音音）：和悦，安闲。

〔6〕式：语首助词。

〔7〕形：刑，犹"成"。

【译文】

楚灵王出来，子革又和他交谈。左史倚相快步走过。楚灵王说："这人是个好史官，你好好对待他。他能够读懂《三坟》、《五典》、《八索》、《九丘》。"子革回答说："我曾经问过他，往昔周穆王想要放纵自己的欲望，周游天下，打算到处留下自己的车辙马迹。祭公谋父作《祈招》之诗，用来劝阻穆王抑制欲望，穆王因此得以在祗宫善终。我问他这首诗，他却不知道。如果问他更远的事，他怎么能知道？"楚灵王说："你知道那首诗吗？"子革说："知道。那诗说：'祈招和悦安闲，德音宏大深远。想起我们君王的风度，就如同玉般温润，金般强坚。他谋求保存人民的财力，自己没有醉饱的心愿。'"

王揖而入，馈不食，寝不寐，数日。不能自克，以及于难。

仲尼曰："古也有志[1]：'克己复礼，仁也。'信善哉[2]！楚灵王若能如是，岂其辱于乾谿[3]？"

【注释】

〔1〕志：记录。

〔2〕信：确实。

〔3〕辱于乾谿：第二年，灵王被困于乾谿，兵败自缢。

【译文】

楚灵王向子革作揖后进内，好几天送上饭来吃不下，睡在床上睡不着。但他终不能克制自己，所以遭到祸难。

孔子说："古时候有句话：克制自己回到礼上，就是仁。说得真好啊！楚灵王如果能这样做，怎么还会在乾谿受到羞辱？"

（李梦生）

子产论政宽猛

《左传》昭公二十年

【题解】

治理国家是一门高深的学问，政令的宽和猛都有它的长处与不足，在这里，子产用火与水作比喻，形象地阐发了二者的辩证关系。子产在执政时，能灵活掌握宽与猛的尺度，他曾放手用人、不毁乡校，也曾严厉地推行丘赋，宗旨都是使国家繁荣，人民获利，所以孔子在总结了子产宽猛相济的治国方针的优点后，高度赞扬子产，称他是“古之遗爱”。全文以子产的话为引子，提出论点；以太叔施政的过程为论证，以孔子的话为结论，犹如一篇中心鲜明的议论文，明快简捷，受到历代政治家的重视。

郑子产有疾，谓子大叔曰〔1〕：“我死，子必为政。唯有德者能以宽服民，其次莫如猛。夫火烈〔2〕，民望而畏之，故鲜死焉〔3〕；水懦弱，民狎而玩之〔4〕，则多死焉。故宽难。”疾数月而卒。大叔为政，不忍猛而宽。郑国多盗，取人于萑苻之泽〔5〕。大叔悔之，曰：“吾早从夫子，不及此。”兴徒兵以攻萑苻之盗〔6〕，尽杀之。盗少止。

【注释】

〔1〕子大叔：游吉，郑大夫。大，同“太”。

〔2〕烈：猛烈。

〔3〕鲜：少。

〔4〕狎：轻慢。

〔5〕萑（huán 还）苻：泽名，郑国盗贼集聚之地。

〔6〕徒兵：步兵。

【译文】

郑子产患病，对子太叔说：“我死后，你一定会担任执政。只有有德行的人能够用宽和的政策使人民服从，其次就不如用严厉的政策。火猛烈，人民看到就对它害怕，所以很少有死于火的。水软弱，人民轻慢地玩弄它，所以死于水的很多。因此施行宽和的政策难度大。”子产病了几个月后去世。子太叔任执政，不忍心用严厉的政策而施行宽和的政策。郑国盗贼很多，聚集在萑苻泽中。子太叔后悔了，说：“我如果早些听从子产的话，也不至于弄到这个地步。”发动步兵去攻打萑苻的盗贼，把他们全杀了。盗贼稍微平息。

仲尼曰：“善哉！政宽则民慢〔1〕，慢则纠之以猛。猛则民残，残则施之以宽。宽以济猛，猛以济宽，政是以和。《诗》曰：‘民亦劳止，汔可小康。惠此中国，以绥四方〔2〕。’施之以宽也。‘毋从诡随〔3〕，以谨无良〔4〕。式遏寇虐〔5〕，惨不畏明〔6〕。’纠之以猛也。‘柔远能迩，以定我王。’平之以和也。又曰：‘不竞不絿，不刚不柔。布政优优，百禄是遒〔7〕。’和之至也。”及子产卒，仲尼闻之，出涕曰：“古之遗爱也！”

【注释】

〔1〕慢：怠慢。

〔2〕此处及下六句引诗均见《诗·大雅·民劳》。　汔（qì 乞），差不多。

〔3〕从：放纵。　诡随：欺诈虚伪，见风使舵。

〔4〕谨：约束。

〔5〕式：应当。

〔6〕憯：曾。　明：明文规定的法令。

〔7〕所引诗见《诗·商颂·长发》。绒，急。遒，聚集。

【译文】

孔子说："讲得真好！政策宽和了人民就怠慢，怠慢了就要用严厉来纠正。政策严厉了人民就会遭受残害，人民遭受了残害就应该施行宽和的政策。宽和用来调剂严厉，严厉用来调剂宽和，政事因此得以和谐。《诗》说：'人民也已很劳苦，大概可以稍安康。赐与恩惠给中原，以此安定国四方。'这是说施行宽和的政策。'不要放纵欺诈迎合辈，紧紧约束不善良。应当制止侵夺与暴虐，他们触犯法令太嚣张。'这是说用严厉来纠正宽和。'怀柔边远服近地，以此安定我君王。'这是说宽和与严厉互相调剂使政事得以和谐。又说：'不争竞也不急躁，不刚强也不柔软。施行政令多宽和，各种福禄聚身上。'这是和谐到了顶点。"到了子产去世，孔子听说后流下了眼泪，说："他具有古人仁爱的遗风啊！"

（李梦生）

吴许越成

《左传》哀公元年

【题解】

吴王阖闾与中原诸侯争霸，却没有防备好后方，被越王勾践打败，死在檇李。阖闾的儿子夫差忍辱负重，激励奋发，终于打败越国，报了父仇。本文记载夫差战胜后，傲气抬头，不听伍员劝告，同意与越讲和的经过。伍员的劝谏词是本文的主要部分，他列举了历史事实，明确说明了除恶不尽的后果，洞微见几，中肯中綮，且言辞恳切，披心沥胆。可是夫差不以为然，最后正被伍员说中，越国“十年生聚，十年教训”，灭亡了吴国。伍员的这番说辞对后世影响很大，尤其是“树德莫如滋，去疾莫如尽”一语，历来被引为金科玉律，而吴越迭兴的经验教训，也给后人留下无限的思考与借鉴。

吴王夫差败越于夫椒〔1〕，报檇李也〔2〕，遂入越。越子以甲楯五千保于会稽〔3〕，使大夫种因吴太宰嚭以行成〔4〕。

【注释】

〔1〕夫椒：在今浙江绍兴市北。

〔2〕檇李：在今浙江嘉兴市。定公十四年（前496），吴王阖闾带兵攻打越国，在檇李被越军打败，阖闾受伤身亡。

〔3〕越子：越王勾践。　甲楯：披甲持盾。指全副武装。　会稽：会

稽山，在今浙江绍兴市南。

〔4〕大夫种：文种，字禽。　太宰嚭：吴国太宰伯嚭。

【译文】

吴王夫差在夫椒打败了越军，报复了檇李那次战役的仇恨，于是攻入越国。越王带领披甲持盾的军士五千人坚守会稽山，派大夫文种通过吴太宰伯嚭求和。

吴子将许之，伍员曰[1]："不可。臣闻之：'树德莫如滋，去疾莫如尽。'昔有过浇杀斟灌以伐斟鄩[2]，灭夏后相[3]，后缗方娠[4]，逃出自窦，归于有仍[5]，生少康焉，为仍牧正[6]，惎浇能戒之[7]。浇使椒求之，逃奔有虞[8]，为之庖正[9]，以除其害。虞思于是妻之以二姚[10]，而邑诸纶[11]，有田一成[12]，有众一旅。能布其德，而兆其谋[13]，以收夏众，抚其官职。使女艾谍浇[14]，使季杼诱豷[15]，遂灭过、戈[16]，复禹之绩，祀夏配天，不失旧物。今吴不如过，而越大于少康，或将丰之，不亦难乎？勾践能亲而务施，施不失人，亲不弃劳，与我同壤，而世为仇雠。于是乎克而弗取，将又存之，违天而长寇雠，后虽悔之，不可食已[17]。姬之衰也，日可俟也。介在蛮夷，而长寇雠，以是求伯[18]，必不行矣！"弗听。退而告人曰："越十年生聚，而十年教训，二十年之外，吴其为沼乎！"

【注释】

〔1〕伍员：即伍子胥，吴大夫。

〔2〕有过、斟灌、斟鄩：均古国名。

〔3〕夏后：夏朝的王。
〔4〕后缗：相的妻子。
〔5〕有仍：古国名，缗的故国。
〔6〕牧正：管畜牧的官。
〔7〕惎(jì 计)：毒，恨。
〔8〕有虞：古国名，地在今山西永济县。
〔9〕庖正：管膳食的官。
〔10〕虞思：有虞酋长，姚姓。　二姚：指虞思的两个女儿。
〔11〕纶：在今河南虞城县东南。
〔12〕成：方十里。
〔13〕兆：始。
〔14〕女艾：少康的臣子。
〔15〕季杼：少康之子。　豷(yì 意)：浇的弟弟。
〔16〕过、戈：即浇国与豷国。
〔17〕不可食：无法后悔，不能挽救。
〔18〕伯：诸侯领袖。

【译文】

夫差打算同意，伍员说："不行。臣听说树立德行最好能不断增长，铲除毒害最好能彻底干净。往昔过国国君浇杀死斟灌而攻打斟鄩，灭亡了夏王相。相的妻子缗正怀孕，从城墙的小洞里逃了出去，回到有仍国，生下少康，为有仍的牧正。少康怨恨浇，能对浇警惕戒备。浇派椒搜寻少康，少康逃跑到有虞国，做了庖正，从而避免了受到伤害。有虞国国君思把两个女儿嫁给少康，把他封在纶邑。他拥有十里见方的土地及五百名部下，能够广施恩德，开始实施自己的复国计谋，收集夏朝旧部，安抚他的官员。少康派女艾到浇那儿做间谍，派季杼去诱骗豷，因此而灭亡了过国、戈国，恢复了禹的业绩，奉祀夏朝的祖先以配祭上天，保持了夏国当年的制度。现在吴国比不上过国，而越国比少康强大，如果与越讲和而使它壮大，不也是对吴国的灾难吗？勾践能够亲近别人而致力于施舍。对应该施舍的人不漏掉，对有功劳的人不疏远，与我们同处一块土地而世代为仇敌，在这种情况下战胜了他们而不乘机吞并他，反而打算又让他们存在下去，这是违反天意而滋长仇敌，今后即使后悔，也无法补救了。姬姓的衰亡，可以计日而待了。处在蛮夷之间，却滋长仇敌，用这样的办法来谋求霸主的地位，一定是办不到的。”夫差不肯听从。伍员退出后告诉别人说：“越国用十年时间生殖积聚，又用十年时间教育训练，二十年后，吴国也许要变成池沼了吧！”

（李梦生）

卷　三

祭公谏征犬戎

《国语·周语上》

【题解】

“语”是先秦时期一种记载嘉言懿训的文体，所谓“教之《语》，使明其德”（《国语·楚语上》）。《国语》编集的是周朝时代周、鲁、齐、晋、郑、楚、吴、越八国上层人士的言论，起自西周穆王十二年（前990），迄至东周定王十六年（前453）。由于它按国别分编，反映了大量史实，大部分内容足以与《春秋》、《左传》相表里，故亦可视作我国现存的第一部国别史。

《国语》的作者，司马迁《报任少卿书》有“左丘失明，厥有《国语》”之说，左丘即春秋时期鲁国史官左丘明。但从全书史料的裁定及文字的多种风格来看，当成于多人之手。今传的《国语》定本，多认为经过了西汉学者的整理。

《祭公谏征犬戎》是《国语》的压卷之篇。针对穆王黩武远征的举动，祭公进行谏阻，从两方面展开观点。一是从原则上，即“先王耀德不观兵”，应当主要以德化怀服外邦，武力只能作为后盾；二是从王制上，即应当遵从畿服制的成法与规则，使天子与荒服地区的相互关系有规可循。穆王不听劝告，一意孤行，结果劳师动众仅获得几头鹿狼。文末的这一揭晓，讽刺了穆王的轻举妄动，也反证了祭公见解的高明。

从历史学家的考证来看，穆王西征犬戎是打开与西北各部落草原通道的必要之举，其收效也并非如此不堪。但就本篇而言，确实反映了《国语》在辩析治乱经验时的义正辞严的行文风格。

穆王将征犬戎〔1〕，祭公谋父谏曰〔2〕："不可！先王耀德不观兵〔3〕。夫兵，戢而时动〔4〕，动则威；观则玩〔5〕，玩则无震。是故周文公之《颂》曰〔6〕：'载戢干戈〔7〕，载櫜弓矢〔8〕。我求懿德，肆于时夏〔9〕。允王保之〔10〕。'先王之于民也，茂正其德而厚其性，阜其财求而利其器用〔11〕；明利害之乡〔12〕，以文修之，使务利而避害，怀德而畏威，故能保世以滋大。

【注释】

〔1〕穆王：姬满，西周第五代天子，公元前1001年至前947年在位。 犬戎：西北戎人的一支。

〔2〕祭（zhài 债）公谋父：周卿士，封于祭（今河南新郑），故称祭公。

〔3〕观兵：炫耀武力。

〔4〕戢（jí 集）：聚集。

〔5〕玩：轻慢。

〔6〕周文公之《颂》：指《诗经》中的《周颂·时迈》，旧谓周公旦为歌颂武王巡视诸侯而作的乐歌。周文公，即周公旦，谥文，周朝的开国名臣。

〔7〕载：动词前的助词，无义。

〔8〕櫜（gāo 高）：收入弓套、箭壶之中。

〔9〕肆：布陈。 时：通"是"，这。 夏：华夏，指中国。

〔10〕允：发语词。

〔11〕阜：丰足。

〔12〕乡：同"向"。

【译文】

周穆王准备征伐犬戎，祭公谋父谏阻说："不行！先王彰扬德治，而不是炫耀武力。军队，是聚集保存而在必要时才动用的，一旦动用就要显示出威力。而炫耀武力就会导致轻慢，轻慢就会失去威慑作用。所以周文公所作的《颂》说道：'集中收存好盾和戈，弓箭一一藏妥当。我王讲求美好的德治，展布全国各地方。我王定能永久保持发扬。’先王对于百姓，总是大力端正他们的德行，培厚他们的情性，丰足他们的物质需求，改良他们的器物用具；让他们了解利害之所在，用礼法加以教育，使他们从事有利的事务而规避有害的行为，感戴德治而畏惧天威，因而先王的创业得以世代相承，发展壮大。

“昔我先世后稷〔1〕，以服事虞、夏〔2〕。及夏之衰也，弃稷弗务。我先王不窋用失其官〔3〕，而自窜于戎、翟之间〔4〕。不敢怠业，时序其德〔5〕，纂修其绪，修其训典；朝夕恪勤，守以惇笃〔6〕，奉以忠信；奕世载德，不忝前人〔7〕。至于武王，昭前之光明，而加之以慈和，事神保民，莫不欣喜。商王帝辛〔8〕，大恶于民，庶民弗忍，欣戴武王，以致戎于商牧〔9〕。是先王非务武也，勤恤民隐而除其害也。

【注释】

〔1〕后稷：王室的农官。此指弃、不窋父子，前者为周的始祖。

〔2〕虞：舜之世。　夏：禹之世。

〔3〕不窋（zhuó 茁）：弃的后代，带领周人由邰迁豳。

〔4〕戎、翟：均为北方、西北方民族。翟，即“狄”。

〔5〕序：继续，下句“纂”亦同义。

〔6〕惇（dūn 蹲）笃：敦厚实诚。

〔7〕忝（tiǎn 舔）：玷污。

〔8〕帝辛：即商朝末代君主纣王，名辛。

〔9〕戎：兵戎，指战争。　牧：牧野，在商朝都城朝歌的郊外。

【译文】

“从前我们先王父子相继担任后稷之职，服事虞、夏二朝。及至夏朝中衰，废弃稷官，不再致力于农务。我先王不窋因而失去职位，迁躲于戎狄之间，不敢懈怠旧业，时时继续父亲的传统，再接再厉拓展他的事业，光大他的教导与成典；早早晚晚都谨慎勤劳，以敦厚实诚的态度加以保持，以忠心不渝的原则加以奉行；世世代代从事于修德，不曾玷辱先人。到了武王，他光大前人的光明磊落的德行，又加以仁慈平和，侍奉神灵，保护百姓，神灵与百姓无不欢欣喜悦。而商王帝辛则以穷凶极恶对待百姓，众百姓不堪忍受，乐于拥戴武王，这样才导致了商郊牧野之战。这说明先王并非崇尚武力，而是体恤百姓痛苦，为他们除害啊。

“夫先王之制：邦内甸服〔1〕，邦外侯服〔2〕，侯、卫宾服〔3〕，蛮、夷要服〔4〕，戎、翟荒服〔5〕。甸服者祭〔6〕，侯服者祀〔7〕，宾服者享〔8〕，要服者贡〔9〕，荒服者王〔10〕。日祭，月祀，时享，岁贡，终王，先王之训也。有不祭，则修意；有不祀，则修言；有不享，则修文；有不贡，则修名；有不王，则修德；序成而有不至，则修刑。于是乎有刑不祭，伐不祀，征不享，让不贡〔11〕，告不王〔12〕；于是乎有刑罚之辟，有攻伐之兵，有征讨之备，有威让之令，有文告之辞。布令陈辞，而又不至，则又增修于德而无勤民于远。是以近无不听，远无不服。

【注释】

〔1〕邦内：王畿之内。　甸服：本意谓耕种王田而服事天子。后作为周王朝辖区品类的名称，以下侯服、宾服等同。

〔2〕侯服：本意谓警卫王畿而服事天子。

〔3〕侯、卫：介于侯畿至卫畿的地区。按周朝邦外分为九畿，侯畿、甸畿、男畿、采畿、卫畿五畿皆在王化之内。　宾服：本意谓定期朝贡以服事天子。

〔4〕蛮、夷：蛮畿与夷畿，皆九畿中之名目，多在东部、南部边远地区。　要服：本意谓按约进见而服从天子。

〔5〕荒服：本意谓旷期进见而服从天子。按要服、荒服俱只在名义上与周朝保持宗主权。

〔6〕祭：日祭，天子每日祭祀父祖。

〔7〕祀：月祀，天子每月朔望日祭祀曾祖。

〔8〕享：时享，天子每季祭祀祧祖。

〔9〕贡：岁贡，天子每年岁末大祭祖先。

〔10〕王：终王，新天子即位时举行的典礼，因终生只有一回，故称终王。

〔11〕让：责备。

〔12〕告：警告。

【译文】

“先王的制度是：王畿之内为甸服，出了王畿为侯服，侯畿以下至卫畿为宾服，蛮畿、夷畿为要服，戎、狄地区为荒服。甸服向天子提供日祭所需，侯服向天子提供月祀所需，宾服向天子提供时享所需，要服向天子提供岁贡所需，荒服则只需在新天子即位时进见纳贡一次。日祭，月祀，时享，岁贡，新天子即位时进见一回，这是先王的遗训。如果发生不来提供日祭的情形，天子就自我检查内心；不来提供月祀，天子就自我检查言论；不来提供时享，天子就加强文治；不来提供岁贡，天子就完善名号尊卑的制度；不在新天子即位时前来朝见的，天子就强化自己的德行；这一切都做到了如果还有不来履行义务的，天子就落实刑法。于是就产生了处罚不祭者、攻伐不祀者、征讨不享者、谴责不贡者、告谕不朝者的种种应对；于是就有了惩处的法律，攻伐的军队，征讨的武备，谴责的训令，告谕的文辞等等准备。发布训令，颁露告谕，而仍然不来履行义务的话，那么天子就重新进一步强化自己的德行，而不兴师动众去远征。正因如此，近处的诸侯没有不听从的，远方的部落也没有不信服的。

“今自大毕、伯仕之终也[1]，犬戎氏以其职来王。

天子曰：'予必以不享征之，且观之兵。'其无乃废先王之训，而王几顿乎[2]？吾闻夫犬戎树惇[3]，能帅旧德[4]，而守终纯固，其有以御我矣。"

王不听，遂征之，得四白狼、四白鹿以归。自是荒服者不至。

【注释】

〔1〕大毕、伯仕：犬戎的两位首领。

〔2〕王：指"终王"制度。　顿：破坏。

〔3〕树惇：犬戎首领名。

〔4〕帅：同"率"，遵循。

【译文】

"如今从大毕、伯仕去世后算起，犬戎君长一直按照对于荒服的规定来朝见。天子说：'我一定要按照宾服不享的罪名征讨犬戎，而且向他们炫示武力。'这不是废弃了先王的遗训，而'荒服者王'的规定不就破坏殆尽了吗？我听说犬戎的这一代君长树惇，能遵循先代的德行，信守终王的礼节真诚不变，他们有理由来抵御我们了。"

穆王不听，于是兴师远征，得到四只白狼、四头白鹿而回转。从此后荒服地区就不再来朝见了。

（史良昭）

召公谏厉王止谤

《国语·周语上》

【题解】

周厉王滥施暴政，引起国人怨声载道，他反而以刑杀的高压手段加以抑制，无疑是火上浇油。召公清醒地看到了潜在的危险，正言劝谏。“防民之口，甚于防川”，这一形象的比喻，揭示了舆论民情不容忽视的真理；它与日后《孔子家语》“水可载舟，亦可覆舟”（《荀子》则作“水则载舟，水则覆舟”）的警句互为映发，同成为总结治国经验教训的千古名言。

召公的谏言，一针见血，而又逻辑严密。文末“国人莫敢出言。三年，乃流王于彘”，这一精兀简洁的结尾，则为之提供了事实的有力佐证。

厉王虐〔1〕，国人谤王〔2〕。召公告曰〔3〕：“民不堪命矣！”王怒，得卫巫〔4〕，使监谤者，以告〔5〕，则杀之。国人莫敢言，道路以目。王喜，告召公曰：“吾能弭谤矣〔6〕，乃不敢言。”

【注释】

〔1〕厉王：姬胡，西周第十代君王，前878至前842年在位，暴虐无道，后在“国人暴动”中被逐出都城，逃亡于彘，前828年病死。

〔2〕国人：王畿之内的平民，此泛指百姓。　谤：出言指责。

〔3〕召公：召穆公姬虎，周卿士。
〔4〕卫巫：卫地的巫师。
〔5〕以：有。
〔6〕弭：消除。

【译文】

周厉王暴虐无道，国都的百姓纷纷指责他。召公告诉厉王说："老百姓已忍受不了你的政令了！"厉王恼羞成怒，找到一名卫国巫师，命他去监视口出怨言的人。只要卫巫一报告，厉王就把告发对象处死。百姓不敢再说话，在路上相遇时只能互递眼色。厉王大喜，告诉召公说："我能够消除不满言论了，臣民已再不敢多嘴。"

召公曰："是障之也〔1〕！防民之口，甚于防川。川壅而溃〔2〕，伤人必多：民亦如之。是故为川者决之使导，为民者宣之使言。故天子听政，使公卿至于列士献诗〔3〕，瞽献曲〔4〕，史献书〔5〕，师箴〔6〕，瞍赋〔7〕，矇诵〔8〕，百工谏〔9〕，庶人传语〔10〕，近臣尽规，亲戚补察，瞽、史教诲，耆、艾修之〔11〕，而后王斟酌焉，是以事行而不悖〔12〕。民之有口也，犹土之有山川也，财用于是乎出；犹其有原隰衍沃也〔13〕，衣食于是乎生。口之宣言也，善败于是乎兴，行善而备败〔14〕，其所以阜财用衣食者也〔15〕。夫民虑之于心而宣之于口，成而行之，胡可壅也？若壅其口，其与能几何〔16〕？"

王弗听，于是国人莫敢出言。三年，乃流王于彘〔17〕。

【注释】

〔1〕障：阻塞。

〔2〕壅：堵塞。

〔3〕公卿至于列士：指大小群官。周朝官职分公、卿、大夫、士四级。列士，元士、中士、庶士三种士的总称。

〔4〕瞽(gǔ 古)：主乐太师。"瞽"本义为盲人，古代乐师多以盲人充任。

〔5〕史：记事官。

〔6〕师：乐官少师。　箴：规诫。

〔7〕瞍(sǒu 叟)：与下文"矇"俱为瞽、师的下手。瞍，没有瞳子的盲人。　赋：吟咏。

〔8〕矇：有眼珠的盲人。

〔9〕百工：管理各种工匠的职官。

〔10〕庶人：平民。

〔11〕耆、艾：年高之人。六十曰耆，五十曰艾。此指朝中老臣。

〔12〕悖：违反事理。

〔13〕原隰(xí 夕)：平原和洼地。　衍沃：平坦肥沃的良田。

〔14〕备：预防。

〔15〕阜：富足。

〔16〕与：语助词，无义。

〔17〕彘：地名，在今山西霍县东北。

【译文】

召公说："这是封堵了他们的嘴巴！封塞民口，比堵截江河还要危险。江河堵塞，就会一溃千里，伤害人必然多多；封塞民口也是如此。所以治理河道的人，要疏浚壅塞使水流畅通，治理百姓的人，要开导百姓使他畅所欲言。因而天子处理政务，让公、卿、大夫直到列士献诗，主乐太师献乐章，记事史官献古代文献，乐官少师进规箴，瞍吟咏，矇讽诵，百工谏诤，平民辗转上言，近侍尽心规劝，宗室姻亲察补纠偏，乐官、史官提供教诲，元老重臣进一步加以修饬，然后天子斟酌裁决。因此政事顺行，不违背情理。百姓有口，就像大地上有山有河，财富器用在其间出产；又如有平原、洼地、高低良田，衣食来源于此。百姓用嘴巴发表意见，国家政务的正确或失误可从中得到反映；推行正确的政令，防范失误的部分，这是增加财物、器用、衣食的治国方法。百姓心有所想，用口说出，只要形成想法就会脱口表达，怎么可以堵塞呢？假如封堵上他们的嘴，又能够维持多久呢！”

厉王不听劝告，从此都中百姓不敢讲话。过了三年，便把厉王驱逐到彘地去了。

（史良昭）

襄王不许请隧

《国语·周语中》

【题解】

晋文公请隧，周襄王“不许”，按之《左传》，是僖公二十五年(前635)四月间事。其时周襄王好不容易仗着晋国的帮助从郑国回朝复位，天子的地盘实际上只剩下了方圆百里许的弹丸之地。晋文公挟威恃功，提出在葬礼规格上与天子并肩的僭越要求，正反映了春秋时期王室陵夷、“礼崩乐坏”的历史趋势。

不过对于争霸的春秋诸侯来说，周天子毕竟还存在着名义上的权威(之前如齐桓公就打着“尊王攘夷”的旗号，而成为先于晋文公的诸侯盟主)，而宗法等级制度，也正是由奴隶制向封建制转变时期的国家政治基础。周襄王正是意识到这些，故利用“先王”的成规、传统，加之以冠冕堂皇的解说，在阐述“大物其未可改”之合法性、必要性的同时，暗中斥责了晋文公躐等僭分的狂妄，终使对方“遂不敢请”。旁敲侧击，绵里藏针，颇能体现《国语》记言“婉而周”的说理风格。

晋文公既定襄王于郏[1]，王劳之以地[2]，辞，请隧焉[3]。王弗许，曰：“昔我先王之有天下也，规方千里[4]，以为甸服[5]，以供上帝山川百神之祀，以备百姓兆民之用，以待不庭不虞之患[6]。其余以均分公、侯、伯、子、男，使各有宁宇[7]，以顺及天地，无逢其灾害。先王岂有赖焉[8]？内官不过九御[9]，外官不过九品[10]，足以供给神祇而已，岂敢餍纵其耳目心腹[11]，以乱百度[12]？亦唯是死生之服物采章[13]，以临长百姓而轻重布之[14]，王何异之有？

【注释】

〔1〕晋文公：名重耳，姬姓。前636至前628年在位，为春秋五霸之一。襄王：周襄王姬郑，前651至前619年在位。前636年，其异母弟子带与周襄后隗氏私通，襄王废黜隗后，子带即引导戎人入侵，襄王出奔郑国。次年晋文公出兵救周，迎还襄王在郏地复位。 郏（jiá 夹）：在周都成周，今河南洛阳北邙山一带。

〔2〕地：指阳樊、温、原、欑茅四邑，在今河南济源、温县及修武境内。

〔3〕隧：墓道。此指穿隧而葬，为古代天子专用的葬法。

〔4〕规：分划。

〔5〕甸服：古代畿服制所划政区之一，此即指王畿。

〔6〕不庭：诸侯不依礼前来朝见。 不虞：意外的灾难事件。

〔7〕宁宇：安定的居处。

〔8〕赖：利。

〔9〕内官：宫官。 九御：指嫔、世妇、御妻等女官。嫔数为九，故概称九御。

〔10〕外官：朝官。 九品：指卿、大夫、元士等政府官吏。卿数为九，故概称九品。

〔11〕餍：满足。

〔12〕度：法度。

〔13〕服物：衣服器物。 采章：纹彩装饰。

〔14〕临长（zhǎng 掌）：统治。

【译文】

晋文公帮助周襄王在郏地复位后，襄王用土地来慰劳他。晋文公推辞不受，而请求死后享受穿隧而葬的葬仪。周襄王不同意，说："从前我先辈的君王统有天下，分划出方圆千里的地域，作为王畿，用来供奉天帝和山川百神的祭祀，用来满足百姓万民的日常需要，用来应付背叛中央及自然灾害的种种祸难。其余的土地，用来平衡地分给公、侯、伯、子、男五爵，使他们各有安定的居处，从而顺应天地尊卑有序的法则，避免因违忤而受到它的灾害。先王难道有什么特殊的利益吗？王宫内的女官只有九嫔，朝廷上的大臣不过九品，足以用来供奉天神地祇的祭祀而已，哪里敢贪足和放纵自己声色衣食的嗜欲，而破坏种种的法度呢？也只有在这丧葬和生前的衣服器物、纹彩装饰上略作制度，用来显示统领百姓和区别尊卑上下，除此之外，天子还有什么与他人不同呢？

"今天降祸灾于周室，余一人仅亦守府〔1〕，又不佞以勤叔父〔2〕，而班先王之大物〔3〕，以赏私德，其叔父实应且憎〔4〕。以非余一人〔5〕，余一人岂敢有爱也〔6〕？先民有言曰：'改玉改行〔7〕。'叔父若能光裕大德，更姓改物〔8〕，以创制天下，自显庸也〔9〕，而缩取备物以镇抚百姓〔10〕，余一人其流辟于裔土〔11〕，何辞之与有？若犹是姬姓也，尚将列为公侯，以复先王之职〔12〕，大物其未可改也。叔父其茂昭明德〔13〕，物将自至〔14〕，余何敢以私劳变前之大章，以忝天下〔15〕，其若先王与百姓何？何政令之为也？若不然，叔父有地而隧焉，余安能知之？"

文公遂不敢请，受地而还。

【注释】

〔1〕余一人：古代帝王自称。　守府：看守府库。

〔2〕叔父：周天子对同姓诸侯的一种称呼。《仪礼·觐礼》："同姓小邦，则曰叔父。"

〔3〕班：同"颁"，分送。　大物：大礼。

〔4〕且(zhǔ 主)：通"诅"。

〔5〕以：如果。

〔6〕爱：吝惜。

〔7〕改玉改行：古代贵族佩玉而行，玉声与步拍相应。君臣行步疾徐有别，故佩玉不同。改换佩玉，意味着改变身分，故有此说。

〔8〕更姓：易姓，意谓建立新的朝代。　改物：改变历法，更易服色，亦即改朝换代。

〔9〕庸：大功。

〔10〕缩取：引取。　备物：完备的礼仪。

〔11〕其：当。　流辟：流放而引避。　裔土：远疆。

〔12〕复(lǚ 吕)：通“履”。

〔13〕茂昭：勉力发扬。

〔14〕物：礼。

〔15〕忝：辱，有愧于。

【译文】

“如今上天给周王室降下灾祸，寡人不过是守护着前人留下的府库，又自己无德无能，以致烦劳叔父费心费力。倘若分送出先王留下的大礼，作为私家所受恩德的报答，那么叔父将免不了受到人们的诅骂与厌恶。如果叔父责备我，我自己怎么敢对大礼存有吝惜之心？前代人们有这样的话，道是：‘改换佩玉，就要相应改换步伐。’叔父假如能发扬光大伟德，更易国姓，改变正朔和服色，以创建和执掌天下，自行显现丰功伟绩，而接收天子的完备礼仪，来统治安抚百姓，那时我个人或许被流放逐避到荒远的边地，对此我还有什么话说？如果你还是属于姬姓，仍将居列于公侯的地位，来履行先王规定的职分，那么大礼就不可轻易更改了。叔父还是努力彰扬美好的德行吧，你要求的隧葬礼仪将不招自来。我岂敢为了酬谢我私人得到的服务，而改变从前的典章制度，玷辱天下的臣民，这样做又怎么向先王和百姓交代？还要政令干什么？假如不是这样考虑的话，叔父有的是土地，尽可开掘墓道自行隧葬，我又哪里能知道呢？”

晋文公于是不敢再提隧葬的要求，接受了赠地而回国。

（史良昭）

单子知陈必亡

《国语·周语中》

【题解】

单襄公出使途经陈国，事在周定王六年（前601）。其时陈灵公君臣聚麀淫乱，政事不修，两三年后果然遭到了内乱外侮的报复。“单子知陈必亡”，见微知著，这正是古人在人事治乱上所崇尚的一种观察和推绎方法。

本文先客观地铺陈单襄公在陈国现场经见的十五条事实，然后将它们归纳于“废先王之教”、“弃先王之法制”、“蔑先王之官”、“犯先王之令”的四大范畴，从现象进入本质，并上升到“守国”的政治高度。条理分明，逻辑严密，具有强烈的说服力。最后以大事记式的历史发展事实证实预言，更使人惕然回味。

篇中多用骊句，这在先秦时期的古文中也是别具一格的。

定王使单襄公聘于宋[1]，遂假道于陈以聘于楚[2]。火朝觌矣[3]，道茀不可行也[4]，候不在疆[5]，司空不视涂[6]，泽不陂[7]，川不梁，野有庾积[8]，场功未毕[9]，道无列树，垦田若艺[10]，膳宰不致饩[11]，司里不授馆[12]，国无寄寓[13]，县无旅舍，民将筑台于夏氏[14]。及陈，陈灵公与孔宁、仪行父南冠以如夏氏[15]，留宾弗见。

【注释】

〔1〕定王：周定王姬瑜，前606至前586年在位。　单(shàn 善)襄公：单朝，周卿士。　聘：国事访问。

〔2〕假道：于所经国之朝庙献束帛为礼，借路往第三国。按天子遣使本无需假道，周王室衰落，故行此礼。

〔3〕火朝觌(dí 狄)矣：指阴历十月。火，心宿，共三星，立冬前后现于晓晨。觌，见。

〔4〕茀(fú 弗)：草长而多。

〔5〕候：候人，负责迎送宾客的职官。

〔6〕司空：九卿之一，主管土木、道路、水利等公共工程的官吏。　涂：同“途”。

〔7〕陂：堤岸。

〔8〕庾：露天积谷。

〔9〕场功：打谷、进仓等一系列农事。

〔10〕艺：初生的草芽。

〔11〕膳宰：膳夫，掌管宾客的肉食。　饩：生肉，此指食物。

〔12〕司里：里宰，掌管宾客的住宿。　馆：客舍。

〔13〕国：都城。

〔14〕夏氏：陈国大夫夏征舒家。

〔15〕陈灵公：妫平国，陈国第十三代国君，在位十五年(前613—前599)。　孔宁、仪行父：俱陈灵公宠臣。　南冠：楚国人习戴的一种帽子。按国君、大夫穿戴他国冠服，是严重的轻狎失礼行为。　如：往。　夏氏：此特指夏征舒之母夏姬。夏姬本郑穆公之女，丈夫死后先后与陈灵公、孔宁、仪行父私通，三人甚至争穿她的内衣在朝廷上互相嬉戏。夏征舒得知后怀怒于心，终于在公元前599年伺机射杀陈灵公自立为君，激成了陈国的大动乱。

【译文】

周定王派单襄公访问了宋国。于是向陈国借道，以出使楚国。其时已是清晨能看见心宿的季节了，道路上杂草丛生，难以通行，候人不在边境迎宾，司空不巡视道路，湖泊不筑堤坝，河流不架桥梁，田野上有露天堆积的谷物，场院中的农活还没有结束头绪，路旁没有种植树木，耕田里的庄稼长得像细草芽，膳宰不供应食物，司里不安排住处，都城没有宾馆，县邑没有旅舍，百姓则要去为夏征舒家修筑楼台。到了陈国国都，陈灵公和大夫孔宁、仪行父戴着楚国人的帽子去夏姬家里，丢下客人不会见。

单子归，告王曰："陈侯不有大咎，国必亡。"王曰："何故？"对曰："夫辰〔1〕，角见而雨毕〔2〕，天根见而水涸，本见而草木节解〔3〕，驷见而陨霜，火见而清风戒寒。故先王之教曰：'雨毕而除道，水涸而成梁，草木节解而备藏，陨霜而冬裘具，清风至而修城郭宫室。'故《夏令》曰〔4〕：'九月除道，十月成梁。'其时儆曰〔5〕：'收而场功，偫而畚挶〔6〕，营室之中〔7〕，土功其始。火之初见，期于司里。'此先王之所以不用财贿，而广施德于天下者也。今陈国火朝觌矣，而道路若塞，野场若弃，泽不陂障，川无舟梁：是废先王之教也。

【注释】

〔1〕辰：此通"晨"。

〔2〕角：与下文的天根、本、驷、火，均属二十八宿中的东方七宿。角，角宿。天根，氐宿，此指亢宿。本，氐宿。驷，房宿。火，见上段注〔3〕。诸星宿随着时序的变化而依次在拂晓的天空东方显现。

〔3〕节解：枝叶脱落。

〔4〕《夏令》：指《月令》，古代的律历之书，今《礼记》的《月令》章即可能为其遗制。夏，夏朝。

〔5〕儆：警语，古谚。

〔6〕偫（zhì 志）：备齐器具。　畚挶（jú 局）：装运土石的簸箕和筐篮。

〔7〕营室：室宿，亦东方七宿之一。　之中：运行至天空中央。"营室之中"出现于夏历十月初。

【译文】

单襄公回来，报告周定王说："陈侯如果不遭大祸殃，那么陈国一定会灭亡。"定王问："为什么缘故呢?"单襄公回答说："凡是在清晨，角宿出现就表示雨季结束，亢宿出现就表示河床渐要干涸，氐宿出现就表示草木将凋落，房宿出现就表示快要降霜，心宿出现就表示冷风吹起，是准备过冬御寒的时候了。所以先王的教诲说：'雨季结束就整治道路，河床干涸就修筑桥梁，草木凋落就收储谷物，降霜就置办好冬衣，冷风吹起就维修城墙房屋。'所以《夏令》说：'九月整治道路，十月修筑桥梁。'那时的警语说是：'结束你场院的农活，将你的簸箕筐篮备办停当。室宿运行到天空中央，土建工作就要开场。心宿一在清晨天空出现，快集合到司里那儿去修屋造房。'这正是先王能够不费钱财，而在天下广施恩德的原因啊。如今陈国已到了心宿晨现的时节，而道路好像被堵塞一般，田野、场院仿佛遭到了遗弃，湖泽不筑堤防，河流不备舟桥，这是废弃了先王的遗教。

"周制有之曰：'列树以表道，立鄙食以守路〔1〕。国有郊牧〔2〕，疆有寓望〔3〕，薮有圃草〔4〕，囿有林池〔5〕，所以御灾也。其余无非谷土，民无悬耜〔6〕，野无奥草〔7〕。不夺农时，不蔑民功。有优无匮，有逸无罢〔8〕。国有班事〔9〕，县有序民〔10〕。'今陈国道路不可知，田在草间，功成而不收，民罢于逸乐，是弃先王之法制也。

【注释】

〔1〕鄙食：道路间的供食之所。

〔2〕郊牧：国都城外的专区，郊近牧远。郊用作祭祀，牧用作放牧。

〔3〕望：收集境外情报的哨所。

〔4〕薮：长草的沼泽。　圃草：即蒲草，可用于制席扇等物。

〔5〕囿：王家畜养禽兽的园苑。

〔6〕耜(sì 四)：翻土的农具。

〔7〕奥草：茂深的野草。
〔8〕罢（pí 皮）：通“疲”。
〔9〕班事：有章法、有步骤的劳役。
〔10〕序民：轮番服役、完役的百姓。

【译文】

“周初的制度有这样的内容：‘种植树木以标示道路，野外沿途设立饮食点以保证行旅畅通。都城外有郊、牧的专区，边境有接待使者的客舍及望楼，沼泽地有出产圃草的区域，苑囿中有蓄兽的山林和蓄鱼的水池，这些都是用来防备灾害发生的。其余国土无不属于耕地，百姓不得把农具挂起闲置，田野不得荒废而生茂草。不占有民间的农时，不浪费农民的劳动成果。生活条件裕足而不贫乏，百姓安逸而不疲惫。都城的劳役安排有章有序，县邑的服劳役者轮番作息。’如今陈国的道路无法辨认，农田埋没在芜草丛间，庄稼熟了却不收获，百姓因为国君纵欢作乐而疲于奔命。这是抛弃了先王的法度。

“周之《秩官》有之曰〔1〕：‘敌国宾至〔2〕，关尹以告〔3〕，行理以节逆之〔4〕，候人为导，卿出郊劳，门尹除门〔5〕，宗祝执祀〔6〕，司里授馆，司徒具徒〔7〕，司空视涂，司寇诘奸〔8〕，虞人入材〔9〕，甸人积薪〔10〕，火师监燎〔11〕，水师监濯〔12〕，膳宰致饔，廪人献饩〔13〕，司马陈刍〔14〕，工人展车〔15〕，百官各以物至，宾入如归。是故小大莫不怀爱。其贵国之宾至，则以班加一等，益虔。至于王使，则皆官正莅事〔16〕，上卿监之。若王巡守，则君亲监之。’今虽朝也不才，有分族于周，承王命以为过宾于陈，而司事莫至，是蔑先王之官也。

【注释】

〔1〕《秩官》：周代述职官官典之书，已佚。秩，定品级。

〔2〕敌国：地位相当的诸侯国。

〔3〕关尹：守关官。周朝时关设于边境的通道口。

〔4〕行理：负责接待宾客的官员。　节：代表国君执行使命的信物。

〔5〕门尹：城门官。　除：清扫道路。

〔6〕宗祝：宗伯的属官，掌祈祝。

〔7〕司徒：九卿之一，主管土地、人口、赋税。

〔8〕司寇：九卿之一，主管刑狱、纠察。

〔9〕虞人：管理山林水泽的官吏。

〔10〕甸人：管理籍田（京畿王田）的官员。

〔11〕火师：掌理王室火烛的官吏。　燎：照明用的火把。

〔12〕水师：掌理王室洗涤事务的官吏。

〔13〕廪人：管理仓库储备的官员。

〔14〕司马：此指马夫官，与作为九卿的“司马”不同。

〔15〕工人：监造器物的官吏。

〔16〕官正：各部的主管长官。

【译文】

“周朝的《秩官》有这样的规定：‘同等地位国家的宾客来访，关尹便报告朝廷，行理手持符节前去迎接客人，候人担任向导，卿士出郊慰劳，门尹清扫城门前的道路，宗祝执行祭祀礼仪，司里安排住处，司徒调派仆役，司空巡视道路，司寇盘查奸人，虞人供应物产，甸人积聚柴禾，火师监管火烛，水师监管洗涤，膳宰供应熟食，廪人献奉粮米，司马摆开草料，工人检修车辆，百官各自送来有关物品，客人到了目的地就像回到自己家里一样。所以大小宾客无不感激喜欢。如果地位高的国家派宾客到来，就依照官职序列提高一等，更加恭敬。至于天子派来官员，就一律由各部门主管官员到场接待，由上卿监督他们。如果是天子本人前来巡行，就由国君亲自监督接待事务。’如今臣虽然没有才能，毕竟是周王室的亲族，秉承天子的使命，作为过路的宾客进入陈国，然而有关的官员却不来接待，这是蔑视先王的官制。

"先王之令有之曰：'天道赏善而罚淫。故凡我造国[1]，无从非彝[2]，无即慆淫[3]，各守尔典，以承天休[4]。'今陈侯不念胤续之常[5]，弃其伉俪妃嫔，而帅其卿佐以淫于夏氏，不亦渎姓矣乎？陈，我大姬之后也[6]。弃衮冕而南冠以出，不亦简彝乎[7]？是又犯先王之令也！昔先王之教，茂帅其德也犹恐陨越[8]；若废其教而弃其制，蔑其官而犯其令，将何以守国？居大国之间，而无此四者，其能久乎？"

六年，单子如楚。八年，陈侯杀于夏氏。九年，楚子入陈[9]。

【注释】

〔1〕造国：受封的诸侯。

〔2〕彝：常法。

〔3〕慆（tāo 滔）淫：怠惰放荡。

〔4〕休：吉祥。

〔5〕胤续之常：血统接续的伦常。胤，后嗣。

〔6〕大姬：陈国始祖虞胡公之妻，为周武王的长女。

〔7〕简：简慢。

〔8〕茂：努力。　帅：遵循。　陨越：坠跌。

〔9〕楚子：楚庄王。楚庄王借征讨夏征舒名义兴兵进入陈都，一度打算将陈国废为县，后来才立陈太子午为成公，让他复国。

【译文】

"先王的政令有这样的话：'天道奖赏善行，惩罚邪恶，所以凡是我朝封立的诸侯国，不要放纵不法行为，不要沾染怠惰淫乐的恶习，各自遵守颁赐于你们的法规，以承接上天的福佑。'如今陈侯不顾念血统嗣承的法度，抛弃自己的正妻和妃嫔，带领着下属到夏姬那里去宣淫，这不是亵渎了他的妫姓吗？陈国，是我们大姬的后裔。陈侯却丢弃朝廷的命服，戴着楚国人的帽子出宫，不是简慢玩忽常礼常法吗？这是违犯了先王的政令。从前先王的教诲，即使努力遵循懿德，还恐怕会出现差池；像这样废弃他的遗教、抛弃他的法度、蔑视他的官制、违犯他的政令，还凭什么来保守国家？处在大国之间，而缺了这四者，难道还能支持长久吗？”

周定王六年，单襄公到楚国。八年，陈灵公被夏征舒杀死。九年，楚庄王攻入陈国。

（史良昭）

展禽论祀爰居

《国语·鲁语上》

【题解】

古代的祭祀虽是神本位的，但从所谓“国之大节也”、“政之所成也”的定位来言，则又蕴含着古人浓厚的民本主义思想。展禽正是基于这样的认识，对臧文仲“无故而加典”、祭祀爰居的荒唐行为进行了批评，并使他终于承认了错误。

从一只海鸟落笔，引出一段援古证今的绝大议论，传统制祀的隆重与臧文仲祀爰居的轻率本身就形成了强烈的反差。结尾又回到题面，对爰居的出现进行了科学的解释，并以其后事态的发展证实了展禽的论断。一开一合，互相照应，使人对正确与谬误的感受更为深刻。

海鸟曰“爰居”，止于鲁东门之外二日〔1〕，臧文仲使国人祭之〔2〕。展禽曰〔3〕：“越哉〔4〕，臧孙之为政也！夫祀，国之大节也〔5〕；而节，政之所成也。故慎制祀以为国典。今无故而加典，非政之宜也。

【注释】

〔1〕“海鸟”二句：据《左传》，知此为鲁文公二年(前625)事。爰(yuán 援)居，一种巨型海鸟。鲁东门，指鲁国都城曲阜之东门。

〔2〕臧文仲：姓臧孙，名辰，鲁卿，历仕庄公、闵公、僖公、文公

四朝。　国人：国都的百姓。

〔3〕展禽：名获，字禽，谥惠，因居柳下，又称柳下惠、柳下季。鲁大夫。

〔4〕越：迂阔。一说即“逾越”本义，亦可通。

〔5〕节：制度。

【译文】

有一种海鸟名叫“爰居”，飞停在鲁国国都东门外整整两日，臧文仲让都城的百姓祭祀它。展禽说：“臧孙这样行政颁令，实在太迂腐了！祭祀，是国家的重大制度；而制度，是处政成果的前提。所以制定祀礼作为国家大典，应当十分谨慎。如今无缘无故增加出祀典来，这不是处政的适宜之举。

“夫圣王之制祀也，法施于民则祀之，以死勤事则祀之，以劳定国则祀之，能御大灾则祀之，能捍大患则祀之：非是族也[1]，不在祀典。昔烈山氏之有天下也[2]，其子曰柱，能植百谷百蔬；夏之兴也，周弃继之[3]，故祀以为稷。共工氏之伯九有也[4]，其子曰后土[5]，能平九土[6]，故祀以为社[7]。黄帝能成命百物[8]，以明民共财[9]；颛顼能修之[10]；帝喾能序三辰以固民[11]；尧能单均刑法以仪民[12]；舜勤民事而野死；鲧障洪水而殛死[13]；禹能以德修鲧之功；契为司徒而民辑[14]；冥勤其官而水死[15]；汤以宽治民而除其邪[16]；稷勤百谷而山死[17]；文王以文昭[18]；武王去民之秽[19]。故有虞氏禘黄帝而祖颛顼[20]，郊尧而宗舜[21]，夏后氏禘黄帝而祖颛顼[22]，郊鲧而宗禹；商人禘舜而祖契，郊冥而宗汤；周人禘喾而郊稷，祖文王而宗武王。幕能帅颛顼者也[23]，有虞氏报焉[24]；杼能帅禹者也[25]，夏后氏报焉；上甲微能帅契者也[26]，商人报焉；高圉、太王能帅稷者也[27]，周人报焉。凡禘、郊、祖、宗、报，此五者国之典祀也。

【注释】

〔1〕族：类。

〔2〕烈山氏：即炎帝，姜姓，传说中的上古部落首领。

〔3〕弃：周始祖。尧舜时为稷官（农官），人称后稷，继柱而祀为稷神（谷神）。

〔4〕共工氏：传说中的上古共工族部落首领。　伯：通“霸”。　九有：九州。共工氏伯九有为太昊时事。

〔5〕后土：名勾龙，黄帝时土官（“后”为主掌之义）。

〔6〕平：治理。　九土：天下四方的土地。

〔7〕社：社神（土地神）。

〔8〕命：命名。

〔9〕共：通“供”。

〔10〕颛顼（zhuān xū 专虚）：号高阳氏，黄帝之孙。

〔11〕帝喾（kù 库）：号高辛氏，黄帝之曾孙。三辰：日、月、星。

〔12〕单：通“殚”，尽。

〔13〕鲧（gǔn 滚）：颛顼之后裔，为禹的父亲。　殛（jí 急）：杀死。

〔14〕契：商始祖，帝喾之子，尧时任司徒（主掌教化的官员）。辑：安定。

〔15〕冥：契之五世孙，夏时任司空（主掌公共工程的官员），死于治河，后被祀为水神，称玄冥。

〔16〕汤：商朝的开国之君，契之后裔。　除其邪：指除灭暴君夏桀。

〔17〕稷：即弃，见注〔3〕。　山死：死于山野。

〔18〕文王：周文王姬昌，武王之父。

〔19〕武王：周武王姬发，周朝的开国之君。　去民之秽：指除灭暴君殷纣王。

〔20〕有虞氏：舜之号，此指舜的后族。　禘：祭天或天子祭祀先祖的大典。　祖：天子祭祀开国之祖的典礼。

〔21〕郊：在国都郊外祭祀天地，且以祖先配祭的典礼。宗：天子祭祀开国次祖的典礼。

〔22〕夏后氏：禹之号。此指禹的后族。

〔23〕幕：舜的后裔。　帅：承继。

〔24〕报：报赐之祭，即天子为报答山川神或祖辈功德人员而举行的祭礼。

〔25〕杼：禹的后裔，曾复建夏朝。

〔26〕上甲微：契的后裔，曾重振祖业。

〔27〕高圉(yǔ 语)：弃的十世孙，有功于复兴周业。　太王：古公亶父，高圉的曾孙，曾带领周祖迁至岐地定居。

【译文】

“圣王制订祀礼的原则是：凡能施行法令、号令天下百姓的，加以祭祀；以身殉职、勤尽职守的，加以祭祀；以劳绩奠定国家基业的，加以祭祀；能够防御大灾难的，加以祭祀；能够抵抗大祸患的，加以祭祀。不属这一类情形，不列入祀典之内。从前烈山氏统治天下的时候，他的儿子名叫柱，能种植各种谷物和菜蔬；夏朝兴起时，周人的弃继承了柱的事业，所以把他们两人当作谷神祭祀。共工氏称霸九州的时候，他的儿子名叫后土，能治理天下四方的土地，所以把他当作土地神祭祀。黄帝能给各种事物定下名称，使百姓开化，献供赋税；颛顼能光大黄帝的功业；帝喾能按照日、月、星的运行规律制定历法，使百姓安居乐业；尧能尽力公平施行刑法，使百姓有法可依；舜勤于治理民事，以至身死野外；鲧防堵洪水，导致受戮而死；禹能用高尚的德行接续发展鲧治水的功劳；契做司徒，使百姓和睦相处；冥辛勤履职，治河时死于水中；汤以宽政治民，并除灭了暴君夏桀；稷尽心于农业，死在山上；文王以文德卓称于世；武王消灭了百姓所痛恨的殷纣王。所以有虞氏禘祭黄帝，祖祭颛顼，郊祭尧，宗祭舜；夏后氏禘祭黄帝，祖祭颛顼，郊祭鲧，宗祭禹；商人禘祭舜，祖祭契，郊祭冥，宗祭汤；周人禘祭喾，郊祭稷，祖祭文王，宗祭武王。幕能承继颛顼的功业，有虞氏对他举行报祭；杼能承继禹的功业，夏后氏对他举行报祭；上甲微能承继契的功业，商人对他举行报祭；高圉、太王能承继稷的功业，周人对他们举行报祭。

举凡禘祭、郊祭、祖祭、宗祭、报祭，这五种祭祀才是国家应有的大典。

“加之以社稷、山川之神，皆有功烈于民者也；及前哲令德之人，所以为明质也[1]；及天之三辰，民所以瞻仰也；及地之五行，所以生殖也；及九州名山川泽，所以出财用也。非是，不在祀典。今海鸟至，己不知而祀之，以为国典，难以为仁且知矣[2]。夫仁者讲功，而知者处物。无功而祀之，非仁也；不知而不问，非知也，今兹海其有灾乎？夫广川之鸟兽，恒知而避其灾也[3]。”

是岁也，海多大风，冬暖。文仲闻柳下季之言，曰：“信吾过也[4]！季子之言不可不法也。”使书以为三策[5]。

【注释】

〔1〕质：诚信。

〔2〕知：同“智”，明智。后文“知者处物”、“非知也”同此解。

〔3〕恒：常。

〔4〕信：确实，的确。

〔5〕三策：三份简书。

【译文】

“再加上土地、五谷、山、川的神祇，都是对百姓有功德的；以及前代的智者及德行美好的人，是为百姓所显著信任的；以及天上的日、月、星，是百姓所瞻仰的；以及地上的金、木、水、火、土，是百姓所赖以生存繁衍的；以及九州的名山大川，是出产财物器用的。不属于这些，就不在祭祀之列。如今海鸟飞来，自己一窍不通就祭祀它，作为国家的典礼，这就难以说成是仁爱明智了。仁爱的人讲求功效，明智的人善于处理事物。海鸟没有功绩而加以祭祀，这不是仁爱；不懂而不求教，这不是明智。如今大海恐怕要发生灾害了吧？海上的鸟兽，常是能预知而躲避天灾的。”

这一年，海上多次起暴风，而冬天较往常温暖。臧文仲听到展禽的话，说：“这确实是我的错误啊！展禽的话，不能不取为法。”他让人记下来，刻成三份简书。

（史良昭）

里革断罟匡君

《国语·鲁语上》

【题解】

《逸周书》:“夏三月,川泽不入网罟,以成鱼鳖之长。”《孟子》:“数罟不入洿池,鱼鳖不可胜食也。”可见先民在生产实践中很早就有了保护自然生态资源的认识。里革断罟,可以说是这一认识的系统发挥。

然而,本篇的意旨显然不在于“断罟”本身的就事论事,而在于“匡君”的政治主题。良臣匡君,贤主纳谏,收到了从善如流的积极效果。全文从一“罟”字入手,通过断罟、说罟、藏罟,到“不如置里革于侧之不忘”,在小题目上做出了大文章;一气呵成,令人过目难忘。

宣公夏滥于泗渊〔1〕,里革断其罟而弃之〔2〕,曰:“古者大寒降〔3〕,土蛰发〔4〕,水虞于是乎讲罛罶〔5〕,取名鱼〔6〕,登川禽〔7〕,而尝之寝庙〔8〕,行诸国人,助宣气也〔9〕。鸟兽孕,水虫成〔10〕,兽虞于是乎禁罝罗〔11〕,矠鱼鳖以为夏槁〔12〕,助生阜也〔13〕。鸟兽成,水虫孕,水虞于是乎禁罜䍡〔14〕,设阱鄂以实庙庖〔15〕,畜功用也。且夫山不槎蘖〔16〕,泽不伐夭〔17〕,鱼禁鲲鲕〔18〕,兽长麑麌〔19〕,鸟翼鷇卵〔20〕,虫舍蚳蝝〔21〕,蕃庶物也〔22〕,

古之训也。今鱼方别孕，不教鱼长，又行网罟，贪无艺也[23]。”

【注释】

〔1〕宣公：鲁宣公姬俀，前608至前591年在位。 滥：在水中安设捕网。 泗：泗水，发源于今山东泗水县。 渊：深水处。

〔2〕里革：鲁国太史。 罟（gǔ 古）：鱼网。

〔3〕降：减退。

〔4〕土蛰：地下冬眠的蛰虫。

〔5〕水虞：管理川泽水产捕捞事务的官员。 讲：谋划。 罛罶（gū liǔ 孤柳）：捕大鱼的网篓。

〔6〕名鱼：大鱼。

〔7〕登：置物于豆（一种高足食器）中。 川禽：龟鳖之类的水产。

〔8〕尝：祭祀名，以应时的新鲜食品率先供祭祖先尝新。 寝庙：宗庙。

〔9〕宣气：宣畅阳气。

〔10〕水虫：水中生物。

〔11〕兽虞：管理山林鸟兽捕猎事务的官员。 罝（jū 居）：捕兽网。罗：捕鸟网。

〔12〕矠（cuò 措）：刺取。 槁：干肉。

〔13〕阜：生长。

〔14〕罜䍡（zhǔ lù 主鹿）：捕小鱼的细眼网。

〔15〕阱：捕兽的陷阱。 鄂：下设尖桩的捕兽坑。 庖：厨房。

〔16〕槎蘖：砍取树木伐后重生的新枝。

〔17〕伐夭：伐取初生的植物。

〔18〕鲲鲕（ér 而）：指鱼苗。鲲，鱼子。鲕，破卵而出的小鱼。

〔19〕麑麇（ní yǎo 倪咬）：指幼兽。麑，小鹿。麇，小麋。

〔20〕鷇（kòu 扣）卵：幼鸟与鸟蛋。鷇，刚出壳的雏鸟。

〔21〕蚳（chí 迟）：蚁卵。 蝝（yuán 缘）：未生翅的幼蝗。蚳蝝古时均可制酱。

〔22〕庶物：众生物。

〔23〕艺：限度。

【译文】

鲁宣公夏天在泗水的深处张设鱼网，里革将网割断，丢在一旁，说道："古时候隆冬严寒一过去，地下冬眠的蛰虫开始苏醒，水虞这时就谋划安排大网、鱼篓，捕上大鱼，将鱼鳖一类的水产置于祭祀用的豆中，在宗庙中供祭祖宗，再让国都中的百姓捕捉食用，用以宣畅春天的阳气。到了鸟、兽交配季节，水中生物发育长大，兽虞在此时就禁止张网捕兽捕鸟，只许刺取鱼鳖，制成夏天食用的肉干，这是为了帮助鸟兽的繁衍。到了新一代鸟兽长大，水中生物又进入了交配时节，水虞在此时就禁止使用细眼的鱼网，而安设捕兽阬阱以捕获兽类提供宗庙祭食，这是为了储存水产资源而供日后捕捞。而且，到山上不许砍伐新生的枝条，到泽地不许割取幼嫩的植物，捕鱼时禁止捕捞幼小的鱼虾，猎兽时不得伤害幼兽，捕鸟要保护雏鸟与鸟卵，捕虫要留下蚂蚁和蝗虫的幼虫，这是为了使万物繁殖生长。这些都是古人的训戒。如今鱼刚出交尾孕期不久，不让鱼类长大，还要施设捕网，真是贪得无厌啊！"

公闻之，曰："吾过而里革匡我，不亦善乎！是良罟也，为我得法。使有司藏之，使吾无忘谂〔1〕。"师存侍〔2〕，曰："藏罟，不如置里革于侧之不忘也。"

【注释】

〔1〕谂（shěn 审）：规谏。

〔2〕师存：名字叫存的乐师。

【译文】

宣公听到了，说："我犯了过错，里革就纠正我，不是很好的吗？这是一挂很有意义的网，让我得知了古代的治国方法。叫有关官员将它保存好，使我不忘这一次规谏。"乐师存侍立在宣公身旁，说："保存鱼网，还不如将里革安置在身边，就更能不忘规谏了。"

（史良昭）

敬姜论劳逸

《国语·鲁语下》

【题解】

勤劳俭朴是中华民族的优良传统。古人不仅以之作为治生立业的实践方式，而且将它与道德修养、国家盛衰等重大命题联系在一起，这种认识是十分难能可贵的。

创业艰难，守成亦自是不易。好逸恶劳，是滋生放纵腐化、败弃先人基业的根源。贵族孀妇敬姜夫人通过对劳逸不同后果的分析对比，以及前代勤业传统的追述，教育儿子警惕和杜绝“淫心舍力”的恶习，这在今人读来，也是富于教益的。

文章从敬姜纺绩、公父文伯反对的母子冲突入手，引出了一篇语重心长的侃侃正论。事简言详，说理透彻，加上文末孔子的评赞，自首至尾形成了一支对“劳”字的颂歌。

公父文伯退朝〔1〕，朝其母〔2〕，其母方绩。文伯曰：“以歜之家，而主犹绩，惧干季孙之怒也〔3〕，其以歜为不能事主乎！”

【注释】

〔1〕公父文伯：公父歜（chù 触），鲁定公、哀公朝大夫。其母名敬姜。

〔2〕朝：拜见。

〔3〕干：犯。　季孙：指季康子季孙肥，时任鲁正卿。公父文伯为其

叔伯父。

【译文】

公父文伯退朝回家，拜望他的母亲，他母亲正在纺麻。文伯说："像我这样的家庭，主母还要纺麻，恐怕会招致季孙发怒。他将会怪我不能奉侍好母亲吧！"

其母叹曰："鲁其亡乎？使僮子备官而未之闻邪[1]？居，吾语女。昔圣王之处民也，择瘠土而处之，劳其民而用之，故长王天下[2]。夫民劳则思，思则善心生；逸则淫，淫则忘善，忘善则恶心生。沃土之民不材，淫也；瘠土之民莫不向义，劳也。是故天子大采朝日[3]，与三公、九卿祖识地德[4]；日中考政[5]，与百官之政事[6]，师尹惟旅牧相宣序民事[7]。少采夕月[8]，与太史、司载纠虔天刑[9]；日入，监九御[10]，使洁奉禘、郊之粢盛[11]，而后即安。诸侯朝修天子之业命，昼考其国职，夕省其典刑[12]，夜儆百工[13]，使无慆淫[14]，而后即安。卿大夫朝考其职，昼讲其庶政[15]，夕序其业，夜庀其家事[16]，而后即安。士朝受业，昼而讲贯[17]，夕而习复，夜而计过，无憾，而后即安。自庶人以下，明而动，晦而休，无日以怠。

【注释】

〔1〕备官：居官。　而：却。一说通"尔"，代第二人称，则"而"前断句，亦可说通。　之：指治国的道理。

〔2〕王（wàng 忘）：称王。

〔3〕大采：黑色的冠冕及祭服。　朝日：天子每年春分祭祀日神的礼仪。

〔4〕三公：太师、太傅、太保，为中枢最高长官。　九卿：冢宰、司徒、司马、宗伯、司寇、司空、少师、少傅、少保，为行政各部长官。　祖识：熟识。　地德：大地养生的功德，此指农业的生产。

〔5〕考政：处理政务。

〔6〕与：通"举"，谋划。

〔7〕师尹：朝廷官长。　惟：同。　旅：朝中属官。　牧：地方官吏。　宣序：普遍治理。

〔8〕少采：绣有黑白斧形纹饰的礼服。　夕月：天子每年秋分之夜祭祀月神的礼仪。

〔9〕太史：记事之官。　司载：主管天文之官。　纠虔：恭敬。　天刑：天象的垂示。

〔10〕九御：九嫔，内宫的各种女官。

〔11〕禘：天子祭祀祖先的大祭。　郊：天子在都城郊外祭祀天地的典礼。　粢盛：盛放于祭器中的谷物。

〔12〕典刑：法令。

〔13〕儆：警戒。　百工：百官。

〔14〕慆(tāo 滔)淫：怠惰、放荡。

〔15〕庶政：日常政务。

〔16〕庀(pǐ 癖)：治理。　家事：指采邑的事务。

〔17〕讲贯：妥善处理。

【译文】

他的母亲叹息说："鲁国大概要灭亡了吧！让小孩子占据官职，却不知道为官之理。坐下，我告诉你。从前圣王安置百姓，总是选择瘠薄的土地让他们定居，使他们经受劳苦而加以使用，所以能够长久地统治天下。凡是百姓，劳苦了就会想到节俭，想到节俭善良的心就会油然而生；贪图安逸就会放纵；放纵就忘记善良，忘记善良就会产生邪恶之心。住在肥沃土地上的百姓不成材，这是由于放纵的缘故；住在瘠薄土地上的百姓没有一个不向往道义，这是由于劳苦的缘故。所以天子每年春分穿戴黑色的冠冕祭服祭拜日神，与三公、九卿一起熟悉了解大地上农业生产的情况；日中处理政务，谋划政府各部门的政事，朝廷长官带领着属官和地方官员，辅佐着普遍地治理民政事务。天子每年秋分穿着绣纹礼服祭拜月神，与记事史官、天文官一起恭敬地观察天象的垂示；到了落日时分，就监督内宫中的女官，让她们洁净地料理好用于祭祀的谷物，然后才睡觉。诸侯早上处理天子颁下的任务和命令，白天完成自己邦国的职责，傍晚检查施行法令的情况，晚上训诫属下百官，使他们不敢怠惰放荡，之后才睡觉。卿大夫早上完成管理范围的职责，白天谋划各种相关政务，傍晚将经办的任务安排就绪，晚上治理自己采邑的事务，之后才睡觉。士人早上接受任务，白天妥善处理，傍晚进行复想，晚上审察一天尽职有无过错，没有遗憾，然后才睡觉。从平民以下，天亮劳作，天昏暗了才休息，没有一天怠惰。

“王后亲织玄紞〔1〕，公侯之夫人加之以纮、綖〔2〕，卿之内子为大带〔3〕，命妇成祭服〔4〕，列士之妻加之以朝服〔5〕，自庶士以下，皆衣其夫。社而赋事〔6〕，蒸而献功〔7〕，男女效绩，愆则有辟〔8〕，古之制也。君子劳心，小人劳力，先王之训也。自上以下，谁敢淫心舍力〔9〕？

【注释】

〔1〕玄紞（dǎn 胆）：王冠两旁悬挂玉瑱的黑色丝绳。

〔2〕纮（hóng 宏）：固定冠冕的带子。　綖（yán 延）：覆于冠冕上的黑色织物。

〔3〕内子：卿的正妻。　大带：祭服的束腰带。

〔4〕命妇：大夫之妻。

〔5〕列士：元士、中士、庶士三种士的总称。

〔6〕社：春社，于春分时祭祀土地神。　赋事：指布置农桑之事。

〔7〕蒸：冬祭。　献功：献祭收成之物。

〔8〕辟：刑罚。

〔9〕淫心舍力：放荡心志，舍弃劳作。

【译文】

“王后亲自编织玄紞，公侯的夫人还要加上纮和綖，卿的妻子编织大带，大夫的妻子做祭服，列士的妻子还要加上做朝服。从庶士以下各级人等的妻子，都给自己丈夫做衣裳。春分祭祀时布置农事，冬天祭祀时献上收成，男男女女都尽力作出劳绩，发生过失就以刑罚治罪，这是古来的制度。君子以心力操劳，小人以体力操劳，这是先王的教导。从上到下，谁敢放荡心志，放松出力？

“今我寡也，尔又在下位，朝夕处事，犹恐忘先人之业。况有怠惰，其何以避辟？吾冀而朝夕修我曰[1]：‘必无废先人！’尔今曰：‘胡不自安？’以是承君之官，余惧穆伯之绝祀也[2]！”

仲尼闻之曰[3]：“弟子志之，季氏之妇不淫矣[4]！”

【注释】

〔1〕而：通“尔”，你。　修：勉励。

〔2〕穆伯：公父文伯之父。

〔3〕仲尼：孔子。

〔4〕淫：贪图安逸。

【译文】

“如今我成了寡妇，朝廷中你又身处下位，就是从早到晚置身政事，还担心忘了祖先的业绩。况且产生出怠惰之心，将怎么避免惩处呢？我本希望你早晚鼓励我说：‘一定不要丢弃祖先的业绩。’你现今却说：‘为什么不自图安逸？’像这样来承任国君的官职，我就怕你亡父穆伯的祭祀要断绝了！”

孔子听到这件事，说：“弟子们记住，季氏的妇人的确是不图安逸的啊！”

（史良昭）

叔向贺贫

《国语·晋语八》

【题解】

公元前541年，韩起被任命为晋国的正卿。针对他叹贫的忧虑，太傅叔向却认为富奢容易败坏德行而招致灾祸，所以反向他道贺，并正告他应当“忧德”而不应“忧贫”。《左传》对于韩起有“韩子懦弱”(《襄公三十一年》)的评语，批评他患得患失的性格，可知叔向的“贺贫”，实是借机劝导他重视德行的建立，以担负起治国的重任。

“贫”而可贺，表面上似乎有悖常理。但文章通过援昔证今，巧妙地进行了借题发挥。这种先出奇题、再辟蹊径的手法，前人称为“转笔”或“救题”，在古文中经常运用。如柳宗元《贺进士王参元失火书》及清代桐城派的一些作品，即明显地接受了本篇的影响。

叔向见韩宣子〔1〕，宣子忧贫，叔向贺之。宣子曰：“吾有卿之名，而无其实，无以从二三子〔2〕，吾是以忧。子贺我何故？”

【注释】

〔1〕叔向：羊舌肸(xì系)，字叔向，历仕晋悼、平、昭公三朝。其时为太傅。　韩宣子：名起，谥宣子，晋平公十七年起任正卿。

〔2〕二三子：指同朝的卿大夫。

【译文】

叔向去见韩宣子，宣子正为自己贫困而忧虑，叔向对此反而向他祝贺。宣子说：“我有正卿的虚名，却没有它的财产，无法与卿大夫们交际，我所以忧心忡忡。你祝贺我，是什么缘故呢？”

对曰：“昔栾武子无一卒之田〔1〕，其宫不备其宗器〔2〕；宣其德行，顺其宪则，使越于诸侯〔3〕。诸侯亲之，戎、狄怀之，以正晋国。行刑不疚〔4〕，以免于难〔5〕。及桓子〔6〕，骄泰奢侈，贪欲无艺〔7〕，略则行志〔8〕，假贷居贿〔9〕，宜及于难〔10〕，而赖武之德以没其身〔11〕。及怀子〔12〕，改桓之行而修武之德，可以免于难，而离桓之罪〔13〕，以亡于楚。夫郤昭子〔14〕，其富半公室，其家半三军〔15〕，恃其富宠，以泰于国。其身尸于朝，其宗灭于绛〔16〕。不然，夫八郤五大夫三卿〔17〕，其宠大矣；一朝而灭，莫之哀也，惟无德也。今吾子有栾武子之贫，吾以为能其德矣，是以贺。若不忧德之不建，而患货之不足，将吊不暇，何贺之有？”

【注释】

〔1〕栾武子：名书，晋厉公、悼公两朝正卿。　一卒之田：一百顷田。按正卿的食邑应为五百顷田。

〔2〕宫：居室。　宗器：祭器。

〔3〕越：播越。

〔4〕刑：法，典则。　疚：病，有欠缺。

〔5〕免于难：厉公时外戚与大夫间不和，外戚胥童曾拘禁栾书胁迫厉公处死，但厉公终释放了栾书。后栾书杀害厉公立悼公，于例有弑君之罪，悼公也未予追究，故曰“免于难”。

〔6〕桓子：栾黡（yǎn 演），栾书之子，悼公时初为公族大夫，后任下军帅。

〔7〕艺：限度。

〔8〕略则：侵害法律。

〔9〕居贿：囤积财物。

〔10〕宜及于难：栾黡与朝中另一大势力范氏结怨颇深，争斗的结果是悼公逐范鞅于秦，幸未落败，故说“宜及于难”。

〔11〕没其身：终其生。

〔12〕怀子：栾盈，栾黡之子。于平公时任下军佐。晋平公六年（前552）被诬以作乱，逐至楚国，三年后果起兵回国，失败，栾盈遭刺，栾氏灭族。

〔13〕离桓之罪：《左传·襄公十四年》载范鞅在秦国预言栾氏将最先灭族，曰：“栾黡汰虐已甚，犹可以免，其在盈乎！……盈之善未能及人，武子所施没矣，而黡之怨实彰，将于是乎在。”可见这是当时人的普遍看法。离，通“罹”。

〔14〕郤昭子：郤至，晋厉公时任新军佐。前574年为厉公胁迫而自杀。

〔15〕家：指卿大夫的食邑。春秋时食邑有私兵，并征兵赋。 三军：晋国编制分为上军、中军、下军，后又增设新军，习惯上仍称三军。

〔16〕绛：晋国都（今山西翼城）。

〔17〕八郤：指郤氏家族的郤芮、郤溱、郤缺、郤克、郤至、郤锜、郤犨、郤毅，在晋国历朝中均任卿大夫职。

【译文】

叔向回答说：“从前栾武子没有百顷的食邑，他的居室连祭器都不齐全；他发扬德行，顺循法度，使名声远播于诸侯。诸侯亲近他，戎、狄等少数民族归附他，从而使晋国大治。他遵行典则没有缺失，所以躲过了祸难。到了桓子，骄纵奢侈，贪得无厌，违法乱纪，为所欲为，借贷牟利，囤积财物，本应当碰上祸难，只是依赖武子德行的余荫而得以善终。到了怀子，改变桓子的行为，发扬武子的美德，本可以凭此免于祸难，只是因为受到父亲桓子恶行的连累，结果被流亡到楚国。那个郤昭子，他的财产抵得上晋国公室的一半，采邑的兵赋抵得上晋国军队的一半。他依仗自己的财富与深得君宠，在晋国不可一世。结果他自身在朝堂上陈尸示众，他的宗族也在绛都灭绝。如果不是这样的话，郤氏家族先后有八人担任要职，五人做大夫，三人任公卿，他们所受的君宠够深隆了。一朝被剪灭，没有人同情他们，这正是没有德行的缘故啊。如今你有栾武子的清贫境况，我以为你能也有他那样的德行了，所以向你祝贺。如果不忧虑德行未曾建树，却只担忧财产不足，那我表示哀悼还来不及，又有什么祝贺可言呢？"

宣子拜，稽首焉，曰："起也将亡，赖子存之。非起也敢专承之，其自桓叔以下〔1〕，嘉吾子之赐〔2〕。"

【注释】

〔1〕桓叔：姬成师，号曲沃桓叔，晋穆侯之子。他于公元前八世纪中叶，将韩地封给小儿子万，以韩为氏，是为韩氏之祖。

〔2〕嘉：感德。

【译文】

宣子倒身下拜，在地上磕头，说："我韩起几乎要灭亡了，全靠你保全了我。这不是我一个人敢单独承受的，恐怕从我祖宗桓叔以下的世世代代，都要感戴你的恩赐。"

（史良昭）

王孙圉论楚宝

《国语·楚语下》

【题解】

赵简子向楚国使臣问楚宝，是对楚国尊严的公然挑衅。王孙圉针锋相对，就“宝”字生发出楚国的强盛和崇尚，在气势和境界上都压倒了对方。

本文充分体现了《国语》“事简言详”的行文特色。文章仅以“鸣玉以相”四字及两句问话，便将赵简子骄横之态跃然于纸上；而王孙圉一席应答，则显示了他的镇静从容和正直机警，不写之写，令人击节。结尾也是这样，戛然而止，不再给赵简子半点笔墨，因为通过王孙圉气壮辞严的侃侃正言，读者已完全可以想见赵简子哑口无言的窘态。

王孙圉聘于晋〔1〕，定公飨之〔2〕。赵简子鸣玉以相〔3〕，问于王孙圉曰：“楚之白珩犹在乎〔4〕？”对曰：“然。”简子曰：“其为宝也几何矣？”

【注释】

〔1〕王孙圉（yǔ 语）：楚大夫。　聘：聘问，诸侯国间互相访问。

〔2〕定公：晋定公姬午，前511年至前476年在位。　飨：用酒食招待客人。

〔3〕赵简子：赵鞅，晋国正卿。　相：相礼，辅佐国君执行礼仪。

〔4〕珩（héng 恒）：玉佩上部的玉架。

【译文】

王孙圉到晋国聘问，定公设宴招待他。赵简子佩着叮当作响的玉饰，作为相礼，向王孙圉问道："楚国的白珩还在吗？"回答说："是的。"赵简子说："它被你们当作宝贝，有多久了？"

曰："未尝为宝。楚之所宝者，曰观射父，能作训辞[1]，以行事于诸侯[2]，使无以寡君为口实。又有左史倚相，能道训典[3]，以叙百物[4]，以朝夕献善败于寡君，使寡君无忘先王之业；又能上下说乎鬼神[5]，顺道其欲恶，使神无有怨痛于楚国。又有薮曰云连徒洲[6]，金、木、竹、箭之所生也，龟、珠、角、齿、皮、革、羽、毛，所以备赋[7]，以戒不虞者也[8]；所以共币帛[9]，以宾享于诸侯者也。若诸侯之好币具[10]，而导之以训辞，有不虞之备，而皇神相之，寡君其可以免罪于诸侯，而国民保焉。此楚国之宝也。若夫白珩，先王之玩也，何宝之焉？

【注释】

〔1〕训辞：教导之言。

〔2〕行：行人，使者。

〔3〕训典：记录古代圣哲教诲的典籍。

〔4〕物：事。

〔5〕说：通"悦"。

〔6〕薮：长草木的泽地。　云连徒洲：即云梦泽，在今湖北监利县北。

〔7〕赋：军赋，军用物资。

〔8〕戒：防备。　不虞：意外灾难。

〔9〕共：通"供"。　币帛：用于通好或祭祀的礼物。

〔10〕币具：礼品。

【译文】

王孙圉说："没有当作宝贝。楚国所视为宝的，叫做观射父。他能作教益开导之言，以使者的身份周旋于诸侯间，能使人家无法拿我们国君作话柄。又有左史名叫倚相，能将古代圣哲语汇的典籍内容侃侃讲述，用来条畅各种事务的前因后果，又用来时时向国君提供古人成败的前鉴，使国君不忘先王的业绩；他又能取悦于天上地下的鬼神，顺应它们的所好所恶，使神灵对楚国没有怨恨。又有大泽叫云连徒洲，金属、木材、竹材、箭竹都在那里出产，还有龟甲、珍珠、兽角、象牙、虎豹皮、犀牛皮、鸟羽、牦牛尾等物产，是用来提供军用物资，以防范意外事件的；也是用来作为礼物，供招待和馈赠诸侯之用。如果诸侯喜爱我们的礼品，而又以教益之言加以开导，有对付意外事件的物质准备，而大神又加以佑助，我们国君恐怕可以免受诸侯的责罚，国家和百姓也得以保全了。这些才是楚国的国宝。至于白珩，那只是先王的玩物，怎么会把它作为宝贝呢？

"圉闻国之宝六而已：圣能制议百物〔1〕，以辅相国家，则宝之；玉足以庇荫嘉谷，使无水旱之灾，则宝之；龟足以宪臧否〔2〕，则宝之；珠足以御火灾，则宝之；金足以御兵乱，则宝之；山林薮泽足以备财用，则宝之。若夫哗嚣之美，楚虽蛮夷〔3〕，不能宝也！"

【注释】

〔1〕制议：评判。

〔2〕宪：表明。　　臧否（pǐ 譬）：好坏，凶吉。

〔3〕蛮夷：周朝对中原以外南、东地区的蔑称。

【译文】

"我听说国家的珍宝不过六种而已：圣人能评判各种事物，而辅弼治理国家，就把他作为珍宝；祭祀所用的玉足以保佑五谷丰美，不受水旱灾害，就把它作为珍宝；龟甲足以表明吉凶，就把它作为珍宝；珍珠足以防御火灾，就把它作为珍宝；铜铁金属足以抗御战乱，就把它作为珍宝；山林湖泽足以提供财物器用，就把它作为珍宝。至于叮当哗啦发出喧响的美玉，楚国虽然是蛮夷之邦，也不能把它当作珍宝啊！”

（史良昭）

诸稽郢行成于吴

《国语·吴语》

【题解】

公元前494年，吴王夫差伐越报父亡之仇。夫椒一战，越军大败，仅余五千甲士，越王勾践不得不派大夫文种求和。其后吴王再次进兵攻打，勾践听从文种计议，又遣大夫诸稽郢屈言请和，以图保存实力，东山再起。诸稽郢不辱使命，利用夫差目光短浅与好虚荣心的弱点，以“卑言”与“甘辞”相结合，最终说动了吴王。《左传》多记春秋时期诸侯大夫间的外交辞令，此篇说辞风格与之相类，恰可补充《左传》有关吴越纪事之不足。

吴王夫差起师伐越[1]，越王勾践起师逆之[2]。大夫种乃献谋曰[3]：“夫吴之与越，唯天所授，王其无庸战[4]。夫申胥、华登简服吴国之士于甲兵[5]，而未尝有所挫也。夫一人善射，百夫决拾[6]，胜未可成也。夫谋，必素见成事焉而后履之[7]，不可以授命[8]。王不如设戎，约辞行成[9]，以喜其民，以广侈吴王之心。吾以卜之于天，天若弃吴，必许吾成而不吾足也[10]，必将宽然有伯诸侯之心焉[11]。既罢弊其民[12]，而天夺之食，安受其烬[13]，乃无有命矣。”越王许诺。

【注释】

〔1〕吴王夫差：春秋时吴国国君，前495至前473年在位。

〔2〕越王勾践：越国国君，前497至前465年在位。前494年越国夫椒之战战败后，他卑身事吴，卧薪尝胆，以“十年生聚，十年教训”的战略，积蓄力量，终于于前473年乘吴国国内空虚之机，一举灭吴，吴王夫差兵败自杀。　逆：迎。

〔3〕大夫种：文种，越大夫。前473年越灭吴后为勾践所杀。

〔4〕庸：通“用”。

〔5〕申胥：即伍员，字子胥，吴大夫。因功为吴王封于申邑，故亦称申胥。因在吴越相争中坚持灭越，遭夫差赐剑自杀。　华登：本宋国大夫，后避乱奔吴为大夫。　简：选拔。　服：操练。

〔6〕决拾：均射箭器具。决，扳指；拾，约束左臂以便射箭的皮革臂套。此处谓佩带决拾。

〔7〕素见：预见。　履：实行。

〔8〕授命：送命。

〔9〕约辞：卑辞，低声下气的话。　行成：求和。　成，缔结城下之盟。

〔10〕不吾足：不以我为值得重视的对象。

〔11〕伯：通“霸”。

〔12〕罢(pí 皮)弊：疲惫不堪。罢，通“疲”。

〔13〕烬：残余。

【译文】

吴王夫差起兵攻打越国，越王勾践率军相迎。大夫文种于是献计说：“吴国与越国都听命于天，大王还是不用作战吧。伍子胥、华登，选拔训练吴国兵士投入战争，还没有遭到过失败。一个人擅长射箭，就有一百人效法追随，我们抵抗未必能够取胜。凡是计划，必须预见有成功的可能然后才去实行，不可以轻易送命。大王不如设好防务，以谦卑的言词去吴国求和，使他们的百姓沾沾自喜，使吴王的骄心大大扩张。我们将这一计谋向上天占卜，天意如果厌弃吴国，吴国就一定会同意我们的求和，而不再把我们视为心腹之患，将一定会放心地萌生称霸诸侯的野心。等到他们的百姓为之疲惫不堪，而上天降灾夺去了食粮，那时我们稳稳当当收拾那里的残局，吴国就不再获有上天的眷顾了。”越王同意了他的意见。

乃命诸稽郢行成于吴〔1〕，曰：“寡君勾践使下臣郢，不敢显然布币行礼，敢私告于下执事曰〔2〕：昔者越国见祸，得罪于天王〔3〕，天王亲趋玉趾〔4〕，以心孤勾践〔5〕，而又宥赦之。君王之于越也，繄起死人而肉白骨也〔6〕。孤不敢忘天灾，其敢忘君王之大赐乎？今勾践申祸无良〔7〕，草鄙之人，敢忘天王之大德，而思边垂之小怨〔8〕，以重得罪于下执事？勾践用帅二三之老〔9〕，亲委重罪，顿颡于边〔10〕。今君王不察，盛怒属兵，将残伐越国。越国固贡献之邑也，君王不以鞭棰使之，而辱军士使寇令焉〔11〕。勾践请盟：一介嫡女，执箕帚以晐姓于王宫〔12〕；一介嫡男，奉槃匜以随诸御〔13〕。春秋贡献，不解于王府〔14〕。天王岂辱裁之〔15〕，亦征诸侯之礼也。夫谚曰：‘狐埋之而狐搰之〔16〕，是以无成功。’今天王既封殖越国，以明闻于天下，而又刈亡之〔17〕，是天王之无成劳也。虽四方之诸侯〔18〕，则何实以事吴？敢使下臣尽辞，唯天王秉利度义焉〔19〕！”

【注释】

〔1〕诸稽郢：越大夫，诸稽为复姓。

〔2〕下执事：下属办事人员。这是对吴王示敬的说法，表示自己不配直接同吴王对话。

〔3〕得罪于天王：前 495 年，越王勾践在作战中曾射伤夫差的父亲吴王阖闾，使之伤重而死。天王，春秋时称天子，这里敬称夫差。

〔4〕亲趋玉趾：亲自劳驾赶来，这是代指吴王举行夫椒之战。

〔5〕以：通“已”。　孤：摒弃。

〔6〕繄(yī 衣)：乃。

〔7〕申：再度。

〔8〕边垂：边境。垂，通“陲”。

〔9〕用：因而。

〔10〕顿颡(sǎng 嗓)：叩头。颡，前额。

〔11〕寇令：(接受)抵御盗寇的命令。

〔12〕执箕帚：如婢女般服贱役。　晐(gāi 该)姓：贡外姓女以纳于王宫。晐，备位。

〔13〕槃匜(pán yí 盘移)：盥洗用具。槃，水盆。匜，洗手时的接水盆。　御：近侍。

〔14〕解：通“懈”。

〔15〕岂：通“其”，表示请求、希望的助词。

〔16〕搰(hú 忽)：掘出。

〔17〕而：如果。

〔18〕虽：通“唯”，语首助词，无义。

〔19〕唯：通“惟”，希望。　秉利度义：权衡利害，考虑得宜。义，通“宜”。

【译文】

于是命令诸稽郢去吴国求和，对吴王说：“敝国君勾践派小臣我前来，不敢公然陈列玉帛举行礼仪，只敢私下对您的办事官员进言说：以往越国遭祸，开罪了天王，劳动天王大驾亲临。已经打算除灭勾践，却又开恩宽恕。君王对于越国的恩惠，真是如同让死人复活，白骨重新长肉。勾践不敢忘记上天降下的灾祸，又怎敢忘记天王的厚赐？如今勾践重遭祸殃，无德无行，草野鄙贱之人，岂敢忘记天王的大恩大德，而计较边境的小怨，以至再度得罪于您的办事人员？勾践因此率领几名老臣，亲自承担犯下的重罪，在边境上叩头求恕。如今君王不明察就中情由，勃然大怒，调集军队，打算重重地讨伐越国。越国本来就是称臣纳贡的城邑，君王不用马鞭驱使它，而屈尊使您的将士执行抵御盗寇的作战命令。勾践请求缔结盟约：让一个亲生女儿，拿着箕帚入宫做您的婢女；让一个亲生儿子，捧着水盆盛具跟着近侍来服侍您。春秋两季进贡，上献于王府，决不懈怠。希望天王能考虑这些请求，这也是征讨诸侯所实行的惯常制度。谚语道：‘狐狸埋了又刨出，所以不见有成果。’如今天王已经封立了越国，以圣明扬声于天下；如果又去消灭它，这就是天王的努力没有成果。只是四方的诸侯，再怎么来服事吴国呢？我冒昧地说完了想说的话，希望天王权衡利弊，考虑是不是合适。”

（史良昭）

申胥谏许越成

《国语·吴语》

【题解】

本篇在《国语·吴语》中与前篇紧接，也即吴国君臣对“诸稽郢行成于吴”的不同反应。忠臣伍子胥清醒地看破了越国卑词求和的别有企图，谏劝吴王夫差抓住一举消除敌国祸患的大好时机，不要落入圈套。但刚愎自用的夫差却不纳忠言，养痈遗患，结果十六年后终被复苏的越国灭亡。全篇将夫差见识的褊浅与伍子胥对国事的明睿互相形成对照，文末“乃许之成”、“乃许之，荒成不盟”的递进，更显示了吴王夫差的昏庸。

吴王夫差乃告诸大夫曰：“孤将有大志于齐〔1〕，吾将许越成，而无拂吾虑〔2〕。若越既改，吾又何求？若其不改，反行，吾振旅焉〔3〕。”申胥谏曰：“不可许也。夫越，非实忠心好吴也，又非慑畏吾甲兵之强也。大夫种勇而善谋，将还玩吴国于股掌之上〔4〕，以得其志。夫固知君王之盖威以好胜也〔5〕，故婉约其辞，以从逸王志〔6〕，使淫乐于诸夏之国〔7〕，以自伤也。使吾甲兵钝弊，民人离落，而日以憔悴，然后安受吾烬。夫越王好信以爱民，四方归之，年谷时熟，日长炎炎〔8〕。及吾犹可以战也，为虺弗摧〔9〕，为蛇将若何？”

【注释】

〔1〕有大志于齐：谓将进攻齐国。其时齐景公执政已五十余年，国力强盛，为吴国欲称霸中原的首要障碍。

〔2〕而：通“尔”，你们。　拂：违逆。

〔3〕振旅：兴师。

〔4〕还(xuán 旋)玩：玩弄。还，通“旋”。

〔5〕盖威：崇尚威力。　以：而。

〔6〕从：通“纵”。

〔7〕诸夏之国：中原各国。

〔8〕日长炎炎：蒸蒸日上。炎炎，兴旺的样子。

〔9〕虺(huǐ 悔)：小蛇。

【译文】

吴王夫差于是召告大夫们说：“我将进师齐国，我打算同意越国请和，你们不要违忤我的意图。如果越国已经改悔，我还对它能有什么要求？如果它不改悔的话，等到我们从齐国返回来，我再兴兵去讨伐它。”伍子胥谏阻说：“不能答应他们的请求。越国人不是真心实意与吴国友好，也不是惧怕我们武力的强盛。大夫文种勇敢而善于谋计，他企图将吴国放在大腿、手掌上转弄，以实现他的阴谋。他原来就知道君王崇尚武力，争强好胜，所以把话说得十分婉顺谦卑，使你放纵心志，让你在称霸于中原各国的争斗中乐而忘忧，以自取祸伤。他们让我国军力损折，百姓离散，国势一天天虚弱，然后稳稳当当收拾我们的残局。越王勾践崇尚信节，而且爱护人民，四方的百姓纷纷去归附他。每年五谷丰登，国势蒸蒸日上。到现在为止，我们还是足以战而胜之。小蛇不及时打死，长成了大蛇怎么办？”

吴王曰：“大夫奚隆于越〔1〕？越曾足以为大虞乎〔2〕？若无越，则吾何以春秋曜吾军士〔3〕？”乃许之成。将盟，越王又使诸稽郢辞曰：“以盟为有益乎？前盟口血未干〔4〕，足以结信矣。以盟为无益乎？君王舍甲兵之威以临使之，而胡重于鬼神而自轻也?”吴王乃许之，荒成不盟[5]。

【注释】

〔1〕奚：何以。　隆：重视。

〔2〕曾：尚，还。　虞：忧患。

〔3〕春秋：指春秋两季阅兵。　曜：炫耀。

〔4〕口血：古代盟会时杀牲取血，双方含于口中或涂于唇上，称歃血定盟，以示信誓。

〔5〕荒：空白，荒废。

【译文】

吴王说：“伍大夫为什么要这般看重越国？越国还足以成为我们的心腹大患么？如果没有越国，那么春秋两季阅兵我又怎么能炫耀我的军威呢?”于是同意了越国的求和。快要举行盟誓之时，越王又派诸稽郢推辞说：“认为盟誓是有用处的吗？前回盟誓时留在口边的血迹还没有干，已经足以结信于双方了。认为盟誓是无用处的吗？君王放弃武力的威胁，就可以君临越国，任意指使了，又何必看重鬼神的权威而觑轻自己的威严呢?”吴王于是同意了，只是达成和议，而没有举行盟誓的仪式。

（史良昭）

春王正月

《公羊传》隐公元年

【题解】

《公羊传》，又名《春秋公羊传》、《公羊春秋》，儒家重要经典，专门阐释《春秋》。相传为战国齐人公羊高所著。最初是口头传授，直到汉景帝时，才由公羊高的五世孙公羊寿同其弟子胡母子都整理成书，刻写在竹简或帛书上。它以揭示《春秋》的“微言大义”为主旨，体现了鲜明的政治思想，受到汉初统治者的推崇，被立于学官。王莽以后，古文经大盛，《公羊传》研习者日稀。该书与《左传》相比，略于史事而偏重议论，文笔简洁。有汉人何休《解诂》，唐人徐彦《疏》。

本文为《公羊传》首篇，阐述《春秋》经中“元年春王正月”六字。采取自问自答的形式。第一段对经文逐字逐词进行解说，层层推进，如抽丝剥茧一般，最后揭示出《春秋》“大一统”的思想。第二段解释《春秋》不说隐公“即位”的原因：只有嫡生的长子才有资格立为君王，隐公为偏房所生，暂时担任一国之君，也是权宜之计，自然不能说“即位”。行文至“隐长又贤，诸大夫……”四句，中“且如桓立”二句，作两假设，遂使文意跌宕起伏，一扫单纯议论的沉闷之感。全文阐发了《春秋》“辨尊卑，别嫡庶”的儒家“正名”思想，于史实尽管有些悬测臆会，牵强迂腐，然亦借史立论者所难免。

元年者何？君之始年也。春者何？岁之始也。王者孰谓[1]？谓文王也。曷为先言王而后言正月[2]？王正月也。何言乎王正月？大一统也。

【注释】

〔1〕孰谓：说谁。孰，谁。谓，说。

〔2〕曷(hé 河)：何。　正月：指农历一年的第一个月。

【译文】

什么是“元年”？是君王即位的头一年。什么是“春”？是一年的头一个季节。“王”是说谁？是说周文王。为什么先说“王”而后说“正月”？因为是周文王时所订周历的正月。为什么说“王正月”？是因为天下广大而统一。

公何以不言即位[1]？成公意也[2]。何成乎公之意？公将平国而反之桓[3]。曷为反之桓？桓幼而贵，隐长而卑。其为尊卑也微，国人莫知。隐长又贤，诸大夫扳隐而立之[4]。隐于是焉而辞立[5]，则未知桓之将必得立也。且如桓立，则恐诸大夫之不能相幼君也[6]。故凡隐之立，为桓立也。隐长又贤，何以不宜立？立適以长[7]，不以贤；立子以贵，不以长。桓何以贵？母贵也。母贵，则子何以贵？子以母贵[8]，母以子贵。

【注释】

〔1〕公：指鲁隐公，是鲁惠公的妾所生的长子。

〔2〕成：成全。

〔3〕平：治理。　反之桓：即返之于桓公。反，通“返”。桓，即鲁桓公，鲁隐公的异母弟。

〔4〕扳：挽，引。此处引申为推举。

〔5〕于是焉：在此时。焉，语气词，无实义。

〔6〕相(xiàng 象)：辅佐。

〔7〕適(dí 敌)：通“嫡”，正妻所生的儿子。

〔8〕以：因为。

【译文】

对于隐公为什么不说“即位”？这是成全隐公的想法。为什么说是成全隐公的想法？因为隐公准备把国家治理好后再归还给桓公。为什么要归还给桓公？因为桓公虽然年纪小，但地位尊贵；隐公年纪大，但地位较低。他们的地位高低相差很小，国都里的人也不知道。隐公年长又贤明，大夫们都推举他，立他为国君。隐公要是在此时辞让而不即位，就不知道桓公将来是否一定能做鲁国的国君了。况且如果桓公立为国君，就怕大夫们不能辅助年幼的君主。所以总的说来，隐公做国君是为了桓公将来能做国君。隐公年长而又贤明，为什么不适合登位？因为立正妻的儿子是立年龄最长的，而不看是否贤明；立偏房的儿子是立地位最尊贵的，而不看是否年龄最长。桓公为什么地位尊贵，因为他的母亲地位尊贵。母亲尊贵，为什么儿子就尊贵？儿子因为母亲而尊贵，母亲因为儿子而尊贵。

（袁啸波）

宋人及楚人平

《公羊传》宣公十五年

【题解】

春秋时期，各诸侯国之间战争频繁，给民众带来了巨大灾难。鲁宣公十四年九月，楚庄王率兵攻打宋国，包围宋都达九个月之久。由于宋国大夫华元和楚国司马子反二人的努力，最终二国议和，避免了彼此更大的损失。《春秋》里记载别国讲和的仅此一例，显然隐含着深意。

本篇人物对话最可玩味。如华元意欲讲和而并不直说，先用“易子而食之，析骸而炊之”这样的悲惨景象来唤起对方的同情心，再辅之以“君子见人之厄则矜之”等四句机智的话语，不卑不亢，含蓄地吐露了自己求和的愿望，动之以情，激之以理，让人难以拒绝。

文中重复出现“惫矣!”、“嘻! 甚矣惫!”、“军有七日之粮尔”等词句，强调了战争的艰难和残酷，因为出自不同人物之口，故非但不觉其雷同，反而更显作者的巧思。

对经文“宋人及楚人平”的具体成因，《公羊》与《左传》说法不同。不难看出，作者反对无谓的战争，褒扬了缔结和平的华元和子反二人。这或许也是《春秋》的本意所在。

外平不书[1]，此何以书？大其平乎己也[2]。何大其平乎己？庄王围宋[3]，军有七日之粮尔，尽此不胜，将去而归尔。于是使司马子反乘堙而窥宋城[4]，宋华元亦乘堙而出见之[5]。

【注释】

〔1〕平：讲和。 书：书写，记录。

〔2〕大：重，看重，此处引申为赞扬。

〔3〕庄王：楚庄王。春秋五霸之一。

〔4〕司马子反：楚公子侧。司马，官名，掌管兵事。 乘堙（yīn因）：登上土堆。乘，登。堙，筑土为山，用以张望。

〔5〕华元：宋国大夫。

【译文】

鲁国以外的国家停战讲和，《春秋》是不记载的，这件事为什么要记载？是赞扬此次讲和出于华元和子反二人自己的主张。为什么要赞扬他们私自决定讲和？楚庄王包围宋国，军中只剩下七天的粮食了，如果吃光这些粮食再不取胜的话，将只能离开宋国撤回去了。楚庄王于是派司马子反登上土堆，偷偷察看宋城内的动静，宋国的华元也登上城里的土堆，并出来会见了他。

司马子反曰："子之国何如[1]？"华元曰："惫矣！"曰："何如？"曰："易子而食之[2]，析骸而炊之[3]。"司马子反曰："嘻！甚矣惫！虽然[4]，吾闻之也，围者柑马而秣之[5]，使肥者应客。是何子之情也[6]？"华元曰："吾闻之，君子见人之厄则矜之[7]，小人见人之厄则幸之。吾见子之君子也，是以告情于子也。"司马子反曰："诺[8]，勉之矣！吾军亦有七日之粮尔，尽此不胜，将去而归尔。"揖而去之[9]。

【注释】

〔1〕子：你。

〔2〕易：交换。
〔3〕析：劈开。
〔4〕虽然：虽然……但是。
〔5〕柑(qián 前)：通“钳”。　秣(mò 沫)：喂马。
〔6〕情：情况，实情。
〔7〕厄：灾难。　矜：怜悯。
〔8〕诺：答应声。
〔9〕揖(yī 衣)：拱手礼。

【译文】

司马子反说："你的国家情况怎么样?"华元说："已经疲惫不堪了!"子反问："怎么个疲惫法?"华元回答："城里的人彼此交换着儿子来吃，劈开尸骨当柴烧。"司马子反说："哟！真严重，疲惫到这种地步！尽管这样，但是我听说，被围困的人钳住马嘴，再来假意喂它，用肥马来接待客人，以表示粮草充足。你为什么要说出实情呢?"华元答道："我听说，君子见到别人的灾难就怜悯他；小人见到别人有难反而庆幸。我看你是位君子，所以把实情告诉了你。"司马子反说："噢，加把劲坚守吧！我军也只有七天的粮食罢了，吃光这些粮食还不取胜的话，将离开贵国而回去。"说罢拱了拱手走开了。

反于庄王[1]，庄王曰："何如?"司马子反曰："惫矣!"曰："何如?"曰："易子而食之，析骸而炊之。"庄王曰："嘻！甚矣惫！虽然，吾今取此，然后而归尔!"司马子反曰："不可。臣已告之矣，军有七日之粮尔。"庄王怒曰："吾使子往视之，子曷为告之?"司马子反曰："以区区之宋[2]，犹有不欺人之臣，可以楚而无乎？是以告之也。"庄王曰："诺，舍而止！虽然，吾犹取此，然后归尔。"司马子反曰："然则君请处于此[3]，臣请归尔。”庄王曰：“子去我而归，吾孰与处于此[4]？吾亦从子而归尔。”引师而去之。故君子大其平乎己也。此皆大夫也，其称人何？贬。曷为贬？平者在下也。

【注释】

〔1〕反：通“返”，返回。

〔2〕区区：形容很小。

〔3〕然则：既然这样，那么。

〔4〕孰与：与谁。孰，谁。

【译文】

回到庄王那里，庄王问：“情况怎么样？”司马子反说：“已经疲惫不堪了！”问：“怎么个疲惫法？”回答：“彼此交换儿子来吃，劈开尸骨来当柴烧。”庄王说：“哟！真严重，疲惫到这种地步！虽然这样，但我现在要攻取这个国家，然后再回去！”司马子反说：“不行。我已经告诉他们了，我们军队只有七天的口粮了。”庄王气愤地说：“我让你去观察敌情，你为什么反而把我们的情况告诉对方？”司马子反说：“就凭小小的宋国，还有不欺骗人的大臣，难道堂堂楚国可以没有吗？所以我也告诉他们实情。”庄王说：“好吧，搭棚子住下来！虽然军情暴露了，但我还是要攻取这个国家，然后再回去。”司马子反说：“既然这样，那么就请国君住在这儿，我请求回去。”庄王说：“你离开我回去，我跟谁留在这里？我也跟你回去算了。”于是率领部队离开了宋国。所以君子赞扬华元和子反自己作主讲和。这两个人都是大夫，为什么称他们为“人”？有贬低的意思。为什么要贬低呢？因为讲和的两个人处于臣下的地位（超越了职权范围）。

（袁啸波）

吴子使札来聘

《公羊传》襄公二十九年

【题解】

春秋时期，南方的吴、楚、越等地经济、文化比中原地区要落后许多，因而被蔑称为“蛮夷之邦”，受到歧视。按照惯例，《春秋》涉及吴国史事时，只称其国，不称呼其君、大夫。这里却称“吴子”（即吴国国君）、札（大夫），显然是另眼相看，表示尊重。是什么原因让《春秋》作者改变了观念？《公羊传》认为是季札的行为可敬可佩，令人折服，提高了吴国的威望。

第一段先发问，然后引出季札的三兄弟如何想方设法欲将王位传给他的故事。实际上是侧写季札的谦让。第二段写吴王阖庐弑君，将王位交给季札，季札不肯接受。第三段对以上情事抒发议论，回应篇首提问，阐明《春秋》之义。

季札让国的行为非常符合正统的儒家思想，因而受到《春秋》的赞扬，千百年来，传为美谈。全文对于季札正面着墨不多，但善于从旁烘托，叙事生动，语言爽利，获得了极佳的艺术效果。

吴无君、无大夫〔1〕，此何以有君、有大夫？贤季子也〔2〕。何贤乎季子？让国也。其让国奈何？谒也，余祭也，夷昧也，与季子同母者四。季子弱而才，兄弟皆爱之，同欲立之以为君。谒曰：“今若是迮而与季子国〔3〕，季子犹不受也。请无与子而与弟，弟兄迭为君，而致国乎季子。”皆曰：“诺。”故诸为君者，皆轻死为勇，饮食必祝曰[4]：“天苟有吴国[5]，尚速有悔于予身[6]！”故谒也死，余祭也立；余祭也死，夷昧也立；夷昧也死，则国宜之季子者也。季子使而亡焉[7]。

【注释】

〔1〕大夫：官职等级名。夏、商、周三代，国君之下，官分卿、大夫、士三级。

〔2〕贤：尊重，敬重。　季子：即季札，吴王寿梦的小儿子。

〔3〕迮（zé 择）：仓促。

〔4〕祝：向神祷告。

〔5〕苟：如果。

〔6〕尚：表示祈求。　悔：灾祸。

〔7〕亡：外出。

【译文】

《春秋》不承认吴国有国君、大夫，这里为什么有国君、大夫的称谓？是因为敬重季子。为什么会敬重季子？因为他辞让国君的位子。他怎样辞让王位的？谒、余祭、夷昧和季子是同母所生的四兄弟。季子年龄小而有才华，兄弟都喜欢他，都想立他为君王。谒说：“现在像这样仓促地把国家交给季子，季子还是不会接受的。请不要把王位传给儿子而传给弟弟，这样兄弟轮流做国君，从而可以把国家交给季子。”大家都说：“好。”因此，几个曾做国君的兄弟都勇敢而轻视死亡，用餐时必定祷告：“苍天如果要保有吴国，请快快把灾祸降临在我身上！”所以谒死后，余祭登位；余祭死了，夷昧登位；夷昧死了，那么国家应该转交给季子了。可是季子出使国外而没有回来。

僚者[1]，长庶也[2]，即之。季子使而反，至而君之尔[3]。阖庐曰[4]：“先君之所以不与子国而与弟者，凡为季子故也。将从先君之命与[5]，则国宜之季子者也；如不从先君之命与，则我宜立者也。僚恶得为君乎[6]？”于是使专诸刺僚[7]，而致国乎季子。季子不受，曰：“尔弑吾君[8]，吾受尔国，是吾与尔为篡也；尔杀吾兄，吾又杀尔，是父子兄弟相杀，终身无已也。”去之延陵[9]，终身不入吴国[10]。故君子以其不受为义，以其不杀为仁。

【注释】

〔1〕僚：吴王寿梦的妾所生的儿子。（《史记》、《吴越春秋》谓夷昧子，与《公羊》说法不同。）

〔2〕庶：旁支，与“嫡”相对。

〔3〕君：这里作动词用，以……为君。

〔4〕阖庐：谒的儿子，夫差之父。

〔5〕与：语助词，无实义，用于句末。

〔6〕恶（wū 乌）：疑问代词，怎么，如何。

〔7〕专诸：春秋时刺客名，在刺杀吴王僚时当场被杀。

〔8〕弑（shì 式）：古称臣杀君、子杀父母为弑。

〔9〕之：到。　延陵：地名，即今江苏武进县。

〔10〕国：专指国都。

【译文】

僚在兄弟中年龄最长，是庶生子，即了位。季子出使回来，一到吴国就认他为国君。阖庐说：“先君之所以不把国家传给儿子而传给弟弟，都是为了季子的缘故。要是遵从先君的命令，那么国家应该交给季子；如果不遵从先君的命令，那么我应该立为国君。僚哪能做国君呢？”于是派专诸去刺杀僚，而把国家交给季子。季子不接受，说：“你杀我的国君，我接受你的国家，就是我和你一起篡位。你杀了我兄弟，我再杀你，这是父子兄弟互相残杀，一辈子都不会停息。”季子于是离开国都到延陵，终生不进吴国国都。所以君子认为他不接受君位是道义，认为他不杀阖庐是仁慈。

贤季子，则吴何以有君、有大夫？以季子为臣，则宜有君者也。札者何？吴季子之名也。《春秋》贤者不名[1]，此何以名？许夷狄者[2]，不壹而足也。季子者，所贤也，曷为不足乎季子？许人臣者必使臣，许人子者必使子也。

【注释】

〔1〕不名：不称名。

〔2〕许：赞同。 夷狄：古代对东方和北方各民族的称呼。

【译文】

敬重季子，那么吴国为什么就有国君、有大夫？因为既然把季子当作臣，当然就应该有国君了。札是谁？是吴国季子的名字。《春秋》对于贤能的人不称呼名字，这里为什么称名？赞美夷狄之国，不能因为一件好事而看得十全十美。季子是《春秋》所敬重的，对于季子还感到有什么不足呢？因为赞许人臣，就必须把他当臣下对待；赞许人子就必须把他当儿子对待。

（袁啸波）

郑伯克段于鄢

《穀梁传》隐公元年

【题解】

《穀梁传》，全名《春秋穀梁传》。相传为战国穀梁赤撰，专释《春秋》经义。它与《左传》、《公羊传》合称“春秋三传”。有晋范宁注，唐杨士勋疏。

本文是对《春秋·隐公元年》中“郑伯克段于鄢”六字的阐释。郑伯，即庄公，与段(共叔段)为亲兄弟。父亲郑武公在位时，母亲姜氏偏爱共叔段，欲立为太子，没有成功。后来，庄公即位。在姜氏的怂恿下，共叔段不断扩张自己的势力。郑伯一再姑息，等到共叔段准备叛乱时，一举将他击败。这段史事《左传》有详细记载，见本书首篇。

不同于《左传》的是，《穀梁传》此文不引史事，专作议论，揭出《春秋》的微言大义在于：谴责段的不义，更谴责郑伯的不仁，即他处心积虑，姑息养恶，最后歼灭弟弟的行为。这种解释尽管与史实不尽相符，且难自圆其说，但却反映了儒家“亲亲”、“仁恕”的正统理念。全文层层剖析，笔锋犀利，言简意赅，一气呵成，具有典型的《穀梁传》风格。

克者何？能也。何能也？能杀也。何以不言杀？见段之有徒众也。段，郑伯弟也。何以知其为弟也？杀世子、母弟目君[1]。以其目君，知其为弟也。段，弟也，而弗谓弟；公子也，而弗谓公子，贬之也。段失子弟之道矣。贱段而甚郑伯也[2]。何甚乎郑伯？甚郑伯之处心积虑，成于杀也。于鄢[3]，远也。犹曰取之其母之怀中而杀之云尔，甚之也。然则为郑伯者，宜奈何？缓追逸贼[4]，亲亲之道也[5]。

【注释】

〔1〕世子：指帝王或诸侯的正妻所生的长子，也叫太子。　目君：称呼国君（即郑伯）。按照《春秋》的笔法，凡杀太子或同母弟的君主，只称他为国君，不再以兄弟相称，有贬抑之意。目，称呼。

〔2〕贱：轻视，鄙薄。　甚：厉害，更加。

〔3〕鄢（yān 烟）：春秋时郑国地名，故地在今河南鄢陵县境。

〔4〕逸：逃亡。

〔5〕亲亲：爱亲人。前一“亲”为动词，爱。后一“亲”为名词，指亲人。　道：办法。

【译文】

“克”是什么意思？就是能够。能够怎样？能够杀人。为什么不说杀？表明段拥有部队。段是郑伯的弟弟。怎么知道他是弟弟？杀掉太子或同母弟的，只称国君。因为他被称为国君，所以知道他是弟弟。段是弟弟，而不称为弟；是公子，而不称为公子，这是贬斥他，因为段丧失了做子弟的道理。鄙薄段而更鄙薄郑伯。为什么更鄙薄郑伯呢？更鄙薄郑伯的处心积虑，实现杀伐的目的。“于鄢”，说明郑伯追击之远。就像是说把段从母亲的怀中夺过来杀掉，所以更严厉地鄙薄他。既然这样，那么作为郑伯，应该怎么办？应该慢慢地追赶逃跑的贼人，这才是爱亲人的办法。

（袁啸波）

虞师晋师灭夏阳

《穀梁传》僖公二年

【题解】

鲁僖公二年(前658)，晋国为攻打虢国的边境要塞夏阳，向虞国借路。虞国国王贪恋晋国送来的厚礼，不听大臣宫之奇的谏言，同意了晋国的要求。夏阳被攻陷后，虢国很快灭亡。由于失去了唇齿相依的邻邦，虞国自然也就保不住了。

本篇开头对《春秋·僖公二年》“虞师晋师灭夏阳”一句作了详尽而深入的分析，揭示出将“虞师”置于“晋师”前的微妙含义：虞国虽未直接出兵，但借道给晋国，实际上是充当了灭夏阳的元凶。《春秋》这样写，是对虞国的严厉谴责。文章接着叙述了事情的经过，以当事人的对话为主，语言生动传神，将不同人物的鲜明个性表现得淋漓尽致。荀息的老谋深算、富有洞察力，更是给人留下了深刻的印象。末尾，荀息牵着马、举着璧对晋献公说：“璧犹是也，而马齿加长矣!”这句话令人发噱，而又意味深长，既流露出胜利后的自得之情，也大大嘲弄了虞国国君的昏庸短见、因小失大。

非国而曰灭，重夏阳也〔1〕。虞无师，其曰师，何也？以其先晋，不可以不言师也。其先晋何也？为主乎灭夏阳也。夏阳者，虞、虢之塞邑也。灭夏阳而虞、虢举矣〔2〕。

【注释】

〔1〕夏阳：又作“下阳”，虢国的边邑，在今山西平陆县北。

〔2〕举：攻克，拔取。

【译文】

夏阳不是国家而说灭，这是重视夏阳。虞国没有出兵，《春秋》却说虞国军队，这是为什么呢？因为它在晋国之前灭夏阳，所以不能不说是军队。为什么说它在晋国之前灭夏阳？因为它对灭掉夏阳起了主要作用。夏阳是虞、虢两国边境上的重镇。灭掉了夏阳，虞国和虢国也就等于被攻取了。

虞之为主乎灭夏阳，何也？晋献公欲伐虢，荀息曰〔1〕：“君何不以屈产之乘、垂棘之璧〔2〕，而借道乎虞也？”公曰：“此晋国之宝也。如受吾币〔3〕，而不借吾道，则如之何？”荀息曰：“此小国之所以事大国也。彼不借吾道，必不敢受吾币；如受吾币，而借吾道，则是我取之中府，而藏之外府；取之中厩，而置之外厩也。”公曰：“宫之奇存焉〔4〕，必不使受之也。”荀息曰：“宫之奇之为人也，达心而懦〔5〕，又少长于君。达心则其言略；懦则不能强谏；少长于君，则君轻之。且夫玩好在耳目之前，而患在一国之后，此中知以上乃能虑之〔6〕；臣料虞君中知以下也。”

【注释】

〔1〕荀息：晋国大夫。

〔2〕屈：晋国地名，出产良马。　乘（shèng 胜）：马车。此处指马。垂棘：晋国地名，出产美玉。

〔3〕币：赠送给宾客的礼物。

〔4〕宫之奇：虞国大夫。
〔5〕达：通达，明白。
〔6〕中知：中等智慧。知，同“智”。

【译文】

虞国对灭掉夏阳起了主要作用，这是为什么呢？晋献公打算攻打虢国，荀息说：“国君为什么不用屈地所产的骏马、垂棘出产的玉璧去向虞国借条道路呢？”献公说：“这都是晋国的宝贝。倘若他们接受我们的礼物而不借道路给我们，那么该怎么办呢？”荀息答道：“这些是小国用来侍奉大国的东西。他们不借给我们道路，肯定不敢接收我们的礼物；假如他们接收我们的礼物而借给我们道路的话，那么，我们只不过是把美玉从内库取出来而藏进外库；把良马从内马棚牵出来而安置到外马棚而已。”献公说：“有宫之奇在，他一定不会让虞国国君接收这些礼品。”荀息说：“宫之奇的为人，虽然内心通达，但性情懦弱，又只比他的国君稍年长一些。内心通达，说话就简略；性情懦弱，就不会坚决劝谏；比国君稍年长，那么国君就不会重视他。况且这些玩好之物摆在眼前，而祸患还在虢国被灭之后，这只有中等以上智慧的人才能考虑到；我料定虞国国君是属于中等以下智慧的人。”

公遂借道而伐虢。宫之奇谏曰：“晋国之使者，其辞卑而币重，必不便于虞。”虞公弗听，遂受其币，而借之道。宫之奇又谏曰：“语曰：‘唇亡则齿寒。’其斯之谓与！”挈其妻子以奔曹〔1〕。

献公亡虢，五年而后举虞〔2〕。荀息牵马操璧而前曰：“璧则犹是也，而马齿加长矣〔3〕！”

【注释】

〔1〕挈（qiè 切）：率领。　妻子：妻子儿女。子，子女。
〔2〕“五年”句：按《春秋》、《左传》的记载，献公灭亡虢、虞在

同一年(鲁僖公五年)冬天，其时距虞公受币实为三年。

〔3〕马齿加长：马的牙齿随年而增，马齿加长，指马的岁数增加。

【译文】

献公于是向虞国借道来攻打虢国。宫之奇规劝说："晋国来的使者，他们言词谦卑，而且礼品贵重，肯定对虞国不利。"虞国国君不听，就接受了他们的礼物，借道路给他们。宫之奇又规劝道："俗话说：'失去了嘴唇，牙齿就会感到寒冷。'大概说的就是这种情况吧！"于是带着妻子儿女跑到曹国去了。

晋献公灭掉了虢国，五年以后攻取虞国，荀息牵着马匹，拿着玉璧，走到晋献公面前说："玉璧还是这个样子，只不过马增加了几岁！"

（袁啸波）

晋献公杀世子申生

《礼记·檀弓上》

【题解】

《礼记》为儒家经典之一。起初，孔门弟子和其后的儒学传人，在师承传授礼经(即今《仪礼》)的过程中，积累了大量的记录资料。西汉戴圣从这些记录中选取四十九篇，成为一个选辑本，当时称《小戴记》，以与其叔父戴德的选辑本《大戴记》区别。至东汉郑玄为之作注，始独立成书，定名《礼记》。内容博杂，大体包括对《仪礼》相应篇目的解说及有关礼制的补充增益，对礼的论述探讨，对儒家有关政治、哲学、道德修养、教育等观点的阐述等，是中华民族传统道德文化源泉的一个重要组成部分。戴圣字次君，梁郡(郡治在今河南商丘县南)人，师承后仓，汉宣帝时为博士，仕至九江太守。

申生在被谗蒙冤的情况下，不申辩以伤君父之心，不出奔以暴扬君父之过，宁可选择自杀，从容就死，是后世宋儒宣扬的“父要子死，子不得不死”的典型。本文对此作了充分的肯定。然而晋献公的过恶终究未能掩盖，反而导致晋国的祸乱。这种不合理的孝，称作愚孝，即使在当时也是不提倡的。所以本文同时又在末句落下沉重的一笔，既是惋惜，也是批评。

晋献公将杀其世子申生〔1〕，公子重耳谓之曰〔2〕：“子盖言子之志于公乎〔3〕？”世子曰：“不可。君安骊姬，是我伤公之心也。”曰：“然则盖行乎？”世子曰：

“不可。君谓我欲弑君也〔4〕。天下岂有无父之国哉？吾何行如之？”

使人辞于狐突曰〔5〕：“申生有罪，不念伯氏之言也〔6〕，以至于死。申生不敢爱其死〔7〕。虽然，吾君老矣，子少〔8〕，国家多难。伯氏不出而图吾君，伯氏苟出而图吾君，申生受赐而死。”再拜稽首，乃卒。是以为恭世子也〔9〕。

【注释】

〔1〕“晋献公”句：晋献公，春秋时晋国（姬姓）国君，名诡诸，公元前676—前651年在位。世子，国君的嫡长子，君位继承人。申生，献公正妻齐姜所生之子。献公后来宠幸骊姬，生子奚齐。骊姬谋立奚齐为世子，设计陷害申生，在申生所进祭祀用的酒肉中置毒。献公认为申生要谋害自己，怒而令其自杀。

〔2〕公子重耳：国君之子，除世子外均称公子。重耳是献公之妾狐姬所生，申生的异母弟，即后来春秋五霸之一的晋文公。

〔3〕盖：此通“盍”，“何不”之意。下文“然则盖行乎”之“盖”，义同。

〔4〕弑（shì式）：旧时称臣杀君或子杀父母为弑。

〔5〕狐突：字伯行，晋国大臣，重耳的外祖父，曾任申生的师傅。

〔6〕“不念”句：狐突在随申生征伐东山皋落氏时，已知晋献公有废世子之意，曾劝申生逃走，申生不听。此后狐突便称病不出。伯氏，对狐突的尊称。

〔7〕爱：吝惜。

〔8〕子少：子指奚齐，时年六岁。

〔9〕恭：申生的谥号。谥法“恭”字定义中，有“执事坚固曰恭”，和“敬顺事上曰恭”。申生明知父命是错误的，却仍然顺从父意而自杀，所以得谥为恭。

【译文】

晋献公要杀他的世子申生，公子重耳对申生说：“你何不把你的想法向君上表白呢?”世子说:“不行。君上有了骊姬才会安适,我那样做会伤他的心的。”重耳说:“那么你何不逃走呢?”世子说:“不行。君上说我要杀害他。天下难道有无父的国家吗?我能逃到哪里去呢?”

于是申生派遣使人去向狐突致辞告别,说:“申生有罪,没有听从伯氏您的话,以至难免一死。申生不敢贪生怕死。但是,国君已老,奚齐年龄还小,国家将会多灾多难。伯氏您不出来为国君谋划政事,您如果肯出来为国君谋划政事,申生虽死也蒙受您的恩惠。”于是行了再拜稽首的礼节,然后自杀。所以他的谥号为“恭世子”。

(孟　斐)

曾子易箦

《礼记·檀弓上》

【题解】

礼，即人们所应遵循的行为规范。一个时代有一个时代的礼。周代实行严格的等级礼制，大至国家制度，小到生活器用，无不打上等级的烙印。曾子的身分是士，在春秋末期，旧礼制已从根本上紊乱动摇，所以他对使用大夫的卧席也没有注意。但曾子毕竟是儒学传人，即使在临终之际，一经提醒，立时改正。撇开曾子所守礼的内容，他的严于律己、知错必改的精神，仍然值得肯定。尤其他的“君子爱人以德，细人爱人以姑息”的论点，更足发人深省，经历二千余年仍不减其生命力。

曾子寝疾〔1〕，病。乐正子春坐于床下〔2〕，曾元、曾申坐于足〔3〕，童子隅坐而执烛。童子曰：“华而睆〔4〕，大夫之箦与〔5〕？”子春曰：“止！”曾子闻之，瞿然曰：“呼〔6〕！”曰：“华而睆，大夫之箦与？”曾子曰：“然。斯季孙之赐也〔7〕，我未之能易也。元，起易箦！”曾元曰：“夫子之病革矣〔8〕，不可以变。幸而至于旦，请敬易之。”曾子曰：“尔之爱我也，不如彼。君子之爱人也以德，细人之爱人也以姑息〔9〕。吾何求哉？吾得正而毙焉〔10〕，斯已矣〔11〕。”举扶而易之，反席未安而没。

【注释】

〔1〕曾子：名参，字子舆，春秋时鲁国人，曾点之子，孔子弟子。以至孝著称，传孔子之道，述《大学》，作《孝经》。后世称为宗圣。

〔2〕乐正子春：曾子的弟子。

〔3〕曾元、曾申：曾子的儿子。

〔4〕睆（huǎn 缓）：光滑。

〔5〕箦（zé 则）：竹席。　与：通"欤"。疑问助词。

〔6〕呼（xū 吁）：嘘气声。

〔7〕斯：此，这。　季孙：季孙氏，鲁国世代执掌国政的正卿（上大夫）。

〔8〕革（jí 急）：危急。

〔9〕细人：小人。

〔10〕得正而毙：死得合于礼。

〔11〕斯：连词，则，就。

【译文】

曾子卧病在床，病情危急。乐正子春坐在床下，曾元、曾申坐在脚头，小童手执火炬坐在墙角。小童说："又精美又光滑，是大夫用的竹席吧？"子春说："住口！"曾子听到，吃惊地说："吁！"小童又说："又精美又光滑，是大夫用的竹席吧？"曾子说："是的，这是季孙氏赐给的，我没能换它下来。元儿，起来换席！"曾元说："您的病已经很重，经不起挪动，希望能等到天明，再小心地给您换席。"曾子说："你爱我还不如那个小童。君子爱人成全他的德行，小人爱人迁就他的误失。我还要求什么呢？只要能死得合乎正礼，就行了。"大家扶起他换了席，他回到席子上还没躺安稳就去世了。

（孟　斐）

有子之言似夫子

《礼记·檀弓上》

【题解】

孔子是封建时代的圣人，他的话往往被弟子们奉为圭臬。但是，由于思想方法不同，对同样的话，弟子们却会有不同的理解。有子根据老师一贯为人处事的态度，子游注意到老师当时所处的特定情况、所论的特定对象，都能作出正确的判断。而曾子则是孤立看待老师的话，以偏概全，以个别为一般，犯了形而上学的错误。这个两千多年前的小插曲，也有助我们加深“对具体情况作具体分析，是马克思主义最本质的东西，马克思主义的活的灵魂”(毛泽东《矛盾论》)的认识。

有子问于曾子曰〔1〕：“问丧于夫子乎〔2〕？”曰：“闻之矣。‘丧欲速贫，死欲速朽’。”有子曰：“是非君子之言也！”曾子曰：“参也，闻诸夫子也。”有子又曰：“是非君子之言也。”曾子曰：“参也与子游闻之〔3〕。”有子曰：“然。然则夫子有为言之也。”

【注释】

〔1〕有子：姓有名若，字子有，鲁国人，孔子弟子。

〔2〕问丧：问，当作“闻”。丧，丧失，此指失去官职。　夫子：古时对男子的尊称，弟子称老师为夫子。

〔3〕子游：姓言名偃，子游是他的字。吴国人，孔子弟子。

【译文】

有子问曾子说："你听老师讲过如何对待失去官位的话吗？"曾子说："听到过，老师说：'失了官要快些贫穷，死了要快些腐朽。'"有子说："这不是君子说的话！"曾子说："我是从老师那里听到的。"有子又说："这不是君子说的话。"曾子说："我是和子游一起听到的。"有子说："既然如此，那么老师是有所指才讲这话的。"

曾子以斯言告于子游。子游曰："甚哉，有子之言似夫子也！昔者，夫子居于宋，见桓司马自为石椁〔1〕，三年而不成。夫子曰：'若是其靡也，死不如速朽之愈也。'死之欲速朽，为桓司马言之也。南宫敬叔反〔2〕，必载宝而朝。夫子曰：'若是其货也，丧不如速贫之愈也。'丧之欲速贫，为敬叔言之也。"

曾子以子游之言告于有子。有子曰："然。吾固曰非夫子之言也。"曾子曰："子何以知之？"有子曰："夫子制于中都〔3〕，四寸之棺，五寸之椁，以斯知不欲速朽也。昔者，夫子失鲁司寇〔4〕，将之荆〔5〕，盖先之以子夏〔6〕，又申之以冉有〔7〕，以斯知不欲速贫也。"

【注释】

〔1〕桓司马：宋国司马（掌管军事）向魋（tuī 推），因系宋桓公之后，又称桓魋。　椁（guǒ 裹）：古代棺木有两层，内棺叫棺，外棺叫椁。

〔2〕南宫敬叔：即仲孙阅，鲁国大夫，因失去官位而离开鲁国。反：同"返"，回来。

〔3〕中都：鲁国地名。孔子曾担任过中都宰（行政长官）。

〔4〕司寇：官名，掌管刑狱。孔子曾任鲁国司寇，后去职。
〔5〕荆：即楚国。
〔6〕子夏：姓卜名商，子夏是他的字。卫国人，孔子弟子。
〔7〕冉有：姓冉名求，字子有，鲁国人，孔子弟子。

【译文】

曾子把这番话告诉了子游。子游说："像极了，有子的话真像是老师说的啊！以前，老师住在宋国的时候，见桓司马为自己凿造石椁，三年还没有造成。老师说：'像这样奢侈，死了不如快些腐朽的好。'死了之所以要快些腐朽，是针对着桓司马说的。南宫敬叔每次回国，必定带着珍宝去朝见国君。老师说：'像这样行贿，失了官不如快些贫穷的好。'失了官之所以要快些贫穷，是针对着敬叔说的。"

曾子把子游的话告诉了有子。有子说："对。我本来就说那不是老师的话。"曾子说："你怎么知道的？"有子说："老师在中都时制订制度，棺厚四寸，椁厚五寸，因此我知道他不主张人死了要快些腐朽。以前，老师失去了鲁国司寇的官职，想要到楚国去，先派子夏去了解情况，随后又派冉有去申明自己的想法，因此我知道他不主张失了官要快些贫穷。"

（孟　斐）

公子重耳对秦客

《礼记·檀弓下》

【题解】

晋献公死后，嗣子奚齐、卓子相继被害，晋国无主，诸公子皆有继位的资格，重耳也是其中之一。此际，强大邻国秦的支持，在有些人是求之不得，而重耳审时度势，认为条件不够成熟，还是辞谢了秦人，措辞冠冕堂皇，举止正大合礼，表现出一个政治家的品质与识见，赢得了秦君的称佩。从此贤名远播，为自己打下了坚实的政治基础。因而，重耳后来能够得臣民之心、多国之誉，不仅在秦国的帮助下得以归国为君，而且成为春秋著名霸主，也就不是偶然的了。

晋献公之丧[1]，秦穆公使人吊公子重耳[2]，且曰："寡人闻之：'亡国恒于斯[3]，得国恒于斯。'虽吾子俨然在忧服之中，丧亦不可久也，时亦不可失也，孺子其图之！"以告舅犯[4]，舅犯曰："孺子其辞焉。丧人无宝，仁亲以为宝。父死之谓何？又因以为利，而天下其孰能说之？孺子其辞焉！"公子重耳对客曰："君惠吊亡臣重耳，身丧父死，不得与于哭泣之哀，以为君忧。父死之谓何？或敢有他志，以辱君义！"稽颡而不拜[5]，哭而起，起而不私[6]。

子显以致命于穆公[7]。穆公曰："仁夫，公子重耳！夫稽颡而不拜，则未为后也，故不成拜。哭而起，则爱父也。起而不私，则远利也。"

【注释】

〔1〕晋献公：见前《晋献公杀世子申生》注〔1〕。

〔2〕秦穆公：春秋时秦国（嬴姓）国君，名任好，公元前659—前621年在位。娶申生的同母妹为夫人。　公子重耳：见前《晋献公杀世子申生》注〔2〕。申生自杀后，晋献公听信骊姬谗言，尽逐诸公子，派兵讨伐重耳和另一个儿子夷吾。重耳逃亡到狄国。

〔3〕恒：常。　斯：此。

〔4〕舅犯：重耳的母舅狐偃，字子犯，狐突之子，随重耳逃亡。

〔5〕稽颡（sǎng嗓）：以头触地，表示极度哀痛。颡，额头。按古丧礼，只有丧主才能对宾客的吊唁行拜谢礼。晋献公并未立重耳为嗣，重耳只稽颡而不拜，是不敢充当丧主（也即是向秦使表示自己无心谋求君位）的意思。下文的"不成拜"也指此。

〔6〕私：指与秦使者私下说话。

〔7〕子显：秦国大夫公子絷（zhí直）的字。

【译文】

晋献公去世，秦穆公派使者子显向公子重耳致吊唁，并且传话说："我听说：'丧失国家常在这个时候，得到国家也常在这个时候。'虽然您严肃恭敬，正在忧苦的服丧期间，但是流亡的日子不宜太久，得国的时机不可错过。年轻人，请考虑一下吧！"重耳把此事告诉了舅父子犯，子犯说："年轻人，还是辞谢了吧！流亡的人没有什么宝贵的东西，可宝贵的只有仁爱思亲之心。父亲去世是何等重大悲痛的事？还要借此机会为自己谋求利益，天下还有谁能看重你？年轻人，还是辞谢了吧！"公子重耳答复来客说："贵国君侯施加恩惠，吊唁流亡的外臣重耳。我出亡在外，父亲去世，不能与亲人同在灵前守丧哭泣，劳动君侯忧虑担心。父亲去世是何等重大悲痛的事？哪里还敢有别的念头，来损辱君侯的高情厚义！"于是叩头碰地，却不行拜谢礼，便边哀哭边站起来，起身后不再和秦使私下交谈。

子显把情况向秦穆公作了汇报。穆公说："仁德啊，公子重耳！叩头而不拜谢，是不敢以嗣君自居，所以不行拜礼。哭着站起来，体现了对亡父的挚爱之情。起来后不再和使者私下交谈，则是不愿借此谋求个人私利的表现。"

（孟　斐）

杜蒉扬觯

《礼记·檀弓下》

【题解】

对别人的缺点错误进行直面的批评，尚且往往不易被接受，何况是在封建时代，一个厨师要批评国君，谈何容易！杜蒉的机智之处在于避开正面的接触，而从侧面迂回，以三次罚酒引起国君的好奇发问，以三次对答批评旷、调和自己，启发国君觉悟自责，从而达到批评的目的。本文以此说明，要收到批评的效果，除了批评的正确性外，方式方法也是必须注意的。

知悼子卒〔1〕，未葬，平公饮酒〔2〕，师旷、李调侍〔3〕，鼓钟。杜蒉自外来〔4〕，闻钟声，曰："安在?"曰："在寝。"杜蒉入寝，历阶而升，酌曰："旷，饮斯〔5〕!"又酌曰："调，饮斯!"又酌，堂上北面坐饮之，降，趋而出。

【注释】

〔1〕知悼子：知盈，春秋时晋国大夫，系出荀氏，也称荀盈。卒于鲁昭公九年(前533)，谥"悼"。

〔2〕平公：晋平公，名彪，公元前557—前532年在位。

〔3〕师旷：晋国主乐大师，盲人，善辨声乐。　李调：晋平公的嬖臣。

〔4〕杜蒉(kuì 愧)：也作“屠蒯”，晋平公的宰夫(即厨师)。

〔5〕饮斯：喝了这杯酒。带有命令口气。斯，此，这。

【译文】

知悼子死了，还没有下葬，晋平公就在宫内饮酒，师旷、李调在旁陪侍，击钟奏乐。杜蒉从外面进来，听见钟声，就问：“君上在哪里?”回答说：“在寝宫。”杜蒉进入寝宫，循阶登堂，斟了杯酒说：“旷，喝了这杯!”又斟上酒说：“调，喝了这杯!”又斟上酒，自己在堂上面朝北坐下喝了，便下台阶，快步走了出去。

平公呼而进之，曰：“蒉，曩者尔心或开予，是以不与尔言。尔饮旷，何也?”曰：“子卯不乐[1]。知悼子在堂，斯其为子卯也大矣！旷也，太师也[2]。不以诏，是以饮之也。”“尔饮调，何也?”曰：“调也，君之亵臣也。为一饮一食，忘君之疾，是以饮之也!”“尔饮，何也!”曰：“蒉也，宰夫也。非刀匕是共[3]，又敢与知防，是以饮之也!”平公曰：“寡人亦有过焉，酌而饮寡人。”杜蒉洗而扬觯[4]。公谓侍者曰：“如我死，则必毋废斯爵也[5]!”至于今，既毕献，斯扬觯[6]，谓之“杜举”。

【注释】

〔1〕子卯不乐：相传古代暴君商纣王死于甲子日，夏桀死于乙卯日，都不得善终。古人认为这两个日子对国君不吉利，称作“疾日”(即忌日)。逢疾日，国君不饮宴奏乐。

〔2〕太师：古代乐官之长。

〔3〕匕(bǐ 彼)：羹匙。

〔4〕觯(zhì 志)：古代一种圆腹、大口、圈足的酒器。

〔5〕爵：酒杯，指觯。

〔6〕斯：连词，则，就。

【译文】

平公唤住他，叫他进来，说："蒉，刚才你心里或许是想开导我，所以没有和你说话。你罚师旷喝酒，是为什么呢？"杜蒉回答说："在甲子、乙卯忌日，君上不得饮酒作乐。现在知悼子的棺柩还停放在堂上，这比甲子、乙卯的禁忌更严重了！师旷身为太师，不把这个情况告知君上，所以罚他喝酒。""你罚李调喝酒，又是为什么呢？"答："李调是您亲幸的近臣，为贪图吃喝而忘记提醒君上违礼的过失，所以罚他喝酒。""那么你罚自己喝酒，又是为什么呢？"答："我嘛，是个厨师，不去专门料理餐具饮食，还敢于越职参与有知即言、防止错失的事情，所以罚自己喝酒。"平公说："寡人也有过错，斟上酒罚寡人吧。"杜蒉洗净觯，斟上酒，高高举起，献给平公。平公对陪侍者说："如果我死了，一定不要废弃这只觯！"直到现在，晋国的国宴上，主人在敬酒完毕之后，还要添加一个向国君举觯的动作，叫做"杜举"。

（孟　斐）

晋献文子成室

《礼记·檀弓下》

【题解】

赵武是晋国名臣赵衰、赵盾之后，晋卿赵朔的遗腹子，即传说中著名的“赵氏孤儿”。他出生前，赵氏被祸灭族，十五年后始得昭雪复仇。赵武成年，受封大夫，建造新宅，当在此时，故特别值得庆贺。张老的祝辞不同于一般的陈词滥调，以三个“于斯”祝贺赵氏祖宗又能受到祭祀，赵氏家人都能寿终正寝，赵氏宗族得以复兴。赵武完全领会，用“全要领”来表明自己痛定思痛，祈祷不再发生刑戮之祸。祝贺和答谢都紧密地结合着赵氏自灭绝后再起的现实，确是“善颂善祷”。而“美轮美奂”也就作为赞美新屋的成语流传了下来。

晋献文子成室〔1〕，晋大夫发焉〔2〕。张老曰〔3〕：“美哉，轮焉！美哉，奂焉！歌于斯〔4〕，哭于斯〔5〕，聚国族于斯！”文子曰：“武也，得歌于斯，哭于斯，聚国族于斯，是全要领以从先大夫九京也〔6〕！”北面再拜稽首。君子谓之善颂善祷。

【注释】

〔1〕晋献文子：晋国正卿赵武，死后谥“献文”，也简称文子。

〔2〕发：送礼往贺。

〔3〕张老：晋国大夫张孟。

〔4〕歌：古代祭祀时奏乐唱诗，此以“歌”代指祭祀。　斯：此。

〔5〕哭：指家族中有死丧哭泣之事。

〔6〕“是全要领”句：要领是古代的两种死刑，即腰斩和砍头。要，古腰字；领，颈。全要领，即免于刑戮。先大夫，赵武的祖先。赵氏自赵衰以来为晋国世卿。九京，当作“九原”，晋国卿大夫的墓地。

【译文】

晋国献文子赵武新宅落成，晋国大夫都前往送礼致贺。张老致颂辞说：“多美啊，这么高大！多美啊，这么华丽！可以在这里奏乐祭祀，在这里居丧哭泣，在这里宴请国宾、聚会宗族！”文子说：“我赵武能够在这里奏乐祭祀，在这里居丧哭泣，在这里宴请国宾、聚会宗族，说明我可以免于刑戮而善终，跟随祖先埋葬于九原了！”说完，面朝北再拜稽首，行礼致谢。君子称他们一个善于赞颂，一个善于祝祷。

（孟　斐）

卷　四

苏秦以连横说秦

《战国策》

【题解】

本篇选自《战国策·秦策》。

战国群雄纷争，关系错综复杂。诸多智辩之士乘时而起，揣摩人主心理，研究外交策略，或以合纵联弱抗强之计，或以连横使弱事强之谋，游说求售于诸侯贵族之门，史称这些策士为纵横家。

西汉刘向，于中秘藏书中发现六种记载战国纵横家说辞的写本，即《国策》(非今本《战国策》)、《国事》、《短长》、《事语》、《长书》、《修书》，于是整理订正，删其重复，得三十三篇，辑为一书，定名《战国策》，简称《国策》。此书至北宋已亡佚十一篇，由曾巩访求补足。其后通行版本主要有姚本(南宋姚宏校注刻本，含东汉高诱的残注)，鲍吴本(南宋鲍彪编注，元吴师道对鲍注订误补缺，释疑解滞)。书按西周、东周、秦、齐、楚、赵、魏、韩、燕、宋、卫、中山等十二国编次。所载史事，上起公元前490年知伯灭范、中行氏，下迄公元前221年秦统一天下后，高渐离以筑击秦始皇，反映了这二百七十年中重要的政治、军事和外交活动。秦始皇焚书的重点是各国史书，《战国策》的幸存，为后世治史者提供了大量不可或缺的资料，司马迁就曾取其中九十余事载入《史记》。

在文学上，《战国策》同样具有重要地位和价值。书中不少篇章是公认的先秦散文优秀代表作品。其说理文思开阔，寓意深刻，论辩周密精辟，气势纵横；叙事生动形象，颇多饶有戏剧性的完整故事，善于在矛盾冲突中通过对话刻画出人物性格；语言流畅犀利，文笔多采，渲染夸张有声有色，擅以寓言和比喻激活增强表达效果。这些都对后世散文创作艺术的发展有明显影响。如汉初贾谊、晁错，宋代三苏等人的文章，都曾得力于《战国策》。又如本文中苏秦说辞的铺陈夸饰，辩丽恣肆，可谓开了汉赋铺张扬厉之先路。

苏秦是战国纵横家代表人物，本文写其发迹小史。他先是只身赴秦，劝说秦惠王以连横对付六国，“书虽十上”而“说不行”，备受冷遇。于是他转身一百八十度，反以合纵抗秦之策说动赵王，拜为赵相，进而“并相六国”。《汉书》讥纵横家“上狡诈而弃重信”，苏秦的作为正是这种政客作风的典型写照。文中所写苏秦两次回家时的不同遭遇和情状，对比鲜明，刻画细致传神，人物形象呼之欲出。其妻、嫂、父母前后态度的强烈反差，更是炎凉世态的经典画面，给人以深刻印象。苏秦斥嫂“前倨后卑”，而他自己从“状有愧色”，喟叹自罪，到心安理得地接受父母除道郊迎、嫂子匍伏跪谢，又何尝不是前卑后倨呢！封建伦常的虚伪本质，于此昭然若揭。

苏秦始将连横说秦惠王〔1〕，曰：“大王之国，西有巴、蜀、汉中之利〔2〕，北有胡貉、代马之用〔3〕，南有巫山、黔中之限〔4〕，东有殽、函之固〔5〕。田肥美，民殷富，战车万乘，奋击百万，沃野千里，蓄积饶多，地势形便，此所谓天府，天下之雄国也。以大王之贤，士民之众，车骑之用，兵法之教，可以并诸侯，吞天下，称帝而治〔6〕。愿大王少留意〔7〕，臣请奏其效。”秦王曰：“寡人闻之：毛羽不丰满者，不可以高飞；文章不成者〔8〕，不可以诛罚；道德不厚者，不可以使民；政教不顺者，不可以烦大臣。今先生俨然不远千里而庭教之〔9〕，愿以异日。”

【注释】

〔1〕苏秦：战国时东周洛阳人。先仕于燕。为防齐攻燕，赴赵离间赵、齐关系。公元前 287 年，组织发动五国合纵攻秦，赵封他为武安君。至齐，受重用，但暗中仍为燕效力，说动齐湣王发兵攻宋，而燕将乐毅乘机袭齐，齐败绩，于是齐以反间罪将苏秦处车裂之刑。《国策》、《史记》诸书所载苏秦事迹不尽一致。马王堆汉墓出土帛书《战国纵横家书》前十四章，多系苏秦说燕昭王、齐湣王之说辞与书策。　连横：战国后期，唯秦最强，凡联合关东各国抗秦即为合纵，而秦设法破坏合纵则为连横。　说（shuì 税）：劝说。　秦惠王：秦国国君嬴驷，公元前 336 至前 311 年在位。

〔2〕巴：大致范围以今重庆市为中心，四川省东部一带。　蜀：以今成都为中心的四川西部一带。　汉中：今陕西秦岭以南一带。

〔3〕胡：指北方少数民族地区。　貉（hé 合）：状如狸，毛皮可制裘。　代：今河北、山西北部，特产骏马。

〔4〕巫山：位于今四川巫山县东。　黔（qián 前）中：故城在今湖南沅陵西。　限：阻隔、屏障。

〔5〕殽（yáo 摇）：崤山，位于河南西部，系秦岭东段支脉，分东西两崤，延伸至黄河、洛河间，主峰干山在河南灵宝东北。　函：指函谷关，位于灵宝县南，因关处谷中，深险如函得名。

〔6〕称帝而治：战国时各诸侯国君主皆称王，当时较强者如秦、齐，企图统一各国而自称帝号。

〔7〕少留意：稍加留意，此为谦婉辞令，其实是要对方注意重视。少，稍。

〔8〕文章：此指法令条文。

〔9〕俨然：庄重认真的样子。

【译文】

苏秦起先以连横策略游说秦惠王，道："大王您的国家，西有巴、蜀、汉中等地的收益，北有胡貉、代马等特产的供给，南有巫山、黔中的天然屏障，东有崤山、函谷关的坚固防线。耕田肥美，百姓富足，战车万辆，勇士百万，沃野千里，资储丰饶，地理形势优越便利，这就是人们所说的天府，天下的强盛大国啊。凭着大王的贤明，兵士百姓的众多，车骑军需的充足，作战训练的规范，无疑能够兼并诸侯，独得天下，称帝而治。希望大王稍费精神，允许我奏明实现目标的策略。”秦王说：“我听说，羽毛还未丰满时，不能高高飞翔；法令还未完备时，不能实行诛杀刑罚；道德还未深厚时，不能驱使百姓服役；政教还未畅行时，不能烦劳大臣出征。如今先生不辞辛苦千里跋涉，郑重地来到朝廷教我这番道理，我想还是以后再领教吧。”

苏秦曰：“臣固疑大王之不能用也〔1〕。昔者神农伐补遂〔2〕，黄帝伐涿鹿而禽蚩尤〔3〕，尧伐驩兜〔4〕，舜伐三苗〔5〕，禹伐共工〔6〕，汤伐有夏〔7〕，文王伐崇〔8〕，武王伐纣〔9〕，齐桓任战而伯天下〔10〕，由此观之，恶有不战者乎〔11〕！古者使车毂击驰〔12〕，言语相结，天下为一。约从连横，兵革不藏〔13〕。文士并饬〔14〕，诸侯乱惑，万端俱起〔15〕，不可胜理〔16〕。科条既备〔17〕，民多伪态；书策稠浊〔18〕，百姓不足；上下相愁，民无所聊〔19〕。明言章理〔20〕，兵甲愈起，辩言伟服，战攻不息；繁称文辞〔21〕，天下不治；舌敝耳聋，不见成功；行义约信，天下不亲。于是乃废文任武，厚养死士，缀甲厉兵〔22〕，效胜于战场〔23〕。夫徒处而致利〔24〕，安坐而广地，虽古五帝、三王、五伯〔25〕，明主贤君，常欲坐而致之，其势不能，故以战续之。宽则两军相攻，迫则杖戟相撞〔26〕，然后可建大功。是故兵胜于外，义强于内；威立于上，民服于下。今欲并天下，凌万乘〔27〕，诎敌国〔28〕，制海内，子元元〔29〕，臣诸侯〔30〕，非兵不可。今之嗣主〔31〕，忽于至道〔32〕，皆惛于教〔33〕，乱于治，迷于言，惑于语，沉于辩，溺于辞，以此论之，王固不能行也。”

【注释】

〔1〕固：本来。

〔2〕神农：炎帝，号神农氏，古史传说中的部落联盟首领，相传他发明农业，而被奉为农神。　补遂：古部落名。

〔3〕黄帝：号轩辕氏，古史传说中的中原部落联盟首领，发明舟车、历法等，与炎帝在华夏族形成过程中起有重大历史作用。　涿鹿：今属河北。　禽：同“擒”。　蚩尤：九黎部落的首领。

〔4〕尧：古帝名。尧传位给舜，舜传位给禹。　驩兜（huān dōu 欢都）：尧时大臣，因作恶被尧流放至崇山。

〔5〕三苗：古族名。《史记·五帝本纪》谓其地原在江、淮、荆州，相传舜时被迁至三危（今甘肃敦煌一带）。

〔6〕共工：原是水官名，世代以官为氏，称共工氏。舜时共工氏颇凶横，与驩兜、三苗、鲧被称为“四凶”，后遭流放。

〔7〕汤：殷商开国君主。夏朝君主桀无道，汤起兵攻桀，灭夏，建立商朝。　有夏：夏朝，此指夏桀。

〔8〕文王：姬昌，周武王姬发之父。商纣王时为西方诸侯之长，又称西伯。　崇：殷商时诸侯国，位于今陕西户县东。崇侯虎助纣为虐，文王发兵讨伐他。

〔9〕纣：商朝末代君主，荒淫暴虐。武王伐纣灭商，建国号周。

〔10〕齐桓：齐桓公，春秋五霸之一。　任战：指用兵。　伯（bò 坝）：通“霸”。

〔11〕恶（wū 乌）：何。

〔12〕毂（gǔ 谷）：车轮中央圆木，轴按其中。这里代指车乘。

〔13〕兵革：武器装备，此指战争。兵，兵器。革，用皮革制的甲。

〔14〕饬：通“饰”。

〔15〕端：指事端议论。

〔16〕胜（shēng 升）：尽。

〔17〕科条：律令规章。

〔18〕书策：文件、政令。　稠浊：多而乱。

〔19〕聊：依靠。

〔20〕章：同“彰”，明显。

〔21〕称：说。　文：修饰，巧饰。

〔22〕缀：连。　厉：同“砺”，磨砺。

〔23〕效：实现。

〔24〕徒处：坐等，不作任何努力。

〔25〕五帝：所指不一，通常指黄帝、颛顼、帝喾、唐尧、虞舜。 三王：指三代之王，即夏禹、商汤和周代的文王、武王。 五伯：春秋五霸，一般指齐桓公、晋文公、宋襄公、楚庄王、秦穆公。

〔26〕迫：近。

〔27〕凌：超越。 万乘：万辆兵车，指大国。

〔28〕诎：通“屈”。

〔29〕子：这里用作动词，“以……为子”的意思。 元元：百姓。

〔30〕臣：用法同上句“子”。

〔31〕嗣主：继位的君主。

〔32〕至道：最重要之道，此指战争。

〔33〕惛(hūn 婚)：通“昏”。

【译文】

苏秦说：“我原本就料到大王不会采纳我意见的。从前神农氏讨伐补遂，黄帝征战涿鹿而活捉蚩尤，唐尧驱逐驩兜，虞舜征讨三苗，夏禹制服共工，商汤征服夏桀，周文王攻灭崇国，周武王消灭商纣，齐桓公凭武力而称霸天下，由此看来，哪有不采取战争手段而完成大业的呢！早先各国使节乘车往来奔驰，通过会谈缔结盟约，使天下如同一家。后来搞起合纵连横，战争也就无可避免。谋臣策士巧舌如簧，弄得诸侯晕头转向；万千问题纷至沓来，顾此失彼无法处裁。法律规章虽已具备，下面照样欺诈作伪；公文繁杂政令混乱，百姓难免啼饥叫寒。君臣上下心事重重，人们更觉无所依从。讲道论理振振有词，战事越发层出不穷。雄辩滔滔衣冠楚楚，相互攻战无休无止。喋喋说辞天花乱坠，天下因此不得安治；说者说得口焦舌破，听者听得双耳发聋，始终没有什么成效；尽管按仁义礼信原则订立盟约，却依然不能使各国和睦友好。于是就弃文用武，以重金优待蓄养敢死勇士，配备甲胄，磨砺刀枪，在战场上决定胜负。白白等待而获得利益，安然兀坐而扩充疆土，即使是上古五帝三王，明主贤君，常想如此坐收其成，事实上也办不到，所以最终还是用战争解决问题。两军对垒，距离远的用矢石相攻，短兵相接则拼刀拼枪，然后才能建立丰功伟业。所以军队在外打了胜仗，国君在内强化德政，上面权威树立，下面百姓服从。如今想要并吞天下，超越大国，使敌国屈服，控制天下，抚育万民，使诸侯称臣，那就非用武力不可。可惜当今在位君主，忽视了这一根本道理，政教不明，管理混乱，受那不着边际的言论迷惑，沉浸在巧言诡辩之中，由此看来，大王您是不会采纳我的意见的。”

说秦王书十上而说不行。黑貂之裘敝，黄金百斤尽，资用乏绝，去秦而归。羸縢履蹻〔1〕，负书担橐〔2〕，形容枯槁，面目黧黑〔3〕，状有愧色。归至家，妻不下纴〔4〕，嫂不为炊，父母不与言。苏秦喟然叹曰：“妻不以我为夫，嫂不以我为叔，父母不以我为子，是皆秦之罪也！”乃夜发书，陈箧数十〔5〕，得太公《阴符》之谋〔6〕，伏而诵之，简练以为揣摩〔7〕。读书欲睡，引锥自刺其股，血流至足，曰：“安有说人主不能出其金玉锦绣，取卿相之尊者乎?”期年〔8〕，揣摩成，曰：“此真可以说当世之君矣！”

【注释】

〔1〕羸(léi 雷)：通“累”，缠。　縢(téng 腾)：绑腿布。　蹻(jué 决)：通“屩”，草鞋。

〔2〕橐(tuó 驼)：囊。

〔3〕黧(lí 离)：黑色。

〔4〕纴(rèn 任)：纺织，此指织机。

〔5〕陈：列。　箧(qiè 切)：小箱。

〔6〕太公：姜太公吕尚。　《阴符》：相传为姜太公所著兵书。

〔7〕简：选择。　练：熟习。

〔8〕期(jī 基)年：一周年。

【译文】

苏秦劝说秦王的奏章呈送了十次，而他的意见最终仍没被采纳。黑貂皮袍子破旧了，一百斤黄金(黄铜)都花光了，维持生活的费用几乎一点不剩，只得离开秦国回家。他裹着绑腿布，穿着草鞋，背着书挑着行李，形容憔悴，脸色黄黑，神情羞愧。回到家里，妻子不下织机，嫂子不给他做饭，父母不跟他说话。苏秦感慨地长叹道："妻子不把我当作丈夫，嫂子不把我当作小叔，父母不把我当作儿子，这实在都是我苏秦的罪过啊！"于是他当夜就打开书箱，摊开几十种书，找到了姜太公写的《阴符》，埋头诵读，反复推敲，钻研体会书中精要。读书久了昏昏欲睡时，他就拿锥子刺自己的大腿，鲜血直淌到脚上，并对自己说："哪有游说君主而不能掏出他的金玉锦绣，取得卿相高位的呢！"坚持了一年，终于钻研成功，不禁自语道："这下子真可以说动当今天下的国君了！"

于是乃摩燕乌集阙〔1〕，见说赵王于华屋之下，抵掌而谈〔2〕。赵王大说〔3〕，封为武安君，受相印，革车百乘，锦绣千纯〔4〕，白璧百双，黄金万镒〔5〕，以随其后，约从散横，以抑强秦。故苏秦相于赵而关不通〔6〕。当此之时，天下之大，万民之众，王侯之威，谋臣之权，皆欲决于苏秦之策。不费斗粮，未烦一兵，未战一士，未绝一弦，未折一矢，诸侯相亲，贤于兄弟。夫贤人任而天下服，一人用而天下从。故曰："式于政不式于勇〔7〕，式于廊庙之内，不式于四境之外。"当秦之隆，黄金万镒为用，转毂连骑，炫煌于道，山东之国〔8〕，从风而服，使赵大重。且夫苏秦特穷巷掘门、桑户棬枢之士耳〔9〕，伏轼撙衔〔10〕，横历天下，庭说诸侯之主，杜左右之口〔11〕，天下莫之能伉〔12〕。

【注释】

〔1〕摩：仿，揣摩。燕乌集阙：燕乌，乌鸦的一种。按《汉书》注，

有“乍合乍离，如乌之集”说。这里即以乌集宫阙之状，比喻博喻宏辞、纵横开阖的说辩艺术。旧注，释“摩”为靠近、经过，以“燕乌集阙”为地名或宫阙名，当系注者推测之词，史籍无据可凭。

〔2〕抵(zhǐ 纸)掌：击掌，表示兴奋状。抵，侧手击。

〔3〕说(yuè 越)：通“悦”。

〔4〕纯(tún 囤)：匹。

〔5〕镒(yì 益)：一镒为二十四两。

〔6〕关：指函谷关，六国通秦要道。关不通，意谓六国抗秦，不与秦往来。

〔7〕式：用。

〔8〕山东：崤山以东。

〔9〕特：只，不过。　掘门：窟门，挖壁洞为门。　桑户：以桑木为门板。　棬(quān 圈)枢：弯曲树枝为门轴。

〔10〕轼：车前横木。　撙(zǔn 遵上声)：节制。　衔：马勒头。

〔11〕杜：塞

〔12〕伉：通“抗”。

【译文】

于是苏秦就以燕乌集阙般的说辞，在华丽的殿堂里拜见并劝说赵王，拍着手侃侃而谈。赵王十分高兴，封苏秦为武安君，接受相国大印，又给兵车百辆，锦缎千匹，玉璧百对，黄金万镒，让他带着去联合各国，解散秦国与他们的“连横”关系，以此来削弱强秦的力量。所以苏秦当了赵相后，各国断绝了与秦国的往来，函谷关就内外不通。在这时候，那么广大的天下，那么众多的百姓，那么有威风的王侯，那么有权势的谋臣，都要由苏秦的策略来支配决定。不费一斗军粮，不劳一兵一卒，没用一人打仗，没断一根弓弦，没损一枝竹箭，就使列国诸侯相互亲善，胜过兄弟。可见有才能的人发挥了作用就使普天下顺服，一个人被重用了普天下就跟着走。所以说：“靠德政起作用，不是靠蛮力起作用，靠朝廷上的决策起作用，不是在国境外大动干戈解决问题。”在苏秦威势最盛的时候，黄金万镒听任他使用，随从车骑连绵不断，一路上风光显耀，崤山以东各国如同顺着风向一致服从，使得赵国的声望大大增强。再说苏秦原来不过是穷巷陋屋里的一个读书人罢了，如今他手扶车前横木，控制着马缰绳，驱车跃马周游列国，通行无阻，在朝堂上劝说列国君主，堵住他们身边大臣的嘴巴，普天下没有谁能与他抗衡。

将说楚王，路过洛阳，父母闻之，清宫除道〔1〕，张乐设饮〔2〕，郊迎三十里。妻侧目而视，倾耳而听，嫂蛇行匍伏，四拜自跪而谢〔3〕。苏秦曰："嫂，何前倨而后卑也〔4〕?"嫂曰："以季子位尊而多金〔5〕。"苏秦曰："嗟呼！贫穷则父母不子，富贵则亲戚畏惧。人生世上，势位富贵，盖可忽乎哉〔6〕!"

【注释】

〔1〕清：打扫。　宫：古代房屋的通称。

〔2〕张：设。

〔3〕谢：致歉，请罪。

〔4〕倨：傲。

〔5〕季子：苏秦的表字。

〔6〕盖：通"盍(hé 核)"，何。

【译文】

苏秦将要去游说楚王，路过洛阳城。他的父母听到这一消息，赶紧打扫房屋，清除道路，设置乐队，摆开酒席，在三十里外郊野远迎。妻子不敢正面看他，侧着耳朵听他说话。他嫂子趴在地上像蛇一样向前挪动，朝他拜了四拜，跪着自己认错。苏秦问道："嫂嫂，你为什么先前那么趾高气扬，而如今又这么低三下四呢?"嫂子回答说："因为您地位尊贵而且很有钱呀。"苏秦叹道："唉，一个人贫穷失意时父母不把他当作儿子，有财有势时连亲戚也害怕他。一个人活在世上，对于权势地位荣华富贵，怎么可以忽视啊!"

（仓阳卿）

司马错论伐蜀

《战国策》

【题解】

本文选自《战国策·秦策》。

秦自孝公任用商鞅变法之后，从根本上改变了以往“兵弱而主卑”的局面，国势渐盛。孝公死，子惠王即位，商鞅被杀，但变法的成果依然延续，秦国不断向外拓展疆域，走上了日益强大的道路。本文所写即为秦向外扩张的重大事件之一，发生在秦惠王更元九年（前316）。当时，蜀有内乱，司马错力主乘机伐之，秦惠王采纳了他的意见。司马错一举灭蜀，于是“秦益强富厚，轻诸侯”。

司马错提出伐蜀主张后，先以“不然”二字斩截否定张仪建议伐韩的观点。接着高屋建瓴，从广地、富民、博德这三个建立王业的必备条件发论。随后由当时客观形势和秦国现实状况出发，作正、反两面的纵深论述，一一揭示伐蜀之利，攻韩之弊，从而突显出灭蜀的切实可行。整篇议论文势完足，层次井然，如悬瀑迭折飞泻，一气呵成而饶生动之趣。

司马错与张仪争论于秦惠王前〔1〕。司马错欲伐蜀；张仪曰：“不如伐韩。”王曰：“请闻其说。”对曰：“亲魏善楚，下兵三川〔2〕，塞轘辕、缑氏之口〔3〕，当屯留之道〔4〕，魏绝南阳〔5〕，楚临南郑〔6〕，秦攻新城、宜阳〔7〕，以临二周之郊[8]，诛周主之罪，侵楚、魏之地。周自知不救，九鼎宝器必出[9]。据九鼎，按图籍，挟天子以令天下[10]，天下莫敢不听，此王业也。今夫蜀，西僻之国，而戎狄之长也[11]。弊兵劳众，不足以成名；得其地，不足以为利。臣闻争名者于朝，争利者于市。今三川、周室，天下之市朝也[12]，而王不争焉，顾争于戎狄[13]，去王业远矣[14]。”

【注释】

〔1〕司马错：战国时秦人。秦惠王更元九年(前316)，率军克蜀。张仪：战国时魏人，著名纵横家。公元前328年入秦为相，主要活动在秦惠王时期，以连横策略，使秦境不断向外扩张，因功封武信君。公元前310年卒于魏。

〔2〕三川：黄河、洛河、伊水。此指东周王城(今河南洛阳)及韩国都城(今河南新城)周围地区。

〔3〕轘辕、缑氏：指今河南偃师东南一带，形势险阻，古为兵家控守要地。

〔4〕屯留：在今山西上党境，时属韩地。

〔5〕南阳：古地区名，相当今河南西南部一带，战国时分属韩、楚。

〔6〕南郑：公元前375年韩哀侯灭郑，将国都迁至郑(今河南新郑)。

〔7〕新城：韩地名，在今河南伊川西南。 宜阳：韩地名，今属河南。

〔8〕二周：西周、东周，周王室的两处封邑。

〔9〕九鼎：相传禹铸九鼎，象征九州。后为商、周传国之宝，视为统治天下权力的象征。

〔10〕天子：此时周王室衰微，周天子其实只是名义上的天下共主而已。

〔11〕戎狄：古代对少数民族的通称。春秋时中原戎、狄，到战国时已与华夏族融合。但离中原较远地区仍居有许多少数民族，如巴蜀地区的民族就有濮、苴、賨、奴、夷、蜒、滇、僚、僰等。 长(zhǎng掌)：列首位者。

〔12〕市朝：指争名争利的场所。朝，朝廷、官场。市，市肆，交易买卖场所。

〔13〕顾：反而。

〔14〕去：离。

【译文】

司马错和张仪在秦惠王面前进行争论。司马错主张吞并蜀地；张仪说："不如进攻韩国。"秦惠王说："请让我听你的具体理由。"张仪答道："先亲近魏国，并向楚国表示友好，然后出兵三川，堵阻轘辕、缑氏隘口，挡住屯留险道，让魏断绝通往南阳之路，使楚兵临南郑，秦军进攻新城、宜阳，兵临二周都城近郊，声讨周君的罪行，从而实际上也侵削了楚、魏的疆土。这样一来，周王室自知大势已去，必会献出九鼎传国宝器。大王您就可以凭借九鼎，依据地图户籍，挟持周天子来号令天下，天下没有谁敢不听从的，这才是统治天下的大业啊！如今之蜀，只是西面偏僻穷国，戎狄之首而已。劳师动众去攻蜀，打胜了也谈不上有什么威名；得到了蜀地，也说不上有多少利益。我听说有这么一句话，要争威名就到朝廷上争取，要争利益就到市场上争取。眼前的三川之地和周王室，就是天下的名利场，可是大王不到那里争取威名厚利，反而去争夺戎狄之地，这与建立帝王大业相差太远了。"

司马错曰："不然！臣闻之：欲富国者，务广其地；欲强兵者，务富其民；欲王者，务博其德。三资者备，而王随之矣。今王之地小民贫，故臣愿从事于易。夫蜀，西僻之国也，而戎狄之长也，而有桀、纣之乱〔1〕，以秦攻之，譬如使豺狼逐群羊也。取其地，足以广国也；得其财，足以富民。缮兵不伤众〔2〕，而彼已服矣。故拔一国，而天下不以为暴；利尽四海，诸侯不以为贪。是我一举而名实两附〔3〕，而又有禁暴正乱之名。今攻韩劫天子，劫天子，恶名也，而未必利也，又有不义之名。而攻天下之所不欲，危！臣请谒其故[4]。周，天下之宗室也；韩，周之与国也[5]。周自知失九鼎，韩自知亡三川，则必将二国并力合谋，以因乎齐、赵[6]，而求解乎楚、魏，以鼎与楚，以地与魏，王不能禁，此臣所谓危。不如伐蜀之完也。”

【注释】

〔1〕桀、纣：夏桀、商纣，皆为有名的亡国暴君。

〔2〕缮：整治。

〔3〕附：归。

〔4〕谒：禀告，陈说。

〔5〕与国：友好之国。

〔6〕因：依靠。

【译文】

司马错说：“不对！我听说，要使国家富裕，就必须开拓国家的疆域；要使军队强大，就必须使人民富足；要建立统治天下的王业，就必须普遍施行德政。这三个条件具备了，王业也随之建立了。现在大王的疆土不广，百姓贫穷，所以我希望先从容易办的事情做起。蜀，是西部偏僻之国，又是戎狄之首，眼下又发生了桀、纣时一样的内乱，用我们秦国的军队去攻打它，就好比让豺狼追逐羊群一般容易。取得蜀国的土地，完全可用来扩大秦国疆域；获得蜀国的财物，足可以使秦国百姓富足。动用军队而不损伤民众，就使蜀顺从降服了。所以，攻取了一个蜀国，而天下人并不认为我们横暴；获得了蜀国各地利益，诸侯也不会认为我们贪婪。这样我们灭蜀的这一行动也就名利双收，并且还有禁除暴虐平定混乱局面的好名声。现在如去攻打韩国，劫持周天子；劫持周天子会落得个罪恶名声，而且未必能取得什么好处，又要承担不义的罪名。再说攻击天下人所不愿见它受攻击的地方，太冒险了！请允许我说说这里面的道理。周朝，是各国诸侯的宗主；韩国，是亲近周的国家。如果周朝知道自己将会因秦国进攻而丧失九鼎，韩国知道自己将因此丧失三川之地，那么周、韩必定会齐心合力，而且依靠齐国、赵国，同时向楚国、魏国求救，周把九鼎给楚国，韩把三川之地给魏国，大王您也无法制止，这就是我说的伐韩十分危险，不如进攻蜀国那么妥善啊。"

惠王曰："善，寡人听子。"卒起兵伐蜀〔1〕。十月取之，遂定蜀，蜀主更号为侯，而使陈庄相蜀〔2〕。蜀既属，秦益强富厚〔3〕，轻诸侯。

【注释】

〔1〕卒：终。

〔2〕陈庄：秦国大臣。

〔3〕厚：大。

【译文】

秦惠王道："说得对，我听从您的意见。"秦国终于起兵伐蜀。用了十个月的时间攻取了蜀地，于是平定了蜀国，将蜀国君主的称号降改为侯，并让陈庄出任蜀相。蜀国归附秦国后，秦国更加富裕强大，也就更加轻视诸侯各国了。

（仓阳卿）

范雎说秦王

《战国策》

【题解】

本篇选自《战国策·秦策》。

范雎，是战国时富有谋略才干的著名人物。他早年在魏曾受屈辱。入秦后，提出了关于政治、军事、外交的一系列主张，如对内论功行赏，因能授官，翦除擅权的贵戚重臣，以加强秦王的集权；对外实行远交近攻策略，把在地理上具有重要地位的韩、魏，列为秦的向外扩张首要目标等。秦昭王对此一一采纳，付诸实施，秦国因此在兼并战争中不断取胜，国力日益强盛。

本文记范雎初会秦昭王时情景。范雎说秦王，不取纵横家那种锋芒毕露、咄咄逼人的架势。他先是唯唯再三，欲言故止，以探测昭王的深心真意。然后，将自己定位在维护秦昭王根本利益的立场上，引古论今，援他况己，旁敲侧击，且言且深，渐渐触及要害，揭出秦国现实政治问题的严重性和危险性，但只是点到为止，并不尽言，而留待昭王自己去深思。后来昭王果然下令废宣太后，逐“四贵”（穰侯、高陵君、华阳君、泾阳君）于关外。事实佐证了范雎这篇议论寓刚于柔不同凡响的力量。

范雎至秦[1]，王庭迎范雎[2]，敬执宾主之礼，范雎辞让。是日见范雎，见者无不变色易容者。

【注释】

〔1〕范雎(？—前255)：战国时魏国人。字叔。《韩非子》及汉代石刻又作范且，或作范睢。初因贫而为魏中大夫须贾家臣，因事为须贾所诬，又遭魏相魏齐遣人笞击折胁。遂化名张禄入秦，深受秦昭王信重，拜相，封应侯。用反间计，诱赵以赵括代廉颇为将，从而使秦将白起得以大破赵军。后渐失昭王宠信，遂称病辞归相印。

〔2〕王：秦昭王嬴则(前324—前251)，秦武王异母弟。公元前306年至前251年在位。

【译文】

范雎来到秦国，秦昭王在宫庭迎接范雎，恭敬地按宾主礼节进行，范雎称谢逊让。这天秦王会见范雎，看到当时场景的人没有不显出惊叹神情的。

秦王屏左右〔1〕，宫中虚无人。秦王跪而进曰：“先生何以幸教寡人〔2〕？”范雎曰：“唯唯〔3〕。”有间，秦王复请，范雎曰：“唯唯。”若是者三〔4〕。秦王跽曰〔5〕：“先生不幸教寡人乎？”

【注释】

〔1〕屏(bǐng 饼)：使退避。

〔2〕幸：表敬助词，无义。

〔3〕唯唯：应答词，顺应而不表示可否。

〔4〕三：表多次，非确数。

〔5〕跽(jì 技)：又称长跪，即双膝着地，上身挺直。古人席地而坐，在急切表示恳请、恭敬等心情时，取这种姿势。

【译文】

秦王屏退身边侍从，殿中除了他与范雎，空无一人。秦王跪着请求道：“先生用什么来教导我呢？”范雎道：“是是。”隔了一会儿，秦王再次请教，范雎道：“是是。”如此反复再三。秦王长跪道："先生不愿开导我吗?"

范雎谢曰："非敢然也。臣闻始时吕尚之遇文王也〔1〕，身为渔父而钓于渭阳之滨耳。若是者，交疏也。已一说而立为太师，载与俱归者，其言深也。故文王果收功于吕尚，卒擅天下而身立为帝王〔2〕。即使文王疏吕望而弗与深言，是周无天子之德，而文、武无与成其王也。今臣，羁旅之臣也〔3〕，交疏于王，而所愿陈者，皆匡君臣之事，处人骨肉之间〔4〕。愿以陈臣之陋忠，而未知王心也。所以王三问而不对者，是也。

【注释】

〔1〕吕尚：姜姓，吕氏，名望，字子牙，俗称姜太公。相传姜子牙垂钓于渭水之滨，周文王遇之，与语大悦，车载以归，立为师 。武王尊他为尚父。后佐武王灭纣。　文王：姬昌，商末周初周族领袖，商纣时为西伯。其子武王姬发，灭商建周王朝，追谥姬昌为文王。

〔2〕擅天下：拥有天下，即为帝王。这是合周文王、武王事笼统言之。

〔3〕羁(jī 基)旅：长久旅居他乡。

〔4〕骨肉：这里喻指秦昭王与其母(宣太后)等关系。昭王是秦武王异母弟，武王无子，死后，诸弟争立。宣太后的异父弟魏冉掌握兵权，拥立十九岁的昭王即位，由宣太后当权，魏冉为相。

【译文】

范雎表示歉意说："我不敢这样呀。我听说，当初吕尚遇见文王的时候，只是一个在渭水北岸垂钓的渔翁罢了。像这种情形，他们关系是生疏的。后来吕尚以一席话而被文王任为太师，让他一同乘车回去，这因为他们交谈得深啊。因此文王果然凭借吕尚获得成功，终于拥有天下而成为帝王。当时假使文王因为与吕望生疏而不跟他深谈，这样周就谈不上有什么天子道行，文王、武王也就不可能建立他们的帝王大业了。如今的我，只是个久客他乡的人，与大王关系疏浅，而我想要陈说的，又都是纠正国君偏差错失的事情，涉及到与您有骨肉之情的人。我心想表达自己对您的浅陋忠诚，但不知大王内心是怎么想的，所以大王再三发问而我不回答，原因就在于此啊。

“臣非有所畏而不敢言也。知今日言之于前，而明日伏诛于后，然臣弗敢畏也。大王信行臣之言，死不足以为臣患，亡不足以为臣忧，漆身而为厉〔1〕，被发而为狂，不足以为臣耻。五帝之圣而死〔2〕，三王之仁而死，五伯之贤而死，乌获之力而死〔3〕，奔、育之勇焉而死〔4〕。死者，人之所必不免也。处必然之势，可以少有补于秦，此臣之所大愿也，臣何患乎？伍子胥橐载而出昭关〔5〕，夜行而昼伏，至于菱水〔6〕，无以饵其口，膝行蒲服〔7〕，乞食于吴市〔8〕，卒兴吴国，阖庐为霸〔9〕。使臣得进谋如伍子胥，加之以幽囚，终身不复见，是臣说之行也，臣何忧乎？箕子、接舆〔10〕，漆身而为厉，被发而为狂，无益于殷、楚。使臣得同行于箕子、接舆，漆身可以补所贤之主，是臣之大荣也，臣又何耻乎？

【注释】

〔1〕厉(lài 赖)：通“癞”。

〔2〕五帝：及下文“三王”、“五伯”，见《苏秦以连横说秦》注。

〔3〕乌获：秦国大力士。秦武王爱好举重，故任用乌获为大官。

〔4〕奔、育：孟奔、夏育，皆为战国著名勇士，孟奔即孟贲，相传能生拔牛角；夏育力举千钧。

〔5〕伍子胥：名员，字子胥，春秋楚人。楚平王杀其父兄，子胥奔

吴，助阖闾夺得王位。吴王阖闾采其策，国力大盛，袭楚，五战连胜，攻入楚都。　橐(tuó 驼)：袋。　昭关：在今安徽含山县北。春秋吴、楚之界，两山对峙，因以为关。相传伍子胥逃离楚国时经此，楚于关前遍悬通缉子胥的布告，子胥一夜急白了头，后让人将自己装于袋中，混出关外。

〔6〕菱水：即溧水，在今江苏西南部。

〔7〕蒲服：同“匍匐”。

〔8〕吴市：指今江苏溧阳。

〔9〕阖庐：即吴王阖闾(？—前496)，名光。公元前514至前496年在位。

〔10〕箕子：商纣王的叔父，因劝谏纣，被囚禁，周武王克商后得以释放。　接舆：春秋楚人，躬耕以食，佯狂不仕。

【译文】

“我并非有什么畏惧而不敢进言。我知道，今天话说出口，明天等待我的就是被处死，然而我也不敢因此而畏惧啊。大王真能实行我的意见，死不足以成为我的祸患，流亡不足以成为我的忧虑，浑身涂漆像生癞疮、披头散发而作癫狂，不足以成为我的羞耻。五帝这样的圣人最终死了，三王这样的仁人死了，五霸这样的贤人死了，乌获这样的力士死了，孟贲、夏育这样的勇士也死了。死，是每个人最终不能避免的啊。处在必有一死的情势下，能够对秦国稍有补益，这是我的最大心愿，我哪有什么顾虑呢？伍子胥藏在袋子里混出昭关，黑夜赶路白天隐蔽，到了菱水地方，没有什么吃的，跪着爬着向前，在吴市讨饭，最终他使吴国振兴，阖闾成为霸主。假使我的进献谋略能像伍子胥那样，就是把我拘禁牢笼，永远不能再见到您，只要我的这些主张实行了，我有什么可忧愁呢？箕子漆身犹生癞疮，接舆佯狂披头散发，可他们对殷朝、楚国并无贡献。假使我会与箕子、接舆有同样行为，而浑身涂漆可以对我的贤明君主有所帮助，这就是我的莫大荣耀，我又有什么可觉得耻辱的呢？

“臣之所恐者，独恐臣死之后，天下见臣尽忠而身蹶也[1]，是以杜口裹足，莫肯即秦耳。足下上畏太后之严，下惑奸臣之态，居深宫之中，不离保傅之手[2]，终身暗惑，无与照奸，大者宗庙灭覆[3]，小者身以孤危。此臣之所恐耳！若夫穷辱之事，死亡之患，臣弗敢畏也。臣死而秦治，贤于生也。"

【注释】

〔1〕身蹶：喻死亡。蹶，跌倒。

〔2〕保傅：太保、太傅。这里泛指擅权重臣。

〔3〕宗庙：古代帝王、诸侯祭祀祖宗的处所，这里借指王室、国家。

【译文】

"我所害怕的，唯恐我死了以后，天下人看到我尽忠而招致杀身之祸，因此闭口沉默、裹足止步，没人再愿到秦国来罢了。大王您上怕太后的严厉，下受奸臣言行迷惑，居住在深宫里，行动摆脱不了权臣的约束，始终遭受蒙蔽，没法洞察奸佞，如此下去，大则导致国家覆灭，小则自身陷于孤立危险境地。这才是我所担心害怕的啊！至于那种个人受困遭辱的事情，杀戮流亡的祸殃，我是不敢害怕接受的。我死了而秦国能治理好，胜过无益于秦而活在世上。"

秦王跽曰："先生是何言也！夫秦国僻远，寡人愚不肖，先生乃幸至此，此天以寡人慁先生[1]，而存先王之庙也。寡人得受命于先生，此天所以幸先王，而不弃其孤也。先生奈何而言若此！事无大小，上及太后，下至大臣，愿先生悉以教寡人，无疑寡人也。"

范雎再拜，秦王亦再拜。

【注释】

〔1〕慁(hùn 混):打扰。

【译文】

秦王挺直上身跪着,说:"先生您怎能这么说呢!秦国地处荒僻,我又愚昧无能,幸得先生光临此地,这是上天让我烦劳先生,从而使先王宗庙得以保存啊。我能够受到先生的教导,这是上天庇护先王,而不遗弃他儿子的缘故啊。先生怎么要说这样的话!事情无论大小,上到太后,下到大臣,希望先生毫无保留地教导我,不要怀疑我的诚意。"

范雎向秦王拜了两拜,秦王也对范雎拜了再拜。

(仓阳卿)

邹忌讽齐王纳谏

《战国策》

【题解】

本文选自《战国策·齐策》。

这篇充溢哲理情趣的散文，道出一条千古不易之理：人贵自知，自知则人莫能蔽。自知，即自胜；自胜，方能胜他，往无不顺。

文以孰美问答起首，引人入胜。继写邹忌暮寝自思，因小悟大，进而以此婉讽“王之蔽甚”。再写齐王悬赏纳谏，从而进谏渐稀。末以“战胜”点睛，水到渠成。全文层层意思，俱用三叠笔法表出，环扣主旨，整而有变，变循内在气脉，语言简峭生动，细节摹画淋漓尽致。

邹忌修八尺有馀〔1〕，而形貌昳丽〔2〕。朝服衣冠〔3〕，窥镜，谓其妻曰：“我孰与城北徐公美〔4〕?”其妻曰：“君美甚，徐公何能及君也!”城北徐公，齐国之美丽者也。忌不自信，而复问其妾曰：“吾孰与徐公美?”妾曰：“徐公何能及君也!”旦日〔5〕，客从外来，与坐谈。问之：“吾与徐公孰美?”客曰：“徐公不若君之美也!”

【注释】

〔1〕邹忌：战国齐人。初以鼓琴节奏说明治国之道，威王任他为相。致力整顿吏治，选用贤能大臣坚守四境，为齐强盛颇有贡献。封成侯。至宣王初年还以老臣身份多次举荐人才。　修：长，指身高。　尺：周制一尺约合今七寸余。

〔2〕昳（yì 义）：通“逸”。

〔3〕朝（zhāo 招）：早晨。　服：穿戴。

〔4〕孰与：何如。两者相比，择其一。

〔5〕旦日：明日。

【译文】

邹忌身高八尺多，而且神采焕发，容貌俊丽。清晨穿戴好衣冠，朝镜子里端详，问他妻子道：“我跟城北徐公哪个美？”他妻子说：“您美极了，徐公哪能及得上您呀！”城北徐公，是齐国的美男子。邹忌有些不自信，就又去问他的侍妾说：“我与徐公哪个美？”妾答道：“徐公哪能及得上您呢！”第二天，外面来了位客人，与邹忌坐着闲谈。邹忌问他道：“我与徐公谁美？”客人说：“徐公不如您这么美啊！”

明日，徐公来。孰视之〔1〕，自以为不如。窥镜而自视，又弗如远甚。暮，寝而思之曰：“吾妻之美我者，私我也〔2〕；妾之美我者，畏我也；客之美我者，欲有求于我也。”

【注释】

〔1〕孰：通“熟”，意为仔细。

〔2〕私：偏私，偏爱。

【译文】

过了一天，徐公来访。邹忌仔细打量徐公，觉得自己不如他。

照镜子端详自己，更觉得比徐公差远了。晚上，躺在床上思考道："我妻称赞我美，是她偏爱我啊；侍妾称我美，是她怕我啊；客人称我美，是想有求于我啊！"

于是入朝见威王[1]，曰："臣诚知不如徐公美，臣之妻私臣，臣之妾畏臣，臣之客欲有求于臣，皆以美于徐公。今齐地方千里，百二十城，宫妇左右，莫不私王；朝廷之臣，莫不畏王；四境之内，莫不有求于王。由此观之，王之蔽甚矣！"

【注释】

〔1〕威王：战国初期齐国国君，齐桓公之子，公元前356至前320年在位。实行改革，整顿吏治，奖谏用贤，先后任邹忌、田婴为相，田忌、田肦为将，孙膑为军师，因而使国力富强。

【译文】

于是上朝去见齐威王，说："我确实知道自己不如徐公漂亮，但是我妻偏爱我，我妾惧怕我，我的客人想要求得我的帮助，因此他们都说我比徐公漂亮。如今齐国地域方圆千里，城邑一百二十座，宫内姬妾及亲信侍臣，没有一个不偏爱大王的；满朝大臣，没一个不惧怕大王的；全国各地，没一个不想求助于大王的。由此看来，大王所受的蒙蔽太严重了！"

王曰："善。"乃下令："群臣吏民，能面刺寡人之过者，受上赏；上书谏寡人者，受中赏；能谤议于市朝[1]，闻寡人之耳者，受下赏。"

【注释】

〔1〕市朝：公共场所。

【译文】

威王道："你说得对。"于是就发布命令："无论朝廷大臣、地方官吏和平民百姓，能当面指摘我的过失的，给予上等奖赏；能上奏章劝谏我的，给予中等奖赏；能在公众场所批评我，而传到我耳中的，给予下等奖赏。"

令初下，群臣进谏，门庭若市〔1〕。数月之后，时时而间进〔2〕。期年之后〔3〕，虽欲言，无可进者。燕、赵、韩、魏闻之，皆朝于齐。此所谓战胜于朝廷。

【注释】

〔1〕门庭若市：门前院内好似市集一样热闹拥挤，形容往来的人很多。

〔2〕间(jiàn 建)：间或，偶尔。

〔3〕期(jī 基)年：一整年。

【译文】

命令刚颁布时，臣子们纷纷上朝进言规劝，朝堂内外像集市一般热闹。过了几个月，还常有人断断续续地进谏。一年以后，即使想说，也提不出什么批评意见了。燕、赵、韩、魏等国知道了这件事，都来朝见齐威王。这就是所谓治理好自己朝政，不用武力就可战胜诸侯。

（仓阳卿）

颜斶说齐王

《战国策》

【题解】

本篇选自《战国策·齐策》。

本文主旨为强调“士贵，王者不贵”，即士对国家贡献远胜于君，君主必得贤士辅佐方能有所成就。自古以为天经地义的君贵士贱观念，被文中主人公颜斶毫不含糊地否定了。

犹如一出独幕话剧，通篇以对话展开波澜起伏的情节，反映人物的精神世界和性格风貌。一揭幕便以“斶前”、“王前”两句简短对话，把剧烈的矛盾冲突显示在读者眼前。紧接着是颜斶寸步不让地与齐王论辩，针锋相对地舌战齐国群臣。齐王终于为颜斶所折服，欲以丰厚爵禄笼络，而被颜谢绝。尾声“归真反璞”，余韵回荡。颜斶自重、自尊而超逸不俗的形象，给人留下了深刻印象。像颜斶这样的有识之士，隐居不仕，明哲保身，自不免有其消极之处。但他表达抱璞素志的许多警策之语，如晚食当肉、安步当车、清静贞正以自虞等，则常为后人从多种积极角度所称引。

齐宣王见颜斶[1]，曰：“斶前！”斶亦曰：“王前！”宣王不悦。左右曰：“王，人君也。斶，人臣也。王曰‘斶前’，斶亦曰‘王前’，可乎？”斶对曰：“夫斶前为慕势，王前为趋士。与使斶为慕势，不如使王为趋士[2]。”

【注释】

〔1〕齐宣王(？—前301)：田氏，名辟疆，齐威王之子，约公元前319至前301年在位。　颜斶(chù 触)：齐国隐士。

〔2〕趋：接近，重视。

【译文】

齐宣王会见颜斶，说：“颜斶过来！”颜斶也说道：“大王过来！”齐王很不高兴。侍奉齐王的大臣们说：“大王，是一国君主。你颜斶，只是臣民。大王说‘颜斶过来’，你也说‘大王过来’，难道可以这样吗？”颜斶答道：“我上前是趋附权势，大王过来是礼贤下士。与其使我趋炎附势，倒不如让大王礼贤下士。”

王忿然作色曰：“王者贵乎，士贵乎？”对曰：“士贵耳，王者不贵。”王曰：“有说乎？”斶曰：“有。昔者秦攻齐，令曰：‘有敢去柳下季垄五十步而樵采者[1]，死不赦。’令曰：‘有能得齐王头者，封万户侯，赐金千镒。’由是观之，生王之头，曾不若死士之垄也[2]。”

【注释】

〔1〕柳下季：即柳下惠，展氏，名禽，字季，谥惠，柳下为其食邑。春秋著名贤士，鲁国大臣。　垄：坟墓。

〔2〕清人林云铭《古文析义》：“《国策》原本‘死士之垄’句下，尚反复数百言，皆斶之言。坊本俱删去。但警策奇崛，亦止有此数语。读之见其势险、其节短，洵不可多得之文。”

【译文】

齐王气得脸上变色，责问道：“是我做国君的尊贵呢，还是你这样的士人高贵?”颜斶答道:“士贵重,做国君的并不贵重。”齐王问道:“有什么道理吗?”颜斶道:“有。从前秦国攻打齐国时,下令说:‘有谁胆敢在柳下季坟墓周围五十步内打柴的,定杀不饶。’同时还有一道命令道:‘有谁能斩得齐王头颅的,封万户侯,赏赐黄金千镒。’由此看来,活着的国君脑袋,还比不上已死贤士的坟墓啊!”

宣王曰:“嗟乎,君子焉可侮哉!寡人自取病耳〔1〕。愿请受为弟子。且颜先生与寡人游〔2〕,食必太牢〔3〕,出必乘车,妻子衣服丽都〔4〕。”颜斶辞去,曰:“夫玉生于山,制则破焉,非弗宝贵矣,然大璞不完〔5〕。士生乎鄙野〔6〕,推选则禄焉,非不尊遂也〔7〕,然而形神不全。斶愿得归,晚食以当肉〔8〕,安步以当车,无罪以当贵,清净贞正以自虞〔9〕。”则再拜而辞去。

【注释】

〔1〕病:辱。

〔2〕游:交往。

〔3〕太牢:牢,祭祀用的牺牲。古代祭祀以一牛、一羊、一豕三牲为太牢。这里指馔肴丰盛美味。

〔4〕丽都:华美。

〔5〕大璞:玉的本质。璞,未雕琢的玉。

〔6〕鄙:边远之地。

〔7〕遂:遂愿,称心。

〔8〕晚食:饥然后食。与上文“食必太牢”,宴饮无度相对而言。晚,迟。

〔9〕虞:同“娱”。

【译文】

齐宣王说："啊，君子怎么可以欺侮呀！我是在自讨没趣罢了。真心希望颜先生收我作学生。今后先生与我同游共处，吃的一定是美馔佳肴，外出一定是以车代步，并让先生的妻儿个个穿着华丽。"颜斶谢绝告辞道："玉产于山中，一经雕琢也就受到损伤，这并不是说经过雕琢就不宝贵，而是玉的天然本质被破坏了。士生活在边远田野，一旦被举荐做了官，他的地位并不是不尊贵，而是他原本作为士的精神面貌没法保持了。我情愿回归山林，肚饥而食，无论什么都像吃肉一样有滋味；安闲散步，就像乘车一样舒适；不做官便不会获罪，也可算是富贵；内心纯洁行为正直，正可自得其乐。"于是向齐王拜了两拜，辞别而去。

君子曰："斶知足矣！归真反璞[1]，则终身不辱也。"

【注释】

〔1〕反：同"返"，回归。 璞：一作"朴"。

【译文】

君子评论道："颜斶懂得知足常乐的真谛了!，他保持本来的精神品质而归隐，犹如璞玉还藏山中，也就终身不会遭受侮辱了。"

（仓阳卿）

冯谖客孟尝君

《战国策》

【题解】

本文选自《战国策·齐策》。

战国时代，养士之风大盛。各国贵族竞相网罗士人为门客，利用他们的知识、本领，来壮大扩展自己的势力名声。士则藉此安身立命，且不失为一种入仕捷径。本文所写冯谖为孟尝君门客事，就生动地体现出这种典型关系。

孟尝君门下食客三千，既有王安石笔下所讥的鸡鸣狗盗之辈，也有像冯谖这样具备政治远识和实际才干的佼佼者。冯谖三弹剑铗，长歌牢骚，孟尝君一一满足了他的要求。为报知遇之恩，冯谖为孟尝君设计经营"三窟"：一是焚券市义，在孟尝君封邑薛地当众烧毁债券，局部减轻人民负担，赢得了人们的好感和爱戴；二是利用魏王抬高孟尝君身价，巩固其地位；三是请齐王立宗庙于薛，使薛地有重兵把守，孟尝君也就无后顾之忧。有此"三窟"，孟尝君虽身居高位，处统治集团内部斗争漩涡之中，而能终身无祸。

写作上，善于蓄势储能，迭造悬念，以欲扬先抑、欲露先隐的手法，使全文波澜层出，姿态横生。本文所写虽未必句句信史，而其谋篇之奇绝，摹写之精工，"为史传开体"（清浦起龙《古文眉诠》）。

齐人有冯谖者[1]，贫乏不能自存，使人属孟尝君[2]，愿寄食门下[3]。孟尝君曰："客何好[4]？"曰："客无好也。"曰："客何能？"曰："客无能也。"孟尝君笑而受之，曰："诺[5]。"左右以君贱之也，食以草具[6]。居有顷[7]，倚柱弹其剑，歌曰："长铗，[8]归来乎[9]！食无鱼。"左右以告。孟尝君曰："食之，比门下之客[10]。"居有顷，复弹其铗，歌曰："长铗，归来乎！出无车。"左右皆笑之，以告。孟尝君曰："为之驾，比门下之车客。"于是乘其车，揭其剑，过其友，曰："孟尝君客我。"后有顷，复弹其剑铗，歌曰："长铗，归来乎！无以为家。"左右皆恶之，以为贪而不知足。孟尝君问："冯公有亲乎？"对曰："有老母。"孟尝君使人给其食用，无使乏。于是冯谖不复歌。

【注释】

〔1〕冯谖(xuān 宣)：一作冯驩。

〔2〕属：同"嘱"，托告，致意。　孟尝君：田文，齐威王之孙，承袭其父田婴的封邑薛(今山东滕县南)，又称薛公。时任齐相。他与魏国信陵君、赵国平原君、楚国春申君，均系宗室之胄，又皆轻财好士，人称"战国四公子"。

〔3〕寄食：依附他人吃饭。

〔4〕好(hào 耗)：爱好。

〔5〕诺：答应声。

〔6〕食(sì 四)：通"饲"，拿食物给人吃。　草具：粗劣的饭食。

〔7〕有顷：形容时间短。

〔8〕铗(jiá 夹)：剑把，这里指剑。

〔9〕来、乎：皆为句末语助词，无义，连用以加强语气。

〔10〕客：一本作"鱼客"。孟尝君食客分三等，下等吃菜，中等吃鱼，上等吃肉，出有车。

【译文】

齐国有个叫冯谖的人，穷得没法养活自己，就让人告诉孟尝君，想在他门下做食客。孟尝君问："他有什么爱好？"答道："他没什么爱好。"又问："他有什么本领？"答道："他没什么本领。"孟尝君笑了笑，答应收留他，说："好吧。"那些手下人以为孟尝君轻视冯谖，就给他吃粗劣的食物。过不多久，冯谖身靠庭柱敲敲佩剑，唱道："长剑呵，咱们回去吧！没有鱼吃呀。"底下人把这事报告了孟尝君。孟尝君说："给他吃鱼，比照一般门客的膳食标准。"过不多久，冯谖又敲弹他的剑，唱道："长剑呵，咱们回去吧！出门没有车子乘呀。"那些底下人都笑话他，把这情况报告上去。孟尝君说："给他备车，比照车客的待遇。"于是冯谖坐上他的车子，举着他的剑，到他的朋友家里拜访，说："孟尝君把我当上客看待。"此后没多久，冯谖就又敲弹他的佩剑，唱道："长剑呵，咱们回去吧！没什么可以拿来养家呀。"底下人都厌恶他，认为他贪得无厌。孟尝君知道了，就问道："冯公有亲人吗？"回答说："有个老母亲。"孟尝君派人供给冯母吃的用的，不让短缺。从这时起，冯谖就不再唱了。

后孟尝君出记[1]，问门下诸客："谁习计会[2]，能为文收责于薛者乎[3]？"冯谖署曰[4]："能。"孟尝君怪之，曰："此谁也？"左右曰："乃歌夫'长铗归来'者也。"孟尝君笑曰："客果有能也，吾负之，未尝见也。"请而见之，谢曰："文倦于事，愦于忧[5]，而性懧愚[6]，沉于国家之事，开罪于先生。先生不羞，乃有意欲为收责于薛乎？"冯谖曰："愿之。"于是约车治装，载券契而行，辞曰："责毕收，以何市而反[7]？"孟尝君曰："视吾家所寡有者。"

【注释】

〔1〕记：账册之类簿籍。
〔2〕计会（kuài 快）：即会计。
〔3〕责：同“债”。
〔4〕署：签名。
〔5〕愦（kuì 愧）：昏乱。
〔6〕懧（nuò 诺）：同“懦”。
〔7〕市：买。　反：同“返”。

【译文】

后来有一天孟尝君出示簿籍，询问家中众位门客：“哪位熟悉会计，能为我田文到薛邑收债？”冯谖写了个“能”字，并署了名。孟尝君对此感到很奇怪，问道：“这是哪一位啊？”下面人回答说：“就是唱‘长剑回去’的那位。”孟尝君笑道：“这位客人果然是有才干的，我怠慢他了，还未与他见过面呢。”相请之下见了面，孟尝君向他致歉道：“我被琐碎事务弄得疲惫不堪，被烦恼搞得心昏意乱，而我生性懦弱笨拙，整日处理国家事务，对先生多有得罪。先生不计较，愿意替我到薛邑去收债吗？”冯谖道：“愿意。”于是套好马车，整理好行装，带上债券契约准备启程，临行告别时问道：“债收完后，买些什么带回来？”孟尝君道：“看我家缺少的东西买吧。”

驱而之薛，使吏召诸民当偿者，悉来合券。券遍合，起，矫命以责赐诸民，因烧其券。民称万岁。长驱到齐，晨而求见。孟尝君怪其疾也〔1〕，衣冠而见之，曰：“责毕收乎，来何疾也？”曰：“收毕矣。”“以何市而反？”冯谖曰：“君云‘视吾家所寡有者’。臣窃计，君宫中积珍宝，狗马实外厩，美人充下陈〔2〕。君家所寡有者以义耳！窃以为君市义。”孟尝君曰：“市义奈何？”曰：“今君有区区之薛，不拊爱子其民〔3〕，因而贾利之[4]。臣窃矫君命，以责赐诸民，因烧其券，民称万岁。乃臣所以为君市义也。”孟尝君不说[5]，曰：“诺，先生休矣！”

【注释】

〔1〕疾：迅速。

〔2〕下陈：原为宾主相接陈列礼品、站立侯从之处，位于堂下，此指后宫内室。陈，行列。

〔3〕拊：同“抚”。　子其民：把人民当作自己子女来对待。子，用作动词。

〔4〕贾(gǔ 古)：商贾。

〔5〕说：同“悦”。

【译文】

冯谖赶车来到薛邑，让地方官吏召集所有应该还债的百姓，都来合验债券。债券全部合验完毕，冯谖站起身，假托孟尝君的命令，把债款赏赐给众百姓，于是当众烧毁所有的债券。民众欢呼万岁。冯谖驱车马不停蹄赶回齐都，大清早就求见孟尝君。孟尝君对冯谖这么快回来深感惊讶，就穿戴整齐出来见他，问道：“债都收完了吗，怎么回来得这么快？”冯谖答道：“收完了。”“用这些钱买了什么回来？”冯谖答道：“您说‘看我家缺少的买。’我暗想，您宫中积满奇珍异宝，畜栏里养满猎犬骏马，后宫内住满佳丽美人，您家所缺少的只是‘义’罢了。我私下已为您买了‘义’。”孟尝君说：“买义是怎么回事呢？”冯谖说：“现在您拥有的封邑是小小的薛，您不把那里百姓当自己子女一般爱抚，所以才会像商人那样向他们放债渔利。我擅自假托您的命令，把债款赏给众百姓，就地烧毁那些债券，百姓因此欢呼万岁。这就是我为您买的义啊。”孟尝君听了很不高兴，说：“是嘛，先生算了吧！”

后期年[1]，齐王谓孟尝君曰[2]：“寡人不敢以先王之臣为臣[3]。”孟尝君就国于薛，未至百里，民扶老携幼，迎君道中终日[4]。孟尝君顾谓冯谖：“先生所为文市义者，乃今日见之。”冯谖曰：“狡兔有三窟，仅得免其死耳。今君有一窟，未得高枕而卧也。请为君复凿二窟。”

【注释】

〔1〕期(jī 机)年：满一年。

〔2〕齐王：指齐湣王(？—前284)，约公元前300—前284年在位。

〔3〕“寡人”句：这是罢免孟尝君的借口。　先王：指湣王亡父齐宣王。

〔4〕终日：一作“正日”，一整天。

【译文】

过了一年，齐湣王对孟尝君说：“我不敢把先王的大臣用作自己的臣下。”孟尝君只好到封邑薛去，在距离薛邑百里开外的地方，百姓扶老携幼，早已在路上恭候了一整天，迎接他到来。孟尝君回头看着冯谖说：“先生为我买的义，今天终于见到了。”冯谖说：“狡猾的兔子有三个藏身洞穴，仅能免它一死罢了。如今您只有一个‘洞穴’，还不能高枕无忧。请让我为您再开凿两个‘洞穴’。”

孟尝君予车五十乘，金五百斤，西游于梁[1]，谓惠王曰：“齐放其大臣孟尝君于诸侯，诸侯先迎之者，富而兵强。”于是梁王虚上位[2]，以故相为上将军，遣使者，黄金千斤，车百乘，往聘孟尝君。冯谖先驱诫孟尝君曰：“千金，重币也；百乘，显使也。齐其闻之矣[3]。”梁使三反，孟尝君固辞不往也。齐王闻之，君臣恐惧，遣太傅赍黄金千斤[4]，文车二驷[5]，服剑一[6]，封书谢孟尝君曰：“寡人不祥[7]，被于宗庙之祟[8]，沉于谄谀之臣[9]，开罪于君。寡人不足为也，愿君顾先王之宗庙[10]，姑反国统万人乎?”冯谖诫孟尝君曰：“愿请先王之祭器[11]，立宗庙于薛[12]。”庙成，还报孟尝君曰：“三窟已就，君姑高枕为乐矣。”

孟尝君为相数十年，无纤介之祸者[13]，冯谖之计也。

【注释】

〔1〕梁：即魏国。惠王由安邑（今山西夏县西北）迁都大梁（今河南开封），此后魏也称梁。

〔2〕上位：最高官职，指宰相。

〔3〕其：语助词，表推测。

〔4〕太傅：高级职官名。　赍（基 jī）：携物赠人。

〔5〕文：通“纹”，花纹。

〔6〕服剑：这里指齐王自佩的剑。服，佩。

〔7〕不祥：不幸，不吉。

〔8〕被：遭受。　宗庙：祭祀祖先的地方，这里指祖宗。

〔9〕沉：溺，迷惑。

〔10〕顾：念。

〔11〕祭器：指宗庙里的祭祖礼器。

〔12〕立宗庙于薛：孟尝君与齐王同宗，在薛建宗庙设祭器，目的是使齐王重视并保护薛邑，孟尝君的政治地位也就更加巩固。

〔13〕纤介：细丝与草芥，形容细微。

【译文】

孟尝君就给了冯谖五十驾车马，五百斤黄金，让他西行访问梁国，对梁惠王说：“齐国放逐了他的大臣孟尝君到诸侯国去，诸侯中谁先迎接起用他的，就能国富兵强。”于是梁惠王就空出相位，把原来的宰相调任为上将军，派遣使臣，带着千斤黄金，百驾车马，前去聘请孟尝君。冯谖驱车抢先回来告诫孟尝君说：“千斤黄金，是极贵重的礼物；百驾车马，是烜赫的使者。齐王该听到这一消息，知道梁王对您的重视了。”梁国的使者往返多次，孟尝君坚决推辞不往。齐王得知了这些情况，君臣上下惊恐不安。于是齐王派太傅带了千斤黄金、两辆四匹马拉的彩饰车驾、一柄齐王自佩的宝剑，并以专函向孟尝君致歉道：“我没福气，受到忤逆祖宗神灵的祸祟惩罚，被逢迎拍马的小人蒙蔽，因此得罪了您。我是不值得您为我效力的，希望您看在先王宗庙的份上，暂且回国来治理万民好吗？”冯谖告诫孟尝君道：“希望您向齐王请求取得先王的祭器，在薛邑建立宗庙。”宗庙建成了，冯谖回来报告孟尝君说：“三个‘洞穴’已经筑成，您不妨高枕安卧，放心享乐吧。”

孟尝君做了几十年宰相，没有遭受丝毫灾祸，这全靠冯谖的谋划。

（仓阳卿）

赵威后问齐使

《战国策》

【题解】

本篇选自《战国策·齐策》。

赵威后，是战国后期赵惠文王后。惠文王卒，其子孝成王新立，赵威后以太后身份执政。本文所写之事即发生于此时。

赵威后对齐使的七次连珠式发问，贯通了全文中心脉络。前三问着眼于社会经济基础，后四问婉转批评齐国政治现状，自始至终体现出赵威后所持君轻民贵、以民为本的政治思想，维护封建伦理和统治秩序的立场。在《战国策》写及的女政治家中，赵威后堪称最有光彩的一位。虽说民本思想早在《左传》中已明确提出，并非她的发明，但是，在列国争战，社会动荡的当时，赵威后坚持这种思想见解，仍不失民主性光辉和积极意义。

全文章法句式寓变化于严整。七次发问，一气呵成。每问既扣主旨，又各有侧重。或正面设问，或反诘责难，或有问有答，或自问自答，无不辞婉意庄，转接自然，言出理随，气势充沛，“读之惟见威后灵心慧舌满纸飞动”（清林云铭《古文析义》）。

齐王使使者问赵威后〔1〕。书未发〔2〕，威后问使者曰：“岁亦无恙耶〔3〕？民亦无恙耶？王亦无恙耶？”使者不说〔4〕，曰：“臣奉使使威后，今不问王，而先问岁与民，岂先贱而后尊贵者乎？”威后曰：“不然。苟无岁，何以有民？苟无民，何以有君？故有问，舍本而问末者耶？”

【注释】

〔1〕齐王：名建，齐襄王之子。　问：聘问，当时诸侯间一种礼节性交往。

〔2〕书：指齐王给赵威后的书信。

〔3〕亦：句中助词，无义。　恙（yàng 样）：病，灾。

〔4〕说：同“悦”。

【译文】

齐王派遣使者聘问赵威后。国书还没启封，威后就先问使者道：“贵国今年收成好吗？百姓好吗？国君好吗？”使者听了很不高兴，说道：“我奉齐王使命出使到威太后您这里，可如今您不先问候齐王，倒先问年成与百姓，难道可以卑贱的居先、尊贵的反靠后吗？”威后道：“不对。如果没有年成，哪会有百姓？如果没有百姓，哪会有国君？所以我有这样的问候次序，哪能撇开根本的倒来先问枝节呢？”

乃进而问之曰：“齐有处士曰钟离子〔1〕，无恙耶？是其为人也，有粮者亦食〔2〕，无粮者亦食；有衣者亦衣〔3〕，无衣者亦衣。是助王养其民者也，何以至今不业也〔4〕？葉阳子无恙乎〔5〕？是其为人，哀鳏寡〔6〕，恤孤独，振困穷〔7〕，补不足。是助王息其民者也〔8〕，何以至今不业也？北宫之女婴儿子无恙耶〔9〕？撤其环瑱〔10〕，至老不嫁，以养父母。是皆率民而出于孝情者也，胡为至今不朝也？此二士弗业，一女不朝，何以王齐国，子万民乎？於陵子仲尚存乎〔11〕？是其为人也，上不臣于王，下不治其家，中不索交诸侯。此率民而出于无用者，何为至今不杀乎？”

【注释】

〔1〕处士：旧指有才能而隐居不仕者。　钟离：复姓。

〔2〕食(sì 四)：拿食物给人吃。

〔3〕此句前一“衣”是名词；后一“衣”(yì 义)作动词用，给衣服穿。

〔4〕不业：不使他成就功业。

〔5〕葉(shè 射)阳子：齐国处士。葉阳，复姓。

〔6〕鳏(guān 官)：年老无妻者。

〔7〕振：同“赈”，救济。

〔8〕息：滋生养育。

〔9〕北宫：复姓。　婴儿子：人名。

〔10〕环、瑱(zhèn 振)：玉制耳环、耳垂，这里泛指首饰。

〔11〕於(wū 巫)陵：齐邑名，位今山东长山县西南。

【译文】

于是赵威后又接着问使者道：“齐国有位隐士叫钟离子的，他好吗？这个人的为人呀，让有粮食的人有东西吃，对没粮食的人提供食物；让有衣服的人有衣穿，对没衣的人给衣服穿。这是一位帮助国君抚养他的百姓的人，怎么到现在还不让他做官干番事业呢？葉阳子好吗？这个人的为人呀，同情鳏夫寡妇，抚恤孤苦老幼，救济穷困潦倒的人，补助缺衣少食的人。这是一位帮助国君滋育他的百姓的人，怎么到如今还没让他做官干大事呢？北宫家闺女叫婴儿子的，她好吗？她放弃首饰打扮，到老不嫁，为的是奉养父母。她这样做都是给百姓们树立榜样，带他们尽孝心，为什么直到现在还没让她上朝给予表彰呢？这样的二位贤士还未做上官，一位孝女还未入朝受封，凭什么来统治齐国，抚育广大百姓呢？於陵人子仲还活着吗？这个人的为人，上不向齐王称臣，下不搞好自己家庭，中不求与诸侯交往，这是给百姓作脱离社会混日子的榜样，为什么到现在还不杀了他呢？”

（仓阳卿）

庄辛论幸臣

《战国策》

【题解】

本篇节录自《战国策·楚策》。

楚襄王宠信夏侯、州侯等佞臣，淫逸侈靡，不理国政。庄辛厉言诤谏，指出如此以往，郢都必危，楚国必亡。襄王非但不听，反骂庄辛老糊涂，是祸害楚国的妖兆。庄辛被迫离楚至赵。时隔五月，果如庄辛所言，秦军攻占了楚国郢都及鄢、巫、上蔡等地，楚几覆亡。襄王逃难之中，方悔当初未听庄辛之谏，于是派人将他从赵请回，请教善后之策。本文就是庄辛的答辞，劝谏襄王远小人，戒淫侈，免蹈覆辙。庄辛层层设喻，巧妙奇警，由远及近，步步紧逼，将道理说得生动透彻。原著尚有下文，说“襄王闻之，颜色变作，身体战慄”，终于迷途知返，重新振作起来，收复了淮北之地。

臣闻鄙语曰：“见兔而顾犬，未为晚也；亡羊而补牢〔1〕，未为迟也。”臣闻昔汤、武以百里昌〔2〕，桀、纣以天下亡〔3〕。今楚国虽小，绝长续短〔4〕，犹以数千里，岂特百里哉〔5〕！

【注释】

〔1〕亡：逃，丢失。　牢：关牲畜或野兽的栏圈。这里指羊圈。

〔2〕汤：商朝开国君主。　武：武王，周朝开国君主。

〔3〕桀、纣：夏桀、商纣，分别为夏、商末代君主，荒淫暴虐的典型。

〔4〕绝：截。　续：连。

〔5〕岂特：岂但，何止。

【译文】

我听俗话说："看到了野兔，再回头寻望猎犬，还不算太晚；羊儿逃跑后，再把羊圈修补好，还不算太迟。"我听说从前商汤、周武王凭借百里之地而发展昌盛起来；夏桀、商纣却把曾拥有的天下完全丧失了。如今楚国虽小，但是把土地截长补短拼起来，还有方圆几千里，何止百里呢！

王独不见夫蜻蛉乎[1]？六足四翼，飞翔乎天地之间，俛啄蚊虻而食之[2]，仰承甘露而饮之。自以为无患，与人无争也。不知夫五尺童子，方将调饴胶丝[3]，加己乎四仞之上[4]，而下为蝼蚁食也。

【注释】

〔1〕蜻蛉（líng 玲）：蜻蜓。

〔2〕俛：同"俯"。

〔3〕饴：麦芽糖之类的糖膏，富粘性。　胶：动词，粘。

〔4〕仞：古制一仞相当于七尺或八尺。

【译文】

大王您难道没见过那蜻蜓吗？蜻蜓六只脚四只翅膀，在天地之间飞来飞去，俯身啄蚊虻飞虫当美餐，仰头承接甘洌露水作佳饮。它自以为无灾无难，也不跟谁竞争。它哪晓得身高五尺的小孩子，正要调饴糖粘丝网，把自己从两三丈高处，粘下来，喂蝼蛄蚂蚁啊！

夫蜻蛉其小者也，黄雀因是以[1]。俯噣白粒[2]，仰栖茂树，鼓翅奋翼，自以为无患，与人无争也。不知夫公子王孙，左挟弹，右摄丸，将加己乎十仞之上，以其类为招[3]。昼游乎茂树，夕调乎酸咸。倏忽之间，坠于公子之手[4]。

【注释】

〔1〕因：犹，如同。　是：此，这样。　以：同“已”，语助词。

〔2〕噣：同“啄”。

〔3〕类：指黄雀之类。一说类当为“颈”字。　招：靶子。

〔4〕“倏(shū 书)忽”两句：似当置于“昼游乎茂树”句前。倏忽，忽然。

【译文】

那蜻蜓之危只是小事，黄雀也是如此。黄雀低下头啄食雪白米粒，昂着头栖息在茂密的树上，振羽展翅，自以为太平无事，跟谁也不用争夺。它哪晓得那些公子哥儿，左手挟持弹弓，右手探取弹丸，准备在十仞的高处伤及自己，把这一类小鸟作为靶子。白天还在茂树间嬉戏的黄雀，晚上就被拌上酸咸佐料成了菜肴。一眨眼工夫，就丧命在公子哥儿手中了。

夫黄雀其小者也，黄鹄因是以[1]。游于江海，淹乎大沼[2]，俯噣鳝鲤，仰啮蔆衡[3]，奋其六翮[4]，而凌清风，飘摇乎高翔。自以为无患，与人无争也。不知夫射者，方将修其碆卢[5]，治其矰缴[6]，将加己乎百仞之上，被礛磻[7]，引微缴[8]，折清风而抎矣[9]。故昼游乎江湖，夕调乎鼎鼐[10]。

【注释】

〔1〕黄鹄(hú 胡)：俗称天鹅。

〔2〕淹：息，停留。

〔3〕蔆：同“菱”。　衡：荇，一种水草。

〔4〕六翮(hé 核)：指翅膀。鸟翅坚羽一般有六根。

〔5〕修：整治。　碆(bō 波)：石镞。　卢：黑色的弓。

〔6〕矰(zēng 增)：射鸟的短箭。　缴(zhuó 浊)：系于箭尾的生丝线，便于回收射出的箭。

〔7〕被：遭受。　礛(jiàn 监)：锐利。　磻(bō 波)：同“碆”。

〔8〕引：拖，带着。

〔9〕折：负伤而死。　抎：同“陨”，坠落。

〔10〕鼎鼐(nǎi 乃)：古代烹饪器具。鼎小鼐大。

【译文】

那黄雀之危只是小事，天鹅的处境也是如此。它漫游在江海上，栖息在湖沼间，低下头捕啄鳝鱼鲤鱼，抬起头嚼食鲜菱嫩荇，展开劲健翅膀，驾着清风，在高空任意翱翔。它自以为无灾无难，跟谁也不用竞争。哪里知晓那射手，正在检修他的石矢黑弓，整理他系有丝绳的箭枝，要在近百丈高的地方伤及自己，带着锐利的箭头，拖着纤细的丝绳，死于清风之中而坠落地上。所以白天还在江河自在翔游的天鹅，晚上已被放在鼎鼐里烹煮了。

夫黄鹄其小者也，蔡灵侯之事因是以[1]。南游乎高陂[2]，北陵乎巫山[3]，饮茹溪流[4]，食湘波之鱼[5]，左抱幼妾，右拥嬖女[6]，与之驰骋乎高蔡之中[7]，而不以国家为事。不知夫子发方受命乎灵王[8]，系己以朱丝而见之也[9]。

【注释】

〔1〕蔡灵侯：春秋时蔡国国君，弑父蔡景侯而自立。鲁昭公十一年(前531)被楚灵王诱杀于申。

〔2〕高陂（pí 皮）：地名。

〔3〕陵：登，升。　巫山：在今四川巫山县东。

〔4〕茹溪：水名，在巫山县北。

〔5〕湘波：指湘江，在今湖南境。

〔6〕嬖（bì 辟）：宠爱。

〔7〕高蔡：今河南上蔡。

〔8〕子发：楚国大臣。《荀子·强国》："子发将西伐蔡，克蔡，获蔡侯。"《左传》则谓奉楚灵王命围蔡的是灵王弟公子弃疾。

〔9〕己：指蔡灵侯。　之：指楚灵王。

【译文】

那天鹅之危只是小事，蔡灵侯的遭遇也是如此。他南游高陂，北登巫山，饮马于茹溪清流，品尝着湘江鲜鱼，左抱年轻的美妾，右搂宠爱的姬女，和她们在高蔡驰马游乐，不把国家大事放在心上。他哪会想到子发大夫刚接受了楚灵王的命令，正要用红绳绑了他送去见灵王呢！

蔡灵侯之事其小者也，君王之事因是以〔1〕。左州侯，右夏侯，辇从鄢陵君与寿陵君，饭封禄之粟〔2〕，而载方府之金〔3〕，与之驰骋乎云梦之中〔4〕，而不以天下国家为事。不知夫穰侯方受命乎秦王〔5〕，填黾塞之内〔6〕，而投己乎黾塞之外〔7〕！

【注释】

〔1〕君王：指楚襄王。

〔2〕饭：作动词，吃。　封：封邑。　禄：俸给。

〔3〕方府：四方府库，国库。

〔4〕云梦：古云梦泽，在今湖北境。

〔5〕穰（ráng 瓤）侯：魏冉，秦昭王舅父。　秦王：指秦昭王。

〔6〕填：充满。　黾（měng 猛）塞：平靖关，当时重要关隘。　内：秦将白起所破楚之鄢、郢，在黾塞之南，故称"内"。

〔7〕投：抛掷。　外：楚襄王避难于城阳，在黾塞之北，故称“外”。

【译文】

蔡灵侯的祸事还算小的呢，大王您处境之危更是如此。您身边左是州侯，右是夏侯，跟着您同车进出的是鄢陵君与寿陵君，吃着各地进奉的粮食，载着四方府库缴纳国家的财物，与他们纵马游乐于云梦泽，却不把国家大事放在心上。可您哪会知道穰侯正接受秦王的命令，已将秦军布满黾塞，而把您驱逐出楚国！

（仓阳卿）

触龙说赵太后

《战国策》

【题解】

本文选自《战国策·赵策》。

秦军压境，赵国危殆。群臣强谏，遭赵太后怒拒。面对危急形势，触龙从容无畏，以一番委婉诚恳而富人情味的劝谏，使得峰回路转，终令太后心悦诚服地将其钟爱幼子长安君质于齐，齐发兵救赵，长安君也为国立了功。触龙临危挺身的爱国赤忱，敢冒太后盛怒进言的胆识机智，及其运水息火、以柔胜刚的语言艺术，无不给人以深刻印象。赵太后，即前文"问齐使"的赵威后。本文所写她不顾社稷江山大局而拒绝让长安君赴齐事，则从另一层面反映了这位出色女政治家的人性弱点。

（本篇故事还反映了这样的政治现实，古老的世卿世禄制度已受到严重挑战，任贤使能、以功立世的思想，已为统治阶级中开明人士所接受。至若触龙所言"父母之爱子，则为之计深远"，即使在今日仍不失积极的启迪意义。文章主要通过对话来刻画人物，同时又间以动作、表情传示出人物心理、情感的变化，遣词准确而形象。）

赵太后新用事〔1〕，秦急攻之。赵氏求救于齐〔2〕。齐曰："必以长安君为质〔3〕，兵乃出。"太后不肯，大臣强谏。太后明谓左右："有复言令长安君为质者，老妇必唾其面！"

【注释】

〔1〕赵太后：见《赵威后问齐使》题解。　用事：当权。

〔2〕赵氏：指赵国。氏，一般指姓氏，也可置于国名、爵位、官职之后，合为一个名称。这里即为后一种用法。

〔3〕长安君：赵太后小儿子的封号。　质：抵押品，这里指人质。当时诸侯间缔盟，常以对方君主的弟兄或子孙作人质，以为执行盟约的保证。

【译文】

赵太后刚执政，秦国就猛烈进攻赵国。赵国向齐国求救。齐国表示："必须用长安君作为人质，我们才能出兵。"太后不肯，大臣们竭力劝说。太后明白地告诉身边侍臣："有谁再敢说什么让长安君当人质的，老妇我必定吐他一脸唾沫！"

左师触龙愿见太后〔1〕，太后盛气而揖之〔2〕。入而徐趋〔3〕，至而自谢〔4〕，曰："老臣病足，曾不能疾走〔5〕，不得见久矣，窃自恕〔6〕，而恐太后玉体之有所郄也〔7〕，故愿望见太后。"太后曰："老妇恃辇而行〔8〕。"曰："日食饮得无衰乎〔9〕？"曰："恃鬻耳〔10〕。"曰："老臣今者殊不欲食，乃自强步，日三四里，少益嗜食〔11〕，和于身〔12〕。"太后曰："老妇不能。"太后之色稍解〔13〕。

【注释】

〔1〕左师：官名。一说，复姓。　触龙：人名。《战国策》今本有"左师触讋愿见太后"句，系刊刻时将"龙言"误合，故以往不少选本写作"触讋"。《史记·赵世家》及长沙马王堆三号墓出土帛书《战国纵横家书》，皆作"触龙"，今从之。

〔2〕气：指怒气。　揖：揖让，古代宾主相见的礼节。《史记》、马王堆帛书均作"胥"。清人王念孙谓"揖"是"胥"的讹字。胥，同"须"，等待之意，义较胜。

〔3〕徐：缓，慢。　趋：小步急行，古人见尊长时表示的一种礼貌。触龙脚有病，走不快，只能装作“趋”的样子。

〔4〕谢：告罪，道歉。

〔5〕曾：乃，竟。　走：跑。

〔6〕窃：表示自己想法的谦词。

〔7〕郄(xì 夕)：同“隙”，欠缺，不舒服。

〔8〕恃：凭，靠。　辇(niǎn 碾)：人推挽的车。

〔9〕得：当，表猜度。

〔10〕鬻：“粥”的本字。

〔11〕少(shāo 梢)：稍稍。　益：增。

〔12〕和：适。

〔13〕解：通“懈”，松弛，消解。

【译文】

左师触龙求见赵太后，太后怒气冲冲地等着他。触龙上殿后，以快步走的姿势缓缓挪步，到了太后跟前谢罪道：“老臣我的脚有毛病，一点也走不快，很久没能拜见您了，我私下里以脚病原谅自己，然而放心不下太后贵体安康与否，所以希望能见到您。”太后说：“我是靠坐车子行动。”触龙问：“您每天的饮食该不会减少吧？”太后答道：“就靠吃点粥罢了。”触龙道：“我近来食欲很差，于是自己勉强散散步，每天走上三四里路，稍微增加了一点胃口，身体也舒服些。”太后说：“我可做不到。”太后脸上的怒容消解了一些。

左师公曰：“老臣贱息舒祺〔1〕，最少〔2〕，不肖。而臣窃爱怜之。愿令得补黑衣之数〔3〕，以卫王宫，没死以闻〔4〕。”太后曰：“敬诺。年几何矣？”对曰：“十五岁矣。虽少，愿及未填沟壑而托之〔5〕。”太后曰：“丈夫亦爱怜其少子乎〔6〕？”对曰：“甚于妇人。”太后笑曰：“妇人异甚。”对曰：“老臣窃以为媪之爱燕后〔7〕，贤于长安君。”曰：“君过矣[8]！不若长安君之甚。”左师公曰：“父母之爱子，则为之计深远。媪之送燕后也，持其踵[9]，为之泣，念悲其远也，亦哀之矣。已行，非弗思也，祭祀必祝之，祝曰：‘必勿使反[10]。’岂非计久长，有子孙相继为王也哉？”太后曰：“然。”

【注释】

〔1〕贱息：向人谦称自己子女。息，子。

〔2〕少(shào 邵)：小。

〔3〕黑衣：卫士甲衣装束，此指卫士。

〔4〕没(mò 莫)死：冒死。

〔5〕及：乘。　填沟壑(hè 贺)：原指尸骨填埋山沟，这里用作死的谦卑说法。

〔6〕丈夫：古时男子的通称。

〔7〕媪(ǎo 袄)：对老年妇女的称呼，此指太后。　燕后：赵太后之女，嫁燕国君主为王后。

〔8〕过：错。

〔9〕踵：脚后跟。

〔10〕反：同“返”。古代远嫁他国的诸侯之女，除非遭废弃或遇亡国之祸等特殊事件，一般不回娘家。“必勿使反”，是赵太后祝愿女儿幸福，勿遇不祥之灾。

【译文】

左师公说：“我那贱子舒祺，排行最小，不成器。而我总还是疼爱他。希望能让他在黑衣侍卫队伍里凑个数，为保卫王宫出点力，我冒着死罪把这请求禀告太后。”太后说：“行，我答应您。他年纪多大了？”回答说：“十五岁了。虽然他年纪还小，但我希望趁自己还没死就把他托付给您。”太后问道：“男人家也疼爱自己的小儿子吗？”回答说：“比妇人家更疼爱。”太后笑道：“妇道人家对小儿子的疼爱特别厉害。”触龙说道：“我私下认为您老人家对女儿燕后的爱，胜过对小儿子长安君的爱。”太后道：“您错了！我对燕后远不如对长安君那般疼爱。”左师公说：“父母爱子女，就要为他们考虑将来前途和长远利益。当初您为燕后出嫁送行时，站在车下抱着她的脚，为她哭泣，惦念、悲怜她的远嫁，也是够伤心的了。她走了以后，您并非不想她呀，每逢祭祀典礼时必定为她祝福，祈祷说：‘一定别让她回来呀！’这难道不是从长远考虑，希望她有子孙可以代代相继做燕王吗？”太后说：“正是这样。”

左师公曰：“今三世以前〔1〕，至于赵之为赵〔2〕，赵王之子孙侯者，其继有在者乎？”曰：“无有。”曰：“微独赵〔3〕，诸侯有在者乎？”曰：“老妇不闻也。”“此其近者祸及身，远者及其子孙。岂人主之子孙则必不善哉？位尊而无功，奉厚而无劳〔4〕，而挟重器多也〔5〕。今媪尊长安君之位，而封之以膏腴之地，多予之重器，而不及今令有功于国。一旦山陵崩〔6〕，长安君何以自托于赵？老臣以媪为长安君计短也，故以为其爱不若燕后。”太后曰：“诺，恣君之所使之〔7〕。”于是为长安君约车百乘〔8〕，质于齐。齐兵乃出。

【注释】

〔1〕三世：三代。父子相继为一世。

〔2〕赵之为赵：赵氏建立赵国，指赵立国之时。赵氏原是晋国大夫，封于赵。公元前 403 年，赵烈侯与韩氏、魏氏三家分晋，成为三个诸侯国。

〔3〕微独：不仅。微，非。

〔4〕奉：通“俸”。

〔5〕重器：指象征国家权力和财富的器物，如钟鼎珍宝等。

〔6〕山陵崩：古代对君主之死的一种婉转说法。

〔7〕恣：任凭。

〔8〕约：治，备。　乘：四马一车为一乘。

【译文】

左师公说："从距今三代算起，一直到赵氏建立赵国的时候，赵王子孙中封侯的，他们的继承人可有至今还保住封爵的吗？"太后答道："没有。"触龙又问道："不仅赵国，其他诸侯子孙中封侯的，他们的继承人还有保住封爵的吗？"太后说："我没有听说过。"触龙说："这是因为封侯者近的灾祸危及自身，隐患远祸累及他们的子孙。难道君主的子孙就一定不好吗？只是因为他们地位尊贵却没建立功勋，俸禄优厚却无劳绩贡献，无功无劳而拥有的权位太重财富太多啊。如今您使长安君的地位尊贵，并把肥美的土地封给他，把大量珍宝赐给他，却不乘现在这个机会让他为国立功。有朝一日您老人家仙逝，长安君自己凭借什么在赵国立足存身呢？我觉得您老人家为长安君考虑得太短浅了，所以认为您对长安君的疼爱还比不上对燕后的疼爱。"太后说："好吧，就听凭您的意思安排他。"于是为长安君备好了一百乘车马，到齐国作人质。齐国就出兵了。

子义闻之[1]，曰："人主之子也，骨肉之亲也，犹不能恃无功之尊，无劳之奉，而守金玉之重也，而况人臣乎！"

【注释】

〔1〕子义：赵国贤士。

【译文】

子义听到这件事，感叹道："君王的儿子，是君王的亲骨肉，尚且不能凭仗没有功勋的高位，没有贡献的厚禄，而守住金玉重器啊，更何况做臣子的呢！"

（仓阳卿）

鲁仲连义不帝秦

《战国策》

【题解】

本文选自《战国策·赵策》。

公元前259年，秦乘长平一战歼灭赵军主力的馀威，围困赵都邯郸。赵、秦相持至公元前257年，魏将晋鄙率军十万往救赵。秦王威胁说，有敢救赵者，拔赵后必移兵先击之。魏王恐，命晋鄙屯兵赵、魏边界，持两端以观望；又遣辛垣衍去劝赵尊秦为帝，以求苟安。这时鲁仲连挺身而出，说服赵相平原君丢掉幻想，坚决抗秦，并与辛进行辩论，从正反两面论述帝秦的危害，举大量史事说明坚持正义终能取胜，唯抗秦才有出路。他那义正辞严而犀利闳肆的论辩，不仅令辛垣衍折服，更坚定了赵与诸侯抗秦的信心。于是魏信陵君与楚春申君联手救赵，秦军大败，撤围而去。

晋人左思诗云："吾慕鲁仲连，谈笑却秦兵。"唐诗人李白咏叹："齐有倜傥生，鲁连特高妙，……意轻千金赠，顾向平原笑。"历来人们对鲁仲连的景仰称道，主要在于两方面，一是他见义勇为，不畏强暴，反对投降的精神气概；二是他功成不居，蔑视权贵，无意名利的高尚人格节操。

秦围赵之邯郸〔1〕。魏安釐王使将军晋鄙救赵〔2〕，畏秦，止於荡阴〔3〕，不进。魏王使客将军辛垣衍间入邯郸〔4〕，因平原君谓赵王曰〔5〕："秦所以急围赵者，前与齐闵王争强为帝〔6〕，已而复归帝〔7〕，以齐故。今齐闵王已益弱[8]，方今唯秦雄天下，此非必贪邯郸，其意欲求为帝。赵诚发使尊秦昭王为帝[9]，秦必喜，罢兵去。”平原君犹豫未有所决。

【注释】

〔1〕邯郸：赵国都城，故址在今河北邯郸西南。

〔2〕魏安釐(xī 希)王：魏国国君，名圉(yǔ 羽)，公元前 276 至前 243 年在位。此时魏都城已迁至大梁(今河南开封西北)，所以魏又称梁。

〔3〕荡阴：魏邑，今河南汤阴，当时处魏、赵交界地。

〔4〕辛垣衍：复姓辛垣，也作新垣，名衍。他不是魏人而在魏国做将军，所以称“客将军”。

〔5〕因：凭借，通过。　平原君：名胜，赵武灵王子，在赵惠文王、孝成王时，三度为相。好蓄士养客，与魏信陵君、齐孟尝君、楚春申君并称战国四公子。　赵王：指赵孝成王，名丹，系惠文王子、平原君侄。公元前 265 至前 245 年在位。

〔6〕齐闵王：即齐湣王，名地，公元前 323 至前 284 年在位。公元前 288 年，齐闵王称东帝，秦昭襄王称西帝，互相争强。后来齐闵王放弃帝号，秦昭襄王也被迫终止帝号。

〔7〕归帝：归还帝号，是取消帝号的婉辞。

〔8〕今齐闵王已益弱：当时齐闵王已去世二十四年，“闵王”二字当系衍文，应作“今齐已益弱”，或作“今之齐较闵王时益弱”解。又，一本无“已”字。益，更加。

〔9〕秦昭王：即秦昭襄王嬴则，公元前 306 至前 251 年在位，死后谥号“昭襄”。当时他既在位，辛垣衍也就不可能称“秦昭王”，故“昭”为衍文，或系后人整理文章时补入。

【译文】

秦军围困赵国都城邯郸。魏安釐王派将军晋鄙领兵去救赵国，由于害怕秦国，魏军滞留在荡阴，不再前进。魏王派客将军辛垣衍从小路潜入邯郸，通过平原君对赵王说：“秦军之所以加紧围困赵国都城，是因为先前秦王与齐闵王争雄称帝，不久秦王又很不情愿地放弃西帝称号，是迫于齐闵王先取消了东帝称号的缘故。

如今齐国已趋衰弱，眼下只有秦国在诸侯中最为强大，这次军事行动并非一定要攻取邯郸，秦国的真正意图是想求得帝号。赵国如能认真地派使者去尊秦王为帝，秦王必定高兴，就会撤兵离去。”平原君对此犹豫不决。

此时鲁仲连适游赵〔1〕，会秦围赵，闻魏将欲令赵尊秦为帝，乃见平原君曰：“事将奈何矣?”平原君曰：“胜也何敢言事！百万之众折于外〔2〕，今又内围邯郸而不去。魏王使客将军辛垣衍令赵帝秦，今其人在是。胜也何敢言事!”鲁连曰：“始吾以君为天下之贤公子也，吾乃今然后知君非天下之贤公子也！梁客辛垣衍安在?吾请为君责而归之。”平原君曰：“胜请召而见之于先生。”

【注释】

〔1〕鲁仲连：一作鲁连，齐国人。

〔2〕“百万”句：指公元前260年秦赵长平大战。当时赵动员全国，号称百万之众，结果被秦将白起在长平打败，赵军投降而被坑者达四十余万人。

【译文】

这时鲁仲连恰好来赵作客，正遇上秦军围攻邯郸，听说魏将想要赵国尊秦为帝，就去见平原君说：“事情将怎么办呢?”平原君说：“我赵胜怎敢对此事发表意见呢？赵国百万人马先已败亡在外，现在秦又深入围困邯郸而不离去。魏王派遣客将军辛垣衍前来要赵尊秦为帝，现在那人正在这里。我哪敢发表意见呢!”鲁仲连说：“原先我把您看作是当今天下的贤公子，从现在起我才知道你并非是天下的贤公子呀！魏国客人辛垣衍在哪里？请允许我替您斥责他打发他回去。”平原君说：“请允许我让他来与您见面。”

平原君遂见辛垣衍，曰：“东国有鲁连先生[1]，其人在此，胜请为绍介而见之于将军。”辛垣衍曰：“吾闻鲁连先生，齐国之高士也。衍，人臣也，使事有职，吾不愿见鲁连先生也。”平原君曰：“胜已泄之矣。”辛垣衍许诺。

【注释】

〔1〕东国：指齐国，齐位于赵国东面。

【译文】

平原君就去见辛垣衍，对他说：“东方齐国有位鲁仲连先生，他正在这里，请让我替您介绍，让他与您见面。”辛垣衍道：“我听说过鲁仲连先生大名，他是齐国的高士啊。我，是魏国的臣子，出使到赵国有自己的职责，我不想见鲁仲连先生。”平原君说：“我已经把您来赵国的事情泄漏给他了。”辛垣衍只好答应下来。

鲁连见辛垣衍而无言。辛垣衍曰：“吾视居此围城之中者，皆有求于平原君者也。今吾视先生之玉貌，非有求于平原君者，曷为久居此围城之中而不去也[1]？”鲁连曰：“世以鲍焦无从容而死者[2]，皆非也。今众人不知，则为一身。彼秦者，弃礼义而上首功之国也[3]，权使其士，虏使其民[4]。彼则肆然而为帝[5]，过而遂正于天下[6]，则连有赴东海而死耳，吾不忍为之民也。所为见将军者，欲以助赵也。”辛垣衍曰：“先生助之奈何？”鲁连曰：“吾将使梁及燕助之，齐、楚则固助之矣[7]。”辛垣衍曰：“燕则吾请以从矣。若乃梁[8]，则吾乃梁人也，先生恶能使梁助之耶[9]?”鲁连曰：“梁未能睹秦称帝之害故也！使梁睹秦称帝之害，则必助赵矣。”辛垣衍曰：“秦称帝之害将奈何?”鲁仲连曰：“昔齐威王尝为仁义矣[10]，率天下诸侯而朝周。周贫且微，诸侯莫朝，而齐独朝之。居岁余，周烈王崩[11]，诸侯皆吊，齐后往。周怒，赴于齐曰[12]：‘天崩地坼[13]，天子下席[14]，东藩之臣田婴齐后至[15]，则斮之[16]。’威王勃然怒曰：‘叱嗟[17]！而母[18]，婢也！’卒为天下笑[19]。故生则朝周，死则叱之，诚不忍其求也。彼天子固然，其无足怪。”

【注释】

〔1〕曷(hé 合)为：为何。曷，何。

〔2〕鲍焦：春秋时隐士，因对时政不满，宁愿荷担采樵，拾橡子充饥，而不肯为诸侯帝王效力。《庄子·盗跖》云，“鲍焦饰行非，抱木而死”，属于“离(利，看重)名轻死，不念本养寿命者”。按成玄英疏，子贡讥鲍焦，说他既不满周政，就不该生活在周朝土地上，于是鲍焦“抱木立枯焉”。 从容：这里是胸襟宽大的意思。

〔3〕上首功：以斩首计功。上，同“尚”，崇尚。秦制，分爵为十二级，凡斩一敌首，赏爵一级，以此鼓励将士。

〔4〕虏：俘虏，古以俘虏作奴隶。

〔5〕则：假如。

〔6〕过而：甚而，甚至于。 遂：竟。 正于天下：施政于天下，即统治天下。正，同“政”。

〔7〕固：原本。

〔8〕若乃：至于。

〔9〕恶(wū 乌)：怎么。

〔10〕齐威王：见《邹忌讽齐王纳谏》注。

〔11〕崩：旧称帝王死为崩。

〔12〕赴：同“讣”，报丧。

〔13〕天崩地坼(chè 彻)：这里指周烈王死亡。坼，裂。

〔14〕天子：这里指周朝新君显王扁，系周烈王弟。　下席：指从宫室移居草庐苫席之上，是古代居丧时的一种礼节。

〔15〕东藩：东方藩属，指齐国。古代分封诸侯，使之像藩篱一样拱卫王室，故称诸侯为藩国。　田婴齐：齐威王。

〔16〕斮(zhuó 浊)：同“斫”，砍杀。

〔17〕叱嗟：怒斥声。

〔18〕而：同“尔”，你。指周显王。

〔19〕卒：终。

【译文】

鲁仲连见了辛垣衍却一言不发。辛垣衍就说：“我看住在这座围城里的，都是有求于平原君的人。现在我观察先生尊容，却不是要寻求平原君帮助的人，为什么久久留在这座被围困的城里不离去呢？”鲁仲连说：“世人以为鲍焦由于器量狭窄而气死的，这些人的看法都是不正确的。现在很多人不理解他还以为他仅是为自身一人而死。那秦国，是抛弃礼义而崇尚按斩敌首级多少记功的国家，用权诈之术役使士兵，把百姓当作奴隶呼来喝去。如果让秦肆无忌惮地自称为帝，甚至于统治天下，那么我鲁仲连只有投东海而死罢了，是决不甘心做秦国臣民的啊！我之所以来会见将军您，是想助赵一臂之力。”辛垣衍说：“先生怎么样来帮助赵国呢？”鲁仲连说：“我准备让魏国和燕国帮助赵国，齐国、楚国本来就已助赵了。”辛垣衍说：“燕国嘛，我但愿让他听从您就是了。至于说魏国，我就是魏国使者，先生您怎么能叫魏国来助赵呢？”鲁仲连说：“这是由于魏国没有看到秦国称帝的害处啊！假使魏国看清秦称帝的危害，那就必定会帮助赵国的。”辛垣衍说：“秦称帝将有怎样的害处呢？”鲁仲连说：“从前齐威王曾经施行仁义，倡导天下诸侯去朝见周天子。当时周室既贫又弱，诸侯没有一个去朝见周王的，唯有齐王去朝见。过了一年多，周烈王去世，诸侯都去吊唁，齐国去迟了。周室大怒，给齐国送去的讣告上说：‘周天子逝世如同天崩地裂，继承大位的新天子移居草庐苫席守丧，东方藩属田婴齐竟敢吊丧迟到，罪该万死！’齐威王看了讣告勃然大怒，骂道：‘呸！你娘原是个卑贱丫头呀！’结果齐威王前恭后倨的言行成了天下笑柄。所以齐威王在周天子活着的时候独自去朝见，周天子一死他就破口大骂，这实在是由于忍受不了天子的苛求啊！他周天子本来就是如此，他无情无义作威作福是毫不足怪的。”

辛垣衍曰：“先生独未见夫仆乎？十人而从一人者，宁力不胜、智不若耶[1]？畏之也。”鲁仲连曰：“然。梁之比于秦，若仆耶？”辛垣衍曰：“然。”鲁仲连曰：“然则吾将使秦王烹醢梁王[2]。”辛垣衍怏然不悦，曰：“嘻！亦太甚矣，先生之言也！先生又恶能使秦王烹醢梁王？”鲁仲连曰：“固也，待吾言之。昔者鬼侯、鄂侯、文王[3]，纣之三公也。鬼侯有子而好[4]，故入之于纣，纣以为恶，醢鬼侯。鄂侯争之急，辨之疾[5]，故脯鄂侯[6]。文王闻之。喟然而叹[7]，故拘之于牖里之库百日[8]，而欲令之死。曷为与人俱称帝王，卒就脯醢之地也？齐闵王将之鲁[9]，夷维子执策而从[10]，谓鲁人曰：‘子将何以待吾君？’鲁人曰：‘吾将以十太牢待子之君[11]。’夷维子曰：‘子安取礼而来待吾君？彼吾君者，天子也。天子巡狩，诸侯避舍[12]，纳于筦键[13]，摄衽抱几[14]，视膳于堂下；天子已食，退而听朝也。’鲁人投其籥[15]，不果纳[16]，不得入于鲁。将之薛[17]，假涂于邹[18]。当是时，邹君死，闵王欲入吊。夷维子谓邹之孤曰[19]：‘天子吊，主人必将倍殡柩[20]，设北面于南方，然后天子南面吊也。’邹之群臣曰：‘必若此，吾将伏剑而死。’故不敢入于邹。邹、鲁之臣，生则不得事养，死则不得饭含[21]，然且欲行天子之礼于邹、鲁之臣，不果纳。

【注释】

〔1〕宁：难道。

〔2〕醢（hǎi 海）：剁肉成酱。

〔3〕鬼侯：《史记·殷本纪》作“九侯”，封地在今河北临漳境。鄂侯：封地在今河南沁阳。　文王：即周文王姬昌。

〔4〕子：古代子女通称，此指女儿。

〔5〕辨：通“辩”。　疾：急，剧。

〔6〕脯：肉干。这里用作动词。

〔7〕喟（kuì 愧）然：叹息貌。

〔8〕牖（yǒu 友）里：一作“羑里”，故城在今河南汤阴北。　库：兵车库，这里指以库作囚室。

〔9〕之：至，往。

〔10〕夷维子：齐人，以邑为姓。夷维邑在今山东高密境。　策：马鞭。

〔11〕十太牢：款待诸侯之礼。太牢，牛、羊、猪各一。

〔12〕舍：指诸侯住宿的宫室。

〔13〕纳：交纳。　于：疑是衍文。筦键：锁钥。筦，同“管”。

〔14〕摄：持。衽（rèn 认）：衽席，朝堂宴享时所设的坐席。　几：古人用以倚靠身体的凭几。

〔15〕投籥：指闭门下锁。籥，通“钥”。

〔16〕果：表示成为事实。　纳：接纳。

〔17〕薛：在今山东滕县东南。

〔18〕假：借。　涂：通“途”。　邹：小国名，在今山东邹县。

〔19〕孤：指邹的新君，因父丧，故称孤。

〔20〕倍：同“背”，背对。　殡柩：灵柩，棺材。古代以坐北朝南为正位，故国君的灵柩置于北面，嗣君也南面受吊。天子下吊诸侯，天子应居于正位，坐北面南，这样嗣君就只得换方向，背向灵柩，面北而哭，好让天子面南行吊。

〔21〕饭含：古代殡殓时的一种仪式，将珠玉贝米之类放入死者口中。

【译文】

辛垣衍说："先生您难道没见过仆人吗？十个奴仆听任一个主人支使，难道是十个奴仆的力量、智慧比不上一个主人吗？只是怕他呀！"鲁仲连说："对，魏国对于秦国，不就像仆人对主子一样吗？"辛垣衍说："是这样。"鲁仲连说："既然这样，我将叫秦王把魏王煮成肉酱！"辛垣衍显得很不高兴，说道："咳，也太过分了，先生怎能这么说话呢！先生又怎么能让秦王将魏王煮成肉酱呢？"鲁仲连说："当然能啊！请等我来说说其中的道理。从前，鬼侯、鄂侯、文王，是商纣王的三公。鬼侯有个女儿长得很美，所以把她献给纣王，纣王却觉得她丑，于是就将鬼侯剁成肉酱。鄂侯为此急忙谏争，为鬼侯辩护说得激烈了些，纣王就将鄂侯杀了，做成肉干。文王听到此事，长叹了一声，纣王就因此将他拘禁在牖里的监牢中，关了一百天，还想杀了他。为什么同别人一样具有称王称帝的条件，结果反而落到被人宰割的地步呢？一度自称东帝的齐闵王要到鲁国去，夷维子拿着马鞭跟随前往，对鲁国人说：'你们准备用什么来款待我们的君王呢？'鲁国人说：'我们将用款待诸侯的十太牢来款待你们的国君。'夷维子说：'你们怎能用这样的礼节来接待我们君王呢？我们那位君王，是天子呀！天子来视察时，诸侯应离开自己居住的宫室，交出锁钥，设席捧几，站在堂下侍候天子用膳。等天子用膳完毕，诸侯才告退下去，听政办公。'鲁国人一听，便将自己城门紧闭落锁，不予接待，使得齐闵王不能进入鲁国。齐闵王打算到薛国去，借道于邹。正当此时，邹国国君去世，齐闵王想进去吊丧。夷维子对已故邹国国君的儿子说：'天子来吊唁，主人必须转个方向，背对灵柩，把灵柩搬到坐南朝北的位置上，然后天子才好面南行吊。'邹国群臣说：'一定要这样做的话，我们就用剑自杀！'所以齐闵王也就不敢进入邹国。邹、鲁小国之臣，活着的时候没资格接近侍奉天子，死后也得不到隆重葬礼，然而齐闵王想要邹、鲁之臣用接待天子的礼节来侍奉自己，结果被他们拒之门外。

"今秦万乘之国[1]，梁亦万乘之国，俱据万乘之国，交有称王之名[2]，睹其一战而胜，欲从而帝之，是使三晋之大臣[3]，不如邹、鲁之仆妾也。且秦无已而帝[4]，则且变易诸侯之大臣。彼将夺其所谓不肖，而予其所谓贤；夺其所憎，而予其所爱。彼又将使其子女谗妾[5]，为诸侯妃姬，处梁之宫，梁王安得晏然而已乎？而将军又何以得故宠乎？”

【注释】

〔1〕万乘(shèng 剩)之国：拥有兵车万辆的大国。乘，一车四马。

〔2〕交：交互，彼此。

〔3〕三晋：指韩、赵、魏。这三国是由晋国分裂出的。

〔4〕无已：没有止境。

〔5〕谗妾：毁贤嫉能播弄是非的女人。

【译文】

“如今秦是拥有兵车万辆的大国，魏也是拥万辆兵车的大国，都是万辆兵车大国，彼此同样称王，仅仅看到秦国打了一次胜仗，便想就此尊秦为帝，这样看来，魏、赵、韩的大臣们，还不如邹、鲁小国之臣有骨气啊！再说贪心不止的秦王果真做了皇帝的话，那么他就要更换诸侯的大臣，剥夺他所认为不好的人权利，给予他认为好的人；惩罚他所厌恶的人，而赏赐他所喜欢的人。他还要让自己女儿和善于播弄是非毁贤嫉能的妇人，去做诸侯的妃嫔，住在魏王宫中，魏王哪能还有一刻太平安逸呢？将军您又怎么能维持以往那般宠幸呢？”

于是辛垣衍起，再拜，谢曰：“始以先生为庸人，吾乃今日而知先生为天下之士也！吾请去，不敢复言帝秦。”秦将闻之，为却军五十里。适会魏公子无忌夺晋鄙军以救赵击秦[1]，秦军引而去[2]。

【注释】

〔1〕无忌：即信陵君，魏国公子，名无忌。他是魏安釐王的异母弟，赵国平原君的姻亲，门下食客三千。他求得魏王宠妃如姬的帮助，窃得了兵符，赶往晋鄙军中夺取兵权，解除了邯郸之围。

〔2〕引：撤退。

【译文】

于是辛垣衍不由得站起身来，向鲁仲连拜了两拜，致歉道："起先错以为先生是平凡的人，今天我才知道先生是天下难得的高士啊！请允许我告辞，从此不敢再说尊秦为帝的事了。"秦军主帅听到了这件事，就命军队后退五十里。这时恰巧遇上魏公子无忌夺得晋鄙兵权，统率魏军前来救赵攻击秦军，秦军只得撤退回国了。

于是平原君欲封鲁仲连，鲁仲连辞让者三，终不肯受。平原君乃置酒。酒酣，起前，以千金为鲁连寿。鲁连笑曰："所贵于天下之士者，为人排患释难，解纷乱而无所取也。即有所取者[1]，是商贾之人也，仲连不忍为也。"遂辞平原君而去，终身不复见。

【注释】

〔1〕即：如果。

【译文】

于是平原君要封赏鲁仲连，鲁仲连再三辞谢推却，始终不肯接受。平原君就设酒宴款待。酒喝得正酣畅时，平原君起身上前，奉上千金为鲁仲连祝福。鲁仲连笑道："天下之士被人们看重的，就在于他们能排忧解难、消除祸乱而不收取任何报酬。假如收受了什么报酬，就成了做买卖的商人了，我鲁仲连可不愿这么做。"于是辞别平原君离开了赵国，从此再也不露面。

（仓阳卿）

鲁共公择言

《战国策》

【题解】

本文选自《战国策·魏策》。

公元前361年，魏国迁都大梁(今河南开封)，故魏国亦称梁国。当时魏国，尚称强盛。魏惠王(即梁惠王)于公元前344年称王，召集逢泽(今开封东南)大会，鲁、卫、宋、韩等国诸侯曾来朝。本文记梁惠王宴请诸侯的一幕，即鲁国之君鲁共公列举史事，劝戒梁王莫贪美酒、美味、美女、美景，明确指出君主沉湎逸乐，必将导致亡国。

梁王魏婴觞诸侯于范台[1]。酒酣，请鲁君举觞[2]。鲁君兴[3]，避席择言曰[4]："昔者，帝女令仪狄作酒而美[5]，进之禹。禹饮而甘之，遂疏仪狄，绝旨酒[6]，曰：'后世必有以酒亡其国者。'齐桓公夜半不嗛[7]，易牙乃煎熬燔炙[8]，和调五味而进之。桓公食之而饱，至旦不觉[9]，曰：'后世必有以味亡其国者。'晋文公得南之威[10]，三日不听朝，遂推南之威而远之，曰：'后世必有以色亡其国者。'楚王登强台而望崩山[11]，左江而右湖，以临彷徨[12]，其乐忘死，遂盟强台而弗登[13]，曰：'后世必有以高台陂池亡其国者。'今主君之尊[14]，仪狄之酒也；主君之味，易牙之调也；左白台而右闾须[15]，南威之美也；前夹林而后兰台[16]，强台之乐也。有一于此，足以亡其国。今主君兼此四者，可无戒与？”梁王称善相属[17]。

【注释】

〔1〕梁王魏婴：即梁（魏）惠王（前400—前319），魏武侯子，公元前369至前319年在位。婴，《史记》作“罃”。　觞（zhāng 商）：酒杯，这里用作动词，设酒款待的意思。　范台：又称繁台、吹台，在今河南开封东南。

〔2〕鲁君：鲁国君主，指鲁共公，姬姓，名奋。

〔3〕兴：起身。

〔4〕避席：古人席地而坐，避席即离座。避席应对，多为表示郑重其事、尊重对方的姿态。　择言：择善而言。

〔5〕帝女：指夏朝开国君主禹之女。　仪狄：夏禹时著名酿酒师。

〔6〕旨：味美。

〔7〕齐桓公：春秋时齐国国君。嗛（qiè 惬）：通“慊”，快意，满足。

〔8〕易牙：齐桓公侍臣，因善烹饪而受宠幸。　燔（fán 烦）：烤。

〔9〕旦：晨，天亮。　觉：醒。

〔10〕晋文公：春秋时晋国国君。　南之威：略称南威，著名美女。

〔11〕楚王：所指不详。一说楚庄王，与齐桓公、晋文公等皆为春秋霸主。或指楚昭王。　强台：楚国台观名。或谓即章华台（荆台）。　崩山：或作京山、崇山、猎山、料山。　强台、崩山一带当是楚名胜区。

〔12〕彷徨：流连忘返的样子。或作“方湟”，以为水名。

〔13〕盟：起誓。

〔14〕尊：酒器。

〔15〕白台、闾须：皆美女名。

〔16〕夹林、兰台：皆为魏国游览名胜。

〔17〕相属：接连不断。

【译文】

梁惠王魏婴在范台设酒宴请诸侯。酒兴正浓，梁惠王请鲁共公举杯祝酒。鲁共公站起身，离开座位，选好有益的话题，说道："从前，夏禹的女儿命令仪狄酿酒，仪狄酿造出的酒十分醇美，就把酒进献给禹。禹饮了觉得味道甘醇，于是就疏远了仪狄，戒了美酒，说：'后世君主一定有因为贪杯而丧失他的国家的。'齐桓公有一天半夜里想吃点什么，易牙就煎煮烧烤，调和各种美味进献给他。齐桓公吃得饱饱的，一觉睡到天亮还没睡醒，因此感叹说：'后世君主一定有因为贪吃美味而丧失他的国家的。'晋文公得到了美女南之威，一连三天没上朝听政，于是就推开南之威，疏远了她，说道：'后世君主一定有因为贪图美色而丧失他的国家的。'楚王登上强台观赏崩山风景，左边是江流清波，右边是碧湖涟漪，流连忘返，快乐至极，于是就对着强台发誓不再登临，并说：'后世君主一定有因为迷恋高台池沼山水丽景而丧失他的国家的。'现在君王您的酒杯里，盛的是仪狄酿造的那种美酒；君王您所吃的，是易牙烹饪的那般美味；您左边的白台，右边的闾须，都是与南之威一样的美人；前有夹林后有兰台，享受着登临强台那样的乐趣。只要贪恋其中一件事，就足以使他的国家灭亡。如今君王您兼有这四件事，能不警戒吗?"梁惠王听了，连连称鲁共公说得好。

（仓阳卿）

唐雎说信陵君

《战国策》

【题解】

本文选自《战国策·魏策》。

秦军围困赵国首都邯郸，赵求救于魏。魏安釐王畏秦强大，表面上派大将晋鄙率军往救，实际上命晋鄙驻军魏、赵边境隔岸观火。魏公子信陵君力主救赵，他设计窃得兵符，到晋鄙军中假传魏王命令，使朱亥椎杀晋鄙，夺得兵权，率大军击败秦军，解除了邯郸之围。赵王亲自到城郊迎接信陵君。按《史记·魏公子列传》载，赵王打算送给信陵君五座城池作为酬谢，“公子闻之，意骄矜而有自功之色”。本文着重写唐雎在此情形下，及时提醒信陵君不可居功骄傲。唐雎的告诫语，富于人生处世哲理。

信陵君杀晋鄙，救邯郸，破秦人，存赵国。赵王自郊迎。唐雎谓信陵君曰〔1〕：“臣闻之曰：‘事有不可知者，有不可不知者；有不可忘者，有不可不忘者。’”信陵君曰：“何谓也？”

【注释】

〔1〕唐雎（jū居）：一作“唐且”，魏人。《战国策·魏策·秦魏为与国》谓唐雎是魏老臣，年九十余出使秦。本文所写唐雎，是信陵君门客，《史记·魏公子列传》唯称“客”而未示姓名。

【译文】

信陵君杀了晋鄙，解了邯郸之围，打败了秦军，保存了赵国。赵王亲自到邯郸城外迎接信陵君。唐雎对信陵君说："我听到过这样的话：'生活中的事有不可以知道的，有不可以不知道的；有不可以忘却的，有不可以不忘却的。'"信陵君问道："这话说的是什么意思呢？"

对曰："人之憎我也，不可不知也；吾憎人也，不可得而知也。人之有德于我也[1]，不可忘也；吾有德于人也，不可不忘也。今君杀晋鄙，救邯郸，破秦人，存赵国，此大德也。今赵王自郊迎，卒然见赵王[2]，臣愿君之忘之也。"

信陵君曰："无忌谨受教[3]。"

【注释】

〔1〕德：恩德，好处。

〔2〕卒（cù 醋）：通"猝"、"促"，急遽、匆促的样子。

〔3〕无忌：信陵君名无忌。

【译文】

唐雎答道："人家怨恨我，是不可以不知道的；我嫌恨人家，就不可让人知道。人家对我有恩德，是不可以忘却的；我给过人家的好处，就不可以不忘却了。如今您杀了晋鄙，救了邯郸，击破秦军，使赵国免遭灭亡，这是莫大的功德啊。现在赵王亲自到郊外来迎接您，当您一见到赵王，我希望您就此忘却自己曾有功于赵。"

信陵君说："我真诚地领受您的教诲。"

（仓阳卿）

唐雎不辱使命

《战国策》

【题解】

本篇选自《战国策·魏策》。

安陵是战国魏的附庸小国，在今河南鄢陵西北。初为魏襄王弟安陵君的封地，本文所写安陵君即其后裔。秦灭魏后，原以为略施小技便可吞食安陵。不料，安陵君先让秦国使者碰了个软钉，接着派唐雎出使秦国。唐雎为维护安陵主权和尊严，面对骄横不可一世的秦王(即后来建秦王朝的始皇帝)，针锋相对，寸步不让，迫使秦王敛失凶焰，长跪致歉，承认安陵虽小而不可欺侮。文章旨在鞭挞秦王的狡伪凶险，颂扬唐雎不畏强暴、坚持正义的高尚精神，与宁为玉碎、不为瓦全的非凡胆魄。

《史记·刺客列传》载："秦法，群臣侍殿上者，不得持尺寸之兵。"本文所记唐雎"挺剑而起"，与制不合，故有论家疑文中情节属虚构。上一篇《唐雎说信陵君》注〔1〕已言及两位"唐雎(且)"，从事件、时间辨析，本文主人公则又是另一位唐雎，若情节出于虚构，那么这位唐雎或系托名。然而，诚如清人高嵣所言，此文"凛凛有生气，读之快意，不必论其事之有无"(《公荆国语国策钞》)。

秦王使人谓安陵君曰："寡人欲以五百里之地易安陵〔1〕，安陵君其许寡人〔2〕。"安陵君曰："大王加惠，以大易小，甚善。虽然，受地于先王，愿终守之，弗敢易。”秦王不说[3]。安陵君因使唐雎使于秦。

【注释】

〔1〕易：换。

〔2〕其：语助词，表推测、希望。

〔3〕说：同“悦”。

【译文】

秦王派人告诉安陵君说：“我想用方圆五百里的土地来换取安陵，希望安陵君答应我的要求。”安陵君说：“大王给予恩惠，用大的来换小的，很好。虽说这是件好事，但是安陵这块土地是我从先王那里继承下来的，我愿永远守住这份祖业，不敢交换。”秦王很不高兴。安陵君就派唐雎出使到秦国去。

秦王谓唐雎曰：“寡人以五百里之地易安陵，安陵君不听寡人，何也？且秦灭韩亡魏，而君以五十里之地存者[1]，以君为长者[2]，故不错意也[3]。今吾以十倍之地请广于君[4]，而君逆寡人者，轻寡人与[5]？”唐雎对曰：“否，非若是也。安陵君受地于先王而守之，虽千里不敢易也，岂直五百里哉[6]！”

【注释】

〔1〕君：指安陵之君主。

〔2〕长（zhǎng 掌）者：年辈高而谨厚的人。

〔3〕错意：置意。错，同“措”。

〔4〕广：扩充。

〔5〕与：同“欤”，表疑问的语助词。

〔6〕岂直：岂但。

【译文】

秦王对唐雎说："我用五百里土地来换安陵，安陵君却不听从我，为什么呀？再说我已经灭掉了韩国、魏国，而安陵君凭着五十里地得以幸存，是因为我把他看作是谨厚长者，才没打他的主意。现在我用十倍的土地让安陵君扩大地盘，可他竟违抗我的心意，岂不是在轻视我吗？"唐雎答道："不，不是这样。安陵君继承了先王土地并守住这份祖业，即使千里之地也不敢换，何况只是五百里呢！"

秦王怫然怒〔1〕，谓唐雎曰："公亦尝闻天子之怒乎？"唐雎对曰："臣未尝闻也。"秦王曰："天子之怒，伏尸百万，流血千里。"唐雎曰："大王尝闻布衣之怒乎〔2〕？"秦王曰："布衣之怒，亦免冠徒跣〔3〕，以头抢地耳〔4〕。"唐雎曰："此庸夫之怒也，非士之怒也。夫专诸之刺王僚也〔5〕，彗星袭月〔6〕；聂政之刺韩傀也〔7〕，白虹贯日〔8〕；要离之刺庆忌也〔9〕，苍鹰击于殿上。此三子者，皆布衣之士也，怀怒未发，休祲降于天〔10〕，与臣而将四矣。若士必怒，伏尸二人，流血五步，天下缟素〔11〕，今日是也。"挺剑而起。

【注释】

〔1〕怫（fú 弗）然：盛怒的样子。

〔2〕布衣：平民百姓。古代没有官职的人穿粗布衣，故称。

〔3〕跣（xiǎn 显）：光着脚。

〔4〕抢（qiāng 腔）：撞。

〔5〕专诸：春秋吴人。　王僚：吴王僚。吴公子光（即阖闾，僚的伯父诸樊之子）欲夺僚王位，派专诸把匕首藏于鱼腹，以献鱼为名，刺杀僚。专诸当场也被王僚左右诛杀。

〔6〕彗（huì 汇）星袭月：与下文"白虹贯日"、"苍鹰击殿"，都是古

人出于天人感应观念的夸张附会说法。彗星，俗称扫帚星。

〔7〕聂政：战国齐人。韩国大夫严遂（字仲子）与国相韩傀（一名侠累）争权结仇，就求请聂政至相府杀了韩傀，聂政也毁容自杀。

〔8〕贯：穿过。

〔9〕要（yāo 腰）离：春秋吴人。吴王阖闾（即公子光）为除后患，让要离自断右臂并杀妻，骗取已逃至卫国的吴王僚子庆忌的信任，乘机杀了庆忌。要离亦伏剑自杀。

〔10〕休祲（jìn 近）：指吉凶的征兆。休，美善，指吉兆。祲，阴阳相侵而成之云气，指凶兆。

〔11〕缟（gǎo 搞）素：白色丧服。缟，白色生绢。

【译文】

秦王勃然大怒，对唐雎说道："你可曾听说过天子动怒的情形吗？"唐雎答道："我没有听说过。"秦王说："天子一发怒，能使百万尸首顿时横地，血流千里。"唐雎说："大王可曾听说过平民发怒的情形吗？"秦王说："平民百姓发起怒来，也不过是甩掉帽子，光着脚，把头往地上撞罢了。"唐雎说："这是平庸无能的人发怒，并非智勇之士的发怒。那专诸行刺吴王僚时，彗星光尾横扫月亮；聂政行刺韩傀时，一道白虹直穿太阳；要离行刺庆忌时，苍鹰扑击在宫殿上。这三位，都是布衣之士，他们满腔怒气还未迸发，上天就已降示预兆，如今加上我就要成为第四人了。布衣之士当真动怒的话，倒在地上的尸体只是两具，流血不过五步，可是天下的人都将穿起白色丧服。今天就要发生这样的事了！"说完，手举宝剑，跃起身来。

秦王色挠〔1〕，长跪而谢之曰〔2〕："先生坐，何至于此！寡人谕矣〔3〕，夫韩、魏灭亡，而安陵以五十里之地存者，徒以有先生也。"

【注释】

〔1〕色挠：因受挫折而神色沮丧。挠，屈。

〔2〕长跪：耸直上身而跪，以示庄重。古人席地而坐，两膝着地，臀部贴足跟。耸直上身，臀部离开足跟时，看上去身体比坐时长了些，故称。　谢：道歉。

〔3〕谕：同“喻”，明白。

【译文】

秦王顿时显出沮丧屈服的样子，耸身而跪，向唐雎道歉说：“先生请坐，何必如此啊！我现在明白了，之所以韩、魏灭亡，而安陵凭着五十里地照样存在，只因为安陵有您先生在啊！”

（仓阳卿）

乐毅报燕王书

《战国策》

【题解】

本文选自《战国策·燕策》。

燕王哙末年，齐国乘燕内乱而入侵破坏。燕昭王即位后，励精图治，广纳四方人才。乐毅于此时由魏入燕，任亚卿，联合各国，为伐齐作准备。公元前284年，乐毅为燕上将军，并佩赵相国印，统领燕、赵、楚、韩、魏五国之师攻齐，大胜。乐毅遣还诸国军队，独率燕师攻克齐都临淄，破齐七十馀城，被燕昭王封为昌国君。公元前279年，昭王去世。齐将田单乘机施反间计，说乐毅欲据所克齐地称王。继位的燕惠王原本就猜忌乐毅，便派骑劫替代乐毅为帅。乐毅遂奔赵避祸，赵封他为望诸君。骑劫不久便军破身亡，把乐毅所克七十馀城丧失殆尽。燕惠王既悔其事，又恐乐毅怀恨报复，便写信给乐毅，粉饰自己，而反责乐毅弃燕投赵，不报先王知遇之恩。乐毅复信反驳惠王的无理指责，表白自己对燕的忠贞心迹，希望惠王能承先王知人善任的遗教。此信措辞婉曲得体，笔端饱含竭忠见疑、功高罹祸的深沉幽愤，挚切感人，是历代传诵的书信名篇。

昌国君乐毅，为燕昭王合五国之兵而攻齐。下七十馀城，尽郡县之以属燕。三城未下[1]，而燕昭王死。惠王即位，用齐人反间[2]，疑乐毅，而使骑劫代之将。乐毅奔赵，赵封以为望诸君。齐田单诈骑劫[3]，卒败燕军，复收七十馀城以复齐。

【注释】

〔1〕三城：指即墨、莒、聊城，皆在今山东境。

〔2〕用：因为。　反间：一种离间敌方成员，使起内讧的手段。《史记·田单列传》载，齐将田单当时散布谣言说：乐毅“以伐齐为名，实欲连兵南面而王齐。齐人未附，故且缓攻即墨以待其事。齐人所惧，唯恐他将之来，即墨残矣。”

〔3〕诈骑劫：齐国大将田单派人向燕将骑劫诈降，使燕军放松警惕，不久即用火牛阵大破燕军，杀骑劫。

【译文】

昌国君乐毅，为燕昭王会集了五国军队去讨伐齐国。攻克了齐国七十多座城池，全改为郡县而归属于燕国。还剩三座城池没有攻下时，燕昭王去世了。燕惠王即位，中了齐国人的反间计，对乐毅产生疑忌，便派骑劫取代乐毅为帅。乐毅逃到赵国，赵国封他为望诸君。齐国大将田单用计诳骗骑劫，最终打败燕军，重新收回七十多座城池而使齐国复兴。

燕王悔，惧赵用乐毅，乘燕之弊以伐燕〔1〕。燕王乃使人让乐毅〔2〕，且谢之〔3〕，曰：“先王举国而委将军〔4〕，将军为燕破齐，报先王之仇，天下莫不振动，寡人岂敢一日而忘将军之功哉？会先王弃群臣〔5〕，寡人新即位，左右误寡人。寡人之使骑劫代将军，为将军久暴露于外〔6〕，故召将军，且休计事〔7〕。将军过听〔8〕，以与寡人有隙〔9〕，遂捐燕而归赵〔10〕。将军自为计则可矣，而亦何以报先王之所以遇将军之意乎？”

【注释】

〔1〕弊：败，疲困。

〔2〕让：责备。

〔3〕谢：道歉。

〔4〕先王：指已去世的燕昭王。

〔5〕弃群臣：君王去世的婉转说法。

〔6〕暴露：露天而处，此指领兵转战沙场。

〔7〕计：议，商议。

〔8〕过：失，误。

〔9〕隙：裂痕，引申为怨仇之意。《史记·乐毅列传》："惠王自为太子时，尝不快于乐毅。"

〔10〕捐：弃。

【译文】

燕惠王懊悔起来，怕赵国起用乐毅，趁燕国内外交困而攻打燕国。燕惠王于是派人去责备乐毅，并向他道歉，说："先王把整个国家委托给您将军，将军为燕国打败齐国，替先王报了仇，天下人无不为此震惊，我哪有一天敢忘却将军您的功劳呢？正碰上先王逝世，我刚即位，左右的臣子贻误了我。我派骑劫替代您，是考虑到您长期统兵在外餐风宿露，所以想召将军回来，暂且休息共议国事。将军却误会了，以为和我有嫌隙，就抛弃燕国而投奔赵国。将军您为自己打算虽也是可以的，然而拿什么来报答先王知遇将军的恩情呢？"

望诸君乃使人献书报燕王曰：

"臣不佞〔1〕，不能奉承先王之教，以顺左右之心〔2〕，恐抵斧质之罪〔3〕，以伤先王之明，而又害于足下之义，故遁逃奔赵。自负以不肖之罪，故不敢为辞说。今王使使者数之罪〔4〕，臣恐侍御者之不察先王之所以畜幸臣之理〔5〕，而又不白于臣之所以事先王之心〔6〕，故敢以书对〔7〕。

【注释】

〔1〕不佞(nìng 宁去声)：不才，谦词。佞，有才智。

〔2〕左右：字面上指惠王左右大臣，实指惠王本人。这句针对惠王“左右误寡人”的遁辞而发。

〔3〕抵：冒，触犯。　斧质之罪：死罪。质，通“锧”，即砧座。古时行斩刑时，将犯人置于砧上，用斧砍之。

〔4〕数(shǔ 暑)：数说，列举。　之：指代乐毅自己。

〔5〕侍御者：侍候国君的人，这里实是指惠王。　畜：养。　幸臣：宠信之臣，这里是乐毅自指。

〔6〕白：明白。

〔7〕对：答。

【译文】

望诸君乐毅就派人呈上书信答复燕王道：

“我无才智，没能秉承先王的教诲，来顺从您的心意，只怕自己触犯死罪，会因此损伤先王知人之明，又害您蒙上不义的名声，所以逃奔到赵国。我让自己担负着不贤的罪名，所以不敢作解释。现在大王派遣使者来数责我的罪过，我怕您不了解先王栽培厚爱我的道理，又不明白我用以侍奉先王的诚意忠心，所以斗胆写这封信作答。

“臣闻贤圣之君，不以禄私其亲，功多者授之；不以官随其爱，能当者处之。故察能而授官者，成功之君也；论行而结交者，立名之士也。臣以所学者观之，先王之举错〔1〕，有高世之心，故假节于魏王〔2〕，而以身得察于燕。先王过举，擢之乎宾客之中〔3〕，而立之乎群臣之上，不谋于父兄〔4〕，而使臣为亚卿〔5〕。臣自以为奉令承教，可以幸无罪矣，故受命而不辞。

【注释】

〔1〕举错：举动措施。错，同“措”。

〔2〕假节于魏王：乐毅原在魏任官，奉魏王之命出使燕国，燕昭王以客礼相待，遂留燕。假，凭借。节，符节，古为使臣凭证，持以表示信用。

〔3〕擢(zhuó 酌)：提拔。

〔4〕不谋于父兄：言燕昭王对乐毅真诚信任和重用。父兄，指与昭王同姓大臣和父兄辈老臣。

〔5〕亚卿：上卿为最高位，亚卿仅次于上卿。

【译文】

“我听说贤明的君主，不拿国家的爵禄来偏爱他的亲人，而是授给功劳多的人；不把官职随意给他亲近的人，而是让能够胜任的人担当。所以说考察才干而授予官职的，是能成就功业的君主；讲究品行而结交朋友的，是能树立名誉的士子。我凭所学知识进行观察，先王的举止措施，显示出远高于世俗的用心，所以我凭借为魏王出使的机会，得以亲自来燕国考察。先王过分抬举，把我从宾客中提拔出来，安排我在高于群臣的位置上，不跟宗室大臣商量，就任命我为亚卿。我自以为奉行命令秉承教导，就可以幸免获罪，所以接受任命而没推辞。

“先王命之曰：‘我有积怨深怒于齐〔1〕，不量轻弱，而欲以齐为事。’臣对曰：‘夫齐，霸国之余教〔2〕，而骤胜之遗事也〔3〕。闲于兵甲〔4〕，习于战攻。王若欲伐之，则必举天下而图之。举天下而图之，莫径于结赵矣〔5〕。且又淮北、宋地，楚、魏之所同愿也〔6〕。赵若许，约楚、魏尽力，四国攻之，齐可大破也。’先王曰：‘善。’臣乃口受令，具符节，南使臣于赵。顾反命〔7〕，起兵随而攻齐。以天之道〔8〕，先王之灵，河北之地，随先王举而有之于济上[9]。济上之军，奉令击齐，大胜之。轻卒锐兵，长驱至国[10]，齐王逃遁走莒[11]，仅以身免。珠玉、财宝、车甲、珍器，尽收入燕。大吕陈于元英[12]，故鼎返乎历室[13]，齐器设于宁台[14]，蓟丘之植，植于汶篁[15]。自五伯以来[16]，功未有及先王者也。先王以为顺于其志，以臣为不顿命[17]，故裂地而封之[18]，使之得比乎小国诸侯[19]。臣不佞，自以为奉令承教，可以幸无罪矣，故受命而弗辞。

【注释】

〔1〕积怨：指燕王哙时齐乘燕内乱而入侵事。

〔2〕霸国：齐桓公是春秋时第一个霸主，而齐湣王曾与秦昭王同时称帝。　余教：遗留的教化。

〔3〕骤：屡次。

〔4〕闲：通“娴”，熟习。

〔5〕径：速，捷。

〔6〕“且又”二句：淮北，淮河以北地区，地近楚国；宋地，原先宋国地盘，即今河南商丘、江苏徐州等一带地区，临近魏国。淮北、宋地时皆属齐，楚欲得淮北，魏欲得宋地。

〔7〕顾反命：回复使命。顾，还。反，同“返”。句中顾、反同义连用。

〔8〕道：导，助。

〔9〕济上：济水边。济水之西为齐国地界。

〔10〕国：国都，指齐都临淄。

〔11〕齐王：指齐湣王。

〔12〕大吕：巨钟名，为齐庙堂乐器。　元英：与下句的“历室”，皆为燕宫殿。

〔13〕故鼎：指齐军掠走的燕国大鼎。

〔14〕宁台：燕国台观名。

〔15〕蓟丘之植，植于汶篁：按文势，当以“汶篁之植，植于蓟丘”为顺。蓟丘，也称蓟门，燕国国都，位今北京德胜门外土城关。汶，汶

水，在齐国境内。篁，竹的通称；若按原文语序，篁则释为竹田。

〔16〕五伯：春秋时先后称霸的五个诸侯，一般指齐桓公、晋文公、秦穆公、宋襄公、楚庄王。伯，通“霸”。

〔17〕顿：滞，挫。

〔18〕裂地而封之：指燕昭王封乐毅为昌国君。裂，分。

〔19〕之：指代乐毅。　比：相当于。春秋战国时，大国卿大夫的地位相当于小国诸侯。

【译文】

“先王命令我说：‘我对齐国久怀深仇大恨，顾不得我们燕国弱小，而决意把伐齐报仇作为大事。’我回答说：‘齐国，继承了早年称霸的一些教化业迹，有着屡打胜仗的余威和经验。熟悉战争，习惯打仗。大王如果想要讨伐齐国，就必须发动各国诸侯一起来对付它。要发动各国共同伐齐，莫过于先和赵国联合最直捷了。再说齐国的淮北和宋地，都是楚国、魏国一心想得到的地方。赵国如果答应了，再约请楚国、魏国尽力相助，合四国力量来攻齐，就可以打得齐国大败。’先王说：‘好！’于是我接受先王亲口下的命令，备好符节，向南出使到赵国。回来复命之后，就立即发兵伐齐。托天之福，仰仗先王的英明，黄河以北燕国失地，随先王进兵全部收复，直到济水边上。济水边上的燕国军队，奉命进击齐国，大破齐军。轻装精锐之师，长驱直入齐国国都，齐湣王逃到莒城，才幸免一死。齐国的珠玉财宝、车马甲仗及国藏宝器，全都被缴获运回燕国。大吕巨钟陈列在元英宫，燕国故有之鼎收回到历室宫，齐国的珍稀宝器陈设在宁台上，齐国汶水岸上种植的篁竹，移栽到了燕都蓟丘。自从五霸以来，没有谁的功业比得上先王的了。先王觉得如愿以偿，认为我没有延误命令的执行，所以划地封赏我，使我的地位可与小国诸侯相比。我不才，自以为奉行命令秉承教导，就可以幸免获罪了，所以接受了分封而没有推辞。

“臣闻贤明之君，功立而不废，故著于《春秋》〔1〕；蚤知之士〔2〕，名成而不毁，故称于后世。若先王之报怨雪耻，夷万乘之强国[3]，收八百岁之蓄积[4]，及至弃群臣之日，馀令诏后嗣之遗义[5]，执政任事之臣，所以能循法令，顺庶孽者[6]，施及萌隶[7]，皆可以教于后世。

【注释】

〔1〕《春秋》：记载春秋时代鲁国历史的编年体著作，后亦泛指史书。

〔2〕蚤知：先知、预见。蚤，同“早”。

〔3〕夷：平定。

〔4〕八百岁：齐国建于西周初年（约前1066），至齐湣王败于燕昭王，历经约八百年

〔5〕令诏：命令与训示。　嗣：继承者。

〔6〕顺：通“慎”。　庶孽：非嫡妻所生子女。

〔7〕施（yì义）及：达于。施，这里有延广义。　萌隶：平民百姓。萌，通“氓”，民。

【译文】

“我听说贤明的君主，建立功业而不废弛，所以载入史册；有远见卓识的士子，成就美名而能保持，所以被后世称道。像先王这样报仇雪耻，刬平万乘强国，收缴齐国八百年来积蓄的财物，待到去世时，留下训诫继位子孙的遗教，执政任事的臣子，因此能够遵循法令，使庶出的王室子弟安分，恩威达于平民百姓，这些都可用来传示后代。

“臣闻善作者不必善成，善始者不必善终。昔者伍子胥说听乎阖闾[1]，故吴王远迹至于郢；夫差弗是也，赐之鸱夷而浮之江。故吴王夫差不悟先论之可以立功[2]，故沉子胥而弗悔；子胥不蚤见主之不同量[3]，故入江而不改。夫免身全功[4]，以明先王之迹者[5]，

臣之上计也。离毁辱之非[6]，堕先王之名者[7]，臣之所大恐也。临不测之罪，以幸为利者[8]，义之所不敢出也。

【注释】

〔1〕伍子胥：名员，春秋楚人。其父伍奢、兄伍尚，皆无罪而遭楚平王杀害。子胥奔吴，吴王阖闾采其策，于公元前506年发大军袭楚，五战五捷，攻入楚都郢（今湖北江陵）。阖闾死，其子夫差继位，伐越，攻入越都，越屈服求和。子胥力谏斩草除根一举灭越，夫差不听。夫差伐齐，谋北上争霸，子胥劝阻，又不听。后夫差逼子胥自杀，将其尸盛于鸱夷（皮袋），投入江中。

〔2〕先论：预见，指伍子胥生前关于吴不灭越，越将灭吴的论断。

〔3〕量：度量，识见。

〔4〕免身：使自身免却灾祸。

〔5〕迹：此指心迹，心意。

〔6〕离：通"罹"，遭遇。

〔7〕堕：同"隳（huī）"，废毁，败坏。

〔8〕以幸为利：指燕惠王所担心的乐毅助赵伐燕以自利之事。幸，侥幸。

【译文】

"我听说善于耕作的不一定有好收成，有好开端不一定有好结局。从前，吴王阖闾对伍子胥言听计从，所以他能远征到楚国郢都。吴王夫差不是这样，反而赐他皮袋，将他投入江中。夫差不明白伍子胥的预见能为吴建立功业，所以把伍子胥沉入江中而不后悔；伍子胥没有及早发现阖闾、夫差这两个君主的不同气度，所以至死也没改变态度。能使自身免祸，保全破齐的功名，来证明先王的知人善任的业绩，这是我的上策。自身遭受毁谤侮辱的错误处置，因而损害先王的名声，是我最害怕的事。面临不测之罪，想侥幸求取私利，这是我绝对不会做的。

“臣闻古之君子，交绝不出恶声；忠臣之去也，不洁其名〔1〕。臣虽不佞，数奉教于君子矣。恐侍御者之亲左右之说，而不察疏远之行也〔2〕，故敢以书报，唯君之留意焉〔3〕。”

【注释】

〔1〕洁：这里是洗刷、表白之意。

〔2〕疏远：疏远的人，乐毅自指。

〔3〕唯：语助词，表祈请意。

【译文】

“我听说古代的君子，与人交情断绝时也不说恶毒的话；忠臣离开故国朝廷，也不为自己的名声辩白。我虽不才，但经常受到君子的教诲。怕您轻信旁边人的话，而不理解我这被疏远者的行为，所以斗胆用书信作答，还望您费心一阅。”

（仓阳卿）

谏逐客书

李　斯

【题解】

这是李斯在秦王十年(前273)给秦王(统一六国后称为始皇)的奏议书。李斯(?—前208)，战国末期楚国上蔡(今河南上蔡)人，与韩非同为荀子学生。初为秦相吕不韦舍人，后以统一中国之帝业游说秦王嬴政，得到信任，拜为长史、客卿。此时，秦的近邻韩国，慑于秦国强大，就派郑国(人名)到秦国作间谍。郑国利用为秦国开挖渠道、兴修水利来消耗秦的国力，使秦无力伐韩。事情被秦察觉后，那些由于客卿受到重用而自身权势受到削弱的秦宗室大臣，便借机劝说秦王驱逐客卿，李斯也在被逐之列，于是他向秦王写了这封谏书。

本文论述逐客之议的错误，紧紧围绕着逐客“非所以跨海内，制诸侯之术也”这一主题展开。作者由古及今，从物到人，列举事例，大自历代客卿为秦国富强建立殊勋，小至秦王眼前来自诸侯各国的声色玩好，驳斥“必秦国之所生然后可”的谬论，从而得出逐客必将导致“内自虚而外树怨于诸侯”，影响统一天下大业的结论。此文通篇不谈客卿的利益受到损害，而是纯粹从秦国危亡着眼，使秦王看后幡然醒悟，遂收回逐客之令，恢复李斯的官职。

本文摆事实、讲道理，着重于正面叙说，略于反面推论。多用对偶排比句式，铺陈排比，反复论证，极具说服力。

秦宗室大臣皆言秦王曰：“诸侯人来事秦者，大抵为其主游间于秦耳。请一切逐客[1]。”李斯议亦在逐中。斯乃上书曰：

“臣闻吏议逐客，窃以为过矣[2]。昔穆公求士[3]，西取由余于戎[4]，东得百里奚于宛[5]，迎蹇叔于宋[6]，求丕豹、公孙支于晋[7]。此五子者，不产于秦，而穆公用之，并国二十[8]，遂霸西戎。孝公用商鞅之法[9]，移风易俗，民以殷盛[10]，国以富强，百姓乐用[11]，诸侯亲服[12]，获楚、魏之师[13]，举地千里，至今治强[14]。惠王用张仪之计[15]，拔三川之地[16]，西并巴、蜀[17]，北收上郡[18]，南取汉中[19]，包九夷[20]，制鄢、郢[21]，东据成皋之险[22]，割膏腴之壤[23]，遂散六国之众[24]，使之西面事秦，功施到今[25]。昭王得范雎[26]，废穰侯[27]，逐华阳[28]，强公室[29]，杜私门[30]，蚕食诸侯，使秦成帝业。此四君者，皆以客之功。由此观之，客何负于秦哉？向使四君却客而不内[31]，疏士而不用，是使国无富利之实，而秦无强大之名也。

【注释】

〔1〕客：客卿，指其他诸侯国在秦做官的人。

〔2〕窃：私下，谦词。

〔3〕穆公：秦穆公，公元前659年至前621年在位，春秋五霸之一。因他能任用客卿，而使秦强大起来。

〔4〕由余：晋国人，原为戎王之臣，出使秦国，秦穆公设法使其投奔秦国，成为穆公谋臣。　戎：西戎，对西方少数民族的总称。

〔5〕百里奚：原为虞国大夫，虞亡于晋，他为晋所俘，作为秦穆公夫人（晋献公之女，嫁给穆公）的陪嫁的奴仆送入秦国，后逃至楚国。秦穆公用五张黑羊皮把他赎回，任为大夫。　宛：楚地，今河南省南阳市。

〔6〕蹇（jiǎn 剪）叔：岐州（今属陕西省）人，游于宋，因百里奚推荐，

秦穆公以厚礼聘之为上大夫。

〔7〕丕豹：晋大夫丕郑之子，丕郑被晋惠公所杀，丕豹逃至秦国，穆公任以为将，领兵攻晋，生俘晋惠公。　公孙支：字子桑，岐州人，原住晋国，后投奔秦国，为秦大夫。

〔8〕并国：指并吞西戎各部落。

〔9〕孝公：秦孝公，公元前361年至前338年在位。他任用商鞅变法，使秦富强。　商鞅(？—前338)：姓公孙，名鞅，卫国人，因功封于商，称商鞅。他以法家之术游说孝公，被孝公任命为相。执政十九年，实行变法，奠定了秦国富强的基础。孝公死后他被诛杀。

〔10〕以：介词，因。后省略“之”，指变法。

〔11〕乐用：乐于被使用。

〔12〕亲服：顺从听命。

〔13〕获楚、魏之师：指公元前340年(秦孝公二十二年)，商鞅率兵击败魏军，虏获魏公子卬(áng 昂)，魏割河西之地以求和。同年秦军侵楚。

〔14〕治强：国治兵强。

〔15〕惠王：秦惠王，孝公儿子，名驷，公元前337年至前311年在位。　张仪(？—前310)：魏国人，秦惠王十年相秦，主张连横，设计拆散齐楚联盟，瓦解六国合纵，使秦能各个击破。

〔16〕三川之地：在今河南洛阳一带，以境内有黄河、洛水、伊水而得名。

〔17〕巴蜀：今四川东部和西部一带。

〔18〕上郡：在今陕西省北部，原属魏国。

〔19〕汉中：在今陕西省南部汉中一带，原为楚地。

〔20〕包：吞并。　九夷：泛指楚国境内的少数民族。九，虚指，表示多数。

〔21〕制：控制，威胁。　鄢、郢(yān yǐng 烟影)：地名。鄢在今湖北省宜城县境，郢在今湖北省江陵县西北。两地曾先后为楚国的都城。

〔22〕成皋(gāo 高)：地名，又名虎牢，在今河南荥阳汜水镇。

〔23〕膏腴(yú 鱼)之壤：指土地肥沃的地区。

〔24〕众：一作纵，合纵，指六国结成联盟以抗秦的外交政策。

〔25〕施(yì 义)：延续。

〔26〕昭王：秦昭王，名则，公元前306年—前251年在位。　范雎(jū 居)：魏国人，秦昭王时为相，提出远交近攻策略。

〔27〕穰(ráng 瓤)侯：即魏冉，秦昭王母宣太后的异父弟，曾四次

出任秦国丞相，封于穰邑，又称穰侯。

〔28〕华阳：名芈(mǐ 米)戎，宣太后的同父弟，封于华阳，称华阳君。他和穰侯倚仗宣太后，专权不法。后昭王用范雎之计，免除穰侯职务，把华阳君赶出国境。

〔29〕公室：这里指朝廷。

〔30〕私门：指贵戚王室的势力。

〔31〕向使：如果，假使。　却：拒绝。　内：同“纳”。

【译文】

秦国的宗室大臣都对秦王说：“各诸侯国的人前来事奉秦国，大都是替他们的君主游说、离间秦国罢了，请把全部客卿一律驱逐出境。”李斯也在计议驱逐之列。于是李斯上书秦王说：

“我听说官吏们商议驱逐所有的客卿，我私下认为这种做法是错误的。从前秦穆公招纳贤士，从西方的戎地聘请了由余，从东方的宛地得到了百里奚，从宋国迎来了蹇叔，从晋国招来了丕豹、公孙支。这五个人，都不是秦国人，可穆公任用他们，结果兼并了二十个小国，终于称霸西戎。秦孝公采用商鞅的新法，移风易俗，人民因此富裕兴旺，国家因此强盛，百姓乐于为国效力，各诸侯国都对秦国顺从听命，而且打败了楚国和魏国的军队，夺取了千里之地，直到今天国家仍然安定和强盛。秦惠王采用张仪的计策，攻取了三川一带的土地，西面吞并了巴、蜀之地，北面收取了上郡，南面获得了汉中，兼并了九夷，控制了楚国的鄢、郢二城，东面占据了成皋的险要，割取了肥沃富饶的土地，于是拆散了六国的合纵联盟，使他们向西而来侍奉秦国，这功业一直延续到现在。秦昭王得到范雎，废掉穰侯，驱逐华阳君，加强了国君和朝廷的权力，堵塞削弱了贵戚王室的势力，蚕食吞并了诸侯各国，使秦国成就了帝王之业。这四位国君，都是凭借了客卿的功劳。由此看来，客卿哪里辜负了秦国呢？假使当初这四位君主都拒绝客卿而不肯接纳，疏远外来的贤士而不任用，这就会使国家没有富裕强盛的实力，因而秦国也就不会有强大的盛名了。

“今陛下致昆山之玉[1]，有随、和之宝[2]，垂明月之珠[3]，服太阿之剑[4]，乘纤离之马[5]，建翠凤之旗[6]，树灵鼍之鼓[7]。此数宝者，秦不生一焉，而陛下说之[8]，何也？必秦国之所生然后可，则是夜光之璧[9]，不饰朝廷；犀、象之器[10]，不为玩好；郑、卫之女[11]，不充后宫；而骏马駃騠[12]，不实外厩[13]；江南金锡不为用，西蜀丹青不为采[14]。所以饰后宫、充下陈、娱心意、说耳目者[15]，必出于秦然后可，则是宛珠之簪、傅玑之珥、阿缟之衣、锦绣之饰[16]，不进于前；而随俗雅化、佳冶窈窕赵女[17]，不立于侧也。夫击瓮叩缶[18]，弹筝搏髀[19]，而歌呼呜呜，快耳目者，真秦之声也。郑、卫桑间[20]，《韶虞》、《武象》者[21]，异国之乐也。今弃击瓮叩缶而就郑、卫，退弹筝而取《韶虞》，若是者何也？快意当前，适观而已矣。今取人则不然。不问可否，不论曲直，非秦者去，为客者逐。然则是所重者，在乎色乐珠玉；而所轻者，在乎人民也。此非所以跨海内、制诸侯之术也。

【注释】

〔1〕致：收罗。　昆山之玉：昆仑山北麓的和阗（今新疆和田），以产美玉著名，人称“和阗玉”或“昆山玉”。

〔2〕随、和之宝：随侯珠和和氏璧，都是古时珍宝。传说随侯救了大蛇，后来大蛇衔来明珠报答他，即所谓随侯珠。和氏璧是楚人卞和献给楚王的美玉。

〔3〕明月之珠：一种名贵的珠子，夜间放光如明月。

〔4〕服：佩戴。　太阿之剑：古宝剑名，相传春秋时吴国名匠干将和越国名匠欧冶子所合铸。

〔5〕纤离：北方骏马名。

〔6〕建：树立。　翠凤之旗：用翠鸟羽毛装饰的旗子。

〔7〕树：设置。　灵鼍(tuó 驼)之鼓：用鳄鱼皮制成的鼓。鼍，鳄鱼的一种，也叫扬子鳄，皮坚厚，可蒙鼓。

〔8〕说(yuè 月)：通"悦"，喜欢。

〔9〕夜光之璧：夜间能放光的玉璧。

〔10〕犀、象之器：用犀牛角和象牙制成的器物。

〔11〕郑、卫之女：相传郑、卫两国多美女，能歌善舞。

〔12〕駃騠(jué tí 决题)：良马名。

〔13〕外厩：马棚。

〔14〕丹青：产于西蜀的红色和青色的颜料。

〔15〕下陈：即堂下，指侍妾站立或歌舞的地方。这里指宫中侍妾。

〔16〕宛珠之簪：用宛地所产的珍珠装饰的簪子。　傅玑之珥(ěr 耳)：缀有珠子的耳环。傅，同"附"。玑，不圆的珠子。珥，耳环。　阿缟之衣：用阿城出产的丝绸做成的衣服。

〔17〕随俗雅化：随着时尚变化装饰打扮。雅，闲雅。化，改变服饰。　佳冶窈窕：容貌艳丽，体态优美。　赵女：古代赵国以出善舞的美女著称。

〔18〕击瓮叩缶(fǒu 否)：敲打瓦器。缶，一种腹大口小的瓦器，秦人用作打击乐器。

〔19〕弹筝搏髀(bì 必)：弹奏秦筝，手拍大腿。筝，古代秦地流行的一种弦乐器。髀，大腿。

〔20〕郑、卫桑间：泛指郑、卫一带民间音乐。桑间，卫国地名，在濮水之滨，是当时男女聚会唱歌的地方。

〔21〕《韶虞》：相传是虞舜时的乐曲名。　《武象》：周武王时的舞曲名。

【译文】

"现在陛下您得到了昆仑山的美玉，有随侯珠、和氏璧之类稀世珍宝，身上垂挂着明月之珠，佩戴着太阿宝剑，乘坐着纤离骏马，树立起翠凤旗帜，设置着灵鼍皮鼓。这几件宝物，秦国一种都不出产，然而陛下您却喜欢它们，这是为什么呢？如果一定要秦国所出产的然后才可以使用，那么这些夜光之璧，就不能装饰在朝廷了；犀牛角和象牙制成的器物，就不会让您把玩赏识；郑国和卫国的美女，也就不会充实于您的后宫；而骏马駃騠，也不会饲养在您的马棚里；江南所产的金锡也就不能用来制作器具；

巴蜀所产的丹青，就不能用来做染料。用来装饰后宫的珠宝、充满堂下的姬妾、娱乐心意的器物、悦人耳目的音乐绘画等，如果一定要秦国所出产然后才可以使用，那么这些嵌着宛珠的簪子、缀有珠子的耳环，东阿白绢织成的衣物，锦绣织成的装饰品，就不会进献到陛下您面前；而那些打扮入时，美貌艳丽、体态优美的赵国女子，也不能侍立在您身旁了。再说敲打陶罐瓦器，弹奏古筝，拍打大腿伴奏，呜呜哇哇歌唱着来娱人耳目的，才真正是秦地的音乐呢。郑国、卫国、桑间的音乐，以及《韶虞》、《武象》，都是异国的乐曲呢。现在陛下您不要听敲击陶瓮瓦器的秦乐，而要听郑、卫二国的音乐，不听弹筝而听《韶虞》之类的乐曲，像这样做的原因是什么呢？只不过是贪图一时的称心如意、宜于观赏罢了。如今您用人却不是这样。不问可用不可用，也不论曲直是非，不是秦国人都赶走，凡是客卿都驱逐。陛下这样做，表明您重视的只是声色珠宝；而所轻视的却是人民。这不是用来统一天下、制服诸侯所应采取的方法。

“臣闻地广者粟多，国大者人众，兵强则士勇〔1〕。是以太山不让土壤〔2〕，故能成其大；河海不择细流，故能就其深；王者不却众庶〔3〕，故能明其德。是以地无四方，民无异国，四时充美〔4〕，鬼神降福，此五帝、三王之所以无敌也。今乃弃黔首以资敌国〔5〕，却宾客以业诸侯〔6〕，使天下之士，退而不敢西向，裹足不入秦，此所谓藉寇兵而赍盗粮者也〔7〕。夫物不产于秦，可宝者多；士不产于秦，而愿忠者众。今逐客以资敌国，损民以益仇，内自虚而外树怨于诸侯，求国无危，不可得也。”

秦王乃除逐客之令，复李斯官。

【注释】

〔1〕兵：武器。

〔2〕太山：即泰山。
〔3〕众庶：民众。
〔4〕四时充美：一年四季富足美满。
〔5〕黔首：秦时对百姓的称呼。
〔6〕业：用作动词，成就功业。
〔7〕赍(jī 机)：馈赠。

【译文】

“我听说土地辽阔，粮食才富足；国家强大，人民才众多；兵器精良，士兵就勇敢。因此，泰山不舍弃微小的泥土，所以能形成它的高大；河海不排除涓涓细流，所以能汇成它的深广；国君不拒绝所有的百姓，所以能显示他的恩德。因此，地不分东西南北，人不分国界，一年四季都富足美满，鬼神都来降福，这就是五帝和三王无敌于天下的原因。现在陛下却抛弃百姓以资助敌国，驱逐宾客以成就别国诸侯的功业，使天下的贤士退缩不敢西来，裹足不敢入秦，这就叫做把武器借给敌寇，把粮食送给盗贼啊！物品不出产在秦国的，可是其中宝物却很多；士人不出生于秦国的，可是愿意为秦国效忠的却很多。现在驱逐客卿来帮助敌国，损害自己的人民来增加敌人的力量，结果使自己国内空虚，而对外又结怨于诸侯，这样做想求得国家没有危险，是不可能的啊。”

秦王于是废除了驱逐客卿的命令，恢复李斯的官职。

（张国浩）

卜　居

《楚辞》

【题解】

本文记述了屈原的一则轶事，关于本文作者，有疑楚人思念屈原所作，但由于构成全文主体的，是屈子自己的言论，故后人往往直指其作者为屈原。

屈原(约前340—约前278)，战国时楚国政治家，我国最早的大诗人，名平，字原。他学识渊博，初辅佐楚怀王，官至左徒、三闾大夫。主张修明法度，举贤授能，联齐抗秦，后遭楚国贵族势力谗害去职。顷襄王时被放逐至沅湘流域。后因楚国政治腐败，国破地削，既无力挽救，又深感理想难以实现，遂投汨罗江而死。著有《离骚》、《九章》等篇。

屈原对楚国竭尽忠诚，结果却遭受谗臣疯狂迫害。本文开篇，描写他被放逐汉北三年后，往见太卜郑詹尹问卜。文中写屈原连设八问，表面上看，诗人似乎犹豫不决，以“宁”、“将”两疑方式，给人以不知所从的印象。其实，诗人的设问，与其说是他对人生道路和处世原则选择上的疑惑，倒不如说是他对吉凶颠倒、清浊混淆的现实的震惊和愤慨，表现了他廉洁正直的品行和不与黑暗现实妥协的战斗精神。全文以屈原问卜的散句开篇，以郑詹尹“释策而谢”答语作结，中间以一连串对立设问的韵语贯穿，往复盘旋，富有气势。这种体式，对汉赋“设为问答，以显己意”的出现，具有极大的启示意义。

屈原既放，三年不得复见。竭智尽忠，而蔽障于谗[1]。心烦虑乱，不知所从。乃往见太卜郑詹尹曰[2]：“余有所疑，愿因先生决之。”詹尹乃端策拂龟曰[3]：“君将何以教之？”屈原曰：“吾宁悃悃款款[4]，朴以忠乎？将送往劳来[5]，斯无穷乎[6]？宁诛锄草茅以力耕乎？将游大人以成名乎？宁正言不讳以危身乎？将从俗富贵以偷生乎？宁超然高举以保真乎？将哫訾栗斯[7]，喔咿儒儿[8]，以事妇人乎[9]？宁廉洁正直以自清乎？将突梯滑稽[10]，如脂如韦[11]，以絜楹乎[12]？宁昂昂若千里之驹乎？将氾氾若水中之凫[13]，与波上下，偷以全吾躯乎？宁与骐骥亢轭乎[14]？将随驽马之迹乎[15]？宁与黄鹄比翼乎[16]？将与鸡鹜争食乎[17]？此孰吉孰凶？何去何从？世溷浊而不清[18]，蝉翼为重，千钧为轻；黄钟毁弃，瓦釜雷鸣[19]；谗人高张，贤士无名。吁嗟默默兮，谁知吾之廉贞？”

【注释】

〔1〕蔽障：遮蔽阻隔。指屈原遭谗被楚怀王疏远隔绝。

〔2〕太卜：主管占卜的官名。

〔3〕策：蓍(shī 尸)草，用以筮。　龟：龟甲，用以卜。端策拂龟是占卜前表示虔诚的准备动作。

〔4〕宁(nínɡ 泞)：表选择，宁可。　悃(kǔn 捆)悃款款：诚实勤劳的样子。

〔5〕将：表选择，还是。　送往劳来：意谓随处周旋、巧于应酬。

〔6〕斯：连词，乃，则。　穷：困境。

〔7〕哫訾(zú zī 足资)：以言献媚。　栗斯：阿谀奉承状。栗，恭谨，恭敬。斯，语助词。

〔8〕喔咿儒儿(ní 倪)：强颜欢笑的样子。

〔9〕妇人：指楚怀王宠姬郑袖，她与朝中重臣上官大夫等人联合排挤谗毁屈原。

〔10〕突梯滑(gǔ 骨)稽：迎合世俗、态度圆滑貌。

〔11〕如脂如韦：比喻处世圆转，如油脂般光滑，如兽皮般柔顺。脂，油脂。韦，熟牛皮。

〔12〕絜(xié 胁)楹：指把方状物体做成屋的柱子，引申为削方为圆的处世之态。絜，度量物体周围的长度。楹，屋柱。

〔13〕氾(fàn 泛)氾：飘浮。　凫(fú 伏)：野鸭。

〔14〕与骐骥亢轭：指与骏马齐驱。亢轭(gè 各)，并驾。轭，车辕前套在牲口颈上的横木。

〔15〕驽马：劣马。

〔16〕黄鹄(hú 胡)：天鹅。

〔17〕鹜(wù 务)：鸭。

〔18〕溷(hùn 混)浊：浑浊。

〔19〕“黄钟”两句：贵重的黄钟遭到毁坏遗弃，劣质的瓦器发出雷鸣般的声音，比喻黑白颠倒，小人得志。黄钟，一种形体最大、声音最宏亮的乐器。瓦釜，原始的瓦制击打乐器。

【译文】

屈原已被放逐，三年不能再见楚怀王。他对国家竭忠尽智，但是却被谗言诽谤，把他与楚怀王遮蔽阻隔。他心烦意乱，不知该怎么做才好。于是就去见太卜郑詹尹说：“我对有些事疑惑不解，希望通过先生您的占卜来决定。”郑詹尹就摆正蓍草，拂去龟壳上的灰尘，问：“先生您有何见教呢？”屈原说：“我宁可诚恳朴实以效忠心呢，还是迎来送往、巧于周旋来摆脱困境呢？宁可开荒锄草勤劳耕作呢，还是去游说达官贵人沽名钓誉呢？宁可直言不讳使自己遭受危险呢，还是去顺从世俗贪图富贵而苟且偷安呢？宁可卓尔不群以保持自己的操守呢，还是阿谀奉迎，强作笑颜，以侍奉楚怀王的宠妃呢？宁可廉洁正直以保持自己清白呢，还是迎合世俗，像油脂那样光滑、像兽皮那样柔软地去趋炎附势呢？宁可像千里马那样驱驰呢，还是像浮在水中野鸭随波逐流，以保全自身呢？宁可与骏马并驾齐驱呢，还是追随那劣马的足迹呢？宁可与天鹅比翼齐飞呢，还是去和鸡鸭争食呢？上述这些，哪个是吉哪个是凶，我该舍弃什么跟随什么？现在的世道混浊不清，以为蝉翼是重的，千钧是轻的；贵重的黄钟遭到毁坏舍弃，低贱的瓦釜却发出雷鸣般的声音；谗佞小人趾高气扬，贤明之士默默无闻。唉，还是沉默吧，有谁了解我的廉洁忠贞呢？”

詹尹乃释策而谢曰：“夫尺有所短，寸有所长；物有所不足，智有所不明；数有所不逮〔1〕，神有所不通。用君之心，行君之意。龟策诚不能知此事！”

【注释】

〔1〕数：术数。　逮：及，到。

【译文】

郑詹尹于是放下蓍草，向屈原致歉说：“尺比寸长，也有它的不足；寸比尺短，也有它的长处。世间万物皆有不完善的地方，人的智慧也有不明瞭的时候；卦数有占卜难解的问题，神灵有难以通达之处。请您按自己的心愿，照您的意志办事。我的龟壳和蓍草确实不能预知这些事。”

（张国浩）

宋玉对楚王问

《楚辞》

【题解】

这是一篇明志之作，文章以“对问”的形式表现了宋玉不被人们理解的痛苦和愤慨，反映了他在仕途上的失意潦倒。写作上宋玉自辩采用了借喻晓理、引譬设喻的方式。文中先以曲与和作比照，再借用庄子《逍遥游》中的凤与鷃、鲲与鲵的意象对比，从而标榜自己志趣绝俗，行为超群，其所作所为不被芸芸众生理解，并不足怪。文末以“故非鸟有凤而鱼有鲲，士亦有之”点题，以“安知臣之所为哉”作结，气度非凡，既是作者对诽谤者的有力回答，又表现出君子不可与小人同日而语的傲岸气魄与清高情怀。

楚襄王问于宋玉曰〔1〕：“先生其有遗行与〔2〕？何士民众庶不誉之甚也〔3〕？”

【注释】

〔1〕楚襄王：即楚顷襄王，名横，公元前298年—前263年在位。宋玉：楚国人。屈原学生，屈原后著名的辞赋家，著有《九辩》等作品。曾仕于顷襄王，官位不高，很不得志。　与：同“欤”，疑问助词。

〔2〕遗行：可遗弃的行为，指有失检点的行为与作风。

〔3〕庶：众。　不誉：不称赞，非议。

【译文】

楚襄王对宋玉问道："先王大概有失检的行为吧？为什么众多的士人百姓对你非议很厉害呢？"

宋玉对曰："唯，然，有之。愿大王宽其罪，使得毕其辞。客有歌于郢中者[1]，其始曰《下里》、《巴人》[2]，国中属而和者数千人[3]；其为《阳阿》、《薤露》[4]，国中属而和者数百人；其为《阳春》、《白雪》[5]，国中属而和者不过数十人；引商刻羽，杂以流徵[6]，国中属而和者不过数人而已。是其曲弥高[7]，其和弥寡。故鸟有凤而鱼有鲲[8]。凤凰上击九千里，绝云霓，负苍天，足乱浮云，翱翔乎杳冥之上[9]；夫藩篱之鷃[10]，岂能与之料天地之高哉？鲲鱼朝发昆仑之墟[11]，曝鬐于碣石[12]，暮宿于孟诸[13]；夫尺泽之鲵[14]，岂能与之量江海之大哉？故非独鸟有凤而鱼有鲲也，士亦有之。夫圣人瑰意琦行[15]，超然独处，夫世俗之民，又安知臣之所为哉？"

【注释】

〔1〕郢(yǐng 影)：战国时楚国都城，所在何处学术界有争议，一般以为在今湖北江陵县北。

〔2〕《下里》、《巴人》：均当时流行的民间俗曲。

〔3〕国：国都。 属(zhǔ 嘱)而和(hè 贺)：聚在一起相应和唱。属，相聚。和，跟着唱和。

〔4〕《阳阿(ē)》、《薤(xiè 械)露》：当地较通俗的歌曲。《阳阿》，亦作"扬荷"。《薤露》，古代挽歌名。

〔5〕《阳春》、《白雪》：古代楚国雅曲名。

〔6〕"引商"二句：指讲究声律，有很高的音乐演唱技巧。古代有

宫、商、角、徵(zhǐ 止)、羽五音，商音凄凉，羽音慷慨，徵音凄厉。引，延长。刻，减损，此指刻画。

〔7〕弥：更，越。

〔8〕鲲：传说中的一种大鱼。《庄子·逍遥游》："北冥有鱼，其名为鲲，鲲之大，不知其几千里也。"

〔9〕杳冥：高远深邃，目力难及的高空。杳，高远。冥，深。

〔10〕藩篱：篱笆。　鷃(yàn 燕)：鷃雀，一种小鸟。

〔11〕昆仑：我国西北部一座大山，西接帕米尔高原，东入青海省境内，层峰叠岭，势极高峻，古代有许多关于昆仑山的神话传说。　墟：山脚下。

〔12〕曝：晒。　鬐(qí 齐)：鱼脊。　碣石：山名，在今河北省昌黎县境内，本在渤海中。

〔13〕孟诸：古大泽名，故址在今河南商丘东北。

〔14〕尺泽：一尺来宽的小水塘。　鲵：小鱼。

〔15〕瑰意琦行：指具有高洁美好的情操和行为。瑰、琦，奇伟美好之意。

【译文】

宋玉答道："是，是这样的，确实有这样的事。希望大王能宽恕我的罪错，使我把要说的话讲完。有一位在郢都唱歌的客人，他开始唱的是《下里》、《巴人》，国都中聚在一起跟着唱的有几千人；当他唱《阳阿》、《薤露》时，国都中聚在一起跟着唱的有几百人；当他唱《阳春》、《白雪》时，都城中聚集在一起跟着唱的不过几十人；当他唱歌时高引商声，刻画羽声，夹杂运用流动的徵声，国都中跟着唱的就不过几个人罢了。这就是说，他所唱的曲调愈高雅，能相唱和的人就愈少。所以鸟中有凤，鱼中有鲲。凤凰击翅向上九千里，穿越云霓，背负苍天，用脚拨乱飘动的浮云，飞翔在极高远的天空。那跳跃于篱笆间的鷃鸟，怎么能和凤凰鸟一样估量天地之高呢？鲲鱼清晨从昆仑山脚出发，中午在碣石山畔曝晒鱼鳍，日暮时住宿于孟诸泽。那尺把深小水塘中的小鲵鱼，怎么能与鲲鱼一样测量江海的广阔呢？所以，不独独只是鸟中有凤凰，鱼中有鲲鱼，士人中也有俊杰啊。圣人有宏大的志向和美好的品德，卓尔不群，那些世俗之人，又怎么能理解我的行为呢！"

（张国浩）

卷　五

五帝本纪赞

《史记》

【题解】

《史记》，我国第一部纪传体通史，西汉司马迁著。

司马迁(前145—?)，字子长，夏阳龙门(今陕西韩城)人，先世为周代史官，父司马谈汉武帝时任太史令。司马迁十岁时随父移居茂陵(今陕西兴平县)，开始诵读经书，曾从当时的经学大师董仲舒、孔安国学习。二十岁时开始漫游生活，足迹几乎遍布祖国大地。武帝元封三年(前108)继父职为太史令，遂饱览皇家藏书和中央政府档案，并在此基础上于太初元年(前104)开始从事《史记》的编写。天汉二年(前99)，因替孤军奋战而不得已投降匈奴的李陵辩解，被处宫刑。在狱中，司马迁忍辱负重，仍然写作不辍。出狱后任中书令，更加发愤著述，终于在征和初年(前92)左右完成了这部巨著。不久即去世，年六十余岁。

《史记》记载了自黄帝至汉武帝时前后三千余年的历史，凡五十二万余言，一百三十篇。其中“本纪”十二篇，“表”十篇，“书”八篇，“世家”三十篇，“列传”七十篇。全书对三千年中的整个社会经济、政治、文化等各方面的演变发展作了概括而又详细的叙述。它不但是一部历史杰作，为我国史学纪传体奠定了基础；而且是兼具异常丰富的思想内容的一部传记文学名著。《史记》中的许多篇章都极具文学价值。这些作品善于抓住人物性格特征与相互间的矛盾冲突，驱遣史实，结构布局既尊重史实，又具开阖跌宕之致，再加以峻洁生动的语言，从而将人物刻画得栩栩如生。正因为如此，《史记》历来被推崇为我国传记文学的典范、古代散文的楷模。

本篇为《史记》的第一篇《五帝本纪》的最后一段，以说明“本纪”的史料来源和作者见解。这种类似于评论的“赞”的形式为司马迁首创，并为后世史书所沿用。这篇赞语历述有关五帝——黄帝、颛顼、帝喾、尧、舜的记载、传说之紊乱、缺漏情况，表明整理五帝史迹的必要性，反映了司马迁著史的求实精神。全文行文层次清晰，舒缓有致。

太史公曰〔1〕：学者多称五帝〔2〕，尚矣〔3〕。然《尚书》独载尧以来〔4〕；而百家言黄帝〔5〕，其文不雅驯〔6〕，荐绅先生难言之〔7〕。孔子所传《宰予问五帝德》及《帝系姓》〔8〕，儒者或不传。余尝西至空桐〔9〕，北过涿鹿〔10〕，东渐于海〔11〕，南浮江淮矣，至长老皆各往往称黄帝、尧、舜之处〔12〕，风教固殊焉，总之不离古文者近是〔13〕。予观《春秋》、《国语》，其发明《五帝德》、《帝系姓》章矣〔14〕，顾弟弗深考〔15〕，其所表见皆不虚〔16〕。《书》缺有间矣〔17〕，其轶乃时时见于他说。非好学深思，心知其意，固难为浅见寡闻道也。余并论次〔18〕，择其言尤雅者，故著为本纪书首。

【注释】

〔1〕太史公：司马迁自称。司马迁曾任太史令。

〔2〕五帝：见“题解”。

〔3〕尚：久远。

〔4〕《尚书》：上古政治文诰和部分追述古代事迹著作的汇编书，亦称《书》、《书经》。　尧：即唐尧，传说中的远古帝王。

〔5〕百家：即诸子百家。　黄帝：即轩辕氏，传说中的远古帝王，中原各族的共同祖先。

〔6〕雅驯：正确可信。雅，正确。驯，同“训”，规范。

〔7〕荐绅先生：即士大夫。荐绅，即搢绅，又作缙绅。古代官员上朝时把手里拿着的手板(笏)插在腰带上，称为搢绅。搢，插。绅，腰带。

〔8〕《宰予问五帝德》、《帝系姓》：为《大戴礼记》及《孔子家语》中的篇名。有些儒者认为不是圣人之言，不可信，因而不传学。

〔9〕空桐：即崆峒山，在今甘肃平凉县西。传说黄帝曾到过此山。

〔10〕涿鹿：即涿鹿山，在今河北涿鹿县东南。传说黄帝、尧、舜都曾在那里建都。

〔11〕渐：入，到。

〔12〕长(zhǎng 涨)老：年纪大的人。

〔13〕古文：指用古文字(金文、战国文字、篆文)写成的典籍。

〔14〕发明：阐明。　章：明白。

〔15〕顾：不过。　弟：通“第”，只是。

〔16〕见：同“现”。

〔17〕有间(jiàn 剑)：为时已久。

〔18〕论次：评论编次。

【译文】

太史公说：学者们常常谈到五帝，这已经由来已久了。但是《尚书》只记载尧以来的史事；而诸子百家提到黄帝，他们的记述不太正确可信，士大夫们对此多有诘责。孔子传下来的《宰予问五帝德》和《帝系姓》，有的儒者并不传授学习。我曾西至崆峒山，北过涿鹿山，东到大海，南渡江淮，所碰到的老年长者都往往谈到黄帝、唐尧、虞舜活动过的地方，但这些地方的风俗教化本来并不相同，总之以不背离古籍所记载的为接近正确。我读《春秋》、《国语》，它们阐述《五帝德》和《帝系姓》的内容是很明白的，不过只是没有深入考察，但二书所记载的内容都是可信的。《尚书》残缺为时已久，它所散失的内容常常在其他著作中可以看到。如果不是喜欢学习、深入思考，领会这些书的含义，当然就很难向见识浅薄、孤陋寡闻的人说清楚。我将有关五帝的材料综合起来论定编次，选择其中最为正确的说法，写成《五帝本纪》，作为全书的头一篇。

（田松青）

项羽本纪赞

《史记》

【题解】

按《史记》体例，“本纪”为记历代帝王当国之事。但《项羽本纪》是个例外。司马迁之所以将并未成帝业的项羽列入“本纪”，一方面是因为在秦亡汉兴的过渡阶段，实际支配当时政局、代表当时政权并发号施令的正是项羽，其权威可谓与帝王无异；另一方面，应该说司马迁对项羽这个充满了悲剧色彩的失败英雄充满崇敬并有些偏爱。也正因为这个原因，司马迁通过“巨鹿之战”、“鸿门宴”、“垓下之围”三大事件的突出描写，将项羽的一生描绘得波澜壮阔、惊心动魄，而《项羽本纪》一文也成为千古名篇。在“赞”中，司马迁以冷静而客观的史学眼光对项羽这位悲剧英雄作了扬善贬恶的评价，在肯定了项羽的才智胆略的同时，也严肃地揭露和批评了他的刚愎自用、残酷暴虐，而这些批评也为后世帝王敲响了警钟。

太史公曰：吾闻之周生〔1〕，曰“舜目盖重瞳子”〔2〕，又闻项羽亦重瞳子。羽岂其苗裔邪〔3〕？何兴之暴也〔4〕！夫秦失其政〔5〕，陈涉首难〔6〕，豪杰蜂起〔7〕，相与并争，不可胜数。然羽非有尺寸〔8〕，乘势起陇亩之中〔9〕，三年，遂将五诸侯灭秦〔10〕，分裂天下，而封王侯，政由羽出〔11〕，号为“霸王”，位虽不终〔12〕，近古以来未尝有也。及羽背关怀楚[13]，放逐义帝而自立[14]，怨王侯叛己，难矣。自矜功伐[15]，奋其私智而不师古[16]，谓霸王之业，欲以力征经营天下[17]，五年卒亡其国，身死东城[18]，尚不觉寤而不自责[19]，过矣[20]。乃引“天亡我，非用兵之罪也”[21]，岂不谬哉！

【注释】

〔1〕周生：名不详，当为司马迁同时代的儒生。

〔2〕盖：表示不能肯定，可能是。　重瞳子：一只眼睛里有两颗眸子。后人谓重瞳为帝王之相。

〔3〕苗裔（yì 亦）：后代子孙。

〔4〕兴（xīng 星）：兴起。　暴：突然。

〔5〕失政：政治混乱。

〔6〕陈涉首难：指秦末陈胜、吴广农民起义。详见《史记·陈涉世家》。陈涉，陈胜字涉。首难，首先发难、起义。

〔7〕蜂起：群蜂齐飞。喻众多。

〔8〕尺寸：一点点凭借，指土地或权力。

〔9〕陇亩：田间，民间。

〔10〕将（jiāng 姜）：率领，带领。　五诸侯：指当时齐、赵、韩、魏、燕五国的义军。

〔11〕政：政令。

〔12〕位：指西楚霸王的权势和地位。

〔13〕背关怀楚：放弃关中，怀恋楚地。指项羽放弃秦地，自立为西楚霸王，定都彭城。

〔14〕放逐义帝：指项羽将义帝流放到长沙郴县（今湖南郴州市）。详见《本纪》。义帝，徒有名义的假帝，指被项羽“尊为义帝”的楚怀王熊心。

〔15〕矜（jīn 今）：自夸。　伐：功劳。

〔16〕奋：逞。　私智：私心，私欲。　师古：师法古代帝王的行为事业。

〔17〕力征：用武力征伐。　经营：统治。

〔18〕东城：今安徽省定远县东南。项羽被汉军追杀，最后逃至东

城。详见《本纪》。

〔19〕寤：通“悟”。

〔20〕过：错。

〔21〕引：借口。

【译文】

太史公说：我从周生那里，听说“舜的眼睛是重瞳子”，又听说项羽也是重瞳子。难道项羽是舜的后代吗？项羽的兴起是何等的突然而迅猛啊！秦朝的统治残暴混乱，陈涉便首先起义发难，当时的英雄豪杰纷纷起来响应，相互争夺天下，人数多得数也数不清。然而项羽没有一点根基，趁着时势从民间兴起，不过三年时间，便率领五国的义军灭亡了秦朝，随后分割天下，封授各路王侯，所有政令都由项羽发布，自号为“西楚霸王”。虽然他的王位没有坐到底，但自古以来像他这样的人物还不曾有过。等到项羽放弃关中，怀恋故乡楚地，定都彭城，并流放义帝而自立为王，这时候再抱怨王侯们背叛自己，就太勉强了。自己夸耀功劳，独逞个人的私欲而不师法古代帝王的行为事业，说什么霸王的业绩，想要通过武力征伐来统治天下，结果不过五年便使得自己的国家灭亡了，自己死在东城，但仍然没有觉醒，不肯自己责备自己，这显然是错误的！而且还借口说“这是上天要灭亡我，不是我用兵的过错”，难道不是很荒谬吗？

（田松青）

秦楚之际月表

《史记》

【题解】

“表”是司马迁在《史记》中独创的一种史书体例，即以表格的形式编撰某一时期的史实。《史记》中共有表十篇，本文为第四篇的序言。“秦楚之际”指秦二世在位时期和项羽统治时期。这一时期时间虽短，但大小事件繁多，所以按月来记述，称为“月表”。在这篇序言中，作者对于秦楚之际这段特殊的历史时期的特点作了概括，即陈涉起义、项羽灭秦及刘邦称帝，且政权的三次更迭是在短短的五年中完成的；回顾了历史上一些贤君统一天下的艰难历程，对于秦楚之际“号令三嬗”而刘邦最终称帝的原因作了分析。结论虽流于宿命论，但见解不失独到之处。

太史公读秦楚之际，曰：初作难〔1〕，发于陈涉〔2〕；虐戾灭秦〔3〕，自项氏〔4〕；拨乱诛暴〔5〕，平定海内，卒践帝祚〔6〕，成于汉家。五年之间〔7〕，号令三嬗〔8〕，自生民以来〔9〕，未始有受命若斯之亟也〔10〕。

【注释】

〔1〕作难(nàn 男去声)：发难，起事。

〔2〕陈涉：即陈胜(？—前208)，字涉，阳城(今河南登封东南)人。秦末农民起义领袖。

〔3〕虐戾（lì 立）：残暴。此指项羽用武力灭秦并诛杀秦王子婴。

〔4〕项氏：即项羽。详见《项羽本纪赞》。

〔5〕拨乱：治理乱世。　诛：治除。

〔6〕卒：最终。　践：登。　帝祚（zuò 作）：帝位。

〔7〕五年之间：从前209年陈胜起义至前205年项羽派人杀义帝，共五年。

〔8〕号令：发号施令以指挥天下的权力。　嬗（shàn 善）：转换，变更。

〔9〕生民：人类。

〔10〕受命：犹言接受天命，建立新朝。古代帝王统治者托神权以巩固统治，自称受命于天。　亟：急促，快。

【译文】

太史公读了秦汉之际的历史，说：最早起事的是陈涉；用武力灭秦的是项羽；治理乱世、诛除暴虐，平定天下，最终登上帝位，完成这项功业的是汉家。五年之间，号召并指挥天下的权力就变换了三次，自有人类以来，帝王接受天命像这样急促的从来不曾有过。

昔虞、夏之兴〔1〕，积善累功数十年，德洽百姓〔2〕，摄行政事〔3〕，考之于天〔4〕，然后在位。汤、武之王〔5〕，乃由契、后稷修仁行义十余世〔6〕，不期而会孟津八百诸侯〔7〕，犹以为未可，其后乃放弑〔8〕。秦起襄公〔9〕，章于文、缪〔10〕，献、孝之后〔11〕，稍以蚕食六国〔12〕，百有余载，至始皇乃能并冠带之伦〔13〕。以德若彼〔14〕，用力如此〔15〕，盖一统若斯之难也。

【注释】

〔1〕虞、夏：即虞舜和夏禹，传说中的远古帝王。

〔2〕洽：润泽。

〔3〕摄：代理。

〔4〕考：验证，考验。

〔5〕汤：商汤，商朝的建立者。　武：周武王，周朝的建立者。

〔6〕契(xiè 屑)：传说中商的始祖。后稷：传说中周的始祖。　十余世：契传十四代至汤，后稷传十五代至武王，故云十余世。

〔7〕"不期"句：相传周武王伐纣时与八百诸侯会盟于孟津。不期，没有约定。孟津，黄河古渡，在今河南孟津县东北、孟县西南。

〔8〕放弑：指商汤放逐夏桀帝，周武王伐商纣帝。

〔9〕襄公：秦襄公，春秋时秦国的创立者，公元前777年至前766年在位。

〔10〕章：显扬，彰扬。　文：秦文公，公元前765年至前716年在位。　缪：秦穆公，公元前659年至前621年在位。缪，同"穆"。

〔11〕献：秦献公，公元前384年至前362年在位。　孝：秦孝公，公元前361年至前338年在位。

〔12〕稍：逐渐。　蚕食：逐渐侵吞。　六国：指战国时与秦并立的六个大国齐、楚、燕、韩、赵、魏。

〔13〕始皇：秦始皇嬴政，公元前246年至前221年为秦王，前221年至前210年为秦始皇帝。　并：吞并。　冠带之伦：戴冠束带之流。此指六国诸侯。冠带，本喻指官吏。

〔14〕以德：以德行感召天下。　彼：指前文中的虞、夏、汤、武。

〔15〕用力：用武力夺取天下。　此：指秦。

【译文】

从前虞舜、夏禹的兴起，都经过了几十年的积累善行和功德，他们的恩德润泽百姓，代替上天管理政事，受到上天的考验，然后才登上帝位。商汤、周武称王，是由于从他们的祖先契、后稷开始就修积仁德、推行道义，经历了十几代，武王时未经预先邀约，就有八百诸侯会盟于孟津，他们还是认为时机未到，不可轻易夺取王位，直到后来才放逐了夏桀，诛杀了商纣。秦国从秦襄公立国，显赫于秦文公、秦穆公，秦献公、秦孝公以后，逐步侵吞六国，经过一百多年，到了秦始皇才有能力兼并诸侯。像虞舜、夏禹、商汤、周武王那样实行德政，像秦国那样使用武力，统一天下竟然如此的艰难。

秦既称帝，患兵革不休〔1〕，以有诸侯也〔2〕，于是无尺土之封〔3〕，堕坏名城〔4〕，销锋镝〔5〕，钼豪桀〔6〕，维万世之安〔7〕。然王迹之兴〔8〕，起于闾巷〔9〕，合从讨伐〔10〕，轶于三代〔11〕，乡秦之禁〔12〕，适足以资贤者为驱除难耳〔13〕。故愤发其所为天下雄，安在无土不王〔14〕。此乃传之所谓大圣乎〔15〕？岂非天哉，岂非天哉！非大圣孰能当此受命而帝者乎？

【注释】

〔1〕患：担心。　兵革：战争。

〔2〕以：因为。

〔3〕“于是”句：秦始皇统一天下后，废除了封疆土、建诸侯的制度，没有对功臣作过尺寸土地的封赏。

〔4〕堕（huī 灰）：通“隳”，毁坏。

〔5〕销：销毁。　锋镝（dí 敌）：指各类兵器。锋，刀刃。镝，箭头。

〔6〕钼（chú 除）：通“锄”，铲除。　桀：同“杰”。

〔7〕维：通“惟”。思考，计度。

〔8〕王迹：王者创业的功绩。

〔9〕闾巷：街巷，借指民间。此指刘邦出身微贱。

〔10〕合从：本指战国后期燕、齐、韩、赵、魏、楚六国联合抗秦的策略。此借用来表示联合。从，同“纵”。

〔11〕轶：超过。　三代：指夏、商、周。

〔12〕乡：同“向”，从前。　禁：指秦朝废除封建等种种禁令。

〔13〕适：正好，恰好。　资：帮助。　贤者：指刘邦。

〔14〕无土不王：当时流传的古语，意谓没有封土就不能为王。

〔15〕传（zhuàn 撰）：古文献。　大圣：大圣人。

【译文】

秦始皇称帝后，担心战争不止，因为是有诸侯存在的缘故，因此对功臣亲族没有尺寸土地的封赏，而且毁坏有名的城池，销毁兵器，铲除各地的豪强势力，希图保持万世帝业的安定。但是，新的帝王事业兴起于民间，天下豪杰联合攻秦，其声势超过了夏、商、周三代，过去秦朝的种种禁令，恰恰帮助了贤者为创业扫除了艰难。所以刘邦发愤而起，成为天下的英雄，怎么能说“没有封地就不能成为帝王”呢？这就是古代典籍所谓的大圣人吧？难道不是天意吗？难道不是天意吗？如果不是大圣人，谁能在这乱世承受天命而成就帝业呢？

（田松青）

高祖功臣侯年表

《史记》

【题解】

本文为《史记·高祖功臣侯者年表》的序言。

汉初时，跟随汉高祖刘邦征战立国的功臣中，有一百多人被封为侯。这篇年表便是记载这些功臣的经历和他们后代的情况的。司马迁在序中指出，这些受封赏的功臣及其后代之所以最终落得个被诛或被废黜的后果，其原因一方面是汉代法网日益严密；另一方面则是由于这些功臣的后代日益骄奢淫逸、无视国法而造成的。而后者是更为主要和直接的原因。全文文意层层推进，深刻地总结了这一方面的经验教训，并希望后世君臣有所借鉴。

太史公曰：古者人臣功有五品〔1〕，以德立宗庙、定社稷曰勋〔2〕，以言曰劳〔3〕，用力曰功〔4〕，明其等曰伐〔5〕，积日曰阅〔6〕。封爵之誓曰：“使河如带〔7〕，泰山若厉〔8〕，国以永宁〔9〕，爰及苗裔〔10〕。”始未尝不欲固其根本〔11〕，而枝叶稍陵夷衰微也〔12〕。

【注释】

〔1〕五品：五个等级，即下文所说的勋、劳、功、伐、阅。品，等级。

〔2〕立宗庙、定社稷：皆指开国创基的事业。宗庙，古代帝王、诸

侯或大夫、士祭祀祖宗的庙宇。此借指帝业。社稷，土神和谷神，古代用以象征国家。

〔3〕言：指为治国安邦提意见、出谋划策。

〔4〕力：指用武力、征战。

〔5〕明其等：彰显其功劳的等级。

〔6〕积日：任事时间的积累，资历的长短。

〔7〕使：假使。　河：黄河。　带：衣带。

〔8〕厉：同“砺”，磨刀石。

〔9〕国：指封国。

〔10〕爰(yuán 元)：乃。

〔11〕根本：指功臣的封国。

〔12〕枝叶：喻指所封功臣的后代子孙。　稍：逐渐。　陵夷：衰弱。

【译文】

太史公说：古时候臣子的功劳有五个级别：凭借德行开创帝业、安邦定国的称作“勋”，凭借出谋划策立功的称作“劳”；凭借武力在征战中立功的称作“功”；使其功劳等第显著的称作“伐”；依靠逐日积累功绩的称作“阅”。当初封爵时的誓言说：“假使黄河变得像衣带一样窄，泰山变得像磨刀石一样小，封国也将永远安宁，并一直传给子孙后代。”因而起初未尝不想使他们的根本牢固，没想到他们的枝叶却渐渐地颓败衰弱了。

余读高祖侯功臣[1]，察其首封[2]，所以失之者，曰：异哉所闻！《书》曰“协和万国”[3]，迁于夏、商[4]，或数千岁。盖周封八百，幽、厉之后[5]，见于《春秋》。《尚书》有唐、虞之侯伯[6]，历三代千有余载，自全以蕃卫天子[7]，岂非笃于仁义[8]，奉上法哉[9]？汉兴，功臣受封者百有余人[10]。天下初定，故大城名都散亡，户口可得而数者十二三，是以大侯不过万家，小者五六百户。后数世，民咸归乡里，户益息[11]，萧、曹、绛、灌之属或至四万[12]，小侯自倍[13]，富厚如之。子孙骄溢[14]，忘其先，淫嬖[15]。至太初百年之间[16]，见侯五[17]，余皆坐法陨命亡国[18]，秏矣[19]。罔亦少密焉[20]，然皆身无兢兢于当世之禁云[21]。

【注释】

〔1〕侯：作动词，封赏。

〔2〕首：开始，起初。

〔3〕《书》：指《尚书》。　协和万国：《尚书·尧典》原文作“协和万邦”，汉代避刘邦讳，改“邦”为“国”。意谓尧以前所封的许多国家和睦相处。

〔4〕迁：延续。

〔5〕幽：周幽王，公元前781年至前771年在位。　厉：周厉王，公元前857年至前842年在位。幽、厉都为西周的暴君。

〔6〕侯：古代五等爵位中的第二等。　伯：古代五等爵位中的第三等。

〔7〕蕃(fān帆)卫：保卫。蕃，同“藩”，屏障。

〔8〕笃：忠实。

〔9〕上法：天子的法令。

〔10〕百有余人：汉高祖共封功臣一百三十七人。

〔11〕息：繁育。

〔12〕萧：萧何，封酂侯。　曹：曹参，封平阳侯。　绛：绛侯周勃。灌：灌婴，封颍阴侯。以上四人皆为汉初功臣。

〔13〕自倍：为自己初封时户数的一倍。

〔14〕溢：过度。

〔15〕淫嬖(bì壁)：放纵邪恶。

〔16〕太初：汉武帝年号(前104—前101)。

〔17〕见侯五：指武帝时只剩下平阳侯、曲周侯、阳阿侯、戴侯、谷陵侯的后裔。见，同“现”，现存的。

〔18〕坐法：因犯法被判罪。　陨(yǔn允)命：丧命。陨，同“殒”。

〔19〕秏：同“耗”，消耗。

〔20〕罔：同“网”，法网。　少：稍微。
〔21〕兢兢：小心谨慎的样子。

【译文】

我阅读了高祖时被封为侯的功臣的史料，考察他们起初受封，后来之所以失去爵位的原因，说：这和我前面听说的誓词大不一样了。《尚书》上说“尧以前的许多封国和睦相处”，一直到夏、商，有的已经几千年了。周朝分封了八百诸侯，经历了周幽王、周厉王的乱世，他们的后代在《春秋》一书中仍有记载。《尚书》中记载的唐尧、虞舜时受封的侯伯，经历了夏、商、周三代，有一千多年，他们的后代尚能保全自己，并护卫着天子，难道不正是由于他们忠实仁义、遵奉天子的法令吗？汉朝建国的时候，功臣接受封爵的有一百多人。当时天下刚刚平定，所以原来的大城市和著名的都会的人口流散逃亡，户口计算起来实际上只有十分之二、三，所以大侯的封邑不超过万家，小的只有五六百户。过了几代之后，老百姓都返回故乡，户口日益增多，萧何、曹参、周勃、灌婴之类大侯的封邑，有的已达四万户，小侯的封邑也已是初封时的一倍，其财富增长的情况也与此相称。他们的子孙便骄奢过度，忘记了他们祖先的创业艰难，行为放纵邪恶。从汉初到汉武帝太初年间，一百年的时间里，现存的侯爵只有五个了，其他的都因为犯法而丧命，失去封国，全都完了。国家的法网对他们也稍微严密了些，然而他们都是因为自身没有小心谨慎地遵守当时的法令。

居今之世，志古之道[1]，所以自镜也[2]，未必尽同。帝王者，各殊礼而异务[3]，要以成功为统纪[4]，岂可绲乎[5]？观所以得尊宠，及所以废辱，亦当世得失之林也[6]，何必旧闻？于是谨其终始，表见其文[7]，颇有所不尽本末[8]，著其明，疑者阙之[9]。后有君子，欲推而列之，得以览焉。

【注释】

〔1〕志：记。

〔2〕镜：借鉴。

〔3〕务：致力，从事。

〔4〕统纪：纲领。

〔5〕绲(gǔn 滚)：缝合。

〔6〕林：汇集。

〔7〕表见：用表格的形式反映(内容)。

〔8〕本末：事物的始终、原委。

〔9〕阙：同“缺”，空缺。

【译文】

处在当今的时代，要记取古代的道理，以此作为自己的借鉴，但不一定要和古人做得完全相同。做帝王的，各有不同的礼法，所作所为也各有差异，但重要的是把成就功业作为纲领，怎么可以要求他们完全一样呢？观察人臣之所以得到尊贵宠信，以及之所以会被废弃侮辱的原因，这也是当世政治得失的经验所在，何必要依据旧时的传闻呢？因此我认真地记载了他们的经历始末，用表格来反映文字记录，但仍有许多事情的本末无法说得详尽，只记叙那些清楚显著的部分，有疑问的就空缺着。如果后世有君子，想推究并列出他们的事迹，可以参阅这个表。

(田松青)

孔子世家赞

《史记》

【题解】

“世家”为《史记》五体之一，主要是记载世袭封国的诸侯的事迹。刘知幾《史通·世家》解释说：“案世家之为义也，岂不以开国承家，世代相续。”

孔子(前551—前479)，名丘，字仲尼，鲁国陬邑(今山东曲阜东南)人，春秋末思想家、政治家、教育家，儒家思想的创始人。孔子虽非诸侯，但司马迁出于对他的崇敬，将其列入“世家”。本文为作者在全传最后对孔子进行的评论。赞语肯定了孔子以道德学问受到后世人的景仰，表达了作者对孔子发自内心的高度崇敬的心情。全文简洁明了，热情洋溢，真挚动人。

太史公曰：《诗》有之〔1〕：“高山仰止，景行行止〔2〕。”虽不能至，然心乡往之〔3〕。余读孔氏书，想见其为人。适鲁〔4〕，观仲尼庙堂、车服、礼器〔5〕，诸生以时习礼其家〔6〕，余祗回留之〔7〕，不能去云。天下君王至于贤人众矣，当时则荣，没则已焉〔8〕。孔子布衣〔9〕，传十余世，学者宗之〔10〕。自天子王侯，中国言六艺者〔11〕，折中于夫子〔12〕，可谓至圣矣！

【注释】

〔1〕《诗》：即《诗经》，我国最早的诗歌总集。

〔2〕“高山”二句：出自《诗经·小雅·车舝》。高山，比喻品德高尚。仰，仰望。止，句尾语气词，表示决定。景行（háng 杭），大道。比喻行为光明正大。

〔3〕乡：同“向”。

〔4〕适：到。

〔5〕礼器：祭祀用的器具。

〔6〕诸生：众儒生。　以时习礼：按时演习礼仪。

〔7〕祗（zhī 支）回：心怀敬意而流连徘徊。

〔8〕没：死。　已：完。

〔9〕布衣：平民。

〔10〕宗：尊崇。

〔11〕六艺：即“六经”，指《诗》、《书》、《礼》、《乐》、《易》、《春秋》。

〔12〕折中：取正，用以断定事物正确与否的准则。　夫子：古代对男子的尊称。此专称孔子。

【译文】

太史公说：《诗经》中有这样的句子：“一个人的品德像山一样高尚，人们就会敬仰他；一个人的行为像大道一样光明正大，人们就会跟着他走。”我虽然不能达到这种境界，但是内心一直向往着。我读了孔子的书，便想见他的为人。后来我来到鲁地，参观了孔子的庙堂、车子、衣服和祭祀用的礼器，众儒生按时在他家里演习礼仪，对此我恭敬地徘徊留恋，舍不得离去。天下的君王以至于历代贤人实在是很多，他们在世时十分荣耀，死后则什么也没有了。孔子只是个平民，但他的学说已流传了十几代，读书人都尊崇他。上自天子王侯，中国讲说六艺的人，都以孔子的学说作为标准，孔子真可以说是至高无上的圣人了！

（田松青）

外戚世家序

《史记》

【题解】

本篇为《史记·外戚世家》的序言。外戚，指的是皇帝的后妃及后妃的亲族。《外戚世家》记述了汉高祖、文帝、景帝、武帝四朝的皇后(吕后列入“本纪”，不包括在内)、太后及其家庭的情况。

序文历述三代以来帝王的成败、国家的兴衰都与外戚有密切的关系，强调了帝王在选择后妃问题上不可不慎。全文引经据典，论述由具体而一般，再引出结论，入情入理，有很强的说服力。

自古受命帝王及继体守文之君[1]，非独内德茂也[2]，盖亦有外戚之助焉。夏之兴也以涂山[3]，而桀之放也以末喜[4]。殷之兴也以有娀[5]，纣之杀也嬖妲己[6]。周之兴也以姜原及大任[7]，而幽王之禽也淫于褒姒[8]。故《易》基《乾》、《坤》[9]，《诗》始《关雎》[10]，《书》美厘降[11]，《春秋》讥不亲迎[12]。夫妇之际，人道之大伦也。礼之用[13]，唯婚姻为兢兢[14]。夫乐调而四时和，阴阳之变，万物之统也[15]。可不慎与[16]？

【注释】

〔1〕受命帝王：受天命的帝王。指创业的帝王。　继体：继承先帝的政体。　守文：遵守先帝留下的成法。

〔2〕内德：自身的德行。

〔3〕涂山：指夏禹之妻涂山氏。传说夏禹娶涂山氏的女子，生下夏启。涂山为地名，即今安徽当涂山，或谓在浙江绍兴。

〔4〕桀（jié 杰）：夏桀，相传夏朝最后一个帝王，暴虐无道。　放：夏亡，桀被商汤流放于南巢（今安徽巢县西南）。　末喜：即妹喜，夏桀的宠妃。相传夏桀对她言听计从，后与桀都死于南巢。

〔5〕殷：即商朝。　有娀（sōng 松）：指有娀氏之女简狄，帝喾之次妃，传说她吞玄鸟（燕）卵而有孕，生契，为殷之始祖。有娀为古国名，在今山西运城蒲州镇。

〔6〕纣（zhòu 宙）：商代的最后一个帝王，性情残暴，后为周武王讨伐，兵败自杀。　嬖（bì 壁）：宠爱。　妲（dá 达）己：有苏氏之女，商纣之宠妃。传说她助纣为虐，纣王死后被杀。

〔7〕姜原：又作姜嫄，有邰氏之女，帝喾之妃，传说她在荒野踏巨人的足印而孕，生后稷，后稷为周的始祖。　大任：即太任，周文王之母。

〔8〕幽王：即周幽王，西周的最后一个帝王，公元前781年至前771年在位。　禽：同“擒”。　褒姒（sì 四）：周幽王的宠妃，褒国人，姓姒。相传褒姒生来不好笑，周幽王为博其一笑，妄举烽火，戏弄诸侯。后犬戎入侵，周幽王再举烽火告急，诸侯都不响应，终被犬戎所杀，褒姒被虏。

〔9〕《易》：即《周易》，相传为周人所作，通过八卦形式推测社会和自然界的变化，认为阴阳两种势力的相互作用是产生万物的根源。《乾》、《坤》：《周易》中开头两卦的卦名，分别表示阳和阴、男和女等。

〔10〕《关雎（jū 居）》：《诗经》的第一篇，旧说此诗的宗旨是歌颂后妃之德的。

〔11〕美：赞美。　厘降：《尚书·虞书·尧典》有“厘降二女于妫汭”语，指尧亲自办理把自己的两个女儿下嫁给舜的婚事。厘，料理。降，下嫁。

〔12〕讥不亲迎：《春秋·隐公二年》有“纪裂𦈡来逆女”语，讥其始不亲迎。亲迎，古代婚嫁，新婿必亲至女家迎娶。

〔13〕用：施行。

〔14〕兢兢：小心谨慎之貌。

〔15〕统：纲纪，准则。

〔16〕与：同“欤”，句尾助词，表示疑问。

【译文】

自古以来接受天命创业的帝王，以及继承先帝政体、遵守先帝成法的君主，不仅仅是因为他个人自身的德行秀茂，也有外戚对他的帮助。夏朝的兴起是因为夏禹娶了涂山氏之女，而夏桀被流放是因为宠爱妺喜。商殷的兴起是因为有了有娀氏之女简狄，商纣的兵败自杀是因为宠爱妲己。周朝的兴起是因为有姜嫄和太任，而周幽王被擒是因为嬖幸褒姒。所以《周易》以《乾》卦和《坤》卦为基础，《诗经》以《关雎》开篇，《尚书》赞美尧帝亲自料理女儿的婚事，《春秋》讥讽不亲自迎娶。夫妇之间的关系，是人类道义中最重要的伦理。礼仪的施行，唯独在婚姻上要特别慎重。音乐协调了，四季才能谐和，阴阳的变化，是万物的纲领。怎么可以不慎重呢？

人能弘道〔1〕，无如命何。甚哉〔2〕，妃匹之爱〔3〕，君不能得之于臣，父不能得之于子，况卑下乎！既驩合矣〔4〕，或不能成子姓〔5〕；能成子姓矣，或不能要其终〔6〕：岂非命也哉？孔子罕称命，盖难言之也。非通幽明之变〔7〕，恶能识乎性命哉〔8〕？

【注释】

〔1〕弘：弘扬，发扬。

〔2〕甚：超越一切的。

〔3〕妃匹：配匹，配偶。妃，同“配”。

〔4〕驩（huān 欢）合：欢爱融洽。驩，同“欢”。

〔5〕子姓：子孙。姓，生息。

〔6〕要（yāo 夭）：求得。

〔7〕幽明：阴阳。

〔8〕恶(wū 乌)：怎么。　性命：人性与命运。

【译文】

人能弘扬道义，但对天命却无可奈何。夫妇之间的爱超越了一切，这种爱君王不能从臣下那里得到，父亲不能从儿子那里得到，何况那些地位和辈分都很低下的人呢？夫妻间欢爱融洽了，有的却没有子息；即使有子息后代，有的却不能求得善终，这难道不是天命吗？孔子很少谈到天命，大概是因为很难说清楚吧。不通晓阴阳的变化，怎么能懂得人性和命运的复杂道理呢？

（田松青）

伯夷列传

《史记》

【题解】

本篇为《史记》列传的第一篇。文中简单地记述了商末孤竹君的两个儿子伯夷、叔齐因不食周粟而饿死首阳山的事迹。然后藉此大发议论，一方面歌颂了两人对国家的忠义不二，一方面对关于两人死时毫无怨言的说法提出了质疑。同时，作者将两人与许由、务光相比较，指出两人的名闻后世与孔子对其的称颂有着很大关系。特别值得注意的是，作者通过对“天之报施善人，其何如哉”（即善有善报）提出疑问，来表现自己对现实社会中恶人横行霸道而好人灾祸不断的强烈不满，而其实是对自身遭遇的慨叹。全文一改人物传记的惯例，以议论为主，以叙事为辅，或长叹，或反问，感情激烈，锋芒毕露，气势夺人。

夫学者载籍极博〔1〕，犹考信于六艺〔2〕。《诗》、《书》虽缺〔3〕，然虞、夏之文可知也〔4〕。尧将逊位〔5〕，让于虞舜，舜、禹之间，岳牧咸荐〔6〕，乃试之于位，典职数十年〔7〕，功用既兴〔8〕，然后授政，示天下重器〔9〕。王者大统〔10〕，传天下若斯之难也。而说者曰〔11〕，尧让天下于许由〔12〕，许由不受，耻之逃隐。及夏之时，有卞随、务光者〔13〕。此何以称焉〔14〕？太史公曰：余登箕山，其上盖有许由冢云[15]。孔子序列古之仁圣贤人，如吴太伯、伯夷之伦详矣[16]。余以所闻由、光义至高，其文辞不少概见[17]，何哉？

【注释】

〔1〕载籍：书籍，泛指各种图书资料。

〔2〕考信：通过检验而被确认。　六艺：即《诗》、《书》、《礼》、《乐》、《易》、《春秋》六部儒家经典。

〔3〕缺：残缺不全。

〔4〕虞、夏之文：指《尚书》中有关尧、舜、禹之间禅让的事迹的记载。虞，虞舜。夏，夏禹。

〔5〕逊位：退位。

〔6〕岳牧：即四岳、九牧。传说中四方诸侯之首及九州行政长官。

〔7〕典职：任职管事。

〔8〕功用：功效。

〔9〕示：表明，显示。　天下：此指政权。　重器：宝器，大器。

〔10〕大统：大纲。主宰者。

〔11〕说者：指诸子杂记。

〔12〕许由：传说中尧时的隐士。相传尧要让位于他，他拒不接受，逃隐到箕山（在今河南登封县南）。

〔13〕卞随、务光：《庄子·让王》中虚构的人物。据说商汤曾向他们请教有关伐桀的问题，他们不回答。汤灭桀后，想把天下让给他们，他们都气愤得投河而死。

〔14〕称：说。

〔15〕盖、云：语气助词，表示怀疑。　冢（zhǒng 肿）：坟墓。

〔16〕“孔子”二句：孔子评述吴太伯事见《论语·泰伯》：“泰伯其可谓至德也矣，三以天下让，民无得而称焉。”孔子评述伯夷事见下文。序列，评述。序，通“叙”。吴太伯，周朝祖先古公亶父的长子，让位于其弟季历（周文王之父），自己出走到吴地。

〔17〕不少：没有一点。少，稍微。　概见：概略的记载。概，梗概，概略。

【译文】

有学问的人看到过的书籍极为广博，但还是用六艺去核实材料的可靠性。《诗经》、《尚书》虽然残缺不全，但关于虞舜、夏禹的史迹记载还是可以见到的。尧帝将要退位的时候，把帝位禅让给舜，舜及后来的禹在即位以前，都是有四岳和九牧一致的推荐，才试任官职，掌管执政几十年，功效已经显示出来了，然后才把帝位传给他们，表明政权是最珍贵的宝器。帝王是天下的主宰，传交政权是这样的难啊！然而一些诸子杂说记载说，尧要把天下让给许由，许由不肯接受，并以此为耻辱而逃走隐居起来。到了夏朝的时候，又有卞随、务光这样的隐者。这是根据什么而说的呢？太史公说：我登上箕山，山上据说有许由的坟墓。孔子评述古代的仁人、圣人和贤士，像吴太伯、伯夷之类，是很详细的。我所听说的许由、务光德义至为高尚，但有关他们的文字在经书中却连概略的记载也见不到，这是为什么呢？

孔子曰〔1〕：“伯夷、叔齐，不念旧恶〔2〕，怨是用希〔3〕。”“求仁得仁，又何怨乎？”余悲伯夷之意，睹轶诗可异焉〔4〕。其传曰〔5〕：

伯夷、叔齐，孤竹君之二子也〔6〕。父欲立叔齐，及父卒，叔齐让伯夷。伯夷曰：“父命也。”遂逃去。叔齐亦不肯立而逃之。国人立其中子〔7〕。于是伯夷、叔齐闻西伯昌善养老〔8〕，盍往归焉〔9〕。及至，西伯卒，武王载木主〔10〕，号为文王，东伐纣〔11〕。伯夷、叔齐叩马而谏曰〔12〕：“父死不葬，爰及干戈〔13〕，可谓孝乎？以臣弑君，可谓仁乎？”左右欲兵之〔14〕。太公曰〔15〕：“此义人也。”扶而去之。武王已平殷乱，天下宗周〔16〕，而伯夷、叔齐耻之，义不食周粟，隐于首阳山〔17〕，采薇而食之[18]。及饿且死[19]，作歌。其辞曰："登彼西山兮[20]，采其薇矣。以暴易暴兮，不知其非矣。神农、虞、夏忽焉没兮[21]，我安适归矣[22]？于嗟徂兮[23]，命之衰矣！"遂饿死于首阳山。

由此观之，怨邪非邪？

【注释】

〔1〕孔子曰：以下两句，前一句引自《论语·公冶长》，后一句引自《论语·述而》。

〔2〕恶：仇怨。

〔3〕是用：即"用是"，因此。　希：同"稀"，少。

〔4〕轶诗：散佚而未编入《诗经》中的诗歌，指下文的《采薇》诗。　异：诧异。因前文孔子曰"怨是用希"、"又何怨乎"，而《采薇》诗中多有怨词，故司马迁感到诧异。

〔5〕传：指《韩诗外传》及《吕氏春秋》等书的记载。

〔6〕孤竹君：孤竹国国君，姓墨胎。孤竹，商时诸侯国名，在今河北卢龙县南。

〔7〕中子：排行在伯夷、叔齐之间的儿子。

〔8〕西伯昌：即周文王姬昌。姬昌商时为西伯（西方诸侯之长），故称。　养老：收养老人，即招贤纳士之意。

〔9〕盍：同"盖"，于是。　归：投奔。

〔10〕武王：即周文王之子姬发。　木主：木制灵牌。文王死后，武王载其父之灵牌伐纣，以示谨奉父命，行父之志。

〔11〕纣：商代最后一位帝王。

〔12〕叩马：勒住马。

〔13〕爰：于是，就。

〔14〕兵之：用兵器加害于他。

〔15〕太公：即姜尚，字子牙，辅佐周武王伐纣，建立周朝。

〔16〕宗周：服从于周室政权。

〔17〕首阳山：说法不一。一说即今山西省永济附近的雷首山。一说即今河南省偃师西北的首阳山。

〔18〕薇：也叫蕨，野菜名。

〔19〕且：将要。
〔20〕西山：即首阳山。
〔21〕神农：即神农氏，传说中的远古帝王。　没：完了，尽。
〔22〕安：如何，哪里。　适：往。
〔23〕于嗟：感叹词。于，同“吁”。　徂(cú 殂)：通“殂”，死。

【译文】

孔子说：“伯夷、叔齐，不记旧仇，因此少有怨恨。”“他们追求的是仁德，得到的正是仁德，又有什么怨恨呢？”我悲叹伯夷的意志，在看到他们散佚于《诗经》之外的《采薇》诗后感到诧异。有关他们俩的传记是这样说的：

伯夷、叔齐，是孤竹国君的儿子。他们的父亲想立叔齐为国君，等到父亲死后，叔齐要让位于伯夷。伯夷说：“这是父亲的决定。”于是就逃走了。叔齐也不肯继承王位而逃走了。国人只好立孤竹君的二儿子为君。在这时伯夷、叔齐听说西伯姬昌能很好地奉养老者，于是投奔了姬昌。等他俩到了那里，姬昌已经死了，他的儿子武王用车载着姬昌的灵牌，尊其为文王，向东攻伐商纣。伯夷、叔齐拉住武王的坐骑进谏说：“父亲死了不去埋葬，就马上动起干戈来，这可以说是孝吗？身为臣子却去杀害君主，这可以说是仁吗？”武王身边的人想杀死他俩，姜太公说：“这两人是义士啊！”把他们搀扶起来，让他们走了。武王平定了商纣之乱后，天下都归从了周王室，但伯夷、叔齐以此为耻辱，坚持大义不吃周朝的粮食，隐居于首阳山中，采野菜充饥。待到饿得将要死了的时候，作了一首歌。歌词说：“登上那座首阳山啊，采食山上的野菜。用暴虐代替暴虐啊，还不知道自己的错误。神农、虞舜、夏禹这样的圣君都匆匆消失了，我能回到哪里去呢？哎呀，我要死去了啊，命运是如此的衰薄！”终于饿死在首阳山。

由此看来，他们到底是有怨恨呢，还是没有怨恨呢？

或曰〔1〕：“天道无亲〔2〕，常与善人〔3〕。”若伯夷、叔齐，可谓善人者非邪？积仁絜行如此而饿死[4]！且七十子之徒[5]，仲尼独荐颜渊为好学[6]。然回也屡空[7]，糟糠不厌[8]，而卒蚤夭[9]。天之报施善人[10]，其何如哉？盗跖日杀不辜[11]，肝人之肉[12]，暴戾恣睢[13]，聚党数千人[14]，横行天下，竟以寿终[15]。是遵何德哉[16]？此其尤大彰明较著者也[17]。若至近世，操行不轨[18]，专犯忌讳[19]，而终身逸乐，富厚累世不绝[20]。或择地而蹈之[21]，时然后出言[22]，行不由径[23]，非公正不发愤，而遇祸灾者，不可胜数也。余甚惑焉，傥所谓天道[24]，是邪非邪？

【注释】

〔1〕或曰：下句引自《老子》第七十九章。

〔2〕亲：亲近，偏向。

〔3〕与：帮助。

〔4〕絜：同“洁”。

〔5〕七十子：指孔门弟子。相传孔子门下弟子三千，才德出众者七十二人。此举其整数为“七十”。

〔6〕颜渊：即颜回，字子渊，孔子的弟子。孔子认为他最好学。

〔7〕屡空：多次遭受困厄。空，困厄。

〔8〕不厌：无法满足。

〔9〕卒：终于。　蚤夭：早死。颜渊死时年仅三十二岁。蚤，同“早”。夭，夭折。

〔10〕报施：报答，酬谢。

〔11〕盗跖(zhí 直)：相传为春秋时奴隶起义的领袖，历史上被诬为大盗，名跖。　不辜：无辜，无罪之人。

〔12〕肝人之肉：即《庄子·盗跖》中所谓“脍人肝而铺之”。一说肝为“脍”字之讹。

〔13〕暴戾(lì 立)：残暴凶狠。戾，乖张。　恣睢(suī 虽)：放任胡为。

〔14〕党：同伙。
〔15〕寿终：自然死亡。
〔16〕遵何德：犹言“干了什么好事”。
〔17〕彰明：鲜明。　较著：明显。较，明。
〔18〕不轨：不端，不走正道。
〔19〕忌讳：指禁令。
〔20〕累世：一连几代。
〔21〕择地而蹈之：看好了地方才下脚迈这一步。言其小心谨慎之状。
〔22〕时然后出言：看准时机合适再说话。语出《论语·宪问》：“夫子时然后言，人不厌其言。”
〔23〕行不由径：走路不抄近道。语出《论语·雍也》：“有澹台灭明者，行不由径。”径，小路。
〔24〕傥：同“倘”，如果。

【译文】

有的人说：“天道是没有偏私的，它总是向着善人的。”像伯夷、叔齐，可以称作善人呢，还是不算善人呢？像他们这样积累仁德、品行高洁的人竟然会饿死！还有孔子的七十二贤徒当中，孔子唯独推举颜渊是最好学的一个。但是颜渊却屡次遭受困厄，连吃糟糠都得不到满足，终于早早地夭亡了。天道对善人的报答酬谢，又怎么样呢？盗跖每天都杀害无辜的人，吃人的心肝，残暴凶狠，任意妄为，聚集了几千个同伙，横行天下，竟然寿终正寝。他干了什么好事呢？这些都是特别重大而显著的例子。如果说到近世，有的人操守品行不端正，专门违法犯纪，但终身安逸快乐，财产富厚，历经几代都用不完。有的人小心谨慎，选好了地方才出脚走路，看准了时机才说话，从不走邪路，不是公正的事情不肯发愤去做，反而遭受祸害，这样的人数不胜数。我感到非常困惑不解，如果这就是所谓的天道，那么它究竟是对的呢，还是不对的呢？

子曰[1]：“道不同不相为谋。”亦各从其志也。故曰[2]："富贵如可求，虽执鞭之士[3]，吾亦为之。如不可求，从吾所好。""岁寒，然后知松柏之后凋。"举世混浊，清士乃见[4]，岂以其重若彼，其轻若此哉？

【注释】

〔1〕子曰：下句引自《论语·卫灵公》。子，孔子。

〔2〕故曰：以下两句分别引自《论语·述而》和《论语·子罕》。

〔3〕虽：即使。　执鞭：持鞭驾车。指干低贱的事情。

〔4〕清士：高洁的人。　见（xiàn 现）：同"现"，显现。

【译文】

孔子说："主张见解不同，就无法一齐谋划事情。"这意思也是各自依照自己的意愿行事罢了。所以孔子又说："富贵如能求得的话，即使做持鞭驾车的人，我也愿意干。如果富贵不可以求得，那就按照我所喜好的去做。""岁月到了寒冷的季节，才知道松柏是最后凋零的。"整个世道都浑浊的时候，高洁之士便显现了出来。难道是因为他们把道德看得太重，或将富贵看得太轻吗？

"君子疾没世而名不称焉[1]。"贾子曰[2]："贪夫徇财[3]，烈士徇名[4]，夸者死权[5]，众庶冯生[6]。"同明相照，同类相求[7]。"云从龙，风从虎，圣人作而万物睹[8]。"伯夷、叔齐虽贤，得夫子而名益彰[9]。颜渊虽笃学[10]，附骥尾而行益显[11]。岩穴之士[12]，趣舍有时若此[13]，类名堙灭而不称[14]，悲夫！闾巷之人[15]，欲砥行立名者[16]，非附青云之士[17]，恶能施于后世哉[18]？

【注释】

〔1〕"君子"句：引自《论语·卫灵公》。　疾：恨。　没世：死。

〔2〕贾子：即贾谊，汉初著名的文学家、政治家。下文引自贾谊

《鹏鸟赋》。

〔3〕徇财：为财而死。徇，同“殉”。

〔4〕烈士：指坚贞不屈的刚强之士。

〔5〕夸者：好矜夸、好作威作福之人。　权：权势。

〔6〕众庶：老百姓。　冯(píng 凭)生：贪生。冯，同“凭”，仗恃，这里引申为看重。

〔7〕“同明”二句：语出《周易·乾卦》，原文为“同声相应，同气相求”。

〔8〕“云从”三句：引自《周易·乾卦》。

〔9〕夫子：即孔子。

〔10〕笃学：勤学。

〔11〕附骥尾：蚊虻附在千里马的尾巴上也可以行千里。比喻普通人受到名人的提携。骥，千里马。

〔12〕岩穴之士：指隐居之士。

〔13〕趣：通“趋”，指出仕。　舍：指退隐。　有时：依据时机。

〔14〕类：大抵。　堙(yīn 因)灭：埋没。堙，通“湮”，淹没。

〔15〕闾(lǘ 驴)巷：即里巷。泛指民间。

〔16〕砥行：磨砺行为，修养道德。

〔17〕青云之士：名望、地位极高的人。

〔18〕恶(wū 乌)：哪里。　施(yì 忆)：延续。

【译文】

“君子最怕死后名声不被传扬。”贾谊说：“贪婪的人为财而死，壮烈刚强的人为名节而献身，自命不凡的人为权势而亡，一般的老百姓则只贪求生存。”同样明亮的东西就互相辉映，同样种类的事物会彼此应求。“云随龙而生，风随虎而起，圣人出现则万物也因之而引人注目。”伯夷、叔齐虽然贤德，也是因为得到孔子的赞扬而名声更加显扬。颜渊虽然好学，也是因为受到孔子的提携而德行越加显露。山野隐士，出仕和退隐都像他们这样依据时机，但他们大抵都声名湮没而不受称道，那就太可悲了！民间百姓，想要磨砺德行而树立名声的，如果不依附像孔子之类德高望重的人，怎么能留名于后世呢？

（田松青）

管晏列传

《史记》

【题解】

本篇为《史记》列传的第二篇，是管仲、晏婴两人的合传。管仲(？—前645)与晏婴(？—前500)，都是春秋时著名政治家，司马迁之所以将管、晏二人列入合传，一方面是因为二人均为齐国的名臣，另一方面是因为二人都有知人善用的故事。司马迁通过管仲与鲍叔牙、晏婴与越石父之间的交往过程中的一些小事，来展现人物性格的某一侧面，并突出这些小事对人物一生功业以至国家命运的影响。作者在赞美二人的美德的同时，实际上也是对自己不遇“解骖赎罪”的知己的慨叹，即文末所谓的“假令晏子而在，余虽为之执鞭，所忻慕焉”。

管仲夷吾者，颍上人也〔1〕。少时常与鲍叔牙游〔2〕，鲍叔知其贤。管仲贫困，常欺鲍叔〔3〕，鲍叔终善遇之〔4〕，不以为言。已而鲍叔事齐公子小白〔5〕，管仲事公子纠〔6〕。及小白立为桓公，公子纠死，管仲囚焉。鲍叔遂进管仲〔7〕。管仲既用，任政于齐，齐桓公以霸，九合诸侯〔8〕，一匡天下〔9〕，管仲之谋也。

【注释】

〔1〕颍上：在今安徽颍上一带。

〔2〕鲍叔牙：春秋时齐国大夫。　游：交游、交往。

〔3〕欺：欺骗。

〔4〕终：始终。　遇：对待。

〔5〕已而：后来。　公子小白：即后来的齐桓公，名小白，齐襄公之弟。公元前685年至前643年在位。

〔6〕公子纠：齐襄公之弟。襄公被杀后，与小白争夺君位，失败后被杀。

〔7〕进：举荐。

〔8〕合：会集。

〔9〕一匡：全部纳入正轨。匡，正。

【译文】

管仲，名夷吾，颍上人。他年轻时经常与鲍叔牙交往，鲍叔牙知道他有贤才。管仲家境贫困，常占鲍叔牙的便宜，但鲍叔牙始终对他很好，并不因此而有怨言。后来鲍叔牙侍奉齐国公子小白，管仲侍奉公子纠。到了小白被立为齐桓公后，公子纠被杀，管仲也被囚禁起来。鲍叔牙于是向齐桓公推荐管仲。管仲被起用以后，在齐国掌管政事，齐桓公因此而得成霸业，九次会集诸侯，使天下一切纳入正轨，都是管仲的计谋。

管仲曰〔1〕：“吾始困时，尝与鲍叔贾〔2〕，分财利多自与，鲍叔不以我为贪，知我贫也。吾尝为鲍叔谋事而更穷困，鲍叔不以我为愚，知时有利不利也〔3〕。吾尝三仕三见逐于君〔4〕，鲍叔不以我为不肖〔5〕，知我不遭时也。吾尝三战三走〔6〕，鲍叔不以我为怯，知我有老母也。公子纠败，召忽死之〔7〕，吾幽囚受辱，鲍叔不以我为无耻，知我不羞小节而耻功名不显于天下也。生我者父母，知我者鲍子也！”

【注释】

〔1〕管仲曰：下文引自《列子·力命篇》。

〔2〕贾(gǔ 古)：坐地经商。

〔3〕时：时机。

〔4〕见：被。

〔5〕不肖：不才，没有才能。

〔6〕走：跑。此指战败逃走。

〔7〕召(shào 绍)忽：齐人，与管仲同事公子纠。纠死，召忽自杀。死之：因公子纠被杀而自杀。

【译文】

管仲说："当初我贫困的时候，曾经和鲍叔牙一起做生意，分财产盈利时自己常多拿，鲍叔牙不认为我贪财，知道我家中贫穷。我曾经替鲍叔牙谋划事情却使他更加穷困，鲍叔牙不认为我愚笨，知道时机有利和不利。我曾经三次做官但三次被君主免职，鲍叔牙不认为我没有才能，知道我没有遇上好时机。我曾经三次打仗但三次战败逃跑，鲍叔牙不认为我胆小，知道我家中有老母。公子纠争夺王位失败，召忽因此而自杀，我却被囚禁起来受辱，鲍叔牙不认为我不知羞耻，知道我不为小节感到羞耻而以功名没有显扬于天下为耻。生我的是父母，但了解我的是鲍叔牙啊！"

鲍叔既进管仲，以身下之〔1〕。子孙世禄于齐，有封邑者十余世，常为名大夫。天下不多管仲之贤而多鲍叔能知人也〔2〕。

【注释】

〔1〕以身下之：位居管仲之下。

〔2〕多：赞扬。

【译文】

鲍叔牙推荐管仲以后，甘心位居管仲之下。鲍叔牙的子孙世代在齐国享受俸禄，十几代人有封地，常常是著名的大夫。所以天下人不称赞管仲的贤能而称赞鲍叔牙能够识别人才。

管仲既任政相齐，以区区之齐在海滨，通货积财[1]，富国强兵，与俗同好恶。故其称曰[2]："仓廪实而知礼节[3]，衣食足而知荣辱，上服度则六亲固[4]。""四维不张[5]，国乃灭亡。""下令如流水之原[6]，令顺民心。"故论卑而易行[7]。俗之所欲，因而与之；俗之所否，因而去之。

【注释】

〔1〕通货：交换商货。

〔2〕其称曰：下文三句引自《管子·牧民篇》，但与今本《管子》稍有出入。

〔3〕仓廪(lǐn 凛)：粮仓。　实：充实。

〔4〕上：国君。　服度：遵礼守法。　六亲：泛指内亲外戚。

〔5〕四维：指礼、义、廉、耻。维，纲纪。

〔6〕原：通"源"，源泉。

〔7〕论卑：政论卑下、浅近。

【译文】

管仲在齐国执政，担任齐相后，使地处海滨的小小齐国，流通货物，积蓄财产，国家富庶而军事强大，与老百姓同好恶。所以管仲说："粮仓满了，才能使百姓知道礼节；衣食富足了，才能使老百姓懂得荣誉和耻辱；国君遵礼守法，才能使六亲之间亲密无间。""礼义廉耻得不到张扬，国家就要灭亡。""国家颁布的政令要像流水的源泉一样，畅流无阻，应使它顺乎民心。"所以政论平易浅近而易于推行，老百姓想获得的，就因势而给予；老百姓反对的，就因势而废除。

其为政也，善因祸而为福，转败而为功。贵轻重[1]，慎权衡[2]。桓公实怒少姬，南袭蔡[3]，管仲因而伐楚，责包茅不入贡于周室[4]。桓公实北征山戎[5]，而管仲因而令燕修召公之政[6]。于柯之会，桓公欲背曹沫之约，管仲因而信之，诸侯由是归齐[7]。故曰："知与之为取，政之宝也。"

【注释】

〔1〕轻重：本指钱币，此指轻重缓急之事。

〔2〕权衡：本指秤，此指得失。

〔3〕"桓公"二句：齐桓公二十九年（前657），桓公与夫人少姬戏于船中，少姬因晃荡船只，惊吓了桓公，桓公怒，将少姬送回蔡国。后蔡国将少姬另嫁，桓公恼怒，遂于三十九年（前646）伐蔡。少姬，桓公最年轻的姬妾，姓蔡。蔡，国名，在今河南上蔡、安徽凤台一带。

〔4〕"责包茅"句：事详见本书《齐桓公伐楚盟屈完》。包茅，古代祭祀时，用裹束着的青茅滤酒渣，故称此青茅为包茅。

〔5〕北征山戎：齐桓公二十三年（前663）山戎伐燕，齐桓公救燕而伐山戎。山戎，古族名，又称北戎，春秋时分布在河北北部一带。

〔6〕召（shào 绍）公：又称邵公、召康公，名奭，燕国始祖。周武王死后，与周公旦共辅成王，政绩卓著。

〔7〕"于柯"四句：齐桓公五年（前681），桓公与鲁庄公会盟于柯。鲁人曹沫以匕首挟持桓公，以逼其退还侵占的鲁地，桓公答允。不久，桓公又欲背约，管仲劝他践约，于是归还鲁地。柯，地名，今山东东阿县西南。曹沫，即曹刿，春秋时鲁国人。信之：使（桓公）有信义。

【译文】

管仲掌理政事，善于将灾祸转化为安福，将失败转化为成功。重视事情的轻急缓重，谨慎地权衡利害得失。齐桓公实际上是恼恨少姬，南下攻打蔡国，管仲趁势讨伐楚国，指责楚国没有向周王室进贡包茅。齐桓公实际上是北上讨伐山戎，而管仲趁势责令燕国实行召公的善政。在柯地与鲁国会盟，齐桓公想违背与曹沫的盟约，管仲趁势使桓公树立信义，诸侯因此都归服齐国。所以说："懂得给予就是为了获取的道理，这是治理政事的法宝啊。"

管仲富拟于公室〔1〕，有三归、反坫〔2〕，齐人不以为侈。管仲卒，齐国遵其政，常强于诸侯。

后百余年而有晏子焉。

【注释】

〔1〕拟：比。

〔2〕三归：说法不一。一说为台名，为管仲所筑。见刘向《说苑·善说》。一说为娶三姓女。《战国策·东周》："管仲故为三归之家。"注："妇人谓嫁曰归。"一说指市租常例之归之公者，语出《管子·山至数》："则民之三有归于上矣。" 反坫（diàn 店）：反爵之坫。坫即放置酒杯的土台，在两楹之间。互相敬酒后，把空爵反置在坫上，为周时诸侯宴会之礼。管仲是大夫，按理不得享有反坫。

【译文】

管仲的财富可以与诸侯王室相比，有三归台和反坫，但齐国人并不认为他奢侈。管仲死后，齐国仍然遵循他的政策法令，因此一直比其他诸侯强大。

管仲死后一百多年，齐国又出了个晏子。

晏平仲婴者，莱之夷维人也〔1〕。事齐灵公、庄公、景公〔2〕，以节俭力行重于齐〔3〕。既相齐，食不重肉〔4〕，妾不衣帛。其在朝，君语及之，即危言〔5〕；语不及之，即危行〔6〕。国有道，即顺命；无道，即衡命〔7〕。以此三世显名于诸侯〔8〕。

【注释】

〔1〕莱：古国名，公元前 567 年为齐所灭。　夷维：今山东高密。

〔2〕齐灵公：名环，公元前 581 年至前 554 年在位。　庄公：即齐庄公，名光，公元前 553 年至前 548 年在位。　景公：即齐景公，名杵臼，公元前 547 年至前 490 年在位。

〔3〕力行：尽力而为。　重：受敬重。

〔4〕重（chóng 虫）肉：两道肉食、荤菜。

〔5〕危言：直言。

〔6〕危行：正直的行为。

〔7〕衡命：权衡利害得失而行动。

〔8〕三世：指齐灵公、庄公、景公。

【译文】

晏平仲，名婴，莱国夷维人。侍奉齐灵公、齐庄公、齐景公，因为节约俭朴、做事尽力而为而受到齐国人的敬重。晏子担任齐相后，吃饭不吃两道荤菜，妻妾不穿丝绸衣服。他在朝廷上，国君提到的事，他就直言相告；国君没有提到的事，他就公正地去处理。国君有道，他就服从命令；国君无道，他就权衡利害得失后再行动。因为这样，在齐灵公、庄公、景公三代，他的名声显赫于诸侯之中。

越石父贤〔1〕，在缧绁中〔2〕。晏子出，遭之涂〔3〕。解左骖赎之〔4〕，载归。弗谢〔5〕，入闺〔6〕，久之。越石父请绝〔7〕。晏子戄然〔8〕，摄衣冠谢曰〔9〕：“婴虽不仁，免子于厄〔10〕，何子求绝之速也？”石父曰：“不然。吾闻君子诎于不知己而信于知己者〔11〕。方吾在缧绁中，彼不知我也。夫子既已感寤而赎我〔12〕，是知己；知己而无礼，固不如在缧绁之中。”晏子于是延入为上客〔13〕。

【注释】

〔1〕越石父：齐国贤人。

〔2〕缧绁(léi xiè 雷谢)：拘系犯人的绳索。此指拘禁。

〔3〕涂：同“途”。

〔4〕骖(cān 餐)：一车套三马，两旁的马叫“骖”。

〔5〕谢：告辞。

〔6〕闺：内室。

〔7〕绝：绝交。

〔8〕戄(jué 决)然：震惊貌。

〔9〕摄：提，整理。 谢：谢罪，道歉。

〔10〕厄：困境。

〔11〕诎(qū 区)：同“屈”，委屈。 信：同“伸”，伸展。

〔12〕感寤：即“感悟”。此意为理解。

〔13〕延：请。

【译文】

越石父有贤能，被拘捕。晏婴外出，在路上遇见他。晏婴解下马车左边的马将越石父赎了出来，载着他回到家中。晏子没有向越石父告辞，就进了内室，很久不出来。越石父请求与晏婴绝交。晏子很震惊，整理好衣冠道歉说：“我虽然没有仁德，但帮助您脱离了困境，您为什么这么快就要与我绝交呢?”越石父说：“话不能这么说。我听说君子在不是知己的人那里受到委屈，而在知己那里自由伸展。当我被拘捕时，那些人是不了解我。您既然了解我而把我赎出来，这就是我的知己；是我的知己却对我无礼，倒不如被拘捕。”晏子于是将他请进屋，奉为上宾。

晏子为齐相，出，其御之妻从门间而窥其夫〔1〕。其夫为相御，拥大盖〔2〕，策驷马〔3〕，意气扬扬，甚自得也。既而归，其妻请去〔4〕。夫问其故。妻曰：“晏子长不满六尺，身相齐国，名显诸侯。今者妾观其出，志念深矣〔5〕，常有以自下者〔6〕。今子长八尺，乃为人仆御，然子之意自以为足，妾是以求去也。”其后夫自抑损〔7〕。晏子怪而问之，御以实对。晏子荐以为大夫。

【注释】

〔1〕御：驾驶车马。这里指驾车的人。

〔2〕盖：车盖，车上遮阳挡雨的大伞。

〔3〕策：鞭打。　驷马：拉同一辆车的四匹马。

〔4〕去：离开。

〔5〕志念：思虑。

〔6〕自下：甘居人下。指态度谦和。

〔7〕抑损：谦卑，不自满。

【译文】

晏子担任齐相，一次外出，他的车夫的妻子从门缝间偷看她的丈夫。她的丈夫替宰相驾车，支着大车盖，赶着驾车的四匹马，意气昂扬，十分自得。车夫回家以后，他的妻子请求离去。车夫问她为什么。妻子说：“晏子身高不满六尺，却做了齐国的宰相，名声显赫于诸侯。今天我看见他出门，思虑深远，总是态度谦和。现在你身高八尺，却给别人当仆从车夫，而你的心意却自以为满足，所以我要求离去。”从此以后，她的丈夫就变得谦卑起来了。晏子感到奇怪，就问他，车夫如实作了回答。晏子便推荐他为大夫。

太史公曰：吾读管氏《牧民》、《山高》、《乘马》、《轻重》、《九府》〔1〕，及《晏子春秋》〔2〕，详哉其言之也。既见其著书，欲观其行事，故次其传〔3〕。至其书，世多有之，是以不论，论其轶事。

【注释】

〔1〕《牧民》、《山高》、《乘马》、《轻重》、《九府》：均为《管子》

一书中的篇名。《管子》为后人托管仲之名的战国时齐国管子学派的著作。

〔2〕《晏子春秋》：书名，旧题晏婴撰，实系后人依托并采缀晏婴言行而作。

〔3〕次：编次。

【译文】

太史公说：我阅读了管仲的《牧民》、《山高》、《乘马》、《轻重》、《九府》，以及《晏子春秋》，这些书中都说得很详细。读了他们的著作后，还想了解他们所作所为，所以编写了他们的传记。至于他们的著作，世上多能看到，所以不再论述，传文里只讲述他们的轶事。

管仲世所谓贤臣，然孔子小之〔1〕，岂以为周道衰微，桓公既贤，而不勉之至王〔2〕，乃称霸哉？语曰"将顺其美，匡救其恶，故上下能相亲也"〔3〕。岂管仲之谓乎？

【注释】

〔1〕孔子小之：孔子小看管仲。《论语·八佾》："管仲之器小哉！"小，小看。

〔2〕至王：实行王道。

〔3〕"语曰"三句：引自《孝经·事君》。将顺，顺势助成。匡救，扶正补救。

【译文】

管仲是世人所说的贤臣，但孔子却小看他，难道孔子认为周室衰微，齐桓公既然很贤明，而管仲不劝勉他推行王道，却辅佐他称霸吗？《孝经》上说："顺势推广君主的美德，扶正补救君主的过错，所以君臣上下就能相亲近。"这难道不是说的管仲吗？

方晏子伏庄公尸哭之，成礼然后去[1]，岂所谓“见义不为无勇”者邪[2]？至其谏说，犯君之颜[3]，此所谓“进思尽忠，退思补过”者哉[4]！假令晏子而在，余虽为之执鞭[5]，所忻慕焉[6]。

【注释】

〔1〕“方晏子”二句：事详见本书《晏子不死君难》一文。

〔2〕见义不为无勇：引自《论语·为政篇》。

〔3〕颜：面容，脸色。

〔4〕“进思”二句：引自《孝经·事君》。进，指出仕。退，指在野。

〔5〕执鞭：持鞭驾车。表示对别人的敬仰。

〔6〕忻（xīn 欣）慕：高兴、羡慕。忻，同“欣”，心喜。

【译文】

当晏子伏在齐庄公尸体上哭吊他，尽了君臣之礼然后才离开，这岂不就是所谓的“见义不为，就是没有勇气”的人吗？至于他直言进谏，敢于冒犯君王的威颜，这就是所谓的“在朝做官要尽忠，在野时要反思弥补过失”的人啊！假使让晏子活到现在，即使让我替他执鞭驾车，也是我所高兴和羡慕的事。

（田松青）

屈原列传

《史记》

【题解】

本文为《史记·屈原贾生列传》的屈原传部分，删去了传中屈原的《怀沙赋》(即正文“乃作《怀沙》之赋……”中省略号所示之处)。

屈原(约前340—约前278)，是我国历史第一位伟大的浪漫主义和爱国主义诗人，其高洁的气节、悲惨的遭遇和浪漫主义的诗风，都对后世文人产生了极其重大和深远的影响。本文作为最早的屈原生平的记录，描写了主人公识见高超，忠心为国，却因遭权臣谗毁而不得重用，最后壮烈地自沉汨罗，以身殉国，是研究屈原生平极为重要的史料。

作者司马迁作为屈原的崇敬者，在亲赴诗人投江自沉之所临水凭吊之后，饱含激情，写下了这篇传世名篇。作者在简练的记述中倾注了波澜起伏的强烈感情，并反复咏叹，在感慨屈原不幸的遭遇的同时，字里行间无不流露出自身无限的身世之慨。可谓情和泪涌，读来感人至深。

屈原者，名平，楚之同姓也[1]。为楚怀王左徒[2]。博闻强志[3]，明于治乱[4]，娴于辞令[5]。入则与王图议国事，以出号令；出则接遇宾客[6]，应对诸侯。王甚任之[7]。

【注释】

〔1〕楚之同姓：楚王族本姓芈（mǐ 米），楚武王之子瑕封于屈（相传在今湖北秭归东），其后遂以屈为姓。瑕为屈原的祖先。

〔2〕楚怀王：名熊槐，公元前328年至前299年在位。　左徒：楚官名，其职位相当于上大夫而仅次于令尹。

〔3〕闻：学识。　志：记。

〔4〕治乱：政治安定和混乱，指治理国家的道理。

〔5〕娴：熟习。　辞令：指外交时应酬交际的语言。

〔6〕出：指对外与诸侯交往。　接遇：接见，招待。　宾客：别国的使节。

〔7〕任：信赖。

【译文】

屈原名平，与楚国的王族同姓。担任楚怀王的左徒。屈原学识广博，记忆力很强，通晓治理国家的道理，熟习外交辞令。在内与楚怀王谋划商议国家大事，发号施令；对外则接待他国的使节，应酬诸侯。楚怀王十分信任他。

上官大夫与之同列〔1〕，争宠而心害其能〔2〕。怀王使屈原造为宪令〔3〕，屈平属草稿未定〔4〕。上官大夫见而欲夺之，屈平不与，因谗之曰："王使屈平为令，众莫不知，每一令出，平伐其功〔5〕，曰以为'非我莫能为'也〔6〕。"王怒而疏屈平〔7〕。

【注释】

〔1〕上官大夫：姓上官的大夫。上官，复姓。大夫，官名。　同列：同位。

〔2〕害：嫉妒。

〔3〕造为宪令：制订国家法令。

〔4〕属（zhǔ 主）：写作。

〔5〕伐：夸耀。

〔6〕曰：此字疑为衍文。
〔7〕疏：疏远。

【译文】

上官大夫和屈原官位相同，想争得楚怀王的宠幸，心中嫉妒屈原的贤能。楚怀王派屈原制订国家法令，屈原起草的法令还没有定稿。上官大夫见了就想夺走它，屈原不给他，上官大夫因而向楚怀王毁谤屈原说："大王您让屈原制订法令，大家没有不知道的，每发出一项法令，屈原就夸耀自己的功劳，认为'除了我，没有人能做得到'。"楚怀王很生气，就疏远了屈原。

屈平疾王听之不聪也〔1〕，谗谄之蔽明也〔2〕，邪曲之害公也〔3〕，方正之不容也，故忧愁幽思而作《离骚》〔4〕。离骚者，犹离忧也。夫天者，人之始也；父母者，人之本也。人穷则反本〔5〕，故劳苦倦极〔6〕，未尝不呼天也；疾痛惨怛〔7〕，未尝不呼父母也。屈平正道直行〔8〕，竭忠尽智以事其君〔9〕，谗人间之〔10〕，可谓穷矣。信而见疑〔11〕，忠而被谤，能无怨乎？屈平之作《离骚》，盖自怨生也。《国风》好色而不淫，《小雅》怨诽而不乱〔12〕。若《离骚》者，可谓兼之矣〔13〕。上称帝喾〔14〕，下道齐桓〔15〕，中述汤、武〔16〕，以刺世事〔17〕。明道德之广崇〔18〕，治乱之条贯〔19〕，靡不毕见〔20〕。其文约〔21〕，其辞微〔22〕，其志洁，其行廉。其称文小而其指极大〔23〕，举类迩而见义远〔24〕。其志洁，故其称物芳〔25〕。其行廉，故死而不容〔26〕。自疏濯淖污泥之中〔27〕，蝉蜕于浊秽〔28〕，以浮游尘埃之外〔29〕，不获世之滋垢〔30〕，皭然泥而不滓者也〔31〕。推此志也，虽与日月争光可也。

【注释】

〔1〕疾：痛恨。　听之不聪：听觉不好。指听信谗言，不辨是非。聪，听觉清楚。

〔2〕谗谄：毁谤和谄媚的行为。　明：视觉清楚。

〔3〕邪曲：邪恶。

〔4〕幽思：指内心苦闷，沉郁深思。　《离骚》：屈原代表作，中国文学史上著名的浪漫主义抒情长诗。离，一说通“罹”，遭受；一说为离别。骚，忧患、忧愁。

〔5〕穷：穷困，处境困难。　反：同“返”。

〔6〕倦极：困惫。极，作“病”解。

〔7〕疾痛惨怛(dá 达)：身心痛苦。疾痛，指人生理上的疼痛感觉。惨怛，人心理上的痛苦悲伤。怛，痛。

〔8〕正道：秉持公心。　直行：行为正直。

〔9〕事：侍奉。

〔10〕谗人：进谗言的小人。　间(jiàn 箭)：挑拨离间。

〔11〕见：被。

〔12〕“《国风》”二句：《论语·八佾》：“《关雎》乐而不淫，哀而不伤。”盖此二句所本。《国风》，《诗经》的组成部分之一，包括《周南》、《召南》等十五国的民间歌谣，共一百六十篇。好色，指《国风》中所反映的男女恋情。淫，过分。《小雅》，《诗经》的组成部分之一，其中多为指斥朝政缺失，反映丧乱的政治诗，共七十四篇。怨诽，抱怨诽谤。乱，叛乱。

〔13〕“若《离骚》”二句：班固《离骚序》：“昔在孝武，博览古文。淮南王安叙《离骚传》，以‘《国风》好色而不淫，《小雅》怨诽而不乱，若《离骚》者，可谓兼之。蝉蜕浊秽之中，浮游尘埃之外，皭然泥而不滓。推此志与日月争光，可也’。”则此二句与上文二句及下文“自疏”等几句，都是司马迁转引淮南王刘安《离骚传》之语。

〔14〕帝喾(kù 酷)：传说中的古帝王名，为黄帝曾孙，号高辛氏。《离骚》中有“凤皇既受诒兮，恐高辛之先我”句。

〔15〕齐桓：即齐桓公，公元前 685 年至前 643 年在位，春秋五霸之一。《离骚》中有“宁戚之讴歌兮，齐桓闻以该辅”句。

〔16〕汤、武：灭夏立商的商汤和灭商立周的周武王姬发。《离骚》

中有“汤禹俨而祗敬兮，周论道而莫差”句。

〔17〕刺：讥刺。

〔18〕明：阐明。　道德：兼指举贤授能的实际措施和个人品德才艺的修养。

〔19〕条贯：条理。

〔20〕靡（mǐ 米）：无，没有。　见：同“现”。

〔21〕约：简约，简炼。

〔22〕微：深微，含蓄。

〔23〕指：同“旨”，指文章的涵义。

〔24〕类：事例。　迩：近。　义：道理。

〔25〕称物芳：指《离骚》中多以香草为喻。

〔26〕容：苟且取容。

〔27〕疏：远离。　濯淖（zhuó nào 浊闹）：浊水烂泥。

〔28〕蜕：摆脱。

〔29〕浮游：超脱。

〔30〕获：被辱。　滋垢：浊黑，尘垢。此喻浊世。

〔31〕皭然（jiào 叫）：洁白干净貌。　泥：用作动词。　滓（zǐ 子）：黑泥。

【译文】

屈原痛心于楚怀王听不进忠言，被诽谤和谄媚蒙蔽而所见不明，邪恶的小人陷害公正无私的人，端方正直的人不为小人所容，所以忧愁苦闷而写下了《离骚》。“离骚”，就是离忧的意思。天，是人类的原始；父母亲，是人的根本。人处境困顿就会追念本源，所以疲劳困惫时，没有不叫天的；心身痛苦时，没有不叫父母的。屈原端方正直，尽忠尽智为君主效力，而进谗言的小人从中挑拨离间，这处境可以说是很困窘的。诚信却被怀疑，忠实却被诽谤，能够没有怨恨吗？屈原之所以写《离骚》，就是由怨恨引起的。《国风》虽多描写男女恋情但不过分，《小雅》虽多攻击指责政事但不宣扬作乱。像《离骚》，可是说兼有二者的特点。它于远古提到帝喾，近古提到齐桓公，中古提到商汤和周武王，以此来讥刺当时的政事。阐明了道德的重要性，治理国家的先后因果关系，这些道理无不完全表现出来。他的文字简炼，词意含蓄，他的心志高洁，行为不苟。《离骚》的用语虽然细碎，但作者的用意极其远大，所举的事例虽然浅近，但体现的道理十分深远。因为他心志高洁，所以《离骚》中多用香草作比喻，因为行为正直，所以至死也不苟且取容。他自远于污泥浊水般的世界，像蝉蜕皮般摆脱浊秽，因而超脱于尘世之外，不被黑色泥垢般的浊世所辱，保持皎洁的品德，出污泥而不染。可以推断，屈原的志向，即使和日月争辉，也是可以的。

屈平既绌〔1〕，其后秦欲伐齐，齐与楚从亲〔2〕，惠王患之〔3〕，乃令张仪详去秦〔4〕，厚币委质事楚〔5〕，曰："秦甚憎齐，齐与楚从亲，楚诚能绝齐〔6〕，秦愿献商、於之地六百里〔7〕。"楚怀王贪而信张仪，遂绝齐，使使如秦受地〔8〕。张仪诈之曰〔9〕："仪与王约六里，不闻六百里。"楚使怒去，归告怀王。怀王怒，大兴师伐秦。秦发兵击之，大破楚师于丹、淅〔10〕，斩首八万，虏楚将屈匄〔11〕，遂取楚之汉中地〔12〕。怀王乃悉发国中兵以深入击秦，战于蓝田〔13〕。魏闻之，袭楚至邓〔14〕。楚兵惧，自秦归。而齐竟怒不救楚，楚大困。

【注释】

〔1〕绌(chù 触)：同"黜"，罢退。

〔2〕从亲：合纵结亲。　从，同"纵"，指两国合纵。亲，指两国结为婚姻。

〔3〕惠王：即秦惠文王，名驷，公元前337年至前331年在位。

〔4〕张仪：魏人，著名的纵横家，以连横学说事秦，时为秦相。详：通"佯"，假装。　去：离开。

〔5〕厚币：重金，厚礼。　委质：进献信物。委，呈献。质，通"贽"，信物。

〔6〕绝齐：与齐国断绝外交关系。

〔7〕商、於(wū 乌)：秦地名，其范围约相当于今陕西商县至河南内乡县一带地区。

〔8〕使使：派使者。前一个“使”为动词。　如：往，去到。

〔9〕诈：欺骗。

〔10〕丹、淅(xī 息)：二水名，即丹江与淅水。丹江发源于陕西商县西北，东流入河南，经河南内乡、淅川二县，东与淅水会合。淅水源出河南卢氏县界，南流经内乡县西南及淅川县东南，合于丹江。

〔11〕屈匄(gài 盖)：楚将名。

〔12〕汉中：郡名，在今陕西东南、湖北西北一带。

〔13〕蓝田：秦县名。故城在今陕西蓝田县西三十里。

〔14〕邓：本为古国名，战国时曾一度属楚，即今河南邓县。

【译文】

屈原被罢了官，后来秦国想要攻打齐国，但齐国和楚国合纵亲善，秦惠文王对此感到忧虑，于是派张仪假装叛离秦国，带着重礼和信物侍奉楚怀王，说：“秦国非常憎恨齐国，而齐国又与楚国合纵亲善，如果楚国真的能与齐国绝交，秦国愿意献出商、於一带六百里土地。”楚怀王因贪心而听信了张仪的话，便与齐国绝交，派使者前往秦地接收土地。张仪欺骗使者说：“我和楚怀王约定的是六里，没听说有六百里。”楚国的使者愤怒地离开了秦国，回到楚国报告了楚怀王。楚怀王大怒，出动大批军队攻打秦国。秦国出兵迎击，在丹江、淅水一带大败楚军，杀死楚兵八万人，俘虏了楚将屈匄，随后夺取了楚国汉中一带的地方。楚怀王便征发国内所有的军队深入秦地攻打秦国，在蓝田与秦军大战一场。魏国听说了这个情况，偷袭楚国直打到邓城。楚军害怕了，从秦国撤兵回国。而齐国因恼恨楚国背信弃义，不发兵救楚国，楚国因而陷入极大的困境中。

明年〔1〕，秦割汉中地与楚以和。楚王曰：“不愿得地，愿得张仪而甘心焉〔2〕。”张仪闻，乃曰：“以一仪而当汉中地，臣请往如楚。”如楚，又因厚币用事者臣靳尚[3]，而设诡辩于怀王之宠姬郑袖。怀王竟听郑袖，复释去张仪[4]。是时屈平既疏，不复在位，使于齐，顾反[5]，谏怀王曰："何不杀张仪?"怀王悔，追张仪不及。

【注释】

〔1〕明年：第二年。即楚怀王十七年(前312)。

〔2〕愿：希望。　甘心：心满意足，快意。

〔3〕因：凭借，依靠。　用事者：当权的人。　靳尚：楚大夫，与张仪有私交，常受张仪的贿赂而出卖楚国的利益。

〔4〕"怀王"二句：此二句所述之事，详见《史记》的《楚世家》和《张仪列传》二文。

〔5〕顾反：回来。顾，还。反，同"返"，返回。

【译文】

第二年，秦国割让汉中地区给楚国来讲和。楚怀王说："我不愿得到土地，希望得到张仪心里才痛快。"张仪听到了，说："能用我一个张仪来抵当汉中地区的话，我请求到楚国去。"到了楚国，又利用厚礼贿赂楚国当权的大臣靳尚，让靳尚在怀王的宠姬郑袖面前为自己诡辩。楚怀王竟然听信了郑袖的话，又把张仪释放回国了。当时屈原已被怀王疏远，不再在朝中任职，出使到齐国去了，从齐国返回后，向楚怀王进谏说："为什么不杀了张仪?"怀王很后悔，派人去追赶张仪，但已经追不上了。

其后诸侯共击楚，大破之，杀其将唐眛[1]。

【注释】

〔1〕唐眛(mò末)：楚将名。又作"唐蔑"。

【译文】

后来诸侯联合攻打楚国，大败楚军，杀死楚将唐眛。

时秦昭王与楚婚[1]，欲与怀王会。怀王欲行，屈平曰："秦，虎狼之国，不可信，不如毋行。"怀王稚子子兰劝王行[2]："奈何绝秦欢！"怀王卒行[3]。入武关[4]，秦伏兵绝其后，因留怀王，以求割地。怀王怒，不听[5]。亡走赵[6]，赵不内[7]。复之秦，竟死于秦而归葬[8]。长子顷襄王立[9]，以其弟子兰为令尹[10]。楚人既咎子兰以劝怀王入秦而不反也[11]。

【注释】

〔1〕秦昭王：名则，公元前306年至前251年在位。
〔2〕稚子：小儿子。
〔3〕卒：到底，终于。
〔4〕武关：在今陕西商县东一百八十五里，是秦国的南关。
〔5〕听：接受，听从。
〔6〕亡：逃跑，逃亡。
〔7〕内：同"纳"，接纳，收容。
〔8〕竟：终于。
〔9〕顷襄王：名横，公元前298年至前263年在位。
〔10〕令尹：楚官名，为楚国的最高行政长官。
〔11〕咎：憎恶，抱怨。　以：由于。　反：同"返"，返回。

【译文】

这时秦昭王与楚国联姻，想与楚怀王会面。楚怀王打算前往，屈原说："秦国是像虎狼一样凶残的国家，不能轻信，不如不去。"楚怀王的小儿子子兰劝怀王成行，说："为什么要断绝和秦国的良好关系！"楚怀王最终还是前往了。进入武关后，秦国的伏兵就断绝了怀王的后路，因而扣留了怀王，以此要挟楚国割让土地。怀王大怒，不答应。后来怀王逃亡到赵国，但赵国不收容他。怀王只得再回到秦国，最终死于秦国，尸体被运回楚国埋葬。怀王的长子顷襄王即位，任用他的弟弟子兰为令尹。楚国人都因为子兰劝怀王入秦而终于不归而抱怨子兰。

屈平既嫉之，虽放流〔1〕，眷顾楚国〔2〕，系心怀王，不忘欲反，冀幸君之一悟〔3〕，俗之一改也〔4〕。其存君兴国而欲反覆之〔5〕，一篇之中三致志焉。然终无可奈何，故不可以反〔6〕，卒以此见怀王之终不悟也〔7〕。人君无愚智贤不肖，莫不欲求忠以自为，举贤以自佐，然亡国破家相随属〔8〕，而圣君治国累世而不见者〔9〕，其所谓忠者不忠〔10〕，而所谓贤者不贤也。怀王以不知忠臣之分〔11〕，故内惑于郑袖，外欺于张仪，疏屈平而信上官大夫、令尹子兰。兵挫地削〔12〕，亡其六郡，身客死于秦〔13〕，为天下笑。此不知人之祸也。《易》曰："井泄不食，为我心恻。可以汲。王明，并受其福。"〔14〕王之不明，岂足福哉！

【注释】

〔1〕放流：放逐迁徙。按，从"虽放流"至"岂足福哉"一段推测，屈原应于顷襄王之前已被放逐，而后又有"顷襄王怒而迁之"的话，则前后似乎不相联贯。所以后人(如顾炎武、梁玉绳)都疑此段应置于"怒而迁之"一句之后。但即使前后文互相易置，语气仍觉不顺。郭沫若因此释"放流"为"放浪"意，即前文所谓"既疏"、"不复在位"，但文中又说"顾反"，则其已非"放浪"在外，故仍嫌欠通。故后人多谓此段文字有讹脱之处。

〔2〕眷顾：怀恋。

〔3〕冀幸：心存万一的希望。　君：指怀王。

〔4〕俗：指当时楚国贵族糜烂的生活习俗。

〔5〕存：保护，关怀。　反覆：拨乱反正。

〔6〕反：同"返"，指返回朝中为官。

〔7〕卒：终于，到底。

〔8〕随属(zhǔ 主):接连不断。属,连。

〔9〕治国:稳定、太平的国家。　累世:接连几代。世,古称三十年为一世。

〔10〕其:指上文的"人君"。

〔11〕分(fèn 愤):职责本分。

〔12〕挫:失败。

〔13〕客死:死在他乡。

〔14〕"井泄"五句:引自《周易·井卦》。泄,一作"渫",淘去污泥。恻,伤心貌。汲(jī 饥),从下往上打水。

【译文】

屈原也因为怨恨子兰,虽然放逐在外,但仍然怀恋楚国,心中挂念着怀王,念念不忘能再回到朝中任职,心存侥幸地希望怀王能够醒悟,世俗能够改变。屈原关心国君,想振兴国家,希望能改变当时一蹶不振的国势,在他的每篇作品中,都再三地表达了这种意愿。但是终于无可奈何,所以也不能返回朝廷,由此最终可以看出怀王始终没有觉悟。国君无论愚笨或明智、贤明或昏庸,没有不想访求忠臣来帮助自己治理国家,选拔贤才来辅佐自己,但是国亡家破的事接连发生,而圣明君主治理好国家的事多少世代也没有出现,是因为君主所谓的忠臣并不忠诚,所谓的贤臣并不贤明。怀王因为不明白忠臣应尽的职责本分,所以在内被郑袖所迷惑,在外被张仪所欺骗,疏远屈原而亲信上官大夫和令尹子兰。战争失利,领土被侵占,丢失了六个郡,自己客死于秦国异地,被天下人耻笑。这是不了解人所招致的祸害啊。《周易》说:"把井疏浚干净了却没有人喝井里的水,让我心里很难过。因为井水原是供人汲取饮用的。如果君主圣明能任用贤才,那么天下将共同得到福佑。"君王如不圣明,哪里能得到他的福佑呢?

令尹子兰闻之大怒,卒使上官大夫短屈原于顷襄王[1],顷襄王怒而迁之[2]。

【注释】

〔1〕卒：终于，到底。 短：诋毁。

〔2〕迁：放逐。

【译文】

令尹子兰听说屈原怨恨自己后非常恼怒，终于让上官大夫在顷襄王面前诋毁屈原，顷襄王大怒，因而放逐了屈原。

屈原至于江滨，被发行吟泽畔〔1〕。颜色憔悴，形容枯槁〔2〕。渔父见而问之曰："子非三闾大夫欤〔3〕？何故而至此？"屈原曰："举世混浊而我独清，众人皆醉而我独醒，是以见放〔4〕。"渔父曰："夫圣人者〔5〕，不凝滞于物而能与世推移〔6〕。举世混浊，何不随其流而扬其波？众人皆醉，何不铺其糟而啜其醨〔7〕？何故怀瑾握瑜而自令见放为〔8〕？"屈原曰："吾闻之，新沐者必弹冠〔9〕，新浴者必振衣〔10〕，人又谁能以身之察察〔11〕，受物之汶汶者乎〔12〕？宁赴常流而葬乎江鱼腹中耳〔13〕。又安能以皓皓之白〔14〕，而蒙世俗之温蠖乎〔15〕！"乃作《怀沙》之赋〔16〕。……于是怀石遂自沈汨罗以死〔17〕。

【注释】

〔1〕被：同"披"。 行吟：一边走一边吟咏。

〔2〕形容枯槁(gǎo 搞)：身形面容十分瘦弱，像枯干的树干。

〔3〕三闾(lǘ 驴)大夫：楚官名，掌管楚国公族昭、屈、景三大姓的人事工作。

〔4〕见：被。

〔5〕圣人：泛指聪明圣哲之人。

〔6〕凝滞：拘泥，固执。 与世推移：随着潮流转变作风。

〔7〕铺(bǔ 补)：同“哺”，吃。　糟：酒糟，漉酒后剩下的渣滓。啜(chuò 绰)：喝。　醨(lí 离)：淡酒。

〔8〕瑾、瑜：皆为美玉。此喻人的高才美德。　为：疑问句的句末助词。

〔9〕沐：洗头。　弹冠：用手弹去冠上的灰尘。

〔10〕振衣：抖去衣上的尘土。

〔11〕察察：清洁貌。

〔12〕物：指外界污垢的事物。　汶汶(mén 门)：昏暗。

〔13〕常流：江水。常，同“长”。

〔14〕皓皓：皎洁貌。

〔15〕温蠖(huò 获)：尘滓重积的样子。　按：以上屈原与渔父对答之词，又见于《楚辞·渔父》。

〔16〕《怀沙》：屈原《九章》中的一篇，相传为屈原投水以前的绝笔。怀沙，一说即下文“怀石”之意。一说为怀念长沙，长沙是楚国的始封之地。

〔17〕沈：同“沉”。　汨(mì 密)罗：江名，在湖南东北部，流经汨罗县入洞庭湖。

【译文】

屈原来到江边，在水边披头散发，一边走一边吟咏。他面色憔悴，模样儿干枯瘦弱。渔父看见屈原便问他：“您不是三闾大夫吗？为什么来到这里？”屈原说：“整个社会都是混浊的，只有我一个人清白廉洁，大家都昏醉了，只有我一个人头脑清醒，所以被放逐。”渔父说：“圣贤之人，都能不拘泥客观事物而能随着世俗而变化。整个社会都是混浊的，为什么不随大流而且推波助澜呢？大家都昏醉，为什么不马马虎虎跟着吃点酒糟喝点淡酒呢？为什么要保持美玉般的操守而使自己被放逐呢？”屈原说：“我听说，刚刚洗过头的人一定要弹去帽子上的尘灰，刚刚洗过澡的人一定要抖掉衣服上的尘土，有谁又愿意让自己洁净的身体去蒙受尘世外物的污染呢？我宁愿投入江水葬身于鱼腹之中，又怎能让自己高洁的品质受到世俗尘滓重重的玷污呢？”于是屈原写下了《怀沙》赋。……这样，屈原就抱着石头，自投汨罗江而死。

屈原既死之后，楚有宋玉、唐勒、景差之徒者[1]，皆好辞而以赋见称[2]；然皆祖屈原之从容辞令[3]，终莫敢直谏。其后楚日以削，数十年竟为秦所灭[4]。

【注释】

〔1〕宋玉：相传为楚顷襄王时人，是屈原的弟子，辞赋家，但只有《楚辞》中保存的《九辩》一篇较为可信。　唐勒：与宋玉同时的辞赋家，曾为楚大夫，其作品今已不存。　景差：与宋玉同时的辞赋家，今《楚辞》中《大招》篇可能是他的作品。

〔2〕辞：文辞，此指文学。

〔3〕祖：摹仿，效法。　从容辞令：指文章委婉蕴藉，从容不迫。

〔4〕数十年：公元前223年秦灭楚，距顷襄王即位（前299年）共七十六年。

【译文】

屈原死了以后，楚国有宋玉、唐勒、景差等人都爱好文学创作，并以善于作赋而被人所称赏；但是他们只是摹仿屈原作品的辞令婉转的一面，毕竟没有人敢于直言劝谏君王。屈原死后，楚国的领土一天比一天缩小，几十年后终于被秦国所灭。

自屈原沈汨罗后百有馀年，汉有贾生[1]，为长沙王太傅[2]，过湘水[3]，投书以吊屈原[4]。

【注释】

〔1〕贾生：即贾谊（前200—前168），洛阳（今河南洛阳东）人。西汉政论家、文学家。生平详见后《过秦论》题解。

〔2〕长沙王：指吴差，是汉朝开国功臣吴芮的玄孙。　太傅：官名，辅佐国君或教育太子。

〔3〕湘水：在今湖南省境内，流入洞庭湖。

〔4〕书：指贾谊所作的《吊屈原赋》。　吊：祭奠、悼念。

【译文】

自从屈原自沉汨罗江后经过一百多年，汉代有位贾谊，担任长沙王的太傅，路过湘水，写了一篇《吊屈原赋》投入江水中，以此祭悼屈原。

太史公曰：余读《离骚》、《天问》、《招魂》、《哀郢》〔1〕，悲其志。适长沙，观屈原所自沈渊，未尝不垂涕〔2〕，想见其为人。及见贾生吊之，又怪屈原以彼其材，游诸侯，何国不容，而自令若是。读《服鸟赋》〔3〕，同生死〔4〕，轻去就〔5〕，又爽然自失矣〔6〕。

【注释】

〔1〕《天问》、《招魂》、《哀郢》：皆为屈原作品。《哀郢》为《九章》中的一篇。《招魂》一说为宋玉所作。

〔2〕涕：眼泪。

〔3〕《服鸟赋》：贾谊所作。服，一写作“鹏”。

〔4〕同生死：把生和死看作是同样的事情。

〔5〕轻：看轻。　去：指放逐。　就：指在朝中任职。

〔6〕爽然：惘然若失的样子。

【译文】

太史公说：我读了屈原的《离骚》、《天问》、《招魂》、《哀郢》，为他的志向无法实现而悲伤。到了长沙，经过屈原自沉的地方，未尝不留下眼泪，追怀屈原的为人。待看到贾谊祭悼他的文章，文中责怪屈原如果凭他的才能去游说诸侯，哪个国家会不接纳他呢？却让自己落到这般地步！读了贾谊的《服鸟赋》，他把生和死看作是同样的事情，把做官和在野都等闲视之，我又感到惘然若失了。

（田松青）

酷吏列传序

《史记》

【题解】

本篇为《史记·酷吏列传》的序言。酷吏，指执法严酷而残害臣民的官吏。《酷吏列传》记述了汉初十名酷吏的言行，其中九人为汉武帝时的官吏，与司马迁为同时代人，他们多受到武帝的信用。作者写《酷吏列传》，在一定程度上是针砭时弊，在揭露酷吏的残暴行为的同时，也反映出作者反对严刑峻法的思想。序言用孔子、老子的言论，通过秦末与汉初两个时期的吏治情况的对比，来论证自己的观点，逻辑性强，极富说服力。

孔子曰〔1〕：“道之以政〔2〕，齐之以刑〔3〕，民免而无耻〔4〕。道之以德，齐之以礼，有耻且格〔5〕。”老氏称〔6〕：“上德不德〔7〕，是以有德；下德不失德〔8〕，是以无德。”“法令滋章〔9〕，盗贼多有。”太史公曰：信哉是言也！法令者治之具，而非制治清浊之源也。昔天下之网尝密矣〔10〕，然奸伪萌起〔11〕，其极也，上下相遁〔12〕，至于不振。当是之时，吏治若救火扬沸〔13〕，非武健严酷〔14〕，恶能胜其任而愉快乎〔15〕？言道德者，溺其职矣〔16〕。故曰：“听讼吾犹人也，必也使无讼乎〔17〕。”“下士闻道大笑之〔18〕”，非虚言也。汉兴，破觚而为圜[19]，斲雕而为朴[20]，网漏于吞舟之鱼，而吏治烝烝[21]，不至于奸，黎民艾安[22]。由是观之，在彼不在此。[23]

【注释】

〔1〕以下引文见《论语·为政》。

〔2〕道：同“导”，引导。后文“道之以德”的“道”字同此解。

〔3〕齐：整治。

〔4〕免：免于犯罪。

〔5〕格：纠正，规矩。

〔6〕老氏：即老子。以下引文见《老子》三十八章、五十七章。

〔7〕上德：最有德的人。　不德：不标榜自己有德。

〔8〕下德：最无德的人。　不失德：与“不德”相对，即标榜自己有德。

〔9〕滋：更加。　章：同“彰”，显明，这里是严酷的意思。

〔10〕昔：指秦始皇时。　网：法网。

〔11〕萌起：像草木初生那样接连不断的发生。

〔12〕遁：逃避。

〔13〕吏治：官吏统治人民的方法。　救火：即负薪救火。犹谓想消灭灾害，反使灾害扩大。　扬沸：即扬汤止沸，播扬开水，使沸腾暂时停息。比喻非治本之道。

〔14〕武健：勇武刚健。

〔15〕恶(wū 乌)：怎么。

〔16〕溺其职：犹言失职，不尽职。

〔17〕“听讼”二句：出自《论语·颜渊》。听讼，听理诉讼，审理案件。犹，像，如同。

〔18〕“下士”句：出自《老子》第四十一章。下士，愚下的人。

〔19〕“破觚(gū 孤)”句：把方形物的棱角去掉变成圆形。指把苛刻的法律改变得简约浑厚。觚，有棱角的酒器。圜(yuán 元)，同“圆”。

〔20〕“斲(zhuó 浊)雕”句：把物件上雕刻的纹饰削去而使其回复原来的朴素之貌。即谓返朴归真。斲，削、砍。

〔21〕烝(zhēng 蒸)烝：兴盛、美好的样子。此指政绩辉煌。

〔22〕黎民：百姓、民众。　艾(yì 义)安：治理安定，平安无事。

艾，通“乂”，治理。

〔23〕“在彼”句：“彼”指道德，“此”指刑法。

【译文】

孔子说：“用政令来引导人民，用刑法来整治人民，人民虽能免于犯罪但无羞耻之心。用道德来引导人民，用礼义来整治人民，人民就懂得羞耻而且行为规矩端正。”老子说：“最有道德的人从不标榜自己有德，因此才真正具有道德；道德低下的人常标榜自己没有离失道德，所以他其实并不具有真正的道德。”“法令越是繁多严酷，盗贼反而越多。”太史公说：这些话说得很对！法令是治理国家的工具，但并不是使天下大治、扬清去浊的根本。从前秦朝时国家的法网曾经相当严密，但奸诈欺伪之事接二连三，最为严重的时候，上下互相推诿责任，以至于国家无法振兴。在当时，官吏用法治，如同负薪救火、扬汤止沸一样无济于事，不采取强硬严酷的手段，怎么能胜任其职而心情愉快呢？在这种情况下一味讲求道德的人，就要失职了。所以孔子说：“审理案件我和别人一样，所不同的是我尽力使案件不要发生。”“下愚的人听人说起道德就嘲笑他”，这不是假话。汉朝初年，修改尖锐酷苛的刑法使之简约宽缓，铲除巧诈奸伪的恶俗使之返朴归真，法网宽疏得可以漏掉吞舟的大鱼，但是官吏的政绩却很辉煌，使得人民不再有奸邪的行为，老百姓平安无事。由此看来，治理国家关键在于道德而不是严酷的刑法。

（田松青）

游侠列传序

《史记》

【题解】

本文为《史记·游侠列传》的序言。我国古代的官修史书，一般都记录帝王将相的事迹言行，所谓“以术取宰相卿大夫，辅翼其世主，功名俱著于春秋”，而一些平民义士的德行则往往湮没不传。而《游侠列传》这篇极具平民性的传文，就是专门记述游侠事迹的。这些游侠虽出身于社会下层，但他们“振人不赡”、“振人之命”、“言必行”、“行必果”、“不爱其躯”，可谓是一群讲信义、救危难、锄暴安良的英雄好汉。游侠虽然受到深受凌辱压迫的人民的称颂，但由于他们往往干犯当时的法令，而为封建统治者所反对，亦为儒、墨、法三家所轻视，更为史官所不齿。但司马迁却力排众议，热烈歌颂他们的高尚品格，以文王、武王和王者亲属以及独善其身的儒者季次、原宪作为陪衬，在阐明游侠高尚可贵的品行的同时，分别给予他们公允的评价。全文抑扬顿挫，激切动人，体现了作者公正的史观和同情人民的进步立场。

韩子曰[1]：“儒以文乱法[2]，而侠以武犯禁[3]。”二者皆讥，而学士多称于世云[4]。至如以术取宰相卿大夫，辅翼其世主，功名俱著于春秋[5]，固无可言者。及若季次、原宪[6]，闾巷人也[7]，读书怀独行君子之德[8]，义不苟合当世[9]，当世亦笑之。故季次、原宪终身空室蓬户〔10〕，褐衣疏食不厌〔11〕。死而已四百余年，而弟子志之不倦〔12〕。今游侠，其行虽不轨于正义〔13〕，然其言必信，其行必果〔14〕，已诺必诚〔15〕，不爱其躯，赴士之厄困〔16〕，既已存亡死生矣〔17〕，而不矜其能〔18〕，羞伐其德〔19〕，盖亦有足多者焉〔20〕。

【注释】

〔1〕韩子：即韩非子，战国时期法家代表人物，著有《韩非子》。以下引文出自《韩非子·五蠹》。

〔2〕文：著述文字，指儒家所推崇的典章制度。

〔3〕武：暴力。　禁：法令，禁令。

〔4〕学士：指儒家学者。

〔5〕“至如”三句：指汉代公孙弘、张汤等人。公孙弘以儒术为武帝丞相，张汤为御史大夫，皆以阿谀人主而有名当世，为作者不满。二人事见《平津主父列传》、《酷吏列传》、《儒林列传》。春秋，泛指史书。

〔6〕季次、原宪：皆孔子弟子。季次名公晳哀，字季次，生平未曾出仕。原宪字子思，曾居于乱草穷巷而不以贫为耻。二人事见《史记·仲尼弟子列传》。

〔7〕闾巷：里巷，指民间。

〔8〕独行君子：指独守个人的节操而不随波逐流的人。

〔9〕苟：随便。

〔10〕蓬户：用蓬草编成的门户。

〔11〕褐衣：粗布上衣。　疏食：粗食。　厌：通“餍”，满足。

〔12〕志：怀念。

〔13〕轨：合。　正义：此指国家法令。

〔14〕果：坚定，不改变。

〔15〕已诺必诚：已经答应人家的事情一定要兑现。

〔16〕厄困：灾难，困境。

〔17〕存亡死生：指打抱不平，使遇害将亡者得以生存，使仗势害人者死。

〔18〕矜：炫耀。

〔19〕伐：自夸。

〔20〕多：赞美，称道。

【译文】

韩非子说："儒者以文献扰乱国家的法度，而游侠用暴力来违犯国家的禁令。"这两种人都曾受到讥评，而儒者还是多受到世人的称道。至于像那些靠权术谋取宰相、卿、大夫等高官的人，辅佐当世的君主，功名都已记载在史书上了，本来就不必多说什么。至于像季次、原宪二人，都是民间百姓，一心读书，谨守独善其身不随波逐流的君子节操，坚守正义，不与世俗苟合，而当世的人们也讥笑他们。所以季次、原宪一生都住在家徒四壁的蓬屋之中，连布衣粗食也得不到满足。他们死了已有四百多年了，但他们的弟子们依然不断地纪念他们。如今的游侠，他们的行为虽然不合乎当时的国家法令，但他们说出话来就一定讲守用，他们办事一定很果决，已经答应别人的事情一定会兑现，不惜以自己的生命，去解救别人的危难，做到了使危难者获生、施暴者丧命，却从不炫耀自己的能耐，羞于自夸自己的功德，所以他们也有值得称颂的地方。

且缓急〔1〕，人之所时有也。太史公曰：昔者虞舜窘于井廪〔2〕，伊尹负于鼎俎〔3〕，傅说匿于傅险〔4〕，吕尚困于棘津〔5〕，夷吾桎梏〔6〕，百里饭牛〔7〕，仲尼畏匡，菜色陈、蔡〔8〕。此皆学士所谓有道仁人也，犹然遭此菑〔9〕，况以中材而涉乱世之末流乎〔10〕？其遇害何可胜道哉〔11〕！

【注释】

〔1〕缓急：偏义复词，急难。

〔2〕虞舜窘于井廪：指虞舜曾为其父瞽叟和其弟象所迫害，他们让舜修米仓，企图放火烧死舜；后又让舜挖井，二人填井害舜，但舜都逃脱了。窘，困。廪，粮仓。

〔3〕“伊尹”句：伊尹为商汤时的贤臣。最初伊尹为了接近汤，曾到汤妻有莘氏家当奴仆，后以“媵臣”的身份，背着做饭用的锅和砧板见汤，以做菜的道理暗示其政见，终为汤重用。事见《史记·殷本纪》。于，此处为求与他句齐整，无实义。鼎，古代煮食的炊具。俎(zǔ 祖)，切肉的砧板。

〔4〕“傅说(yuè 悦)”句：傅说为商代武丁时的名臣，其在未遇武丁时，是一个奴隶，在傅岩筑墙服役。匿，隐没。傅险，即傅岩(在今山西平陆东)。

〔5〕“吕尚”句：吕尚即姜子牙，相传其七十岁时曾在棘津屠牛卖饭谋生。棘津，古水名，故道在今河南省延津东北，已久湮。

〔6〕“夷吾”句：事见本书《管晏列传》一文。夷吾，管仲字。桎梏(zhì gù 至固)，脚镣与手铐。此指被囚禁。

〔7〕“百里”句：百里即百里奚，春秋时秦国大夫，入秦前其曾卖身为奴，替人喂牛。饭，作动词，喂的意思。

〔8〕“仲尼”二句：孔子字仲尼，由卫国至陈国，路经匡，被匡人错认为曾经侵犯过他们的阳货，结果被围，险遭杀害。后孔子又想去楚国，陈、蔡两国怕孔子去楚于己不利，便发兵围之，使之绝粮七日。二事皆见《孔子世家》。畏，受惊。匡，春秋时卫国地名，在今河南长垣西南。菜色，不吃粮食只吃野菜的饥饿面色。

〔9〕菑：同“灾”。

〔10〕中材：中等才智的人。　涉：经历。

〔11〕胜：尽。

【译文】

况且急难的情况，是人们所经常遭遇到的。太史公说：“从前虞舜曾受困于井底粮仓，伊尹曾背着鼎锅、砧板当过厨师，傅说曾隐没于傅险地方筑墙，吕尚曾受困于棘津，管仲曾遭到囚禁，百里奚曾喂过牛，孔子曾在匡地受惊吓，曾遭陈、蔡发兵围困而饿得面有菜色。这些人都是儒者所说的有道德的仁人，尚且遭受如此灾难，何况一个只有中等才能的人又正处于乱世的最黑暗的时期呢？他们所遭受的灾祸怎么能说得完呢？

鄙人有言曰[1]：“何知仁义，已飨其利者为有德[2]。”故伯夷丑周，饿死首阳山[3]，而文、武不以其故贬王[4]；跖、蹻暴戾[5]，其徒诵义无穷。由此观之，“窃钩者诛，窃国者侯，侯之门，仁义存[6]”，非虚言也。

【注释】

〔1〕鄙人：居住在郊野的普通人。

〔2〕已：通“以”。 飨：同“享”，受到，获得。

〔3〕“故伯夷”二句：详见本书《伯夷列传》。

〔4〕文、武：周文王、周武王。 贬王：降低他们作为王者的声誉。

〔5〕跖(zhí 直)、蹻(jué 决)：即盗跖和庄蹻，古时被诬为大盗的造反领袖。 暴戾(lì 立)：凶暴无常。

〔6〕“窃钩”四句：引自《庄子·胠箧》。钩，衣带钩。

【译文】

乡下人有这样的话：“谁知道什么仁义不仁义，给我以好处的人就是有道德的人。”所以伯夷耻事周朝，饿死于首阳山，但周文王、周武王的声誉并没有因此而降低；盗跖、庄蹻凶暴无常，他们的党徒却永远称颂他们的义气。由此看来，“偷衣带钩的被杀头，而窃国大盗却成为王侯，只有王侯的门庭之内，才有所谓的仁义”，这话一点也不假。

今拘学或抱咫尺之义[1]，久孤于世，岂若卑论侪俗[2]，与世沉浮而取荣名哉[3]！而布衣之徒，设取予然诺[4]，千里诵义，为死不顾世[5]，此亦有所长，非苟而已也[6]。故士穷窘而得委命[7]，此岂非人之所谓贤豪间者邪[8]？诚使乡曲之侠[9]，予季次、原宪比权量力[10]，效功于当世[11]，不同日而论矣[12]。要以功见言信[13]，侠客之义又曷可少哉[14]！

【注释】

〔1〕拘学：拘泥于教条的学者。此指季次、原宪之类。以下的话是反话。　抱咫（zhǐ 只）尺之义：指死守狭隘的教条。咫尺，形容微小。咫，古代长度单位，八寸为一咫。

〔2〕卑论：放低论调。　侪（chái 柴）俗：混同于流俗。侪，同类、同辈。

〔3〕沉浮：随俗俯仰、进退。

〔4〕设：建立。这里是重视的意思。　然诺：信守诺言。

〔5〕为死不顾世：为急人所难而不怕牺牲自己，不顾世人的议论。

〔6〕苟：随便。

〔7〕委命：托身，依靠。

〔8〕间者：杰出的人材。

〔9〕乡曲：乡里。

〔10〕予：通“与”。　比权量力：比较（儒者和侠者）双方的权威和影响力量。

〔11〕效功：做出的功效。

〔12〕同日而论：相提并论。

〔13〕要：要之，总之。　见：通“现”，显著。

〔14〕曷：何，怎么。　少：轻视，鄙视。

【译文】

如今那些拘泥于教条的学者死守着他们所认定的狭隘的教条，长期地孤立于世俗之外，这怎么比得上降低论调，混同于流俗，与世俗同沉浮去猎取功名呢！而那些平民出身的游侠，重视获取和给予的原则并信守诺言，义气传诵千里，为急人所难而不怕牺牲自己，不顾世人的议论，这也是他们的长处，不是随便就能做到的。所以有道之士在穷困窘迫的时候，就把自己的命运委托给游侠了，那么这些游侠难道不是人们所说的贤人豪杰、杰出人材吗？如果将乡间的游侠与季次、原宪比较他们在社会上的权威和影响力，及他们对当世作出的贡献，那么儒者与游侠就不能相提并论。总之从功效的显著和言语的信用来说，侠客的正义行为又怎么可以轻视呢！

古布衣之侠，靡得而闻已[1]。近世延陵、孟尝、春申、平原、信陵之徒[2]，皆因王者亲属，藉于有土卿相之富厚[3]，招天下贤者，显名诸侯，不可谓不贤者矣。比如顺风而呼，声非加疾，其埶激也[4]。至如闾巷之侠，修行砥名[5]，声施于天下[6]，莫不称贤，是为难耳。然儒、墨皆排摈不载[7]。自秦以前，匹夫之侠，湮灭不见，余甚恨之[8]。以余所闻，汉兴有朱家、田仲、王公、剧孟、郭解之徒[9]，虽时扞当世之文网[10]，然其私义廉洁退让，有足称者。名不虚立，士不虚附。至如朋党宗强比周[11]，设财役贫[12]，豪暴侵凌孤弱，恣欲自快，游侠亦丑之。余悲世俗不察其意，而猥以朱家、郭解等令与暴豪之徒同类而共笑之也[13]。

【注释】

〔1〕靡：不。

〔2〕延陵：春秋时吴国公子季札，封于延陵（今江苏常州），又称延陵季子。详见本书《季札观周礼》一文。　孟尝：孟尝君，齐国贵族田文。　春申：春申君，楚考烈王的相黄歇。　平原：平原君，赵惠文王之弟赵胜。　信陵：信陵君，魏安釐王异母弟魏无忌。以上四人被称为"战国四公子"。

〔3〕藉：凭借。　土：封地。

〔4〕埶：同"势"。

〔5〕修：修养。　砥：磨炼。

〔6〕施：及。这里指传遍。

〔7〕排摈（bìn 鬓）：排斥、摈弃。

〔8〕恨：遗憾。

〔9〕朱家、田仲、王公、剧孟、郭解：此五人皆为汉初著名的游侠，

其事迹见传文。

〔10〕扞(hàn 汗)：同“捍”，触犯。　文网：法网。

〔11〕朋党：因共同利益而结伙。　宗强：豪族、豪强。　比周：狼狈为奸，互相勾结。

〔12〕设：利用。

〔13〕猥：随便。

【译文】

古时候民间的侠士，已经无从知道。近代的延陵季子、孟尝君、春申君、平原君、信陵君等人，都因为是国君的亲属，凭借着有封地和卿相的地位等大量财产，招揽天下贤能之士，在诸侯之中名声显赫，这不能说不算贤能的人。但这就好像顺风呼叫，声音本没有加快，只是风势激荡而已。至于民间的侠士，修养自身的品德，砥砺自己的名节，名扬天下，没有人不称赞他们的贤能，这是很不容易的。但是儒家、墨家都排斥游侠而不记载他们的事迹。秦代以前的民间的侠士们的事迹，都已埋没而无法见到，我非常遗憾。就我所知，汉朝建立以来有朱家、田仲、王公、剧孟、郭解等人，虽然时常触犯当世的法网，但他们个人的品德廉洁谦让，有值得称道的地方。他们的名声不是凭空建立起来的，人们也不是凭空依附他们的。至于像那些结党营私的人和豪强互相狼狈为奸，倚仗钱财奴役穷人，以野蛮的暴力侵害欺凌势单力弱之辈，放纵私欲只图自身快乐，则游侠也是很憎恨这些丑行的。我悲叹世俗不了解游侠的心志，却随随便便地把朱家、郭解等人与那些豪强横暴之徒视为同类而一起加以讥笑。

（田松青）

滑稽列传

《史记》

【题解】

本篇为《史记·滑稽列传》的节选。

《滑稽列传》是专门记述滑稽人物的类传，包括战国时齐国的淳于髡、楚国的优孟及秦代的优旃。本篇仅选了淳于髡传。司马迁所记的滑稽人物是那些不随波逐流、不争权夺利，而以其幽默善讽的语言和无拘束的行为来谏喻君王的人物。作者将滑稽与“六艺”相提并论，高度赞扬了这些滑稽人物。全文以滑稽生动的文笔描写滑稽人物，形式与内容相协调，体现了司马迁文章的另一种风格。

孔子曰：“六艺于治一也[1]。《礼》以节人[2]，《乐》以发和[3]，《书》以道事，《诗》以达意，《易》以神化，《春秋》以道义。”太史公曰：天道恢恢[4]，岂不大哉！谈言微中，亦可以解纷。

【注释】

〔1〕六艺：即下文的《礼》、《乐》、《书》、《诗》、《易》、《春秋》六部儒家经典。

〔2〕节：节制。

〔3〕发：启发。

〔4〕恢恢：宽广。

【译文】

孔子说："六经对于治理国家作用是一样的。《礼》是用来节制人的行为，《乐》是用来启发和合美好的情感，《书》是用来记述史事，《诗》是用来表达思想感情，《易》是用来表现事物的变化，《春秋》是用来阐明天下的义理。"太史公说：天道广阔无边，难道不算大吗？谈话含蓄微妙而中肯至理，同样可以排解纠纷。

淳于髡者〔1〕，齐之赘婿也〔2〕。长不满七尺，滑稽多辩〔3〕，数使诸侯，未尝屈辱。齐威王之时喜隐〔4〕，好为淫乐长夜之饮，沈湎不治〔5〕，委政卿大夫。百官荒乱，诸侯并侵，国且危亡，在于旦暮，左右莫敢谏。淳于髡说之以隐曰〔6〕："国中有大鸟，止王之庭，三年不蜚又不鸣〔7〕，王知此鸟何也？"王曰："此鸟不飞则已，一飞冲天；不鸣则已，一鸣惊人。"于是乃朝诸县令长七十二人〔8〕，赏一人〔9〕，诛一人〔10〕，奋兵而出。诸侯振惊，皆还齐侵地。威行三十六年。语在《田完世家》中〔11〕。

【注释】

〔1〕淳于髡（kūn 昆）：人名。淳于为复姓。

〔2〕赘（zhuì 坠）婿：男子到女子家成婚。

〔3〕滑（gǔ 古）稽：能言善辩，言词机智、诙谐。

〔4〕齐威王：公元前 356 年至前 320 年在位。　隐：隐语，谜语的古称。

〔5〕沈湎（miǎn 免）：即沉湎，沉溺。

〔6〕说（shuì 税）：劝说、劝谏。

〔7〕蜚（fēi 飞）：通"飞"。

〔8〕朝：聚集，召集。　县令长：一县的长官。人口万户以上的大县的长官为令，万户以下的小县的长官为长。

〔9〕赏一人：指封赏了即墨大夫。

〔10〕诛一人：指烹死了阿大夫。

〔11〕《田完世家》：即《史记·田敬仲完世家》。

【译文】

淳于髡是齐国人的赘婿。他身高不满七尺，但诙谐善辩，多次出使诸侯，从未受过屈辱。当时齐威王喜欢隐语，又喜好毫无节制地享乐和通宵达旦地饮酒，沉溺于酒色之中而不理朝政，将政事交托给公卿大夫。于是百官政事荒废混乱，诸侯都来侵犯，国家的危亡就在朝暮之间，但左右的大臣都不敢进谏。淳于髡就用隐语来劝谏齐威王道："国都中有只大鸟，栖息在大王的宫庭中，三年不飞也不叫，大王知道这只鸟为何如此？"齐威王说："这只鸟不飞则已，一飞就要冲上云霄；不鸣则已，一鸣惊人。"于是齐威王就召集了各县的长官七十二人，当众封赏一人，杀死一人，振奋军心，发兵出战。诸侯大为震惊，都归还了所侵占的齐国土地。齐威王的声威持续了三十六年。这件事记载在《田完世家》中。

威王八年[1]，楚大发兵加齐[2]。齐王使淳于髡之赵请救兵，赍金百斤[3]，车马十驷[4]。淳于髡仰天大笑，冠缨索绝[5]。王曰："先生少之乎？"髡曰："何敢！"王曰："笑岂有说乎？"髡曰："今者臣从东方来，见道傍有禳田者[6]，操一豚蹄[7]，酒一盂，祝曰：'瓯窭满篝[8]，污邪满车[9]，五谷蕃熟[10]，穰穰满家[11]。'臣见其所持者狭而所欲者奢，故笑之。"于是齐威王乃益赍黄金千镒[12]，白璧十双，车马百驷。髡辞而行，至赵。赵王与之精兵十万，革车千乘[13]。楚闻之，夜引兵而去。

【注释】

〔1〕威王八年：即公元前349年。

〔2〕加：侵陵，侵犯。

〔3〕赍(jī 鸡)：赠送。这里是“带着”的意思。

〔4〕驷：四马驾一车。

〔5〕冠缨：系在颔下的帽带。　索：尽。　绝：断。

〔6〕禳(ráng 瓤)田：祭祀谷神、土地神以求丰收。禳，祭祀祈福。

〔7〕豚：小猪。

〔8〕瓯窭(ōu lóu 欧楼)：狭小的高地。　篝(gōu 沟)：竹笼。

〔9〕污邪(yé 爷)：地势低洼的田地。

〔10〕蕃(fán 凡)：茂盛。

〔11〕穰穰(ráng 瓤)：谷物丰饶。

〔12〕益：增加。　镒(yì 益)：古代重量单位，二十两(一说二十四两)为一镒。

〔13〕革车：古代的一种大战车，又名重车，每车跟随步卒七十五人。

【译文】

齐威王八年，楚国发兵大举侵犯齐国。齐威王派淳于髡到赵国请求救兵，让他带黄金百斤和四匹马驾的车十辆作为赠礼。淳于髡仰天大笑，连系在颔下的帽带都全绷断了。齐威王说：“先生认为礼物太少了吗？”淳于髡说：“岂敢！”齐威王说：“大笑是什么道理？”淳于髡说：“刚才我从东方来，看见路边有人在祭祀祈求丰收，他手拿一只小猪蹄和一壶酒，祷告说：‘狭小的高坡上收成满笼，低洼的田地里谷物满车，庄稼茂盛成熟，丰收的粮食堆满家中。’我见他拿出的东西很少而想要得到的东西却很多，所以笑话他。”于是齐威王就又增加了黄金千镒，白璧十对，四匹马驾的车百辆作为赠礼。淳于髡告辞出发，来到赵国。赵王给他精兵十万，大战车一千辆。楚国听到这个消息，连夜领兵离去了。

威王大说[1]，置酒后宫，召髡，赐之酒。问曰："先生能饮几何而醉？"对曰："臣饮一斗亦醉，一石亦醉[2]。"威王曰："先生饮一斗而醉，恶能饮一石哉[3]！其说可得闻乎？"髡曰："赐酒大王之前，执法在傍[4]，御史在后[5]，髡恐惧俯伏而饮，不过一斗径醉矣[6]。若亲有严客[7]，髡帣鞲鞠跽[8]，侍酒于前，时赐余沥[9]，奉觞上寿[10]，数起，饮不过二斗径醉矣。若朋友交游，久不相见，卒然相睹[11]，欢然道故，私情相语，饮可五六斗径醉矣。若乃州闾之会[12]，男女杂坐，行酒稽留[13]，六博投壶[14]，相引为曹[15]，握手无罚，目眙不禁[16]，前有堕珥[17]，后有遗簪，髡窃乐此，饮可八斗而醉二参[18]。日暮酒阑[19]，合尊促坐[20]，男女同席，履舄交错[21]，杯盘狼藉，堂上烛灭，主人留髡而送客，罗襦襟解[22]，微闻芗泽[23]，当此之时，髡心最欢，能饮一石。故曰酒极则乱，乐极则悲；万事尽然，言不可极，极之而衰。"以讽谏焉。齐王曰："善。"乃罢长夜之饮，以髡为诸侯主客[24]。宗室置酒，髡尝在侧[25]。

【注释】

〔1〕说（yuè 悦）：同"悦"。

〔2〕石：容量单位，十斗为一石。

〔3〕恶（wū 乌）：怎么。

〔4〕执法：执法的官吏。

〔5〕御史：官名，主管纠察。执法和御史这里皆指执行酒令、监察失仪的人。

〔6〕径：即，就。

〔7〕亲：父母。　严：尊敬。

〔8〕卷(juàn 绢)：通“絭”，束衣袖。　韝(gōu 勾)：臂套。　鞠：弯曲。　䠞(jì 忌)：同“跽”，小跪，双膝着地，上身挺直。

〔9〕余沥：残酒。沥，清酒。

〔10〕奉觞(shāng 伤)：捧着酒杯。觞，盛酒器。　上寿：祝寿。

〔11〕卒然：同“猝然”，突然。　睹：见。

〔12〕州闾(lǘ 驴)：民间闾巷。

〔13〕稽留：停留。

〔14〕六博：又叫“陆博”。古代的赌博游戏，每人六棋，故名。投壶：酒宴时的游戏，将箭投入酒壶口，以投中多少决胜负，负者须饮酒。

〔15〕引：牵拉，招呼。　曹：辈，同伴。

〔16〕目眙(chì 翅)：瞪眼直视。

〔17〕珥(ěr 耳)：妇女的珠玉耳饰。

〔18〕二参(sān 三)：十有二三。参，同“叁”，即三。

〔19〕酒阑：宴饮将散。阑，尽。

〔20〕尊：同“樽”，酒杯。　促坐：紧挨而坐。

〔21〕履舄(xì 戏)：鞋子。

〔22〕罗襦：女子丝织上衣。

〔23〕芗(xiāng 香)泽：香气。芗，同“香”。

〔24〕诸侯主客：接待诸侯宾客的官吏。主客，官名。

〔25〕尝：同“常”。

【译文】

齐威王大喜，在后宫摆设酒宴，召来淳于髡，赏给他酒喝。齐威王问淳于髡：“先生能喝多少酒才会醉？”淳于髡回答说：“我喝一斗酒会醉，喝一石酒也会醉。”齐威王说：“先生喝一斗酒就醉，怎么能喝一石酒呢？这里面的道理能说给我听吗？”淳于髡说：“我在大王面前喝您赏赐的酒，旁边有执行酒令的官员，后边有监察仪态的官员，我诚惶诚恐地低着头喝酒，喝不过一斗就醉了。如果双亲有尊贵的客人，我敛好衣袖，弯身跽坐，在席前侍奉他们饮酒，有时他们赏些残酒给我，我便举杯祝寿，这样反复几次，喝不过二斗就醉了。如果是朋友交游，有很长时间没有见面了，突然间相见，欢快地谈起往事，互相倾诉衷情，这样可以喝五六斗就醉了。如果是乡间集会，男的女的混杂着坐在一起，彼此敬酒，喝喝停停，玩六博、投壶的游戏，互相招呼着称兄道弟，和妇女握握手不会受处罚，瞪眼直视妇女也不受禁止，眼前有掉落的耳饰，身后有丢失的发簪，我暗自喜爱这种场合，可以喝八斗酒而只有二三分醉意。到了傍晚酒宴将散，大家端着酒杯相挨而坐，男女同席，众人的鞋子纵横交错，酒杯菜盘散乱而放，堂上的蜡烛熄灭了，主人送走客人留下我再唱，有的女子把罗衫的衣襟解开了，能微微闻到她们身上的体香，这种时候，我心中最为欢喜，就能喝下一石酒。所以说酒喝得太多了就会乱性，行乐太过分了就会引起悲哀；万事都是这样，就是说不能到极点，到了极点就走向衰亡。"用这些话委婉地劝谏齐威王。齐威王说："很好。"于是取消了通宵达旦的宴饮，并任命淳于髡为接待诸侯的主客。每逢齐国宗室举行宴会，淳于髡也常常在旁边作陪。

（田松青）

货殖列传序

《史记》

【题解】

本篇为《史记·货殖列传》的序言。所谓货殖，是指货物的生产和交换，也就是经商做生意。我国封建社会的初期，儒家反对“言利”，道家宣扬“寡欲”，商鞅、韩非等人则认为务农为本，经商为末，而统治阶级也都不重视甚至反对发展商业，直到汉朝初期还流行“重本抑末”的论调。这些迂腐僵化的主张是很不利于社会发展的。因此，司马迁在文中指出：自然界的物产是极其丰富的，依靠农、工、商、虞的各行业间的互相密切配合，可以做到富国裕民。政府应该顺应百姓们追求富裕的心理，根据实际情况引导他们积极进行物质的生产和交换，而不应横加干涉，更不应与民争利。全文高屋建瓴，识见卓越，论述层次分明，理论与现实结合，不但表现出作者关心民生疾苦的同情心理，更展示出司马迁唯物主义思想的光辉。

《老子》曰〔1〕：“至治之极，邻国相望，鸡狗之声相闻，民各甘其食，美其服，安其俗，乐其业，至老死不相往来。”必用此为务，輓近世涂民耳目〔2〕，则几无行矣。

【注释】

〔1〕《老子》曰：以下引文引自《老子》第八十章，文字略有出入。

〔2〕輓(wǎn 挽)：通“挽”。　涂：堵塞。

【译文】

《老子》说：“国家治理到最好的程度是，相邻国家的人民可以互相望见，鸡狗的叫声可以互相听见，而老百姓们各自认为自己的饮食甘美，自己的衣服漂亮，习惯于本地的风俗，喜爱自己的职业，以致到老死也不互相往来。”如果一定要以此作为追求的目标，想扭转近代的风俗，堵塞百姓的耳目，则几乎是行不通的。

太史公曰：夫神农以前〔1〕，吾不知已。至若《诗》、《书》所述虞、夏以来〔2〕，耳目欲极声色之好，口欲穷刍豢之味〔3〕，身安逸乐，而心夸矜埶能之荣〔4〕，使俗之渐民久矣〔5〕，虽户说以眇论〔6〕，终不能化。故善者因之〔7〕，其次利道之〔8〕，其次教诲之，其次整齐之〔9〕，最下者与之争。

【注释】

〔1〕神农：传说中的远古帝皇。此泛指远古。

〔2〕《诗》、《书》：泛指古老文献。　虞：虞舜。　夏：夏禹。

〔3〕刍豢(huàn 换)：泛指牲畜。刍，指食草动物，如牛、羊。豢，指食谷动物，如猪、狗。

〔4〕埶能：权势、才能。埶(shì 是)，同“势”。

〔5〕渐：浸染，潜移默化。

〔6〕户说：挨家挨户劝说。　眇(miǎo 渺)论：曲折精妙的理论，指上述老子的言论。眇，微妙。

〔7〕因之：顺其变化。因，顺。

〔8〕道：同“导”，引导。

〔9〕整齐：用规章制度来加以限制。

【译文】

太史公说：神农以前的事情，我不清楚了。至于像《诗经》、《尚书》里所记述的虞舜、夏禹以来，人们总想使自己的耳朵和眼睛享受最好的音乐和美色，使自己的嘴巴享尽各种肉食美味，使自己的身体安于舒适、安乐的环境，而内心又夸耀有权势、有才干的光荣，并让这种风气浸染民心已经很久了，即使用《老子》这样曲折精妙的言论挨家挨户地去劝导，也终究不能改变过来。所以对于老百姓，最好的方法是顺其自然，其次是因势利导，其次是教导他们，其次是用法令整治约束他们，最差的办法是与老百姓争利。

夫山西饶材、竹、榖、纑、旄、玉石[1]；山东多鱼、盐、漆、丝、声色[2]；江南出楠、梓、姜、桂、金、锡、连、丹沙、犀、瑇瑁、珠玑、齿革[3]；龙门、碣石北多马、牛、羊、旃、裘、筋角[4]；铜、铁则千里往往山出棋置[5]：此其大较也[6]。皆中国人民所喜好，谣俗被服饮食奉生送死之具也[7]。故待农而食之，虞而出之[8]，工而成之[9]，商而通之。此宁有政教发征期会哉[10]？人各任其能，竭其力，以得所欲。故物贱之征贵，贵之征贱[11]，各劝其业[12]，乐其事，若水之趋下，日夜无休时，不召而自来，不求而民出之。岂非道之所符，而自然之验邪[13]？

【注释】

〔1〕山西：指峤山以西，今陕西一带。　饶：富饶，盛产。　材：木材。　榖（gǔ 谷）：木名，即楮，树皮可造纸。　纑（lú 卢）：野麻，可以织布。　旄（máo 毛）：牦牛尾巴，可以用作旌旗的装饰。

〔2〕山东：指峤山以东，包括今河南、山东、河北南部、安徽、江

苏北部等地区。 声色：指歌伎舞女。

〔3〕江南：指长江以南。 桂：木犀，珍贵的芳香植物。 连：同“链”，铅矿石。 丹沙：即丹砂，亦叫朱砂，矿物名。 犀：犀牛角。 瑇瑁(dài mào 代冒)：即玳瑁，海中动物，似海龟，甲壳可做珍贵的装饰品。 珠玑：泛指珍珠。玑，不圆的珍珠。 齿革：象牙、皮革。

〔4〕龙门：即龙门山，在今陕西省韩城东北。 碣石：即碣石山，在今河北昌黎县北。一说在今河北乐亭县西南。 旃(zhān 沾)：同“毡”，毛毡。 裘：皮衣。 筋角：皮条、兽角，可用来制造弓弩。

〔5〕棋置：像棋子那样密布。

〔6〕大较：大略，大概。

〔7〕谣俗：民间习俗。 被服：即穿戴。被，同“披”。 奉生送死：供养生者，礼葬死者。

〔8〕虞：官名，掌管山林水泽。

〔9〕工：工匠。

〔10〕宁(nìng 泞)：难道。 政教：政令。 发征：征调。 期会：定期而会。

〔11〕“故物”二句：谓此处物贱，则运往别处以求高价；此处物贵，则从别处贱价收购来此处贩卖。征，寻求。

〔12〕劝：勉，努力从事。

〔13〕验：证明。

【译文】

崤山以西一带盛产木材、竹子、楮树、野麻、牦牛尾、玉石；崤山以东一带多产鱼、盐、漆、丝、歌伎舞女；长江以南一带出产楠木、梓木、姜、桂、金、锡、铅矿石、朱砂、犀牛角、玳瑁、珍珠、象牙皮革；龙门山和碣石山以北多出产马、牛、羊、毛毡和皮衣、兽筋和兽骨；而铜矿和铁矿则千里之内遍山都是，如棋子密布：这是物产分布的大略情况。这些都是中原百姓所喜好的，是人们习惯用来作为穿衣吃饭、养生送死所需要的东西。所以依靠农民种地吃饭，依靠管理山林水泽的官员开产、运输物资，依靠工匠制造器物，依靠商人使物产流通。这难道是靠发布政令、征调百姓定期会集做到的吗？每个人各尽其能，竭尽其力，以此获得他们所想要得到的东西。所以此处物贱，他们就运往别处以求高价；此处物贵，他们就从别处贱价收购，运回出售，人们各自勉力从事自己的职业，乐于从事自己的工作，就像水往低处流，日夜不停，不用召唤自己就来了，各种物资不用去寻求人民就自己会生产出来。这难道不是与自然规律相符合，是顺应自然的验证吗？

《周书》曰[1]："农不出则乏其食，工不出则乏其事，商不出则三宝绝[2]，虞不出则财匮少[3]。"财匮少而山泽不辟矣[4]。此四者，民所衣食之原也。原大则饶，原小则鲜[5]。上则富国，下则富家。贫富之道，莫之夺予[6]，而巧者有余，拙者不足。故太公望封于营丘[7]，地潟卤[8]，人民寡，于是太公劝其女功[9]，极技巧，通鱼盐，则人物归之，繦至而辐凑[10]。故齐冠带衣履天下，海岱之间敛袂而往朝焉[11]。其后齐中衰[12]，管子修之[13]，设轻重九府[14]，则桓公以霸，九合诸侯，一匡天下[15]；而管氏亦有三归[16]，位在陪臣[17]，富于列国之君。是以齐富强至于威、宣也[18]。

【注释】

〔1〕《周书》：指《逸周书》，记周朝上起文王、武王，下至灵王、景王时事。以下引文今本《逸周书》无。

〔2〕三宝：指上两句中的"食"、"事"和下句中的"财"。

〔3〕匮少：缺乏。

〔4〕辟：开辟。

〔5〕鲜（xiǎn 显）：少。

〔6〕夺：剥夺。　予：给予。

〔7〕太公望：即姜太公，吕氏，名望。周武王时的开国元勋，被封于齐。　营丘：在今山东省淄博市东北部，齐国的国都。

〔8〕潟（xì 戏）卤：不适宜耕种的盐碱地。

〔9〕劝：劝勉。　女功：妇女劳动，指刺绣纺织等事。

〔10〕繦(qiǎng 抢)：穿钱的绳索。比喻接连不断。　辐(fú 扶)凑：形容人或物聚集像车辐集中于车毂一样。辐，车轮中连接车毂和轮圈的直条。凑，聚集。

〔11〕海岱之间：指山东半岛。海，指今渤海。岱，泰山。　敛袂(mèi 妹)：整敛衣袖以示恭敬。袂，衣袖。

〔12〕中衰：中途衰落。

〔13〕管子：即管仲。见本书《管晏列传》。

〔14〕轻重九府：主管金融货币的官府。轻重，权衡货物贸易关系的方法。九府，指大府、玉府、内府、外府、泉府、天府、职内、职金、职币九种职官。

〔15〕"则桓公"三句：详见本书《管晏列传》注。

〔16〕三归：详见本书《管晏列传》注。

〔17〕陪臣：春秋时诸侯的大夫对周天子自称为陪臣。

〔18〕威、宣：指齐威王、齐宣王。

【译文】

《逸周书》上说："农民不种田，粮食就会缺乏；工匠不干活，器物就会短缺；商人不经营，粮食、器物、物财这三宝就断了来源；管理山林水泽的人不出力，物财就会匮乏。"社会财富匮乏，山林水泽就得不到开发。这四个方面是老百姓穿衣吃饭的来源。来源广就富饶，来源窄就贫乏。对上来说可以富国，对下来说可以富家。贫富的法则，不是谁能够改变的，只是智巧的人能使自己富裕，笨拙的人常使自己衣食不足。所以姜太公被封在营丘，那里的土地多是盐碱地无法耕种，人口稀少，于是姜太公就鼓励当地妇女从事纺织刺绣，并使女功的技巧精妙到极点，把鱼和盐贩运到别地，这样人民和财物尽归向齐国，钱财源源而至，归附的人络绎不绝地聚集而来。所以齐国制造的衣服鞋帽遍布天下，从渤海到泰山一带的诸侯都恭敬地前来朝拜。后来齐国一度衰败，管仲重振姜太公的事业，设立调节物价的九个官职，于是齐桓公得以称霸，多次会盟诸侯，匡正天下；而管仲本人也拥有三归，虽然他的地位仅是个陪臣，却比各国的国君还要富有。因此齐国的富强局面一直维持到齐威王、齐宣王时期。

故曰[1]："仓廪实而知礼节[2]，衣食足而知荣辱。"礼生于有而废于无[3]。故君子富，好行其德；小人富，以适其力。渊深而鱼生之，山深而兽往之，人富而仁义附焉。富者得埶益彰[4]，失埶则客无所之，以而不乐。夷狄益甚[5]。谚曰："千金之子，不死于市[6]。"此非空言也。故曰："天下熙熙[7]，皆为利来；天下壤壤[8]，皆为利往。"夫千乘之王[9]，万家之侯[10]，百室之君[11]，尚犹患贫，而况匹夫编户之民乎[12]！

【注释】

〔1〕故曰：以下引文出自《管子·牧民》。

〔2〕仓廪(lǐn 凛)：粮仓。

〔3〕有：富足。　无：贫穷。

〔4〕埶：同"势"。

〔5〕"夷狄"句：此句前后疑有脱误。　夷狄：泛指少数民族。

〔6〕不死于市：指不触犯刑法，不在街市上被处死。

〔7〕熙熙：热闹的样子。

〔8〕壤壤：同"攘攘"，纷乱的样子。

〔9〕千乘(shèng 剩)之王：指国君，战国时诸侯国之小者拥有千辆战车。乘，一车四马的战车。

〔10〕万家之侯：指有万户封邑的诸侯。

〔11〕百室之君：指大夫。

〔12〕匹夫：平民。　编户之民：编入户籍的平民。

【译文】

所以说："粮仓丰实了，百姓就会懂得礼节；衣食充足了，百姓就会知道荣辱。"礼义产生于富足而废弃于贫穷。所以君子富有，就愿意去做仁德之事；小人富有，就会把精力用在适当的地方。潭水很深，就有鱼类生活；山林很深，野兽就会到那里去；人很富有，仁义也就归他所有。富人得势就更加显赫，失势则宾客没处可去，因而心情不快乐。这种情况在夷狄之国更加厉害。谚语说："家有千金的富人子弟，是不会因犯法而被处死在闹市中的。"这不是空话。所以说："天下人熙熙攘攘，都是为利而来；天下人辛苦奔忙，都是为利而往。"拥有千辆战车的国君，占有万户封地的诸侯，据有百室封邑的大夫，尚且担心贫穷，何况平民百姓呢！

（田松青）

太史公自序

《史记》

【题解】

本篇为《史记》最后一卷《太史公自序》的节选。原序分为三个部分：第一部分类似自传，历叙本族世系和家学渊源，并概述了自己前半生的经历；第二部分（即本文）以回答的方式表达了作者撰写《史记》的目的和其间的一系列遭遇；第三部分是《史记》一百三十篇的各篇的小序。全序规模宏大，是《史记》的纲领。本文开头便揭示了作者的胸襟和使命，接着极力赞颂《春秋》“上明三王之道，下辨人事之纪”，“别嫌疑”，“明是非”，“拨乱世反之正”的作用，实际是阐述自己的写作宗旨。最后表明自己在撰写过程中，曾遭到了巨大的不幸，并因此一度灰心，但最终还是忍辱负重，发愤写作，终于完成了《史记》这部巨著。末段引述前人发愤著述事迹，以表明自己心志，真挚感人。本文为历代传诵的名篇。

太史公曰：“先人有言〔1〕：‘自周公卒五百岁而有孔子〔2〕。孔子卒后至于今五百岁，有能绍明世〔3〕，正《易传》〔4〕，继《春秋》〔5〕，本《诗》、《书》、《礼》、《乐》之际〔6〕。’意在斯乎！意在斯乎！小子何敢让焉。”

【注释】

〔1〕先人：指作者的父亲司马谈。

〔2〕周公：即姬旦，周武王之弟，周成王之叔。武王死时，成王尚年幼，于是周公摄政。周朝的礼乐制度相传为周公所制定。

〔3〕绍：继续。

〔4〕《易传》：《周易》的组成部分，是儒家学者对古代占筮用《周易》所作的各种解释。

〔5〕《春秋》：春秋时鲁国的编年体史书。

〔6〕《诗》、《书》、《礼》、《乐》：即《诗经》、《尚书》、《仪礼》（一说三《礼》，即《礼记》、《仪礼》、《周礼》）、《乐经》，均为儒家经典。《乐》今已不传。

【译文】

太史公说："先父曾说过：'自从周公死后五百年而诞生了孔子。孔子死后至今也已五百年了，应该是到了有人能继承圣明世代的事业，修正《易传》，续写《春秋》，探求《诗经》、《尚书》、《仪礼》、《乐经》的本原的时候了。'他的意思就在这里吧！他的意思就在这里吧！我怎么敢推辞呢！"

上大夫壶遂曰〔1〕："昔孔子何为而作《春秋》哉？"太史公曰："余闻董生曰〔2〕：'周道衰废，孔子为鲁司寇〔3〕，诸侯害之〔4〕，大夫壅之〔5〕。孔子知言之不用，道之不行也，是非二百四十二年之中〔6〕，以为天下仪表，贬天子，退诸侯，讨大夫，以达王事而已矣〔7〕。'子曰：'我欲载之空言〔8〕，不如见之于行事之深切著明也〔9〕。'夫《春秋》，上明三王之道〔10〕，下辨人事之纪〔11〕，别嫌疑，明是非，定犹豫，善善恶恶〔12〕，贤贤贱不肖，存亡国，继绝世，补敝起废，王道之大者也。《易》著天地阴阳四时五行〔13〕，故长于变；《礼》经纪人伦[14]，故长于行；《书》记先王之事，故长于政；《诗》记山川谿谷禽兽草木牝牡雌雄[15]，故长于风[16]；《乐》乐所以立[17]，故长于和；《春秋》辨是非，故长于治人。是故《礼》以节人，《乐》以发和，《书》以道事，《诗》以达意，《易》以道化，《春秋》以道义[18]。拨乱世反之正[19]，莫近于《春秋》。《春秋》文成数万，其指数千[20]。万物之散聚皆在《春秋》。《春秋》之中，弑君三十六，亡国五十二，诸侯奔走不得保其社稷者不可胜数。察其所以，皆失其本已。故《易》曰'失之豪厘，差以千里[21]'。故曰'臣弑君，子弑父，非一旦一夕之故也，其渐久矣[22]'。

【注释】

〔1〕上大夫壶遂：壶遂，天文学家，曾参与司马迁所主持的太初改律事。官至詹事，秩二千石，故称上大夫。

〔2〕董生：即董仲舒，汉代儒学大师，司马迁曾向他学习《公羊春秋》。生，尊称，即先生、老师之意。

〔3〕孔子为鲁司寇：春秋鲁定公十年（前500），孔子在鲁国由中都宰升任司空和大司寇。司寇，掌握刑狱的官。

〔4〕害：忌恨。

〔5〕壅：阻塞，隔离。

〔6〕"是非"句：指孔子以《春秋》这部书来褒贬评定整个春秋时代的各国大事。《春秋》记事上起鲁隐公元年（前722），下止于鲁哀公十四年（前481），共242年。是非，褒贬。

〔7〕王事：此指王道。

〔8〕空言：空洞抽象的说教。

〔9〕行事：指具体的历史事件。

〔10〕三王：指夏禹、商汤、周文王周武王。

〔11〕纪：纲纪，伦理纲常。

〔12〕善善：表扬良善。前一"善"为动词，后一"善"为名词。

后面的“恶恶”、“贤贤”同此。

〔13〕阴阳：古代以阴阳解释世间的万物发展变化。　四时：四季。五行：金、木、水、火、土五种基本元素。

〔14〕经纪：安排调整。

〔15〕牝（pìn 聘）：雌性的禽兽。　牡（mǔ 母）：雄性的禽兽。

〔16〕风：教化。

〔17〕乐所以立：意为以自己现有条件为乐，乐在其中。

〔18〕“是故”六句：详见本书《滑稽列传》第一段的有关注释。道化，讲究客观事物发展变化的道理。

〔19〕拨：治理。　反：同“返”。

〔20〕指：通“旨”，意旨，意向。

〔21〕“失之”二句：引文不见今本《易经》，《易纬·通卦验》中有此句。豪厘，即毫厘。

〔22〕“臣弑”四句：引文出自《易·坤卦文言》。渐，浸润，发展由来。

【译文】

上大夫壶遂说：“当初孔子为什么写《春秋》呢？”太史公说：“我听董仲舒先生说：‘周朝的制度衰落废弛，孔子担任鲁国司寇，诸侯忌恨他，大夫们压制他。孔子知道自己的意见不会被采用，自己的主张无法推行，于是褒贬二百四十二年之间的历史，作为天下人行动的标准，贬责天子，斥责诸侯，声讨大夫，只是为了阐明王道罢了。’孔子说：‘我想与其将我的观点用空话记载下来，不如表现在具体事件中使之更为深刻明显。’《春秋》，对上阐明三王的治世之道，对下辨明为人处事的纲纪，辨别疑难事物，弄清是非界限，确定犹豫不决的问题，褒善抑恶，推崇贤人，鄙薄不肖，存录已经灭亡的国家，延续已经断绝的世系，补救弊端，重振已经荒废的事业，这些都是王道的重要内容。《易经》显示天地、阴阳、四季、五行的规律，所以长于变化；《礼》调整人与人之间的关系，所以长于引导人们的行为；《尚书》记载古代帝王的事迹，所以长于指导政事；《诗经》记述山川、谿谷、禽兽、草木、牝牡、雌雄，所以长于教化；《乐经》使人乐在其中，所以长于调和性情；《春秋》明辨是非，所以长于治理百姓。

因此《礼》用来节制人们的言行，《乐经》用来启发和合美好的情感，《尚书》用来记述史实，《诗经》用来表达思想感情，《易经》用来表现事物的变化，《春秋》用来阐明天下的义理。治理乱世使之归于正轨，没有比《春秋》更为切近有效的了。《春秋》一书字数万余，所要说明的旨意有几千条。万事万物的成败聚散都在《春秋》之中。《春秋》一书中，记载臣子杀死君主的有三十六起，国家灭亡的有五十二个，诸侯亡命逃走无法保全其封地权力的不可胜数。观察他们之所以如此，都因失去了王道之本。所以《易经》上说：'失之毫厘，差之千里。'所以说：'臣下杀害国君，儿子杀死父亲，这不是一朝一夕的缘故，是逐步发展很长时间了。'

"故有国者不可以不知《春秋》，前有谗而弗见[1]，后有贼而不知[2]。为人臣者不可以不知《春秋》，守经事而不知其宜[3]，遭变事而不知其权[4]。为人君父而不通于《春秋》之义者，必蒙首恶之名。为人臣子而不通于《春秋》之义者，必陷篡弑之诛，死罪之名。其实皆以为善，为之不知其义，被之空言而不敢辞[5]。夫不通礼义之旨，至于君不君，臣不臣，父不父，子不子。夫君不君则犯[6]，臣不臣则诛，父不父则无道，子不子则不孝。此四行者，天下之大过也。以天下之大过予之，则受而弗敢辞。故《春秋》者，礼义之大宗也。夫礼禁未然之前[7]，法施已然之后；法之所为用者易见，而礼之所为禁者难知。"

【注释】

〔1〕谗：指进谗言的人。

〔2〕贼：指叛逆作乱的人。

〔3〕守经事：处理一般情况下的事物。经，平常，经常。
〔4〕权：随机应变。
〔5〕空言：指随心所欲的批评言论。
〔6〕犯：指被臣下冒犯。
〔7〕未然：指尚未出现的事。

【译文】

“所以掌握政权的国君不可以不知晓《春秋》，否则眼前有进谗言的小人却视而不见，身后有奸贼却不知道。做人臣的不可以不知晓《春秋》，否则处理日常事务不知道恰当的办法，遇到意外的事变而不知道变通。作为国君或父亲不通晓《春秋》的要义，一定会蒙受首恶的名声。作为大臣或儿子不通晓《春秋》的要义，一定会陷入篡位弑父的法网中，落得该死的罪名。其实他们都以为自己在干好事，只是因为不懂礼义，受到舆论随意的谴责也不敢辩驳。由于不通晓礼义的要旨，以至于做国君的不像国君，做大臣的不像大臣，做父亲的不像父亲，做儿子的不像儿子。而做国君的不像国君，大臣们就会犯上作乱；做大臣的不像大臣，就会获罪被杀；做父亲的不像父亲，就是没有伦理道德；做儿子的不像儿子，就是不孝敬父母。这四种行为，是天下最大的过错。把天下最大的过错加在这些人身上，他们也只能接受而不敢推辞。所以《春秋》这部书，是礼义的根本法则。礼的作用是在坏事发生前就加以禁止，法的作用是在坏事发生后加以处置；法起的作用是比较容易看得见的，而礼起的防患作用就难以被人们所理解。”

壶遂曰：“孔子之时，上无明君，下不得任用，故作《春秋》，垂空文以断礼义[1]，当一王之法。今夫子上遇明天子[2]，下得守职，万事既具，咸各序其宜，夫子所论，欲以何明？”

【注释】

〔1〕垂：流传。 空文：指文章。相对于具体功业而言，故云“空文”。

〔2〕明天子：圣明的天子，此指汉武帝。

【译文】

壶遂说：“孔子那个时候，上无圣明君主，下不被重用，所以写作《春秋》，流传文章来判明什么是礼义，作为一个圣王的法典。现在你上遇圣明的君主，下有自己的官守职位，万事都已具备，各项事情都按照适当的顺序进行，先生您所论述的，是为了说明什么道理呢？”

太史公曰：“唯唯〔1〕，否否，不然。余闻之先人曰：‘伏羲至纯厚〔2〕，作《易》八卦。尧、舜之盛〔3〕，《尚书》载之，礼乐作焉。汤、武之隆〔4〕，诗人歌之〔5〕。《春秋》采善贬恶，推三代之德，褒周室，非独刺讥而已也。’汉兴以来，至明天子，获符瑞〔6〕，建封禅〔7〕，改正朔〔8〕，易服色〔9〕，受命于穆清〔10〕，泽流罔极〔11〕，海外殊俗〔12〕，重译款塞〔13〕，请来献见者，不可胜道。臣下百官力诵圣德，犹不能宣尽其意。且士贤能而不用，有国者之耻；主上明圣而德不布闻，有司之过也〔14〕。且余尝掌其官，废明圣盛德不载，灭功臣世家贤大夫之业不述，堕先人所言〔15〕，罪莫大焉。余所谓述故事，整齐其世传，非所谓作也，而君比之于《春秋》，谬矣。”

【注释】

〔1〕唯唯：恭敬而顺从的答应声。

〔2〕伏羲：神话传说中的远古帝王，教民结网，从事渔猎畜牧，又曾制作八卦。

〔3〕尧、舜：皆为传说中的远古帝王。

〔4〕汤：商朝的建立者。　武：周武王，周朝的建立者。

〔5〕诗人歌之：指《诗经》中有《商颂》、《周颂》、《大雅》，其中有些篇是歌颂商汤、文武的。

〔6〕符瑞：吉祥的征兆，其实是汉代儒生为鼓吹天人感应而附会出来的一套东西。

〔7〕封禅(shàn 善)：古代帝王在泰山举行的祭祀天地的仪式。登泰山撮土为坛以祭天曰“封”，在山南梁父山上辟基而祭地为“禅”。汉武帝曾举行过封禅。

〔8〕改正朔：指使用新历法。汉武帝时恢复使用夏历，即以夏历的正月为岁首，从此直至清末，历代沿用。正朔，正月初一。

〔9〕易服色：改变车马、祭牲的颜色。秦汉时代，盛行“五德始终说”，认为每一朝代在五行中必定占据一德，与此相应，每一朝代都崇尚一种颜色。汉初沿用秦代历法，崇尚水德黑色，汉武帝时改历法，崇尚黄色。

〔10〕穆清：肃穆清和，指天。

〔11〕泽：皇帝的恩泽。　罔极：无穷尽。罔，无。

〔12〕殊俗：指异族异邦。

〔13〕重译：经过几重翻译的使者。　款塞(sài 赛)：叩关。

〔14〕有司：政府主管部门的官吏，此指史官。

〔15〕堕：丢弃。

【译文】

太史公说：“对，对，您说得对，不过，不过，我不是这个意思。我听先父说过：‘伏羲氏最为纯朴厚道，他创造了《周易》中的八卦。唐尧、虞舜时代的昌盛，《尚书》上有记载，礼乐就是那时制定的。商汤、周武王时代的兴隆，诗人在《诗经》中加以歌颂。《春秋》表彰善事，贬斥邪恶，推行三代的德政，褒扬周朝，并非只有讽刺讥评。’汉朝建立以来，直到当今的圣明天子，得到了上天的祥瑞，到泰山进行封禅典礼，更改了历法，改换了车马服色，受命于上天，恩泽流布远方，海外的异族他邦，通过几重翻译前来叩关，请求前来进献物品和朝拜天子，这样的事情多得数不胜数。臣下百官极力称颂天子的圣德，也仍然不能完全表达自己的心意。况且士人贤能而不被任用，这是国君的耻辱；皇帝英明神圣而其德政没能广为流传，这是史官的过错。何况我曾担任过太史令，如果废弃英明神圣的盛大美德不作记录，埋没功臣、贵族、贤大夫的事迹不作记述，丢弃先父生前的嘱托，没有什么罪过比这更大的了。我所说的记述过去的事情，只是整理一下他们的世系传记，并不是所谓的创作，而您将它与孔子著《春秋》相提并论，这就错了。”

于是论次其文〔1〕。七年而太史公遭李陵之祸〔2〕，幽于缧绁〔3〕。乃喟然而叹曰：“是余之罪也夫！是余之罪也夫！身毁不用矣。”退而深惟曰〔4〕：“夫《诗》、《书》隐约者〔5〕，欲遂其志之思也。昔西伯拘羑里，演《周易》〔6〕；孔子厄陈、蔡，作《春秋》〔7〕；屈原放逐，著《离骚》〔8〕；左丘失明，厥有《国语》〔9〕；孙子膑脚，而论兵法〔10〕；不韦迁蜀，世传《吕览》〔11〕；韩非囚秦，《说难》、《孤愤》〔12〕；《诗》三百篇，大抵贤圣发愤之所为作也。此人皆意有所郁结，不得通其道也，故述往事，思来者。”于是卒述陶唐以来〔13〕，至于麟止〔14〕，自黄帝始〔15〕。

【注释】

〔1〕论次：评论编次。

〔2〕七年：司马迁于太初元年（前104）始著《史记》，至天汉三年（前98）遭李陵之祸而受宫刑，其间七年。　李陵之祸：李陵，陇西成纪（今甘肃秦安）人，李广之孙，汉武帝时官拜骑都尉。天汉二年（前99），汉武帝出兵三路攻打匈奴，以他的宠妃李夫人之弟、贰师将军李广利为主力，李陵为偏师。李陵率军深入腹地，遇匈奴主力而被围。李广利按兵不动，致使李陵兵败降胡。司马迁因为李陵辩护，竟被下狱问罪，处

以宫刑。

〔3〕幽：囚禁。　缧绁（léi xiè 雷谢）：捆绑犯人的绳索，借指监狱。

〔4〕深惟：深思。

〔5〕隐约：意旨隐微而文辞简约。

〔6〕“昔西伯”二句：周文王被殷纣王拘禁在羑（yǒu 有）里（今河南汤阴县北），把上古时代的八卦推演成六十四卦，即后世《周易》的主干。西伯，即周文王。

〔7〕“孔子”二句：孔子为了宣传自己的政治主张，曾周游列国，但到处碰壁，在陈国和蔡国还遭受绝粮和被人围攻的困厄（详见本书《游侠列传》“菜色陈、蔡”句注）。其后孔子返回鲁国写作《春秋》。厄，困厄。

〔8〕“屈原”二句：详见本书《屈原列传》。

〔9〕“左丘”二句：相传《国语》一书为春秋时鲁国的史官左丘明双眼失明后所作。左丘，即左丘明。

〔10〕“孙子”二句：孙膑，齐国人，曾与庞涓一起师从鬼谷子学兵法。后庞涓担任魏国大将，忌孙之才，把孙膑骗到魏国，处以膑刑。孙膑后为齐国军师，著有《孙膑兵法》。膑脚，一种截去两腿膝盖上膑骨的刑法。

〔11〕“不韦”二句：吕不韦，战国末韩国阳翟人，为秦相，召集宾客编《吕氏春秋》。后被秦始皇免职，迁往蜀郡，忧惧而自杀。《吕览》，因《吕氏春秋》中有《有始》、《孝行》等八“览”，故以《吕览》代指《吕氏春秋》。

〔12〕“韩非”二句：韩非，战国时著名法家学派人物，因李斯推荐而入秦，后被李斯陷害，入狱而死。著有《韩非子》。《说难》、《孤愤》，皆为《韩非子》的篇名。

〔13〕陶唐：即唐尧。尧最初住在陶丘（今山东定陶县南），后又迁往唐（今河北唐县），故称陶唐氏。《史记》列为五帝之一，详见《史记》首卷《五帝本纪》。

〔14〕至于麟止：汉武帝元狩元年（前122），猎获白麟一只，《史记》记事即止于此年。鲁哀公十四年（前481），亦曾猎获麒麟，孔子听说后，停止了《春秋》的写作，后人称为“绝笔于获麟”。《史记》“至于麟止”，是有意仿效孔子“绝笔于获麟”。

〔15〕黄帝：即轩辕氏，传说中的远古帝王，中原各族的共同祖先。

【译文】

于是编写《史记》。写了七年后，我因李陵事件而大祸临头，被囚禁在监狱中。于是喟然长叹道："这是我的罪过啊！这是我的罪过啊！身体已经残废，没有什么用了！"事后我仔细反思："《诗经》和《尚书》意旨隐微而文辞简约，是作者想表达内心的思考。从前周文王被囚禁在羑里，就推演出《周易》；孔子被困于陈国和蔡国后，写出了《春秋》；屈原被放逐，就写了《离骚》；左丘明双眼失明，这才有了《国语》；孙膑遭受膑刑后，于是研究兵法；吕不韦被谪迁蜀地，世上才能够流传他的《吕氏春秋》；韩非被囚禁在秦国，《说难》、《孤愤》才产生；《诗经》三百余篇，大都是贤才圣人抒发内心的愤懑而写出来的。这是因为这些人都心意有所郁积，不能实现自己的主张，所以追述往事，期望于将来。"于是终于记述了唐尧以来的历史，止于猎获白麟的元狩元年，而从黄帝开始。

（田松青）

报任安书

司马迁

【题解】

任安，字少卿，荥阳(在今河南)人。曾任北军使者护军、益州刺史。司马迁任中书令，任安写信要求他“推贤进士”，时隔许久，任安因事下狱，面临死刑，司马迁写了这封回信。

司马迁无法“推贤进士”的原因是自己已身受奇耻大辱——宫刑。这一耻辱笼罩全文，从开头的“身残处秽”、“大质已亏缺”至末尾的“身直为闺阁之臣”，几乎无所不在；而追叙因李陵罹祸，特别突出其深陷匈奴的壮烈战斗场面，不仅说明李陵降胡的不得已，更是说明自己身受千古奇冤。面临生死抉择，一般是死难生易；而面对“诟莫大”的宫刑，志节之士必然是生难死易，司马迁却选择了受宫刑而生，这需要何等的勇气！他以极度的耻辱为代价，完成了“究天人之际，通古今之变，成一家之言”的辉煌巨著——《史记》，赢得了后世对其人格和成就的景仰。本文写耻辱、辉煌均臻极致，非大手笔不能为之。

太史公牛马走司马迁再拜言[1]。少卿足下：曩者辱赐书[2]，教以慎于接物，推贤进士为务，意气勤勤恳恳，若望仆不相师用[3]，而流俗人之言。仆非敢如是也。虽罢驽[4]，亦尝侧闻长者遗风矣[5]。顾自以为身残处秽[6]，动而见尤[7]，欲益反损，是以抑郁[8]，而无谁语。谚曰："谁为为之？孰令听之？"盖钟子期死，伯牙终身不复鼓琴〔9〕。何则？士为知己用，女为说己容〔10〕。若仆大质已亏缺矣〔11〕，虽材怀随、和〔12〕，行若由、夷〔13〕，终不可以为荣，适足以发笑而自点耳〔14〕。

【注释】

〔1〕牛马走：谦词，意为如牛马般供驱使。走，犹言"仆"。

〔2〕曩（nǎng 攮）：从前。

〔3〕望：埋怨。　师用：效法采纳。

〔4〕罢驽（pí nú 皮奴）：才能低拙。罢，同"疲"。驽，劣马。

〔5〕侧闻：侧身倾听，谦词。

〔6〕顾：只是。　身残处秽：指受腐刑。

〔7〕尤：责怪。

〔8〕抑郁：愁闷。

〔9〕"盖钟子期"二句：钟子期、伯牙皆是春秋楚人。伯牙鼓琴，钟子期知音。子期死后，伯牙破琴绝弦，终身不复鼓琴。事见《吕氏春秋·本味》

〔10〕"士为"二句：见《战国策·赵策》。说，同"悦"。容，打扮。

〔11〕大质：身体。

〔12〕随、和：随侯珠、和氏璧，喻杰出才能。

〔13〕由、夷：许由、伯夷，古代品德高尚的典范人物。

〔14〕点：污辱。

【译文】

太史公、愿为您效犬马之劳的司马迁再拜陈述。少卿足下：以前承蒙惠赐书信，指教我谨慎处世，以举荐贤良人才为己任，辞意和语言殷勤恳切，似乎抱怨我不听从采纳，却顺随世俗的偏见。其实我并不敢抱这样的态度。我虽然才能低下，但也曾听闻德高望重的长者风范。只是自己深感身残体缺，地位下贱，动辄受到指责，想做好事反而导致不良结果，因此心情愁闷而无人诉说。谚语说："为谁去做？又让谁来听从？"钟子期死后，伯牙终身不再弹琴，这是为什么呢？因为士人只为知己者效力，女子只为爱自己的人化妆。像我这样的人，身体已残缺，即使具有随珠、和璧似的才华，许由、伯夷那样的高尚品德，终究不能自视为光彩，只会成为笑柄，自取污辱罢了。

书辞宜答，会东从上来[1]，又迫贱事，相见日浅[2]，卒卒无须臾之闲得竭指意[3]。今少卿抱不测之罪[4]，涉旬月，迫季冬[5]，仆又薄从上雍[6]，恐卒然不可讳[7]。是仆终已不得舒愤懑以晓左右，则长逝者魂魄私恨无穷[8]。请略陈固陋[9]。阙然久不报[10]，幸勿过[11]。

【注释】

〔1〕东从上来：随汉武帝从东方归来。

〔2〕浅：少。

〔3〕卒(cù 促)卒：匆忙仓促。卒，同“猝”。　须臾：片刻，一会儿。　竭指意：尽抒胸怀。

〔4〕不测之罪：死罪的婉称。

〔5〕季冬：冬末。

〔6〕薄：迫近。　雍：地名，在今陕西凤翔县南，为武帝祭祀五帝之所。

〔7〕卒(cù 促)然：突然。卒，同“猝”。　不可讳：处死的婉称。

〔8〕长逝者：指将被处死的任安。

〔9〕固陋：鄙陋，谦辞。

〔10〕阙：间隔。　报：复信。

〔11〕幸：希望。

【译文】

来函本应及时答复，不巧正值我侍从皇上东巡归来，又忙于琐碎事务，与您见面既少，匆忙间又无一点空暇尽抒胸怀。如今您蒙受不测之罪，再过一个月，就近冬末了，而我也接近随从皇上到雍地的出发日期，恐怕您突然遭到不幸。那样，使我最终不能向您抒发愤懑的感情，而您在九泉之下一定会抱无穷的遗憾。请让我稍稍陈述鄙陋的见解。长时间未能回信，希望您不要责怪。

仆闻之：“修身者智之府也，爱施者仁之端也〔1〕，取予者义之符也〔2〕，耻辱者勇之决也〔3〕，立名者行之极也〔4〕。”士有此五者，然后可以托于世，列于君子之林矣。故祸莫憯于欲利〔5〕，悲莫痛于伤心，行莫丑于辱先，诟莫大于宫刑。刑馀之人，无所比数〔6〕，非一世也，所从来远矣。昔卫灵公与雍渠同载〔7〕，孔子适陈〔8〕；商鞅因景监见〔9〕，赵良寒心〔10〕；同子参乘〔11〕，爰丝变色〔12〕：自古而耻之。夫中材之人，事关于宦竖〔13〕，莫不伤气〔14〕，况慷慨之士乎！如今朝廷虽乏人，奈何令刀锯之馀荐天下豪俊哉〔15〕！

【注释】

〔1〕端：开端。

〔2〕符：标志。

〔3〕决：先决条件。

〔4〕极：最高目标。

〔5〕憯：通“惨”。　欲利：贪欲私利。

〔6〕比数：比较，类比。

〔7〕卫灵公：春秋时卫国君主。　雍渠：卫国的宦官。

〔8〕适：到。

〔9〕商鞅：战国卫人，入秦助孝公变法。　景监：秦孝公宠幸之宦官。

〔10〕赵良：秦贤臣。

〔11〕同子：汉文帝的宦官赵谈。因司马迁父名谈，此避父讳。

〔12〕爰丝：即爰盎，汉文帝时任郎中。丝是他的别号。爰，同“袁”。

〔13〕竖：供役使的小臣。

〔14〕伤气：志气颓丧。

〔15〕刀锯之馀：受宫刑之人。

【译文】

我听说过这样的道理：“加强自身修养是智慧的聚集，乐善好施是仁爱的开端，获取和给予合宜是道义的标志，耻于被侮辱是具备勇敢的先决条件，建立功名是行动的终极目标。”士人具备这五种品德，然后才可以寄身于世，进入君子的行列。所以灾祸没有比贪欲私利更悲惨的了，悲哀没比心灵创伤更痛苦的了，行为没有比辱没祖先更难堪的了，耻辱没有比遭受宫刑更严重的了。受过宫刑的人，无法与常人相提并论，不仅今世如此，很久以前就是这样了。往昔，卫灵公与雍渠同车，孔子就离开卫国前往陈国；商鞅靠景监引荐而见秦孝公，赵良就因此而恐惧担心；赵谈陪同汉文帝乘车，爰丝因此而发怒：自古以来都是鄙视宦官的。即使中等才能的人，只要事情同宦官有所关涉，就没有不垂头丧气的，何况慷慨激昂之士呢！当今朝廷即使缺乏人才，又哪里用得着受过宫刑的人来推荐天下的英雄豪杰呢？

仆赖先人绪业[1]，得待罪辇毂下[2]，二十馀年矣。所以自惟[3]：上之，不能纳忠效信，有奇策材力之誉，自结明主；次之，又不能拾遗补阙[4]，招贤进能，显岩穴之士[5]；外之，不能备行伍，攻城野战，有斩将搴旗之功[6]；下之，不能累日积劳，取尊官厚禄，以为宗族交游光宠。四者无一遂[7]，苟合取容[8]，无所短长之效，可见于此矣。乡者[9]，仆亦尝厕下大夫之列[10]，陪外廷末议[11]。不以此时引维纲[12]，尽思虑，今已亏形为扫除之隶，在阘茸之中[13]，乃欲卬首信眉[14]，论列是非，不亦轻朝廷，羞当世之士邪！嗟乎！嗟乎！如仆，尚何言哉！尚何言哉！

【注释】

〔1〕绪业：遗业。指父亲司马谈以前也任太史令。

〔2〕待罪辇毂(gǔ 古)下：谦称在皇帝身边任职。辇毂下，皇帝车驾左右。

〔3〕惟：思。

〔4〕拾遗补阙：补正小的疏漏过失。

〔5〕岩穴之士：隐士，在野的贤人。

〔6〕搴(qiān 迁)：拔取。

〔7〕遂：成功。

〔8〕苟合取容：勉强求合以容身。

〔9〕乡：同“向”，过去。

〔10〕厕：忝列。　下大夫：指太史令职，俸六百石。

〔11〕外廷：朝中讨论疑难事务的场所。　末议：微不足道的意见。

〔12〕维纲：国家法令。

〔13〕阘茸(tà róng 榻容)：卑贱。

〔14〕卬：通“昂”。　信：通“伸”。

【译文】

我依靠先辈的遗业，才得以在京师任职，至今已二十多年了。因此自思：对上，不能进献忠信，获得奇计高才的美誉，而受英明君主的赏识；其次，又不能为皇上拾遗补阙，荐举贤能，使隐居的贤人显贵；对外，不能参加军队，攻城野战，建立斩将夺旗的功勋；再下，不能通过长年功劳的积累，获取高官厚禄，为宗族、朋友增光。这四条没有一条实现，只是勉强容身，并无尺寸之功，便由此可知了。过去，我也曾忝于下大夫之列，陪坐外廷发表一些意见。那时都没有伸张纲纪，竭尽思虑，如今身体已残缺，成为扫除的奴隶，处于卑贱之中，却想要昂头扬眉，评论是非，不也是轻慢朝廷、羞辱当今贤士吗？唉！唉！像我这样的人，还说什么呢？还说什么呢？

且事本末未易明也。仆少负不羁之才[1]，长无乡曲之誉[2]，主上幸以先人之故，使得奏薄技[3]，出入周卫之中[4]。仆以为戴盆何以望天[5]，故绝宾客之知，忘室家之业，日夜思竭其不肖之才力，务壹心营职，以求亲媚于主上。而事乃有大谬不然者。

【注释】

〔1〕负：恃。　不羁：不受约束。

〔2〕乡曲：乡里。

〔3〕奏：贡献。　薄技：小技艺。

〔4〕周卫：皇帝身边周密的护卫。

〔5〕戴盆、望天：指无法同时实现的一对矛盾，即专心公职，便不暇私交。

【译文】

况且事情的来龙去脉不容易说清。我少年时自恃有超凡的才华，成年后并没有在故乡获得好名声。幸亏皇上因为考虑我先辈效忠的缘故，使我得以奉献微薄的技艺，在宫廷里出入。我以为头上顶盆怎能同时望天？所以谢绝宾客的来往应酬，忘记了家庭的事务，日日夜夜考虑竭尽自己并不出色的才能，努力专心尽职，以求得到皇上的信任与好感。然而事实与想象却截然不同。

夫仆与李陵俱居门下[1]，素非相善也，趣舍异路[2]，未尝衔杯酒接殷勤之欢[3]。然仆观其为人自奇士，事亲孝，与士信，临财廉，取予义，分别有让，恭俭下人[4]，常思奋不顾身以徇国家之急[5]。其素所畜积也，仆以为有国士之风[6]。夫人臣出万死不顾一生之计，赴公家之难，斯已奇矣。今举事壹不当，而全躯保妻子之臣随而媒孽其短[7]，仆诚私心痛之。且李陵提步卒不满五千，深践戎马之地，足历王庭[8]，垂饵虎口，横挑强胡，卬亿万之师[9]，与单于连战十馀日[10]，所杀过当[11]。虏救死扶伤不给[12]，旃裘之君长咸震怖[13]，乃悉征左、右贤王[14]，举引弓之民，一国共攻而围之。转斗千里，矢尽道穷，救兵不至，士卒死伤如积。然陵一呼劳军，士无不起，躬自流涕，沬血饮泣[15]，张空弮[16]，冒白刃，北向争死敌。陵未没时，使有来报，汉公卿王侯皆奉觞上寿[17]。后数日陵败，书闻，主上为之食不甘味，听朝不怡。大臣忧惧，不知所出。仆窃不自料其卑贱，见主上惨凄怛悼[18]，诚欲效其款款之愚[19]。以为李陵素与士大夫绝甘分少[20]，能得人之死力，虽古名将不过也。身虽陷败彼，观其意，且欲得其当而报汉。事已无可奈何，其所摧败，功亦足以暴于天下。仆怀欲陈之，而未有路。适会召问，即以此指推言陵功，欲以广主上之意，塞睚眦之辞[21]。未能尽明，明主不深晓，以为仆沮贰师[22]，而为李陵游说，遂下于理[23]。拳拳之忠[24]，终不能自列[25]，因为诬上，卒从吏议。家贫，财赂不足以自赎，交游莫救，左右亲近不为壹言。身非木石，独与法吏为伍，深幽囹圄之中[26]，谁可告诉者！此正少卿所亲见，仆行事岂不然邪？李陵既生降，隤其家声[27]，而仆又茸以蚕室[28]，重为天下观笑[29]。悲夫！悲夫！事未易一二为俗人言也。

【注释】

〔1〕李陵：字少卿。原为汉将，后降匈奴。　门下：侍中曹（官署名），后世称门下省。

〔2〕趣舍：趋向废弃。趣，同“趋”。

〔3〕衔杯：饮酒。

〔4〕下人：将自己地位看在别人之下。

〔5〕徇：效力。

〔6〕国士：国内推重的人才。

〔7〕媒孽：亦作“媒蘖”，酿酒药。此指夸大其事。

〔8〕王庭：匈奴君主驻地。

〔9〕卬：同“仰”。仰攻。当时李陵被围于谷地。

〔10〕单（chán 缠）于：匈奴君主的称呼。

〔11〕当：相当于己方的兵员数。

〔12〕不给：来不及。

〔13〕旃裘之君长：匈奴君主、官员。旃，同“毡”。

〔14〕左、右贤王：仅次于单于的匈奴军事首领。

〔15〕沬（huì 会）血：血流满面。沬，以手掬水洗脸。

〔16〕拳（quān 圈）：强弓。

〔17〕上寿：祝捷。

〔18〕怛（dá 达）：痛。

〔19〕款款：恳切忠实。

〔20〕绝甘分少：有美食推让给别人，分财物自己得最少的一份。

〔21〕睚眦（yá zì 牙字）：怒目而视，喻愤怒。

〔22〕沮：诋毁。　贰师：指李广利，时任贰师将军。他是汉武帝宠妃李夫人的哥哥，对李陵陷围兵败负有直接责任。

〔23〕理：法庭。

〔24〕拳拳：忠谨貌。

〔25〕列：陈述。

〔26〕囹圄（líng yǔ 陵羽）：监牢。

〔27〕隤（tuí 颓）：败坏。

〔28〕茸：推置其中。　蚕室：受宫刑后所居温密之室。

〔29〕重：复，又。

【译文】

我和李陵同在门下任职，平时并没有亲善交往，志趣追求也不相同，未曾有过一起饮酒联络感情的聚会。然而我观察他的为人，确是一位奇士，孝敬父母，信交朋友，于钱财事务十分廉洁，获取和给予都合乎礼义，懂得尊卑而能礼让，恭敬谦虚自甘人下，常考虑奋不顾身勇赴国家急难。从他平素修养品德来看，我认为他具有国士的风范。为人臣能出于宁肯万死不求一生的考虑，勇赴国家的危难，这也是难能可贵了。如今他行事一有不当，那些平时只顾保全自己和家小的臣子马上就夸大他的过失，我的确深感悲哀。况且李陵率领的步兵不足五千，深入敌方阵营，到达单于驻地，如在虎口垂挂诱饵，强行向劲敌挑战，仰攻匈奴大军。与单于所率部队连战十多天，所杀敌人超过自己军队的数目，敌人救死扶伤都来不及。匈奴君臣都震惊恐怖，于是征集了左、右贤王的全部军队，出动了所有能战斗的人员，全国动员围攻李陵。李陵转战千里，箭矢用尽，退路断绝，援兵不来，死伤士卒遍地皆是。但是，只要李陵一声呼唤鼓舞，士卒们没有一个不立即奋起，眼流热泪，以血洗面，泪流入口，拉着无箭的空弓，冒着敌人锋利的刀剑，争着向北拼死杀敌。当李陵军队未覆灭时，有信使来报战况，朝中公卿王侯都举杯祝捷。几天后李陵兵败，奏书传来，皇上为此食不甘味，上朝听政也心怀忧愁。大臣们担心害怕，束手无策。我区区之心不考虑自己的卑贱，见皇上悲痛忧愁，确实想尽恳切的愚忠。我认为李陵平常对将士总是先人后己，能获得他们的以死相报效，即使是古代的名将也不能超过他。他虽兵败陷身匈奴，推测他的用意，是想等待时机来报效汉朝。兵败之事已无可挽救，但他曾击溃敌军，功劳也足于昭示天下了。我想将意见陈述出来，未遇有机会。恰值皇上召问，就据上述意见推崇李陵的功劳，来宽舒皇上的胸怀，阻塞怨恨李陵的言论。我未能彻底表达清楚，圣明君主未能深入了解，反认为我诋毁贰师将军，替李陵游说开罪，于是我被送上法庭受审。我满怀拳拳之忠，却终于不能为自己辩白。于是根据欺君的罪名，司法官吏的判决也就被认准。我家境贫困，钱财远不够赎罪，朋友没有人出面营救，皇上亲近的人也没有为我说句好话的。人并非无情感的木石，只身与执法官吏在一起，被关在严密深邃的牢房中，所受冤屈有谁可以诉说呢？这些正是您亲眼所见，我的情况难道不是这样吗？李陵已经活着投降匈奴，败坏了家声，而我又被关进蚕室，深为天下人看着嘲笑。可悲啊，可悲啊！这些事是不容易向俗人一一说明白的。

仆之先人非有剖符丹书之功[1]，文史星历近乎卜祝之间[2]，固主上所戏弄，倡优畜之，流俗之所轻也。假令仆伏法受诛，若九牛亡一毛，与蝼蚁何异？而世又不与能死节者比[3]，特以为智穷罪极[4]，不能自免，卒就死耳。何也？素所自树立使然。人固有一死，死有重于泰山，或轻于鸿毛，用之所趋异也[5]。太上不辱先，其次不辱身，其次不辱理色[6]，其次不辱辞令，其次诎体受辱[7]，其次易服受辱[8]，其次关木索、被箠楚受辱[9]，其次鬄毛发、婴金铁受辱[10]，其次毁肌肤、断支体受辱，最下腐刑，极矣。传曰"刑不上大夫[11]"，此言士节不可不厉也[12]。猛虎处深山，百兽震恐，及其在穽槛之中，摇尾而求食，积威约之渐也[13]。故士有画地为牢势不入，削木为吏议不对，定计于鲜也[14]。今交手足，受木索，暴肌肤，受榜箠，幽于圜墙之中[15]。当此之时，见狱吏则头枪地[16]，视徒隶则心惕息[17]。何者？积威约之势也。及已至此，言不辱者，所谓强颜耳，曷足贵乎！且西伯，伯也，拘牖里[18]；李斯，相也，具五刑[19]；淮阴[20]，王也，受械于陈；彭越、张敖，南乡称孤[21]，系狱具罪；绛侯诛诸吕，权倾五伯，囚于请室[22]；魏其，大将也，衣赭、关三木[23]；季布为朱家钳奴[24]；灌夫受辱居室[25]。此人皆身至王侯将相，声闻邻国，及罪至罔加[26]，不能引决自财[27]，在尘埃之中。古今一体，安在其不辱也！由此言之，勇怯，势也；强弱，形也。审矣[28]，曷足怪乎！且人不能蚤自财绳墨之外[29]，已稍陵夷[30]，至于鞭箠之间，乃欲引节，斯不亦远乎！古人所以重施刑于大夫者，殆为此也。

【注释】

〔1〕剖符：把竹符一剖为二，上书同样的誓词，意为永保立功大臣的爵位，君臣各执一片。　丹书：用丹砂写在铁契上的誓词，说明功臣子孙可以免罪。

〔2〕文史星历：太史令掌管的文史历算之学。　卜祝：职掌卜筮祭祀的小官。

〔3〕死节：因坚持气节而死。

〔4〕特：只不过。

〔5〕用：因。　之：死，代词。　所趋：趋向。

〔6〕理色：道理颜面。

〔7〕诎体：屈体，指受缚。

〔8〕易服：换上囚服。

〔9〕关木索：戴枷锁、受绳绑。　被箠楚：受杖刑。箠，杖。楚，荆木。

〔10〕鬄（tì替）：剃。婴：环绕。

〔11〕刑不上大夫：刑罚不对大夫以上的人施用。语见《礼记·曲礼》。

〔12〕厉：磨砺。

〔13〕积威约之渐：长期的威力制约，逐渐使之驯服。

〔14〕定计于鲜：一旦得罪，就决定自杀。　鲜：态度明朗。

〔15〕圜墙：指监狱。圜，同“圆”。

〔16〕枪：同“抢”，触。

〔17〕惕息：胆战心惊。

〔18〕“且西伯”三句：西伯：周文王，殷商时为西伯。伯，一方之长。 牖(yǒu 友)里：地名，又作“羑里”，在今河南汤阴。

〔19〕“李斯”三句：李斯：秦始皇的丞相，二世时受赵高谗害，被腰斩。 五刑：指黥劓、斩左右趾、笞杀、枭首、菹其骨肉五种刑罚。见《汉书·刑法志》。

〔20〕淮阴：韩信，封淮阴侯。

〔21〕“彭越”二句：彭越：汉初功臣，封梁王。曾称病，被囚至洛阳。 张敖：汉初袭父张耳封赵王，也曾因事被捕。 南乡称孤：指为一方之长。乡，通“向”。

〔22〕“绛侯”三句：绛侯：周勃，汉初功臣。 诛诸吕：平定吕后族人吕禄、吕产之乱。 倾：压倒。 请室：官署名，大臣犯罪等候审判的处所。

〔23〕“魏其”三句：魏其：窦婴，封魏其侯。 衣赭：穿着囚衣。关三木：颈、手、足三处都上刑具。

〔24〕季布：项羽部将，曾多次困辱刘邦。项羽败死，刘邦悬赏捉拿季布，季布改名卖身给鲁国侠客朱家为奴。 钳奴：以铁圈套颈并剃发的奴隶。

〔25〕灌夫：汉景帝时将领，因得罪丞相田蚡而被拘杀。 居室：少府所属官署名，又称保宫。

〔26〕罔：同“网”，法网。

〔27〕引决自财：自杀。财，通“裁”。

〔28〕审：清楚。

〔29〕蚤：通“早”。

〔30〕稍：逐渐。 陵夷：衰落。

【译文】

我的先人并没有建立剖符丹书的功勋，太史公职掌文史星历，地位与卜祝之官近似，本来就是皇上的玩物，如乐工、伶人一般养着，是被世俗所轻视的。假如我伏法而死，就天下而言，如九条牛失去一根毛，和杀死一只蝼蚁有什么不同？而世人又不会将我比之于坚持节操而死的人，只不过认为我智力缺乏，罪大恶极，无法避免而终于接受死刑罢了。为什么呢？是由于自己平时所从事的职业使他们产生这样的想法。人本来就有一死，有的死重于泰山，有的死比鸿毛还轻，这是因为死的原因和目的不同。最重要的，是不辱没祖先；其次，不使身体受辱；其次，不在道理颜面上受辱；其次，不在言辞上受辱；其次，被捆绑受辱；其次，穿上囚服受辱；其次，戴上多种刑具、被抽打受辱；其次，剃光头、套上铁链受辱；其次，毁坏肌肤、断残肢体受辱；而最下等的就是腐刑，受辱到了极点。古书上说："刑罚不能施加于大夫以上的人。"这是说士大夫的节操不可不磨砺而使之受到尊重。猛虎在深山里，百兽都对它恐惧万分，等到它落入陷阱、关进牢笼，就只会摇尾乞食，这是长期使用威力渐渐制约驯服它的结果。所以，士人即使逢上画地为牢，也不肯进入，面对木削的狱吏，也不肯受讯，而是态度鲜明地决定不可受辱，宁可自杀。如今手足交叉，枷锁绳绑，皮肉暴露，受着鞭抽杖打，幽禁在监牢之中。在此时，见到狱吏就以头触地，看到狱卒就心惊胆战，为什么呢？也是长期受威力制约而造成的。已经到了这种地步，还要说不受辱，只是所谓的厚脸皮罢了，有什么可赞扬的呢？况且，西伯是一方霸主，却被拘禁在牖里；李斯，是堂堂丞相，却备受五刑；淮阴侯韩信，曾贵为楚王，却在陈地被拘捕；彭越、张敖，都曾南面称王，却被下狱判罪；绛侯周勃有平定诸吕叛乱之功，权势超过春秋五霸，却被关进请室；魏其侯窦婴，身为大将，却成了囚犯，头颈手足都戴上刑具；季布卖身给朱家为奴；灌夫被关进居室受辱。这些人都贵为王侯将相，名声威震邻国，等到犯罪落入法网，不能果断自杀，结果落入尘埃之中。古今情况都是一样，哪有不受辱的呢？由此说来，勇敢和怯懦，是权势造成的；强与弱，是具体情况决定的。是十分清楚的了，有什么奇怪的呢？况且，人不能及早自杀在法律制裁之前，已经渐渐颓唐，到了身受刑罚的时候，才想到以死殉节，这不也太迟了吗？古人之所以对施刑于士大夫的事十分慎重，大概就是因为这一点。

夫人情莫不贪生恶死，念亲戚[1]，顾妻子，至激于义理者不然，乃有不得已也[2]。今仆不幸，早失二亲，无兄弟之亲，独身孤立，少卿视仆于妻子何如哉？且勇者不必死节，怯夫慕义，何处不勉焉！仆虽怯耎欲苟活[3]，亦颇识去就之分矣[4]，何至自湛溺累绁之辱哉[5]！且夫臧获婢妾犹能引决[6]，况若仆之不得已乎！所以隐忍苟活，函粪土之中而不辞者[7]，恨私心有所不尽，鄙没世而文采不表于后也[8]。

【注释】

〔1〕亲戚：古指父母。

〔2〕已：止。

〔3〕耎：古“软”字。

〔4〕去就：何去何从。

〔5〕湛：同“沉”。　累绁：绑囚犯的绳索。累，通“缧”。

〔6〕臧获：古人对奴婢的称呼。

〔7〕函：被包围。

〔8〕没世：身死之后。

【译文】

人之常情都是爱惜生命、厌恶死亡、顾念父母妻儿的，至于激于道义而行事的人就不是这样了，因为他们无法遏止内心的冲动。如今我不幸父母早亡，又无同胞兄弟，孤身一人活在世上，你看我对于妻子儿女又会怎么样呢？况且勇敢的人不必以死殉节，懦夫如果仰慕节义，哪一处会没有学习的榜样呢？我虽然怯懦，想苟且偷生，但也还能识别该做、不该做的界限，怎么会走到自甘陷入监牢受辱的地步呢？奴婢等下贱之人尚且能下决心自杀，何况我已处于激愤不得已的境地呢？我之所以暗暗忍辱偷生，被关在污秽的牢房里而不肯去死，就是因为尚有心愿未遂的遗憾，如果在屈辱中死去，我的著作就不能流传于后世了。

古者富贵而名摩灭[1]，不可胜记，唯俶傥非常之人称焉[2]。盖西伯拘而演《周易》[3]；仲尼厄而作《春秋》[4]；屈原放逐，乃赋《离骚》[5]；左丘失明，厥有

《国语》[6]；孙子膑脚，《兵法》修列[7]；不韦迁蜀，世传《吕览》[8]；韩非囚秦，《说难》、《孤愤》[9]。《诗》三百篇，大氐贤圣发愤之所为作也[10]。此人皆意有所郁结，不得通其道，故述往事，思来者[11]。及如左丘明无目，孙子断足，终不可用，退论书策，以舒其愤，思垂空文以自见[12]。仆窃不逊，近自托于无能之辞，网罗天下放失旧闻[13]，考之行事，稽其成败兴坏之理[14]，上计轩辕[15]，下至于兹。为十表，本纪十二，书八章，世家三十，列传七十，凡百三十篇，亦欲以究天人之际，通古今之变，成一家之言。草创未就，适会此祸，惜其不成，是以就极刑而无愠色[16]。仆诚已著此书，臧之名山[17]，传之其人，通邑大都，则仆偿前辱之责[18]，虽万被戮，岂有悔哉！然此可为智者道，难为俗人言也。

【注释】

〔1〕摩：拭去。

〔2〕俶傥（tì tǎng 替淌）：卓越豪迈。　称：被颂扬。

〔3〕演《周易》：指周文王被拘牖里推演古代八卦为六十四卦，形成《周易》一书的框架。演，推演。

〔4〕仲尼：孔子名丘，字仲尼。　厄：困厄。　《春秋》：记录春秋时代史实的著作。

〔5〕“屈原”二句：屈原：战国楚人，创制楚辞文体，《离骚》为其代表作。

〔6〕“左丘”二句：左丘：春秋鲁国史官。《国语》：分国记言反映春秋时代史实的著作。左丘明著《国语》的记载仅见此处。

〔7〕“孙子”二句：孙子：孙膑。　膑脚：古代断足之刑。　《兵法》：即《孙膑兵法》，长久失传，1974 年 4 月在临沂银雀山汉墓出土竹简中重新发现。

〔8〕“不韦”二句：不韦：吕不韦，秦始皇初年为相国。《吕览》：即《吕氏春秋》，为吕不韦组织门客所著。

〔9〕“韩非”二句：韩非：战国末年韩国贵公子，游秦，被李斯谗害，下狱死。《说难》、《孤愤》：《韩非子》中的两篇。

〔10〕氐：同“抵”。

〔11〕思：用如使动。

〔12〕垂：留。见：同“现”。

〔13〕失：同“佚”。

〔14〕稽：考察。

〔15〕轩辕：即黄帝。《史记》第一篇《五帝本纪》首述黄帝轩辕氏。

〔16〕极刑：指宫刑。愠：怨怒。

〔17〕臧：同“藏”。

〔18〕责：通“债”。

【译文】

自古以来，生前富贵而死后姓名埋没不传的人，多得数不胜数，只有卓越豪迈、不同凡响的人才能名扬后世。西伯被拘囚而推演出《周易》，孔子屡受困厄而写成《春秋》；屈原被放逐，创作了《离骚》；左丘明失明，著成《国语》；孙膑被剔去膝盖骨，修纂成《兵法》；吕不韦被贬蜀地，《吕氏春秋》流传于世；韩非在秦国被囚禁，《说难》、《孤愤》便创作出来。《诗经》三百篇，大都是圣贤抒发内心愤懑而创作的。这些人都是郁愤满怀，得不到排解抒泄，所以追述已往史事，启发后来之人。至于像左丘明视力全无，孙膑断了双脚，终于无法被君主重用，就退而著书立说来宣泄其郁愤，想留下文章显名于后世。我私下里不自量力，最近依靠不高明的文辞，搜集天下散佚的遗闻旧说，以史实加以考证，总结历史上成败兴衰的规律。上起黄帝轩辕氏，下到当代为止，写成表十篇，本纪十二篇，书八篇，世家三十篇，列传七十篇，共一百三十篇，也是想以此探究天道与人事之间的关系，揭示古今社会变化的规律，立一家之说。刚着手进行而未完成，正好遇上这场大祸，我为此书未能完成而惋惜，因此面对奇耻大辱的宫刑而毫无怨怒之色。如果我能著成此书，就要把它珍藏在名山之中，传授给理解它的人，进而使之在人烟稠密的都市流传，那末我以前受辱的旧债就得到补偿了，即使死上一万次，又哪会后悔呢？然而，这些话只能对智者倾诉，难以向俗人说清楚啊。

且负下未易居[1]，下流多谤议[2]。仆以口语遇遭此祸，重为乡党戮笑[3]，汙辱先人，亦何面目复上父母之丘墓乎？虽累百世，垢弥甚耳！是以肠一日而九回，居则忽忽若有所亡，出则不知所如往。每念斯耻，汗未尝不发背沾衣也。身直为闺阁之臣[4]，宁得自引深臧于岩穴邪[5]！故且从俗浮沉，与时俯仰，以通其狂惑。今少卿乃教以推贤进士，无乃与仆之私指谬乎[6]？今虽欲雕瑑[7]，曼辞以自解[8]，无益，于俗不信，只取辱耳。要之，死日然后是非乃定。书不能尽意，故略陈固陋。谨再拜。

【注释】

〔1〕负下：指负污辱之名。

〔2〕下流：地位低下。

〔3〕戮笑：辱笑。

〔4〕闺阁之臣：指宦官。闺阁，宫中小门。

〔5〕深臧岩穴：指隐居。

〔6〕谬：相反。

〔7〕雕瑑（zhuàn 篆）：刻镂，琢磨。

〔8〕曼：美。

【译文】

况且背负污辱之名的人不容易立身处世，地位低下的人多遭批评议论。我因为口头发表意见遭到这场灾祸，深为家乡的人耻笑，也使先人受辱，还有什么脸面再去父母的坟上呢？即使百世之后，这种耻辱只有更加重啊！因此我整天愁肠百折，在家里恍恍忽忽若有所失，出门则不知要到哪里去。每当想到这一耻辱，没有哪一回不是背上大汗淋漓沾湿了衣服。我简直已成了宦官，难道还能够自己引退成为深藏岩穴的隐士吗？所以姑且混同时俗随波逐流，俯仰上下，以求从狂惑中自拔。如今您却指教我推荐贤能，岂不是恰与我的想法违背吗？现在即使想要修饰一番，用美妙言辞为自己开脱，也是无济于事，不会为世俗之人相信，只会自取侮辱罢了。关键的一点在于，到死后才能论定一个人的是非功过。一封信无法充分表达我的心意，所以只是约略陈述粗浅的看法。再次恭敬地向您致意。

（李祚唐）

卷 六

求贤诏

刘 邦

【题解】

高帝，即汉高祖刘邦。刘邦(前256—前195)，字季，沛县丰邑(今江苏丰县)人，西汉开国皇帝。本文是他称帝十一年(前196)二月发布的诏书。文中与周文、齐桓比高，回顾任用贤能平定天下，显出一副唯我独尊的帝王气派，但所用“安利”一语，仍透露对时势危机的忧虑。当时社会还远未“安利”：前一年(前197)九月，陈豨啮举兵反叛；当年，与陈豨、韩信等俱有战事，其他诏书中提及边境“数有胡寇”和百姓痛恨“赋多”。所以，急于求贤。表示“有肯从我游者，吾能尊显之”，是利诱；潜台词则是，不肯顺从而反叛者，我必剿灭之：其实还是恩威并用的。本文先写古人用贤成就功业，继之以自己用贤平定天下，再表欲安定天下继续求贤的诚意和急迫心情，环环紧扣，结构严密。此诏既显天子威严，又微露早年亭长的痞性，似是刘邦己作而非他人代笔。

盖闻王者莫高于周文[1]，伯者莫高于齐桓[2]：皆待贤人而成名[3]。今天下贤者智能[4]，岂特古之人乎[5]？患在人主不交故也，士奚由进[6]？今吾以天之灵、贤士大夫定有天下，以为一家，欲其长久，世世奉宗庙亡绝也[7]。贤人已与我共平之矣，而不与我共安利之，可乎？贤士大夫，有肯从我游者[8]，吾能尊显之。布告天下，使明知朕意。御史大夫昌下相国[9]，相国酂侯下诸侯王[10]，御史中执法下郡守[11]。其有意称明德者，必身劝为之驾[12]，遣诣相国府[13]，署行、义、年[14]。有而弗言，觉免[15]。年老癃病[16]，勿遣。

【注释】

〔1〕盖：发语词。　王（wàng 望）：成就王业。　周文：周文王姬昌，在位时注重任用贤能，发展生产，国力大增，为其子武王伐纣灭商奠定了基础。

〔2〕伯：通“霸”，为霸主。　齐桓：齐桓公小白，春秋五霸之首，曾九合诸侯，一匡天下，终其身为盟主。

〔3〕待：通“恃”，依靠。

〔4〕今：若。

〔5〕特：只，仅。

〔6〕奚：何。

〔7〕宗庙：天子祭祀祖先的处所。　亡：通“无”。

〔8〕从我游：意指跟我一起治理国家。游，交友。

〔9〕御史大夫：官名，三公之一。　昌：周昌。《汉书·高帝纪》颜师古注云：“臣瓒曰：周昌已为赵相，御史大夫是赵尧耳。”　相国：官名，即丞相，亦三公之一。

〔10〕酂（zuǎn 纂）侯：萧何，封酂侯。酂，地名，在今南阳（据颜师古注）。

〔11〕御史中执法：官名，即御史中丞，御史大夫属官，掌对外郡的督察。

〔12〕身劝：亲自劝勉。

〔13〕诣：到。

〔14〕署行义年：记下他们的表现、仪容和年龄。义，同“仪”。

〔15〕觉免：发觉即免除官职。

〔16〕癃：疲病。

【译文】

据说历来成就帝业的，没有谁能超过周文王；成就霸业的，没有谁能超过齐桓公：他们都是依靠贤能的人而成就功名的。如果说到天下贤者的智慧才能，难道只存在于古代人身上吗？毛病就出在帝王不结交他们，贤士通过什么途径来效力朝廷呢？现在，我依靠上天的灵佑、贤士大夫的才智，平定天下，取得政权，完成统一大业，想让国家长治久安，世世代代奉祀宗庙延续不绝。贤人已与我共同平定了天下，却不和我一起治理使其安定发展，怎么可以呢？贤士大夫有愿意跟我合力治理国家的，我能使他们官高位显。广泛地传告天下，使天下清楚地了解我的意图。御史大夫周昌把我求贤的诏令下达给丞相，丞相酂侯萧何下达给诸侯王，御史中丞下达给各郡太守。如果有真正具备完美德行的贤士，各郡太守一定要亲自劝勉，替他安排车驾，送到相国府，并记录下他的表现、仪容和年龄。如果有贤人而官吏不举荐，一经发现，即行罢免官职。年老疲病的，则不必选送。

（李祚唐）

议佐百姓诏

刘　恒

【题解】

刘恒(前202—前157)，西汉文帝，前179—前157年在位，刘邦之子，初封代王。吕后死，诸吕叛乱，周勃、陈平等平定诸吕后迎立为帝。他省刑罚，薄赋敛，尚俭朴，政治清明，海内殷富，史称贤君。此诏之前，文帝于前元二年(前178)春正月丁亥、九月，十三年(前167)六月，三次下诏强调农为天下之本，可见其对关系民生的农业的一贯重视。此诏是后元元年(前163)为水旱灾害造成的歉收而发，列举种种咎失，无异于罪己诏，且说“细大之义，吾未能得其中”，要丞相以下官员发表意见，“无有所隐”，正与文帝“专务以德化民”(《汉书·文帝纪》赞)的一贯作风相符。文帝临终遗诏，示天下薄葬减丧从自己开始，最能体现其仁厚用心，惜《古文观止》未予选录。

间者数年比不登[1]，又有水旱疾疫之灾，朕甚忧之。愚而不明，未达其咎。意者，朕之政有所失，而行有过与[2]？乃天道有不顺[3]，地利或不得，人事多失和，鬼神废不享与[4]？何以致此？将百官之奉养或费[5]，无用之事或多与？何其民食之寡乏也？夫度田非益寡[6]，而计民未加益，以口量地，其于古犹有馀，而食之甚不足者，其咎安在？无乃百姓之从事于末以害农者蕃〔7〕，为酒醪以靡谷者多〔8〕，六畜之食焉者众与〔9〕？细大之义，吾未能得其中，其与丞相、列侯、吏二千石、博士议之〔10〕。有可以佐百姓者，率意远思〔11〕，无有所隐。

【注释】

〔1〕间者：近来。　比（bì 闭）：屡次。　登：谷物收成。

〔2〕与：同“欤”，疑问语气词。后同。

〔3〕天道：天气，自然界的规律。

〔4〕废：抛弃，指神对人。　享：供奉祭品。

〔5〕将：抑，或者。

〔6〕度（duó 夺）：计算，丈量。　益：更加。后同。

〔7〕末：指工商业，相对农业而言。　蕃：多。

〔8〕醪（láo 劳）：浊酒，米酒。　靡：通“糜”，浪费。

〔9〕六畜：牛、马、羊、犬、豕（猪）、鸡。

〔10〕列侯：最高等级的侯爵。　博士：学术官员，兼参与政事讨论和出外巡行视察。

〔11〕率意：尽心。

【译文】

近来，连续几年收成不好，加上自然灾害和疾病瘟疫流行，为此我十分忧虑。我鲁愚而不明智，不清楚哪里出了毛病。细想下来，是我的治理有失误，行动有过错呢？是天时不顺、不得地利、人事关系不协调、神灵抛弃我而不肯享用祭供呢？为什么会到这种地步？还是官员们的俸禄过于优厚，无效用的事办得太多太滥了呢？为什么人民的口粮如此缺少呢？经过丈量，土地并没有越来越少，经过统计，人口也没有越来越多，按人口均分土地，与古时相比还有所超过，供给的粮食却远远不够，毛病出在哪里？莫非是老百姓弃地而做工经商耽误农事的人多了，酿酒而大量浪费粮食的情况多了，六畜饲养太多耗费了大量饲料？这些因素的轻重主次，我不能确定，所以和丞相、列侯、二千石俸禄的官吏、博士们商议这个问题。有能够帮助百姓的，要认真深刻地思考，充分发表意见，不要有丝毫的隐瞒。

（李祚唐）

令二千石修职诏

刘　启

【题解】

刘启(前188—前141)，汉景帝，前156—前141年在位，文帝长子。力行削藩，整顿吏治，进一步巩固了中央集权；重农抑末，经济也得到发展。他与其父在位的时期史称“文景之治”。

《汉书·景帝纪》赞云：文帝“恭俭，孝景遵业”，于此诏中大致可见。诏书中批评“雕文刻镂”，“锦绣纂组”，伤耕害织，一如文帝重农抑末之意。惟其言及“岁或不登”，则归咎于“诈伪为吏”，而殊无罪己之心，与文帝有所不同了。再看吴楚七国起兵反叛时，景帝竟然听从袁盎之议，杀了力主削藩的晁错以谢七国；文帝对于同样力主削藩的贾谊，到底还能宽容。可见，文、景两朝虽然同为盛世，父子二人的领导风格还是存在差异：文帝更具仁厚气度，也更有主见；景帝虽能守其基业，但已失去乃父部分作风。

雕文刻镂〔1〕，伤农事者也；锦绣纂组〔2〕，害女红者也〔3〕。农事伤则饥之本也；女红害则寒之原也。夫饥寒并至，而能无为非者寡矣。朕亲耕，后亲桑，以奉宗庙粢盛祭服〔4〕，为天下先。不受献，减太官〔5〕，省徭赋，欲天下务农蚕，素有畜积〔6〕，以备灾害。强毋攘弱〔7〕，众毋暴寡，老耆以寿终〔8〕，幼孤得遂长〔9〕。今岁或不登[10]，民食颇寡，其咎安在？或诈伪为吏，吏以货赂为市，渔夺百姓[11]，侵牟万民[12]。县丞，长吏也[13]，奸法与盗盗[14]，甚无谓也。其令二千石各修其职。不事官职，耗乱者[15]，丞相以闻，请其罪[16]。布告天下，使明知朕意。

【注释】

〔1〕雕文刻镂：彩绘装饰，刻木镂金。雕，彩画。文，花纹。

〔2〕锦绣纂组：织绣花纹，编织丝带。锦，织彩为文。绣，刺彩为文。

〔3〕女红（gōng 弓）：女工，妇女的手工活，如纺织、刺绣、缝纴等。

〔4〕粢盛：祭品。

〔5〕太官：主膳食的官。

〔6〕畜：同"蓄"。

〔7〕攘：取，夺。

〔8〕耆（qí 其）：古人六十岁为耆，泛指老年。

〔9〕遂：成。

〔10〕登：谷物收成。

〔11〕渔：残酷掠夺。

〔12〕牟：吃苗根的害虫，引申为贪取。

〔13〕长吏：指县丞为吏的首领。

〔14〕奸法：因法作奸。　与盗盗：和盗一起为盗。

〔15〕耗：通"眊"，不明。

〔16〕请：问，追究。

【译文】

彩绘装饰，刻木镂金，是损害农业生产的事；刺绣花纹，编织绶带，是损害妇女劳作的事。农业生产受到损害，是缺粮饥饿的根源；妇女劳作受到损害，是少衣寒冷的根源。如果饥寒交迫，那么就很少有人能够不违法犯罪了。我亲自耕种田地，皇后亲自采桑养蚕，用来供奉宗庙中的祭品和祭服，做天下百姓的表率。不接受各地贡品，降低膳食标准，减免徭役赋税，以求天下百姓专心务农养蚕，平时有所储备，防备灾害的发生。要求强者不要掠夺弱者，势众者不要欺凌力薄的，让老年人能够长寿善终，孤幼儿童能够顺利成长。然而现今收成有时仍不好，百姓粮食很缺乏，毛病出在什么地方呢？也许是奸诈虚伪的人当了官吏，他们追求财货，行同商人，残酷掠夺百姓，侵害人民。县丞是县里众吏之长，却往往知情不报，无异于因法作奸，助盗为盗，实在是违背了设县丞管束众吏的本意。今特令二千石的官员，各尽督察属下县丞的职能。二千石官员若不能克尽本职，昏暗而不能明察下属奸情的，丞相要及时上报，追究他们的罪责。将此广泛地传告天下，让天下明白我的旨意。

（李祚唐）

求茂才异等诏

刘　彻

【题解】

刘彻(前156—前87)，汉武帝，前140—前87年在位。景帝子。他在位期间，西汉政权至于极盛。发布此诏的背景是，“初置刺史部十三州，名臣文武欲尽”，急需人才。汉武帝的雄材大略，在诏书中充分体现：从开头“非常之功”、“非常之事”，到结尾“茂才异等可为将相及使绝国者”，着眼于“非常”，不仅注重治内的文武“将相”，而且虑及“使绝国”，可谓颇具远图。他强调唯才是举，越是烈马狂士，他越对其特出才能有兴趣，而且满怀从容“御之”的信心。傲视天下、唯我独尊的气概显露无遗。这与汉武帝罢黜百家、独尊儒术，成就大一统伟业的实绩也极为切合，可谓有非常之帝，必有非常之诏。

盖有非常之功，必待非常之人。故马或奔踶而致千里〔1〕，士或有负俗之累而立功名〔2〕。夫泛驾之马〔3〕，跅驰之士〔4〕，亦在御之而已。其令州郡察吏民有茂才异等可为将相及使绝国者〔5〕。

【注释】

〔1〕奔踶(dì 地)：乘则疾奔，立则踢人，指勇烈难驯之马。　踶：踢、蹋。

〔2〕负俗：被世人讥论。　累：麻烦。

〔3〕泛驾：马有逸气而不循轨辙。泛，通“覆”。

〔4〕跅（tuò 唾）驰：不受礼俗约束而放纵。

〔5〕其：表命令语气词。　茂才：即秀才，避东汉光武帝刘秀的名讳而改。茂，美，优秀。　异等：超等轶群。　绝国：极远之地，指本国疆土之外的国家。

【译文】

大凡要成就非同寻常的功业，必定要依靠非同寻常的优秀人才。所以，狂奔猛踢、难以驯服的马，往往能日行千里；受到世俗讥论的人，往往能成就功名。那些不循轨辙的烈马，无视礼俗的狂士，也不过在于驾驭、控制他们而已。命令各州郡官长，仔细考察属吏百姓中可任将相和出使外国的出类拔萃的优秀人才。

（李祚唐）

过秦论（上）

贾　谊

【题解】

贾谊(前201—前169)，洛阳(今河南洛阳)人。年少即通诸子百家，文帝召为博士，后迁太中大夫。因多有制度改革建议，遭当朝大臣忌恨，贬为长沙王傅。后改任梁怀王傅，怀王坠马死，自伤未能尽职，亦忧愤而死。其政论气势纵横，论证严密，影响后世颇深。此篇为其代表作。

汉初距战国不远，其政论尚存战国纵横家游说文辞遗风，惟因汉朝已一统天下，建立起较为稳固的中央集权，故更具开阔的眼光与雄浑气魄。《过秦论》的纵横气势视战国遗风超而上之，除贾谊个人因素外，也带有明显的时代印痕。其布局严谨、辞采富丽特点的形成，亦应作如是观。

本文对比效应极为强烈。诸侯各国集合力量大大超过秦国，结果是秦国灭掉各诸侯国；诸侯各国人才大优于陈胜，力量大大超过陈胜，结果是秦灭诸侯各国而陈胜亡秦。这些结果似乎违背常规，却是植根于史实，由之推导出秦国因“仁义不施，而攻守之势异”灭亡的结论，令人信服。

秦孝公据殽函之固[1]，拥雍州之地[2]，君臣固守，以窥周室，有席卷天下、包举宇内、囊括四海之意[3]，并吞八荒之心[4]。当是时也，商君佐之[5]，内立法度，务耕织，修守战之具，外连衡而斗诸侯[6]。于是秦人拱手而取西河之外〔7〕。

【注释】

〔1〕秦孝公：名渠梁，前361—前338年在位。　殽（xiáo 淆）：殽山，在今河南省西部。　函：函谷关，在今河南灵宝西南，居殽山谷中。

〔2〕雍州：古九州之一，包括今陕西、甘肃、青海一带。

〔3〕席卷、包举、囊括：均为全部占有义。

〔4〕八荒：八方。荒，远方。

〔5〕商君：即商鞅。

〔6〕连衡：指秦分别与东方各国联合以达到各个击破的策略。　斗诸侯：使各诸侯之间争斗。斗，使动词。

〔7〕西河：魏国在黄河以西的领土。

【译文】

秦孝公依据殽山、函谷关的险固地势，拥有雍州的土地，君臣固守本土，暗中探察东周王室虚实，大有席卷天下、包举宇内、囊括四海的壮志，并吞八方的雄心。这一时期，商鞅辅佐秦孝公，对内建立法规制度，鼓励男耕女织，修造用于攻守的战斗武器装备；对外实行连衡政策挑起诸侯间矛盾争斗。于是秦人轻而易举地获取了西河以外大片土地。

孝公既没，惠文、武、昭蒙故业〔1〕，因遗策〔2〕，南取汉中，西举巴蜀，东割膏腴之地，收要害之郡〔3〕。诸侯恐惧，会盟而谋弱秦，不爱珍器重宝肥饶之地，以致天下之士，合从缔交〔4〕，相与为一。当此之时，齐有孟尝，赵有平原，楚有春申，魏有信陵〔5〕。此四君者，皆明智而忠信，宽厚而爱人，尊贤而重士，约从离横〔6〕，兼韩、魏、燕、赵、宋、卫、中山之众。于是六国之士，有宁越、徐尚、苏秦、杜赫之属为之谋，齐明、周最、陈轸、召滑、楼缓、翟景、苏厉、乐毅之徒通其意，吴起、孙膑、带佗、兒良、王廖、田忌、廉颇、赵奢之伦制其兵[7]。尝以什倍之地，百万之众，叩关而攻秦。秦人开关而延敌，九国之师遁逃而不敢进[8]。秦无亡矢遗镞之费[9]，而天下诸侯已困矣。于是从散约解，争割地而赂秦。秦有馀力而制其弊，追亡逐北，伏尸百万，流血漂橹[10]。因利乘便，宰割天下，分裂河山。强国请服，弱国入朝。

【注释】

〔1〕惠文、武、昭：指秦孝公之后的惠文王驷、武王荡、昭襄王则。蒙：继承。

〔2〕因：遵循。

〔3〕要害之郡：与前句“膏腴之地”，分指秦武王攻取韩宜阳，秦襄王时魏献其河东故都安邑。

〔4〕合从：即合纵，指六国联合抵御秦国的策略。

〔5〕“齐有孟尝”四句：孟尝：孟尝君田文。　平原：平原君赵胜。春申：春申君黄歇。　信陵：信陵君魏无忌。

〔6〕约从离横：相约合纵以抗击连衡。

〔7〕上列二十人，为当时谋略、外交、军事上的杰出人才，有些人事迹已不详。

〔8〕九国：指齐、楚、韩、魏、燕、赵、宋、卫、中山。

〔9〕镞：箭头。

〔10〕橹：大盾牌。

【译文】

秦孝公死后，惠文王、武王、昭襄王继承祖上的基业，遵循传统的策略，向南攻取了汉中，向西占领了巴蜀，向东割取了肥沃的土地和形势险要的州郡。各国诸侯因此而恐惧，集合结盟图谋削弱秦国，不惜用珍奇器具、贵重宝物和富饶土地来罗致天下的贤才，以合纵策略结成同盟，相互联成一体。在这一时期，齐国有孟尝君、赵国有平原君、楚国有春申君，魏国有信陵君。这四位都明智、忠贞而讲信用，宽厚仁爱，尊重贤能人才，相约以合纵之策拆散连衡，联合了韩、魏、燕、赵、宋、卫、中山等国的军事力量。于是，六国的人才，其中有宁越、徐尚、苏秦、杜赫等人为之出谋划策；齐明、周最、陈轸、召滑、楼缓、翟景、苏厉、乐毅等人为之联络互通信息；吴起、孙膑、带佗、兒良、王廖、田忌、廉颇、赵奢等人为之统率军队。他们曾经以十倍于秦国的土地为后盾，发百万大军，进逼函谷关攻打秦国。秦人开关迎战，九国的军队立即逃跑回避不敢进兵。秦国未发一箭，天下诸侯就已陷入困境了。于是合纵离散，盟约解除，争着割让土地贿赂秦国。秦国更是行有余力，抓住各诸侯国的弱点，追逐败逃之兵，杀得积尸遍地，流的血把盾牌都漂浮起来了。秦国乘着胜利的条件和时机，割取天下土地，使诸侯国山河破碎。强国只能请求臣服于秦，弱国则直接入朝拜服。

施及孝文王、庄襄王〔1〕，享国之日浅〔2〕，国家无事。及至始皇，奋六世之馀烈〔3〕，振长策而御宇内〔4〕，吞二周而亡诸侯〔5〕，履至尊而制六合〔6〕，执敲扑以鞭笞天下〔7〕，威振四海。南取百越之地〔8〕，以为桂林、象郡〔9〕。百越之君，俛首系颈〔10〕，委命下吏。乃使蒙恬北筑长城而守藩篱〔11〕，却匈奴七百馀里〔12〕，胡人不敢南下而牧马，士不敢弯弓而报怨〔13〕。

【注释】

〔1〕施（yì 义）：延续。

〔2〕浅：短。秦孝文王在位仅数日，庄襄王前249—前247年在位。

〔3〕馀烈：遗留下的功业。

〔4〕策：马鞭。

〔5〕二周：指东周王朝周赧（nǎn 腩）王时分治的东、西周。西周灭

于秦昭襄王五十一年(前256)，东周灭于秦庄襄王元年(前249)，其实与秦始皇无涉。亡诸侯：指灭亡六国，在秦始皇二十六年(前223)。

〔6〕履：登上。　至尊：帝王之位。　六合：天地与四方。指整个中国。

〔7〕敲扑：用刑的杖，短曰敲，长曰扑。

〔8〕百越：亦作“百粤”，散居南方的越族总称。

〔9〕桂林、象郡：均为郡名，在今广西境。

〔10〕俛：同“俯”。

〔11〕蒙恬：秦名将。

〔12〕却：退，打退。

〔13〕报怨：报复和自己结怨的人。

【译文】

传国到孝文王、庄襄王，因为他们在位时间很短，没有重大事件可记。到了秦始皇时，他继承发扬了先辈六世的功业，挥动长鞭驾驭天下，吞并东西二周，灭亡了诸侯六国，登上至高无上的天子之位，统治了上下四方，以高压残暴手段役使人民，威震四海。向南攻取百越领土，划为桂林郡、象郡。百越的君主低头受缚，听命于秦朝的官吏。于是派遣蒙恬在北方修筑长城以守卫边疆，将匈奴击退七百馀里，以致匈奴人不敢再南下放牧马群，匈奴军队也不敢挑起报复的战争。

于是废先王之道，燔百家之言〔1〕，以愚黔首〔2〕。隳名城〔3〕，杀豪俊，收天下之兵〔4〕，聚之咸阳，销锋镝〔5〕，铸以为金人十二，以弱天下之民。然后践华为城〔6〕，因河为池〔7〕；据亿丈之城，临不测之溪以为固。良将劲弩，守要害之处，信臣精卒，陈利兵而谁何〔8〕。天下已定，始皇之心，自以为关中之固，金城千里〔9〕，子孙帝王万世之业也。

【注释】

〔1〕燔(fán 凡)：烧。

〔2〕黔首：百姓。黔，黑色。

〔3〕隳(huī 灰)：毁坏。

〔4〕兵：兵器。

〔5〕鍉(dí 敌)：通“镝”，箭头。

〔6〕华：华山。

〔7〕河：黄河。　池：护城河。

〔8〕谁何：指塞卒盘问出入关卡者身份。

〔9〕金城：坚固的都城。

【译文】

于是抛弃古代先王的仁爱治国之道，焚烧诸子百家的著作以愚弄百姓。毁坏各诸侯国的名城大都，杀害豪杰之士，收缴全国的兵器，集中到咸阳，销熔刀箭，铸成十二个铜人，以削弱天下百姓的反抗力量。然后足踏华山，把它当作城墙；依托黄河，把它当作护城河。凭借着亿丈的高大城墙，下临深不可测的河流，自以为固若金汤。良将手持硬弓，守卫着险要之地；亲信大臣率领精锐兵卒，手持锋利兵刃盘问出入关卡的行人。天下已经平定，秦始皇的心里，自以为关中地位的巩固，犹如千里铜墙铁壁，成为子孙后代万世称帝的基业。

始皇既没，余威震于殊俗〔1〕。然而陈涉，瓮牖绳枢之子，氓隶之人，而迁徙之徒也〔2〕。材能不及中庸〔3〕，非有仲尼、墨翟之贤〔4〕，陶朱、猗顿之富〔5〕，蹑足行伍之间〔6〕，俛起阡陌之中〔7〕，率罢弊之卒〔8〕，将数百之众，转而攻秦〔9〕。斩木为兵，揭竿为旗〔10〕，天下云集而响应，赢粮而景从〔11〕，山东豪俊〔12〕，遂并起而亡秦族矣。

【注释】

〔1〕殊俗：指边远地区的民族。

〔2〕“然而”四句：陈涉：即陈胜，秦末农民起义领袖。　瓮牖（yǒu有）绳枢：用瓦盆当窗，用绳子系门枢。喻极贫穷。牖，窗户。　迁徙之徒：罚罪到边远地区服役的人。

〔3〕中庸：中等。

〔4〕仲尼：孔子名丘，字仲尼。　墨翟（dí敌）：墨子名翟。

〔5〕陶朱：春秋越人范蠡辅佐越王勾践灭吴后，弃官至陶（今山东曹县）经商致富，称陶朱公。　猗顿：春秋鲁人，以经营畜牧及盐业，十年成巨富。

〔6〕蹑：践，履。　行伍：军队基层组织。

〔7〕俛：同“勉”。

〔8〕罢（pí皮）：同“疲”。

〔9〕转：展转，指随地收兵马，展转推进。

〔10〕揭：举。

〔11〕赢：担负。　景：同“影”。

〔12〕山东：崤山或华山以东，此指战国时秦国以外的六国。

【译文】

秦始皇死后，他的馀威还震慑着边远地区。然而，陈涉这个赤贫子弟，低贱的种田人，后来又成为罚罪到边境的役卒，才能及不上中等的平庸之辈，并非有孔子、墨子的贤能，范蠡、猗顿的财富，只是置身于军队的低层，奋起于村野之间，率领疲惫不整的兵卒，带着数百人的队伍，展转推进，攻打秦朝。他们砍下树木当武器，举起竹竿作旗帜，天下百姓像云一样会聚，像回声一般响应，背着粮食影随而来。殽山以东的豪杰，就合力而起消灭秦朝了。

且夫天下非小弱也，雍州之地，殽函之固，自若也〔1〕。陈涉之位，不尊于齐、楚、燕、赵、韩、魏、宋、卫、中山之君也；锄耰棘矜〔2〕，不铦于钩戟长铩也〔3〕；谪戍之众，非抗于九国之师也〔4〕；深谋远虑，行军用兵之道，非及曩时之士也[5]。然而成败异变，功业相反。试使山东之国，与陈涉度长絜大[6]，比权量力，则不可同年而语矣。然秦以区区之地[7]，致万乘之权[8]，招八州而朝同列[9]，百有余年矣。然后以六合为家，殽函为宫。一夫作难而七庙隳[10]，身死人手，为天下笑者，何也？仁义不施，而攻守之势异也。

【注释】

〔1〕自若：和以前一样。

〔2〕櫌：碎土的木棒。　棘矜：棘木做的杖。

〔3〕铦（xiān 先）：锋利。　铩：长矛。

〔4〕抗：同“亢”，高出。

〔5〕曩（nǎng 馕）：从前。

〔6〕絜（xié 谐）：量物体的粗细。

〔7〕区区：小貌。

〔8〕万乘：指帝王之国。

〔9〕八州：指雍州以外的冀、豫、荆、扬、兖、徐、幽、营八州。古中国共分九州。　朝：使入朝。

〔10〕七庙：古代天子设七庙供奉祖先。　隳（huī 灰）：毁坏。

【译文】

秦朝的天下并没有缩小削弱，雍州的肥沃土地，殽函的险要地势，依然如故。陈涉的地位，并不比齐、楚、燕、赵、韩、魏、宋、卫、中山的国君尊贵；种田的锄头、木棍并不比钩戟长矛锋利；谪罪守边的士卒，并非有超过九国诸侯军队的战斗力；深谋远虑，行军用兵的策略，又比不上过去诸侯国的谋士。然而成败结果却发生了变化，功业成就和所具备的智能实力恰恰相反。如果让殽山以东诸侯国和陈涉比较优长短缺、权力大小，那是不可同日而语的。但是，秦国凭借小小雍州作根据地，取得了帝王之权，招来八州的尊奉，使本与秦国同样的地位的诸侯入朝称臣，已经一百余年了。然后统一四海成一家天下，函谷关之内成为内宫。不料陈涉一人发难，秦王朝顷刻覆灭，国君死于他人之手，成为天下笑柄，这是为什么呢？是因为不施行仁义，攻守的形势发生了变化啊。

（李祚唐）

治安策（一）

贾　谊

【题解】

和前篇的论史不同，本文是直陈政事（故又名《陈政事疏》）的，作者的大胆、忠诚和政治上不成熟在文中表露无遗。文帝朝堪称盛世，作者却屡言文帝欲天下安而必不能，其根源又来自皇室子弟的威胁，可见其大胆；冒皇室之大不韪而直陈利害，一心只为巩固中央集权，可见其忠诚；直陈利害而不顾己身安危，少委婉之致，可见其政治上不成熟。这是贾谊的文风，又是他的品格。《史记》本传载："每诏令议下，诸老先生不能言，贾生尽为之对。"确为司马迁的实录。贾谊这种风格，招致了当朝权贵的忌恨，贬谪随之而来。只是由于文帝的仁厚和自己的早逝，贾谊才避免了日后和他同样坚持削藩主张的晁错被诛的噩运。

贾谊力主削枝保干——削弱诸侯国以巩固中央集权，是政治上的远见卓识，后来吴楚七国之乱证明了这一点。他所作"疏者必危，亲者必乱"的论断，发常人所不能或不敢发，使文章具有毫无顾忌、一泻千里的磅礴气势，亦为常人庸作所难以企及。

《治安策》所论为"可为痛哭者一，可为流涕者二，可为长太息者六"，本文节取的是其中论"可为痛哭者一"部分。

夫树国固〔1〕，必相疑之势〔2〕，下数被其殃，上数爽其忧〔3〕：甚非所以安上而全下也。今或亲弟谋为东帝〔4〕，亲兄之子〔5〕，西乡而击〔6〕，今吴又见告矣〔7〕。

天子春秋鼎盛[8]，行义未过，德泽有加焉，犹尚如是，况莫大诸侯[9]，权力且十此者乎？然而天下少安[10]，何也？大国之王幼弱未壮，汉之所置傅相方握其事[11]。数年之后，诸侯之王大抵皆冠，血气方刚，汉之傅相称病而赐罢，彼自丞尉以上[12]，遍置私人，如此，有异淮南、济北之为邪？此时而欲为治安，虽尧舜不治。黄帝曰："日中必熭[13]，操刀必割。"今令此道顺而全安甚易[14]。不肯早为，已乃堕骨肉之属而抗刭之[15]，岂有异秦之季世乎[16]？

【注释】

〔1〕树国：建立诸侯国。　固：强大。

〔2〕相疑：指朝廷与所封诸侯国相互疑忌。

〔3〕"下数"二句：下、上：分别指诸侯国与汉室。　数（shuò 朔）：屡次。　爽：太，过甚。

〔4〕亲弟：指淮南厉王刘长，文帝之弟。《汉书·五行志》载，刘长"谋逆乱，自称东帝"。

〔5〕亲兄之子：指济北王刘兴居，文帝兄刘肥（齐悼惠王）之子。文帝三年（前 177）谋反，袭荥阳，兵败被杀。

〔6〕乡：通"向"。

〔7〕吴：指吴王濞，当时他不循汉法而被人告发。

〔8〕春秋鼎盛：年龄正轻。鼎，方，正值。

〔9〕莫大：最大。

〔10〕少安：稍安。

〔11〕傅相：朝廷派往诸侯国的辅佐官员。

〔12〕丞尉：各级文武官员的副职。此泛指诸侯国官吏。

〔13〕熭（huì 慧）：晒干。

〔14〕今：如果。

〔15〕抗刭：举头而割。

〔16〕季世：末世。

【译文】

封立的诸侯国力量强大，必然形成与朝廷相互疑忌的局面。在下的诸侯国经常遭殃，在上的朝廷也经常十分担忧：这实在不是安定朝廷、保全诸侯的妥当办法。如今有皇上的胞弟图谋自立为“东帝”，亲兄之子发兵向西攻击朝廷，眼下吴王抗拒朝廷法令的事又被告发上来了。皇帝正处在年富力强时期，处理得体而无过失，恩德遍施于天下，尚且如此，更何况最大的诸侯国权力比上述各国要超过十倍呢？然而天下目前还比较安定，是什么原因呢？是因为大国的诸侯王还幼小未成年，朝廷安插的傅相正掌握政事。几年之后，这些诸侯王大都成年了，血气方刚，朝廷派去的傅相则上了年纪，不得不称病请求免职。国中丞尉以上的职位，都安排上诸侯王的亲信。这样，和淮南王、济北王的情况有什么两样呢？这时想要国治民安，即使尧舜再世也无法实现。黄帝说：“日上中天，一定要晒物件；持刀在手，一定要宰割牲畜。”如依此道理行事，下安上全很容易做到。不肯及早行动，等到毁弃骨肉亲情而以兵刃加身的事情发生，难道和秦末之乱有什么两样吗？

夫以天子之位，乘今之时，因天之助，尚惮以危为安，以乱为治。假设陛下居齐桓之处〔1〕，将不合诸侯而匡天下乎〔2〕？臣又知陛下有所必不能矣。假设天下如曩时〔3〕，淮阴侯尚王楚，黥布王淮南，彭越王梁，韩信王韩，张敖王赵，贯高为相，卢绾王燕，陈豨在代〔4〕，令此六七公者皆亡恙〔5〕，当是时而陛下即天子位，能自安乎？臣有以知陛下之不能也。天下殽乱〔6〕，高皇帝与诸公并起〔7〕，非有仄室之势以豫席之也〔8〕。诸公幸者乃为中涓〔9〕，其次厪得舍人〔10〕，材之不逮至远也。高皇帝以明圣威武，即天子位，割膏腴之地，以王诸公，多者百馀城，少者乃三四十县，德至渥也〔11〕。然其后七年之间，反者九起。陛下之与诸公，非亲角材而臣之也[12]，又非身封王之也。自高皇帝不能以是一岁为安，故臣知陛下之不能也。

【注释】

〔1〕齐桓：春秋齐桓公小白，曾九合诸侯，一匡天下，为春秋五霸之首。

〔2〕匡：正。

〔3〕曩(nǎng 馕)：从前。

〔4〕“淮阴侯”八句：淮阴侯：即韩信，曾封楚王。王(wàng 旺)，作动词用。后四句同此。　黥布：即英布，封淮南王。　彭越：封梁王。韩信：即韩王信，战国韩国后代，汉初封韩王。与淮阴侯韩信非一人。张敖：赵王张耳之子，袭封赵王。　贯高：赵国之相。　卢绾(wǎn 挽)：封燕王。　陈豨：曾任代国之相。

〔5〕六七公：上文述八人，此约略举之。　亡：同“无”。

〔6〕殽：杂。

〔7〕高皇帝：汉高祖刘邦。

〔8〕仄室：侧室，此指庶子，非正妻所生之子。文帝是高祖薄姬(后为文帝太后)所生。　席：凭藉。

〔9〕中涓：身边亲近之臣。

〔10〕廑：同“仅”。　舍人：此指门客。

〔11〕渥：厚。

〔12〕角材：比较、衡量才能。　臣之：给他们封官。

【译文】

身居天子之位，乘着现在有利的时机，靠着上天的帮助，尚且担心错把危机当作安定，混乱当作清平。假使陛下处于齐桓公的地位，难道能不集合诸侯、匡正天下吗？我知道陛下是一定不能的。假使天下像从前一样，淮阴侯韩信仍做楚王，黥布做淮南王，彭越做梁王，韩信做韩王，张敖做赵王，贯高任赵相，卢绾做燕王，陈豨任代相，如果上面六七位还在世，那时陛下登上帝位，能觉得安心吗？我有理由认为陛下是不能的。秦末天下大乱，高皇帝和诸位英雄一同起义，他并没有像陛下一样有皇帝侧室之子的身份为资藉。和他一同起义的诸位，幸运的才能成为中涓，其次的只能做舍人，是因为才能相差很远。高皇帝凭着圣明威武登上帝位，划出肥沃的土地，封一同起义的诸位为王，封地多的有百馀城，少的也有三四十县，恩德十分优厚。然而其后七年间，竟发生了九次反叛事件。陛下和如今的群臣关系，并非您亲自量才而给他们授职的，也不是亲自分封他们为王的。连高皇帝都不能凭借亲自量才取用和分封他们以求一岁之安，所以我知道陛下也做不到这一点。

然尚有可诿者曰疏〔1〕。臣请试言其亲者。假令悼惠王王齐，元王王楚，中子王赵，幽王王淮阳，共王王梁，灵王王燕，厉王王淮南〔2〕，六七贵人皆亡恙，当是时陛下即位，能为治乎？臣又知陛下之不能也。若此诸王，虽名为臣，实皆有布衣昆弟之心〔3〕，虑亡不帝制而天子自为者〔4〕。擅爵人〔5〕，赦死罪，甚者或戴黄屋〔6〕，汉法令非行也。虽行，不轨如厉王者，令之不肯听，召之安可致乎？幸而来至，法安可得加？动一亲戚，天下圜视而起〔7〕。陛下之臣，虽有悍如冯敬者〔8〕，适启其口，匕首已陷其胸矣。陛下虽贤，谁与领此〔9〕？故疏者必危，亲者必乱，已然之效也〔10〕。其异姓负强而动者，汉已幸胜之矣〔11〕，又不易其所以然〔12〕。同姓袭是迹而动〔13〕，既有征矣，其势尽又复然。殃祸之变，未知所移，明帝处之，尚不能以安，后世将如之何！

【注释】

〔1〕诿：推托。

〔2〕“假令”七句：悼惠王：刘肥，刘邦子，封齐王。　元王：刘交，刘邦弟，封楚王。　中子：刘如意，刘邦子，封赵王。　幽王：刘友，刘邦子，封淮阳王。　共王：刘恢，刘邦子，封梁王。　灵王：刘健，刘邦子，封燕王。　厉王：即淮南王刘长（厉为谥号），刘邦子。

〔3〕布衣昆弟：谓诸王认为与刘邦只是像在民间一样的兄弟关系，而不认为有君臣之分。

〔4〕亡：同“无”。

〔5〕爵人：封给人以爵位。

〔6〕黄屋：天子专用的黄缯车盖。

〔7〕圜：同“圆”，睁圆眼睛。

〔8〕冯敬：汉初御史大夫，曾奏刘长谋反，后为刺客所杀。

〔9〕领：治理。

〔10〕效：结果。

〔11〕幸：侥幸。

〔12〕所以然：指分封制度。

〔13〕同姓：即同姓王，刘氏宗族中封王者。此指淮南王刘长、济北王刘兴居。

【译文】

但是还会有一种可以推诿的理由，说是与皇帝的关系疏远。那么，我就来说说皇室亲属吧。假使悼惠王做齐王，元王做楚王，中子做赵王，幽王做淮阳王，共王做梁王，灵王做燕王，厉王做淮南王，这六七位贵人都还在世，这时陛下登上帝位，能够天下太平吗？我又知道陛下是不能的。像这几位诸侯王，虽然名义上是臣子，实际上都存在着与陛下只是如民间一样的兄弟亲属关系的想法，心中无不认为自己也可以行皇帝之礼、做天子之事的。于是，擅自封人爵位，赦免死囚，严重的竟用起了皇帝的车盖仪仗，汉朝的法令在他们身上行不通了。即使法令行得通，但像厉王那样的行为不轨，命令他改正都不肯听，召见他们，他们怎么会来呢？即使来了，又怎能绳之以法？如果触动一个亲戚，天下同姓的诸侯王就会怒目起视。陛下大臣中，虽然有如冯敬这样勇敢的人，但刚一开口，利刀就插入他的胸膛了，陛下虽然贤明，又有谁为您收拾这种局面呢？所以异姓王必定引起危险，同姓王必定发生叛乱，是已经可见的事实。异姓王自恃强力谋反的，朝廷已经侥幸战胜他们，却又不改变导致祸乱的分封制度。同姓诸侯王沿袭异姓王的行径而动，已经有迹象表明，情况和异姓王时又是一样了。灾祸的变化，不知会如何发展，圣明天子处于这种地位，尚且不能安宁，后世将怎么办呢？

屠牛坦一朝解十二牛〔1〕，而芒刃不顿者〔2〕，所排击剥割〔3〕，皆众理解也〔4〕。至于髋髀之所〔5〕，非斤则斧〔6〕。夫仁义恩厚，人主之芒刃也；权势法制，人主之斤斧也。今诸侯王，皆众髋髀也，释斤斧之用，而欲婴以芒刃〔7〕，臣以为不缺则折。胡不用之淮南、济北？势不可也。臣窃迹前事〔8〕，大抵强者先反。淮阴王楚最强，则最先反；韩信倚胡〔9〕，则又反；贯高因赵资，则又反；陈豨兵精，则又反；彭越用梁，则又反；黥布用淮南，则又反；卢绾最弱，最后反。长沙乃在二万五千户耳〔10〕，功少而最完，势疏而最忠，非独性异人也，亦形势然也。曩令樊、郦、绛、灌据数十城而王〔11〕，今虽已残亡可也。令信、越之伦列为彻侯而居〔12〕，虽至今存可也。

【注释】

〔1〕屠牛坦：春秋时人，名坦，屠牛为业。

〔2〕芒刃：利刃。　顿：同“钝”。

〔3〕排：批，分开。

〔4〕理解：关节处。

〔5〕髋髀（bì 闭）：大骨。髋，组成骨盆的大骨。髀，股骨。

〔6〕斤：伐木之斧。

〔7〕婴：触。

〔8〕迹：考察，追寻。

〔9〕韩信倚胡：指韩王信投降匈奴。倚，依靠。

〔10〕长沙：指长沙王。秦时吴芮为鄱阳令，入汉就其地封长沙王，子孙世袭，领土狭小。

〔11〕樊：汉初名将樊哙。　郦：郦商，曾任右丞相。　绛：绛侯周勃，汉初名将。　灌：灌婴，汉初名将。

〔12〕彻侯：侯爵中最高的一等，只享受封地的租税而无兵权。后避汉武帝刘彻讳改为通侯。

【译文】

屠牛坦一天肢解十二头牛而刀刃不会变钝的原因，是由于他拆骨割肉都能沿着关节缝隙进刀。碰上髋髀等大骨头，不是用斤就是用斧。仁义恩厚，就好比君主的利刃；权势法制，就好比君主的斤斧。如今的诸侯王，都好比髋髀那样的大骨头，丢开斤斧不用，而想拿起利刃来劈开，我认为利刃不是产生缺口就是折断。为什么不对反叛的淮南王、济北王施以仁义恩厚呢？是因为形势不允许。我考察以前的事情，大抵是力量强大的先行反叛。淮阴侯韩信做楚王，最强大，就最先反叛；韩王信依仗匈奴支持，接着又反叛；贯高凭借着赵国的实力，接着又反叛；陈豨兵马精锐，接着又反叛；彭越凭借梁国的实力，接着又反叛；黥布凭借淮南国的实力，接着又反叛；卢绾的势力最弱，最后反叛。长沙王吴芮封地仅有二万五千户而已，功劳少却保全最为完好，与皇室关系疏远却最具忠心，不仅是因为禀性与众不同，也是所处形势造成的。从前假使封给樊哙、郦商、周勃、灌婴几十城为王，如今就说他们家族已因此而衰亡了，也是可能的；如果让韩信、彭越等人处于彻侯的地位，就说他们的子孙至今仍然存世繁衍，也是可能的。

然则天下之大计可知已。欲诸王之皆忠附，则莫若令如长沙王；欲臣子之勿葅醢[1]，则莫若令如樊、郦等。欲天下之治安，莫若众建诸侯而少其力[2]。力少则易使以义，国小则亡邪心[3]。令海内之势，如身之使臂，臂之使指，莫不制从。诸侯之君，不敢有异心，辐凑并进[4]，而归命天子。虽在细民，且知其安，故天下咸知陛下之明[5]。割地定制[6]，令齐、赵、楚各为若干国，使悼惠王、幽王、元王之子孙，毕以次各受祖之分地，地尽而止。及燕、梁他国皆然。其分地众而子孙少者，建以为国，空而置之，须其子孙生者[7]，举使君之。诸侯之地，其削颇入汉者[8]，为徙其侯国[9]，及封其子孙也，所以数偿之[10]。一寸之地，一人之众，天子亡所利焉，诚以定治而已，故天下咸知陛下之廉。地制一定，宗室子孙，莫虑不王，下无倍畔之心[11]，上无诛伐之志，故天下咸知陛下之仁。法立而不犯，令行而不逆，贯高、利幾之谋不生[12]，柴奇、开章之计不萌[13]，细民乡善[14]，大臣致顺，故天下咸知陛下之义。卧赤子天下之上而安[15]，植遗腹[16]，朝委裘[17]，而天下不乱。当时大治，后世诵圣。一动而五业附[18]，陛下谁惮而久不为此?[19]

【注释】

〔1〕菹醢(zū hǎi 租海)：执行死刑后剁为肉酱。

〔2〕众建诸侯而少其力：多封诸侯国而减弱他们的势力。

〔3〕亡：通“无”。

〔4〕辐凑：车的辐条集中于轴心。

〔5〕咸：都，全。

〔6〕定制：指定出一诸侯国领地面积大致规格。

〔7〕须：等待。

〔8〕削颇入汉：指因有罪而被削地划入汉朝廷直接管辖。

〔9〕徙：迁移。
〔10〕所以数偿之：照削地的面积数量偿还给诸侯的子孙。
〔11〕倍畔：同“背叛”。
〔12〕利幾：项羽部将，降汉封颍川侯，后反叛被杀。
〔13〕柴奇、开章：两人皆参与淮南王刘长谋反。
〔14〕乡：向。
〔15〕赤子：婴儿。指幼小君主。
〔16〕遗腹：遗腹子。
〔17〕委裘：把亡君的常服放在宝座上。
〔18〕五业：指上文所说明、廉、仁、义、圣。
〔19〕谁惮：“惮谁”的倒装，怕什么的意思。

【译文】

这样，那么治理天下的策略就可以知道了。想要诸侯王都忠诚顺附，就莫过于让他们像长沙王那样；想要大臣免杀身之祸，就莫过于让他们像樊哙、郦商那样。想要天下长治久安，莫过于多封诸侯国而使每个诸侯国的力量减弱。力量弱就易于用道义教育管理，国土小就不会产生邪念。让天下的形势，有如身体指挥臂膀，臂膀指挥手指，没有不受制服从的。各诸侯王不敢有异心，像辐条集中于轴心一样一同前进，都听命于天子。这样，即使是普通百姓，也知道国家能够安定，所以天下都知道陛下的英明。分割土地定下诸侯国的大小规格，命令齐、赵、楚各分为若干小国，让悼惠王、幽王、元王的子孙们，全都按次序分别继承祖先分封的土地，直到分完为止。至于燕、梁等其他诸侯国也都照样办理。那些分封地大而子孙少的诸侯国，也分成若干小国，先空置在那里，等到有了子孙，全都让他们占一小国封王。诸侯王国的土地，因犯罪被削而划入朝廷管辖的，就迁移他们的国都，到封他们子孙为王时，再按削地的数额补偿。一寸土地，一个百姓，天子都不占据图利，确实只以定国安邦为目的，所以天下都知道陛下的廉洁。分封土地的制度一定，皇室子孙没有人担心做不上诸侯王，下面没有背叛之心，上面也没有诛伐之意，所以天下都知道陛下的仁厚。法规制订了无人触法，命令颁布了无人违背，贯高、利幾反叛之心不会产生；柴奇、开章的作乱阴谋也不会萌发，百姓向善，大臣顺服，所以天下都知道陛下的以义服人。年幼皇帝坐天下也会安定，扶立遗腹子为君，放置亡故君主的常服接受朝拜，天下也不会生乱。当代达到大治，后世称诵圣明。一个举措而能成就明、廉、仁、义、圣五项功业，陛下究竟顾忌什么而久久不这样做呢？

天下之势，方病大瘇〔1〕。一胫之大几如要〔2〕，一指之大几如股〔3〕，平居不可屈信〔4〕，一二指搐，身虑无聊〔5〕。失今不治，必为锢疾〔6〕。后虽有扁鹊〔7〕，不能为已。病非徒瘇也，又苦跋盭〔8〕。元王之子〔9〕，帝之从弟也；今之王者〔10〕，从弟之子也。惠王之子〔11〕，亲兄子也；今之王者〔12〕，兄子之子也。亲者或亡分地以安天下〔13〕，疏者或制大权以逼天子。臣故曰：非徒病瘇也，又苦跋盭。可痛哭者〔14〕，此病是也。

【注释】

〔1〕瘇（zhǒng 肿）：足肿。此泛指肿。

〔2〕胫：小腿。　要：通“腰”。

〔3〕股：大腿。

〔4〕信：同“伸”。

〔5〕聊：依靠。

〔6〕锢疾：久治不愈的顽症。

〔7〕扁鹊：战国时名医。

〔8〕跋盭（zhì lì 治力）：同“蹠戾”，足掌反扭不能行走。

〔9〕元王之子：楚元王刘交的儿子刘郢客。

〔10〕今之王者：指楚王刘戊。

〔11〕惠王之子：齐悼惠王刘肥的儿子刘襄。

〔12〕今之王者：指齐文王刘则。

〔13〕亡：同“无”。

〔14〕可痛哭者：《治安策》开头有“臣窃惟事势，可为痛哭者

一”语。

【译文】

目前天下的形势，正苦于诸侯国的规模过大，如人身严重浮肿一样。一条小腿几乎和腰一样粗，一个脚趾几乎像大腿一样粗，平时已无法屈伸，如果遇上一二个脚趾抽搐，就要担心整个身体无所依靠。错过如今的机会不予治疗，一定会发展成顽症。日后即使有扁鹊那样的名医，也无济于事了。不仅是苦于严重浮肿，又苦于脚掌反扭而不能行走。元王的儿子，是陛下的堂弟；现在继位的，是堂弟的儿子。惠王的儿子，是陛下胞兄的儿子；现在继位的，是胞兄的孙子。皇室嫡系子孙还未得封地以安定天下，而非嫡系子孙却大权在握对天子构成威胁。我所以要说不仅苦于浮肿，而且苦于脚掌反扭不能行走。我前面所说的可以为之痛哭的，就是这种病啊！

（李祚唐）

论贵粟疏

晁　错

【题解】

晁错（前200—前154），颍川（今河南禹县）人，西汉初著名的政治家。文帝时任太子家令（太子即后来的景帝刘启），以有谋略，被称为“智囊”。景帝即位，受到重用，任内史、御史大夫。他力主维护封建国家的统一，对当时日益膨胀的同姓诸侯王割据势力，建议皇帝采取“削藩”措施，由此受到诸侯王的忌恨。公元前154年，以吴王刘濞为首的七个同姓王发动“吴楚七国之乱”，提出“请诛晁错以清君侧”的口号，景帝恐惧，杀了晁错。

这篇奏疏，写于公元前168年。西汉王朝建立后，面对满目疮痍的社会局面，统治阶级采取了一系列发展生产、与民休息的措施，促进了农业的发展和商业的繁荣。但同时也产生因商业发展而导致谷贱伤农的情况。到文帝时，这种情况日益严重，已经把农民逼上“卖田宅、鬻子孙”的道路。对此，晁错及时提出了“贵粟”的主张。在论述重视粮食生产重要性的同时，又具体制订了减轻田赋、入粟可以拜爵除罪等实施办法，体现了他重农抑商、重本轻末的经济思想。文章文笔犀利，分析透彻，逻辑严整，极具说服力。鲁迅在《汉文学史纲要》中，曾高度评价晁错的论述文是“西汉鸿文，沾溉后人，其泽甚远”，可见其在中国文学发展史上的重要地位。

圣王在上而民不冻饥者，非能耕而食之、织而衣之也[1]，为开其资财之道也。故尧、禹有九年之水[2]，汤有七年之旱[3]，而国无捐瘠者，以畜积多而备先具也[4]。今海内为一，土地人民之众不避禹、汤，加以亡天灾数年之水旱[5]，而畜积未及者，何也？地有馀利，民有余力，生谷之土未尽垦，山泽之利未尽出也，游食之民未尽归农也。民贫则奸邪生。贫生于不足，不足生于不农，不农则不地著[6]，不地著则离乡轻家。民如鸟兽，虽有高城深池，严法重刑，犹不能禁也。夫寒之于衣，不待轻暖；饥之于食，不待甘旨[7]；饥寒至身，不顾廉耻。人情，一日不再食则饥[8]，终岁不制衣则寒。夫腹饥不得食，肤寒不得衣，虽慈母不能保其子，君安能以有其民哉？明主知其然也，故务民于农桑，薄赋敛，广畜积，以实仓廪[9]，备水旱，故民可得而有也。

【注释】

〔1〕食(sì 寺)之：给他们吃。食，作动词。　衣(yì 义)之：给他们穿。衣，作动词。

〔2〕尧、禹：传统中上古社会的两位部落联盟的首领。　水：水灾。

〔3〕汤：成汤，商朝开国君主。

〔4〕畜：同“蓄”。

〔5〕亡：同“无”。

〔6〕地著：附着于土地，不离开故乡。

〔7〕甘旨：味道鲜美。

〔8〕再食：吃两顿饭。

〔9〕廪(lǐn 凛)：粮仓。

【译文】

圣明的君王在位之时，百姓不挨饿受冻，并不是因为君主耕种粮食给他们吃，纺织衣服给他们穿，而是由于他能为百姓开辟创造财富的道路。所以虽然唐尧、夏禹时代发生连续九年的水灾，商汤时代发生连续七年的旱灾，但是国内却没有因饿死而被丢弃和饿瘦的人，这是因为国家有充足的积蓄，事先作了准备的缘故。如今国家统一，国土之大百姓之多并不亚于夏禹、商汤时代，再加上没有发生连续多年的水旱灾害，然而国家的储备却比不上禹、汤之时，这是什么原因呢？这是因为土地还有馀利没开发，百姓还有馀力没发挥，生产粮食的土地还未完全开垦，山林河川的资源还未全部开发出来，外出游荡求食的人还没有全部回乡从事农业生产。百姓贫困了就会产生奸邪的念头。而贫困产生于不富足，不富足是由于不从事农业生产，不从事农业生产就不能安居乡土，不安居乡土就会离乡背井轻视家园。百姓们像鸟兽那样四处奔散，即使有高峻的城墙深险的护城河，严厉的法令酷重的刑罚，还是不能禁止他们。人在寒冷时，对于衣着不会奢求轻暖舒适；在饥饿时，对于食物不会奢求鲜美可口；饥寒交迫，就不顾廉耻了。人之常情，一天吃不上两顿饭就会感到饥饿，一年到头不添衣服就会感到寒冷。肚子饿了得不到食物，身上寒冷得不到衣服，即使是慈母也不能保全他的儿子，国君又怎么能保有他的百姓呢？贤明的君主明白这个道理，所以让百姓致力于种田养蚕，减轻赋税，增加储备，以充实粮仓，防备水旱灾害，因此就能得到民心而拥有人民。

民者，在上所以牧之[1]。趋利如水走下，四方无择也。夫珠玉金银，饥不可食，寒不可衣，然而众贵之者，以上用之故也。其为物轻微易藏，在于把握[2]，可以周海内而亡饥寒之患。此令臣轻背其主，而民易去其乡，盗贼有所劝[3]，亡逃者得轻资也。粟米布帛，生于地，长于时，聚于力，非可一日成也。数石之重[4]，中人弗胜[5]，不为奸邪所利。一日弗得，而饥寒至。是故明君贵五谷而贱金玉。

【注释】

〔1〕牧：管理的意思。把管理百姓称为“牧”，反映了封建统治者对人民的轻贱。

〔2〕把握：一把大小，意为可以握在手中。

〔3〕劝：鼓励，勉励。

〔4〕石（dàn 旦）：重量单位，一百二十斤。

〔5〕中人：中等体力的人。　弗胜：不能胜任，扛不动。

【译文】

对于百姓，要看君主怎么样来管理他们。他们追逐利益，就如水往低处流，是不选择东南西北的。那些珠玉金银，饿了不能当食物吃，冷了不能当衣服穿，然而大家都珍贵它，这是因为君主需要它的缘故。这些东西分量轻体积小，容易收藏，拿在手里，就可以周游天下而没有饥寒的威胁。这就使得臣子轻易地背弃他的君主，百姓轻易地离开自己的家乡，盗贼受到鼓励，逃亡者有了便于携带的资财。粮食和布匹，生长在土地里，要按季节成长，又要花很大气力，不是一天就能长成的。几担重的粮食，中等体力的是扛不动的，所以它不被坏人所贪图。但是只要一天没有它，马上就要受饥寒之苦。因此贤明的君主贵重五谷而轻贱金玉。

今农夫五口之家，其服役者不下二人，其能耕者不过百亩，百亩之收不过百石。春耕，夏耘，秋获，冬藏。伐薪樵，治官府，给徭役。春不得避风尘，夏不得避暑热，秋不得避阴雨，冬不得避寒冻，四时之间，无日休息。又私自送往迎来，吊死问疾，养孤长幼在其中〔1〕。勤苦如此，尚复被水旱之灾，急政暴虐，赋敛不时〔2〕，朝令而暮改。当其有者，半贾而卖〔3〕；亡者取倍称之息。于是有卖田宅、鬻子孙以偿债者矣〔4〕。而商贾大者积贮倍息〔5〕，小者坐列贩卖，操其奇赢，日游都市，乘上之急，所卖必倍。故其男不耕耘，女不蚕织，衣必文采，食必粱肉，亡农夫之苦，有阡陌之得[6]。因其富厚，交通王侯[7]，力过吏势，以利相倾，千里游敖，冠盖相望[8]，乘坚策肥[9]，履丝曳缟[10]。此商人所以兼并农人，农人所以流亡者也。今法律贱商人，商人已富贵矣；尊农夫，农夫已贫贱矣。故俗之所贵，主之所贱也；吏之所卑，法之所尊也。上下相反，好恶乖迕[11]，而欲国富法立，不可得也。

【注释】

〔1〕长(zhǎng 掌)：养育。

〔2〕不时：不按时节。

〔3〕贾：同“价”。

〔4〕鬻(yù 玉)：卖。

〔5〕贾(gǔ 古)：商人。

〔6〕阡陌：田界，东西称阡，南北称陌。

〔7〕交通：交结。

〔8〕冠盖：古代官吏的服饰和车乘。冠，礼帽。盖，车盖。

〔9〕乘坚策肥：乘坚固的车子，骑肥壮的马。策，马鞭。

〔10〕履丝：穿丝织的鞋。 曳(yè 业)缟(gǎo 搞)：披丝绸衣服。曳，拖着。缟，白细的丝制品。

〔11〕乖迕：相违背。

【译文】

如今农民五口之家，为公家服役的不少于两人，能耕种的田地不超过一百亩。一百亩的收成不超过一百担粮食。春季耕种，夏季耘田，秋季收获，冬季储藏。还要砍柴伐薪，修缮官府，供给徭役。春天不能避风尘，夏天不能避暑热，秋天不能避阴雨，冬天不能避寒冻，一年四季，没有一天休息。其中还要应付私人之间的交际往来，吊祭死者，探望病人，赡养孤老，养育幼儿。

如此辛勤劳苦，还要遭受水旱灾害，官府急征暴敛，不按时征收赋税，早上的命令晚上就更改。当农民有粮食时，只得半价卖出以缴税；当没有粮食时，又只好以加倍的利息去借贷纳税。于是就发生出卖田地房产、儿子孙子来还债的事情了。而那些商人，大的囤积货物牟取成倍的利润，小的开店设摊，赚取暴利，成天在集市逛游，乘朝廷需用急迫，所卖货物必然加倍出售。因而他们男的不种田地，女的不养蚕织布，穿的一定是华美的衣服，吃的一定是细粮和肉，没有农民的劳苦，却占有田地的收成。他们依仗钱财富厚，交结王侯，势力超过官吏，凭借资产相互倾轧，千里之间四处遨游，一路之上冠服和车盖相望不绝，乘着坚固的车，骑着壮实的马，脚穿丝鞋，身披绸衣。上述就是商人掠夺农民，农民破产流亡的原因。而今的法律是轻贱商人，但商人已经富贵了；法律尊崇农民，但农民已经贫贱。所以世俗所尊贵的，正是君主所轻贱的；官吏所轻贱的，正是法律所尊贵的。朝廷和世俗的想法完全相反，喜好和厌恶正相违背，在这种情况下，想要国家富强法律实施，是不可能的。

方今之务，莫若使民务农而已矣。欲民务农，在于贵粟，贵粟之道，在于使民以粟为赏罚。今募天下入粟县官〔1〕，得以拜爵，得以除罪。如此，富人有爵，农民有钱，粟有所渫〔2〕。夫能入粟以受爵，皆有馀者也。取于有馀以供上用，则贫民之赋可损〔3〕，所谓损有馀，补不足，令出而民利者也。顺于民心，所补者三：一曰主用足，二曰民赋少，三曰劝农功。今令民有车骑马一匹者，复卒三人〔4〕。车骑者，天下武备也，故为复卒。神农之教曰〔5〕：“有石城十仞〔6〕，汤池百步，带甲百万，而亡粟，弗能守也。”以是观之，粟者，王者大用，政之本务。令民入粟受爵，至五大夫以上〔7〕，乃复一人耳，此其与骑马之功相去远矣。爵者，上之所擅，出于口而无穷；粟者，民之所种，生于地而不乏。夫得高爵与免罪，人之所甚欲也。使天下人入粟于边，以受爵免罪，不过三岁，塞下之粟必多矣。

【注释】

〔1〕县官：官府。

〔2〕渫（xiè 谢）：分散。

〔3〕损：减少。

〔4〕复卒：免除兵役。

〔5〕神农：传说中上古社会的部落首领。

〔6〕仞：长度单位，七尺或八尺为一仞。

〔7〕五大夫：汉承秦制，分为二十等爵，五大夫是第九等爵位。

【译文】

当今要做的事情，没有比促使百姓从事农业生产更重要的了。想让老百姓从事农业，关键是提高粮食的身价，提高粮食身价的办法，在于让百姓可以用粮食来求赏免罚。现在募集天下人向官府交纳粮食，就能得到爵位，或是赎免罪行。这样一来，富人有爵位，农民有钱，粮食也能得到合理分散。那些能够交纳粮食得到爵位的人，都是资财富裕的人。从富人那里索取粮食供朝廷使用，那么贫苦农民的赋税就能减轻，这就是人们所说的“损有馀补不足”的办法。此令一出，百姓就能得到好处。它顺应民心，对社会有三点补益：一是国君需用的物资充足，二是农民的赋税减少，三是鼓励人们从事农业生产。现在下令规定，凡百姓有一匹战马的，可以免除家中三个人的兵役。战马是国家的战备物资，所以可以免除兵役。神农氏教导说：“有十仞高的石头城，有一百步宽充溢沸水的护城河，有一百万全副武装的士兵，但没有粮食，还是守不住城市。”以此看来，粮食，是国君最重要的物资，国家政务的根本所在。让百姓交纳粮食得到爵位，封到五大夫爵以上，才免除一个人的兵役，这与一匹战马的功用相比差得太远了。赐封爵位，是国君专有的权力，只要开口，就可以无穷尽地封给百姓；而粮食，由农民耕种，在土地里生长也不会缺乏。得到高的爵位和赎免罪行，是人们非常渴望的事。如果让全国百姓都向政府交纳粮食用于边塞，以此取得爵位赎免罪行，那么，不超过三年，边塞的军粮就一定会多起来。

（王根林）

狱中上梁王书

邹　阳

【题解】

邹阳(约前206—前129)，汉初齐临淄人，以善为文有辩才著称。起初，他在吴王刘濞门下任职，刘濞阴谋发动武装叛乱，邹阳上书进谏，吴王不听，邹阳遂与枚乘、严忌等人离去，投奔梁孝王刘武。刘武是景帝刘启的同母弟，所以有继景帝位的想望。当时大臣袁盎等人反对立梁孝王为嗣，梁孝王与门客羊胜、公孙诡等人便商量派人去刺杀袁盎。对此，邹阳力争，以为不可，羊胜、公孙诡乘机谗毁邹阳，梁孝王听信谗言，将邹阳下狱，即将处死。邹阳在狱中，给梁孝王写了这封信。

在行将遭到杀身之祸的时候，邹阳在信中并没有一味为自己辩冤解脱和哀求乞怜，而是依然保持着“抗直不挠”(司马迁语)、“慷慨不苟合”的骨气，继续向梁孝王进行诤谏。文章历举历史事实，借古喻今，揭示偏听谗毁之词则危、信任忠直之士则兴的道理。在写法上，作者大量运用讲究排比、对偶的骈句，铺张扬厉，读来酣畅淋漓。文中反复援引历史典故，看似随手拈来，却处处紧扣主题。全篇衔接自然，意脉流畅，而无冗长之感。梁孝王读后，立即将他释放，并奉为上宾。

邹阳从梁孝王游〔1〕。阳为人有智略，慷慨不苟合，介于羊胜、公孙诡之间〔2〕。胜等疾阳，恶之孝王。孝王怒，下阳吏，将杀之。阳乃从狱中上书曰：

“臣闻‘忠无不报，信不见疑’，臣常以为然〔3〕，徒虚语耳。昔荆轲慕燕丹之义，白虹贯日〔4〕；太子畏之〔5〕。卫先生为秦画长平之事，太白食昴〔6〕；昭王疑之〔7〕。夫精变天地，而信不谕两主，岂不哀哉！今臣尽忠竭诚，毕议愿知，左右不明，卒从吏讯，为世所疑。是使荆轲、卫先生复起，而燕、秦不寤也！愿大王熟察之。

【注释】

〔1〕梁孝王：汉文帝次子刘武，景帝的同母弟，被封梁王。

〔2〕介于：处于，夹在。　羊胜、公孙诡：都是梁孝王的门客。

〔3〕常：通“曾”，曾经。

〔4〕“昔荆轲”二句：战国末期，燕国太子丹曾在秦国为人质，秦王嬴政（即后来的秦始皇）不尊重他，太子丹逃回燕国后，厚养卫国侠士荆轲，让他去刺杀秦王。传说荆轲的精诚感动了上天，出现白虹穿过太阳的异常天象。

〔5〕太子畏之：荆轲临行前因等候朋友而未速行，太子丹曾担心荆轲中途变卦。　畏，怕，担心。

〔6〕“卫先生”二句：公元前260年，秦将白起率军大破赵军于长平，打算乘胜消灭赵国，遂派谋士卫先生回国，请求秦昭王增援兵粮，但被秦相范雎从中阻挠。传说卫先生的诚心感动了上天，出现太白星侵入昴星座的异常天象。

〔7〕昭王疑之：秦昭王不信任卫先生，致使卫遭害死。画，谋画。太白，金星，昴，星宿名，二十八宿之一。食，侵蚀。古人常以天象测人事，太白侵蚀昴宿，预示赵国将遭到军事失利。

【译文】

邹阳在梁孝王府中做门客。邹阳为人聪明有谋略，志气慷慨而不随便与人苟且迎合，同处于羊胜、公孙诡这些门客之间。羊胜等人嫉妒邹阳，在孝王面前诋毁他。孝王发怒，把邹阳交给狱吏定罪，就要处死。邹阳就在狱中上书给孝王，说：

“我听说‘忠心不会得不到报答，诚实不会被怀疑’，我曾经认为这话是对的，现在看来，这不过是句空话而已。从前荆轲仰慕燕太子丹的义气，他的诚心感动上天，以致出现白虹穿过太阳的景象；而太子丹却要担心他。卫先生为秦国谋画长平之役的战事，他的忠心使得上天出现太白星侵入昴宿的吉相；而秦昭王却要怀疑他。他们的精诚变异天地，而两位君主还是不信任他们，不是很悲哀吗！现在我竭尽忠诚，把自己的意见全部说出来希望您理解，然而大王不能明鉴，终于听从狱吏的审讯，使我受到世人的怀疑。这是让荆轲和卫先生再生，而燕太子丹和秦昭王仍然不觉悟啊！希望大王深思明察。

“昔玉人献宝，楚王诛之〔1〕；李斯竭忠，胡亥极刑〔2〕。是以箕子阳狂〔3〕，接舆避世〔4〕，恐遭此患也。愿大王察玉人、李斯之意，而后楚王、胡亥之听，毋使臣为箕子、接舆所笑。臣闻比干剖心〔5〕，子胥鸱夷〔6〕，臣始不信，乃今知之。愿大王熟察，少加怜焉。

【注释】

〔1〕“昔玉人”二句：楚人卞和于楚山下得一璞石（蕴玉之石）献给楚武王，武王以为是块普通石头，便砍掉卞和左脚；文王即位后，卞和又献，文王又砍掉卞和右脚。后成王即位，卞和抱着璞石在楚山下哭了三天三夜，成王令玉匠凿开璞石，果然得到一块宝玉，世称“和氏璧”。玉人，指卞和。诛，惩罚，指砍脚。

〔2〕“李斯”二句：秦相李斯，曾在辅佐秦始皇统一中国大业中立下大功。始皇死，次子胡亥即位，荒淫无道，李斯尽忠进谏，反遭诬陷谋反，被腰斩于咸阳。

〔3〕箕子：商朝末代君主纣王的叔父。纣荒淫昏乱，箕子为避杀身之祸而假装疯癫。　阳：通“佯”。

〔4〕接舆：楚国隐士，人称“楚狂人”。

〔5〕比干：殷纣王叔父，因极谏纣王被剖心而死。

〔6〕子胥：即伍子胥，名员，楚人，曾帮助吴王阖闾大破楚军。阖

闾死，夫差即位，子胥因谏夫差停止北上伐齐和拒绝与越国议和而得罪，被夫差命令自杀。死后尸体被装入皮袋，抛入江中。　鸱（chī 痴）夷：皮口袋。

【译文】

"从前卞和向楚王进献宝玉，被楚王砍掉双脚；李斯为秦国竭尽忠心，被胡亥处以极刑。因此箕子假装疯癫，接舆隐居避世，是怕遭受这种祸害啊。希望大王能明察卞和、李斯的心意，而丢掉楚王和胡亥的偏听偏信，不要使我被箕子、接舆嘲笑。我听说忠臣比干被挖心，功臣伍子胥的尸体被装进皮袋扔到江中，开始我还不相信，现在才清楚了。希望大王深思明察，对我稍加怜惜。

"语曰：'有白头如新〔1〕，倾盖如故〔2〕，'何则？知与不知也。故樊於期逃秦之燕，藉荆轲首以奉丹事〔3〕；王奢去齐之魏，临城自刭，以却齐而存魏〔4〕。夫王奢、樊於期，非新于齐、秦，而故于燕、魏也，所以去二国死两君者〔5〕，行合于志，慕义无穷也。是以苏秦不信于天下〔6〕，为燕尾生〔7〕；白圭战亡六城，为魏取中山〔8〕。何则？诚有以相知也。苏秦相燕，人恶之燕王，燕王按剑而怒，食以駃騠〔9〕。白圭显于中山，人恶之于魏文侯，文侯赐以夜光之璧。何则？两主二臣，剖心析肝相信，岂移于浮辞哉〔10〕！

【注释】

〔1〕白头如新：谓相互交往到头发都白了，还是好像新认识的那样互相不了解。

〔2〕倾盖如故：谓二人在路上相遇，初次见面就好像一见如故。盖，车上的伞盖。二车相遇，车主交谈，伞盖就倾斜。

〔3〕"故樊於期"二句：秦将樊於期因得罪秦王，逃到燕国，受到太

子丹的厚待。秦王下令以重金悬赏，购求樊於期的头。太子丹派荆轲刺杀秦王，荆轲建议献樊於期的头，以取得秦王信任，樊於期知情，自刎而死。之，往，到。藉，同“借”。

〔4〕“王奢”三句：齐国大臣王奢，以得罪齐王，逃到魏国。后齐军攻打魏国，王奢不愿为顾惜自己而连累魏国，登上城楼，在军前自刎而死。去，离开。却，退却。

〔5〕死两君：为两国君主而死。

〔6〕苏秦：战国时纵横家，游说六国联合抵制秦国，为纵约长。由于秦国的离间，苏秦失信于诸国，只有燕昭王始终相信他。苏秦亦因暗中助燕而终为齐国车裂。

〔7〕尾生：鲁国人。他曾与一女子约于桥下，女子没来，洪水涨起，尾生坚持不离开，终于抱着桥柱被淹死，尾生由此被人们视作遵守信用的典范。

〔8〕“白圭”二句：战国时中山国大将白圭，在战争中丢掉六座城池，国君要杀他，他就逃到了魏国。魏文侯厚待他，后来他帮助魏国消灭了中山国。亡，丢失。

〔9〕食(sì 四)：给人吃，作动词。 駃騠(jué tí 决提)：良马名。

〔10〕浮辞：没有根据的流言。

【译文】

“俗话说：‘有的人相处到老相互还是很陌生，有的人停车偶尔交谈一次就一见如故。’为什么呢？关键在于理解和不理解啊！因此樊於期从秦国逃到燕国，把自己的头借给荆轲来帮助太子丹完成刺秦王的大事；王奢离开齐国来到魏国，在城头自杀，来退却齐军保存魏国。王奢和樊於期对齐国和秦国并不是新交，对燕国和魏国并不是旧好，之所以离开齐秦二国而为燕丹和魏文侯报效以死，是因为他们与燕、魏国君的行为和志向相合，仰慕道义之心无限深厚。所以苏秦不被天下各国信任，而对燕国却是像尾生那样极守信用；白圭作战中丢失六座城市，却帮助魏国夺取了中山国。为什么呢？确实是因为彼此相知的缘故啊！苏秦作燕国丞相时，有人对燕王说他的坏话，燕王手按宝剑发怒，相反把良马駃騠的肉赐给苏秦吃。白圭因攻取中山国而显贵于魏，有人对魏文侯说白圭的坏话，魏文侯相反赐给白圭夜晚发光的璧玉。为什么呢？就是因为两位国君和两位大臣之间能够推心置腹、肝胆相照，哪里会被没有根据的流言蜚语所动摇呢！

“故女无美恶，入宫见妒；士无贤不肖，入朝见嫉。昔司马喜膑脚于宋，卒相中山[1]；范雎拉胁折齿于魏，卒为应侯[2]。此二人者，皆信必然之画，捐朋党之私[3]，挟孤独之交，故不能自免于嫉妒之人也。是以申徒狄蹈雍之河[4]，徐衍负石入海[5]，不容于世，义不苟取比周于朝[6]，以移主上之心。故百里奚乞食于道路，缪公委之以政[7]；宁戚饭牛车下，桓公任之以国[8]。此二人者，岂素宦于朝[9]，借誉于左右，然后二主用之哉？感于心，合于行，坚如胶漆，昆弟不能离，岂惑于众口哉！

【注释】

〔1〕“昔司马喜”二句：战国时人司马喜，在宋国受到膑刑，后来先后三次作中山国的相。膑，古代肉刑之一，砍掉膝盖骨。卒，最终。

〔2〕“范雎（jū 居）”二句：战国时魏国人范雎随中大夫出使齐国，回国后被怀疑向齐国泄密，而受毒刑拷打；以致肋骨和牙齿都被打断。范雎后来逃到秦国，被封为应侯。拉，折断。

〔3〕捐：抛弃。

〔4〕申徒狄：古代贤人。　蹈雍之河：跳入雍水漂流到黄河。蹈，跳，投入。雍，黄河支流。之，往，到。河，黄河。

〔5〕徐衍：相传是周末人。

〔6〕比周：结党勾结。

〔7〕“故百里奚”二句：春秋时虞国人百里奚，听说秦缪公（缪又作穆）英明，就一路行乞投奔秦国，后来受到缪公重用，被任为相。

〔8〕“宁戚”二句：春秋时卫国人宁戚，到齐国经商，夜晚边喂牛边唱歌，被齐桓公听到，交谈后受到赏识，被任为大夫。饭，作动词

"喂"解。

〔9〕素宦：一向为官。

【译文】

"所以女子不管美或丑，一入宫中就会受人嫉妒；士人不管贤不贤，一入朝廷就会遭到嫉恨。从前司马喜在宋国受过膑刑，最后做了中山国的丞相；范雎在魏国被打断肋骨折断牙齿，后来到秦国被封应侯。这两个人，都坚信一定会成功的谋画，抛弃结党拉派的私情，以孤独清高的态度与人交往，因此很难避免成为受别人嫉妒的人。所以申徒狄跳进雍水漂到黄河，徐衍背着石头跳进大海，他们不为世俗所容，却坚持正义，不肯苟且在朝廷结党来改变君主的主意。因此百里奚在路上行乞，秦穆公却把朝政委托给他；宁戚在车下喂牛，齐桓公却委任他治理国家。这两个人，难道是一向在朝廷做官，借助同僚们说好话，然后才得到两位国君重用的吗？心灵相互感应，行为相互符合，关系牢固如胶漆，就是亲兄弟也不能离间，哪里会被众人之口所迷惑呢？

"故偏听生奸，独任成乱。昔鲁听季孙之说逐孔子〔1〕，宋任子冉之计囚墨翟〔2〕。夫以孔、墨之辩，不能自免于谗谀，而二国以危。何则？众口铄金，积毁销骨也。秦用戎人由余而伯中国〔3〕，齐用越人子臧而强威、宣〔4〕。此二国岂系于俗，牵于世，系奇偏之浮辞哉？公听并观，垂明当世。故意合则吴、越为兄弟，由余、子臧是矣；不合则骨肉为仇敌，朱、象、管、蔡是矣〔5〕。今人主诚能用齐、秦之明，后宋、鲁之听，则五伯不足侔〔6〕，而三王易为也〔7〕。

【注释】

〔1〕"昔鲁"句：春秋时，齐国选送八十多名能歌善舞的美女给鲁定

公，鲁大夫季孙接受了女乐，致使鲁定公怠于政事。时任代理国相的孔子，为此弃官离开鲁国。

〔2〕“宋任”句：本句所说之事不详。墨翟（dí 敌），战国初期鲁国人，即墨子，墨家学派的创始人。

〔3〕“秦用”句：由余原是晋国人，早年逃到西戎，戎王派他到秦国考察，秦穆公看他是个人才，用计拉拢他为秦国效劳，后来靠他消灭许多国家，成就霸业。伯，通“霸”。

〔4〕“齐用”句：本句所说之事不详。威、宣，指齐威王和齐宣王，是两位比较有作为的齐国君主。

〔5〕朱、象、管、蔡：指丹朱、象、管叔、蔡叔四个人。丹朱是尧的儿子，因不肖，尧不愿传位给他而禅位给舜。象是舜的后母弟，传说他曾想谋害舜。管叔、蔡叔都是周武王之弟，武王死，成王即位，周公摄政，他二人和商纣王之子武庚一起发动叛乱，后周公东征，诛杀武庚、管叔，放逐蔡叔。

〔6〕五伯：即春秋五霸，指齐桓公、晋文公、秦穆公、宋襄公、楚庄王。　侔：比并，相比。

〔7〕三王：指夏禹、商汤、周文王周武王。

【译文】

“所以偏听偏信会产生奸邪，信任少数人会造成混乱。从前鲁国君主听信季孙的话而赶走了孔子，宋国君主采用子冉的计谋囚禁了墨子。以孔子、墨子的能言善辩，尚且不能免于谗言谀语的诬陷，致使鲁国、宋国陷于危险的境地。这是为什么呢？众人的嘴足以使金子熔化，积年累月的诽谤足以使骨头销蚀啊。秦国重用戎人由余而称霸中国，齐国重用越人子臧而威王、宣王强盛一时。这两个国家，哪里被俗见所束缚，被世人所牵制，被片面不实的言论所左右呢？公正地听取意见，全面地观察情况，就能为当世留下明智的典范。所以心意相合，吴国和越国可以成为兄弟，由余、子臧就是例子；心意不合，亲骨肉也会变成仇敌，丹朱、象、管叔、蔡叔就是例子。而今国君真能采取齐国、秦国君主的明智做法，而抛弃宋国、鲁国君主的偏听偏信，那么春秋五霸的事业不足以相比，三王的业绩也是不难做到的。

“是以圣王觉寤，捐子之之心[1]，而不说田常之贤[2]，封比干之后，修孕妇之墓[3]，故功业覆于天下。何则？欲善无厌也[4]。夫晋文亲其仇[5]，强伯诸侯；齐桓用其仇[6]，而一匡天下。何则？慈仁殷勤，诚加于心，不可以虚辞借也。至夫秦用商鞅之法，东弱韩、魏，立强天下，卒车裂之[7]；越用大夫种之谋，禽劲吴而伯中国，遂诛其身[8]。是以孙叔敖三去相而不悔[9]，於陵子仲辞三公为人灌园[10]。今人主诚能去骄傲之心，怀可报之意，披心腹，见情素[11]，堕肝胆[12]，施德厚，终与之穷达[13]，无爱于士[14]，则桀之犬可使吠尧[15]，跖之客可使刺由[16]。何况因万乘之权[17]，假圣王之资乎？然则轲湛七族[18]，要离燔妻子[19]，岂足为大王道哉！

【注释】

〔1〕子之：战国时燕国的丞相，他曾骗得燕王哙的信任，使哙让王位给他，结果燕国大乱。

〔2〕说(yuè 月)：通“悦”。　田常：即陈恒，春秋时齐国大臣，齐简公很赏识他，他却杀了简公，篡夺齐国政权。

〔3〕修孕妇之墓：殷纣王残暴无道，曾剖孕妇之腹以观胎儿。周武王灭殷后，为被害孕妇修墓。

〔4〕厌：满足，止境。

〔5〕晋文亲其仇：晋文公重耳为公子时，宫中小臣勃鞮受晋献公之命杀害重耳，重耳跳墙逃脱，被勃鞮斩断衣袖。后来重耳回国即位，大臣吕甥、郤芮图谋杀文公，勃鞮请求见文公告密，文公不念旧恶，接见了他，及时识破吕甥、郤芮的阴谋。

〔6〕齐桓用其仇：齐桓公为公子时，与异母兄弟公子纠争夺王位的继承权。时管仲为公子纠师傅，在交战中用箭射中桓公带钩。桓公即位后，听从鲍叔牙推荐，重用管仲，终于成就霸业。

〔7〕“至夫”四句：商鞅是战国时魏国人，著名的法家代表人物。他辅佐秦孝公进行变法改革，使秦国强大起来。孝公死，他最终被宗室贵族陷害，车裂而死。车裂，一种酷刑，俗称五马分尸。

〔8〕“越用”三句：文种是战国时越国大夫，曾辅佐越王勾践击败吴国。后勾践疑忌文种功高望重，令其自杀。禽，通“擒”。

〔9〕孙叔敖：春秋时楚庄王的大臣，曾三次为相而又三次免职，他为相不喜，去相也不怨恨。

〔10〕於(wū 乌)陵子仲：即陈仲子，战国时齐国人，隐居不仕。楚王曾派使者以重金聘他为相，他却举家逃走去为人灌园。三公，泛指朝廷要职。周代以太师、太傅、太保为三公，汉代以丞相、太尉、御史大夫为三公。

〔11〕见(xiàn 现)：显露。　情素：即情愫，真诚的感情。

〔12〕隓(huī 灰)：通“隳”，毁坏。

〔13〕穷达：指仕途的不顺和通达。

〔14〕爱：吝惜。

〔15〕桀：夏朝末代君主，昏庸残暴。　尧：传说中上古社会的贤明君主。

〔16〕跖(zhí 直)：春秋末鲁国人，相传是当时的大盗。　由：许由，古代的高人，相传尧要把天下禅让给他，被他拒绝。

〔17〕万乘(shèng 圣)：一万辆战车。周制只有天子可拥有万辆战车，故以万乘代指帝王。

〔18〕轲：即受燕太子丹指派去刺杀秦王的荆轲。　湛(chén 辰)：同“沉”，消灭。　七族：从曾祖到曾孙。

〔19〕要离：春秋时吴国人。吴王阖闾派他去刺杀庆忌，他为接近庆忌，让公子光斩断自己右手，烧死自己妻子儿女，假装犯罪逃走。　燔(fán 凡)：焚烧。

【译文】

“因此圣明的君王醒悟到这一点，抛弃子之那样的‘忠心’，也不喜欢田常那样的‘贤能’，像周武王那样封赏比干的后代，为被残害的孕妇修建坟墓，所以功业覆盖天下。这是为什么呢？是因为他们向善之心永无满足的时候。晋文公亲近以前的仇人，终于称霸于诸侯；齐桓公重用以前的仇人，最终成就一匡天下的霸业。这是为什么呢？是因为他们慈善仁义情意恳切，心地真诚，不是用虚伪的言辞可以替代的。至于秦国采用商鞅变法，向东削弱韩国、魏国，很快成为天下的强国，但商鞅最终却被车裂而死；越国采用大夫文种的计谋，征服强劲的吴国而称霸中原，但文种本人最后却被诛杀。因此孙叔敖虽然三次被免去相位却不怨悔，於陵子仲推辞掉三公的高官而自愿去为人浇灌菜园。而今国君如果真能够去掉骄横傲慢之心，胸怀令人愿意报效的诚意，坦露心迹，表现出真情，披肝沥胆，厚施恩德，始终与人同甘共苦，对士人无所吝惜，那么，就能让夏桀的狗冲着尧狂吠，盗跖的门客去刺杀许由。何况还依凭君主的权势，又借助圣王的地位呢？这样看来，荆轲被灭七族，要离烧死妻子儿女的事，还有必要对大王陈说吗！

"臣闻明月之珠，夜光之璧，以暗投人于道，众莫不按剑相眄者[1]。何则？无因而至前也。蟠木根柢，轮囷离奇[2]，而为万乘器者，以左右先为之容也[3]。故无因而至前，虽出随珠、和璧[4]，只怨结而不见德；有人先游[5]，则枯木朽株树功而不忘。今夫天下布衣穷居之士，身在贫羸[6]，虽蒙尧、舜之术，挟伊、管之辩[7]，怀龙逢、比干之意[8]，而素无根柢之容，虽极精神，欲开忠于当世之君，则人主必袭按剑相眄之迹矣。是使布衣之士，不得为枯木朽株之资也。是以圣王制世御俗，独化于陶钧之上[9]，而不牵乎卑乱之语，不夺乎众多之口。故秦皇帝任中庶子蒙嘉之言以信荆轲，而匕首窃发[10]；周文王猎泾、渭，载吕尚归，以王天下[11]。秦信左右而亡，周用乌集而王[12]。何则？以其能越挛拘之语[13]，驰域外之议，独观乎昭旷之道也。今人主沉谄谀之辞，牵帷廧之制[14]，使不羁之士，与牛骥同皁[15]。此鲍焦所以愤于世也[16]。

【注释】

〔1〕眄(miǎn 免):斜视。

〔2〕轮囷(qūn 逡):盘绕屈曲的样子。

〔3〕容:装饰打扮。

〔4〕随珠:传说春秋时随侯曾救活一条受伤的大蛇,后来大蛇衔来一颗明珠来报答随侯,世称随珠,是极珍贵的宝贝。　和璧:即和氏璧,也是极珍贵的宝贝。

〔5〕游:游说,宣扬。

〔6〕羸(léi 雷):身体瘦弱。

〔7〕伊:指伊尹,商汤的贤相。　管:指管仲,齐桓公的贤臣。

〔8〕龙逄(péng 彭):即关龙逄,夏朝的贤臣,因极谏夏桀而被囚杀。

〔9〕陶钧:陶工使用的转轮,比喻对事物的控制和调节。

〔10〕"故秦皇帝"二句:荆轲受燕太子丹指使刺杀秦王(即后来的秦始皇),他到秦国后,先用重金厚礼行贿秦王的宠臣蒙嘉,遂被秦王引见,在朝廷用暗藏的匕首行刺秦王。中庶子,官名,太子的属官。

〔11〕"周文王"三句:周文王在泾水、渭水之间打猎,于渭水北岸遇到吕尚,交谈后知道吕尚很有治国才干,遂带回来予以重用,终于称王天下。泾、渭,两条河流名,在今陕西省。吕尚,姜姓,字子牙,号太公望。王(wàng 旺),作动词,成为天下之王。

〔12〕用:以,因为。　乌集:乌鸦聚集在一起,此指偶然相识。

〔13〕挛拘之语:卷着舌头说出的不易听清的话。指吕尚说的羌族方言。

〔14〕帷:床帐,借指宫妃。　廧:通"墙",宫墙。借指近臣。

〔15〕皁:喂牛马的食槽。

〔16〕鲍焦:春秋时齐国人,廉洁的高士,耕田而食,穿井而饮,非妻所织不穿,愤世嫉俗,抱木而死。

【译文】

"我听说把明月珠、夜光璧在夜里扔到路上,人们没有不手按宝剑斜目而视的。这是为什么呢?是由于它们无缘无故突然来到面前。弯曲的树枝树根，形状屈曲离奇，倒成为天子喜欢的器物，是因为君主身边的人已经事先为它们修饰了一番。因此无缘无故来到面前，即使投出的是随侯珠、和氏璧那样的宝贝，也只会结下怨仇而不会让人感恩；假如有人事先宣扬，那么即使是枯木朽株，也能建立功勋而令人难忘。现在天下处于困窘境地的士人，又贫穷又有病，即使胸怀尧、舜的治国方略，拥有伊尹、管仲的辩才，怀有关龙逢、比干的忠心，但一向没有像树根那样经过装饰，尽管用尽精神，想向当代君主表达忠心，那么君主也一定会蹈袭按宝剑斜目看的态度来对待他们。这样就使得普通士人连枯木朽株的资质也不如了。所以圣明的君王统治天下，要像陶工转钧那样独立操纵，而不被愚昧昏乱的议论所牵制，不为众说纷纭而动摇。所以秦始皇听信中庶子蒙嘉的话而信任荆轲，发生了被暗藏匕首行刺的事情；周文王在泾水、渭水间打猎，把吕尚带回国予以重用，因而称王于天下。秦王轻信左右近臣而亡国，周文王任用偶然相识的人，而称王天下。这是为什么呢？是因为周文王能够越过难以听清的方言，听取中原以外的议论见解，独自看到了光明宽广的道路。而今君主沉湎在阿谀奉承的赞扬声中，受到妃妾近侍的牵制，使得不受世俗束缚的人才与牛马同槽。这就是鲍焦之所以愤世嫉俗的缘故。

“臣闻盛饰入朝者，不以私污义；底厉名号者〔1〕，不以利伤行。故里名‘胜母’，曾子不入〔2〕；邑号‘朝歌’，墨子回车〔3〕。今欲使天下寥廓之士，笼于威重之权，胁于位势之贵，回面污行，以事谄谀之人，而求亲近于左右，则士有伏死堀穴岩薮之中耳〔4〕，安有尽忠信而趋阙下者哉〔5〕？”

【注释】

〔1〕底厉：同“砥砺”，磨刀石，此作动词，磨炼修养的意思。

〔2〕“故里名”二句：曾子极为孝顺，有个地方叫“胜母”，他就过

而不入。曾子，即曾参，春秋时鲁国人，孔子的弟子。

〔3〕“邑号”二句：墨子主张“非乐(音乐之乐)”，有次他驱车来到朝歌(今河南淇县)，认为这个地名和自己的主张冲突，马上回车避开。

〔4〕堀：同“窟”。　薮：湖泽。

〔5〕阙下：宫墙下，借指君王。

【译文】

“我听说衣着庄重上朝的大臣，不会以私情玷污道义；磨炼品德注重名声的人，不会因为贪图私利败坏操行。所以地名叫‘胜母’，曾子便不进去；城邑称为‘朝歌’，墨子就掉转车头。而今想让天下志向高远的士人，被有权有势者所笼络，被地位显贵者所胁迫，改变面孔，玷污品行，去侍奉阿谀奉承之人，来求得亲近君主，那么，士人只有隐居在山洞草泽之间直到老死而已了，哪里还会有人来向君主效忠竭诚投奔朝廷的呢？”

（王根林）

上书谏猎

司马相如

【题解】

司马相如(前179—前117)，字长卿，蜀郡成都(今属四川)人，西汉著名的辞赋大家。景帝时为武骑常侍，以病免职，后曾与枚乘、邹阳同为梁孝王门客。以善辞赋，受到武帝赏识，召为郎，升孝文园令。其赋作辞藻赡丽，气象宏大，想象丰富，以《子虚赋》、《上林赋》为代表作。

汉武帝刘彻即位后，对内实行政治经济改革，对外开拓疆土，展示了他的雄才大略。但同时他又奢靡放纵，迷信神仙，沉湎游猎。司马相如这篇上书，对武帝不顾安危迷恋射猎进行劝谏。其行文与他大事铺张渲染的大赋不同，比较质朴简洁，辞气恳切委婉，武帝看了也极口称善。

相如从上至长杨猎[1]。是时天子方好自击熊豕[2]，驰逐野兽。相如因上疏谏曰：

“臣闻物有同类而殊能者[3]，故力称乌获[4]，捷言庆忌[5]，勇期贲、育[6]。臣之愚，窃以为人诚有之，兽亦宜然。今陛下好陵阻险，射猛兽，卒然遇逸材之兽[7]，骇不存之地，犯属车之清尘[8]，舆不及还辕，人不暇施巧，虽有乌获、逢蒙之技不得用[9]，枯木朽株尽为难矣。是胡、越起于毂下[10]，而羌、夷接轸也[11]，岂不殆哉？虽万全而无患，然本非天子之所宜近也。

【注释】

〔1〕长杨：宫名，故址在今陕西周至。

〔2〕豕(shǐ 史)：猪，此指野猪。

〔3〕殊能：超乎寻常的能力。

〔4〕乌获：战国时秦国的大力士，能力举千钧。

〔5〕庆忌：春秋时吴王僚之子，跑路极快，连马都追不上。

〔6〕期：推许。　贲、育：战国时卫国的勇士孟贲、夏育。

〔7〕卒(cù 促)然：突然。卒，通“猝”。　逸材：能力超群之才。此指猛兽。

〔8〕属车：皇帝的随从车队。

〔9〕逢(páng 旁)蒙：夏代善于射箭的武士。

〔10〕毂(gǔ 古)：车轮中心的圆木，此代指车。

〔11〕轸(zhěn 枕)：车厢的底框，此代指车。

【译文】

司马相如随从皇帝到长杨宫打猎。这时候天子正喜欢亲自搏击熊和野猪，驾车追逐野兽。司马相如因而上疏进谏说：

“我听说事物中有虽属同类但能力却超常的情况，所以论力气要举出乌获，论快捷要说起庆忌，论勇敢一定要数孟贲、夏育。我很愚蠢，私下认为人确实有这种情况，而野兽也应该是这样。而今陛下喜欢登涉险峻难行之地，射击猛兽，如果突然遭遇特别凶猛的野兽，它们在不能活命的处境中被惊骇，侵犯了圣驾，车子来不及掉头，卫士们顾不上施展本领，那时候，即使有乌获、逢蒙的本领也派不上用场，就连枯树朽枝也都要与您为难了。这就像胡人越人从车轮下窜出，羌人夷人紧跟在车子后面一样，岂不危险吗？即使非常安全而没有危险，但是这种事情原来就不是天子应该接近的啊。

“且夫清道而后行[1]，中路而驰，犹时有衔橛之变[2]。况乎涉丰草，骋丘墟，前有利兽之乐，而内无存变之意，其为害也不难矣。夫轻万乘之重[3]，不以为安，乐出万有一危之涂以为娱[4]，臣窃为陛下不取。盖明者远见于未萌，而知者避危于无形[5]，祸固多藏于隐微，而发于人之所忽者也。故鄙谚曰：‘家累千金，坐不垂堂[6]。’此言虽小，可以喻大。臣愿陛下留意幸察。”

【注释】

〔1〕清道：古代天子出行，事先要派人清除道路，驱逐行人。

〔2〕衔：马嚼，放在马口内用来勒马的铁具。 橛(juē 决)：车钩心，固定车厢底部和车轴之间的木橛。 变：指出事故。

〔3〕万乘(shèng 圣)：一万辆战车。古代只有天子可拥有万辆战车，此代指皇帝。

〔4〕涂：通“途”。

〔5〕知：同“智”。

〔6〕垂堂：靠近屋檐下。屋顶瓦片有可能掉落，因此屋檐下是危险之地。垂，接近。

【译文】

“再说清除道路之后出行，在大路中间驰驱，还常常会发生拉断马嚼、滑出车钩心之类的事故。何况跋涉在丰密的草丛中，驰骋于高低不平的丘陵上，前面有猎获野兽的快乐引诱，而心里又没有应付变故的准备，这样就很容易造成灾难了。不以天子尊贵的地位为重，不安于此，却乐于外出到可能发生危险的道路上去以为有趣，我私自以为陛下这样做是不可取的。大凡聪明的人在事情尚未萌发之时就能预见到，智慧的人在危害尚未形成时就能避开它，灾祸大都原来就是潜藏在细小隐蔽之处，发生在人们疏忽大意之时。所以俗语说：‘家积千金财产，就不坐在靠近屋檐的地方。’此话虽然说的是小事，却可以比喻大道理。我希望陛下能留心明察这一点。”

（王根林）

答苏武书

李　陵

【题解】

李陵(？—前74)，字少卿，西汉陇西成纪(今甘肃泰安)人。是汉初名将李广之孙，善骑射，爱士卒，武帝曾赞誉他“有(李)广之风”。历任侍中建章监、骑都尉等职，常年率军驻边，抵御匈奴侵扰。武帝天汉二年(前99)，李陵率五千步卒出居延(今甘肃额济纳旗境内)袭击匈奴，受到了匈奴八万骑兵的包围。激战中，汉军斩获敌军数千，但终因寡不敌众，兵尽粮绝，李陵被迫投降。消息传到汉朝朝廷，武帝怒杀了李陵的老母、弟弟和妻子儿女，从而断绝了李陵归汉的可能。后单于把自己女儿嫁给李陵，又立他为右校王。昭帝元平元年(前74)，李陵病死在匈奴。

苏武(前140—前60)，字子卿，西汉杜陵(今陕西西安东南)人，是汉初抗击匈奴的名将苏建之子。天汉元年(前100)，苏武奉命以中郎将出使匈奴，被扣留。单于胁降不成，将他放逐到北海(今俄罗斯贝加尔湖)牧羊，达十九年。苏武饮雪食草籽，始终保持民族气节。期间李陵也曾来劝降，遭苏武拒绝。昭帝始元六年(前81)，汉匈和亲，始获释回汉，拜典属国，受到朝野敬重。回汉后，苏武曾写信给李陵，劝他归汉，李陵以此信作答。

从民族大义说，作为叛国投敌者的李陵，是找不出任何理由为自己的不光彩行为辩护的。但从具体的遭遇看，李陵又确实有自己的难言之隐。信中“陵虽孤恩，汉亦负德”两句话，可以概括他的想法。为了说明他的困难处境，信中极力渲染战场的惨烈悲壮，和自己竭尽全力浴血奋战的情景，希望别人对他不得已投降予以同情；对汉武帝诛灭其全家的酷行，他则表示了强烈的不满，并举出许多汉朝杀戮功臣的事例，证明“汉与功臣不薄”并不能成立。总之，此信是一个被特殊遭遇扭曲了灵魂者的表白和辩解。文笔凄楚委婉，具有较强的感染力。

此文是否李陵所写，后代不少学者都提出过质疑，认为是他人伪托。而从《昭明文选》入选此文，可以推论其写作时间，最迟不晚于汉代。

子卿足下〔1〕：勤宣令德〔2〕，策名清时〔3〕，荣问休畅〔4〕，幸甚，幸甚！远托异国，昔人所悲，望风怀想，能不依依〔5〕！昔者不遗，远辱还答〔6〕，慰诲勤勤，有逾骨肉。陵虽不敏，能不慨然！

【注释】

〔1〕子卿：苏武的字。　足下：古代对上级或同辈的敬称。周、秦时用以称君主，汉以后用来称同辈。

〔2〕令德：美德。令，美好。

〔3〕策名：古时官吏的姓名登录在官府的简策上，叫策名，即做官的意思。　清时：政治清明的时世。

〔4〕荣问：好名声。问，通“闻”。　休：美。　畅：畅通，流传。

〔5〕依依：恋恋不舍的样子。

〔6〕辱：书信中常用的谦词，承蒙的意思。

【译文】

子卿足下：您辛勤地发扬美德，在政治清明的时世为官，美好的名声广泛传扬，非常值得庆幸，值得庆幸！我流落在异国远方，这是前人所感到悲伤的，遥望故国怀念老友，怎能不令人依恋不舍！以前承蒙您不弃，从远方给我回信，谆谆地安慰教导我，情意超过了骨肉亲人。我虽然愚钝，哪能不感慨万端！

自从初降，以至今日，身之穷困，独坐愁苦。终日无睹，但见异类[1]。韦韝毳幕[2]，以御风雨；膻肉酪浆[3]，以充饥渴。举目言笑，谁与为欢？胡地玄冰[4]，边土惨裂，但闻悲风萧条之声。凉秋九月，塞外草衰，夜不能寐，侧耳远听，胡笳互动[5]，牧马悲鸣，吟啸成群，边声四起。晨坐听之，不觉泪下。嗟乎子卿！陵独何心，能不悲哉！

【注释】

〔1〕异类：与自己不是同族的人，带有贬义，此指匈奴。

〔2〕韦韝（gōu 沟）：皮革做的长袖套，用来束衣袖。韦，皮革。毳（cuì 脆）幕：毛毡做的帐篷。

〔3〕膻（shàn 山）肉：带有腥臊气味的羊肉。　酪（lào 涝）浆：牛羊的乳浆。

〔4〕玄冰：黑色的冰。冰层结得厚实，颜色就深，玄冰形容气候极寒。玄，黑色。

〔5〕胡笳：古代北方民族吹奏的管乐器，其音悲凉。

【译文】

我自从归降匈奴，直到今日，身处艰难困境，一人独坐，忧愁苦闷。成天看不到别的，只见到些异族人。戴着皮袖套，住在毡帐里，来抵御风雨；吃膻腥的肉，喝牛羊的奶，来充饥解渴。放眼四望，和谁谈笑欢乐呢？匈奴地方冰封雪积，边塞的土地冻得开裂，只能听到悲风萧瑟之声。凄凉的秋天九月，塞外草木衰落凋零，夜晚无法安睡，侧耳远听，胡笳声此起彼落，牧马悲哀的嘶鸣，胡笳声、马叫声交织相混，在边塞的四面响起。清晨起床枯坐，听到这些声音，不知不觉流下泪水。唉，子卿！我难道有什么特别的心肠，对此能不感到悲伤吗？

与子别后，益复无聊。上念老母，临年被戮[1]；妻子无辜，并为鲸鲵[2]。身负国恩，为世所悲。子归受荣，我留受辱，命也何如！身出礼义之乡，而入无知之俗；违弃君亲之恩，长为蛮夷之域。伤已！令先君之嗣[3]，更成戎狄之族[4]，又自悲矣！功大罪小，不蒙明察，孤负陵心区区之意[5]。每一念至，忽然忘生。陵不难刺心以自明，刎颈以见志，顾国家于我已矣[6]，杀身无益，适足增羞，故每攘臂忍辱[7]，辄复苟活。左右之人，见陵如此，以为不入耳之欢，来相劝勉。异方之乐，只令人悲，增忉怛耳[8]！

【注释】

〔1〕临年：达到一定年龄，此指已至暮年。临，到。

〔2〕鲸鲵(jīng ní 京泥)：鲸鱼，雄称鲸，雌称鲵。此作动词，被当作鲸鲵加以杀害的意思。

〔3〕先君：称自己已故的父亲。 嗣：后代。

〔4〕戎狄：古代对少数民族的贬称，指匈奴。

〔5〕孤负：同辜负。 区区：微小，此作自己诚恳的解。

〔6〕顾：表示转折，作然而、但是解。 已矣：表示绝望。

〔7〕攘(ráng 瓤)臂：捋起袖子，露出手臂，振奋或发怒的样子。

〔8〕忉怛(dāo dá 刀达)：悲痛忧伤。

【译文】

与您分别以后，更加感到无聊。上念老母，在垂暮之年受到杀戮；妻子儿女是无罪的，也一起被杀害。我辜负国家的恩德，被世人悲叹。您回国后得到荣誉，我留在此地蒙受羞辱，这是命中注定的，有什么办法！我出身于礼义之邦，却来到愚昧无知的社会；背弃了国君和父母的恩德，一直住在蛮夷的地域。真是伤心啊！使得先父的后代，变成戎狄的族人，自己又怎能不感到悲痛！我功大罪小，可是不被明察，辜负了我一片诚挚的心意。每当想到这里，就一下子不想活了。我不难刺心来表明心迹，自刎来显示志向，然而我对国家已经绝望了，自杀没有好处，恰足以增加羞辱，所以经常愤慨地忍受侮辱，就又苟且地活在世上。我周围的人，见我如此，用不中听的开心话，来劝告勉励我。但是异国的娱乐，只能使我悲伤，增加我的忧愁而已。

嗟乎子卿！人之相知，贵相知心。前书仓卒，未尽所怀，故复略而言之：昔先帝授陵步卒五千〔1〕，出征绝域，五将失道，陵独遇战。而裹万里之粮，帅徒步之师，出天汉之外〔2〕，入强胡之域，以五千之众，对十万之军，策疲乏之兵，当新羁之马〔3〕。然犹斩将搴旗〔4〕，追奔逐北，灭迹扫尘，斩其枭帅〔5〕，使三军之士视死如归。陵也不才，希当大任〔6〕，意谓此时，功难堪矣〔7〕。匈奴既败，举国兴师，更练精兵，强逾十万，单于临阵〔8〕，亲自合围。客主之形，既不相如〔9〕，步马之势，又甚悬绝。疲兵再战，一以当千，然犹扶乘创痛〔10〕，决命争首〔11〕。死伤积野，余不满百，而皆扶病，不任干戈〔12〕。然陵振臂一呼，创病皆起，举刃指虏，胡马奔走。兵尽矢穷，人无尺铁，犹复徒首奋呼〔13〕，争为先登。当此时也，天地为陵震怒，战士为陵饮血〔14〕。单于谓陵不可复得，便欲引还。而贼臣教之〔15〕，遂使复战，故陵不免耳。

【注释】

〔1〕先帝：已死的皇帝，指汉武帝。

〔2〕天汉：指汉朝疆土。

〔3〕当：抵挡，抵御。
〔4〕搴(qiān 牵)：拔取。
〔5〕枭(xiāo 消)帅：骁勇的将帅。
〔6〕希：同“稀”，很少。
〔7〕堪：能够相比。
〔8〕单(chán 蝉)于：匈奴国君的称号。
〔9〕相如：相比。
〔10〕扶：支持，支撑。　乘：凌驾，这里有不顾的意思。
〔11〕争首：争先。
〔12〕任：胜任。　干戈：兵器。
〔13〕徒首：光着头，不戴头盔。
〔14〕饮血：犹言饮泣，与后文泣血差不多意思。形容极度悲愤。
〔15〕贼臣：指叛徒管敢。管敢原为李陵部下的低级军官“军候”，李陵军受到匈奴军重创，管敢投降了匈奴，把汉军情况泄露给匈奴单于，单于便再度攻击李陵。

【译文】

唉，子卿，人的相互理解，贵在相互知心。前一封信写得仓促，没能充分表达我的心情，所以再简略地说一说：先前先帝交给我五千步兵，出征极远的地方。五位将军迷失路途，只有我与匈奴军遭遇作战。我带着远征万里的粮草，率领徒步行军的部队，越出国境以外，进入强大的胡人的地区；以五千人之众，对付敌人十万大军，指挥疲惫的战士，抵挡敌人刚出营的骑兵。然而还是斩将拔旗，追逐败逃之敌。就像揩掉脚印扫除灰尘一样，斩了敌人骁勇的将领，使得我方三军将士视死如归。我没有什么才能，很少担任重任，心里想此役的战功，是其他情况下所难以相比的了。匈奴兵败以后，又全国动员，挑选精兵，人数超过十万。单于临阵指挥，亲自对我军实行合围。客军与主军的对阵形势，既不能相比；步兵和骑兵的力量对比，又十分悬殊。我方疲劳的战士连续作战，一个人要抵挡一千人，但仍然不顾伤痛，拼命争先。阵亡和受伤的遍地都是，剩下的还不足一百人，而且都是带着伤痛，已经没有力气拿起武器。但是，只要我振臂一呼，带着伤痛的士兵又都振奋起来，拿起武器刺向敌人，打得匈奴骑兵狼狈逃窜。兵器耗尽，箭也射光，手无寸铁，仍然光着头高呼杀敌，争先恐后向前冲杀。在这个时候，真是天地为我愤怒，战士们为我痛哭。匈奴单于认为不可能再俘获我，便打算退兵回去，但是叛臣管敢教匈奴继续进攻，于是重新开战，所以我终于不免被俘。

昔高皇帝以三十万众，困于平城〔1〕。当此之时，猛将如云，谋臣如雨，然犹七日不食，仅乃得免。况当陵者〔2〕，岂易为力哉？而执事者云云〔3〕，苟怨陵以不死〔4〕。然陵不死，罪也。子卿视陵，岂偷生之士而惜死之人哉？宁有背君亲，捐妻子，而反为利者乎？然陵不死，有所为也。故欲如前书之言，报恩于国主耳。诚以虚死不如立节，灭名不如报德也。昔范蠡不殉会稽之耻〔5〕，曹沫不死三败之辱〔6〕，卒复勾践之仇，报鲁国之羞。区区之心，窃慕此耳。何图志未立而怨已成，计未从而骨肉受刑。此陵所以仰天椎心而泣血也〔7〕。

【注释】

〔1〕“昔高皇帝”二句：汉高帝七年（前200），高皇帝（即高祖刘邦）亲率三十万大军进驻平城（今山西大同），准备攻打匈奴，被冒顿单于率领四十万骑兵围困七日才解围。

〔2〕当：如，像。

〔3〕执事者：当权者，指汉朝廷大臣。

〔4〕苟：只是。

〔5〕“昔范蠡（lǐ李）”句：春秋时，越王勾践被吴王夫差围困在会稽山，勾践派谋士范蠡作为人质，向吴国求和，越国争取到喘息机会，最终灭掉了吴国。

〔6〕“曹沫（mèi妹）”句：春秋时，鲁庄公的大将曹沫与齐国作战，三战三败，只能割地求和。后来齐桓公与鲁庄公会盟，曹沫以匕首劫持齐桓公，迫使桓公归还侵占的鲁国土地。

〔7〕椎(chuí 垂)心而泣血：捶胸痛哭，流出血泪。

【译文】

从前高皇帝亲率三十万大军，被匈奴围困在平城。在那个时候，军中猛将如云，谋臣如雨，然而还是被围七天断绝粮食，只不过勉强脱身。何况像我这样的人，怎能轻易有所作为呢？而当权者却议论纷纷，只是埋怨我未能以死殉国。不过我没有以死殉国，确实有罪；但是，您看我这个人，难道是苟且偷生胆小怕死的人吗？哪里会有背弃国君、父母，抛弃妻子儿女，却认为是对自己有利的人呢？那么，我之所以不死，是想有所作为啊。本来是想像前一封信所说，要向皇上报恩而已。实在是认为与其无谓地死，不如树立名节，身死名灭，不如报答恩德。从前范蠡不为会稽之耻而殉难，曹沫不因三战三败而自杀，最终范蠡为越王勾践复了仇，曹沫为鲁国雪了耻，我的一点心愿，就是仰慕他们的作为而已。哪里想到志向还没实现就受到责怨，计划还没实行亲人就遭到刑戮，这就是我仰望苍天捶胸痛哭的原因。

足下又云："汉与功臣不薄。"子为汉臣，安得不云尔乎？昔萧、樊囚絷〔1〕，韩、彭菹醢〔2〕，晁错受戮〔3〕，周、魏见辜〔4〕；其余佐命立功之士，贾谊、亚夫之徒〔5〕，皆信命世之才〔6〕，抱将相之具〔7〕，而受小人之谗，并受祸败之辱，卒使怀才受谤，能不得展。彼二子之遐举〔8〕，谁不为之痛心哉！陵先将军〔9〕，功略盖天地，义勇冠三军，徒失贵臣之意，到身绝域之表。此功臣义士，所以负戟而长叹者也〔10〕！何谓不薄哉？

【注释】

〔1〕萧：即萧何，西汉开国功臣，任相国。他曾因向高祖刘邦建议向百姓开放皇家园林上林苑，而遭囚禁。　樊：即樊哙，汉初大将，曾

因被人告发勾结吕氏家族谋反，被逮捕。　絷（zhí 侄）：捆绑。

〔2〕韩：即韩信，西汉开国功臣，战功显赫，被封楚王。后被怀疑反叛遭杀。　彭：即彭越，原是农民起义军首领，后归顺刘邦。多立战功，被封梁王。以谋反罪被杀。　菹醢（zū hǎi 租海）：将尸体剁成肉酱，古代的一种酷刑。

〔3〕晁错：汉景帝的重要谋臣，官至御史大夫。他建议景帝对各诸侯国进行"削藩"，受到诸侯王忌恨。"吴楚七国之乱"中，吴王刘濞等人提出"请诛晁错以清君侧"，晁错被景帝诛杀。

〔4〕周：即周勃，汉初大将，有战功，被封绛侯。曾被诬谋反而下狱。　魏：即窦婴，西汉大臣，以破"吴楚七国之战"有功，封魏其侯。后以被诬诽谤君主遭杀。　见：被，受。　辜：罪。

〔5〕贾谊：汉初著名的文学家和政治家。文帝时为太中大夫，主张改革政治，遭到贵臣攻击诬陷，抑郁不得志而死。　亚夫：周亚夫，周勃之子，汉初大将，封条侯。景帝时任太尉，率师平定"吴楚七国之乱"。后以其子私买御物被捕下狱，绝食而死。

〔6〕信：确实。

〔7〕具：才能。

〔8〕彼二子：指贾谊和周亚夫。　遐举：远行，指死亡。

〔9〕陵先将军：指李陵已故的祖父李广。李广在景帝、武帝时多次击败匈奴军侵扰，时称"飞将军"。后随大将军卫青攻匈奴，以迷失路途贻误军机，被责自杀。卫青是汉武帝卫皇后的同母弟，卫青对他这次失误十分不满，所以后文有"失贵臣之意"的说法。

〔10〕戟（jǐ 己）：古代兵器。

【译文】

足下又说："汉朝对待功臣不薄。"您身为汉臣，怎会不这么说呢？从前萧何、樊哙被拘捕囚禁，韩信、彭越被剁成肉酱，晁错被杀戮，周勃、魏其侯窦婴被判罪；其他辅佐汉朝立下功劳的人，如贾谊、周亚夫这批人，都确实是当时杰出的人才，具备担任将相的才能，却受到小人的谗毁，都受到灾祸和失败的羞辱，最终使得他们空怀才能受到诽谤，才能得不到施展。他们二人的去世，谁不为之痛心呢！我已故的祖父李广将军，功绩和谋略盖天地，忠义和勇敢在全军数第一，只不过因为不合当朝权贵的心意，结果自杀在边远的疆场。这就是功臣义士扛着武器仰天长叹的原因啊！怎么能说汉朝对功臣不薄呢？

且足下昔以单车之使，适万乘之虏[1]，遭时不遇，至于伏剑不顾[2]，流离辛苦，几死朔北之野[3]。丁年奉使[4]，皓首而归，老母终堂，生妻去帷。此天下所希闻，古今所未有也。蛮貊之人[5]，尚犹嘉子之节，况为天下之主乎？陵谓足下当享茅土之荐[6]，受千乘之赏[7]。闻子之归，赐不过二百万，位不过典属国[8]，无尺土之封，加子之勤[9]。而妨功害能之臣，尽为万户侯[10]；亲戚贪佞之类，悉为廊庙宰[11]。子尚如此，陵复何望哉？

【注释】

〔1〕适：到，来至。 万乘（shèng 胜）：一万辆兵车，古代只有天子可拥有一万辆兵车。这里指军事力量强大。

〔2〕伏剑：用剑自杀。此指苏武在匈奴时受审前曾引剑自杀的事。

〔3〕朔北：北方，指匈奴国境。

〔4〕丁年：成丁的年龄，亦即成年。

〔5〕蛮貊（mò 末）：泛指少数民族。蛮为南方少数民族，貊为东北方少数民族。

〔6〕茅土之荐：指赐土地，封诸侯。古代帝王社祭之坛用五色土建成，分封诸侯则按方位取坛上一色土，包以茅草，授给受封的人，作为分得土地的象征。

〔7〕千乘（shèng 胜）之赏：指封赏为诸侯。古代诸侯可以拥有一千辆兵车。

〔8〕典属国：官名，掌管少数民族事务。苏武回国后被任此职。

〔9〕加：施，奖赏。

〔10〕万户侯：食邑一万户之侯。

〔11〕廊庙：宫殿四周的廊和太庙，帝王与大臣议论国事的处所，因此以廊庙代称朝廷。 宰：为首的官员。

【译文】

再说您从前只凭一辆车出使到兵力强大的敌国，因为时运不济，以至伏剑自杀也不在乎，颠沛流离，含辛茹苦，差点儿死在北方的荒野。丁壮之年奉命出使，头发白了才回来，老母亲在家亡故，年轻的妻子改嫁，这是天下很少听到，从古到今所没有的事情。异族之人，尚且赞赏您的节操，何况身为天下之主的皇上呢？我认为您应当享受分封诸侯的待遇，得到千乘之国的赏赐。然而听说您回来以后，赏赐不过二百万，官位不过是典属国，并没有寸尺之土的封赏，来奖励您效忠国家的功劳。而那些破坏功业、陷害能人的朝臣，都被封为万户侯；皇亲国戚和贪婪奸佞之徒，都做了朝廷的高官。您尚且如此，我还有什么指望呢？

且汉厚诛陵以不死，薄赏子以守节，欲使远听之臣，望风驰命，此实难矣。所以每顾而不悔者也。陵虽孤恩〔1〕，汉亦负德。昔人有言：“虽忠不烈，视死如归。”陵诚能安，而主岂复能眷眷乎？男儿生以不成名，死则葬蛮夷中，谁复能屈身稽颡〔2〕，还向北阙，使刀笔之吏〔3〕，弄其文墨耶？愿足下勿复望陵。

【注释】

〔1〕孤恩：辜负恩德。

〔2〕稽颡(sǎng 嗓)：磕头，以额触地。颡，面额。

〔3〕刀笔之吏：主办文案的官吏。刀笔都是书写工具，古代无纸，书写时或用刀刻于龟甲，或用笔写于竹木简上。

【译文】

况且汉朝仅仅因为我未以身殉国就对我施以严厉的惩罚，而对您的坚贞守节只给予微薄的奖赏，指望让远方听候命令的臣子急切地为朝廷投奔效命，这实在是太困难了。所以我常常回想往事并不觉得后悔。我虽然辜负了汉朝的恩情，但汉朝也辜负了我的功德。从前有人说过："有忠心而未能死节，也能做到视死如归。"我如果真的安心死节，但皇上难道还能怀念我吗？男子汉活的时候不能成就英名，死了就让他葬在异族的土地里，谁还能再弯腰叩头，回到朝廷，让那些刀笔吏舞文弄墨、罗织罪名呢？希望您不要再期望我返回汉朝了。

嗟乎子卿！夫复何言！相去万里，人绝路殊。生为别世之人，死为异域之鬼，长与足下，生死辞矣！幸谢故人〔1〕，勉事圣君。足下胤子无恙〔2〕，勿以为念，努力自爱。时因北风，复惠德音〔3〕。李陵顿首。

【注释】

〔1〕幸：希望。　故人：老朋友。

〔2〕胤（yìn 印）子：儿子。胤，后代。苏武曾娶匈奴女为妻，生子名通国，此时尚留在匈奴。　无恙：没病，平安的意思。

〔3〕惠：赐。　德音：对别人说话或来信的美称。

【译文】

唉，子卿，还能说什么呢！相隔万里，人与人来往断绝，走的路也不同。我是生为另外一个世间的人，死为异国之鬼，永远和您生离死别了！希望您代我向老朋友们致意，勉力事奉圣明的君主。您的公子安然无恙，不必挂念。希望您努力珍重。盼望您经常依托北风的方便，惠赐来信。李陵顿首。

（王根林）

尚德缓刑书

路温舒

【题解】

路温舒，字长君，西汉巨鹿(今河北平乡)人。出身贫寒，其父为乡间小吏里门监，令温舒牧羊，他取湖泽中蒲叶学习写字，后来做了监狱小吏，于是用心学习律令，升至守廷尉史。宣帝时，官至临淮太守，很有政绩，卒于官。

这封上书写于汉宣帝即位之初。主旨是劝宣帝广开言路，崇尚道德教化，减省刑罚，让老百姓生活在一个比较宽松的社会环境中。文中指出，“夫狱者，天下之大命也”，秦朝灭亡的一个重要原因，就是对老百姓实行严刑苛法，把司法问题提到关系国家存亡的高度。由于他是狱吏出身，所以对前代和当朝在司法刑狱方面存在的种种弊端了如指掌，把狱吏为保全自己而草菅人命的心理活动，刻画得入木三分，对人们了解封建社会刑法和监狱的黑暗，很有帮助。文章写得“辞顺而意笃”(《汉书·路温舒传赞》)，所以宣帝读后称善，并马上提升他为广阳私府长。

昭帝崩〔1〕，昌邑王贺废〔2〕，宣帝初即位〔3〕。路温舒上书，言宜尚德缓刑。其辞曰：

“臣闻齐有无知之祸，而桓公以兴〔4〕；晋有骊姬之难，而文公用伯〔5〕。近世赵王不终，诸吕作乱，而孝文为太宗〔6〕。由是观之，祸乱之作，将以开圣人也。故桓、文扶微兴坏，尊文、武之业，泽加百姓，功润诸侯，虽不及三王[7]，天下归仁焉[8]。文帝永思至德[9]，以承天心，崇仁义，省刑罚，通关梁，一远近，敬贤如大宾，爱民如赤子[10]，内恕情之所安[11]，而施之于海内，是以囹圄空虚[12]，天下太平。夫继变化之后，必有异旧之恩，此贤圣所以昭天命也。

【注释】

〔1〕昭帝：西汉昭帝刘弗陵，武帝少子。武帝死，大臣霍光，金日磾、上官桀等受遗诏辅佐刘弗陵即位。在位十三年。　崩：皇帝死叫崩。

〔2〕昌邑王贺：刘贺，武帝之孙，封昌邑王。昭帝死后无子，由刘贺继位。但他淫乱后宫，霍光奉太后命废之。

〔3〕宣帝：西汉宣帝刘询，武帝曾孙。刘贺被废，刘询即位。在位二十五年。

〔4〕“臣闻”二句：春秋时齐国公孙无知杀死齐襄公自立，不久被国人所杀，时襄公之弟小白流亡国外，遂回国即位，是为齐桓公，终为春秋五霸之一。以，以之，因此。

〔5〕“晋有”二句：春秋时晋献公的宠妃骊姬想让自己生的儿子继位，在献公面前谗毁公子重耳等人。重耳被迫流亡国外，后来在秦国的帮助下，重耳回国做了国君，是为晋文公，也是春秋五霸之一。用，因而，因此。伯，通“霸”。

〔6〕“近世”三句：赵王刘如意是汉高祖刘邦爱妃戚夫人的儿子，刘邦死后，吕后害死戚夫人，又用毒酒药死赵王刘如意。太后吕后专政，大封本家侄儿。吕后死，吕氏家族图谋作乱，太尉周勃、丞相陈平平定叛乱，迎立代王刘恒即位，即是汉文帝。太宗，汉文帝的庙号。

〔7〕三王：夏禹、商汤、周文王武王。为人们公认的有道君主。

〔8〕天下归仁：语出《论语·颜渊》：“一日克己复礼，天下归仁焉。”意为天下人都归服于仁德，标志时世清明。

〔9〕永思：深思，深远的思虑。　至德：崇高的道德。

〔10〕赤子：初生之婴儿。

〔11〕恕：即恕思，用宽厚之心考虑。

〔12〕囹圄(líng yǔ 灵语)：监狱。

【译文】

汉昭帝驾崩，昌邑王刘贺被废黜，汉宣帝刘询刚刚即皇帝位。路温舒呈上奏章，说应该崇尚仁德放宽刑罚。其奏章说：

“我听说齐国因为有公孙无知的祸乱，才使桓公得以兴起；晋国因为有骊姬作难，才使文公得以称霸。近世的赵王不得善终，吕氏家族作乱，孝文帝才成为太宗。由此看来，祸乱的发生，是为圣明君主的即将出现开创了条件。所以齐桓公、晋文公扶助弱小的国家，振兴衰败的国势，尊崇周文王、周武王的业绩，施恩泽于百姓，功业惠及诸侯，虽然还赶不上三王的业绩，但天下人都归服于他们的仁德了。文帝拥有深远的思虑和崇高的道德，以秉承上天的旨意，崇尚仁义，减省刑罚，使关隘和桥梁畅通，使远方和附近统一，尊敬贤人如同尊敬贵宾，爱护百姓如同爱护婴儿，用宽厚之心考虑觉得心安的，再在四海之内施行，因此监狱内空虚无犯人，天下太平安宁。大凡紧接政局变动之后，一定要有与以往不同的恩惠加于百姓，这就是圣贤的君主用来昭示上天授予使命的途径。

“往者昭帝即世而无嗣〔1〕，大臣忧戚，焦心合谋，皆以昌邑尊亲，援而立之。然天不授命，淫乱其心，遂以自亡。深察祸变之故，乃皇天之所以开至圣也。故大将军受命武帝〔2〕，股肱汉国〔3〕，披肝胆，决大计，黜亡义〔4〕，立有德，辅天而行，然后宗庙以安，天下咸宁〔5〕。臣闻《春秋》正即位〔6〕，大一统而慎始也。陛下初登至尊，与天合符，宜改前世之失，正始受命之统，涤烦文，除民疾，存亡继绝，以应天意。

【注释】

〔1〕即世：逝世。　嗣：后代。

〔2〕大将军：指霍光。汉武帝临终前任霍光为大司马大将军，辅佐

年仅八岁的幼主昭帝即位。

〔3〕股肱(gōng 工)：大腿和胳膊，辅助和捍卫的意思。

〔4〕亡义：即无义。亡，无。

〔5〕咸：都，全。

〔6〕正即位：新的王朝建立之初，首先要改变历法，以表示承受天命。正，即一年开始的那个月，就是正月。汉高祖刘邦即位，承秦制，以建亥之月为岁首。武帝即位，改为以建寅之月为岁首，自此一直沿用到清朝灭亡。

【译文】

“先前昭帝去世后没有儿子，大臣们忧愁，焦急地共同商议，都认为昌邑王刘贺尊贵亲近，就引入宫来立为皇帝。但是上天不授予他帝王的使命，使他内心淫乱，于是自取灭亡。深入地考察发生祸乱的原因，乃是上天借此为最圣明君主的出现开创条件。所以大将军霍光接受武帝遗命，辅助汉朝，披肝沥胆，决定大计，废黜无义的人，拥立有德的明君，帮助上天行事，而后朝廷得以安定，天下全境太平。我听说《春秋》上讲，帝王受天命即位就要改变历法，用意是使天下统一并谨慎地对待事业的开始。皇上现在新登帝位，与天意相符，应该改正前代的失误，端正刚刚受命的国家纲纪，清除烦苛的法律条文，解除百姓的疾苦，使消亡的得到生存，断绝的得到延续，以顺应上天的旨意。

“臣闻秦有十失，其一尚存，治狱之吏是也。秦之时，羞文学，好武勇，贱仁义之士，贵治狱之吏，正言者谓之诽谤，遏过者谓之妖言。故盛服先生不用于世〔1〕，忠良切言皆郁于胸，誉谀之声日满于耳，虚美熏心，实祸蔽塞。此乃秦之所以亡天下也。方今天下，赖陛下恩厚，亡金革之危、饥寒之患〔2〕，父子夫妻，戮力安家〔3〕。然太平未洽者〔4〕，狱乱之也。

【注释】

〔1〕盛服先生：衣冠齐楚的儒者。

〔2〕金革：兵器甲胄，喻战争。

〔3〕戮力：齐心合力。

〔4〕洽：协调，和美。

【译文】

“我听说秦朝有十大过失，其中有一条现在仍然存在，那就是司法官吏的过失。秦朝的时候，看不起儒术，崇尚武勇，蔑视主张仁义的人士，尊崇主管刑狱的官吏，正直的言论被看作是诽谤，阻止错误的话被当作是妖言。所以衣冠齐楚的儒者得不到任用，忠良切实的言论只能郁积在胸中，浮夸谄谀的赞誉整天充斥君主的耳朵，虚假的美名熏陶着君主的心，实在的祸害却被掩盖住了。这些正是秦朝所以失去天下的原因。而今天下依赖陛下大恩，没有战争的危险和饥寒的忧患，父子夫妻，齐心协力治理家园。但是太平的世道之所以还不够美满，那正是刑狱之灾乱加于人民的缘故。

“夫狱者，天下之大命也。死者不可复生，绝者不可复属〔1〕。《书》曰：‘与其杀不辜，宁失不经〔2〕。’今治狱吏则不然，上下相驱，以刻为明，深者获公名，平者多后患。故治狱之吏，皆欲人死。非憎人也，自安之道，在人之死。是以死人之血，流离于市，被刑之徒，比肩而立，大辟之计〔3〕，岁以万数，此仁圣之所以伤也。太平之未洽，凡以此也。夫人情安则乐生，痛则思死。棰楚之下，何求而不得？故囚人不胜痛，则饰辞以视之〔4〕；吏治者利其然，则指道以明之；上奏畏却，则锻炼而周内之〔5〕。盖奏当之成，虽咎繇听之〔6〕，犹以为死有余辜。何则？成练者众，文致之罪明也。是以狱吏专为深刻，残贼而亡极[7]，偷为一切[8]，不顾国患，此世之大贼也。故俗语曰：‘画地为狱，议不入[9]；刻木为吏，期不对[10]。’此皆疾吏之风，悲痛之辞也。故天下之患，莫深于狱；败法乱正，离亲塞道，莫甚乎治狱之吏。此所谓一尚存者也。

【注释】

〔1〕属：接续。

〔2〕“《书曰》”三句：见《尚书·大禹谟》。不辜，无罪的人。不经，不按常规办事。

〔3〕大辟：死刑。

〔4〕视：通“示”。这里作招供解。

〔5〕锻炼：原意是冶炼金属，此作罗织罪状解。　周内（nà 纳）：使罪状周密陷人于罪。

〔6〕咎繇（gāo yáo 高摇）：又写作皋陶，相传是帝舜时掌管刑法的官，以执法公正廉明称。　听：审讯。

〔7〕亡极：即无极。亡，无。

〔8〕偷：通“偷”，苟且。

〔9〕议：谋虑。

〔10〕期：必定。

【译文】

“要说刑狱，那可是主宰天下人性命的大事。处死的人不可能再活过来，断了的头不可能再接起来。《尚书》上说：‘与其错杀无罪的人，宁愿犯不按常规办事的过错。’而今管理刑狱的官吏可不是这样，他们上下相互催督，把苛刻当作廉明，判得重就获取公正的名声，判得公平反而留下后患。所以管理刑狱的官吏，都想置人于死地。这不是因为他们特别憎恨谁，而是保全自己的途径，就在于判人死刑。因此死人的血淋滴于街市，被判刑的罪犯多得肩挨肩站立，统计死刑的罪犯，一年中要以万数，这是仁德圣明的圣主感到悲伤的原因。太平世道还不够完满，大都是因为这个缘故。人之常情，平安就欢喜活着，痛苦就想一死了之。在严刑拷打之下，有什么口供得不到呢？所以囚犯经不起痛苦的折磨，就编造假话招供；刑狱官觉得这样对自己有利，就引导囚犯明确自己的罪行；上奏后又怕被驳回来，就修饰文辞来罗织周密的罪状，让人陷入法网。当罪行定案以后，即使让皋陶来审讯决断，还会认为是死有余辜。为什么呢？因为罗织成的罪状很多，玩弄法律条文所定的罪名也很明确。所以司法官吏专做残酷苛刻的事，无休止地残害别人，只顾苟且一时，不管国家的后患，这可是世上的大祸害啊！所以俗话说：'就是在地上画一个牢，人们也不会考虑进去；就是木头刻的狱吏，人们也决不愿同他对质。'这都是痛恨狱吏的民谣，悲伤痛苦的议论啊！所以天下的祸患，没有比刑狱更厉害的了；败坏法纪扰乱是非，离散亲人堵塞道义，没有比司法官吏更厉害的了。这就是前文所说至今还存在的秦朝十大过失之一。

"臣闻乌鸢之卵不毁〔1〕，而后凤皇集；诽谤之罪不诛，而后良言进。故古人有言〔2〕：'山薮藏疾〔3〕，川泽纳污；瑾瑜匿恶〔4〕，国君含诟〔5〕。'唯陛下除诽谤，以招切言，开天下之口，广箴谏之路〔6〕，扫亡秦之失，尊文武之德，省法制，宽刑罚，以废治狱。则太平之风，可兴于世；永履和乐，与天亡极，天下幸甚！"

上善其言。

【注释】

〔1〕鸢(yuān 冤)：老鹰。　卵：蛋。

〔2〕古人：指春秋时晋国大夫伯宗。见《左传·宣公十五年》。

〔3〕薮(sǒu 叟)：水浅草茂的湖泽。

〔4〕瑾瑜：美玉。

〔5〕诟(gòu 够)：辱骂。

〔6〕箴(zhēn 珍)：劝告，劝戒。

【译文】

“我听说树上乌鸦老鹰的蛋不被毁掉，然后凤凰才会飞来；犯有诽谤罪而不处死，然后才有人敢进谏良言。因此古人说：‘深山草泽隐藏有害之物，江河湖沼容纳污泥浊水；美玉隐匿着缺陷，国君要能容忍辱骂。’希望陛下革除诽谤的罪名，以招纳直切的言论，让天下都敢于说话，广开规劝诤谏的道路，扫除已经灭亡的秦朝的过失，尊崇周文王、周武王的德政，精简法律条文，放宽刑罚，以求废除刑狱。那么，太平的风气可以在社会上兴盛起来；人们永远生活在安乐之中，与苍天一样长久无限。天下人将无比庆幸！”

皇上认为路温舒的意见很好。

（王根林）

报孙会宗书

杨　恽

【题解】

杨恽(？—前54)，字子幼，西汉华阴(今属陕西)人。宣帝时初为郎官，后升左曹。有才能，好交结豪杰，名显朝廷。霍光的后代谋反，杨恽得到消息，通过侍中金安进见宣帝报告，以此被封平通侯，迁中郎将。为人轻财好义，廉洁无私。但喜欢夸耀自己，又好揭人隐私，以此在朝廷结怨甚多。太仆戴长乐是宣帝在民间时的知交，他怀疑杨恽指使人暗算自己，遂上书告发杨恽有诽谤朝廷的言论，杨恽被夺爵免官，废为庶人。后来发生日蚀，又有人上书说这是由于杨恽"骄奢不悔"所致，杨恽遂被下狱治罪。廷尉在他家中搜出这封给孙会宗的信，宣帝看后大怒，以大逆不道罪判处杨恽腰斩，妻儿流放，孙会宗也受株连罢官。

这封信写得尖锐泼辣，锋芒毕露，嬉笑怒骂，皆为文章。充分展示了杨恽狂放不羁、敢于向权贵挑战的性格，由此种下了日后被杀的祸根。后代有人认为它有外祖父司马迁《报任安书》的遗风。

恽既失爵位家居，治产业，起室宅，以财自娱。岁余，其友人安定太守西河孙会宗〔1〕，知略士也，与恽书，谏戒之。为言大臣废退，当阖门惶惧〔2〕，为可怜之意；不当治产业，通宾客，有称誉。恽宰相子〔3〕，少显朝廷，一朝晻昧，语言见废，内怀不服。报会宗书曰：

【注释】

〔1〕安定：郡名，治所在今宁夏固原。　孙会宗：西河郡人，官安定太守。杨恽被诛后，他受牵连罢官。

〔2〕阖门：关门。

〔3〕宰相：指杨恽的父亲杨敞，汉昭帝时任丞相，娶司马迁之女为妻。

【译文】

杨恽失去爵位在家，便治理产业，建造住宅，以经营理财排遣自乐。过了一年多，他的朋友安定太守西河人孙会宗，一位有智谋的士人，写信给杨恽，对他进行劝戒。说作为大臣被免职后，应该关起门来惶恐地思过，以博取人们的同情；而不应该治理产业，交结宾客，得到别人的赞誉。杨恽是丞相的儿子，年轻时就名扬朝廷，由于一时糊涂，说话不慎而被罢官免职，心里不服气。他回信给孙会宗说：

“恽材朽行秽，文质无所底〔1〕，幸赖先人馀业，得备宿卫。遭遇时变〔2〕，以获爵位。终非其任，卒与祸会。足下哀其愚，蒙赐书，教督以所不及，殷勤甚厚。然窃恨足下不深惟其终始〔3〕，而猥随俗之毁誉也〔4〕。言鄙陋之愚心，若逆指而文过〔5〕；默而息乎，恐违孔氏‘各言尔志’之义〔6〕。故敢略陈其愚，唯君子察焉。

【注释】

〔1〕底（zhǐ 止）：引致，达到。

〔2〕时变：指霍光子孙霍禹等人欲谋反事。

〔3〕惟：思考，谋虑。

〔4〕猥(wěi 委)：随意，轻率。
〔5〕文(wèn 问)过：掩饰过错。
〔6〕孔氏：指孔子。　“各言尔志”：语出《论语·公冶长》：“盍(何不)各言尔志?”尔，你，你们。

【译文】

“我资质朽烂，行为肮脏，外在表现和内在品质都达不到要求，只是侥幸地依赖先辈留下的功绩，才得以充当皇上的侍卫。由于遇到非常事变，因而获得官爵。但是这终究不是我所能胜任的，因此最后还是遇到了灾祸。您哀怜我的愚昧，承蒙赐给我书信，教导监督我做得不够的地方，情意十分恳切深厚。然而我私下却遗憾您没有进一步思考事情的原委，而轻易地跟随世俗之见对我进行褒贬。要是陈说自己鄙俗浅陋的心里话吧，好像有意违拗您的旨意而文过饰非；要是保持沉默不说吧，又恐怕违反了孔子‘各言尔志’的教导。所以我才敢大略地陈述自己的愚见，希望您能明察。

“恽家方隆盛时，乘朱轮者十人〔1〕，位在列卿〔2〕，爵为通侯〔3〕，总领从官〔4〕，与闻政事。曾不能以此时有所建明〔5〕，以宣德化，又不能与群僚同心并力，陪辅朝廷之遗忘，已负窃位素餐之责久矣〔6〕。怀禄贪势，不能自退，遭遇变故，横被口语，身幽北阙〔7〕，妻子满狱。当此之时，自以夷灭不足以塞责，岂意得全首领〔8〕，复奉先人之丘墓乎？伏惟圣主之恩不可胜量。君子游道，乐以忘忧；小人全躯，说以忘罪〔9〕。窃自私念，过已大矣，行已亏矣，长为农夫以没世矣。是故身率妻子，戮力耕桑〔10〕，灌园治产，以给公上。不意当复用此为讥议也〔11〕。

【注释】

〔1〕朱轮：用红漆漆车轮的车子。汉制，公卿列侯及俸禄在二千石以上的官员才能乘朱轮车。

〔2〕列卿：汉朝廷设有九卿，都是中央的高级官员。

〔3〕通侯：原称彻侯，为避汉武帝名（刘彻）讳改为通侯。为十二等爵中最高一级。

〔4〕从官：皇帝的侍从官。杨恽曾任光禄勋，管辖所有的侍从官。

〔5〕曾：而，乃，表示语气转折。

〔6〕素餐：语出《诗经·魏风·伐檀》："彼君子兮，不素餐兮。"白吃饭。

〔7〕北阙：宫殿北面的楼观，为臣子上书奏事的地方。

〔8〕首领：头颅。

〔9〕说（yuè 月）：通"悦"。

〔10〕戮力：齐心协力。

〔11〕用：以，因。

【译文】

"我家正在兴盛的时候，乘坐朱轮车的有十个人，我本人官位在九卿之列，爵位是通侯，统领着官内的侍从官，参与国家政事。我却不能在这个时候有所建树，来宣扬德政教化，又不能和同僚们同心协力，辅佐朝廷，补救考虑不周的地方，已经身负窃踞官位白吃俸禄的指责很久了。由于怀念俸禄贪恋权势，不能自动退职，于是遭到意外的变故，随意地受到指责，自身被拘禁在北阙，妻子儿女都关押在监狱。在这个时候，自己以为即使诛灭全家也不足以抵偿罪责，哪里想到能保住性命，还能再去供奉祖宗的坟墓呢？惶恐地思忖，圣明君主的恩德真是没法计量啊！君子游遨在道义中，快乐地忘记了忧愁；小人能保全身躯，就高兴地忘记了罪过。我暗地思量，自己的罪过已经很大了，行为已经有了亏缺，就长期做个农夫到死算了。所以亲自率领妻子儿女，同心协力从事农桑，浇灌田园治理产业，来缴纳官府的赋税。没有想到，又因为这样做而受到人们的议论和讥笑。

“夫人情所不能止者，圣人弗禁。故君父至尊亲，送其终也[1]，有时而既[2]。臣之得罪已三年矣，田家作苦，岁时伏腊[3]，烹羊炰羔[4]，斗酒自劳。家本秦也，能为秦声；妇赵女也，雅善鼓瑟[5]，奴婢歌者数人。酒后耳热，仰天拊缶[6]，而呼乌乌。其诗曰：‘田彼南山，芜秽不治；种一顷豆，落而为萁[7]。人生行乐耳，须富贵何时[8]？’是日也，拂衣而喜，奋袖低昂，顿足起舞，诚淫荒无度，不知其不可也。恽幸有馀禄，方籴贱贩贵[9]，逐什一之利[10]。此贾竖之事[11]，污辱之处，恽亲行之。下流之人，众毁所归[12]，不寒而栗。虽雅知恽者，犹随风而靡[13]，尚何称誉之有？董生不云乎[14]：‘明明求仁义，常恐不能化民者，卿大夫意也；明明求财利，尚恐困乏者，庶人之事也[15]。’故‘道不同，不相为谋’[16]。今子尚安得以卿大夫之制而责仆哉？

【注释】

〔1〕送其终：指为国君和父亲料理丧事。

〔2〕既：完，结束。

〔3〕伏腊：秦汉时习俗，各选取夏天和冬天的一日进行祭祀。伏，指夏至后第三个庚日。腊，指冬至后第三个戌日。

〔4〕炰（páo 袍）：裹起来烤。　羔：幼羊。

〔5〕雅：素来，一向。

〔6〕拊：拍打。　缶（fǒu 否）：瓦制乐器。

〔7〕萁：豆茎。

〔8〕须：等待。

〔9〕籴（dí 敌）：买进粮食。

〔10〕什一：十分之一。

〔11〕贾(gǔ 古)竖：对商人的贱称。

〔12〕“下流”二句：语出《论语·子张》：“是以君子恶居下流，天下之恶皆归焉。”这里是说地位卑贱的人，大家都把坏事往他身上推。

〔13〕靡：倒伏。

〔14〕董生：指汉代大儒董仲舒。

〔15〕“明明”六句：语出董仲舒《对贤良策》三，文字有所不同。《汉书·董仲舒传》“明明”作“皇皇”，“皇皇”即“遑遑”，急切的样子。

〔16〕“道不同不相为谋”：语出《论语·卫灵公》。

【译文】

“人之常情所不能制止的事，圣人也是不禁止的。所以国君和父亲是最尊贵、最亲近的了，为他们送终服丧，也有结束的时候。我从获罪至今已经三年了，农家耕种非常辛苦，伏日腊日按时祭祀，煮羊肉烤羊羔，就喝上一壶酒自我慰劳一番。我出生在秦地，能唱秦地的歌谣；我妻子出生在赵地，一向善于弹瑟，奴婢中也有几个人会唱歌。喝酒后耳朵发热，仰起头拍打着瓦缶，就呜呜地唱起来。歌词是：‘南山坡上来种田，田地荒芜无人管；当初种下一顷豆，豆子掉了只剩杆。人生在世为行乐，富贵等到哪一天？’在这一天，我提起衣服兴高采烈，上上下下挥舞袖子，跺着脚跳起舞蹈，确实是纵情欢乐没有节制，并不知道这样做有什么不可以。我家幸而有积馀的俸禄，正在作贱买贵卖的生意，追求那十分之一的利润。这是低贱的商人干的事，是受污辱的地方，可我却亲自去做了。地位卑贱的人，大家都对他诋毁诽谤，真令人不寒而栗。即使是一向了解我的人，尚且跟着人们随风倒，哪里还会有人称赞我呢？董仲舒不是说过吗：‘急切切追求仁义，常担心不能感化百姓的，是卿大夫的想法；急切切追求财利，常担心贫穷困乏的，是平民百姓的事情。’所以‘信仰不同，相互间没有什么可商量的’。现在您怎么还能用卿大夫的标准来责备我呢？

“夫西河魏土〔1〕，文侯所兴〔2〕，有段干木、田子方之遗风[3]，漂然皆有节概[4]，知去就之分[5]。顷者[6]，足下离旧土，临安定。安定山谷之间，昆戎旧壤[7]，子弟贪鄙，岂习俗之移人哉？于今乃睹子之志矣！方当盛汉之隆，愿勉旃[8]，毋多谈。”

【注释】

〔1〕西河：西汉郡名，孙会宗出生地。但战国时魏国的西河，在今陕西东部黄河西岸地区，与西汉时不同。作者这样说，是为了讽刺孙会宗。

〔2〕文侯：魏文侯，战国时魏国君主。

〔3〕段干木、田子方：魏国贤人。

〔4〕漂然：高远的样子。

〔5〕去就：去留，退进。

〔6〕顷者：近来，近日。

〔7〕昆戎：即西戎，古代西部的一个少数民族部落。

〔8〕旃（zhān 瞻）：“之焉”的合音，语气词。

【译文】

“您的家乡西河郡原是魏国的土地，是魏文侯设置的，有着贤人段干木、田子方遗留下来的好风尚，他们都有高远的节操气概，懂得去留取舍的道理。近来您离开故乡，来到安定郡。安定郡地处山谷之间，过去是昆戎族的地界，那里的人贪婪浅陋，难道是当地的习俗改变了您了吗？到今天我才看清了您的志向！如今汉朝正处于鼎盛时期，希望您好自为之，不必多说了。”

（王根林）

光武帝临淄劳耿弇

《后汉书》

【题解】

本文选自《后汉书·耿弇传》。《后汉书》一百二十卷，记载东汉一代历史，是一部纪传体的断代史。其中“本纪”十卷，“列传”八十卷，为南朝宋刘晔撰；“志”三十卷，晋司马彪撰。

光武帝刘秀，是西汉皇室的后裔。西汉末年，王莽篡权建立新朝，政治腐败，百姓苦难，激起了赤眉和绿林农民大起义。刘秀乘机起兵，于更始三年(公元25年)即帝位，改号建武，定都洛阳，是为东汉。为了巩固政权，刘秀在镇压农民起义军的同时，又进行削平地方割据势力的战争。建武五年(29)冬，他派建威大将军耿弇，讨伐割据齐地的张步，耿弇不负众望，很快平定了齐地。为此，他亲临临淄，慰劳耿弇。在这番对群臣的讲话中，刘秀一方面高度评价和赞扬耿弇的卓著战功，以激励其他将领在统一战争中效力；同时又表示要效法汉高祖刘邦召纳田横的做法，以笼络在逃的敌方将领，体现了一代开国君主的器度和谋虑。全文不长，却生动明晰，用词得体，最后一句“有志者事竟成”，至今还为我们经常引用。

车驾至临淄〔1〕，自劳军，群臣大会。帝谓弇曰〔2〕：“昔韩信破历下以开基〔3〕，今将军攻祝阿以发迹〔4〕。此皆齐之西界，功足相方〔5〕。而韩信袭击已降，将军独拔勍敌〔6〕，其功乃难于信也。又田横烹郦生〔7〕，及田横降，高帝诏卫尉，不听为仇〔8〕。张步前亦杀伏隆〔9〕，若步来归命，吾当诏大司徒释其怨〔10〕，又事尤相类也。将军前在南阳〔11〕，建此大策，常以为落落难合〔12〕，有志者事竟成也。”

【注释】

〔1〕车驾：皇帝外出所乘之车。此指光武帝刘秀。　临淄：今山东省淄博市。

〔2〕弇（yǎn 眼）：耿弇，字伯昭。东汉初随刘秀起兵，以功拜大将军。刘秀即位，又升建威大将军，封好畤侯，在平齐战争中破张步军，占领全齐，立有大功。

〔3〕韩信破历下：韩信是西汉初著名军事家，在楚汉战争中战功赫赫。曾率军攻破齐国历下，占领齐国都临淄。但此前刘邦已派郦食其与齐王讲和，齐王撤除了防务，韩信知道此事，仍然向齐进军，灭掉了齐国。历下，在今山东省济南市东。

〔4〕祝阿：在今山东省历城县西南。耿弇攻击齐王张步，从攻打祝阿开始，所以说“发迹”于此。

〔5〕相方：相比。

〔6〕勍（qíng 晴）敌：劲敌，强敌。

〔7〕田横烹郦生：田横原为齐国贵族，楚汉战争中领兵击败项羽，收复齐地，立田广为齐王，自己为相国。韩信破齐后，田横认为郦食其欺骗了自己，便把郦食其烹死。郦生，郦食其（yì jī 义基），刘邦的谋士。

〔8〕“及田横”三句：汉军破齐后，田广被俘，田横率部下逃亡到海岛上，刘邦派人召田横归汉，田横说：“我烹死了陛下的使者郦食其，听说郦食其之弟郦商现任卫尉，所以不敢归汉。”刘邦就对郦商说：“如果田横归汉，谁敢伤害他就治谁灭族之罪。”但是田横却在距洛阳三十里的地方自杀了。高帝，即汉高祖刘邦。卫尉，官名，掌宫门警卫，统领宫廷屯卫兵。此指任卫尉的郦商。听，允许。

〔9〕张步：齐琅玡人，刘秀起兵时张步在齐地拥兵自重。刘秀派伏隆使齐，拜他为东莱太守，后梁王刘永又派使者立他为齐王，张步遂杀了伏隆。

〔10〕大司徒：官名，三公之一，相当于西汉的丞相。此指任大司徒的伏湛，他是伏隆的父亲。

〔11〕南阳：郡名，治所宛县在今河南南阳。
〔12〕常：通“尝”，曾经。

【译文】

光武帝来到临淄，亲自慰劳军队，群臣都在这里集会。光武帝对耿弇说：“过去韩信击破历下而开创汉朝的基业，而今将军你攻克祝阿而由此发迹。这两个地方都是齐国的西部地界，因此你的功劳是足以和韩信相比的。然而韩信袭击的是已经降服的对手，而将军你却是独立战胜强劲的敌人，取得这个功劳要比韩信困难。另外，当初田横烹杀了郦食其，到田横投降的时候，高帝下诏给卫尉郦商，不允许他与田横为仇。张步以前也杀了伏隆，如果张步来归降听命，我也要诏告大司徒伏湛，解除他和张步的冤仇，这两件事又更加相似。将军你以前在南阳的时候，就提出这项重大的计策，我曾经以为这事无人理解难以实现，如今看来，真是有志者事竟成啊！”

（王根林）

诫兄子严敦书

马 援

【题解】

本文选自《后汉书·马援传》。

马援(前14—49)，字文渊，扶风茂陵(今陕西兴平东北)人。王莽建新朝后曾任新城大尹，后来依附过陇西军阀隗嚣，终归光武帝刘秀。建武十一年，为陇西太守，十七年，任伏波将军。率军有勇有谋，为国尽忠，志壮气豪，曾说："丈夫为志，穷当益坚，老当益壮。"又说："男儿要当死于边野，以马革裹尸还。"卒于军中。

这封给侄子马严、马敦的回信，写于他南下镇压交阯征贰、征侧起义的时候。信中对两个侄子好议论人是非、结交轻薄侠客的不良行为，作了谆谆的训诫。其中举了现实人物为例，还运用了当时生动的俗语，把自己的意思表达得充分而具体。是古代一封有名的家书。

援兄子严、敦[1]，并喜讥议，而通轻侠客。援前在交阯[2]，还书诫之曰：

"吾欲汝曹闻人过失[3]，如闻父母之名，耳可得闻，口不可得言也。好议论人长短，妄是非正法，此吾所大恶也。宁死不愿闻子孙有此行也！汝曹知吾恶之甚矣，所以复言者，施衿结缡[4]，申父母之戒，欲使汝曹不忘之耳。

【注释】

〔1〕援兄：马援的哥哥马余。　严、敦：马严、马敦，马余的儿子。

〔2〕交阯：郡名，又作交趾，辖境在今越南北部。

〔3〕汝曹：你们。曹，辈。多用于以尊长称小辈。

〔4〕衿(jīn 金)：系衣服的带子。　缡(lí 离)：妇女用的佩巾。古代女子出嫁，临行前父母要给她系上带子，结好佩巾，嘱咐她到夫家要当好媳妇。

【译文】

马援哥哥的儿子马严、马敦，都喜欢讥笑议论别人，而且结交轻薄的侠客。马援以前在交阯的时候，写回信训诫他们说：

“我希望你们听到别人的过失，就好像听到自己父母的名字一样，耳朵可以听，但嘴里不可说。喜欢议论他人长短，乱评论褒贬国家的法制，这是我最痛恨的。宁死也不愿听到子孙有这种行为。你们知道我对这种行为痛恨已极，之所以还要重复说，就像女儿出嫁时，父母为她系上衣带和佩巾，又训诫她到夫家不要出差错一样，是想让你们不要忘记而已。

“龙伯高敦厚周慎〔1〕，口无择言，谦约节俭，廉公有威。吾爱之重之，愿汝曹效之。杜季良豪侠好义〔2〕，忧人之忧，乐人之乐，清浊无所失，父丧致客，数郡毕至。吾爱之重之，不愿汝曹效也。效伯高不得，犹为谨敕之士；所谓‘刻鹄不成尚类鹜’者也〔3〕。效季良不得，陷为天下轻薄子，所谓‘画虎不成反类狗’者也。迄今，季良尚未可知。郡将下车辄切齿〔4〕，州郡以为言，吾常为寒心，是以不愿子孙效也。”

【注释】

〔1〕龙伯高：名述，字伯高，京兆（今陕西西安）人。初为山都长，后刘秀看到马援的这封信，提升他为零陵太守。

〔2〕杜季良：名保，字季良，京兆人。官越骑校尉，后仇人上书告他“为行浮薄，乱群惑众”，被刘秀罢官。

〔3〕鹄（hú 胡）：天鹅。　鹜（wù 务）：鸭子。

〔4〕郡将：即太守，一郡的行政军事长官。

【译文】

“龙伯高为人忠厚谨慎，嘴里不说可挑剔的话，谦虚平易，生活节俭，廉洁公正，很有威望。我喜欢他，敬重他，希望你们学习仿效他。杜季良豪放侠义，为别人的忧愁而担忧，为别人的快乐而高兴，不论贵贱，他都和他们交往，为父亲办丧事的时候，前来的宾客，几个郡的人全部都到了。我喜欢他，敬重他，但是不希望你们学习仿效他。学习伯高不成，还可以做一个谨慎严整的士人，正像人们所说的‘刻画天鹅不成还像个鸭子’。学习季良不成，就会堕落为世上的轻薄子弟，正像人们所说的‘描画老虎不成反而像条狗’。到现在，还不知道杜季良以后会怎么样，新来的太守一下车就切齿痛恨他，州郡的官员告诉我这些情况，我是经常为他心里发冷，所以不希望我的子孙学习他。”

（王根林）

前出师表

诸葛亮

【题解】

诸葛亮(181—234)，字孔明，琅邪阳都(今山东沂南县)人。他是三国时代一位杰出的人物。辅佐刘备建立蜀国，担任丞相职务；刘备死后，诸葛亮又长期主持蜀汉的军政大事。建兴五年(227)，诸葛亮率军进驻汉中。临行时，上表给后主刘禅，这就是本书所列的《前出师表》。诸葛亮此次出兵，未能成功，当时蜀国官吏中颇有微辞，于是在建兴六年(228)冬，又再次上表，分析当时形势，说明偏处蜀地一隅，坐而待亡，还不如争取主动出师北伐，这就是本书所列的《后出师表》。从此频年出征，直至建兴十二年(234)秋，病没于军中。

《前出师表》出自《三国志·蜀志》本传，主题在劝勉后主要继承先帝的遗愿，保持蜀中政治的清明，广开言路，听信忠言，任用贤良，励志振奋；使他能专心致力于北伐大业，以免除后顾之忧。公元223年刘备病笃时把国家大事托付给诸葛亮，并对刘禅说："汝与丞相从事，事之如父。"由于诸葛亮身为父辈，处于肩负托孤之责的特殊地位，他所上的表文不同于一般的奏章，其中既是臣下对君主，又是长辈对晚辈，故写来措辞婉转，情词恳切。表中对刘禅，规劝其莫为的，实是已为的；鼓励其当做的，实是未做的。细品文中三昧，含蕴无穷。全文叙述委婉，行文晓畅，文字质朴无华，是章表中的突出代表作。

臣亮言：先帝创业未半[1]，而中道崩殂[2]。今天下三分，益州疲敝[3]，此诚危急存亡之秋也。然侍卫之臣不懈于内、忠志之士忘身于外者[4]，盖追先帝之殊遇[5]，欲报之于陛下也。诚宜开张圣听[6]，以光先帝遗德[7]，恢弘志士之气[8]。不宜妄自菲薄[9]，引喻失义[10]，以塞忠谏之路也。宫中府中[11]，俱为一体[12]，陟罚臧否[13]，不宜异同[14]。若有作奸犯科及为忠善者[15]，宜付有司[16]，论其刑赏，以昭陛下平明之理[17]，不宜偏私，使内外异法也。

【注释】

〔1〕先帝：指刘备。

〔2〕崩殂(cú 徂)：皇帝死称作“崩”，又叫“殂”。

〔3〕益州：汉代州名。相当于今云贵川大部及甘肃、陕西部分地区。当时蜀汉的疆域基本上是汉的益州，因此称蜀汉为益州。　疲敝：困乏，贫弱。

〔4〕侍卫之臣：指朝廷官员。　内：指朝廷上。　忠志之士：指军中将士。

〔5〕追：追念，怀念。　殊遇：特殊待遇。

〔6〕开张圣听：扩大皇帝的听闻。意思是要刘禅广开言路，听取意见。

〔7〕光：发扬光大。

〔8〕恢弘：扩大，振奋。

〔9〕妄自菲薄：随便地看轻自己。

〔10〕引喻：称引和比喻。　失义：失当，不合道理。

〔11〕宫中：指皇帝宫中。　府中：指丞相府中。

〔12〕俱为一体：全是一个整体，意思是内廷外廷要协同一致。

〔13〕陟(zhì 至)罚：升迁和处罚。　臧(zāng 脏)否(pǐ 匹)：赞扬和批评。

〔14〕异同：偏重在“异”，即“不一致”。

〔15〕作奸犯科：做了坏事冒犯法律。

〔16〕有司：有关部门。

〔17〕昭：显明。　平明之理：公正清明的治理。

【译文】

臣诸葛亮呈表进言：先帝开创大业尚未完成一半，竟中途去世。如今天下三国鼎立，我蜀汉国力困乏，民生凋敝，现在正处在生死存亡的危急关头！然而，朝廷上的官员，在内供职毫不懈怠，军队中的将士，在外作战舍生忘死，这都是在追念先帝对他们的大恩大德，想报答给陛下啊！陛下实在应该广开言路，听取群臣意见，以发扬光大先帝遗留下来的美德，振奋鼓舞志士们的勇气。不可随便地看轻自己，言谈训谕有失道理，从而堵塞了忠诚进谏的道路。宫廷之中和丞相府中，全是一个整体，升贬赏罚，赞扬批评，不应标准不同。如有干坏事犯法纪的，或尽忠心做善事的，应该一律交给主管部门评定，加以处罚或奖赏，以显示陛下公正清明的治理，切不可有所偏袒，使得宫中府中法令不一。

侍中、侍郎郭攸之、费祎、董允等〔1〕，此皆良实，志虑忠纯，是以先帝简拔以遗陛下〔2〕。愚以为宫中之事，事无大小悉以咨之，然后施行，必能裨补阙漏〔3〕，有所广益。将军向宠性行淑均〔4〕，晓畅军事，试用于昔日〔5〕，先帝称之曰能，是以众议举宠为督〔6〕。愚以为营中之事，事无大小悉以咨之，必能使行阵和睦，优劣得所〔7〕。亲贤臣，远小人，此先汉所以兴隆也；亲小人，远贤臣，此后汉所以倾颓也。先帝在时，每与臣论此事，未尝不叹息痛恨于桓、灵也〔8〕。侍中、尚书、长史、参军〔9〕，此悉贞亮死节之臣〔10〕，愿陛下亲之信之，则汉室之隆，可计日而待也。

【注释】

〔1〕侍中：侍从皇帝左右，以备应对顾问的官员。　侍郎：宫廷近侍官。

〔2〕简拔：选拔。刘备立刘禅为太子时，以费祎、董允任舍人，同为太子属官。

〔3〕裨(bì 必)：增益。　阙：通“缺”，缺点。　漏：疏漏，过失。

〔4〕向宠：蜀汉大臣向朗的儿子。刘备时任牙门将，刘禅时任中部督和中领军。　性行：性格品行。　淑：善良。　均：公正。

〔5〕试用于昔日：指向宠曾随刘备伐吴，秭归兵败，只有向宠的部队损失最小，营垒得以保全，刘备曾称赞他能干。

〔6〕督：中部督，禁卫军的统帅。

〔7〕优劣得所：才能高的和才能低的都得到合理的安排。

〔8〕桓、灵：指东汉末年的桓帝刘志和灵帝刘弘。他们在位时宠幸宦官，朝政腐败。

〔9〕侍中：指郭攸之和费祎。　尚书：主管朝廷政务的高级官员，指陈震。　长史：丞相府主要佐官，指张裔。诸葛亮出征，张裔统管丞相府事。　参军：丞相府中主管军务的佐官，指蒋琬。诸葛亮死后继为尚书令，统领国事。

〔10〕贞亮：坚贞诚实，忠诚坦白。　死节：死于节义，意思是能以死报国。

【译文】

侍中、侍郎郭攸之、费祎、董允等，这些都是善良诚实，心志忠贞，意念纯真的人，所以先帝选拔他们，留下来辅佐陛下。臣下认为宫内的事情，无论大小，都应该征询他们的意见，然后再去施行。这样一定能够弥补疏漏，收到较好的效果。将军向宠，性情平和，办事公正，通晓军事，当初曾被任用过，先帝称赞他是个能人，所以经过大家评议推举他做中部督。臣下认为军中的事情，无论大小，都可以去征询他的意见，就一定能够使军队团结和睦，德才高低的人各有合适的安排。亲近贤臣，疏远小人，这是汉朝前期所以能够兴盛的原因；亲近小人，疏远贤臣，这是汉朝后期因此而衰败的缘故。先帝在世的时候，每逢与臣下议论到这件事，没有一次不对桓、灵二帝的作为发出叹息，感到痛心和遗憾。侍中郭攸之、费祎，尚书陈震，长史张裔，参军蒋琬，这些都是坚贞坦诚，能以死报国的臣子，诚愿陛下亲近他们，信任他们，这样汉王室的兴盛，就指日可待了。

臣本布衣，躬耕于南阳[1]，苟全性命于乱世，不求闻达于诸侯[2]。先帝不以臣卑鄙[3]，猥自枉屈，三顾臣于草庐之中，咨臣以当世之事。由是感激，遂许先帝以驱驰[4]。后值倾覆[5]，受任于败军之际，奉命于危难之间，尔来二十有一年矣。先帝知臣谨慎，故临崩寄臣以大事也[6]。受命以来，夙夜忧叹，恐托付不效，以伤先帝之明，故五月渡泸[7]，深入不毛[8]。今南方已定，兵甲已足，当奖率三军，北定中原，庶竭驽钝[9]，攘除奸凶[10]，兴复汉室，还于旧都[11]。此臣之所以报先帝而忠陛下之职分也。至于斟酌损益，进尽忠言，则攸之、祎、允之任也。

【注释】

〔1〕南阳：郡名。诸葛亮曾隐居于南阳隆中（今湖北襄阳一带）。

〔2〕闻：名声，出名。　达：显达，显贵。　诸侯：指东汉末年割据四方的军阀和州郡长官。

〔3〕卑鄙：出身卑贱，见识浅陋。

〔4〕驱驰：奔走效劳。

〔5〕倾覆：指兵败。建安十三年（208）曹操追击刘备，在当阳长坂坡大败刘军；诸葛亮奉命出使东吴，联合孙权于赤壁之战挫败曹军，才得以转危为安。

〔6〕寄：委托，托付。这句指刘备东伐孙吴，被吴将陆逊击败，退居白帝。章武三年（223）四月，刘备病死永安宫，临终把国家大事托付给诸葛亮，并对刘禅说："汝与丞相从事，事之如父。"

〔7〕泸：水名，即现在的金沙江。

〔8〕不毛：不生草木，指不长粮食的荒凉之地。当时西南少数民族地区经济文化相当落后。建兴三年(225)诸葛亮率军南征，曾到泸水。

〔9〕庶：庶几，表示愿望。 竭：尽，用尽。 驽钝：以劣马和钝刀比喻才能低下。

〔10〕奸凶：指曹魏。

〔11〕旧都：指东汉曾建都的洛阳。

【译文】

臣下本是个平民，在南阳隆中务农耕种，在乱世间只求保全性命，不想在诸侯中求得显赫的名声。先帝不嫌臣下出身卑微，见识浅陋，不惜屈尊，三顾茅庐看望臣下，征询臣下对天下大事的看法。因此臣下深为感动，从而允诺为先帝驱遣效力。后来正遇战事失败，臣下在败亡之际，接受了挽救危局的重任，至今已有二十一年了。先帝深知臣下处事谨慎，所以在临终时把辅助陛下兴复汉室的大事交付给臣下。臣下接受先帝遗命以来，日夜担忧兴叹，唯恐托付给臣下的大任不能完成，从而有损先帝的英明。所以臣下五月率兵南渡泸水，深入荒芜之境。如今南方已经平定，军库兵器装备充足，应当鼓励和统率全军，北伐平定中原地区；希望竭尽自己有限的能力，扫除奸贼，复兴汉朝王室，迁归旧日国都。这是臣下所要报答先帝，效忠陛下的职责本分。至于权衡得失，向陛下进献忠言，那是郭攸之、费祎、董允他们的责任了。

愿陛下托臣以讨贼兴复之效；不效，则治臣之罪，以告先帝之灵。若无兴德之言，则责攸之、祎、允等之慢〔1〕，以彰其咎。陛下亦宜自谋，以咨诹善道〔2〕，察纳雅言，深追先帝遗诏。臣不胜受恩感激。今当远离，临表涕零，不知所言。

【注释】

〔1〕慢：怠慢，失职。

〔2〕咨诹(zōu 邹)：询问。

【译文】

祈望陛下把讨伐奸贼，兴复汉室的大任交付给臣下；如果不能成功，那就请治臣下失职的罪过，以禀告先帝在天之灵。如果没有劝勉陛下发扬圣德的忠言，那就请追究郭攸之、费祎、董允等人的怠慢之罪，公布他们的过失。陛下也应该自己思虑谋划，征询治理国家的好办法，明察和采纳正直的进言，深切地追忆先帝的遗诏。臣下这就受恩、感激不尽了。而今即将远征，流着泪写了这篇表文，激动得不知说了些什么。

(盖国梁)

后出师表

诸葛亮

【题解】

《三国志·蜀志》本传里仅载有一篇《前出师表》，至于《后出师表》，只见于《三国志》本传裴松之的注文。裴氏说："此表，亮集所无；出张俨《默记》。"后来梁昭明太子萧统的《文选》里只选录《前出师表》，后人或有怀疑它是伪作的；但据《三国志·吴志·诸葛恪传》记载：亮兄瑾之子诸葛恪曾经看见过他叔父的这篇《后出师表》，看来伪作之说是不可靠的。后表的主题，在说明蜀汉和曹魏势力悬殊，处于敌强我弱的局势下，不但是为了奉行先主的遗志，即便为了维护蜀国的安全，也应该抓住战机出师北伐，希望后主不要受当时持非议者的影响而动摇意志。诸葛亮一生，志在恢复中原，重兴汉室，从隆中对策到病死渭滨的28年中，他对刘备以及后主竭尽忠志，有时近乎是明知不可为而为之；可是那种"鞠躬尽瘁，死而后已"的感人的忠贞气节，凛然与日月争光，为千古所传颂。

先帝虑汉、贼不两立〔1〕，王业不偏安〔2〕，故托臣以讨贼也。以先帝之明，量臣之才，固知臣伐贼，才弱敌强也。然不伐贼，王业亦亡，惟坐而待亡，孰与伐之〔3〕？是故托臣而弗疑也〔4〕。臣受命之日，寝不安席，食不甘味，思惟北征，宜先入南〔5〕。故五月渡泸，深入不毛，并日而食[6]。臣非不自惜也，顾王业不可得偏全于蜀都[7]，故冒危难，以奉先帝之遗意也。而议者谓为非计[8]。今贼适疲于西，又务于东[9]，兵法乘劳[10]，此进趋之时也[11]。谨陈其事如左[12]：

【注释】

〔1〕汉：指蜀汉。　贼：指曹魏。

〔2〕偏安：指偏处于蜀地一隅，自以为安。

〔3〕孰与：哪比得过。

〔4〕弗疑：不迟疑。

〔5〕入南：指诸葛亮深入南中，平定四郡事。

〔6〕并日而食：两天只吃一日的食粮。

〔7〕顾：只是，但。　蜀都：此指蜀汉之境。

〔8〕议者：指当时蜀国中对出师北伐持不同意见的官吏。　非计：不是上策。

〔9〕“今贼”二句：建兴六年(228)初，诸葛亮初出祁山，魏西部南安、天水、安定三郡，叛魏应汉，关中震动，故称“贼适疲于西”。其年八月，东吴大将陆逊击败魏将曹休，斩获万余，故称“又务于东”。

〔10〕兵法乘劳：兵书上说要趁敌人劳顿时去进攻。

〔11〕进趋：赶快进兵。

〔12〕如左：如下，古时书写从右至左。

【译文】

先帝考虑皇汉和逆贼不可并存，王业不能偏处一隅而自安，所以委托臣下去讨伐曹贼。照先帝那样的明察，量度臣下的才干，本来就知道叫臣下去讨伐曹贼，是臣下的才能薄弱而敌人的势力强大。但是，不去讨伐曹贼，王业也是要衰亡的，与其坐而待毙，哪比得过争取主动去讨伐他们呢？因此，毫无疑虑地把讨贼兴汉的大业托付给臣下了。臣下自受命之时起，就每日睡不安稳，食无滋味。思虑北伐中原，应该先平定南方。所以五月率兵渡过泸水，深入不毛之地，两天只吃一日的军粮。臣下不是不爱惜自己，只是看到汉王室的大业不可能偏处于蜀地一隅而得以保全，所以甘冒危险艰难，来实现先帝的遗愿，可是争议者却以为这并不是上策。当前曹贼恰好在西线疲于对付边县的叛乱，在东线又要竭力去应付孙吴的进攻，按照兵法应当趁敌疲劳之时出击，现正是赶快进攻的好时机。臣下恭敬郑重地把对这事的看法陈述如下：

高帝明并日月〔1〕，谋臣渊深，然涉险被创，危然后安〔2〕。今陛下未及高帝，谋臣不如良、平〔3〕，而欲以长计取胜〔4〕，坐定天下，此臣之未解一也〔5〕。

【注释】

〔1〕高帝：汉高祖刘邦。 明并日月：聪明智慧可比日月。

〔2〕“然涉险”二句：楚汉战争期间，刘邦数被楚军围困；高帝四年（前203）在广武被项羽的伏兵射伤胸部。汉朝建立初时，刘邦又先后率兵讨伐各地叛乱，前200年为韩王信所勾结的匈奴兵困于平城；前195年讨淮南王英布时，为流矢所伤。

〔3〕良、平：张良、陈平，高祖的著名谋士。

〔4〕长计：长期相持的战略。

〔5〕未解：不能理解。胡三省认为：解，读“懈”；未解，就是未敢懈怠。两说皆可通。

【译文】

汉高帝的明智，可以和日月相比，他手下的谋臣见识广博，谋略深远，但还是要历经艰险，身披创伤，遭遇危难然后才得以安定。如今陛下及不上高祖皇帝，谋臣也不如张良、陈平，而想要用长久对峙的策略来取胜，坐等着平定天下，这是臣下未能理解的第一点。

刘繇、王朗〔1〕，各据州郡，论安言计，动引圣人，群疑满腹，众难塞胸〔2〕；今岁不战，明年不征，使孙策坐大〔3〕，遂并江东〔4〕，此臣之未解二也。

【注释】

〔1〕刘繇（yóu 由）：字正礼，汉末任扬州刺史，因畏惮袁术，不敢赴州所。后南渡长江抵拒袁术。不久，被孙策攻破，退保豫章，后为豪强笮融所杀。《三国志·吴书》有传。 王朗：字景兴，汉末为会稽太守，孙策渡江略地，朗举兵与孙策战，兵败投降，后为曹操所征召，仕于魏。

〔2〕难：非议。

〔3〕孙策：孙权的长兄。父孙坚死后，借用袁术的兵力，兼并江南地区，为孙吴政权的建立打下基础，后遇刺身亡。 坐大：自然强大。

〔4〕江东：长江中下游地区。

【译文】

刘繇、王朗，各自占据州郡，谈论安定天下的计策，动辄引用古代圣贤之言，大家疑虑满腹，各种非议充塞胸中。今年不出战，明年不出征，让孙策自然而然地强大起来，终于并吞了江东，这是臣下未能理解的第二点。

曹操智计，殊绝于人〔1〕，其用兵也，仿佛孙、吴〔2〕。然困于南阳〔3〕，险于乌巢〔4〕，危于祁连〔5〕，偪于黎阳〔6〕，几败北山〔7〕，殆死潼关〔8〕，然后伪定一时耳〔9〕。况臣才弱，而欲以不危而定之，此臣之未解三也。

【注释】

〔1〕殊绝：远远超出。

〔2〕孙：指孙武，中国历史上著名军事家，春秋时吴国将领，善用兵，著有《孙子兵法》十三篇。 吴：指吴起，战国时秦大将，在统一战争中屡建战功。

〔3〕南阳：东汉郡名，治所在宛城（今河南南阳）。建安二年（197），曹操与张绣战于宛城，军败，身中流矢，操的长子曹昂等战死。

〔4〕乌巢：地在今河南延津东南。建安五年（200），袁绍重兵攻曹

操，兵临官渡，在乌巢聚积大量军粮，准备与操相持。时曹军粮少兵疲，幸曹操率奇兵夜袭乌巢，继而在官渡大破袁军，才转危为安。

〔5〕祁连：当指邺（今河北省磁县东南）附近的祁山。建安九年（204），曹操围邺，袁绍少子袁尚引兵还救，操击破之；袁尚败守祁山，操再破之，复引兵围邺，险被袁将审配的伏兵所射中。

〔6〕偪（bì 逼）于黎阳：建安七年（202），袁绍病死，其子袁谭、袁尚固守黎阳（今河南浚县东），操征之，连战不克。偪，同逼。

〔7〕几败北山：建安二十四年（219），曹操大将夏侯渊为蜀军所杀，操从长安出斜谷，与刘备争汉中，运粮经北山，被蜀将赵云袭击，曹军损失巨大。

〔8〕殆死潼关：建安十六年（211），曹操讨马超、韩遂于潼关，在黄河边与马超军遭遇，曹操避入舟中，马超骑兵沿河追射，矢如雨下。殆，几乎。

〔9〕伪定：诸葛亮以蜀汉为正统，所以指曹魏为“伪”。这句意思是：曹操经历了许多危险，然后才得僭称国号于一时罢了。

【译文】

曹操的智谋心计，高过常人。他在用兵方面，与古代孙子、吴起相仿。然而还被困在南阳，遇险于乌巢，受危于祁连，被逼于黎阳，几乎败于北山，差一点死在潼关，然后才得僭称国号于一时。何况臣下才能微弱，而想不冒危难而安定天下，这是臣下未能理解的第三点。

曹操五攻昌霸不下[1]，四越巢湖不成[2]，任用李服而李服图之[3]，委任夏侯而夏侯败亡[4]。先帝每称操为能，犹有此失，况臣驽下，何能必胜？此臣之未解四也。

【注释】

〔1〕昌霸：又称昌狶。建安四年（199），刘备袭取徐州，东海昌霸叛曹附刘备，曹操屡攻不下，后命于禁击杀之。

〔2〕四越巢湖：曹魏以合肥为军事重镇，相邻的巢湖与吴接界，时孙权常遣兵围合肥，曹操屡次从巢湖进击孙权，多无功而返。

〔3〕李服：即王服。建安四年(199)，汉献帝的亲信车骑将军董承带了密诏，与将军吴子兰、王服和刘备等计划杀害曹操，五年(200)春计划泄露，曹操捕杀董承、王服等人。

〔4〕夏侯：指夏侯渊。曹操留夏侯渊守汉中，建安二十四年(219)为刘备部将黄忠杀于阳平定军山(今陕西沔县东南)。

【译文】

曹操五次攻打昌霸而未攻下，四次越渡巢湖都未成功。任用李服，而李服却图谋杀害他；委用夏侯渊，而夏侯渊却战败身亡。先帝常常称赞曹操是个有才能的人，可还有这些失误，何况臣下才能低下，怎能必定取胜呢？这是臣下未能理解的第四点。

自臣到汉中〔1〕，中间期年耳〔2〕，然丧赵云、阳群、马玉、阎芝、丁立、白寿、刘郃、邓铜等及曲长、屯将七十余人〔3〕，突将、无前、賨叟、青羌、散骑、武骑一千余人〔4〕。此皆数十年之内所纠合四方之精锐，非一州之所有；若复数年，则损三分之二也，当何以图敌〔5〕？此臣之未解五也。

【注释】

〔1〕汉中：郡名，以汉水上流的沔水流经而得名。

〔2〕期(jī 机)年：一周年。诸葛亮以建兴五年(227)率军北驻汉中，至此时已一年多了。

〔3〕赵云、阳群等：都是蜀汉名将。　曲长：部曲中的将官。　屯将：屯兵的将官。

〔4〕突将：冲锋将士。　无前：先锋将士。　賨(cóng 丛)叟、青羌：蜀军中的两种西南少数民族将士。　散骑、武骑：都是骑兵分部的名称。

〔5〕图：对付。

【译文】

自从臣下进驻汉中地区，已经有一年时间了。但是这期间丧失了赵云、阳群、马玉、阎芝、丁立、白寿、刘郃、邓铜等将领以及部曲将官、屯兵将官七十余人，突将、无前、賨叟、青羌、散骑、武骑等一千余人。这些都是几十年内从四方积集起来的精锐力量，不是我蜀地一州所能拥有的；如果再过几年，就会损失三分之二了，那时当怎么去对付敌人？这是臣下未能理解的第五点。

今民穷兵疲，而事不可息[1]；事不可息，则住与行，劳费正等[2]。而不及今图之，欲以一州之地，与贼持久，此臣之未解六也。

【注释】

〔1〕事：指战事。

〔2〕劳费：劳力和费用。　正等：正好相等。

【译文】

现在百姓贫困，兵士疲惫，但战事不可能停息；战事不能停息，那么防守和进攻所消耗的劳力和费用，实际上是相等的。如果不趁早策划去征讨敌人，想用一州之地来跟曹贼长久相峙，这是臣下未能理解的第六点。

夫难平者[1]，事也。昔先帝败军于楚[2]，当此时，曹操拊手[3]，谓天下以定[4]。然后先帝东连吴、越[5]，西取巴、蜀[6]，举兵北征，夏侯授首[7]；此操之失计，而汉事将成也。然后吴更违盟，关羽毁败[8]，秭归蹉跌[9]，曹丕称帝[10]；凡事如是，难可逆见。臣鞠躬尽瘁，死而后已。至于成败利钝[11]，非臣之明所能逆睹也[12]。

【注释】

〔1〕平：同“评”，评论断定。

〔2〕败军于楚：指刘备曾败于当阳长坂事。当阳属古楚地。

〔3〕拊(fǔ 府)手：拍手，谓拍手称快。

〔4〕以定：已定。以，同“已”。

〔5〕东连吴、越：指建安十三年(208)连合孙吴在赤壁之战破曹兵事。

〔6〕西取巴、蜀：指建安十六年(211)刘备率师入益州，攻下成都，益州牧刘璋投降，取得巴蜀地区。

〔7〕授首：交出头颅。指蜀将黄忠于阳平关定军山击杀夏侯渊事。

〔8〕关羽毁败：建安二十四年(219)孙权用吕蒙计袭取荆州，击杀关羽父子。

〔9〕秭(zǐ 子)归：在今湖北宜昌北。　蹉跌：失坠，喻失败。指章武二年(222)刘备因孙权背弃盟约，袭取荆州，杀害关羽，就亲自率兵伐吴，在秭归被吴军所败。

〔10〕曹丕称帝：汉献帝延康元年(220)，曹操之子曹丕废去汉献帝，称尊号，即为魏文帝。

〔11〕利钝：顺利或困难。

〔12〕逆睹：预见，预料。

【译文】

所有事情中最难于判断的，是战事。当初先帝兵败于楚地当阳，那时候，曹操高兴地拍手称快，以为天下已经平定了。但是，后来先帝东面与孙吴联合，西面取得了巴蜀之地，出兵北伐，斩了夏侯渊的头；这是曹操没算计到的，眼看着复兴汉室的大业就要成功了。但是，后来孙吴又违背盟约，关羽战败身亡，先帝伐吴又在秭归遭到挫败，而曹丕就此称帝。凡事都是这样，难以预料。臣下只有恭敬效劳，竭尽全力，到死方休罢了。至于复兴大业究竟是成功是失败，是顺利还是困难，那绝不是臣下的聪明才智所能够预见的。

（盖国梁）

卷　七

陈　情　表

李　密

【题解】

晋武帝司马炎在攻灭蜀汉后，为了巩固新建立的政权，对前朝旧臣采取了笼络人心的手段。作者李密之被征召为太子洗马，即是一个明显的例子。

李密(224—287)，字令伯，犍为武阳(今四川彭山)人。因父早亡，母改嫁。从小由祖母刘氏抚养成人。他为人正直，很有才干，在蜀汉时曾出仕为郎。蜀亡以后，对于新朝的征召是否应命，显然是一个十分敏感的政治问题，弄得不好，随时都可能以抗命而身遭不测。从当时“诏书峻切，责臣逋慢；郡县逼迫，催臣上道；州司临门，急于星火”的情况来看，又大有欲加之罪的凶险。然而日夜侍奉在祖母病榻前的李密出于孝心，实在不忍弃而不顾，于是便和泪写了这篇上表，宛转而又深切地陈述了愿乞终养、辞不赴命的情由，使武帝临表感叹其非有空名，并特加嘉赏，许其奉亲尽孝。于是这篇充满真情实感的文字，也因此流传千古，得到了历代论者的击节称赏。

全文由陈述孤苦的身世遭遇入手，揭出当时所面临奉亲和应召进退两难的处境，阐明祖孙二人相依为命的特殊关系，并最终点明难以赴召的原因和恳请武帝恩准。行文朴实流畅，出自肺腑；语言浅近简洁，感人至深。

臣密言：臣以险衅〔1〕，夙遭闵凶〔2〕。生孩六月，慈父见背[3]。行年四岁，舅夺母志[4]。祖母刘，愍臣孤弱[5]，躬亲抚养[6]。臣少多疾病，九岁不行，零丁孤苦[7]，至于成立[8]。既无叔伯，终鲜兄弟。门衰祚薄[9]，晚有儿息[10]。外无期功强近之亲[11]，内无应门五尺之童，茕茕孑立[12]，形影相吊[13]。而刘夙婴疾病[14]，常在床蓐[15]。臣侍汤药，未尝废离。

【注释】

〔1〕险衅：恶兆，厄运。

〔2〕夙：早。　闵凶：忧患。

〔3〕见背：犹相弃。背，背离，此指去世。

〔4〕夺：逼迫改变。　志：指守节不嫁之志。

〔5〕愍(mǐn 悯)：怜悯。

〔6〕躬亲：亲自。

〔7〕零丁：同“伶丁”，孤独无依的样子。

〔8〕成立：指长大成人。

〔9〕祚(zuò 做)：福分。

〔10〕儿息：儿子。

〔11〕期功：古代两个服丧期，以亲戚亲疏定长短，服丧一年为期，五月为小功，九月为大功。

〔12〕茕(qióng 穷)茕：孤立无援的样子。　孑(jié 结)立：单独而立。

〔13〕吊：慰问。

〔14〕婴：纠缠。

〔15〕蓐(rù 入)：通“褥”，床垫，被褥。

【译文】

臣李密呈言：臣由于命运乖迕，很早就遭受不幸。生下只有六个月，父亲就去世了。长到四岁，舅舅就逼迫母亲改嫁。祖母刘氏可怜我孤苦弱小，就亲自加以抚养。臣从小经常生病，九岁还不能行走，始终孤独无依，直到长大成人。既没有叔叔伯伯，也没有哥哥弟弟。家门衰落福分又浅，很晚才有了儿子。外面没有关系比较亲近的亲戚，家内也没有看管门户的僮仆。一人孤单地独自生活，只有影子作伴。而祖母刘氏很久前就身缠疾病，经常躺在床上不能起身。臣早晚服侍饮食药物，从来没有离开过。

逮奉圣朝〔1〕，沐浴清化〔2〕。前太守臣逵〔3〕，察臣孝廉〔4〕；后刺史臣荣〔5〕，举臣秀才〔6〕。臣以供养无主，辞不赴命。诏书特下，拜臣郎中〔7〕。寻蒙国恩〔8〕，除臣洗马〔9〕。猥以微贱〔10〕，当侍东宫〔11〕，非臣陨首所能上报〔12〕。臣具以表闻〔13〕，辞不就职。诏书峻切〔14〕，责臣逋慢〔15〕；郡县逼迫，催臣上道；州司临门〔16〕，急于星火。臣欲奉诏奔驰，则以刘病日笃〔17〕；欲苟顺私情〔18〕，则告诉不许。臣之进退，实为狼狈〔19〕。

【注释】

〔1〕逮：及至，到了。　圣朝：指晋朝。

〔2〕沐浴：本指洗头洗澡，借喻蒙受。　清化：清明的教化。

〔3〕逵：姓氏未详。

〔4〕察：考察，举荐。　孝廉：当时推举人才的一种科目，孝指孝顺，廉指廉洁。

〔5〕刺史：州郡地方长官。　荣：姓氏未详。

〔6〕秀才：指有特出才能者，与后世科举中的秀才科不同。

〔7〕拜：授官。　郎中：官名，朝廷各部副官。

〔8〕寻：不久。

〔9〕除：除去旧职授予新职。　洗马：官名，太子属官，掌宫中图籍。

〔10〕猥：辱，自谦词。

〔11〕东宫：太子所居，此代指太子。

〔12〕陨首：掉头，指丧生。

〔13〕具：备陈。　闻：告知。

〔14〕峻切：严厉急切。
〔15〕逋慢：回避怠慢。
〔16〕州司：州的长官。
〔17〕笃：深重。
〔18〕苟顺：姑且迁就。
〔19〕狼狈：困顿窘迫、左右为难的样子。

【译文】

到了圣明的朝代，臣身受清明的教化。起初有太守逵推选臣为孝廉，后来刺史荣又举荐臣为秀才。臣因没有人供养祖母，推辞没有遵命。朝廷便特下诏书，任臣为郎中。不久又蒙受国恩，任臣为洗马官。以臣这样微贱的人去侍奉太子，这实在不是臣杀身捐躯所能报答的。对此臣都用表备述上陈，推辞不去就职。不料诏书严厉急切，责怪臣回避怠慢；郡县长官催促逼迫，令臣即刻启程；而州的长官也登门督促，比星火还要紧急。臣想手捧诏书马上赶路，但因刘氏的疾病却日重一日，就想姑且迁就自己的私情，但被告知不得准许。臣的处境进退两难，实在狼狈不堪。

伏惟圣朝以孝治天下〔1〕，凡在故老〔2〕，犹蒙矜育〔3〕。况臣孤苦，特为尤甚。且臣少仕伪朝〔4〕，历职郎署〔5〕，本图宦达〔6〕，不矜名节。今臣亡国贱俘，至微至陋，过蒙拔擢〔7〕，宠命优渥〔8〕，岂敢盘桓〔9〕，有所希冀？但以刘日薄西山〔10〕，气息奄奄〔11〕，人命危浅，朝不虑夕。臣无祖母，无以至今日；祖母无臣，无以终馀年。祖孙二人，更相为命，是以区区不能废远〔12〕。臣密今年四十有四，祖母刘今年九十有六，是臣尽节于陛下之日长〔13〕，报刘之日短也。乌鸟私情〔14〕，愿乞终养。

【注释】

〔1〕伏惟：旧时书奏中下级对上常用的敬词。

〔2〕故老：指老年人。

〔3〕矜：怜悯。 育：抚养。

〔4〕伪朝：指蜀汉。

〔5〕郎署：郎官衙署。

〔6〕宦达：为官显达。

〔7〕过：超出常规。 拔擢：提升。

〔8〕宠命：特别恩惠的任命。 优渥（wò 握）：优厚。

〔9〕盘桓：逗留，指辞不赴命。

〔10〕薄：迫近。

〔11〕奄奄：呼吸微弱断而难续的样子。

〔12〕区区：犹拳拳，形容感情恳切。 废远：指离开远去。

〔13〕陛下：对帝王的尊称。

〔14〕乌鸟私情：相传乌鸦能反哺，即幼鸟长成后转而哺养老鸟。

【译文】

圣明的朝代是以孝道来治理天下的，凡是老年人，尚且受到怜悯抚养。何况臣的孤苦，又特别严重呢。而且臣年轻时曾在伪朝做官，历任郎官衙署之职，原来就希望仕途显达，不计较名气节操。现在臣身为亡国之俘，实在微贱卑陋，却受到超常的提拔，恩惠的任命十分优厚，怎么还敢犹豫徬徨，别有所想呢？只是因为祖母刘氏已像迫近西山的落日，只剩一缕将断的气息，生命十分危险，到了早晨不知傍晚的境地。臣没有祖母，就不会活到现在；祖母没有了臣，也就不能安度馀生。臣与祖母祖孙二人，此时更是相依为命，正是出于这种内心的恳切之情才无法离去远行。臣李密今年四十四岁，祖母刘氏今年已九十六岁，因此臣为陛下效劳尽节的时间方长，而报答刘氏的日子已经很短了。怀着乌鸟反哺的私情，希望能准许臣养老送终的恳求。

臣之辛苦，非独蜀之人士及二州牧伯所见明知[1]，皇天后土[2]，实所共鉴。愿陛下矜愍愚诚[3]，听臣微志[4]，庶刘侥幸[5]，卒保馀年。臣生当陨首，死当结草[6]。臣不胜犬马怖惧之情[7]，谨拜表以闻。

【注释】

〔1〕二州：指益州和梁州。二州辖地相当于蜀汉统治的范围。　牧伯：古代称州长官为牧或方伯，此代指刺史。

〔2〕皇天后土：即天地神明。

〔3〕愚诚：愚拙和至诚。

〔4〕听：允许，同意。

〔5〕庶：庶几，或许。

〔6〕结草：事见《左传·宣公十五年》：晋大夫魏武子临死嘱子魏颗杀其遗妾殉葬，魏颗没有照办，后与秦杜回作战，见一老人用草打结将杜绊倒。晚上魏颗梦见那老人自称是没有被杀的遗妾之父。后遂以此来作为报答恩人的典故。

〔7〕犬马：古时臣对君的自称，表示卑谦。

【译文】

臣的苦处，不单是蜀地人士和二州的长官所耳闻目睹，就是天地神明，也共同能看见的。祈愿陛下能体悯臣的愚拙和至诚，俯允臣微小的请求，祖母刘氏或许能因此侥幸，最终得以安度馀年。臣活着愿捐献生命，死后也应结草知恩图报。臣怀着犬马一样不胜恐惧的心情，谨用此表拜上禀知。

（曹明纲）

兰亭集序

王羲之

【题解】

这是记述东晋文坛盛事雅集的一篇美文。

东晋永和九年(353)三月三日，作者王羲之与当时名士谢安、孙绰及子侄凝之、献之等四十馀人，宴集于风景秀美的浙江绍兴兰渚山的兰亭，曲水流觞，吟诗抒怀。所作后被编纂成集，并由王羲之作序。

序文仅325字，既记录了这次盛会的时间、地点、原因和与会者的“群贤毕至，少长咸集”，又以清新的笔致描写了兰亭四周暮春之初的风光景物，并由良辰美景之乐自然引发出对人生倏忽的无限感叹，集记事、写景、抒情、议论于一体，如风行水上，自然成文。

王羲之(321—379)，字逸少，琅玡临沂(今属山东)人。早年曾任秘书郎、长史、江州刺史、右军将军等职，晚年称病去官，放情山水。他是著名的书法家，所作《兰亭集序》笔势矫若游龙惊凤，历来被视为书苑珍品；他的诗文清朗俊逸，尤以此序堪称杰作，使“后之览者，亦将有感”，称叹不已。

永和九年[1]，岁在癸丑[2]，暮春之初，会于会稽山阴之兰亭[3]，修禊事也[4]。群贤毕至[5]，少长咸集[6]。此地有崇山峻岭，茂林修竹[7]，又有清流激湍[8]，映带左右[9]，引以为流觞曲水[10]。列坐其次〔11〕，虽无丝竹管弦之盛，一觞一咏，亦足以畅叙幽情。是日也，天朗气清，惠风和畅〔12〕。仰观宇宙之大，俯察品类之盛〔13〕，所以游目骋怀〔14〕，足以极视听之娱〔15〕，信可乐也。

【注释】

〔1〕永和：东晋穆帝司马聃年号(345—356)。　九年：公元353年。

〔2〕癸丑：古人以天干地支相配纪年。永和九年正当干支癸丑。

〔3〕会稽：东晋郡名，辖地今浙江北部及江苏东南部。　山阴：今浙江绍兴。　兰亭：在今绍兴西南兰渚。

〔4〕修禊(xì 戏)：指三月上旬巳日(魏以后定为三月三日)古人临水行祭，以祓除不祥的活动。

〔5〕群贤：指名流孙绰、谢安、支遁等人。

〔6〕少长：指年长的人和王氏兄弟。　咸：皆。

〔7〕修竹：高耸的竹子。

〔8〕激湍：很急的水流。

〔9〕映带：掩映挟带。

〔10〕流觞：随水流动的酒杯。　曲水：环曲的水流。

〔11〕次：旁边，此指岸边。

〔12〕惠风：和煦的清风。

〔13〕品类：品种门类。

〔14〕游目：纵目观望。　骋怀：舒展怀抱。

〔15〕极：尽。　视听之娱：指耳目所及的乐趣。

【译文】

永和九年，正值癸丑，暮春三月初，我们会集在会稽郡山阴县的兰亭，举行修禊活动。一时间众多的贤士都到了，老老少少聚在一起。这里有高峻的山岭，茂盛的树木和高挺的翠竹，又有清澈的溪水湍急流淌，掩映挟带左右，被用来作为漂流酒杯的曲折水道。大家依次坐在它的边上，虽然没有乐器吹奏出美妙的音乐，那一杯酒一首诗，也足以畅述内心的衷情。这天天气清朗，和风舒畅。抬头仰望宇宙空间的无限阔大，低首俯视万物品类的兴盛繁茂，借以放眼纵观舒展胸怀，足以尽享耳闻目及的无穷乐趣，实在是很快活的。

夫人之相与〔1〕，俯仰一世〔2〕，或取诸怀抱，晤言一室之内〔3〕；或因寄所托〔4〕，放浪形骸之外〔5〕。虽趣舍万殊〔6〕，静躁不同，当其欣于所遇，暂得于己，快然自足〔7〕，不知老之将至。及其所之既倦〔8〕，情随事迁，感慨系之矣〔9〕。向之所欣，俯仰之间，已为陈迹，犹不能不以之兴怀〔10〕。况修短随化〔11〕，终期于尽。古人云："死生亦大矣〔12〕。"岂不痛哉！

【注释】

〔1〕相与：相处。

〔2〕俯仰：低头抬头，喻指时间短促。

〔3〕晤言：面对面地谈话。《晋书》本传、《全晋文》作"悟言"，谓心领神会的妙言，亦通。

〔4〕因寄：有所依托。

〔5〕放浪：任性不受拘束。　形骸：形体，身躯。

〔6〕趣舍：即取舍。

〔7〕快然：喜出望外的样子。

〔8〕所之：指已得到的。

〔9〕系之：随之而来。

〔10〕犹：尚且。　兴怀：引发感触。

〔11〕修短：指生命长短。　随化：由天决定。化，造化，自然。

〔12〕"死生"句：语见《庄子·德充符》："仲尼曰：'死生亦大矣，而不得与之变。'"

【译文】

人的彼此相处，俯仰之间就过了一世。有的发掘内心的感悟，在一室内促膝倾谈；有的凭借外物的寄托，不拘形迹地外出游观。

虽然取舍千差万别，沉静浮躁各不相同，当他们为自己的遭遇而高兴，自己暂有所得，就欣喜万分自我满足，却不知人生的暮年已将来到。到了对他们的所得感到厌倦，情怀就会随着事物的变迁而变化，无限的感慨便会随之而生了。过去的欢乐，在顷刻之间，已成了过往的遗迹，对此尚且不能不深有感触；又何况人生的长短命由天定，最终都不免有穷尽之期。古人说："死生也是人生大事啊。"这难道不悲痛吗！

每览昔人兴感之由，若合一契〔1〕，未尝不临文嗟悼〔2〕，不能喻之于怀〔3〕。固知一死生为虚诞〔4〕，齐彭殇为妄作〔5〕。后之视今，亦犹今之视昔，悲夫！故列叙时人〔6〕，录其所述〔7〕。虽世殊事异，所以兴怀，其致一也〔8〕。后之览者，亦将有感于斯文。

【注释】

〔1〕契：符契。古代用作凭证，由两半合成，双方各执一半以资取信。

〔2〕临文：看到文辞。　嗟悼：叹息哀念。

〔3〕喻：明白、领悟。　之：指临文嗟悼之情。

〔4〕一死生：语出《庄子·德充符》："以死生为一条"；《大宗师》："孰知生死存亡之一体者，吾与之为友矣。"

〔5〕齐彭殇：把长寿与短命等量齐观。语出《庄子·齐物论》："莫寿于殇子，而彭祖为夭。"彭，彭祖，相传活了八百年。殇，夭折的短命人。

〔6〕列叙时人：一一记下当时的与会者。

〔7〕所述：指与会者的诗作。

〔8〕致：情怀兴致。

【译文】

每次观看前人兴怀抒感的缘由，好像符契一样相合，没有不对着文辞感叹悲伤的，心里却很难说清原因。我本知把死和生当作一回事是虚伪荒诞的，把长寿和短命视同无别是矫妄做作。后人的看待今天，也正像今人的看待过去，真是可悲啊！所以把这次与会者一一记下，登录他们所作的诗篇。虽然时代不同世事变化，但人们抒发情怀的原因，大致是相同的。后代的读者，也将会对这些诗文有所感叹。

（曹明纲）

归去来辞

陶渊明

【题解】

陶渊明(365—427)，名潜，字渊明，东晋浔阳柴桑(今江西九江西南)人。早年几次出仕，曾任江州祭酒、镇军参军、建威参军、彭泽令等职。四十一岁时弃官归田，长期在农村过着躬耕的隐居生活。他不但是我国古代田园诗人的创始者和奠基人，同时也是散文(包括辞赋)创作的杰出作家。

他的《归去来辞》作于义熙元年(405)十一月，正是辞去彭泽令、实现由仕至隐人生转折的关键时期。这篇作品原由序和辞两部分组成。在序文中，他以简洁的笔墨陈述了出仕和归隐的原因，其中“时风波未静”和“违己交病”是症结所在。这里登录的，是辞的部分，它用辞赋的形式，集中抒写了对归隐生活的热切向往之情。

辞以“归去”开门见山，直抒胸臆，把过去为官的经历总括为“心为形役”，点出“觉今是而昨非”的人生感悟；接着想象归家时家人的欣喜之状和自我满足的安适，拄杖观景的悠闲呼之欲出；然后表示从此断绝世俗的交游，既有亲情书琴之乐又有回归自然之趣；末以顺情适意总结，在乐天知命以尽馀年中透出处世立身的哲理。全文一气贯注，纯真自然，意味淳厚。宋代欧阳修甚至说“晋无文章，惟陶渊明《归去来辞》而已”，可见推崇备至。

题中的“来”字是表示趋向的语助词，与“兮”字相连，突出了感情色彩。又题一作《归去来兮辞》，兹从《文选》。

归去来兮，田园将芜胡不归[1]！既自以心为形役[2]，奚惆怅而独悲[3]！悟已往之不谏，知来者之可追[4]，实迷途其未远，觉今是而昨非。舟遥遥以轻飏[5]，风飘飘而吹衣。问征夫以前路[6]，恨晨光之熹微[7]。乃瞻衡宇[8]，载欣载奔[9]。僮仆欢迎，稚子候门。三径就荒[10]，松菊犹存。携幼入室，有酒盈樽[11]。引壶觞以自酌[12]，眄庭柯以怡颜[13]。倚南窗以寄傲[14]，审容膝之易安[15]。园日涉以成趣[16]，门虽设而常关。策扶老以流憩[17]，时矫首而遐观[18]。云无心以出岫[19]，鸟倦飞而知还。景翳翳以将入[20]，抚孤松而盘桓[21]。

【注释】

〔1〕胡：何，为什么。

〔2〕心为形役：心为形体役使，即迫于生活而失去自由。

〔3〕奚：为何。

〔4〕“悟已往”两句：语本《论语·微子》：“往者不可谏，来者犹可追。”谏，劝阻，挽回。追，补救。

〔5〕遥遥：即“摇摇”，船在水中晃动的样子。　飏（yáng 扬）：荡漾。

〔6〕征夫：行人。

〔7〕熹微：晓色微露。熹，晨光。

〔8〕衡宇：横木为门的房屋，此指陋室。

〔9〕载：且。　欣：高兴。

〔10〕三径：用汉代隐士蒋诩闭门不出，只在门前留三条小路与求仲、羊仲往来的典故，事见《三辅决录》。

〔11〕樽：盛酒器皿。

〔12〕觞：酒杯。

〔13〕眄（miǎn 勉）：斜视，闲看。　庭柯：庭院中的树木。　怡颜：犹解颐，脸露喜色。

〔14〕寄傲：寄托傲世的情志。

〔15〕审：领悟。　容膝：语出《韩诗外传》："所安不过容膝。"形容地方狭小只能容下双膝。

〔16〕涉：涉足，漫步。　成趣：自然形成乐趣。

〔17〕策：拄。　扶老：手杖。　流憩：流连休息。

〔18〕矫首：抬头。　遐观：远望。

〔19〕无心：无意间。　岫(xiù 秀)：山坳。

〔20〕景：日光。　翳(yì 忆)翳：昏暗不明的样子。

〔21〕盘桓：逗留，徘徊。

【译文】

归去了吧，田园就要荒了为什么还不回去！既然自己让心来为形体驱使，为什么还要胸怀惆怅独自悲伤？我已深知过去的不可追回，而未来的还可以及时弥补。其实步入迷途并不很远，更感到现在正确而以往错误。船儿在水中轻轻地晃荡，风儿微微吹动着我的衣裳。向行人探询前去的道路，只恨晨光刚露还不明亮。一望见我那简陋的家门，又是兴奋又是奔跑。家中的僮仆笑脸相迎，年幼的孩子等在门道。院中的小路已经荒芜，往日的松菊犹存旧貌。搀着幼儿走进室内，尚有陈酒盛满樽瓢。取来壶杯自饮自酌，看着院树露出微笑。身倚南窗寄托傲岸的情怀，愈觉容膝之地可以安乐逍遥。每天在园内散步自有佳趣，虽设院门却长关不开。拄着手杖四处走走停停，不时抬头远望天外。空中的浮云悠闲地飘出山坳，飞倦的鸟儿知道自己回来。日光渐渐昏暗将要隐没，手抚着孤松久久逗留徘徊。

归去来兮，请息交以绝游〔1〕。世与我而相违，复驾言兮焉求〔2〕？悦亲戚之情话，乐琴书以消忧。农人告余以春及，将有事于西畴〔3〕。或命巾车〔4〕，或棹孤舟〔5〕，既窈窕以寻壑〔6〕，亦崎岖而经丘〔7〕。木欣欣以向荣〔8〕，泉涓涓而始流，善万物之得时〔9〕，感吾生之行休〔10〕。

已矣乎！寓形宇内复几时〔11〕，曷不委心任去留[12]？胡为遑遑欲何之[13]？富贵非吾愿，帝乡不可期[14]。怀良辰以孤往，或植杖而耘耔[15]。登东皋以舒啸[16]，临清流而赋诗。聊乘化以归尽[17]，乐夫天命复奚疑[18]？

【注释】

〔1〕息交：停止与世交往。　绝游：不再外出走动。

〔2〕驾言：指驾车出游。语本《诗经·邶风·泉水》“驾言出游”。言，语助词。

〔3〕事：指农事。　畴(chóu 稠)：田地。

〔4〕巾车：有帷之车。

〔5〕棹：船桨，此用作动词，犹划。

〔6〕窈窕(yǎo tiǎo 咬挑)：曲折幽深的样子。　寻：攀援。

〔7〕崎岖：高低不平的样子。

〔8〕欣欣：生机勃勃的样子。　荣：繁茂。

〔9〕善：倾慕。

〔10〕行休：行将结束。

〔11〕寓形：寄身。　宇内：指世上。

〔12〕曷：何。　委心：随心如意。　去留：既指隐仕，亦指生死。

〔13〕遑遑：匆忙不安的样子。　之：往，至。

〔14〕帝乡：指仙境。　《庄子·天地》：“乘彼白云，至于帝乡。”期：指望。

〔15〕“植杖”句：语本《论语·微子》言荷蓧丈人“植其杖而耘”。植杖，把手杖插在地上。耘，除草。耔(zǐ 子)，壅苗。

〔16〕皋：水边高地。　舒啸：放声长啸。啸，撮口发出响亮的长声。

〔17〕聊：姑且。　乘化：随着自然的变化。　归尽：走向人生的终点。

〔18〕乐夫天命：乐观地安于命运。语本《易·系辞》：“乐天知命，故不忧。”

【译文】

归去了吧，让我断绝与世俗的往来交游。混浊的世道既然与我的本性相违，再驾车外出又有什么可求！开心地听听亲戚真情的话语，快乐地弹琴读书可以消除忧愁。农人告诉我春天到了，西边的田地将有事要预筹。有时乘上有篷的小车，有时划着孤单的小舟。既攀援曲折幽深的山沟，也经过高低不平的山丘。只见草木生机勃勃十分茂盛，泉水开始潺潺不息日夜涌流。真羡慕自然界的万物正得其时，感叹自己的生命即将走向尽头。

还是算了吧，人寄身在天地间又能有多久，为什么不随心所欲顺其自然？为什么整天匆忙不安想要怎样？荣华富贵不是我的意愿，仙境缥缈也不可期盼。遇上好时光就一人独自前往，或者插了手杖除草犁田。登上东面的高冈放声长啸，来到清澈的水边赋诗留连。姑且顺应自然走向归宿，乐天安命又有什么疑虑抱怨！

（曹明纲）

桃花源记

陶渊明

【题解】

这是陶渊明的代表作之一，原题《桃花源诗并序》，大约作于宋武帝刘裕弑君篡位的第二年即永初二年(421)。身处晋宋之交动乱年月的作者，用虚构的方式和想象的笔墨，为时人和后代描写了一个类似于“乌托邦”式的理想世界，其用意与《诗经·魏风·硕鼠》所向往的“乐土”、“乐国”和“乐郊”相仿。

作品以引人入胜的手法，将人们引进武陵地区一个以桃花林为标志、与世隔绝的山中小村，那里风景优美如画，居民怡然自乐，丝毫没有人世的喧嚣，充满了朴实淳厚的风气，但又令人历而不可复得。其中“先世避秦时乱”和“不知有汉，无论魏晋”是点睛之笔，妙在寄托含而不露。原文本作为《桃花源诗》前的小序，本附属于诗，却因结构完整、形式完美而被人独立成篇，广为传诵，可见其魅力所存，已非诗能比。

晋太元中[1]，武陵人捕鱼为业[2]。缘溪行，忘路之远近。忽逢桃花林，夹岸数百步，中无杂树，芳草鲜美，落英缤纷[3]。渔人甚异之。复前行，欲穷其林。林尽水源，便得一山，山有小口，仿佛若有光。便舍船从口入。初极狭，才通人；复行数十步，豁然开朗。土地平旷，屋舍俨然[4]，有良田、美池、桑竹之属。阡陌交通[5]，鸡犬相闻。其中往来种作，男女衣著，悉如外人；黄发垂髫[6]，并怡然自乐。见渔人，乃大惊，问所从来，具答之。便要还家[7]，设酒杀鸡作食。村中闻有此人，咸来问讯。自云先世避秦时乱，率妻子邑人[8]，来此绝境[9]，不复出焉，遂与外人间隔。问今是何世，乃不知有汉[10]，无论魏晋。此人一一为具言所闻，皆叹惋。馀人各复延至其家[11]，皆出酒食。停数日，辞去。此中人语云："不足为外人道也。"

【注释】

〔1〕太元：晋孝武帝司马曜年号(376—396)。

〔2〕武陵：晋郡名，治所在今湖南常德。

〔3〕落英：落花。　缤纷：繁多错杂的样子。

〔4〕俨然：整齐分明的样子。

〔5〕阡陌：田间小路，南北称阡，东西叫陌。

〔6〕黄发：指老人。　垂髫(tiáo 条)：指儿童。髫是古代小孩的发式。

〔7〕要：通"邀"，约请。

〔8〕邑人：同县人。

〔9〕绝境：与外界隔绝的地方。

〔10〕乃：竟然。

〔11〕延：邀请。

【译文】

晋朝太元年间，有个以捕鱼为生的武陵人。沿着山间小溪前行，一时忘了路的远近。忽然遇到一处桃花林，夹岸而生，数百步之内没有一棵杂树，林下长着鲜嫩的芳草，上面铺满了美丽的落花。渔人见了非常惊奇，又往前行，想穿过这片桃林。林的尽头是溪水的源头，那里有一座小山，山间有一个小口，看上去好像有光亮。他于是就下船进入洞口。起初洞很狭窄，只好通过一人；又向前走了数十步，里面豁然开朗。只见那里土地平整广阔，房屋村舍整齐排列，有肥沃的良田、美丽的池水和桑树竹林之类。田间小道纵横贯通，鸡鸣狗叫彼此相闻。其中人们来来往往忙于耕种，男男女女的服装和外面的人完全一样；年老的和年幼的一样自在逍遥。他们见了渔人，都十分惊讶，纷纷询问他从哪来，渔人都一一作了回答。他们便邀请他回到家里，端上酒杀了鸡来款待。村中听说有这样一个人，就都来向他打听消息。他们自说自从先辈为了躲避秦时的战乱，带着妻儿和乡亲，一齐来到这个与世隔绝的地方，不再外出，于是就和外面的人隔绝了。问现在是什么朝代，他们竟然不知道有汉朝，就更不用说是魏和晋了。这个人就向他们一一讲述自己的所见所闻，他们听了都感到惊叹惋惜。其他的人又各自把他请到家中，都拿酒饭招待他。渔人在那里停留了几天，告辞而去。这里的人对他说："不必要对外人说啊！"

既出，得其船，便扶向路〔1〕，处处志之〔2〕。及郡下〔3〕，诣太守说如此〔4〕。太守即遣人随其往，寻向所志，遂迷不复得路。

【注释】

〔1〕扶：遵循。　向路：来时的路。

〔2〕志：作标记。

〔3〕郡下：指武陵郡。

〔4〕诣：到，去。　太守：州郡长官。

【译文】

渔人出了洞，找到了他的船，于是就沿着来路而回，所经的地方处处作了标记。等到了郡所，就去对太守说了这一经历。太守立即派人跟他一起前去，寻找以前留下的记号，然而却迷失了方向，没有找到那条路。

南阳刘子骥[1]，高尚士也[2]。闻之，欣然规往[3]，未果[4]，寻病终[5]。后遂无问津者[6]。

【注释】

〔1〕南阳：今属河南。　刘子骥：即刘骖之，字子骥，《晋书》列入《隐逸传》。

〔2〕高尚士：指不入俗流的读书人。

〔3〕规：规划，打算。

〔4〕未果：没能实现。

〔5〕寻：不久。

〔6〕问津者：问路人。津，渡口，此指道路。

【译文】

南阳的刘子骥，是个脱俗的读书人。他听了这件事，就高兴地准备前往，还没有成行，不久就得病去世了。以后便没有人再去探寻桃花源了。

（曹明纲）

五柳先生传

陶渊明

【题解】

“五柳先生”是作者自拟的称号，萧统《陶渊明传》称其“少有高趣”，“曾著《五柳先生传》以自况，时人谓之实录”，即可见其为己立传存照的意趣。至其作时，则有太元十七年(392)以前和永初元年(420)前后二说。

大凡立传皆须署名，本文却以“不知何许人”、“不详其姓字”导入，风致潇洒；又以读书不求甚解、嗜酒辄醉、安贫却以文章自娱三者见其性情，可谓脱略形迹，胸怀超然；末赞以“不戚戚于贫贱，不汲汲于富贵”，更见志趣不凡，有如上古先民。前人称此为“一片神行之文”，不谓无见。

先生不知何许人也，亦不详其姓字，宅边有五柳树，因以为号焉。闲静少言，不慕荣利。好读书，不求甚解〔1〕，每有会意，便欣然忘食。性嗜酒，家贫，不能常得。亲旧知其如此，或置酒而招之。造饮辄尽〔2〕，期在必醉〔3〕；既醉而退，曾不吝情去留〔4〕。环堵萧然〔5〕，不蔽风日；短褐穿结〔6〕，箪瓢屡空〔7〕；晏如也〔8〕。常著文章自娱，颇示己志。忘怀得失，以此自终。

【注释】

〔1〕“好读书”二句：指不执着于字句的训诂诠释。

〔2〕造：至，到达。　辄：总。

〔3〕期：希望。

〔4〕吝情：留意，挂念。

〔5〕环堵：四面墙壁，此指居室。　萧然：空寂的样子。

〔6〕褐：粗毛或粗麻织的衣服，为穷苦人所穿。　穿结：形容衣服破烂，到处是洞，补丁连结。

〔7〕箪：竹制盛器，多用以盛饭。　瓢：剖开的葫芦，多用以舀水。

〔8〕晏如：平静安稳的样子。这里借用孔子称颜回“一箪食，一瓢饮，在陋巷，人不堪其忧，回也不改其乐”（《论语·雍也》）语意。

【译文】

先生不知是什么地方人，也说不清他的姓和字，他的屋边有五棵柳树，就用来作为自己的称号。他为人闲静，很少说话，不贪图虚名浮利。他喜欢读书，却不拘泥于字句的穿凿附会，每有心得体会，便会高兴得忘了吃饭。又生性偏爱喝酒，但家境贫困，不能经常有酒。亲戚和老朋友知道他这样，有时就备好酒请他去喝。他到后总把酒喝完，以求每次必醉。喝醉后就自己回去，从来不把顾惜挽留之情放在心上。家中四面墙壁空荡荡的，不能遮蔽风吹日晒；身上粗劣的短布衣服除了空洞就是补丁，盛饭的箪和舀水的瓢常常是空的，他却毫不在意安闲如故。平时常写些文章来自我娱乐，很能以此表示一己的情志，忘掉世俗的利弊得失，就这样默默地过完了一生。

赞曰：黔娄之妻有言〔1〕：“不戚戚于贫贱，不汲汲于富贵。”〔2〕其言兹若人之俦乎〔3〕！衔觞赋诗〔4〕，以乐其志，无怀氏之民欤？葛天氏之民欤〔5〕？

【注释】

〔1〕黔娄：春秋时鲁国人，以清贫自守，不愿出仕。

〔2〕“不戚戚”两句：语见刘向《列女传》引黔娄之妻语。　戚戚：悲伤幽怨的样子。　汲汲：迫切忙碌的样子。

〔3〕其言：指上引黔娄妻语。　俦：同类。

〔4〕衔觞：犹“把酒”，手持酒杯。

〔5〕无怀氏、葛天氏：均传说中的上古部落，其民安居乐业，无忧无虑。

【译文】

赞语道：黔娄的妻子曾说过：“对于贫困低贱不忧戚悲伤，对于荣华富贵不迫切追求。”她的话说的就是这一类人吧！手把酒杯吟咏诗篇，以此来愉乐自己的情志，他该是无怀氏时的人呢，还是葛天氏时的人？

（曹明纲）

北山移文

孔稚珪

【题解】

“移”是古代的一种文体，性质相当于现在的政府公告，用来颁布命令、晓谕民众。“北山”在此是指钟山，因在齐都建康(今南京)之北而名。作者借用“北山”的名义，郑重其事地行文，用意即在于揭露和嘲讽那些曾在此结庐隐居、后又经不住名利诱惑而出仕的假隐士。《文选》吕向注说：“其先，周彦伦隐于北山，后应诏出为海盐令，欲却过北山。孔生乃假山灵之意移之，使不许得至。”周彦伦名颙，汝南人，曾先隐后仕，故为作者借机嘲弄。

作品先列举隐士有求仙、傲名和趋利三种类型，在慨叹真隐士尚子平、仲长统已成往事中，引出周颙初来北山时不把巢父、许由放在眼里的清高，和后来接奉诏书迫不及待地出仕相对比，进而叙写了人去山空的寂寞冷清、听说其再经北山时的愤怒抗争，寓庄于谐，讥锋犀利，不但构思巧妙，立意新颖，而且形式精美，文字洁净，是六朝骈文的杰出之作。

孔稚珪(447—501)字德璋，会稽山阴(今浙江绍兴)人。史称其“风韵清疏，好文咏”，虽为官却不乐世务，此文足见其才华性情。

钟山之英，草堂之灵〔1〕，驰烟驿路〔2〕，勒移山庭〔3〕。

夫以耿介拔俗之标[4]，萧洒出尘之想[5]，度白雪以方洁[6]，干青云而直上[7]，吾方知之矣。若其亭亭物表[8]，皎皎霞外，芥千金而不盼[9]，屣万乘其如脱[10]，闻凤吹于洛浦[11]，值薪歌于延濑[12]，固亦有焉。岂期终始参差[13]，苍黄反覆[14]，泪翟子之悲[15]，恸朱公之哭[16]，乍回迹以心染[17]，或先贞而后黩[18]，何其谬哉！呜呼，尚生不存[19]，仲氏既往[20]，山阿寂寥，千载谁赏！

【注释】

〔1〕英、灵：均指山神。　草堂：周颙在钟山所建。

〔2〕驰烟：腾云驾雾。　驿路：古代建有驿站的道路。

〔3〕勒：刻石。　移：移文。

〔4〕耿介：方正刚直。　标：气节。

〔5〕萧洒：即潇洒，豁达无拘。

〔6〕度(duó 夺)：衡量。　方：比。

〔7〕干：冒犯，此指高耸。

〔8〕亭亭：独立不依的样子。　物表：万物之上。

〔9〕芥：小草，此用作动词，表轻蔑。

〔10〕屣(xǐ 洗)：草鞋。用法如“芥”。　万乘：指天子。此极言至尊。

〔11〕凤吹：指吹笙如凤。　洛浦：洛水之滨。　《列仙传》：“周灵王太子晋吹笙作凤鸣，游于伊洛之间。”

〔12〕值：遇。　薪歌：樵歌。　延濑：长长的河滩。《文选》五臣注谓苏门先生曾游延濑，见一人采薪，就问他是否以此为终，那人答以“吾闻圣人无怀，以道德为心，何怪乎而为哀也”，并作歌二章而去。

〔13〕终始：指前后。　参差：不一致。

〔14〕苍黄：青色和黄色。此以染丝可成青成黄喻反覆变化。

〔15〕泪：落泪。　翟子：指墨子，名翟。

〔16〕恸：哀泣。　朱公：指杨朱。以上二句事见《淮南子·说林训》：“杨子见歧路而哭之，为其可以南，可以北。墨子见练丝而泣之，

为其可以黄，可以黑。”

〔17〕乍：暂时。　回迹：指避迹山林。　心染：指为世俗利禄所动。

〔18〕贞：清白。　黩：污浊。

〔19〕尚生：西汉末隐士尚子平，以采薪为生。

〔20〕仲氏：东汉末名人仲长统，州郡屡召，辄称疾不就。

【译文】

钟山的英魂，草堂的神灵，驾着云雾奔走在驿路上，要把这篇移文刻在山林。

有些人用刚正秉直不同凡响的气节，豁达无拘超出流俗的思想，来与白雪的纯洁相比，高耸孤立青云直上，我是知道他们的。像那些亭亭而立地超然物外，洁身自好地不入尘世，把千金视为小草而不屑一顾，把万乘看作敝鞋而随手抛弃，在洛水之滨听吹笙作凤鸣，在长河滩遇采薪人唱歌，本来也是有的。却怎么也想不到有的人前后不一，青黄变化，就像墨子见了练丝悲伤落泪，杨朱面对岔路痛哭而返，暂时避迹山林心又怦然而动，开始贞洁自守后却污浊不堪，那是多么荒谬啊！唉，尚子平已不复在，仲长统也已过去，这寂寞空阔的山丘啊，千年来谁还留连赏识！

世有周子[1]，俊俗之士[2]，既文既博[3]，亦玄亦史[4]。然而学遁东鲁[5]，习隐南郭[6]，偶吹草堂[7]，滥巾北岳[8]，诱我松桂，欺我云壑[9]。虽假容于江皋[10]，乃缨情于好爵[11]。

其始至也，将欲排巢父[12]，拉许由[13]，傲百氏[14]，蔑王侯。风情张日[15]，霜气横秋[16]。或叹幽人长往，或怨王孙不游[17]。谈空空于释部[18]，覈玄玄于道流[19]。务光何足比[20]，涓子不能俦[21]。

【注释】

〔1〕周子：指周颙。

〔2〕俊俗：卓异于流俗。

〔3〕既：已经。

〔4〕玄：指老庄之道。　史：史书。

〔5〕东鲁：指春秋时鲁国隐士颜阖。《庄子·让王》记鲁君使人礼聘于他，被他借故逃走。

〔6〕南郭：南郭子綦。《庄子·齐物论》："南郭子綦隐几而坐，仰天嗒然，似丧其偶。"

〔7〕偶吹：与他人一起吹奏，即滥竽充数之意。事见《韩非子·内储说》。

〔8〕滥巾：胡乱戴上隐士的头巾。　北岳：即北山。

〔9〕云壑：烟云弥漫的深谷。

〔10〕假容：装模作样。　江皋：江边。因钟山在长江边，故云。

〔11〕缨情：系情挂意。　爵：指名利，高官厚禄。

〔12〕排：排斥。　巢父：尧时隐士。

〔13〕拉：折辱。　许由：与巢父同为尧时隐士，见《高士传》。

〔14〕百氏：诸子百家。

〔15〕风情：风度情致。　张：扩大。

〔16〕霜气：喻志气凛然如秋霜。

〔17〕王孙：贵族子弟。此反用《楚辞·招隐士》"王孙游兮不归，春草生兮萋萋"语意。

〔18〕空空：指佛教义理。　释部：佛家典籍。

〔19〕覈(hé 核)：审定。　玄玄：指道家义理。《老子》："玄之又玄，众妙之门。"

〔20〕务光：夏时高士。《列仙传》谓汤得天下以让光，光潜水而逃。

〔21〕涓子：齐人，隐居宕山，见《列仙传》。　俦：匹敌，相配。

【译文】

现在世上有个姓周的人，是不同流俗的卓异之士，他有文才学问渊博，又通玄学和史学，却学颜阖遁世东鲁，效子綦隐居南郊，混迹草堂滥竽充数，戴着头巾住在北山。以此来哄骗我山中的松桂，欺诈我境内的云壑。虽然装模作样地出入江边，心中却念念不忘高官厚禄。

他刚来时，像要排斥巢父，折辱许由，傲视诸子百家，轻蔑王侯贵族。高扬的风度情致遮天蔽日，凛然的心志意气严如秋霜。一会儿慨叹隐士久已不见，一会儿埋怨王孙不来游处。谈谈佛教经典的四大皆空，说说道家之流的玄之又玄，上古的务光怎能与他相比，连涓子都不能与他匹配。

及其鸣驺入谷[1]，鹤书赴陇[2]，形驰魄散，志变神动。尔乃眉轩席次[3]，袂耸筵上[4]，焚芰制而裂荷衣[5]，抗尘容而走俗状[6]。风云悽其带愤，石泉咽而下怆[7]，望林峦而有失，顾草木而如丧[8]。

至其纽金章[9]，绾墨绶[10]，跨属城之雄[11]，冠百里之首[12]，张英风于海甸[13]，驰妙誉于浙右[14]。道帙长殡[15]，法筵久埋[16]。敲扑喧嚣犯其虑[17]，牒诉倥偬装其怀[18]。琴歌既断，酒赋无续。常绸缪于结课[19]，每纷纶于折狱[20]。笼张、赵于往图[21]，架卓、鲁于前箓[22]，希踪三辅豪[23]，驰声九州牧[24]。

【注释】

〔1〕鸣驺(zōu 邹)：指使者的车马。鸣，官吏出行时的喝道。驺，前后侍卫。

〔2〕鹤书：即诏书，因诏所用书体如鹤头，故云。　陇：山阜。

〔3〕轩：高扬。　席次：座间。

〔4〕袂(mèi 妹)：衣袖。

〔5〕芰(jì 技)制、荷衣：指隐士服，语本《离骚》："制芰荷以为衣兮，集芙蓉以为裳。"

〔6〕抗：张扬。　走：奔逐。

〔7〕怆：埋怨愤懑的样子。

〔8〕丧：失落。

〔9〕纽：系。　金章：铜印。

〔10〕绾(wǎn 挽)：拴系。　墨绶：黑色印带。

〔11〕跨：超越。　属城：郡下所属各县。

〔12〕百里：古时一县辖地约百里，因用作县的代称。

〔13〕海甸：海边。

〔14〕浙右：浙江之右，今绍兴一带。据《南齐书》本传载，周颙曾为山阴县令。

〔15〕道帙(zhì 秩)：道家经典。　殡：抛弃。

〔16〕法筵：讲法的坐席。

〔17〕敲扑：指鞭打拷问犯人。　犯：打扰。

〔18〕牒诉：文书和诉讼。　倥偬(kǒng zǒng 孔总)：事务繁忙紧迫的样子。

〔19〕绸缪：纠缠筹谋。　结课：综核赋税。

〔20〕纷纶：纷繁忙乱的样子。　折狱：断案。

〔21〕笼：盖过。　张、赵：指西汉能吏张敞和赵广汉。　往图：历来的记载。

〔22〕架：超越。　卓、鲁：指东汉循吏卓茂和鲁恭。　箓：簿籍。

〔23〕希踪：追慕踪迹。　三辅：汉代以京兆、左冯翊和右扶风为三辅。　豪：指能吏。

〔24〕驰声：远播声名。　九州牧：指治理天下各州的长官。

【译文】

到了使者的车马进入幽谷，天子的诏书传至山间，他立刻就神魂颠倒，得意忘形地改变了初衷。在宴请的席间不禁眉飞色舞，手舞足蹈，随即烧毁了芰荷制成的隐士服，露出一副庸俗不堪的嘴脸。这时凄楚的风云满怀悲愤，幽咽的石泉饱含怨怆，苍茫的林峦望去若有所失，低迷的草木看来黯然无色。

等到他身上拴了铜印，系佩着黑色印带，成了各属城的长官，位居一县之首，威风很快传遍了海边，美名立时远播浙东。道家的经典久已抛弃，讲法的坐席也早被闲置。扰乱他思虑的是喧嚣的鞭打责罚，填充他胸怀的是烦乱的文书诉讼。弹琴作歌既已断绝，饮酒赋诗也无法继续。平时常为综核赋税而殚精竭虑，天天为断案破案而奔走繁忙。要超越以往记载中的张敞和赵广汉，胜过前代书录中的卓茂和鲁恭，一心追攀三辅之地的能吏，做个天下驰名的州郡长官。

使其高霞孤映，明月独举，青松落阴，白云谁侣？涧户摧绝无与归[1]，石径荒凉徒延伫[2]。至于还飙入幕[3]，写雾出楹[4]，蕙帐空兮夜鹄怨[5]，山人去兮晓猨惊[6]。昔闻投簪逸海岸[7]，今见解兰缚尘缨[8]。于是南岳献嘲，北垄腾笑，列壑争讥，攒峰竦诮[9]。慨游子之我欺，悲无人以赴吊[10]。故其林惭无尽，涧愧不歇，秋桂遗风，春萝罢月[11]，骋西山之逸议[12]，驰东皋之素谒[13]。

【注释】

〔1〕涧户：指周颙建在山涧间的草堂。 摧绝：毁坏。

〔2〕延伫：久立等待。

〔3〕还飙（biāo 标）：回风。

〔4〕写：同“泻”，喷吐。 楹：屋柱。

〔5〕鹄（hú 胡）：即天鹅，群栖于湖畔泽地。

〔6〕猨：即猿。

〔7〕投簪：指弃官。因簪为做官者用以连结冠发的物品，故云。 逸：隐遁。

〔8〕解兰：指放弃隐居。 缚尘缨：为世俗的绳缨所束缚。

〔9〕攒：密聚堆积。 竦：耸动。 诮：讥笑。

〔10〕吊：慰问。

〔11〕萝：女萝，一种草类植物。

〔12〕骋：传播。 逸议：隐士的清议。

〔13〕东皋：泛指隐居地。皋，水边高地。 素谒：贫素有德之言。谒，告，此指议论。

【译文】

这就使我山中的烟霞孤独地高映，明月形单影只地升起，青松空馀绿阴，白云有谁为伴？涧间屋门破残没人来归，荒凉的石径白白期盼等待。以至于回风吹入帷幕，迷雾泻出屋柱，夜间天鹅对着空空的蕙帐声声哀唳，清晨山猿在居人去后阵阵悲啼。过去听说有人挂冠投簪逃逸海岸，现在见到有人解下兰蕙去受世俗束缚。因此南岳为之竞献嘲讽，北垄为之失声嗤笑，群谷争相讥议，众峰耸然而诮。既慨叹我被那游子所欺，又悲哀无人来此慰问。所以山林惭愧不尽，水涧羞耻不已，秋桂失去了香风，春萝辞别了月色，而西山间仿佛还传播着隐士的清议，东皋上还散布着德人的高论。

今又促装下邑〔1〕，浪拽上京〔2〕。虽情投于魏阙〔3〕，或假步于山扃〔4〕。岂可使芳杜厚颜〔5〕，薜荔无耻〔6〕，碧岭再辱，丹崖重滓〔7〕，尘游躅于蕙路〔8〕，污渌池以洗耳〔9〕。宜扃岫幌〔10〕，掩云关〔11〕，敛轻雾，藏鸣湍，截来辕于谷口〔12〕，杜妄辔于郊端〔13〕。于是丛条瞋胆〔14〕，叠颖怒魄〔15〕，或飞柯以折轮〔16〕，乍低枝而扫迹〔17〕。请回俗士驾，为君谢逋客〔18〕！

【注释】

〔1〕促装：束装，打点行李。　下邑：指原来作官的县邑。

〔2〕浪拽（yè 页）：鼓棹，指驾舟。　上京：南朝齐京都建业（今南京）。

〔3〕魏阙：指朝廷。阙，宫门两边的门楼。

〔4〕假步：借道。　山扃（jiōng 垌）：山门，此指北山。

〔5〕芳杜：芳香的杜若草。

〔6〕薜荔：香草名。

〔7〕重滓（zǐ 子）：重被污染。

〔8〕尘：用作动词，使蒙尘。　躅（zhú 烛）：足迹。

〔9〕渌池：清池。　洗耳：《高士传》载尧聘许由为九州长，许由听了就去颍水洗耳，恰逢巢父牵牛来饮，问知其故，以为“污我犊口”，

遂于上游饮之。

〔10〕扃：关闭。　岫（xiù 袖）幌：犹山的门户。幌，帷幕。

〔11〕掩云关：指以云为关锁蔽掩之。

〔12〕截：阻拦。　辕：驾车之木，此指车乘。

〔13〕杜：堵塞。　妄辔：肆意乱闯的车马。

〔14〕条：枝条。瞋（chēn 琛）：愤怒。

〔15〕颖：草尖。

〔16〕柯：树枝。

〔17〕乍：骤然。　扫迹：遮挡道路。

〔18〕君：指山神。　谢：拒绝。　逋客：逃客，指曾逃离北山的周颙。逋，逃亡。

【译文】

现在他又在县中整理行装，准备乘船来京城。虽然心中想的是朝廷，或许还会从山中经过。怎么能使芳香的杜若老着脸皮，美丽的薜荔不知羞耻，青青的山岭再招侮辱，红红的山岩重被污染，使芳洁的兰蕙之路蒙受世俗尘游的践踏，使因洗耳闻名的清池遭到污染。应当把山中的门户关上，用云为锁遮蔽起来，收敛起轻盈的雾霭，藏匿好叮咚的泉流，在山谷口阻拦他的来车，在郊野外堵住他乱闯的马匹。这时密集的树丛气炸了胆，重叠的草芒愤怒填膺，有的猛然落下枝条折断车轮，有的骤然低垂枝叶遮挡道路。请你这个凡夫俗子赶快回头，我们为山神拒绝逃客再次到来！

（曹明纲）

谏太宗十思疏

魏 徵

【题解】

魏徵(580—643)，字玄成，唐代魏郡内黄(今河南内黄西北)人。祖籍巨鹿下曲阳(今河北晋县西)，一说馆陶(今属河北)人。年轻时孤贫，曾为道士。隋末参加瓦岗起义军，后随李密降唐。唐太宗即位，用为谏议大夫。贞观二年(628)迁秘书监，参预朝政。后任侍中，进左光禄大夫，封郑国公。曾主持《梁书》、《陈书》、《北齐书》、《周书》、《隋书》的编撰工作，撰写了《隋书》的序论与《梁书》、《陈书》、《北齐书》的总论。又主编《群书治要》。言论多见于唐代吴兢撰的《贞观政要》。

魏徵很有胆识，敢于直谏，所陈意见多为唐太宗所采纳。唐太宗李世民即位后，励精图治，出现了唐代前期经济比较繁荣的局面，史称“贞观之治”。但是在取得了成绩之后，逐渐改变了原先的勤俭作风，追求珍宝异物，大兴土木，营建宫苑。魏徵多次上疏直谏，用前代兴亡的历史教训来提醒唐太宗。这篇文章是魏徵在贞观十一年(637)几次上疏中的一篇。在《全唐文》里，本文的标题作《论时政疏》之二。全文以“思国之安者，必积其德义”为中心，把积德义的具体内容归成十个需要认真思考的问题，规劝唐太宗要知足知止，谦虚纳下，赏罚公正，慎始敬终，知人善任，爱惜民力。唐太宗接到奏疏之后，曾赐手诏，说“公之所陈，朕闻过矣”，表示接受意见，并且要“置之几案”，作为鉴戒。

唐代的诏令、奏疏、书启等正式的应用文章，还是用骈体文写的。这篇文章的文句比较整齐，但是比起六朝的骈体文来，已经很少浮艳的辞藻典故，文意明白晓畅，说明骈体文正在逐渐散文化了。

臣闻求木之长者[1]，必固其根本[2]；欲流之远者，必浚其泉源[3]；思国之安者，必积其德义。源不深而望流之远，根不固而求木之长，德不厚而思国之安：臣虽下愚，知其不可，而况于明哲乎[4]！人君当神器之重[5]，居域中之大[6]，不念居安思危，戒奢以俭[7]，斯亦伐根以求木茂[8]，塞源而欲流长也。

【注释】

〔1〕木：树。　长(zhǎng 掌)：生长；成长。

〔2〕根本：植物的根干。

〔3〕浚(jùn 俊)：疏通水道。　泉源：源头。

〔4〕明哲：明智的人。这里指唐太宗，含颂扬意。

〔5〕当：主持、掌握的意思。　神器：帝位。

〔6〕居域中之大：《老子》第二十五章："道大，天大，地大，王亦大。域中有四大，而王居其一焉。"居，处于。域中，天地间。

〔7〕戒奢以俭：用厉行节俭的办法来革除奢侈。以，用。或把"以"解作"而"，亦通。

〔8〕斯亦：这也是。

【译文】

臣听说，要求树木的成长，一定要巩固它的根干；想要流水的深远，一定要疏浚它的源头；谋求国家的安定，一定要积累道德信义。水源不深而希望水流长远，根干不牢而追求树木成长，德义不厚而谋求国家安定：臣虽然是极其愚蠢的人，尚且知道这些都是不可能的，何况圣明通达的人呢！作为一国之君，担当着帝王的重任，身处于天地间的尊位，倘若不思考在安乐的时候会出现危难，不用厉行节俭的办法去革除奢侈，这也是砍伐树根而求树木繁茂，堵塞水源而要水流深远啊。

凡昔元首〔1〕，承天景命〔2〕。善始者实繁，克终者盖寡〔3〕。岂取之易，守之难乎？盖在殷忧〔4〕，必竭诚以待下；既得志，则纵情以傲物〔5〕。竭诚，则吴越为一体〔6〕，傲物，则骨肉为行路〔7〕。虽董之以严刑〔8〕，振之以威怒，终苟免而不怀仁〔9〕，貌恭而不心服。怨不在大〔10〕，可畏惟人。载舟覆舟〔11〕，所宜深慎。

诚能见可欲〔12〕，则思知足以自戒；将有作〔13〕，则思知止以安人〔14〕；念高危，则思谦冲而自牧〔15〕；惧满盈，则思江海下百川〔16〕；乐盘游〔17〕，则思三驱以为度〔18〕；忧懈怠，则思慎始而敬终〔19〕；虑壅蔽〔20〕，则思虚心以纳下〔21〕；惧谗邪，则思正身以黜恶；恩所加，则思无因喜以谬赏；罚所及，则思无以怒而滥刑：总此十思，宏兹九德〔22〕，简能而任之〔23〕，择善而从之，则智者尽其谋，勇者竭其力，仁者播其惠〔24〕，信者效其忠；文武并用，垂拱而治〔25〕。何必劳神苦思，代百司之职役哉〔26〕！

【注释】

〔1〕元首：指帝王。

〔2〕承天景命：承受上天的大命。景，大。旧时以为帝王是承受天命来统治天下的。

〔3〕克：能够。

〔4〕殷忧：深重的忧患。

〔5〕纵情：放纵自己。　傲物：傲气凌人。物，这里指自己以外

的人。

〔6〕吴越：春秋时两个互相敌对的诸侯国。

〔7〕骨肉：指亲属。　行路：路人，彼此没有关系的人。

〔8〕董：督责。　之：指代人民。

〔9〕苟免：苟且求免于罪。　怀仁：怀念仁德。

〔10〕怨不在大：语出《尚书·康诰》："怨不在大，亦不在小。"谓人之怨恨不在事大，或由小事而起。这是说，使人民怨恨的事不可作。

〔11〕载舟覆舟：语出《荀子·王制》："君者，舟也；庶人者，水也。水则载舟，水则覆舟。"这是用舟和水的关系比喻君主和民众的关系，警戒君主要切实注意民心向背。

〔12〕诚：果真，表示假设。　可欲：指能引起自己欲念的事物，如美色、美酒之类。

〔13〕有作：指兴建宫苑等事。作，造作。

〔14〕知止：知道适可而止。　安人：使人民待以安定，即不使人民过分劳累。人，唐人避李世民的名讳，凡用"民"字处都改用"人"。

〔15〕冲：虚。　自牧：自养其德。牧，养。

〔16〕江海下百川：语本《老子》第六十六章："江海所以能为百谷王者，以其善下之，故能为百谷王。"谓江海之所以巨大，是因为能居于百川之下。川，河流。

〔17〕盘游：盘乐游逸，这里指外出打猎。

〔18〕三驱：谓打猎时围合三面，前开一路，使被猎的禽兽可以逃出一些，以示好生之德。见《周易·比》孔颖达疏。另一说，打猎以一年三次为限度。见《汉书·五行志上》颜师古注（后面译文用此说，于文意较顺）。

〔19〕敬：慎重。

〔20〕壅蔽：堵塞遮蔽。

〔21〕纳下：接受下面的意见。

〔22〕九德：古谓贤人所具备的九种优良品德。具体内容，说法不一。《尚书·皋陶谟》说是"宽而栗，柔而立，愿而恭，乱而敬，扰而毅，直而温，简而廉，刚而塞，强而义"。《逸周书·常训》说是"忠、信、敬、刚、柔、和、固、贞、顺"。《左传·昭公二十八年》另有说法，文长不引。其实理解为泛指多种品德，亦可。

〔23〕简：挑选。

〔24〕播其惠：广施他们的恩惠。

〔25〕垂拱而治：谓君主垂衣敛手，不用自己处理政务而天下治理得

很好。

〔26〕百司：百官。　职役：职务。

【译文】

大凡从古以来的帝王，承受了上天的大命，具有良好开端的确实很多，能够贯彻到底的大概很少。难道是取得天下容易，而守住天下困难吗？想必是在忧虑深重的时候，一定竭尽诚信对待下属；在已经得志的时候，就放纵自己而傲视别人。竭尽诚信，那么像吴越那样的敌国也能够结为一体；傲视别人，即使是骨肉般的亲属也可以视同陌路。虽然用严酷的刑罚来督责，用盛大的威势去镇慑，结果是众人只不过苟且求免于罪而并不怀念仁德，外貌表示恭顺而内心并不悦服。怨恨不在于事大，可怕的就在于民众。君主像船，民众像水，水能承载舟船，也能颠覆舟船，这是应当特别慎重对待的。

果真能够做到：见到可以引起欲念的事物，就想到要知足而自己儆戒；将要有所兴建，就想到要适可而止而让百姓安定；考虑到居高临险，就想谦虚而加强自我修养；害怕骄傲自满，就想像江海那样居于百川之下；喜欢打猎游乐，就想到一年以三次为限；担忧意志懈怠，就想到做事必始终谨慎；忧虑自己受到蒙蔽，就想到虚心接纳下面来的意见；害怕谗佞奸邪之人，就想到端正自身而斥退邪恶；加恩于人，就想不要因为一时高兴而赏赐不当；责罚于人，就想不要由于正在震怒而滥施刑罚：综合上述十个方面的思考，扩充贤哲九种品德的修养，选拔有才能的人而加以任用，选择有益的意见而善于听从，那么，聪慧的人贡献他的智谋，勇敢的人竭尽他的力量，仁爱的人广施他的恩惠，诚信的人献出他的忠心；文臣武将各得其所而同时进用，君主垂衣敛手而天下平治。君主为什么一定要耗费精力，苦苦思索，代替百官去执行他的职务呢！

（张扬之）

为徐敬业讨武曌檄

骆宾王

【题解】

骆宾王(约640—约684)，唐代婺州义乌(今属浙江)人。七岁能诗，有神童之称。初为道王李元庆府属，历官武功、长安主簿。唐高宗仪凤年间，入朝为侍御史，以事下狱。旋得释放，贬为临海县丞，郁郁不得志，弃官而去。徐敬业起兵反对武则天，宾王代作《讨武曌檄》，一时传诵。曌(zhào照)是武则天为自己起名而造的字。徐敬业兵败，宾王下落不明，有被杀、自杀、逃匿不知所终诸说。他是初唐四杰(王勃、杨炯、卢照邻、骆宾王)之一，诗多悲愤之词，又工骈文。有清代陈熙晋笺注的《骆临海集》。

徐敬业(？—684)，即李敬业。唐代曹州离狐(今山东东明东北)人。祖父徐世勣为唐代开国元勋，封英国公，赐姓李(后改名勣)。敬业袭英国公爵。历任太仆少卿、眉州刺史。唐中宗嗣圣元年(684)，武则天废登基不久的中宗李显，另立豫王李旦为帝，自己临朝称制。徐敬业在扬州起兵，反对武则天临朝。骆宾王入徐敬业幕府，代徐作这篇檄文。武则天派大将李孝逸击败徐军。敬业逃至海陵(今江苏泰州)界，被部下杀死。檄，即檄文，是古代用于征召、晓谕、声讨等的一种文体，特指声讨敌人或叛逆的文书。一般用骈体文写作。本文《全唐文》题作《代李敬业讨武氏檄》，一本题作《代李敬业传檄天下文》。武则天取名“曌”是永昌元年(689)的事，这篇文作于嗣圣元年(684)，可知文题为后人所改，现姑仍其旧。

这篇檄文从维护李唐正统的角度出发，反对武则天临朝称制，掌握政权。前部分列举武则天的罪行，把她放上被告的地位，起了先声夺人的作用。中间部分说起兵的缘由，表示自己站在正义立场上，同时又宣扬自己的军威。后部分号召各方面起来响应，共同起兵，并且表示必胜的信心。檄文列举的武则天罪行中有些是人身攻击，不完全符合历史事实，但文辞雄辩，气势旺盛。相传武则天看檄文，此时她已经60足岁了，她看到“蛾眉不肯让人”，“狐媚偏能惑主”等文句，只是微笑而已；读到“一抔之土未干，六尺之孤安在”，她惊问作者是谁，并且说，这样的人才而使他沦落不遇，是宰相的过失。由此可以看出这篇檄文的宣传鼓动力量之强大。

伪临朝武氏者〔1〕，性非和顺，地实寒微〔2〕。昔充太宗下陈〔3〕，曾以更衣入侍〔4〕。洎乎晚节〔5〕，秽乱春宫〔6〕。潜隐先帝之私〔7〕，阴图后房之嬖〔8〕。入门见嫉，蛾眉不肯让人〔9〕；掩袖工谗〔10〕，狐媚偏能惑主〔11〕。践元后于翚翟〔12〕，陷吾君于聚麀〔13〕。加以虺蜴为心〔14〕，豺狼成性，近狎邪僻〔15〕，残害忠良〔16〕，杀姊屠兄〔17〕，弑君鸩母〔18〕。人神之所同嫉，天地之所不容。犹复包藏祸心，窥窃神器〔19〕。君之爱子，幽之于别宫〔20〕；贼之宗盟〔21〕，委之以重任。

【注释】

〔1〕临朝：御临朝廷，处理政事。特指皇太后当政称制。　武氏：指武则天(624—705)，名曌，并州文水(今山西文水东)人。唐高宗的皇后，武周皇帝(公元690—705年在位)。她于永徽六年(655)立为皇后，参与朝政，权与高宗相等，并称“二圣”。弘道元年(683)十二月，高宗病卒，太子李显(中宗)即位，她临朝称制。次年，废中宗为庐陵王，册立李旦(睿宗)为帝，仍自握大权。九月，徐敬业在扬州起兵反对她。十

一月，徐敬业败死。载初元年(690)，废睿宗，自称圣神皇帝，改国号为周，史称“武周”。神龙元年(705)正月，她年老病重，张柬之等拥中宗复位，上太后尊号为则天大圣皇帝，复国号为唐。十一月，武则天死，死后去帝号，称则天大圣皇后。

〔2〕地：门第。　寒微：指出身贫微，家世卑微。按：武家不是很有地位的世家大族。武则天的父亲武士彟(huò 获)是经营木材的富商，唐初官光禄大夫、工部尚书，封应国公；母亲杨氏是隋皇族的旁系后裔。

〔3〕太宗：指唐太宗李世民。　下陈：古时殿堂下陈放礼品、罗列婢妾之处。借指后宫中地位低下的姬侍。武则天十四岁入宫，曾充唐太宗的才人。唐开元以前制度，宫中皇后之下，有贵妃、淑妃等，称四夫人；再下有昭仪、昭容等，称九嫔；再下才是婕妤、美人、才人。

〔4〕更衣：换衣服。古人常用为宴会中离席或上厕所的婉辞。《汉书·外戚传》载：汉武帝的皇后卫子夫，出身微贱，为歌女，乘汉武帝更衣时入侍得幸。这里借指武则天以贱人得宠。

〔5〕洎(jì 记)：及；到。　晚节：后期。

〔6〕春宫：太子的宫，也指太子。这里说武则天与唐高宗李治未即位时即有暧昧关系。

〔7〕潜隐：隐藏。　先帝：指唐太宗李世民。　私：宠幸。此指武则天在太宗死后曾一度出家为尼，是一种掩饰。

〔8〕后房：后宫。　嬖(bì 避)：伺候而获宠爱，含下贱意。

〔9〕“入门”两句：见嫉：被妒忌。这是指其他被选入后宫的嫔妃。见，表示被动，相当于“被”。　蛾眉：蚕蛾的触须弯而细长，比喻女子的修长眉毛。借指美女。这里指武则天。

〔10〕掩袖工谗：谓像郑袖教人掩袖那样善于进谗言。谗，陷害人的坏话。《战国策·楚策四》载：楚王夫人郑袖对新入宫而受宠的美人说，楚王爱美人的容貌，但讨厌美人的鼻子，告诫美人以后见到楚王，要用袖子掩住自己的鼻子。美人照办，楚王见了问这是为什么，郑袖就说美人好像是嫌楚王口臭。楚王大怒，叫人割了美人的鼻子。这里借指武则天被唐高宗召入宫为昭仪时，生一女，王皇后曾去抱弄，武则天就把女婴窒息致死而嫁祸于王皇后，导致王皇后失宠而被废。见《新唐书·后妃传》。

〔11〕狐媚：俗传狐狸善于以媚态迷惑人。

〔12〕践：履践，引申为就职。　元后：正宫皇后。　翚翟(huī dí 挥狄)：指皇后的礼服。翚，五彩山雉；翟，长尾野雉。合指有雉羽色彩、花纹的衣服。

〔13〕聚麀(yōu 优)：几个公鹿和同一个母鹿相配。麀，母鹿。语出《礼记·曲礼上》："夫惟禽兽无礼，故父子聚麀。"这里指唐太宗、唐高宗都同武则天有性关系。

〔14〕虺蜴(huǐ yì 悔易)：毒蛇和蜥蜴，比喻用心险恶的人。

〔15〕狎：亲近。　邪僻：邪曲，不正派。

〔16〕忠良：指因反对武则天而被先后杀害的长孙无忌、褚遂良等人，都是当时的元老重臣。

〔17〕杀姊屠兄：总指残害自己的亲属。　《新唐书·后妃传》载：武则天为皇后之后，同父兄武元庆、元爽被贬谪死，先后杀姊女魏国夫人贺兰氏，又杀兄子惟良、怀运等。

〔18〕弑君鸩母：君，指唐高宗；母，指武则天之母杨氏。弑，旧称臣子杀害君父。鸩，传说中的一种鸟，羽有毒，引申指用鸩羽泡的毒酒杀人。　按：唐高宗病死于弘道元年(683)，武母杨氏死于咸亨元年(670)，均非被武则天谋害或毒死，这里所说与史实有出入。

〔19〕窥窃：暗图篡窃。　神器：帝位。

〔20〕"君之爱子"两句：唐高宗死，第七子李显(中宗)即位，才四十多天，即被武则天废为庐陵王；另立第八子李旦(睿宗)为帝，但武则天仍临朝掌权，李旦实同囚禁。

〔21〕贼：指武则天。　宗盟：指武氏族人武承嗣、武三思等。

【译文】

那非法临朝执政的武氏其人，本性并不和顺，出身实属低微。过去充当太宗的下等妾侍，曾借侍候更衣而博得宠幸。及至后期，淫乱春宫。隐蔽太宗宠爱之情，图谋皇帝后宫之爱。凡进宫的妃嫔都遭嫉妒，依仗美貌，不肯让人；如郑袖之善于进谗害人，卖弄妖媚，迷惑君主。套上了皇后华贵礼服，坑害得皇帝淆乱人伦。加之以蛇蝎心肠，豺狼性格，亲近邪恶之辈，残害忠良之臣，杀姊戮兄，弑君毒母。这样的人，百姓神灵，共同痛恨；皇天后土，实难容忍。她还要包藏祸心，图谋帝位。先帝的爱子，被囚禁在别处；逆贼的宗族，竟委托以重任。

呜呼！霍子孟之不作〔1〕，朱虚侯之已亡〔2〕。燕啄皇孙，知汉祚之将尽[3]；龙漦帝后，识夏庭之遽衰[4]。敬业皇唐旧臣，公侯冢子[5]。奉先君之成业[6]，荷本朝之厚恩。宋微子之兴悲[7]，良有以也[8]；袁君山之流涕[9]，岂徒然哉！是用气愤风云，志安社稷[10]。因天下之失望，顺宇内之推心[11]，爰举义旗[12]，以清妖孽。

【注释】

〔1〕霍子孟：霍光，字子孟，西汉大臣。他奉汉武帝遗诏辅佐幼主汉昭帝，任大司马大将军。昭帝死，他迎立昌邑王刘贺为帝；又以刘贺淫乱无度，废刘贺，迎立汉宣帝。　作：兴起。

〔2〕朱虚侯：刘章，汉高祖刘邦之孙、齐惠王刘肥之子，封朱虚侯。高祖死后，吕后专政，重用吕氏族人。吕后死，诸吕谋为乱，他与丞相陈平、太尉周勃合谋，诛灭诸吕，迎立汉文帝，安定了刘氏政权。

〔3〕“燕啄”二句：燕，指赵飞燕，西汉成帝之皇后。当时有童谣“燕飞来，啄皇孙”，见《汉书·五行志》。赵飞燕无子，又嫉妒别人，暗中杀害了许多皇子，汉成帝因而无后嗣。这两句借赵飞燕故事，影射武则天先后废杀太子李忠、李弘、李贤，使国统将要灭亡。汉祚，借指唐代帝位。

〔4〕“龙漦(chí 迟)”二句：相传夏王朝衰败时，有两条神龙降临宫中，自称褒之二君，夏帝占卜，说用木盒把龙的唾沫收藏起来，乃吉。夏亡，经殷商入西周，直到周厉王末年，才打开木盒，龙涎流溢，化为玄鼋，进入后宫，一宫女感而有孕，生一女即褒姒。后来周幽王以褒姒为后，废太子，招致犬戎之祸，西周灭亡，见《史记·周本纪》。漦，口水，唾沫。这两句借褒姒的传说喻武则天当上皇后，将使唐代衰亡。夏庭，借指唐朝廷。

〔5〕“敬业”二句：这是徐敬业自报家门，表示自己既是大唐开国元勋的后嗣，又是公爵的嫡长子，具有像上文提到的西汉霍光、刘章那样的身份，有资格充当讨伐武则天而安定唐朝的领袖人物。皇，大。冢子，嫡长子。

〔6〕先君：指徐敬业的祖父徐世勣(李勣)、父亲李震。

〔7〕宋微子：西周宋国国君。子姓，名启，殷纣王的庶兄，封于宋，

故称。 兴悲：兴起悲痛。微子降周，朝见周天子，路过荒废了的殷商旧都，志动心悲，作《麦秀歌》以寄托悲思，见《尚书大传》。这里是徐敬业自喻。

〔8〕良：的确。 以：原由。

〔9〕袁君山：“袁”一本作“桓”，当是。桓谭，字君山，东汉人。官议郎给事中。因反对谶纬神学，几为光武帝所杀。贬为六安郡丞。徐敬业在起兵前以事贬为柳州司马，客居扬州，故借桓谭以自喻。

〔10〕社稷：帝王祭祀的土神和谷神，借指国家。

〔11〕宇内：天下。 推心：推诚心于人，含寄予信任之意。文中指对自己推重之心。

〔12〕爰：于是。

【译文】

可悲啊！霍光般的社稷重臣不再出现，刘章似的忠贞宗室已经没有。飞燕杀皇孙，传为歌谣，推知汉朝国统将尽；龙涎生褒姒，成为皇后，标志夏代气运衰亡。我敬业是大唐的旧臣，公侯的长子，继承先人的事业，承受本朝的厚恩。像宋微子的兴故国之悲情，确实有其原由；如桓君山之流贬谪之涕泪，难道竟属徒然。因此气愤激荡风云，志在安定国家。乘举国失望之时机，顺天下人心之归向，于是高举正义之旗，用以肃清妖孽之人。

南连百越〔1〕，北尽三河〔2〕，铁骑成群，玉轴相接〔3〕。海陵红粟〔4〕，仓储之积靡穷；江浦黄旗〔5〕，匡复之功何远？班声动而北风起〔6〕，剑气冲而南斗平。喑呜则山岳崩颓，叱咤则风云变色〔7〕。以此制敌，何敌不摧？以此图功，何功不克？公等或居汉地〔8〕，或叶周亲〔9〕，或膺重寄于话言〔10〕，或受顾命于宣室〔11〕。言犹在耳，忠岂忘心？一抔之土未干〔12〕，六尺之孤何托〔13〕！倘能转祸为福，送往事居〔14〕，共立勤王之勋〔15〕，无废大君之命〔16〕，凡诸爵赏，同指山河〔17〕。若其眷恋穷城[18]，徘徊歧路，坐昧先幾之兆[19]，必贻后至之诛[20]。

请看今日之域中，竟是谁家之天下！

【注释】

〔1〕百越：亦作“百粤”。古族名。秦汉以前即已广泛分布于长江中下游以南，部落众多，故称“百越”或“百粤”。秦汉以后，逐渐与汉人融合。徐敬业起兵于扬州，借此泛指东南沿海地区。

〔2〕三河：汉人称河东、河内、河南三郡，有“三河在天下之中，若鼎足，王者所更居也”之说，见《史记·货殖列传》。这里借指中原地区，是唐代政治中心所在。

〔3〕玉轴：指战船。轴，通“舳”。一说，指战车。

〔4〕海陵：古县名。治所在今江苏泰州，汉代曾在此置粮仓。唐代属扬州。　红粟：陈年的米，因储久而变红。这里借此形容起兵之地扬州，积储粮米极其丰足。

〔5〕江浦：江边沿岸地，此指扬州。　黄旗：黄色旗帜，古代军中为大将军旗，见《尉缭子·经卒令》。徐敬业起兵时自称匡复府上将、扬州大都督，故用此称。

〔6〕班声：原指班马之声，此泛指马嘶。班马，指别离之马，见《左传·襄公十八年》。

〔7〕“喑呜”二句：形容军队气势之盛。喑(yīn 音)呜、叱咤(zhà 乍)，怒叫声。

〔8〕公等：诸公，指檄文所要传示的对象。　或：有的。　汉地：借指唐代封地。

〔9〕叶(xié 协)：和洽；相合。　周亲：至亲。

〔10〕膺(yīng 鹰)：承受。

〔11〕顾命：帝王临终的命令。故称受遗诏辅佐新君的大臣为顾命大臣。　宣室：汉代未央宫正殿前室。汉文帝曾在此召见贾谊并加咨询。因指帝王郑重召问大臣之处。

〔12〕一抔(póu 裒)之土：一捧之土，指坟墓。此指唐高宗去世不久，他坟上的土也还没有干。抔，以手捧持。

〔13〕六尺之孤：未成年的孤儿。此指高宗留下的孤儿，指中宗李显，当时已被废为庐陵王而被软禁。　按：这两句用老皇帝去世不久，

新皇帝又遭废黜的事，引起人们的正统观念和父子亲情，指责武则天不合为妻为母之道，煽动力很强。

〔14〕送往：送走死去的（指高宗）。　事居：侍奉现存的（指中宗）。

〔15〕勤王：古称天子蒙难，诸侯大臣起兵救助。

〔16〕大君：指先君。

〔17〕同指山河：指着泰山、黄河盟誓。汉初大封功臣，誓词云："使河如带，泰山若厉。国以永宁，爰及苗裔。"见《史记·高祖功臣侯者年表序》。

〔18〕穷城：孤立无援之城。此指不响应徐敬业军而据守之城。

〔19〕坐：由于，因为。昧：看不清。　先幾（jī 机）之兆：事先的征兆。幾，迹象。

〔20〕贻：留下。后至之诛：指因迟迟不响应而后到者应受的诛戮。语见《周礼·大司马》"比军众，诛后至者"。

【译文】

方今兴师，南连百越之地，北到三河诸郡，铁骑成群，战船相接。海陵红米积存，足见仓库军储之无穷无尽；江岸黄旗高扬，显示光复天下之为期不远。萧萧马鸣，北风遽起；熠熠剑光，南斗为平。喑呜而怀怒气，山岳随之崩塌；叱咤而发怒声，风云因而变色。用这样的军威去制服敌人，还有什么敌人不能摧毁？靠这样的军力去谋求功业，还有什么功业不会成就？诸公有的保有着朝廷封地，有的称得上皇室至亲，有的承受重托于口头训示，有的接受遗命于宫室之中。先帝的语音还在耳边，忠诚的赤心怎能忘却？先帝陵墓，泥土尚未干燥；先帝遗孤，依托竟在何处？倘能改变祸患成为福祉，恭送先皇服事今上，我们共同立勤王的功勋，不忘记先帝的遗命，凡是有功之臣，都有封爵之赏，可以指泰山黄河为誓。假使还留恋着孤立无援的城邑，徘徊于举棋不定的歧路，由于看不清事先的征兆，一定落得个迟到的征诛。

请看今天的国中，究是谁家的天下！

（张扬之）

滕王阁序

王 勃

【题解】

王勃(650—约676)，字子安，唐代绛州龙门(今山西稷山)人。隋著名学者文中子王通之孙。他六岁就能作文，不到二十岁，对策，取在高等，官朝散郎。沛王李贤(即后来的章怀太子)聘为王府修撰(任写作、编纂的官)。当时诸王斗鸡，互有胜负，他戏作《檄英王斗鸡文》，触怒了唐高宗，被逐出王府。后为虢州参军，因杀官奴又得罪，被除名。他父亲王福畤也因而贬官为交趾令。高宗上元二年(675)，他往交趾省亲，相传渡海落水，惊悸而死(王勃卒年有异说)。他是初唐四杰之一，工诗能文。闻一多在《唐诗杂论》中曾说初唐四杰“年少而才高，官小而名大，行为都相当浪漫，遭遇尤其悲惨”。王勃就是如此。有清人蒋清翊笺注《王子安集》。

这篇文章在《全唐文》中题为《秋日登洪府滕王阁饯别序》，一般选本简称为《滕王阁序》。序是赠序，亲友离别赠言，起于唐初。滕王阁是唐高祖李渊的第二十二子李元婴任洪州都督时(650—655)所建，元婴受封滕王，故称“滕王阁”。阁在今江西南昌，面对赣江。关于王勃写这篇文章的情况，五代王定保的《唐摭言》载：王勃十四岁时过滕王阁，遇集会，都督阎公要让自己的女婿孟学士作序，而且早有准备，但又故作姿态，邀请别人执笔。王勃并不辞让，阎公大怒，派人看着他写，并陆续报告他写些什么。当报到“落霞与孤鹜齐飞，秋水共长天一色”两句的时候，阎公叹服了，说：“此真天才，当垂不朽矣。”这段记载有传闻失实之处，如年龄问题。现在一般认为是王勃于唐高宗上元二年(675)往交趾省亲，路过南昌，正逢洪州都督阎公在此举行宴会，王勃参与了，写了诗，并写了序。

序文由洪州的地势、人才写到宴会；写滕王阁的壮丽，眺望的广远，扣紧秋日，景色鲜明；再从宴会娱游写到人生遇合，抒发身世之感；接着写自己的遭遇并表白要自励志节，最后以应命赋诗和自谦之辞作结。全文表露了王勃的抱负和怀才不遇的愤懑心情。

这篇序是骈体文的名篇，连古文家韩愈也在《新修滕王阁记》中表示十分推崇。全文除少数虚词以外，通篇对偶。句法以四字句、六字句为多，对得很整齐。又几乎是通篇用典，用得比较自然而恰当，显得典雅而工巧。

南昌故郡，洪都新府[1]。星分翼轸[2]，地接衡庐[3]。襟三江而带五湖[4]，控蛮荆而引瓯越[5]。物华天宝，龙光射牛斗之墟[6]；人杰地灵，徐孺下陈蕃之榻[7]。雄州雾列[8]，俊彩星驰[9]。台隍枕夷夏之交[10]，宾主尽东南之美[11]。都督阎公之雅望[12]，棨戟遥临[13]；宇文新州之懿范[14]，襜帷暂驻[15]。十旬休暇[16]，胜友如云[17]；千里逢迎[18]，高朋满座。腾蛟起凤，孟学士之词宗[19]；紫电清霜，王将军之武库[20]。家君作宰，路出名区[21]；童子何知[22]，躬逢胜饯[23]。

时维九月[24]，序属三秋[25]。潦水尽而寒潭清[26]，烟光凝而暮山紫[27]。俨骖騑于上路[28]，访风景于崇阿[29]。临帝子之长洲[30]，得仙人之旧馆[31]。层峦耸翠[32]，上出重霄[33]；飞阁流丹[34]，下临无地[35]。鹤汀凫渚，穷岛屿之萦回[36]；桂殿兰宫，列冈峦之体势[37]。

【注释】

〔1〕“南昌”二句：点出滕王阁所在之地——洪州。南昌旧为豫章郡治所，唐改豫章郡为洪州，在今江西南昌。故，旧。

〔2〕翼轸（zhěn 枕）：二十八宿中的二星。古人以天上二十八宿与地上州之位置相对应，叫某星在某地之分野。翼轸，楚地之分野；洪州位于旧楚地，故称。分，分属。

〔3〕衡庐：衡，衡山，在今湖南；庐，庐山，在今江西。一说，衡，指代衡州（今湖南衡阳）；庐，指代江州（今江西九江）。

〔4〕襟三江：以三江为襟。　带五湖：以五湖为带。谓处于三江、五湖之间。三江、五湖，说法不一：实泛指长江中下游的江湖。

〔5〕控：控制。　蛮荆：指古楚地。蛮，古称南方各族。　引：引远就近。　瓯越：指今浙江、福建等地，因东越王摇都东瓯而称。

〔6〕“物华”二句：写洪州有珍贵之物。相传晋代张华看到牛斗两星宿之间常有紫气，他派雷焕到丰城（属洪州）掘得双剑，一名龙泉，一名太阿，紫气即不再出现。后来，双剑入水化为双龙。龙光，指剑气。墟，地域。

〔7〕“人杰”二句：写洪州有杰出之人。徐孺，徐稺，字孺子，东汉高士，豫章南昌人。陈蕃，字仲举。为豫章太守，不接待宾客，但特为徐稺设一榻（床），徐稺来则放下，去则悬起。下，使放下。这里称徐孺子为“徐孺”，是骈体文讲究上下句字数对称所致，下文称杨得意为“杨意”，称钟子期为“钟期”，均此。

〔8〕雄州：指洪州。雄，伟盛。　雾列：如雾之弥漫充塞。

〔9〕俊彩：俊才。彩，通“寀”，僚属。　星驰：如星之流动飞驰。

〔10〕台隍：指洪州城池。　枕：据。　夷夏：指荆楚地区和扬州地区。谓地处要冲。

〔11〕尽：囊括。　美：此指俊才。

〔12〕都督：唐制，州设都督。　阎公：当时任洪州都督，名不详。或以为即阎伯屿，不可考。　雅望：崇高的名望。

〔13〕棨（qǐ 启）戟：有衣套的戟，指高官的仪仗。

〔14〕宇文：复姓，此人名不详。或以为是宇文峤，无确证。　新州：今广东新兴。此称姓宇文而任新州刺史之人，古人常以任官之地名称呼某人，以示尊重。　懿范：美好的风范。

〔15〕襜(chān 搀)帷：车上的帐幔，此借指车马。

〔16〕十旬：十日为旬。唐制，官吏十日休沐一次。

〔17〕胜友：高尚的友人。

〔18〕逢迎：迎接。

〔19〕“腾蛟”二句：此赞扬孟学士文采飞扬。《西京杂记》：“董仲舒梦蛟龙入怀，乃作《春秋繁露》词。”因称有高才、能著述为“腾蛟起凤”。孟学士，名不详。词宗，文章高手。

〔20〕“紫电”二句：此赞扬王将军之武略。紫电，宝剑名。清霜，形容宝剑锋利。王将军，名不详。武库，兵器库，此借指富于谋略。

〔21〕“家君”二句：点明路过滕王阁原由。家君，对人称自己父亲，此王勃称王福畤。作宰，任县令。出，过。名区，有名之地，此指洪州。

〔22〕童子：王勃自称，此自居幼小以示谦逊，并非实指少年儿童。

〔23〕躬：亲身。　胜饯：盛大的送别宴会。按：以上由洪州的地势与人才，叙及宴饯。

〔24〕维：助词。　九月：一说当作“九日”，指九月初九重阳节。

〔25〕序：时节。　三秋：秋季，包括孟秋、仲秋、季秋三个月。一说，指九月。

〔26〕潦(lǎo 老)水：积存之雨水。　寒潭：清凉的深池。

〔27〕凝：凝结不动。

〔28〕俨：整治。　骖騑(cān fēi 餐非)：骖，车辕两旁的马；騑，骖旁的马。　上路：高而阔的路。

〔29〕崇阿：山陵。崇，高。

〔30〕帝子：皇帝之子，此指滕王。　洲：水中陆地。

〔31〕仙人：此指滕王。　旧馆：犹故居，此指滕王阁。

〔32〕翠：指翠色。

〔33〕重霄：指天空。

〔34〕飞阁：飞举之楼阁。　丹：朱砂，此指朱漆。

〔35〕下临：往下看。

〔36〕萦回：纡回曲折。

〔37〕列：排列。　体势：此指起伏之状。按：以上写时令节序和阁之形势。

【译文】

南昌，是过去豫章郡的治所；洪州，是当今都督府的所在。

天星分野，对应着翼宿轸宿；地势形胜，连接着衡山庐山。三江为衣襟，五湖为衣带；控制着荆楚，接引着瓯越。这里物有光华，天产珍宝，龙泉太阿，剑气直射牛斗二宿之区域；人多俊杰，地凝灵秀，高士徐穉，才德能下陈蕃高悬之坐榻。雄伟州城，如大雾之涨起；俊秀人才，像众星之飞驰。楼台池壕，正处于荆楚与扬州接壤；宾客主人，囊括了东南地区的美材。都督阎公的崇高声望，仪仗远临；宇文新州的美好风范，车驾暂停。正逢十天休假，胜友如云；迎接千里来宾，高朋满座。龙翔凤舞，孟学士是文坛宗匠；紫电清霜，王将军乃武库权威。家父远任县令，我因省亲而路过宝地；在下无知少年，却荣幸地躬逢盛会。

时令在九月，节序值深秋。积涝退尽，寒潭清冽；烟霭凝聚，暮山绛紫。整治车马，驰骋于大道；寻访美景，踯躅于高丘。身临帝子的长洲，得见仙人之故居。此地啊，楼阁高耸，仰看层叠的峰峦苍翠一片，向上直插重霄；阁道凌空，俯视流动的彩饰丹漆欲滴，向下不见地面。鹤立水汀，凫栖小洲，极尽岛屿纡曲回环之致；桂作殿堂，兰建宫室，列出冈峦高低起伏之势。

披绣闼，俯雕甍〔1〕：山原旷其盈视〔2〕，川泽盱其骇瞩〔3〕。闾阎扑地，钟鸣鼎食之家〔4〕；舸舰迷津，青雀黄龙之舳〔5〕。虹销雨霁，彩彻云衢〔6〕。落霞与孤鹜齐飞〔7〕，秋水共长天一色。渔舟唱晚，响穷彭蠡之滨〔8〕；雁阵惊寒，声断衡阳之浦〔9〕。

遥吟俯畅，逸兴遄飞〔10〕。爽籁发而清风生〔11〕，纤歌凝而白云遏〔12〕。睢园绿竹，气凌彭泽之樽〔13〕；邺水朱华，光照临川之笔〔14〕。四美具〔15〕，二难并〔16〕。穷睇眄于中天〔17〕，极娱游于暇日〔18〕。天高地迥〔19〕，觉宇宙之无穷；兴尽悲来，识盈虚之有数〔20〕。望长安于日下，指吴会于云间〔21〕。地势极而南溟深，天柱高而北辰远[22]。关山难越[23]，谁悲失路之人[24]？萍水相逢[25]，尽是他乡之客。怀帝阍而不见[26]，奉宣室以何年[27]！

【注释】

〔1〕披：推开。　闼（tà 挞）：阁门。　甍（méng 萌）：屋脊。

〔2〕旷：远。

〔3〕盱（xū 虚）：张目望。　瞩（zhǔ 嘱）：注视。

〔4〕“闾阎”二句：谓遍地是富贵人家。　闾阎：里巷之门。　钟鸣鼎食：古代高官贵族敲钟奏乐，陈列盛馔而食。

〔5〕“舸舰”二句：谓渡头停满大船。　舸（gě 哿）：大船。　舰：版屋船，即船四周围加木板以防矢石的。　青雀黄龙：指船身上的鸟、龙图案。　舳（zhú 逐）：船端，此指船只。

〔6〕云衢：指高空。

〔7〕鹜（wù 务）：野鸭。

〔8〕响：回声。　彭蠡（lǐ 里）：鄱阳湖的古名。

〔9〕断：止。　衡阳：今湖南衡阳。一说，指衡山之南，有回雁峰，相传雁飞至此而止，不再向南，待春而回。　浦：水滨。按：以上写阁外之景。

〔10〕逸兴：超逸的兴致。　遄（chuán 船）：迅速。　飞：此指兴起。

〔11〕爽籁：参差不齐的排箫。

〔12〕遏（è 厄）：阻止。

〔13〕“睢（suī 虽）园”二句：谓宾客皆能饮酒。睢园，指西汉梁孝王刘武之兔园，在今河南商丘南，园内有竹。气，指豪气，形容酒量大。凌，压倒。彭泽，指陶渊明，曾任彭泽令，故称。

〔14〕“邺水”二句：谓宾客皆善赋诗。邺，故城在今河北临漳，是曹魏兴起之地，曹操父子在此集中了许多文人。朱华，指荷花。曹植在邺作《公宴诗》，有“朱华冒绿池”之句。临川，指南朝诗人谢灵运，曾任临川内史，故称。

〔15〕四美：指良辰、美景、赏心（欢快之情）、乐事（快乐之事）。具：齐备。

〔16〕二难：谓贤主人、佳宾客难得。　并：皆有。

〔17〕穷：极。　睇眄（dì miǎn 弟免）：纵观。

〔18〕极：尽。　娱游：娱乐游玩。

〔19〕迥（jiǒng 炯）：远。

〔20〕盈虚：指盛衰、成败等。　数：定数。

〔21〕“望长安”二句：谓西望长安，东指吴会，辽远开阔。长安，唐代京都，今陕西西安。日下，指京师。　《世说新语·夙惠》：“举目见日，不见长安。”吴会，吴郡和会稽郡，今江浙一带。云间，旧华亭县(今上海松江)的别称。《世说新语·排调》记晋代陆云(字士龙)自称“云间陆士龙”，陆，华亭人。此借指东南名胜之地。

〔22〕“地势极”二句：谓南通南海，北仰北极，高远广大。极，尽，远至。南溟，南方之大海。天柱，古代神话说昆仑山上有铜柱，高耸入天，即称天柱。北辰，北极星。

〔23〕关山：关隘山川。

〔24〕悲：悲悯，同情。　失路：喻不得志。

〔25〕萍水：喻偶然相遇。

〔26〕怀：想念。　帝阍(hūn 昏)：帝居。阍，守门者，此指宫门。

〔27〕奉：侍奉。　宣室：汉代未央宫前殿正室，汉文帝曾召见贾谊于此。此借用贾谊事表达自己希望出仕而一展长才之心。按：以上因饯别诗酒之宴，而生出身世之感。

【译文】

推开精致的阁门，俯瞰雕饰的屋脊：山岭平原，尽入视野；河流湖泽，触目惊心。里巷房舍，遍布城郊，都是钟鸣鼎食的人家；舟楫船舰，停满渡口，都是青雀黄龙的船首。彩虹消散，雨过天青；日光明彻，天空开朗。晚霞飘浮，孤鹜上翔，仿佛在一起飞行；秋水清澈，长天明净，相映成水天一色。傍晚渔船传出歌声，音响直到鄱阳湖岸边；南飞群雁惊感天寒，一路飞鸣止息于衡阳水滨。

遥望长吟，登高俯视而畅快；豪情雅兴，迅速翻腾而兴起。箫声吹起，清风徐来；歌声缭绕，白云停飞。今日盛会，好比梁王睢园绿竹之会，酒量豪情，气势超过了陶彭泽；今日赋诗，好比曹植邺水朱华之作，文采诗才，光辉照映于谢临川。良辰美景，赏心乐事，四美俱备；贤明主人，美好嘉宾，二难齐臻。放眼纵观，长天胜景历历在目；尽情娱游，休闲逸兴丝丝入扣。天高地远，觉得天地四方、往古来今之无有穷尽；兴尽悲来，知道事物变化、盛衰成败的自有定数。西望长安，如在日下而遥远；东指吴郡，若在云间而缥缈。地势尽于南方，南海深广；天柱耸于北方，北极迢遥。行路艰难，关山难以逾越，有谁同情失意之人？聚散无定，萍水偶然相逢，都是漂泊他乡之客。一心思念朝廷而不能够觐见，渴望奉召宣室却不知在哪年！

呜呼！时运不齐〔1〕，命途多舛〔2〕。冯唐易老〔3〕，李广难封〔4〕。屈贾谊于长沙〔5〕，非无圣主；窜梁鸿于海曲〔6〕，岂乏明时〔7〕？所赖君子安贫〔8〕，达人知命〔9〕。老当益壮〔10〕，宁知白首之心〔11〕；穷且益坚〔12〕，不坠青云之志〔13〕。酌贪泉而觉爽〔14〕，处涸辙以犹欢〔15〕。北海虽赊，扶摇可接〔16〕；东隅已逝，桑榆非晚〔17〕。孟尝高洁，空怀报国之心〔18〕；阮籍猖狂，岂效穷途之哭〔19〕？

【注释】

〔1〕时运：时机命运。　不齐：不同，言有好有坏。

〔2〕命途：生命之路，前途。　舛（chuǎn 喘）：逆，乖违。

〔3〕冯唐易老：言少壮之时不长，怕年华老大而仍不得志。冯唐，西汉人，老年而仍作小官；汉武帝时求贤良，有人推荐他，但已九十多岁了。

〔4〕李广难封：言飞黄腾达，极其艰难。李广，西汉名将，抗击匈奴屡立战功而至死未得封侯。

〔5〕屈：委屈。　贾谊：西汉人，有高才而不得重用，被排挤出为长沙王太傅。

〔6〕窜：放逐，此谓被迫出走。　梁鸿：东汉隐士，作《五噫歌》讥讽朝政，被迫改名换姓，与妻逃至齐鲁一带，又转至吴地。　海曲：海滨僻远处。

〔7〕明时：政治清明之时。

〔8〕安贫：安于贫贱的处境。

〔9〕达人：旷达的人。　知命：能顺天命。

〔10〕益：更加。

〔11〕宁：岂，难道。　白首：老年。

〔12〕穷：境况困厄，不得志。《后汉书·马援传》："丈夫为志，穷当益坚，老当益壮。"

〔13〕青云之志：超凡的志向。

〔14〕"酌贪泉"句：饮贪泉水而心境仍然清明。《晋书·吴隐之传》记载：广州之北有贪泉，饮其水者则贪得无厌。吴隐之赴广州刺史任，饮贪泉水，到任后操守愈严。

〔15〕"处涸辙"句：处于极端困厄中仍能乐观。涸辙，水已干涸的车辙，喻困境。《庄子·外物》有涸辙中鲋鱼求斗升之水以活命之寓言。

〔16〕"北海"二句：谓北海虽远，乘风能到。赊，远。扶摇，旋风，喻时机。见《庄子·逍遥游》。

〔17〕"东隅"二句：谓旧日时光虽已过去，将来仍有希望。《后汉书·冯异传》："可谓失之东隅，收之桑榆。"东隅，日出之地。桑榆，日落之地。

〔18〕"孟尝"二句：谓高洁如孟尝，有报国之心而不被重用。孟尝，字伯周，东汉人，操行高洁，曾任合浦太守，为民兴利除弊，后隐居耕田，终不见用。王勃以孟尝自比，略含怨意。

〔19〕"阮籍"二句：谓不当为失意而悲伤。阮籍，晋诗人，竹林七贤之一，字嗣宗。《晋书·阮籍传》记载：他经常坐车出游，不沿道路走，路不通则恸哭而返。猖狂，放纵不拘。效，仿效。按：以上为自勉自慰。

【译文】

唉！人们时运不相同，有人命途多坎坷。像冯唐年华老大而不得高官，李广军功显赫而难封列侯。委屈贾谊任职于长沙，并非没有圣明君主；逼迫梁鸿逃窜到海边，难道缺少清明时政？所可依仗的，有修养的君子能安处于困厄的境地，通事理的人士能知道自己的命运。年纪老了应当越发壮健，怎么能在白头时改变心志？境遇困厄应当更加坚定，不可失落上干青云的气节。操守坚定的君子，虽然喝了贪泉之水而仍旧保持廉洁；正在涸辙中的鲋鱼，虽然处于极其艰难之境而依然心情乐观。北海虽远，凭借大风还可以达到；早年已逝，指望将来尚可望有成。空有像性行高洁的孟尝那样的报国之心，岂能学像不拘礼法的阮籍那样的穷途之哭？

勃三尺微命〔1〕，一介书生〔2〕。无路请缨，等终军之弱冠〔3〕；有怀投笔，慕宗悫之长风〔4〕。舍簪笏于百龄，奉晨昏于万里〔5〕。非谢家之宝树，接孟氏之芳邻〔6〕。他日趋庭，叨陪鲤对〔7〕；今晨捧袂〔8〕，喜托龙门〔9〕。杨意不逢，抚凌云而自惜〔10〕；钟期既遇，奏流水以何惭〔11〕？

呜呼！胜地不常〔12〕，盛筵难再〔13〕；兰亭已矣〔14〕，梓泽丘墟〔15〕。临别赠言，幸承恩于伟饯〔16〕；登高作赋，是所望于群公〔17〕。敢竭鄙诚〔18〕，恭疏短引〔19〕；一言均赋，四韵俱成〔20〕：

滕王高阁临江渚，佩玉鸣鸾罢歌舞。画栋朝飞南浦云，朱帘暮卷西山雨。闲云潭影日悠悠，物换星移几度秋。阁中帝子今何在？槛外长江空自流〔21〕！

【注释】

〔1〕三尺微命：绅（衣带）长三尺，官品卑微。三尺，指衣带下垂之长度。微命，周代任官自一命至九命，一命最低微。

〔2〕一介：一个，谦词。

〔3〕“无路”二句：谓自己与终军年龄相等，却没有请缨报国之机会。　请缨，指请求赐予克敌建功之命令。《汉书·终军传》记载：汉武帝派终军与南越和亲，终军请求汉武帝赐他长缨，他要亲缚南越王而归。等，等于。终军，西汉人，字子云，死时年二十余岁。弱冠，二十岁。

〔4〕“有怀”二句：谓羡慕宗悫之壮志，有投笔从戎之心。投笔，指弃文就武。《后汉书·班超传》记载：班超家贫，为人抄书度日，曾投笔慨叹，说大丈夫当为国立功，岂可终日在笔砚间讨生活。《宋书·宗悫传》记载：南朝宋的宗悫少年时曾说，“愿乘长风破万里浪。”

〔5〕“舍簪笏”二句：谓舍去一生的功名利禄，到万里之外去侍奉父亲。簪笏，古代仕宦所用的冠簪和手版，借指官职。百龄，百年，一生。晨昏，早晨向父母问安，晚间为父母铺床。

〔6〕“非谢家”二句：谓自己并不是谢玄那样可以光耀门庭的才子，却有机会结识这些贤德之人。《世说新语·言语》记载：晋代谢安问子侄，人们何以希望子弟好，侄子谢玄答“譬如芝兰玉树，欲其生于庭阶耳”。因称谢玄为谢家宝树。孟氏之芳邻，借《列女传》所载孟母三迁故事，说此次宴会上所结交者皆有贤德之人。

〔7〕“他日”二句：谓将要到自己父亲那里聆听教诲。《论语·季氏》记载：孔子站在庭中，他的儿子孔鲤从庭前过，父子俩问答学诗学礼之事。趋，小步快走，示恭敬。叨陪，惭愧地跟随着做，谦词。对，答话。

〔8〕捧袂(mèi 昧)：抬起衣袖，表示谒见时之恭谨。

〔9〕喜托龙门：谓以受到接待为荣幸。龙门，在山西、陕西二省间黄河中。传说鲤鱼登龙门则化为龙。《后汉书·李膺传》记载：李膺有大名，士人得其接见称“登龙门”。此以李膺喻阎公，是恭维阎公。

〔10〕“杨意”二句：谓自己虽有才能而无人举荐，空自怜惜。《汉书·司马相如传》记载：汉武帝很赏识司马相如的《子虚赋》，但不知作者即当时人，杨得意告知武帝，司马相如遂蒙召见。后来又献《大人赋》，汉武帝非常高兴，“飘飘有凌云之气，似游天地之间”。杨意，即杨得意，任汉武帝狗监。抚，抚弄。凌云，指司马相如之《大人赋》，暗指王勃自己的文章。

〔11〕“钟期”二句：谓既遇知音，即当放胆赋诗作文。《列子·汤问》记载：春秋时楚人伯牙，鼓琴，想念高山，钟子期说“善哉，峨峨兮若泰山”；想念流水，钟子期说“善哉，洋洋兮若江河”。钟子期死后，伯牙不再鼓琴。何惭，有什么惭愧。按：以上为王勃自述。

〔12〕胜地：名胜之地，此指洪州。　不常：不能常游。

〔13〕盛筵：盛大的宴会。

〔14〕兰亭：在今浙江绍兴，东晋群贤在此宴集，王羲之作了《兰亭集序》。

〔15〕梓(zǐ 紫)泽：在今河南洛阳北，晋石崇之金谷园在此。　丘墟：荒地。

〔16〕“临别”二句：谓此次饯别盛会，以承阎公之恩得以参加为荣幸。赠言，送别。《说苑·杂言》：“子路将行，辞于仲尼。曰：‘赠汝以车乎？以言乎？’子路曰：‘请以言。’”

〔17〕“登高”二句：谓至于赋诗，此乃在座诸公之事。赋，作诗。《韩诗外传》卷七：“孔子曰：‘君子登高必赋。’”

〔18〕敢竭鄙诚：写出鄙陋之心意。敢，大胆地，谦辞。

〔19〕疏：陈述。　短引：小序。

〔20〕“一言”二句：谓写成四韵八句诗一首。一言，一说。均赋，请都写诗。

〔21〕“滕王”八句：即上述四韵之诗。诗以两句为一韵，此为王勃所作《滕王阁》诗，诗为古体。

【译文】

我王勃不过是三尺绅带的一命卑官，无足轻重的一介书生。相等终军的弱冠之年而报国无门，羡慕宗悫的长风之志而投笔有心。现在宁愿舍去一生功名利禄，跋涉万里长途去省视父亲。我不是如同谢玄那样的美好子弟，却幸而接触孟氏所追求的芳邻嘉宾。过些日子将到父亲身边聆听教诲，今朝拜见阎公荣幸如登龙门。没遇到杨得意那样的荐举之人，只能抚凌云之赋而空自怜惜；既然有钟子期那样的知音之士，奏出了流水之曲而有何羞惭？

唉！洪州名胜之地，不能常游，今日盛大筵席，难以再聚；兰亭雅集，已成过去，金谷名园，已为废墟。在此次盛会上，临别赠言，侥幸蒙受阎公之恩；登高赋诗，希望借重诸公之才。请允许我冒昧地倾吐心意，恭敬地陈述短序。一说大家都请赋诗，四韵八句也就写成：

高高的滕王阁耸立在江渚，
佩玉声鸾铃声停止了歌舞。
画栋雕梁早晨飞过南浦的云，
朱红帘幕晚上卷起西山雨雾。
闲暇的云潭中日影晃晃悠悠，
景物变换星斗转移几度春秋。
阁中的皇子啊如今在哪里？
槛外的赣江水啊空自奔流！

（张扬之）

与韩荆州书

李　白

【题解】

李白(701—762)，唐代大诗人，字太白，号青莲居士。绵州昌隆(今四川江油南)青莲乡人。少年时即显露才华，博学广览，吟诗作赋，并好行侠。从二十五岁起离开四川，长期漫游。唐玄宗天宝元年(742)，因荐被召入京，供奉翰林，受到唐玄宗的特殊礼遇。翰林是号称“清秘”而不预实权的职位。李白素有“辅弼天下”的愿望，他不安于充当文学侍臣，又受到同僚谗毁，在朝廷不到两年，就“赐金放还”。安史乱起，他抱着平乱的心志，曾为永王李璘的幕僚。唐肃宗至德二载(757)，永王败，他受牵连，坐罪流放夜郎。中途遇赦东还。他在六十一岁时，还前往名将李光弼处请缨杀敌，希望在垂暮之年还能为挽救国家危亡出力。因病中途返回，次年逝于当涂(今属安徽)。

李白诗风格雄奇奔放，语言清新自然，想象丰富，音律多变。有《李太白全集》，清人王琦注，较为详备。

唐代由于帝王提倡，道家思想和道教信仰颇为流行。李白自幼诵读道书，在他的思想中有崇尚自然、崇尚清静无为的一面。但他的思想比较复杂，还受儒家、纵横家的影响，有积极入世、期望建功立业的一面。

《与韩荆州书》作于唐玄宗开元年间。唐代荆州设大都督府，韩朝宗以荆州大都督府长史兼襄州刺史，故李白称之为“韩荆州”，时在开元二十二年(734)。李白有《忆襄阳旧游赠马少府巨》诗：“昔为大堤客，曾上山公楼……高冠佩雄剑，长揖韩荆州。”大堤在襄阳，山公楼为晋代山简镇襄阳时遗迹，可见李白谒见韩朝宗之地在襄阳。李白于开元十五年(727)与许氏结婚，家居安陆。开元十八九年曾初入长安追求功业，无成而返。当在此后，闻韩朝宗善于识拔人才而上书自荐。

李白希冀仕进而不走科举之路，他羡慕张良的从赤松子游而又为帝王师，又赞叹鲁仲连的谈笑却秦军，所以上书韩朝宗望得荐举。这封书信是为自己求职，既大大强调了自己的才能，又过分赞誉了韩朝宗，未免失态，但在唐代士大夫的风习中，不足为怪。然而求人荐举的信写得气势畅盛，并无卑词乞怜之致，还是表现了李白的文才和气魄的。

白闻天下谈士相聚而言曰[1]：“生不用封万户侯[2]，但愿一识韩荆州[3]。”何令人之景慕[4]，一至于此[5]！岂不以有周公之风[6]，躬吐握之事[7]，使海内豪俊[8]，奔走而归之，一登龙门[9]，则声价十倍。所以龙蟠凤逸之士[10]，皆欲收名定价于君侯[11]。君侯不以富贵而骄之，寒贱而忽之，则三千之中有毛遂[12]，使白得颖脱而出[13]，即其人焉。

白，陇西布衣[14]，流落楚汉[15]。十五好剑术[16]，遍干诸侯[17]；三十成文章，历抵卿相。虽长不满七尺[18]，而心雄万夫[19]。皆王公大人许与气义[20]。此畴曩心迹[21]，安敢不尽于君侯哉！

君侯制作侔神明[22]，德行动天地，笔参造化[23]，学究天人[24]。幸愿开张心颜[25]，不以长揖见拒[26]。必若接之以高宴[27]，纵之以清谈[28]，请日试万言，倚马可待[29]。今天下以君侯为文章之司命[30]，人物之权衡[31]，一经品题，便作佳士。而君侯何惜阶前盈尺之地[32]，不使白扬眉吐气，激昂青云耶[33]！

【注释】

〔1〕白：李白自称。古人写信，自称其名以示恭敬。　谈士：谈论世事的士人。

〔2〕万户侯：汉代制度，诸侯食邑，大者万户。此取其官高爵显之意。

〔3〕韩荆州：韩朝宗。古时用某人任官的地名来称呼，以示尊重。后来用“识荆”比喻谒见贤者，作为对初见面者的恭维语，本此。

〔4〕景慕：景仰爱慕。

〔5〕一：竟然。

〔6〕周公：周文王之子姬旦，辅助武王灭纣，建立周王朝，封于鲁。武王死，成王年幼，周公摄政。

〔7〕躬：亲自。　吐握：吐哺握发的缩略语。《史记·鲁周公世家》记载：周公不敢轻慢来访者而“一沐(洗头)三握发，一饭三吐哺(bǔ，嘴里嚼着的食物)”，显示为招徕人才而操心。

〔8〕豪俊：有才德的人。

〔9〕登龙门：比喻得到有声望者的接见或援引。

〔10〕龙蟠凤逸：比喻豪杰之士幽处待时，如龙之蛰伏深渊，一有时机，就像凤凰那样飞出去。

〔11〕收名：获得美名。　定价：确定评价。　君侯：唐人对贵官的尊称。此指韩朝宗。

〔12〕毛遂：相传战国时赵平原君有门客三千，毛遂在门客中是不被重视的。后秦围赵都邯郸，赵派平原君出使楚国求援，毛遂自荐同去，终于帮助平原君与楚国订立了盟约。事见《史记·平原君列传》。

〔13〕颖脱：当毛遂自荐时，平原君用锥子在袋中为喻，说有才能的人早就像锥子那样显露出来了。毛遂回答：“臣乃今日请处囊中耳。使遂早得处囊中，乃颖(锥子头)脱而出，非特其末见而已。”意思是有了时机，贤士自会显示才能。

〔14〕陇西：李白祖籍陇西成纪(今甘肃秦安北)，故称。　布衣：平民，也指无官职的读书人。

〔15〕楚汉：指古代楚国、汉水一带。当时李白正流浪于安陆、襄阳、江夏等处。

〔16〕十五：指少年时期，不一定确指十五岁。　剑术：击剑之术。

〔17〕遍干：普通接触。干，原意为犯，引申为触及。　诸侯：此指出镇地方的高官。下文的“卿相”，指在朝高官。

〔18〕七尺：古时尺短，不满七尺是指一般的中等身材。

〔19〕心雄万夫：心志比万夫都高。

〔20〕王公大人：即上文的“诸侯”、“卿相”。　许与：称许。　气义：雄伟的志节和正义的精神。

〔21〕畴(chóu 筹)曩(nǎng 攮)：从前。　心迹：抱负和事迹。

〔22〕制作：此指制定典章的功业。　侔(móu 牟)：等于，齐。　神明：天神。

〔23〕笔：文笔。　造化：创造化育万物。

〔24〕究：研究。　天人：天道和人事的深微处。

〔25〕幸愿：希望。　开张：展开。　心颜：心胸颜面。

〔26〕长揖(yī 一)：拱手自上而至极下，古时宾主以平等身份相见之礼。长揖与拜相比，则见贵官而行长揖之礼是高傲的表现。

〔27〕接：接待。　之：指代李白自己。下句中同。　高宴：盛大的宴席。

〔28〕纵：纵任。　清谈：本指玄谈，此指任情畅谈。

〔29〕倚马可待：形容文思敏捷。东晋桓温北征，袁宏倚马前草拟文告，顷刻成七纸。见《世说新语·文学》。

〔30〕司命：星名，即文昌星，相传主管世间文运。

〔31〕权衡：称量用具。权，秤锤。衡，秤杆。

〔32〕盈尺之地：满一尺之地，言其小。

〔33〕激昂青云：逞意气于青云之上。激昂，激励奋发。

【译文】

我李白听说天下一些谈论世事的士人聚集在一起谈道：“人生不必封为万户侯，只愿意结识一下韩荆州。”为什么使人们景仰爱慕竟然到了这样的程度呢！岂不是有周公那样的风范，躬行吐哺握发之事，使海内豪杰俊秀之士都奔集到门下，一经接待，如登龙门，就声名大增，十倍于前吗！所以长才未展、蛰处待时的贤士，都希望在君侯处获得美名，确定评价。希望君侯不因为自己富贵而对他们骄傲，也不因他们寒贱而轻忽他们，那么众多的宾客中就会有毛遂那样的奇才，假使我李白能有脱颖而出的机会，我就是那样的人啊。

我李白是陇西平民，流落在楚地汉水一带。幼年即爱好剑术，拜见了许多地方长官；三十岁而诗文有成就，晋谒了很多朝中贵显。虽然身高不满七尺，然而心志高超，过于万人。王公大人都赞许我有志节，讲道义。这是我过去的抱负和行事，怎么敢不尽情向您倾诉呢！

君侯的功业堪比神明，德行震动天地；文笔阐明自然化育之大道，学问穷究天道人事之精微。希望君侯推心相与，和颜接待，不因为我以长揖之礼晋见而拒绝我。如若能用盛大的宴席接待，听任我纵情畅谈，那么请以日写万言来测试我，我将手不停挥，倚马可待。如今天下文士都认为您是执掌诗文命运的星君，衡量人才高下的权威，一经您的品评，就是德才兼美之士。那您何必爱惜庭阶前区区一尺之地，使我不能扬眉吐气、气宇昂扬于青云之上呢！

昔王子师为豫州〔1〕，未下车〔2〕，即辟荀慈明〔3〕；既下车，又辟孔文举〔4〕。山涛作冀州〔5〕，甄拔三十余人，或为侍中、尚书，先代所美。而君侯亦一荐严协律〔6〕，入为秘书郎〔7〕；中间崔宗之、房习祖、黎昕、许莹之徒〔8〕，或以才名见知，或以清白见赏。白每观其衔恩抚躬〔9〕，忠义奋发。白以此感激〔10〕，知君侯推赤心于诸贤之腹中〔11〕，所以不归他人，而愿委身国士〔12〕。倘急难有用，敢效微躯〔13〕。

且人非尧舜〔14〕，谁能尽善？白谟猷筹画〔15〕，安能自矜〔16〕？至于制作〔17〕，积成卷轴〔18〕，则欲尘秽视听〔19〕，恐雕虫小技〔20〕，不合大人。若赐观刍荛〔21〕，请给纸笔，兼之书人〔22〕。然后退扫闲轩〔23〕，缮写呈上〔24〕。庶青萍、结绿〔25〕，长价于薛、卞之门〔26〕。幸推下流〔27〕，大开奖饰〔28〕。唯君侯图之〔29〕！

【注释】

〔1〕王子师：东汉王允，字子师。汉灵帝时任豫州刺史。

〔2〕下车：指官吏到任。

〔3〕辟：征召。 荀慈明：名爽，被征召为州从事。

〔4〕孔文举：孔融，亦被征召为州从事。

〔5〕山涛：字巨源，西晋人，竹林七贤之一，曾任冀州刺史。

〔6〕严协律：名不详。或以为指严武。 协律：协律郎，掌音乐之官。

〔7〕入：指入朝为官。 秘书郎：秘书省的郎官，掌图籍。

〔8〕崔宗之：崔日用之子，曾官侍御史，李白重要交游之一，杜甫《饮中八仙歌》称之为潇洒美少年。 房习祖、黎昕、许莹：事迹皆不详。

〔9〕衔恩：感恩。 抚躬：省察自己。

〔10〕感激：心里感动。

〔11〕推赤心于诸贤之腹中：谓以至诚对待贤人。《后汉书·光武帝纪》："萧王(后为光武帝)推赤心置人腹中，安得不投死(效死力)乎?"

〔12〕委身：把身命付托给。 国士：国中才德至高之人。此指韩朝宗。

〔13〕敢效微躯：愿意贡献微贱之身。

〔14〕尧舜：皆上古帝王，此指圣人。

〔15〕谟猷筹画：谋画打算。指政治上的才能。

〔16〕安能自矜：怎能自夸。

〔17〕制作：此指诗文创作。

〔18〕卷轴：古代诗文写在长条纸上，一端有木轴，收藏时以木轴为中心卷起来，故称书册为卷轴。

〔19〕尘秽视听：谓自己诗文不好，会玷污读者耳目。自谦之辞。尘，尘土。秽，杂草。此用作动词。

〔20〕雕虫小技：微不足道的技能。此指赋诗作文。扬雄《法言·吾子》："或问'吾子少而好赋?'曰：'然。童子雕虫篆刻。'俄而曰：'壮夫不为也。'"

〔21〕刍(chú 锄)荛(ráo 桡)：原意为割草、采薪者，引申为草野之民。此指自己的诗文，自谦不佳。

〔22〕兼：加上。 书人：抄写的人。

〔23〕轩：小屋。

〔24〕缮(shàn 善)：誊抄。

〔25〕庶：庶几。表希望。 青萍、结绿：宝剑名和美玉名。李白以青萍、结绿比喻自己诗文，是自负十分可观。

〔26〕长(zhǎng 掌)价：增添身价。 薛、卞：薛烛，春秋时越人，善识剑。卞和，春秋时楚人，善识玉。此以喻韩朝宗，颂扬他有知人之明。

〔27〕幸推：希望推恩于。 下流：指处于下位之人。

〔28〕奖饰：称誉。

〔29〕唯：助词，表希望语气。 图：考虑。

【译文】

从前王允任豫州刺史，尚未到任就征辟荀爽；到任之后，又征辟孔融。山涛任冀州刺史，考察选拔了三十多人，其中有的人官至侍中、尚书，这都是前代人所称道赞美的。而君侯您也荐举过严协律，进入朝廷任秘书郎；还有崔宗之、房习祖、黎昕、许莹等人，有的由于才干名声而得到了解，有的因为操行清白而获得赏识。李白从旁看到他们感戴恩德，常常省察自己，以忠义奋发自勉。李白也因此而心里感动，了解君侯以至诚待人，对贤士推心置腹，故而不归向别人，而愿意把身心命运付托给国中才德至高的人。倘使君侯有什么紧急艰难而要用我之处，我自当献身效命。

再说，人并不是尧舜那样的圣人，谁能十全十美呢？李白我在谋略策划方面，怎么能自夸呢？至于我的诗文创作，已经积累成卷轴，却想呈请君侯抽暇过目，就怕雕虫小技，不能受到大人的赏识。倘蒙垂青，愿意看看拙作，那么，请赏给纸笔，还有抄写的人。然后回去打扫安静的小屋，誊清呈上。希望青萍宝剑、结绿美玉，能够在薛烛、卞和的门下，增添身价。但愿君侯推恩于身处下位之人，大开嘉奖鼓励之门。还望君侯加以考虑。

（张扬之）

中国古代名著全本译注丛书

古文观止译注

下

[清]吴楚材 吴调侯 编选
李梦生 史良昭 等 译注

春夜宴桃李园序

李 白

【题解】

这篇文章在《全唐文》里题作《春夜宴从弟桃花园序》。作年不详。李白另有《秋夜宿龙门香山寺，奉寄王方城十七丈奉，国莹上人，从弟幼成、令问》一诗，作于唐玄宗开元二十三年(735)，据此，或可推知文中“从弟”是指李幼成、李令问等。这首诗开头说：“朝发汝海东，暮栖龙门中。”汝海，即汝州(治所今河南临汝，在洛阳龙门东南)。道光《汝州全志》卷一山川八景之一有“春日桃园”，卷九古迹又记“桃园在城东北圣王里”。从上引诗句看，本文所写的桃李园(或称桃花园)可能是汝州的桃园。

全文仅一百多字，写了赏美景、序天伦、清言高论、饮酒赋诗，抒发了热爱自然、热爱生活的豪情雅兴，也夹杂着人生若梦、及时行乐的思想。紧扣文题，句无虚设。

与前篇《与韩荆州书》合看，李白的文章基本上仍是骈体文，不过比起齐梁骈文来，显得风格清新，一洗浮靡，文字流畅，潇洒自然。

夫天地者〔1〕，万物之逆旅〔2〕；光阴者，百代之过客〔3〕。而浮生若梦〔4〕，为欢几何？古人秉烛夜游，良有以也〔5〕！

况阳春召我以烟景〔6〕，大块假我以文章〔7〕。会桃李之芳园，序天伦之乐事[8]。群季俊秀[9]，皆为惠连[10]；吾人咏歌，独惭康乐[11]。幽赏未已[12]，高谈转清。开琼筵以坐花[13]，飞羽觞而醉月[14]。不有佳作，何伸雅怀[15]？如诗不成，罚依金谷酒数[16]。

【注释】

〔1〕夫(fú 扶)：用在句首的助词，表示阐发议论的语气。

〔2〕逆旅：旅舍。逆，迎，迎止宾客之意。

〔3〕“光阴者”二句：极力形容光阴迅速流逝，有如匆匆过客，衬托人生的短暂。

〔4〕浮生：飘浮无定的人生。《庄子·刻意》：“其生若浮，其死若休。”

〔5〕“古人秉烛”二句：意谓古人及时行乐，确有道理。曹丕《又与吴质书》：“古人思炳烛夜游，良有以也。”秉，通“炳”，点燃；又解为执持，亦通。良，的确，实在。以，道理，原因。

〔6〕阳春：温暖的春天。　烟景：艳丽的景色。

〔7〕大块：大自然。《庄子·大宗师》：“夫大块载我以形，劳我以生。”　假：借。　文章：错杂的色彩花纹。此指大自然中种种美好的形象声色。

〔8〕序：通“叙”。叙说。　天伦：指父子、兄弟等亲属关系。

〔9〕群季：诸弟。古人以伯仲叔季作为兄弟间的排行，因以季指代弟。

〔10〕惠连：南朝宋文学家谢惠连，幼而聪明，十岁能文，为族兄谢灵运所赏爱。此以谢惠连比喻诸从弟，夸奖他们有才。

〔11〕康乐：指南朝宋诗人谢灵运，名将谢玄之孙，袭封康乐公，故称。他以写作山水诗著名。此以谢灵运自比，又自愧不如，是谦辞。

〔12〕幽赏：谓对幽美景色的欣赏。

〔13〕琼筵：美好的筵席。琼，美玉。

〔14〕飞：形容不断地举杯。　羽觞：古时饮酒用的两边有耳的杯子。

〔15〕伸：抒发。

〔16〕金谷：西晋石崇筑园于金谷涧，其地在今河南洛阳西北，世称金谷园。石崇常设宴赋诗于园中，有《金谷诗序》，说“遂各赋诗，以叙中怀，或不能者，罚酒三斗”。此用金谷酒数，指宴会上的罚酒之数。

【译文】

天地是万物暂时歇息的旅馆，光阴是历代匆匆而去的过客。飘浮无定的人生，如同梦幻；欢会聚首的乐事，能有多少？古人点燃灯烛，连夜游乐，确实有他的道理啊！

况且温暖和煦的春天用如烟美景召唤我们，充满美妙声色的大自然把审美素材提供给我们。我们相会于桃李花园，叙说着天伦乐事。诸位弟弟英俊挺秀，个个好像谢惠连；而我自己的吟咏歌诗，自愧不如谢灵运。对幽雅景色的欣赏情趣未了，高超议论却转入了玄远清妙。摆开盛筵，坐在花间；举杯如飞，醉于月下。如果没有好诗，怎能抒发高雅情怀？如果赋诗不成，就依照金谷雅集之数罚酒。

（张扬之）

吊古战场文

李　华

【题解】

李华(约715—约744)，字遐叔，唐赵州赞皇(今属河北)人。唐玄宗开元二十三年(735)进士及第，天宝二年(743)又举博学宏词科。他曾按劾杨国忠亲属，为权幸所嫉。安禄山叛军陷两京，逃避不及，被迫受伪职。安史乱平，贬杭州司户参军。自恨不能完节，遂屏居江南。李华以文名世，有《李遐叔文集》。

《吊古战场文》是李华的力作。据《新唐书·李华传》，可以推知这篇文章当是天宝十一载或稍后(752—755)，李华以监察御史奉使朔方(唐藩镇名，为玄宗时边防十节度之一，开元元年置，治所灵州，在今宁夏灵武西南)，途经古战场有感而作。

吊，凭吊，即对遗迹而悼念古人、感慨往事。“吊古”，常常为“伤今”。唐玄宗初期在军事上是加强防御，到了后期，日渐改用一种国力所不能负担的干预性的对外政策。边将中又有使用阴谋挑起对边境少数民族的战争，邀功求赏，以致战争频繁。例如天宝六载(747)，玄宗命王忠嗣(时为河西、陇右节度使)攻吐蕃石堡城，王忠嗣不愿以数万士兵的生命换取功名，被审讯贬官。天宝八载(749)哥舒翰攻下石堡城，唐军死者数万。天宝十载(751)，安禄山(时为平卢、范阳节度使兼河东节度使)率兵六万攻契丹，大败。李华于天宝十一载(752)奉使朔方。那时的朔方节度使是宰相李林甫兼领的，副使是突厥降将阿布思。安禄山要集结骑兵以报上年败于契丹之仇，他又与阿布思有宿怨，所以阿布思不但不出兵攻契丹，反而叛赴漠北。结果是李林甫被迫辞去朔方节度使的兼职，而由安禄山的堂兄弟安思顺任朔方节度使。李华在这种情况下奉使朔方，对于战争和阴谋不能不有所触及而生感慨，而此时离开安史之乱(754)的爆发仅仅只有三年了！

本文对战场的凄惨气氛、战斗的酷烈场景、战争给人民带来的苦难，作了生动的描写，具有强烈的针对性。以凭吊古战场起兴，主旨是呼吁以仁德来服悦远人，安定边防。我们不能要求作者能区分战争性质，但是他针砭时弊，有其积极意义。全文构思谨严，情文并茂，融议论、描写、抒情于一体；又因是祭吊之文，例须有韵，句式整齐，声韵铿锵，不愧为传诵名篇。

浩浩乎！平沙无垠〔1〕，夐不见人〔2〕。河水萦带，群山纠纷〔3〕。黯兮惨悴〔4〕，风悲日曛〔5〕。蓬断草枯〔6〕，凛若霜晨。鸟飞不下，兽铤亡群〔7〕。亭长告余曰〔8〕：“此古战场也。尝覆三军〔9〕。往往鬼哭，天阴则闻。”伤心哉！秦欤汉欤？将近代欤？

吾闻夫齐魏徭戍，荆韩召募〔10〕。万里奔走，连年暴露。沙草晨牧，河冰夜渡。地阔天长，不知归路。寄身锋刃，腷臆谁诉〔11〕？秦汉而还，多事四夷〔12〕。中州耗斁〔13〕，无世无之。古称戎夏〔14〕，不抗王师〔15〕。文教失宣〔16〕，武臣用奇〔17〕。奇兵有异于仁义〔18〕，王道迂阔而莫为〔19〕。呜呼噫嘻！

【注释】

〔1〕垠(yín 银)：边际，界限。

〔2〕夐(xiòng 洞)：遥远。

〔3〕纠纷：杂乱交错。

〔4〕黯(àn 暗)：阴暗。　惨悴：惨淡憔悴，形容景象萧条。

〔5〕曛(xūn 熏)：昏黑。

〔6〕蓬：草名，飞蓬。

〔7〕铤（tǐng 艇）：快走的样子。

〔8〕亭长：秦汉时十里一亭，置亭长，掌治安、诉讼等。此指地方小吏。

〔9〕尝：曾经。　三军：泛指军队。

〔10〕“吾闻夫”二句：谓战国时代各诸侯国大量征发、召募士卒，戍边作战。　荆，即楚国。召募，以钱物招募兵员。

〔11〕腷（bì 避）臆（yì 意）：亦作“愊忆”，烦闷。　谁诉：向谁诉说。

〔12〕四夷：四方边境的少数族。

〔13〕中州：中原。　耗斁（dù 度）：损耗败坏。

〔14〕戎：泛指少数民族。　夏：华夏。

〔15〕王师：帝王的军队。

〔16〕文教：文治教化。

〔17〕用奇：用奇计。

〔18〕奇兵：出奇制胜的兵，指运用谋略，突然袭击等。

〔19〕王道：指以仁德服人的准则。　迂阔：迂腐空疏。

【译文】

浩浩瀚瀚啊！平展展的沙漠，无边无际，极目远望，看不见一个人影。黄河的水像带子那样盘曲回绕，成群的山峰错杂耸立。阴暗的天，愁惨的地，北风悲号，日色昏黄。飞蓬断落，杂草枯萎，寒气凛冽，就像严霜的早晨。飞鸟在空中盘旋，不肯落下；野兽在地上奔窜，失散了同伴。当地的亭长对我说：“这是古战场呀，曾经覆没过多少军队。往往有鬼哭的声音，阴雨天就可以听见。”伤心啊！这是秦朝的，汉朝的？还是近代的呢？

我听说：战国时代齐国、魏国征发士卒去守卫边境，楚国、韩国招募兵丁去从事征战。战士们跋涉长途，奔走万里，日晒雨淋，年复一年。早晨，在沙漠里寻找水草放牧；夜晚，在结了冰的黄河上渡过。地是这样的辽阔，天是这样的高远，回家的路啊，又在哪里？性命早已交给了刀剑，胸中的愁闷又向谁诉说？秦汉以来，四方边境战事频繁，中原地区受到破坏，又是哪个朝代没有？古人说，戎狄和华夏，都不和帝王的大军对抗；到后来，文治教化不再宣扬，阴谋诡计是武将的主张。奇兵突击不同于仁义之师，王道仁政成为迂腐空疏的说教，再没有人去实施。哎呀啊哎哟！

吾想夫北风振漠，胡兵伺便。主将骄敌，期门受战〔1〕。野竖旄旗〔2〕，川回组练〔3〕。法重心骇，威尊命贱。利镞穿骨，惊沙入面。主客相搏，山川震眩。声析江河〔4〕，势崩雷电。至若穷阴凝闭〔5〕，凛冽海隅〔6〕。积雪没胫，坚冰在须。鸷鸟休巢，征马踟蹰。缯纩无温〔7〕，堕指裂肤。当此苦寒，天假强胡，凭陵杀气〔8〕，以相剪屠。径截辎重〔9〕，横攻士卒。都尉新降〔10〕，将军覆没。尸踣巨港之岸〔11〕，血满长城之窟。无贵无贱，同为枯骨，可胜言哉〔12〕！

鼓衰兮力尽，矢竭兮弦绝，白刃交兮宝刀折，两军蹙兮生死决〔13〕。降矣哉，终身夷狄；战矣哉，骨暴沙砾。鸟无声兮山寂寂，夜正长兮风淅淅。魂魄结兮天沉沉，鬼神聚兮云幂幂〔14〕。日光寒兮草短，月色苦兮霜白。伤心惨目，有如是耶！

【注释】

〔1〕期门：军营之门。

〔2〕旄旗：泛指旗帜。

〔3〕组练：组甲被练，两种士卒的衣甲。此借指军队。

〔4〕析：劈开。

〔5〕穷阴：指隆冬极寒之时。　凝闭：指彤云凝聚密布。

〔6〕海隅：指西北极寒之地。海，瀚海。

〔7〕缯纩（zēng kuàng 增旷）：此指冬衣。缯，丝织品的总称。纩，丝绵絮。

〔8〕凭陵：倚仗，凭借。　杀气：隆冬肃杀之气。

〔9〕辎(zī 资)重：军用物资的总称。
〔10〕都尉：指职位低于将军的武官。
〔11〕踣(bó 搏)：跌倒。踣，一本作“填”。
〔12〕胜(旧读 shēng 生)：能够承担。
〔13〕蹙(cù 促)：迫近。
〔14〕幂(mì 密)幂：覆盖笼罩的样子。

【译文】

我想象：北风振动沙漠，胡兵乘机侵扰。主将轻敌，敌军到了营门，才仓卒应战。原野里军旗竖起，平川上战士奔驰。军法如山，心惊胆战。锋利的箭镞穿透骨头，飞扬的沙砾扑入颜面。敌我双方肉搏奋战，山川也震动得头晕目眩。喊杀的声音撕裂了江河，冲杀的气势崩裂了雷电。至于在严寒的隆冬，彤云凝集，滴水成冰，在瀚海之边。积雪掩没了小腿，冰凌结上了胡须，猛禽只能在巢中休息，战马也冻得踯躅不前。薄薄的绵衣，没有丝毫温暖，作战的人啊，手指冻掉，皮肤开裂。这严酷的冰雪风寒，是老天给强大的胡人的机会，凭借着肃杀之气，来对我们劫掠屠杀。直接袭击我们的军备，拦腰冲杀我们的部队。都尉刚刚投降，将军早已阵亡。尸体僵仆在大港沿岸，鲜血淌满了长城窟穴。不论高低贵贱，同样都成为枯骨。哎呀！真是说不尽的凄惨！

鼓声微弱啊力气用尽，羽箭射完啊弓弦断绝，白刃相接啊宝刀断折，两军迫近啊生死立决！投降吧，从此终身陷于夷狄；战斗吧，尸骨就暴露在沙砾。鸟也没有声音啊山峰寂寂，长夜漫漫啊寒风淅淅。魂灵凝结啊天色沉沉，鬼神聚集啊阴云密密。日光惨淡啊草枯短，月色凄苦啊霜惨白。人世间触目伤心的情景，竟有像这样的吗？

吾闻之：牧用赵卒，大破林胡，开地千里，遁逃匈奴〔1〕。汉倾天下，财殚力痡〔2〕。任人而已，其在多乎？周逐猃狁，北至太原〔3〕，既城朔方〔4〕，全师而还。饮至策勋〔5〕，和乐且闲，穆穆棣棣〔6〕，君臣之间。秦起长城，竟海为关，荼毒生灵[7]，万里朱殷[8]。汉击匈奴，虽得阴山，枕骸遍野，功不补患[9]。

苍苍蒸民[10]，谁无父母？提携捧负，畏其不寿。谁无兄弟？如足如手。谁无夫妇？如宾如友。生也何恩？杀之何咎？其存其没，家莫闻知。人或有言，将信将疑。悁悁心目[11]，寝寐见之[12]。布奠倾觞[13]，哭望天涯。天地为愁，草木凄悲。吊祭不至，精魂何依[14]？必有凶年，人其流离[15]。呜呼噫嘻！时耶命耶？从古如斯。为之奈何？守在四夷[16]。

【注释】

〔1〕“牧用赵卒”四句：谓战国赵将李牧大破匈奴。牧，李牧，赵之名将，守雁门，击败东胡，降服林胡（均匈奴所属部族）。其后十余年，匈奴不敢近赵境。事见《史记·廉颇蔺相如列传》。

〔2〕殚（dān 丹）：尽。　痡（pū 铺）：极度倦苦。

〔3〕“周逐猃狁（xiǎn yǔn 险允）”二句：周宣王时，猃狁南侵，宣王命尹吉甫率军抗击，逐至太原，不再穷追。见《汉书·匈奴传上》。猃狁，周时北方少数族，即后来的匈奴。　太原，在今宁夏固原北。

〔4〕城：筑城。　朔方：北方。一说，指今宁夏灵武一带。

〔5〕饮至：古代征战、盟会归来，告祭于宗庙，举行宴饮，称“饮至”。　策勋：把功勋记载于简策。

〔6〕穆穆：仪表美好，容止庄敬，多用以形容天子。　棣棣：仪态文雅安和。

〔7〕荼（tú 涂）毒：残害。

〔8〕朱殷（yān 烟）：谓血赤黑色。

〔9〕功不补患：犹言得不偿失。

〔10〕苍苍：原谓草木繁盛，此取众多之意。　蒸民：众民。蒸，通“烝”，众多。

〔11〕悁（yuān 冤）悁：忧闷的样子。

〔12〕寝寐：睡梦中。

〔13〕布奠倾觞：把酒倒在地上祭奠死者。布，陈列。奠，祭祀。

〔14〕精魂：灵魂。

〔15〕“必有凶年”二句：谓大战之后必有灾荒，人民将流离失所。《老子》：“大军之后，必有凶年。”

〔16〕守在四夷：语出《左传·昭公二十三年》：“古者天子守在四夷。”意谓古代天子行王道，施仁政，以德服人，四方各族心悦诚服，为天子各守其土，这就不会有征战了。

【译文】

我听说过：李牧统领赵国的士兵，大破林胡，开拓千里疆土，使匈奴望风而逃。汉朝倾尽天下之力，攻打匈奴，反而民穷财尽，国力衰弱。关键在于用人是否得当，岂在于兵力的多少呢？周朝驱逐猃狁，北到太原，在北方筑城之后，全军凯旋而还。祭祀宴饮，庆功授勋，和睦安适，端庄恭敬，这种气氛洋溢于君臣之间。秦朝修长城，建造关塞直到海边，残害百姓，流血万里，又红又黑。汉朝攻打匈奴，虽然得了阴山，但战死了无数将士，留下的尸骨枕藉原野，实在是功绩远远抵不上祸害。

天下众多的百姓，谁没有父母？从小牵着带着，抱着背着，就怕孩子长不大。谁没有兄弟？情谊如同手足。谁没有夫妻？相敬如同宾友。他们活着受到过什么恩惠？杀害他们，他们有什么过错？他们是活着呢还是死了，家里没有人知晓。即或有人传来消息，也叫人将信将疑。忧愁苦闷，触目伤心，睡里梦里，似见亲人。摆酒遥祭，哭望天涯。天地为之悲怆，草木为之哀恸。哭吊祭奠不能让死者感知，他们的灵魂归依何处？大战之后，必有灾荒，苦难的人们，又将流离失所。哎呀哎哟！这是时势如此，还是命运不济？从古以来，就是如此。怎么办，怎么办？只有广行仁德，让四方各族都来为朝廷守卫疆土。

（张㧑之）

陋 室 铭

刘禹锡

【题解】

刘禹锡(772—842)，字梦得，唐洛阳(今属河南)人。自言系出中山(治所在今河北定县)。唐德宗贞元年间，中进士后又登博学宏词科。任监察御史。永贞革新时，擢为屯田员外郎判度支盐铁事，与柳宗元同为王叔文所器重。王叔文败，刘禹锡被贬为朗州司马，在任长达九年。后历任连州、夔州、和州刺史。唐文宗大和年间，入朝为主客郎中、礼部郎中，兼集贤院学士。复出为苏州、汝州、同州刺史，晚年以太子宾客分司东都。刘禹锡诗文兼长，有《刘宾客集》。

《陋室铭》相传是刘禹锡所作，在北宋真宗大中祥符年间即已流传(见宋释智圆《闲居编》，但智圆认为《陋室铭》不是刘禹锡所作)。此文见于《全唐文》，《文苑英华》、《唐文粹》等书却不选，刘禹锡的集子里也未见收录。但南宋王象之《舆地纪胜》卷二、卷四八都记载《陋室铭》，说是刘禹锡为和州刺史时所作，还刻了碑，柳公权书。

全文81字，写陋室以示节操，文字简约而意味隽永。

山不在高，有仙则名；水不在深，有龙则灵。斯是陋室[1]，惟吾德馨[2]。苔痕上阶绿，草色入帘青。谈笑有鸿儒[3]，往来无白丁[4]。可以调素琴[5]，阅金经[6]。无丝竹之乱耳[7]，无案牍之劳形[8]。南阳诸葛庐[9]，西蜀子云亭[10]。孔子云："何陋之有[11]？"

【注释】

〔1〕斯：这。　陋室：简陋狭小的居室。《韩诗外传》卷五："彼大儒者，虽隐居穷巷陋室，无置锥之地，而王公不能与之争名矣。"作者用"陋室"自名所居，可见抱负。

〔2〕惟：犹"以"，强调原因。　德馨：德行馨香。《尚书·君陈》："黍稷非馨，明德惟馨。"馨，香气远闻；引申为美名播扬。

〔3〕鸿儒：大儒，泛指博学之士。

〔4〕白丁：平民，无功名者。此指无文化之人。

〔5〕调(tiáo条)：协调，调和。此指和弦。　素琴：不加雕饰的琴。

〔6〕金经：泛指佛道经籍。

〔7〕丝竹：泛指弦乐和管乐。此指音乐之声。　乱耳：谓乐声扰人。

〔8〕案牍：公事文书。此指办理公务。　劳形：谓公务累身。

〔9〕南阳诸葛庐：东汉末诸葛亮出山之前，隐居于草庐，躬耕于南阳。

〔10〕西蜀子云亭：西汉扬雄，字子云，西蜀(今四川成都)人，在居宅写成《太玄》。后称所居为"扬子宅"。子云亭，即此。铭文，多用韵语。

〔11〕何陋之有：《论语·子罕》："子欲居九夷。或曰：'陋，如之何？'子曰：'君子居之，何陋之有？'"引用《论语》结束全文，隐含"君子居之"之意，又照应前文"惟吾德馨"。

【译文】

山不在于高，有仙人居处就会知名；水不在于深，有蛟龙潜藏就显威灵。这间简陋的居室，却有我德行芳馨。苔痕上庭阶，一片新绿；草色映帘栊，满室生青。到这里，谈谈笑笑的都是有学问的大儒，来来往往的决无没文化的白丁。可以随手抚弄朴素无华的琴，可以静心诵读金字书写的经。既没有繁弦促管来搅扰清静，也没有公事文书来烦心劳形。好比南阳诸葛庐，又像西蜀子云亭。正如孔子所说："有什么简陋呢？"

（张扬之）

阿房宫赋

杜 牧

【题解】

杜牧(803—852)，字牧之，唐京兆万年(今陕西长安)人。文宗大和二年(828)进士，复举贤良方正，授弘文馆校书郎。历任黄州(今属湖北)、池州(今安徽贵池)、睦州(今浙江建德)、湖州(今属浙江)刺史。唐武宗会昌年间迁中书舍人。《新唐书·杜牧传》称他“刚直有奇节，不为龊龊小谨，敢论列大事，指陈病利尤切至”。他知兵法，曾为曹操所定《孙子》十三篇作注。他是晚唐著名诗人之一，与李商隐齐名，人称“小杜”，以别于杜甫。有《樊川集》。

杜牧主张文章应“以意为主，以气为辅，以辞彩章句为之兵卫”，把思想内容放在首要地位。他在《上知己文章启》中说：“宝历(唐敬宗年号)间大起宫室，广声色，故作《阿房宫赋》。”可见他写这篇赋是讽谏时弊，有其现实意义的。

关于阿房宫，《史记·秦始皇本纪》记载：秦始皇三十五年(前212)，因为秦都咸阳人多，原先的宫廷嫌小，就在渭南上林苑中营建朝宫。先造前殿阿房，东西五百步，南北五十丈，上可以坐万人，下可以建五丈旗。周驰为阁道，自殿下直抵南山。由阿房宫通过复道，与咸阳连接，象征天上的阁道渡过银河直达营室(阁道、营室都是星名)。

这篇赋是杜牧成名之作，撰写时约二十三四岁。前半篇铺陈阿房宫建筑之壮丽，宫女之姣美，珍宝之众多，大半出于想象；后半篇畅论秦朝以暴取民财终致覆亡，并反复阐明这个道理，以昭鉴戒。语言上骈散兼行，韵律鲜明，辞采瑰丽，是唐人文赋中的佳作。

六王毕[1]，四海一[2]，蜀山兀[3]，阿房出[4]。覆压三百余里[5]，隔离天日[6]。骊山北构而西折[7]，直走咸阳。二川溶溶[8]，流入宫墙。五步一楼，十步一阁；廊腰缦回[9]，檐牙高啄[10]；各抱地势[11]，钩心斗角[12]。盘盘焉，囷囷焉[13]，蜂房水涡[14]，矗不知其几千万落[15]。长桥卧波，未云何龙？复道行空[16]，不霁何虹[17]？高低冥迷[18]，不知西东。歌台暖响，春光融融；舞殿冷袖，风雨凄凄。一日之内，一宫之间，而气候不齐[19]。

妃嫔媵嫱[20]，王子皇孙[21]，辞楼下殿，辇来于秦[22]。朝歌夜弦，为秦宫人。明星荧荧，开妆镜也[23]；绿云扰扰，梳晓鬟也；渭流涨腻[24]，弃脂水也[25]；烟斜雾横，焚椒兰也[26]。雷霆乍惊，宫车过也；辘辘远听[27]，杳不知其所之也[28]。一肌一容，尽态极妍[29]；缦立远视[30]，而望幸焉[31]。有不得见者三十六年[32]。燕、赵之收藏[33]，韩、魏之经营，齐、楚之精英，几世几年，取掠其人[34]，倚叠如山[35]。一旦不能有[36]，输来其间[37]。鼎铛玉石，金块珠砾[38]，弃掷逦迤[39]，秦人视之，亦不甚惜。

【注释】

〔1〕六王：指战国时期韩、魏、赵、燕、齐、楚六国国君。

〔2〕四海：指天下、全中国。　一：统一。

〔3〕蜀山：泛指今四川一带的山。　兀：高而上平，此形容山已光秃。

〔4〕阿(ē)房：《汉书·贾山传》“又为阿房之殿”颜师古注：“房字或作旁，说云始皇作此殿，未有名，以其去咸阳近，且号阿房。阿，近也。”旧时读“房”为“旁(páng)”。　出：出现，建成的意思。

〔5〕覆压：掩盖。

〔6〕隔离天日：遮蔽了天日，形容宫殿楼阁之高大。

〔7〕北构：(从骊山)北边建筑起。

〔8〕二川：渭水和樊川。　溶溶：河水盛大貌。

〔9〕廊腰：高大建筑物之间连接的回廊，犹人之腰，故称。　缦：宽缓。　回：曲折。

〔10〕檐牙：屋檐的尖角。　高啄：如鸟嘴向空中啄物。

〔11〕抱地势：就其地势高下的意思。

〔12〕钩心斗角：谓廊腰互相连接，纡曲如钩；檐牙彼此相向，像螭龙斗角，形容宫殿的错综精密。

〔13〕囷(jūn 君)囷：屈曲的样子。

〔14〕蜂房水涡：谓楼阁如蜂房，如水涡。

〔15〕矗：耸立。这里放在句首，形容建筑物高高耸立。　落：原义为居，引申为许多人聚集的居处如“村落”，再引申为院子。此指房屋单位，犹座、所。

〔16〕复道：空中架木筑成的走道。

〔17〕霁：雨过天晴。　虹：此比喻复道。

〔18〕冥迷：迷惑，辨不清。

〔19〕不齐：不同。

〔20〕妃嫔媵(yìng 映)嫱(qiáng 墙)：指六国的妃嫔宫人。嫔、嫱是宫中女官，妃的等级比嫔、嫱高。媵是陪嫁女子，多为后妃之妹或侄女，也可能成为嫔、嫱。

〔21〕王子皇孙：指六国国君的子女。

〔22〕辇(niǎn 拈)：帝王、皇后坐的车。此处用作动词，乘车。

〔23〕妆镜：梳妆用的镜子。

〔24〕涨腻：谓增添一层油腻。

〔25〕脂水：指含有胭脂香粉的洗脸水。

〔26〕椒兰：两种香料。

〔27〕辘辘：车轮滚动声。　远听：听上去走远了。

〔28〕杳：无声无响。此用在句首形容宫车已走远。

〔29〕尽态极妍：谓极尽姿态之娇美。

〔30〕缦立：长时间站立。

〔31〕幸：封建时代，皇帝到某处称幸，妃嫔为皇帝所宠爱也叫幸。此处兼含两种意思。

〔32〕三十六年：指秦始皇在位的实际年数。按：史书记载秦始皇死的那年是三十七年。这句谓六国宫妃在秦宫中，终始皇之世而不得见一面。但秦始皇立十七年始灭韩，至二十六年而尽灭六国，在此之前，六国宫妃并未入秦。只能视为强调夸张说法，不可拘泥。

〔33〕收藏：与下两句中之“经营”、“精英”均指金玉珍宝。

〔34〕取掠：一本作“剽掠”，抢夺取来。　人：民。唐人避唐太宗李世民讳，以“人”代“民”。下文“人亦爱其家”、“六国各爱其人”、“秦复爱六国之人”各句中的“人”都是“民”，即人民。

〔35〕倚叠：堆积。

〔36〕有：保有，保持。

〔37〕输：运输。

〔38〕“鼎铛(chēng 瞠)玉石”二句：谓把鼎看成锅子，把玉看成石头，把黄金当作土块，把珍珠当作石子。铛，平底锅。

〔39〕逦迤(lǐ yí 李移)：旁行连绵的样子，此处谓不止一处。

【译文】

六国消灭，天下统一；蜀山光秃，阿房造出。阿房宫啊，掩盖了三百多里地，高耸的楼阁，遮天蔽日。从骊山北边建起，延伸向西转折，直奔京都咸阳。渭水、樊川，水波荡漾，流入宫墙。五步一幢楼，十步一座阁。连接楼阁的走廊，曲折回环；伸向青天的檐牙，像鸟嘴高啄。各趁地势，连绵起伏，纡曲如钩，如龙斗角。盘结屈曲，密如蜂房，转如漩涡，高高耸立着，不知几千万个院落。人们惊讶：长长的桥横卧水上，没有风起云涌哪来的龙？高高的复道横贯空中，没有雨过新晴哪来的虹？高高低低，迷迷糊糊，叫人辨不清西还是东。台上歌声嘹亮，洋溢着温暖的气息，简直是春意融融；殿中舞袖飘拂，带来了凄清的寒意，似乎是雨雨风风。一天之内，一宫之中，气候竟如此不同。

六国的妃嫔宫人，王子皇孙，离开自家的楼阁殿庭，坐上车子，被送入秦，朝朝暮暮，献歌奏琴，成为秦国的宫人。明星亮晶晶，是她们打开了梳妆镜；绿云浮朵朵，是她们在清晨梳发髻理云鬓；渭水上平添一层油腻，是她们倾倒的脂粉水；空气中弥漫轻烟香雾，是她们燃烧花椒和芳兰。一阵雷声，令人一惊，是宫车驰过；辘辘车声，越听越远，不知前往何处。肌肤姿容，修饰得艳丽娇妍，久久地站着，远远地望着，盼望得到宠幸，有人从未见过皇帝，整整空等了三十六年！燕国、赵国收藏的财宝，韩国、魏国营求的珠玉，齐国、楚国搜罗的奇珍，是他们经历了多少年代，剽窃掠夺，取自人民，聚敛堆积，藏在宫廷。一旦国灭家亡，不能继续占有，通通运进了阿房。在这里，鼎被视同铁锅，玉被看作石子，金子如同土块，珍珠就像沙子。这里那里，丢弃得到处都是，秦国人看了，根本不当一回事。

嗟乎！一人之心，千万人之心也。秦爱纷奢〔1〕，人亦念其家。奈何取之尽锱铢〔2〕，用之如泥沙？使负栋之柱〔3〕，多于南亩之农夫〔4〕；架梁之椽〔5〕，多于机上之工女；钉头磷磷〔6〕，多于在庾之粟粒〔7〕；瓦缝参差，多于周身之帛缕；直栏横槛，多于九土之城郭〔8〕；管弦呕哑〔9〕，多于市人之言语。使天下之人，不敢言而敢怒。独夫之心〔10〕，日益骄固〔11〕。戍卒叫〔12〕，函谷举〔13〕；楚人一炬，可怜焦土〔14〕。

呜呼！灭六国者，六国也，非秦也；族秦者，秦也〔15〕，非天下也。嗟夫！使六国各爱其人，则足以拒秦。秦复爱六国之人，则递三世可至万世而为君〔16〕，谁得而族灭也！秦人不暇自哀，而后人哀之；后人哀之而不鉴之〔17〕，亦使后人而复哀后人也〔18〕。

【注释】

〔1〕纷奢：繁华奢侈。

〔2〕锱(zī 资)铢：比喻细微之量。古代以十粒黍的重量为铢，六铢为一锱。

〔3〕负栋：承载屋栋。

〔4〕南亩：泛指田亩。

〔5〕架梁：架搁梁木。　椽(chuán 船)：放在梁上支架屋面和瓦片的木条。

〔6〕磷磷：本谓水中有石头突出，此形容砖木结构建筑物上突的钉头很多。

〔7〕庾：粮仓。

〔8〕九土：九州，指广大国土。

〔9〕管弦：泛指乐器。　呕哑：乐声。

〔10〕独夫：指秦始皇。含贬义，谓暴虐之君，众叛亲离。

〔11〕骄固：骄傲顽固。

〔12〕戍卒：戍守边疆的士卒。此指陈胜、吴广。　叫：呼喊。《史记·陈涉世家》："又间令吴广之次所旁丛祠中，夜篝火，狐鸣呼曰：'大楚兴，陈胜王。'"此处用"叫"形象地写出起义之声势。

〔13〕函谷：函谷关。　举：拔，此处谓攻占。

〔14〕"楚人一炬"二句：谓项羽一把大火，可怜阿房宫化为一片焦土。楚人，指项羽，因他是楚将项燕的后代。公元前 206 年，项羽入咸阳，焚秦宫殿，大火三月不灭。

〔15〕族：灭族，杀死全族人。此处指消灭。

〔16〕递三世可至万世：《史记·秦始皇本纪》载秦始皇称帝时说："朕为始皇帝，后世以计数，二世、三世至千万世，传之无穷。"秦始皇死，子胡亥立，称二世，秦至二世而灭亡。

〔17〕鉴之：借鉴，引以为戒。

〔18〕后人而复哀后人：前一"后人"指"更后的人"，后一个"后人"是上文所说的"后人"。

【译文】

可叹啊！一个人的心，也就是千万人的心。秦国人喜爱阔气奢华，老百姓也顾念自己的家。为什么搜刮百姓，锱铢必较，丝毫不放，而挥霍财物又如同泥沙？造起这样的宫殿，承载大梁的柱子，多于田野的农夫；架在梁上的椽子，多于织机上的织妇；建筑物上的一只只钉头，多于粮仓里的米粟；参差交错的一层层瓦缝，多于衣服的丝缕；纵横连接的栏槛，多于九州的城区；管弦音乐的声音，多于市民的言语。这使天下的人们，嘴里不敢说，心里却怨怒！而那孤家寡人的心，竟一天比一天骄傲顽固。戍守边疆的士兵登高一呼，函谷关就此守不住。楚国人进咸阳，放了一把火，可惜华丽的宫殿就成了一片焦土。

哎呀！灭亡六国的是六国自己，而不是秦人；灭亡秦朝的是秦朝自己，而不是天下人。唉！假使六国各自爱自己的人民，就足以抗拒秦人。如果秦国又能爱六国的人民，那就可以传到三世，甚至可以传到万世而为秦君，还有谁能消灭秦国呢？秦人来不及为自己的灭亡自我哀叹，只好让后世的人为他们哀叹；后世的人如果仅仅哀叹而不去吸取教训，引为鉴戒，那么又只好让更后的人去哀叹那些后世人了。

（张扬之）

原　道

韩　愈

【题解】

韩愈(768—824)，字退之，唐河南河阳(今河南孟县南)人。郡望昌黎，称“韩昌黎”。唐德宗贞元八年(792)中进士。累迁监察御史，以言事贬阳山令。继任国子博士。后随宰相裴度平淮西之乱，迁刑部侍郎。唐宪宗元和十四年(819)，谏宪宗迎佛骨，贬为潮州刺史。不久，移袁州，召还为国子祭酒。后以吏部侍郎任京兆尹。他尊儒排佛，以从尧舜至孔孟的道统继承人自居。他是中唐重要的文学家，写诗力求新奇，以文入诗，时涉险怪；又与柳宗元同为古文运动的倡导者，后世被列为古文“唐宋八大家”之首，有《韩昌黎集》。

《古文观止》对入选文章的编排，先分朝代，再按时间先后。惟独在唐文部分，把年代后于韩愈的杜牧的作品《阿房宫赋》排在韩愈诸文之前。大概是所选唐文自魏徵《十思疏》起到杜牧《阿房宫赋》基本上都是骈体文的缘故。从《原道》开始就是古文了。所谓“古文”，是韩愈等人针对魏晋以来形成、至初唐盛唐仍旧流行的骈体文而提出的一个概念，指先秦两汉单行散句、没有规定形式的文体。当时的奏议、论说、公文、信札等实用文章也用骈体文写，讲求声律对偶，追求典故辞藻，句式也定型为四六交错，削弱了文章的实用功能。文体的改革是不可避免的。古文运动也不是单纯的文学运动。古文家企图在改革文体的同时复兴儒道，恢复散文宣扬正统思想的功能，以挽救唐王朝的衰亡。《原道》、《原毁》等可以说是这种目的下的代表作品。

“原道”，即探求道之本。韩愈认定道的本原是儒家的“仁义道德”，他以继承道统、恢复儒道为己任，排斥佛老，抨击藩镇割据，要求加强君主集权，以挽救当时日益加深的社会危机。文章论点鲜明，气势充沛，是古代散文的佳作。不过，韩愈倡导的政治伦理方面的理论，从思想史角度看，新内容不多。当时人裴度说他“恃其绝足，往往奔放，不以文立制，而以文以为戏”（《寄李翱书》），宋代王安石说他“徒语人以辞”（《上人书》），张耒说他“以为文人则有馀，以为知道则不足”（《韩愈论》），南宋大儒朱熹干脆指责韩愈是“裂道与文以为两物”（《读唐志》）。可见韩愈的文章在文学上的成就超过了道统上的建树。这一点，正好说明韩文在语言运用、写作技巧等方面有可供欣赏借鉴之处，是古代的优秀散文；如果一味板着脸讲儒家道统，讲得再好，还能有什么情感和趣味可言呢？

博爱之谓仁〔1〕，行而宜之之谓义〔2〕，由是而之焉之谓道〔3〕，足乎己无待于外之谓德〔4〕。仁与义为定名〔5〕，道与德为虚位〔6〕。故道有君子小人，而德有凶有吉。老子之小仁义〔7〕，非毁之也，其见者小也。坐井而观天，曰天小者，非天小也。彼以煦煦为仁〔8〕，孑孑为义〔9〕，其小之也则宜。其所谓道，道其所道，非吾所谓道也。其所谓德，德其所德，非吾所谓德也。凡吾所谓道德云者，合仁与义言之也，天下之公言也。老子之所谓道德云者，去仁与义言之也，一人之私言也。

【注释】

〔1〕仁：儒家孔子思想的理论核心。最初含义是指人与人的一种亲善关系。《论语·颜渊》：“樊迟问仁，子曰：‘爱人。’”《孟子·离娄下》：“仁者爱人。”

〔2〕义：孟子发挥了孔子的思想，把仁同义联系起来，仁义成为儒

家的道德准则。孟子所说的义，指正路。《孟子·离娄上》："义，人之正路也。"　《礼记·中庸》："义者，宜也。"宜，适合。行而宜之，做起来与当时环境相适应。

〔3〕道：道路。《礼记·中庸》："率性之谓道。"郑玄注："循性行之之谓道。"这里韩愈用来解释道德之道，说"由是而之焉"，意谓从这里走到仁义的境界。

〔4〕德：《礼记·乐记》："德者，得也。"事物言其所得，即指事物的特性，引申为人的行为规范。孔子思想强调德为天赋。《周礼·师氏》郑玄注："在心为德。"所以韩愈说"足乎己"，不必向外界去求。以上开头四句就用阐述内容的办法来说明"仁、义、道、德"。

〔5〕定名：确定的名称。谓仁义的内容是确定的，只能是好的，不能是坏的。

〔6〕虚位：空虚的位子。谓道德的内容是不确定的，可能是好的，也可能是坏的。

〔7〕老子：道家学派创始人。　小：小看，轻视。道家把仁义看得渺小，《老子》有"大道废，有仁义"，"绝仁弃义，民复孝慈"等语。

〔8〕煦煦：和好貌。

〔9〕孑(jié 诘)孑：细小貌。这一段先揭示儒家仁义道德的涵义，又从辩老子的道德发起议论。

【译文】

泛爱一切人，这叫做仁；履行仁道而合宜的，这叫做义；由此而前进，叫做道；自身具有的不求于外界，叫做德。仁和义是意义确定的名词，道和德是意义不确定的位子。所以道有君子之道和小人之道，德有吉德和凶德。老子小看仁义，并不是诋毁仁义，而是他的见识小。一个人，坐在井里看天，说天很小，这并不是天小。那老子把和悦慈惠当作仁，把琐细微小当作义，那么他小看仁义是很自然的事。他所说的道，是把他的道当作道，并非我所说的道。他所说的德，是把他的德当作德，并非我所说的德。凡是我所说的道德，都是和仁义相结合的，是天下的公论。老子所说的道德云云，是丢开了仁义说的，只是他个人的说法。

周道衰，孔子没，火于秦〔1〕，黄老于汉〔2〕，佛于晋、魏、梁、隋之间[3]。其言道德仁义者，不入于杨则入于墨[4]；不入于老则入于佛。入于彼，必出于此。入者主之，出者奴之；入者附之，出者污之[5]。噫！后之人其欲闻仁义道德之说，孰从而听之？老者曰："孔子，吾师之弟子也[6]。"佛者曰："孔子，吾师之弟子也[7]。"为孔子者，习闻其说，乐其诞而自小也，亦曰："吾师亦尝师之"云尔[8]。不惟举之于其口，而又笔之于其书。噫！后之人虽欲闻仁义道德之说，其孰从而求之？甚矣，人之好怪也！不求其端，不讯其末，惟怪之欲闻。古之为民者四，今之为民者六[9]；古之教者处其一，今之教者处其三[10]。农之家一，而食粟之家六；工之家一，而用器之家六；贾之家一[11]，而资焉之家六[12]。奈之何民不穷且盗也！

【注释】

〔1〕火：用火烧。此指秦始皇焚书。

〔2〕黄老：指汉初的道家学派，把传说中的黄帝与老子同尊为道家始祖。

〔3〕佛：指佛教。这里谓佛教流行。

〔4〕杨：杨朱，战国时思想家，主张"重己"、"贵生"，不肯拔一毛以利天下。　墨：墨翟，战国时思想家，主张"兼爱""非攻"。儒家把杨朱、墨翟的学说视为异端。

〔5〕"入者主之"四句：谓赞成某一家，就以那一家为主而去附和；反对某一家，就以那一家为奴而去诋毁。

〔6〕"老者曰"三句：《庄子·德充符》："无趾语老聃曰：'孔子之于至人，其未邪！彼何宾宾以学子为？'"又《天运》："孔子行年五十有一而不闻道，乃南之沛见老聃。"是道家有孔子师从老子之说。老者，学老子者。

〔7〕"佛者曰"三句：佛教称孔子为儒童菩萨，说孔子亦佛之弟子。

此说出《清净法行经》，释道安二教论引之，见释道宣《广弘明集》卷八。

〔8〕“为孔子者”五句：意谓学习孔子的儒生也说孔子曾向老子学习过。《礼记・曾子问》中记载孔子与曾子问答，有“吾闻诸老聃”句。《孔子家语・观周》记孔子问礼于老聃。

〔9〕“古之为民者四”二句：为民者四，指士、农、工、商；为民者六，士、农、工、商再加僧、道。

〔10〕“古之教者处其一”二句：一，指士，实即儒生；三，指儒、释、道。

〔11〕贾(gǔ 古)：商人。

〔12〕资焉：取资于此。这一段感慨佛、道之为害儒家，又使民穷且盗。

【译文】

周道衰落，孔子逝世，儒家诗书被焚于秦代，黄老学说盛行于汉代，佛教流行于晋、魏、梁、隋各代。那时候，谈起道德仁义的，不归入杨朱一派，就归入墨翟一派；不归入老子的道家，就归入佛教。归入那一家，必然离开这一家。归入那一家，就尊崇那家为主；离开那一家，就轻蔑那家为奴；归入那一家，就附和那一家；离开那一家，就污蔑那一家。唉！后世的人想要知道仁义道德的学说，究竟从谁那里听得到呢？学习老子道家的人说：“孔子，是我们老师的学生。”学佛的人说：“孔子，是我们老师的学生。”学习孔子学说的人，听惯了那些话，乐于听从那些荒诞之说而小看自己，也说“我们的老师也曾经向他们学习过”云云。不但口头说，还写在他们的书上。唉！后世的人虽然想知道仁义道德的学说，可是从谁那里求得真知呢？太过分了，人们的喜好怪诞的心理！他们不去探求事情的开端，也不问讯事情的结果，惟有怪论才是爱听的。古代，作为民众，只有四类，当今呢，民众有六类；古代，负有教民任务的，只有一类，当今呢，教民的有三类。务农的只有一家，而食用粮食的有六家；做工的只有一家，而使用器皿的有六家；经商的只有一家，而取给于此的有六家。这种情况，又怎么能使民众不穷困不偷盗呢！

古之时，人之害多矣。有圣人者立，然后教之以相生相养之道。为之君，为之师，驱其虫蛇禽兽而处之中土。寒然后为之衣，饥然后为之食；木处而颠，土处而病也，然后为之宫室；为之工以赡其器用，为之贾以通其有无；为之医药以济其夭死，为之葬埋祭祀以长其恩爱，为之礼以次其先后，为之乐以宣其湮郁〔1〕；为之政以率其怠倦，为之刑以锄其强梗。相欺也，为之符玺斗斛权衡以信之〔2〕；相夺也，为之城郭甲兵以守之。害至而为之备，患生而为之防。今其言曰：“圣人不死，大盗不止；剖斗折衡，而民不争〔3〕。”呜呼！其亦不思而已矣！如古之无圣人，人之类灭久矣。何也？无羽毛鳞介以居寒热也，无爪牙以争食也。

是故君者，出令者也；臣者，行君之令而致之民者也；民者，出粟米麻丝，作器皿，通货财以事其上者也。君不出令，则失其所以为君；臣不行君之令而致之民，则失其所以为臣；民不出粟米麻丝，作器皿，通货财以事其上，则诛。今其法曰：“必弃而君臣〔4〕，去而父子，禁而相生相养之道，以求其所谓清静寂灭者〔5〕。”呜呼！其亦幸而出于三代之后，不见黜于禹、汤、文、武、周公、孔子也；其亦不幸而不出于三代之前，不见正于禹、汤、文、武、周公、孔子也。

【注释】

〔1〕湮（yān 烟）郁：心中积闷。

〔2〕符：符节。　玺：印信。　权衡：称物体重量的衡器。

〔3〕“圣人不死”四句：见《庄子·胠箧》。韩愈引《庄子》语为例

来攻击道家不仁。这一段认为人类的物质生活、社会生活和文化生活，都是“圣人”也就是儒家理想中的大人物所教的，并以为这就是“仁”的实施。

〔4〕而：汝，你。下两句中“而”同。

〔5〕清净寂灭：佛教语。清净，指脱离一切恶行、烦恼和污垢。《俱舍论》十六：“诸身语意三种妙行，名身语意三种清净，暂永远离一切恶行烦恼垢，故名为清净。”寂灭，即涅槃，指超脱一切、进入不生不灭的境界。《无量寿经上》：“诚谛以虚，超出世间，深乐寂灭。”后称佛或僧人死为寂灭或涅槃。这一段攻击佛教不义，破坏了儒家心目中“圣人”所教的社会秩序。

【译文】

古时候，人们遭受的灾害太多了。有圣人出现，才教给民众以相生相养的生活方式。圣人做他们的君主，当他们的师长。驱赶那些蛇虫禽兽，把民众安顿在中原地区；天气冷了，教他们做衣裳，肚子饿了，教他们煮食物；巢居在树木上容易掉下来，穴居在土窟里容易得病，就教他们营造房屋；教他做工来丰富生活用具，教他们经商来互通有无；发明医药来救治那短命夭死的人，规定丧葬祭祀的办法来增长人与人之间的恩情，制定礼节来分清尊卑先后的秩序，创设音乐来宣泄人们心中的郁闷；实施政令来督率那怠惰懒散的人，建立刑法来铲除那强悍不驯之徒。人们互相欺诈，就制作出符节、玺印、斗斛、秤尺等作为凭信；人们互相争夺，就设置城郭、盔甲、兵器来守卫。祸害将至，早作准备；忧患将生，及早预防。现在道家那些人说：“圣人不死，大盗贼就不会止息。毁掉了升斗，折断了秤杆，人们就不会争夺。”唉！说这种话的人，都不过是不加思考而说说罢了。如果古代没有圣人，人类早已灭亡了。为什么呢？人类没有羽毛鳞甲来适应严寒酷暑，也没有坚硬的爪牙来夺取食物呀。

因此，君主，是发布命令的；臣子，是执行君主的命令并实施于民众的；民众，是生产粮食丝麻，制造器皿，交流货物钱财，来供奉居于上位的君臣的。君主不发布命令，就丧失了为君的权力；臣子不执行君主的命令并实施于民众，就丢掉了臣子的职责；民众不生产粮食丝麻，不制作器皿，不交流财货来供奉居于上位的君臣的，就要受到惩处。现今佛教却宣扬他们的法，说“一定要抛弃你们的君臣关系，抛弃你们的父子关系，禁止你们那种相生相养的办法，去追求那清净寂灭的彼岸境界”。哎哟！他们幸而出生在三代之后，才不为夏禹、商汤、周文王、周武王、周公、孔子所贬斥；他们也不幸而不出生在三代之前，没有得到夏禹、商汤、周文王、周武王、周公、孔子的教诲和纠正。

帝之与王，其号虽殊，其所以为圣一也。夏葛而冬裘，渴饮而饥食，其事虽殊，其所以为智一也。今其言曰：“曷不为太古之无事？”是亦责冬之裘者曰：“曷不为葛之之易也？”责饥之食者曰：“曷不为饮之之易也？”传曰：“古之欲明明德于天下者，先治其国；欲治其国者，先齐其家；欲齐其家者，先修其身；欲修其身者，先正其心；欲正其心者，先诚其意〔1〕。”然则古之所谓正心而诚意者，将以有为也。今也欲治其心，而外天下国家，灭其天常〔2〕，子焉而不父其父，臣焉而不君其君，民焉而不事其事。孔子之作《春秋》也，诸侯用夷礼则夷之，进于中国则中国之〔3〕。经曰：“夷狄之有君，不如诸夏之亡〔4〕。”《诗》曰：“戎狄是膺，荆舒是惩〔5〕。”今也举夷狄之法，而加之先王之教之上，几何其不胥而为夷也〔6〕？

【注释】

〔1〕“传曰”以下十句：引自《礼记·大学》。传（zhuàn 撰），解释儒家经典的书。《大学》，当是战国时期儒家所作，着重阐述个人道德修养与社会治乱的关系，“明明德”等是修养目标，“诚意、正心、修身、齐家、治国、平天下”等是实现天下大治的步骤。认为关键在“修身”，即每个社会成员尤其是统治者道德修养的好坏，决定社会的治乱。《大

学》所述，合理的一面是肯定道德在社会生活中的作用，但把道德作为决定因素是过分夸大了。韩愈引用《大学》，是正面提出儒家之道以辟佛、道。

〔2〕天常：天伦。指儒家提倡的君臣、父子等伦理关系。

〔3〕中国之：以之为中国。中国，指中原地区。

〔4〕“经曰”三句：引文见《论语·八佾》。谓夷狄虽有君长而无礼义，不如中原虽偶或无君，而礼义不废。夷狄，古代对外族的通称。诸夏，指中原地区诸侯国。

〔5〕“《诗》曰”三句：引文见《诗·鲁颂·閟宫》。谓抗击戎狄，惩罚荆舒。戎狄，古代泛指西部少数民族。膺，攻击。荆，楚；舒，古代南方小国：荆舒，泛指古代南部少数民族。

〔6〕几何：相当于“几乎”。　胥：都。这一段先攻击道家，再攻击佛教，并正面提出了儒家关于修仁义以治天下的主张。

【译文】

称为帝和称为王，他们的名号虽然不同，但是他们作为圣人是一样的。夏天穿葛衣，冬天穿皮裘，渴了要饮水，饿了要吃饭，事情虽然不同，但作为人类发展所获得的智慧是一样的。现今道家的人说：“为什么不实行远古时代的无为而治呢？”这就如同责怪冬天穿皮裘的人说：“为什么不过穿葛衣那样简易的生活呢？”责怪饿了进食的人说：“为什么不过光喝水那样简易的生活呢？”传记里说：“古代那些想要发扬光辉的道德于天下的人，一定先治理好国家；要治理好国家的，一定先整顿好家庭；要整顿好家庭的，一定先修养自身；要修养自身的，一定先端正自己的心思；要端正心思的，一定先使自己具有诚意。”如此看来，古人所说正心和诚意，都是将要有所作为的。现在那些修养心性而把天下国家当作身外之物的人，他们灭绝天伦，做儿子的不把父亲当父亲，做臣子的不把君主当君主，做民众的不去从事他们该做的事。从前孔子修《春秋》，对于采用夷狄礼法的诸侯，就把他们列入夷狄，对于进化到中原礼法的诸侯，就承认他们是中原先进的人。儒家经书里说：“夷狄的有君主，还不如中原的没有君主。”《诗经》里说：“夷狄应当攻击，荆舒应当惩罚。”现在，却把夷狄的礼法，放到先王政教之上，那就几乎都要沦落为夷狄了。

夫所谓先王之教者，何也？博爱之谓仁，行而宜之之谓义，由是而之焉之谓道，足乎己无待于外之谓德。其文《诗》、《书》、《易》、《春秋》，其法礼乐刑政，其民士农工贾，其位君臣、父子、师友、宾主、昆弟、夫妇，其服麻丝，其居宫室，其食粟米果蔬鱼肉：其为道易明，而其为教易行也〔1〕。是故以之为己〔2〕，则顺而祥；以之为人，则爱而公；以之为心，则和而平；以之为天下国家，无所处而不当。是故生则得其情〔3〕，死则尽其常〔4〕；郊焉而天神假，庙焉而人鬼飨〔5〕。曰："斯道也，何道也？"曰："斯吾所谓道也，非向所谓老与佛之道也。"尧以是传之舜，舜以是传之禹，禹以是传之汤，汤以是传之文、武、周公，文、武、周公传之孔子，孔子传之孟轲；轲之死，不得其传焉。荀与扬也，择焉而不精，语焉而不详〔6〕。由周公而上，上而为君，故其事行；由周公而下，下而为臣，故其说长。然则如之何而可也？曰："不塞不流；不止不行〔7〕。人其人〔8〕，火其书〔9〕，庐其居〔10〕，明先王之道以道之。鳏寡孤独废疾者有养也，其亦庶乎其可也！"

【注释】

〔1〕"博爱之谓仁"至"其为教易行也"：这一节重申前文，阐明先王之教的内容，强调儒家的正统地位。

〔2〕以之为己：用先王之教对待自己。下文"以之为人"，即对待别人；"为心"，即以先王之教作为心中理想。

〔3〕得其情：合乎情理。

〔4〕尽其常：谓按照伦常以礼丧葬。

〔5〕"郊焉而天神假(gé 格)"二句：谓祭天而天神降临，祭宗庙而

祖先享受。郊，祭天。假，通“格”，至，到。人鬼，指已故的祖先。

〔6〕“荀与扬也”三句：谓荀况的言论丰富而选择不精，扬雄的言论则简略而不详。韩愈认为荀子、扬雄，都不能算醇儒，见其《读荀子》一文。

〔7〕“不塞不流”两句：谓佛、道之说不堵塞、不制止，儒家之道（先王之教）就不能流传、不能推行。

〔8〕人其人：谓使僧道还俗为民。上一“人”字，当为“民”字，作动词用，使为民。下一“人”字，指僧道其人。

〔9〕火：烧。　书：指佛、道之书。

〔10〕庐其居：谓把佛寺道观改为民居。在这一段中，重申儒家仁义道德的观点和封建统治秩序的合理性，提出儒家道统，并隐隐然以道统继承人自居。

【译文】

我所说的先王政教，是什么呢？泛爱一切人就叫仁，履行仁道而合宜就叫义，由此而前进就叫道，自身具有而不求于外就叫德。讲仁义道德的文字是《诗经》、《尚书》、《易经》、《春秋》，体现仁义道德的法制是礼仪、音乐、刑法、政教，民众是士、农、工、商，位置秩序是君臣、父子、师友、宾主、兄弟、夫妇，衣服是麻丝，住处是房屋，食物是粮食、蔬果、鱼肉：作为道理，简单明了；作为教令，简便易行。因此，用以对待自己，就和顺而吉祥；用以对待民众，就博爱而公正；用以修心，就祥和而平静；用以治理天下国家，就没有地方是不适宜的。因而人活着就会感受到人与人之间的情谊，人死了就能得到按照礼法的安排；祭天就会有天神降临，祭祖就会使祖先来享。有人问：“这种道，是什么道呢？”我说：“这就是我所说的道，而不是前面说的道家和佛家的道。”这个道，唐尧把它传给虞舜，虞舜传给夏禹，夏禹传给商汤，商汤传给周文王、周武王和周公，周文王、武王、周公传给孔子，孔子传给孟轲；孟轲死后，这个道就没有传人。荀子、扬雄，从中选取了一些而选得不精到，论述过一些而说得不详备。从周公往上，继承道统的都是在上为君的，所以儒道能够推行；从周公向下，传道的是在下为臣的，所以学说得以长久流传。如此说来，怎么办才能行呢？我认为：“不堵塞佛老之道，儒道就不能流传；不禁止佛老之道，儒道就不能推行。让那些僧道还俗为民，把佛经、道书烧掉，把佛寺、道观改为民居，阐明先王之道来教导民众，让鳏夫、寡妇、孤儿、孤老和有残疾的人，都有所养，过安定的生活，这样，也就差不多可以了！”

（张扬之）

原 毁

韩 愈

【题解】

《原毁》，探求毁谤的本源。这篇文章用“古之君子”与“今之君子”对比，“责己”与“待人”的不同态度对比，进而阐述毁谤的本源是“怠”和“忌”。又用形象化的语言来揭出当时只许说人坏、不准说人好的恶习，形成了“事修而谤兴，德高而毁来”的坏风气。文章多用排句，层层推进，结构严整。

中唐以后，科举入仕的新进之士常常遭受当权者的压抑，韩愈本人曾几次被毁谤而贬职。他写这篇文章，有泄愤懑、同情被毁受压者的作用，文末又希望当权者加以注意，使国家得以治理。

古之君子，其责己也重以周〔1〕，其待人也轻以约〔2〕。重以周，故不怠〔3〕；轻以约，故人乐为善。闻古之人有舜者，其为人也，仁义人也〔4〕。求其所以为舜者〔5〕，责于己曰：“彼人也，予人也。彼能是，而我乃不能是〔6〕！”早夜以思，去其不如舜者，就其如舜者。闻古之人有周公者，其为人也，多才与艺人也〔7〕。求其所以为周公者，责于己曰：“彼人也，予人也。彼能是，而我乃不能是！”早夜以思，去其不如周公者，就其如周公者。舜，大圣人也，后世无及焉；周公，大圣人也，后世无及焉。是人也[8]，乃曰："不如舜，不如周公，吾之病也[9]。"是不亦责于身者，重以周乎！其于人也[10]，曰："彼人也，能有是，是足为良人矣；能善是，是足为艺人矣[11]。"取其一不责其二，即其新不究其旧[12]。恐恐然惟惧其人之不得为善之利[13]。一善易修也，一艺易能也，其于人也，乃曰："能有是，是亦足矣。"曰："能善是，是亦足矣。"不亦待于人者，轻以约乎？

【注释】

〔1〕责己：要求自己。　重：严格。　周：全面。

〔2〕轻：宽容。　约：简要。

〔3〕怠：怠惰。

〔4〕"闻古之人有舜者"三句：这里举出舜作为仁义之人的代表。《孟子·公孙丑上》："大舜有大焉，善与人同，舍己从人，乐取于人以为善。"为此三句所本。

〔5〕所以：指情由，原因。

〔6〕"彼人也"四句：《孟子·滕文公上》引颜渊语："舜，何人也？予，何人也？有为者亦若是。"为此四句所本。彼，指舜。是，这样。

〔7〕才：才干。　艺：技能。

〔8〕是人：此处指古之君子。

〔9〕病：过错，缺点。

〔10〕其：他。此处指古之君子。

〔11〕艺人：有技能的人。

〔12〕即：接触。　新：指现在的状况、表现。　旧：指过去。

〔13〕恐恐然：谨慎小心的样子。　不得为善之利：得不到做好人好事的益处。

【译文】

古代的君子，他要求自己么，严格而全面，对待别人呢，宽容而简约。严格而全面，所以不敢怠惰；宽容而简约，所以人们乐于做好人好事。听说古代有个人叫舜，他的为人，是个仁义之人。探求舜之所以成为仁义之人的原由，就责备自己说："他是个人，我也是个人；他能这样，我竟不能这样！"早上晚上都在思考，改掉那些不如舜的地方，靠拢那些像舜一样的地方。又听说古代有个人叫周公，他的为人，是个多才多艺的人。探究周公之所以成为多才多艺的人的原由，责备自己说："他是个人，我也是个人；他能这样，我竟不能这样！"早上晚上都在思考，改掉那些不如周公的地方，靠拢那些像周公一样的地方。舜是大圣人，后代没有能及得上他的；周公也是大圣人，后代也没有及得上他的。这些古代的君子说："及不上舜，及不上周公，是我的过错。"这不就是要求自己严格而全面吗？他们对待别人，说："那个人啊，能够有这么点，这就足以做个良好的人了；能够长于这些方面，这也足以算个有才能的人了。"肯定人家某一方面，不去苛求第二方面；论人家现在的表现，不去计较人家的过去。谨慎待人，惟恐人家得不到做好人好事的益处。一件好事，容易做到；一种技艺，也容易学到。他们对别人，却说："能够有这些，这就够了。"又说："能够长于这一方面，也就够了。"这不是要求别人宽容而简约吗？

今之君子则不然。其责人也详[1]，其待己也廉[2]。详，故人难于为善；廉，故自取也少。己未有善，曰："我善是，是亦足矣。"己未有能，曰："我能是，是亦足矣。"外以欺于人，内以欺于心，未少有得而止矣。不亦待其身者已廉乎[3]！其于人也，曰："彼虽能是，其人不足称也；彼虽善是，其用不足称也。"举其一不计其十，究其旧不图其新[4]。恐恐然惟惧其人之有闻也[5]。是不亦责于人者已详乎？夫是之谓不以众人待其身[6]，而以圣人望于人，吾未见其尊己也！

【注释】

〔1〕详：详备，全面。

〔2〕廉：少。此处意思为不严格。

〔3〕已廉：太少。已，太。下文“责于人者已详”同。

〔4〕图：考虑。

〔5〕闻（旧读 wèn 问）：名声。

〔6〕众人：一般的人，普通人。　待其身：要求自己。

【译文】

现今的君子可不一样啦。他们责备别人很周详，而要求于自己的么，就很少。周详，所以人家难以做好事；少，所以自己获得进步也少。自己并没有什么好的地方，却说：“我有这优点，这也足够了。”自己并没有什么才能，却说：“我有这能耐，这也足够了。”表现于外是欺骗别人，反省于内是欺骗良心，还没有些微的收获就停止不前，这不是对待自己要求太少太低了吗？他们要求别人，说：“那个人虽然能做这个，但他的为人不值得赞美；那个人虽然擅长这些，但是他的才用不值得称道。”他们是举出人家一点欠缺而不计算别的十点长处，追究人家的过去而不考虑人家新的当前的成就。他们惶惶不安，惟恐人家有好名声。这岂不是要求别人太周全了吗？这就叫不用普通人的标准来要求自己，却用圣人的标准去希望别人，我看不出他们是在尊重自己啊。

虽然〔1〕，为是者有本有原〔2〕，怠与忌之谓也〔3〕。怠者不能修，而忌者畏人修。吾尝试之矣，尝试语于众曰：“某良士，某良士。”其应者〔4〕，必其人之与也〔5〕；不然，则其所疏远，不与同其利者也；不然，则其畏也〔6〕。不若是，强者必怒于言，懦者必怒于色矣。又尝语于众曰：“某非良士，某非良士。”其不应者，必其人之与也；不然，则其所疏远，不与同其利者也；不然，则其畏也。不若是，强者必说于言〔7〕，懦者必说于色矣。是故事修而谤兴，德高而毁来。呜呼！士之处此世，而望名誉之光[8]，道德之行，难已！

将有作于上者[9]，得吾说而存之，其国家可几而理欤[10]！

【注释】

〔1〕虽然：虽说如此。

〔2〕原："源"的本字，根源。

〔3〕怠与忌：怠，懈怠，指对自己；忌，妒忌，指对别人。

〔4〕应(yìng 映)：应和，呼应。

〔5〕与：党与，相结交的人。

〔6〕畏：指畏惧他的人。

〔7〕说(yuè 悦)：同"悦"，喜欢，高兴。下句"说"字同此。

〔8〕光：昭著，显著。

〔9〕有作：有所作为。　于上者：居于上位的人。此指执政者。

〔10〕几(jī 机)：将近，差不多。　理：治理好。唐人避唐高宗李治讳，往往用"理"代替"治"字。

【译文】

虽说如此，做出这些行为来是有其根源的，这就是人们常说的懈怠和妒忌啊。懈怠的人自己不学习，而妒忌的人就怕人家学习。我曾经试验过，曾经对很多人说："某人是优秀的，某人是优秀的。"那些应声附和的，一定是那个人的同伙；否则，就是他所疏远而没有什么相同的利害关系的；再不然，就是惧怕他的人。假如不是这样，强悍的人一定用言语来表示愤怒，懦弱的人一定在脸色上显露出不满。我又曾经对好多人说："某人不是优秀的人，某人不是优秀的人。"那些不应声的，一定是那个人的同伙；否则，是他所疏远而没有什么相同的利害关系的；再不然，就是惧怕他的人。假如不是这样，强悍的人一定在言语中表示高兴，懦弱的人一定在脸色上显露出喜欢。因此，事业成功，毁谤随之而生；德望高了，坏话跟着就来。哎呀！读书人处于当前这种环境中，要想光大名声，履行道德，真是难啊！

想要有所作为而居于上位的人，如能听取我的说法而牢记在心，那国家就差不多治理好了吧！

（张扬之）

获 麟 解

韩 愈

【题解】

获麟，相传鲁哀公十四年（前481），在西部的大野狩猎，叔孙氏的御者子商猎获麒麟，以为不祥。孔子作《春秋》，至此绝笔。《春秋·鲁哀公十四年》“西狩获麟”杜预注：“麟者，仁兽，圣王之嘉瑞也。时无明王，出而遇获。仲尼伤周道之不兴，感嘉瑞之无应，故因《鲁春秋》而修中兴之教，绝笔于获麟之一句，所感而作，固所以为终也。”《史记·儒林列传》也记载：“仲尼干七十馀君无所遇，曰‘苟有用我者，期月而已矣’。西狩获麟，曰‘吾道穷矣’。”《获麟解》是对猎获麒麟又视为不祥这件事情的辨析。

先点明麒麟是一种“祥”（吉祥物），人们都“知”（知道，了解）；紧接着说麒麟“不畜于家”、“不恒有”、“为形也不类”，一般人不易“知”，于是麒麟在一般人眼里反被看作“不祥”之物了。最后提出惟有圣人了解麒麟，但在没有圣人之时而麒麟出来，只好得了“不祥”二字而被猎获，说“亦宜”，其实是发牢骚。

这篇短短的议论文是韩愈的议论文中富于文学意味的，用麒麟作比喻，曲折写出了怀才不遇、生不逢辰的苦闷。

麟之为灵昭昭也[1]，咏于《诗》[2]，书于《春秋》[3]，杂出于传记百家之书。虽妇人小子，皆知其为祥也。

然麟之为物，不畜于家，不恒有于天下[4]；其为形也不类[5]，非若马、牛、犬、豕、豺、狼、麋、鹿然[6]。然则虽有麟，不可知其为麟也。角者吾知其为牛，鬣者吾知其为马，犬、豕、豺、狼、麋、鹿吾知其为犬、豕、豺、狼、麋、鹿，惟麟也不可知。不可知，则其谓之不祥也亦宜[7]。

虽然[8]，麟之出，必有圣人在乎位，麟为圣人出也。圣人者，必知麟。麟之果不为不祥也[9]。

又曰：麟之所以为麟者，以德不以形[10]。若麟之出不待圣人，则谓之不祥也亦宜。

【注释】

〔1〕昭昭：明明白白。

〔2〕咏于《诗》：《诗经》有《麟之趾》篇。

〔3〕书于《春秋》：见［题解］。

〔4〕恒：常。

〔5〕不类：不好归类。意即不像这样，又不像那样。

〔6〕麋（mí 迷）：兽名，即驼鹿。

〔7〕宜：应该，自然。

〔8〕虽然：虽说如此。

〔9〕果：果真。

〔10〕以：凭，根据。

【译文】

麒麟，作为一种灵异，是明明白白的，《诗经》里有歌咏，《春秋》里有记载，史传和百家之书里也屡屡提到。即使是妇女和小孩，也都知道它是吉祥的。

然而麒麟这种动物，家里不豢养，世上不常见；他的形状又难以归类，不像马、牛、狗、猪、豺、狼、麋、鹿那样。这样，即使有麒麟，也不可能知道它是麒麟了。有角的，我知道它是牛，颈上有长毛的，我知道它是马，狗、猪、豺、狼、麋、鹿，我知道它们是狗、猪、豺、狼、麋、鹿，只有麒麟啊，不可能知道。不知道，不认识，那么人们说它是不祥之物，也是应当的。

虽说如此，但是麒麟的出现，一定有圣人在位掌权，麒麟是为圣人而出现的啊。圣人，一定知道麒麟，识得麒麟的。麒麟的确不是不祥之物啊。

再说，麒麟之所以为麒麟，是凭它的德性而不是根据它的外形。假使麒麟的出现，不能等到圣人在位的时候，那么，被人们认为是不祥之物，也是应当的。

（张㧑之）

杂　说　一

韩　愈

【题解】

韩愈的《杂说》是一组杂感式的小品文，也可以说是古代的杂文。共四篇，这里选的是第一篇。本文以龙和云比喻君和臣，说明君臣遇合，才能有所作为。

龙嘘气成云[1]，云固弗灵于龙也[2]。然龙乘是气，茫洋穷乎玄间[3]，薄日月[4]，伏光景[5]，感震电[6]，神变化[7]，水下土[8]，汩陵谷[9]，云亦灵怪矣哉！

云，龙之所能使为灵也[10]。若龙之灵，则非云之所能使为灵也。然龙弗得云，无以神其灵矣[11]。失其所凭依，信不可欤[12]？异哉！其所凭依，乃其所自为也。《易》曰："云从龙[13]。"既曰龙，云从之矣。

【注释】

〔1〕嘘气：呼气。

〔2〕固：原来。

〔3〕茫洋：辽阔无边际的样子。　玄间：太空之间。玄，幽远。

〔4〕薄(bó 勃)：迫近。

〔5〕伏：使隐匿。　光景：日光。

〔6〕感：通“撼”。摇动。
〔7〕神：使神奇。
〔8〕水：浸润之意。　下土：土地。
〔9〕汩(gǔ 古)：水流不止。
〔10〕使为灵：使之为灵。“使”后省掉的“之”指代云。
〔11〕神：显出的意思。
〔12〕信：确实。
〔13〕云从龙：见于《易经·乾卦·文言》。从，跟随。

【译文】

龙呼气，变成云，云原来并不比龙灵异。然而，龙乘着这气变成的云，在那辽阔无际的太空之中到处游动，迫近日月，掩盖光辉，震撼雷电，神奇变化，浸润土地，流动于陵谷，这云也真是灵妙奇异的啦！

云，是龙能够使它变成灵异的。像龙那样的灵异，那就不是云所能够使它变成的。然而，龙得不到云，就无法显示出它的灵异了。失去其所依托凭藉的东西，是确确实实不可以的吗？怪哉！它所依托凭藉的，竟然是它自身制作出来的。《易经》中说：“云从龙。”既然叫龙，云当然跟随着它啦。

（张扬之）

杂　说　四

韩　愈

【题解】

本文借千里马不遇伯乐来比喻才能之士怀才不遇，抨击在位掌权者的不识人才和摧残人才。写作年代不详。有人认为作于唐德宗贞元十一年(795)，当时韩愈曾三次上书给宰相，均未得用。可备一说。

这是历来传诵的佳作，文章虽短，却层层深入，笔锋犀利。一开头就说没有伯乐就没有名实相副的千里马，表明好马是常有的，但没有识马的伯乐，有了好马也等于没有。“不以千里称”，是借马为才能之士抱屈。接下去凌空着笔，说好马食量极大，是比喻有才之人应该得好待遇，但用人者不识才，如同饲马者不识好马，以至于要求得到平常的待遇也不可得，“安能求其千里”呢！“不以千里称”，是死后名声泯灭；“安能求其千里”，是活着的时候才干埋没：一死一生，汩没无名，这是令人十分不平之事；再进一层说，埋没了名马的那些掌权者，居然还斥责“天下无马”，这还有什么可说呢！所以，用冷冷的两句反问作结，留下许多意思让读者去想象和作答。

世有伯乐[1]，然后有千里马。千里马常有[2]，而伯乐不常有。故虽有名马，只辱于奴隶人之手，骈死于槽枥之间[3]，不以千里称也。

马之千里者，一食或尽粟一石[4]。食马者不知其能千里而食也[5]。是马也，虽有千里之能，食不饱，力不足，才美不外见[6]，且欲与常马等不可得，安求其能千里也？策之不以其道[7]，食之不能尽其材，鸣之而不能通其意[8]。执策而临之曰："天下无马。"呜呼！其真无马邪，其真不知马也？

【注释】

〔1〕伯乐：孙阳，字伯乐，春秋时秦人，善相马。伯乐识千里马事，见《战国策·楚策四》、《列子·说符》、《庄子·马蹄》诸篇，历来作为善于识拔人才的典故。

〔2〕千里马：指具有日行千里之能而尚未被发现的好马。

〔3〕骈（pián 胼）死：相比连而死。　槽：盛饲料喂马的器具。　枥：马厩。

〔4〕一食：吃一顿。　尽粟一石：吃完一石粟，极言好马食量大。

〔5〕食（sì 四）马者：饲养马的人。食，通"饲"，喂养。下文"食之不能尽其材"中"食"同。

〔6〕才美：才具、长处。　见：同"现"，呈现。

〔7〕策：马鞭，此处用为动词，鞭策、驾驭的意思。　不以其道：不按照道理。

〔8〕鸣之：马鸣叫。　不能通其意：养马人不懂马鸣叫的意思。

【译文】

世上有了伯乐，然后才会有千里马。能日行千里的马是常有的，然而伯乐却不是常有的。因此，即使有了名马，也只能辱没于养马的奴仆之手，最后是接连不断地死在马厩之中，永远不能以日行千里而著名。

那些马中能日行千里的，吃一顿往往要吃完一石粟。可是饲养的人，却不知道这马能日行千里而要吃那么多。这样的马，虽有日行千里的本领，但是吃不饱，力气不足，才干特长也就表现不出来，即使想求得与平常的马相等的地位都不可得，哪里还能要求它日行千里呢？那些饲养马的人，驾驭马时不能按照规律，喂养马又不尽其才能给足饲料，对马的哀鸣，又一点也不懂它的意思。他们还手执马鞭，居高临下地说什么“天下没有好马”。唉！是真的没有好马呢，还是确实不识好马呢？

（张扬之）

卷　八

师　说

韩　愈

【题解】

本文阐述师的作用和从师学习的重要，抨击当时士大夫以从师学习为耻的坏风气。韩愈认为“人非生而知之者”，所以人人都要从师学习；从师的原则是“道之所存，师之所存”，不分长幼，不论贵贱；老师与弟子之间，“弟子不必不如师，师不必贤于弟子”，因为“闻道有先后，术业有专攻”。这些见解，今天还有积极意义。

柳宗元有《答韦中立论师道书》，他说：“今之世不闻有师，有辄哗笑之以为狂人。独韩愈奋不顾流俗，犯笑侮，收召后学，作《师说》，因抗颜而为师。”可见韩愈当年是有点勇气和抱负的。

文章用从师与不从师、学道和学句读、士大夫和巫医乐师百工之人作对比，反复论证，脉络清楚，涵义深远，语言流畅。

古之学者必有师[1]。师者，所以传道受业解惑也[2]。人非生而知之者[3]，孰能无惑？惑而不从师，其为惑也，终不解矣。生乎吾前[4]，其闻道也[5]，固先乎吾[6]，吾从而师之；生乎吾后，其闻道也，亦先乎吾，吾从而师之。吾师道也[7]。夫庸知其年之先后生于吾乎[8]？是故无贵无贱[9]，无长无少，道之所存，师之所存也。

嗟乎！师道之不传也久矣[10]，欲人之无惑也难矣。古之圣人，其出人也远矣[11]，犹且从师而问焉[12]；今之众人，其下圣人也亦远矣[13]，而耻学于师。是故圣益圣[14]，愚益愚。圣人之所以为圣，愚人之所以为愚，其皆出于此乎？爱其子，择师而教之；于其身也[15]，则耻师焉，惑矣。彼童子之师，授之书而习其句读者也[16]，非吾所谓传其道、解其惑者也。句读之不知，惑之不解，或师焉，或不焉[17]，小学而大遗[18]，吾未见其明也[19]。巫医乐师百工之人[20]，不耻相师[21]。士大夫之族，曰师曰弟子云者[22]，则群聚而笑之。问之，则曰："彼与彼年相若也[23]，道相似也。位卑则足羞，官盛则近谀。"呜呼！师道之不复可知矣[24]。巫医乐师百工之人，君子不齿[25]。今其智乃反不能及[26]，其可怪也欤！

【注释】

〔1〕学者：指求学的人。

〔2〕所以：表示用来做某事的。　传道：传授道理。韩愈说的道，当然是《原道》所说的儒家之道。　受业：教授学业。受，通"授"。　解惑：解释疑难。

〔3〕生而知之者：生下来就懂道理、有知识的。《论语·季氏》："孔子曰：'生而知之者，上也；学而知之者，次也。'"韩愈在此处不承认有生而知之者。

〔4〕乎：相当于"于"。

〔5〕闻道：懂得道理。

〔6〕固：本来。此处意谓确实。

〔7〕师道：学习道理。师，动词，学。

〔8〕庸知其：哪管他。庸，岂，哪里。

〔9〕无：无论。

〔10〕师道：从师学习的风尚。

〔11〕出人：超过一般人。

〔12〕犹且：尚且。

〔13〕下：低于。

〔14〕圣益圣：前一个“圣”指古之圣人，后一个“圣”指聪明懂道理。下一句中前一个“愚”指今之愚人，后一个“愚”指愚昧而不明事理。益，更加。

〔15〕于其身：对于他自己。身，自身。

〔16〕授之书：教他书本上的知识。　习其句读(dòu 豆)：学习书上的文句。读，文章中不足一句但是念起来要停顿之处。古书没有标点，所以老师教学时要教他断句，句用小圈，读用小点，也写作“逗”。

〔17〕不(fǒu 否)：同“否”。这里指不从师学习。

〔18〕小：小事，指不知句读。　大：大事，指不明事理，有惑不解。遗：抛弃。

〔19〕明：明白道理。

〔20〕巫医：古代以祝祷、占卜等方式或兼用药物治疗疾病为业的人，连称巫医。当时被看作是低下的职业。　百工：泛指各种手工业工匠。

〔21〕相师：互相从师，意即互相学习。

〔22〕云者：如此这般的意思。

〔23〕年相若：年龄差不多。若，似。

〔24〕师道：从师学习的风尚。　复：恢复。

〔25〕不齿：不屑与之同列，羞与为伍之意。古时士大夫看不起巫医乐师百工之人。

〔26〕乃：竟。

【译文】

古时求学的人一定有老师。老师，是传授道理、教授学业、解释疑难的人。人，不是生下来就懂道理、有知识的，谁能没有疑难呢？有了疑难，却不去从师学习，那些成为疑难的问题也就永远不会得到解决了。生在我之前的人，他懂道理本来比我早，我就跟从他学习；生在我之后的人，他懂得道理也比我早，我也跟从他学习。我学习的是道理，哪里管他出生在我之前还是我之后呢？因此，无论地位的贵贱，也无论年龄的长幼，道理所在之处，也就是老师所在之处。

唉！从师学习的风尚，失传已经很久了，要想人们没有疑难也很困难了！古代的圣人，远远超出一般常人，尚且跟从老师去请教问题；现在的一般常人，他们远远低于圣人，却以从师学习为耻。因此，圣人更加圣明，愚人更加愚昧。圣人之所以成为圣人，愚人之所以成为愚人，大概都是由于这个缘故吧。有些人，爱自己的孩子，就选择老师来教孩子；对于他自己呢，却以从师学习为耻，这真是令人大惑不解。那些儿童的老师，是教他们书本上的内容和做断句练习的，不是我所说的传授道理、解释疑难的人啊。不懂断句，疑难不得解决，有的从师学习，有的却不去学习，学了小事，丢了大事，我看不出他们是明白事理的。巫医乐师和各种手工业者，不以互相学习为耻。士大夫之类，一说到“老师”、“弟子”，如此如此，就聚成一群，讥笑人家。问他何以如此，就说：“他和他年纪差不多，知道的道理也相像。称地位低的人为师则实在羞耻，称官职高的人为师则近乎谄谀。”唉！从师学习的风尚不能恢复，从这里也可以了解其中的原由了。巫医乐师和各种手工业者，是上层君子羞与为伍的，现在他们的智慧反而是君子们及不上的，岂不是怪事吗！

圣人无常师〔1〕。孔子师郯子、苌弘、师襄、老聃〔2〕。郯子之徒〔3〕，其贤不及孔子。孔子曰：“三人行，则必有我师〔4〕。”是故弟子不必不如师，师不必贤于弟子。闻道有先后，术业有专攻〔5〕，如是而已。

李氏子蟠〔6〕，年十七，好古文，六艺经传皆通习之〔7〕，不拘于时〔8〕，学于余。余嘉其能行古道〔9〕，作《师说》以贻之〔10〕。

【注释】

〔1〕常师：固定的老师。《论语·子张》：“夫子焉不学？而亦何常师之有？”

〔2〕郯(tán 谈)子：郯国国君，子爵，故称。孔子曾向郯子请教关于官名之事。见《左传·昭公十七年》。 苌(cháng 常)弘：周敬王时大夫。孔子曾向他请教关于音乐的问题。见《孔子家语·观周》。 师襄：春秋鲁乐官，名襄。孔子曾向他学弹琴。见《史记·孔子世家》。老聃(dān 丹)：即老子。孔子曾向他问礼。见《孔子家语·观周》。

〔3〕郯子之徒：郯子这些人。包括郯子在内。

〔4〕“三人行”二句：语出《论语·述而》：“三人行，必有我师焉。择其善者而从之，其不善者而改之。”古人引书，往往与原文不完全一致。

〔5〕术业：技术业务。 专攻：专门研究。

〔6〕李氏子蟠(pán 盘)：李蟠，《韩集》旧注谓于唐德宗贞元十九年(803)进士及第，《登科记考》卷十六谓唐宪宗元和元年(806)才识兼茂、明於体用科及第。生平事迹不详。

〔7〕六艺经传(zhuàn 撰)：六艺的经文和传文。六艺，指六经，即《诗》、《书》、《礼》、《乐》、《易》、《春秋》。 传：解释经的著作。通习：都在学习。通，普遍。

〔8〕不拘于时：不为时俗所拘束。时，时俗，指当时耻于从师的流行习尚。

〔9〕嘉：赞许。 古道：古人从师的正道。

〔10〕贻(yí 移)：赠。

【译文】

圣人没有固定不变的老师。孔子曾经向郯子、苌弘、师襄、老聃请教过。郯子这些人，他们的贤明不如孔子。孔子说：“三个人一起走，其中一定有可以让我师从学习的。”因此，弟子不一定不如老师，老师也不一定要比弟子高明。明白道理有先有后，技术业务各有专长，不过如此而已。

李家的名叫蟠的青年，今年十七岁，爱好古文，六经经传都在学习，不为时俗所拘束，来向我学习。我赞许他能够实行古代的正道，写这篇《师说》来赠给他。

(张㧑之)

进　学　解

韩　愈

【题解】

“进学”，使学有进益。这里的“学”，兼有“业”和“行”两个方面；“解”，对疑难的解析。题意是对于进学这一问题的辩解剖析。

韩愈于唐宪宗元和元年(806)曾任国子博士，后迁升都官员外郎，因事牵累，于元和七年(812)复为国子博士。《旧唐书·韩愈传》说：“愈自以才高，屡被摈黜，作《进学解》以自喻。”是本文当作于元和八年(813)，正复为国子博士之时。全文假设国子先生和学生的对话，说明进德修业的道理，同时抒发自己遭贬斥不得重用的牢骚。“业精”要“勤”，“行成”须“思”，这意见迄今还值得重视。

这篇文章模仿汉代东方朔的《答客难》和扬雄的《解嘲》，篇中用韵，韵又多变，句多对偶，句法多奇。韩愈是散文大家，但也推重汉代的辞赋。这篇文章其实是一篇散文赋。文中有许多语句，成为后代沿用的成语，也可见韩愈在运用语言上的成就。

国子先生〔1〕，晨入太学〔2〕，招诸生立馆下〔3〕，诲之曰：“业精于勤荒于嬉，行成于思毁于随。方今圣贤相逢〔4〕，治具毕张〔5〕。拔去凶邪〔6〕，登崇俊良〔7〕。占小善者率以录〔8〕，名一艺者无不庸〔9〕。爬罗剔抉〔10〕，刮垢磨光[11]。盖有幸而获选，孰云多而不扬[12]？诸生业患不能精，无患有司之不明；行患不能成，无患有司之不公[13]。”

言未既[14]，有笑于列者曰[15]：“先生欺余哉！弟子事先生[16]，于兹有年矣[17]。先生口不绝吟于六艺之文[18]，手不停披于百家之编[19]。纪事者必提其要，纂言者必钩其玄。贪多务得[20]，细大不捐[21]。焚膏油以继晷[22]，恒兀兀以穷年[23]。先生之业，可谓勤矣。抵排异端[24]，攘斥佛老[25]。补苴罅漏，张皇幽眇[26]。寻坠绪之茫茫[27]，独旁搜而远绍[28]。障百川而东之[29]，回狂澜于既倒[30]。先生之于儒，可谓有劳矣[31]，沉浸醲郁[32]，含英咀华[33]，作为文章[34]，其书满家[35]。上规姚姒，浑浑无涯[36]；周诰、殷盘[37]，佶屈聱牙[38]；《春秋》谨严[39]；《左氏》浮夸[40]；《易》奇而法[41]；《诗》正而葩[42]；下逮《庄》、《骚》，太史所录，子云、相如，同工异曲[43]。先生之于文，可谓闳其中而肆其外矣[44]。少始知学，勇于敢为。长通于方[45]，左右具宜[46]。先生之于为人，可谓成矣[47]。然而公不见信于人，私不见助于友。跋前疐后，动辄得咎[48]。暂为御史[49]，遂窜南夷[50]。三年博士[51]，冗不见治[52]。命与仇谋[53]，取败几时。冬暖而儿号寒，年丰而妻啼饥。头童齿豁[54]，竟死何裨[55]。不知虑此，而反教人为[56]？”

【注释】

〔1〕国子先生：韩愈自称。唐代主管教育的国家机关是国子监，管理国子学、太学、广文馆、四门学、律学、书学、算学七个学。七学各置博士，即国子监博士(亦称国子博士)，太学博士，四门博士等。

〔2〕太学：唐代国子学与太学分设，韩愈任国子博士而“晨入太学”，则此“太学”当指国子学，因唐代国子学相当于古代太学。

〔3〕馆：指学舍。

〔4〕圣贤相逢：圣君贤臣相会。这是恭维当时宪宗皇帝和宰相李吉甫、武元衡、李绛等的说法。

〔5〕治具：指法令。　毕：完全。　张：举起，建立。

〔6〕凶邪：凶恶邪僻之人。

〔7〕登崇：提拔推重。　俊良：才俊善良之人。

〔8〕占：具有。　率：都。　以：同“已”。　录：录用。

〔9〕名：占有。　一艺：一技之长。　庸：用。

〔10〕爬罗：整理搜罗。　剔抉：区别抉择。这是指选拔人才。

〔11〕刮垢：刮除尘垢。　磨光：磨之使光。这是指造就人才。

〔12〕扬：举。

〔13〕有司：主管官署。

〔14〕既：完毕。

〔15〕列：行列。

〔16〕弟子：学生。　事：侍奉。古时学生跟先生学习，也叫“事”。

〔17〕有年：有几年。

〔18〕六艺：六经，即《诗》、《书》、《礼》、《乐》、《易》、《春秋》。

〔19〕披：翻动。　百家：指诸子，如孟子、荀子。　编：指著作。

〔20〕务：追求。　得：收获。

〔21〕捐：丢弃。

〔22〕膏油：指油灯蜡烛。　晷(guǐ 鬼)：日影。

〔23〕恒：长久。　兀兀：劳苦貌。　穷年：终年，一年到头。

〔24〕抵排：抵制抨击。　异端：儒家称与其不合的学说。

〔25〕攘斥：反对驳斥。　佛老：佛家和道家。老，老子，道家。

〔26〕“补苴罅漏”二句：补充缺漏，阐扬精微。都指对儒家而言。苴，本义是鞋垫，引申为填塞。罅，裂缝。张皇，张大。幽渺，精深微妙。

〔27〕坠：失落。　绪：事业，此指儒家道统。

〔28〕旁：广泛。　绍：继承。韩愈所谓道统，见《原道》。

〔29〕障：堤防，作动词，防堵。　百川：比喻百家之说。　东之：使向东流，比喻归入儒家。

〔30〕回：挽转。　狂澜：来势很猛的波浪。　既：已经。　倒：倾泻。

〔31〕有劳：有劳绩。

〔32〕酞郁：浓厚芬芳的气息，指儒家典籍。

〔33〕含英咀华：含着咀嚼着（典籍的）精华。

〔34〕作为：写作。

〔35〕其书：指写作的那些文章。

〔36〕“上规姚姒”二句：谓向上取法虞夏之书，深远无穷。虞舜姓姚，夏禹姓姒，因以“姚姒”指《尚书》里的《虞书》、《夏书》。

〔37〕周诰：指《尚书·周书》中的《大诰》、《康诰》、《酒诰》、《召诰》、《洛诰》。殷盘：指《尚书·商书》中的《盘庚》。

〔38〕佶屈：屈曲。　聱牙：不顺口。

〔39〕谨严：谓《春秋》文辞简而寓褒贬。

〔40〕浮夸：藻饰张大。形容《左传》记事详赡。（与今含贬义之“浮夸”不同。）

〔41〕奇：奇妙，此指卦之变易而言。　法：有规律，此指所阐明的事理而言。

〔42〕正：思想内容雅正。　葩（pā 巴）：文辞华美。

〔43〕“下逮《庄》《骚》”四句：谓向下一直到《庄子》、《离骚》、《史记》和扬雄、司马相如的作品，都是取法对象。太史，指司马迁。子云，扬雄。相如，司马相如。同工异曲，谓乐工技艺相同而奏出的曲调不同。

〔44〕闳（hóng 宏）：大。　中：指文章的内容。　肆：放。　外：指文章的形式。

〔45〕方：道理。

〔46〕具：全。

〔47〕成：完备。

〔48〕“跋前疐（zhì 治）后”两句：谓进退两难，一动就得罪。传说狼前进就踩着它的胡（老狼颔下的垂肉），后退就倒在它的尾巴上。见《诗经·豳风·狼跋》。跋，践踏。疐，跌倒。辄（zhé 哲），表示一来就如此。咎，罪过。

〔49〕暂：时间短。　为御史：指韩愈任监察御史。

〔50〕窜：窜逐，指贬谪。　南夷：南方边远之地。韩愈于唐德宗贞

元十九年(803)授四门博士，次年转监察御史，冬，上书论宫市之弊，触怒德宗，贬为连州阳山令(在今广东)。

〔51〕三年博士：做了三年博士。韩愈于唐宪宗元和元年(806)六月至四年任国子博士。

〔52〕冗：闲散。指博士是闲职，没有多少公事可办。　见(xiàn现)：表现。　治：治绩。

〔53〕命：命运。　仇：仇敌。　谋：相谋，打交道。

〔54〕头童：头秃。山不长草木曰童，此比喻无头发。　齿豁：牙齿脱落，露出豁口。

〔55〕竟：终。　裨：补益。

〔56〕为：助词，表疑问。

【译文】

国子博士先生早晨走进太学，召集学生们站立在学舍之下，教导他们说："学业精进是由于勤勉，而荒废则是由于玩乐游荡；德行有成是由于善于思索，而败坏则是由于因循随便。当前，圣主贤相，君臣遇合，法令具备。除掉凶恶邪僻之辈，提拔重用才俊善良之人。有一些小小优点的都已经录用，有一技之长的无不任用。选拔人才，经过搜罗抉择；造就人才，注意刮垢磨光。大概只有侥幸入选的，谁说多才多艺的人会不被举荐呢？诸位，你们只怕自己学业不精进，不必担忧主管长官眼目不明；只怕自己德行没有成就，不必担忧主管长官态度不公平。"

先生的话还没有说完，有人在行列里发出笑声，说："先生在欺骗我们啊！我们这些学生，侍奉您先生也已经好几年了。先生嘴里不停地诵读六经文字，手中不停地翻阅诸子百家之书。对记事的书一定提炼其要点，立论的书一定探究其妙理。不知满足，力求多得，不分小大，概不丢弃。点着灯烛，夜以继日，经常勤苦，直到年末。先生的从事于学业，可以说是勤奋的了。抵制抨击那些异端邪说，反对驳斥那佛家与道家。弥补儒家的疏失缺漏，发扬那精深微妙的道理。寻求渺茫的失传的儒家之道，独自广泛搜寻，远继前贤。堵住奔流的河川，引导它们东流入海；挽回倾泻的狂波，尽管它们已经泛滥。先生的对于儒家，可以说有功劳了。心思沉浸在浓厚芳香的气息之中，品味咀嚼着典籍的精华，写成文章，您的著作堆满了家。向上规模前人，取法于虞夏时代的典章，深远博大，无边无沿；周代的《诰》和商代的《盘庚》，文辞古奥，读不顺口；《春秋》一字褒贬，准确严密；《左传》记事详赡，文辞铺张；《易经》变化奇妙，言有法则；《诗经》思想雅正，辞采华美；往下直到《庄子》、《离骚》，太史公的记录，扬雄、司马相如的创作，技艺相同而各有曲调。先生的文章，可以说是内容宏大而外表奔放了。先生年轻时就懂得学习，颇有勇气，敢作敢为；长大以后，明白道理，处理事情，左右得宜。先生的为人，可以说是很老成的了。然而您在公的方面，不为人们所信任；在私的方面，得不到朋友的帮助。处于进退两难的困境，动一动就会获罪遭灾。当上了很短一段时间的御史，就被贬谪到边远的南方。做了三年博士，被投闲置散，表现不出您的政绩。命运与仇敌相谋，时不时遭受失败。和暖的冬天，但您的儿女叫喊寒冷；丰收的年头，而您的夫人啼哭饥饿。您头也秃了，牙齿也掉了，就这样直到老死，有什么好处？您不去想想这些，反而来教训别人，这是何苦呢？”

先生曰：“吁，子来前〔1〕！夫大木为宗，细木为桷〔2〕，欂栌侏儒，椳闑扂楔，各得其宜〔3〕，施以成室者〔4〕，匠氏之工也。玉札丹砂〔5〕，赤箭青芝〔6〕，牛溲马勃〔7〕，败鼓之皮〔8〕，俱收并蓄，待用无遗者，医师之良也。登明选公〔9〕，杂进巧拙〔10〕，纡馀为妍〔11〕，卓荦为杰〔12〕，校短量长〔13〕，惟器是适者，宰相之方也〔14〕。昔者孟轲好辩，孔道以明，辙环天下〔15〕，卒老于行。荀卿守正，大论是弘，逃谗于楚，废死兰陵。是二儒者，吐辞为经，举足为法〔16〕，绝类离伦〔17〕，优入圣域，其遇于世何如也〔18〕？今先生学虽勤而不由其统〔19〕，言虽多而不要其中〔20〕，文虽奇而不济于用，行虽修而不显于众。犹且月费俸钱，岁靡廪粟[21]。子不知耕，妇不知织[22]。乘马从徒，安坐而食[23]。踵常途之促促[24]，窥陈编以盗窃[25]。然而圣主不加诛[26]，宰臣不见斥[27]，兹非其幸欤？动而得谤，名亦随之。投闲置散，乃分之宜。若夫商财贿之有亡[28]，计班资之崇庳[29]，忘己量之所称[30]，指前人之瑕疵[31]，是所谓诘匠之不以杙为楹[32]，而訾医师以昌阳引年[33]，欲进其豨苓也[34]。"

【注释】

〔1〕子：你，指弟子。

〔2〕为：做。　宊（máng 芒）：梁。　宊（jué 橛）：椽子。

〔3〕"欂栌"三句：欂（bó 薄）：壁柱。　栌（lú 卢）：柱上短木，斗栱。　侏（zhū 朱）儒：梁上短木。　椳（wēi 畏）：门枢。　闑（niè 臬）：门中央所竖的短木。　扂（diàn 店）：户牡，门闩之类。　楔（xiè 泄）：门两旁长木。以上都是用以比喻各种不同的人材。

〔4〕施：用。

〔5〕玉札：药名，即地榆。　丹砂：朱砂。

〔6〕赤箭：药名，即天麻。　青芝：药名。以上四种都是名贵药材。

〔7〕牛溲：牛尿。　马勃：药名，属菌类。

〔8〕败鼓之皮：坏了的鼓的皮。与牛溲、马勃同为贱药。

〔9〕登：提拔。

〔10〕杂：一并。

〔11〕纡馀：委曲周备貌。　妍：美。

〔12〕卓荦（luò 落）：超绝貌。　杰：高超。

〔13〕较、量：比较。　短、长：劣优。

〔14〕方：指治术。

〔15〕辙：车迹。　环：周。

〔16〕举足：指行为。　法：法则。

〔17〕绝类离伦：超越同类。绝、离，超越。类、伦，指所有的同类儒者。

〔18〕遇：遭遇。

〔19〕先生：国子先生自称。　统：指儒家统绪。

〔20〕要(yāo 腰)：求。　中(zhòng 众)：中于理。

〔21〕靡：通“糜”，费。　廪：粮仓。

〔22〕“子不知耕”二句：谓靠俸禄养家，儿子、妻子无须耕织。

〔23〕“乘马从徒”二句：谓靠俸禄自养。　从徒，跟随的人。

〔24〕踵：跟着。　促促：拘谨貌。

〔25〕窥：看。　陈编：旧书。

〔26〕加：加以。　诛：责罚。

〔27〕见：被。　斥：指罢官。

〔28〕商：商量，讨论。　财贿：财货利禄。

〔29〕计：计较。　班资：班列资格，指官品。　崇庳：高低。庳，同“卑”。

〔30〕量：分量，指才能高低。　称(chèn 衬)：相称。

〔31〕指：指摘。　前人：指在自己前边的人，即贵显者。　瑕疵：毛病。

〔32〕诘：责问。　匠氏：木工。　杙(yì 义)：小木桩。　楹：柱子。韩愈以杙自喻，谓材不堪大用。

〔33〕訾(zǐ 子)：讥评。　昌阳：即菖蒲，古人以为菖蒲可以延年。引年：延长寿命。

〔34〕进：进用，使采用。　豨(xī 希)苓：药名，也称猪苓，对延年无用。

【译文】

先生说：“唉！你过来！要知道大的木材做梁，小的木头做椽子，壁柱、斗拱、短椽、门臼、门橛、门闩、门柱，做成这些器物的木材，各自得到合适安排，用以造成宫室，这是木匠师傅的技艺。玉札、丹砂，赤箭、青芝，同那牛溲、马勃、坏鼓的皮，兼收并蓄，等到需用时不会缺漏，这是医师的高明。提拔选用人才，贤明公正，乖巧的、钝拙的，都加引进，处事周备委婉为美好，才具超越群众为杰出，比较人才的优劣长短，不论什么不同的能力、才干，全都安排合适，发挥作用，这是宰相的治国之术。从前孟轲喜欢辩论，孔子之道得以阐明，他游历的车辙周遍天下，结果在忙碌奔走中老去了。荀卿恪守正道，伟大的理论得以弘扬，他为避谗毁而自齐国逃到楚国，最后被废而死在兰陵。这两位大儒，说出话来就成经典，一有举动就成法则，远远超越了同类儒者，高明到足以进入圣人的境界，可是他们活在世上的时候的遭遇又怎样呢？现在，我作为先生，学业虽然勤勉，还不能遵循道统；言论虽然很多，但不能切中要旨；文章虽然巧妙，却无益于实用；品德虽有修养，但还不够明显出众。就这样，尚且每个月耗费公家的俸钱，每年消耗仓库中的粮食；儿子不懂耕地，妻子不懂织布；出门有车马可乘，还有仆从跟随，安安稳稳，坐吃俸禄。拘谨地按照常规道路前进，剽窃些旧书而并无创见。然而圣明的君主不加处罚，也没被宰相大臣所斥逐，这难道不是幸运吗？动一动就遭到毁谤，名声也随之而败坏，安置在闲散地位，乃是分所应当。如若还讨论财物利禄的有无，计较班列资格的高低，忘记了自己的才能分量相称不相称，去指摘地位在我之前的人的毛病，这就是人们说的，责问木匠师傅为什么不用小木桩做柱子，批评医师用菖蒲来延年益寿，却想叫人采用豨苓啊！”

（张扬之）

圬者王承福传

韩 愈

【题解】

这是为一位泥水匠所作的传记，带有一定寓言成分。作者借与传主的对答，抒发了对社会人生的许多感慨。吴楚材、吴调侯评云：“前略叙一段，后略断数语，中间都是借他自家说话，点成无限烟波，机局绝高，而规世之意已极切至。”文中所记王承福之言当有不少出自作者加工。按古代史传主要是写帝王将相等名流，本文主人公却纯然是个普通劳动者、下层市民，作者友人柳宗元也有《梓人传》等类似之作。它们的出现，反映作者与当时新兴的市民阶层以及传奇小说的联系，是韩、柳对传记文学与古文运动发展的贡献。韩文中虽承袭“用力者使于人，用心者使人”的传统说法，但更强调了社会劳动分工的必要性，并不以劳力为菲薄，从而有力地表彰了这位泥水匠自食其力的高尚品德与思想，与那些尸位素餐、贪邪无道的官僚们作强烈对比。至于文末批评王承福的“自为也过多”云云，则表现儒家入世人生观与杨朱学派、道家个人思想的矛盾。本文当作于贞元十七年(801)韩愈在长安时期。

圬之为技[1]，贱且劳者也。有业之，其色若自得者。听其言，约而尽。问之，王其姓，承福其名。世为京兆长安农夫[2]。天宝之乱[3]，发人为兵[4]，持弓矢十三年，有官勋[5]，弃之来归，丧其土田，手镘衣食[6]。馀三十年，舍于市之主人，而归其屋食之当焉。视时屋食之贵贱，而上下其圬之佣以偿之。有馀，则以与道路之废疾饿者焉。

【注释】

〔1〕圬(wū 乌)：原是涂抹的意思，这里指泥水匠的工作。

〔2〕京兆：府名，治所在长安(唐代首都，在今陕西西安)。

〔3〕天宝之乱：天宝十四载(755)冬，平卢、范阳、河东节度使安禄山起兵叛乱，次年进入长安。唐玄宗逃往四川，子肃宗在灵武(今属宁夏)即位。安禄山死后，其部将史思明继续叛乱，前后历时七年多，史称“安史之乱”。

〔4〕发：征发，招募。

〔5〕勋：唐制“勋”自柱国至武骑尉，凡十二转(级)，授予有功者。

〔6〕镘(màn 慢)：用泥土、石灰等物涂墙的工具。

【译文】

涂墙作为一项技艺，是卑贱而劳苦的。有个以此为职业，而他的神态好像自我满足的人。听他的说话，简要而透彻。问他，说是姓王，名字叫承福，世代在京兆长安县做农夫。天宝之乱的时候，朝廷征募百姓当兵，他手持弓箭从军十三年，得到了官职与勋级，但他放弃官职勋级回到了故乡，原来耕种的土地已经丧失，他拿起抹墙工具来谋取衣食生活资料。此后三十多年，他住在雇主的家里，而交付主人适当的房租与伙食费。他参照当时房租和伙食费价格的涨落，来提高或降低抹墙的工价以偿付食宿费用；有了剩馀的钱，就拿来施给道路上那些残废、患病和挨饿的人。

又曰：“粟，稼而生者也。若布与帛，必蚕绩而后成者也[1]。其他所以养生之具，皆待人力而后完也。吾皆赖之。然人不可遍为，宜乎各致其能以相生也。故君者，理我所以生者也[2]；而百官者，承君之化者也。任有大小，惟其所能，若器皿焉[3]。食焉而怠其事，必有天殃。故吾不敢一日舍镘以嬉。夫镘易能，可力焉。又诚有功。取其直[4]，虽劳无愧，吾心安焉。夫力易强而有功也[5]，心难强而有智也。用力者使于人，用心者使人[6]，亦其宜也。吾特择其易为而无愧者取焉[7]。嘻！吾操镘以入富贵之家有年唉。有一至者焉，又往过之，则为墟矣；有再至三至者焉，而往过之，则为墟矣。问之其邻，或曰：'噫[8]！刑戮也'。或曰：'身既死，而其子孙不能有也。'或曰：'死而归之官也。'吾以是观之，非所谓食焉怠其事而得天殃者邪？非强心以智而不足，不择其才之称否而冒之者邪[9]？非多行可愧，知其不可而强为之者邪？将富贵难守[10]，薄功而厚飨之者邪[11]？抑丰悴有时[12]，一去一来而不可常者邪？吾之心悯焉，是故择其力之可能者行焉。乐富贵而悲贫贱，我岂异于人哉？"

【注释】

〔1〕绩：缉麻线，这里指纺织。

〔2〕理：治理。唐高宗名治，唐人避讳，常以"理"字代"治"字。

〔3〕器皿（mǐn 敏）：盛食的用具，如杯、盘、碗、碟及古代尊彝之类。

〔4〕直：通"值"。这里指工钱。

〔5〕强（qiǎng 抢）：勉强。

〔6〕"用力者"两句：《孟子·滕文公上》说，"劳心者治人，劳力

者治于人”是“天下之通义”。《左传·襄公九年》、《国语·鲁语》等也有“君子劳心、小人劳力”之说。

〔7〕特：只是，不过。

〔8〕噫：感叹词。

〔9〕称(chèn 趁)：适合。

〔10〕将：表示选择，抑或，还是。

〔11〕飨(xiǎng 享)：通“享”。

〔12〕抑：也是表示选择，或是，还是。　丰悴：繁盛和衰弱。

【译文】

他还说：“米粮，是经过种植才生长的。至于布和丝织品，是必须经过养蚕纺织才能制成的。其他用来维持生活的东西，都是靠人的劳动才能完成。这些都是我所依赖的。但一个人不可能什么都去生产，应该各人贡献出自己的能力来相互供养。所以做君主的，是进行治理而使我们得以生活的；各级官吏，是奉行君主的教化法令的。责任有大有小，就根据各人的能力去承担，好像各种食品容器那样。白吃饭而懒于做他的职事，必遭天降的祸殃。所以我不敢一天丢开泥瓦刀而游荡。涂墙的手艺是容易学会的，可以凭气力去做，也确实是有功效的。得到它的报酬，虽然劳苦却没有什么惭愧，我也心安理得。气力，是容易努力用劲并得见功效的；心思，则难以勉强变得具有智慧。因此劳力者被人使用，劳心者使唤别人，这也是应该的啊。我只不过是选择那种容易做并且于心无愧的事情去干而获取报酬罢了。唉！我拿着瓦刀工具而在富贵人家进进出出已有好多年了。有的人家我去过一次，再经过时就已经荒废了；有的人家去过两次三次的，后来再走过那里时，发现也已经成废墟了。询问他们的邻居，有的说：‘唉！那房主已受到刑罚被处死了。’有的说：‘房主已经死去，他的子孙不能保持家业啊。’有的说：‘主人死了房屋归公了。’我由此看到，这不就是所说的那种白吃饭而懒做他的职事所以受到天降祸殃的么？不就是勉强使自己心思变得乖巧偏又够不上，不按照自己才能是否合适去选择职业而盲目冒进的么！不就是干了许多于心有愧之事，明知不行却硬要去做的么？或许是富贵难以保持，功劳微薄而享受优厚的吧？还是人生的盛衰有时运，一去一来而不能经常不变的吧？我心中对此伤感哀怜，因此只是选择自己力所能及的事去做。欢喜富贵而苦恼贫贱，这方面我哪里和别人有什么不同呢？”

又曰：“功大者，其所以自奉也博。妻与子皆养于我者也，吾能薄而功小，不有之可也。又吾所谓劳力者，若立吾家而力不足，则心又劳也。一身而二任焉，虽圣者不可为也。”

【译文】

他又说：“功劳大的人，他用来供养自己的东西就多。妻子与孩子都是要我养活的啊，我能力薄弱功劳又小，没有妻子孩子也可以吧。况且我是所谓的体力劳动者，如果建立了自己家庭而又力量不够，那就心思也得劳苦了。一个人而负担劳心、劳力双重任务，即使圣人也是不可能做到的啊。”

愈始闻而惑之，又从而思之，盖贤者也，盖所谓独善其身者也〔1〕。然吾有讥焉〔2〕，谓其自为也过多，其为人也过少。其学杨朱之道者邪〔3〕？杨之道，不肯拔我一毛而利天下〔4〕。而夫人以有家为劳心，不肯一动其心以畜其妻子〔5〕，其肯劳其心以为人乎哉？虽然，其贤于世之患不得之而患失之者〔6〕，以济其生之欲，贪邪而亡道〔7〕，以丧其身者，其亦远矣。又其言有可以警余者，故余为之传，而自鉴焉。

【注释】

〔1〕独善其身：《孟子·尽心上》说：“穷则独善其身，达则兼善

天下。”

〔2〕讥：谴责、非议。

〔3〕杨朱：战国时思想家，相传他主张“贵生”、“重己”、“为我”，但无著作流传。

〔4〕“不肯拔”句：《孟子·尽心上》：“杨子取为我，拔一毛而利天下不为也。”

〔5〕畜（xù 蓄）：养。

〔6〕患不得之句：《论语·阳货》：“鄙夫可与事君也与（欤）哉！其未得之也，患得之；既得之，患失之。苟患失之，无所不至矣。”是为成语“患得患失”的本源。

〔7〕亡：通“无”。

【译文】

我开始听到他的话感到疑惑不解，再按照他所说的进行思考，觉得他大概是位贤人吧！大概就是古人所说独善其身的人吧！然而我还是对他有所批评的，是说他为自己太多，而为别人太少了。他也许是学杨朱之道的人吧？杨朱的学说，不肯拔自己一根毫毛去有利于天下，而那个人把有家庭为劳累心思，不肯动一下心思来供养他的妻子孩子，他肯为别人而劳费自己的心思吗？尽管这样，他的贤德也许和世上那些患得患失，为了满足自己的生活欲望，贪求不止，走歪门邪道而丢掉道义以致丧失生命的人相比，是远远超过的！再加他的话中有些是可以警戒我的，所以我替他写了传记，自己从中得到借鉴。

（顾易生　徐粹育）

讳　辩

韩　愈

【题解】

本文是就避讳问题进行辩说，为支持李贺参加进士考试而作。“讳”原是避忌的意思。按古代传统礼法，对君主或尊亲的名字不能直接称说或书写，须要回避，或改用其他字代替。这叫做“避讳”。有时避讳范围扩大，甚至读音相近的字也要回避。显然，那是对人们言论与行动的一种不合理的传统束缚。李贺是中唐杰出青年诗人，富有才华，志向不凡，可是因为其父名晋肃，一些拘守礼法与妒贤嫉能的人便纷纷指责他不该去考进士，根据是“晋”“进”音近，触犯名讳，便为有罪。本文引经据典，举出大量历史事实来证明这样的避讳要求是十分荒谬的。文中层层设问，层层批驳，说理透辟，逻辑周密，感情激烈，是很有说服力的。据朱自清《李贺年谱》，李贺于元和五年(810)冬乡贡入京，准备赴礼部主持的进士考试，本文当作于这时期。然而李贺毕竟没有去考进士，可见当时压力之严重而本文实对封建罗网有所冲刺。在《旧唐书·韩愈传》中，本文被列为“盭(戾)孔孟之旨”、“文章之甚纰谬者”之一例受到指摘，可见反映文中隐耀的思想闪光是多么难能可贵啊！又值得注意者：按唐文通例，因避唐太宗李世民、高宗李治名讳，常以“代”“理”代替“世”“治”。本文中“治天下”“今世之士”等句中，均直接触犯两君之讳，虽或出于无意，也反映作者的某种疏狂态度。

愈与李贺书〔1〕，劝贺举进士〔2〕。贺举进士有名，与贺争名者毁之，曰："贺父名晋肃，贺不举进士为是，劝之举者为非。"听者不察也，和而倡之[3]，同然一辞。皇甫湜曰[4]："若不明白，子与贺且得罪。"愈曰："然。"

【注释】

〔1〕李贺(790—816)：字长吉，唐皇室远支，家世早已没落，曾作奉礼郎。因避父亲晋肃名讳，被迫不得应进士考试。他的诗富有浪漫色彩，也有表现政治上不得志的苦闷，很受韩愈等的称赏。有《昌谷集》。

〔2〕举进士：被推举去参加进士科考试。唐代科举取士，由地方举荐送中央考试，被举荐去应试的人通称举人。

〔3〕和(hè 贺)：附和、和调。　倡：同"唱"。

〔4〕皇甫湜(shí 时)：中唐时期文学家，字持正，曾从韩愈学习古文。

【译文】

我韩愈曾写信给李贺，劝勉他去参加进士科考试。李贺被推举去应考进士有了名声，和李贺争名的人就毁谤这件事道："李贺的父亲名叫晋肃，李贺不参加进士科考试是对的，劝他应举的是错误的。"听到这种言论的人不加察辨，随声附和，雷同地唱着一个论调。皇甫湜说："如果不把这事情说清楚，您和李贺将要得到罪罚。"韩愈说："是啊。"

律曰："二名不偏讳。"释之者曰："谓若言'徵'，不称'在'、言'在'不称'徵'是也。"律曰："不讳嫌名。"释之者曰："谓若'禹'与'雨'、'邱'与'莅'之类是也[1]。"今贺父名晋肃，贺举进士，为犯二名律乎？为犯嫌名律乎？父名晋肃，子不得举进士；若父名"仁"，子不得为人乎？

【注释】

〔1〕律曰八句：这里所引律文及其解释均见《礼记》及汉代郑玄的注释。《礼记·曲礼上》："礼不讳嫌名，二名不偏(遍)讳。"郑玄注："为其难辟(避)也。嫌名，谓音声相近。若'禹'(夏禹)与'雨'、'丘'(孔子名)与'区'也。偏，谓二名不一一讳也。孔子之母名徵在，言'在'不称'徵'，言'徵'不称'在'。"称说与名字中音近的字有称名之嫌，故叫嫌名。按《唐律·名例律》有"十恶"，"大不敬"为十恶之一，犯讳属大不敬。

【译文】

礼法规定说："两个字的名字不必对两个字都避讳。"解释这规定的人说："它说的就是像孔子因为母亲名徵在，在讲到'徵'时不讲'在'、讲到'在'时不讲'徵'。"礼法规定说："和人名声音相近的字不避讳。"解释这规定的人说："它说的就是像夏禹的'禹'字和'雨'字、孔丘的'丘'字和'苙'字这类情况啊。"现在李贺的父亲名叫晋肃，李贺应举去参加进士科考试，算是违反了关于两个字的名字不必对两个字都避讳的礼法规定呢？还是违反了和人名声音相近的字不避讳的礼法规定呢？父亲名字叫晋肃，儿子就不能应举参加进士科考试；那么如果父亲名叫"仁"，儿子就不能做人了么？

夫讳始于何时？作法制以教天下者，非周公、孔子欤〔1〕？周公作诗不讳〔2〕，孔子不偏讳二名〔3〕，《春秋》不讥不讳嫌名〔4〕。康王钊之孙，实为昭王〔5〕。曾参之父名皙，曾子不讳"昔"〔6〕。周之时有骐期〔7〕，汉之时有杜度〔8〕，此其子宜如何讳？将讳其嫌，遂讳其姓乎？将不讳其嫌者乎？汉讳武帝名"彻"为"通"〔9〕，不闻又讳车辙之"辙"为某字也；讳吕后名"雉"为"野鸡"〔10〕，不闻又讳治天下之"治"为某字也。今上章及诏，不闻讳“浒”、“势”、“秉”、“机”也[11]。惟宦官宫妾，乃不敢言“谕”及“机”[12]，以为触犯。士君子立言行事，宜何所法守也？今考之于经，质之于律，稽之以国家之典，贺举进士为可邪？为不可邪？

【注释】

〔1〕周公：周文王子，周武王弟，周王朝开国大臣。相传周朝礼乐典章制度都是他主持制订的。

〔2〕“周公作诗”句：《诗经·周颂》中的《噫嘻》及《雝》，相传为周公所作，《噫嘻》中有“骏发尔私”句，《雝》中有“克昌厥后”句。“发”为周武王名，“昌”为周文王名，而周公都用在诗中，并不避讳。这里首举“周公作诗不讳”，反映作者对避讳礼法的合理性持怀疑态度。

〔3〕“孔子不偏讳”句：如《论语·八佾》载孔子说：“夏礼吾能言之，杞不足徵也。”《论语·卫灵公》载孔子说：“某在斯。”都证明孔子分别说到了他母亲的名字“徵”和“在”。

〔4〕“《春秋》不讥”句：如卫桓公名完，“桓”“完”同音，《春秋》并没有加以讽刺。

〔5〕“康王钊（zhāo 昭）之孙”两句：据《史记·周本纪》，周康王名钊，子为昭王。“钊”“昭”同音。本文说昭王是康王之“孙”，或系作者误记。

〔6〕“曾参（shēn 申）之父”两句：曾参是孔子弟子，以孝行著称。他的父亲名点字皙（xī 西）。《论语·泰伯》载曾参有“昔者吾友”之语，“昔”与“皙”同音。

〔7〕骐期：春秋时楚国人。

〔8〕杜度：东汉章帝时人。

〔9〕“汉讳武帝名”句：汉武帝姓刘名彻，为避他的名讳，“彻侯”改称“通侯”，“蒯彻”改名为“蒯通”。“彻”与“通”意思相通。

〔10〕“讳吕后名”句：汉高祖刘邦后吕氏名雉（zhì 志）。雉原是一种像鸡的鸟，汉人因避吕雉名讳，改称雉为“野鸡”。

〔11〕浒、势、秉、机：唐太祖（唐高祖李渊之父）名虎，太宗名世民，世祖名炳，玄宗名隆基，“浒”、“势”、“秉”、“机”四字与“虎”“世”“炳”“基”同音。

〔12〕谕：与唐代宗之名“豫”同音。

【译文】

那避讳的规矩是什么时代开始的？制定礼法制度来教导天下人的，不就是周公、孔子么？然而周公做诗并不避讳，孔子对母名中的两个字并不都避讳，《春秋》对不避和名字读音相近之讳的现象并没有谴责。周康王名钊，他的孙子却谥为昭王。曾参的父亲名叫皙，曾子并不讳说“昔”字。周朝的时候有个叫骐期的人，汉朝的时候有个叫杜度的人，这样他们的儿子应该怎样避讳呢？如果要讳避那声音相近的字，连同那个姓也得避讳么？还是不讳避那个声音相近的字呢？汉代回避汉武帝之名“彻”字的讳而把它改为“通”字，但不曾听说再讳避车辙的“辙”字而把它改为别的字啊；回避吕后之名“雉”字之讳而把它改为“野鸡”，但却不曾听说再讳避治天下的“治”字而把它改为别的字啊。现在上呈给皇帝的奏章和皇帝的诏书中也不曾听说讳避“浒”、“势”、“秉”、“机”这些字啊。只有那些太监、宫妃才不敢说到“谕”和“机”等字，以为触犯皇帝名讳。读书修德做官的人说话著文和做事，究竟应该遵照什么样的礼法呢？现在考据经书，查询律文，用国家法典来检核，李贺的应举参加进士考试是可以的呢，还是不可以呢？

凡事父母，得如曾参，可以无讥矣。作人得如周公、孔子，亦可以止矣。今世之士，不务行曾参、周公、孔子之行；而讳亲之名，则务胜于曾参、周公、孔子，亦见其惑也！夫周公、孔子、曾参卒不可胜。胜周公、孔子、曾参，乃比于宦官宫妾。则是宦官宫妾之孝于其亲，贤于周公、孔子、曾参者邪？

【译文】

大凡侍奉父母的，能够做到像曾参那样，应当没有什么可以非议的了。做人能够像周公、孔子那样，也可以算到达顶点了。现在社会上那些读书人，不努力实践曾参、周公、孔子的行为规范，却在对父亲名字的避讳方面力求胜过曾参、周公、孔子，由此也可以看到他们是多么糊涂啊！周公、孔子、曾参终究是不会被他们胜过的。要在避讳问题上胜过周公、孔子、曾参的，只不过向太监、宫妃的水平看齐。那么岂不是说太监、宫妃的孝敬他们的尊亲，比周公、孔子、曾参还做得好么？

（顾易生　徐粹育）

争 臣 论

韩 愈

【题解】

争臣，指能向君主诤谏之臣。韩愈曾在贞元二年(786)所作《条山苍》诗中称当时隐居山林的阳城为“松柏在高冈”，表示仰慕之意。至贞元八年，阳城出山为谏官已有五年而未见有所作为，韩愈遂作本文进行讽谕。清吴楚材、吴调侯评云：“是箴规攻击体，文亦擅世之奇，截然四问四答而首尾关应如一线。”后三年，在裴延龄诬陷陆贽事件中阳城奋起直谏，一举声震朝野。研究者或谓阳城平时对琐碎之事不加论说而遇到关键时刻对重大问题据理力争是“知大计”的表现，如此则韩愈的撰作此文是对阳城的不理解；然二吴之评最后指出：阳城的终于奋起抗争，“抑公有以激之欤”？吴说有其识见。本文中逐层驳斥各种逃避“官守”、“言责”的错误论调，辨析透辟，气势雄盛，提倡关心现实、为国家和民众而勇于向统治者提批评的精神，确是很有积极意义与激励力量的。由于期望高，故议论切至，可谓“箴规”之力作，而谓之“攻击”则未必然。

或问谏议大夫阳城于愈〔1〕：“可以为有道之士乎哉？学广而闻多，不求闻于人也。行古人之道，居于晋之鄙〔2〕，晋之鄙人薰其德而善良者几千人〔3〕。大臣闻而荐之〔4〕，天子以为谏议大夫。人皆以为华，阳子不色喜[5]。居于位五年矣，视其德如在野。彼岂以富贵移易其心哉?”愈应之曰：“是《易》所谓‘恒其德贞’而‘夫子凶’者也[6]。恶得为有道之士乎哉[7]? 在《易·蛊》之上九云[8]：‘不事王侯，高尚其事。’《蹇》之六二则曰[9]：‘王臣蹇蹇，匪躬之故[10]。’夫亦以所居之时不一，而所蹈之德不同也[11]? 若《蛊》之上九，居无用之地，而致匪躬之节；以《蹇》之六二，在王臣之位，而高不事之心：则冒进之患生，旷官之刺兴[12]，志不可则[13]，而尤不终无也[14]。今阳子在位不为不久矣，闻天下之得失不为不熟矣，天子待之不为不加矣，而未尝一言及于政。视政之得失，若越人视秦人之肥瘠[15]，忽焉不加喜戚于其心[16]。问其官，则曰谏议也；问其禄，则曰下大夫之秩也[17]；问其政，则曰我不知也。有道之士，固如是乎哉? 且吾闻之：有官守者，不得其职则去；有言责者，不得其言则去[18]。今阳子以为得其言乎哉[19]? 得其言而不言，与不得其言而不去，无一可者也。阳子将为禄仕乎? 古之人有云：‘仕不为贫，而有时乎为贫。’谓禄仕者也。宜乎辞尊而居卑，辞富而居贫，若抱关击柝者可也。盖孔子尝为委吏矣，尝为乘田矣，亦不敢旷其职，必曰‘会计当而已矣’，必曰‘牛羊遂而已矣’[20]。若阳子之秩禄，不为卑且贫，章章明矣[21]，而如此，其可乎哉?”

【注释】

〔1〕谏议大夫：官名，执掌议论政事，对皇帝进行规劝。　阳城

(736—805)：原隐居中条山（在今山西南部），贞元四年（788），唐德宗召为谏议大夫。《旧唐书》卷192本传载他到任之后，其他谏官纷纷论事，细碎问题都上达到皇帝那里。阳城却与二弟及客人日夜痛饮，人们不测其意图。及贞元十一年德宗听信谗言，将处分贤相陆贽及任奸佞裴贤龄为相，阳城拼死极谏，使事态有所改变。他则受到贬谪。

〔2〕晋：周时古国名，辖境相当于今山西大部、河北西南部、河南北部及陕西一角。　鄙：边境。

〔3〕薰：以香气熏物，比喻风气影响。　几（jī 讥）：将近，几乎。

〔4〕大臣：指李泌。《顺宗实录》载，德宗贞元三年六月，李泌为相，次年举阳城为谏议大夫。

〔5〕阳子：即阳城。子，古代对男子的尊称。

〔6〕本句引文见《易》的《恒》卦："恒其德贞。妇人吉，夫子凶。"意思说，永远保持一种行为准则，对妇人来说是好事，对男子来说并不是好事。据封建教义，妇人应该从一夫而终身，而男子则应该因事制宜，有应变能力，不可一味顺从。

〔7〕恶（wù 务）：怎么。

〔8〕上九：《易经》六十四卦，每卦六爻，每爻有爻题和爻辞。爻题是两个字，一字表示爻的性质，阳爻用"九"，阴爻用"六"；另一字表示爻的次序，自下而上，为初、二、三、四、五、上。这里"上九"即爻题，指《蛊卦》自下而上第六个爻，即最上面的爻，为阳爻。下引"不事王侯，高尚其事"即该条爻辞。

〔9〕六二：指《易经》六十四卦之一《蹇卦》中自下而上第二个爻，为阴爻。

〔10〕"王臣蹇蹇"两句：即《蹇卦》六二爻辞。意谓王臣不避艰险去解救君主的困难，绝不以个人利害为念。蹇蹇，多难的样子，后因用为进尽忠言之意，这里兼有这两层意思。匪，通"非"。躬，自身。

〔11〕蹈：践，这里是履行、实行的意思。

〔12〕旷：空缺、荒废。　刺：讥刺，指责。

〔13〕则：法则，这里是效法的意思。

〔14〕尤：过失。

〔15〕越、秦：周时两个诸侯国，相隔甚远。越在东南方，今浙江一带。秦在西北，今陕西一带。

〔16〕忽：轻忽，不在意。

〔17〕下大夫：周代官制，卿、大夫、士各有上、中、下三等。唐代谏议大夫为正五品，年俸二百石，品级相当于古代的下大夫。　秩：官

吏的俸禄，也指品级。

〔18〕“有官守者”四句：见《孟子·公孙丑下》。

〔19〕今：有“如果”的意思。

〔20〕“古之人有云”十二句：摘引自《孟子·万章下》，原文是：“仕非为贫也，而有时乎为贫。……为贫者，辞尊居卑，辞富居贫。辞尊居卑，辞富居贫，恶乎宜乎？抱关击柝。孔子尝为委吏矣，曰：‘会计当而已矣。’尝为乘田矣，曰：‘牛羊茁壮长而已矣。’位卑而言高，罪也；立乎人之本朝而道不行，耻也。”抱关，守门。关是门闩。击柝(tuò 拓)，打更，柝是打更用的梆子。委吏，管理粮仓的小官。乘(shèng 胜)田，管理畜牧的小官。当，合适、正确。会(kuài 快)计，管理计算财物的出纳。遂，成就，引申为顺利成长。

〔21〕章章：明显的样子。

【译文】

有人向我韩愈问起谏议大夫阳城说：“阳城可以算是有道德的人吧？他学问广博而闻见丰富，又不希求人们知道他的名声。他遵行古人的道义准则，住在晋地的边区，晋地边区的人受他的道德熏陶而修行善良的几乎有千人之众。大臣听到后推荐他，皇帝任用他为谏议大夫。人们都认为这是很荣耀的，阳先生却没有欣喜的表情。他担任这个职位五年了，看他的品德好像和隐居在野时一样。他哪里会因富贵而改变自己的心志呢！”我回答道：“这就是《易经》所说的‘永远保持一种操行准则而不知变通对士大夫来说是有凶险的’啊，哪里算得上是有道德的人士呢？《易经·蛊卦》的‘上九’爻辞中说：‘不侍奉王侯大人，保持自己的操行高尚’；而《蹇卦》的‘六二’爻辞中又这么说：‘做臣子的不避艰难去直言进谏尽忠于君主，不是为了自身的缘故。’那不就是因为所处的时间场合不一样，所践行的准则也不同么？如像《蛊卦》的‘上九’爻说的那样，处于没有被任用的地位，却去表示奋不顾身的节概；再如《蹇卦》的‘六二’爻说的，处在君王之臣的职位，却把不事王侯的情操当作高尚：那么冒求仕进的祸患便会发生，旷废职守的指责也会兴起，这样的志向不当效法，而且最后将不可避免获得罪过啊。现在阳先生担任职位的时间不能算是不长久了，了解国家政治措施的正确与失误不能算是不熟悉了，皇帝对待他不能算是不特别优厚了，然而他却不曾说过一句关系到国家政治的话。他看待国家政治措施的正确和失误，好像越国人看待秦国人的发胖或消瘦那样，漫不在意，一点不在心上增加喜悦或忧愁。问他担任什么官职，就说是谏议大夫啊；问他有多少俸禄，就说是下大夫的品级啊；问他国家的政治情况，却说我不知道啊。有道德的人士，难道原来是这样的么？况且我听说过：有官位职守的人，不能履行他的职务就该辞退；有言论责任的人，不能提出他的建议批评就该离去。如果阳先生认为能够提出自己的建议批评，提过了没有呢？能够提出建议批评而不提，和不能提出自己的建议批评而不离去，这两种态度没有一种是对的啊。阳先生难道是为了俸禄而做官的么？古代的人有这样的说法：'做官不是因为贫穷，然而有时却是因为贫穷。'这就是所谓为了俸禄而做官的啊；这样的人，就应该推辞高位而就任低职，推辞高薪而只取低俸，当个守门、巡夜之类的差使就可以了。孔子曾经做过管理粮仓的小吏，又曾做过管理畜牧的贱职，也不敢旷废他的职守，总是说'一定做到会计准确无误才算完成任务'，总是说'一定使得牛羊茁壮成长才算完成任务'。像阳先生的品级俸禄，不算低下和微薄，那是明明白白的了，可是他的行事却是这个样子，难道可以么？"

或曰："否，非若此也。夫阳子恶讪上者[1]，恶为人臣招其君之过而以为名者[2]。故虽谏且议，使人不得而知焉。《书》曰：'尔有嘉谟嘉猷，则入告尔后于内，尔乃顺之于外，曰：斯谟斯猷，惟我后之德[3]'。夫阳子之用心，亦若此者。"愈应之曰："若阳子之用心如此，滋所谓惑者矣[4]。入则谏其君，出不使人知者，大臣宰相者之事，非阳子之所宜行也。夫阳子，本以布衣隐于蓬蒿之下[5]，主上嘉其行谊[6]，擢在此位[7]。官以谏为名，诚宜有以奉其职，使四方后代知朝廷有直言骨鲠之臣[8]，天子有不僭赏、从谏如流之美[9]。庶岩穴之士闻而慕之[10]，束带结发，愿进于阙下而伸其辞说[11]，致吾君于尧舜，熙鸿号于无穷也[12]。若《书》所谓，则大臣宰相之事，非阳子之所宜行也。且阳子之心，将使君人者恶闻其过乎[13]？是启之也。”

【注释】

〔1〕恶（wù 误）：憎厌。　讪（shàn 扇）：毁谤，讥笑。《论语·阳货》：“恶居下位而讪上者。”

〔2〕招（qiáo 桥）：提出，揭示。

〔3〕“书曰”七句：见《尚书·周书·君陈》，文字稍有出入。嘉，美、善。谟，谋划。猷（yóu 油），谋划。后，君主。

〔4〕滋：更。

〔5〕布衣：平民。　蓬蒿之下：犹言野草之中，指隐士所居山野。蓬蒿，茅草。

〔6〕谊：通“义”。

〔7〕擢（zhuó 浊）：提升。

〔8〕骨鲠：喻刚直。

〔9〕僭（jiàn 渐）：过分，差失。

〔10〕庶：庶几，也许可以，表示希望。　岩穴之士：指隐居在山中的人。

〔11〕阙：古代宫门两旁的建筑物，原作望楼之用，也用以指皇帝所居之处，如宫阙。

〔12〕熙：光照。　鸿号：伟大的名声。

〔13〕君人者：做人们君主的人。

【译文】

有人说：“不，不是这样的。阳先生是憎嫌诽谤皇上的人，厌恶那些作为臣下却用公开揭发他君主的过失来博取名声的人。所以他虽然向皇帝提了意见和建议，却不让别人知道。《尚书》中说：你有好的设想和计划，就进宫去告诉你的君王，而你在外面要附和、顺从，说：这个设想、这个计划，都是我们君王的德政。阳先生的用意，也是像这样的。”韩愈回答说：“如果阳先生的用意像这样的话，那他更加是所谓糊涂的人了。进宫谏劝他的君主，出来不让别人知道的，是当大臣宰相的事，不是阳先生所应该做的啊。那阳先生，本来以平民的身份隐居在草野之间，皇上赏识他的品行道义，提拔他担任这个职位。官位既用谏议作为名称，实在应该有所谏议来履行他的职责，使得全国各地和子孙后代知道朝廷有直言无隐、刚正不屈的臣子，皇帝有不滥赐奖赏和听从谏劝如同流水般畅快的美德。这就可能使山野间的隐士听到了而对此产生向慕之心，束好腰带，挽起发髻，愿意进身到宫门之下陈述他们的言论，致使我们的君主成为上古尧舜那样的圣君，使伟大的名声光辉照耀无有止境。像《尚书》所说的，那是大臣宰相的事，不是阳先生所应该做的啊。况且阳先生的想法，将会使君主厌恶听到自己的过失吧？这是向这方面启导君主啊！”

或曰：“阳子之不求闻而人闻之，不求用而君用之，不得已而起，守其道而不变，何子过之深也?”愈曰：“自古圣人贤士皆非有求于闻用也，闵其时之不平、人之不乂[1]，得其道，不敢独善其身，而必以兼济天下也[2]，孜孜矻矻[3]，死而后已。故禹过家门不入[4]，孔席不暇暖，而墨突不得黔[5]。彼二圣一贤者[6]，岂不知自安佚之为乐哉[7]？诚畏天命而悲人穷也。夫天授人以贤圣才能，岂使自有馀而已？诚欲以补其不足者也。耳目之于身也，耳司闻而目司见，听其是非，视其险易，然后身得安焉。圣贤者，时人之耳目也；时人者，圣贤之身也。且阳子之不贤[8]，则将役于贤以奉其上矣；若果贤，则固畏天命而闵人穷也。恶得以自暇逸乎哉?”

【注释】

〔1〕闵：通“悯”。　乂（yì 义）：治理、安定。

〔2〕“不敢独善”二句：语本《孟子·尽心上》：“穷则独善其身，达则兼善天下。”

〔3〕孜（zī 资）孜矻（Kū 枯）矻：勤奋不倦、努力不懈的样子。

〔4〕禹过家门句：传说上古时代夏禹率众人治理洪水，十三年中三次经过自己家门而不进去。

〔5〕“孔席不暇暖”两句：语本汉代班固《答宾戏》：“孔席不暖，墨突不黔。”孔，指孔子。席，坐席。墨，墨翟。突，烟囱。黔，黑色。这两句形容孔、墨为了行道，周游列国，不安居一处。

〔6〕二圣：指夏禹和孔子。　一贤：指墨翟。

〔7〕佚：通“逸”。

〔8〕之：犹“若”，假如、如果的意思。

【译文】

有人说：“阳先生的情况是不求出名而人们知道了他，不求任用而君主任用了他，不得已才出来做官，保持他一贯的操行准则而不改变，为什么您对他责备得这样苛刻呢？”韩愈说：“从古以来的圣人贤士都不是希求什么名声和官职的，他们悯怜自己所处的时代动荡、民生不安定，既然掌握了治理方法，就不敢满足于自身的良好修养，一定要用这方法来拯救天下，勤恳努力，终身不懈，到死才罢休。所以大禹在治理洪水的过程中，经过自己家门也不进去看一下；孔子周游列国，连座席也来不及坐热就又出门了；而墨翟从不安居一地，所住之处灶上烟囱不曾熏黑便离开了。那两位圣人和一位贤人，难道不懂得自己过安逸生活的快乐么？实在是敬畏上天的旨意而且哀怜人民的困穷啊。上天把圣贤的德才和能力授予这些人，难道是让他们自己德才有馀就算了么？实在是要使他们用来帮助那些德才不足的人啊。耳朵眼睛生在人身上，耳朵管听而眼睛管看，听清关于自身的是非道理，观察自身面临的险易形势，这样身体才能平安。圣贤是当世人们的耳朵眼睛，而当世人们则是圣贤的身体。再说阳先生如果不是贤人，那就应该为贤人所遣使来侍奉他的上级；如果确实是贤人，那么本当敬畏上天意旨而悯怜人民困穷啊，怎么能够只顾自己闲适安逸呢？”

或曰：“吾闻君子不欲加诸人[1]，而恶讦以为直者[2]。若吾子之论，直则直矣，无乃伤于德而费于辞乎？好尽言以招人过[3]，国武子之所以见杀于齐也[4]，吾子其亦闻乎？”愈曰：“君子居其位，则思死其官；未得位，则思修其辞以明其道。我将以明道也，非以为直而加人也。且国武子不能得善人而好尽言于乱国，是以见杀。《传》曰：‘惟善人能受尽言[5]。’谓其闻而能改之也。子告我曰：‘阳子可以为有道之士也。’今虽不能及已，阳子将不得为善人乎哉？”

【注释】

〔1〕君子不欲加诸人：语本《论语·公冶长》：“子贡曰：‘我不欲人之加诸我也，吾亦欲无加诸人。’”加，侵凌、欺侮的意思。诸，相当于“之于”。

〔2〕恶讦（jié 结）以为直：语本《论语·阳货》。讦，攻击别人短处和阴私。

〔3〕尽言：说话没有保留。

〔4〕国武子：春秋时齐国之卿。《国语·周语下》载，周单襄公曾告诫国武子：“立于淫乱之间，而好尽言以招人之过，怨之本也。”鲁成公十八年（前573），国武子因为直言指责齐灵公之母与人私通之事，被齐灵公所杀。

〔5〕“传曰”二句：见《国语·周语下》。“传”是对“经”的解释。《国语》记载西周末和春秋时期周、鲁等国贵族言论，相传与《左传》同为左丘明作。汉以后，把《左传》作为解释《春秋》的一部传，称《春秋左氏传》。《国语》也有《春秋外传》之称。

【译文】

有人说：“我听说君子不愿把自己意见强加到别人头上，并且憎恶那种把攻击别人当作正直的人。像您的议论，直率是够直率了，未免有点损害德行并且浪费口舌吧？喜欢无保留地说话去揭发别人的过失，那就是国武子在齐国被杀死的原因啊，您大概也听说过吧？”韩愈说：“君子处在他的官位上，就有以身殉职的思想准备；没有得到官职，就考虑修饰文辞来阐明他掌握的道理。我是要通过文辞来阐明道理，并不是自以为直率而去冒犯别人啊。何况当初国武子没有能遇到德行善良的人却喜欢在政治混乱的国家中毫无保留地说话，所以被杀。《国语》上说：‘只有善人才能够接受无保留的批评。’这是说他听到批评意见而能够改过啊。您告诉我说：‘阳先生可以算是有道德的人士啊。’现在虽然未能达到，阳先生难道还不能作为一位接受无保留批评的善人么？”

（顾易生　徐粹育）

后十九日复上宰相书

韩　愈

【题解】

韩愈于贞元八年(792)登进士第。唐制于中进士后还须通过吏部考试才得做官，而韩愈在贞元九年、十年、十一年三次应吏部考试中皆落第，只好走上书干求之路。他于贞元十一年正月二十七日、二月十六日、三月十六日三次上宰相书。本文为其第二次上书(因在第一次正月二十七日后的第十九天，故题《后十九日复上宰相书》)。此事曾引起后人不同评议。张子韶云："退之平生木强人，而为饥寒所迫，累数千言求官于宰相，亦可怪也。至第二书，乃复自比为盗贼、管库，且云'大其声而疾其呼矣'，略不知耻。"其实，韩愈的求官谋职，固然有为了摆脱贫困的原因，这也是人情之常，而韩愈道来相当坦率，自比盗贼云云，可见其思想之解放与处境之可悲。何况这里更反映他急求施展抱负、建立功业的宏大愿望。唐代士人干谒权贵以求赏识本属正常登仕之途。黄震说："公之三上宰相书，岂阶权势求富贵哉？宰相人材所进，磊落明白以告之，公之本心如青天白日。"这与那些走歪门邪道而"阴求阳辞，妄意廉退之名"之徒是截然不同的。(以上引文见马其昶《韩昌黎文集校注》)本文表达期望当政者不拘一格提拔人才的心情，情辞恳切而婉转，不卑不亢。吴楚材、吴调侯谓之："所见似悲戚，而文则宕逸可诵。"确是的评。

二月十六日，前乡贡进士韩愈[1]，谨再拜言相公阁下〔2〕：向上书及所著文〔3〕，后待命凡十有九日，不得命。恐惧不敢逃遁，不知所为。乃复敢自纳于不测之诛〔4〕，以求毕其说〔5〕，而请命于左右〔6〕。

【注释】

〔1〕乡贡：唐代由州县荐举出来参加科举考试而考中进士的人，称为乡贡进士。

〔2〕再拜：一拜而又拜。用在书信中，表示对对方的尊敬。　相公：古代对宰相的一种称呼。　阁下：写信时对对方的尊称，谓不敢直指对方，只称他的阁下侍从的人。

〔3〕向：以前。

〔4〕诛：责备、处罚。

〔5〕毕：全部、完全。这里作动词。

〔6〕左右：书信中对对方的称呼。不直称某人，而称他左右执事的人表示尊敬。

【译文】

二月十六日，前乡贡进士韩愈，恭敬地向宰相阁下再拜进言：前些日子曾给您呈上过一封书信和我所写的文章，从那以后，恭候您的回信已经有十九天了，却一直没有得到回音。心中惶恐不安又不敢离去，不知道该怎么办。于是宁愿蒙受那不可预料的罪责，以祈充分陈述我所要说的话，并向您请教。

愈闻之，蹈水火者之求免于人也〔1〕，不惟其父兄子弟之慈爱，然后呼而望之也。将有介于其侧者〔2〕，虽其所憎怨，苟不至乎欲其死者，则将大其声，疾呼而望其仁之也〔3〕。彼介于其侧者，闻其声而见其事，不惟其父兄子弟之慈爱，然后往而全之也。虽有所憎怨，苟不至乎欲其死者，则将狂奔尽气，濡手足〔4〕，焦毛发，救之而不辞也。若是者何哉？其势诚急，而其情诚可悲也。

【注释】

〔1〕蹈：踩、陷。

〔2〕介：传宾主之言的人。这里指在旁边的人。

〔3〕仁之：对人发仁爱之心和行仁爱之道。

〔4〕濡（rú 儒）：沾湿。

【译文】

我听说，陷于水火之中的人在向他人求解救的时候，不只因为他和自己有父子兄弟般的慈爱，而后才去呼唤并期望他来解救。如果有处在自己附近的人，即使与自己曾有过恨和怨，只要是还不至于希望自己死掉的，那就会大声而急切地呼喊，盼望他发善心来救济自己。那个处在他附近的人，听到这声音，看到这情形，也不只因为和他有父子兄弟般的慈爱，而后才奔过去保全他。即使有过恨和怨，只要还不到盼望他死去的地步，就会拼命奔跑用尽气力，即使弄湿手足，烧焦毛发，去救援他也不会推辞。这样做是为了什么呢？是由于这个人的处境确实危急，而这个人的心情确实是值得悯怜的缘故啊。

愈之强学力行有年矣。愚不惟道之险夷〔1〕，行且不息，以蹈于穷饿之水火，其既危且亟矣〔2〕，大其声而疾呼矣，阁下其亦闻而见之矣。其将往而全之欤？抑将安而不救欤〔3〕？有来言于阁下者曰：“有观溺于水而爇于火者〔4〕，有可救之道而终莫之救也〔5〕，阁下且以为仁人乎哉？”不然，若愈者，亦君子之所宜动心者也〔6〕。

【注释】

〔1〕惟：想到、考虑。　夷：平坦。

〔2〕亟：急迫。

〔3〕抑：抑或，还是。

〔4〕溺：淹没。　爇(ruò 若)：燃，焚烧。

〔5〕莫之救也：即“莫救之也”，意谓没有去救他。否定句代词作宾语，用在动词前。

〔6〕君子：古代君子有两层意思，一指地位高，一指有道德修养。

【译文】

我勤勉学习并身体力行已经好多年了。我愚蠢地不考虑道路的艰险与平坦，前进而不停止，以致陷入困窘饥饿的水深火热之中，又危险又急迫，我放大声音而急迫呼唤过了，您可能也是听到看到了吧。您是准备前来保全我呢？还是安然坐视而不加救济呢？如果有人来向您说：“有人看到被水淹和被火烧的人，有可以解救他的办法却终于没有去救他，您还认为这是个有仁心的人吗？”如果不这样认为，那么像我韩愈这样，也是有德行的大人先生所应该动仁心而给予同情的了。

或谓愈：“子言则然矣，宰相则知子矣，如时不可何〔1〕？”愈窃谓之不知言者，诚其材能不足当吾贤相之举耳。若所谓时者，固在上位者之为耳，非天之所为也。前五六年时，宰相荐闻，尚有自布衣蒙抽擢者〔2〕，与今岂异时哉？且今节度、观察使及防御、营田诸小使等〔3〕，尚得自举判官〔4〕，无间于已仕未仕者。况在宰相，吾君所尊敬者，而曰不可乎？古之进人者，或取于盗〔5〕，或举于管库〔6〕；今布衣虽贱，犹足以方于此〔7〕。情隘辞蹙〔8〕，不知所裁〔9〕，亦惟少垂怜焉〔10〕。

愈再拜。

【注释】

〔1〕如……何：相当于说“……怎么办”。

〔2〕抽擢（zhuó 浊）：提拔。

〔3〕节度：即节度使，唐代各边疆地区掌握军政大权的官。　观察使：唐代掌管州县官吏政绩及民事的长官。　防御：即防御使，设于各军事要地，掌管军事，多由刺史兼任。　营田：即营田使，设于边区，专掌屯田事务。

〔4〕判官：唐代节度使、观察使、防御使等的属官。

〔5〕取于盗：从盗贼中录取官员。《礼记·杂记下》：“管仲遇盗，取二人焉，上以为公臣。”

〔6〕举于管库：在管仓库的人中提拔。《礼记·檀弓下》：赵文子“所举于晋国管库之士，七十有馀家”。韩愈用以上两个典故比喻要不拘一格用人才。

〔7〕方：比拟、相比。

〔8〕隘（ài 爱）：窘迫。　蹙（cù 促）：急促。

〔9〕裁：剪裁。这里指文辞言语的斟酌考虑。

〔10〕少：稍。　垂：犹言“俯”，用为敬词。

【译文】

有人向我说：“你的话是不错的，宰相也是了解你的，但是时机不允许怎么办呢？”我私下以为那是个不懂说话道理的人，确实那个人的才能是不值得受到我们贤明宰相的推举了。至于所谓时机，本来就是处于高位的人的作为罢了，并不是上天的作为啊。前五、六年时，宰相向朝廷推荐人才，还有从平民中提拔出来的，那时与现在时机哪有什么不同呢？况且现在的节度使、观察使以及防御、营田等品位较低的官，还可以自己选用判官，不用区分这个人原来有没有官职。更何况宰相是我们君主所尊敬的人，难道还能说不行吗？古时候推举、进用人才的人，有的从盗贼中发现人才，有的从管仓库的人中推举贤才；现在我这个平民虽地位卑下，但还是足够和这些人相比的。情况窘迫，言辞急切，不知道该怎么斟酌，只是希望您稍微向下面赐予一点爱惜之心。

韩愈再拜。

（顾易生　李笑野）

后二十九日复上宰相书

韩　愈

【题解】

韩愈于贞元十一年正月起二次上书未获回音，这种冷落使他失望与愤慨的情绪愈积愈浓，遂于三月十六日上第三书。韩愈在本文中用古代周公的求贤若渴与当今宰相对待人才“默默而已”的冷漠态度进行鲜明对比，说明自己上进无路、报国无门的悲愤，实为对统治集团与社会现状的不满。吴楚材、吴调侯评云：“通篇将周公与时相，两两作对照，只用一二虚字，斡旋成文，直言无讳，而不犯嫌忌。末述再三上书之故，曲曲回护自己。气杰神旺，骨劲格高，足称绝唱。”文章确实充分体现了韩愈积极入世、鲠直无忌的思想性格，在上书干谒中显示峥嵘之气。

三月十六日，前乡贡进士韩愈，谨再拜言相公阁下：

愈闻周公之为辅相，其急于见贤也，方一食，三吐其哺；方一沐，三握其发[1]。当是时，天下之贤才，皆已举用；奸邪谗佞欺负之徒[2]，皆已除去；四海皆已无虞[3]；九夷八蛮之在荒服之外者皆已宾贡[4]；天灾时变[5]，昆虫草木之妖[6]，皆已销息；天下之所谓礼乐刑政教化之具[7]，皆已修理；风俗皆已敦厚；动植之物，风雨霜露之所沾被者[8]，皆已得宜；休征嘉瑞[9]，麟凤龟龙之属[10]，皆已备至。而周公以圣人之才，凭叔父之亲，其所辅理承化之功[11]，又尽章章如是。其所求进见之士，岂复有贤于周公者哉？不惟不贤于周公而已，岂复有贤于时百执事者哉[12]？岂复有所计议，能补于周公之化者哉？然而周公求之如此其急，惟恐耳目有所不闻见，思虑有所未及，以负成王托周公之意，不得于天下之心。如周公之心，设使其时辅理承化之功，未尽章章如是，而非圣人之才，而无叔父之亲，则将不暇食与沐矣，岂特吐哺握发为勤而止哉[13]！维其如是，故于今颂成王之德，而称周公之功不衰[14]。

【注释】

〔1〕“愈闻周公”六句：周公，西周初年大政治家，姓姬，名旦，封地在周(今陕西岐山东北)，故称周公。他是周武王弟、周成王叔，忠心辅佐成王，为周王朝创建和巩固立下大功，被后世视为宰相的楷模。哺，咀嚼着的食物。沐，洗头。据《史记·鲁世家》载，周公为接待求见的人，一顿饭未及吃完，多次把口中的食物吐出来，一次洗头多次把头发挽起来，不怠慢求见者。

〔2〕谗(chán 缠)：说坏话挑拨离间。　佞(nìng 泞)：用花言巧语向人献媚。

〔3〕虞：忧虑。

〔4〕九夷八蛮：这里泛指少数民族。夷，古代对东方少数民族的泛称。蛮，对南方少数民族的泛称。　荒服：古代京畿之外，分地为五等，名为五服，每服距离五百里。荒服是五服之一，距京畿二千至二千五百里的地方，是最荒远的地方。　宾：客，这里有服从归顺的意思。　贡：向朝廷进献物品。

〔5〕时变：指大自然出现的与时令不符的反常现象。

〔6〕昆虫草木之妖：指昆虫草木等物的一些变异和反常现象。古人迷信，认为这些都是天上将要降下灾祸的不祥征兆，所以称为“妖”。

〔7〕具：这里有制度的意思。

〔8〕沾：浸湿。　被：覆盖。

〔9〕休征嘉瑞：美好吉祥的征兆。休、嘉，都是美善的意思。瑞，征兆，多指吉祥的征兆。

〔10〕麟凤龟龙：《礼记·礼运》“麟凤龟龙，谓之四灵”。它们都是象征吉祥的动物。　属：类。

〔11〕辅理：辅助治理。唐避高宗李治讳，常用“理”字代替“治”字。

〔12〕百执事：这里指公卿百官。百，言其多。执事，执掌职事的人。

〔13〕特：只是。

〔14〕衰：消歇，减少或停止。

【译文】

三月十六日，前乡贡进士韩愈，恭敬地向宰相阁下再拜进言：

我听说，周公辅佐君主做宰相的时候，他急忙于接见贤士，在吃一顿饭之时，三次吐出口中的食物；在洗一次头时，三次挽起已经解开的头发。在那时，天下的贤才都已举拔任用；奸诈邪恶、挑拨是非、花言巧语、反复无常、背信弃义的小人，都已被清除；天下已没有什么可忧虑的了；最为边远地区以外的诸种少数民族都来归顺和进献礼物；自然灾害和时令反常现象，昆虫草木等的为妖作怪，都已销声匿迹；天下人所称道的礼制、音乐、刑法、政治、教化等各种制度，都已修明整治；民间风俗都已变得敦厚淳朴；天下万物，凡是受到风雨霜露滋润的，都已得其所宜；美好吉祥的征兆，麟、凤、龟、龙之类都已全部出现。然而周公凭着他圣人的才能，凭着天子叔父的至亲关系，辅助天子治理周朝、继承奉行先王的教化的功绩，又都是这样显著。那些请求进见周公的人，难道还有比周公更加贤能的吗？不仅不能超过周公，难道再有胜过当时百官办事人员的吗？难道还有什么计谋议论，可以对周公的政治教化有所补助吗？然而周公求贤士却是这样的急迫，只怕自己耳目还有听不见、看不见的地方，考虑还有不周到之处，以致辜负成王委托自己的意思，不能合于天下民众的心意。按照周公的心思，假使那时辅佐天子治理国家和继承奉行先王教化的功绩，没有这样充分显著地表现出来，而他既没有圣人的才能，又没有天子的叔父这种至亲关系，那就要连吃饭和洗头都没有时间了，哪里只是吐哺握发这样的勤劳就够了呢！正因为他是这样，所以，直到今天人们还不断地歌颂成王的德行，并且不断地称赞周公的丰功伟绩而没有衰歇。

今阁下为辅相亦近耳。天下之贤才，岂尽举用？奸邪谗佞欺负之徒，岂尽除去？四海岂尽无虞？九夷八蛮之在荒服之外者，岂尽宾贡？天灾时变，昆虫草木之妖，岂尽销息？天下之所谓礼乐刑政教化之具，岂尽修理？风俗岂尽敦厚？动植之物，风雨霜露之所沾被者，岂尽得宜？休征嘉瑞，麟凤龟龙之属，岂尽备至？其所求进见之士，虽不足以希望盛德，至比于百执事，岂尽出其下哉？其所称说，岂尽无所补哉？今虽不能如周公吐哺握发，亦宜引而进之，察其所以而去就之，不宜默默而已也。

【译文】

现在您作为辅佐君主的宰相，这同周公的地位相比也可算相近似了。天下的贤才，难道全都被举拔任用？奸诈邪恶、挑拨是非、花言巧语、反复无常、背信弃义的小人难道都已清除掉？天下难道已完全没有什么可忧虑的了？最为边远地区以外的诸种少数民族难道都已归顺和进献礼物？自然灾害和时令反常现象，昆虫草木等的为妖作怪，难道都已销声匿迹？天下人所称道的礼制、音乐、刑法、政治、教化等各种制度，难道都已修明整治？民间风俗难道都已变得敦厚淳朴？天下万物，凡是受到风雨霜露滋润的，难道都已得其所宜？美好吉祥的征兆，麟、凤、龟、龙之类难道都已全部出现？那些请求进见的人，虽然不能期望有您这样的道德完美，但和那些百官办事人员相比，难道德才都在他们之下吗？请求进见之人所称道论说的，难道对治理国家一点补益也没有吗？现在您即使不能像周公那样吐哺握发，也应该引进他们，考察他们的德才究竟如何然后决定取舍，而不应该采取不理不睬的冷漠态度。

愈之待命，四十馀日矣。书再上，而志不得通〔1〕。足三及门，而阍人辞焉〔2〕。惟其昏愚，不知逃遁〔3〕，故复有周公之说焉。阁下其亦察之！

【注释】

〔1〕通：上达。

〔2〕阍（hūn 昏）人：看门人。

〔3〕逃遁：这里指擅自离去，或不告而行。

【译文】

我等候您的指示，已经四十多天了。接连呈上了两封书信，可是我的心意仍然不能使您了解。三次登门求见，都被府上看门的人挡住。只因为我生性糊涂愚钝，不知道离开避去，所以又有关于周公的一番议论。希望您也能够仔细地看看它。

古之士，三月不仕则相吊，故出疆必载质〔1〕。然所以重于自进者，以其于周不可，则去之鲁；于鲁不可，则去之齐；于齐不可，则去之宋、之郑、之秦、之楚也〔2〕。今天下一君，四海一国，舍乎此，则夷狄矣〔3〕，去父母之邦矣〔4〕。故士之行道者，不得于朝，则山林而已矣。山林者，士之所独善自养〔5〕，而不忧天下者之所能安也。如有忧天下之心，则不能矣。故愈每自进而不知愧焉，书亟上〔6〕，足数及门，而不知止焉。宁独如此而已，惴惴焉惟不得出大贤之门下是惧[7]。亦惟少垂察焉！渎冒威尊[8]，惶恐无已。

愈再拜。

【注释】

〔1〕“古之士”三句：吊，慰问。　疆，国境、边界。　质，同“贽”，古人初见面时所献礼物。士见诸侯求仕也须献贽。以上三句语本《孟子·滕文公下》：“孔子三月无君则皇皇如也，出疆必载质。”“古之人三月无君则吊。”“无君”犹“不仕”。《孟子》本章说明古人(包括孔子)是“急”于“仕”的，但又指出“君子之难仕也”，“恶(憎恶)不以其道”。本文下句“重于自进”云云，即承此意。

〔2〕“以其于周”九句：周，周王朝。　之，往、到。鲁、齐、宋、郑、秦、楚，都是东周(春秋)时诸侯国。曾国藩说：“鲁，同姓(与周王室同姓姬)，礼义之邦，故次周后；齐，大国，次之；宋、郑，小国，次之；秦、楚，戎蛮，又次之。”(见《韩昌黎文集校注》引)揭示本文所列诸国次序并非随便泛指。

〔3〕狄：古代对北方少数民族的泛称。

〔4〕父母之邦：自己生长的国家，犹祖国。

〔5〕独善：《孟子·尽心上》：“穷则独善其身。”

〔6〕亟(qì 气)：屡次。

〔7〕惴(zhuì 最)惴：惶恐不安的样子。

〔8〕渎(dú 读)：轻慢，无礼貌。

【译文】

古代的士人，三个月没有官职，就互相慰问，所以他们出国境一定要带上进见诸侯的礼物。但他们郑重于作自我推荐，因为若在周王朝不被任用，就到鲁国去；在鲁国不被任用，就到齐国去；在齐国不被任用，就到宋国、到郑国、到秦国、到楚国去。而今普天之下只有一个君主，四海之内只是一个国家，离开这里就是夷狄那些地方了，离开自己的祖国了。所以，要求实现自己的抱负和主张的士人，不在朝廷上得到任用，那就只有到山林间隐居去了。山林里边，是士人中那些独善其身、自我养生，不为天下担忧的人才能安心居处的。如果怀有为天下担忧之心的人，就不能安居在山林里了。所以，我韩愈才经常自我推荐而不感到羞愧，信屡次呈上，脚步屡次到门上，也不知道停止。又哪里仅仅如此而已，我还惶恐地只怕不能出身在您这样大贤人的门下。同时也盼望您稍微俯赐以审察！亵渎冒犯了您的威严和尊贵，心中惶恐不已。

韩愈再拜。

（顾易生　李笑野）

与于襄阳书

韩　愈

【题解】

唐德宗贞元十七年(801)秋冬之际，韩愈被任命为国子监四门学博士，正式在京师做官。博士职为闲官，地位不高，难于施展抱负，因此，他奉书于襄阳请求引荐。于襄阳名頔(dí 迪)，字允元，河南(今河南洛阳)人，贞元十四年九月以工部尚书为山东道节度使。因他做过襄阳大都督，故称于襄阳。这封信，韩愈以士欲进身扬名、建功立业须前辈援引，而前辈之功业盛名又须有为的后继者为之传扬，使一篇干求文章写得入情入理，不卑不亢。本文在构制上别具匠心，摇曳生姿，诚如吴楚材、吴调侯所评："前半幅只是泛论，下半幅方入正文。前半凡作六转，笔如弄丸，无一字一意板实；后半又作九转，极其凄怆，堪为动色。通篇措词立意，不亢不卑，文情绝妙。"

七月三日，将仕郎守国子四门博士韩愈〔1〕，谨奉书尚书阁下〔2〕：

士之能享大名、显当世者，莫不有先达之士〔3〕，负天下之望者为之前焉。士之能垂休光、照后世者〔4〕，亦莫不有后进之士，负天下之望者为之后焉。莫为之前，虽美而不彰；莫为之后，虽盛而不传。是二人者，未始不相须也〔5〕，然而千百载乃一相遇焉。岂上之人无可援，下之人无可推欤？何其相须之殷[6]，而相遇之疏也？其故在下之人负其能，不肯谄其上[7]；上之人负其位，不肯顾其下。故高材多戚戚之穷[8]，盛位无赫赫之光[9]。是二人者之所为，皆过也。未尝干之，不可谓上无其人；未尝求之，不可谓下无其人。愈之诵此言久矣，未尝敢以闻于人。

【注释】

〔1〕将仕郎：官名，唐代的文职散官。　守：唐代品级较低的人担任较高的官叫守。　国子：见前韩愈《进学解》注〔1〕。

〔2〕尚书：官名，这里指于襄阳。　阁下：对人的尊称，常用于书信中。

〔3〕先达：道德、学问、地位、名望显达的前辈。

〔4〕休光：盛美的光辉。

〔5〕未始：未尝。　须：等待。

〔6〕殷：恳切、深厚。

〔7〕谄：巴结、奉承。在这里有请求、干说的意思。

〔8〕戚戚：忧愁的样子。

〔9〕赫赫：显耀的样子。

【译文】

七月三日，将仕郎兼国子监四门博士韩愈恭敬地将书信呈给尚书阁下：

读书人能够享有盛名而显扬于当世的，没有不是依靠享有天下声望的前辈为他做先导引荐的。读书人能够流传美名，照耀后世，也没有不是依靠享有天下声望的后辈给他支持称颂的。没有人替后辈做先导引荐，那后辈即使有美好的才华也不能显扬于世；没有人做前辈的后进，那前辈即使有丰功伟绩，也不会流传名声。这两种人，未尝不互相等待，然而千百年才能相遇一次。难道是上面没有可以攀援的人，下面没有可以推荐的人吗？为什么他们相互等待是如此地殷切，而相遇的机会却是如此地稀少呢？这原因在于在下的人自恃才能高，而不肯向上提出请求；在上的人自恃地位尊，而不肯对下照顾。所以才能高的人多为穷困而忧愁，而地位显要的人也不能留传显赫的名声。这两种人的作为，都是错误的。没有向上去请求过，就不能说上面没有可以攀援的人；没有向下去寻求过，也不能说下面没有可以推荐的人。我韩愈诵说这些话已经很久了，但未曾敢于冒昧地说给别人听过。

侧闻阁下抱不世之才[1]，特立而独行[2]，道方而事实，卷舒不随乎时[3]，文武唯其所用。岂愈所谓其人哉！抑未闻后进之士[4]，有遇知于左右[5]，获礼于门下者[6]。岂求之而未得邪？将志存乎立功[7]，而事专乎报主，虽遇其人，未暇礼邪？何其宜闻而久不闻也！

【注释】

〔1〕侧闻：从旁听说，“曾有所闻”的谦敬说法。　不世：不是每代都有的，即非常、非凡的意思。

〔2〕特、独：都是卓异、出众、不随波逐流的意思。

〔3〕卷舒：弯曲和伸展。这里指行动、地位的变化，退藏和进展。

〔4〕抑：表转折，然而。

〔5〕遇知：被赏识。　左右：旧时书信称对方，不称其本人，而称其左右执事的人，以示尊敬。

〔6〕获礼：得到以礼相待。

〔7〕将：表选择，还是。

【译文】

我从旁听说您具有非常的才干，立身和操行卓然不凡，道德方正而处事务实，进退有度而不随时俗，对文武官员量才任用。难道您不就是我韩愈前面所说的那种先达之士吗！然而还不曾听说有什么后进之士，为您所赏识而蒙您以礼相待的。难道是您寻求而未曾得到吗？还是由于您有志于建立功业，把精力专注于报答君主，因而即使遇到合适的后进之士，也没有空闲以礼相待呢？为什么本应听到您礼遇、引荐后进之士的事却长久没有听到呢？

愈虽不材[1]，其自处不敢后于恒人[2]。阁下将求之而未得欤？古人有言：“请自隗始[3]。”愈今者惟朝夕刍米仆赁之资是急[4]，不过费阁下一朝之享而足也[5]。如曰“吾志存乎立功，而事专乎报主，虽遇其人，未暇礼焉”，则非愈之所敢知也。世之龊龊者[6]，既不足以语之[7]；磊落奇伟之人，又不能听焉。则信乎命之穷也[8]！谨献旧所为文一十八首，如赐览观，亦足知其志之所存。

愈恐惧再拜。

【注释】

〔1〕不材：没有才能，是自谦之辞。

〔2〕恒人：常人。

〔3〕请自隗（kuí 葵）始：意谓请先从我开始给予礼遇，以吸引其他贤士。郭隗，战国时燕人。公元前311年，燕昭王即位后，为报齐国之仇打算招纳贤才，向郭隗请教。郭隗说：“王必欲致士，先从隗始，况贤于隗者，岂远千里哉。”于是燕王就为郭隗筑宫而敬以为师，像乐毅等贤士果然源源而来。

〔4〕刍：喂牲口的草。　资：费用。

〔5〕一朝之享：一顿早餐的享用，比喻所费不多。

〔6〕龊（chuò 绰）龊：器量狭小，拘束于小节。

〔7〕语（yù 玉）：告诉。

〔8〕信：确实，真是。

【译文】

我虽然才能低下，但对自己的要求却不敢落后于一般人。您要寻求人才却还未得到吗？古人说过："请从我郭隗开始。"我现在正为每天的柴草、粮食、仆役、租赁的费用着急，这些只不过花费您一顿早饭的费用就够了。您如果说"我的志向在于建立功业，精力全用于报答君主，即使遇到了合适的后进之士，也没有空闲以礼相待"，那就不是我韩愈所敢知道的了。世上那些器量狭小的人，既不足以向他们谈这些；心胸坦白、光明正大的奇特英伟人物，又不能听我的话。那么我的命运确实是该当困穷了！谨献上我以前所做的文章十八篇，如承蒙赐予阅览，也足以知道我的志向所在。

韩愈诚惶诚恐，再拜。

（顾易生　李笑野）

与陈给事书

韩　愈

【题解】

陈给事名京，字庆复，唐代宗大历元年(766)进士，德宗贞元十九年(803)由考功员外郎升给事中。这是韩愈写给陈京的一封信。信中叙写了与陈京旧曾有过交往和后来疏远的原因，婉言表述了对陈给事的不满。同时，也表示疑虑消除，希望陈京重新了解自己，恢复交谊。吴楚材、吴调侯评云："通篇以'见'字作主，上半篇从'见'说到'不见'；下半篇从'不见'说到'要见'。一路顿挫跌宕，波澜层叠，姿态横生，笔笔入妙也。"末尾献文一节更显得情深辞切。这确是一篇至诚悃款、相当动人的自荐信。

愈再拜：

愈之获见于阁下有年矣。始者亦尝辱一言之誉。贫贱也，衣食于奔走〔1〕，不得朝夕继见〔2〕。其后阁下位益尊，伺候于门墙者日益进〔3〕。夫位益尊，则贱者日隔；伺候于门墙者日益进，则爱博而情不专。愈也道不加修，而文日益有名。夫道不加修，则贤者不与〔4〕；文日益有名，则同进者忌。始之以日隔之疏，加之以不专之望〔5〕，以不与者之心，而听忌者之说。由是阁下之庭，无愈之迹矣。

【注释】

〔1〕衣食于奔走：是“奔走于衣食”的倒装句。

〔2〕继：连续。

〔3〕伺候：等候，这里有“依附”的意思。　门墙：原指师门。这里泛指尊者的门下。

〔4〕贤者：这里指陈给事。　与：赏识，赞赏。

〔5〕望：抱怨，不满。

【译文】

韩愈再拜：

我得以与您结识已经有很多年了。开始时也曾承蒙您的一些赞赏。我由于贫贱，为了生活东奔西走，所以不能早晚经常拜见。此后您的地位越来越尊贵，依附侍候在您门下的人一天天地增多。地位越来越尊贵，跟贫贱的人就会一天天地疏远间隔；伺候在门下的人一天天地增加，那么您喜欢的人多了，而对旧友的情意也就不专了。我在品德修养方面没有加强，而文章却一天比一天出名。在品德修养方面没有加强，那么有贤德的人就不会赞赏；文章一天比一天出名，那么与我同路求进的人就会妒忌。起初，您我由于经常不相见而疏远，以后又加上对您感情不专的私下抱怨，而您又怀着不再赏识的情绪，并且听信妒忌者的闲话。因此阁下的门庭，便不再有我的足迹了。

去年春，亦尝一进谒于左右矣〔1〕，温乎其容，若加其新也〔2〕；属乎其言〔3〕，若闵其穷也〔4〕。退而喜也，以告于人。其后如东京取妻子〔5〕，又不得朝夕继见。及其还也，亦尝一进谒于左右矣。邈乎其容〔6〕，若不察其愚也〔7〕；悄乎其言〔8〕，若不接其情也。退而惧也，不敢复进。

【注释】

〔1〕谒：拜见。

〔2〕加：对待。　新：新交。

〔3〕属（zhǔ 嘱）：连续不断。这里形容话很多，很热情。

〔4〕闵（mǐn 敏）：同"悯"，怜惜。

〔5〕如：到。　东京：指今河南洛阳。唐时首都在长安（今陕西西安），而以洛阳为东都，也称东京。

〔6〕邈：远。这里指表情疏而冷淡的样子。

〔7〕愚：谦词，这里指自己的心情。

〔8〕悄（qiǎo 巧）：沉默，冷淡。

【译文】

去年春天，我也曾经去拜见过您一次，您面色温和，好像是接待新近结交的朋友；谈话持续而热情，好像是同情我穷困窘迫的处境。从您那回来，心里非常高兴，并把这事告诉了别人。从那以后，我到东京去接取妻子儿女，又不能够朝夕连续与您相见了。等到回来，也曾经拜访过您一次。您表情冷漠，好像是不体察我的私衷；沉默寡言，好像是不理会我的情意。告辞回来，感到非常不安，不敢再去拜访您了。

今则释然悟〔1〕，翻然悔曰〔2〕：其邈也，乃所以怒其来之不继也；其悄也，乃所以示其意也。不敏之诛〔3〕，无所逃避〔4〕。不敢遂进，辄自疏其所以〔5〕，并献近所为《复志赋》以下十首为一卷，卷有标轴〔6〕。《送孟郊序》一首〔7〕，生纸写〔8〕，不加装饰。皆有揩字注字处〔9〕，急于自解而谢〔10〕，不能俟更写〔11〕。阁下取其意，而略其礼可也。

愈恐惧再拜。

【注释】

〔1〕释然：形容疑虑消除。

〔2〕翻然：也作“幡然”，形容很快转变。

〔3〕诛：责备。

〔4〕无所：没有什么地方、处所。

〔5〕辄：即，就。　疏：分条陈述。

〔6〕标轴：标签和卷轴。书画卷之端有棍杆为轴。

〔7〕孟郊：字东野，唐代诗人，韩愈的朋友。参看本书所选《送孟东野序》。

〔8〕生纸：未经加工精制的纸。宋邵博《邵氏闻见后录》卷二十八载：“唐人有熟纸，有生纸。熟纸，所谓妍妙辉光者。其法不一。生纸非有丧故不用，退之与陈京书云《送孟郊序》用生纸写，言急于自解，不暇择耳。”

〔9〕揩字：涂去的字。　注字：添加的字。

〔10〕谢：道歉。

〔11〕俟(sì四)：等待。

【译文】

现在我才恍然醒悟，很快懊悔地说：您那种冷漠的表情，就是恨我不经常来拜见的缘故；您那种沉默寡言，就是暗示这种意思的缘故。对我生性不聪敏的责怪，我是无处可以逃避的。我不敢马上进见，就自己写信分析和陈述事情的缘由，并且呈上近来做的《复志赋》以下十篇文章作为一卷，卷有标签和轴。《送孟郊序》一篇，用生纸写成，没加装饰。都有涂改添字的地方，因为我急于解释误会从而向您道歉，所以等不及重新誊写清楚。希望您接受我的心意，而不计较我在礼节上的不周。

韩愈惶恐不安，再拜。

（顾易生　李笑野）

应科目时与人书

韩 愈

【题解】

这是韩愈一篇自荐书，是唐德宗贞元九年(793)作者参加博学宏词科考试时写的。一说，这信是写给韦舍人的。舍人，官名，此时当执管该科的考试工作。韩愈写过不少给当政者的自荐信，本篇却写得别有特色，运用了比兴手法，有力地烘托出自己的抱负不凡与处境困难，向人干求而不失身份。这里对一些“俯首帖耳”“摇尾乞怜”者的卑屈情状以及“有力者”的不识人才、“熟视无睹”的讥讽是寓有谴责世态的意义的。这些创造性词句也被广泛传诵为成语。文末再三慨叹命运，实为对古代知识分子共同遭遇的不平之鸣。有些批评家对韩愈这类投赠之作比较鄙薄。其实，露才扬己，也许和传统的中庸之道、谦让之德有所不合，却未尝不是作者有志用世的强烈而坦率的自我表现，抒发胸中块垒奇气的一个窗口。

月日，愈再拜〔1〕：天池之滨〔2〕，大江之濆〔3〕，曰有怪物焉；盖非常鳞凡介之品汇匹俦也〔4〕。其得水〔5〕，变化风雨，上下于天不难也。其不及水，盖寻常尺寸之间耳〔6〕。无高山、大陵、旷途、绝险为之关隔也〔7〕，然其穷涸不能自致乎水〔8〕，为猵獭之笑者〔9〕，盖十八九矣。如有力者，哀其穷而运转之，盖一举手、一投足之劳也。然是物也，负其异于众也，且曰："烂死于沙泥，吾宁乐之。若俯首帖耳、摇尾而乞怜者[10]，非我之志也。"是以有力者遇之[11]，熟视之若无睹也。其死其生，固不可知也。

【注释】

〔1〕本句一作"应博学宏词前进士韩愈谨再拜上书舍人阁下"。

〔2〕天池：天然大池，指海。语出《庄子·逍遥游》："南冥者，天池也。"冥，通"溟"，解释为海。

〔3〕大江：古时专指长江，后也泛指大江大河。　濆（fén 焚）：水边。

〔4〕常鳞凡介：指普通的水生动物。鳞，有鳞的水族，如鱼、龙之类。介，有介甲的水族，如龟、鳖之类。　品汇：品种类聚。　匹俦：对手、同等。

〔5〕其：这里和下面"其不得水"的"其"，均作"如果"解。

〔6〕寻常尺寸：这里指很小的范围。古时以八尺为寻，二寻为常。

〔7〕陵：大土山。　绝险：极险而不可逾越。　关隔：关禁障碍的意思。

〔8〕穷：困厄。　涸（hé 合）：水干、枯竭。　乎：作"于"用。

〔9〕猵獭（biān tǎ 编塔）：水獭，半水栖兽类。猵，即猵，獭的一种。

〔10〕俯首帖耳：形容卑屈、驯服的样子。　而：表示目的，相当于现代汉语中的"去""来"。

〔11〕是以：因此。

【译文】

某月某日，韩愈再拜奉告：在大海的水边，大江的岸侧，传说有一个怪物；它不是一般生鳞长甲之类水族所能相比相拟的。如果得到了水，它就会兴风作雨，上下于天空也不感到困难。如果得不到水，就只能局限在短小狭窄的几尺几寸范围里了。尽管没有高山大岗、荒远路途、特别险阻成为它的障碍，然而它处在困窘枯竭的境地是无法自己找到水的，因而被水獭之类低等水生动物讥笑的事，大概十有八九会发生的。如果有力量的人同情它的困厄处境并把它转移到水中去，只不过是一抬手、一动脚的辛劳罢了。可是这个怪物，倚恃自己与众不同，却说："我宁可烂死在沙泥之中，也心甘情愿。像那些低下头颅、耷拉耳朵、摇着尾巴去向人家乞求怜悯的做法，并不符合我的志趣啊。"因此有力量的人遇到它，虽然看到次数不少，却好像没有看见一样。它是死是活，自然是无法预料了。

今又有有力者当其前矣，聊试仰首一鸣号焉，庸讵知有力者不哀其穷〔1〕，而忘一举手一投足之劳，而转之清波乎？其哀之，命也；其不哀之，命也；知其在命而且鸣号之者，亦命也。愈今者实有类于是。是以忘其疏愚之罪，而有是说焉。阁下其亦怜察之〔2〕！

【注释】

〔1〕庸讵：哪里，怎么。

〔2〕其：语气词，表示希望。

【译文】

如今又有一个有力量的人出现在它面前了，它姑且试着仰起头来鸣叫一声，怎么知道有力量的人也许不哀怜它的困窘，而忘掉一抬手、一动脚的辛劳来把它转移到清澄的波浪中去呢？有力量的人同情它，是命运安排的；不同情它，也是命运安排的；它明明知道这是命运安排却仍然姑且鸣叫一声，这也是命运安排的啊。我现在的情况实在和它有相同之处。因此，不顾自己疏忽愚笨的过错，在这里说了这些话。希望您大概也会同情谅察我吧！

（顾易生　徐粹育）

送孟东野序

韩 愈

【题解】

这是作者送给其诗友孟郊的一篇临别赠言。孟郊(751—814),字东野,一生清贫孤直,作诗刻意苦吟,以“奇诡”、“矫激”著称,与韩愈并称“韩孟”。唐德宗贞元十九年(803),韩愈为监察御史,孟郊为溧阳尉,意甚不惬,尝因事至京师,将归,韩愈作此序送之。序中对孟郊的怀才不遇进行安慰,为之深抱不平,同时期望他能发出不平之鸣来为时代歌唱。所谓“不平”,即矛盾冲突,是事物发展的普遍规律,体现于文学创作就是以作品来反映社会或个人的生活矛盾,抒发郁勃激荡的感情。“不平则鸣”说上承司马迁《太史公自序》的“发愤著书”说,下启欧阳修《梅圣俞诗集序》的“诗穷而后工”之论,为中国文学批评史上一块里程碑。韩愈在本文中对儒家经典、战国诸子、秦汉以至唐代许多作家都给予高度评价,足见其视野宽阔、涵容百家的胸怀。吴楚材、吴调侯评云:“此文得之悲歌慷慨者为多”,“只是从一鸣中发出许多议论,句法变换,凡二十九样。如龙之变化,屈伸于天,更不能逐鳞逐爪观之”。可见本文正是一篇“不平则鸣”的代表作。

大凡物不得其平则鸣。草木之无声,风挠之鸣[1]。水之无声,风荡之鸣。其跃也或激之[2],其趋也或梗之,其沸也或炙之[3]。金石之无声,或击之鸣。人之于言也亦然，有不得已者而后言，其歌也有思，其哭也有怀。凡出乎口而为声者，其皆有弗平者乎！乐也者，郁于中而泄于外者也，择其善鸣者而假之鸣[4]。金、石、丝、竹、匏、土、革、木八者[5]，物之善鸣者也。维天之于时也亦然[6]，择其善鸣者而假之鸣。是故以鸟鸣春，以雷鸣夏，以虫鸣秋，以风鸣冬。四时之相推夺[7]，其必有不得其平者乎？

【注释】

〔1〕挠（náo 蛲）：搅动，摇动。

〔2〕跃、激：语本《孟子·告子上》："今夫水，搏而跃之，可使过颡；激而行之，可使在山。"激，阻遏水势。

〔3〕炙（zhì 质）：烧煮。

〔4〕假：借助。

〔5〕金、石、丝、竹、匏（páo 袍）、土、革、木：古代用这八种质料制成的各类乐器的总称，也称八音。如钟属金类，磬属石类，鼓属革类，柷（zhù 助）属木类。匏，葫芦的一种。古乐器有以匏为座的，如笙。

〔6〕维：句首语气词。

〔7〕推夺：推易变化。夺，互易的意思。

【译文】

一般说来事物失去它原有的平静就要发出鸣声。草木本来没有声音，风扰动它就发出响声。水本来没有声音，风激荡它就发出响声。波浪腾跃是因为有什么东西在堵拦水势，水流湍急是因为有什么东西在阻梗水道，水的沸腾是因为有什么东西在烧煮它。金属和石头制造的乐器本来没有声音，有人敲击它就发出声音。人在语言方面也是这样，心里有了不得不说的话就要说出来，他们歌唱因为有所思慕，他们哭泣因为有所怀念。凡是从口里发出来而形成声音的，大概都是存在不平的因素吧！音乐这东西，是人们郁结在心中的感情抒发出来所形成的，人们选择那些善于发声的东西来借助它奏鸣。金、石、丝、竹、匏、土、革、木八类乐器，就是器物中善于发声的东西。自然界在时令季候方面也是这样，选择那些善于发声的东西借助它发出声响，所以让鸟来鸣叫春天，让雷来轰鸣夏季，让虫来唧吟秋令，让风来呼啸寒冬。四季气候的相互推移更换，想来一定有它不能平静的原因吧！

其于人也亦然。人声之精者为言，文辞之于言，又其精也，尤择其善鸣者而假之鸣。其在唐虞[1]，咎陶、禹其善鸣者也[2]，而假以鸣。夔弗能以文辞鸣[3]，又自假于《韶》以鸣[4]。夏之时，五子以其歌鸣[5]。伊尹鸣殷[6]。周公鸣周[7]。凡载于《诗》、《书》六艺[8]，皆鸣之善者也。周之衰，孔子之徒鸣之[9]，其声大而远。传曰[10]：“天将以夫子为木铎[11]。”其弗信矣乎？其末也，庄周以其荒唐之辞鸣[12]。楚大国也，其亡也，以屈原鸣[13]。臧孙辰、孟轲、荀卿[14]，以道鸣者也。杨朱、墨翟、管夷吾、晏婴、老聃、申不害、韩非、慎到、田骈、邹衍、尸佼、孙武、张仪、苏秦之属[15]，皆以其术鸣[16]。秦之兴，李斯鸣之[17]。汉之时，司马迁、相如、扬雄[18]，最其善鸣者也。其下魏、晋氏，鸣者不及于古，然亦未尝绝也。就其善者，其声清以浮，其节数以急[19]，其辞淫以哀，其志弛以肆，其为言也，乱杂而无章。将天丑其德莫之顾邪？何为乎不鸣其善鸣者也？

【注释】

〔1〕唐：传说中上古帝尧时国号。 虞：传说中上古帝舜时国号。

〔2〕咎陶（gāo yáo 高遥）：相传为舜臣，也作皋陶、咎繇，主管司法。《尚书》有《皋陶谟》，传为他的言论。 禹：夏禹，夏朝第一代君主，相传原为舜臣，治理洪水有功，舜禅位给他。伪古文《尚书》有《大禹谟》，托为夏禹的言论。

〔3〕夔（kuí 葵）：相传是舜的乐官。

〔4〕《韶》：相传是舜时制的乐曲。

〔5〕五子：相传是夏王太康的五个弟弟。太康游乐无度，因而失国，五弟作歌告诫，称“五子之歌”。今伪古文《尚书》有《五子之歌》，系伪托。

〔6〕伊尹：相传他辅助商汤灭夏，建立商王朝。汤死后，汤孙太甲无道，伊尹把他放逐到桐，三年后太甲悔悟，伊尹又把他接回来统治国家。传说伊尹曾作《汝鸠》、《汝方》、《咸有一德》、《伊训》、《肆命》、《太甲》等文，均已亡佚。今伪古文《尚书》有《伊训》、《太甲》、《咸有一德》，系伪托。 殷：商朝在盘庚时迁都于殷，因此商也称为殷。

〔7〕周公：周武王姬发之弟，名旦。周朝开国大臣，相传礼乐制度都是他制定的。《尚书》中的《金縢》、《大诰》等篇，相传为他所作。

〔8〕《诗》、《书》六艺：指《诗》、《书》、《易》、《礼》、《乐》、《春秋》六部儒家经典，也称“六经”。其中《乐经》后世无传，或认为因秦焚书亡失，或认原无《乐经》，《乐》即包括在《诗》《礼》之中。

〔9〕孔子之徒：相传孔子有弟子三千，其中贤者七十二。“六经”曾经孔子整理，并用以进行教学。《论语》出于孔子门徒的笔记。

〔10〕传：传原指阐述经义的文字，也指记载。这里指《论语》。《汉书·扬雄传赞》：“传莫大于《论语》。”

〔11〕“天将以夫子”句：语本《论语·八佾》：仪封人（仪地边防官）见孔子后对孔子的弟子们说：“……天下之无道也久矣，天将以夫子为木铎。”夫子，老先生。这里指孔子。木铎，铜质木舌的铃。古代有政令发布时，先摇木铎以引起注意，召集民众。

〔12〕庄周：战国初期思想家，道家代表人物，著有《庄子》，特有浪漫精神。《庄子》中《天下篇》曾说庄周文章是“谬悠之说，荒唐之言，无端崖之辞”。荒唐，广大空阔、没有边际的样子。

〔13〕“楚大国也”三句：楚国在春秋战国时期的领地比同时诸侯国大，几乎占有长江下游流域今五六个省的地区。屈原，战国后期楚国大诗人，写下了《离骚》、《九章》、《天问》等大量辞赋，表达自己高远爱国理想与对现实的愤慨批判，富有浪漫色彩。参看本书所选传为其作

的《卜居》及《史记·屈原列传》。

〔14〕臧孙辰：臧文仲，春秋时鲁国大夫。他复姓臧孙，名辰，字仲，谥文。《左传·襄公二十四年》载穆叔说“鲁有大夫曰臧文仲，既殁，其言立”，当时曾有他的著作流传。《国语·鲁语》及《左传》中尚保存他的不少论说资料。 孟轲：战国前期儒家代表人物，他与其弟子著有《孟子》。 荀卿：名况，卿是尊称。战国后期儒家大师，著有《荀子》。

〔15〕杨朱：战国初哲学家，相传他主张“贵生”、“为我”，其学说当时影响很广，但无著作流传，其片断思想资料散见于《孟子》、《庄子》、《韩非子》、《吕氏春秋》等书中。《列子》中有《杨朱篇》，可能出于假托。 墨翟：春秋战国之际思想家，墨家学派创始人。《墨子》是该派著作的汇编。 管夷吾：字仲，春秋时政治家，曾辅佐齐桓公建立霸业。其学说保存于《管子》中。 晏婴：春秋时政治家，曾任齐景公的相，其言论保存于《晏子春秋》中。 老聃(dān 丹)：春秋时思想家，道家学派创始人，著有《老子》，也称《道德经》。 申不害：战国时韩昭侯相，主张“术”治，著有《申子》，今佚，有辑本。 韩非：战国后期韩国公子，法家思想的集大成者，著有《韩非子》。 慎到：战国时赵人，强调“势”治。有《慎子》，已不全。 田骈：也作陈骈，战国时齐人，《吕氏春秋·不仁》说他学说“贵齐”(注：“齐死生，等古今”)。著有《田子》。 邹衍：战国时齐人，阴阳家，著《邹子》已佚。相传“其语十余万言”，“闳大不经”。 尸佼(jiǎo 皎)：战国时鲁人，杂家，曾为商鞅师，著有《尸子》，已佚，有辑本。孙武：战国时齐人，著名军事家，有《孙子》，为我国古代权威兵法书。 张仪、苏秦：战国时纵横家。南北为纵，东西为横。苏秦曾为燕、赵、韩、魏、齐、楚六国相，主张从北到南联合抗秦，称为“合从(纵)”；张仪曾为秦相，主张西方之秦与东方六国中某一国结成一线，拆散他们联盟，各个击破，称为“连横(衡)”。苏张均善于说辞，《汉书·艺文志》著录有《苏子》、《张子》，均佚。两人言辞散见《战国策》《史记》等。

〔16〕术：学术。韩愈把儒家学说称为“道”，道是大道，意谓普遍真理。他把其他诸子学说称为“术”，意为一家之言。

〔17〕李斯：秦王朝开国大臣，曾任秦始皇、二世的相，相传秦皇朝的政令、制度、刻石文辞多出其手。本书选有其《谏逐客书》。

〔18〕司马迁：著有《史记》，是我国古代一部伟大的历史、文学名著。本书选有《史记》多篇及其《报任安书》。 相如：姓司马，名相如，西汉辞赋家，《子虚赋》、《上林赋》为其代表作。 扬雄：西汉辞

赋家，学者。“扬”或作“杨”。代表作有《甘泉赋》、《羽猎赋》、《解嘲》等，又仿《论语》作《法言》、仿《周易》作《太玄》。

〔19〕数(shuò 朔)：频繁。

【译文】

这道理对于人来说也是一样的。人类声音的精华是语言，而文辞比起语言来，更是它的精华，尤其要选择擅长文辞的人借助他们表达心声。在那唐尧、虞舜时代，咎陶和禹是那时代善于文辞的人，就通过他们来表达。夔不能用文辞来表达，他就借助《韶》乐来抒发。夏朝的时候，太康的五个弟弟用他们的歌诗来吟唱。伊尹鸣殷商之音；周公唱周朝之声。凡是记载在《诗经》、《尚书》等“六经”之中的，都是歌咏心声的美好篇章。周朝衰落的时候，孔子和他的门徒发出呼喊之声，他们的声音宏大而悠远。《论语》上说：“上天将让孔子他老人家来作为传布大道的铃。”这难道不是真实可信的么！周朝末年，庄周用他的汪洋恣肆的文辞来抒发。楚是一个大国，在它危亡的时候，由屈原来歌吟。臧孙辰、孟轲、荀卿是用儒道来表达的，杨朱、墨翟、管夷吾、晏婴、老聃、申不害、韩非、慎到、田骈、邹衍、尸佼、孙武、张仪、苏秦这些人，都是用他们的学术来表达的。秦朝兴起时，李斯为它颂唱。汉朝的时候，司马迁、司马相如、扬雄，是这时代最善于表达的人。汉以后的魏晋时代，能咏唱表达的人及不上古代的水平，然而也没有断绝啊。就其中优秀的来说，他们的声音轻清而浮荡，音节繁密而迫促，辞藻靡丽而感伤，意志松弛而放纵，他们在语言表达上，杂乱而没有规则。这大概是上天认为这时代的道德风尚丑恶而不加照看吧？为什么不让那些善于表达的人来抒发呢？

唐之有天下，陈子昂、苏源明、元结、李白、杜甫、李观[1]，皆以其所能鸣。其存而在下者，孟郊东野始以其诗鸣。其高出魏、晋，不懈而及于古，其他浸淫乎汉氏矣[2]。从吾游者，李翱、张籍其尤也[3]。三子者之鸣信善矣。抑不知天将和其声，而使鸣国家之盛邪？抑将穷饿其身，思愁其心肠，而使自鸣其不幸邪？三子者之命，则悬乎天矣。其在上也，奚以喜；其在下也，奚以悲？东野之役于江南也[4]，有若不释然者，故吾道其命于天者以解之。

【注释】

〔1〕陈子昂(661—702)：唐代著名诗人，字伯玉。诗作质朴刚健，对唐代诗风的转变产生很大影响。他的散文也是唐代古文运动的前驱。韩愈《荐士》说“国朝文章盛，子昂始高蹈”，是兼指他的诗和文的。有《陈伯玉集》(或作《陈子昂集》)。　苏源明：唐文学家，著名于玄宗天宝年间，卒于代宗广德二年(764)。有诗文集，已散佚。《全唐文》载其文五篇，《全唐诗》载其诗二首。　元结(719—772)：唐文学家，字次山。其诗富有现实性，他的散文也是韩愈、柳宗元古文运动的前驱。有《元次山集》。　李观(766—794)：字元宾，唐散文家，文学主张与韩愈大致相近。有《李观集》，今传《李元宾文集》系清人辑录。

〔2〕浸淫：水的渗透，这里比喻文章的造诣。

〔3〕李翱(772—836)：字习之，韩愈门人，著名散文家，有《李文公集》。　张籍(约767—约830)：字文昌，韩愈门人，著名诗人，有《张司业集》。

〔4〕江南：时孟郊为溧阳尉，溧阳在唐代属江南道。

【译文】

唐朝在全国范围建立统治以来，陈子昂、苏源明、元结、李白、杜甫、李观都是凭他们才能抒唱心声的。生活在今天而地位低下的人中，孟郊开始用他的诗来唱叹。他的诗超过魏晋之作，刻苦锻炼而到达上古的水平，其他作品也出入汉诗的境界了。跟我交游的人中，李翱、张籍是最突出的。他们三位的文辞表达确实是美好的了。但不知道上天将使他们的声音和谐，而让他们歌唱国家的昌盛呢？还是要使他们身遭穷困饥饿，使他们的心思愁苦，而吟咏自身的不幸呢？他们三位的命运，就掌握在上天手中了。那他们身居高位，又有什么值得欣喜；沉沦在下面，又有什么可以悲伤的呢？孟东野将到江南去就职，心中好像有想不开的郁结，所以我讲这些命运在天的道理来替他宽解。

（顾易生　徐粹育）

送李愿归盘谷序

韩　愈

【题解】

这是一篇送友人归隐的序言。李愿，生平不详。文中托其口吻生动地描绘三种人物形象：一是志得意满、穷奢极侈的达官贵人，于铺叙中寓有讽刺之意；一是奔逐在名利场的势利小人，于鞭挞中也为之嗟叹；一是优游山林的高人逸士，以与上述两种人作鲜明对比，作者的倾向也情见乎辞了。结束以楚辞体歌颂隐居佳胜，馀韵盎然，令人无限向往。按韩愈一贯抱积极入世态度，在《原道》、《争臣论》等文中迈进之气郁勃可见，归隐幽谷，非其素志。或谓此文“贞元十七年(801)作，时公年三十四，脱汴、徐之乱，来居洛(今河南洛阳)，方且求官京师(长安，今陕西西安)，郁于中而见于外，故其辞如此”。大概在仕途中亲见大小官僚的种种丑态，亲历宦海风波之艰险，积愤于胸，因发远举绝尘之遐想，也未曾不是一种不平之鸣。本文在写作艺术上很具特色，融铺叙、议论、抒情于一炉，兼有辞赋、骈体、散文之美。宋苏轼曾云：“唐无文章，惟韩退之《送李愿归盘谷》一篇而已。平生愿效此作一篇，每执笔辄罢，因自笑曰：不若且放，教退之独步。”(见《东坡题跋》)为突出这篇而一概贬低全唐之文，自属过甚其辞，然苏氏对此的特殊向慕心情，则跃然可见了。

太行之阳有盘谷[1]。盘谷之间，泉甘而土肥，草木藂茂[2]，居民鲜少。或曰：谓其环两山之间，故曰

“盘”。或曰：是谷也，宅幽而势阻，隐者之所盘旋[3]。友人李愿居之。

【注释】

〔1〕太行：太行山，在山西高原和河南、河北平原之间。　阳：山的南面。　盘谷：在今河南济源北。

〔2〕藂：同“丛”。

〔3〕盘旋：盘桓，逗留。

【译文】

太行山的南面有个盘谷。盘谷里面，泉水甜美而土地肥沃，草木繁密茂盛，居民稀少。有人说：因为它环绕在两座山之间，所以叫做“盘”；有人说：这个山谷啊，位置幽深而地势险阻，是隐士盘桓游遨的地方。我的朋友李愿就住在这里。

愿之言曰：“人之称大丈夫者，我知之矣。利泽施于人，名声昭于时。坐于庙朝[1]，进退百官，而佐天子出令。其在外，则树旗旄[2]，罗弓矢，武夫前呵，从者塞途，供给之人，各执其物，夹道而疾驰。喜有赏，怒有刑。才畯满前[3]，道古今而誉盛德，入耳而不烦。曲眉丰颊，清声而便体[4]，秀外而惠中[5]，飘轻裾[6]，翳长袖[7]，粉白黛绿者[8]，列屋而闲居，妒宠而负恃，争妍而取怜。大丈夫之遇知于天子，用力于当世者之所为也。吾非恶此而逃之[9]，是有命焉，不可幸而致也。穷居而野处，升高而望远，坐茂树以终日，濯清泉以自洁[10]。采于山，美可茹；钓于水，鲜可食。起居无时，惟适之安。与其有誉于前，孰若无毁于其后；与其有乐于身，孰若无忧于其心。车服不维[11]，刀锯不加，理乱不知，黜陟不闻[12]，大丈夫不遇于时者之所为也，我则行之。伺候于公卿之门，奔走于形势之途，足将进而趦趄[13]，口将言而嗫嚅[14]，处污秽而不羞，触刑辟而诛戮[15]，侥幸于万一，老死而后止者，其于为人贤不肖何如也?”

【注释】

〔1〕庙朝：宗庙和朝廷，指中央政府。

〔2〕旄（máo 毛）：用旄（犛牛）尾装饰的一种旗帜。

〔3〕畯：同“俊”。

〔4〕便（pián 骈）：形容体态轻盈、合宜。

〔5〕惠中：内心聪慧。惠，通“慧”。

〔6〕裾（jū 居）：衣襟。

〔7〕翳（yì 义）：遮蔽、掩蔽。

〔8〕黛：青黑色颜料，古代用以画眉。

〔9〕恶（wù 雾）：厌恶、憎恨。

〔10〕濯（zhuó 浊）：洗涤。

〔11〕车服：车马和服饰。古代君主对有功之臣，赐以车服，官吏所用车服因职位高低而不同。　维：维系。

〔12〕黜陟（chù zhì 触至）：降职和升官。《尚书·舜典》“黜陟幽明”句注：“黜退其幽者，升进其明者。”

〔13〕趦趄（zī jū 资居）：要走又不敢走的样子。

〔14〕嗫嚅（rú 如）：想说又不敢说的样子。

〔15〕辟：法。　诛：惩罚，杀戮。

【译文】

李愿的话是这样说的：“人们称为大丈夫的人，我是知道的了。他把利益恩惠像雨露那样赐给别人，他的名誉声望显赫传播于当时。坐在朝廷上参与政事，任免升降百官，并辅助天子发号施令。他外出时，就竖起旗帜，排列着弓箭仪仗，武夫在前面吆喝开道，侍从的人们塞满了道路，从事供给的人，各自拿着物品，在道路两边飞快地奔跑。他高兴的时候就给赏赐，他发怒的时候就施刑罚。许多才俊之士聚满在他面前，说古道今赞美他的大德，这些话进入耳中不会觉得烦厌。那些眉毛弯弯而脸庞丰腴，声音清脆而体态轻盈，外貌秀丽而内心巧慧，飘动着薄薄衣襟，掩饰着长长衣袖，脸搽白粉、眉画黛绿的美女们，在一排排房屋中闲住着，妒忌别人得宠而自恃才貌，争艳竞美来博取主人的怜爱。这就是受到皇帝信任重用，掌握大权而施展抱负于当代的大丈夫的所作所为啊。我并不是厌恶这些而躲开它，这是由命运安排的，不能侥幸得到的啊。过着贫寒生活，住在山林草野，登上高处眺望远方，闲坐在茂盛的树下度过整天，在清澈的泉水中洗涤使得自身净洁。从山上采摘果蔬，甜美可吃；从水中钓获鱼虾，新鲜入味。日常作息没有限定时刻，只要舒适便安然处之。与其当面受到赞誉，怎比得上背后不被谤毁；与其身体享受欢乐，怎比得上心中没有忧虑。既不受职官用车与服饰的约束，也不遭刑法刀锯的处分，既不去了解政局的治乱盛衰，也不听到百官升降进退的消息，这就是遭遇不合于时世的大丈夫所作所为啊，我就这样去做。那些伺候在公卿大官的门下，奔走在权势竞逐的路上，将要举足前进又踟蹰畏缩，想要开口说话又吞吐犹豫，身处卑贱污辱而不感觉惭愧羞耻，触犯刑律法制而受到处罚杀戮，希图着万分之一的侥幸机会，一直到老死方才罢休的人，这样的做人究竟算是好呢还是不好呢？”

昌黎韩愈闻其言而壮之[1]，与之酒，而为之歌曰：“盘之中，维子之宫；盘之土，可以稼[2]；盘之泉，可濯可沿；盘之阻，谁争子所？窈而深[3]，廓其有容[4]；缭而曲，如往而复。嗟盘之乐兮，乐且无央。虎豹远迹兮，蛟龙遁藏；鬼神守护兮，呵禁不祥；饮且食兮寿而康，无不足兮奚所望？膏吾车兮秣吾马[5]，从子于盘兮，终吾生以徜徉[6]。”

【注释】

〔1〕昌黎：韩愈自称郡望昌黎（今河北卢龙）。

〔2〕稼（gǔ 古）：播种五谷。“稼”与上句“土”押韵。顾炎武《诗本音》：“稼，古音‘古’。”

〔3〕窈（yǎo 杳）：幽深的样子。

〔4〕廓：广阔的样子。　其：犹“而”。

〔5〕膏：油脂，用作车辆的润滑剂。

〔6〕徜徉（cháng yáng 常羊）：自由自在地来往游荡。

【译文】

昌黎韩愈听了李愿这番话而佩服他的气魄豪壮，替他斟酒，并为他作歌道：“盘谷的中间，就是您的居室。盘谷的土地，可以种五谷。盘谷的水，可以洗涤也可以沿着游览。盘谷险阻，有谁来争夺您的居所？幽远而又深邃，旷阔而有涵容。山谷回环曲折，像是走了过去却又回复相逢。叹息盘谷中的快乐啊，而且快乐得无尽无穷。虎豹远远离开啊，蛟龙逃避躲藏；鬼神守卫保护这儿啊，呵斥禁止不祥事物的来往；有饮有食啊长寿而且健康，没有什么不满足啊还有什么奢望？给我的车辆加油膏啊喂饱我的马匹，我要跟随您到盘谷中去啊，尽我的一生这么逍遥游逛。”

（顾易生　徐粹育）

送董邵南序

韩　愈

【题解】

董邵南，寿州安丰(今安徽寿县西南)人。韩愈于贞元十五年(799)在徐州任节度推官期间有《嗟哉董生行》，极力赞叹了他的隐居行义。大约唐宪宗元和年间(806—820)，董生因屡次在京参加进士考试不第，拟去河北托身藩镇割据势力，可能是投奔魏博节度使田季安。当时藩镇喜招揽人才，增强实力，以对抗朝廷；而失意之士也多投奔于彼，谋求个人出路。韩愈是十分爱惜人才、坚决维护国家统一而反对地方割据的，对董邵南的不得志于朝廷非常同情并深抱不平，对他的投往河北又是很不赞成并深致惋惜的。因而文中勉励他到那边去考察在割据统治下人情风俗的变化，与忠义豪杰之士相结合，动员他们出来为国家效力，那么董生应该如何自处是不言而喻的了。文章篇幅短小而寄寓遥深，措辞委婉而态度鲜明，抑扬反复地唱出一曲无韵的慷慨悲歌。正如吴楚材、吴调侯所说："文仅百十馀字，而有无限开阖、无限变化、无限含蓄，短章圣手。"

燕、赵古称多感慨悲歌之士〔1〕。董生举进士〔2〕，连不得志于有司〔3〕，怀抱利器〔4〕，郁郁适兹土。吾知其必有合也。董生勉乎哉！

【注释】

〔1〕燕、赵：原是周朝两个诸侯国，战国时属于七个强国中的两个，古代以多刺客侠义之士著称。燕的领地在今河北北部一带。赵的领地包括今河北南部、山西东部和河南、山东黄河以北地区。在唐代相当于河北道一带的地方。

〔2〕生：旧时对读书人的通称。　举进士：指乡贡（地方推荐）到京城参加进士科考试。

〔3〕有司：古代设官分职，各有所司，故称官吏为“有司”。这里指主考官吏。

〔4〕利器：锋利的兵器。这里比喻优异的才能。《三国志·曹植传》：“植常自愤怨抱利器而无所施。”

【译文】

自古称说燕、赵一带多有慷慨仗义、悲壮高歌的豪杰之士。董生参加进士考试，接连几次未被主考官录取，怀抱优异的才能，心情抑郁地要到这个地方去。我料知他此去一定会遇到知己的。董生努力吧！

夫以子之不遇时，苟慕义强仁者〔1〕，皆爱惜焉。矧燕、赵之士〔2〕，出乎其性者哉！然吾尝闻风俗与化移易，吾恶知其今不异于古所云邪〔3〕？聊以吾子之行卜之也〔4〕。董生勉乎哉！

【注释】

〔1〕强（qiǎng 抢）：勉力。

〔2〕矧（shěn 审）：况且。

〔3〕恶（wū 屋）：何，怎么。　邪：通“耶”。

〔4〕吾子：表示亲昵的对称敬词。

【译文】

像您这样没有遭逢时运，即使一般仰慕正义而勉力行仁的人都会同情爱惜您的。何况燕赵地带的豪杰之士，他们的行仁仗义是出于本性的呢！然而我曾听说过社会风气习俗是随着教化而转变的，我哪里知道那边今天的社会风俗和古代所说的没有差异呢？姑且通过您的这番旅行去加以验证罢。董生努力吧！

吾因之有所感矣。为我吊望诸君之墓〔1〕，而观于其市，复有昔时屠狗者乎〔2〕？为我谢曰："明天子在上〔3〕，可以出而仕矣！"

【注释】

〔1〕望诸君：乐毅。参看本书前选《国策·乐毅报燕王书》。据《元和郡县志》等载，乐毅墓在邯郸（今属河北）西南。乐毅被迫离开燕而不背燕，当是韩愈要董邵南去凭吊其墓的原因。

〔2〕屠狗者：指战国时燕国侠士高渐离。高以屠狗为业，善击筑，曾于易水边送别赴秦国去刺秦王的刺客荆轲。荆轲行刺失败被杀，高欲为荆复仇，也被杀死。这里泛指隐于市井的感慨悲歌之士。

〔3〕明天子：指唐宪宗。他即位后，采取积极措施平定了一些割据势力，受到韩愈的拥护。

【译文】

我因为您的这次行程而产生一些感想。请您替我凭吊一下望诸君乐毅的坟墓，并且到那里的集市去看看，还有过去时代屠狗者高渐离一类的豪杰人物吗？替我向他们致意道："圣明天子在上面当政，可以出来做官为国家效力了！"

（顾易生　徐粹育）

送杨少尹序

韩　愈

【题解】

杨少尹，名巨源，字景山，唐蒲州(今山西永济)人。唐德宗贞元五年进士，官至国子监司业。年老辞官，返乡后又任河中少尹。杨巨源返乡之时，韩愈写此文以赠别。文中将杨巨源和名垂史册的汉代疏广、疏受相比，对他不贪恋禄位、功成身退的美德给予了深情赞美。文章表意含蓄而叙述明白流畅，抑扬宛转。吴楚材、吴调侯云："巨源之去，未必可方二疏。公欲张大之，将来形容，又不可确言。特前说二疏所有，或少尹所无。后说少尹所有，或二疏所无。则巨源之美不可掩，而己亦不至失言。末托慨世之词，写出杨侯归乡可敬可爱，情景宛然。"评析是颇为中肯的。

昔疏广、受二子以年老〔1〕，一朝辞位而去。于时公卿设供张〔2〕，祖道都门外〔3〕，车数百两〔4〕。道路观者，多叹息泣下，共言其贤。汉史既传其事〔5〕，而后世工画者〔6〕，又图其迹，至今照人耳目，赫赫若前日事〔7〕。国子司业杨君巨源〔8〕，方以能诗训后进〔9〕，一旦以年满七十，亦白丞相去归其乡。世常说古今人不相及，今杨与二疏，其意岂异也?

【注释】

〔1〕疏广、受：疏广和疏受，西汉东海兰陵（今山东枣庄东）人。宣帝时，疏广为太子太傅，疏受是疏广的侄子，同时为太子少傅。在职五年，疏广对疏受说："知足不辱，知止不殆。宦成名立，如此不去，惧有后悔。"于是同时称病告退，事见《汉书》本传。　子：古代对男子的尊称。

〔2〕公卿：公和卿是古代朝廷两种最高官衔，有"三公九卿"之称。这里泛指高级官员。　供（gòng 共）张（zhàng 帐）：也作"供帐"，陈设帷帐等用具。供，陈设。张，即"帐"。

〔3〕祖道：古代在道旁设宴饯行的一种仪式。祖，祭祀道神。《汉书·疏广传》载："公卿大夫故人邑子设祖道，供张都门外。"

〔4〕两：古"辆"字。

〔5〕汉史：指《汉书·疏广传》。

〔6〕工：擅长。

〔7〕赫赫：显耀盛大的样子。

〔8〕国子：即国子监，古代国家的最高教育机构。司业：官名。国子监的副主管，帮助最高长官祭酒教授学生。

〔9〕方：正，始。

【译文】

从前疏广、疏受叔侄两位先生因为年老的缘故，在某一天一同辞去官职，离开朝廷。这时候，朝中高级官员们在城门外设帐摆宴为他们饯行，车子多到好几百辆。在路旁观看的人，大多为之赞叹流泪，共同称颂他们的贤德。汉代的史书已经记下了他们的事迹，后代擅长绘图画的人，又描画了他们的故事，到现在还光彩照耀人们的耳目，显耀得就像前几天发生的事一样。国子监司业杨巨源先生，正当以擅长诗学教导后辈的时候；一到年满七十岁，也禀告宰相请求离开朝廷返归他的故乡。世人常说今人不能和古人相比，如今杨先生和两位疏先生，他们的心意难道有什么两样吗？

予忝在公卿后[1]，遇病不能出。不知杨侯去时[2]，城门外送者几人，车几两，马几匹，道边观者亦有叹息知其为贤与否？而太史氏又能张大其事[3]，为传继二疏踪迹否？不落莫否[4]？见今世无工画者[5]，而画与不画固不论也[6]。然吾闻杨侯之去，丞相有爱而惜之者，白以为其都少尹[7]，不绝其禄。又为歌诗以劝之。京师之长于诗者[8]，亦属而和之[9]。又不知当时二疏之去有是事否？古今人同不同未可知也。

【注释】

〔1〕忝(tiǎn 舔)：谦词，有愧于。韩愈当时为吏部侍郎，所以说“忝在公卿后”。

〔2〕侯：古代士大夫之间的尊称。

〔3〕张大：广泛宣扬。

〔4〕落莫：冷落，寂莫。莫，通“寞”。

〔5〕见(xiàn 现)：同“现”。

〔6〕固：先，姑且。

〔7〕都：指河中府，治河东(今山西永济蒲州)，唐时一度建号称“中都”。　少尹：官名，相当于州府的副职。

〔8〕京师：京都，唐时以长安(今陕西西安)为首都。

〔9〕属(zhǔ 主)：接连，跟着。　和(hè 贺)：应和。

【译文】

我惭愧地附在公卿之列的后面，当时因为碰上生病不能前去送行。不知道杨君离开的时候，到城门外送行的有多少人，车有多少辆，马有多少匹，在道旁观看的人是不是也有知道他是贤人而加以赞叹的？而史官是不是对这件事大加宣扬，为他立传来继续两位疏先生的遗事？不至于让他冷落吧？现今世上没有擅长绘画的人，但画或者不画暂且不必去管它了。不过，我听说杨君离开的时候，宰相有爱惜他的意思，就禀告皇帝，任命他担任家乡河中府的少尹，不中断他的俸禄。还作了诗来勉励他。京城中擅长写诗的人，也跟着作诗应和。我又不知当时两位疏君辞官离去的时候是不是也有这样的事？古人和今人究竟相同还是不相同，看来还是不能确切知道的。

中世士大夫[1]，以官为家，罢则无所于归[2]。杨侯始冠[3]，举于其乡[4]，歌《鹿鸣》而来也[5]。今之归，指其树曰："某树吾先人之所种也[6]，某水某丘，吾童子时所钓游也。"乡人莫不加敬，诫子孙以杨侯不去其乡为法[7]。古之所谓乡先生[8]，没而可祭于社者[9]，其在斯人欤[10]！其在斯人欤！

【注释】

〔1〕中世：中古时候。　士大夫：古代对官僚阶层的称呼。

〔2〕于：动词词头，凑足一个音节，无实义。《诗经·周南·桃夭》："之子于归，宜其室家。"故后常以"于归"两字连用。

〔3〕冠(guàn 贯)：《礼记·曲礼》载："二十曰弱，冠。"古代男子在十九岁足龄后的一个月举行冠礼，表示成年。

〔4〕举：参加科举考试，也指考中。　乡：指乡试。

〔5〕《鹿鸣》：《诗经·小雅》中的一篇，是宴享宾客时所用的诗歌。唐代乡举考试后，州县长官宴请中举的人，宴会上歌唱《鹿鸣》之诗，后因称"鹿鸣宴"。

〔6〕先人：指死去的父、祖辈。

〔7〕法：楷模。

〔8〕乡先生：古时称辞官乡居或在乡任教的老年士人。

〔9〕没(mò 莫)：通"殁"，死。　社：土地神，这里指祭祀社神的地方。

〔10〕欤(yú 于)：疑问语气词。这里与句首"其"相应，构成"其……欤"句式，表示推测、估计的语气。

【译文】

中古时候的士大夫们，往往以官为家，一旦去职就无处可归。

杨君刚成年时，就通过乡试中举，参加了鹿鸣宴然后前来京城做官。现在回去，可以指着家乡的树说："某株树是我的先辈种的，某条河流、某座小山，是我童年时钓鱼玩耍过的地方。"家乡的人没有哪一个不倍加尊敬他，并且告诫自己的子孙要把杨君不离开故乡作为学习的榜样。古时所说的"乡先生"，死后能够在社庙里享受祭祀的，大概就是指这样的人吧？大概就是指这样的人吧？

（顾易生　李笑野）

送石处士序

韩　愈

【题解】

本文作于元和五年(810)六月间。石处士名洪，古称有才德而不做官的知识分子为处士。元和四年，河北恒州成德军节度使王士真死，其子王承宗统军不从朝廷诏命，唐宪宗令吐突承璀率兵讨伐。乌重胤于元和五年四月就任河阳军节度使，其地处转运要道，责任重大。乌上任不久即访问贤才，渴望共济国事。石洪，洛阳人，德高望重，颇具才略，一度为黄州录事参军后，归隐洛北十年之久。当乌氏以国之大事相邀，石洪便欣然出山就任其幕府参谋。东都人士作诗饯别，并请韩愈为序以赠之。序中期望乌氏与石洪以道义为依归，并祝两人合作成功，兼寓箴规之意，具有丰富的现实与理想意义。韩文不苟作，每篇皆有所为而发，艺术上也各有独到之处。正如吴楚材、吴调侯评本文云："纯以议论行序事，序之变也。看前面大夫、从事，四转反复；又看后面四转祝词，有无限曲折变态，愈转愈佳。"该年韩愈在洛阳为都官员外郎分司东都，冬，改为河南令。

河阳军节度、御史大夫乌公〔1〕，为节度之三月，求士于从事之贤者〔2〕。有荐石先生者〔3〕。公曰："先生何如?"曰："先生居嵩、邙、瀍穀之间〔4〕，冬一裘〔5〕，夏一葛〔6〕，食朝夕，饭一盂〔7〕，蔬一盘。人与之钱，则辞[8]；请与出游，未尝以事免[9]；劝之仕，不应。坐一室，左右图书[10]。与之语道理，辨古今事当否，论人高下，事后当成败，若河决下流而东注；若驷马驾轻车就熟路[11]，而王良、造父为之先后也[12]，若烛照数计而龟卜也[13]。”大夫曰：“先生有以自老，无求于人，其肯为某来邪[14]？”从事曰：“大夫文武忠孝，求士为国，不私于家[15]。方今寇聚于恒[16]，师环其疆，农不耕收，财粟殚亡[17]。吾所处地，归输之涂[18]，治法征谋，宜有所出。先生仁且勇，若以义请而强委重焉，其何说之辞？”于是撰书词，具马币[19]，卜日以受使者[20]，求先生之庐而请焉。

【注释】

〔1〕河阳军：河阳军节度使官署所在地，在今河南孟县南，唐代节度使的辖区多建军号，所以称“军”。　节度：节度使的省称。唐时于重要地区设节度使，总揽一区军、民、财政。　御史大夫：官名，主管弹劾、纠察以及掌管图籍秘书。　乌公：名重胤，元和五年四月任河阳节度使，御史大夫是其兼职。公，对有名望有地位人的敬称。

〔2〕士：指有节操、有学问的人。　从事：古时由州府长官自行招募任免的僚属称“从事”。

〔3〕石先生：指石洪。他字浚川，这时隐居洛水北岸。称“先生”是对他的尊重，韩愈在《寄卢仝》诗中称他为“水北山人”。石洪于元和七年去世，韩愈作有《祭石君文》、《集贤校理石君墓志铭》，可见两人有一定交谊。

〔4〕嵩（sōng 松）：即嵩山，古名嵩高，五岳的中岳，在河南登封县北。　邙（máng 芒）：山名，在河南西部。　瀍（chán 缠）：水名，即瀍河。源出河南洛阳市西北穀城山，入洛水。　穀：水名。源出河南陕县东部，在洛阳西南与洛水会合。

〔5〕裘：毛皮衣服。

〔6〕葛：这里指用葛织布做的夏衣。在古代葛是平民穿的粗衣。

〔7〕盂：盛食物的圆口器皿。

〔8〕辞：谢绝。

〔9〕免：这里指推脱。

〔10〕左右：指两旁。

〔11〕驷马：古代一车套四匹马，称为“驷马”。

〔12〕王良、造父：王良是春秋时晋国大夫，造父是周穆王时人。两人都是驭马的能手。

〔13〕龟卜：古人用灼烧龟甲来占卜，依据它的裂纹推测吉凶。这里比喻善于推断因而富有预见。

〔14〕其：表示揣度的语气词。

〔15〕“求士为国”两句：古时大夫所领属的称“家”，诸侯所领属的称“国”，天子所领属的称“天下”。天子领属的也可以称“国”，这里的国指唐王朝，家指乌重胤家。

〔16〕寇聚于恒：恒，恒州，今河北正定，唐时名成德军。寇，指的是成德节度使王承宗。唐元和四年，王承宗叛乱，朝廷派兵讨伐，没有成功。元和五年七月王承宗遣使上表自首。朝廷加以赦免，复其官爵。石洪赴河阳军事在这年六月，时战事尚在进行，故云“寇聚”。

〔17〕殚(dān 单)：尽。　亡：通“无”。

〔18〕涂：古“途”字，道路。

〔19〕币：帛。古人常用以相互赠送，因作为礼物的通称。

〔20〕受：通“授”。

【译文】

河阳军节度使、御史大夫乌公，就任节度使后的第三个月，就在僚属中贤能的人中访求贤才。有人推荐石先生。乌公问：“石先生为人怎么样?”回答说：“石先生深居于嵩、邙二山和瀍穀两水之间，冬天穿一件毛皮衣服，夏天穿一件葛布粗衫，早晚用餐，只是一碗饭、一盘蔬菜。人家给他钱，他辞谢不受；请他一道出去游玩，他从未借故推脱过；劝他出去做官，却总不答应。坐在一间屋子里，左右两旁都是图书。和他谈论道理，辩析古今事情的正确与否，评论人物德才的高下，事情的结局是成功还是失败，他的话如同黄河下流冲决向东倾注那样滔滔不绝；就像四匹马驾着轻车走在熟悉的道路上，而又是王良、造父那样的驾驭高手在前后驾车；又好比用烛光照耀般明察幽微，用数理计算般析理精确，用龟甲占卜般预见得准确灵验。”乌大夫说：“石先生有志甘愿隐居到老，对别人没有什么企求，他会肯为我而出山来吗？”僚属说：“大夫您文武全才、忠孝兼备，是为国家访求贤才，不是为自家图谋私利。现在贼寇集结在恒州，军队环布在它的疆界周围，农民无法耕种收获，钱财粮食都已用尽。我们所处的地方，是军队往来和物资转运的重要通道，不论是政治上的办法还是军事上的计谋，都应当有出主意的人。石先生仁爱并且勇敢，假如凭借大义去聘请，并将重任委派给他，他还能用什么话推辞呢？”于是写好聘请的书信，备办齐全马匹及币帛等礼物，选择了个好日子，交给使者，找到石先生的住处去聘请他。

先生不告于妻子，不谋于朋友，冠带出见客，拜受书礼于门内。宵则沐浴，戒行李〔1〕，载书册，问道所由，告行于常所来往。晨则毕至，张上东门外〔2〕。酒三行且起〔3〕，有执爵而言者曰〔4〕：“大夫真能以义取人，先生真能以道自任，决去就。为先生别。”又酌而祝曰：“凡去就出处何常？惟义之归〔5〕。遂以为先生寿。”又酌而祝曰：“使大夫恒无变其初，无务富其家而饥其师，无甘受佞人而外敬正士〔6〕，无昧于谄言〔7〕，惟先生是听。以能有成功，保天子之宠命。”又祝曰：“使先生无图利于大夫，而私便其身图。”先生起拜祝辞，曰：“敢不敬蚤夜以求从祝规〔8〕！”于是东都之人士〔9〕，咸知大夫与先生果能相与以有成也。遂各为歌诗六韵〔10〕，遣愈为之序云〔11〕。

【注释】

〔1〕戒：准备。

〔2〕张：供张。为饯别在郊野设置的宴席。　上东门：洛阳城门。

〔3〕三行：三巡，行酒三遍。古人宴会，一般以三次斟酒为度，以免饮酒过度宾主失仪。

〔4〕爵：酒器。

〔5〕归：归向，依据。

〔6〕佞（nìng 泞）人：指善以巧言献媚的人。

〔7〕昧：昏暗，引申为心不明。　谄（chǎn 产）言：巴结、奉承的话。

〔8〕蚤：通“早”，早晨。　祝规：祝愿和规劝。

〔9〕东都：唐朝建都长安，以洛阳为东都。

〔10〕六韵：六个韵脚。旧体诗一般两句押一个韵，六韵是十二句。韩愈有《送石处士赴河阳幕》诗，即此时所作。

〔11〕云：用在全篇最后一句的末尾，表示全篇的结束。

【译文】

石先生不告诉家里人，也没有跟朋友商量，就戴冠结带穿着得整整齐齐地出来会见客人，在屋里恭敬地接受了聘书和礼物。当天晚上洗头洗澡，准备行李，装载好书籍，问清路上经过的地方，并向经常往来的朋友告别。第二天，朋友们一清早就都来到上东门外为他设宴饯行。酒喝过三巡，石先生将要动身的时候，有人端着酒杯说道：“乌大夫真正能以大义访求人才，石先生也真正能以道义作为自己的责任，从而决定自己的离去或者就职。这杯酒为先生您送别。”又斟了一杯酒祝愿说：“凡是隐居或做官，哪有什么一成不变的规定？只以道义为依归。我就用这杯酒向先生祝寿。”又斟了杯酒祝愿说：“希望乌大夫永远不要改变他的初衷，不去做那种专使自家富裕发财而让士兵缺乏军粮忍饥挨饿的事，不要内心喜爱那些善于阿谀奉承的人而只在表面上敬重正直之士，也不要被讨好奉承话所蒙蔽，只愿他听从石先生的意见。从而能够获得成功，保持天子加恩特赐的光荣任命。”又祝愿说：“希望石先生不要在乌大夫那里图谋私利，有私下方便自身的打算。”石先生起身拜谢这番祝辞说：“我怎敢不恭敬小心地从早到晚都按照诸位祝愿和规劝的话去做呢!”因此，东都洛阳的人士全都料定乌大夫和石先生一定能够彼此配合而有所成就。于是大家各自作了一首六个韵脚十二句的诗，派我韩愈为它写了这篇序文。

（顾易生　李笑野）

送温处士赴河阳军序

韩　愈

【题解】

本文当作于元和五年(810)冬，与本书前选的《送石处士序》可谓姊妹篇。温处士名造，少好读书，隐居王屋山，一度为寿州刺史张建封参军，后隐居洛阳。河阳军节度使乌重胤就任不久，即聘致石洪于幕府。过数月，又将温造征聘而去。韩愈为乌氏的求贤若渴所感动，为好友石洪、温造怀才得遇而欣喜，序文中热情赞扬石、温两人的出众才能与乌氏的知人善任，对他们的合力报国寄以殷切期望，同时对两位人才的离去东都表示无限怅惜之情，这里实是更突出地表彰了乌及石、温二人。本文既与《送石处士序》相承而作，处处也以石、温二人并提，然两文绝无雷同重叠之感。送石之文已属序之变体，本序更别开生面，前半篇以奇语凭空而起，后半篇又翻出新意，令人回味无穷。吴楚材、吴调侯评云："全篇无一语实说温生之贤，而温生已处处跃露。'若是而称曰'数语，是结前半篇。'其为我以前所称'，是结后半篇。然'致私怨于尽取'句，直挽到篇首'空'字，收尽通章。"揭示了其行文匠心、脉络与首尾呼应的特色。

伯乐一过冀北之野〔1〕，而马群遂空。夫冀北马多天下，伯乐虽善知马，安能空其群邪？解之者曰："吾所谓空，非无马也，无良马也。伯乐知马，遇其良，辄取之，群无留良焉。苟无良〔2〕，虽谓无马，不为虚语矣。”

【注释】

〔1〕伯乐：传说是春秋中期秦穆公时人，以善相马著称。　冀北：冀州的北部，今河北、山西一带地方，相传冀州出产良马。

〔2〕苟：如果，假使。

【译文】

伯乐一经过冀北的原野，那里的马群就空了。天下数冀北的马产量多，伯乐虽然善于识马，怎么能使那里的马群都空了呢？解释这个问题的人说：“我所说的‘空’，不是指没有马，而是说没有良马啊。伯乐善于识马，只要一碰见马群中良种，就把它挑走，马群中就没有留下良马了。假使没有了良马，就说那里没有马，也不能算是虚妄之谈了。”

东都〔1〕，固士大夫之冀北也。恃才能深藏而不市者〔2〕，洛之北涯曰石生〔3〕，其南涯曰温生。大夫乌公以铁钺镇河阳之三月〔4〕，以石生为才，以礼为罗〔5〕，罗而致之幕下〔6〕。未数月也，以温生为才，于是以石生为媒〔7〕，以礼为罗，又罗而致之幕下。东都虽信多才士〔8〕，朝取一人焉，拔其尤〔9〕；暮取一人焉，拔其尤。自居守河南尹〔10〕，以及百司之执事〔11〕，与吾辈二县之大夫〔12〕，政有所不通，事有所可疑，奚所咨而处焉〔13〕？士大夫之去位而巷处者，谁与嬉游？小子后生，于何考德而问业焉？缙绅之东西行过是都者〔14〕，无所礼于其庐〔15〕。若是而称曰：“大夫乌公一镇河阳，而东都处士之庐无人焉。”岂不可也？

【注释】

〔1〕东都：指洛阳。唐代首都长安，以洛阳为东都。

〔2〕市：买卖，这里指求官。

〔3〕洛：即洛河。　涯：边际。　石生：即石洪，见本书前选韩愈《送石处士序》题解及第一段注〔3〕。生，知识分子的通称，是“先生”两字的简省称呼。

〔4〕乌公：乌重胤，元和五年(810)任河阳军节度使、御史大夫。参看前选《送石处士序》题解及第一段注〔1〕。　鈇(fǔ 斧)钺(yuè 月)：同“斧钺”，本是古代的两种兵器，后成为象征道义、具有刑罚、杀戮之权的标志。这里指节度使的身份。

〔5〕罗：罗网，这里用来比喻招聘贤士的手段。

〔6〕幕下：即幕府中。军队出征，施用帐幕，所以古代将帅的官署叫“幕府”。

〔7〕媒：媒介，中介。

〔8〕信：的确、确实。

〔9〕尤：特异的、突出的。

〔10〕居守：留守，这里指东都留守。　河南尹：河南府的长官。

〔11〕司：官署。

〔12〕二县：指东都所属的洛阳、河南二县。　大夫：这里指县官。韩愈当时为河南县令。

〔13〕奚所：哪里，什么地方。　咨：商量、询问。

〔14〕缙绅：也作“搢绅”。古代官员插笏于绅带间。这里指官员。

〔15〕礼：这里指谒见，拜访。

【译文】

东都洛阳，本来就是士大夫集中的地方，犹如多产良马的冀北之野。身具真才实学而隐居不出来做官的，住在洛水北岸的一位叫做石先生，住在洛河南岸的一位叫做温先生。御史大夫乌公以节度使的身份镇守河阳的第三个月，认为石先生是位人才，就用礼节作为招聘的手段，将他罗致到幕府中。没过几个月，又认为温先生是位人才，于是通过石先生介绍，用礼节作为招聘的手段，又把温先生罗致到了幕府之中。东都虽然确实有很多真才实学之士，但早晨选取一人，拔走其中特出的；晚上选取一人，拔走其中特出的。这样一来，从东都留守、河南尹起，直到各部门的主管和我们这些洛阳、河南两县的官吏，如果碰到不好处理的政事，或者办理事情遇到可疑之处，又到哪里去请教、商量从而得到处理呢？离去官职而处在里巷家中的士大夫，同谁去娱乐交游呢？年轻的后辈，又到哪里去考核德行并请教学业呢？东西往来路过这东都洛阳的官员，也无法到他们的住处去行拜访之礼。像这样，那么说："御史大夫乌公一镇守河阳，东都隐居贤士的住处就没有人了。"难道不可以吗？

夫南面而听天下〔1〕，其所托重而恃力者，惟相与将耳。相为天子得人于朝廷，将为天子得文武士于幕下，求内外无治，不可得也。愈縻于兹〔2〕，不能自引去〔3〕，资二生以待老〔4〕。今皆为有力者夺之，其何能无介然于怀邪〔5〕？生既至，拜公于军门〔6〕，其为吾以前所称，为天下贺；以后所称，为吾致私怨于尽取也〔7〕。留守相公首为四韵诗歌其事〔8〕，愈因推其意而序之。

【注释】

〔1〕南面：这里指皇帝。古代以坐北朝南为尊位，所以皇帝见群臣时面向南而坐。　听：决断，处理。

〔2〕縻（mí 迷）：束缚，羁留。

〔3〕引去：引退，辞去。

〔4〕资：依赖，借助。

〔5〕介然：耿耿于心。

〔6〕军门：军营的门，指幕府。

〔7〕致：转达，表示。

〔8〕留守相公：指当时的东都留守郑馀庆。相公，指宰相。郑馀庆曾两次做过宰相。　四韵：旧体诗一般隔句押韵，四韵为八句。

【译文】

皇帝朝南坐而处理天下大事，他所委以重任而依靠其力量的，就只是宰相和大将了。宰相为皇帝搜罗人才到朝廷，大将为天子选取文人武士到幕府中，如果这样，想使国家内外治理不好，那是不可能的了。我羁留在这里任职，不能自己引退，借助二位先生的谋划以等待老年到来。现在他们全都被有力的人物夺走了，又怎么能使我不耿耿于怀呢？温先生到后，在军门拜见乌公的时候，希望把我前面所说的，替天下人祝贺；把我后面所说的，替我对选尽人才这件事表示私人的抱怨。东都留守相公，首先作了一首四韵的诗来赞颂这件事，我就推衍他的诗意而作了这篇序文。

（顾易生 李笑野）

祭十二郎文

韩 愈

【题解】

这是韩愈悼念亡侄韩老成的祭文，作于贞元十九年(803)在京师长安(今陕西西安)任监察御史时。韩愈长兄名会，次兄名介，老成本韩介子，出嗣给韩会，在族中排行第十二，“郎”为唐时对年轻男子的通称。韩愈年幼丧父，由韩会夫妇抚养，与老成从小生活在一起，共同经历许多患难，感情特别亲密。哀祭文历来多用韵语，或四言，或辞赋，或骈俪；而本文则纯出以散体，连用四十个“汝”字，以和死者对话口吻，呜咽追叙幼年往事和生离死别的悲痛，倾吐衷情真挚而深沉，不假雕饰而无限凄怆，实为创格。清沈德潜《唐宋八大家文钞》云：“是祭文变体，亦是祭文绝调。”吴楚材、吴调侯评云：“情之至者，自然流为至文。读此等文，须想其一面哭、一面写，字字是血，字字是泪。未尝有意为文而文无不工，祭文中千年绝调。”说明本文确是一篇至性流露而自有极强感染力量的不朽之作。

年月日〔1〕，季父愈闻汝丧之七日〔2〕，乃能衔哀致诚，使建中远具时羞之奠〔3〕，告汝十二郎之灵。

【注释】

〔1〕年月日：《文苑英华》此处作“贞元十九年五月二十六日”。按本文中说曾得老成六月十七日书，祭文又作于得其死讯后七天，不可能

作于五月二十六日，“五”字当误。

〔2〕季父：最小的叔父。

〔3〕建中：当是韩愈家中仆人名。　羞：“馐”的本字。美味食品。奠：以酒肉祭死者，这里指祭品。

【译文】

某年某月某日，小叔叔韩愈在听到你去世消息后的第七天，才能含着悲痛来向你表达心意，派遣建中从远路置办了时鲜美味祭品，祭告你十二郎的灵前。

呜呼！吾少孤〔1〕，及长，不省所怙〔2〕，惟兄嫂是依。中年，兄殁南方〔3〕，吾与汝俱幼，从嫂归葬河阳〔4〕。既又与汝就食江南〔5〕，零丁孤苦，未尝一日相离也。吾上有三兄〔6〕，皆不幸早世。承先人后者，在孙惟汝，在子惟吾，两世一身，形单影只。嫂尝抚汝指吾而言曰：“韩氏两世，惟此而已！”汝时尤小，当不复记忆。吾时虽能记忆，亦未知其言之悲也！吾年十九，始来京城。其后四年，而归视汝〔7〕。又四年，吾往河阳省坟墓〔8〕，遇汝从嫂丧来葬〔9〕。又二年，吾佐董丞相于汴州〔10〕，汝来省吾，止一岁，请归取其孥〔11〕。明年，丞相薨〔12〕，吾去汴州，汝不果来。是年，吾佐戎徐州〔13〕，使取汝者始行，吾又罢去〔14〕，汝又不果来。吾念汝从于东〔15〕，东亦客也，不可以久，图久远者，莫如西归〔16〕，将成家而致汝。呜呼！孰谓汝遽去吾而殁乎？吾与汝俱少年，以为虽暂相别，终当久相与处，故舍汝而旅食京师，以求斗斛之禄〔17〕。诚知其如此，虽万乘之公相〔18〕，吾不以一日辍汝而就也！

【注释】

〔1〕孤：幼年丧父。韩愈父仲卿卒于唐代宗大历五年(770)，《新唐书·韩愈传》：“愈生三岁而孤，随伯兄韩会贬官岭表。会卒，嫂郑鞠(抚养)之。”

〔2〕省(xǐng 醒)：知道。　怙(hù 户)：依靠。《诗经·小雅·蓼莪》：“无父何怙，无母何恃。”后世因用“所怙”代父，“所恃”代母，丧父叫“失怙”。

〔3〕“中年”两句：大历十二年(777)，韩会由起居舍人贬为韶州(今广东韶关)刺史，次年死于任所，年四十二岁，故称“中年”。

〔4〕河阳：在今河南孟县西，韩愈祖坟所在地。

〔5〕就食江南：韩氏有别业在宣州(今安徽宣城)，德宗建中二年(781)，中原兵祸不息，韩愈随嫂移家前往。

〔6〕三兄：指韩会、韩介和另一个早死的哥哥。

〔7〕“吾年十九”四句：德宗贞元二年(786)，韩愈十九岁，自宣州游长安，应进士举，至八年春始登进士第，中间曾回宣州一次。又据韩愈《答崔立之书》，至长安为二十岁，则是贞元三年；《欧阳生哀辞》也说：“贞元三年，余始至京师举进士。”与本篇所记相差一年。视：探望。上对下叫视。

〔8〕省(xǐng 醒)：多指对长辈的探望。

〔9〕嫂丧：韩愈嫂郑氏卒于贞元九年。

〔10〕董丞相：指董晋。贞元十二年七月，董晋以检校尚书左仆射、同中书门下平章事出任宣武军节度使，汴、宋、亳、颍等州观察使。韩愈在他属下任节度推官。　汴州：宣武军节度使驻地，治所在今河南开封。

〔11〕孥(nú 奴)：妻和儿女的统称。

〔12〕薨(hōng 烘)：周朝诸侯死叫薨，唐朝三品以上大官死亡也叫薨。贞元十五年二月，董晋卒于汴州任所，韩愈随丧西行。离开后第四天，汴州发生兵变。

〔13〕佐戎：辅助军事工作。贞元十五年秋，宁武军节度使张建封任韩愈为节度推官。　徐州：宁武军节度使驻地，今属江苏。

〔14〕吾又罢去：贞元十六年五月十三日张建封卒。韩愈于十四日有《题李生壁》云：“是来也，余黜于徐州。”那么韩愈的罢职，或在张建封去世之前。

〔15〕东：指汴州、徐州，都在河阳之东。

〔16〕西：指河阳。

〔17〕斛(hú 胡)：古时十斗为斛。韩愈离开徐州后，在贞元十六年冬至长安选官，无所成而归。十七年冬再往，至十八年春始有四门博士之授。十九年迁监察御史。

〔18〕万乘(shèng 剩)：周朝制度，封国大小，以兵赋计算。战国时，凡地方千里的大国，称为万乘之国，意思是出兵车万乘。这里“万乘”形容最大俸禄。

【译文】

唉！我从小失去父亲，等到长大，不知道父亲的样子，只有依靠着哥哥嫂嫂。哥哥中年时在南方去世，那时我和你都还年幼，跟随着嫂嫂送哥哥的灵柩回河阳安葬。随后又和你一起到江南度日，孤苦伶仃，未曾一天相互分离过啊。我上面有三位哥哥，都不幸很早逝世了。继承已故上辈的后代，在孙子辈里只有你，在儿子辈里只有我，两代都仅剩下一个人，形影孤孤单单。我嫂嫂曾经一面抚摸着你一面指着我说：“韩家两代，只有你们这两个人了！”那时你比我更小，大概已不再记得了。我那时虽然能够记忆，却也没有懂得她的话中的悲辛啊！我十九岁时，初次来到京城。此后过了四年，才回家看望你。又过了四年，我往河阳拜谒先人坟墓，遇到你奉着我嫂嫂的灵柩来安葬。再过两年，我在汴州做幕僚辅佐董丞相，你来看望我，住了一年，你要求回去接家眷来。次年，董丞相逝世了，我离开了汴州，你终于没有来成。这年，我去徐州助理军务，派去接你的人刚启程，我又被罢职离开徐州，你又没有来成。我想你如跟随我来到东方，东方也是客地啊，不能够永久住下来。从长远打算，不如回到西边，我准备安顿好家庭然后接你去。唉！谁知你竟会突然匆促地离开我而去世呢？我和你都还年轻，以为虽然暂时分别，终究会长久地相处在一起的，所以离开你到京师去旅居谋生，以便求得几斗几斛的微薄俸禄。如果知道真的会这样，即使有万乘车辆的公卿宰相职位，我一天也不会丢下你而去上任的！

去年〔1〕，孟东野往〔2〕，吾书与汝曰：“吾年未四十〔3〕，而视茫茫，而发苍苍，而齿牙动摇。念诸父与诸兄[4]，皆康强而早世[5]；如吾之衰者，其能久存乎？吾不可去，汝不肯来，恐旦暮死，而汝抱无涯之戚也。”孰谓少者殁而长者存，强者夭而病者全乎？呜呼！其信然邪[6]？其梦邪？其传之非其真邪？信也，吾兄之盛德而夭其嗣乎？汝之纯明而不克蒙其泽乎？少者强者而夭殁，长者衰者而存全乎？未可以为信也。梦也，传之非其真也，东野之书，耿兰之报[7]，何为而在吾侧也？呜呼！其信然矣！吾兄之盛德而夭其嗣矣，汝之纯明宜业其家者，不克蒙其泽矣！所谓天者诚难测，而神者诚难明矣！所谓理者不可推，而寿者不可知矣！虽然，吾自今年来，苍苍者或化而为白矣，动摇者或脱而落矣[8]。毛血日益衰，志气日益微，几何不从汝而死也。死而有知，其几何离；其无知，悲不几时，而不悲者无穷期矣！汝之子始十岁[9]，吾之子始五岁[10]，少而强者不可保，如此孩提者[11]，又可冀其成立邪？呜呼哀哉！呜呼哀哉！

【注释】

〔1〕去年：指贞元十八年。

〔2〕孟东野：即孟郊。孟郊这时从长安选官，出任溧阳尉，溧阳离宣州不远，故托他带书信。参看本书前选韩愈《送孟东野序》。

〔3〕吾年未四十：贞元十八年(802)韩愈三十五岁。

〔4〕诸父：伯父、叔父的统称。韩愈父仲卿有兄弟四人，仲卿为长，次为少卿、云卿、绅卿。

〔5〕康强：无病强壮。　早世：早死。

〔6〕其：通岂，难道。

〔7〕耿兰：韩家在宣州别业中的仆人。

〔8〕“动摇者”句：韩愈诗文中嗟叹自己牙齿摇落者甚多，其《落

齿》云："去年落一牙，今年落一齿。俄然落六七，落势殊未已。馀者皆动摇，尽落应始止。"当也作于贞元十九年。

〔9〕汝之子始十岁：韩老成有二子，长韩湘，次韩滂，韩滂出嗣老成兄百川子。这里"始十岁"当指韩湘。一本作"始一岁"，则当指韩滂。滂出生于贞元十八年。

〔10〕吾之子始五岁：韩愈长子韩昶，贞元十五年生于徐州的符离，小名叫符。

〔11〕孩提：指幼儿。

【译文】

去年，孟东野前往江南，我写了一封信托他带给你说："我年龄还不到四十岁，却已视力模糊，头发灰白，牙齿松动。想到我的几位父辈和几位兄长，都是健康壮盛时便过早去世；像我这样衰弱的身体，怎么能长久地活着呢？我不能离开这儿，你又不肯来，只怕我早晚死了，你就要怀着无穷的悲哀了！"谁知年少的去世了而年长的还存活着，强壮的早死而病弱的却反得保全呢？唉！这难道是真的么？难道是做梦么？难道是传来消息不确实么？如果是真的，为什么我哥哥有这样美好品德而老天反使他的后嗣早死呢？你这样纯朴聪明却不能承受他的遗惠呢？为什么年少身强的反而早死，年长身弱的反而生存保全呢？不该当作是真的吧。这是在做梦吧，是传来消息不确实吧，但是孟东野的信，耿兰的报丧，又为什么在我身边呢？唉！这大概是当真的了，我哥哥品德美好而他的后嗣却早死了，你这样纯朴聪明理应继承他的家风的，竟不能蒙受他的遗惠了！所谓天公实在难以测料，而神灵也实在难以明白呀！所谓事理实在难以推究，而寿命也是不可料知呀！尽管这样，我从今年以来，灰白的头发有的变成全白了，松动的牙齿有的掉落下来了。毛发血脉一天比一天衰退，神志精神一天比一天减弱，要不了多少时间就会跟着你而死去！如果死后仍有知觉，那我们分离的日子不会多久了；如果死后没有知觉，那我也悲伤不了多少时候，而没有悲伤的日子却将是无穷无尽的了！现在你的儿子才十岁，我的儿子刚五岁，年轻而壮盛的人都不能保全，像这样需要提抱的孩子，又怎么能希望他们长大成立呢？唉，真悲哀啊！唉，真悲哀啊！

汝去年书云：“比得软脚病[1]，往往而剧。”吾曰：“是疾也，江南之人，常常有之。”未始以为忧也。呜呼！其竟以此而殒其生乎[2]？抑别有疾而致斯乎[3]？汝之书，六月十七日也。东野云，汝殁以六月二日；耿兰之报无月日。盖东野之使者，不知问家人以月日；如耿兰之报，不知当言月日。东野与吾书，乃问使者，使者妄称以应之耳。其然乎？其不然乎？

【注释】

〔1〕比(bì 避)：近来。　软脚病：即脚气病。这种病从脚起，足胫肿大，浑身软弱无力。

〔2〕殒(yǔn 允)：死亡。

〔3〕抑：表选择，或者，还是。

【译文】

你去年的信中说：“近来得了脚气病，时常发作得很厉害。”我说：“这种病啊，江南的人是常常有的。”并不曾把它当作可忧虑的事啊。唉！难道你竟然因为它而丧失你的生命么？还是另有其他疾病而发展到这地步呢？你的信，是六月十七日发的。孟东野说，你是六月二日去世的；耿兰的报丧没有写明你去世的月日。大概孟东野的使者，不知道向你家人询问你去世月日；而像耿兰那样报丧，不懂得应该说明你去世的月日。或是孟东野给我写信时，才问了使者，使者就胡乱说个日期来应付他罢了。大概是这样的吧，或者不是这样的吧？

今吾使建中祭汝，吊汝之孤与汝之乳母。彼有食可守以待终丧[1]，则待终丧而取以来；如不能守以终丧，则遂取以来。其馀奴婢，并令守汝丧。吾力能改葬，终葬汝于先人之兆〔2〕，然后惟其所愿。

呜呼！汝病吾不知时，汝殁吾不知日，生不能相养以共居，殁不能抚汝以尽哀，敛不凭其棺〔3〕，窆不临其穴〔4〕。吾行负神明，而使汝夭，不孝不慈，而不得与汝相养以生，相守以死。一在天之涯，一在地之角，生而影不与吾形相依，死而魂不与吾梦相接，吾实为之，其又何尤？彼苍者天，曷其有极〔5〕！自今以往，吾其无意于人世矣！当求数顷之田于伊颍之上〔6〕，以待馀年。教吾子与汝子，幸其成；长吾女与汝女，待其嫁，如此而已。呜呼！言有穷而情不可终，汝其知也邪？其不知也邪？呜呼哀哉！尚飨〔7〕。

【注释】

〔1〕终丧：古礼，父丧三年除服，称为终丧。

〔2〕兆：墓地。

〔3〕敛：通“殓”。为死者更衣叫小殓，将尸体入棺叫大殓。

〔4〕窆(biǎn 贬)：落葬，下棺入土。

〔5〕“彼苍者天”两句：《诗经·秦风·黄鸟》：“彼苍天者，歼我良人。”《诗经·唐风·鸨羽》：“悠悠苍天，曷其有极。”曷，何，什么。

〔6〕顷：一百亩。 伊、颍：伊水，颍水，都在河南，借指韩愈故乡。

〔7〕尚飨(xiǎng 响)：古代祭文结尾用语，也作“尚享”，意思是希望死者来享用祭品。

【译文】

现在我派建中来祭你，慰问你的孤儿和你的奶妈。他们的生活供应可以守你的灵到丧期终了，那就等到丧期终了再接他们到我这里来；如果不能守满丧期，那就把他们立即接过来。其他奴婢，都叫他们守你的丧。如果我有能力给你迁葬，最终一定把你葬到河阳祖先的墓地里，此后这些奴婢的去留听其自愿。

唉！你生病我不知道时间，你去世我不知道日期，你活着我不能和你生活在一起相互照顾，你去世我没能抚摸你的遗体充分表达我的哀思，你入殓时我没能在你的棺木旁凭吊，你落葬时我没能亲临你的墓穴。我的行为对不起神明，因而使得你早死，我对上不孝顺对下不慈爱，不能和你相互照顾一起生活，相互厮守一直到死。如今我们一个在天边，一个在地角，活着的时候你的身影不和我的形体相依偎，死后你的灵魂也不和我梦中相聚会。这实在是我造成的，又能怨谁呢？那苍苍的上天啊，我的悲痛哪里有尽头呢！从今以后，我对人世间的事情再也没有什么心思去考虑了。我将在伊水、颍水之畔买几顷田地，来度过我的晚年。教育我的儿子和你的儿子，期望他们成长；养育我的女儿和你的女儿，等到他们出嫁，就是这样罢了。唉！言语有说完的时候而哀伤之情绵绵无有终绝，你是知道呢？还是不知道呢？唉，真悲哀啊！希望你享用祭品吧。

（顾易生　徐粹育）

祭鳄鱼文

韩　愈

【题解】

本文一作《鳄鱼文》，一说应作《告鳄鱼文》。元和十四年(819)韩愈因上《谏迎佛骨表》触怒唐宪宗，被贬为潮州刺史，治所海阳(今广东潮安)，离开长安(今陕西西安)很是遥远。韩愈在本文中有“去京师万里”之说，心情相当悲怆。然而他还是努力有所作为的。本文便作于他到任后不久。《旧唐书》本传略谓：愈至潮阳，询吏民疾苦，皆曰：郡西湫水有鳄鱼，食民畜产将尽，以是民贫。愈往视，令咒之(即宣告本文)。咒之夕，有暴风起湫中，数日，湫水尽涸，徙于旧湫西六十里，自是潮人无鳄鱼患。这故事大概是人们因怀念韩愈而故神其说。根据调查，韩愈当时还是采取一些措施如筑堤之类来防治鳄鱼之患的；而这篇文章则寄托着作者的政治抱负，对人民生活与国家安全的关切，对邪恶势力的憎恨。吴楚材、吴调侯评云：“全篇只是不许鳄鱼杂处此土，处处提出天子二字、刺史二字压服他，如问罪之师、正正堂堂之阵，能令反侧子心寒胆栗。”揭示本文对地方割据分子的儆诫作用。

维年月日〔1〕，潮州刺史韩愈，使军事衙推秦济〔2〕，以羊一、猪一，投恶溪之潭水〔3〕，以与鳄鱼食，而告之曰：

【注释】

〔1〕维年月日：维，句首语气词，无义，常用于祭文开端。本句一作“维元和十四年四月二十四日”。

〔2〕军事衙推：州刺史的属官。

〔3〕恶溪：在今广东潮安境内。　潭：深水处。

【译文】

某年某月某日，潮州刺史韩愈，派遣军事衙推秦济，用一头羊、一头猪，投入恶溪的深水之中，把它给鳄鱼吃，并向鳄鱼宣告道：

昔先王既有天下〔1〕，列山泽〔2〕，罔绳擉刃〔3〕，以除虫蛇恶物为民害者，驱而出之四海之外〔4〕。及后王德薄〔5〕，不能远有，则江汉之间〔6〕，尚皆弃之以与蛮夷楚越〔7〕，况潮岭海之间〔8〕，去京师万里哉！鳄鱼之涵淹卵育于此，亦固其所。今天子嗣唐位〔9〕，神圣慈武，四海之外，六合之内〔10〕，皆抚而有之；况禹迹所揜〔11〕，扬州之近地〔12〕，刺史、县令之所治〔13〕，出贡赋以供天地宗庙百神之祀之壤者哉？鳄鱼其不可与刺史杂处此土也〔14〕！

【注释】

〔1〕先王：古代的帝王，一般指上古唐尧、虞舜及夏禹、商汤及周朝的文王、武王等。

〔2〕列：通“烈”，火猛，这里作动词用。《孟子·滕文公上》：“舜使益(人名)掌火，益烈山泽而焚之，禽兽逃匿。”

〔3〕罔：同“网”。　《周易·系辞下》：伏羲氏“作结绳而为罔罟，以佃(捕捉猛兽)以渔。”　擉(chù 触)：刺。

〔4〕四海：古人以为中国四面由大海环绕。“四海之外”指国境

以外。

〔5〕后王：指东周以后的王，其时周王朝统治衰落。

〔6〕江汉：长江和汉水。

〔7〕蛮夷：古代对边远地区少数民族的统称。具体说来，在东方的叫夷，在南方的叫蛮。　楚越：楚是南方诸侯国，东周时国势强大，据有长江、汉水流域的大部分地区。越是东方诸侯国，在今浙江一带，东周时强大起来。当时中原国家视楚越为蛮夷，楚越也不接受周王朝的统治。

〔8〕岭海之间：岭指越城、都庞、萌渚、骑田、大庾五岭，绵延在今湖南、江西、广东、广西边境。海，指南海。潮州在五岭之南、南海之北，故称“岭海之间”。

〔9〕今天子：指唐宪宗李纯，公元806—820年在位。

〔10〕六合：天地上下和四方(东南西北)，犹普天之下。

〔11〕禹迹：相传夏禹为了治理洪水，足迹遍于当时中国，并把它划为冀、豫、雍、扬、兖、徐、梁、青、荆九州。《左传·襄公四年》：“芒芒禹迹，画(划)为九州。”古代常以“禹迹”、“九州”泛指中国地域。　揜：通“掩”。

〔12〕扬州：九州之一。据《尚书·禹贡》，古扬州在淮河到海一带，潮州在此地区中。

〔13〕刺史、县令：唐代行政区划分州、县两级，刺史是州的长官，县令是县的长官。

〔14〕其：用在谓语之前，表示祈使、命令语气。本文中多处“其”字用法同此。

【译文】

从前上古帝王掌管天下之后，放烈火在山野水泽焚烧，用绳网罗捕、用利刀刺杀，来消除那些虫蛇恶物等造成人民危害的东西，把它们驱逐到四海以外去。后来的君王德政衰微，不能统治管辖远方，即使长江、汉水之间地区，也都放弃给南方东方一些部族，何况潮州处在五岭与南海之间，离开京城有万里之遥呢！鳄鱼潜伏生息在这里，确实也是它的适合场所。当今天子继承唐朝皇帝之位，他神圣而仁慈威武，四海以外，普天之下，都在他安抚和领属之下；何况潮州是属于夏禹足迹所到过的，是古扬州靠近中原的地区，是国家地方行政官吏刺史和县令治理的区域，是交纳进贡物品和赋税来供应皇帝祭祀天地、祖先宗庙和各种神灵的地方呢？鳄鱼是不可以和刺史一同居处在这块土地上的啊！

刺史受天子命，守此土，治此民，而鳄鱼睅然不安溪潭[1]，据处食民畜熊豕鹿獐，以肥其身，以种其子孙，与刺史亢拒[2]，争为长雄。刺史虽驽弱[3]，亦安肯为鳄鱼低首下心，伈伈睍睍[4]，为民吏羞，以偷活于此邪！且承天子命以来为吏，固其势不得不与鳄鱼辨。鳄鱼有知，其听刺史言：

【注释】

〔1〕睅（hàn 悍）然：瞪出眼睛，凶狠的样子。

〔2〕亢（kàng 抗）：抵御。

〔3〕驽：弱马，比喻能力不强的人。

〔4〕伈（xǐn 心上声）伈：恐惧的样子。　睍（sì 四）睍：不敢正视的样子，形容胆怯。

【译文】

刺史接受天子的命令，来镇守这块土地，治理这里的人民，然而鳄鱼竟然恶狠狠地瞪出眼睛，不安处于溪水深处，盘踞在这里吃掉百姓的牲畜、熊、猪、鹿、獐，来养胖它们自己的身体，来繁衍自己的后代，公然和刺史抗拒，争当一方的雄豪。刺史虽然平庸而力量薄弱，也怎么肯向鳄鱼低头降服，胆怯害怕不敢正视，给人民和官吏丢脸，苟且偷活在此地呢！况且刺史是奉了天子的命令来当官吏的，这形势自然不得不和鳄鱼辩说清楚。鳄鱼如有灵性的话，希望听我刺史的话：

潮之州，大海在其南，鲸鹏之大[1]，虾蟹之细，无不容归，以生以食，鳄鱼朝发而夕至也。今与鳄鱼约：

尽三日，其率丑类南徙于海〔2〕，以避天子之命吏。三日不能至五日，五日不能至七日。七日不能，是终不肯徙也。是不有刺史听从其言也。不然，则是鳄鱼冥顽不灵，刺史虽有言，不闻不知也。夫傲天子之命吏，不听其言，不徙以避之，与冥顽不灵而为民物害者皆可杀。刺史则选材技吏民，操强弓毒矢，以与鳄鱼从事，必尽杀乃止，其无悔。

【注释】

〔1〕鹏：传说中一种大鸟。《庄子·逍遥游》说："北冥"（北海）有一种大鱼叫"鲲"，变化为鸟，叫做"鹏"，"鹏之背不知其几千里也"。

〔2〕徙(xǐ洗)：迁移。

【译文】

潮州这地区，大海在它的南面，大至鲸鱼、鹏鸟，小至虾、蟹，没有不能容纳的，可以在那里繁殖和生存，这是鳄鱼早上出发晚上就可以到达的啊。现在刺史和鳄鱼约定：三天之内必须带领你那伙丑恶同类南迁到大海去，来回避天子任命的官吏。三天做不到就宽延到五天，五天办不到就宽延到七天。七天还做不到，这是说明最终不肯迁移的了。这说明不把刺史放在眼里而决意不听他的话了。假如不是这样，那就是鳄鱼愚蠢顽固没有灵性，虽刺史用言语相告，也听不进、不理解啊。凡是对天子任命的官吏傲慢无礼，不听他的话，不肯迁移来回避他，以及愚蠢顽固没有灵性又成为人民生命财产祸害的东西，都应该处死。刺史就要挑选有才干技能的官吏和民众，拿着硬弓毒箭，来和鳄鱼对干一场，一定把你们杀尽才罢休，但愿不要后悔莫及啊！

（顾易生　徐粹育）

柳子厚墓志铭

韩 愈

【题解】

柳宗元，字子厚，与韩愈同为唐代古文运动领导者，友谊至为深厚，韩愈为他作墓志铭，也极情文并茂之致，曾被推为“昌黎墓志第一，亦古今墓志第一”（清储欣《唐宋八大家类选》）。文中突出表彰柳宗元的政治才能及其在柳州的政绩，特书其帮助奴婢解放之举，也反映作者的人道精神，韩愈自己在袁州采取过同样措施；对柳氏的长期迁谪既深表同情又极力推崇他由此而得在文学上创造巨大成绩，这是作者“不平则鸣”审美理想的体现；对柳的重友谊、尚节概的热烈歌颂则更是作者立身处世准则的阐说。由此可见韩柳的生死交谊是建立在志同道合的基础上的。论者或谓本文中对柳宗元早期参加王叔文政治改革集团之事有所讥刺，对此当稍作辨析。案该集团既为唐宪宗明令定罪，自不容异议，然韩文中对柳氏却处处回护。如说柳“遇用事者得罪”，即意谓他本人无辜；又谓柳“少年勇于为人”云云，说明他为建功立业而奋不顾身，志亦可原，不过对政途艰险缺少审慎而已；最后慨叹柳的“材而不世用，道不行于时”，更表现出当时压抑贤才的不满和对柳的“材”与“道”的肯定。本文作于元和十五年(820)唐宪宗去世前后，韩愈正移谪为袁州刺史，而能为柳如此树碑立传，何等难能可贵。再看他在穆宗长庆三年(823)所作《柳州罗池庙碑》，便对柳宗元早年的政治活动也略无异辞了。

子厚讳宗元[1]。七世祖庆，为拓跋魏侍中，封济阴公〔2〕。曾伯祖奭，为唐宰相，与褚遂良、韩瑗俱得罪武后，死高宗朝〔3〕。皇考讳镇，以事母弃太常博士，求为县令江南〔4〕。其后以不能媚权贵，失御史。权贵人死，乃复拜侍御史〔5〕。号为刚直，所与游，皆当世名人〔6〕。

【注释】

〔1〕讳：避，这里是“名”的意思，古时对尊长不直接称其名，叫做避讳。在人死后称其名时，名前加“讳”字以示尊敬。

〔2〕“七世祖庆”三句：柳宗元的七世祖柳庆，曾为北魏侍中，入北周，被封为平齐县公。南北朝时魏的国君姓拓拔（拔又作跋），故称“北魏”或“拓拔魏”，与三国时曹氏之魏相区别。侍中，官名，北魏时位同宰相。据柳宗元《先侍御史府君神道表》，他的六世祖柳旦是周中书侍郎，封济阴公。本文称柳庆封济阴公，当属误记。

〔3〕“曾伯祖奭（shì 试）”四句：柳奭，柳旦之孙，柳宗元高祖柳子夏之兄，当为“高伯祖”。柳奭是唐高宗王皇后的舅父，高宗永徽三年（652）为中书令（宰相）。王皇后被废，武则天立为皇后，柳奭被贬，不久被杀。褚遂良、韩瑗（yuàn 院），都是唐高宗时大臣，因反对武则天被贬而死。武后，即武则天，名曌（zhào 照），唐高宗永徽六年立为皇后。公元690年称帝。公元705年唐中宗复位，为她上尊号为则天大圣皇帝。

〔4〕“皇考讳镇”三句：皇考，对已死父亲的尊称。《楚辞·离骚》王逸注：“皇，美也；父死称考。”据柳宗元《先侍御史府君神道表》，唐肃宗时柳镇在守母丧期满后，被命为太常博士（太常寺的属官，掌管宗庙礼仪等事），他因“有尊老孤弱在吴”，愿为宣城（今属安徽）县令。本文说柳镇“以事母，弃太常博士”，与事实稍有出入。

〔5〕“其后”四句：权贵，指窦参。唐德宗朝柳镇初升为殿中侍御史（御史台属官，掌管纠察百官，审讯案件）。这时御史中丞卢佋和宰相窦参共同诬陷侍御史穆赞。柳镇为穆赞平反冤狱，因被窦参借他事陷害，贬为夔州司马。贞元八年（792），窦参得罪，柳镇再度任侍御史。

〔6〕“所与游”两句：柳宗元有《先君石表阴先友记》，载述其父柳镇之友六十七人姓名，包括韩愈的大哥韩会，并说：“先君之所与友，凡天下善士举集焉。”

【译文】

子厚名叫宗元。他的七世祖柳庆做过北魏的侍中，受封为济阴公。曾伯祖柳奭担任过唐朝的宰相，同褚遂良、韩瑗都因为得罪武皇后，在唐高宗朝时被处死。他父亲名叫镇，因为要侍奉母亲而放弃太常博士的职位，请求到江南去做县官。以后又因为不能讨好权贵人物，丢掉了御史的官职。当权的贵人死了，才又被任命做侍御史。柳镇以刚强正直著称，同他交往的，都是当代的知名人士。

子厚少精敏，无不通达。逮其父时，虽少年已自成人，能取进士第，崭然见头角〔1〕，众谓柳氏有子矣。其后以博学宏词〔2〕，授集贤殿正字〔3〕。俊杰廉悍〔4〕，议论证据今古，出入经史百子，踔厉风发〔5〕，率常屈其座人〔6〕，名声大振，一时皆慕与之交。诸公要人争欲令出我门下，交口荐誉之〔7〕。

【注释】

〔1〕“逮其父时”四句：柳镇卒于唐德宗贞元九年五月，柳宗元是在这年他父亲还活着的时候考中进士的，年二十一岁。逮，到。崭（zhǎn斩）然，高峻突出的样子。见，通“现”。

〔2〕博学宏词：唐朝制度，进士及第，再参加博学宏词科考试被录取后便得授官职。

〔3〕集贤殿：全称集贤殿书院，是收藏整理图书的官署。　正字：校正书籍的官。

〔4〕廉：堂屋的侧边，引申为品行方正。

〔5〕踔（zhuó酌）：远。　厉：高。　风发：风卷起劲吹，比喻议论的有气势与滔滔不绝。

〔6〕率（shuài帅）：每每，常常。

〔7〕交口：众口一辞。

【译文】

子厚年轻时就精练敏捷，没有什么事理不通晓。当他父亲还在世的时候，他虽然年轻但已自立成才，能考取进士等次，显露了出众的才能；大家都说柳家有个好儿子了。此后他因为考取博学宏词科，被任命为集贤殿正字。他英俊杰出，方正勇敢，讨论起问题来引古证今，融会贯通经籍、史书和诸子百家的著述，见识高超敏锐而辩说气势纵横，经常驳倒在座的人。子厚名声大振，当时人们都希慕和他交往。许多显要的大人物争着要招致子厚做自己的门生，你一言我一语地推荐称赞他。

贞元十九年，由蓝田尉拜监察御史〔1〕。顺宗即位，拜礼部员外郎。遇用事者得罪，例出为刺史。未至，又例贬州司马〔2〕。居闲益自刻苦〔3〕，务记览，为词章泛滥停蓄，为深博无涯涘〔4〕，而自肆于山水间。

【注释】

〔1〕蓝田：县名，今属陕西。　尉：县的属官，管理治安。　拜：古时以一定礼节授予官职或某种名义称拜。　监察御史：御史台属官，掌纠察工作。按柳宗元这时为监察御史里行（见习员）。

〔2〕“顺宗即位”六句：唐顺宗于公元805年正月即位，改元永贞，任用王叔文进行政治改革，柳宗元被升为礼部员外郎，积极参与改革的谋划与活动。同年八月，唐宪宗即位，王叔文被贬官，后又处死。柳宗元与其集团中成员刘禹锡等八人一起被贬，初贬为州刺史，又都贬为州司马，历史上称为“八司马”。柳宗元初贬为邵州刺史，行至半路，又贬为永州（在今湖南南部）司马。

〔3〕居闲：州司马名义上是州刺史属下掌管军事的副职，但在唐时实为闲职，常以处置贬谪的人员。

〔4〕涯涘（sì 四）：水的边际。

【译文】

贞元十九年，子厚从蓝田县尉升任监察御史。顺宗登上皇帝位，委任他为礼部员外郎。遭逢有关的当权人物得了罪，他也按例被牵连外放为州刺史。还没到任，又与其他同时被外放者一律再贬为州司马。处在闲散的境地他更加刻苦用功，努力地记诵和阅览，写作诗文像大水那样汪洋浩荡、汇集积蓄，渊深宽广得无边无际，同时尽情地自我消遣于大自然的山光水色之间。

元和中，尝例召至京师，又偕出为刺史，而子厚得柳州〔1〕。既至，叹曰："是岂不足为政邪?"因其土俗，为设教禁，州人顺赖。其俗以男女质钱，约不时赎，子本相侔〔2〕，则没为奴婢。子厚与设方计，悉令赎归。其尤贫力不能者，令书其佣，足相当，则使归其质。观察使下其法于他州〔3〕，比一岁，免而归者且千人。衡湘以南为进士者，皆以子厚为师。其经承子厚口讲指画为文词者，悉有法度可观。

【注释】

〔1〕"元和中"四句：唐宪宗元和十年(815)，王叔文集团成员被贬八人中，两人已死，一人已上调，其馀柳宗元等五人，已十年没有调动。这时把他们召到京城来，结果仍改派他们出去做更远地区的州刺史。柳州，今属广西。

〔2〕子本：指利息和本钱。　侔(móu 谋)：等。

〔3〕观察使：又称观察处置使，是唐朝中央派到各地区掌管监察的官，考察州县官吏政绩。当时全国分十五个监察区，称为"道"。柳州属桂管道。

【译文】

元和年间，子厚曾按例被召回京城，又和其他的人一起外放为刺史，子厚被派到柳州。到任之后，他叹息道："这里难道不值得做出政绩么！"于是他依据当地人们的风俗，来替他们设置教化措施并制定禁令，为柳州人民所遵从信赖。那里有把儿子女儿作抵押去借钱的陋俗，约定到期限不去赎回，利息和本金相等时，人质就被没入收为奴婢。子厚替欠债人想方设法，让他们把质押出去的子女全部赎回来。那些特别贫困没有能力去赎的，就命令记下子女在质押时期做工的工钱，工资数达到足够抵销债务时，就使债主归还那些人质。观察使把这办法推广到所属其他的州，实行到一年，获得解免而回家的将近一千人。衡山、湘江以南从事进士考试准备的，都把子厚当作老师。那些经过子厚亲自讲授指点的人所写的文章，都合乎规范值得观览。

其召至京师而复为刺史也，中山刘梦得禹锡亦在遣中〔1〕，当诣播州〔2〕。子厚泣曰："播州非人所居，而梦得亲在堂，吾不忍梦得之穷，无辞以白其大人，且万无母子俱往理。"请于朝，将拜疏〔3〕，愿以柳易播，虽重得罪〔4〕，死不恨。遇有以梦得事白上者〔5〕，梦得于是改刺连州〔6〕。呜呼！士穷乃见节义。今夫平居里巷相慕悦，酒食游戏相征逐〔7〕，诩诩强笑语以相取下〔8〕，握手出肺肝相示，指天日涕泣，誓生死不相背负，真若可信。一旦临小利害，仅如毛发比，反眼若不相识；落陷阱，不一引手救，反挤之又下石焉者，皆是也。此宜禽兽夷狄所不忍为，而其人自视以为得计。闻子厚之风，亦可以少愧矣。

【注释】

〔1〕中山刘梦得禹锡：刘禹锡（772—842），字梦得，自言系出中山（今河北定县），唐代著名文学家、哲学家，柳宗元的好友，同为王叔文集团的重要成员，当时从朗州（今湖南常德）司马任上召回京师。

〔2〕诣（yì 义）：往。　播州：在今贵州遵义一带。

〔3〕疏：奏疏，向皇帝陈述意见的文书。

〔4〕重(chóng 虫)：再一次。

〔5〕“遇有”句：据新、旧《唐书》刘禹锡本传载：当时御史中丞裴度向宪宗说，播州西南极远荒僻之地，刘虽有罪，他的老母八十多岁一定不能去，恐怕这会有损皇上的“孝理(治)之风”。

〔6〕连州：治所在今广东连县。

〔7〕征：召，邀约。　逐：追随。

〔8〕诩(xǔ 许)诩：讨好取媚的样子，原为北方口语。　强(qiǎng 抢)：勉强，做作。

【译文】

当子厚被召回京城而又外派为刺史的时候，中山人刘梦得(禹锡)也在被派遣之列，应当到播州去。子厚流着泪说：“播州不是中原人所能居住的地方，况且刘梦得还有母亲在家，我不忍心看到梦得的困窘，他没法把这事来告诉他的老母，再说绝没有让母子一起去的道理。”他向朝廷请求，准备递呈奏章，情愿拿柳州来换播州，虽然罪上加罪，死也不感遗憾。正碰上有人把刘梦得的情况告诉了皇上，梦得因此改任为连州刺史。唉！士人在穷困中才显现出气节道义。如今那些日常无事共居街坊相互称慕悦爱的人，一起吃喝玩乐相互邀请应酬，相互吹捧讨好并且各自假惺惺地笑着表示愿处在对方之下，手拉手好像掏出肺肝来给对方看，指着苍天白日眼泪直淌，发誓不论生死都不相背弃，简直像真的一样可信。有朝一日碰到小小的利害冲突，仅仅像汗毛头发那样微不足道，便翻脸白眼相看如同不曾认识过；对方落入陷阱之中，不伸一下手救援，反倒推挤对方并往下扔石头的人，到处都是这样啊。这些事情实在连禽兽动物和野蛮人都不忍心做的，然而那些人却自以为很有办法呢。他们听到子厚的风概，也该稍微有点惭愧了吧。

子厚前时少年，勇于为人，不自贵重顾藉，谓功业可立就，故坐废退。既退，又无相知有气力得位者推挽，故卒死于穷裔[1]，材不为世用，道不行于时也。使子厚在台省时[2]，自持其身，已能如司马、刺史时，亦自不斥。斥时有人力能举之，且必复用不穷。然子厚斥不久，穷不极，虽有出于人，其文学辞章，必不能自力以致必传于后如今，无疑也。虽使子厚得所愿，为将相于一时，以彼易此，孰得孰失，必有能辨之者。

【注释】

〔1〕裔（yì 衣）：边缘。

〔2〕台省："台"和"省"都是唐中央政府官署的名称。柳宗元曾官监察御史里行属御史台，礼部员外郎属尚书省。

【译文】

子厚当初年纪轻，勇于帮助别人，自己不珍重顾惜自己，认为功业可以立刻成就，所以受到牵连而遭到废弃贬谪。被贬退以后，又没有熟识而有力量和权位的人推举和拉他一把，所以终于死在荒僻边远地方，才干不能被社会重用，政治主张不能在当时推行。假使子厚在中央王朝的台、省部门做官时，能够约束自身，已像在作司马、刺史的时候那样，也自然不会被贬斥。贬斥之后如有个有力量的人能推举他，将必定重被起用而不穷困。然而子厚的贬斥不长久，穷困不到极端，即使会出人头地，他的文章学术言辞作品，必定不能自我努力以达到像今天那样必然能够流传后世的水平，这是毫无疑问的啊。即使让子厚得到他所愿望的，在一个时期内做到将军宰相，拿那个来换这个，什么算得，什么算失，必定有能够辨别它的人。

子厚以元和十四年十一月八日卒[1]，年四十七。以十五年七月十日，归葬万年先人墓侧[2]。子厚有子男二人：长曰周六，始四岁；季曰周七[3]，子厚卒乃生。女子二人，皆幼。其得归葬也，费皆出观察使河东裴君行立[4]。行立有节概，重然诺[5]，与子厚结交，子厚亦为之尽，竟赖其力。葬子厚于万年之墓者，舅弟卢遵[6]。遵，涿人[7]，性谨慎，学问不厌。自子厚之斥，遵从而家焉，逮其死不去。既往葬子厚，又将经纪其家，庶几有始终者。

【注释】

〔1〕十一月八日：《旧唐书·柳宗元传》作“十月五日”。

〔2〕万年：唐县名，在今陕西西安，据柳宗元《先侍御史府君神道表》载，他的父亲柳镇葬在万年县的棲凤原。

〔3〕周七：据后人考证，名告，字用益。

〔4〕河东：唐道名，治所在今山西永济县蒲州镇。 裴君行立：裴行立，元和十二年(817)任桂管观察使，事迹附见《新唐书》他的祖父《裴守真传》。

〔5〕然诺：都是答应的声音。

〔6〕舅弟卢遵：柳宗元母家姓卢。卢遵是柳宗元舅父的儿子。

〔7〕涿：唐州名。州治在今河北涿县。

【译文】

子厚在元和十四年十一月八日去世，终年四十七岁。在元和十五年七月十日，灵柩运回落葬在万年县祖先坟墓的旁边。子厚有两个儿子：大的叫周六，才四岁；小的叫周七，子厚死后才出生。两个女儿，都还幼小。他的灵柩能够回乡落葬，费用都是观察使河东人裴行立先生资助的。行立为人有气节风概，重视答应的话，和子厚结为朋友，子厚也为他极尽心力，最终竟靠他帮助办理后事。把子厚落葬在万年墓地的是他的表弟卢遵。卢遵是涿州人，性格谨慎，求学问永不满足。自从子厚被贬斥，卢遵跟着他并且移家在那里，直到他去世也不离去。他安葬好子厚，还将安排料理子厚的家属，应该算得上是个有始有终的人了。

铭曰[1]：是惟子厚之室，既固既安，以利其嗣人[2]。

【注释】

〔1〕铭：是一种文体，古人常刻写在碑版或器物上表示称颂、感念等意。一般用韵语，本篇却是散文，为作者的变体。

〔2〕嗣人：后嗣，后代。

【译文】

铭曰：这就是子厚居室，既牢固又安稳，会得有利于他的后代人。

（顾易生　徐粹育）

卷　九

驳复仇议

柳宗元

【题解】

柳宗元(773—819)，字子厚，原籍河东(今山西永济)人，唐代著名的文学家和政治家。贞元九年中进士，顺宗永贞元年任礼部员外郎，参加了王叔文为首的政治改革运动，失败后，被贬永州司马，元和十年，改任柳州刺史。他在中国文学史的重要贡献，是与韩愈一起成功地领导了唐代古文运动。他诗文并工，尤擅长散文。有《柳河东集》传世。

唐代武则天执政时，有一个叫徐元庆的人刺死了无故杀害他父亲徐爽的仇人赵师韫以报父仇，然后去官府投案自首。当时武则天将这案件交由群臣议论，谏官陈子昂为此写了一篇《复仇议状》上奏，提出自己的处理意见：为了维护法律的严肃性，则杀人者死，应判处徐元庆死刑；为了彰明封建礼教的神圣性，则徐元庆的行为是符合孝道的，所以在处死他以后再予以表彰，这样于法于礼两方面都得到照顾。陈子昂的意见被武则天和众臣接受。

柳宗元不同意陈子昂这种自相矛盾的主张，便写了这篇反驳文章。他认为如果徐元庆的父亲无辜被杀，官府又不给申冤，那么徐元庆在呼告无门的情况下替父报仇，杀死赵师韫而后去自首，就应受到表彰而不该被处以死刑；如果他父亲是因触犯刑律而被处死，他再去复仇杀人，那就应判处死罪而不该予以表彰，这才是礼法一致，赏罚分明。全文体现了柳宗元否定“礼治”而主张法治的政治思想，具有进步意义。

本文观点鲜明，逻辑严密，说理清楚，是作者在长安任礼部员外郎时所作的一篇有代表性的政论文。

臣伏见天后时[1]，有同州下邽人徐元庆者[2]，父爽为县尉赵师韫所杀[3]，卒能手刃父仇，束身归罪。当时谏臣陈子昂建议诛之而旌其闾[4]，且请“编之于令，永为国典”。臣窃独过之[5]。

【注释】

〔1〕伏见：看到。“伏”是俯伏在地之意，和下文的“窃”都是旧时下对上书面所用的敬词。　天后：武曌（zhào 照）。

〔2〕同州：唐州名，辖区相当今陕西渭水以北、洛水以东、黄梁河以南地区。　下邽（guī 龟）：今陕西渭南县东北，当时是同州属县。

〔3〕县尉：主管一县军事、治安的长官。赵师韫杀徐爽时任下邽县尉，被徐元庆刺死时已升任为御史。

〔4〕谏臣：陈子昂在武则天时曾任右拾遗之职，其职责是向皇帝提出批评建议，进行劝谏，故称谏臣。　陈子昂（661—701）：字伯玉，梓州射洪（今四川射洪）人。唐初著名文学家、诗人。　旌：表彰。　闾：里巷的大门。

〔5〕过：过错。这里作动词用。

【译文】

臣见到史载在则天皇帝时，有个同州下邽人叫徐元庆的，他父亲徐爽被县尉赵师韫所杀，但他终于能亲手杀掉他的杀父仇人，然后自捆双手去投案自首。当时的谏臣陈子昂建议处死徐元庆，然后在徐家的巷口立牌坊挂匾额予以表彰；并且要求把处理这案件的结果编进法令，永远作为国家的典章法制。臣个人私下认为陈子昂这主张是不对的。

臣闻礼之大本，以防乱也，若曰无为贼虐[1]，凡为子者杀无赦[2]；刑之大本，亦以防乱也，若曰无为贼虐，凡为治者杀无赦[3]。其本则合，其用则异，旌与诛莫得而并焉。诛其可旌，兹谓滥，黩刑甚矣[4]；旌其可诛，兹谓僭[5]，坏礼甚矣。果以是示于天下，传于后代，趋义者不知所以向，违害者不知所以立，以是为典，可乎？

【注释】

〔1〕贼虐：逞凶害人。

〔2〕“凡为子者”句：意为凡是做儿子的不应报仇却为双亲报仇而杀人的不可赦罪。

〔3〕“凡为治者”句：意为凡是治理人民的官吏无辜杀人的不能赦罪。

〔4〕黩刑：滥用刑罚。

〔5〕僭：非法，差失。

【译文】

臣听说礼制的根本作用，是在于防止社会秩序混乱。譬如说不许随便逞凶杀人，凡是做儿子的不该报仇却为双亲报仇而杀人的都不可赦罪。刑法的根本作用，也是用来防止社会秩序混乱的。譬如说不许随便逞凶杀人，凡是治理百姓的官吏无辜杀人的都不可赦免。礼和刑的根本作用是相同的，使用的方法则不一样，表彰和诛杀是不能同时并用的。杀掉那应予表彰的人，这叫做滥杀，那用刑就太轻率过分了。表彰那应该处死的人，这叫做失误越轨，是对礼法的最大破坏。果真把这样的处理方法颁示全国，传于后世，那么追求正义的人就不知何去何从，躲避灾害的人也会无所措手足，把这作为法典，可以吗？

盖圣人之制，穷理以定赏罚，本情以正褒贬，统于一而已矣[1]。向使刺谳其诚伪[2]，考正其曲直，原始而求其端[3]，则刑、礼之用，判然离矣[4]。何者？若元庆之父，不陷于公罪，师韫之诛，独以其私怨，奋其吏气[5]，虐于非辜[6]，州牧不知罪，刑官不知问，上下蒙冒，吁号不闻；而元庆能以戴天为大耻[7]，枕戈为得礼[8]，处心积虑，以冲仇人之胸，介然自克[9]，即死无憾，是守礼而行义也。执事者宜有惭色，将谢之不暇，而又何诛焉？

【注释】

〔1〕统于一：指使礼和刑的目的与效果归于一致。

〔2〕向使：假使。　刺谳（yàn 厌）：侦查审讯定罪。　诚伪：真假。

〔3〕原始：推究。　端：头绪、缘由。

〔4〕判然：明白地。　离：区别。

〔5〕奋：施展。　吏气：当官的气焰。

〔6〕非辜：无辜。

〔7〕以戴天为大耻：把和仇人共同生活在一片天底下视为奇耻大辱，即不共戴天之意。

〔8〕枕戈：睡觉时头下枕着兵器。指时刻不忘报仇。

〔9〕介然：坚贞的样子。　自克：自我实现、自己能完成。

【译文】

古代圣人之所以订立规矩，无非是彻底推究事理以定赏罚，本着人之常情以明确褒贬，使礼和刑的目的与效果归于一致罢了。假如能审讯判定案件的真伪，考定其是非曲直，推究他一开始为什么会犯罪的缘由，那么刑和礼的应用，就能明显地区别开来了。为什么这样说呢？如果徐元庆的父亲并未触犯国法获罪，赵师韫之所以杀他完全是出于私怨，滥施他当官的气焰，残害无罪之人，而州官却不知将他治罪，刑官也不加过问，上下相互包庇，对黎民百姓的呼吁号叫充耳不闻；而徐元庆则把不共戴天的父仇未报视为奇耻大辱，把念念不忘报仇认为是合乎礼教的事，一直处心积虑地想要戳穿仇人的胸膛，坚决相信必能实现自己的目的，即使牺牲自己的生命也毫不遗憾，这正是遵守礼法而施行孝义啊。当官的对此理应感到惭愧脸红，将对他认错陪罪还来不及，又为什么要处死他呢？

其或元庆之父，不免于罪，师韫之诛，不愆于法〔1〕，是非死于吏也，是死于法也。法其可仇乎？仇天子之法，而戕奉法之吏〔2〕，是悖骜而凌上也〔3〕。执而诛之，所以正邦典，而又何旌焉？且其议曰〔4〕：“人必有子，子必有亲，亲亲相仇〔5〕，其乱谁救？”是惑于礼也甚矣。礼之所谓仇者，盖其冤抑沉痛，而号无告也；非谓抵罪触法，陷于大戮〔6〕。而曰“彼杀之，我乃杀之”，不议曲直，暴寡胁弱而已〔7〕。其非经背圣，不亦甚哉？

【注释】

〔1〕愆(qiān 牵)：失误。

〔2〕戕(qiāng 腔)：杀害。

〔3〕悖骜：桀骜不驯。

〔4〕议：指陈子昂写的《复仇议》。

〔5〕亲亲相仇：指各人为爱自己的双亲而相互报仇。前一“亲”字是动词，亲近爱护之意。后一“亲”指双亲或亲人。

〔6〕大戮：指死刑。

〔7〕暴寡胁弱：侵害孤寡威胁弱小。

【译文】

或许徐元庆的父亲确系违法犯罪，赵师韫的处死他并不违背法律，那么他并不是死在官吏之手，而是死在触犯刑法上面。国法是可以仇视的吗？仇视天子治国的法律，而去杀害执行法律的官吏，这是桀骜不驯犯上作乱。把这种人抓起来处以死刑，正是为了明正典刑，又为什么还要表彰他呢？而且陈子昂的《复仇议》中还说："凡是人一定都有儿子，做儿子的一定也有双亲，各人为了爱自己的双亲而互相仇杀，这种混乱的情况由谁来制止？"这是对礼的莫大误解。礼法上所说的复仇，指的是冤沉海底沉痛万分，而却叫天不应求告无门；并不是指触法抵罪被处死刑的那种情况。现在却说"他杀了人，所以我就要杀他"，这种不论是非曲直的做法，不过是侵害孤寡威胁弱小罢了。其违背圣贤经传的教导，岂不是太过分了吗？

《周礼》："调人[1]，掌司万人之仇。""凡杀人而义者，令勿仇，仇之则死。""有反杀者[2]，邦国交仇之。"又安得亲亲相仇也？《春秋公羊传》曰："父不受诛[3]，子复仇可也。父受诛，子复仇，此推刃之道[4]，复仇不除害[5]。"今若取此以断两下相杀，则合于礼矣。

【注释】

〔1〕调人：周代官名，主管司法。

〔2〕反杀：指别人有正当的理由杀死自己的亲人，自己还要反过来去杀死别人。

〔3〕不受诛：未犯死罪却被处死。

〔4〕推刃：往来相杀不止。

〔5〕复仇不除害：指这样的复仇行为并不能消祸除害。

【译文】

《周礼》上说："调人，职掌万民冤仇之事。""凡是杀人而合情合理的，要告诫被杀者的子弟不许复仇，如果复仇的话就处死。""有反过来再去杀人的，全国人人共诛之。"这样又怎么会有为爱自己的亲人而互相杀人的事呢？《春秋公羊传》里说："父亲未犯死罪却被处死，做儿子的可以复仇；父亲犯了死罪而被杀，儿子再去复仇，这是为往来相杀不止开了先河，这样的复仇行为并不能消祸除害。”现在如果根据这原则来判断赵师韫与徐元庆双方相互杀戮的是非，那就合乎礼法的规定了。

且夫不忘仇，孝也；不爱死[1]，义也。元庆能不越于礼，服孝死义，是必达理而闻道者也。夫达理闻道之人，岂其以王法为敌仇者哉？议者反以为戮，黩刑坏礼，其不可以为典，明矣。

请下臣议，附于令[2]，有断斯狱者，不宜以前议从事。谨议。

【注释】

〔1〕爱：吝惜。

〔2〕附于令：附在法令之后。

【译文】

况且不忘报父之仇，这是尽孝道；不惜牺牲自己的生命，这是坚持义气。徐元庆能按照礼法，克尽孝道，为义而死，那他一定是个通晓事理懂得圣贤之道的人。一个明理懂道的人，难道会把王法视为仇敌的吗？而陈子昂等议论此事的人反而将徐元庆处死，这种滥用刑法破坏礼教的做法，完全不可以当作法典，这是显而易见的了。

请将臣的议论附在法令之后颁布天下。今后凡有审判这类案件的，不该再依从前陈子昂的意见处理。敬议。

（汪贤度）

桐叶封弟辨

柳宗元

【题解】

桐叶封弟的故事见于《史记·晋世家》、《吕氏春秋·审应览》和《说苑·君道篇》，大旨在于宣扬帝王神圣，皇帝说话是金口玉言，绝对不可改易，从而树立帝皇的绝对权威。对这故事的真伪，历来无人怀疑，更无人认为周成王的行为是荒唐可笑的。

柳宗元在这篇文章里敢于提出自己独到的见解，他认为成王以桐叶封弟之事很不可信，指出帝王的言行要看它的实际效果，如果言之不当，那就得改，而不是盲目照办，驳斥了所谓“天子无戏言”的胡诌。

本文只有二百多字，但写来如剥茧抽丝，节节转换，逐层深入，论证周密，驳难犀利，体现了政治改革家柳宗元论说文的特色。特别在最后一段，作者表面上为周公设想辩解，骨子里却是批评周公，用明褒实贬的手法指摘世人普遍尊奉的圣人，是颇为大胆而又巧妙的。

本文约写于作者在长安任监察御史里行时。

古之传者有言[1]，成王以桐叶与小弱弟[2]，戏曰：“以封汝。”周公入贺[3]。王曰：“戏也。”周公曰：“天子不可戏。”乃封小弱弟于唐[4]。

【注释】

〔1〕传(zhuàn 撰)者：指编撰史书的人。

〔2〕成王：周武王之子，姓姬名诵。　桐叶：据说周成王用梧桐叶子剪成玉圭的形状送给小弟叔虞，说："这个封给你。"圭是一种上尖下方的扁长条形玉器，古代帝王分封臣下时作凭证使用。时成王年幼，故作此游戏。　小弱弟：年少的小弟弟。弱，年少。

〔3〕周公：周文王之子，周武王之弟，姓姬名旦。武王死后，成王继位，因年幼，由周公辅佐侄儿治理国家。周公被后代儒家尊为圣人。

〔4〕唐：古国名，在今山西翼城县西。

【译文】

古代编撰史书的人记述说，周成王把梧桐叶子剪成玉圭的形状递给小弟弟，戏弄他说："这个封给你。"周公听到这件事就进宫向成王表示祝贺。成王说："我是开玩笑啊。"周公说："天子不可以开玩笑。"于是成王就封小弟弟叔虞于唐。

吾意不然。王之弟当封邪？周公宜以时言于王，不待其戏而贺以成之也。不当封邪？周公乃成其不中之戏〔1〕，以地以人与小弱弟者为之主，其得为圣乎？且周公以王之言不可苟焉而已，必从而成之邪？设有不幸，王以桐叶戏妇、寺〔2〕，亦将举而从之乎？凡王者之德，在行之何若。设未得其当，虽十易之不为病。要于其当〔3〕，不可使易也，而况以其戏乎！若戏而必行之，是周公教王遂过也〔4〕。

【注释】

〔1〕不中：不恰当。

〔2〕妇、寺：指帝王身边的妇人(妃嫔等)和宫中的太监(宦官)。

〔3〕要：总之。

〔4〕遂过：铸成过错。

【译文】

我认为不是那样。成王的弟弟应当封么？周公就应该及时对成王说，而不能等到成王开了那样的玩笑以后才去祝贺以促成此事；不应当封吗？周公却促成了成王那不恰当的玩笑成为事实，把土地和百姓交给年幼的孩子，让他成为一国之主，这样做能被称得上是圣人吗？或者周公认为成王的话不能随便说过就算，一定要顺从促成它吧？那如果不幸成王把桐叶开玩笑封给妃嫔、太监之流，是不是也打算完全照他的意思去办呢？凡是帝王的德行，在于他的话实行以后的效果如何。假如实行起来很不得当，那么即使改变十次也不算错。总之是在于恰当，而不能轻率从事，更何况把君王开玩笑的话当作正经事去办呢！如果开玩笑的话也一定要付诸实行，那就是周公在教君王犯错误了。

吾意周公辅成王，宜以道，从容优乐，要归之大中而已〔1〕，必不逢其失而为之辞〔2〕。又不当束缚之，驰骤之，使若牛马然〔3〕，急则败矣。且家人父子尚不能以此自克〔4〕，况号为君臣者邪？是直小丈夫缺缺者之事〔5〕，非周公所宜用，故不可信。

或曰：封唐叔〔6〕，史佚成之〔7〕。

【注释】

〔1〕大中：一种既不过头又不是不及、恰到好处的境界。

〔2〕逢：逢迎、迎合。　辞：指用好话粉饰。

〔3〕使：驱使、使唤。

〔4〕克：克制、约束。

〔5〕直：只是。　缺缺（quē 缺）：小聪明。

〔6〕唐叔：叔虞封于唐，故简称唐叔。

〔7〕史佚：周朝的史官尹佚。据《史记·晋世家》记载，是史佚促成周成王封叔虞于唐。而《吕氏春秋·审应览·重言篇》及《说苑·君道篇》中均说是周公促成此事。

【译文】

我认为周公辅佐成王应该用正道，使他的言行举止和戏耍游乐都能恰如其分罢了，决不会去迎合他的过失并替他巧言粉饰。也不该对他管束太严，驱使他，好像使唤牛马那样，急于使他成长反而会坏事。并且家庭父子之间也不能用这种办法来自我约束，何况那些有君臣名分的人呢！这只是识见不高爱耍小聪明的人所干的事，决不是周公所该做的，所以古书上所记此事并不可信。

也有人说：成王封唐叔的事，是太史尹佚促成的。

（汪贤度）

箕子碑

柳宗元

【题解】

箕子，名胥馀，官太师，商纣王的诸父(伯父或叔父)，因封在箕地(今山西太谷东北)，故称箕子。商代末年，纣王无道，但他却有三位贤臣，一位是微子，一位是比干，另一位就是箕子。这三位贤臣，结局各不相同。微子因见商朝将亡，数谏纣王，纣王不听，遂出走。比干也屡谏纣王，结果被剖心而死。箕子与他们不同，他虽然也数谏纣王而未被采纳，但他认为为人臣者谏不听而去，是彰君之恶，所以不肯像微子一样离去，又不愿像比干一样被杀，于是便披发佯狂，被囚为奴。周灭商后，周武王释放了他，他向武王陈《洪范》大法。在封建时代，这三位贤臣都受到士大夫的推崇，特别是箕子，更被认为是既忠贞又富有智慧，是为人臣者的楷模。柳宗元也持这种看法，所以在《箕子碑》这篇文章中，对箕子忍辱负重、期望协助武庚复兴商朝的忠心，和他不甘沦为周的臣民，逃到朝鲜以延“殷祀”的苦衷，作了高度评价和赞颂。

凡大人之道有三〔1〕：一曰正蒙难〔2〕，二曰法授圣，三曰化及民。殷有仁人曰箕子，实具兹道，以立于世。故孔子述六经之旨〔3〕，尤殷勤焉〔4〕。

当纣之时〔5〕，大道悖乱，天威之动不能戒〔6〕，圣人之言无所用。进死以并命[7]，诚仁矣，无益吾祀，故不为；委身以存祀，诚仁矣，与亡吾国[8]，故不忍。具是二道，有行之者矣。是用保其明哲[9]，与之俯仰，晦是谟范[10]，辱于囚奴，昏而无邪，陨而不息[11]。故在《易》曰："箕子之明夷[12]。"正蒙难也。及天命既改，生人以正，乃出大法，用为圣师，周人得以序彝伦而立大典[13]。故在《书》曰："以箕子归，作《洪范》[14]。"法授圣也。

【注释】

〔1〕大人：指道德高尚的人。

〔2〕正蒙难：蒙受患难而能坚持正道。

〔3〕六经：指《诗》、《书》、《易》、《礼》、《乐》、《春秋》六部儒家经典著作。其中《诗》、《书》、《易》都有关于箕子的记载。

〔4〕殷勤：情意深切的样子。

〔5〕纣：纣王，名辛，商朝末代君主，历史上有名的暴君。

〔6〕天威之动：泛指天文、气象方面的异常现象。

〔7〕并：通"屏"，舍弃。

〔8〕与：参与。　亡：灭亡。

〔9〕是用：因此。

〔10〕晦：昏暗，引申为隐藏。　谟：谋略。　范：法则。

〔11〕陨（tuí 颓）：跌倒。

〔12〕明夷：六十四卦之一。此卦施之于人事，象征昏君在上，明臣在下，不敢显其明智。

〔13〕彝伦：即伦常，指封建社会中人与人之间的道德关系。

〔14〕《洪范》：《尚书》篇名，旧传为箕子向周武王陈述的"天地之大法"；近人或疑为战国时期的作品。内容是关于帝王统治人民的各项政治经济原则。

【译文】

凡是道德高尚的人，他的处世方法有三种：一是蒙受患难而仍能坚持正道，二是把法典传授给圣君，三是用王道教化人民。殷代有个仁人叫箕子，他确实是具备了这些处世之道而立身于世的。所以孔子在阐述六经大义时，曾特别热情地提到他。

在纣王当政的时候，大道颠倒混乱，上天的震怒不能引起他的警戒，圣人的话对他也不起作用。在这种情况下，臣下拼死进谏，确实是够仁爱了，但是对延续殷商的国运没有什么益处，所以箕子不这样做。托身于新的王朝以保存殷商的宗祀，也确实是够仁爱了，但这等于参与了灭亡自己国家的行动，所以箕子不忍心这样做。这两条道路，都有人走过了。因此，箕子保持了自己的明智，与纣王周旋；隐藏起自己的谋略，暂且忍受被囚禁、做奴隶的屈辱；处于黑暗的环境中而不走邪路，跌倒了仍努力向前。所以《易经》中说："箕子处于不能显其明智的环境中。"但他却能在蒙受患难时坚持正道。等到天运改变、商灭周兴以后，周用正道教化人民，箕子便献出他那宏伟的大法，因而成为圣君的老师，周人因此得以整顿伦常纲纪，建立国家的典章制度。所以《尚书》中说："因为箕子归来，才作了《洪范》这部著作。"这就是把法典传授给圣君。

及封朝鲜，推道训俗，惟德无陋[1]，惟人无远，用广殷祀，俾夷为华，化及民也。率是大道[2]，丛于厥躬[3]，天地变化，我得其正，其大人欤！

於虖！当其周时未至，殷祀未殄[4]，比干已死，微子已去。向使纣恶未稔而自毙[5]，武庚念乱以图存[6]，国无其人，谁与兴理？是固人事之或然者也。然则先生隐忍而为此，其有志于斯乎？

唐某年，作庙汲郡[7]，岁时致祀。嘉先生独列于《易·象》，作是颂云。

【注释】

〔1〕陋：卑贱。

〔2〕率：大致。

〔3〕丛：聚集。　厥：其，他的。　躬：身体。

〔4〕殄（tiǎn 舔）：灭绝。

〔5〕向使：假如。　稔（rěn 忍）：庄稼成熟。此为引申义，指罪恶发展到极点。

〔6〕武庚：纣王之子。商亡后封为殷君，后因反叛，被周公所杀。

〔7〕汲郡：原名卫州，治所在今河南省淇县，唐天宝年间改为汲郡。

【译文】

等到箕子在朝鲜受封以后，他便推行王道教化人民，人不分尊卑，居无论远近，都不能例外，以此来延续殷商的宗祀，使边远地区的少数民族和华夏民族相同。这就是用王道教化人民。大致这些处世原则，都集中体现在箕子的身上，无论天地如何变化，他始终能坚持正道，他真是一位伟大的人啊！

唉！当周朝还没有建立，殷商还没有灭亡的时候，比干已死，微子也已经离去。假使纣王还没有恶贯满盈而自己死去，他的儿子武庚想发动叛乱以图谋复辟，这时国内没有贤明的人，谁来辅佐治理呢？这本来是人事中可能出现的情况。那么先生忍辱负重地这样做，大概是想在这方面有所作为吧？

唐朝某年，在汲郡建了一座箕子庙，每年按时祭祀。我钦佩先生的行为独能列于《周易》的卦象中，便写了这篇颂辞。

（胡士明）

捕蛇者说

柳宗元

【题解】

本篇为作者谪居永州时作。当时地方贪官污吏巧取豪夺，苛捐杂税多如牛毛，使广大劳动人民无计为生，有的家破人亡，有的被迫逃亡他乡。作者目睹这种景象，借捕蛇者蒋氏一家三代的悲惨遭遇，揭露了唐代中期社会的种种弊端，同时为劳动人民喊出了悲愤的心声，向贪暴的统治者提出了强烈的控诉。文章深沉曲折，波澜起伏，通过叙述异蛇之毒，捕蛇之险，官吏征蛇之狠，最后点出“赋敛之毒，有甚是蛇者”的主题思想，有着强烈的感染力量。

永州之野产异蛇，黑质而白章〔1〕。触草木，尽死；以啮人，无御之者。然得而腊之以为饵〔2〕，可以已大风、挛踠、瘘、疠〔3〕，去死肌，杀三虫〔4〕。其始，太医以王命聚之，岁赋其二〔5〕；募有能捕之者，当其租入。永之人争奔走焉。

【注释】

〔1〕质：质地。　章：花纹。

〔2〕腊(xī昔)：风干。　饵：指药丸。

〔3〕已：止，治愈。　大风：即麻风。《素问·长刺节论》：“骨节

重，须眉堕，名曰大风。”　挛踠：手脚关节障碍，不能伸屈自如。瘘：颈子肿大。　疠：恶疮。

〔4〕三虫：道家把人的头、胸、腹三部称为“三尸”，三虫就是使“三尸”得病的虫。

〔5〕赋：征收，敛取。

【译文】

永州的野外出产一种奇异的蛇，全身黑色但长有白色的花纹。它接触到草木，草木就全都枯死；咬到人，就无法医治。但是捉到它，杀了风干，做成药丸子，却可以治愈麻风、关节病、颈部肿痛、毒疮，去除坏死的肌肉，杀死人体内的寄生虫。起初，太医奉皇帝之命征收这种蛇，每年征收两次；还招募能捕这种蛇的人，可以用蛇抵他应缴的租税。于是，永州的人都争着去捕蛇。

有蒋氏者，专其利三世矣〔1〕。问之，则曰：“吾祖死于是，吾父死于是，今吾嗣为之十二年〔2〕，几死者数矣。”言之，貌若甚戚者。余悲之，且曰：“若毒之乎〔3〕？余将告于莅事者〔4〕，更若役，复若赋，则何如？”蒋氏大戚，汪然出涕曰〔5〕：“君将哀而生之乎？则吾斯役之不幸，未若复吾赋不幸之甚也。向吾不为斯役，则久已病矣〔6〕。自吾氏三世居是乡，积于今六十岁矣，而乡邻之生日蹙〔7〕，殚其地之出〔8〕，竭其庐之入，号呼而转徙，饥渴而顿踣〔9〕，触风雨，犯寒暑，呼嘘毒疠〔10〕，往往而死者相藉也〔11〕。曩与吾祖居者〔12〕，今其室十无一焉；与吾父居者，今其室十无二三焉；与吾居十二年者，今其室十无四五焉：非死则徙尔。而吾以捕蛇独存。悍吏之来吾乡，叫嚣乎东西，隳突乎南北〔13〕，哗然而骇者，虽鸡狗不得宁焉。吾恂恂而起〔14〕，视其缶[15]，而吾蛇尚存，则弛然而卧[16]。谨食之[17]，时而献焉。退而甘食其土之有，以尽吾齿。盖一岁之犯死者二焉，其馀则熙熙而乐，岂若吾乡邻之旦旦有是哉！今虽死乎此，比吾乡邻之死则已后矣，又安敢毒邪？”

余闻而愈悲。孔子曰：“苛政猛于虎也[18]。”吾尝疑乎是，今以蒋氏观之，犹信。呜呼！孰知赋敛之毒，有甚是蛇者乎！故为之说[19]，以俟夫观人风者得焉[20]。

【注释】

〔1〕专其利：独享这种好处。指捕蛇上缴可不纳应完的租税。

〔2〕嗣：继承。　为之：操捕蛇这种职业。

〔3〕若：你。　毒：憎恨。

〔4〕莅（lì 利）事者：管这事的人，指地方官。莅，临。

〔5〕汪然：泪水满眶的样子。

〔6〕病：困苦。

〔7〕蹙（cù 促）：穷困。

〔8〕殚（dān 丹）：尽。

〔9〕顿踣（bó 博）：因劳累而倒下。顿，困顿。踣，僵仆。

〔10〕毒疠（lì 厉）：毒气。疠，一种容易使人得病的瘴气。

〔11〕相藉：形容死人极多。藉，纵横交错。

〔12〕曩（nǎng 囊上声）：从前。

〔13〕隳（huī 灰）：毁坏。

〔14〕恂恂（xún 旬）：小心谨慎的样子。

〔15〕缶（fǒu 否）：瓦罐。

〔16〕弛然：放心的样子。弛，放松，不紧张。

〔17〕食（sì 饲）：饲养。

〔18〕苛政猛于虎：语出《礼记·檀弓》，意谓苛酷的统治比老虎还要凶。

〔19〕说：一种叙事兼议论的文体。

〔20〕夫：助词，近于“那”。　人风：民风，民情。

【译文】

有个姓蒋的，享有捕蛇免租的好处已经三代了。我问他这件事，他说："我祖父死于捕蛇，我父亲也死于捕蛇，如今我继承祖业捕蛇已经十二年，有好几次差点送命。"说着，露出很悲伤的神色。我很同情他，并且说："你憎恨捕蛇这差事吗？我准备去告诉主管政事的地方官，更换你的差事，恢复你的赋税，你觉得怎么样？"姓蒋的一听更加伤心，眼泪汪汪地说："你是可怜我，想让我活下去吗？那么我这个差事的不幸，还不像恢复我的赋税的不幸那样厉害呢。假使当初我不做这捕蛇的差事，那早就贫困不堪了。从我家三代住在这里以来，算起来已经有六十年了，可是乡邻们的生活一天比一天困难，他们把土地上生产出来的东西都拿出去了，把家里所有的收入都上缴了，哭哭啼啼地背井离乡，饥饿劳累得倒在地上。他们顶着风雨，冒着严寒酷暑，呼吸着毒气，常常因此而死亡的人横七竖八地躺在路边。从前和我祖父住在这里的人，现在十家中不到一家了；和我父亲住在这里的人，现在十家中不到两三家了；和我一起住了十二年的，现在十家中不到四五家了：都不是死了，就是搬走了。而只有我凭着捕蛇，才活了下来。那些凶狠的差役来我们乡里时，到处狂喊乱叫，到处骚扰毁坏，吓得人们大呼小叫，连鸡狗都不得安宁。我小心翼翼地起来，看看那个装蛇的瓦罐，捕的蛇还在里面，就放心地又躺下了。我小心地饲养它，到规定缴纳的时间就献上去。平时回家，就有滋味地吃着那田地里出产的东西，这样来安度天年。一年中冒生命危险的时候只有两次，其馀的时间都生活得很快活，哪像我的乡邻们天天担惊受怕呢！现在，我即使死在捕蛇这件事上，比起我乡邻的死，已经晚得多了，又怎么敢憎恨呢？"

我听了姓蒋的一番话，心里更加悲伤。孔子说："暴政比老虎更加凶狠啊。"我曾怀疑过这句话。现在从姓蒋的遭遇来看，这话是千真万确的。唉！谁知道苛捐杂税会比毒蛇更厉害呢！所以我写了这篇文章，留待那些考察民情风俗的官吏参考。

（胡士明）

种树郭橐驼传

柳宗元

【题解】

本文从郭橐驼种树的经验谈起，引申到治国治民的根本方针。作者认为，治理百姓应该像郭橐驼种树一样，要顺应人心习俗，注重清静无为，与民休养生息，才能使百姓安居乐业，国家发达兴旺。为此，作者借郭橐驼之口，揭露谴责了当时政令烦苛、一贯仇视骚扰百姓的弊端，弄得百姓为应付官府而疲于奔命，陷于水深火热之中。这些见解，表明柳宗元要求革新政治的强烈意愿。

这是一篇带有寓言性质的传记文学作品，富有深刻的哲理，是柳宗元在长安任监察御史里行时所作。

郭橐驼[1]，不知始何名，病偻[2]，隆然伏行[3]，有类橐驼者，故乡人号之“驼”。驼闻之曰：“甚善，名我固当。”因舍其名，亦自谓“橐驼”云。其乡曰丰乐乡，在长安西。

驼业种树，凡长安豪家富人为观游及卖果者[4]，皆争迎取养。视驼所种树，或迁徙，无不活，且硕茂，早实以蕃[5]。他植者虽窥伺效慕[6]，莫能如也。

【注释】

〔1〕橐(tuó 驮)驼：骆驼。

〔2〕偻：佝偻病。

〔3〕隆然：指背部隆起。　伏行：低头俯身而行。

〔4〕观游：指供赏玩游览的园林。

〔5〕蕃：多。

〔6〕窥伺效慕：偷看模仿。

【译文】

郭橐驼，不知他原来叫什么名字。因为生佝偻病，驼着背低头弯腰地走路，有点像骆驼一样，所以村里人都叫他郭橐驼。他听了说："很好嘛！这样叫我正合适。"于是丢掉原来的名字，也自称为橐驼了。他所住的地方叫丰乐乡，在长安西郊。

郭橐驼以种树为业，凡是长安豪门富户要修建园林及经营水果买卖的，都争相召请雇用他。看郭橐驼栽种或移植的树木，没有一棵不成活的，而且长得高大茂盛，果子结得又早又多。其他种树的人虽然偷看仿效他的方法，但都不如他种得好。

有问之，对曰："橐驼非能使木寿且孳也[1]，能顺木之天[2]，以致其性焉尔[3]。凡植木之性，其本欲舒[4]，其培欲平，其土欲故[5]，其筑欲密[6]。既然已，勿动勿虑，去不复顾。其莳也若子[7]，其置也若弃，则其天者全而其性得矣。故吾不害其长而已，非有能硕茂之也；不抑耗其实而已[8]，非有能早而蕃之也。他植者则不然，根拳而土易[9]，其培之也，若不过焉则不及。苟有能反是者，则又爱之太殷，忧之太勤，旦视而暮抚，已去而复顾，甚者爪其肤以验其生枯[10]，摇其本以观其疏密，而木之性日以离矣。虽曰爱之，其实害之；虽曰忧之，其实仇之。故不我若也。吾又何能为哉!”

【注释】

〔1〕孳:滋长繁茂。

〔2〕天:天性。指树木的自然生长规律。

〔3〕致其性:让它尽性发展。

〔4〕本:树根。

〔5〕故:指树木根部原有的熟土。

〔6〕筑:捣。

〔7〕莳:移栽或分种。

〔8〕抑耗其实:抑制减少它结果实。

〔9〕拳:卷曲。 易:更换。

〔10〕爪:抓。 肤:指树皮。

【译文】

有人问他有什么诀窍,郭橐驼回答说:“我郭橐驼并不能使树木活得长生得茂盛,只不过能够顺着树木生长发育的规律让它按照自己的习性去发展罢了。大凡种植树木的特性是:树根要让它舒展,培土要均匀,根部要保留原有的熟土,树根周围的泥土要捣得结实。种好以后,不要再动它替它担心,尽可以走开不管。总之,在栽种的时候要像哺育子女一样地小心,种好以后完全可以置之不理,那样就能让树木保持自然生长发展的规律而按自己的本性生长了。所以说我只是不去妨碍树木的生长罢了,并没有使它长得高大茂盛的好办法;只是不去抑制减少它挂果结实罢了,并没有使它既早又多地结果实的诀窍。别的植树人却不是这样,种的时候树根卷曲,把熟土都换上生泥,培土的时候,不是过多,就是不足。即使有和上述情况相反的人,却又对树苗爱惜得太过分,担心得太多馀,早上去看看,晚上去摸摸,已经走开了又回过来再瞧瞧。有些更过分的竟用指甲抠开树皮检验它究竟是死是活,摇摇树干看它种得牢固还是疏松,经过这样的折腾,树木的活力就一天比一天差了。这种做法,虽说是爱它,其实恰恰是害了它,虽说是担心它,其实恰恰是仇视它。所以他们种的树都不如我。我又有什么别的本领呢?”

问者曰:“以子之道,移之官理[1],可乎?”驼曰:“我知种树而已,官理非吾业也。然吾居乡,见长人者好烦其令[2],若甚怜焉,而卒以祸。旦暮吏来而呼曰:‘官命促尔耕,勖尔植[3],督尔获,早缫而绪[4],早织而缕[5],字而幼孩[6],遂而鸡豚[7]。’鸣鼓而聚之,击木而召之[8]。吾小人辍飧饔以劳吏者[9],且不得暇,又何以蕃吾生而安吾性邪?故病且怠[10]。若是,则与吾业者其亦有类乎?”

问者曰:“嘻,不亦善夫!吾问养树,得养人术[11]。”传其事以为官戒也[12]。

【注释】

〔1〕官理:当官治理政事。
〔2〕长(zhǎng 掌)人者:做官的。
〔3〕勖(xù 绪):勉励。
〔4〕绪:丝头。
〔5〕缕:线。
〔6〕字:抚养。
〔7〕遂:生长。 豚(tún 屯):猪。
〔8〕击木:指敲梆子。
〔9〕飧(sūn 孙):晚饭。 饔:早饭。
〔10〕病:困苦。 怠:疲乏。
〔11〕养人术:指治民的办法。
〔12〕传(zhuàn 赚):记载。

【译文】

问他的人说:“把你种树的道理用到当官理政上去,可以吗?”郭橐驼说:“我只知道种树罢了,治民理政可不是我的行业。不过我居住在乡下,见当官的总喜欢不断地发号施令,好像是很爱护百姓似的,最终却给百姓带来了灾难。官吏们一天到晚跑来吆喝:‘长官命令你快耕田,劝你们快下种,催你们快收割,早些煮茧缫丝,早些纺线织布,抚养好你们的孩子,喂大你们的鸡和猪。’一会儿击鼓集合百姓,一会儿又敲梆子召集大家,弄得我们小百姓为招待官吏连吃饭也没工夫,又靠什么让我们人丁兴旺生活安定呢?所以老百姓都十分困苦疲累了。像这样治民的办法,同我那些种树同行的做法不是也有些类似吗?”

问的人说:“哈,这不是很好嘛!我问植树的道理,却得到了治民的办法。”于是就记下这件事,以供当官的鉴戒。

(汪贤度)

梓人传

柳宗元

【题解】

与《种树郭橐驼传》一样，《梓人传》也是一篇托物寓意的文章，而不是单纯的人物传记。

作者在文章的前半段，用不多的篇幅记叙了木工杨潜精湛娴熟的技艺和组织施工的才能。文章的后半段才是重点，借杨潜的手艺来比喻国家的宰相主要职责应该是抓治国的大纲，选拔使用人才，使天下之士各称其职，天下之人各安其业，从而达到国治民安的目标。由此文可见，柳宗元在年轻时就有济世匡时、治国安民的远大抱负。

本文当是作者在长安任职时所作。

裴封叔之第[1]，在光德里[2]。有梓人款其门[3]，愿佣隙宇而处焉[4]。所职寻引、规矩、绳墨[5]，家不居砻斫之器[6]。问其能，曰："吾善度材[7]，视栋宇之制、高深，圆方、短长之宜，吾指使而群工役焉。舍我，众莫能就一宇[8]。故食于官府，吾受禄三倍；作于私家，吾收其直太半焉[9]。"他日，入其室，其床阙足而不能理[10]，曰："将求他工。"余甚笑之，谓其无能而贪禄嗜货者[11]。

【注释】

〔1〕裴封叔：裴墐，字封叔，河东闻喜(今山西闻喜)人。柳宗元的二姊夫。裴墐于唐德宗贞元三年中进士，曾任京兆府参军、太常寺主簿、殿中侍御史、比部员外郎、万年令等职。　第：居所。

〔2〕光德里：唐代长安城中居民区共划分为一百十个坊(或称里)，光德里靠近皇城西南角。

〔3〕梓人：木工。　款：通“叩”，敲击。

〔4〕佣：雇。这里指租赁。　隙宇：空屋。　处：居住。

〔5〕寻：八尺。　引：十丈。寻引指量长度的工具。　规：校正圆形的工具。　矩：画方形的工具，即今木工的曲尺。　绳墨：画直线的工具。

〔6〕居：置备。　砻：磨。

〔7〕度：计量、测算。

〔8〕就：指造成。

〔9〕直：通“值”。　太半：大半。

〔10〕阙：通“缺”。

〔11〕嗜货：爱财。

【译文】

裴封叔的住宅，在京城光德里。一天，有一个木匠敲门求见，想在裴家租一间空屋居住。他所从事的职业工具只有量尺寸的寻引、画方圆的规矩和弹墨线的墨斗等，家中不备磨刀石和刀斧之类的用具。问他会干什么活，他说：“我擅长测算材料，根据房子的规模、高深，选用各类圆方得体、长短合适的木料，就指挥工匠们干活。如果没有我，他们连一间房子也造不成。所以我到官府里去干活，所得的工资等于一般木工的三倍；给私人干活，我拿的工价要占众人工资的一大半。”有一天，我走进他的卧房，见他的床架缺了一条腿他却不会修理，他说：“打算请别的木匠来修。”我觉得非常好笑，认为他是一个没有什么本领而只知道贪钱爱财的人。

其后，京兆尹将饰官署〔1〕，余往过焉。委群材〔2〕，会众工。或执斧斤[3]，或执刀锯，皆环立向之。梓人左持引，右执杖，而中处焉。量栋宇之任，视木之能，举挥其杖曰："斧!"彼执斧者奔而右；顾而指曰："锯!"彼执锯者趋而左。俄而斤者斫，刀者削，皆视其色，俟其言，莫敢自断者。其不胜任者，怒而退之，亦莫敢愠焉。画宫于堵[4]，盈尺而曲尽其制[5]，计其毫厘而构大厦，无进退焉[6]。既成，书于上栋曰："某年某月某日某建"，则其姓字也。凡执用之工不在列。余圜视大骇[7]，然后知其术之工大矣。

【注释】

〔1〕京兆尹：唐代以长安及其周围地区为京兆府，京兆尹是京兆府的行政长官。

〔2〕委：积聚。

〔3〕斧斤：斧头。

〔4〕宫：指房屋的平面图。　堵：墙。

〔5〕曲尽：全面周详。

〔6〕进退：指增减。

〔7〕圜视：环视。

【译文】

后来，京兆尹要修理官署，我去那里瞧瞧。见那儿已堆放着许多建筑材料，聚集了许多工匠。他们有的手握斧子，有的拿刀操锯，都围着那木匠等候使唤。那木匠左手拿着引绳，右手执一根木杖，站在当中。他测量好栋梁的长短大小，又看准木料是否合用，然后举起木杖指挥说："用斧子!"那持斧的工匠立刻奔向右边；他回头又指着另一段木料说："用锯子!"那拿锯的立刻奔向左边。一会儿众工匠刀砍斧削地动起手来，一个个都看他的眼色、等他的号令行事，没有一个敢自作主张的。有些不能胜任的工匠，被他怒喝退在一旁，也不敢恼恨抱怨。他又在墙上画了房子的图样，虽只有一尺见方却全面周详，根据图上缩小的尺寸比例而造出高楼大厦，竟完全合乎设计而不增减分毫。房子造成后，他在大梁上写上“某年某月某日某某造”，这某某就是他的姓名，而凡是持刀斧操作的众工匠的名字却一个也不写上。我在房子周围审视一番以后不禁大吃一惊，这才知道这木匠的技艺确实非常高明。

继而叹曰：彼将舍其手艺[1]，专其心智，而能知体要者欤[2]？吾闻劳心者役人，劳力者役于人[3]。彼其劳心者欤？能者用而智者谋，彼其智者欤？是足为佐天子、相天下法矣[4]！物莫近乎此也。彼为天下者本于人。其执役者[5]，为徒隶[6]，为乡师[7]、里胥[8]；其上为下士[9]，又其上为中士、为上士；又其上为大夫、为卿、为公[10]。离而为六职[11]，判而为百役[12]。外薄四海[13]，有方伯、连率[14]。郡有守，邑有宰[15]，皆有佐政[16]。其下有胥吏[17]，又其下皆有啬夫、版尹[18]，以就役焉，犹众工之各有执技以食力也。彼佐天子相天下者，举而加焉[19]，指而使焉，条其纲纪而盈缩焉[20]，齐其法制而整顿焉，犹梓人之有规矩、绳墨以定制也。择天下之士，使称其职；居天下之人，使安其业。视都知野[21]，视野知国，视国知天下，其远迩细大[22]，可手据其图而究焉，犹梓人画宫于堵而绩于成也。能者进而由之[23]，使无所德；不能者退而休之，亦莫敢愠。不衒能[24]，不矜名[25]，不亲小劳[26]，不侵众官[27]，日与天下之英才讨论其大经，犹梓人之善运众工而不伐艺也[28]。夫然后相道得而万国理矣。相道既得，万国既理，天下举首而望曰："吾相之功也。"后之人循迹而慕曰："彼相之才也。"士或谈殷、周之理者，曰伊、傅、周、召[29]，其百执事之勤劳而不得纪焉，犹梓人自名其功而执用者不列也。大哉相乎！通是道者，所谓相而已矣。其不知体要者反此。以恪勤为功[30]，以簿书为尊[31]，衒能矜名，亲小劳，侵众官，窃取六职百役之事，听听于府庭[32]，而遗其大者、远者焉，所谓不通是道者也。犹梓人而不知绳墨之曲直、规矩之方圆、寻引之短长，姑夺众工之斧斤刀锯以佐其艺，又不能备其工，以至败绩用而无所成也。不亦谬欤？

【注释】

〔1〕将：或许。

〔2〕体要：总体要领。

〔3〕"劳心者"两句：这两句话出自《孟子·滕文公上》，原文为"劳心者治人，劳力者治于人"。意思是用心思的人管理别人，出劳力的人被别人管理。

〔4〕相(xiàng 向)天下：当宰相治理天下百姓。

〔5〕执役：服役、供职。

〔6〕徒隶：因犯罪而服劳役的人。泛指奴隶及下级差役。

〔7〕乡师：一乡之长。

〔8〕里胥：一里之长。唐代以一百户为里，以五里为一乡。

〔9〕士：商、周时最低一级的贵族。春秋时，士一般为卿大夫的家臣，分有田地，或以俸禄为生。

〔10〕大夫、卿、公：古代在国君之下有卿、大夫、士三级。公是爵位名，为公、侯、伯、子、男五等爵位的第一等，亦为诸侯国君之通称。

〔11〕离：相并列。　六职：即六官、六卿。古时把执政大臣分为吏、

户、礼、兵、刑、工六部尚书，各司其职。

〔12〕判：分。

〔13〕薄：迫近、靠近。

〔14〕方伯：一方诸侯的领袖。　连率：即连帅，十国诸侯的领袖。

〔15〕邑：县的别称。　宰：指县令。

〔16〕佐政：辅佐正职理政的官，如长史、司马、县尉等。

〔17〕胥吏：官府中办理文书等事务的小吏。

〔18〕啬夫：古时有吏啬夫，为检查约束群吏之官；有人啬夫，为检查约束百姓之官。　版尹：掌管户籍的官吏。

〔19〕举而加焉：选拔出来而加以任命。

〔20〕纲纪：纲要。　盈缩：指调整增减。

〔21〕都：古代行政区划名。《周礼·地官·小司徒》："九夫为井，四井为邑，四邑为丘，四丘为甸，四甸为县，四县为都。"这里泛指大城市。　野：郊野。

〔22〕迩：近。

〔23〕由：用。

〔24〕衒：炫耀。

〔25〕矜：夸耀。

〔26〕不亲小劳：不亲自去做细小具体的事务。

〔27〕不侵众官：不越俎代庖代替百官行使职权。

〔28〕伐：自我夸耀。

〔29〕伊：商初大臣伊尹，协助商汤攻灭夏桀建立商朝。　傅：商代后期商王武丁的大臣傅说，助商王治国，中兴商朝。　周：周武王之弟周公姬旦。武王死后，他辅佐成王，平息内乱，建立典章制度，巩固周朝的统治。　召：召公姬奭，曾助武王灭商，被封于燕。成王时与周公一同辅政。

〔30〕恪(kè 课)：谨慎。

〔31〕簿书：官署中的文书簿册。这里指处理公文案牍。

〔32〕听(yín 银)听：张口微笑的样子。据清人研究，"听听"应作"龂龂"，争斗的样子。

【译文】

接着我叹息道：他或许是抛开自己的手艺，专门运用自己的心思智慧，而能掌握事物的总体要领的人么？我听说劳心的人使唤别人，劳力的人被人使唤，他可能是一位劳心的人吧？有能力的人献本领，有智慧的人出计谋，他大概是一位有智慧的人吧？这完全可以给辅佐天子、治理天下的宰相效法了。事情再没有比这两者更相似了。那治理天下的人他的出发点是人。那些供职服役的有的为徒隶，有的当乡师、里胥；再高一点的是下士，再上面是中士、上士；再上层是大夫、卿、公。合并起来为吏、户、礼、兵、刑、工六部，下面又细分成百职千役。从中原直到四方海滨，有方伯、连帅。郡有郡守，县有县令，他们都有协助自己理政的副手僚属。郡守县令下面有管文牍的小吏，再下面还有啬夫、版尹各司其职，就好像众工匠各凭自己的手艺吃饭一样。那辅佐天子治理天下的宰相，选拔人才委以官职，指使号令他们，梳理纲纪而适时加以增损修改，统一法制而经常进行整顿检查，就好像那木匠有规矩绳墨来确定法式尺寸一样。宰相挑选天下有用的人才，让他们各称其职；抚育天下的子民百姓，使他们安居乐业。治理得好坏与否，只要看看都市的情况就可以推知农村，看看农村就可以推知一国，看看一国的情况就可以推知整个天下，它的远近大小，可以手按地图查考清楚，就像那木匠把房子的图样画在墙上而最终建成房子一样。有才能的人，宰相就进用他，让他不至于感恩戴德；无能的人即予罢黜回乡，他也不敢怨恨。做宰相的不炫耀自己的才能，不卖弄自己的名声，不亲自去做琐碎小事，不代替百官去行使职权，每天只是和天下的杰出英才讨论治国的大纲，就像那木匠善于运用众工匠的力量而自己不去逞能一样。只有这样才算是掌握了做宰相的道理从而可治理好天下万国了。为相之道已经掌握，天下万国已安定太平，普天下之人就都会仰头称颂说："这是我们宰相的功劳啊。"后世的人追念先人的事迹也会仰慕地说："这是那宰相的才能出众啊。"人们有时谈起殷、周二朝的治理政绩，都会说这是伊尹、傅说、周公、召公的功劳，而他们手下文武百官的勤苦辛劳却毫无记载，就好像那木匠把自己的名字题在大梁上表功而那些动手操作的众工匠却榜上无名一样。宰相的作用真大啊！懂得这道理的人，才是所谓的宰相了。而那些不知大体不懂要领的人却与此相反，他们以为只要办事谨慎小心勤勤恳恳就是功绩，以为整天埋头案卷文牍最为重要，炫耀自己的才能和名声，亲自去做琐碎小事，包办代替百官的职责，把六部尚书和百官吏胥的本职工作都揽在自己手里，在州府厅堂上大声争论，却忘掉国家的长远大计，这就叫做不懂得为相之道。就好像那木匠竟不知墨线的曲直、规矩的方圆、尺丈的短长，只得硬夺过众匠人的斧凿刀锯去帮助他们施工，然而又不能样样都会，结果终不免一败涂地毫无所成。这岂不很荒唐吗？

或曰："彼主为室者，傥或发其私智〔1〕，牵制梓人之虑，夺其世守而道谋是用〔2〕，虽不能成功，岂其罪邪？亦在任之而已。"余曰：不然。夫绳墨诚陈，规矩诚设，高者不可抑而下也，狭者不可张而广也。由我则固，不由我则圮〔3〕。彼将乐去固而就圮也，则卷其术，默其智，悠尔而去〔4〕，不屈吾道，是诚良梓人耳。其或嗜其货利，忍而不能舍也，丧其制量，屈而不能守也，栋桡屋坏〔5〕，则曰："非我罪也。"可乎哉？可乎哉？

余谓梓人之道类于相，故书而藏之。梓人，盖古之审曲面势者〔6〕，今谓之"都料匠"云〔7〕。余所遇者，杨氏，潜其名。

【注释】

〔1〕傥或：如果、倘若。　私智：个人的见解主张。

〔2〕道谋：即筑室道谋，意为造房子时请教往来过路之人，必然因人多意见不一，房子也造不成。

〔3〕圮（pǐ 痞）：倒塌。

〔4〕悠尔：悠闲自在的样子。

〔5〕桡：弯曲而不平直。

〔6〕审曲面势：指审察木材的曲直、大小、长短等势态。

〔7〕都料匠：负责房屋建筑的设计和指挥任务的总工匠。

【译文】

或许有人会说："那造房子的主人，假如自作主张，处处牵制木匠的规划打算，不用他世代相传的经验技艺，却听从采纳过路人的意见，那么房子虽然造不成功，这难道是木匠的过错吗？归根结底还是在于主人的信任他与否。"我说：不对。只要长短尺寸已经确定，规矩式样已经确立，那么高的就不可以压低，狭的地方也不可以把它放阔。照我木匠的设计去做房子就牢固，不照我的设计去做房子就会倒塌。如果房主愿意房子不牢固而喜欢倒塌，那么木匠就收起自己的技艺和智谋，扬长而去，坚持自己的主张毫不屈服，这才是真正的好木匠啊。或者有些木匠贪图钱财，忍气吞声甘受牵制而舍不得离去，丧失自己的规划标准，屈从他人而不能坚持自己的主张，终于造成梁弯屋塌的后果，却说："这不是我的过错。"这怎么可以呢？这怎么可以呢？

我以为做木匠的道理类似当宰相的道理，所以把此事写下来收藏着。木匠，就是古时审察木料曲直、大小、长短等势态的人，今天称为总工匠。我所遇到的这位木匠姓杨，名字是潜。

（汪贤度）

愚溪诗序

柳宗元

【题解】

元和五年(810)，柳宗元被贬斥在永州(今湖南零陵)，他在永州近郊发现了景色秀丽的冉溪，即在溪边结茅屋、筑亭堂、开池沼，安家住下。他将冉溪改名为愚溪，加上附近的丘、泉、沟、池、堂、亭、岛均题名为“愚”，并写了一首《八愚诗》，诗前附有序文。后来《八愚诗》失传，只有这篇序文流传至今。

本文表面上是在描写愚溪的景色，说明以“愚”命名各个景点的原由，实际上是借景自喻，抒发自己有志不获逞的愤懑与牢骚，讥刺当时贤愚不分、是非颠倒的社会现实。

文章用一“愚”字统贯全篇，时而写景，时而抒情，时而议论，富于变化，但都紧紧围绕着一个“愚”字展开，显示了作者卓越的艺术技巧。

灌水之阳〔1〕，有溪焉，东流入于潇水〔2〕。或曰：“冉氏尝居也，故姓是溪为冉溪〔3〕。”或曰：“可以染也，名之以其能，故谓之染溪。”余以愚触罪，谪潇水上，爱是溪，入二三里，得其尤绝者家焉〔4〕。古有愚公谷〔5〕，今余家是溪，而名莫能定，土之居者犹龂龂然〔6〕，不可以不更也，故更之为愚溪。

【注释】

〔1〕灌水：湘江的支流，源出广西灌阳县西南，北流经全州注入湘江。 阳：河流的北面。

〔2〕潇水：在今湖南道县北，因源出潇山，故称潇水。

〔3〕是溪：这条溪。是，指示代词。下文“爱是溪”同此解。

〔4〕家焉：在此安家。家，作动词用。下文“家是溪”同此解。

〔5〕愚公谷：在今山东临淄县西。据刘向《说苑·政理》篇记载，齐桓公外出打猎，进入一山谷，见一老翁，便问那山谷叫什么名称。老翁说，叫愚公谷。齐桓公问为什么叫愚公谷？老翁说，因为我叫愚公，所以给它起这个名称。

〔6〕龂(yín 银)龂然：争辩的样子。

【译文】

灌水的北面有一条溪，向东流入潇水。有人说：“过去曾有一家姓冉的住在这溪边，所以把这条溪叫作冉溪。”也有人说：“这溪里的水可以用来漂染丝帛，用它的功能来命名，所以称它为染溪。”我因为愚昧而犯了罪，被贬谪到潇水之滨，爱这条小溪的景色，沿溪水走进去二三里，发现一处景色特别好的地方就安下家来。古代有个愚公谷，如今我住在这条溪边，而溪水的名字一直未定下来，当地的居民对它究竟该叫冉溪还是染溪至今争论不休，看来溪名不改是不行的了，所以就替它改名叫愚溪。

愚溪之上，买小丘，为愚丘。自愚丘东北行六十步，得泉焉，又买居之，为愚泉。愚泉凡六穴〔1〕，皆出山下平地，盖上出也〔2〕。合流屈曲而南，为愚沟。遂负土累石，塞其隘，为愚池。愚池之东为愚堂，其南为愚亭，池之中为愚岛。嘉木异石错置，皆山水之奇者，以余故，咸以愚辱焉。

【注释】

〔1〕凡：共。

〔2〕上出：向上喷涌而出。

【译文】

我在愚溪边上买了一个小山丘，取名愚丘。从愚丘向东北走六十步，发现有一处泉水，也把它买了下来，取名为愚泉。愚泉总共有六个泉眼，都是从山下平地流过来的，泉水汩汩不停地上涌。六股泉水汇合后弯弯曲曲地向南流去，我称之为愚沟。于是就堆土垒石，将愚沟狭窄的地方堵住，形成愚池。愚池的东面建了愚堂，南面盖起愚亭，愚池当中是愚岛。在这些地方参差错落地点缀着美树奇石，都是奇丽的山水胜景，却因为我的缘故，都蒙上了“愚”的坏名声。

夫水，智者乐也〔1〕。今是溪独见辱于愚，何哉？盖其流甚下，不可以灌溉；又峻急，多坻石〔2〕，大舟不可入也；幽邃浅狭，蛟龙不屑，不能兴云雨。无以利世，而适类于余〔3〕，然则虽辱而愚之，可也。

【注释】

〔1〕乐（yào 要）：喜欢、爱好。这句出自《论语·雍也》：“仁者乐山，智者要水。”

〔2〕坻（chí 迟）石：凸出水面的石头。

〔3〕适类：正好相像。

【译文】

流水，是聪明智慧的人所喜爱的。唯独这条溪水今天却被愚字玷辱，这是什么缘故呢？因为它的水位很低，不能用来灌溉；水流又很湍急，突出水面的石块很多，大船驶不进去；溪身幽深浅狭，蛟龙也不屑一顾，因为不能在浅水中兴云作雨。这条溪对世人毫无益处，却正好和我相似，那么，虽然用愚字来玷辱它，也是可以的。

宁武子“邦无道则愚”[1]，智而为愚者也；颜子“终日不违如愚”[2]，睿而为愚者也[3]。皆不得为真愚。今余遭有道[4]，而违于理，悖于事[5]，故凡为愚者，莫我若也[6]。夫然，则天下莫能争是溪，余得专而名焉。

【注释】

〔1〕宁武子：春秋时卫国大夫宁俞，“武”字是他死后的谥号。　邦无道则愚：国家混乱时就装得像个愚人。语出《论语·公冶长》，孔子说：“宁武子，邦有道则智，邦无道则愚。其智可及也，其愚不可及也。”

〔2〕颜子：孔子的学生颜回。　不违如愚：语出《论语·为政》，孔子说：“吾与回言终日，不违如愚。退而省其私，亦足以发，回也不愚。”意思是说孔子给颜回讲学，颜回从来不提问题，好像很愚笨。可是过后考察他私下的言行，发现他不但完全理解孔子的话，而且能有所发挥，所以说颜回不愚。

〔3〕睿(ruì 瑞)：明智、有智慧。

〔4〕有道：指政治清明安定的时代。

〔5〕悖(bèi 倍)：违背。

〔6〕莫我若：“莫若我”的倒装，意为没有比我(更愚蠢的了)。

【译文】

宁武子“在国家混乱的时候就像个愚笨的人”，那是聪明人故意装愚；颜回“整天不提相反的看法，好像很笨”，那是智商很高而表面上看去像是一个笨伯。他们都不能算是真愚。我今天碰上清明的时世，却违背常理，做了蠢事，所以凡是愚蠢的人，再也没有比我更愚蠢的了。正因为如此，所以天下没有任何人能同我争这条溪，只有我可以单独占有它并给它取这个名字了。

溪虽莫利于世，而善鉴万类[1]，清莹秀澈，锵鸣金石[2]，能使愚者喜笑眷慕，乐而不能去也。余虽不合于俗，亦颇以文墨自慰，漱涤万物[3]，牢笼百态[4]，而无所避之。以愚辞歌愚溪，则茫然而不违，昏然而同归，超鸿蒙[5]，混希夷[6]，寂寥而莫我知也。于是作《八愚诗》，记于溪石上。

【注释】

〔1〕鉴：照。

〔2〕锵鸣金石：像敲钟（金）击磬（石）一样发出清脆悦耳的声音。

〔3〕漱涤：洗涤。

〔4〕牢笼：包罗、概括。

〔5〕鸿蒙：指宇宙形成以前的混沌状态，也指元气。

〔6〕希夷：指空虚寂静，人们无法感知的一种境界。语出《老子》：“视之不见名曰夷，听之不闻名曰希。”

【译文】

这溪虽然对世人没有可以利用之处，但它能映照万物，那清明澄澈的溪水，那敲金击石的铿锵流水声，能使愚人笑逐颜开，留恋爱慕，乐而忘返。我虽然同世俗格格不入，也颇能用题诗作文来宽慰自己，我所描写的万事万物如用水洗涤过一样地鲜明生动，事物的千姿百态在我笔下都无所遁形。用我愚拙的文辞来歌颂愚溪，便觉得茫茫然与愚溪合而为一，昏昏然与愚溪融为一体，简直超脱于元气之外，溶化在寂寥无垠的太空之中，达到形神俱忘、空虚无我的境界。于是便写了一首《八愚诗》，刻在溪边的石壁上。

（汪贤度）

永州韦使君新堂记

柳宗元

【题解】

永州原是一座荒凉冷僻的山城。约在唐宪宗元和七、八年间（公元812或813年），柳宗元被贬为永州司马也已有七、八年之久，时新任永州刺史韦某刚到任月馀，便在城内一处乱石林立、杂草丛生的废地拓荒除秽，开渠掘池，堆土垒石，植树种花，建厅造堂，修起一座可供人们游观的园林。在新堂落成之际，柳宗元写了这篇记叙文。文章托物寓意，借景抒情，表达了作者勤政安民、清廉正直的政治主张。

将为穹谷、嵁岩、渊池于郊邑之中〔1〕，则必辇山石〔2〕，沟涧壑，陵绝险阻，疲极人力，乃可以有为也。然而求天作地生之状，咸无得焉。逸其人，因其地，全其天，昔之所难，今于是乎在。

【注释】

〔1〕穹谷：深谷。　嵁(kān 堪)岩：高岩。

〔2〕辇(niǎn 捻)：载运。

【译文】

如果要在城郊或城里用人工造出幽谷、高岩、深池，就一定得运来山石，挖掘溪涧深沟，经历艰难险阻，费尽劳力人工，才可以获得成功。但是要求它完全像天造地设自然生成般模样，那是根本办不到的。让人民轻松安逸，依据本地原有的地形，保持天然的原貌，这在从前是难以做到的，今天在永州就有这样的事。

永州实惟九疑之麓〔1〕。其始度土者〔2〕，环山为城。有石焉，翳于奥草〔3〕；有泉焉，伏于土涂〔4〕。蛇虺之所蟠〔5〕，狸鼠之所游，茂树恶木，嘉葩毒卉〔6〕，乱杂而争植，号为秽墟。

【注释】

〔1〕九疑：九疑山，又名苍梧山，在湖南宁远县南。

〔2〕度(duó 夺)：计量、测算。

〔3〕翳(yì 义)：遮蔽。　奥：深。

〔4〕涂：泥。

〔5〕虺(huǐ 毁)：毒蛇、毒虫。　蟠：盘踞。

〔6〕葩(pā 趴)：花。　卉：草的总称。

【译文】

永州地处九疑山的山脚。那最初在这里测量土地的人，围绕着山而建造县城。城里有许多石块，掩埋在深草丛中；也有泉水，隐伏在泥土之下。那儿是毒蛇害虫盘踞之处，野猫硕鼠出没之地，美树与丑木同生，好花和毒草共长，杂乱无章地竞生争发，人们都称之为垃圾场。

韦公之来既逾月，理甚无事。望其地，且异之。始命芟其芜〔1〕，行其涂，积之丘如〔2〕，蠲之浏如〔3〕，既焚既酾〔4〕，奇势叠出，清浊辨质，美恶异位。视其植，则青秀敷舒；视其蓄，则溶漾纡馀。怪石森然，周于四隅，或列或跪，或立或仆，窍穴逶邃[5]，堆阜突怒。乃作栋宇，以为观游。凡其物类，无不合形辅势，效伎于堂庑之下[6]。外之连山高原，林麓之崖，间厕隐显[7]；迩延野绿，远混天碧，咸会于谯门之内[8]。

【注释】

〔1〕芟(shān 山)：铲除杂草。

〔2〕丘如：像山的样子。

〔3〕蠲(juān 捐)：通“涓”，清洁。　浏如：水流清澈的样子。

〔4〕酾(shī 尸)：分流、疏导。

〔5〕逶邃：曲折幽深。

〔6〕庑：厅堂周围的走廊。

〔7〕间厕：参差错杂。

〔8〕谯门：城楼。

【译文】

韦公来永州上任一个多月，政治清明太平无事。他考察了那垃圾场，因城里居然有这样的地方而觉得很怪。于是便叫人铲除杂草，挖去污泥，将挖出的泥堆成小山丘，把沟渠池沼整治得清澈明净，焚烧掉野树荒草，疏通了溪涧河道，那奇妙的形势便层见叠出，清清流水取代了污泥浊水，丑恶不堪的垃圾场变成美丽的园林。看那儿所种的树木，无不青秀葱茏枝叶扶疏；看那池沼溪涧，无不碧波荡漾曲折潺乂。四周围怪石耸立，有的并肩而列，有的低头下跪，有的昂首直立，有的匍匐在地，玲珑剔透的石洞曲折幽深，高低错落的土丘拔地而起。于是便在其中建起了亭台楼阁，用来作为游观的场所。所有的景物，无不顺应自然的形势，在厅堂下争奇斗妍。从厅堂极目远眺，远处青山连着高原，森林山麓山崖，间见杂出时隐时现；近处一片绵延绿野，远望无际连天碧色，全都聚集在城楼之内一望之中。

已乃延客入观，继以宴娱。或赞且贺曰："见公之作，知公之志。公之因土而得胜，岂不欲因俗以成化？公之释恶而取美，岂不欲除残而佑仁？公之蠲浊而流清，岂不欲废贪而立廉？公之居高以望远，岂不欲家抚而户晓？夫然，则是堂也，岂独草木、土石、水泉之适欤？山、原、林麓之观欤？将使继公之理者，视其细，知其大也。"

宗元请志诸石，措诸壁[1]，编以为二千石楷法[2]。

【注释】

〔1〕措：安置。

〔2〕二千石：汉代郡守的年俸为粮食二千石。后即以二千石作为郡太守的代称。唐代州刺史相当于郡守，所以也用二千石称之。　楷法：典范，楷模。

【译文】

以后请宾客入内观看，接着设宴娱乐。有人赞美并祝贺说："见了韦公的行事，就知道韦公的志趣。明公因地制宜而得到一处风景胜地，岂不是想借民间习俗以教化百姓吗？明公弃恶而取美，岂不是想除去残暴而保佑仁德吗？明公的除污清流，岂不是想废斥贪婪而倡导清廉吗？明公的登高而望远，岂不是想安抚百姓使之家喻户晓吗？这样的话，那么这处园林，哪里仅仅是草木、土石、水泉的适合人们游赏，青山、高原、森林的可供人们观览呢？这儿将使继韦公治理此州的人，从这细小之处看到韦公的大志啊。"

宗元请求将此事刻上石碑，嵌置在厅壁之上，编入典册作为郡守刺史学习的楷模。

（汪贤度）

钴鉧潭西小丘记

柳宗元

【题解】

这是作者所写《永州八记》中的第三篇。文章记述了游赏永州西山麓钴鉧（gǔ mǔ 古母）潭西小丘时的情景。游记前半写景，后半抒情；两部分各有侧重，又契合无间。写景主要抓住小丘石多而怪的特点，用“牛马之饮于溪”、“熊罴之登于山”比喻各种怪石的不同状态，写得十分形象化；同时写小丘经整治后“嘉木立，美竹露，奇石显”以及周围的高山、浮云、流水、鸟兽给予自己的美好感受。写出了小丘的景色之后，就为后面的抒情作了铺垫。以小丘之胜，在京城长安即使日增千金也不可购求，而如今它却被弃置永州，“连岁不能售”。作者慨叹小丘的无人赏识，实际上是抒发自己被贬荒远、怀才不遇的愤懑。

得西山后八日，寻山口西北道二百步〔1〕，又得钴鉧潭。西二十五步，当湍而浚者为鱼梁〔2〕。梁之上有丘焉〔3〕，生竹树。其石之突怒偃蹇〔4〕，负土而出〔5〕，争为奇状者，殆不可数〔6〕。其嵚然相累而下者〔7〕，若牛马之饮于溪；其冲然角列而上者〔8〕，若熊罴之登于山。丘之小不能一亩〔9〕，可以笼而有之〔10〕。问其主，曰：“唐氏之弃地，货而不售〔11〕。”问其价，曰：“止四百。”余怜而售之[12]。李深源、元克己时同游[13]，皆大喜，出自意外。即更取器用[14]，铲刈秽草[15]，伐去恶木，烈火而焚之。嘉木立，美竹露，奇石显。由其中以望，则山之高，云之浮，溪之流，鸟兽之遨游，举熙熙然回巧献技[16]，以效兹丘之下[17]。枕席而卧，则清泠之状与目谋[18]，瀯瀯之声与耳谋[19]，悠然而虚者与神谋[20]，渊然而静者与心谋[21]。不匝旬而得异地者二[22]，虽古好事之士，或未能至焉。

【注释】

〔1〕寻：沿着。　道：步行。

〔2〕当湍而浚者：在水深流急的地方。湍，急流。浚，深。　鱼梁：石砌的拦水坝，中间留有空洞，以便鱼往来。

〔3〕丘：小的土堆。

〔4〕突怒：突出高起。　偃蹇（yǎn jiǎn 掩简）：屈曲俯伏。

〔5〕负土而出：背着土耸出土面。负，背。

〔6〕殆（dài 代）：几乎。

〔7〕嵚（qīn 钦）然：倾斜的样子。　相累：重叠。　下：其势向下。

〔8〕冲然：向前耸起的样子。　角列：突出成行。　上：其势向上。

〔9〕不能：不足。

〔10〕笼而有之：整个地占有它，形容其小。笼，包举。

〔11〕货而不售：出卖而卖不掉。货，卖。售，卖出。

〔12〕怜：爱惜。　售：买进。

〔13〕李深源、元克己：作者友人，生平不详。

〔14〕更取：轮换拿着。　器用：指锄、镰一类器具。

〔15〕刈（yì 义）：割去。　秽：杂。

〔16〕举：全部。　熙熙然：和乐的样子。　回巧献技：运用技巧，呈献绝技。回，运用。

〔17〕效：效力。指为小丘效劳，使之增色。　兹：此，这。

〔18〕清泠（líng 零）之状：指清凉的景色。　与目谋：与眼睛相接触。谋，合。

〔19〕潆(yíng 营)潆之声：形容水流回旋的声音。
〔20〕悠然而虚者：广大而开阔的境界。
〔21〕渊然而静者：深邃而幽静的境界。
〔22〕不匝(zā 扎)旬：不满十天。匝，经过一周。旬，十天。 得异地者二：得到两处奇境。一指西山，一指钴锅潭及潭西的小丘。

【译文】

找到西山后的第八天，沿着山口向西北走两百步，又找到了钴锅潭。离潭西二十五步，正当水深流急的地方是一道拦水坝。坝上有一个小丘，上面长着竹子和树木。小丘上的石头，有的突出高起，有的屈曲俯伏，都露在泥土外面，争奇斗怪的，几乎多得数不清。那些倾斜重叠俯向下面的，好像牛马在小溪中喝水；那些高耸突出、如兽角斜列往上冲的，好像熊罴在登山。

这小丘小得不到一亩，简直可以把它装在笼子里提着。我打听它的主人是谁，有人说："这是唐家不要的地方，想卖掉，却没人要。"问这小丘的价钱，说："只要四百金。"我喜欢它，就把它买了下来。李深源、元克己这时和我一起游览，都非常高兴，觉得这是个意外的收获。我们就轮流拿着镰刀、锄头，铲除杂草，砍掉那些乱七八糟的树，点一把大火把它们统统烧掉。好看的树木挺立着，漂亮的竹子显露着，奇巧的石头也显现出来了。站在土丘中间眺望，只见山是高高的，云在飘浮，溪水在流动，飞禽走兽在自由自在地飞翔走动，全都和谐快乐地运用技巧，呈献绝技，在小丘前表演，为小丘增色。就着小丘枕石席地而卧，那清凉的景色使我眼目舒适，回旋的水声分外悦耳，悠远开阔、深邃幽静的境界使人心旷神怡。不满十天，就得到了两个风景优美的地方，即使是古代爱好山水的人，或许也不能达到这样理想的境地呢。

噫！以兹丘之胜，致之沣、镐、鄠、杜[1]，则贵游之士争买者[2]，日增千金而愈不可得。今弃是州也，农夫渔父过而陋之[3]，价四百，连岁不能售[4]。而我与深源、克己独喜得之，是其果有遭乎〔5〕？书于石，所以贺兹丘之遭也。

【注释】

〔1〕致：搬到，放到。　沣（fēng 丰）：地名，在今陕西省户县东。镐（hào 耗）：地名，在今陕西省西安市西南。　鄠（hù 互）：地名，在今陕西省户县。　杜：杜曲，在今陕西省西安市东南。以上四个地方都是当时的名胜之地。

〔2〕贵游之士：指豪门贵族。

〔3〕陋之：瞧不上它。

〔4〕连岁：连年。

〔5〕其：岂，难道。　遭：遇合，机遇。

【译文】

唉！把这个小丘的优美景色放到京城附近的沣、镐、鄠、杜等地，那么，豪门贵族为了争着买到它，即使日增千金，也不一定能得到。如今被抛弃在这荒僻的永州，连农民、渔夫走过也看不上眼，售价只四百金，却一连几年卖不出去。而我与深源、克己偏偏高兴地找到了它，这个小丘难道果真有了机遇吗？我把这篇文章写在石碑上，用来祝贺这个小丘碰上了好运气。

（胡士明）

小石城山记

柳宗元

【题解】

《永州八记》是柳宗元山水游记中最著名的代表作，本篇是《八记》中的最后一篇。八篇小记脉络相通，以作者的游踪为线索，依次描写了西山及其附近的八处胜景，表现了永州山水苍劲秀削的风貌，又隐含着逐臣迁客的满腔幽愤。各篇写法随景而异，本篇则通过小石城山山石、山形和山上竹树似智者有意安排这一特点的描写，引出造物主有无的议论，在为小石城山怀技不售而大发不平之鸣的同时，抒发了贤者遭弃的愤郁之气。文章短小而有气势，议论奇崛，结尾含蓄，文止而意不尽。

自西山道口径北，逾黄茅岭而下，有二道：其一西出，寻之无所得；其一少北而东，不过四十丈，土断而川分，有积石横当其垠〔1〕。其上为睥睨梁欐之形〔2〕，其旁出堡坞〔3〕，有若门焉。窥之正黑，投以小石，洞然有水声，其响之激越，良久乃已。环之可上，望甚远。无土壤而生嘉树美箭〔4〕，益奇而坚，其疏数偃仰〔5〕，类智者所施设也。

【注释】

〔1〕垠(yín 银):边,岸。

〔2〕睥睨(bì nì 婢昵):城上短墙,又称女墙。 梁欐(lì 利):房屋的大梁。

〔3〕堡坞:此指堡坞形的石头。堡,小城。坞,防卫用的障蔽小屋。

〔4〕美箭:美竹。

〔5〕数(cù 醋):密。 偃:仰卧,引申为倒下、卧倒。 仰:抬头。

【译文】

从西山道口一直朝北走,越过黄茅岭往下走,有两条路:一条向西,走过去寻找,却没有遇见什么风景;另一条稍为偏北而向东,走不到四十丈远,路就被一条河流隔断了,有一座石山横挡在路的旁边。石山顶部的形状像城墙和房屋的栋梁,旁边凸出的一块好像堡垒,有一个洞像门。往洞里看去,一片漆黑。投一块小石头进去,咚的一下有水的响声,那响亮的声音好久才停止。石山有小道,可以盘绕着登到山顶,站在上面能望得很远。石山上没有泥土,却生长着好树美竹,形状非常奇特而且质地坚硬,它们分布得疏密有致、高低参差,好像是聪明的巧匠精心布置的。

噫!吾疑造物者之有无久矣〔1〕。及是,愈以为诚有。又怪其不为之于中州,而列是夷狄,更千百年不得一售其伎〔2〕,是固劳而无用,神者傥不宜如是〔3〕。则其果无乎?或曰:“以慰夫贤而辱于此者。”或曰:“其气之灵,不为伟人,而独为是物,故楚之南少人而多石。”是二者,余未信之。

【注释】

〔1〕造物者:指天。古人认为万物都是天创造的,故称天为“造物者”。

〔2〕更:经历。 伎:同“技”,技艺。

〔3〕傥（tǎng 倘）：倘或。

【译文】

唉！我怀疑上帝的有无已经很久了。等到看见这一切，更相信上帝是确实有的了。但又奇怪他为什么不把这座小石城山布置到人烟稠密的中原地区去，而把它放在荒凉僻远的夷狄之地，即使经过千百年也不能显现一下自己的奇异景色，这真是费力而毫无用处，上帝似乎是不会这样做的。这样看来又好像确实是没有上帝的吧？有人说："这是用来安慰那些蒙受屈辱被贬到此的贤人的。"也有人说："这个地方的灵气没能造就出伟人，而独独聚集成如此优美的山水，所以楚地的南部少出人材而多产奇峰怪石。"这两种说法，我都不相信。

（胡士明）

贺进士王参元失火书

柳宗元

【题解】

失火而贺，似乎悖于情理。但在作者具体地叙述了他听到友人王参元家失火由骇而疑、由疑而喜、由喜而贺的心理变化过程后，就觉得合情合理了。王参元富有才学，只因家资富饶，那些好廉名者避忌他，就连柳宗元自己也因怕有受贿的嫌疑，而不敢为他延誉。财产成了王参元露才扬己和跻身仕途的累赘。现在一把大火把他家的财产烧个精光，他大概从此就可以显扬才名了。所以柳宗元要祝贺他，但显然祝贺得非常沉痛。这件事从一个侧面反映了当时社会以财论交的恶俗和科场贿赂公行的积弊。这封信立意新颖，构思奇巧，一波三折，耐人寻味。

得杨八书〔1〕，知足下遇火灾〔2〕，家无馀储〔3〕。仆始闻而骇〔4〕，中而疑，终乃大喜，盖将吊而更以贺也〔5〕。道远言略〔6〕，犹未能究知其状，若果荡焉泯焉而悉无有〔7〕，乃吾所以尤贺者也〔8〕。

【注释】

〔1〕杨八：杨敬之，柳宗元的亲戚，王参元的好友。唐人对人常称排行，杨敬之在同辈兄弟中排行第八，故称“杨八”。

〔2〕足下：称人的敬辞。古代上对下或同辈之间都可称“足下”。这

里是指王参元。王参元，唐代濮阳（今属河南）人，有文才，其父王栖曜，官至节度使，有战功。

〔3〕馀储：指火灾后烧剩的财物。

〔4〕仆：称自己的谦辞。

〔5〕盖：连词，相当于“于是”。　吊：对遭遇不幸者的慰问。更：改变。

〔6〕道远言略：指杨八与作者相隔遥远，无由面陈，而信中所述火灾事又很简略。

〔7〕悉：全部，完全。

〔8〕尤：更。

【译文】

收到杨八的信，得知你家遇到火灾，家中烧得一无所有。我开始听到这消息时吃了一惊，接着产生怀疑，最后却感到非常高兴，于是把向你表示慰问改为向你祝贺。我与杨八相隔遥远，信中所谈的火灾情况又很简略，还不了解具体灾情，如果真是完全烧光，那我就更要向你祝贺了。

足下勤奉养，宁朝夕〔1〕，唯恬安无事是望也〔2〕。乃今有焚炀赫烈之虞〔3〕，以震骇左右〔4〕，而脂膏滫瀡之具〔5〕，或以不给，吾是以始而骇也。凡人之言，皆曰盈虚倚伏、去来之不可常〔6〕。或将大有为也，乃始厄困震悸，于是有水火之孽，有群小之愠，劳苦变动，而后能光明，古之人皆然。斯道辽阔诞谩〔7〕，虽圣人不能以是必信〔8〕，是故中而疑也。以足下读古人书，为文章，善小学〔9〕，其为多能若是，而进不能出群士之上，以取显贵者，无他故焉。京城人多言足下家有积货，士之好廉名者，皆畏忌，不敢道足下之善，独自得之，心蓄之，衔忍而不出诸口，以公道之难明，而世之多嫌也。

一出口，则嗤嗤者以为得重赂[10]。仆自贞元十五年见足下之文章，蓄之者盖六七年未尝言。是仆私一身而负公道久矣，非特负足下也。及为御史、尚书郎[11]，自以幸为天子近臣，得奋其舌，思以发明天下之郁塞[12]。然时称道于行列[13]，犹有顾视而窃笑者，仆良恨修己之不亮[14]，素誉之不立[15]，而为世嫌之所加，常与孟几道言而痛之[16]。乃今幸为天火之所涤荡，凡众之疑虑，举为灰埃。黔其庐[17]，赭其垣[18]，以示其无有，而足下之才能乃可显白而不污。其实出矣[19]，是祝融、回禄之相吾子也[20]。则仆与几道十年之相知，不若兹火一夕之为足下誉也。宥而彰之[21]，使夫蓄于心者[22]，咸得开其喙[23]，发策决科者[24]，授子而不栗，虽欲如向之蓄缩受侮，其可得乎？于兹吾有望乎尔[25]！是以终乃大喜也。古者列国有灾，同位者皆相吊；许不吊灾，君子恶之[26]。今吾之所陈若是，有以异乎古，故将吊而更以贺也。颜、曾之养[27]，其为乐也大矣[28]，又何阙焉[29]？

【注释】

〔1〕宁：省视。

〔2〕恬(tián 甜)：安静。

〔3〕焚炀(yàng 样)赫烈：烈火燃烧。炀，火旺，引申为焚烧。赫，火光。

〔4〕左右：旧时书信中称对方不直称其人，而称“左右”，以示尊敬。

〔5〕脂膏滫瀡(xiǔ suǐ 朽髓)之具：泛指日常生活用品。脂膏，油脂。滫，淘米水。瀡，淘洗使之柔滑。

〔6〕盈虚倚伏、去来之不可常：化用《老子》“祸兮福所倚，福兮祸所伏”句意，意谓贫富不可能永久，兴旺中包含着败落的危险，衰败中寄托着复兴的可能。

〔7〕斯：这。 道：指人在“大有为”之前必得受尽各种磨难的说法。 辽阔：不着边际。 诞漫：荒诞不经。

〔8〕必信：必定能实现。信，守信，引申为实现。

〔9〕小学：原指文字学，后又扩大为文字学、训诂学、音韵学的总称。

〔10〕嗤（chī 痴）嗤：轻蔑冷笑的样子。

〔11〕御史、尚书郎：柳宗元于贞元十九年由监察御史转尚书礼部员外郎。

〔12〕郁塞：指怀才不遇，其才能不为天下所知者。

〔13〕行列：同位者，指作者同僚。

〔14〕修己之不亮：指自己修养不到家，还不能取信于人。亮，信实。

〔15〕素誉：指靠道德学问树立的声誉。

〔16〕孟几道：孟简，字几道，平昌人。工诗，尚节义，为政严峭，累官至户部侍郎、御史中丞。

〔17〕黔（qián 钳）其庐：房子烧得焦黑。黔，黑色。

〔18〕赭（zhě 者）其垣（yuán 袁）：墙壁烧得红赤。赭，赤色。

〔19〕实：实质，指王参元的才能。

〔20〕祝融、回禄：都是传说中的火神，这里作火灾的代称。 相：助。

〔21〕宥（yòu 又）而彰之：意谓王参元从财富的牵累中解脱出来，大家就可以放心表彰他的才学了。宥，宽赦。

〔22〕夫（fú 扶）：那些，代词。

〔23〕喙（huì 会）：鸟兽的嘴，这里借指口。

〔24〕发策决科者：吏部主持任官考试的人。发策，出试题。决科，评定等第。

〔25〕于兹：从此。 望：希望。指王参元将来能仕途通达。

〔26〕“许不吊灾”两句：语出《左传·昭公十八年》：“宋、卫、陈、郑灾，陈不救火，许不吊灾，君子是以知陈、许之亡也。”两句意谓：人遇灾而不吊，是失礼的行为，君子对此是厌恶的。

〔27〕颜、曾：颜回和曾参。两人都是孔子的学生。 养：这里有自处和奉养的意思。

〔28〕“其为乐”句：意谓颜渊、曾参节操高尚，虽贫穷而仍不改其乐。

〔29〕阙：通“缺”。

【译文】

你尽心侍奉父母，早晚省视双亲，只希望安静平安地过日子。现在却发生了一场大火灾，使你受到惊吓，而且日常生活用品也许都很缺乏，因此我开始听到你家失火的消息感到吃惊。人们都说，盛衰祸福都不是固定不变而是互相依存、互相转化的。或许将会大有作为，才在开始时使人艰难困顿，担惊受怕，于是便有水火带来的灾害，有小人们的怨怒，操劳辛苦，流离颠沛，然后就能出现光明，古代的人都是这样的。这种说法不着边际，荒诞不经，即使是圣人，也不会因此而必定实现，所以我接着产生了怀疑。你读古人的书，会写文章，通晓文字学，如此多才多艺，而做官却不能超出众人之上，得到显贵的地位，这没有其他的原因。京城里许多人都说你家积了很多财产，那些爱好廉洁名声的士大夫都害怕、忌讳和你交往，不敢称道你的长处，只是自己看了藏在心中，忍住不说出口，因为公理难以申张，而社会上又有很多人爱猜疑。话一出口，那么那些爱讥笑别人的人便以为是受了你丰厚的贿赂。我从贞元十五年就看到了你的文章，一直把对你的看法放在心中，大概有六七年都没有说过。这是我为了替自己打算而长久违背公道，不仅仅是对不起你。当我担任监察御史、尚书礼部员外郎时，自以为有幸成了皇帝身边的臣子，得到了积极向皇帝进言的机会，便想趁此机会使天下不得志的人得到重视。然而当我有时在同事中称道你时，还有一些人会相顾而视并暗暗发笑的。我深恨自己的品德修养不到家，声誉还没有建立起来，因而遭到社会上疑心重的人的猜忌，我常和孟几道说起这事并且对这种情况感到痛心。现在幸好你家被天火烧得一无所剩，凡是众人所疑虑的东西，全部变成了灰尘。你家的房子烧得焦黑，你家的墙壁烧得红赤，这说明你家里什么都没有了，而你的才能才可以明白地显露出来而不被辱没。你的才能得到显露，是火神祝融、回禄在帮助你啊！由此看来，我和孟几道与你十年相知，还不如这把火，一个晚上帮你造成了声誉。这样人们就可以放心地表彰你的才学，使那些把话藏在心底里的人，都能够开口说话，主持科举考试的人，也能把官职授于你而不再有所顾虑，到了这种时候，即使要想象从前那样躲避和被人侮辱，还能做得到吗？从此我对你的前程就充满希望了！因此最后我感到非常高兴。古代各国如果发生火灾，其他诸侯国都要表示慰问。一次许国不去慰问，君子都厌恶它。现在我所说的这些话，和古人的看法很不相同，所以把本要慰问的却改为祝贺了。你现在和颜回、曾参一样清贫，却其乐无穷，还有什么欠缺的呢？

（胡士明）

待漏院记

王禹偁

【题解】

王禹偁(954—1001)，字元之，济州巨野(今山东巨野)人。宋太宗时进士，历任翰林学士、知制诰等官。遇事敢言，多所规讽，因而屡遭贬谪。他的诗文朴素自然，清新流畅，是北宋初年先起来反对绮靡文风的优秀作家。

《待漏院记》是王禹偁的代表作品，作于为大理寺评事任上，时在宋太宗雍熙四年(987)冬。

“记”原以叙述为主，但在宋代散文中普遍加重了议论成分，本篇即完全撇开有关建筑物本身的修建、环境等情况的记述，而是一篇“借题发挥”的告诫宰执大臣的政论。他向他们提出了“勤”和“慎”的要求，希望他们为国为民做些好事，以达到安定社会秩序、发展农业生产、国富民强的目的，这也反映作者自己的政治理想与抱负。

文中以贤相、奸相、庸相作对比，使是非邪正的区别更加明白清楚。贤相、奸相作比时，文字上也是两两相对，多用排句，严谨精练，在整齐的形式中取得了强烈的效果，增强了说服力。

天道不言〔1〕，而品物亨、岁功成者〔2〕，何谓也？四时之吏〔3〕，五行之佐〔4〕，宣其气矣〔5〕。圣人不言〔6〕，而百姓亲、万邦宁者，何谓也？三公论道〔7〕，六卿分职〔8〕，张其教矣〔9〕。是知君逸于上，臣劳于下，法乎天也[10]。古之善相天下者[11]，自皋、夔至房、魏[12]，可数也。是不独有其德，亦皆务于勤耳。况夙兴夜寐[13]，以事一人[14]，卿大夫犹然[15]，况宰相乎！

【注释】

〔1〕天道：天之道，这里指天，即大自然。

〔2〕品物：万物。　亨：通达，这里指万物的顺利成长。　岁功：一年中的农业收获。

〔3〕四时之吏：掌管四季的天神。上古设官，以四时为名，有春官、夏官、秋官、冬官，分掌教育、军事、司法、财政等。

〔4〕五行之佐：掌管五行(金、木、水、火、土)的天神。佐，辅助。古代阴阳家认为四时的变化是由于五行“相生”的结果。

〔5〕宣其气矣：古人认为万物的成长、四时的运转都由于一种内在的“气”的促动。这里是说，使万物、四时顺乎自然的规律成长和运转。宣，疏导。

〔6〕圣人：指皇帝。

〔7〕三公：泛指中央政府的最高长官。　论道：讨论治国的大道。

〔8〕六卿：中央各部的长官。

〔9〕张其教：发扬教化。

〔10〕法乎天：取法于天道。

〔11〕相天下：辅助(国君)治理天下。

〔12〕皋、夔：皋陶和后夔，舜时贤臣。　房、魏：房玄龄和魏徵，唐朝名相。他们都是封建时代奉为典范的杰出政治家。

〔13〕夙兴夜寐：早起晚睡。

〔14〕一人：指皇帝。

〔15〕卿大夫：即指上言“三公”、“六卿”等朝廷大臣。

【译文】

天道并不说话，而万物却顺利生长，每年都有收成，这是为什么呢？那是因为掌管四季、五行的天神，疏导万物的“气”使它们自然运转的结果。皇帝并不说话，而百姓和睦相亲、四方万国安宁，这是为什么呢？那是因为三公讨论治国之道，六卿职责分明，发扬教化的结果。由此可知，国君在上清闲安逸，臣属在下勤劳国事，这是取法于天道。古代善于辅助国君治理天下的大臣，从皋陶、后夔到房玄龄、魏徵，是屈指可数的。他们不但有德行，而且都勤于职守。早起晚睡，为国君效力，连卿大夫们都应当是这样，何况是宰相呢！

朝廷自国初因旧制〔1〕，设宰相待漏院于丹凤门之右〔2〕，示勤政也。乃若北阙向曙〔3〕，东方未明，相君启行〔4〕，煌煌火城〔5〕。相君至止，哕哕鸾声〔6〕。金门未辟〔7〕，玉漏犹滴〔8〕。撤盖下车〔9〕，于焉以息〔10〕。

【注释】

〔1〕因旧制：沿袭唐朝的旧制（待漏院是从唐朝开始设置的）。

〔2〕待漏院：百官早晨到皇宫等候上朝时休息的地方。漏，古代计时工具。此代称时间。 丹凤门：宋朝皇城的正南门。

〔3〕北阙：指皇帝接见群臣议政的宫殿。阙，宫门前的望楼。 向曙：天快亮了。

〔4〕相君：宰相。

〔5〕煌煌：光亮的样子。 火城：封建时代每次朝会，百官先集，宰相后到，列烛达数百柱，叫做火城。

〔6〕哕哕：形容铃声。 鸾声：铃声。

〔7〕金门：宫门。 未辟：还没有开。

〔8〕玉漏犹滴：指夜还没有过去，漏壶中水仍在漏滴。

〔9〕盖：车篷。

〔10〕于焉：在此。

【译文】

朝廷从建国初就沿袭唐朝旧制，在丹凤门右边设立宰相待漏院，以表示对勤勉政务的崇尚。当皇帝议政的宫殿刚映出一线曙光，东方还未放明时，宰相就开始起行，列烛繁多辉煌，犹如“火城”。宰相驾到，马车铃声叮当作响。宫门尚未开启，玉漏声残，夜还没有过去。撩开帷篷下车，就在此暂候休息。

待漏之际，相君其有思乎[1]：其或兆民未安[2]，思所泰之[3]；四夷未附[4]，思所来之[5]；兵革未息[6]，何以弭之[7]；田畴多芜[8]，何以辟之[9]；贤人在野，我将进之；佞人立朝[10]，我将斥之；六气不和[11]，灾眚荐至[12]，愿避位以禳之[13]；五刑未措[14]，欺诈日生，请修德以厘之[15]。忧心忡忡[16]，待旦而入。九门既启[17]，四聪甚迩[18]。相君言焉，时君纳焉[19]。皇风于是乎清夷[20]，苍生以之而富庶。若然，则总百官[21]，食万钱，非幸也[22]，宜也。

【注释】

〔1〕其：大概。

〔2〕兆民：百姓。

〔3〕泰之：使（百姓）安泰。

〔4〕四夷：四方少数民族。

〔5〕来：招徕、安抚。

〔6〕兵革：指战争。兵，兵器；革，盔甲。

〔7〕弭：平息。

〔8〕田畴：田地。

〔9〕辟：开辟垦殖。

〔10〕佞人：奸邪小人。

〔11〕六气：阴、阳（晴）、风、雨、晦（昏暗）、明六种自然现象。

〔12〕灾眚（shěng 声上声）：灾祸。　荐至：一次又一次地发生。

〔13〕愿避位以禳之：愿意解去官职来祈求上天消除灾殃。

〔14〕五刑：轻重不等的五种刑法。　措：废止。

〔15〕厘：整理，矫正。

〔16〕忡忡：忧虑不安的样子。

〔17〕九门：泛指宫门。

〔18〕四聪：指能听到四面八方反映的人（这里是指国君）。迩：近。

〔19〕纳：接受。

〔20〕皇风：国家的政治风气。　清夷：清明平静。

〔21〕总：统辖。

〔22〕幸：侥幸。

【译文】

在等待上朝的时候，宰相大概有所思考吧：或是在想万民尚未安宁，考虑怎样使他们安泰；四境的少数民族尚未归顺，考虑怎样招徕安抚他们；战事未停，怎样使它平息；田地荒芜，怎样开辟垦殖它们；贤士还在草野，我怎样推荐进用他们；奸邪小人在朝，我怎样斥退他们；天时不调，灾祸丛生，我愿意解去官职来祈求上天消灾去祸；各种刑法不能废止，欺诈行为不断发生，我要修养德行加以纠正。深怀忧虑不安，等待天明进宫。宫门开后，善听各方意见的皇帝离得很近。宰相一一进言，皇帝一一采纳。于是政治风气清明安定，百姓因此富裕。如是这样，那么宰相统率百官，享用优厚俸禄，就不是侥幸所得，而是理应如此的了。

其或私仇未复，思所逐之；旧恩未报，思所荣之；子女玉帛，何以致之〔1〕；车马玩器，何以取之；奸人附势，我将陟之〔2〕；直士抗言〔3〕，我将黜之；三时告灾〔4〕，上有忧色，构巧词以悦之；群吏弄法，君闻怨言，进谄容以媚之。私心慆慆〔5〕，假寐而坐〔6〕。九门既开，重瞳屡回〔7〕。相君言焉，时君惑焉〔8〕。政柄于是乎隳哉〔9〕，帝位以之而危矣。若然，则死下狱，投远方，非不幸也，亦宜也。

【注释】

〔1〕致之：取得这些东西（美女、宝玉、丝绸）。

〔2〕陟之：使（奸人）能爬到高位。陟，提升。
〔3〕直士抗言：正直的人直言指谪。
〔4〕三时：指春、夏、秋三个农忙季节。
〔5〕私心慆慆：个人打算没完。慆慆，放纵无度。
〔6〕假寐：打盹儿。
〔7〕重瞳：相传舜的眼睛有两个瞳子，这里泛指皇帝的眼睛。　屡回：屡屡顾视。
〔8〕惑：被（宰相之言）迷惑。
〔9〕政柄：指国家政权。　隳：毁坏。

【译文】

或是在想私仇未报，考虑怎样赶走仇人；旧恩未酬，考虑怎样使恩人获得荣华富贵；美女宝玉丝绸等物，怎样才能取得；车马玩物，怎样才能到手；奸邪小人依附我的权势，我要提升他们；正直之士直言指谪，我要贬抑他们；三时农忙季节各地报告灾情，皇帝忧愁，我便编造巧言来取悦他；众吏枉弄国法，皇帝听到怨言，我便装出奉承的脸色向他献媚。个人的盘算没完没了，勉强坐着打个瞌睡。宫门开后，皇帝屡屡顾视。宰相一一进言，皇帝却被他蒙蔽。国家政权由此毁坏，皇位由此岌岌可危。如是这样，那么宰相被打入死牢，或是流放远方，也不是不幸，而是理应如此的了。

是知一国之政，万人之命，悬于宰相，可不慎欤？复有无毁无誉，旅进旅退〔1〕，窃位而苟禄〔2〕，备员而全身者〔3〕，亦无所取焉。

棘寺小吏王禹偁为文〔4〕，请志院壁，用规于执政者〔5〕。

【注释】

〔1〕旅进旅退：随众人进退。

〔2〕窃位而苟禄：窃取高位，苟求厚禄。

〔3〕备员而全身：虚充职位，保全身家。

〔4〕棘寺：大理寺（管理司法的中央机关）的别称。　小吏：谦词，当时王禹偁是大理寺的官员。

〔5〕用：以。　规：劝诫。

【译文】

由此可知一国的政治，百姓的命运，都系于宰相手中，难道可以不谨慎从事吗？还有一类宰相，他们没有恶名也没有美名，只是跟随众人进退，窃取高位苟求厚禄，虚占职位保全身家，这也是不足取的。

大理寺小吏王禹偁撰写此文，请求把它刊记在待漏院的墙壁上，用来劝诫执政的大臣。

（王水照）

黄冈竹楼记

王禹偁

【题解】

这篇文章是王禹偁在宋真宗咸平二年(999)被贬为黄州刺史时写的。文中通过修筑竹楼的记叙和描写，表达了作者贬谪后随缘自适、游于物外的思想。但王禹偁并没有对世事完全忘情，在表面的平静中，我们仍然可以隐隐感到他的激愤和不平。

和主题相适应，这篇文章写得轻灵潇洒。第二段写竹楼的声音，从夏雨、冬雪的自然现象，到鼓琴、咏诗、围棋、投壶等人事活动，层层排比，着力渲染，写出了一个幽邃、清隽的境界。

黄冈之地多竹〔1〕，大者如椽〔2〕。竹工破之，刳去其节〔3〕，用代陶瓦，比屋皆然〔4〕，以其价廉而工省也。

【注释】

〔1〕黄冈：现在湖北省黄冈县。

〔2〕椽：椽子，屋顶结构中放在横木上支架屋顶和瓦片的木条。

〔3〕刳(kū 枯)：挖去。

〔4〕比屋：家家户户。

【译文】

黄冈这地方盛产竹子，大的粗如屋椽。竹匠把它剖开，挖去里面的竹节，用它代替陶质瓦片，家家户户都是这样，因为它的价钱便宜，而制作又少用工力。

子城西北隅[1]，雉堞圮毁[2]，蓁莽荒秽[3]，因作小楼二间，与月波楼通[4]。远吞山光[5]，平挹江濑[6]，幽阒辽敻[7]，不可具状。夏宜急雨，有瀑布声；冬宜密雪，有碎玉声。宜鼓琴，琴调虚畅；宜咏诗，诗韵清绝；宜围棋，子声丁丁然[8]；宜投壶[9]，矢声铮铮然：皆竹楼之所助也。

【注释】

〔1〕子城：指附属大城的小城，如内城及城门外的套城。

〔2〕雉堞：城上矮墙。 圮(pǐ 痞)毁：塌坏。

〔3〕蓁莽：密生的树木和野草。 荒秽：荒凉肮脏。

〔4〕月波楼：黄冈县的一座城楼，也是王禹偁修筑的。

〔5〕吞：实指望见。

〔6〕挹：汲取，这里也指望见。 濑：沙上的流水。

〔7〕阒：寂静。 敻：遥远。

〔8〕丁丁：象声词。

〔9〕投壶：古代的一种游戏，用箭状的筹棒去投长颈形的壶，按投中次数来分胜负。

【译文】

内城的西北角，城上的矮墙已经塌坏，密生着小树野草，荒凉肮脏，因此我修筑了两间小竹楼，与月波楼相通。远望山色，平视江边沙石上的流水，寂静遥远，无法完全描写出来。夏天适宜碰上急雨，听来像瀑布声；冬天适宜遇到大雪，如闻碎玉声音。这里适宜弹琴，琴声冲虚闲畅；适宜咏诗，诗的韵味清雅妙绝；适宜下围棋，棋子声叮叮作响；适宜玩投壶游戏，投箭铮铮有声：这都是竹楼所助成的。

公退之暇[1]，被鹤氅[2]，戴华阳巾[3]，手执《周易》一卷，焚香默坐，消遣世虑[4]。江山之外，第见风帆沙鸟、烟云竹树而已[5]。待其酒力醒，茶烟歇，送夕阳，迎素月，亦谪居之胜概也[6]。

【注释】

〔1〕公退：办完公务以后。

〔2〕被：披。　鹤氅：用鸟羽织成的裘。

〔3〕华阳巾：道士的一种帽子。

〔4〕世虑：世俗的念头。

〔5〕第：但，只。

〔6〕胜概：佳境。概，有“状况”的意思。

【译文】

办完公务后的余暇时，身披用鸟羽织成的裘衣，头戴道士的帽子，手拿《周易》一册，到楼上焚香默坐，排遣世俗的杂念。江水山色之外，所见的只有风帆沙鸟、烟云竹树罢了。等到酒醒之后，茶上轻烟也已消散，送走落日，迎来清月，这也是谪居生活中的佳境了。

彼齐云、落星[1]，高则高矣；井幹、丽谯[2]，华则华矣。止于贮妓女，藏歌舞[3]，非骚人之事[4]，吾所不取。

【注释】

〔1〕齐云：齐云楼，在苏州（今江苏苏州），相传是五代时韩浦建造。　落星：落星楼，在南京（今江苏南京）东北，三国时吴国孙权建造。

〔2〕井幹：井幹楼，汉武帝（刘彻）所建。　丽谯：丽谯楼，魏武帝（曹操）所建。

〔3〕歌舞：指能歌舞的人。

〔4〕骚人：诗人。

【译文】

那齐云楼、落星楼，高是算高的了；那井幹楼、丽谯楼，华丽也算是华丽的了，可是只用来蓄养妓女，安顿歌儿舞女，而不是诗人们的风流雅事，我是不赞许的。

吾闻竹工云："竹之为瓦，仅十稔〔1〕，若重覆之，得二十稔。"噫！吾以至道乙未岁〔2〕，自翰林出滁上〔3〕。丙申移广陵〔4〕，丁酉又入西掖〔5〕。戊戌岁除日〔6〕，有齐安之命〔7〕。己亥闰三月〔8〕，到郡。四年之间，奔走不暇，未知明年又在何处，岂惧竹楼之易朽乎？幸后之人与我同志〔9〕，嗣而葺之〔10〕，庶斯楼之不朽也〔11〕。咸平二年八月十五日记〔12〕。

【注释】

〔1〕十稔：十年。

〔2〕至道：宋太宗年号(995—997)。　乙未岁：指至道元年(995)。

〔3〕翰林：王禹偁做过翰林学士。　出：贬谪。　滁上：滁州，今安徽滁县。这年王禹偁从翰林学士被贬为滁州刺史。

〔4〕丙申：宋太宗至道二年(996)。　广陵：今江苏扬州。

〔5〕丁酉：宋太宗至道三年(997)。　西掖：中央最高行政机关中书省的别称。这年王禹偁在中书省任知制诰。

〔6〕戊戌：宋真宗咸平元年(998)。　除日：旧历除夕，大年三十。

〔7〕齐安：指黄州，郡治在今湖北黄冈。王禹偁这年因编写《太祖实录》，直书史事，为宰相所不满，被贬。

〔8〕己亥：宋真宗咸平二年(999)。

〔9〕同志：志同道合的人。

〔10〕嗣：继续。　葺：修理。

〔11〕庶：表示希望的虚词。　斯：这个。
〔12〕咸平：宋真宗年号(998—1103)。

【译文】

我听竹匠说："竹制的瓦，只能用十年；如果重新更换，能用二十年。"唉！我从至道元年由翰林学士贬往滁州任知州，二年调往扬州，三年回京进中书省任职，咸平元年除夕那天，又接到贬往黄州的命令，今年咸平二年闰三月到达黄州。四年当中，奔波从未停止；不知明年又到什么地方，难道还怕竹楼容易朽坏吗？希望我的继任者能跟我志趣相同，而继续修它，使这座竹楼不要朽坏啊。咸平二年八月十五日作记。

（王水照）

书洛阳名园记后

李格非

【题解】

李格非，字文叔，济南（今属山东）人。宋神宗熙宁九年（1076）中进士。历任礼部员外郎、提点京东路刑狱等职。他是宋朝著名女词人李清照的父亲。

“书……后”是一种文体，置于书或文章的后面，可以由别人写，也可以由作者自己写。《洛阳名园记》写于宋哲宗绍圣二年（1095），记述了北宋时洛阳十九座花园的情况。他在文章后面又补写了这篇短跋，说明他写此文是有政治寓意的。

文中先提出洛阳的盛衰是天下治乱的标志；进而论述洛阳园圃的兴废是洛阳盛衰的标志；最后推断洛阳园圃的兴废紧紧地关系着天下的治乱，士大夫们要保持园圃就必须关心天下大事。这是本文的主旨，也是作者写《洛阳名园记》的目的。这里充满着李格非对北宋国势危殆的忧虑。二十多年后，洛阳果然陷于女真统治者之手，北宋宣告覆亡了。

洛阳处天下之中，挟殽、渑之阻〔1〕，当秦、陇之襟喉〔2〕，而赵、魏之走集〔3〕，盖四方必争之地也。天下常无事则已，有事则洛阳必先受兵〔4〕。予故尝曰：“洛阳之盛衰，天下治乱之候也〔5〕。”

【注释】

〔1〕挟：挟持，靠着。　崤：山名，一称嵚崟山，主峰在今河南灵宝东南。　渑：古时“九塞”之一，在今河南渑池。　阻：险阻。

〔2〕当：正处于。　秦：指秦地，今陕西省一带。　陇：指今陕西西部和甘肃一带。　襟喉：衣襟和咽喉，比喻地势险要(洛阳是通往秦、陇的要道)。

〔3〕赵、魏：指赵地和魏地，在今河北、山西、河南接邻地区。　走集：原指边境上的堡垒。因地处险要，是往来必经之地，所以叫“走集”。这里是说洛阳是通往赵、魏之地的交通要冲。

〔4〕受兵：遭遇战事。

〔5〕候：征兆，标志。

【译文】

洛阳地处中国的中心，挟持崤山、渑池的险阻，正当秦川、陇地的咽喉，又是通往赵、魏两地的交通要冲，可说是四方必争之地了。中国若是平安无事也就算了；一旦发生战乱，那么洛阳一定首先遭受兵祸。因而我曾经说过：“洛阳的兴盛和衰败，就是中国安定和战乱的征兆啊！”

方唐贞观、开元之间〔1〕，公卿贵戚开馆列第于东都者〔2〕，号千有馀邸〔3〕。及其乱离〔4〕，继以五季之酷〔5〕，其池塘竹树，兵车蹂践，废而为丘墟；高亭大榭〔6〕，烟火焚燎，化而为灰烬，与唐共灭而俱亡，无馀处矣。予故尝曰：“园囿之兴废，洛阳盛衰之候也。”

【注释】

〔1〕方：当。　贞观：唐太宗年号(627—649)。　开元：唐玄宗年号(713—741)。

〔2〕开、列：建造，设置。　东都：唐朝以长安为国都，洛阳为东都(陪都)。

〔3〕邸：指官员的住宅。

〔4〕乱离：遭乱而流离失所。

〔5〕五季：五代，即梁、唐、晋、汉、周。　酷：指惨重的兵祸。

〔6〕榭：建造在高台上的敞屋。

【译文】

在唐朝贞观、开元年间，公卿贵戚们在东都洛阳建造馆舍、设置府第的，号称有一千多家。等到遭遇战乱、流离失所，接着又是梁、唐、晋、汉、周五代的惨重兵祸，洛阳馆舍府第中的池塘竹树，被兵车蹂躏践踏，变成了废墟；高大的亭子、宽敞的台榭，也被烟火焚烧，化为灰烬，跟唐朝一起灭亡，不剩一处了。因而我曾经说过："园林的兴盛和衰败，就是洛阳繁盛和衰败的征兆啊！"

且天下之治乱，候于洛阳之盛衰而知〔1〕；洛阳之盛衰，候于园圃之兴废而得。则《名园记》之作，予岂徒然哉？

【注释】

〔1〕候：作动词用，预测。

【译文】

既然中国的安定和战乱，可从洛阳的兴盛和衰败中测知；洛阳的繁盛和衰败，又可从园林的兴盛和衰败中测知；那么我写这篇《洛阳名园记》，难道是白费笔墨的吗？

呜呼！公卿大夫方进于朝〔1〕，放乎一己之私意以自为〔2〕，而忘天下之治忽〔3〕，欲退享此乐〔4〕，得乎？唐之末路是矣。

【注释】

〔1〕进：进用。

〔2〕放：放纵。　自为：随心所欲，爱干什么就干什么。

〔3〕治忽：指国家政治的好或坏。忽，怠忽，轻慢怠惰。

〔4〕退：退隐不做官。

【译文】

唉！公卿士大夫们正当进用于朝廷的，大都放纵自己的私欲，为所欲为，而忘记国家政治的好坏，又想在告老退休后能享受园林之乐，这能得到吗？唐朝灭亡的情况就是这样的啊！

（王水照）

严先生祠堂记

范仲淹

【题解】

范仲淹(989—1052)，字希文，苏州吴县(今属江苏)人。大中祥符八年(1015)进士，任秘阁校理，权知开封府。因忤吕夷简，罢知饶州，又徙润、越二州。西夏赵元昊反，召知永兴军，改陕西经略安抚副使。后还朝任枢密副使，寻迁参知政事，复任河东、陕西宣抚使。通六经，长于《易》。能词。卒谥文正。有《范文正公集》。

严光，字子陵，馀姚(今属浙江)人，是东汉光武帝刘秀微贱时的同学。后来刘秀做了皇帝，想念当年的朋友，几次三番请他出山做官，他都拒绝了，仍然在富春江畔垂钓，过着清苦的隐居生活，留下了一段千古传颂的佳话。

范仲淹虽然在仕途上历尽坎坷，但他却从不消极遁世。本文写于谪居睦州(治所在今浙江淳安西南)任上，当时作者正处于政治上不得志时期。他在当地建严光祠，并为之撰记，固然是因为严光曾在当地的富春江畔隐居垂钓，作者有责任颂扬乡邦先贤；更主要的是作者旨在通过建祠和撰记来弘扬严光身上体现出来的不慕富贵、耿介清高的品格。文章先写严光与刘秀之间特殊的关系，然后以《周易》中《蛊》、《屯》二卦的卦象和卦、爻辞，巧妙地比附严光和光武帝，高度赞扬严光的品德和光武帝的气度，进而指出两者相互映衬、相互依存的关系。段末云“使贪夫廉，懦夫立，是大有功于名教也”，则点明了作者修建严先生祠堂所希望取得的社会教化效果。全文语言凝练，句式对称，具有音韵之美。写严光而处处带出光武帝，凸现两者互相依存的关系，显示了作者独到的眼光和别具的匠心。

先生[1]，光武之故人也[2]，相尚以道。及帝握《赤符》[3]，乘六龙[4]，得圣人之时[5]，臣妾亿兆[6]，天下孰加焉[7]？惟先生以节高之[8]。既而动星象[9]，归江湖[10]，得圣人之清[11]。泥涂轩冕[12]，天下孰加焉？惟光武以礼下之[13]。

在《蛊》之上九[14]，众方有为，而独不事王侯，高尚其事。先生以之[15]。在《屯》之初九[16]，阳德方亨，而能以贵下贱，大得民也。光武以之。盖先生之心，出乎日月之上；光武之量，包乎天地之外。微先生不能成光武之大[17]，微光武岂能遂先生之高哉[18]？而使贪夫廉，懦夫立，是大有功于名教也[19]。

仲淹来守是邦[20]，始构堂而奠焉。乃复为其后者四家[21]，以奉祠事，又从而歌曰："云山苍苍，江水泱泱[22]。先生之风[23]，山高水长。"

【注释】

〔1〕先生：指严光。今浙江桐庐富春江畔有严子陵钓台遗迹。

〔2〕光武：即东汉光武帝刘秀。西汉末年，王莽篡位，湖北、河南等地爆发了大规模农民起义。刘秀乘机崛起，加入了义军，并逐渐壮大力量。昆阳一战，刘秀大破王莽军，遂于公元25年称帝。

〔3〕《赤符》：即赤伏符。据《后汉书·光武纪》载：公元25年，刘秀行至鄗，儒生强华自关中奉赤符来见。符上的谶文写道："刘秀发兵捕不道，四夷云集龙斗野，四七之际火为主。"刘秀遂以此为天降祥瑞的征兆，奉天命即皇帝位。

〔4〕乘六龙：《易·乾》彖辞云："时乘六龙以御天。"乾卦六爻以龙

为象，列叙潜、见、惕、跃、飞、亢等六种升降变化的状态。这些状态概括了世间万物的变化，故“乘六龙”即是凭借龙的六种不同变化，以驾驭天地万物。

〔5〕“得圣人”句：语见《孟子·万章下》：“孔子，圣之时者也。”谓孔子是能够顺天应时的圣人。此指光武帝能不失时机地顺应时势，建立东汉。

〔6〕臣妾：作动词用，意为统治、役使。　亿兆：指广大百姓。

〔7〕加：超过。

〔8〕以节高之：谓光武即帝位，天下慑伏，只有严光以气节相高，保持独立的人格。

〔9〕动星象：据《后汉书·逸民传》载：严光与光武帝“共偃卧，光以足加帝腹上。明日，太史奏：客星犯御座甚急。帝笑曰：‘朕与故人严子陵共卧耳。’”客星指严光，御座指光武帝。

〔10〕归江湖：指严光离开洛阳后去富春江畔隐居。

〔11〕“得圣人”句：语见《孟子·万章下》：“伯夷，圣之清者也。”此谓严光像让国的伯夷一样，也是清高的圣人。

〔12〕泥涂轩冕：谓视官爵如同粪土。泥涂，污泥。轩冕，原指前高而有帷幕的车子和礼帽，此借指官爵。

〔13〕以礼下之：谓刘秀做了皇帝后仍像昔日那样礼待严光。

〔14〕“在《蛊》”句：蛊是《周易》的卦名，上九指该卦第六爻。蛊卦前五爻的爻辞都是说消除灾祸，整治积弊，故下文作者云“众方有为”。蛊卦第六爻的爻辞是“不事王侯，高尚其事”，谓退居在野，洁身自守。

〔15〕以之：这样做。

〔16〕“在《屯》”句：屯是《周易》卦名，初九指该卦第一爻阳爻。该爻的位置在下卦震体的两个阴爻之下，故《象》称：“上贵下贱。”此谓初九阳爻本是乾阳尊贵之体，却能居下位，谦卑自处，这样就能得到百姓的拥护。

〔17〕微：不是，没有。

〔18〕遂：成就，完成。

〔19〕名教：纲常，教化。

〔20〕是邦：指睦州。

〔21〕复：免除徭役。　后：后人。

〔22〕泱泱：水深广貌。

〔23〕风：风范。

【译文】

严光先生，是汉朝光武帝的老朋友，他们以道义相结交。等到光武帝赤符在握，当了皇帝，顺时应变，统治的臣民，天下有谁能超过他呢？只有严光先生凭他高尚的气节超过了他。接着严光先生与光武帝同床而卧动了星象，后来又回到富春江畔隐居，清操自守，鄙弃禄位，天下有谁能够超过他呢？只有光武帝能以礼敬重他。

在《易经》蛊卦上九的爻辞中说，大家正当有为的时候，只有他不去侍奉王侯，以高尚的节操自守。严先生正是这样做的。在《易经》屯卦初九的爻辞中说，在帝德正亨通的时候，却能以尊贵的身份去敬重卑贱的人，这是大得民心的。光武帝正是这么做的。因为严先生的心，比日月还要光明；光武帝的气度，比天地还要广阔。没有严先生不能成就光武帝的博大，没有光武帝又怎能成全严先生的清高呢？而严先生的德行能使贪婪者清廉，怯懦者自立，这对于名教是大大有功的。

仲淹来睦州任太守，开始建造祠堂祭祀先生。于是又免除严先生后代子孙四家的赋税徭役，让他们去奉行祭祀的事。还作了一首短歌云："云山苍茫一片，江水浩大无边。先生的高风亮节，就像山一样崇高水一样长远。"

（王兴康）

岳阳楼记

范仲淹

【题解】

本篇是作者在“庆历新政”变法运动失败后贬居外地时写的。岳阳楼，在今湖南岳阳城西，面对洞庭湖，相传是唐朝初年建筑的，是文人墨客经常登临酬唱的场所。本文是应友人滕子京之约而作。它通过对一般“迁客骚人”局限在个人狭窄圈子里的感情的否定，提出了“先天下之忧而忧，后天下之乐而乐”的宏大抱负。这种抱负在当时历史条件下具有进步性。它是范仲淹在贬居生活中仍然坚持政治理想的自我鞭策，也是对遭到同样陷害的朋友们(首先是本文中提到的滕子京)的勉励和鼓舞。

全文由扼要的叙事、生动的写景和简短的议论三部分组成。议论是文章的主旨所在，然而是通过着力的景物描写而突出主题的。篇中写阴雨、晴明的两段文字，用语凝练，形象富有特征性，达到较高的艺术水平。

庆历四年春〔1〕，滕子京谪守巴陵郡〔2〕。越明年〔3〕，政通人和，百废俱兴。乃重修岳阳楼，增其旧制〔4〕，刻唐贤、今人诗赋于其上，属予作文以记之。

【注释】

〔1〕庆历四年：公元1044年。庆历，宋仁宗年号(1041—1048)。

〔2〕滕子京：名宗谅。当时他因政敌诬告，被贬为岳州巴陵郡(郡治在岳阳)知州。

〔3〕越明年：到了第二年。

〔4〕增：扩建。　旧制：原来的规模。

【译文】

庆历四年春天，滕子京被贬到岳州作知州。到了第二年，一切政务办得很顺利，人心和睦，原来被废弃的许多事业一齐兴办起来。于是他就重新修建了岳阳楼，扩大原来的规模，把唐朝名人和当代的诗赋刻在上面，并嘱托我写篇文章来记叙这件事。

予观夫巴陵胜状〔1〕，在洞庭一湖。衔远山，吞长江，浩浩汤汤〔2〕，横无际涯；朝晖夕阴〔3〕，气象万千。此则岳阳楼之大观也，前人之述备矣〔4〕。然则北通巫峡〔5〕，南极潇、湘〔6〕，迁客骚人〔7〕，多会于此，览物之情，得无异乎？

【注释】

〔1〕胜状：美好的景色。

〔2〕浩浩汤汤：形容水大的样子。

〔3〕朝晖夕阴：早晨的阳光和傍晚的昏暗，泛指一天中天气的变化。

〔4〕前人之述：指上面说到的“唐贤、今人诗赋”。　备：详尽。

〔5〕巫峡：长江三峡之一，在湖北巴东县西。

〔6〕极：远通。　潇、湘：潇水和湘水。潇、湘合流后，又北入洞庭湖。

〔7〕迁客：贬职外调的官吏。

【译文】

我看那岳州美好的景致，都集中在洞庭湖上。这湖迎着远山，吸纳长江，浩瀚宽阔，无边无际；早晨的阳光和傍晚的暮霭，气象景色真是千变万化。这些就是岳阳楼的雄伟景观，以前的人已经说得很详尽了。那么，我想说的是此湖北通长江巫峡，南达潇水、湘水，那些贬官外调的官吏和诗人，大多来这里聚会，他们观览景物的心情，只怕因景物的不同也会有所不同吧？

若夫霪雨霏霏〔1〕，连月不开〔2〕，阴风怒号，浊浪排空，日星隐耀〔3〕，山岳潜形〔4〕，商旅不行，樯倾楫摧〔5〕，薄暮冥冥〔6〕，虎啸猿啼。登斯楼也〔7〕，则有去国怀乡〔8〕，忧谗畏讥〔9〕，满目萧然〔10〕，感极而悲者矣。

【注释】

〔1〕霪雨：连绵不断的雨。

〔2〕不开：不放晴。

〔3〕隐耀：隐没了光辉。

〔4〕潜形：被淹没了形体。

〔5〕樯；船桅。　倾：倒。　楫：船桨。　摧：断。

〔6〕薄暮：傍晚。

〔7〕斯：此。

〔8〕去国：离开京城。国，国都。

〔9〕忧谗：担心受到诽谤。

〔10〕萧然：萧条凄凉的样子。

【译文】

在那阴雨连绵不断，接连几月不晴的日子里，阴风怒吼，浊浪冲腾天空；太阳和星辰隐没了光辉，山岳掩没了形体；商人和旅客不能上路，船桅倾倒船桨摧折；傍晚一片昏暗，虎在咆哮，猿在哀啼。这时登上这座岳阳楼啊，就觉得离开京城，怀念故乡，担心受诽谤，害怕被讥笑，满目萧条凄凉，不禁感慨万分而悲哀无限了。

至若春和景明[1]，波澜不惊[2]，上下天光，一碧万顷[3]，沙鸥翔集[4]，锦鳞游泳[5]，岸芷汀兰[6]，郁郁青青[7]。而或长烟一空，皓月千里，浮光耀金[8]，静影沉璧[9]，渔歌互答，此乐何极！登斯楼也，则有心旷神怡，宠辱皆忘，把酒临风，其喜洋洋者矣。

【注释】

〔1〕春和景明：春天天气暖和，阳光明媚。景，日光。

〔2〕不惊：平静。

〔3〕万顷：形容江面阔大。

〔4〕翔集：有时飞翔，有时停下聚集。

〔5〕锦鳞：鱼的代称。锦，形容鱼鳞光彩鲜明。

〔6〕岸芷汀兰：岸上的香芷和岸边香兰。汀，岸边平地。

〔7〕郁郁：形容香气很浓。　青青：茂盛的样子。

〔8〕浮光耀金：浮动着的波光，像黄金那样耀眼。

〔9〕沉璧：指月影犹如璧玉沉在水底。

【译文】

至於到了春光和煦、阳光晴明的时节，湖上风平浪静，天光水色互映，阔大的江面一派碧绿；沙鸥有时飞翔，有时停止聚集，美丽的鱼游来游去；岸上的芷草和水边的兰花，香气浓郁，花叶茂盛。有时满天烟雾消散一空，明亮的月光普照千里，浮动着的波光像黄金那样耀眼，静静的月影映在水中犹如璧玉沉在水底；渔夫的歌声此唱彼和，这乐趣真是无穷无尽！这时登上这座岳阳楼啊，就觉得心胸开朗，精神畅快，恩宠和耻辱全忘，迎风捧起酒杯，真是喜气洋洋啊！

嗟夫！予尝求古仁人之心[1]，或异二者之为。何哉？不以物喜，不以己悲。居庙堂之高[2]，则忧其民；处江湖之远[3]，则忧其君。是进亦忧[4]，退亦忧[5]。

然则何时而乐耶？其必曰："先天下之忧而忧[6]，后天下之乐而乐"欤！噫！微斯人[7]，吾谁与归[8]！

【注释】

〔1〕尝：曾经。　求：探索。　仁人：泛指爱国爱民、品德高尚的人。

〔2〕庙堂：代指朝廷。

〔3〕江湖：代指民间。

〔4〕进：进用。

〔5〕退：退隐。

〔6〕天下：指天下的人。

〔7〕微：不是。　斯人：这样的人，指"古仁人"。

〔8〕归：同一趋向。

【译文】

啊，我曾经探索过古代品德高尚的人的心态，或者不同于上述两种精神状态的。是什么呢？他们不因外物而喜乐，也不因自己的遭遇而悲伤。他们身居朝廷高位，就为百姓担忧；退处僻远乡间，就为国君担忧。这样进用也担忧，退居也担忧。那么什么时候才会快乐呢？想来他们必定会说："忧在天下人之先，乐在天下人之后"吧！唉！如果不是这样的人，我能与谁在一起呢？

（王水照）

谏院题名记

司马光

【题解】

司马光(1019—1086),字君实,宋陕州夏县(今属山西)涑水乡人。仁宗宝元元年进士,历仕仁宗、英宗、神宗三朝。因反对王安石变法,离开朝廷居洛阳,十五年间绝口不谈政事,倾全力编《资治通鉴》。哲宗即位,召为门下侍郎,拜尚书左仆射,悉除新法为民害者。当政八月卒,赠太师温国公,谥文正。除《通鉴》外著有《司马文正集》、《涑水纪闻》。

谏院是谏官的官署。司马光为了引起谏官们的责任感、荣誉感和儆惧感,在谏院立了一块石碑,上刻所有谏官的姓名,并撰此文记述其事。文章着重强调谏官身负重任,必须抓住大事,忽略小节,分清缓急,大公无私。抓得住大事,一是要有眼光,二是要有勇气。要达到以上要求,还必须有谏官个人品德的保证,这就是要“专利国家而不为身谋”。文章虽然只有百馀字,但笔锋犀利,正气浩然。谏院题名,原本是光荣之事,可是经作者一番安排和阐述,却成了令人惧怕之事,这便令汲汲于名利者望谏院而生畏了。

古者谏无官,自公卿大夫至于工商,无不得谏者。汉兴以来,始置官[1]。夫以天下之政,四海之众,得失利病,萃于一官使言之[2],其为任亦重矣。居是官者,常志其大,舍其细;先其急,后其缓;专利国家而不为身谋。彼汲汲于名者[3]，犹汲汲于利也，其间相去何远哉？

天禧初[4]，真宗诏置谏官六员[5]，责其职事。庆历中[6]，钱君始书其名于版[7]。光恐久而漫灭[8]，嘉祐八年[9]，刻著于石。后之人将历指其名而议之曰：某也忠，某也诈，某也直，某也曲。呜呼，可不惧哉？

【注释】

〔1〕始置官：东汉班固《白虎通·谏诤》："君至尊，故设辅弼置谏官。"

〔2〕萃：集中。

〔3〕汲汲：心情急切、努力追求貌。

〔4〕天禧：宋真宗年号(1017—1021)。

〔5〕"真宗诏置"句：《宋史·真宗纪》：天禧元年二月，"置谏官、御史各六员。每月一员奏事。有急务，听非时入对。"

〔6〕庆历：宋仁宗年号(1041—1048)。

〔7〕钱君：疑指钱明逸，字子飞，钱塘人。庆历四年为右正言，供职谏院；六年擢知谏院。

〔8〕漫灭：磨蚀消失。

〔9〕嘉祐：宋仁宗年号(1056—1063)。

【译文】

古时候没有谏官，自公卿大夫以至百工商贾，没有不能进谏的。自汉朝建立以后，才开始设置谏官。朝廷把国家的大政，四海的百姓，政教的得失和利弊，都集中在谏官身上由他进谏，谏官的责任也够重的了！做谏官的人，应当牢牢把握住国家的大计方针，放弃一些细枝末节；先考虑最要紧的事，后考虑不很要紧的事；一心一意有利于国家而不为自身利益考虑。那些热衷于名的人，就和那些热衷于利的人一样，他们距谏官的标准有多么远啊！

天禧初年，真宗皇帝下诏设置六名谏官，规定了他们的职责范围。庆历年间，钱君开始将谏官的名字写在木板上。我怕时间长了木板上的字模糊消失，嘉祐八年，就将名字刻于石上。后来者将依次指点着石上的姓名评说道：某某人忠诚，某某人奸诈，某某人正直，某某人邪曲。啊，这能不叫人惧怕吗？

（王兴康）

义 田 记

钱公辅

【题解】

钱公辅，字君倚，宋武进(今属江苏)人。进士及第，为集贤校理，进知制诰。英宗即位，陈治平议。王畴擢副枢密，公辅不肯草制，以此被贬。神宗立，拜天章阁待制，以忤王安石，出知江宁府，徙扬州，后因病辞官。

义田是指所获用以救济贫穷者的田地。以臣民个人之力置义田，似从范仲淹开始。所以，钱公辅专门写了此文，赞美、歌颂他的义举。文章开宗明义，起首即点明范仲淹乐善好施的性格特点，并次第分叙为族人置义田的目的、管理措施及分配原则，缕缕叙来，有条不紊，显示了范仲淹以治国的雄才大略移来治理家产时的游刃有馀。旋即描写范仲淹本人生活的清贫："贫终其身"，"殁之日，身无以为敛，子无以为丧"，同时还把他乐善好施的美德传给了子孙，使"后世子孙修其业，承其志，如公之存也"。文章的后半部分，先以晏子与范仲淹作正面比较，阐明晏子之"好仁"止于生前，而范仲淹之"义"泽及身后，所以，范仲淹之"义"超过了古之贤人晏子之"仁"；再以当世三公九卿和士大夫的"万钟爵禄"、"奉养之厚"，"止乎一己"的自私与偏狭来反衬范仲淹之高义。全文主题突出，层次分明，环环相扣；又运用了正、反两方面比较的手法，更显得范仲淹品格高尚，精神可贵。

范文正公[1]，苏人也。平生好施与，择其亲而贫、疏而贤者，咸施之。

方贵显时，置负郭常稔之田千亩[2]，号曰“义田”，以养济群族之人。日有食，岁有衣，嫁娶凶葬皆有赡[3]。择族之长而贤者主其计，而时共出纳焉[4]。日食，人一升；岁衣，人一缣[5]；嫁女者五十千[6]，再嫁者三十千；娶妇者三十千；再娶者十五千；葬者如再嫁之数，葬幼者十千。族之聚者九十口，岁入给稻八百斛[7]。以其所入，给其所聚，沛然有馀而无穷[8]。屏而家居俟代者与焉[9]，仕而居官者罢莫给。此其大较也。

初，公之未贵显也，尝有志于是矣[10]，而力未逮者二十年[11]。既而为西帅[12]，及参大政[13]，于是始有禄赐之入，而终其志。公既殁，后世子孙修其业[14]，承其志，如公之存也。公虽位充禄厚，而贫终其身。殁之日，身无以为敛[15]，子无以为丧。惟以施贫活族之义，遗其子而已。

【注释】

〔1〕范文正公：范仲淹，字希文，卒谥文正。

〔2〕负郭：靠近城郭。负，背倚。　常稔之田：常熟之田，良田。稔，谷熟。

〔3〕赡：补助。

〔4〕出纳：指收付财物。

〔5〕缣：细密之绢。

〔6〕千：犹言贯。古代一千钱为一贯。

〔7〕斛：古代量器名，以十斗为一斛。

〔8〕沛然：充裕貌。

〔9〕屏：指罢官或离职。

〔10〕是：指“养济群族之人”。

〔11〕逮：及。

〔12〕西帅：宋仁宗庆历二年，西夏元昊谋逆，范仲淹为陕西路安抚经略招讨使，又为陕西宣抚使。

〔13〕参大政：指范仲淹任枢密副使、参知政事。

〔14〕修其业：指主持义田之事。

〔15〕敛：为死者易衣为小敛，死者入棺为大敛。敛，与殓同。

【译文】

范文正公，是苏州人。他平生很乐意给人以财物上的帮助，选择了关系亲近却很贫苦、关系疏远却很贤能的人，都给他们以接济。

当他做大官的时候，购置了一千亩近郊良田，取名“义田”，用来养活救济全族的人。每天都发放粮食，每年都发放衣服，嫁女儿、娶媳妇、办丧事的人家都给资助。他选择了族中年长而又贤能的人来主持此事，随时管理出入的账目。每天的口粮，一人发一升米；每年的衣服，一人给一段绸。嫁女儿的人家给五十千钱，嫁第二个女儿的人家给三十千钱；娶儿媳的人家给三十千钱，娶第二个儿媳的人家给十五千钱；办丧事的人家所给钱数同嫁第二个女儿的人家一样，死者如是幼儿则给十千钱。族中聚居在一起的一共有九十口人，义田每年的收入有八百斛稻子。将义田的收入，给予聚居的族人，绰绰有馀而不会用完。曾经出仕而暂居家中等待补缺的人给予帮助，而一旦做官在职就停发不给。这是义田大致的情况。

当初，文正公还没有显达的时候，就有志于这一义举，然而心有馀而力不足的状况一直延续了二十年。后来他当了征西的统帅，并且参与了国家大政，于是才有俸禄及赏赐等收入，这才完成了他的心愿。文正公死后，由他的后世子孙主持义田之事，继承了文正公的遗志，就像他活着的时候一样。文正公居高位、得厚禄以后，却贫穷终身。在他死的时候，连寿衣、棺材都买不起，儿子们也没钱为父亲办丧事。文正公只是把接济穷亲戚、养活族中人的义举传给他的儿子了。

昔晏平仲敝车羸马〔1〕，桓子曰〔2〕：“是隐君之赐也。”晏子曰：“自臣之贵，父之族，无不乘车者；母之族，无不足于衣食者；妻之族，无冻馁者；齐国之士，待臣而举火者三百余人。如此，而为隐君之赐乎？彰君之赐乎〔3〕？”于是齐侯以晏子之觞而觞桓子〔4〕。予尝爱晏子好仁，齐侯知贤，而桓子服义也〔5〕；又爱晏子之仁有等级，而言有次第也。先父族，次母族，次妻族，而后及其疏远之贤。孟子曰：“亲亲而仁民，仁民而爱物〔6〕。”晏子为近之。今观文正公之义田，贤于平仲；其规模远举，又疑过之。

呜呼！世之都三公位〔7〕，享万钟禄〔8〕，其邸第之雄，车舆之饰，声色之多，妻孥之富〔9〕，止乎一己而已，而族之人不得其门者，岂少也哉？况于施贤乎？其下为卿、为大夫、为士，廪稍之充〔10〕，奉养之厚，止乎一己而已，而族之人，操壶瓢为沟中瘠者〔11〕，又岂少哉？况于他人乎？是皆公之罪人也。

公之忠义满朝廷，事业满边隅，功名满天下，后世必有史官书之者，予可无录也。独高其义，因以遗其世云。

【注释】

〔1〕晏平仲：即晏婴，春秋时齐国大夫。所传《晏子春秋》是战国时人搜集他的有关言行编辑而成。　羸马：瘦马。

〔2〕桓子：田（陈）无宇，齐景公时大夫，卒谥桓。

〔3〕彰：彰显。

〔4〕“于是”句：谓齐侯罚桓子酒。觞，古代酒器。　齐侯，齐景公。

〔5〕服义：指桓子受觞不辞，乃心服于义。

〔6〕"孟子曰"三句：引文见《孟子·尽心上》。

〔7〕都：居。　三公：汉时以丞相、太尉、御史大夫为三公。此泛指居高位的官吏。

〔8〕万钟禄：优厚的俸禄。钟，量器名。

〔9〕孥：子女。

〔10〕廪稍：官府发的粮食。

〔11〕沟中瘠者：因贫穷而饿死在荒野的人。

【译文】

昔日晏子乘着破车骑着瘦马，桓子见了就说："晏子这样做是隐匿了君王对他的赏赐。"晏子说："自从我显贵以后，父亲的族人，没有不乘车的；母亲的族人，没有衣食不足的；妻子的族人，没有受冻挨饿的；齐国的士人，等我的资助才能生火做饭的有三百多人。像我这样，能说是隐匿君王的赏赐吗？或者能说是张扬君王的赏赐吗？"于是齐侯就拿晏子的酒杯罚桓子喝酒。我曾经很钦佩晏子的爱好仁德，齐侯的赏识贤才，以及桓子的服从正义；又钦佩晏子的仁德分有等级，而表述时又有先后的次序。先说父族，次说母族，再次说妻族，而后说到关系较疏远的贤才。孟子说："亲爱亲人而后才能施仁爱于人民，施仁爱于人民然后才能爱护万物。"晏子的言行与孟子的要求很接近。今天我看文正公的义田，比晏子的做法高明，而义田的规模之大和影响之久远，似乎又超过了晏子。

唉！世上那些居三公高位、享受万钟俸禄的人，他们住的宅邸很雄伟，乘的车舆很华丽，声色犬马很多，妻子儿女享用的东西很富足，一切仅供他一家人享用。而族中不能进他家门的人，难道还算少吗？更何况是接济关系疏远的贤人呢？其次为卿、为大夫、为士的人，俸禄充足，奉养丰厚，一切仅供一人享用，而族中手拿瓢囊乞讨、最后饿死在沟中的人，难道算少吗？更何况接济其他人呢？这些人都是文正公的罪人啊。

文正公的忠义事迹传遍朝廷，事业布满边境，功名响彻天下，后代必有史官记载他的事迹，我可以省略不说。我只是推崇他的道义，因此写了这篇记来使之流传于世。

（王兴康）

袁州州学记

李　觏

【题解】

李觏(1009—1059)，字泰伯，宋建昌郡南城(今属江西)人，累举不第，以教授自资，从学者常数十百人。宋仁宗皇祐二年(1050)，被范仲淹荐为试太学助教，后为海门主簿，世称“盱江先生”(南城在盱江边)。著有《直讲李先生文集》，一名《盱江文集》。李觏是著名的哲学家，文学上主张经世致用，故所作文章大多弘扬儒教、宣传教化之义。

本文叙述袁州学馆建造经过，并阐述了作者对立学兴教重要作用的看法。他认为，兴办学馆，弘扬儒教，可以“结人心”，安国治天下，这是各级官员必须重视的一件大事。他还把一个皇朝的盛衰原因归结为推行不推行儒学教化。作为一篇学记，能够从大处着眼，把兴办教育与振兴国家的命运联系在一起，可见作者眼光之远大。

全文风格庄重高古，凝厚质实；议论切中时弊，逻辑性强；结构上前后对比，形成映衬，颇可见作者哲学家深邃、严谨的思想风貌。

皇帝二十有三年[1]，制诏州县立学[2]。惟时守令[3]，有哲有愚[4]；有屈力殚虑[5]，祗顺德意[6]；有假官借师[7]，苟具文书[8]。或连数城，亡诵弦声[9]。倡而不和，教尼不行[10]。

三十有二年，范阳祖君无泽[11]，知袁州[12]。始至，进诸生，知学宫阙状，大惧人材放失，儒效阔疏，亡以称上意旨。通判颍川陈君侁[13]，闻而是之，议以克合[14]。相旧夫子庙[15]，狭隘不足改为，乃营治之东[16]。厥土燥刚[17]，厥位面阳[18]，厥材孔良[19]。殿堂门庑，黝垩丹漆[20]，举以法。故生师有舍，庖廪有次[21]。百尔器备，并手偕作。工善吏勤，晨夜展力，越明年成。

【注释】

〔1〕"皇帝"句：指宋仁宗即位的第二十三年，即庆历四年(1044)。

〔2〕"制诏"句：据《宋史·职官志七》记载，庆历四年三月，朝廷采纳范仲淹、宋祁等人建议，诏天下州县皆立学。

〔3〕守令：指州太守和县令。

〔4〕哲：智。

〔5〕屈力：竭力。　殚：竭尽。

〔6〕祇(zhī 支)：敬。

〔7〕假官借师：犹言徒有官、师之名而无其实。

〔8〕苟：苟且。

〔9〕亡：通"无"。　诵弦声：弦歌之声与诵读之声。此指学校里传出的声音。

〔10〕尼：止，受阻。

〔11〕范阳：郡名。治所在今河北涿县。宋无范阳郡，此以古地名指当时地名。　祖君无泽：即祖无泽，字择之，上蔡(今属河南)人。以进士高第，累官知制诰，历典大州。

〔12〕袁州：治所在今江西宜春。

〔13〕通判：官名。宋初欲削藩镇之权，命朝臣通判州府军事，与知州、知府共治政事。　颍川：郡名。治所在今河南禹县。　陈君侁：即陈侁，福建长乐人，道学家。

〔14〕议以克合：谓陈侁之意见与祖无泽一致。

〔15〕相：视，察看。

〔16〕治：指州衙所在地。

〔17〕厥：其。

〔18〕面阳：朝南。

〔19〕孔：甚，很。

〔20〕黝垩丹漆：谓殿堂之墙涂泛青黑色的白土，门窗上涂红漆。垩，白土。

〔21〕庖：厨房。　廪：粮仓。

【译文】

皇帝二十三年，下诏要各州县设立学校。不过当时的太守和县令，有贤明的也有愚昧的；有的殚尽心力，恭敬地执行天子的意图；有的徒有官员、教师的名义，徒具公文。有些地方或者接连数城，听不见鼓琴诵读的声音。朝廷提倡而州县不响应，教化就阻碍重重无法推行。

三十二年，范阳祖无泽任袁州太守。他刚上任，就召见儒生，知道了学官残破的状况。他非常担心人材的流失，和儒教作用的削弱，不能符合圣上的旨意。袁州通判颍川人陈侁，听说后深以为然，经讨论后意见很一致。他们察看了旧有的夫子庙，发现面积狭隘无法改建，于是在州城的东面建造学官。那里土地干燥坚硬，房舍方向朝南，用的材料优良。殿堂内和门庑上，涂上了黑、红色的漆和白色的石灰，所施都合乎法度。所以学生老师都有了安身之所，厨房和粮仓也有了安排之处。各种器具都准备好了，于是大家一起动手建造。工匠的技艺精良而官吏的督促也勤快，大家没日没夜地加紧建造，过了一年校舍就建成了。

舍菜且有日[1]，盱江李觏谂于众曰[2]：“惟四代之学，考诸经可见已[3]。秦以山西鏖六国[4]，欲帝万世[5]，刘氏一呼而关门不守[6]，武夫健将，卖降恐后，何耶？《诗》《书》之道废[7]，人惟见利而不闻义焉耳。孝武乘丰富[8]，世祖出戎行[9]，皆孳孳学术[10]。俗化之厚，延于灵、献[11]。草茅危言者，折首而不悔[12]；功烈震主者，闻命而释兵[13]。群雄相视，不敢去臣位，尚数十年[14]。教道之结人心如此。今代遭圣神，尔袁得圣君，俾尔由庠序践古人之迹[15]。天下治，则谭礼乐以陶吾民[16]；一有不幸，尤当仗大节[17]，为臣死忠，为子死孝。使人有所赖，且有所法。是惟朝家教学之意。若其弄笔墨以徼利达而已[18]，岂徒二三子之羞[19]？抑亦为国者之忧。”

【注释】

〔1〕舍菜：即释菜。《周礼·春官·大胥》：“春入学，舍采合舞。”古代入学之始，学生须执芹藻之类祀先圣先师。舍，陈设。菜，指芹藻之类的祭祀物。

〔2〕盱江：即建昌江，又名汝水，在今江西东部。　谂：（shěn 审）规诫。

〔3〕“惟四代”两句：《孟子·滕文公上》：“设为庠序学校以教之。庠者，养也；校者，教也；序者，射也。夏曰校，殷曰序，周曰庠，学则三代共之。”

〔4〕山西：指殽山（今河南洛宁县北）以西，即战国时秦国所在地。鏖：激战。　六国：指战国时除秦之外的楚、齐、燕、韩、魏、赵六国。

〔5〕“欲帝”句：谓帝王的基业要世世代代传下去。《史记·秦始皇本纪》：“朕为始皇帝，后世以计数，二世、三世至于万世，传之无穷。”

〔6〕刘氏：指汉高祖刘邦。公元前206年，刘邦率兵攻入咸阳，覆灭了秦王朝。　关门：指函谷关。

〔7〕《诗》《书》之道废：指秦始皇曾下令焚书坑儒，严禁国中士人传授儒家《诗经》、《尚书》等典籍。

〔8〕孝武：汉武帝刘彻，谥孝武。　乘丰富：谓汉武帝即位时，国家经过文帝和景帝两朝的发展，经济上获得很大成功。

〔9〕世祖：汉光武帝刘秀，庙号世祖。刘秀是西汉皇族，西汉末加入绿林起义军，以恢复汉家制度为号召，最后登上帝位。

〔10〕皆孳孳学术：史载，汉武帝采纳了董仲舒“罢黜百家，独尊儒术”的建议，设太学，置五经博士。汉光武帝常引公卿、郎官于辍朝后讲论经理，自谓“乐此不疲”。孳孳，同孜孜，勤勉不懈。学术，此指儒家学说。

〔11〕灵、献：指汉末的灵帝刘宏和献帝刘协。

〔12〕“草茅”二句：指东汉末年如李膺、陈蕃、范滂、张俭等人因反对宦官专权而被杀。草茅，指无官位者。《仪礼·士相见》：“在野则曰草茅之臣。”危言，直言。折首，砍头。

〔13〕“功烈”二句：似指董卓。灵帝中平六年(189)，诸侯杀十常侍。汉少帝及后来的汉献帝逃出洛阳，董卓带兵往迎。“帝诏却兵，卓遂不敢越礼”(《资治通鉴》卷五十九)。

〔14〕“群雄”三句：指曹操等割据势力谁也不敢称帝。《三国志》载，孙权请曹操称帝，操云：“是儿(指孙权)欲踞我著炉火上耶?”后陈郡等又劝进，操曰：“若天命在吾，吾其为周文王矣。”不肯称帝。

〔15〕庠序：学校。史载，夏曰校，殷曰序，周曰庠。

〔16〕陶：陶冶。

〔17〕仗大节：谓为大节而死。大节，指死生危难之际的操守。

〔18〕徼：通“邀”，要求。　利达：指牟利和做官。

〔19〕二三子：此指各位学生。《论语·述而》：“二三子以我为隐乎?吾无隐乎尔。”原意指学生。

【译文】

在即将开学之时，盱江人李觏对众人说道：“虞、夏、商、周四代的学校，其情形只要考索儒家的经书就可以知道。秦始皇凭藉殽山以西之地与六国鏖战，想要万世称帝，结果刘邦振臂一呼函谷关的大门就守不住了，秦国的武官和战将们，争先恐后地献关投降。这是为什么呢?这是因为秦国废弃了《诗》《书》教化之道，人们只看到‘利’之所在而不知道‘义’之所在。汉武帝即位于天下太平富足之时，汉光武帝出身于行伍之中，他俩都尽心竭力地推崇学术。汉朝风俗教化的淳厚一直延续到灵帝、献帝时期。当时那些在野而敢于直言进谏者，即使杀头也不后悔；那些功勋卓著可震撼人主者，一旦接到诏命即交出兵权。各路诸侯眼盯着皇帝的宝座，但仍不敢去掉臣子的名号而称帝，这也持续了数十年。教化之道维系人心的作用竟如此之大。如今幸逢圣明天子之时，而你们袁州人又有一位贤明的太守，让你们通过学校教育追踪古代圣贤的踪迹。如果天下太平，则传授礼乐以陶冶百姓的性情；一旦遭逢变故，尤其应当坚持节操，做臣子的为皇上尽忠，做儿子的为父亲尽孝，使人精神上有支撑，行动上有法度。这就是朝廷倡导教学的目的。如果进州学只是为了舞弄笔墨以求名利，这样岂止是你们个人的羞辱？这也是治理国家者所忧虑的。”

（王兴康）

朋 党 论

欧阳修

【题解】

欧阳修(1007—1072)，字永叔，自号醉翁，晚年又号六一居士，吉州永丰(今属江西)人。幼年丧父，家境贫困。宋仁宗时中进士。他力主改革弊政，积极参加范仲淹的“庆历新政”，因而受到政敌的打击，屡被罢职贬官。后历任枢密副使、参知政事等显要职位。晚年反对王安石变法。他是宋朝第一个在散文、诗、词各方面都很有成就的杰出作家，是当时公认的文坛领袖，团结和培养了许多著名作者，领导了北宋的诗文革新运动。

《朋党论》是与“庆历新政”密切有关的著名政论。庆历三年(1043)，豪族地主阶层在政治上的代表人物夏竦、吕夷简等人，由于欧阳修、蔡襄等的弹劾而先后罢免，范仲淹、韩琦等革新派上台执政，提出许多改革主张，这就是“庆历新政”。但是，这批暂时受到排斥的保守人物仍然拥有强大的实力，他们积极制造舆论，攻击范仲淹等引用朋党。

欧阳修的这篇文章，尖锐有力地驳斥了保守派的这种污蔑。他首先划清“君子之朋”和“小人之朋”的界限，又进一层剖析“小人无朋”和“君子有朋”的道理，然后引证大量的历史事实，说明国家的兴亡治乱和朋党的真实关系，给予政敌以致命的打击。文中连用排笔，增加了说理的气势，也使事理在正反两面的对比中显得更加明白清楚。

臣闻朋党之说[1]，自古有之，惟幸人君辨其君子小人而已[2]。大凡君子与君子，以同道为朋[3]；小人与小人，以同利为朋。此自然之理也。

【注释】

〔1〕朋党：人们因某种相同的目的而聚合在一起。

〔2〕幸：希望。

〔3〕同道为朋：在道义一致的基础上结合成朋党。

【译文】

据我所知，有关朋党的说法，从古就有，只是希望君主能辨别是君子还是小人就好了。大抵说来，君子与君子，因志趣一致而结为朋党；小人与小人，则因私利相同而结为朋党。这是自然的道理。

然臣谓小人无朋，惟君子则有之。其故何哉？小人所好者利禄也[1]，所贪者货财也，当其同利之时，暂相党引以为朋者[2]，伪也；及其见利而争先，或利尽而交疏，则反相贼害[3]，虽其兄弟亲戚，不能相保。故臣谓小人无朋，其暂为朋者，伪也。君子则不然：所守者道义[4]，所行者忠信，所惜者名节[5]。以之修身，则同道而相益；以之事国，则同心而共济[6]；终始如一，此君子之朋也。

【注释】

〔1〕好（hào耗）：喜爱。

〔2〕党引：勾结。

〔3〕贼害：伤害。

〔4〕守：信奉，坚持。

〔5〕名节：名誉气节。
〔6〕济：救助。

【译文】

然而我却以为小人并无朋党，只有君子才有。其原因是什么呢？小人所喜爱的是薪俸，所贪图的是财物，当他们私利相同的时候，暂时互相勾结而形成朋党，那是虚假的；等到他们见到实利便争先恐后，或者一旦利益已尽而交情疏远，就会反过来互相残害；即使是兄弟亲戚，也不会互相保全。所以我以为小人并无朋党，他们暂时结为朋党是虚假的。君子就不是这样了：他们所信奉的是道义，所履行的是忠信，所珍惜的是名誉气节。用这些来修养自身，就能志趣一致而相互补益；用这些来服务于国家，就能同心协力把事办成；自始至终一贯如此，这就是君子的朋党了。

故为人君者，但当退小人之伪朋[1]，用君子之真朋，则天下治矣[2]。

【注释】

〔1〕退：废斥不用。
〔2〕治：指社会安定兴旺。

【译文】

所以做君主的，只应当摈斥小人的假朋党，信任君子的真朋党，那天下就能大治了。

尧之时[1]，小人共工、驩兜等四人为一朋[2]，君子八元、八恺十六人为一朋[3]。舜佐尧[4]，退四凶小人之朋，而进元、恺君子之朋，尧之天下大治。及舜自为天子[5]，而皋、夔、稷、契等二十二人并列于朝[6]，更相称美，更相推让，凡二十二人为一朋，而舜皆用之，天下亦大治。《书》曰[7]："纣有臣亿万[8]，惟亿万心；周有臣三千，惟一心。"纣之时，亿万人各异心，可谓不为朋矣，然纣以亡国。周武王之臣三千人为一大朋，而周用以兴[9]。后汉献帝时[10]，尽取天下名士囚禁之，目为党人[11]。及黄巾贼起[12]，汉室大乱，后方悔悟，尽解党人而释之，然已无救矣。唐之晚年，渐起朋党之论[13]。及昭宗时[14]，尽杀朝之名士，或投之黄河，曰："此辈清流，可投浊流[15]。"而唐遂亡矣。

【注释】

〔1〕尧：和下文中的舜、周武王都是儒家推崇的古代贤君。

〔2〕共工、驩兜：尧时被称为"四凶"中的两个。

〔3〕八元：指上古高辛氏的八个儿子。八恺：指上古高阳氏的八个儿子。元、恺都是善良的意思。

〔4〕佐：辅助。

〔5〕及：等到。

〔6〕皋、夔、稷、契：都是舜时贤臣，分别被舜委任为管理刑法、音乐、农事和教育的长官。

〔7〕《书》：《尚书》，收录上古时代的政府文告。下引四句语见《周书·泰誓篇》，这是周武王伐纣，会师于孟津时发表的誓师词。

〔8〕纣：商朝亡国之君帝辛。　亿万：指人数众多。

〔9〕用：因此。

〔10〕献帝：刘协，汉朝亡国之君（189—220 在位）。

〔11〕"尽取"二句：汉桓帝（147—167 在位）时，宦官专权，一些名士如李膺、杜密、陈寔、范滂等都被诬为营私结党，逮捕入狱，后赦免，但终身不许做官。到了灵帝（168—189 在位）时，宦官曹节等，杀死窦武、陈蕃和李膺等一百多人。文中说是献帝时的事，当系作者误记。

〔12〕黄巾：东汉末年农民起义军，用黄巾为标志。　贼：封建统治

者对农民起义军污蔑的说法。

〔13〕“唐之”二句：唐穆宗长庆初年(821)，以牛僧孺、李宗闵为首和以李德裕为首的官僚集团，各树朋党，展开斗争。这次党争一直延续到文宗(827—840 在位)、武宗(841—846 在位)、宣宗(847—859 在位)时代，历时近四十年。史称“牛李党争”。

〔14〕昭宗：李晔，889—904 在位。

〔15〕此辈清流，可投浊流：昭宣帝天佑二年(905)，李振唆使权臣朱全忠诱杀当时士大夫裴枢等三十馀人说：“此辈常自谓清流，直投入黄河，使为浊流！”朱全忠竟然这样干了。文中说是昭宗时的事，也系作者误记。

【译文】

唐尧时，小人共工、驩兜等四人结成一党，君子八元、八恺等十六人结成一党。舜辅助尧，摈斥四凶的小人朋党，起用八元、八恺十六人的君子朋党，唐尧的天下得到大治。等到虞舜自己做了天子，皋陶、后夔、后稷、后契等二十二人，同时在朝廷列位任职，相互称赞，相互谦让，一共二十二人结为一党，而虞舜都任用他们，天下也得到大治。《尚书》说：“商纣王有亿万名臣子，是亿万条心；周武王有三千名臣子，却是一条心。”纣王时，亿万臣子各怀异心，说得上是不结朋党了，然而纣王却因此亡国。周武王的臣子三千人结为一个大党，周朝却因此而兴盛。东汉献帝时，将天下所有名士都逮捕监禁起来，把他们看作同党的人。等到黄巾贼寇造反，汉王朝大乱，这才后悔醒悟，把党人都免罪释放，然而已无法挽救了。唐朝末年，逐渐掀起了朋党之争。到昭宗时，竟把当朝名士全部杀害，或者被投进黄河，有人还说：“这批人自命清流，应当投进浑浊的黄河中去！”唐朝也就灭亡了。

夫前世之主，能使人人异心不为朋，莫如纣；能禁绝善人为朋，莫如汉献帝；能诛戮清流之朋，莫如唐昭宗之世；然皆乱亡其国。更相称美、推让而不自疑，莫如舜之二十二臣；舜亦不疑而皆用之。然而后世不诮舜为二十二人朋党所欺[1]，而称舜为聪明之圣者，以能辨君子与小人也。周武之世，举其国之臣三千人共为一朋，自古为朋之多且大莫如周，然周用此以兴者，善人虽多而不厌也。

夫兴亡治乱之迹，为人君者可以鉴矣！

【注释】

〔1〕诮(qiào 窍)：责备。

【译文】

前代的君主中，能使臣子人人各怀异心而不结党，没有比得上纣王的；能禁止贤士结为朋党，没有比得上汉献帝的；能杀戮清流党人，没有比得上唐昭宗时期；然而他们的国家都招致混乱灭亡。相互称赞、谦让而不自相疑忌的，没有比得上虞舜的二十二位臣子；虞舜也不加猜疑而都任用他们。然而后世并没有讥责虞舜被二十二人朋党所蒙骗，反而称赞虞舜是英明的圣君，就是由于他能分辨君子和小人。周武王时期，全国所有的臣子三千人共同结为一个朋党，自古以来结党人数之多，规模之大，没有比得上周朝的，然而周朝却因此而兴盛，贤士再多也不嫌多啊！

这些天下兴盛衰亡、太平混乱的史迹，做君主的可以作为借鉴的啊。

（王水照）

纵 囚 论

欧阳修

【题解】

据史书记载，唐贞观六年，太宗亲自审讯了三百九十名死囚犯，并放他们回家，约定来年秋天再回来就死。到了第二年秋天，死囚犯如数归来。太宗感其信义，遂全部予以赦免。欧阳修有感于此事，发为议论，撰成此文。

对于当年唐太宗是否真的“纵囚”，前人早有疑义，指出其与史实不合。欧阳修则从情理上论证了它的不通，认为此事不近人情。全文笔势纵横而不支离，章法严谨而有跌宕。落笔时往往欲擒故纵，结论时每每一针见血。曲尽人情，步步深入，可见作者对世态洞悉之深刻与准确以及纵论政事之锋芒。

信义行于君子，而刑戮施于小人。刑入于死者，乃罪大恶极，此又小人之尤甚者也。宁以义死，不苟幸生〔1〕，而视死如归，此又君子之尤难者也。

方唐太宗之六年〔2〕，录大辟囚三百馀人〔3〕，纵使还家〔4〕，约其自归以就死。是以君子之难能，期小人之尤者以必能也。其囚及期，而卒自归无后者〔5〕。是君子之所难，而小人之所易也。此岂近于人情哉？或曰：罪大恶极，诚小人矣，及施恩德以临之，可使变而为君子。盖恩德入人之深，而移人之速，有如是者矣。

【注释】

〔1〕苟：苟且。 幸：侥幸。

〔2〕唐太宗之六年：指唐太宗贞观六年，即公元632年。

〔3〕录：登录于册，录取。 大辟：死刑。

〔4〕纵：释放。

〔5〕无后者：指没有囚犯超过期限。

【译文】

对君子要讲信用和礼义，而对小人则要施加刑罚和诛戮。所受之刑罚至于死刑者，一定罪大恶极，这种人又是小人中尤其坏的人。宁可为了信义而死，也不苟且侥幸以生，而且还视死如归，这又是君子也很难做到的啊。

唐太宗贞观六年，挑选了死囚犯三百多人，放他们回家，并且同他们讲定时间自己回来接受死刑。这是用君子都难以做到的事，来希望最坏的小人一定做到。那些死囚犯们到了日期，都自觉地归来无人逾期，这便是君子难以做到的事，而小人居然容易地做到了。这种事难道合乎人之常情吗？有人说：罪大恶极，确实是小人了，等到把恩德施加到他们身上时，就可以使他们变成君子。这是因为恩德能深入人心，并迅速地改变人，就会有这种情况。

曰：太宗之为此，所以求此名也。然安知夫纵之去也，不意其必来以冀免〔1〕，所以纵之乎？又安知夫被纵而去也，不意其自归而必获免，所以复来乎？夫意其必来而纵之，是上贼下之情也〔2〕；意其必免而复来，是下贼上之心也。吾见上下交相贼以成此名也〔3〕，乌有所谓施恩德与夫知信义者哉〔4〕？不然，太宗施德于天下，于兹六年矣，不能使小人不为极恶大罪；而一日之恩，能使视死如归，而存信义，此又不通之论也。

然则何为而可？曰：纵而来归，杀之无赦；而又纵之，而又来，则可知为恩德之致尔。然此必无之事也。若夫纵而来归而赦之〔5〕，可偶一为之尔。若屡为之，则杀人者皆不死，是可为天下之常法乎？不可为常者，其圣人之法乎？是以尧、舜、三王之治，必本于人情，不立异以为高〔6〕，不逆情以干誉〔7〕。

【注释】

〔1〕冀：希望。

〔2〕贼：盗窃。此指窥察。

〔3〕此名：指“恩德入人深”之名声。

〔4〕施恩德：指唐太宗释死囚之死。　知信义：指死囚犯们自动归来。

〔5〕若夫：至于。

〔6〕立异：指建立“不常之法”。

〔7〕逆情：违背人情。　干誉：求取名誉。

【译文】

我说：唐太宗做这件事，就为了求取好名声。然而谁能肯定唐太宗释放死囚时，没有预料到他们必定会回来以求赦免，所以才放他们的呢？谁又能确定死囚被释放出去，不是料定自动回来一定能够获得赦免，所以才又回来的呢？唐太宗料定囚犯们必定会回来这才放他们走，这是在上者窥探到了在下者的心思；死囚犯们料定自己必定会获赦免才又回来，这是在下者窥探到了在上者的心思。我只见到上下互相窥探心思以成就好名声，哪里有什么施予恩德和懂得信义的事呢？不然的话，唐太宗施行恩德於天下，至当时已经六年了，仍不能使小人不犯极恶的大罪；而他对死囚犯一天的恩德，却能使他们视死如归，而又心里想着信义，这又是讲不通的道理。

至于怎样做才好呢？我说：释放的死囚又回来了，把他们杀掉一个也不赦免；而后再释放一批死囚，而他们又回来了，则可知他们是受了恩德的感化才回来的。然而这样的事是必定没有的。如果将死囚释放而回来后赦免他们，这样的事可偶尔为之。如果多次这样做，那么杀人者都不处死，这样可以成为天下通行的法律吗？如果不可成为天下通行的法律，那它算是圣人之法吗？所以尧、舜、三王治理天下，必以人之常情为根本，不标新立异以显示高尚，也不违背情理以求取名誉。

（王兴康）

释秘演诗集序

欧阳修

【题解】

为友人的诗文集作序，理应谈几句友人创作的特色、师承的渊源等等。欧阳修此序却一反常规，别出机杼，于秘演的诗歌未置一词，却谈自己对国家和社会的看法，谈友人石曼卿的抱负和处世，其间也谈到秘演的困顿和落拓；而对秘演的诗歌，仅通过转引石曼卿之赞语“雅健有诗人之意”一笔带过。作者写此文时年仅三十六岁。是年三月，他曾谏阻宰相吕夷简派遣富弼出使契丹，认为这是挟私报复；五月，又上书极言应革之弊政。不料，二事均遭冷遇，于是便请求外放，出任滑州(治所今河南滑县)通判。十月到任，两个月后写下此文。因此，文章在表达对秘演哀悯的同时，也抒发了自己的身世之感。

本文构思巧妙，以“奇”字为主干，以盛衰死生之感生情，表现手法高超。作者一生写了大量的序文，清代著名古文家刘大櫆称本文为其中之冠。

予少以进士游京师[1]，因得尽交当世之贤豪。然犹以谓国家臣一四海[2]，休兵革[3]，养息天下以无事者四十年[4]，而智谋雄伟非常之士，无所用其能者，往往伏而不出；山林屠贩[5]，必有老死而世莫见者，欲从而求之不可得。其后得吾亡友石曼卿[6]。曼卿为人，廓然有大志[7]。时人不能用其材，曼卿亦不屈以求合。无所放其意，则往往从布衣野老，酣嬉淋漓[8]，颠倒而不厌[9]。予疑所谓伏而不见者，庶几狎而得之[10]，故尝喜从曼卿游，欲因以阴求天下奇士[11]。

【注释】

〔1〕京师：京城。此指北宋都城汴京（今河南开封）。

〔2〕以谓：以为。　臣一：臣服统一。　四海：指全国各地。古人以为中国处在四海之中，故称。

〔3〕兵革：代指战争。兵，兵器。革，作战用的甲盾。

〔4〕养息天下：让天下百姓休养生息。　无事：指无兵革之事。

〔5〕山林屠贩：指隐居山林者和屠夫、商贩。

〔6〕石曼卿：名延年（994—1041），字曼卿。宋州宋城（今河南商丘）人。北宋文学家。累举进士不第，真宗时为大理寺丞。喜剧饮，人称"酒仙"。与欧阳修交厚。他死后，欧阳修作《石曼卿墓表》和《祭石曼卿文》。

〔7〕廓然：宽阔旷达貌。

〔8〕酣嬉淋漓：指尽情喝酒游玩。

〔9〕颠倒：谓酒醉后神志恍惚，身体七倒八歪。

〔10〕庶几：大概，也许。　狎：亲近，亲热。

〔11〕阴：暗地里。

【译文】

我年轻时考中进士后寄居京城，因而能够遍交当时的贤士豪杰。然而我还是认为，国家统一四海臣服，战争止息，百姓休养生息以至天下太平的日子长达四十年，而有智有谋、有雄才大略的不寻常之人，没有地方可发挥他们的才能，就往往蛰伏不出，或隐居山林或从事屠宰贩运货物，他们中一定有老病至死而不被世人发现的。我想因此而访求他们却不能如愿。此后我结交了我的亡友石曼卿。曼卿的为人，胸怀开阔而又有大志。人们不能用他的才能，而曼卿也不肯委屈自己来迁就别人的意志。他没有地方实现志向，就常常同布衣、村民一起，饮酒嬉戏尽情尽意，直至神志模糊、七倒八歪也不满足。我猜想所谓隐伏而不露面的人，或许会在亲密的交往中发现，所以我曾经喜欢与石曼卿交游，想借此在暗中访求天下的奇士。

浮屠秘演者〔1〕，与曼卿交最久，亦能遗外世俗〔2〕，以气节自高。二人欢然无所间〔3〕。曼卿隐于酒，秘演隐于浮屠，皆奇男子也。然喜为歌诗以自娱。当其极饮大醉，歌吟笑呼，以适天下之乐，何其壮也！一时贤士皆愿从其游，予亦时至其室。十年之间，秘演北渡河〔4〕，东之济、郓〔5〕，无所合，困而归。曼卿已死，秘演亦老病。嗟夫！二人者，予乃见其盛衰〔6〕，则予亦将老矣。夫曼卿诗辞清绝，尤称秘演之作，以为雅健有诗人之意。秘演状貌雄杰，其胸中浩然。既习于佛，无所用，独其诗可行于世，而懒不自惜。已老，胠其橐〔7〕，尚得三、四百篇，皆可喜者。

曼卿死，秘演漠然无所向。闻东南多山水，其巅崖崛峍〔8〕，江涛汹涌，甚可壮也，遂欲往游焉。足以知其老而志在也。于其将行，为叙其诗，因道其盛时以悲其衰。

【注释】

〔1〕浮屠：也作浮图。佛教中和尚的译名。　秘演：生平未详。《宋史·艺文志》载《僧秘演诗集》二卷。《宋诗纪事》卷九十一录秘演诗三首。题称“释秘演”。

〔2〕遗外：犹抛开。

〔3〕间：隔阂。

〔4〕河：黄河。

〔5〕济、郓：指宋代的济州（治所在今山东钜野南）和郓州（治所在今山东东平）。

〔6〕盛衰：指盛年和衰年。

〔7〕胠其橐：谓打开箱箧。胠，打开。橐，袋子，引申指箱箧。

〔8〕崛峍：高峻陡峭。

【译文】

和尚秘演，与曼卿结交的时间最长，也能够超脱世俗，以气节自负。他们两人相处融洽没有隔阂。曼卿寄隐于酒，秘演寄隐于佛门，两人都是奇男子。然而秘演喜欢写诗歌以自寻乐趣。每当他开怀畅饮酩酊大醉时，就唱歌吟诗、又笑又叫，以享受天下最大的快乐，这是多么豪迈啊！当时的贤士，都愿意与他交游，我也经常到他的屋里去。十年之间，秘演北渡黄河，东至济州、郓州，没有找到志趣投合的朋友，困顿而归。这时曼卿已经死了，秘演也年老多病了。唉！这两个人，我竟目睹了他们的兴盛和衰落，那么我自己也快老了啊！曼卿的诗清妙绝伦，可他尤其称赞秘演的诗作，以为他的作品清雅劲健有古典诗人的意趣。秘演的相貌雄伟杰出，胸有浩然之气。他既已钻研佛学，可是没有施展，唯独他的诗作可以流传于世，然而他又懒散而不自爱惜。进入老年后，他打开箱子，还留下三、四百篇诗，都是让人读后感到喜欢的诗。

曼卿死后，秘演感到寂寞而无处可去。他听说东南一带多有山水胜景，那里的山峰高峻悬崖陡峭，江中的浪涛汹涌澎湃，非常壮观，便想到那儿去游玩。这就足以说明他人虽老了而志向尚存。在他即将启程的时候，我为他的诗集作序，于是说到他的壮年并为他的衰老而悲哀。

（王兴康）

卷　十

梅圣俞诗集序

欧阳修

【题解】

梅尧臣字圣俞，是北宋杰出的诗人，在宋代中叶的诗文革新运动中，起过良好的作用。欧阳修十分佩服他的清新的诗风，在创作上曾受到他的影响。因此，这篇序文无论议论或叙事，都充满了作者对这位诗人的倾慕和同情。文章明白畅晓，舒纡婉转，可以看出欧阳修文风的主要特点。

欧阳修在本文中提出了“诗穷而后工”的创作观，这是对司马迁“《诗》三百篇，大抵圣贤发愤之所为作也”（《报任少卿书》）、杜甫“文章憎命达”（《天末怀李白》）、韩愈“欢愉之辞难工，而穷苦之言易好也”（《荆潭唱和诗序》）等说的深入阐发，也就是说，在生活和创作的关系中，并非是诗能使作者穷困，而是诗人们对穷困蹇促的生活有了体味之后，才能取得较高的文学成就。此论点涉及中国古代文论中一个重要的理论问题，影响较为深远。

予闻世谓诗人少达而多穷[1]，夫岂然哉[2]？盖世所传诗者，多出于古穷人之辞也。凡士之蕴其所有[3]，而不得施于世者，多喜自放于山巅水涯之外，见虫鱼草木风云鸟兽之状类，往往探其奇怪；内有忧思感愤之郁积，其兴于怨刺[4]，以道羁臣寡妇之所叹[5]，而写人情之难言；盖愈穷则愈工。然则非诗之能穷人，殆穷者而后工也。

【注释】

〔1〕达：显达。　穷：穷困不得志。

〔2〕夫(fú 扶)岂然哉：难道真是这样吗？夫，语首助词。

〔3〕士：读书人。　蕴其所有：这里指有才学、有抱负。蕴，蓄聚。

〔4〕兴于怨刺：产生怨恨、讽刺的念头。《汉书·礼乐制》："周道始缺，怨刺之诗起。"

〔5〕道：表达出。　羁(jī 基)臣：在外地宦游的官吏。

【译文】

我听世人说诗人很少显达大多穷困，难道真是这样吗？一般说世上流传的诗，多数是出于古代穷困不得志诗人的文辞。凡是士人怀抱才学和理想，却不能在社会上施展的人，都喜欢独自放浪于山水之间，看到虫鱼、草木、风雪、鸟兽等物类形态，常常要探究它们的奇特之处；他们内心郁积着忧思和愤慨，就会寄兴于诗歌的怨恨讽刺，以表达宦游外地的官吏和孤守空房的寡妇的哀叹，抒写人们难以说出的情怀；大致说来，诗人境遇愈是困顿，诗愈能写得好。这样说来，并不是写诗能使人困顿，恐怕是诗人处于困境之后，诗才会写得好。

予友梅圣俞，少以荫补为吏〔1〕，累举进士，辄抑于有司〔2〕，困于州县〔3〕，凡十馀年。年今五十，犹从辟书，为人之佐〔4〕。郁其所蓄，不得奋见于事业。其家宛陵〔5〕，幼习于诗，自为童子，出语已惊其长老。既长，学乎《六经》仁义之说，其为文章，简古纯粹，不求苟悦于世。世之人徒知其诗而已。然时无贤愚，语诗者必求之圣俞；圣俞亦自以其不得志者，乐于诗而发之，故其平生所作，于诗尤多，世既知之矣，而未有荐于上者。昔王文康公尝见而叹曰[6]：“二百年无此作矣！”虽知之深，亦不果荐也[7]。若使其幸得用于朝廷，作为《雅》、《颂》，以歌咏大宋之功德，荐之清庙[8]，而追《商》、《周》、《鲁颂》之作者，岂不伟欤！奈何使其老不得志，而为穷者之诗，乃徒发于虫鱼物类、羁愁感叹之言。世徒喜其工，不知其穷之久而将老也！可不惜哉！

【注释】

〔1〕荫补为吏：靠了祖先的功勋而得官。梅尧臣荫袭他叔父梅询的官爵，出任河南主簿。

〔2〕辄：每每。　抑于有司：被主考官所压制。有司，负有专责的官吏，这里指主考官。

〔3〕困于州县：指只在州县做小官。梅尧臣做过三任主簿，一任知县。

〔4〕“年今”三句：今：这里是“即”、“即将”、“快要”的意思，为“现在”的引申义。　辟书：聘请书。庆历八年(1048)，梅尧臣年四十七岁，应晏殊召聘，赴签书陈州镇安军节度判官任。以后嘉祐二年(1057)，梅尧臣五十六岁时，欧阳修知贡举，曾辟梅为参详官。　佐：辅佐，指僚属。

〔5〕宛陵：宣城的旧县名，在今安徽宣城。

〔6〕王文康公：王曙，宋仁宗时的宰相，谥文康。

〔7〕果：成为事实。

〔8〕清庙：宗庙。

【译文】

我的朋友梅圣俞，年轻时靠了叔父的功勋而得官，多次参加进士科考试，一直被主考官压制，只在州县做小官，共计十多年。现在五十岁了，还得接受招聘去做别人的僚属。他怀抱才学和理想，不能在事业上充分发挥出来。他的老家在宛陵，从小练习写诗，自从孩童时起，写出的诗已使长辈们惊叹。长大后，又学习《六经》中仁义的学说，他写的文章，简朴古雅，纯正精粹，不以苟且迎合的态度去讨取世人的欢心。因此，世人仅仅知道他会写诗而已。然而，当代不论贤士愚人，只要是谈论诗歌都必然会向圣俞去请教；圣俞也乐意将他不得志的心情，在诗作中抒发出来，所以他平素写的作品，在诗歌方面尤其多。世人既知道他的诗名，却没有人推荐给朝廷。从前王文康公读过他的作品，曾赞叹说："二百年来没有出现这样的作品了！"虽然对梅圣俞深表赏识，最终也没有推荐他。假如他有幸被朝廷任用，写出《雅》、《颂》一类的诗歌，来歌颂大宋王朝的功德，把它奉献在宗庙，以追随《商颂》、《周颂》、《鲁颂》的作者，难道不是很了不起吗！怎么让他到老还不能实现理想，仍写些不得志的诗篇，徒然去描述虫鱼一类物态、抒发羁愁感叹的情怀？世人只喜欢他的诗写得好，而不知道他穷困潦倒已经很久，而且快衰老了！能叫人不为之惋惜吗？

圣俞诗既多，不自收拾。其妻之兄子谢景初，惧其多而易失也，取其自洛阳至于吴兴以来所作〔1〕，次为十卷〔2〕。予尝嗜圣俞诗，而患不能尽得之，遽喜谢氏之能类次也〔3〕，辄序而藏之。

【注释】

〔1〕吴兴：在今浙江湖州。梅尧臣曾先后到洛阳、吴兴两地居留。

〔2〕次：编。

〔3〕遽(jù 具)：立刻、顿时。 类次：分类编排。

【译文】

圣俞的诗很多，自己没有搜集整理。他妻兄的儿子谢景初，担心他作品数量很多容易散失，把他从洛阳到吴兴这段时间所作的诗歌，编为十卷。我曾酷爱圣俞的诗，而遗憾不能全部得到，谢氏能将它分类编排，我顿感高兴，就写了这篇序，并把它收藏起来。

其后十五年〔1〕，圣俞以疾卒于京师，余既哭而铭之〔2〕，因索于其家，得其遗稿千馀篇，并旧所藏，掇其尤者六百七十七篇〔3〕，为一十五卷。呜呼！吾于圣俞诗论之详矣〔4〕，故不复云。庐陵欧阳修序〔5〕。

【注释】

〔1〕其后十五年：指宋仁宗嘉祐五年（1060）。

〔2〕铭之：替他做了一篇墓志铭。欧阳修有《梅圣俞墓志铭》。

〔3〕掇：采取。　其尤者：其中最优异的。

〔4〕“吾于”句：欧阳修在他的《书梅圣俞稿后》等文和《六一诗话》里，都曾论及梅尧臣的诗歌成就。

〔5〕据清沈德潜《唐宋八家文读本》云：此文前三段（从开头到“辄序而藏之”）作于梅尧臣生时；“其后十五年”一段乃是欧阳修在梅氏死后的补笔。细审前三段的语气（如“不知其穷之久而将老也”等），沈德潜的说法似可据信。补作当在嘉祐六年（1061）。

【译文】

以后过了十五年，圣俞因病死在京城，我已哭吊并为他写了墓志铭，就向他的家人索求诗篇，得到他的遗稿一千多篇，连同先前所藏的作品，从中选取最出色的共六百七十七篇，编为十五卷，唉！我对圣俞的诗已经评论得很详细了，所以不再重复。庐陵欧阳修序。

（王水照）

送杨寘序

欧阳修

【题解】

庆历七年(1047)，杨寘被派往东南方边远地区去当一名县尉，作者很理解他的处境和心情，便写了这篇序为朋友送行。

赠序一般都以对对方的关心、劝勉、期望以及双方的友谊为描述的重点，此序则突破常规，大胆创新。文章开篇后用较大的篇幅写自己学琴、爱琴的经历以及琴声对自己性情的陶冶作用，至文末才说到为杨寘送行事。作者写“琴”，字字句句，无一处不是在为友人送行，无一字不是在劝慰友人随遇而安。韩愈在《送孟东野序》中说：“大凡物不得其平则鸣。”本文立意即以此为本。作者劝友人借弹琴以宣泄郁积的情感，不失为摆脱苦闷痛苦的良方，可见作者对友人的真挚情谊。

予尝有幽忧之疾[1]。退而闲居，不能治也。既而学琴于友人孙道滋[2]，受宫声数引[3]。久而乐之，不知其疾之在体也。夫琴之为技小矣，及其至也，大者为宫，细者为羽[4]。操弦骤作，忽然变之。急者凄然以促，缓者舒然以和。如崩崖裂石、高山出泉而风雨夜至也，如怨夫寡妇之叹息、雌雄雍雍之相鸣也[5]。其忧深思远，则舜与文王、孔子之遗音也[6]；悲愁感愤，则伯奇孤子、屈原忠臣之所叹也[7]。喜怒哀乐，动人必深。而纯古淡泊，与夫尧舜三代之言语、孔子之文章、《易》之忧患、《诗》之怨刺无以异[8]。其能听之以耳，应之以手，取其和者，道其湮郁[9]，写其幽思[10]，则感人之际，亦有至者焉。

【注释】

〔1〕幽忧之疾：指过度忧伤而成之病。又指忧郁症。

〔2〕孙道滋：生平未详。

〔3〕宫声：我国古代为五声音阶：宫、商、角、徵、羽。宫为五声之一。此泛指五声，以代指音乐。　引：琴曲体裁名。

〔4〕羽：五声之一。

〔5〕怨夫：即旷夫，成年而无妻的男子。　雍雍之相鸣：《诗经·邶风·匏有苦叶》：“雍雍鸣雁。”雍雍，和谐，和睦。

〔6〕舜与文王、孔子之遗音：相传舜弹五弦之琴以歌《南风》，周文王作琴曲《文王操》，孔子常“弦歌不绝”。此三人都善于用琴来表达思想，抒发情感。

〔7〕伯奇孤子：伯奇是周朝人，周宣王大臣尹吉甫之子。其母死后，其父听从后妻之言，怒而逐之。伯奇清晨履霜而行，自怨无罪被逐，遂弹琴作《履霜操》，后投河而死。　屈原忠臣：屈原，楚国大臣，诗人。因忠谏被逐，自投汨罗江而死。

〔8〕尧舜三代之言语：指《尚书》所收关于尧、舜和夏、商、周三代的文章。　孔子之文章：指《春秋》。相传《春秋》为孔子作。《易》之忧患：《易·系辞》：“《易》之兴也，其于中古乎？作《易》者，其有忧患乎？”相传文王被殷纣王拘于羑里，遂作《拘幽操》，演《易》。《诗》之怨刺：《毛诗大序》：“乱世之音怨以怒。”又：“上以风化下，下以风刺上。”

〔9〕道：通“导”，疏导。　堙郁：阻塞。

〔10〕写：通“泻”。

【译文】

我曾经一度患上了忧郁症。虽然辞去职务闲居在家调养，仍然不能治好。后来到友人孙道滋那里学琴，学会了几支曲子。过了一些时候我感到弹琴很快乐，居然忘记了有病在身。琴作为一种技艺是微不足道的。但当技艺精湛时，高一点的声音就是宫调，低一点的声音就是羽调。按着琴弦骤然弹奏起来，琴声忽然会随感情的变化而变化。急促的琴声给人以凄然促迫的感觉，和缓的琴声给人以舒展和顺的感觉。琴声有时会像山崩石裂、高山涌泉、风雨夜来，有时又会像旷夫寡妇的哀怨叹息、雌鸟雄鸟的和睦相鸣。当琴声表现深远的忧思时，简直是虞舜、周文王、孔子之遗音；当琴声表现悲哀、忧愁、感慨、愤激之情时，简直是孤儿伯奇、忠臣屈原发出的感叹。其喜怒哀乐之情，感动人的心灵一定很深刻。至于琴声所表现的纯厚古朴与淡泊，与尧舜及夏、商、周三代时的语言、孔子的文章、《周易》中的忧患之思、《诗经》中的怨恨和讽刺没有什么不同。这些感情能被耳朵听出，能被得心应手地弹出，采用其中和顺的音调，疏导心中的郁积，宣泄心中的忧思，则在感动人的方面，也有很深的作用。

予友杨君〔1〕，好学有文，累以进士举，不得志。及从荫调〔2〕，为尉于剑浦〔3〕。区区在东南数千里外〔4〕，是其心固有不平者。且少又多疾，而南方少医药，风俗饮食异宜。以多疾之体，有不平之心，居异宜之俗，其能郁郁以久乎？然欲平其心以养其疾，于琴亦将有得焉。故予作琴说以赠其行，且邀道滋酌酒，进琴以为别。

【注释】

〔1〕杨君：即杨寘，字审贤，生平未详。

〔2〕荫调：因先代的官爵而受封为官。

〔3〕剑浦：县名。今福建南平。

〔4〕区区：指卑微的官职。

【译文】

我的朋友杨君，喜欢研究学问，很会写文章。他多次参加进士考试，但都不得志。后来依靠祖上的官爵，调到剑浦做了县尉。这么一个小官又在东南方数千里之外，他的内心一定会有不平的。而且杨君年少多病，南方又缺医少药，风俗和饮食习惯都不适宜。以一个多病的身体，又怀有不平的心情，居住在风俗不适应的地方，怎么能闷闷不乐地支持很久呢？然而要他平心静气以调养疾病，这对于琴技也将会有所得益。所以我写了这篇关于琴的文章来为他送行。并且邀请道滋一起饮酒，弹琴为他送别。

（王兴康）

五代史伶官传序

欧阳修

【题解】

《五代史》指由欧阳修编撰的《新五代史》，是一部记录梁、唐、晋、汉、周五个朝代历史的史籍。欧阳修在纪传的前后，多有序论，用来评点史事，抒发感慨，其体例当源于《史记》中的“太史公曰”。

此篇传序，借后唐庄宗宠幸伶官（乐官）反受其祸一事，对庄宗的成败作了深刻的剖析，得出了“忧劳可以兴国，逸豫可以亡身”的反天命史观，并对统治者发出了防微杜渐、力戒私欲的告诫，这在当时是难能可贵的。序前段叙事，后段议论，善于抓住一兴一亡的对比，反复说明，文短而有力，语少而富有感情，历来为一些散文家所推崇。如明代古文家茅坤说：“此等文章，千古绝调。”清代文人沈德潜说：“抑扬顿挫，得《史记》神髓，《五代史》中第一篇文字。”

呜呼！盛衰之理，虽曰天命，岂非人事哉！原庄宗之所以得天下〔1〕，与其所以失之者，可以知之矣。世言晋王之将终也，以三矢赐庄宗，而告之曰：“梁，吾仇也〔2〕；燕王，吾所立〔3〕；契丹，与吾约为兄弟〔4〕，而皆背晋以归梁。此三者吾遗恨也。与尔三矢，尔其无忘乃父之志〔5〕！”庄宗受而藏之于庙〔6〕，其后用兵，则遣从事以一少牢告庙[7]，请其矢[8]，盛以锦囊，负而前驱，及凯旋而纳之。

【注释】

〔1〕原：考察，推究。　庄宗：指五代后唐庄宗李存勖（xù 序），西突厥沙陀族人。其祖助唐有功，赐姓李。其父李克用，因镇压黄巢起义军有功，封陇西郡王，后又封晋王。李存勖袭封王位，灭后梁称帝，建立后唐。后因贪图游乐，招致覆灭。

〔2〕梁，吾仇也：朱温原是黄巢起义军的将领，后降唐。唐朝赐名“全忠”，封梁王。后篡唐自立，建立后梁。他曾企图谋害李克用，因而结下世仇。

〔3〕“燕王”句：指燕王刘守光的父亲刘仁恭。李克用曾向唐朝保荐他为卢龙节度使，又帮助他击退敌军，他却拒绝李克用征兵的要求，发生武装冲突。他战胜李克用后，依附于后梁。后刘守光兵力渐强，自称大燕皇帝。

〔4〕“契丹”句：指公元907年，李克用曾与契丹首领耶律阿保机拜为兄弟，结成军事同盟，约定联合灭梁，但后来阿保机背约投向梁朝。

〔5〕其：副词，加强语气，相当于“一定”。

〔6〕庙：宗庙。下文“太庙”意同。

〔7〕从事：原指州刺史（地方长官）辖下地位较低的僚属，这里泛指一般僚属随从。　少牢：古代祭祀，牛、羊、猪全备的叫太牢，只有羊、猪而无牛，叫少牢。告庙：祷告于宗庙。

〔8〕请其矢：请出那些箭来。

【译文】

唉！国家盛衰的原由，虽说是天命，难道不是出乎人为的吗？推考后唐庄宗所以取得天下，以及他失去天下的原因，就可以明白这个道理了。世人传说晋王临死时，拿三支箭赐给庄宗，并告诫他说：“梁国，是我的仇敌；燕王，是我扶助建立功业的；契丹，原先与我结盟为兄弟，可是燕和契丹都背叛我们晋国而归附了梁国。这三件事是我的遗恨啊。给你三支箭，你不要忘了你父亲的心愿。”庄宗接受了箭而把它珍藏在太庙里。以后出兵作战，就派遣侍从官用猪牛祭品上供，到太庙向晋王祷告，请出箭来，装在织锦的袋里，让人背着走在队伍的前面，等到胜利归来再把箭放回庙里。

方其系燕父子以组〔1〕，函梁君臣之首〔2〕，入于太庙，还矢先王，而告以成功。其意气之盛，可谓壮哉！及仇雠已灭，天下已定，一夫夜呼，乱者四应，仓皇东出，未及见贼，而士卒离散。君臣相顾不知所归，至于誓天断发，泣下沾襟，何其衰也〔3〕！岂得之难而失之易欤？抑本其成败之迹〔4〕，而皆自于人欤？《书》曰〔5〕："满招损，谦受益。"忧劳可以兴国，逸豫可以亡身〔6〕，自然之理也。故方其盛也，举天下豪杰莫能与之争；及其衰也，数十伶人困之而身死国灭〔7〕，为天下笑。夫祸患常积于忽微〔8〕，而智勇多困于所溺〔9〕，岂独伶人也哉，作《伶官传》。

【注释】

〔1〕"方其"句：公元913年，李存勖的大将周德威打败刘守光，俘获刘守光父子。方，正当。系，捆绑。组，原为丝带或丝绳，这里指绳索。

〔2〕函梁君臣之首：公元923年，李存勖领兵攻梁，梁末帝朱友贞（朱温之子），为避免死于仇敌之手，让部下皇甫麟杀死他。皇甫麟也刎颈自杀。李存勖攻入梁都，割二人首级归。函，用木匣装。

〔3〕"一夫"九句：史载公元926年，李存勖妻刘皇后听信宦官诬告，杀死大臣郭崇韬，一时谣言纷起，人心惶惶。不久，邺都发生兵变，李存勖派李嗣源（李克用养子）前往镇压，不料李嗣源反被部下推为皇帝，联合邺都乱兵，向京城（洛阳）进军。李存勖仓皇进兵汴京，又被迫折回。归途中满目凄凉，精神沮丧。随从他的部将元行钦等百馀人，断发向天立誓，表示忠于后唐，君臣相对大哭。

〔4〕本：考察原因。

〔5〕《书》：《尚书》，收录中国上古时代的政府文告。下引“满招损，谦受益”出《大禹谟》。

〔6〕逸豫：安乐。

〔7〕“数十”句：李存勖灭梁以后，骄傲自满，纵情声色，宠信乐工、宦官。李嗣源兵反，乐官郭从谦作乱，李存勖中流矢而死。

〔8〕忽微：细小。

〔9〕溺：溺爱，嗜好。

【译文】

当庄宗用绳子捆上燕王父子，用匣子盛着梁国君臣的首级，送进太庙，把箭放回先王灵位之前，向他报告成功消息的时候，他意气的旺盛，可说豪壮极了！等到仇敌已经消灭，天下已经平定时，一个人在夜里一呼喊，叛乱的人就四处响应，庄宗慌慌张张向东逃走，还没遇到叛军，士兵们就已溃散了。君臣们互相看着而不知投奔何处，以至于割下头发，对天盟誓，眼泪流湿衣襟，这又是多么衰弱啊！难道是因为得天下艰难，失天下容易吗？还是推究他由成而败的事迹，都是由于人为的原因呢？《尚书》上说：“自满招致损失，谦虚得到益处。”忧虑勤劳可以使国家兴盛，安逸享乐可以使自己丧命，这是自然的道理。所以当庄宗强盛的时候，普天下的豪杰都不能跟他抗争；等到他衰败了，几十个乐工就能挟持他而导致身死国亡，被天下人所耻笑。看来祸患常从细小的事情里发展起来，聪明勇敢的人多被自己溺爱的人和事所累，难道仅仅是乐工的事吗！为此作《伶官传》。

（王水照）

五代史宦者传论

欧阳修

【题解】

唐昭宗时，宦官把持朝政，昭宗与崔胤谋划要将他们铲除。宦官们非常恐惧，于是先行下手，把昭宗幽禁在少阳院里，立太子李裕为帝。后来，宦官虽然被朱温全部消灭，但昭宗也为朱温所杀。本文主旨，是借昭宗事迹以警告后世君王：必须特别警惕宦官的祸害。

文章一开始，即高屋建瓴，从历史的高度，揭示了宦官对国家政权严重的危害性，并明确地把它置于女色之上。接着以细致深入的分析，揭示了宦官为害的形成和发展过程。最后，又把宦官之祸与女色之祸加以比较，指出宦官之祸不是凭帝王的个人意志就能消除的，性质和女色之祸完全不同，与篇首“其源深于女祸”遥相呼应，读来浑然一体。

全文史识卓越，结体严谨，逻辑推理严密。既有理性的分析，又有深沉感情的流露，故极易打动读者。

自古宦者乱人之国[1]，其源深于女祸。女，色而已，宦者之害，非一端也。盖其用事也近而习，其为心也专而忍，能以小善中人之意[2]，小信固人之心，使人主必信而亲之。待其已信，然后惧以祸福而把持之[3]。虽有忠臣硕士列于朝廷[4]，而人主以为去己疏远，不若起居饮食、前后左右之亲为可恃也。故前后左右者日益亲，则忠臣硕士日益疏，而人主之势日益孤。势孤，则惧祸之心日益切，而把持者日益牢。安危出其喜怒，祸患伏于帷闼[5]，则向之所谓可恃者[6]，乃所以为患也。患已深而觉之，欲与疏远之臣图左右之亲近[7]。缓之则养祸而益深，急之则挟人主以为质[8]。虽有圣智，不能与谋。谋之而不可为，为之而不可成，至其甚，则俱伤而两败。故其大者亡国，其次亡身，而使奸豪得借以为资而起，至抉其种类[9]，尽杀以快天下之心而后已。此前史所载宦者之祸，常如此者，非一世也。

【注释】

〔1〕宦者：宦官。

〔2〕中(zhòng 众)：合，迎合。

〔3〕把持：谓专权揽政，不让他人干预。

〔4〕硕士：贤士。

〔5〕帷闼：此指宫禁之内。帷，帘幕。闼，门屏。

〔6〕向：以前。

〔7〕亲近：此指整天在皇帝周围的宦官。

〔8〕挟人主以为质：即指唐昭宗谋诛宦官，而反被宦官幽禁事。

〔9〕抉：取。

【译文】

自古以来宦官搞乱国家，其祸害的根源要比女色之祸深。妇人，不过以美色惑乱帝王而已；而宦官的为害，就不止一方面了。这是因为宦官日常行事在帝王身边且和帝王关系亲密，其用心专一而残忍，能用小小的善言善行去迎合人意，能用小小的信义去使人深信不疑，从而使帝王对他既信任又亲近。等到帝王已经信任他们了，然后再用祸福等利害去吓唬他并从而掌握他。这时虽然有忠臣贤士在朝廷之上，而帝王以为与自己关系疏远，不像那些起居饮食和自己在一起、经常在自己前后左右的关系很亲近的宦官那样可靠。所以帝王与经常在前后左右的宦官关系更加亲密，则与忠臣贤士的关系就更加疏远了，而帝王所处的形势也更加孤立。帝王形势更加孤立，则害怕灾祸的心情就更加迫切，于是控制他的宦官的地位就更加牢固。帝王的安危系于宦官的喜怒，国家的祸患潜伏于宫闱之内，于是过去所谓可以依靠的宦官，现在竟成了祸患者。为害既深帝王才发觉，于是就同关系疏远的大臣们一起计划铲除一直在自己左右且同自己关系亲近的宦官。如果下手迟缓，则是培养祸患而使之根源更深；如果下手急切，则会导致宦官们挟帝王做人质。此时即便有极高智慧的人，也无法为帝王出谋。即使为帝王出了计谋而事实上无法付诸实施，即使付诸实施也无法取得成功。到了形势严重的时刻，则会双方两败俱伤。所以最严重的结果是亡国，其次是死人，从而导致奸雄得以乘机起事篡政，直至捕捉那些宦官及同党，把他们全部杀死以使天下人心感到痛快而后止。从前历史上记载的宦官之祸，情形常常如此，并不是一朝一代的事了。

夫为人主者，非欲养祸于内，而疏忠臣、硕士于外，盖其渐积而势使之然也。夫女色之惑，不幸而不悟，则祸斯及矣〔1〕。使其一悟，捽而去之可也〔2〕。宦者之为祸，虽欲悔悟，而势有不得而去也，唐昭宗之事是已〔3〕。故曰“深于女祸”者，谓此也，可不戒哉？

【注释】

〔1〕斯：连词，就，乃。

〔2〕捽（zuó 昨）：揪住。

〔3〕唐昭宗之事：见题解。

【译文】

做帝王的人，本意不会想在宫廷之内培养祸患，而在宫廷之外疏远忠臣、贤士，祸害都是渐渐累积起来且形势使然的。帝王对女色的迷惑，如果不幸而不能醒悟，那么祸患马上就要临头了。假如他一旦醒悟，揪住她把她赶走就可以了。至于宦官的祸患，帝王即使想悔悟，而受形势的制约往往不能将他们除去，唐昭宗的事就是这样。因此说宦官之祸“深于女祸”，就是这个道理。帝王难道可以不以此为戒吗？

（王兴康）

相州昼锦堂记

欧阳修

【题解】

韩琦是北宋仁宗、英宗、神宗三朝时的名臣，曾任宰相，封魏国公。他是相州(今河南安阳)人，至和年间以节度使衔任故乡相州知州，于是造“昼锦堂”，以示荣归故里。“昼锦”二字典出《史记·项羽本纪》：项羽“引兵西屠咸阳城，杀秦降王子婴，烧秦宫室，火三月不灭。收其货宝妇女而东。”这时，有人劝项羽说：“关中阻山河四塞，地肥饶，可都以霸。”项羽见秦宫室都毁坏了，又心怀思归之意，便说：“富贵不归故乡，如衣绣夜行，谁知之者?”后人便以“昼锦”为富贵还乡的代名词。

本文作于英宗治平二年(1065)。当时，作者与韩琦正同朝为官，关系融洽。文中虽然不乏歌功颂德之辞，但与韩琦的显赫功勋相比，并无谀美之嫌。且文章别出新意，竟对一般人“衣锦还乡”的观念作了批评，阐明韩琦的志向和功德“岂止夸一时而荣一乡哉”。文章的立意固然是称颂韩琦的功德，但细品文意，又似乎对韩琦的建堂之举持极高明而委婉的批评。

仕宦而至将相，富贵而归故乡，此人情之所荣，而今昔之所同也。盖士方穷时，困厄闾里〔1〕，庸人孺子，皆得易而侮之〔2〕。若季子不礼于其嫂〔3〕，买臣见弃于其妻〔4〕。一旦高车驷马〔5〕，旗旄导前〔6〕，而骑卒拥后，夹道之人，相与骈肩累迹[7]，瞻望咨嗟[8]，而所谓庸夫愚妇者，奔走骇汗，羞愧俯伏，以自悔罪于车尘马足之间[9]：此一介之士[10]，得志于当时，而意气之盛，昔人比之衣锦之荣者也。

【注释】

〔1〕闾里：乡里。

〔2〕易：轻视。

〔3〕“若季子”句：据《战国策·秦策一》记载，苏秦游说秦惠王，失意而归。“归至家，妻不下纴（此指织布机），嫂不为炊，父母不与言。”季子，苏秦字。

〔4〕“买臣”句：《汉书·朱买臣传》记载，朱买臣，西汉吴县人，“家贫，好读书，不治产业，……妻羞之，求去。买臣笑曰：‘我年五十当富贵，今已四十馀矣。女（汝）苦日久，待我富贵报女功。’妻恚怒曰：‘如公等，饿死沟中耳，何能富贵？’买臣不能留，即听去。”后得庄助之荐，拜中大夫，历任会稽太守、丞相长史等职。

〔5〕高车驷马：指用四匹马拉、车盖高敞的车。《华阳国志》载司马相如出蜀过升迁桥，曾题柱云：“不乘驷马高车，不过此桥。”后即以“驷马高车”代指高官厚禄。

〔6〕旄：古代旗杆上用牛尾做成的装饰。

〔7〕骈肩：并肩。骈，连。　累迹：足迹重叠。

〔8〕咨嗟：赞叹。

〔9〕“奔走”三句：指苏秦之嫂和朱买臣之故妻在苏秦和朱买臣富贵后俯伏迎接的情状。

〔10〕一介：一个。有轻视或自谦之意。

【译文】

做官做到出将入相，取得了富贵又回归故乡，这是人们普遍感到光荣的事，而今人和古人的感受都如此。大凡士人正穷厄的时候，困顿于乡里，世俗之人和不懂事的孩子，都可以不把他放在眼里并侮辱他。就像落泊时的苏秦受嫂嫂的无礼冷遇，贫贱时的朱买臣被妻子抛弃。而一旦坐上四马拉的华贵车子，旌旗在前面开道，骑兵在后面簇拥，街道两边的人摩肩接踵，争相观望赞叹，而那些无能平庸之辈和愚蠢的妇人，则惊惶奔走、浑身冒汗，羞愧得俯伏于地，在车尘和马足间自悔过去的罪过：这是一个平凡的士人，志得意满的时刻，而他意气高昂，前人将此比作“衣锦之荣”。

惟大丞相魏国公则不然。公，相人也〔1〕。世有令德，为时名卿〔2〕。自公少时，已擢高科〔3〕，登显士〔4〕。海内之士，闻下风而望馀光者〔5〕，盖亦有年矣。所谓将相而富贵，皆公所宜素有。非如穷厄之人，侥幸得志于一时，出于庸夫愚妇之不意，以惊骇而夸耀之也。然则高牙大纛〔6〕，不足为公荣；桓圭衮裳〔7〕，不足为公贵；惟德被生民，而功施社稷，勒之金石〔8〕，播之声诗，以耀后世而垂无穷，此公之志，而士亦以此望于公也。岂止夸一时而荣一乡哉？

【注释】

〔1〕相：相州。

〔2〕“世有”二句：指韩琦的祖先已富贵。他父亲韩国华，真宗时为谏议大夫。

〔3〕“自公”二句：韩琦于天圣年间举进士第二，年仅二十左右。擢，考中。

〔4〕显士：显贵的官。

〔5〕闻下风：闻风钦佩之意。《左传·僖公十五年》：“群臣敢在下风。”　望馀光：求益之意。《史记·甘茂列传》：“子可分我馀光。”

〔6〕高牙大纛：用象牙装饰的大旗。

〔7〕桓圭：刻有四棱的玉制礼器。　衮裳：古代三公穿戴的礼服。

〔8〕勒：雕刻。　金石：金属器物和石碑。

【译文】

只有大丞相魏国公却不是这样。魏国公，相州人。他的先世有美德，是当时著名的公卿。国公从年轻时起，已经高中科第，登上显赫的官位。天下的士人，仰闻他的风气、瞻望他的馀光，至今也已有好多年了。所谓出将入相和富贵荣华，都是魏国公历来就有的，不像穷厄困顿之人，凭侥幸得志于一时，使无能平庸之人和愚蠢的妇人大出意外，以此来吓唬他们、夸耀自己。然而出行时仪仗队的高大旗帜，不足以显示魏国公的荣耀；玉圭华服，不足以显示魏国公的贵显；只有以恩德施予百姓和以功业报效国家，把它镌刻在金石之上，写入诗篇之中，使其传于后世而无穷，这才是魏国公的志向，而士人也是这样寄希望于国公的。哪里只是为了夸耀一时、荣耀一乡呢？

公在至和中〔1〕，尝以武康之节〔2〕，来治于相，乃作昼锦之堂于后圃。既又刻诗于石，以遗相人〔3〕。其言以快恩仇、矜名誉为可薄，盖不以昔人所夸者为荣，而以为戒。于此见公之视富贵为何如，而其志岂易量哉？故能出入将相，勤劳王家，而夷险一节。至于临大事，决大议〔4〕，垂绅正笏〔5〕，不动声色，而措天下于泰山之安，可谓社稷之臣矣。其丰功盛烈，所以铭彝鼎而被弦歌者〔6〕，乃邦家之光，非闾里之荣也。

余虽不获登公之堂，幸尝窃诵公之诗，乐公之志有成，而喜为天下道也，于是乎书。

【注释】

〔1〕至和：宋仁宗年号(1054—1056)。

〔2〕武康之节：至和二年二月，韩琦因病自请以并州武康节度使知相州。

〔3〕遗(wèi 位)：赠给，留给。

〔4〕临大事，决大议：韩琦曾提出立英宗、神宗，并调解英宗和太后间的对立关系，筹划、处理西夏等事务。

〔5〕绅：衣带。　笏：朝板，即古代大臣上朝时记事备忘、执于手中的手板，用木或玉制成。

〔6〕铭彝鼎而被弦歌：即上文“勒之金石，播之声诗”之意。

【译文】

魏国公在至和年间，曾经以武康节度使的身份来治理过相州，于是在后花园内造了昼锦堂。然后又把写的诗刻在石上，留给相州的百姓。他在诗中鄙薄那种做了故乡的长官就报恩泄愤、夸耀名誉的行为。他不把过去为人夸耀的事引为荣耀，而是引以为鉴戒。于此可见魏国公对待富贵是怎样一种态度，而他志向的远大难道能轻易估量吗？所以他能出将入相，为朝廷辛勤操劳，而不管平安还是艰险节操始终如一。至于面临重大事件，作出重大决议时，国公身垂衣带、手执朝板，面不改色，而把天下的大事安排得像泰山那样安稳，堪称国家的栋梁之臣了。他的丰功伟绩，因此而铭刻在彝鼎之上、流传于弦歌之中，这是国家的光荣，而不仅仅是乡里的荣耀。

我虽然没有到过魏国公的昼锦堂，却曾经有幸诵读过他写的诗，很高兴他的志向能够实现，因此乐意向天下人说明，于是写了这篇记文。

（王兴康）

丰乐亭记

欧阳修

【题解】

本文作于庆历五年(1045)，当时作者贬官知滁州；次年，建亭于城南丰山下。亭东有紫薇泉。作者为了“宣上恩德”，与滁州的百姓同乐丰年，因名亭曰“丰乐亭”。

文章不叙亭中美景及山间醴泉，而集中赞颂宋王朝统一中国后与民以休养生息的德政，体现了作者时刻关注国家治安、百姓安乐的社会责任感。文章写景生动细腻，读之如亲临其境。追述历史则巧妙自然，又于不经意处穿插议论，立意阔大，是一篇很有特色的游记作品。

修既治滁之明年[1]，夏始饮滁水而甘。问诸滁人，得于州南百步之近。其上则丰山[2]，耸然而特立；下则幽谷，窈然而深藏[3]；中有清泉，滃然而仰出[4]。俯仰左右，顾而乐之。于是，疏泉凿石，辟地以为亭，而与滁人往游其间。

滁于五代干戈之际[5]，用武之地也。昔太祖皇帝[6]，尝以周师破李景兵十五万于清流山下，生擒其将皇甫晖、姚凤于滁东门之外[7]，遂以平滁。修尝考其山川，按其图记，升高以望清流之关[8]，欲求晖、凤就擒之所。而故老皆无在者，盖天下之平久矣。自唐失其政，海内分裂，豪杰并起而争，所在为敌国者，何可胜数？及宋受天命，圣人出而四海一〔9〕。向之凭恃险阻〔10〕，铲削消磨。百年之间，漠然徒见山高而水清〔11〕。欲问其事，而遗老尽矣〔12〕。今滁介江、淮之间〔13〕，舟车商贾，四方宾客之所不至。民生不见外事，而安于畎亩衣食〔14〕，以乐生送死〔15〕，而孰知上之功德，休养生息，涵煦于百年之深也〔16〕？

【注释】

〔1〕滁：滁州（今安徽滁县）。

〔2〕丰山：在滁县西南。

〔3〕窈然：幽暗深远貌。

〔4〕滃（wěng 蓊）然：水大貌。

〔5〕五代：指后梁、后唐、后晋、后汉、后周五代，历时五十三年。

〔6〕太祖皇帝：指宋代开国皇帝赵匡胤。

〔7〕“尝以”二句：据《资治通鉴·后周纪三》载：显德三年（956），“上（指后周世宗柴荣）命太祖皇帝（指赵匡胤）倍道袭清流关。皇甫晖等阵于山下，方与前锋战，太祖皇帝引兵出山后，晖等大惊，走入滁州，欲断桥自守。太祖皇帝跃马麾兵涉水，直抵城下。……晖整众而出，太宗皇帝拥马颈突阵而入，大呼曰：‘吾止取皇甫晖，他人非吾敌也！’手剑击晖中脑，生擒之，并擒姚凤，遂克滁州。”李景，原名璟，因避后周庙讳而名景。南唐中主。周师南征滁州，景惧，对周称臣。清流山，在今安徽滁县西北二十五里，山上有关。皇甫晖、姚凤，皆南唐大将。

〔8〕清流之关：清流关在清流山上，即赵匡胤率后周军队大破南唐军队的地方。

〔9〕圣人：对帝王的尊称。此指宋太祖赵匡胤。

〔10〕向：过去。

〔11〕漠然：安静貌。

〔12〕遗老：此指经历过后周与南唐战事的老人。

〔13〕江、淮：指长江和淮河。
〔14〕畎(quǎn 犬)亩：田地。畎，田间水沟。
〔15〕乐生送死：指养生送死，过太平日子。
〔16〕涵煦：滋润教化。

【译文】

我治理滁州的第二年，夏天饮水才觉得甘美。向滁州人询问，得知此水取自州城以南百步附近。水源之上是丰山，高耸突立；水源之下是幽谷，深远而不可测；中间有一股清泉，向上喷涌而出。环视前后左右，看了非常快乐。于是疏导泉水开凿岩石，辟出一块空地建造亭子，与滁州士人一起去那里游玩。

滁州在五代战乱之际，是陈兵打仗的地方。昔日大宋太祖皇帝，曾经率领后周军队在清流山下击败南唐李景十五万大军，在滁州城东门外活捉南唐将领皇甫晖、姚凤，于是平定了滁州。我曾经考察滁州的山川，按照地图和文字记载，登高眺望清流关，想寻找皇甫晖、姚凤被活捉的地方。然而当年知道此事的老人都不在了，这是因为天下平定已经很久了。自从唐皇朝政治失修以来，国家分裂，豪杰之士群起争夺，各地互为敌国，怎能数得清？到宋皇朝承受天命，圣人出世天下统一。过去凭藉以御敌的险要阻碍，都被铲除消灭。这一百年来，人们在漠然中只看见山高水清。要询问昔日战乱之事，当年的遗老已经没了。现在滁州地处长江、淮河之间，车船、商人，四方宾客都不来。百姓们见不到外界的事，而安心地在田间从事衣食生产，快乐地生活平静地死去，又有谁知道皇上的功德，与民休养生息，百年来养育教化恩德的深厚呢？

修之来此，乐其地僻而事简，又爱其俗之安闲。既得斯泉于山谷之间，乃日与滁人仰而望山，俯而听泉，掇幽芳而荫乔木[1]，风霜冰雪，刻露清秀[2]，四时之景无不可爱。又幸其民乐其岁物之丰成，而喜与予游也。因为本其山川，道其风俗之美，使民知所以安此丰年之乐者，幸生无事之时也。

夫宣上恩德，以与民共乐，刺史之事也。遂书以名其亭焉。

【注释】

〔1〕掇：拾，取。

〔2〕刻露清秀：指秋冬季节草枯叶落，巉岩毕露。

【译文】

我来到此地，喜欢这里地处偏僻、公务简单，又爱此地风俗的安闲自在。我既已在山谷间找到了这条泉水，就天天和滁州士人仰头观看山景，俯首聆听泉声，春天拾取幽雅的香花而夏天庇荫于高树之下，秋有风霜冬有冰雪，雕琢出清丽灵秀，四季的景象没有不可爱的。又庆幸当地人乐得年成丰收，而喜欢与我一起游赏。因此我依据当地的山川，称道此间风俗的美好，使百姓知道之所以能安享丰年之乐，是因为有幸生活在没有战乱的太平时代。

宣扬朝廷的恩德，与民同乐丰年，这都是刺史的职责。于是写下此文为亭命名。

（王兴康）

醉翁亭记

欧阳修

【题解】

本篇作于宋仁宗庆历六年(1046)。时作者任滁州知州。醉翁亭，在今安徽滁县西南。

本篇着重写滁州的“山水之乐”、“游人之乐”和“太守之乐”。作者写“游人之乐”，为的是从侧面赞美自己在滁州的政绩，这是他“太守之乐”的原因和内容，表现他所谓“与民同乐”的思想；而写“山水之乐”，则又主要表现他贬官后寄情山水、排遣愁怀的生活态度。“乐”是贯穿全篇的中心，而这三种“乐”又是密切相关的。

本篇在“记”这种文体中很有特色。一是骈偶句的大量运用，但又长短错落而不呆板，并夹有散句，形成似骈非骈、似散非散的风格；二是全篇都是陈述句，并以二十一个“也”字作句尾，形成一种别致的吟哦句调，加上注意字音、节奏的调配，使这篇散文特别宜于朗诵。另外，字斟句酌，言简意赅。据说第一句“环滁皆山也”，南宋时有人看到原稿，先是用了几十个字来说这层意思，最后才改定成这五个字，可见作者在语言上锤炼功夫之深。

环滁皆山也。其西南诸峰，林壑尤美〔1〕。望之蔚然而深秀者〔2〕，琅玡也〔3〕。山行六七里，渐闻水声潺潺，而泻出于两峰之间者，酿泉也。峰回路转，有亭翼然临于泉上者，醉翁亭也。作亭者谁？山之僧智仙也[4]。名之者谁？太守自谓也。太守与客来饮于此，饮少辄醉，而年又最高，故自号曰醉翁也。醉翁之意不在酒，在乎山水之间也。山水之乐，得之心而寓之酒也。

【注释】

〔1〕林壑(hè 贺)：树林和山谷。

〔2〕蔚然：草木茂盛的样子。

〔3〕琅琊：琅琊山，在滁县西南。

〔4〕智仙：琅琊山琅琊寺(一名开化寺)的和尚。

【译文】

环绕滁州城的都是山。其中西南面的几座山峰，树林和山谷尤其美丽。远远望去，草木葱郁、幽深秀丽的，那是琅琊山。进山步行六七里，渐渐听到潺潺流水声，从两座山峰之间倾泻而出的溪流，那是酿泉。山势回环，山路也跟着转弯，有座亭子四角上翘像鸟展翅欲飞，紧靠泉边，那就是醉翁亭。建造这亭子的是谁？是山里的和尚智仙。亭子的名称是谁的？是太守自己的称号。太守和宾客来这里喝酒，稍许喝点就醉了，而且年岁又最大，所以自号为“醉翁”。其实，醉翁的心意并不在喝酒，而在欣赏山水的美景。游山玩水的乐趣，心领神会而又付托于酒。

若夫日出而林霏开[1]，云归而岩穴暝[2]，晦明变化者[3]，山间之朝暮也。野芳发而幽香[4]，佳木秀而繁阴[5]，风霜高洁[6]，水落而石出者，山间之四时也。朝而往，暮而归，四时之景不同，而乐亦无穷也。

【注释】

〔1〕若夫：至于。　林霏(fēi 非)：指林间雾气。

〔2〕云归而岩穴暝：云烟聚集，山谷就昏暗了。　归，原指云回到山中(古人认为云是出自山中的)。暝，昏暗。

〔3〕晦明变化：暗明交替变化，指早晨由暗而明，傍晚由明而暗。

〔4〕野芳：野花。

〔5〕秀：植物生长茂盛。　繁阴：浓密的树荫。

〔6〕风霜高洁：即风高霜洁。风高，实指天空高旷。

【译文】

至于说太阳升起后林间雾气消散，云烟聚集岩洞里幽暗莫辨，这种明暗的交替变化，那是山间的早晨和黄昏。野花开放发出清香，树木茂盛枝叶浓密。风气高爽，霜色洁白，溪水低落，石块显露，那是山间的四季变化。清晨进山，至晚归来，四季的景象都不相同，游赏的乐趣也无穷无尽。

至于负者歌于途，行者休于树，前者呼，后者应，伛偻提携〔1〕，往来而不绝者，滁人游也。临溪而渔，溪深而鱼肥；酿泉为酒，泉香而酒洌〔2〕；山肴野蔌〔3〕，杂然而前陈者，太守宴也。宴酣之乐，非丝非竹〔4〕；射者中〔5〕，弈者胜；觥筹交错〔6〕，起坐而喧哗者，众宾欢也。苍颜白发，颓然乎其间者〔7〕，太守醉也。

【注释】

〔1〕伛偻(yǔ lǚ 雨吕)：俯身曲背的样子，即驼背，这里指老年人。提携：搀领，这里指小孩。

〔2〕洌：清醇。此句有人认为欧阳修原本作“泉洌而酒香”，苏轼书写《醉翁亭记》碑文时改为“泉香而酒洌”。

〔3〕山肴野蔌：泛指乡间的野味、野菜。

〔4〕非丝非竹：丝竹，泛指音乐。丝，为弦乐器，如琴、瑟之类；竹，为管乐器，如箫、笛之类。

〔5〕射：指古代一种叫“投壶”的游戏。用箭状的筹棒去投长颈形

的壶，根据投中的次数来分胜负。

〔6〕觥（gōng 工）：用犀角做的一种酒器。　筹：酒筹，用来行酒令或饮酒计数的签子。

〔7〕颓然：形容酒后昏沉欲倒的样子。

【译文】

至于背扛肩挑的人在路上歌唱，行路的人在树下休息，前面的人招呼，后面的人应答，老老少少，来往不断的，是滁州百姓来这里游玩。到溪边捕鱼，溪水深沉而鱼肥；用酿泉水酿酒，水香甜因而酒味清醇；山中的野味野菜，交错摆在面前的，是太守的筵席。宴饮酣畅的乐趣，不在于琴弦箫管；投壶的投中了，下棋的得胜了；但见酒杯和酒筹交互错杂，站起来坐下去大声喧闹的，是宾客们的欢乐。有个人苍颜白发，昏昏沉沉地坐在宾客中的，那是太守醉了。

已而夕阳在山〔1〕，人影散乱，太守归而宾客从也。树林阴翳〔2〕，鸣声上下，游人去而禽鸟乐也。然而禽鸟知山林之乐，而不知人之乐；人知从太守游而乐，而不知太守之乐其乐也〔3〕。醉能同其乐，醒能述以文者，太守也。太守谓谁〔4〕？庐陵欧阳修也〔5〕。

【注释】

〔1〕已而：随后。

〔2〕阴翳（yì 义）：树荫覆盖着。翳，遮蔽。

〔3〕“人知”二句：谓作者为山中人们的快乐而感到快乐。乐其乐，前一“乐”字作动词用。

〔4〕谓：这里同“为”。

〔5〕庐陵：今江西吉安，欧阳修族籍庐陵，故自称庐陵人。

【译文】

不久夕阳挂在山边，人影绰绰散乱，那是太守回城而宾客们也跟着同归。树林遮蔽成荫，鸟声高低上下，那是游人走后鸟儿的欢乐。然而鸟儿只知生活在山林里的快乐，却不知道人们的快乐；人们只知道跟随太守游玩而感到快乐，而不知道太守为他们的快乐而感到快乐。酒醉时能与人们一起快乐，酒醒后又能写文章描述这种快乐的，那是太守。太守是谁？是庐陵的欧阳修。

（王水照）

秋 声 赋

欧阳修

【题解】

本篇作于宋仁宗嘉祐四年(1059)。时作者在开封任翰林学士兼龙图阁学士、知制诰、史馆修撰等职，年已五十三岁。文章先以“秋声”为引子，继而抒写草木被秋气摧败的悲感，最后以有情的人类和无情的草木作对比，说明人类为忧思所苦更易衰颓，这是文章的主旨，不外乎发挥先秦老庄一派哲学中清心寡欲、知足保和的养身之道，也包含着作者深刻的人生体验和感慨。

赋是从《楚辞》发展而成的传统诗体之一。经过“汉赋”、魏晋时的“抒情小赋”直到唐朝“律赋”的曲折发展，赋的创作颇为沉寂。发展到宋朝，逐渐散文化，但仍沿用传统的铺张排比手法，讲究词采，杂以骈偶、韵语，成为一种类似散文诗的赋。本篇就是代表作之一。

欧阳子方夜读书[1]，闻有声自西南来者，悚然而听之[2]，曰：“异哉!”初淅沥以萧飒[3]，忽奔腾而砰湃[4]，如波涛夜惊，风雨骤至。其触于物也，𨱏𨱏铮铮[5]，金铁皆鸣；又如赴敌之兵，衔枚疾走[6]，不闻号令，但闻人马之行声。予谓童子[7]：“此何声也？汝出视之。”童子曰：“星月皎洁，明河在天[8]。四无人声，声在树间。”

【注释】

〔1〕欧阳子：作者自称。

〔2〕悚然：吃惊的样子。

〔3〕淅沥以萧飒：风雨交杂的声响。淅沥，象声词，这里指雨声。以，而。萧飒，这里指风声。

〔4〕砰湃：波涛汹涌声。

〔5〕鏦鏦铮铮：金属相击的声音。

〔6〕衔枚：枚是一种筷形小棒，两端有带，可以系在颈上。古代行军时，常命令士兵衔在口里，防止喧哗，以保守行军的秘密。

〔7〕童子：指幼仆。

〔8〕明河：指银河。

【译文】

欧阳子夜间正在读书，听到有声音从西南方传来，吃惊地倾听，自语说："好奇怪啊！"它初来时淅沥萧飒，忽然间奔腾澎湃，就像波涛在夜里翻滚，风雨突然来临。它碰到物体，鏦鏦铮铮，发出如同铜铁金属的撞击声；又好像奔袭敌人的士兵，口衔短枚快跑，听不见号令声，只听见人马行进的声音。我问书童说："这是什么声音？你出去看看。"书童回来说："月亮洁白晶莹，银河悬在天空，四周没有人声，奇怪的声音来自树枝之间。"

予曰："噫嘻，悲哉！此秋声也，胡为乎来哉？盖夫秋之为状也〔1〕：其色惨淡，烟霏云敛〔2〕；其容清明，天高日晶〔3〕；其气栗冽〔4〕，砭人肌骨〔5〕；其意萧条，山川寂寥。故其为声也，凄凄切切，呼号奋发。丰草绿缛而争茂〔6〕，佳木葱茏而可悦〔7〕；草拂之而色变，木遭之而叶脱。其所以摧败零落者，乃一气之馀烈〔8〕。

【注释】

〔1〕状：情状。

〔2〕烟霏云敛：烟纷飞、云密聚，指天气阴暗。霏，纷扬。敛，聚集。

〔3〕日晶：阳光灿烂。

〔4〕栗冽：寒冷。

〔5〕砭(biān 编)：刺。原指古代用以刺穴治病的石针。

〔6〕缛：丰茂。

〔7〕葱茏：草木青翠茂盛的样子。

〔8〕一气：指秋气。　馀烈：馀威。

【译文】

我说："啊呀，好悲伤啊！这是秋声呀，它为什么来到人间呢？要说秋天的情状是这样的：它的颜色惨淡，烟雾纷扬云气聚集；它的容貌清明，天空高旷阳光灿烂；秋气凛冽，刺人肌骨；秋意萧疏，山水寂寞冷落。所以它发出的声音，凄凄切切，呼叫发怒。绿草繁密蓬勃生长，好树茂盛逗人喜爱；可是草接触它就会变色，树碰到它就会落叶。这能使草木摧折凋零的，就是秋气的馀威。

"夫秋，刑官也〔1〕，于时为阴〔2〕；又兵象也〔3〕，于行为金〔4〕。是谓天地之义气〔5〕，常以肃杀而为心〔6〕。天之于物，春生秋实。故其在乐也，商声主西方之音〔7〕，夷则为七月之律〔8〕。商，伤也，物既老而悲伤〔9〕；夷，戮也，物过盛而当杀〔10〕。

【注释】

〔1〕"夫秋"二句：上古设官，以四时为名，掌管刑法的司寇为秋官。

〔2〕于时为阴：古人以春夏为阳，秋冬为阴。《汉书·律历志》："秋为阴中，万物以成。"

〔3〕又兵象也：古代征伐多在秋天，所以称为"兵象"。

〔4〕行：五行，金、木、水、火、土。古人认为四季变化是五行

"相生"的结果，并把五行分配于四季，秋属金。

〔5〕天地之义气：指刚正之气。《礼记·乡饮酒义第四十五》说："天地严凝之气，始于西南而盛于西北，此天地之尊严气也，此天地之义气也。"由西南方至西北方，正是秋的方位。本文开头讲秋声来自西南，即本此。

〔6〕心：指用心、目的。

〔7〕"商声"句：商声代表西方之音。商声是五声(宫、商、角、徵、羽)之一。五声也分配于四时，商属秋；又五声和五行相配，商声属金，主西方之音。

〔8〕"夷则"句：夷则是十二律(黄钟、大吕、太簇、夹钟、姑洗、仲吕、蕤宾、林钟、夷则、南吕、无射、应钟)之一。律，本是正音器具，后配十二月，以占气候。七月，正相当于十二律中的夷则。《礼记·月令》："孟秋之月，其音商，律中夷则。"

〔9〕"商，伤也"三句：古人常以同声通训，"商"与"伤"音同义近，物类既衰老就悲伤。

〔10〕"夷，戮也"三句："夷"的原意是杀戮诛锄，物类过盛就该消灭。

【译文】

"秋天，是刑罚之官，在季节上属阴；又是用兵的象征，在五行中属金；它被称作天地间的义气，常常怀着严酷杀伐的本心。上天对于生物，春天让它生长，秋天让它结实。所以秋天在音乐中是商声，商声是代表西方的乐调，夷则是和七月相配的音律。商，就是悲伤，生物衰老就会悲伤；夷，就是杀戮，生物过盛就会被杀戮。

"嗟乎！草木无情，有时飘零，人为动物，惟物之灵，百忧感其心，万事劳其形，有动于中，必摇其精〔1〕。而况思其力之所不及，忧其智之所不能，宜其渥然丹者为槁木〔2〕，黟然黑者为星星〔3〕；奈何以非金石之质〔4〕，欲与草木而争荣！念谁为之戕贼，亦何恨乎秋声[5]？”

【注释】

〔1〕摇：指消损。　精：精气。

〔2〕渥然丹者：指容貌红润，比喻年轻力壮。渥然，滋润的样子。语出《诗经·秦风·终南》：“颜如渥丹。”　槁木：枯木，指衰老。

〔3〕黟(yī 衣)然黑者：指乌亮的鬓发，比喻年轻。黟然，乌黑的样子。　星星：形容鬓发花白。

〔4〕金石之质：指坚固不坏的质地。《古诗十九首》：“人生非金石，焉能长寿考。”

〔5〕“念谁”二句：大意是人的衰颓是自己忧劳的结果，怎好怨恨秋声凄切呢？戕贼，伤害。

【译文】

“啊！草木没有感情，尚且不免按时飘落凋零，人作为动物，乃是万物中最有灵性的，种种忧愁触及他的心灵，种种事情劳累他的身体，心中有所触动，一定会损伤他的精神。何况要去思索他力所不及的事情，忧愁那些智力不能解决的问题，这就必然使他红润的容貌变得如同枯木，乌黑的头发变得斑斑点点；为什么要用并非金石的身躯，去跟草木竞争荣盛！应想想自己究竟为谁摧残，又怎能去怨恨那并不相关的秋声？”

童子莫对，垂头而睡。但闻四壁虫声唧唧，如助余之叹息。

【译文】

书童没有回答，已低着头睡去，只听见四周墙下虫声唧唧鸣叫，好像在帮助我的叹息。

（王水照）

祭石曼卿文

欧阳修

【题解】

本篇作于宋英宗治平四年(1067),时作者任亳州(今安徽亳县)知州。

石曼卿(名延年)是欧阳修的诗友,一生遭遇冷落,很不得志。他愤世嫉俗,蔑视礼法。欧阳修很推崇他的诗文,两人的交谊很深。这篇祭文三呼"曼卿",先称赞他的声名不朽,必传后世;又对墓地满目凄凉的情景,深表哀痛;最后归结到生前友情,直抒对死者的怀念。全文低回凄咽,具有较强的感染力。

维治平四年七月日〔1〕,具官欧阳修谨遣尚书都省令史李敭至于太清〔2〕,以清酌庶羞之奠〔3〕,致祭于亡友曼卿之墓下,而吊之以文曰:

【注释】

〔1〕维:发语词。　治平:宋英宗年号(1064—1067)。

〔2〕具官:官爵品级的省写。欧阳修当时的官职为观文殿学士、刑部尚书、知亳州军、州事。　尚书都省:管理全国行政的衙门。　令史:管理文书工作的官。　李敭(yì 亿):生平事迹不详。　太清:在今河南商丘南,石曼卿的故乡墓地。

〔3〕清酌:美酒。　庶羞:肴馔。语出《仪礼·公食大夫礼》:"上大夫庶羞二十。"　奠:祭品。

【译文】

治平四年七月某日，某官欧阳修郑重地派尚书省令史李敭到太清乡，以美酒和各种美食为祭品，拜祭于亡友曼卿的墓前，并宣读祭文吊唁说：

“呜呼曼卿！生而为英〔1〕，死而为灵〔2〕！其同乎万物生死，而复归于无物者，暂聚之形〔3〕；不与万物共尽，而卓然其不朽者〔4〕，后世之名。此自古圣贤，莫不皆然；而著在简册者〔5〕，昭如日星。

【注释】

〔1〕英：不平凡的人才。《礼记·礼运》：“大道之行也，与三代之英。”郑玄注：“英，俊选之尤者。”

〔2〕灵：神灵。《尸子》：“天神曰灵。”

〔3〕暂聚之形：临时聚合的形体。

〔4〕卓然：出类拔萃的样子。

〔5〕简册：指史书。简，古时用来写字的板。

【译文】

“唉，曼卿！生时是英杰，死后成神灵！那跟万物一样有生有死，而最后化为乌有的，是你由精气暂时聚合的身躯；那不跟万物同归于尽，而出类拔萃永垂不朽的，是你流传后世的名声。这是自古以来的圣贤，都是如此的；这些已载入史书，就像太阳星辰一样明显。

呜呼曼卿！吾不见子久矣〔1〕，犹能仿佛子之平生〔2〕。其轩昂磊落〔3〕，突兀峥嵘〔4〕，而埋藏于地下者，意其不化为朽壤，而为金玉之精；不然，生长松之千尺，产灵芝而九茎〔5〕。奈何荒烟野蔓，荆棘纵横，风凄露下，走磷飞萤[6]，但见牧童樵叟，歌吟而上下[7]；与夫惊禽骇兽[8]，悲鸣踯躅而咿嘤[9]。今固如此；更千秋而万岁兮，安知其不穴藏狐貉与鼯鼪[10]？此自古圣贤亦皆然兮，独不见夫累累乎旷野与荒城[11]！

【注释】

〔1〕子：你，指石曼卿。

〔2〕仿佛：依稀记得。　平生：指石曼卿过去一切。

〔3〕轩昂：形容人的气度不凡。　磊落：心地光明坦率。

〔4〕突兀（wù 务）峥嵘：高而不平。这里指人才特异优秀。

〔5〕灵芝：菌类，古人把它看作表示吉祥神异之物。　九茎：形容灵芝的茎很多。《汉书·武帝纪》："芝生殿房中，九茎。"

〔6〕走磷：旧时指鬼火，实是夜空中磷氧化而产生的青光。

〔7〕上下：在墓前来回地走。

〔8〕与夫：连接词，以及，还有。

〔9〕踯躅（zhí zhú 掷蜀）：徘徊不前。　咿嘤（yī yīng 伊英）：哭声，这里指禽兽悲鸣的声音。

〔10〕貉（hé 河）：一种像狐狸的野兽。　鼯（wú 无）：飞鼠。　鼪（shēng 生）：黄鼠狼。

〔11〕累累：重叠相连的样子。　城：这里指坟墓。

【译文】

唉！曼卿！我不见你已很久了，但还能大致记得你过去的一切。你气度轩昂不凡，心地光明坦荡，才华特异优秀，而你那埋入地下的遗体，想来也不会变成烂泥，而会成为金玉的精粹；不然的话，也会长出高耸千尺的苍松，孕育并列九茎的灵芝。可是，怎奈竟是荒烟野草，荆棘纵横，冷风凄清寒露普降，鬼火闪走萤虫飞窜，只见放牛的小孩、砍柴的老人，哼着山歌在墓地来回走动；还有那惊慌的飞禽和野兽，在那里呜咽悲啼、徘徊号叫。眼下就已如此情景；再经历千秋万代呢？哪知道不会有狐狸、鼯鼪之类在这里打洞藏身？这是自古以来圣贤也是如此的啊，难道不曾看见那接连不断的旷野和坟茔?

鸣呼曼卿!盛衰之理,吾固知其如此,而感念畴昔〔1〕,悲凉凄怆,不觉临风而陨涕者〔2〕,有愧乎太上之忘情〔3〕!尚飨〔4〕!

【注释】

〔1〕畴昔:从前。

〔2〕陨(yǔn 允)涕:落泪。

〔3〕太上之忘情:典出《世说新语·伤逝篇》。晋人王戎死了儿子,山简前去慰问,见他悲痛欲绝,就说:"孩,抱中物,何至于此?"王戎说:"圣人忘情,最下不及情,情之所钟,正在吾辈。"太上,最上,指圣人。指圣人能达到不动感情的境界。

〔4〕尚飨:祭文的套语,意思是,请享用祭品吧。

【译文】

唉,曼卿!人生兴盛衰败的道理,我本已知道就是这个样子,但感念过去,悲凉伤感,不觉当风落泪,愧对那些达观忘情的圣人!就请你享用祭品吧!

(王水照)

泷冈阡表

欧阳修

【题解】

泷冈是地名，在今江西省永丰县沙溪市的凤凰山上，作者的父母即葬于此。阡，是墓道。表，即墓碑。墓表文的作用，是表彰亡者生前的嘉言懿行，或丰功伟绩。文成之后，刻石立碑于坟前，以供人瞻仰凭吊。本文其实是作者为他的父母的墓碑撰写的表文。

为墓主写墓表，当然要铺陈死者生前的美好德行。本文的可贵之处，在于能够通过典型的事件和充满个性的语言，来反映人物的性格。如其父秉烛批阅公文，与其母关于治狱的一段对话，及作者遭贬后，其母“言笑自若”的一段话语，都给人以深刻的印象。文章感情真挚，出于肺腑，语言真率，不事藻饰，收到了“不求工而自工”的效果。

呜呼！惟我皇考崇公〔1〕，卜吉于泷冈之六十年〔2〕，其子修始克表于其阡〔3〕。非敢缓也，盖有待也。

修不幸，生四岁而孤〔4〕。太夫人守节自誓〔5〕，居穷，自力于衣食，以长以教，俾至于成人。太夫人告之曰：“汝父为吏〔6〕，廉而好施与，喜宾客，其俸禄虽薄，常不使有馀〔7〕，曰：‘毋以是为我累。’故其亡也，无一瓦之覆、一垄之植，以庇而为生〔8〕，吾何恃而能自守耶？吾于汝父，知其一二，以有待于汝也。自吾为汝家妇，不及事吾姑[9]，然知汝父之能养也。汝孤而幼，吾不能知汝之必有立，然知汝父之必将有后也。吾之始归也[10]，汝父免于母丧方逾年[11]。岁时祭祀，则必涕泣曰：'祭而丰，不如养之薄也。'间御酒食[12]，则又涕泣曰：'昔常不足，而今有馀，其何及也！'吾始一二见之，以为新免于丧适然耳[13]。既而其后常然，至其终身未尝不然。吾虽不及事姑，而以此知汝父之能养也。汝父为吏，尝夜烛治官书[14]，屡废而叹[15]。吾问之，则曰：'此死狱也，我求其生不得尔。'吾曰：'生可求乎？'曰：'求其生而不得，则死者与我皆无恨也。矧求而有得耶[16]？以其有得，则知不求而死者有恨也。夫常求其生，犹失之死，而世常求其死也？'回顾乳者抱汝而立于旁，因指而叹曰：'术者谓我岁行在戌将死[17]。使其言然，吾不及见儿之立也，后当以我语告之。'其平居教他子弟[18]，常用此语。吾耳熟焉，故能详也。其施于外事，吾不能知；其居于家，无所矜饰[19]，而所为如此，是真发于中者耶[20]！呜呼，其心厚于仁者耶！此吾知汝父之必将有后也。汝其勉之。夫养不必丰，要于孝[21]；利虽不得博于物，要其心之厚于仁。吾不能教汝，此汝父之志也。"修泣而志之不敢忘。

【注释】

〔1〕惟：发语词，无实义。　皇考：父死曰"考"母死曰"妣"。

“皇”是尊称。　崇公：作者的父亲欧阳观死后追封崇国公。

〔2〕卜吉：选择吉日。此指选择吉日埋葬。欧阳观死于大中祥符三年，次年葬于泷冈。

〔3〕克：能够。　表于其阡：指在墓前树立墓碑。

〔4〕孤：年幼丧父曰孤。

〔5〕太夫人：指欧阳修的母亲。古代列侯之妻称夫人，列侯死，子称其母为太夫人。

〔6〕吏：低级官吏称吏。欧阳观生前只做过几任州、县的推官、判官等辅佐官，故称“吏”。

〔7〕“廉而”四句：作者《七贤画序》云：“某为儿童时，先妣尝为某曰：‘吾归汝家时极贫，汝父为吏至廉，又於物无所嗜，喜宾客，又不计其家有无以具酒食。在绵州三年，他人皆多买蜀物以归，汝父不营一物，而俸禄待宾客亦无馀。”

〔8〕“无一瓦”二句：言无屋可居，无亩可耕，生计艰难。　垄：田埂。　庇：庇护。

〔9〕姑：古代妻子称丈夫之母曰姑。

〔10〕始归：刚出嫁。

〔11〕免于母丧：指母亲死后，守丧期满。

〔12〕间：间或，偶而。　御：进用。

〔13〕适然：方才这样。

〔14〕官书：官府的文书。此指有关刑狱的公文。

〔15〕废：停止。

〔16〕矧(shěn 审)：何况，况且。

〔17〕术者：指算命者。　岁行在戌：指岁星(木星)运行到戌年。欧阳观死于宋真宗大中祥符三年庚戌(1010)，与算命者的话巧合。

〔18〕平居：平时，平日。

〔19〕矜饰：夸张做作。

〔20〕中：内心。

〔21〕要：关键。

【译文】

唉！先父崇国公，选择吉日在泷冈安葬的六十年之后，他的儿子欧阳修，才撰表立碑于墓前。这并非敢故意拖延，而是因为有所期待啊。

我很不幸，生下来才四岁就失去了父亲。母亲立志守节，家境贫寒，亲自操持衣食，来抚养我教育我，使我能够成人。母亲告诉我说："你父亲为官清廉，又乐意帮助别人，还喜欢结交宾客。他的俸禄虽少，还常常不肯有积馀。他说：'不要因为这些财物使我受累。'所以他死的时候，家中没有一片瓦可以容身，一亩地可以种植，以此维持生计，我凭什么能够守节呢？我对你的父亲，约略有所了解，因而对你有所期望啊。自从我成了你家的媳妇，没赶上侍奉婆婆，然而我却知道你父亲是能够孝顺父母的。你当初没了父亲年纪又小，我不能知道你日后事业必定有成，然而我却知道你父亲必定会有好的后代。我刚嫁来时，你父亲脱去母亲的丧服才一年多。逢年过节时祭祀，你父亲一定哭着说：'身后祭品丰盛，不如生前微薄奉养。'偶尔用些酒菜，就又哭着说：'以前常常钱不够，而今有了剩馀，可是来不及奉养父母了！'我开始时见了一两次，以为他新近脱了丧服才偶尔这样的。然而他后来经常这样，直到去世也没有改变。我虽然没能侍奉婆婆，却因此知道你父亲是很孝顺父母的。你父亲做官时，曾深夜秉烛处理案卷，多次停下叹息。我问他，他回答说：'这是一件判死刑的案子，我想为他找条生路，却找不到啊。'我说：'生路可以找到吗？'你父亲说：'我想为他找条生路却办不到，那么死者和我就都没有遗憾了。况且确实有时是能够找到生路的呢？因为能够找到生路，所以知道不为他寻求生路而死的人是有遗憾的。我常这样为死囚们寻求生路，他们还不免要被处死，何况世间的官吏常常要他们死呢！'你父亲回头看见奶妈抱着你立在旁边，就指着你叹息道：'算命的人说我将死于岁星运行到戌的那年，假如他的话应验，我就见不到儿子成人这一天了，日后你要把我的话告诉他。'你父亲平时教导其他子弟，也常常用这些话。我耳朵里听熟了，所以能记得详细。他在外面做的事，我没法知道；他居家时，没有一点做作虚伪，而他的行为如此，这是真正发自内心的呀！唉，他的心地是那样仁厚！因此我知道你父亲必定会有很好的后代，你要勉励自己啊！奉养长辈不一定要很丰厚，重要的是要孝顺；恩惠和好处虽然不能遍及每个人，重要的是要心地仁厚。我没有能力教育你，这是你父亲的志向。"我流着眼泪记下这些话，不敢遗忘。

先公少孤力学，咸平三年进士及第[1]，为道州判官[2]，泗、绵二州推官[3]，又为泰州判官[4]，享年五十有九，葬沙溪之泷冈。太夫人姓郑氏，考讳德仪[5]，世为江南名族。太夫人恭俭仁爱而有礼，初封福昌县太君[6]，进封乐安、安康、彭城三郡太君[7]。自其家少微时[8]，治其家以俭约，其后常不使过之，曰："吾儿不能苟合于世，俭薄所以居患难也。"其后修贬夷陵[9]，太夫人言笑自若，曰："汝家故贫贱也，吾处之有素矣[10]。汝能安之，吾亦安矣。"

自先公之亡二十年，修始得禄而养[11]。又十有二年，列官于朝，始得赠封其亲[12]。又十年，修为龙图阁直学士、尚书吏部郎中、留守南京[13]。太夫人以疾终于官舍[14]，享年七十有二。又八年，修以非才，入副枢密[15]，遂参政事[16]。又七年而罢[17]。自登二府[18]，天子推恩，褒其三世。盖自嘉祐以来[19]，逢国大庆，必加宠锡[20]。皇曾祖府君[21]，累赠金紫光禄大夫、太师、中书令[22]。曾祖妣[23]，累封楚国太夫人。皇祖府君[24]，累赠金紫光禄大夫、太师、中书令，兼尚书令[25]。祖妣，累封吴国太夫人。皇考崇公，累赠金紫光禄大夫、太师、中书令，兼尚书令。皇妣，累封越国太夫人。今上初郊[26]，皇考赐爵为崇国公，太夫人进号魏国。

【注释】

〔1〕咸平三年：即公元1000年。咸平为宋真宗年号。

〔2〕道州：治所在今湖南道县。　判官：为州长官的僚属，掌管文书事务。

〔3〕泗、绵二州：泗州，治所在今安徽泗县。绵州，治所在今四川绵阳。　推官：州长官的僚属，掌管刑罚。

〔4〕泰州：治所在今江苏泰州市。

〔5〕讳：生时曰“名”，死后曰“讳”。

〔6〕福昌县太君：福昌，古县名。县太君，宋制，朝廷卿、监和地方上知州等官的母亲封县太君；朝廷侍郎、学士和地方观察、留后等官的母亲封郡太君。

〔7〕“进封”句：乐安、安康、彭城均为古郡名，这些郡在宋代已不存在。因此，“县太君”和“郡太君”不是实封其地，而是名义上的赠封而已。

〔8〕少微时：早年贫贱时。

〔9〕夷陵：县名。今湖北宜昌。景祐三年，作者因与高若讷书事被贬为夷陵令，其母曾随行。

〔10〕素：向来。此处意为习惯。

〔11〕“修始得”句：作者于宋仁宗天圣八年(1030)考取进士，后授将仕郎、试秘书省校书郎、充西京留守推官。

〔12〕“又十”三句：作者于仁宗康定元年(1040)被召回京，历任馆阁校勘、太子中允。庆历元年(1041)，祀南郊，加骑都尉，改集贤校理。封赠事可能即在是年。

〔13〕龙图阁直学士：龙图阁为宋代管理文献典籍的官署，设学士、直学士、待制、直阁等官。这些官衔，多是加给皇帝侍从官的荣誉头衔。直学士，初入值馆阁，称直学士。　尚书：指尚书省，下统吏、户、礼、兵、刑、工六部。　吏部郎中：吏部，掌管全国官吏的任免、考课、升降、调动等事务，长官为吏部尚书，下设郎中四人，各司其职。　留守南京：宋真宗时，升宋州(今河南商丘)为应天府，建为南京。皇祐二年(1050)，作者以龙图阁直学士知应天府兼南京留守司事，转吏部郎中，加轻骑都尉。

〔14〕“太夫人”句：作者之母死于皇祐四年(1052)。

〔15〕入副枢密：进入朝廷担任枢密副使。宋代的枢密院掌管全国的军事。

〔16〕参政事：任参知政事，即为副宰相，事在嘉祐六年。

〔17〕又七年而罢：宋英宗治平四年(1067)，作者被罢免参知政事。

〔18〕二府：宋制，中书省和枢密院分掌政务和军事，号称“二府”。

〔19〕嘉祐：宋仁宗年号(1056—1063)。

〔20〕宠锡：特别赏赐。锡，同“赐”。

〔21〕皇：尊称。　府君：子孙对祖先的敬称。作者之曾祖名彬。

〔22〕累赠：累加的最后封赠。　金紫光禄大夫：金紫，金章紫绶。光禄大夫，战国时置中大夫，汉武帝时改光禄大夫。掌顾问应对。宋代为散官，加金章紫绶的，称金紫光禄大夫。　太师：官名。始设于周朝，为辅佐国君的官。后世以太师、太傅、太保为三公。宋承唐制，三公均为封赠官名，以示恩宠，并无实职。　中书令：中书省长官，唐时为宰相，宋代为封赠之官。

〔23〕曾祖妣：指已故的曾祖母。

〔24〕皇祖府君：指作者的祖父，名偃。

〔25〕尚书令：尚书省长官。魏晋以来，事实上为宰相。宋代为加官和赠封之官，班次在太师之上。

〔26〕今上：当今皇上，指宋神宗赵顼。　初郊：初次在郊外行祭天之礼。郊，郊祀，祭天。

【译文】

先父小时死了父亲却勤奋学习，咸平三年考取进士，做过道州判官，泗州、绵州二州的推官，又做过泰州判官。他活到五十九岁，葬在沙溪的泷冈。先母姓郑，她的父亲名德仪，世代为江南名族。先母为人处世恭敬、节俭、仁厚、慈爱而又注重礼节，起初被封为福昌县太君，后又进封乐安、安康、彭城三郡的太君。从我家早年贫困时起，先母就节俭持家，此后便不许越过这个标准。她说：“我儿不能苟且以迎合世俗，只有节俭才能使你度过患难。”后来修被贬往夷陵，先母谈笑自如，说：“你家本来就贫困，我早已过惯了。你能够安心，我也就安心了。”

自从先父逝世后二十年，我才得到俸禄能够奉养母亲。又过了十二年，我在朝廷中做官，这才能使父母得到封赠。又过了十年，我任龙图阁直学士、尚书吏部郎中、留守南京。这一年先母因病在官舍逝世，享年七十二岁。又过了八年，我以平庸的才能入京任枢密院副使，于是任参知政事。又过了七年才解职。自从我进入中书省和枢密院二府之后，天子推广恩泽，褒奖我的三世先人。自从嘉祐年间以来，每逢国家大庆，一定特加赏赐。先曾祖父，累赠为金紫光禄大夫、太师、中书令。先曾祖母，累封为楚国太夫人。先祖父，累赠为金紫光禄大夫、太师、中书令兼尚书令。先祖母，累封吴国太夫人。先父崇国公，累赠为金紫光禄大夫、太师、中书令，兼尚书令。先母，累封为越国太夫人。当今皇上即位后初行郊祀典礼，又赠先父为崇国公，先母进号为魏国太夫人。

于是小子修泣而言曰：呜呼！为善无不报，而迟速有时，此理之常也。惟我祖考，积善成德，宜享其隆，虽不克有于其躬〔1〕，而赐爵受封，显荣褒大，实有三朝之锡命〔2〕，是足以表见于后世，而庇赖其子孙矣。乃列其世谱，具刻于碑。既又载我皇考崇公之遗训，太夫人之所以教而有待于修者，并揭于阡〔3〕，俾知夫小子修之德薄能鲜，遭时窃位〔4〕，而幸全大节，不辱其先者，其来有自。

熙宁三年〔5〕，岁次庚戌，四月辛酉朔〔6〕，十有五日乙亥〔7〕，男推诚保德崇仁翊戴功臣〔8〕，观文殿学士〔9〕，特进〔10〕，行兵部尚书〔11〕，知青州军州事〔12〕，兼管内劝农使〔13〕，充京东路安抚使〔14〕，上柱国〔15〕，乐安郡开国公〔16〕，食邑四千三百户〔17〕，食实封一千二百户〔18〕，修表。

【注释】

〔1〕躬：身体。引申为亲自、自身。

〔2〕三朝：指宋仁宗、英宗、神宗三朝。　锡命：指皇帝赐封的诏

书。锡，通“赐”。

〔3〕揭：记载。　阡：墓道。

〔4〕遭时窃位：作者自谦之词，谓并无才德却幸逢时机而侥幸做了大官。

〔5〕熙宁三年：公元1070年，该年干支为庚戌。

〔6〕辛酉朔：为这年四月初一日的干支。朔，农历每月初一。

〔7〕乙亥：为是年四月十五日的干支。

〔8〕男：儿子对父母的自称。　推诚保德崇仁翊戴功臣：宋帝赐予作者的荣誉头衔。

〔9〕观文殿学士：宋代为优礼大臣而赠的荣誉官衔，且非曾任执政者不授。宋制，诸殿学士为皇帝侍从顾问，虽无实权，而地位很高。

〔10〕特进：官名。汉时列侯中有特殊地位的授特进。宋代为文职散官的第二级，相当于正二品。

〔11〕行兵部尚书：大官兼任小官称行某官。兵部为六部之一，掌军事。尚书为其长官。

〔12〕知青州军州事：宋制，朝臣为知州，号权知军州事，兼掌军、政大权。青州，治所在今山东益都。

〔13〕内劝农使：官名，掌劝励农桑事宜。宋制以知州兼职。

〔14〕京东路：宋代分全国行政区域为十五路，下设州、县。熙宁七年，分京东路为京东东路、京东西路。　安抚使：官名，主持一路军政事务，多为知州兼任。

〔15〕上柱国：官名，战国时楚国始置。唐以后为勋官的称号。

〔16〕乐安郡：古代郡国名，始设于东汉，在山东境内，隋初废。　开国公：宋代赐予臣下的第六等爵位。

〔17〕食邑：亦称“采邑”、“封地”。食邑制始于周朝，封地内所收租税为食邑者的俸禄。

〔18〕食实封：指实封的食邑。宋制，食邑自二百户至一万户，食实封自一百户至一千户，有时可以特加。但这些在宋代只是一种褒奖的名誉，与春秋时代的诸侯真的享受几千户、几万户租税的情况不同。以上是作者当时拥有的所有官职和封爵。

【译文】

于是我哭着说道：唉！做善事没有不受报答的，但是时间有迟缓和迅速的不同，这是常理。我的祖先，积累善行而成仁德，应当享受丰厚的报答。他们虽然不能在活着时享有，但身后受赐爵位接受封赠，显扬荣光嘉奖大德，终于得到三朝的赏赐。这就足以使他们的德行表现于后世，并庇荫于他们的子孙了。于是我列出世代的族谱，一一刻在碑上。然后又记载先父崇国公的遗训，以及先母对我的教诲和期望，一并刻在碑上，使人们知道我道德浅薄又少才能，不过遭遇时机窃居高位，而能够幸运地保全大节，不致辱没先人，实在是有原因的。

熙宁三年，岁星至于庚戌，四月初一辛酉，十五日乙亥，子推诚保德崇仁翊戴功臣，观文殿学士，特进，行兵部尚书，知青州军州事，兼管内劝农使，充京东东路安抚使，上柱国，乐安郡开国公，食邑四千三百户，食实封一千二百户，欧阳修撰写此表。

（王兴康）

管 仲 论

苏 洵

【题解】

苏洵(1009—1066)，字明允，号老泉，眉山(今属四川)人。嘉祐初，与子轼、辙一起赴京师拜见翰林学士欧阳修，大受赏识，于是文名大振，授秘书省校书郎，后任霸州文安县主簿。其文深受《孟子》、《战国策》的影响，文风简劲质朴，奇峭雄拔，尤其擅长策论。与其二子并称“三苏”，又同为“唐宋八大家”之一。著有《嘉祐集》。

本文是对历史人物功过得失的评论，其主题是批评管仲临死之前未能向齐桓公荐举贤能之士以自代，以致死后桓公被竖刁、易牙、开方等小人包围，使齐国陷入混乱，无法再称霸诸侯。作者认为，这一结果要由管仲来承担责任。历史上的管仲一向被当作贤臣的典范，本文却大做“翻案文章”，但言之成理，道前人所未道，以敏锐的眼光、犀利的文笔，揭示了治理国家中重要的一环——推荐贤人的问题。全篇气势充沛，逻辑严密，有论有据，既显示出作者的远见卓识，又可见其文风之犀利，是作者论辩类文章的代表作。

管仲相威公[1]，霸诸侯，攘夷狄[2]，终其身齐国富强，诸侯不敢叛。管仲死，竖刁、易牙、开方用[3]。威公薨于乱，五公子争立，其祸蔓延，讫简公，齐无宁岁[4]。

【注释】

〔1〕管仲(？—前645)：名夷吾，字仲，颍上(颍水之滨)人，春秋初期晋国政治家。初由挚友鲍叔牙推荐，被齐桓公任命为卿，尊为“仲父”。他在齐国推行一系列政治措施，建立了一套行之有效的政治、经济和人才选拔制度，使齐国国力大增，并帮助齐桓公成为春秋时期的第一个霸主。　威公：即齐桓公(？—前643)，因避宋钦宗讳而改。桓公姜姓，名小白，齐襄公之弟。襄公被杀后，他回国取得政权，在管仲的辅佐下使国家富强。

〔2〕攘夷狄：指齐桓公以“尊王攘夷”为号召，成功地遏止了戎狄等对中原地区的进攻。

〔3〕竖刁：桓公近臣，寺人。管仲死后，他与易牙、开方专权。桓公死后，诸子争夺皇位，他便与易牙等杀害群臣，立公子无诡为君，太子昭出奔宋，齐国由此大乱。　易牙：桓公宠幸的近臣。因擅长烹调、善于逢迎得宠，相传他曾把亲生儿子烹成羹进献桓公。　开方：卫国公子。

〔4〕“威公”五句：据《史记·齐太公世家》记载：“桓公病，五公子各树党争立。及桓公卒，遂相攻，以故宫中空，莫敢棺。桓公尸在床上六十七日！尸虫出于户。”桓公死后，无诡、孝公、昭公、懿公、惠公、顷公、灵公、庄公、景公、悼公、简公各朝，国中内乱不止。简公以后，齐政权事实上已为田氏掌握。至田和，终于夺取齐政权。薨，诸侯或大夫死称薨。

【译文】

管仲帮助齐桓公，称霸诸侯，攘除夷狄，在他活着的时候齐国一直富强，各国诸侯不敢背叛。管仲一死，竖刁、易牙、开方受到重用。于是桓公死于内乱，五位公子争夺王位，这一祸患蔓延开去，一直延续到简公时，齐国没有安宁的日子。

夫功之成，非成于成之日，盖必有所由起；祸之作，不作于作之日，亦必有所由兆。故齐之治也，吾不曰管仲，而曰鲍叔〔1〕。及其乱也，吾不曰竖刁、易牙、开方，而曰管仲。何则？竖刁、易牙、开方三子，彼固乱人国者，顾其用之者，威公也。夫有舜而后知放四凶[2]，有仲尼而后知去少正卯[3]。彼威公何人也？顾其使威公得用三子者，管仲也。仲之疾也，公问之相。当是时也，吾意以仲且举天下之贤者以对，而其言乃不过曰竖刁、易牙、开方三子非人情不可近而已。

鸣呼，仲以为威公果能不用三子矣乎？仲与威公处几年矣，亦知威公之为人矣乎？威公声不绝于耳，色不绝于目，而非三子者，则无以遂其欲。彼其初之所以不用者，徒以有仲焉耳。一日无仲，则三子者，可以弹冠而相庆矣[4]。仲以为将死之言，可以絷威公之手足耶[5]？夫齐国不患有三子，而患无仲。有仲，则三子者，三匹夫耳。不然，天下岂少三子之徒哉？虽威公幸而听仲，诛此三人，而其馀者，仲能悉数而去之耶？呜呼，仲可谓不知本者矣！因威公之问，举天下之贤者以自代，则仲虽死，而齐国未为无仲也。夫何患三子者？不言可也。

【注释】

〔1〕鲍叔：即鲍叔牙，春秋时齐国大夫，以知人重义著称。早年与管仲友善。后因齐国内乱，随公子小白出奔莒，而管仲随公子纠出奔鲁。齐襄公被杀后，纠和小白争夺王位。小白获胜，即位为桓公。桓公任命鲍叔为宰相，鲍叔辞谢，却保举管仲出任。后管仲辅佐桓公完成霸业。

〔2〕“夫有舜”句：舜是传说中父系氏族社会后期的部落联盟领袖。相传因四岳推举，受尧之命摄政。舜摄政后巡行四方，除掉鲧、共工、驩兜和有苗“四凶”。尧去世后，舜继位。

〔3〕“有仲尼”句：仲尼，孔子名丘，字仲尼。少正卯，姓少正，名卯。一说少正为官名。据说他有一套学说，很受欢迎，使“孔子之门三盈三虚”（《论衡·讲瑞》）。孔子出任鲁国司寇，“三月而诛少正卯”

(《史记·孔子世家》)。

〔4〕弹冠：掸去帽上的灰尘。《汉书·王吉传》："吉与贡禹为友，世称'王阳在位，贡公弹冠'，言其取舍同也。"此指将做官而互相庆贺。

〔5〕絷：捆缚。

【译文】

要说功业的成就，不是成就于成就之日，而是必定有其成就的原由；祸患的形成，不是形成于形成之日，也必定有其形成的征兆。因此齐国的安定和兴盛，我不认为是管仲的功劳，而认为是鲍叔的功劳。至于齐国的混乱，我不认为是竖刁、易牙、开方引起的，而认为是管仲引起的。为什么呢？竖刁、易牙、开方这三个人，他们固然是祸乱国家的奸人，但重用他们的，是齐桓公啊。有舜这样的贤臣而后才知道放逐四凶，有孔子这样的圣人而后才知道除掉少正卯。他桓公是怎样的人呢？观察使桓公得以重用这三个人的人，正是管仲啊。管仲生病的时候，桓公问他谁能接替他为相。在这种情况下，我心里以为管仲将推举天下的贤能之士来答复，而他的回答不过说竖刁、易牙、开方这三个人没有人情不能亲近他们而已。

唉！管仲以为桓公果真能够不重用这三个人吗？管仲与桓公相处已经多年了，也应该了解桓公的为人吧！桓公的耳朵离不开声乐，眼睛离不开美色，而如果不重用这三个人，就无法满足他的欲望。他起初之所以没有重用这三人，只是因为有管仲在朝中啊。一旦朝中没有了管仲，则这三人就该弹冠相庆了。管仲以为他临死时说的话，能约束桓公的行为吗？对齐国来说不怕有这三个奸人，就怕没有管仲。有了管仲，则这三个人不过是三个匹夫而已。不然的话，天下难道还少像这三个人那样的坏人吗？即使桓公侥幸听从了管仲的告诫，杀死了这三个人，而其馀的奸人，管仲能全部除去吗？唉！管仲可说是不懂得事情的根本了。由于桓公的问话，乘机推举天下贤人来接替自己，则管仲虽然死了，而齐国并未失去管仲。何必要担心这三个人呢？其中的道理不说也可以了。

五伯莫盛于威、文〔1〕。文公之才，不过威公；其臣又皆不及仲[2]。灵公之虐[3]，不如孝公之宽厚[4]。文公死，诸侯不敢叛晋。晋袭文公之余威，犹得为诸侯之盟主百馀年[5]。何者？其君虽不肖[6]，而尚有老成人焉[7]。威公之薨也，一败涂地，无惑也。彼独恃一管仲，而仲则死矣。

夫天下未尝无贤者，盖有有臣而无君者矣。威公在焉，而曰天下不复有管仲者，吾不信也。仲之书[8]，有记其将死，论鲍叔、宾胥无之为人，且各疏其短[9]。是其心以为数子者，皆不足以托国。而又逆知其将死[10]，则其书诞谩不足信也[11]。吾观史鳝[12]，以不能进蘧伯玉而退弥子瑕[13]，故有身后之谏[14]；萧何且死，举曹参以自代[15]。大臣之用心，固宜如此也。夫国以一人兴，以一人亡。贤者不悲其身之死，而忧其国之衰，故必复有贤者，而后可以死。彼管仲者，何以死哉？

【注释】

〔1〕五伯：即五霸，指春秋时先后称霸的五个诸侯：齐桓公、晋文公、楚庄王、吴王阖闾、越王勾践。另一说指齐桓公、晋文公、秦穆公、宋襄公、楚庄王。文：指晋文公重耳，五霸之一。

〔2〕其臣：指晋文公的大臣如狐偃、赵衰、先轸、阳处父等。

〔3〕灵公：指晋灵公，名夷皋，晋文公之孙。

〔4〕孝公：指齐孝公，名昭，齐桓公之子。

〔5〕盟主：即诸侯盟会之主，霸主。

〔6〕不肖：不贤明，不成器。

〔7〕老成人：指年高有德之臣。

〔8〕仲之书：指管仲的著作《管子》。今托名管仲著《管子》系伪作。

〔9〕“有记”三句：据《管子》云：“管子寝，疾病，对桓公曰：‘鲍叔为人也，好直而不能以国强；宾胥无之为人也，好善而不能以国

绌。’” 宾胥无，齐国贤大夫。

〔10〕逆知：预知。

〔11〕诞谩：诞妄欺诳。

〔12〕史鳍：即史鱼，春秋时卫国大夫。

〔13〕蘧伯玉：名瑗，春秋时卫国贤大夫。　弥子瑕：卫灵公宠臣。

〔14〕身后之谏：谓陈尸牖下，以尸为谏。《家语》载：“史鱼病，将卒，命其子曰：‘吾在卫朝，不能进蘧伯玉，退弥子瑕而远之。’”

〔15〕“萧何”二句：汉丞相萧何素不与曹参友善。萧何病重时，惠帝亲往探视，问：“君即百岁后，谁可代君者？”对曰：“知臣莫如主。”惠帝说：“曹参如何？”何顿首曰：“帝得之矣！臣死不恨矣！”（《史记·萧相国世家》）

【译文】

春秋五霸中，国势的强盛没有能超过齐桓公、晋文公的。晋文公的才能，超不过齐桓公，他的大臣又都比不上管仲。晋灵公的暴虐，不如齐孝公的宽厚。晋文公死后，诸侯们不敢背叛晋国，而晋国承袭文公的馀威，还能做诸侯联盟的盟主达一百多年。这是为什么呢？晋国的国君虽然不贤明，而朝廷中还有贤人在。齐桓公一死，齐国马上一败涂地，这是毫无疑问的。齐国只依靠一个管仲，然而管仲已经死了。

天下未尝没有贤人，只是有贤臣却没有明君去重用他。桓公在时，就说天下不再有管仲那样的贤人，我是不相信的。管仲写的书，有一段记载他将死的时候，评论鲍叔、宾胥无的为人，而且分别指出他们的短处。这说明他内心以为这几个人，都不足以把国家的重任托付给他们。同时又预料他自己将要死了，这样说管仲的书便诞妄欺诳不足信了。我看史鳍这人，因为不能荐举蘧伯玉、斥退弥子瑕，所以有死后以尸谏主的举措；萧何将死的时候，推举曹参代替自己。大臣的用心，本来理应如此。国家因为一人而兴盛，也因为一人而衰亡。贤人不为他自己的死而悲哀，而为他的国家衰落而担忧，所以必须再找到贤者，然后才可以死去。那个管仲，他怎么能就这样死去了呢？

（王兴康）

辨 奸 论

苏 洵

【题解】

《辨奸论》是古代散文的名篇，在明、清两朝，论者多以为文章的作者是苏洵，而讥刺的对象是王安石。后来清人蔡上翔著《王荆公年谱考略》，曾就《辨奸论》内容逐条与史实对照审核，认为颇多乖谬，且文辞芜蔓，“杂乱无章”，定为宋人邵伯温的伪作。此后学界多从蔡说。如果我们撇开本文著作权的争议和有关王安石的具体内容，而仅就“辨奸”两字着眼，则本文不论在立意上还是在谋篇、修辞、遣词上，都有十分突出的成就。

本文论点明确，推论合理，所举的自然现象和历史现象，均浅近贴切，恰到好处。最可注意的是文章的结构严谨，一气贯注，笔法多变。有时看似断而实联，曲直正反无不得心应手；既有从大处落墨的气势，又有绵密周到的笔致，这也许正是《古文观止》将它作为论说文的范文而加以推崇的主要原因。尽管吴楚材的评语说“见微知著，可为千古观人之法”，但仅据衣食仪态就断定某人日后必为大奸大恶，则未免论据不足。好在我们今天不必纠缠于“今有人”指的是谁这类问题，而把注意力集中在“赏文”和“识人”这两个基本点上。

事有必至，理有固然。惟天下之静者[1]，乃能见微而知著。月晕而风[2]，础润而雨[3]，人人知之。人事之推移，理势之相因[4]，其疏阔而难知[5]，变化而不可测者，孰与天地阴阳之事[6]？而贤者有不知[7]，其故何也？好恶乱其中，而利害夺其外也。

【注释】

〔1〕静者：指静心观察事物的有识之士。

〔2〕月晕而风：月亮周围出现白色的光带，便预示天要起风了。

〔3〕础润而雨：房中柱下的基石潮湿了，便预示着天要下雨了。础，房柱下的基石。

〔4〕理势：情理和形势。　相因：相互承袭。

〔5〕疏阔：久远。

〔6〕天地阴阳之事：指上文所言“月晕而风，础润而雨”一类自然现象。古人认为风雨雷电等自然现象，都是阴阳二气交互作用的结果。

〔7〕贤者：旧说以为是指欧阳修。《宋史·王安石传》记载，曾巩曾经把王安石的文章推荐给欧阳修，欧阳修很赞赏，并将他“擢进士上第”。

【译文】

事情有它必定要达到的地步，道理有它本该如此的规律。只有天下心境静穆的人，才能够从微小的迹象中预知日后将会发生的大变化。月亮四周出现光环，预示着天要刮风；柱石返潮湿润，表示天要下雨，这是人人都知道的。至于世间人事的变化，情理形势的因果关系，它们抽象渺茫而难以理解，千变万化而不可预测，又怎么能与天地阴阳的变化相比呢？而即使贤能的人对此也有不知道的，这是什么原因呢？就因为喜爱和憎恶扰乱了他心中的主见，而利害得失又左右着他的行动啊。

昔者山巨源见王衍[1]，曰：“误天下苍生者，必此人也[2]！”郭汾阳见卢杞[3]，曰：“此人得志，吾子孙无遗类矣[4]。”自今而言之，其理固有可见者。以吾观之，王衍之为人，容貌言语，固有以欺世而盗名者，然不忮不求[5]，与物浮沉。使晋无惠帝[6]，仅得中主，虽衍百千，何从而乱天下乎？卢杞之奸，固足以败国，然而不学无文，容貌不足以动人，言语不足以眩世[7]。非德宗之鄙暗[8]，亦何从而用之？由是言之，二公之料二子[9]，亦容有未必然也[10]。

【注释】

〔1〕山巨源：山涛，字巨源，西晋河内怀县(今河南武陟西南)人。魏末隐居不仕。入晋后曾任吏部尚书、太子太傅、右仆射等职。为“竹林七贤”之一。他选拔人材，都亲作评论，时称“山公启事”。　王衍：字夷甫，西晋琅邪临沂(今属山东)人，曾任中书令、尚书令等职。衍才华出众，常自比子贡，名震一时；又善玄谈，随便更改义理，人称“口中雌黄”。刘渊举兵，衍当重任而专谋自保。后兵败为刘渊所杀。

〔2〕“误天下”二句：王衍面貌姣好，神清目秀。少时，山涛见到他，就说：“何物老妪，生宁馨儿！然误天下苍生者，未必非此人也！”

〔3〕郭汾阳：唐朝大将郭子仪。安史之乱时，郭子仪任朔方节度使，在河北击败史思明。肃宗即位后，又配合回纥兵收复长安、洛阳。后封汾阳郡王。德宗时，尊为尚父，削去兵权。　卢杞(qǐ 起)：字子良，滑州灵昌(今河南滑县西南)人。唐建中初年任宰相，陷害杨炎、颜真卿等；又对百姓大肆搜刮，民怨鼎沸。后被贬职，死于沣州。

〔4〕“此人”二句：据《新唐书·卢杞传》记载，郭子仪病重，百官前往探视，姬妾不避。等卢杞到了，就命姬妾退下。家人问其故，郭答：卢杞形貌丑陋而又心地险恶，姬妾们见了一定会发笑，“若此人得权，即吾族无类矣！”遗类：犹言后代。

〔5〕不忮(zhì 志)不求：语出《诗经·邶风·雄雉》：“不忮不求，何用不臧？”意谓不嫉恨，不贪求。

〔6〕惠帝：指晋惠帝司马衷，晋武帝司马炎之子，以痴呆著名，导致政治昏昧，权在人臣，最终酿成“八王之乱”。

〔7〕眩：通“炫”。惑乱。

〔8〕德宗之鄙暗：唐德宗李适信用卢杞，曾问左右人：“人皆言卢杞奸邪，朕独不觉，何也？”为人猜忌刻薄，黜退忠良，紊乱朝纲。后终于被藩镇势力胁迫，离京逃命。鄙暗，指性格阴狭。

〔9〕二公：指山涛和郭子仪。　二子：指王衍和卢杞。

〔10〕容：或许。

【译文】

从前山涛见到王衍，说："日后给天下百姓带来灾难的，一定是这个人！"汾阳王郭子仪见到卢杞，说："此人一旦得志，我的子孙就要被杀光了！"从今天来说，其中的道理固然可以预见。依我看来，王衍的为人，不论是容貌还是谈吐，本有用以欺世盗名的条件，然而他的为人不嫉妒不贪污，追随大流。假如晋朝不是惠帝当政，只要是一个中等才能的君主，即使有成百上千个王衍，又怎么能扰乱天下呢？像卢杞那样的奸臣，固然足以使国家败亡，然而此人不学无术，容貌不足以动人，言谈不足以影响社会。如果不是唐德宗的鄙陋昏庸，又怎能受到重用呢？从这一点来说，山涛和郭子仪对王衍和卢杞的预料，也许有不完全正确的地方。

今有人〔1〕，口诵孔、老之言，身履夷、齐之行〔2〕，收召好名之士，不得志之人，相与造作言语，私立名字，以为颜渊、孟轲复出〔3〕。而阴贼险狠，与人异趣。是王衍、卢杞合而为一人也，其祸岂可胜言哉？夫面垢不忘洗，衣垢不忘浣〔4〕，此人之至情也。今也不然，衣臣虏之衣，食犬彘之食〔5〕，囚首丧面，而谈《诗》《书》，此岂其情也哉？凡事之不近人情者，鲜不为大奸慝〔6〕，竖刁、易牙、开方是也〔7〕。以盖世之名，而济其未形之患，虽有愿治之主，好贤之相，犹将举而用之。则其为天下患，必然而无疑者，非特二子之比也。

孙子曰〔8〕："善用兵者，无赫赫之功〔9〕。"使斯人而不用也〔10〕，则吾言为过，而斯人有不遇之叹。孰知祸之至于此哉！不然，天下将被其祸〔11〕，而吾获知言之名[12]，悲夫！

【注释】

〔1〕今有人：一说指王安石。

〔2〕履：实行。　夷、齐：伯夷和叔齐，商朝末年孤竹国国君的两个儿子。孤竹君死后，二人都不肯继位做国君，逃入山中。入周后，又反对武王伐商，商朝灭亡后不食周粟而死，被古人视为德行高尚的典范。

〔3〕颜渊：名回，孔子最得意的学生，以德行优秀著称。孟轲：即孟子，孔子之后儒家学说的继承人。后世尊为“亚圣”。据洪迈《夷坚志》等记载，宋神宗元丰年间，确有封王安石为舒王，入孔庙配享之事，其位居孟子之上。

〔4〕浣（huàn 换）：洗衣服。

〔5〕彘（zhì 志）：猪。

〔6〕鲜（xiǎn 显）：少。　慝（tè 特）：邪恶。

〔7〕竖刁、易牙、开方：春秋时齐桓公的三个近臣。管仲死，三人专权，齐国大乱。桓公也为其囚禁，卒于寿宫。

〔8〕孙子：名武。春秋时著名军事家，著有《孙子兵法》十三篇。

〔9〕“善用”二句：不见于今本《孙子兵法》。《孙子兵法·形篇》：“善战者之胜也，无智名，无勇功。”曹操注：“敌兵形未成，胜之，无赫赫之功也。”

〔10〕斯人：即上文所言“今有人”。

〔11〕被：遭受。

〔12〕知言之名：能知人和预言的名声。

【译文】

现在有人嘴里吟诵着孔子和老子的话，身体力行伯夷、叔齐的清高行为，收罗了一批追求名声的读书人和郁郁不得志的人，相互勾结，制造舆论，私下里互相标榜，自以为是颜回、孟子再世。但实际上阴险凶狠，与一般的人志趣不同。这真是把王衍和卢杞集合于一身了，他酿成的灾祸难道能说得完吗？脸上脏了不忘洗脸，衣服脏了不忘洗衣，这是人之常情。现在这个人却不是这样，他穿着罪犯的衣服，吃猪狗吃的食物，头发乱得像囚犯，面孔哭丧像家里死了人，却大谈《诗》《书》，这难道合乎情理吗？凡是做事不近人情的，很少有不是大奸大恶的，竖刁、易牙、开方就是这种人。此人借助当世最高的名声，来掩盖尚未暴露的祸患，虽然有愿意治理好国家的皇帝，敬重贤才的宰相，还是会推举、任用这个人的。这样，他是天下的祸患就必定无疑了，而决非仅仅王衍、卢杞二人可比。

孙子说："善于用兵的人，没有显赫的功勋。"假如这个人没有被重用，那么我的话说错了，而此人就会发出不遇明主的慨叹。谁又能够知道灾祸会达到这种地步呢？不然，天下将蒙受他的祸害，而我也将获得有远见的名声，那就太可悲了！

（王兴康）

心　术

苏　洵

【题解】

兵家云："运用之妙，存乎一心。"是说战争中战略战术的运用，全靠将领的创造性发挥。由此可见，"心"之作用，在用兵打仗的过程中是极其重要的。正是基于这一认识，作者才写下了这篇文章予以强调。

文章共分八段，分别论述了包括将领的治军原则、作战中的战略战术等各种问题。各段之间看似互不相连，其实都紧紧围绕着一个中心，即"为将之道，当先治心"。而各节阐发的精辟思想，又可成为用兵者的鉴戒。其中除了关于士兵"欲愚"一点反映了作者"上智下愚"的时代局限外，其他观点，今天看来仍具有借鉴作用。宋代实行文官带兵制度，故文人也钻研起用兵之道来了，此文即在此形势下产生的。

为将之道，当先治心。泰山崩于前而色不变，麋鹿兴于左而目不瞬〔1〕，然后可以制利害〔2〕，可以待敌。

凡兵上义〔3〕；不义，虽利勿动〔4〕。非一动之为利害，而他日将有所不可措手足也。夫惟义可以怒士〔5〕，士以义怒，可与百战。

凡战之道：未战养其财，将战养其力，既战养其气，既胜养其心。谨烽燧〔6〕，严斥堠〔7〕，使耕者无所顾忌，所以养其财；丰犒而优游之[8]，所以养其力；小胜益急，小挫益厉，所以养其气；用人不尽其所欲为，所以养其心。故士常蓄其怒，怀其欲而不尽。怒不尽则有馀勇[9]，欲不尽则有馀贪[10]，故虽并天下[11]，而士不厌兵[12]，此黄帝之所以七十战而兵不殆也[13]。不养其心，一战而胜，不可用矣。

凡将欲智而严，凡士欲愚。智则不可测，严则不可犯，故士皆委己而听命，夫安得不愚？夫惟士愚，而后可与之皆死。

凡兵之动，知敌之主[14]，知敌之将，而后可以动于险。邓艾缒兵于蜀中[15]，非刘禅之庸[16]，则百万之师可以坐缚[17]，彼固有所侮而动也[18]。故古之贤将，能以兵尝敌[19]，而又以敌自尝，故去就可以决[20]。

凡主将之道，知理而后可以举兵[21]，知势而后可以加兵[22]，知节而后可以用兵[23]。知理则不屈，知势则不沮[24]，知节则不穷[25]。见小利不动，见小患不避。小利小患，不足以辱吾技也[26]。夫然后有以支大利大患[27]。夫惟养技而自爱者，无敌于天下。故一忍可以支百勇，一静可以制百动。

【注释】

〔1〕麋：鹿之一种，俗称四不像。　瞬：眨眼。

〔2〕制：控制。

〔3〕上义：崇尚正义。上，通“尚”。

〔4〕虽：即使。

〔5〕怒士：谓激起兵士的愤怒。

〔6〕谨烽燧：谓认真做好警戒。烽，烽火。燧，烽烟。

〔7〕严斥堠：谓加强对敌情的瞭望。斥堠，古代供士兵居住并瞭望敌情的亭堡。

〔8〕优游之：使之优游。优游，悠然自得。之，指代兵士。

〔9〕有馀勇：谓勇气未用尽。

〔10〕有馀贪：谓欲望尚未满足仍有追求。

〔11〕并：吞并，统一。

〔12〕厌兵：厌恶战争。

〔13〕黄帝：姬姓，号轩辕氏，又号有熊氏。相传黄帝和炎帝为中华民族共同的祖先。据传说，黄帝和炎帝之间曾发生三次大的战争。黄帝一方历经七十馀战而士气旺盛。　殆：懈怠。

〔14〕主：首领。

〔15〕“邓艾”句：邓艾，字士载，三国魏棘阳人，任魏镇西将军。景元四年(263)，邓艾选择了一条险路攻蜀。魏军自阴平行无人之地七百馀里，凿山通道。因山高艰险，魏军将士都缘木攀崖，还用绳索捆住身体坠向山谷。至江油，蜀守将马邈投降。至成都，蜀后主刘禅投降。

〔16〕刘禅：三国时蜀后主。先主刘备之子，小字阿斗。炎兴元年降魏。

〔17〕百万之师：指邓艾指挥的灭蜀魏军。

〔18〕侮：轻慢，看不起。

〔19〕尝敌：试探敌人。

〔20〕去就：指率军离开或者进击。

〔21〕理：此指战争的基本规律。

〔22〕势：指战争中敌我双方的形势。

〔23〕节：指节度、分寸、时机。

〔24〕沮：指因失败而沮丧。

〔25〕穷：指陷入困境。

〔26〕“不足”句：谓小利小患不值得使之煞费心思，兴师动众。

〔27〕支：撑，对付。

【译文】

做将领的原则，应当先修养内心。要做到泰山在面前崩塌而脸色不变，麋鹿在旁边跳跃而眼睛不眨，然后才能把握利害关系，才可以对付敌人。

大凡用兵打仗都崇尚正义；如果不是出于正义，即使有利益也不要行动。这倒并非因为一旦行动就会有害，而是因为以后会有无法处置的局面出现。只有正义可以激怒兵士，兵士被正义激怒，就可以身经百战了。

大凡作战的原则：战前要积蓄战时所需的财物，临战时要养精蓄锐，已经交战要保护好士气，取胜后要引导好士兵的心态。小心守好烽火台，严密布置哨兵，使耕种田地的人没有后顾之忧，这就是积蓄财物的方法；给士兵以丰厚的犒赏并让他们放松休息，这就是养精蓄锐的方法；遇到小胜利更加急切地督责，遇到小挫折更予以激励，这就是保护好士气的方法；用人不要完全满足他想要得到的，这就是引导好兵士心态的方法。所以士兵要经常让他们积累对敌人的义愤，怀有欲望而未能满足。怀有义愤没有完全发泄就有使不完的勇敢；欲望没有完全满足就有进取之心，所以虽已并吞了天下，而士兵仍不厌战，这就是黄帝经历了七十多次战役而士兵仍不懈怠的原因。不培养引导军心，打了一次胜仗，便不能再打了。

大凡将领要有智谋和威严，兵士要愚蠢。将领有智谋则令人深不可测，有威严则士兵不敢冒犯，所以士兵都把生命交给将领而听从他的命令，这样怎能不愚蠢呢？只有士兵愚蠢了，而后可以和他们同生共死。

大凡军队要采取行动，要先了解敌方的首领，了解敌方的将领，而后可以冒险行动。三国时邓艾用绳子把魏兵缒入蜀国，如果不是刘禅的昏庸，那么即使百万大军也能轻而易举地把他们捆缚住，邓艾他们原本就轻视刘禅这才冒险行动的。所以古代的贤将，既能以兵力去试探敌人，又能利用敌人来检验自己的军队，所以或离开或进攻就可以决定了。

大凡当好将领的关键，知道用兵打仗的原理然后可以兴兵，知道敌我双方的大势然后可以出兵，知道有所节制然后可以用兵。知道原理就不会屈服，知道形势就不会灰心，知道节制就不会困窘。见到小利不要妄动，见到小患不要躲避，这是因为小利和小患，不值得我们去施展手段，这样才可以正确处置大利大患。只有胸怀谋略智慧而又懂得珍爱的人，才能无敌于天下。所以一个

“忍”字可以对付各种无谋的勇敢，一个“静”字可以制服各种轻率的举动。

兵有长短，敌我一也。敢问：“吾之所长，吾出而用之，彼将不与吾校[1]；吾之所短，吾蔽而置之，彼将强与吾角[2]，奈何?”曰：“吾之所短，吾抗而暴之[3]，使之疑而却；吾之所长，吾阴而养之[4]，使之狎而堕其中[5]，此用长短之术也[6]。”

善用兵者，使之无所顾，有所恃。无所顾，则知死之不足惜；有所恃，则知不至于必败。尺箠当猛虎[7]，奋呼而操击；徒手遇蜥蜴[8]，变色而却步，人之情也。知此者，可以将矣。袒裼而案剑[9]，则乌获不敢逼[10]；冠胄衣甲，据兵而寝[11]，则童子弯弓杀之矣[12]。故善用兵者以形固。夫能以形固[13]，则力有馀矣。

【注释】

〔1〕校：对抗，较量。

〔2〕角：争斗。

〔3〕抗而暴（pù 铺）之：谓将我方的短处暴露出来。抗，举。暴，暴露。

〔4〕阴而养之：谓将我方的长处隐蔽起来加以培养。

〔5〕狎：轻视。

〔6〕长短之术：原指政治上的谋略。唐赵蕤撰有《长短经》九卷，书中皆谈王霸权谋之要略，辨析形势。又《战国策》多载各种谋略，又称《短长》、《长短》、《长短术》。

〔7〕箠：木棍。

〔8〕蜥蜴：爬虫类动物。形似蛇而有脚，俗称“四脚蛇”。

〔9〕袒裼（tǎn xī 坦西）：赤身露臂。

〔10〕乌获：相传为战国时秦武王的勇士，力大无穷，能举千钧

之重。

〔11〕据兵：拿着或靠着兵器。兵，兵器。

〔12〕弯弓：拉开弓。

〔13〕以形固：以军队外在的形态使阵地巩固。

【译文】

军队都有长处和短处，敌我双方都一样。请问："我方的长处，我方展示出来利用它，对方将会不同我们较量；我方的短处，我方隐蔽起来放在一边，对方将强迫与我们较量，怎么办?"答案："我方的短处，我方故意暴露出来，使对方因疑虑而却步；我方的长处，我方暗暗地保存起来，使对方因掉以轻心而上当。这就是使用了长短之术。"

善于用兵的人，既要使兵士无所顾虑，又要有所依靠。兵士无所顾虑，则懂得死不足惜；有所依靠，则知道不至于一定失败。一人手拿尺把长的木棍面对猛虎，他会一边高呼一边向猛虎进击；一人空手遇到一条蜥蜴，他会吓得脸上变色而不敢举步，这是人通常的情感。知道这一点，可以当将领了。一个人赤露着上身手持宝剑，那么乌获那样的勇士都不敢靠近他；一个人戴着头盔穿着铠甲，手握着兵器睡觉，那么小孩子也会弯弓把他射杀。所以善于用兵的人要表现出阵容的强大以巩固自己。能够凭借阵容的强大以巩固自己，那么战斗的力量就绰绰有馀了。

（王兴康）

张益州画像记

苏　洵

【题解】

张方平，字安道，曾任益州（治所在今四川成都）知州，故称张益州。至和元年（1054）秋，益州谣言纷传，说是云南大理的侬智高将率南诏军进犯，以致军民骚动。张方平受命于危难之际，果然不辱王命，很快平定了骚乱，恢复了正常的社会秩序。一年多以后，益州的百姓为感谢张方平的政绩，特地为他画像于净众寺，以表崇敬爱戴之意。此文即作于当时。

文章先简叙"画像"之缘起，继而从"弥乱"、"治蜀"、"画像"三方面展开议论，最后以高古典雅的四言诗称颂政绩。作者叙事简明扼要，从中穿插蜀人对张方平的感激与怀念，生动地描绘了一个封建社会循吏的形象，给读者留下深刻的印象。

至和元年秋〔1〕，蜀人传言，有寇至边。边军夜呼，野无居人〔2〕。妖言流闻〔3〕，京师震惊。方命择帅，天子曰："毋养乱，毋助变。众言朋兴〔4〕，朕志自定〔5〕。外乱不足，变且中起〔6〕。既不可以文令〔7〕，又不可以武竞〔8〕，惟朕一二大吏，孰为能处兹文武之间，其命往抚朕师。"乃推曰："张公方平其人〔9〕。"天子曰："然。"公以亲辞〔10〕，不可，遂行。冬十一月，至蜀。至之日，归屯军，撤守备[11]。使谓郡县："寇来在吾，无尔劳苦。"明年正月朔旦[12]，蜀人相庆如他日，遂以无事。又明年正月，相告留公像于净众寺[13]，公不能禁。

【注释】

〔1〕至和元年：公元1054年。至和，宋仁宗年号(1054—1056)。

〔2〕"蜀人"四句：《宋史·张方平传》记载："或扇言侬智高在南诏将入寇，摄守亟调兵筑城，日夜不得息，民大惊扰。"

〔3〕妖言：荒诞不经、蛊惑人心的言论。

〔4〕众言朋兴：指各种说法同时兴起。

〔5〕朕：先秦为第一人称代词。秦始皇以后为皇帝的自称。

〔6〕且：将。

〔7〕以文令：指颁布公文命令制止骚乱。

〔8〕以武竞：指动用军队平定骚乱。

〔9〕张公方平：张方平，字安道，宋南京(今河南商丘)人。举茂才异等，为校书郎，知昆山县。又中贤良方正，选迁著作佐郎，通判睦州。上《平戎》十策。神宗时，累官参知政事，御史中丞。

〔10〕亲：指父母亲。

〔11〕"归屯军"二句：张方平在赴益州任途中，即将援军遣归，上任后又撤去守备，从而未动干戈就使局势很快稳定下来。

〔12〕朔旦：指农历每月初一日。

〔13〕净众寺：又名万福寺，在成都西北。

【译文】

至和元年秋天，蜀人中传说，有侬智高的叛兵到了边界。边防军的将士夜间惊呼，野外的村落没有人敢住。妖言四处传播，使京城也因之震惊。朝廷在选择统帅的时候，皇上说："不要姑息养成大乱，也不要妄动加剧事变。尽管群言蜂起，我的志意早已决定。外乱还不会形成，事变将在内部发生。既不可通过文书命令，又不可以武力激化事态。惟有我的一二个大臣，谁能才兼文武，将命他前往安抚我的军队。"众臣于是推举道："张方平正是这样的人。"皇上说："是的。"张方平以父母亲为由推辞，朝廷不同意，于是就动身上路了。这年冬天十一月，张方平到了蜀中。到的那天，他就让戍守的军队回归原处，撤去守备的人员和设施，并派人通知下属的郡县说："如果盗寇来了有我对付，不用你们操心劳苦。"第二年正月初一，蜀人像往常一样庆贺新年，从此就平安无事了。又过了一年的正月，蜀人商量着要把张方平的画像留在净众寺中，张方平也没法禁止。

眉阳苏洵言于众曰〔1〕："未乱易治也，既乱易治也。有乱之萌，无乱之形，是谓将乱，将乱难治。不可以有乱急，亦不可以无乱弛。惟是元年之秋，如器之攲〔2〕，未坠于地。惟尔张公，安坐于其旁，颜色不变，徐起而正之。既正，油然而退〔3〕，无矜容〔4〕。为天子牧小民不倦，惟尔张公。尔医以生〔5〕，惟尔父母。且公尝为我言：'民无常性，惟上所待。人皆曰，蜀人多变。于是待之以待盗贼之意，而绳之以绳盗贼之法。重足屏息之民〔6〕，而以砧斧令〔7〕，于是民始忍以其父母妻子之所仰赖之身，而弃之于盗贼，故每每大乱。夫约之以礼，驱之以法，惟蜀人为易。至于急之而生变，虽齐鲁亦然〔8〕。吾以齐鲁待蜀人，而蜀人亦自以齐鲁之人待其身。若夫肆意于法律之外，以威劫齐民〔9〕，吾不忍为也。'呜呼！爱蜀人之深，待蜀人之厚，自公而前，吾未始见也。"皆再拜稽首曰〔10〕："然。"

【注释】

〔1〕眉阳：指眉山之阳。山南曰阳。苏洵原籍眉山（今属四川）。

〔2〕攲：倾侧，不平。

〔3〕油然而退：此指不声张，很自然地退去。

〔4〕矜容：指居功自傲的神态。

〔5〕繄(yī衣)：是。

〔6〕重足屏息：指因恐惧叠足而立不敢移动，不敢呼吸。

〔7〕砧斧：砧板和斧钺。

〔8〕齐鲁：指春秋时的齐国和鲁国，均在今山东境内。相传两地百姓尤其注重礼义，被称为“礼义之邦”。

〔9〕齐民：指平民百姓。

〔10〕稽首：叩头至地。

【译文】

眉山苏洵对众人说：“没乱的时候容易治理，已经乱了也容易治理。有了乱的萌芽，但还没有形成动乱，这就叫将乱，将乱最难治理。既不可以因有动乱的萌芽而操之过急，也不可因动乱还未形成而放松警惕。至和元年的秋天，蜀中的形势就像器物已经倾斜，但还未掉到地上。只有你们的张公，安稳地坐在旁边，脸色不变，缓缓地站起身来将它扶正。扶正以后，他从容自然地引身而退，脸上毫无骄矜之色。为皇上治理百姓而不知疲倦，只有你们的张公。你们因张公而生，他就是你们的父母。而且张公曾对我说：‘百姓没有长久不变的性情，就看当官的怎样对待他们。人们常说：蜀人的性情经常变化。于是当官的就以对待盗贼的态度对待他们，又以制裁盗贼的法律制裁他们。对那些胆小怕事、大气不敢出的百姓，竟以严酷的刑法制约他们。于是百姓才忍心让父母妻儿所依赖的身体，沉沦为与盗贼为伍，所以蜀中常常大乱。以礼义来约束百姓，以法律来驱使百姓，只有蜀中的百姓最容易治理。至于为政操之过急而导致变乱，即使是齐、鲁那样的礼义之邦也会这样。我以对待齐、鲁百姓的方法对待蜀中百姓，而蜀中百姓也就会把自己看成齐、鲁百姓。如果说要在法律的规定之外为所欲为，以淫威压迫平民，我不忍心这样做啊。’唉！爱蜀中百姓这样深切，待蜀中百姓这样仁厚，在张公之前的历任官员中，我还没见过。”众人再次行礼叩首说：“是这样的。”

苏洵又曰：“公之恩在尔心。尔死，在尔子孙。其功业在史官，无以像为也。且公意不欲，如何？”皆曰：“公则何事于斯[1]？虽然，于我心有不释焉[2]。今夫平居闻一善[3]，必问其人之姓名，与其邻里之所在，以至于其长短小大美恶之状，甚者，或诘其平生所嗜好[4]，以想见其为人。而史官亦书之于其传，意使天下之人，思之于心，则存之于目。存之于目，故其思之于心也固。由此观之，像亦不为无助。”苏洵无以诘[5]，遂为之记。

【注释】

〔1〕何事于斯：意谓对画像一事不怎么在意。

〔2〕不释：放不下。

〔3〕平居：平时。

〔4〕诘：盘问。

〔5〕诘：反驳。

【译文】

苏洵又说：“张公的恩情记在你们的心中。你们死了，记在你们子孙的心中。他的功业由史官记载，不必画像了。再说张公心里不希望这样，你们看怎么办呢？”众人都说：“张公怎么会在意这些呢？尽管如此，我们心中还是过意不去。如今平时听说有人做了一件善事，一定会询问那个人的姓名，和他住在哪里，以至于那人的身材高矮、年龄大小、容貌美丑等情况。更有甚者，还会追问那人的生平嗜好，以揣摩他的为人。而史官也会把这些写入他的传记，用意在于使天下之人，能铭记于心中，显现在眼前。能够显现于他们的目前，所以他们心中的思念就牢固了。由此看来，画像也不能说没用。”苏洵无法辩驳，于是撰写了这篇记文。

公南京人[1]，为人慷慨有大节，以度量雄天下[2]。

天下有大事，公可属[3]。系之以诗曰："天子在祚[4]，岁在甲午[5]。西人传言[6]，有寇在垣[7]。庭有武臣，谋夫如云[8]。天子曰嘻[9]，命我张公。公来自东，旗纛舒舒[10]。西人聚观，于巷于涂。谓公暨暨[11]，公来于于[12]。公谓西人：安尔室家，无敢或讹[13]。讹言不祥，往即尔常。春尔条桑[14]，秋尔涤场[15]。西人稽首：公我父兄。公在西囿，草木骈骈[16]。公宴其僚，伐鼓渊渊[17]。西人来观，祝公万年。有女娟娟[18]，闺闼闲闲[19]。有童哇哇[20]，亦既能言。昔公未来，期汝弃捐。禾麻芃芃[21]，仓庾崇崇[22]。嗟我妇子，乐此岁丰。公在朝廷，天子股肱[23]。天子曰归，公敢不承[24]？作堂严严[25]，有庑有庭[26]。公像在中，朝服冠缨。西人相告，无敢逸荒[27]。公归京师，公像在堂。"

【注释】

〔1〕南京：北宋时的南京在今河南商丘县南。

〔2〕度量：指胸襟、气量。

〔3〕属：托付。

〔4〕祚：指皇位。

〔5〕岁在甲午：指甲午年，即宋仁宗至和元年(1054)。

〔6〕西人：指蜀人。因北宋的四川路(治所益州)在京城汴梁以西，故称。

〔7〕垣：墙。此指边境。

〔8〕谋夫：出谋划策的人。

〔9〕嘻：感叹词，表示赞美。

〔10〕纛(dào 盗)：古代军中或仪仗队中的大旗。　舒舒：形容军旗飘扬貌。

〔11〕暨暨：果断刚毅貌。

〔12〕于于：行动舒缓从容貌。

〔13〕讹：假。此指谣言。

〔14〕条桑：修剪桑树。

〔15〕涤场：打扫打谷场。

〔16〕骈骈：草木并生繁茂貌。

〔17〕伐鼓：击鼓。 渊渊：形容鼓声平和。

〔18〕娟娟：美好貌。

〔19〕闺闼：女子居住的内屋。闼，夹室。 闲闲：从容自得貌。

〔20〕哇哇：指幼童呀呀学语声。

〔21〕芃芃(pēng pēng 朋朋)：植物茂盛貌。

〔22〕庾：露天谷仓。 崇崇：高耸貌。

〔23〕股肱：指皇帝左右得力的大臣。股，大腿。肱，手臂从肘至腕一段。

〔24〕承：承担，接受。

〔25〕严严：庄严肃穆貌。

〔26〕庑：堂周围的廊屋。

〔27〕逸荒：安逸放荡。

【译文】

张公是南京人，为人意气慷慨又有高尚节操，以器度宽宏闻名天下。天下发生了重大的事情，张公是可以委以重任的。文末附诗一首云："大宋天子坐皇位，当时正是甲午年。蜀人谣言纷纷起，说是有寇在边关。朝廷之上有武将，文臣谋士多如云。英明天子发圣旨，命我张公去赴任。公从东方来赴任，大旗猎猎迎风扬。蜀人聚集睹风采，挤满道路挤满巷。都说张公貌刚毅，行动优雅又从容。张公劝谕蜀中人：好好安居自己家，不要再去传谣言。谣言不是吉祥物，回去照常过日子。春天动手剪桑枝，秋天清扫打谷场。蜀人叩首拜张公：公似父母又如兄。公在蜀中西囿里，花草树木郁葱葱。宴请部下文武官，击鼓之声响咚咚。蜀人都来看热闹，祝公之寿万年长。蜀中少女多窈窕，长在闺阁多娴静。蜀中儿童咿呀语，亦能仿佛对人言。昔日张公未来蜀，你辈早已填沟壑。如今禾麻多茂盛，粮仓高耸堆满谷。感慨蜀中妇与子，欢欢喜喜庆丰足。张公本在朝廷中，天子视为股肱臣。天子降旨回朝廷，张公岂能不答应？造起殿堂真庄严，既有廊房又有庭。公像挂在殿堂中，身穿朝服冠结缨。蜀中之人相告诫，不敢懒惰耽放荡。张公已经归京城，张公画像挂在堂。”

（王兴康）

刑赏忠厚之至论

苏　轼

【题解】

苏轼(1037—1101)，字子瞻，号东坡居士，眉山(今四川眉山)人。父亲苏洵和弟弟苏辙都是著名的古文家，世称“三苏”。宋仁宗时中进士后，做过地方官吏，主张改革弊政。宋神宗时，王安石变法，他追随旧党，表示反对。但在杭州(今属浙江)、密州(今山东诸城)、徐州(今属江苏)等地方官任上，办了一些有利于百姓和生产的事情。宋哲宗时，旧党执政，尽废新法，他又表示一定程度的不满，认为新法仍有可取。他在新、旧两党之间的这种态度，使他得不到任何一方的全部同情和支持。在北宋党争屡次起伏的过程中，他往往遭到贬谪，最后远徙琼州(今海南岛)，一生极不得意。然而在艺术上，他是一位具有多方面才能的大作家，无论诗、词和散文，都代表着北宋文学的最高成就。

《刑赏忠厚之至论》是宋仁宗嘉祐二年礼部进士考试的试题，苏轼正于此年应进士试。

这篇命题作文是苏轼散文第一篇成名作。据载，当时的主考官欧阳修和编排官梅尧臣都对诡异浮靡的文风深表不满，读了苏轼此文，赞赏不已。本文的特色就在于说理透辟，文势清畅。在审题上，作者思路活跃，将题意翻作数层：起笔破题，即从赏、罚两端分别论述，指出古代贤君赏善罚不善都体现出爱民之深、忧民之切的君子长者之道；接下不再泛说，而是专从“疑”字出发，引《尚书》孔安国《传》“赏疑从与”、“罚疑从去”之语立论，以先儒经典为据，以圣君史事为证，反复论辩，归结到

“仁”是处理“疑”事的根本，从而有力地阐明了“以君子长者之道待天下，使天下相率而归于君子长者之道”的题旨；末段复引《诗》、《春秋》作证，虽为闲笔和馀波，但照应首段的“见于虞夏商周之书”一语，圆融自然，兴味无穷。

尧、舜、禹、汤、文、武、成、康之际〔1〕，何其爱民之深，忧民之切，而待天下以君子长者之道也〔2〕！有一善，从而赏之，又从而咏歌嗟叹之，所以乐其始而勉其终；有一不善，从而罚之，又从而哀矜惩创之〔3〕，所以弃其旧而开其新。故其吁俞之声〔4〕，欢忻惨戚〔5〕，见于虞、夏、商、周之书〔6〕。

【注释】

〔1〕尧、舜、禹：唐尧、虞舜、夏禹，传说中的上古治世君主。　汤：商汤，商代开国君主。　文：周文王，周朝的奠基者。　武：周武王，他灭商纣王而有天下，在位十九年。　成：周成王。　康：周康王。

〔2〕“而待天下”句：用君子长者的德行来对待天下人。

〔3〕哀矜：怜悯。　惩创：惩戒。

〔4〕吁：表示不以为然的感叹声。　俞：表示赞许、应允的声音。

〔5〕忻：同“欣”。

〔6〕虞、夏、商、周之书：指《尚书》。《尚书》中有《虞书》、《夏书》、《周书》等篇，都是记载从帝尧到周朝的典章训诰的。

【译文】

唐尧、虞舜、大禹、商汤、周文王、武王、成王、康王的时候，他们爱民多么深厚，忧民多么急切，而且是用君子长者的忠厚德行来对待天下百姓！百姓有一善举，就奖赏他，接着又歌咏赞叹他；以此来为他有良好开端而高兴，并勉励他善始善终。有一不好的行为，就惩罚他，接着又怜悯警戒他；以此来帮助他摒弃旧错，并开导他走向自新。所以他们叹惜赞许的声音，欢欣忧戚的样子，都反映在虞书、夏书、商书、周书中了。

成、康既没，穆王立〔1〕，而周道始衰，然犹命其臣吕侯，而告之以祥刑〔2〕。其言忧而不伤，威而不怒，慈爱而能断〔3〕，恻然有哀怜无辜之心，故孔子犹有取焉。《传》曰〔4〕：“赏疑从与，所以广恩也；罚疑从去，所以慎刑也〔5〕。”

【注释】

〔1〕穆王：周穆王，康王孙，在位五十五年，喜游乐，周朝开始衰落。

〔2〕“然犹命”二句：吕侯：即甫侯，周穆王时司寇。穆王采纳吕侯的建议，修正先代刑法，布告天下。《尚书·吕刑》即记载此事。　祥刑：善于用刑。祥，善。

〔3〕断：决断。

〔4〕《传》：解说经义的文字，这里特指《尚书·孔安国传》。

〔5〕“赏疑”四句：大意是说，欲赏有疑，宁可给予，以推广恩泽；欲罚有疑，宁可舍去，以表示谨慎用刑。与，给予。孔安国《传》原文：“刑疑附轻，赏疑从重，忠厚之至。”

【译文】

成王、康王逝世后，穆王即位，而周朝王道开始衰落，但仍命令大臣吕侯整理刑法，并告诫他要善于用刑。穆王的话忧戚而不悲伤，威严而不愤怒，慈爱而能决断，悲天悯人，有哀怜无罪者的心肠，所以孔子对他还有所肯定。《尚书·孔安国传》说：“欲赏有疑，宁可给予，以推广恩泽；欲罚有疑，宁可舍去，以表示谨慎用刑。”

当尧之时，皋陶为士〔1〕。将杀人，皋陶曰：“杀之”，三。尧曰：“宥之”，三[2]。故天下畏皋陶执法之坚，而乐尧用刑之宽。四岳曰[3]：“鲧可用[4]。”尧曰：“不可。鲧方命圮族[5]。”既而曰：“试之。”何尧之不听皋陶之杀人，而从四岳之用鲧也？然则圣人之意，盖亦可见矣。《书》曰[6]：“罪疑惟轻，功疑惟重。与其杀不辜，宁失不经[7]。”呜呼！尽之矣[8]。

【注释】

〔1〕皋陶(yáo 摇)：亦作“咎繇”，据《书·舜典》，他是舜时任掌管刑法之官。苏轼误为帝尧之臣。　士：执法官。

〔2〕杀之三、宥(yòu 又)之三：当时主考官欧阳修曾就此事出处问苏轼，苏轼答云：“何须出处。”欧阳修颇欣赏他的豪迈不羁。《礼记·王制》：“大司寇以狱成告于王，王命三公参听之。三公以狱之成告于王，王三又(同“宥”)，然后制刑。”三次宽宥然后处刑，当是周代的制度，史籍未载尧舜时如此。三，三次。宥，赦免，宽恕。

〔3〕四岳：四方诸侯之长，实为四方部落首领。

〔4〕鲧(gǔn 滚)：禹之父，被四岳推举，奉尧命治水。他筑堤防水，没有成功，被舜杀死在羽山。

〔5〕方命圮(pǐ 痞)族：违反命令，残害同类。语出《尚书·尧典》。方，违，抗。圮，毁。

〔6〕《书》：指《尚书》。

〔7〕“罪疑”四句：大意是，罪有疑处时，从轻处置；功有疑处时，从重奖赏。与其杀无辜的人，宁可失刑，不合常规。经，常规。语出《尚书·大禹谟》。

〔8〕尽：详尽。

【译文】

在唐尧时，皋陶做执法官。将要执行死刑时，皋陶说：“杀掉他”，共说了三次。唐尧说：“赦免他”，也说了三次。所以天下人畏惧皋陶执法的坚毅强硬，而喜欢唐尧用刑的宽大。四方诸侯说：“鲧可以任用。”唐尧说：“不行！鲧违反命令，残害同类。”

过了一会儿又说："试试看吧！"为什么唐尧不听任皋陶去处死犯人，而听从四方诸侯的意见去任用鲧呢？如此看来，圣人的用意是可以看出来的。《尚书》说："罪行有疑问时，从轻处置，功勋有疑问时，从重奖赏。与其杀无辜的人，宁可失刑，不合常规。"唉！《尚书》的论述已经很详尽了。

可以赏，可以无赏，赏之过乎仁；可以罚，可以无罚，罚之过乎义。过乎仁，不失为君子；过乎义，则流而入于忍人〔1〕。故仁可过也，义不可过也。古者赏不以爵禄，刑不以刀锯。赏之以爵禄，是赏之道行于爵禄之所加，而不行于爵禄之所不加也〔2〕；刑以刀锯，是刑之威施于刀锯之所及，而不施于刀锯之所不及也〔3〕。先王知天下之善不胜赏，而爵禄不足以劝也〔4〕；知天下之恶不胜刑，而刀锯不足以裁也。是故疑则举而归之于仁，以君子长者之道待天下，使天下相率而归于君子长者之道〔5〕，故曰忠厚之至也。

【注释】

〔1〕忍人：残忍之人。

〔2〕"赏之"三句：意思说，以爵禄为赏赐，那么赏赐的作用只限于能给予爵禄的限度之内，而不能推行到不能给予爵禄的其他方面。

〔3〕"刑以"三句：大意是，以刀锯为刑罚，那么刑罚的威力只限于刀锯所及的方面，而不能影响到刀锯所达不到的方面。

〔4〕劝：劝勉，鼓励。

〔5〕相率：一个跟着一个。

【译文】

在可以奖赏又可以不奖赏的时候，奖赏了，就过于仁慈了；在可以惩罚又可以不惩罚的时候，惩罚了，就超出了义法。过于仁慈，还不失是一个君子；超出了义法，就流为残忍的人了。所以，仁慈是可以过分的，义法是不可超出的。古人不用官位俸禄来奖赏，不用刀锯等刑具来施刑。用官位俸禄来奖赏，那么奖赏的作用只限于能给予官位俸禄的范围之内，而不能推行到不能给予官位俸禄的其他方面。用刀锯施刑，那么刑罚的威力只限于刀锯所及的方面，而影响不到刀锯所不及的方面。古代君王知道天下的善行赏不胜赏，而官位俸禄不足以用来劝勉从善；知道天下的恶事罚不胜罚，而刀锯刑具不足以用来制裁。所以赏罚有疑问时，就一律以仁慈为宗旨去处置。用君子长者的忠厚德行来对待天下百姓，使天下百姓都接连不断地仿效君子长者的忠厚德行，所以说是忠厚到极点了。

《诗》曰："君子如祉，乱庶遄已。君子如怒，乱庶遄沮〔1〕。"夫君子之已乱〔2〕，岂有异术哉？制其喜怒，而无失乎仁而已矣。《春秋》之义，立法贵严，而责人贵宽，因其褒贬之义〔3〕，以制赏罚〔4〕，亦忠厚之至也。

【注释】

〔1〕"君子"四句：大意是，君子喜纳贤人之言，怒责谗人之言，那么乱事大概可以停止了。祉，喜欢。庶，大概。遄（chuán 船），速。已，止。沮（jǔ 举），终止。语出《诗经·小雅·巧言》，句序稍有不同。

〔2〕已乱：平息动乱。

〔3〕因：依。　褒贬之义：即所谓春秋大义。指《春秋》以儒家伦理道德标准，对历史人物和事件，用隐微的字句进行褒贬。

〔4〕制：控制。

【译文】

《诗经》说："君子喜纳贤人之言，乱事大概快要停止了；君子怒责谗人之言，乱事大概快要终止了。"君子平息动乱，哪里有特别的办法？控制他们的喜怒之情，而不失去仁慈之心罢了。《春秋》的主旨是设立法规时贵在严厉，而责罚时贵在宽大。依照《春秋》的褒贬大义，来控制赏罚的尺度，也是忠厚到极点了。

（王水照）

范 增 论

苏 轼

【题解】

范增是秦末楚汉战争时项羽的重要谋臣，曾被项羽尊称为“亚父”。但因其“不知幾”，没有发觉项羽对他由信任到怀疑的变化，却贪图名利，年已七十，还想依靠项羽得以功成名就，因而不能在宋义被杀、自己被开始怀疑之际，适时离开项羽。及至项羽中刘邦反间计，削夺其权力时，才被迫离开，且死在归途中，成为可悲人物。作者对此进行分析评论，惋惜范增不识“去就之分”。

文章在结构上很有特色。它首先指出，“增之去善矣，独恨其不早耳”，然后由此出发，多方证明，反复设想推测，指出范增应该在宋义被杀时就走。议论逻辑严密，文气雄健明快。结尾时语气骤转，赞扬范增毕竟还是个杰出人才，既避免了全面否定范增的偏颇，又揭示了项羽不知人而必然灭亡的道理。

汉用陈平计〔1〕，间疏楚君臣〔2〕。项羽疑范增与汉有私〔3〕，稍夺其权。增大怒曰：“天下事大定矣，君王自为之，愿赐骸骨归卒伍〔4〕。”归未至彭城，疽发背死〔5〕。苏子曰〔6〕：增之去善矣。不去，羽必杀增。独恨其不早耳。然则当以何事去？增劝羽杀沛公〔7〕，羽不听，终以此失天下，当于是去耶？曰：否。增之欲杀沛公，人臣之分也；羽之不杀，犹有君人之度也。增曷为以此去哉？《易》曰：“知幾其神乎[8]！”《诗》曰：“相彼雨雪，先集维霰[9]。”增之去，当于羽杀卿子冠军时也[10]。

【注释】

〔1〕汉：指汉王刘邦。　陈平：阳武（今河南原阳东南）人。汉初政治家。楚汉相争时，先为项羽部属，任都尉，曾从项羽入关；后奔刘邦，任护军中尉，为刘邦重要谋臣。汉朝建立，封为曲逆侯，历任惠帝、吕后、文帝丞相。

〔2〕楚：指项羽的西楚。

〔3〕项羽：名籍，秦末楚国贵族。公元前209年在陈胜影响下，跟从叔父项梁起义。梁死，籍为统帅。秦亡后，项羽自称西楚霸王，据有西楚、东楚与梁地共九郡，建都彭城（今江苏徐州），分封诸侯，公元前206年，封刘邦为汉王。随后与刘展开激烈的争夺统治权斗争。最后项羽失败，自刎而死。　范增：居鄛（今安徽巢县西南）人，秦汉之际，为西楚霸王项羽谋士，被尊为亚父。曾屡劝项羽杀掉刘邦，项羽不听。后项羽中陈平反间计，渐削范增权力，范增忿而离去，途中背上毒疮痈疽发作而死。

〔4〕骸（hái 孩）骨：多指尸骨。赐骸骨，退休回家。　卒伍：秦时乡里基层组织，此指家乡。

〔5〕疽（jū 拘）：毒疮。

〔6〕苏子：作者苏轼自称。

〔7〕沛公：即汉高祖刘邦。公元前209年响应陈胜起义于沛（今江苏沛县东），被立为沛公。

〔8〕幾：微小。引文见《周易・系辞》。

〔9〕“相彼”二句：引文见《诗经・小雅・頍弁》。相（xiāng 香），视、看。　霰（xiàn 线），小雪珠。

〔10〕卿子冠军：即宋义。卿子是当时对人的尊称；冠军，指地位在其他将领之上的上将。为义帝所封，被项羽所杀。

【译文】

汉王刘邦采用陈平的计谋，离间、疏远西楚的君臣关系。项羽果然怀疑范增与汉王暗中勾结，便逐渐削夺他的权力。范增非常恼怒地说："天下大事已经定局了，以后君王自己去治理吧！希望赏赐我这把老骨头回老家去。"回乡时还没到彭城，就因脊背上所患毒疮发作而死去。苏子说：范增离去得对啊！不离去，项羽一定会杀死他的。只恨他没有早些离开罢了。那么他该因何事离去呢？范增劝项羽杀刘邦，项羽没听他的，最终由此失去天下，范增因此该离开吗？回答说：不是。范增要杀刘邦，是尽臣子的职责；项羽不杀刘邦，说明他还有一个君主的气度。范增为什么要为这事离开呢？《周易》上说："能够发现事物微小变化的，才是最聪明者。"《诗经》里讲："看那天要下雪了，先凝结降落的总是小雪珠。"范增的离开，应当在项羽杀害卿子冠军的时候。

陈涉之得民也〔1〕，以项燕、扶苏〔2〕。项氏之兴也，以立楚怀王孙心〔3〕。而诸侯叛之也，以弑义帝〔4〕。且义帝之立，增为谋主矣。义帝之存亡，岂独为楚之盛衰，亦增之所与同祸福也。未有义帝亡而增独能久存者也。羽之杀卿子冠军也，是弑义帝之兆也。其弑义帝，是疑增之本也，岂必待陈平哉？物必先腐也，而后虫生之；人必先疑也，而后谗入之。陈平虽智，安能间无疑之主哉？吾尝论义帝天下之贤主也。独遣沛公入关〔5〕，不遣项羽；识卿子冠军于稠人之中，而擢以为上将〔6〕。不贤而能如是乎？羽既矫杀卿子冠军〔7〕，义帝必不能堪〔8〕。非羽弑帝，则帝杀羽。不待智者而后知也。增始劝项梁立义帝〔9〕，诸侯以此服从；中道而弑之，非增之意也。夫岂独非其意，将必力争而不听也。不用其言而杀其所立，羽之疑增，必自是始矣。方羽杀卿子冠军，增与羽比肩而事义帝[10]，君臣之分未定也。为增计者，力能诛羽则诛之，不能则去之，岂不毅然大丈夫也哉？增年已七十，合则留，不合则去。不以此时明去就之分，而欲依羽以成功名，陋矣[11]！

【注释】

〔1〕陈涉：名胜字涉，秦末农民起义首领。起义时曾打着项燕、扶苏的旗号，用来争取民心。

〔2〕项燕：战国末年楚国名将，项羽的祖父。　扶苏：秦始皇长子。始皇焚书坑儒，扶苏极力劝谏，始皇怒，打发他去北方监蒙恬军。始皇死，宦官赵高主谋，诈称始皇之命，令扶苏自杀。

〔3〕楚怀王孙心：楚怀王的孙子熊心。秦末，秦国将楚怀王骗去杀死，楚国灭亡后，熊心隐藏在民间替人牧羊。公元前208年，范增向项羽的叔父项梁献计，拥立楚怀王的后代，并仍称怀王，以争取民心。项梁听从范增计，在民间找到熊心，拥立之。后项梁战死，项羽自立为西楚霸王，尊楚怀王熊心为义帝。

〔4〕弑（shì 是）：古时称臣杀君、子杀父为“弑”。　义帝：即楚怀王熊心。

〔5〕关：指关中之地，义帝命宋义、项羽救赵，而命刘邦攻打咸阳，并与诸将约定，先达关中灭秦者为王。

〔6〕擢（zhuó 浊）：提拔。

〔7〕矫杀：此处指项羽诈称义帝命令杀卿子冠军宋义。

〔8〕堪：忍受。

〔9〕项梁：楚名将项燕之子，项羽叔父，始立楚怀王熊心者。

〔10〕比肩：并肩，这里比喻地位相当。

〔11〕陋：学识疏浅。

【译文】

陈胜起义能得到百姓拥护，是因为借用了楚将项燕、秦公子扶苏的名义；项家的兴起，是因为拥立了楚怀王孙子熊心为义帝的缘故。而以后诸侯背叛项羽，也正因为他杀害了义帝。况且义帝的拥立，范增是主谋。义帝的生死存亡，何止关系到楚国的兴衰成败，也是和范增的祸福密切相关的。不会有义帝被推翻了而范增却能长久生存的道理。项羽杀卿子冠军宋义，是杀义帝的先兆。项羽杀害义帝，就是怀疑范增的开始，哪里一定要等到陈平使用反间计呢？物体一定是先坏了，然后才会生虫；人一定是先有了疑心，然后才能听得进别人的谗言。陈平虽然极为聪明，又怎么能够离间得了不疑心下臣的君主呢？我曾经评论义帝，认为他是天下的贤君明主。他偏偏派刘邦带兵打函谷关，而不派项羽；能够在众多的武将中特别赏识宋义，而提升他为上将。不贤明能够这样做吗？项羽已经假托义帝的命令杀了宋义，义帝一定忍受不了。不是项羽谋害义帝，就是义帝杀死项羽。这是用不着聪明人才能明白的事。范增当初劝项梁拥立义帝，诸侯因此服从指挥；中途谋杀义帝，不是范增的意思。非但不是他的意思，而且一定会极力反对，而项羽不听。不听范增的主张，而杀掉他所拥立的义帝，项羽怀疑范增，一定从这时就开始了。当项羽杀卿子冠军宋义时，范增与项羽还是并肩同位替义帝做事的臣属，君臣的名分还没有确立。替范增着想，有力量杀掉项羽就果断地杀掉他；不行，就干脆离开他。这样做，不是一个果敢像样的大丈夫吗？范增已是七十岁了，能与项羽相合就留下，合不来就离去。不在这个时候明确该走该留，却还想依靠项羽来成就自己的功名，真是见识太浅陋了啊！

虽然，增，高帝之所畏也〔1〕。增不去，项羽不亡。呜呼！增亦人杰也哉！

【注释】

〔1〕高帝：汉高祖刘邦。

【译文】

话虽这样说，范增毕竟是汉高祖所害怕的人物。范增不走，项羽不会灭亡。唉！范增也确实是个杰出的人才啊！

（萧善芗）

留侯论

苏轼

【题解】

此篇是苏轼嘉祐六年(1061)应“制科”时所作《进论》之一。张良，字子房，汉朝开国大臣，封于留(今江苏沛县东南)，称留侯。本文主要论述张良成功的关键在于“忍”。所谓“忍”，是指人的一种道德和修养，为实现大志而善于控制个人的情绪，善于等待和驾驭完成大业的机缘，不逞一时之气，以小忿而乱大谋。

文章劈头先立论，接着却从“不忍”说开去，论黄石公授书，是教张良能忍，因张良“博浪沙击秦”正说明他原先“不能忍”。然后以郑伯肉袒迎楚、勾践臣妾于吴两则能“忍”的史例，逆承反转，论证“忍”的作用。最后，叙述张良正是以“忍”教刘邦，打败“不忍”的项羽，既进一步证实了“忍”的作用，又照应圯桥授书事件的实质。

全文以“忍”为线索，一意反复到底，而中间生枝生叶，似断实连，变幻出奇。

古之所谓豪杰之士，必有过人之节〔1〕。人情有所不能忍者，匹夫见辱〔2〕，拔剑而起，挺身而斗，此不足为勇也。天下有大勇者，卒然临之而不惊〔3〕，无故加之而不怒，此其所挟持者甚大〔4〕，而其志甚远也。

【注释】

〔1〕节：节操、操守。

〔2〕匹夫见辱：普通人受辱。

〔3〕卒然：突然。卒，同“猝”。

〔4〕挟持：指抱负。

【译文】

古代所说的英雄豪杰人物，必定有超出凡人的节操。人在感情上总有无法忍耐的事，一个普通人受到了欺辱，就会拔出刀剑，挺身搏斗，这算不上是勇敢。天下有真正勇敢的人，他突然遇到变故而不惊慌，无故受到触犯而不愤怒，这是因为他的抱负极大，而他的志向深远的缘故。

夫子房受书于圯上之老人也〔1〕，其事甚怪〔2〕。然亦安知其非秦之世有隐君子者〔3〕，出而试之？观其所以微见其意者〔4〕，皆圣贤相与警戒之义，而世不察，以为鬼物〔5〕，亦已过矣〔6〕。且其意不在书〔7〕。当韩之亡、秦之方盛也，以刀锯鼎镬待天下之士〔8〕，其平居无罪夷灭者〔9〕，不可胜数。虽有贲、育〔10〕，无所获施。夫持法太急者，其锋不可犯，而其末可乘〔11〕。子房不忍忿忿之心，以匹夫之力，而逞于一击之间〔12〕。当此之时，子房之不死者，其间不能容发〔13〕，盖亦已危矣。千金之子〔14〕，不死于盗贼〔15〕。何者？其身可爱，而盗贼之不足以死也。子房以盖世之才，不为伊尹、太公之谋〔16〕，而特出于荆轲、聂政之计〔17〕，以侥幸于不死，此圯上之老人所为深惜者也。是故倨傲鲜腆而深折之〔18〕，彼其能有所忍也，然后可以就大事，故曰：“孺子可教也。”

【注释】

〔1〕圯(yí 夷):桥。　老人:指黄石公。据《史记·留侯世家》载,张良年轻时,曾漫游至下邳(今江苏睢宁北)的一座桥上,遇一老人。老人故意把鞋扔到桥下,让张良捡来给他穿上,张良照办了。老人说:“孺子可教矣。”约张良五日后一早来见。但张良前两次都比老人迟到,受到老人责备。第三次提前于半夜等在桥上,老人大喜,送他一部《太公兵法》,告诉他:“读此则为王者师矣。”

〔2〕其事甚怪:圯上老人曾对张良说:“谷城山下黄石即我矣。”则老人乃是黄石化身。　“怪”即指此。

〔3〕隐君子:隐居的高士。指圯上老人。

〔4〕见:同“现”,显露。

〔5〕以为鬼物:王充《论衡·自然》载,当时人们认为上天佐汉诛秦,故“命令神石为鬼书授人”。黄石授书,是妖气化为人形的鬼,传达上天旨意,以预兆汉兴。

〔6〕过:错。

〔7〕“其意”句:指圯上老人的立意不在表面向张良传书一事。

〔8〕刀锯鼎镬(huò 获):古代残酷的刑具,借指残酷的刑法。

〔9〕夷灭:消灭,杀戮。

〔10〕贲(bēn 奔)、育:孟贲、夏育,古传说中的勇士。

〔11〕“夫持法”三句:大意是:秦朝持法太严,锋芒不可触犯,而当锋芒一过,就有可乘之机。　末,末势。

〔12〕逞于一击:快意于一击。据载,张良为报秦灭韩之仇,在秦始皇东巡至博浪沙时,派刺客用铁椎击杀始皇,未获成功。张良匿名逃亡下邳。

〔13〕“其间”句:遭险与脱险,当中只有一根头发的间隙。比喻情势危急。

〔14〕千金之子:旧时称富贵子弟。

〔15〕“不死”句:不死在干盗贼一类事上。

〔16〕伊尹、太公之谋:指安邦定国的计谋。　伊尹,名伊,尹是官名,商朝开国大臣。　太公,即吕尚,周朝开国功臣。

〔17〕特:只。　荆轲、聂政之计:指行刺的计谋。荆轲,为燕太子刺始皇。　聂政,为严仲子刺杀韩相侠累。两事均见《史记·刺客列传》。

〔18〕倨(jù 据)：傲慢。　鲜腆(xiǎn tiǎn 显舔)：无礼、厚颜。鲜，少。　腆，惭愧。　折：摧折，侮辱。

【译文】

张良从桥上的老人那儿得到兵书，这件事非常怪异。但也哪里知道那不是秦朝隐居的高士，出来试探张良的呢？观察那老人稍稍显露出的用意，都含有圣人贤士相互警告劝诫之义，但世人不细察，以为那老人是鬼怪，这也已是不对的了。况且老人的用意并不在于授予兵书这件事上。当韩国已经灭亡，秦国正在兴盛时，秦始皇用残酷的刑法对待普天下的士人，那些平时无罪而被杀戮的人多得不可计数，即使像孟贲、夏育那样的勇士都无能为力。秦朝实行的刑法太峻严，锋芒不可触犯，但当它锋芒过后就有可乘之机了。张良不能克制愤怒的情绪，想凭一人的力量逞强击杀秦始皇。在这个时候，张良能脱险不死与遭险而死，当中只差一根头发的间隙，这也已是很危险了。富贵人家的子弟不会死于干盗贼之类的事。为什么呢？因为他的身体值得珍惜，而不值得为干盗贼之类的事而去死。张良凭着他压倒世人的才华，不去策划伊尹、姜太公之类安邦定国的谋略，而只想出荆轲、聂政这种行刺的计谋，靠着侥幸而不死，这就是桥上老人为他深深痛惜的原因啊。因此老人用傲慢无礼来狠狠挫辱张良，张良如果能够忍耐的话，然后才能成就大事。所以老人说：“这孩子是可以教育的。”

楚庄王伐郑，郑伯肉袒牵羊以迎，庄王曰：“其主能下人，必能信用其民矣。”遂舍之〔1〕。勾践之困于会稽，而归臣妾于吴者，三年而不倦〔2〕。且夫有报人之志〔3〕，而不能下人者，是匹夫之刚也。夫老人者，以为子房才有馀而忧其度量之不足，故深折其少年刚锐之气，使之忍小忿而就大谋。何则？非有平生之素〔4〕，卒然相遇于草野之间，而命以仆妾之役〔5〕，油然而不怪者，此固秦皇之所不能惊，而项籍之所不能怒也。

【注释】

〔1〕“楚庄王”六句：据史书载，楚庄王伐郑，将攻入郑国都城。郑襄公肉袒牵羊来迎接庄王。楚庄王说：“郑君为人谦卑，必能取信于他的百姓。我哪敢奢望得到郑国的土地！”于是退兵而返。郑伯，郑襄公。肉袒，袒露身体，表示请罪。

〔2〕“勾践”三句：据史书载，吴王夫差攻败越国，越王勾践带领五千甲兵，躲在会稽山上，派大夫文种入吴为臣，后亲自与大夫范蠡入吴为臣，以妻为吴王妾，三年才得归国。会稽，指会稽山，在今浙江绍兴。归臣妾于吴，归降吴国为其臣妾。

〔3〕报：报仇。

〔4〕“非有”句：指向来不认识。

〔5〕仆妾之役：指老人让张良捡鞋、穿鞋一事。

【译文】

楚庄王讨伐郑国，郑国国君袒露胸脯牵着羊来迎接，庄王说：“那里的国君能屈居人下，一定能让他的百姓信任、服从。”于是就撤兵而去。越王勾践在会稽山上被吴国围困，就率臣下妻子投降吴国，做吴王的奴仆侍妾，长达三年而没有倦怠之意。况且有报仇的志向，而不能屈己下人的，这不过是普通人的刚烈。而老人认为张良才华有馀而担忧他度量不足，所以狠狠挫辱他年轻人刚强锐利的习气，使他能忍住小愤怒而成就大谋略。为什么这样说呢？老人与张良向来不认识，突然在野外相遇了，就让张良做捡鞋穿鞋这类奴仆婢妾的差事，而张良也自然而然地顺从去做而不以为怪，这正是秦始皇不能使他惊慌，而项羽不能使他暴怒的原因。

观夫高祖之所以胜〔1〕，而项籍之所以败者，在能忍与不能忍之间而已矣。项籍唯不能忍，是以百战百胜而轻用其锋〔2〕；高祖忍之，养其全锋而待其敝〔3〕，此子房教之也。当淮阴破齐而欲自王，高祖发怒，见于词色〔4〕。由是观之，犹有刚强不能忍之气，非子房其谁全之！

【注释】

〔1〕高祖：指汉高祖刘邦。

〔2〕轻用其锋：指项羽迷信武力，随意出兵。

〔3〕"养其"句：指刘邦善于保存实力，等待对方疲惫之机。

〔4〕"当淮阴"三句：据史书载，汉四年，刘邦被困荥阳，情势危急。此时韩信已灭齐，便派使者向刘邦请求立为假齐王。刘邦大怒，骂韩信乘机要挟，张良、陈平马上踩刘邦的脚，并耳语提醒他不能得罪韩信。刘邦亦醒悟，改口道："大丈夫定诸侯，即为真王，何以假为！"于是派张良前去册立韩信为齐王。淮阴，指淮阴侯韩信。

【译文】

考察汉高祖刘邦得胜的原因和项羽失败的原因，就在于他们能忍耐和不能忍耐的区别而已。项羽只因不能忍耐，所以他百战百胜，而轻易地使用他的锋芒、随意出兵；而刘邦善于保存实力，等待对方疲惫之机，这是张良教他的方法。当淮阴侯韩信攻破齐国想自立为齐王时，刘邦发怒，表现在言语和脸色上。由此看来，刘邦还有刚强不能忍耐的习气，不是张良，谁能保全汉室呢？

太史公疑子房以为魁梧奇伟，而其状貌乃如妇人女子，不称其志气。呜呼！此其所以为子房欤！

【译文】

太史公司马迁对张良有点疑问，认为张良应是体格魁梧壮伟的人，但画像中的状貌如同妇人女子，与他的志气不相称。唉，这也许正是之所以为张良的原因吧！

（王水照）

贾　谊　论

苏　轼

【题解】

西汉初年的年轻政治家和文学家贾谊，自司马迁以后，历代评论家都对他怀才不遇，英年早逝，抱恨终生，寄予许多同情。但苏轼在此文中却批评他不能自用其才，认为他志大而量小，才有馀而识不足，求成操之过急。并借此提出自己的观点，即政治家想实现自己的远大理想，应当善于等待时机；要建成宏大事业，就必须经得住逆境的折磨考验。作者认为做到这一点是不容易的，但是，并非没有人做到。不过苏轼没有接触到贾谊之所以遭到排挤的根本原因，是他向文帝所提出的一系列建议，触犯了大臣贵族的利益。

在写作上，苏轼在提出自己的观点后，就以孔丘、孟子的行动作正面发挥，再以贾谊的事迹与之进行对比，正反结合，雄辩有力。文章最后以苻坚重用王猛的事例，委婉批评汉文帝未能重用贾谊，再点出写此文的主旨，在于使为君为臣者均能以此为鉴。

非才之难，所以自用者实难〔1〕。惜乎！贾生〔2〕，王者之佐，而不能自用其才也。

【注释】

〔1〕自用：发挥自己的才能。

〔2〕贾生：见本书卷六《过秦论》题解。

【译文】

不是培养才能困难，怎样发挥自己的才能实在不容易。可惜啊！贾谊，作为君王的辅佐，却不能发挥自己的才能。

夫君子之所取者远，则必有所待；所就者大，则必有所忍。古之贤人，皆负可致之才〔1〕，而卒不能行其万一者，未必皆其时君之罪，或者其自取也。愚观贾生之论，如其所言，虽三代何以远过〔2〕？得君如汉文〔3〕，犹且以不用死。然则是天下无尧、舜，终不可有所为耶？仲尼圣人〔4〕，历试于天下，苟非大无道之国，皆欲勉强扶持，庶几一日得行其道〔5〕。将之荆〔6〕，先之以冉有〔7〕，申之以子夏。君子之欲得其君，如此其勤也。孟子去齐，三宿而后出昼〔8〕，犹曰："王其庶几召我。"君子之不忍弃其君，如此其厚也。公孙丑问曰："夫子何为不豫〔9〕？"孟子曰："方今天下，舍我其谁哉？而吾何为不豫？"君子之爱其身，如此其至也。夫如此而不用，然后知天下果不足与有为，而可以无憾矣。若贾生者，非汉文之不能用生，生之不能用汉文也。

【注释】

〔1〕致：指成就功业。

〔2〕三代：指夏、商、周三个朝代。

〔3〕汉文：汉文帝刘恒，公元前179年至前157年在位。统治期间提倡农耕，发展经济，政治稳定，被史家称为明君。

〔4〕仲尼：孔丘，字仲尼。儒家学说的创始人，被后代奉为"孔圣人"。

〔5〕庶几：也许可以，表示希望。

〔6〕荆：楚国。

〔7〕冉有：与下文的子夏都是孔子的学生。

〔8〕昼：地名。春秋战国时属齐。在今山东淄博临淄西北。

〔9〕“公孙丑”二句：公孙丑，战国时齐人，孟子的学生。 豫，高兴，快乐。事见《孟子·公孙丑下》。

【译文】

君子想要实现远大目标，就必须等待时机；要想成就伟大事业，就必须有所忍耐。古时候的贤能人士，都具备建功立业的才能，但最终却不能发挥其才能万分之一的，并不一定都是当时君主的过错，有的是他们自己造成的。我看过贾谊的议论，如像他所说的那样，即便夏、商、周三代又怎能超过？贾谊遇到的是像汉文帝那样的贤明君主，尚且因未被重用抑郁而死。那么如果天下没有唐尧、虞舜那样的君主，许多贤能之士，就终究不可能有所作为了吗？孔仲尼是位圣人，曾周游列国，多次试图被任用，只要不是过于无道的国家，他都想尽力扶持它，希望有朝一日能够推行自己治理国家的政治主张。他将要去楚国的时候，先派学生冉有去联系，表明自己的想法，接着又派学生子夏去重申自己的意思。君子希望被贤明的君主所任用，是这样的努力辛勤！孟子离开齐时，在齐国边境昼地住了三夜后才走，还说：“齐王可能还会来召见我。”君子不忍心离开自己的君主，是这样的情意深厚。公孙丑问他说：“先生为什么不高兴？”孟子回答说：“当今世上，除了我还有谁能把天下治理得好呢？我为什么要不高兴呢？”君子自爱自重其身，是这样周到啊！如果做到这种程度，仍然得不到重用，那么就明白天下真的不值得自己去做什么，也能够由此毫无遗憾了。像贾谊这样，并不是汉文帝不重用他，而是他本人不能让汉文帝很好使用。

夫绛侯亲握天子玺而授之文帝〔1〕，灌婴连兵数十万〔2〕，以决刘、吕之雌雄，又皆高帝之旧将，此其君臣相得之分，岂特父子骨肉手足哉？贾生，洛阳之少年。欲使其一朝之间，尽弃其旧而谋其新，亦已难矣。为贾生者，上得其君，下得其大臣，如绛、灌之属，优游浸渍而深交之〔3〕，使天子不疑，大臣不忌，然后举天下而唯吾之所欲为，不过十年，可以得志。安有立谈之间〔4〕，而遽为人“痛哭”哉〔5〕！观其过湘为赋以吊屈原〔6〕，萦纡郁闷〔7〕，趯然有远举之志〔8〕。其后以自伤哭泣，至于夭绝。是亦不善处穷者也。夫谋之一不见用，则安知终不复用也？不知默默以待其变，而自残至此。呜呼！贾生志大而量小，才有馀而识不足也。

【注释】

〔1〕绛侯：周勃，沛（今江苏沛县东）人。西汉初年大臣。秦末从刘邦起事，多有军功。汉王朝建立后被封于绛（今山西曲沃县西南），称绛侯。刘邦死后，吕氏掌权，大力培植吕家势力。吕氏死，诸吕企图夺取刘氏政权，以周勃、灌婴、陈平为首的刘邦老臣，平定了诸吕叛乱，立代王刘恒为帝。周勃在刘恒回京途中，向他献上天子印玺。

〔2〕灌婴：睢阳（今河南商丘县南）人。西汉初大臣。曾随刘邦转战各地，辅助刘邦平定天下。汉王朝建立后，封于颍阴（今河南许昌），称颍阴侯。诸吕作乱，齐王襄举兵讨伐，吕禄派灌婴迎击。灌婴率兵到荥阳，与齐哀王连和，平定诸吕，拥立文帝。

〔3〕优游：从容不迫的样子。　浸渍（zì 自）：渐渐渗透。

〔4〕立谈之间：形容时间短暂。

〔5〕遽（jù 据）：急，突然。　痛哭：指贾谊《治安策》：“臣窃惟事势，可为痛哭者一，可为流涕者二，可为长太息者六。”

〔6〕吊屈原：贾谊被贬长沙就任太傅，在路过湘水时曾作《吊屈原赋》。

〔7〕萦纡：曲折缠绕。这里指赋中反映出的感情委婉复杂。

〔8〕趯（tì 替）然：形容心绪激荡的样子。　远举：原指高飞，这里指退隐。贾谊《吊屈原赋》：“风缥缥其高逝兮，夫固自引而远去。”

【译文】

绛侯周勃亲手捧着皇帝的印玺交给文帝，灌婴联合几十万兵力，用来决定刘、吕两家的胜败，他们又都是汉高祖的老部属，那种君臣间的情分，亲密程度，难道只有父子骨肉兄弟间才能有的吗？贾谊只是个洛阳城里的年轻人，却想让汉文帝在一天内全部放弃原有的政策而制定新的，这也太难了。作为贾谊本人，应该先做到上得文帝的信任，下得大臣们的支持，像绛侯、灌婴这些人，须好好地慢慢地同他们搞好关系，结成知心朋友，使得皇帝不猜疑，大臣不忌恨，然后才能使整个国家按照自己的主张去治理，不超过十年，就能实现自己的理想。哪里有在短时间的交谈后，就迫不及待地对人家“痛哭”的道理呢？我看他路过湘水时所作凭吊屈原的辞赋，就蕴结着忧郁苦闷，大有马上远走的意思。这以后，又因自怨自艾，常常悲伤哭泣，终于过早地死了。这也是由于不善于正确对待逆境的缘故啊。自己的谋略，一次没有被采用，怎么知道就永远不再被采用了呢？不懂得默默地耐心地等待形势的变化，却自我摧残到这般地步。唉！贾谊真是志气远大而气量狭小，才能有馀但见识不足啊。

古之人，有高世之才，必有遗俗之累。是故非聪明睿智不惑之主〔1〕，则不能全其用。古今称苻坚得王猛于草茅之中〔2〕，一朝尽斥去其旧臣，而与之谋。彼其匹夫略有天下之半〔3〕，其以此哉！愚深悲生之志，故备论之。亦使人君得如贾生之臣，则知其有狷介之操〔4〕，一不见用，则忧伤病沮〔5〕，不能复振。而为贾生者，亦谨其所发哉〔6〕！

【注释】

〔1〕睿(ruì锐)智：英明有远见。

〔2〕苻坚：氐族人，北朝十六国前秦之帝，公元338年至385年在位。　王猛：字景略。年轻时贩卖畚箕，隐居华山，后受苻坚征召，执掌政权，悉心辅佐，官至丞相。宗戚旧臣大为不满，尚书仇腾、丞相席宝几次攻击王猛，苻坚大怒，贬黜二人，于是上下皆服。

〔3〕匹夫：平凡的人，这里指苻坚。 略：夺取，引申为占有。
〔4〕狷介：性情正直偏急，难以变通。
〔5〕病沮(jū 举)：灰心丧气。
〔6〕所发：所作所为，引申为处世。

【译文】

古代的人，如果具有出类拔萃的才能，就必定会有鄙弃世俗而带来的不幸。所以不是非常英明有远见，不受他人蒙蔽的君主，就不能充分使用这些人的才能。自古到今，人们称赞苻坚能够在草野中发现王猛这个人才，在极短的时间内全部撇开他原来的臣属，而和王猛一起谋画治理国家的大事。那个本是普通人的苻坚一下子占据了半个天下，其中的原因就在这里啊！我深深地惋惜贾谊未能实现自己的志向，所以对他作了详尽的评论。也想使当君主的明白，假如得到像贾谊这样的臣子，就应该理解他孤高耿介的操守，一旦不被重用，就会忧郁感伤乃至沮丧颓废，再也振作不起来。而作为像贾谊这样的人，也应该谨慎地处世，慎重地发表自己的政见。

（萧善芗）

晁错论

苏轼

【题解】

西汉景帝年间，分封于各地的诸侯王势力日益壮大，严重威胁着中央政权。御史大夫晁错建议景帝“削藩”，被景帝采纳。吴、楚等七个诸侯国受威胁后，借“诛晁错以清君侧”为名，发动武装叛乱。在七国军事力量压力下，汉景帝听信晁错政敌的谗言，杀掉了晁错。人们叹惜晁错尽忠而被杀，苏轼却认为晁错咎由自取。评论晁错有先见之明和发难之勇，却无坚韧不拔、临危不惧的精神。在危急之际，谋保自身安全，而置天子于险境。晁错的自全之计，恰成自祸之因。

文章先从道理上立论，然后引出所论事实：有列举晁错罪责处，有代晁错设想处，有为晁错惋惜处，衔接缜密，一气呵成。且事实与立论形成对照，结语与立论相互呼应，结构完美，说服力强。

天下之患，最不可为者，名为治平无事，而其实有不测之忧。坐观其变，而不为之所，则恐至于不可救。起而强为之，则天下狃于治平之安[1]，而不吾信。惟仁人君子豪杰之士，为能出身为天下犯大难，以求成大功。此固非勉强期月之间[2]，而苟以求名之所能也。天下治平，无故而发大难之端，吾发之，吾能收之，然后有辞于天下。事至而循循焉欲去之[3]，使他人任其责，则天下之祸，必集于我。昔者晁错尽忠为汉[4]，谋弱山东之诸侯[5]。山东诸侯并起，以诛错为名。而天子不之察，以错为之说[6]。天下悲错之以忠而受祸，不知错有以取之也。

【注释】

〔1〕狃（niǔ 纽）：习以为常。

〔2〕期（jī 基）月：一个月。这里形容时间短促。

〔3〕循循：循序渐进的样子。

〔4〕晁错：西汉政治家，颍川（今河南禹县）人。汉文帝时，为太子家令，号为“智囊”。太子即位为景帝，被任为御史大夫。他建议削夺诸侯王国封地，以巩固中央集权制度，被景帝采用。后在七国叛乱的军事压力和政敌的中伤下被景帝所杀。

〔5〕山东：秦汉时称崤山或华山以东地区。

〔6〕说：通“悦”。这里为使动用法。即使七国诸侯满意。

【译文】

天下的祸患，最难处理的，是社会表面上太平无事，实际上潜伏着不可预测的隐患。眼看着它的发展，而不采取相应对付措施，那就恐怕会发展到不可挽救的地步。要是起来坚决制止它，又担心天下人已经习惯当前那种表面的太平生活，而不信任我们。只有仁人君子、豪杰这类人，才做得到挺身而出为国家的长治久安冒大风险，以求得成就伟大功业。这本来就不是靠一个来月的短期努力，又企图从中求得个人名利所能做到的。天下安定太平，无缘无故引发大祸的爆发，要做到我能发起它，我又能制止它，然后才能有理由说服天下人。事到临头却想循规蹈矩地躲避开它，让别人来承担它的责任，那么天下的灾祸，必定会集中到自己身上。当年晁错忠心耿耿为汉王朝服务，谋划削弱山东各国诸侯王的力量。山东诸侯王合力起兵，以诛杀肇事者晁错为借口。汉景帝不曾洞察到他们的险恶用心，以杀晁错的办法来取悦于诸侯王。

天下人悲痛晁错因忠君而遭杀身之祸，却不明白这是晁错自取其咎啊。

古之立大事者，不惟有超世之才，亦必有坚忍不拔之志。昔禹之治水[1]，凿龙门[2]，决大河[3]，而放之海。方其功之未成也，盖亦有溃冒冲突可畏之患[4]，惟能前知其当然，事至不惧而徐为之图[5]，是以得至于成功。夫以七国之强，而骤削之，其为变岂足怪哉？错不于此时捐其身，为天下当大难之冲而制吴、楚之命，乃为自全之计，欲使天子自将而己居守。且夫发七国之难者谁乎？己欲求其名，安所逃其患？以自将之至危，与居守之至安，己为难首，择其至安，而遗天子以其至危，此忠臣义士所以愤怨而不平者也。当此之时，虽无袁盎[6]，亦未免于祸。何者？己欲居守，而使人主自将，以情而言，天子固已难之矣，而重违其议，是以袁盎之说得行于其间。使吴、楚反，错以身任其危，日夜淬砺[7]，东向而待之[8]，使不至于累其君，则天子将恃之以为无恐。虽有百盎，可得而间哉？

【注释】

〔1〕禹：相传为上古夏后氏部落首领，奉部落联盟领袖虞舜的命令治理洪水，有功而被选为舜的继承人。

〔2〕龙门：在今山西河津县西北。《书·禹贡》：“导河积石，至于龙门。”

〔3〕大河：即黄河。

〔4〕溃冒冲突：洪水冲破堤防，奔腾泛滥。

〔5〕徐：缓慢。这里有从容之意。

〔6〕袁盎：字丝，楚人。历任齐相、吴相。素与晁错不和。因与吴王刘濞有关系，曾被晁错告发，贬为庶人。七国反叛时，袁盎通过贵戚窦婴见景帝，说吴反是被晁错所逼，只有速斩晁错，吴王才会退兵。于是景帝令晁错穿朝服至东市受斩。

〔7〕淬(cuì 翠)：铸造刀剑时把刀剑烧红，浸入水中，使之坚韧。砺：磨刀剑。

〔8〕东向：指七国都在京城长安之东或东南方向。

【译文】

自古以来成就大事业的人，不仅有出类拔萃的才能，也一定有坚韧不拔的意志。从前大禹治理洪水，凿开龙门，疏导黄河，让洪水东流入海。当他治水功业还未完成时，大概也存在着堤防被冲毁、洪水奔腾泛滥那种可怕的灾祸，只是他能够预料到这些可能发生的情况，当灾难来临时，毫不惊慌失措，而能从从容容设法解决它，所以终于取得了成功。以七国的强大，而想突然削弱它们，它们起来反抗，发动叛乱，难道还足以奇怪吗？晁错不在这时候拼出自己的性命，为天下人站到抵挡大难的最前头，消灭吴、楚等国的力量，控制它们的命运，却设法保全自己，让汉景帝率军出征抵敌，自己留守京城。再说，挑起七国叛乱的是谁呢？自己既想求得效忠汉室的美名，又怎能逃脱由此带来的祸患呢？面对亲自带兵抵敌那样极端危险，与留守京城那样十分安全，自己又是引发这场祸乱的主要人物，却选择最安稳的事做，把最危险的事留让给汉景帝去担当，这正是使忠臣义士感到极其愤恨不平的原因。在那个时候，即使没有袁盎，晁错也免不了被杀之祸。这是什么缘故呢？因为晁错想自己留守，却让天子亲自带兵出征，从情理上说，皇帝对此本来已经很难忍受了，加上许多大臣一次次议论晁错的错误，所以袁盎的挑拨之辞就在其中起了作用。假如在吴、楚叛乱发生后，晁错自己担当最危险的任务，日夜不停地作好应战准备，率领军队向东进发，等待狙击敌人，使叛乱不至于连累皇帝，那末天子就会感觉到有恃无恐。这样即使有一百个袁盎，哪里能得到机会进行离间呢？

嗟夫！世之君子欲求非常之功，则无务为自全之计。使错自将而讨吴、楚，未必无功。惟其欲自固其身，而天子不悦，奸臣得以乘其隙。错之所以自全者，乃其所以自祸欤！

【译文】

唉！世上的君子，企求获得特殊的功业，那就必不可作保全自己生命的打算。假如晁错自己率军讨伐吴、楚七国，未必不能成功。只是他想保全自身，而使天子不高兴，才给奸臣以离间的可乘之机。晁错用来保全自身的打算，正是他遭到杀身之祸的原因啊！

（萧善芗）

卷十一

上梅直讲书

苏　轼

【题解】

梅直讲即梅尧臣，字圣俞，北宋著名诗人，时任国子监直讲。苏轼于嘉祐二年(1057)进士及第，深得主考官欧阳修和编排官梅尧臣的赏识。本文就是苏轼考中之后写给梅尧臣的信。其主旨是“士遇知己而乐”。

文章前半部分援引史实：周公富贵，却遭人怀疑诽谤；孔子虽困厄，但师徒怡然自得。两相比较，忧乐不言而喻，由此说明只有同道知己才能相乐的道理。其中，作者暗以孔子比欧、梅，以颜回、仲由自比，为下文埋下伏笔。

文章后半部分以作者本人和梅尧臣两方面阐明“士遇知己而乐”：先说自己十馀年来对欧、梅由闻其名、读其文而不得相见到蒙其赏识而成为其弟子，深感是一种富贵也不能换取的快乐；然后说梅尧臣声隆位卑而颜色自若，想必也是以知己相得为乐。欧、梅与作者之间的相知相乐，同时与上文所述孔子师徒之乐相映成趣。

整封信围绕着知己相乐的论点，层层铺展，前后呼应；而作者对欧、梅的敬仰之情也跃然纸上。

轼每读《诗》至《鸱鸮》[1]，读《书》至《君奭》[2]，常窃悲周公之不遇。及观《史》[3]，见孔子厄于陈、蔡之间，而弦歌之声不绝[4]，颜渊、仲由之徒相与问答[5]。夫子曰："'匪兕匪虎，率彼旷野[6]。'吾道非耶？吾何为于此？"颜渊曰："夫子之道至大，故天下莫能容；虽然，不容何病[7]？不容然后见君子。"夫子油然而笑曰[8]："回，使尔多财，吾为尔宰[9]。"夫天下虽不能容，而其徒自足以相乐如此。乃今知周公之富贵，有不如夫子之贫贱。夫以召公之贤，以管、蔡之亲[10]，而不知其心，则周公谁与乐其富贵？而夫子之所与共贫贱者，皆天下之贤才，则亦足以乐乎此矣。

【注释】

〔1〕《鸱鸮(chī xiāo 痴消)》:《诗经·豳风》篇名之一。据《毛诗序》载，周公平乱，被周成王怀疑有野心，因而作此诗以鸟托志，诉说其处境艰难。鸱鸮，一种鹰类猛禽。

〔2〕《君奭(shì 式)》:《尚书》篇名之一。据《君奭》序载，召公误信周公篡位的谣言，周公作此文自辩，兼以互勉。奭，召公的字。

〔3〕《史》: 指《史记》。

〔4〕"见孔子"二句: 据《史记·孔子世家》载，孔子曾被陈、蔡的大夫们围困在郊外，断粮少食，但仍与其弟子作歌奏乐。厄，困。

〔5〕颜渊、仲由: 均为孔子的弟子。颜渊，名回。仲由，字子路。

〔6〕"匪兕(sì 四)"二句: 语出《诗经·小雅·何草不黄》。匪，同"非"，不是。兕，一种野牛。率，沿，引申为来回奔走。

〔7〕病: 怨恨。

〔8〕油然: 自然而然的样子。

〔9〕宰: 掌管。这两句说假使你有了很多财产，我来为你掌管。这是孔子与弟子玩笑话，以见孔子师徒虽处困境而仍"相乐"。

〔10〕管、蔡: 即管叔、蔡叔，均是周公之弟，他们散布周公将要篡位的流言。

【译文】

我每次读《诗经》读到《鸱鸮》，读《尚书》读到《君奭》

时，常常私下悲叹周公不被人了解。到阅读《史记》时，看见孔子在陈国、蔡国之间受困，但弹琴声唱歌声不断，颜渊、仲由等弟子与孔子互相问答。孔子说：“‘不是犀牛，不是虎，却奔走在旷野里。’我的道不对吗？为什么我会落到这步田地？”颜渊说：“老师的道太伟大了，所以天下不能容纳；即使这样，不被容纳又有什么可怨恨的呢？不被容纳，然后才能显出君子的本色。”孔子禁不住笑了，说：“颜回！假使你有很多财产，我来做你管家。”虽然天下不能容纳，但他们师徒却这样自足共同快乐。所以，我今天才明白周公的富贵有不如孔子贫贱的地方。凭召公的贤能，凭管叔、蔡叔的血缘之亲，而不懂周公的用心，那么周公与谁一起享受富贵快乐呢？与孔子共度贫贱的人都是天下的贤人才士，那么为此也足以有共同快乐了。

轼七八岁时，始知读书。闻今天下有欧阳公者〔1〕，其为人如古孟轲、韩愈之徒；而又有梅公者〔2〕，从之游〔3〕，而与之上下其议论〔4〕。其后益壮，始能读其文词，想见其为人，意其飘然脱去世俗之乐而自乐其乐也。方学为对偶声律之文〔5〕，求升斗之禄，自度无以进见于诸公之间。来京师逾年〔6〕，未尝窥其门〔7〕。今年春，天下之士群至于礼部〔8〕，执事与欧阳公实亲试之，诚不自意获在第二〔9〕。既而闻之人〔10〕，执事爱其文〔11〕，以为有孟轲之风，而欧阳公亦以其能不为世俗之文也而取焉。是以在此，非左右为之先容〔12〕，非亲旧为之请属〔13〕，而向之十馀年间〔14〕，闻其名而不得见者，一朝为知己。退而思之，人不可以苟富贵〔15〕，亦不可以徒贫贱〔16〕。有大贤焉而为其徒〔17〕，则亦足恃矣〔18〕。苟其侥一时之幸〔19〕，从车骑数十人，使闾巷小民聚观而赞叹之，亦何以易此乐也[20]！《传》曰[21]："不怨天，不尤人[22]"，盖"优哉游哉，可以卒岁[23]"。执事名满天下，而位不过五品，其容色温然而不怒[24]，其文章宽厚敦朴而无怨言，此必有所乐乎斯道也。轼愿与闻焉。

【注释】

〔1〕欧阳公：指欧阳修。

〔2〕梅公：指梅尧臣。

〔3〕从之游：同欧阳修交游。

〔4〕与：参与。　上下：原指增减，这里指相互讨论，或发挥，或商榷。

〔5〕方：正当。　为：做。　对偶声律之文：指诗、赋。

〔6〕来京师逾年：苏轼于嘉祐元年五月抵京师（开封）；九月参加举人考试，获中；次年春，参加进士考试。逾，超过。

〔7〕未尝窥其门：意思是还不敢拜梅尧臣为师。

〔8〕礼部：六部之一。主管礼制、科举、学校等事。

〔9〕诚不自意：实在没有想到。

〔10〕闻之人：从别人处听说。

〔11〕其：我的。

〔12〕左右：指欧、梅身边亲近的人。　之：代词，指自己。　先容：先为推荐，打通关节。

〔13〕属：同"嘱"，嘱托。

〔14〕向：从前。

〔15〕苟富贵：苟且于富贵之中。

〔16〕徒贫贱：徒然安于一般庸碌的贫贱处境。

〔17〕大贤：这里指欧、梅。　徒：门徒。

〔18〕恃：依托，依靠。

〔19〕苟：如果。　侥一时之幸：得到一时的侥幸。

〔20〕易：替换。

〔21〕《传》：指《论语》。

〔22〕"不怨"二句：语出《论语·宪问》。尤，怨恨。

〔23〕“优哉”二句：语出《左传·襄公二十一年》引《诗经》句。卒，度完。

〔24〕温然：温和的样子。

【译文】

我七八岁时，才知道读书学习。听说当今天下有位欧阳公，他的为人像古时孟轲、韩愈一类人；还有位梅公，同欧阳公交游，而且与他一起互相讨论，或发挥，或商榷。后来长大一些了，开始能读懂他们的文章，想象得出他们的为人，认为他们飘逸挥洒，摆脱了世俗的快乐，而自得其乐。我当时正在学做讲究对仗声律的诗赋，去谋求一点官俸，自己估计没有拜见各位先生的资格。到京城一年多，还不敢上门拜师。今年春天，天下的读书人都汇聚到礼部，实是您和欧阳公亲自主持考试，我实在没有想到能获得第二名。后来听人说，您喜欢我的文章，认为有孟轲的文风，而欧阳公也认为我能不写世俗那样的文章而录取我。因此在这件事上，并没有左右的人先为我打通关节，也没有亲朋故旧为我请求嘱托，而过去十几年来我只听到其名而不见其面的人，竟一下成为知己。我退下后思考这事，人不能苟且贪图富贵，也不可以白白地忍受贫贱。有大贤大德的人在而能做他们的弟子，就足以有依托了！如果得到一时的侥幸做了大官，出入时后面跟随着几十位骑兵侍从，让街巷中的百姓围观赞叹，又怎能替换这种相知的快乐呢！《论语》说：“不抱怨天，不怨恨人”，大概是因为“悠悠自得，可以度完岁月”吧。您的名声传遍天下，而官位不超过五品，您的脸色温和而没有怒气，文章宽厚淳朴而没有怨恨之语。这一定是在“道”这方面得到了快乐，我愿意听听您的见解。

（王水照）

喜雨亭记

苏　轼

【题解】

喜雨亭是苏轼在凤翔府任签书判官的第二年修建的一座亭子。此文记叙了喜雨亭命名的缘由，描写了人们在久旱逢甘雨时的欢乐情景和自己的愉悦心情，表现出作者重视农业、关心百姓生活的思想感情。

文章集议论、描写、记叙、抒情于一体，且寓议论于风趣的谈话之中，甚为别致。末尾作歌颂雨，直抒喜雨之情，笔调灵活多姿，含意深刻，耐人寻味。

亭以雨名，志喜也〔1〕。古者有喜，则以名物，示不忘也。周公得禾，以名其书〔2〕；汉武得鼎，以名其年〔3〕；叔孙胜狄，以名其子〔4〕。其喜之大小不齐，其示不忘，一也。

【注释】

〔1〕志：记。

〔2〕“周公”二句：周公，西周初期的政治家。据《尚书·周书·微子之命》记载，唐叔得到一种两株苗合生一穗的禾，献给周成王，成王赐予周公，周公感激作《嘉禾》。今已佚，《尚书》仅存篇名。

〔3〕“汉武”二句：据《史记·孝武本纪》记载，汉武帝元狩七年

（前316）在汾水得一鼎，于是改年号为元鼎。

〔4〕“叔孙”二句：叔孙得臣战胜了长狄，俘虏长狄首领侨如，就以“侨如”作他儿子的名字。叔孙，指叔孙得臣，春秋时鲁国人。

【译文】

亭子用“雨”来命名，是为了纪念及时下雨的欢乐。古人有了喜庆的事，就用以命名事物，表示永不忘记。周公得到成王赏赐的嘉禾，就以它为自己文章的篇名；汉武帝在汾阴得到宝鼎，就拿它作自己的年号；叔孙得臣战胜长狄，就用狄人首领侨如为自己儿子的名字。这些喜事，虽然大小不同，但用它来表示永不忘记的心意却是一致的。

予至扶风之明年〔1〕，始治官舍。为亭于堂之北，而凿池其南，引流种树，以为休息之所。是岁之春，雨麦于岐山之阳〔2〕，其占为有年〔3〕。既而弥月不雨〔4〕，民方以为忧。越三月，乙卯乃雨〔5〕，甲子又雨，民以为未足。丁卯大雨，三日乃止。官吏相与庆于庭，商贾相与歌于市〔6〕，农夫相与忭于野〔7〕，忧者以喜，病者以愈〔8〕，而吾亭适成。

【注释】

〔1〕“予至”句：苏轼于宋仁宗嘉祐六年十二月到凤翔府任签书判官。　扶风：即宋代凤翔府，治所在今陕西凤翔县。

〔2〕雨麦：下麦雨。风将地面的麦子卷上空中又下落而产生的现象，古人把它看作怪异之事。雨，用作动词，即下雨。　岐山：在凤翔县东北。　阳：山南。

〔3〕占：占卜。　有年：指丰收年。

〔4〕弥月：整月。弥，满的意思。

〔5〕乙卯：与下文的甲子、丁卯均为记日的干支数。这里分别指嘉祐七年四月初二、十一及十四日。

〔6〕商贾（gǔ 古）：即商人。

〔7〕忭（biàn 卞）：欢乐。

〔8〕愈：同“愉”，愉悦，快乐。

【译文】

我到扶风府的第二年，开始建造官府房舍。在正堂的北面，建了一座亭子，并在亭子的南边，开凿了一口池塘，引来流水，种植树木，作为休息的场所。这年春天，在岐山的南面下了一场“麦雨”，占卜的结果，显示将会有个丰收年。随后整整一个月没有下雨，老百姓为此担忧了。过了三月份，四月初二才下了雨，十一日又下了雨，老百姓认为还没有下足。十四日天降大雨，连下三天才停。官吏们在衙门内一起庆贺，商人们在集市上一同歌唱，农民们在田野里一起欢笑，忧愁的人因此而高兴，有病的人因此而快乐，而我的亭子也恰好在这时候建成了。

于是举酒于亭上以属客〔1〕，而告之曰：“五日不雨可乎？”曰：“五日不雨则无麦。”“十日不雨可乎？”曰：“十日不雨则无禾。”“无麦无禾，岁且荐饥〔2〕，狱讼繁兴而盗贼滋炽。则吾与二三子，虽欲优游以乐于此亭〔3〕，其可得耶？今天不遗斯民，始旱而赐之以雨。使吾与二三子得相与优游而乐于此亭者，皆雨之赐也。其又可忘耶？”

【注释】

〔1〕属客：注酒劝客。属，通“注”。

〔2〕荐饥：连年饥荒。荐，通“洊”，接连，屡次。

〔3〕优游：悠闲自得的样子。

【译文】

我于是在亭子上举起酒杯请客，并对他们说："再过五天不下雨可以吗？"大家说："五天再不下雨，就收不到麦子了。""过十天不下雨可怎么样呢？"大家说："过十天不下雨就收不到谷子了。""收不到麦子和稻谷，就会连年饥荒，诉讼案件就会增多，而强盗、窃贼会愈加猖獗。那么，我与诸位即使想悠闲自在地在这个亭子里聚会欢乐，能做得到吗？现在苍天不遗弃这里的百姓，刚显旱象，就赐降大雨。使我能够与诸位一起在这个亭子里悠悠自在地玩乐，都是这场大雨赐予的啊！这又怎么能够忘记呢？"

既以名亭，又从而歌之，曰："使天而雨珠，寒者不得以为襦〔1〕；使天而雨玉，饥者不得以为粟。一雨三日，伊谁之力〔2〕？民曰太守，太守不有；归之天子，天子曰不然；归之造物，造物不自以为功；归之太空，太空冥冥〔3〕，不可得而名。吾以名吾亭。"

【注释】

〔1〕襦(rú 如)：短袄。

〔2〕伊：语助词，无实义。

〔3〕冥冥：深远的样子。

【译文】

给亭子命名之后，又接着作歌，歌词说："假如上天降下珠宝，受冻的人不能用它来做短袄；假如上天降下美玉，挨饿的人不能把它当作粮食。一场大雨连下三天，这是谁的力量啊？百姓说是太守，太守不能承受；把它归功皇帝，皇帝也说不是；把它归功于造物主，造物主又不认功劳；而把它归功太空，太空深远缥缈，探问不到结果。我便用'雨'来命名我的亭子。"

（萧善芗）

凌虚台记

苏　轼

【题解】

苏轼在扶风府签判任上，太守陈某为登高望远，建造了一座土台，郑重命名为“凌虚”，请苏轼作文纪念。苏轼在记叙土台建造经过中，引出古往今来“废兴成毁”的历史，慨叹人事万物的变化无常，从而发挥议论，指出人世间有“足恃”和“不足恃”的东西。不能稍有所得，便“夸世而自足”，应该去求索真正足恃的东西。这种客观观察事物、永不满足、勇于探求进取的精神，反映出作者性格旷达，对生活积极乐观、对理想执着追求的思想情操。与当时一些士大夫如陈某之类相比，愈显可贵。

文章议论深沉，文笔含蓄，使人受到启迪，得到借鉴。

国于南山之下〔1〕，宜若起居饮食与山接也。四方之山，莫高于终南，而都邑之丽山者〔2〕，莫近于扶风〔3〕。以至近求最高，其势必得。而太守之居，未尝知有山焉。虽非事之所以损益，而物理有不当然者〔4〕。此凌虚之所为筑也。

【注释】

〔1〕国：指都城。这里用作动词，为“筑都城”。　南山：即终南山，秦岭山峰之一，主峰在今西安市南。

〔2〕丽：依附，靠着。
〔3〕扶风：即凤翔府，治所在今陕西凤翔县。
〔4〕物理：事物的道理。

【译文】

在终南山下面建城，饮食起居等日常生活应该和山的接触多一些。四周的山，没有比终南山更高的，而城郭靠着终南山的，也没有比扶风更近的了。以距离最近的地方，寻求山的最高处，这种机会一定有的。可是太守住在这里，却不曾知道有山。这虽然不与做事的好坏有关，但从事理来说却是不应该的。这就是建造凌虚台的原因。

方其未筑也，太守陈公杖履逍遥于其下〔1〕，见山之出于林木之上者，累累如人之旅行于墙外而见其髻也〔2〕，曰："是必有异。"使工凿其前为方池，以其土筑台，高出于屋之檐而止。然后人之至于其上者，恍然不知台之高，而以为山之踊跃奋迅而出也。公曰："是宜名凌虚〔3〕。"以告其从事苏轼〔4〕，而求文以为记。

【注释】

〔1〕杖履：手持杖，足着履。
〔2〕累累：重叠连接的样子。
〔3〕凌虚：升越天空之意。
〔4〕从事：辅佐官吏。

【译文】

当凌虚台还没有建造的时候，太守陈公拄着手杖，穿着履，逍遥自在地在山下游玩，看到高出林木之上的山峰，重叠连接，就像行人走在墙外而只见他们的发髻，便说："这里一定有奇特的景色。”于是就派工匠在山前开凿一口方形的池塘，用挖出的泥土筑起一座亭台，高度以高出屋檐为限。然后登上高台的人，恍恍惚惚不知道台高，而以为是山峦突然间跳跃出来的。陈公说：“这座高台应该命名为‘凌虚’。”又把这事告诉他的佐吏苏轼，并请他写文章来记述它。

轼复于公曰：“物之废兴成毁，不可得而知也。昔者荒草野田，霜露之所蒙翳[1]，狐虺之所窜伏[2]。方是时，岂知有凌虚台耶？废兴成毁，相寻于无穷，则台之复为荒草野田，皆不可知也。尝试与公登台而望，其东则秦穆之祈年、橐泉也[3]，其南则汉武之长杨、五柞[4]，而其北则隋之仁寿、唐之九成也[5]。计其一时之盛，宏杰诡丽，坚固而不可动者，岂特百倍于台而已哉[6]！然而数世之后，欲求其仿佛，而破瓦颓垣无复存者，既已化为禾黍荆棘丘墟陇亩矣[7]，而况于此台欤！夫台犹不足恃以长久，而况于人事之得丧、忽往而忽来者欤？而或者欲以夸世而自足，则过矣。盖世有足恃者，而不在乎台之存亡也。”

既以言于公，退而为之记。

【注释】

〔1〕蒙翳（yì 意）：蒙盖遮蔽。

〔2〕虺（huǐ 悔）：毒蛇。

〔3〕秦穆：春秋时秦国国君秦穆公。公元前 659 年至前 621 年在位，春秋五霸之一。　祈（qí 其）年：宫名。秦孝公时又称橐（tuó 驼）泉宫。相传秦穆公的坟墓在橐泉宫下。

〔4〕汉武：汉武帝刘彻。公元前 140 年至前 87 年在位。　长杨：汉代宫名。旧址在今陕西周至县东南。本为秦旧宫，因宫中有垂柳数亩，

故名。　五柞（zuò 乍）：宫名。旧址也在今陕西周至县东南，为汉代离宫，因宫中有五株柞树，故名。

〔5〕仁寿：宫名。隋文帝杨坚时建造。　九成：宫名。唐代贞观五年改仁寿宫为九成宫。

〔6〕岂特：岂止，岂但。

〔7〕陇：通“垄”。

【译文】

苏轼回复陈公说：“事物的废兴成毁，是无法预测得到的。从前这里是荒草丛生的野地，被霜露覆盖遮蔽，为狐类、毒蛇盘踞出没。在那个时候，哪里会料到有凌虚台呢？事物的兴废成毁，相互交替循环以至无穷，那么这座高台又重新变成荒草野田，都是无法预知的。我曾经和您登台远眺，它的东面是秦穆公的祈年宫、橐泉宫；南面是汉武帝的长杨宫、五柞宫；而北面是隋文帝的仁寿宫、唐太宗的九成宫。估量它们当年的兴盛状况，结构宏伟奇丽，坚固而不可动摇的，岂止只是超过这座台的一百倍呢！但是，几个世代之后，要想找到它们的大概样子，连破碎瓦砾和倒塌垣墙都不再存在了，已经变成长满庄稼的田地和荆棘丛生的荒丘，更何况这座台呢！这座台尚且不能依靠坚固而长久存在，何况是人事的得失、忽去忽来而无法捉摸呢！如果有人要想以筑台来夸耀于世，而自我满足，那就错了。世上是有足以依靠的东西的，但并不在于台的存在或消失。”

我将这些话对陈公说后，回来就写了这篇记文。

（萧善芗）

超然台记

苏 轼

【题解】

苏轼于宋神宗熙宁七年(1074)，由杭州调任密州知州。一年后始修整治所，复修了一座残破的楼台。此后便常与宾客登台，或赏览周围景物，“放意肆志”；或饮酒赋诗，逍遥于物外。其弟苏辙为台取名为“超然”，苏轼作此记，以示其超然物外，无往不乐的处世态度。

文章从说理开始，评述囿于外物者的可悲，再叙自己随遇而安、自找乐趣的洒脱行为。前后形成对比，又始终扣紧“超然”二字，力图烘托出深沉而又旷达的心情。但字里行间，仍隐约可见其因仕途坎坷而产生的消极情绪，与无可奈何的辛酸。其行文流利自然，十分酣畅地表达了“超然”物外的主旨。

凡物皆有可观。苟有可观，皆有可乐，非必怪奇伟丽者也。𫗦糟啜醨[1]，皆可以醉，果蔬草木，皆可以饱。推此类也，吾安往而不乐？

【注释】

〔1〕𫗦(bǔ 捕)：食。 糟：酒渣。 啜(chuò 辍)：饮。与“歠”通。 醨(lí 离)：淡酒。《楚辞·渔父》：“众人皆醉何不𫗦其糟而歠其醨。”此即用其意。

【译文】

世上所有的事物都有值得观赏的地方。只要值得观赏，就都会使人得到快乐，不一定怪异、稀奇、雄伟、瑰丽才这样的。食酒糟、饮淡酒，都可以使人醉倒，瓜果蔬菜、野草树皮，也都可以充饥果腹。以此类推，我们到哪里会感到不快乐呢？

夫所为求福而辞祸者，以福可喜而祸可悲也。人之所欲无穷，而物之可以足吾欲者有尽。美恶之辨战于中〔1〕，而去取之择交乎前，则可乐者常少，而可悲者常多，是谓求祸而辞福。夫求祸而辞福，岂人之情也哉？物有以盖之矣〔2〕。彼游于物之内，而不游于物之外。物非有大小也，自其内而观之，未有不高且大者也。彼挟其高大以临我〔3〕，则我常眩乱反复〔4〕，如隙中之观斗，又乌知胜负之所在〔5〕？是以美恶横生，而忧乐出焉，可不大哀乎！

【注释】

〔1〕中：指内心。

〔2〕盖：遮蔽。

〔3〕临：这里指居高下看。

〔4〕眩（xuàn 绚）乱：迷乱，迷惑。眩，原意为两眼昏黑发花。

〔5〕乌：何。

【译文】

那些为了求幸福而躲避祸患的人，认为幸福令人高兴而祸患使人悲哀。人的欲望没有止境，但能够满足我们欲望的东西却是有限的。对美好、丑恶的辨别常在心中斗争，而放弃和取求的选择又交替出现在眼前，那么可以快乐的就很少，可以悲哀的就很多。这就叫做求取祸患而舍弃幸福。但求取祸患而舍弃幸福，哪里是人之常情呢？这是心灵被外物遮蔽的缘故。那些人只在外物之内活动，而不到外物之外去求取。外物本身并没有大小之别，从它的内部来看，没有不既高且大的。它挟持着高大之势向下俯视我们，就使我们常常头晕目眩犹豫反复。好像从缝隙中观看别人争斗，又怎能明白胜负的原因呢？这样美好与邪恶就交错产生，忧愁和喜乐夹杂出现，那可不是极大的悲哀吗！

予自钱塘移守胶西〔1〕，释舟楫之安，而服车马之劳；去雕墙之美，而庇采椽之居〔2〕；背湖山之观，而行桑麻之野。始至之日，岁比不登〔3〕，盗贼满野，狱讼充斥〔4〕，而斋厨索然〔5〕，日食杞菊〔6〕，人固疑予之不乐也。处之期年〔7〕，而貌加丰，发之白者日以反黑。予既乐其风俗之淳，而其吏民亦安予之拙也。于是治其园圃〔8〕，洁其庭宇，伐安丘、高密之木〔9〕，以修补破败，为苟完之计。而园之北，因城以为台者旧矣，稍葺而新之〔10〕。时相与登览，放意肆志焉。南望马耳、常山〔11〕，出没隐见，若近若远，庶几有隐君子乎？而其东则庐山〔12〕，秦人卢敖之所从遁也〔13〕。西望穆陵〔14〕，隐然如城郭，师尚父、齐威公之遗烈犹有存者〔15〕。北俯潍水〔16〕，慨然大息〔17〕，思淮阴之功〔18〕，而吊其不终。台高而安，深而明，夏凉而冬温，雨雪之朝，风月之夕，予未尝不在，客未尝不从。撷园蔬〔19〕，取池鱼，酿秫酒〔20〕，瀹脱粟而食之〔21〕，曰："乐哉！游乎！"

【注释】

〔1〕钱塘：县名，宋时为两浙路治所。即今杭州市。苏轼于熙宁四年至七年(1071－1074)通判杭州。　胶西：指山东胶河以西地区。这里指

密州，治所在山东诸城。

〔2〕采椽(chuān 船)：采伐的木椽，不加雕饰。此指简陋的房屋。

〔3〕岁比：连年。　登：庄稼成熟。

〔4〕狱讼：指诉讼案件。

〔5〕斋厨：厨房。

〔6〕杞菊：枸杞和菊花。嫩苗都可食。这里泛指野菜。

〔7〕期(jī 基)年：整整一年。

〔8〕园圃(pǔ 普)：养植花木蔬菜的园地。

〔9〕安丘：县名，在今山东潍县南。　高密：县名，在今山东东胶县西北。

〔10〕葺(qì 气)：修理。

〔11〕马耳：山名，在今山东诸城县南五里。　常山：山名，在今山东诸城县南二十里。

〔12〕庐山：山名，在今山东诸城县南三十里。本名故山，因卢敖而得名。

〔13〕卢敖：燕国人。秦始皇时博士。秦始皇命其入海求仙药，不得，逃避到密州东部的故山隐居。

〔14〕穆陵：关名，故址在今山东临朐东南大岘山上。春秋时为齐国南境，山谷峻狭，素有“齐南天险”之称。

〔15〕师尚父：吕尚，即姜太公。商末周初人，曾辅周文王、周武王灭商，建立周王朝。被尊称为师尚父，封于齐。　齐威公：即齐桓公，齐国国君，春秋五霸之一。

〔16〕潍水：即今潍河。源出山东箕屋山，流经诸城高密等地，至昌邑入海。汉将韩信破齐，楚使龙且来救，韩信在潍水两岸破龙且军二十万。

〔17〕大息：太息，叹息。

〔18〕淮阴：指西汉淮阴侯韩信。淮阴人，曾辅佐刘邦有功，封为楚王，后有人告其谋反，被降为淮阴侯。公元前 196 年，被吕后以叛逆罪诛杀。

〔19〕撷(xiē 协)：采摘。

〔20〕秫：(shú 菽)酒：黄米酒。秫，黏性谷物的通称。

〔21〕瀹(yuè 月)：这里是煮的意思。　脱粟：脱去皮壳，未曾精制的小米。

【译文】

我从钱塘调任密州知府后，失去了江河乘船的安逸，而承受坐车骑马的辛苦；离开雕墙画栋华丽的住宅，而栖身于粗木建造的陋室；离开赏心悦目的湖光山色，而奔走在种植桑麻的荒郊僻野。刚到的时候，庄稼连年歉收，盗贼遍地，诉讼案件繁多，而厨房里也是空荡荡的，每天只吃些枸杞菊花之类的野菜，人们自然会疑虑我不会有什么快乐了。但在这里住了一年，我的面容却丰腴起来，白头发也日见变黑。我已经很喜欢这里淳朴的风土人情，这里的官属和百姓，也都习惯于我的笨拙了。于是我便整修园林菜圃，清扫庭舍屋宇，砍伐安丘、高密山的树木，用来修补破损之处，做暂时修治的打算。在园子的北边，原来靠城墙建造的高台已经破旧了，就略加修理，使它焕然一新。我时常和友人一起登台，放眼远眺，毫无拘束地开怀抒情言志。从台上向南望去，马耳山、常山在云雾中忽隐忽现，若近若远，这里也许隐居着德才兼备的君子吧！而在高台东面，有庐山，那是秦朝博士卢敖逃匿隐藏的地方。向西眺望穆陵关，隐隐约约像座城郭，当年姜太公、齐桓公留下的赫赫功业，在这里还保存着遗迹。向北俯瞰潍水，不由感慨万千，大为叹息，追思淮阴侯韩信当年巨大的战功，悼惜他竟然没有得到善终的下场。台子既高又稳固，既深广又明亮，冬暖夏凉，在那雨洒雪飘的清晨，风清月明的夜晚，我没有不来这里的，客人也没有不跟着我一起来的。平时，我们摘采园里的蔬菜，捕捞池中的鲜鱼，拿出自己酿造的米酒，煮熟刚脱粒的小米饭，大家边品尝边赞叹道："多快乐啊，像这样自由自在的游玩！"

方是时，予弟子由适在济南〔1〕，闻而赋之〔2〕，且名其台曰："超然"。以见予之无所往而不乐者，盖游于物之外也。

【注释】

〔1〕子由：苏辙，字子由，苏轼之弟，当时为齐州（今山东济南）掌

书记。

〔2〕闻而赋之：苏辙作有《超然台赋》，见《栾城集》卷十七。

【译文】

在那时，我的弟弟子由恰巧在济南为官，听到这件事便作了一篇赋，还把这座高台取名为“超然”。因为看到我无论到哪里都不会不快乐，大概因为我能超然于物外吧。

（萧善芗）

放鹤亭记

苏　轼

【题解】

本文为苏轼于宋神宗熙宁十年(1077)到徐州任知州的第二年所作。文章记叙了云龙山隐士张天骥建造“放鹤亭”和放鹤的事迹，着重描写作者与张天骥在亭中饮酒娱乐时的情景。文中从鹤与酒引出历史上卫懿公好鹤亡国，和刘伶、阮籍以纵酒掩盖真情得保性命的故事，两相作比，道出隐居之乐非“南面之君”所能企及的主旨。

文章多次写鹤，刻画鹤“清远闲放”的形象，以比贤人君子，象征隐士，突出隐居之乐，加强主题的鲜明性。

熙宁十年秋〔1〕，彭城大水〔2〕。云龙山人张君之草堂〔3〕，水及其半扉〔4〕，明年春，水落，迁于故居之东，东山之麓〔5〕。升高而望，得异境焉，作亭于其上。

【注释】

〔1〕熙宁十年：即公元1007年。熙宁，宋神宗年号(1068—1077)。

〔2〕彭城：县名。治所在今江苏徐州市。熙宁十年秋，黄河澶渊(今河南濮阳县西)决口，洪水灌入巨野、淮泗，徐州城下水深二丈八尺，七十馀日不退。

〔3〕云龙山：在今徐州市南。此山南北耸立，长约两公里，峰峦起伏如龙状，故名。　山人：隐士的称号。　张君：指张天骥，因隐居云龙

山，故称云龙山人。

〔4〕扉（fēi 非）：门扇。

〔5〕麓（lù 路）：山脚。

【译文】

熙宁十年的秋天，彭城一带发大水。云龙山人张君的草房，大水淹到大门一半高的地方。第二年春天，水退落了，他便把家搬到原来住处的东面，东山的山脚下。登高远眺，发现一处风景特异的地方，就在那上面建造了一所亭子。

彭城之山，冈岭四合，隐然如大环，独缺其西十二〔1〕，而山人之亭，适当其缺。春夏之交，草木际天；秋冬雪月，千里一色；风雨晦明之间，俯仰百变。山人有二鹤，甚驯而善飞〔2〕。旦则望西山之缺而放焉，纵其所如，或立于陂田〔3〕，或翔于云表，暮则傃东山而归〔4〕，故名之曰“放鹤亭”。

【注释】

〔1〕“独缺”句：只缺西边的一小块。十二，十分之二。或作“独缺其西一面”。从上下文看，此说似不确。本文末句为“西山不可以久留”，如已“缺其西一面”，又何来“西山”？

〔2〕驯：驯顺。

〔3〕陂（bēi 卑）：水边。

〔4〕傃（sù 素）：向。

【译文】

彭城的山，山岭围绕在四周，隐隐约约像个大玉环，唯独缺掉了西边的一个角，而云龙山老人所筑之亭正好对着那个缺口。春夏之交，花草繁茂，树木参天；秋天月明之夜，冬季雪飘之后，千里一片银白色；刮风、下雨，天色或阴或明的时候，俯视仰望山间的景象，更是瞬息万变。山人饲养了两只仙鹤，训练得很驯服又善于飞翔。清晨向西山那个缺口处放出去，任凭它们自由飞翔，有时停立在水边的田地里，有时翱翔在云天上，傍晚便向东山飞回，所以把这座亭子叫做“放鹤亭”。

郡守苏轼[1]，时从宾佐僚吏往见山人[2]，饮酒于斯亭而乐之。挹山人而告之曰：“子知隐居之乐乎？虽南面之君，未可与易也。《易》曰：‘鸣鹤在阴，其子和之。’[3]《诗》曰：‘鹤鸣于九皋，声闻于天。’[4]盖其为物清远闲放，超然于尘埃之外，故《易》、《诗》人以比贤人君子。隐德之士，狎而玩之[5]，宜若有益而无损者，然卫懿公好鹤则亡其国[6]。周公作《酒诰》[7]，卫武公作《抑戒》[8]，以为荒惑败乱，无若酒者。而刘伶、阮籍之徒[9]，以此全其真而名后世。嗟夫！南面之君，虽清远闲放如鹤者，犹不得好，好之则亡其国。而山林遁世之士，虽荒惑败乱如酒者，犹不能为害，而况于鹤乎？由此观之，其为乐未可以同日而语也。”山人欣然而笑曰：“有是哉！”乃作放鹤、招鹤之歌曰：“鹤飞去兮西山之缺，高翔而下览兮择所适。翻然敛翼，宛将集兮，忽何所见，矫然而复击。独终日于涧谷之间兮[10]，啄苍苔而履白石。鹤归来兮东山之阴，其下有人兮，黄冠草履[11]，葛衣而鼓琴[12]。躬耕而食兮，其馀以汝饱。归来归来兮，西山不可以久留。”

【注释】

〔1〕郡守：郡的最高长官。

〔2〕宾佐僚吏：这里泛指宾客僚属。

〔3〕“《易》曰”三句：见《易经·中孚·九二爻辞》。

〔4〕“《诗》曰”三句：见《诗经·小雅·鹤鸣》。九皋，深泽。

〔5〕狎：亲近。

〔6〕卫懿公：春秋时卫国国君。他平时很喜欢鹤，甚至给鹤封爵，让鹤乘大夫车。后来狄人攻打卫国，卫国士兵因国君爱鹤甚于爱民，都不愿出战，卫国遂亡。事见《左传·鲁闵公二年》。

〔7〕《酒诰》：《尚书》篇名。相传周武王以商旧都封康叔，当地百姓都嗜酒。周公作《酒诰》告诫康叔约束邦民不要酗酒。

〔8〕卫武公：西周时卫国国君。 《抑戒》：即《诗·大雅·抑》篇。相传为卫武公作，用以自我警戒。其中第三章中有“颠覆厥德，荒湛于酒”句。

〔9〕刘伶、阮籍：西晋时“竹林七贤”中的两个人物。他们处在魏晋易代之际，崇尚自然，蔑视礼法，以对抗当时司马氏提倡的虚伪礼教和黑暗政治，又担心招致祸害，故常纵酒取醉，以隐蔽自己的政治态度，保全性命。

〔10〕涧：两山之间的水流。

〔11〕黄冠：黄色帽子，古时为道士所戴。

〔12〕葛衣：用藤本植物葛的纤维织布做成的衣服，较粗劣。

【译文】

郡守苏轼，时常带着宾客僚属前去看望云龙山老人，在放鹤亭里饮酒，感到十分快乐。曾斟酒举杯向山人敬酒，并对他说：“您知道隐居的乐趣吗？虽是面南而坐的帝王，也无法与他交换的。《易经》上讲：‘鹤在幽深隐蔽处鸣叫，它的小鹤便应和着一起鸣叫。’《诗经》上也说：‘鹤在沼泽处鸣叫，声音可以直传到天上。’大概是因为仙鹤这种鸟，清高旷远，悠闲自在，超然于尘世之外，所以《易经》、《诗经》的作者，都用它来比喻贤人君子。隐居的有德之士，亲近它，玩赏它，应该是有益无害的，但是春秋时卫懿公却因为喜爱仙鹤而使自己的国家灭亡。周公作《酒诰》，卫武公作《抑戒》，都认为使事业荒误，性情迷惑，道德败坏，祸患产生，没有比酒更厉害的东西了。可是魏晋时的刘伶、阮籍这些人，却以酗酒保全真情，从而名传后世。唉！至尊的帝王，即使是清远闲放像仙鹤那样的鸟也不能喜好，喜好它便会亡国。但是隐居山林远离尘世的人，即使是酒那种能使人荒惑败乱的东西，却不能对他们构成危害，更何况像鹤那样美好的飞禽呢？由此看来，隐居的乐趣和做帝王的乐趣，是截然不同，不能相提并论的。”云龙山老人高兴地笑着说：“真有这样的道理啊！”于是我便作了放鹤、招鹤的歌。歌词是：“仙鹤飞去啊，飞向那西山的缺口，翱翔在高高的蓝天，向下俯览啊，选择最好的地方去休憩。翻过身来收起翅膀，好像准备降落了啊，忽然发现了什么，又矫健地搏击长空。独自整天在山涧峡谷中来回啊，嘴啄青苔脚踩白石。仙鹤飞回来啊，回到东山的北面。山下有人啊，他戴着黄色的帽子，踏着草编的鞋子，身上穿着粗布衣服，正在弹琴。他亲自耕作，收获粮食以自给啊，把多馀的用来喂养你。飞回来飞回来啊，西山不可以长久地停留下去。”

（萧善芗）

石钟山记

苏　轼

【题解】

石钟山位于江西省湖口县鄱阳湖边。本文围绕石钟山的命名，展开记叙、描写和议论。先列举前人令人怀疑的解释，再记作者亲自考察的过程与所得，从而肯定了郦道元的记载，否定了李渤的说法。对“事不目见耳闻”，仅凭点滴了解便臆测武断的态度，进行了议论批评。无疑，作者的这种不轻信传闻、抓住机会深入实际作调查研究的精神，不仅在古代，即使在今天，也是非常可贵的。

作者在记叙夜探石钟时，对所见的奇特景物，作了绘声绘色的描写，不仅突现出“石钟”的特色，而且使读者产生身临其境的感觉，使文章具有极强的感染力和说服力。

《水经》云[1]：“彭蠡之口有石钟山焉[2]。”郦元以为下临深潭[3]，微风鼓浪，水石相搏，声如洪钟。是说也，人常疑之。今以钟磬置水中[4]，虽大风浪不能鸣也，而况石乎！至唐李渤始访其遗踪[5]，得双石于潭上，扣而聆之[6]，南声函胡[7]，北音清越[8]，枹止响腾[9]，馀音徐歇[10]。自以为得之矣。然是说也，余尤疑之。石之铿然有声者，所在皆是也，而此独以钟名，何哉？

【注释】

〔1〕《水经》：我国古代一部专记水流河源的地理著作，作者今已不可确知。

〔2〕彭蠡（lǐ 礼）：湖名，即今江西鄱阳湖。　石钟山：在今江西湖口县鄱阳湖畔。

〔3〕郦元：即郦道元，字善长，南北朝时北魏范阳涿鹿（今属河北）人。是我国古代杰出的地理学家，曾为《水经》作注，称《水经注》，共四十卷，在地理学和文学上都很有价值。

〔4〕磬（qìng 庆）：古代一种石制的打击乐器。寺庙中拜神时所用由铜或铁铸成的钵形敲击物，亦称磬。

〔5〕李渤：字濬之，唐代洛阳人。宪宗元和年间任江州刺史。曾写过一篇《辩石钟山记》。

〔6〕扣：打，击。　聆（líng 林）：听。

〔7〕函胡：同含糊，模糊不清。这里指声音厚重。

〔8〕清越：清亮高扬。

〔9〕枹（fú 扶）：鼓槌。

〔10〕徐歇：慢慢地消逝。

【译文】

《水经》上说："鄱阳湖的出口处有座石钟山。"郦道元认为这座山下对深潭，微风吹起水浪，水石两相撞击，发出的声音像洪钟一般，所以得名。这种说法，人们常常怀疑它。如今拿钟磬之类可以击响的东西放在水里，虽然有大风大浪也不能使它们发出响声来，又何况是石头呢？到了唐朝，李渤才去寻访它的遗迹。在潭上找到两块石头，敲击它听它发出的声音，南边的那块声音厚重，北边的那块声音清亮高扬，鼓槌停止敲击，而响声仍在升腾，馀音慢慢地才消逝。李渤自以为找到了"石钟"命名的原由了。但是这种说法，我对它更加怀疑。石头被敲击，能够发出铿锵声音的，到处都是，但这里偏偏要用"钟"来命名，是什么道理呢？

元丰七年六月丁丑[1]，余自齐安舟行适临汝[2]，而长子迈将赴饶之德兴尉[3]，送之至湖口[4]，因得观所谓石钟者。

寺僧使小童持斧，于乱石间择其一二扣之，硿硿然[5]。余固笑而不信也。至其夜月明，独与迈乘小舟至绝壁下。大石侧立千尺，如猛兽奇鬼，森然欲搏人；而山上栖鹘[6]，闻人声亦惊起，磔磔云霄间[7]；又有若老人欬且笑于山谷中者，或曰："此鹳鹤也[8]。"余方心动欲还，而大声发于水上，噌吰如钟声不绝[9]。舟人大恐。徐而察之，则山下皆石穴罅[10]，不知其浅深，微波入焉，涵澹澎湃而为此也[11]。舟回至两山间[12]，将入港口[13]，有大石当中流，可坐百人，空中而多窍[14]，与风水相吞吐，有窾坎镗鞳之声[15]，与向之噌吰者相应，如乐作焉。因笑谓迈曰："汝识之乎？噌吰者，周景王之无射也[16]；窾坎镗鞳者，魏庄子之歌钟也[17]。古之人不余欺也！"

【注释】

〔1〕元丰：宋神宗年号（1078—1085）。　丁丑：记日的干支。六月丁丑，即六月初九日。

〔2〕齐安：即黄州，今湖北黄冈。　适：去，往。　临汝：即汝州，今河南临安。元丰三年苏轼贬官到齐安，元丰七年移贬至临汝。

〔3〕迈：苏迈，苏轼长子，字伯达，善为文。　饶：饶州，治所在今江西波阳。　德兴：县名，属饶州，今江西德兴。

〔4〕湖口：县名，今属江西，石钟山所在地。

〔5〕硿硿（kōng 空）：原为石落声，这里形容石被击后所发之声。

〔6〕鹘（gǔ 古）：一种凶猛的鸟。

〔7〕磔磔（zhé 哲）：鹘鸟的惊叫声。

〔8〕鹳(guàn 冠)鹤：一种状如仙鹤的水鸟，但无红顶，全身灰白，又称灰鹤。

〔9〕噌吰(chēng hóng 争红)：拟声词，形容一种宏亮而沉重的钟声。

〔10〕穴：大洞。　罅(xià 夏)：裂缝。

〔11〕涵澹(dàn 旦)：水旋转流动的样子。

〔12〕两山：石钟山分南北两山。南称上钟山，北称下钟山。

〔13〕港口：水的分流处。

〔14〕窍：小孔。

〔15〕窾(kuǎn 款)坎：击物声。　镗鞳(tāng tà 汤榻)：钟鼓声。

〔16〕周景王：东周国君，公元前544年至前520年在位。　无射(yì 亦)：钟名。据《国语·周语下》记载，周景王二十四年(前521)铸成大钟无射。

〔17〕魏庄子：即魏绛，庄子为其谥号。春秋时晋国大夫。据《左传·襄公十一年》和《国语·晋语》记载，晋侯曾以郑国进献的歌钟等乐器之半赐赠魏绛。　歌钟：即编钟，乐器的一种。

【译文】

元丰七年六月初九，我从齐安乘船去临汝，同时大儿子苏迈要到饶州德兴县去任县尉，我送他到石钟山的所在地湖口县，由此能够看到人们所说的那个“石钟”。

庙里的和尚叫一个小童，拿着斧子在乱石堆里挑出一二块石头敲打着，发出硿硿的响声。我只笑笑，不相信就是这么回事。到了夜晚月色明亮时，我单独地和儿子苏迈乘小船来到陡峭的山壁下。向上看去，高达千尺的巨大岩石，倾斜地耸立着，好像凶猛的野兽、奇特的鬼怪，阴森森地要向我们搏过来抓人似的；而山上栖息着的鹘鸟，听到人的声音，也惊恐地飞起来，磔磔地在云霄里鸣叫；又有像老人在山谷中边咳嗽边笑的声音，有人说：“这是鹳鹤鸟。”我心里有些害怕，正想返程回去，这时在水面上发出一种巨大的声音，轰隆隆地像钟鼓的响声，久久不停。船夫十分害怕。我慢慢地察看，发觉山下全是石头洞和石头缝隙，不知道它们有多深，微小的波浪冲进去，在里面流转回荡，形成了这种声音。船转回到上钟山和下钟山之间，将要进入湖水的分流处，有块大石头挡在水流中央，上面大约可坐百把人。这块大石，中间是空的，四周有许多小孔，与风和水相互吞吐，发出窾坎镗鞳的声音，与刚才听到的轰隆之声相呼应，便好像奏乐一般。我因此笑着对迈儿说：“你知道这些了吗？轰隆隆的声音，像是周景王无射钟所发出的声音；窾坎镗鞳的声音，像是魏庄子的歌钟所发出的声音。古人并没有欺骗我们啊！”

事不目见耳闻而臆断其有无，可乎？郦元之所见闻殆与余同〔1〕，而言之不详；士大夫终不肯以小舟夜泊绝壁之下，故莫能知；而渔工水师虽知而不能言，此世所以不传也。而陋者乃以斧斤考击而求之〔2〕，自以为得其实。余是以记之，盖叹郦元之简，而笑李渤之陋也。

【注释】

〔1〕殆：大概。

〔2〕斧斤：斧头之类的工具。　考击：敲击。

【译文】

凡事不亲自眼见耳闻，便凭想象来判断它的有没有，可以吗？郦道元所见到和听到的，大概和我相同，可是讲得不详细；一般读书做官的人总是不愿深夜乘小船来到绝壁之下，所以无法知道底细；而渔人船夫，虽然知道却不能讲出来。这就是石钟山命名的真实原因世上不能相传的道理。而知识浅薄的人竟拿着斧头敲击来探求真相，自认为得到了真实结果。我因此把这一情况记下来，既叹惜郦道元所言的简略，又讥笑李渤所说的浅陋。

（萧善芗）

潮州韩文公庙碑

苏　轼

【题解】

韩文公，即唐代著名文学家韩愈，谥号“文”，故世称韩文公。这篇碑文是苏轼元祐七年(1092)应当时潮州知州王涤的请求而写的，实际上可作为一篇《韩愈论》来读。虽然言语间不免有一般碑传文字的夸大性，但还是相当概括地评述了韩愈生平的重要事迹。首两段切合题中“庙碑”二字，对韩愈在文学、儒学以及政治方面的成就和才能作了高度评价和热情颂赞，所谓“文起八代之衰”云云，并归结于孟子所说的“浩然之气”，誉为“参天地，关盛衰，浩然而独存者”；中间两段切合题中“潮州”二字，概述韩愈在潮州时的德政和倡学，以及潮州百姓对韩愈的敬仰和怀念，归结到韩文公庙的建立和写作这篇碑文的缘由；结尾的碑词则以浓重的神化笔调总括和颂赞韩愈的生平重大功绩，抒发作者的怀念之情。

本文在过去的古文家中很受重视，一则结构谨严，行文紧扣题意；二则评价碑主生平业绩深刻准确；三则文势遒劲、雄浑，毫不怠懈，颇有一点碑主韩愈的“奇崛”文风。

匹夫而为百世师〔1〕，一言而为天下法，是皆有以参天地之化，关盛衰之运〔2〕。其生也有自来，其逝也有所为。故申、吕自岳降〔3〕，傅说为列星〔4〕，古今所传，不可诬也〔5〕。孟子曰〔6〕：“我善养吾浩然之气〔7〕。”是气也，寓于寻常之中，而塞乎天地之间。卒然遇之[8]，则王公失其贵，晋、楚失其富[9]，良、平失其智[10]，贲、育失其勇[11]，仪、秦失其辩[12]。是孰使之然哉？其必有不依形而立，不恃力而行，不待生而存，不随死而亡者矣。故在天为星辰，在地为河岳，幽则为鬼神[13]，而明则复为人[14]。此理之常，无足怪者。

【注释】

〔1〕匹夫：普通人。

〔2〕"是皆有"二句：意谓有与天地共同化育万物的能力，并与国家盛衰命运紧密相关。参天地之化，指与天、地一齐化育万物，并立为三。

〔3〕申、吕：申伯、吕侯（甫侯），周宣王、周穆王时大臣，相传他们出生时有高山降神的预兆。参见《诗·大雅·崧高》。　岳：高山。

〔4〕傅说（yuè 月）：殷高宗武丁的宰相。相传他死后飞升上天，与众星并列。

〔5〕诬：抹杀。

〔6〕孟子：孟轲，邹（今属山东）人，战国时代大哲学家。

〔7〕浩然之气：至大至刚之气。语出《孟子·公孙丑上》。

〔8〕卒然：突然。卒，同"猝"。

〔9〕晋、楚：春秋时两个富庶的国家。

〔10〕良、平：张良、陈平，辅佐汉高祖刘邦的开国功臣，都以足智多谋著称。

〔11〕贲（bèn 奔）、育：孟贲、夏育，皆为传说中古代勇士。

〔12〕仪、秦：张仪、苏秦，战国时的纵横家，都以善辩著称。

〔13〕幽：指幽冥之处。

〔14〕明：指人世间。

【译文】

一个普通人而能成为百世师表，他的片言只语可以为天下仿效，这都是由于这人有与天地共同化育万物的能力，并与国家盛衰命运紧密相关。他的出生也有来历，他去世后仍有所作为。所以申伯、吕侯出生有高山降神，傅说死后化为星辰，这是古今相传的事，不能抹杀的呀。孟子说："我善于涵养我的至大至刚之气。"这种"气"，寄寓在平常事物中，而充溢在天地之间。突然遇上这种气，王公贵族就会失去他们的高贵，晋国、楚国就会失去他们的富饶，张良、陈平就会失去他们的智谋，孟贲、夏育就会失去他们的勇气，张仪、苏秦就会失去他们善辩的口才。是什么原因使他们这样的呢？那一定有不依靠形体而站立、不借助力量而运行、不依靠活着而存在、不随着死亡而消逝的东西。所以有这种"气"的人在天上化为星辰，在地上化为河山，在阴间化为鬼神，在人间又化为人。这是很平常的道理，不值得奇怪的。

自东汉已来〔1〕，道丧文弊〔2〕，异端并起〔3〕，历唐贞观、开元之盛〔4〕，辅以房、杜、姚、宋〔5〕，而不能救〔6〕。独韩文公起布衣〔7〕，谈笑而麾之〔8〕，天下靡然从公〔9〕，复归于正〔10〕，盖三百年于此矣〔11〕。文起八代之衰〔12〕，而道济天下之溺〔13〕，忠犯人主之怒〔14〕，而勇夺三军之帅〔15〕，此岂非参天地、关盛衰、浩然而独存者乎！

【注释】

〔1〕已：以。

〔2〕道：指儒道。　文弊：文章凋敝。

〔3〕异端：此指汉魏以来兴盛的黄老之学和佛教。

〔4〕贞观：唐太宗李世民年号(627—649)。　开元：唐玄宗李隆基年号(713—741)。这两个时期是封建社会中的"治平盛世"。

〔5〕房、杜：房玄龄、杜如晦，唐太宗时的贤相。　姚、宋：姚崇、宋璟，唐玄宗时名相。

〔6〕救：挽回(局面)。

〔7〕布衣：指没有官职的人。

〔8〕麾(huī 挥)：同"挥"，指挥，号召。

〔9〕靡（mǐ 米）然：倒下的样子。

〔10〕正：正统。

〔11〕三百年：指从韩愈至苏轼相距约三百年。

〔12〕八代：指东汉、魏、晋、宋、齐、梁、陈、隋八个朝代。

〔13〕“道济”句：提倡儒道以拯济沉溺于佛老思想的人们。济，拯救。

〔14〕“忠犯”句：因忠谏而触怒了皇帝。这里指唐宪宗（李纯）迎佛骨入宫，排场奢侈，韩愈上表极谏，触怒宪宗，几被处死。人主，皇帝。

〔15〕“勇夺”句：这里指唐穆宗（李恒）时，镇州（今河北正定）发生兵变，韩愈奉命前去宣抚，用一席话说服了作乱的将士。

【译文】

从东汉以来，儒家之道沦丧、文章凋敝，异端学说纷纷而起。经历了唐代贞观、开元的盛世，有房玄龄、杜如晦、姚崇、宋璟等名相的辅佐，然而也不能挽回这样的局面。只有韩文公以平民身份挺身而出，谈笑之间挥手号召，天下人都一齐倒向了他听从了他，文与道又归正统，到现在约有三百年了。韩文公的文章把八代衰颓的文风振作了起来，他提倡的儒道拯救了沉溺于佛老思想的人们，他的忠谏敢触怒皇帝，他的勇气可以制服三军的统帅，这难道不就是能与天地共同化育万物、与国家盛衰命运紧密相关而独立存在的至大至刚之气吗！

盖尝论天人之辨〔1〕：以谓人无所不至〔2〕，惟天不容伪；智可以欺王公，不可以欺豚鱼〔3〕；力可以得天下，不可以得匹夫匹妇之心。故公之精诚〔4〕，能开衡山之云〔5〕，而不能回宪宗之惑〔6〕；能驯鳄鱼之暴〔7〕，而不能弭皇甫镈、李逢吉之谤〔8〕；能信于南海之民〔9〕，庙食百世〔10〕，而不能使其身一日安于朝廷之上。盖公之所能者，天也；其所不能者，人也〔11〕。

【注释】

〔1〕尝：曾经。　天人之辨：天与人的区别，是中国古代关于天道与人世关系的哲学命题。

〔2〕人无所不至：人为了争权夺利，手段无所不用其极。

〔3〕“不可”句：《周易·中孚》：“信及豚鱼。”古人认为“天不容伪”，忠诚者对豚鱼之类也要讲信用。豚鱼，泛指纯任天性的小动物。豚，小猪。

〔4〕精诚：专一诚挚的心意。

〔5〕“能开”句：据韩愈《谒衡山南岳庙》诗云，一次他路过衡山，正碰上秋天昏暗的日子，他默然祷告，忽然云开天晴，得以饱览山景。衡山，“五岳”中的南岳，在今湖南境内。

〔6〕回：劝回。　宪宗之惑：指宪宗迎佛骨入京一事。惑，迷惑。

〔7〕驯鳄鱼之暴：韩愈初到潮州时，溪中鳄鱼扰民，韩愈作《祭鳄鱼文》，令鳄鱼迁走。据说，当天晚上鳄鱼果然离去。

〔8〕弭(mǐ 米)：消除。　皇甫镈(bó 博)：唐宪宗时宰相，曾对韩愈加以弹劾罢斥。　李逢吉：唐穆宗时宰相，曾挑拨韩愈与李绅的关系，使他们产生矛盾，双方都受到损害。

〔9〕南海：郡名。这里指潮州。

〔10〕庙食：接受后世的立庙祭祀。

〔11〕“盖公”四句：大意是，韩愈所能够做的是尽天道；所不能做的是屈从人意。

【译文】

我曾经论析过天与人的区别：认为人为了争权夺利，手段无所不用其极，唯有上天不容忍诈伪之行；人的智慧可用来欺骗王公，但不可用来欺骗纯任天性的小动物；人的力量可用来夺取天下，但不可用来夺得普通男女的心。所以韩公的专一诚挚的心意，可以拨开衡山重重的云雾，但不能劝回宪宗的迷惑；能驯服鳄鱼残暴性情，而不能消除皇甫镈、李逢吉的诽谤；能取信于潮州的百姓，世世代代享受后人的立庙祭祀，但不能使自己在朝廷上有一天的安稳。这是因为韩文公所能够做的，是尽天道；所不能够做的，是屈从人意。

始潮人未知学，公命进士赵德为之师[1]，自是潮之士，皆笃于文行[2]，延及齐民[3]，至于今，号称易治。信乎孔子之言："君子学道则爱人，小人学道则易使也[4]。"潮人之事公也[5]，饮食必祭，水旱疾疫，凡有求必祷焉。而庙在刺史公堂之后[6]，民以出入为艰[7]，前太守欲请诸朝作新庙[8]，不果。元祐五年[9]，朝散郎王君涤来守是邦[10]，凡所以养士治民者，一以公为师。民既悦服，则出令曰："愿新公庙者[11]，听[12]。"民欢趋之，卜地于州城之南七里[13]，期年而庙成[14]。

【注释】

〔1〕"公命"句：据载，韩愈曾推荐赵德任海阳县尉，主持州学，教授生徒。赵德，号天水先生，通经能文，与韩愈交善，曾辑韩愈文为《文录》。

〔2〕笃于：忠实于。

〔3〕延及齐民：（教化）普及到平民。

〔4〕小人：指老百姓。　易使：容易差使。这两句见《论语·阳货》。

〔5〕事：侍奉。

〔6〕刺史公堂：州官办公的厅堂。

〔7〕艰：这里是"不方便"的意思。

〔8〕作：建造。

〔9〕元祐五年：公元1090年。元祐，宋哲宗赵煦的年号（1086—1094）。

〔10〕朝散郎：宋时用以表示品位、俸禄等级的官阶之一。

〔11〕新：作动词用，意为重建。

〔12〕听：任其自为，同意。

〔13〕卜地：占卜选择基地。

〔14〕期年：经过一年。

【译文】

起初潮州人不懂读书学习，韩文公命令进士赵德做他们的老师。从此潮州的士人都专注于文章和品行，教化普及到平民。这种情况一直延续到今天，潮州号称是容易治理的地方。孔子说得真不错："君子学了道德就有仁爱之心，老百姓学了道德就容易差使。"潮州百姓侍奉韩文公，每顿饭必祭奠他，遇到水旱、疾病瘟疫等灾祸，凡有什么需求一定向他祈祷。韩文公庙在刺史公堂的后面，百姓们认为进出很不方便，前任刺史想请求朝廷新建一座庙，没有成功。元祐五年，朝散郎王涤君来这里做知州，他用来培养士人、治理百姓的方法，一律以韩文公为榜样。在百姓们对他的治理心悦诚服以后，他就发布命令说："愿意重建韩庙的人，我同意他去做。"百姓们高兴地争相去做，在州城的南边七里之处占卜选了一块地，过了一年庙就建成了。

或曰："公去国万里而谪于潮〔1〕，不能一岁而归〔2〕。没而有知〔3〕，其不眷恋于潮也审矣〔4〕。"轼曰："不然。公之神在天下者，如水之在地中，无所往而不在也。而潮人独信之深，思之至，焄蒿凄怆〔5〕，若或见之。譬如凿井得泉，而曰水专在是，岂理也哉？"

【注释】

〔1〕去国：离开京城。国，国都。

〔2〕"不能"句：指韩愈在潮州只待了七个月。

〔3〕没：同"殁"，死。

〔4〕审：明白。

〔5〕焄（xūn 熏）蒿凄怆：描写潮州人祭韩愈时感情凄怆真挚。焄蒿，指祭祀时香气缭绕的样子，代指祭祀。焄，香气。蒿，气蒸出的样子。

【译文】

有人说："韩文公离开京城万里之远而谪居潮州，不到一年又回去了。如果他死后有知，他对潮州没有眷恋之情也是很显然的。”我说：“不对，韩文公的神灵在天底下，就像水在地层中一样，无论到哪里都有。而只有潮州人深深地信任他，无限地怀念他，祭祀的香气缭绕不绝，人们的感情凄怆真挚，好像又看见了韩文公。譬如挖井挖出泉水，而说水只在这里有，难道有这样的道理吗！”

元丰元年[1]，诏封公昌黎伯[2]，故榜曰[3]：“昌黎伯韩文公之庙。”潮人请书其事于石，因作诗以遗之[4]，使歌以祀公。其辞曰：

【注释】

〔1〕元丰元年：当作元丰七年，公元1084年。

〔2〕昌黎：韩愈原籍昌黎(今属河北)。 伯：伯爵，爵位的一种。

〔3〕榜：匾额。这里用作动词，写在匾额上。

〔4〕遗(wèi 位)：送。

【译文】

元丰元年，皇帝下诏追封韩文公为昌黎伯，所以庙中的匾额上写的是：“昌黎伯韩文公之庙。”潮州人请我把他的事迹写在碑石上，我因此又写了一首诗送给他们，让他们歌唱着来祭祀韩文公。诗的文辞说：

公昔骑龙白云乡[1]，手抉云汉分天章[2]，天孙为织云锦裳[3]。飘然乘风来帝旁，下与浊世扫秕糠[4]。西游咸池略扶桑[5]，草木衣被昭回光[6]。追逐李、杜参翱翔[7]，汗流籍、湜走且僵[8]，灭没倒影不能望[9]。作书诋佛讥君王[10]，要观南海窥衡、湘，历舜九嶷吊英、皇[11]。祝融先驱海若藏，约束鲛鳄如驱羊[12]。钧天无人帝悲伤[13]，讴吟下招遣巫阳[14]。犦牲鸡卜羞我觞[15]。於粲荔丹与蕉黄[16]。公不少留我涕滂[17]，翩然被发下大荒[18]。

【注释】

〔1〕“公昔”句：意谓韩愈是仙人，骑龙在仙乡中漫游。白云乡，仙乡。

〔2〕抉：挑选。　云汉：指银河。　分：分出。　天章：天上的文采，即彩云。

〔3〕天孙：指织女星。传说织女是天帝的孙女。

〔4〕下：降下，作动词用。　粃糠：这里指异端邪说。

〔5〕“西游”句：形容韩愈像屈原那样东奔西跑，努力不懈。屈原《离骚》：“饮余马于咸池兮，总余辔乎扶桑。”咸池，传说太阳沐浴之处。略，行到。扶桑，神木名，传说太阳从此处升起。

〔6〕“草木”句：比喻韩愈的道德文章犹如日月光照大地，泽及草木。草木衣被，即衣被草木。衣被，加惠、恩泽的意思。昭回光，普照的光辉。

〔7〕追逐李、杜：韩愈《调张籍》：“李杜文章在，光焰万丈长。”“我愿生两翅，捕逐出八荒。”　参(sān 三)翱翔：意思是说韩愈与李、杜并驾齐驱。参，同“叁”，并立为三。

〔8〕“汗流”句：指张籍、皇甫湜远远比不上韩愈。汗流、走且僵，形容赶不上。

〔9〕“灭没”句：指张籍、皇甫湜像倒影一样容易消失，难以仰望韩愈的重大成就。

〔10〕诋：诋毁。

〔11〕“要观”二句：大意是，韩愈贬潮州，得以看到沿途的衡山、湘江，可以经过葬舜的九嶷山，凭吊娥皇、女英。要观，准备前去观赏，这里是“贬谪”的讳称。

〔12〕“祝融”二句：祝融远走，海若躲藏，管束凶恶的鳄鱼就像驱赶羊一样容易。比喻韩愈一到潮州，就使人民免遭自然灾害。祝融，南海之神。先驱，早已逃走。海若，海神。

〔13〕钧天：中央之天。　无人：缺少像韩愈这样的人。　帝：指

天帝。

〔14〕遣巫阳：指派巫阳招韩愈之魂。巫阳，神巫名。宋玉《招魂》中载，天帝让巫阳招下界人的魂。

〔15〕犦(bào 爆)牲：牦牛(一种高背的野牛)。以牦牛作祭品，表示隆重。 鸡卜：古人以鸡骨占卜，其法是取鸡眼之骨，煮熟后，视其裂纹，像人形者为吉，否则为凶。 羞我觞：献酒。羞，同“馐”，进献食品。觞，酒杯。

〔16〕於(wū 呜)：感叹词。 粲：色彩鲜明的样子。 荔丹：红色荔枝。 蕉黄：黄色香蕉。

〔17〕滂：形容泪水涌流。

〔18〕“翩然”句：大意是韩愈之神灵翩然地离开人世而去。翩然，轻快飞翔的样子。被，同“披”。下大荒，进入大荒山。大荒山，传说日月降入之所。

【译文】

您当年在白云乡骑龙来往，亲手在银河中选取天上的彩章，织女为您编织华美的云锦衣裳。飘荡乘风来到皇帝身旁，降临污浊的人间扫除秕糠。西游咸池东巡扶桑，草木承受着您的灿烂光芒。跟随李白、杜甫三人一同翱翔，张籍、皇甫湜汗流奔跑也赶您不上，就像水中倒影，难以仰望。上书诋毁佛教讥讽君王，准备游览衡山和湘江，经过九嶷山凭吊女英娥皇。祝融远逃海若躲藏，管束蛟龙鳄鱼易如赶羊。天宫无人天帝悲伤，唱着神曲派遣巫阳。祭卜牛鸡我把酒献上，红荔黄蕉请您品尝。您不肯停留我们泪水直淌，披散头发您轻快地飞入大荒。

（王水照）

乞校正陆贽奏议进御札子

苏 轼

【题解】

宋哲宗元祐八年(1093),苏轼充任端明殿学士兼翰林侍读学士、礼部尚书。本文是他与同僚吕希哲、吴安诗、丰稷、赵彦若、范祖禹、顾临等,共同请求校正唐代陆贽奏议一事,上呈宋哲宗的奏章。文中列举陆贽在政治、军事、经济等多方面向唐德宗所作的建议与劝谏,并与经、史作比,极力推崇陆贽的治国方略,直谏哲宗借鉴陆贽奏议内容,发扬圣明,在短期内成就功业。

文章说理清楚,比喻贴切,对照鲜明;语言委婉,用心良苦,颇具感染力和说服力。

臣等猥以空疏[1],备员讲读。圣明天纵[2],学问日新。臣等才有限而道无穷,心欲言而口不逮[3],以此自愧,莫知所为。窃谓人臣之纳忠,譬如医者之用药。药虽进于医手,方多传于古人。若已经效于世间,不必皆从于己出。伏见唐宰相陆贽,才本王佐,学为帝师。论深切于事情,言不离于道德。智如子房而文则过[4],辨如贾谊而术不疏[5]。上以格君心之非[6],下以通天下之志。但其不幸,仕不遇时。德宗以苛刻为能[7],而贽谏之以忠厚;德宗以猜忌为术,而贽劝之以推诚;德宗好用兵，而贽以消兵为先；德宗好聚财，而贽以散财为急。至于用人听言之法，治边御将之方，罪己以收人心，改过以应天道，去小人以除民患，惜名器以待有功〔8〕，如此之流，未易悉数。可谓进苦口之药石〔9〕，针害身之膏肓〔10〕。使德宗尽用其言，则贞观可得而复〔11〕。

【注释】

〔1〕猥：鄙贱。有自谦之意。

〔2〕天纵：上天所赐。

〔3〕逮：及，达。

〔4〕子房：西汉张良，字子房。

〔5〕贾谊：西汉文学家、政治家。

〔6〕格：正。

〔7〕德宗：唐德宗李适（kuò 括）。公元 780 年至 805 年在位。

〔8〕名器：古代表示统治者等级地位及其使用的车舆服装。

〔9〕石：砭（biān 边）石，古代治病用的石针。　针：治疗。作动词。

〔10〕膏肓（huāng 荒）：古代医学把心尖脂肪称为膏，心脏和隔膜之间称肓，认为是药物无法达到的地方。这里指严重疾病。

〔11〕贞观：唐太宗李世民的年号（627—649）。这一时期由于采取了一系列有利于发展社会生产的措施，出现了经济繁荣、政治清明的局面，史称“贞观之治”。

【译文】

臣等耻以疏浅的才学，充任侍讲、侍读的行列。皇上的聪明睿智是上天赐予的，因此学问日益长进。臣等才学有限而圣人所述的道理却是无穷无尽的，我们常常心里想说而辞不达意，因此自感惭愧，不知道怎样做才好。我们认为臣子向皇上敬献忠言，犹如医生用药。药虽然是从医生手里献上的，药方却大多是从古人那里传下来的。如果这些药方已经在人世间产生了良好效应，就不一定都要从自己手里开出。我们觉得唐朝宰相陆贽，论才能可以辅佐帝王，论学问可当皇帝的老师。他议论事理深刻中肯，言语不偏离道德规范。聪明智慧如同汉代张良而文学才华却超过了他，明辨是非像汉代的贾谊但又不疏忽策略方式。对上能够纠正君主思想上的错误，对下能够沟通天下人的心意。可是他不幸，没有遇上好时机。唐德宗对人以苛刻为能事，陆贽就用忠厚之道来劝谏他；德宗以怀疑妒忌为手段，陆贽就用推心置腹、开诚布公来规劝他；德宗喜欢动用武力，而陆贽则把消除战争作为当务之急；德宗喜欢聚敛钱财，而陆贽把散发钱财当作迫切的事情。至于任用人材听取意见的方法，安定边疆使用将领的策略，用责备自己来争取人心，改正过失以顺应天道，排斥小人以消除民患，珍惜爵位礼仪来封赏有功的人。像这样一类的奏议，无法全部列举。可以说是进献苦口的良药，治疗危害身体的重症。倘使德宗能够全部采用他的意见，那么“贞观之治”的盛世就可以重新出现。

臣等每退自西阁〔1〕，即私相告言，以陛下圣明，必喜贽议论。但使圣贤之相契〔2〕，即如臣主之同时。昔冯唐论颇、牧之贤〔3〕，则汉文为之太息〔4〕。魏相条晁、董之对〔5〕，则孝宣以致中兴〔6〕。若陛下能自得师，则莫若近取诸贽。夫六经三史〔7〕，诸子百家〔8〕，非无可观，皆足为治。但圣言幽远〔9〕，末学支离〔10〕，譬如山海之崇深，难以一二而推择。如贽之论，开卷了然，聚古今之精英，实治乱之龟鉴〔11〕。臣等欲取其奏议，稍加校正，缮写进呈。愿陛下置之坐隅〔12〕，如见贽面，反复熟读，如与贽言。必能发圣性之高明，成治功于岁月。

臣等不胜区区之意，取进止〔13〕。

【注释】

〔1〕西阁：宋朝皇帝听讲的地方。

〔2〕契：合。

〔3〕冯唐：西汉文帝时任中郎署长。　颇：廉颇，战国时赵国名将，屡次战胜齐、魏等国。　牧：李牧，战国时赵国名将，长期防守赵国北境，屡次击退东胡、林胡匈奴的骚扰。

〔4〕汉文：汉文帝刘恒。冯唐曾向汉文帝称道廉颇和李牧，汉文帝听后慨叹地说："嗟乎！吾独不得廉颇、李牧为吾将。"事见《史记·冯唐列传》。

〔5〕魏相：曾任西汉宣帝丞相，封高平侯。主张整顿吏治，考核实效。奏章中常引用晁错、董仲舒等言论。　条：列举。　晁：晁错，汉景帝时有名的政治家，文帝时任太常掌故，景帝时任御史大夫。　董：董仲舒，汉武帝时有名的思想家。曾建议汉武帝"罢黜百家，独尊儒术"。

〔6〕孝宣：西汉宣帝刘询。公元前72年至前49年在位。他在丞相霍光辅佐下，整顿吏治，任用贤能，发展农业，巩固边防，社会经济有所发展，与前汉昭帝时期政治、经济局面相较，有明显不同，史称"中兴"。

〔7〕六经：指《书》、《诗》、《易》、《礼》、《春秋》、《乐》六部儒家经典。　三史：指《史记》、《汉书》、《后汉书》三部史学著作。

〔8〕诸子百家：指先秦时孔丘、孟轲、庄周、老聃、墨翟、韩非、荀子等人的著作，和儒、道、墨、名等各种流派的学说。

〔9〕圣言：圣人之言，指《六经》。

〔10〕末学：指史学与子书。

〔11〕龟鉴：借鉴。龟，古代用龟甲占卜，龟即卜卦。鉴，即镜子。

〔12〕坐：通座。　隅：角，边。

〔13〕取进止：听从裁处。取，听任。进止，进退。

【译文】

臣等每次从西阁退出，便私下相互谈论，认为陛下英明无比，一定会喜欢陆贽的议论。只要圣主和贤人的意见相合，那么远隔百年的臣子与当今的君主就好像同处一个时代。从前冯唐谈论廉颇、李牧的贤能，汉文帝因此为他们叹息。魏相列举晁错、董仲舒的对策，孝宣帝采用后使西汉得到中兴。如果陛下能自己求得老师，那么没有比就近从陆贽奏议里获取教益更合适了。六经三史、诸子百家，不是没有可观之处，都足以用来治理国家。可是圣人的言论深邃奥妙，史书、诸子理论支离破碎，这些都像山和海那样崇高深沉，很难从中选择一二。像陆贽的议论，翻开书就一目了然。里面集聚了古往今来的精华，实在可作国家治乱的借鉴。臣等想取出他的奏议，稍微加以校正，誊写清楚后献给皇上。希望陛下把它放在座椅旁，就像见到陆贽一样，反反复复地熟读，好像和陆贽交谈一样。这样就一定能够启迪陛下圣明的天性，在短期内成就天下大治的功业。

臣等表达不尽诚挚的心意，取舍听候陛下裁处。

（萧善芗）

前赤壁赋

苏 轼

【题解】

宋神宗元丰三年(1080)，苏轼因反对新法而被贬到黄州做了闲散的团练副使(名义上是管理地方军事的助理官)。这篇赋是在度过了两年多苦闷贫困的谪居生活以后，于元丰五年七月十六日写的，它揭示了作者当时复杂、矛盾的心情。在长江、汉水流域，共有五个地方叫赤壁。三国“赤壁之战”旧址，一般认为是在今湖北嘉鱼县境内。但本文苏轼所游赤壁，是今湖北黄冈的赤壁矶，两者并非一地。

全文以作者感情的三个起伏分成三个段落。先从清风和明月交织的江山美景中，写出作者被逗引起的“羽化而登仙”超然之乐；继而从对历史人物兴亡的凭吊中，又跌入了现实人生的苦闷；最后仍从眼前景物立论，阐发了“变”与“不变”的哲理，在旷达乐观中得到解脱。赋中的主客对话实际上是诗人的自我独白，这是对赋的传统手法的灵活运用，也是为表达作者思想感情的波折、挣扎和解脱过程服务的。

苏轼这种齐物我、等荣辱、同死生的处世哲学，对于一部分在政治上失意的旧时士人来说，具有一定的典型性：即使他们能在受到政治打击后仍不厌世，保持乐观的精神；也会导致纵情山水、得过且过的避世倾向。

在写此文的三个月以后，即十月十五日，作者重游赤壁，又写了一篇《赤壁赋》，因此本文及后文分别称《前赤壁赋》和《后赤壁赋》。

壬戌之秋[1]，七月既望[2]，苏子与客泛舟游于赤壁之下[3]。清风徐来，水波不兴[4]。举酒属客[5]，诵《明月》之诗[6]，歌《窈窕》之章[7]。少焉[8]，月出于东山之上，徘徊于斗牛之间[9]。白露横江[10]，水光接天。纵一苇之所如[11]，凌万顷之茫然[12]。浩浩乎如冯虚御风[13]，而不知其所止；飘飘乎如遗世独立[14]，羽化而登仙[15]。

【注释】

〔1〕壬戌：宋神宗元丰五年(1082)。

〔2〕既望：阴历每月十六日。既，过了。望，阴历每月十五日。

〔3〕苏子：苏轼自称。　泛舟：荡船。

〔4〕兴：起。

〔5〕举酒属(zhǔ 主)客：举起酒杯，向客人敬酒。属，祝酒劝饮的意思。

〔6〕《明月》之诗：指《诗经·陈风·月出》篇。

〔7〕《窈窕》之章：指《月出》诗的第一章，其中有“月出皎兮，佼人僚兮，舒窈纠兮”的句子。窈窕，即窈纠。

〔8〕少焉：一会儿。

〔9〕徘徊：踌躇不前的样子。　斗、牛：星宿名，即斗宿、牛宿。

〔10〕白露横江：白茫茫的水气横浮江上。露，指水气。

〔11〕纵：听任。　一苇：比喻小船。语出《诗经·卫风·河广》：“谁谓河广，一苇杭(航)之。”　所如：所去之处。如，往，到。

〔12〕凌：越过。　万顷：形容江面宽广。　茫然：指江面旷远迷茫的样子。

〔13〕浩浩乎：水大的样子。　冯虚御风：腾空驾风而行。冯，同“凭”。

〔14〕遗世独立：抛开人世，了无牵挂。

〔15〕羽化：道家用语，指成仙。　登仙：飞入仙境。

【译文】

壬戌年的秋天，七月十六日，我和客人在赤壁之下的江面上划船游玩。清凉的风徐徐吹来，江面上不起波浪。我举起酒杯，向客人敬酒，吟诵起《月出》诗里的《窈窕》一章。一会儿，月亮从东山升起，在斗宿和牛宿之间踌躇不前。白茫茫的水气横浮在江上，江水反射的月光与天空连成一片。我们任凭苇叶似的小船随处漂荡，越过茫茫无边的江面。江面多么的浩瀚啊，船儿像腾空驾风飞行，不知道将要飞向何方；我们多么飘然超忽，像是抛开人世，了无牵挂，成了神仙，飞升仙境。

于是饮酒乐甚，扣舷而歌之〔1〕。歌曰：“桂棹兮兰桨〔2〕，击空明兮溯流光〔3〕。渺渺兮予怀〔4〕，望美人兮天一方〔5〕。”客有吹洞箫者〔6〕，依歌而和之。其声呜呜然〔7〕，如怨如慕〔8〕，如泣如诉，馀音袅袅〔9〕，不绝如缕〔10〕，舞幽壑之潜蛟〔11〕，泣孤舟之嫠妇〔12〕。

【注释】

〔1〕扣舷：敲击船边。这里是打节拍的意思。

〔2〕棹：划船工具，前推的叫桨，后推的叫棹。　桂、兰：都是美称。

〔3〕击空明：指船桨击打着清澈的江水。空明，水清见底，月照水中宛如透明。　溯流光：指船在浮动着月光的水面上逆流而进。

〔4〕渺渺：形容情怀深远无穷。

〔5〕美人：古人常用来作为贤君圣主或美好理想的象征。　天一方：指“美人”在遥远的地方。

〔6〕客：指道士杨世昌，四川绵竹人，识音律，善吹箫。

〔7〕呜呜然：形容箫声的吞吐、凄凉。

〔8〕如怨如慕：像是哀怨，又像是眷恋。

〔9〕袅袅：形容声音悠扬不绝。

〔10〕不绝如缕：馀音不断，宛如细丝一般。

〔11〕“舞幽壑”句：指（箫声）使潜伏在深渊里的蛟龙飞舞起来。幽

壑，深谷，这里指深渊。

〔12〕“泣孤舟”句：(箫声)使孤舟上的寡妇哭泣起来。 嫠(lí 离)妇，寡妇。

【译文】

这时，我们喝酒喝得很快乐，就敲击船舷唱起歌来。歌词说：“桂木做的棹啊，兰木做的桨，击打着清澈的江水，船在浮动着月光的水面上逆流而进。我的情怀啊，深远无穷！遥望美人啊，在天的另一方。”客人中有位能吹洞箫的，按着歌声吹箫伴奏。那箫声呜呜地响，像是哀怨，又像是眷恋，像哭泣，又像倾诉，吹完后，馀音悠扬，宛如细丝一样延绵不断。这箫声能使潜伏在深渊中的蛟龙跳起舞来，使孤舟上的寡妇为之哭泣。

苏子愀然〔1〕，正襟危坐而问客曰：“何为其然也？”

客曰：“‘月明星稀，乌鹊南飞’，此非曹孟德之诗乎〔2〕？西望夏口〔3〕，东望武昌〔4〕，山川相缪〔5〕，郁乎苍苍，此非孟德之困于周郎者乎〔6〕？方其破荆州、下江陵、顺流而东也〔7〕，舳舻千里〔8〕，旌旗蔽空，酾酒临江，横槊赋诗〔9〕，固一世之雄也〔10〕，而今安在哉？况吾与子渔樵于江渚之上〔11〕，侣鱼虾而友麋鹿〔12〕，驾一叶之扁舟〔13〕，举匏樽以相属〔14〕。寄蜉蝣于天地〔15〕，渺沧海之一粟〔16〕，哀吾生之须臾〔17〕，羡长江之无穷。挟飞仙以遨游，抱明月而长终〔18〕。知不可乎骤得，托遗响于悲风〔19〕。”

【注释】

〔1〕愀(qiǎo 巧)然：忧愁变容的样子。

〔2〕“月明”三句：前两句是曹操《短歌行》中的诗句。 孟德：曹

操的字。

〔3〕夏口：城名，故址在今武汉黄鹄山上，相传为三国吴孙权所建。

〔4〕武昌：今湖北鄂城。

〔5〕缪(liǎo 蓼)：连接，盘绕。

〔6〕困于周郎：被周郎打败。周郎，即周瑜，三国时孙吴名将。

〔7〕方：当。　破荆州、下江陵，顺流而东：指曹操在荆州降服刘琮，攻占江陵，向东进军赤壁。荆州，郡名，治所在今湖北襄阳。江陵，今属湖北。

〔8〕舳舻(zhú lú 竹卢)：长方形大船。　千里：形容船多，前后相衔，千里不绝。

〔9〕酾(shī 诗)酒：斟酒。　横槊(shuò 朔)：横执长矛。

〔10〕固：真是。

〔11〕渔樵：打鱼砍柴。　江渚：江中小洲。

〔12〕"侣鱼虾"句：与鱼虾作伴，同麋鹿为友。侣、友，名词活用为动词。

〔13〕扁舟：小船。

〔14〕匏(páo 袍)樽：葫芦做的酒器。

〔15〕"寄蜉蝣"句：像蜉蝣那么短促地寄生在天地之间。蜉蝣，昆虫名，夏秋之交生于水边，传说早晨生、晚上死，存活时间很短。

〔16〕"渺沧海"句：渺小得如同沧海中的一粒小米。沧海，大海。

〔17〕须臾：片刻。

〔18〕"挟飞仙"二句：意思是希望同神仙一起游玩，与明月一起长存。挟，挟带。

〔19〕遗响：馀音。

【译文】

我顿时忧愁改容，理直衣襟，端正地坐着，问客人说："箫声为何如此悲凉呢？"

客人说："'月明星稀，乌鹊南飞'，这不是曹操的诗句吗？从这儿向西望到夏口，向东望到武昌，山水相互盘绕，草木茂盛苍翠，这不就是曹操被周瑜困败的地方吗？当曹操占领荆州，攻下江陵，顺着长江东进的时候，战船千里相连，旗帜遮蔽天空，他面对长江斟酒痛饮，横执长矛吟咏诗歌，真是一代英雄啊！而现今却在哪里呢？何况我和您只是在江边沙洲打鱼砍柴，与鱼虾作伴、同麋鹿为友，驾着一叶小船，举着葫芦做成的酒杯互相劝酒。我们像蜉蝣那么短促地寄生在天地之间，渺小得如同沧海中的一颗小米。哀叹我们生命的短促，羡慕长江的无穷。希望拉着神仙一起遨游，抱着明月一起长存。明知道这是不可能马上实现的，只好把这箫声托付给悲凉的秋风。”

苏子曰：“客亦知夫水与月乎〔1〕？逝者如斯，而未尝往也〔2〕；盈虚者如彼，而卒莫消长也〔3〕。盖将自其变者而观之，则天地曾不能以一瞬；自其不变者而观之，则物与我皆无尽也〔4〕，而又何羡乎？且夫天地之间〔5〕，物各有主；苟非吾之所有，虽一毫而莫取〔6〕。惟江上之清风，与山间之明月，耳得之而为声，目遇之而成色，取之无禁，用之不竭，是造物者之无尽藏也〔7〕，而吾与子之所共适〔8〕。”

【注释】

〔1〕夫(fú 扶)：语助词。

〔2〕“逝者”二句：“逝者如斯”语出《论语·子罕》：“子在川上曰：‘逝者如斯夫。’”此二句意为像这江水不断地流淌，而实际上并没有流去。斯，这，指江水。

〔3〕“盈虚者”二句：像那月亮时圆时缺，而到底没有一点增减。彼，那，指月亮。卒，最终。

〔4〕无尽：永恒无尽。

〔5〕且夫：发语词，况且。

〔6〕虽：即使。

〔7〕造物者：指大自然。 藏(zàng 葬)：宝藏。

〔8〕共适：共同赏玩适意。

【译文】

我对客人说：“您也理解那江水和月亮的道理吗？像这江水不

断地流淌，而实际上并没有流去；像那月亮时圆时缺，而到底没有一点增减。如果从变化的一面来看，那么天地间的事物连一眨眼的工夫都不能保持原样；从那不变的一面来看，那么万物和我们都是永恒不灭的，那又为什么要羡慕它们呢？再说天地之间，事物都各有主人；假如不是我所有的东西，即使一丝一毫也不能取用。只有江上的清风，和山间的明月，耳朵听到它就成为悦耳的声音，眼睛看到它就成为悦目的颜色，取用它们没有谁禁止，享用它们也不会用完，这是大自然无穷无尽的宝藏啊，是我和您所能共同享用的。”

客喜而笑，洗盏更酌[1]，肴核既尽[2]，杯盘狼藉[3]。相与枕藉乎舟中[4]，不知东方之既白[5]。

【注释】

〔1〕洗盏更酌：洗杯重饮。

〔2〕肴核：菜肴和果品。

〔3〕狼藉：杂乱。

〔4〕相与枕藉：互相靠着睡觉。枕，枕头；藉，垫褥。这里的“枕藉”用作动词。

〔5〕既：已经。

【译文】

客人高兴地笑了，洗了酒杯重新斟酒，菜肴和果品都吃完了，酒杯菜盘放得乱七八糟。我们互相靠着睡在船中，不知不觉东方已经发白。

（王水照）

后赤壁赋

苏　轼

【题解】

苏轼于元丰五年(1082)七月十六日夜游赤壁，写下《前赤壁赋》。十月十五日夜，重游赤壁，写了这篇《后赤壁赋》。一样的风月，却呈现出两种境界：就自然山水方面说，前赋字字秋色，此赋句句冬景；此次登山情景可惊可怖，也与上次风月水光的安谧幽静形成鲜明的对照。就作者心境而言，前赋由超然飘忽转入对人世沧桑的感慨，最后在达观中获得解脱；此赋则由“悄然而悲，肃然而恐”转归虚幻缥缈，道士化鹤，迷离恍惚，曲折反映出作者企图超尘绝俗的思想。

此赋结构上大体可分为两部分。前部分叙述重游赤壁的缘由，而有客有酒有肴，加之良夜美景所融合出的氛围，则对后部分重游赤壁时的情境有反衬作用，二者的情感反差则又为结尾的幻觉作了铺垫。

是岁十月之望〔1〕，步自雪堂〔2〕，将归于临皋〔3〕。二客从予，过黄泥之坂〔4〕。霜露既降，木叶尽脱，人影在地，仰见明月。顾而乐之，行歌相答〔5〕。

【注释】

〔1〕是岁：指宋神宗元丰五年(1082)。　望：阴历每月十五日。

〔2〕雪堂：苏轼在黄州时建造的自住厅堂。因在雪天落成，并四壁绘有雪景，故名。

〔3〕临皋：亭名。在今湖北黄冈南长江旁。苏轼家居于此。

〔4〕黄泥之坂：即“黄泥坂”，山坡名，是从雪堂到临皋的必经之路。坂，斜坡。

〔5〕行歌：边走边唱。

【译文】

这年十月十五日，我从雪堂走出，将要回到临皋亭去。两位客人跟随我，同过黄泥坂。这时霜露已经降下，树叶全部凋落，人影倒映在地，抬头望见明月。环顾四周心里非常快乐，我们边走边唱相互应答。

已而叹曰〔1〕：“有客无酒，有酒无肴。月白风清，如此良夜何〔2〕！”客曰：“今者薄暮〔3〕，举网得鱼，巨口细鳞，状如松江之鲈〔4〕。顾安所得酒乎〔5〕？”归而谋诸妇〔6〕。妇曰：“我有斗酒，藏之久矣，以待子不时之需〔7〕。”

【注释】

〔1〕已而：过了一会儿。

〔2〕“如此”句：谓如何度过这个良夜。

〔3〕薄暮：傍晚。薄，迫近。

〔4〕松江之鲈：松江（流经今江苏和上海一带）盛产的四鳃鲈，长仅五六寸，味极鲜美。

〔5〕顾：但是。　安所：从什么地方。

〔6〕谋诸妇：和妻子商量这事。诸，之于。

〔7〕子：您。古时对男子的尊称或通称。　不时之需：随时的需要。

【译文】

过了一会儿，我感叹说：“有客却没有酒，有酒却没有菜。月色皎洁清风习习，我们怎样度过这个美好的夜晚呢?”客人说：“今天傍晚，撒网捕到一条鱼，嘴大鳞细，形状就像吴淞江的鲈鱼。但是从什么地方去弄到酒呢?”我回家和妻子商量此事。妻子说：“我有一斗酒，已存了很久，以备您临时的需要。”

于是携酒与鱼，复游于赤壁之下〔1〕。江流有声，断岸千尺〔2〕，山高月小，水落石出。曾日月之几何〔3〕，而江山不可复识矣！予乃摄衣而上〔4〕，履巉岩〔5〕，披蒙茸〔6〕，踞虎豹〔7〕，登虬龙〔8〕，攀栖鹘之危巢〔9〕，俯冯夷之幽宫〔10〕。盖二客不能从焉〔11〕。划然长啸〔12〕，草木震动，山鸣谷应，风起水涌。予亦悄然而悲〔13〕，肃然而恐，凛乎其不可留也〔14〕。返而登舟，放乎中流〔15〕，听其所止而休焉。时夜将半，四顾寂寥〔16〕。适有孤鹤，横江东来，翅如车轮，玄裳缟衣〔17〕，戛然长鸣〔18〕，掠予舟而西也〔19〕。

【注释】

〔1〕复游：这年七月苏轼曾游过赤壁，见《前赤壁赋》，这次是再度游览。

〔2〕断岸：陡峭的江岸。

〔3〕“曾日月”句：才隔了几天。曾，才，刚刚。

〔4〕摄衣而上：撩起衣裳，登上岸石。

〔5〕巉岩：险峻的山石。

〔6〕蒙茸：草木繁盛的样子。

〔7〕踞虎豹：蹲坐在形似虎豹的(山石)上。

〔8〕登虬(qiú 求)龙：攀着像虬龙一样弯曲的(古木)。虬龙，古代传说中一种有角的小龙。

〔9〕栖：宿息。　鹘(hú 胡)：一种凶猛的鸟。　危巢：高高的鸟巢。

〔10〕俯：俯视。　冯(píng 凭)夷：水神名。　幽宫：深宫。

〔11〕盖：连接词，有提起下文的作用。

〔12〕划然：形容长啸的声音。

〔13〕悄然：忧愁的样子。

〔14〕“凛乎”句：感到害怕，不敢停留。　凛乎，恐惧的样子。

〔15〕中流：指江心。

〔16〕寂寥：安静、冷清。

〔17〕玄：黑色。　裳：下裙。　缟(gǎo 搞)：白色丝织品。　衣：上衣。

〔18〕戛(jiá 荚)然：形容鹤叫的尖厉声。

〔19〕掠：擦过。

【译文】

就这样带着酒和鱼，我们再次到赤壁下游玩。长江的流水发出声响，陡峭的江岸高耸千尺，山峦很高月亮很小，水位降落礁石露出。才相隔了几天，而上次所见的江景山色再也认不出来了。我就撩起衣裳上岸，踏着险峻的山岩，拨开稠密纷繁的山草，蹲坐在形似虎豹的山石上，攀着像虬龙一样弯曲的古木，手扳着鹘鸟栖宿的高巢，俯视水神冯夷的深宫，这时两位客人已不能跟我爬山了。我一声长啸，草木也被震动，高山共鸣深谷回应，风吹起来，浪涌起来。我也不禁寂寞悲哀，紧张恐惧，感到害怕而不敢停留了。我又返回岸边，登上小船，放船到江心，随它漂流到哪里，就在哪里停泊下来。这时已快到半夜，四下环顾寂静无声。正好有只孤独的鹤鸟，横穿长江从东面飞来。翅膀像车轮一般大，如同穿着黑裙白衣，戛戛地拖长声音叫着，擦过我们的船向西飞去。

须臾客去〔1〕，予亦就睡。梦一道士，羽衣翩跹〔2〕，过临皋之下，揖予而言曰〔3〕：“赤壁之游乐乎?”问其姓名，俯而不答。“呜呼噫嘻〔4〕！我知之矣！畴昔之夜〔5〕，飞鸣而过我者，非子也耶?”道士顾笑〔6〕，予亦惊寤〔7〕。开户视之，不见其处。

【注释】

〔1〕须臾(yú 鱼):片刻。

〔2〕羽衣:用羽毛制成的衣服。后称道士所穿的衣服为羽衣。这里的道士是鹤化成的,穿“羽衣”更确切。　翩跹:飘然轻快的样子。

〔3〕揖(yī 衣)予:向我拱手施礼。

〔4〕呜呼噫嘻:感叹词。

〔5〕畴(chóu 筹)昔:往昔,从前。畴,语助词,无实在意义。

〔6〕顾:回头看。

〔7〕寤:醒。

【译文】

不久客人离去,我也入睡了。梦见一位道士,穿着鸟羽制成的衣服,飘然轻快,来到临皋亭下,向我拱手作揖说:“赤壁的游玩快乐吗?”我问他的姓名,他低头不答。“哦哦,嘻嘻,我明白了。昨天夜里,飞叫着经过我船的,不就是您吗?”道士回头笑了起来,我也被惊醒了。开门一看,却看不到他在什么地方了。

(王水照)

三槐堂铭

苏　轼

【题解】

三槐堂，是北宋初期王祜家的厅堂，因王祜在庭院中植有三株槐树而得名。古代相传，三槐象征朝廷中官职最高的三公。“铭”是古时用以歌功颂德或引以为鉴戒的文体。

本文主要赞颂了王祜的功业、品格及其子孙的贤德，但所贯穿的因果报应的天命观则是不足取的。写作上从设疑起笔，剖析事例，并以他人作陪烘托，文势曲折而又不失通畅。

天可必乎？贤者不必贵，仁者不必寿。天不可必乎？仁者必有后。二者将安取衷哉[1]？

吾闻之申包胥曰[2]：“人定者胜天，天定亦能胜人[3]。”世之论天者，皆不待其定而求之，故以天为茫茫[4]。善者以怠，恶者以肆。盗跖之寿[5]，孔、颜之厄[6]，此皆天之未定者也。松柏生于山林，其始也，困于蓬蒿，厄于牛羊，而其终也，贯四时、阅千岁而不改者[7]，其天定也。善恶之报，至于子孙，则其定也久矣。吾以所见所闻考之，而其可必也审矣[8]。

【注释】

〔1〕衷：通“中”，此为正确之意。

〔2〕申包胥：春秋时楚国大夫，姓公孙，名包胥，因其封地在申，故称申包胥。

〔3〕“人定者”二句：语出《史记·伍子胥传》，原文为：“人众者胜天，天定亦能破人。”人定，人的意志。　天定，天的意志。

〔4〕茫茫：渺茫。此为不可捉摸之意。

〔5〕盗跖(zhí 执)：传为春秋末期奴隶起义领袖。名跖，“盗”是奴隶主贵族对他的蔑称。

〔6〕孔：即孔子。　颜：颜渊，字回。孔子的弟子。

〔7〕贯：贯穿。　阅：经历。

〔8〕审：清楚，明白。

【译文】

能说天意是必然的吗？但是贤明的人却不一定显贵，仁慈的人也不一定长寿。能说天意不是必然的吗？但是仁慈的人一定会有好的后代。这两种说法该怎样来论定是正确的呢？

我听说申包胥说过：“人坚持自己的意志就可以胜过天，天遵循自己的意愿也能胜过人。”世上谈论天的人，都不等到天意最终显示出来就去验证它，所以认为天是渺茫不可捉摸的。善良的人由此而懈怠，邪恶的人由此而放纵。盗跖的长寿，孔子、颜回的困厄，这都是天意没有最终显示出来的缘故。松柏生长在山林，它开始时，被困在蓬蒿之下，遭牛羊践踏；而它最终贯穿四季，经历千年而挺立不变，这是天意的最终显示。人的善恶报应，直到子孙，那是天意早就定下的。我用自己见到和听到的事来考察，说天意是必然的是很清楚的。

国之将兴，必有世德之臣厚施而不食其报，然后其子孙能与守文太平之主共天下之福。故兵部侍郎晋国王公〔1〕，显于汉、周之际，历事太祖、太宗〔2〕，文武忠孝，天下望以为相，而公卒以直道不容于时。盖尝手植三槐于庭，曰：“吾子孙必有为三公者[3]。”已而其子魏国文正公[4]，相真宗皇帝于景德、祥符之间[5]。朝廷清明、天下无事之时，享其福禄荣名者十有八年。今夫寓物于人，明日而取之，有得有否。而晋公修德于身，责报于天，取必于数十年之后，如持左契[6]，交手相付。吾是以知天之果可必也。

【注释】

〔1〕晋国王公：即王祜，一作王祐，字景叔。五代末至宋初时人。后汉、后周时，曾任司户参军、县令等职，宋初任潞州知州，后任兵部侍郎，死后封晋国公。

〔2〕太祖：即宋太祖赵匡胤，公元960年至975年在位。　太宗：即宋太宗赵匡义，即位后改名炅，公元976年至997年在位。

〔3〕三公：西汉时称丞相、太尉、御史大夫为三公。宋时仍沿袭旧称，但已无实际职务。这里泛指朝廷的高级官员。

〔4〕魏国文正公：即王旦，字子明。王祜次子。宋太宗太平兴国年间进士。真宗时历任同知枢密院事、参知政事、工部尚书、同中书门下平章事等职。死后封魏国公，谥文正。

〔5〕真宗：即宋真宗赵恒，公元998年至1022年在位。　景德、祥符：宋真宗年号。景德，自公元1004年至1007年。祥符，大中祥符的省称，自公元1008年至1016年。

〔6〕左契：古代契约分为左右两联，立契双方各执一联。左契即左联，为索偿的凭据。

【译文】

国家将要兴盛起来，一定有世代积德的臣属，做了很多善事而没有享受应有的回报，以后他的子孙能与遵循成法的太平盛世的国君共同享受天下之福。所以已去世的兵部侍郎、晋国公王祜先生，在后汉、后周之间就已显贵，前后侍奉太祖、太宗，能文能武，又忠又孝，天下人都希望他当宰相，可是他最终因正直而不被当时朝廷容纳。他在庭院里曾亲手种了三株槐树，说：“我的子孙一定会有做三公的。”后来，他的儿子魏国文正公，在真宗皇帝景德、大中祥符年间当了宰相。朝廷政治清明，天下太平无事的时候，享受福禄荣耀名声十八年。如今把东西寄放在别人那里，第二天就去拿回，有拿得到也有拿不到的。然而晋国公自身修养德行，以求上天的报应，在几十年之后得到上天的报应，就好像拿着契约的左半，一手交契一手拿回所得，我由此知道天是必然要显示自己意愿的。

吾不及见魏公，而见其子懿敏公〔1〕。以直谏事仁宗皇帝〔2〕，出入侍从将帅三十馀年，位不满其德。天将复兴王氏也欤？何其子孙之多贤也？世有以晋公比李栖筠者〔3〕，其雄才直气，真不相上下。而栖筠之子吉甫〔4〕、其孙德裕〔5〕，功名富贵略与王氏等，而忠恕仁厚，不及魏公父子。由此观之，王氏之福，盖未艾也〔6〕。

【注释】

〔1〕懿敏公：即王素，字仲仪，王旦之子。赐进士出身。累官至工部尚书。为官敢于断事，议论不避权势，颇受时人称道。死后谥懿敏。

〔2〕仁宗：即宋仁宗赵祯，公元1023年至1063年在位。

〔3〕李栖筠：唐朝大臣。字贞一。唐肃宗时，累官给事中，有宰相声望。后为元载所忌，出任常州刺史，以治绩又任浙西观察使。唐代宗欲用为宰相，因惧元载而罢。其为人有远度，庄重寡言，喜欢奖拔贤才，又乐于别人给自己提意见，颇为天下敬重。

〔4〕吉甫：李栖筠之子，字弘宪。唐宪宗时两次出任宰相，曾策划讨平藩镇叛乱，并更换三十六个藩镇长官，裁减冗官冗员，对维护中央集权起了重要作用。

〔5〕德裕：李吉甫之子，字文饶。唐武宗时累官至宰相。力主削弱藩镇势力，加强中央集权统治。唐宣宗时遭人谗害，贬崖州（治今海南琼山东南）司户而死。

〔6〕艾：止，绝。

【译文】

我没能够见到魏国公，但是看到了他的儿子懿敏公。他以直言极谏侍奉仁宗皇帝，在朝内外跟随将领统帅三十多年，地位比不上他的品行。天意将要振兴王家吧？怎么他的子孙有那么多贤人呢？世上有人把晋国公比作李栖筠的，他们才干杰出，性格刚直，确实不相上下。而栖筠的儿子吉甫、孙子德裕，获得的功名富贵差不多和王家相似，但忠恕仁厚，不如魏国公父子。由此看来，王家的福分，大概还没有终结。

懿敏公之子巩与吾游〔1〕，好德而文，以世其家，吾以是铭之。铭曰："呜呼休哉〔2〕！魏公之业，与槐俱萌，封植之勤，必世乃成。既相真宗，四方砥平〔3〕。归视其家，槐阴满庭。吾侪小人〔4〕，朝不及夕，相时射利，皇恤厥德〔5〕，庶几侥幸，不种而获。不有君子，其何能国？王城之东，晋公所庐，郁郁三槐，惟德之符。呜呼休哉！"

【注释】

〔1〕巩：即王巩，字定国，自号清虚先生。有俊才，擅于作诗。因豪放傲世，终身未做大官。

〔2〕呜呼休哉：表示感叹、赞颂之意。

〔3〕砥平：像磨刀石一样平稳。这里指国家安定。砥，磨刀石。

〔4〕侪：类，辈。

〔5〕皇恤：皇通"遑"，怎能。恤，忧虑。

【译文】

懿敏公的儿子王巩和我有交往，他注重品行修养而又善于诗文，这样来继承他世代的家风，我因此作铭记叙。铭文说："啊呀这多么好啊！魏国公的功德，和槐树一起萌兴。浇灌培植的辛勤，必经世代才成。做了宰相辅佐真宗，天下平定安稳。回来探望自己的家，槐荫遮满庭院。我们这些无德才之辈，早上不顾晚上，寻找时机谋取好处，哪里顾及品德修养，只希望有意外的机会，不耕作就有收获。没有贤德的人，怎么能治理国家？在京城的东面，是晋国公的家园，葱郁茂盛的三株槐树，就是善德的象征。啊呀这多么好啊！”

（曾维华）

方山子传

苏 轼

【题解】

本文是苏轼元丰四年(1081)谪居黄州时为其友人陈慥(号方山子)写的传记，但不同于一般的传记体：一是传主尚未去世；二是不叙述传主世系及生平行事，只选写其先侠后隐的变化。这是传记体的变格。

文章开篇一小段概述方山子由侠而隐的变化经过，其关键在于“终不遇”三字，与末尾说方山子若入仕宦则已显闻，遥相照应。中间两段承上，以倒叙笔法写方山子携家隐居时的散淡自得和少时任侠的豪迈使气，各得其神，而“精悍之色，犹见于眉间”一语，又将侠、隐中的方山子相贯一体。结尾议论，指出方山子弃富贵而隐居山中根源于学道有得。

全文叙事、描写、议论交错并用，生动传神，脉理井然，传中有论。

方山子〔1〕，光、黄间隐人也〔2〕。少时慕朱家、郭解为人〔3〕，闾里之侠皆宗之〔4〕。稍壮，折节读书〔5〕，欲以此驰骋当世〔6〕，然终不遇。晚乃遁于光、黄间，曰岐亭〔7〕。庵居蔬食，不与世相闻。弃车马、毁冠服，徒步往来山中，人莫识也。见其所著帽，方屋而高〔8〕，曰：“此岂古方山冠之遗像乎〔9〕?”因谓之方山子。

【注释】

〔1〕方山子：陈慥，字季常，号方山子，终身不仕。苏轼在凤翔任签判时即与他交往。

〔2〕光、黄：光州（治所在今河南潢川）、黄州（治所在今湖北黄冈）。

〔3〕朱家、郭解：汉初著名游侠。朱家，鲁（今山东曲阜一带）人。郭解，字翁伯，河内轵（今河南济源）人。事见《史记·游侠列传》。

〔4〕闾里：乡间。　宗：崇拜。

〔5〕折节：改变过去的志向、行为。

〔6〕驰骋当世：在当代施展抱负。

〔7〕岐亭：镇名，在今湖北麻城西南。

〔8〕方屋：方形帽顶。屋，帽顶。

〔9〕方山冠：汉代祭祀宗庙时乐人所戴，唐宋时为隐士所用。

【译文】

方山子是光州、黄州一带的隐士。他年轻时仰慕朱家、郭解这些侠士的为人，乡里侠士都崇拜他。稍稍长大后，他改变志向开始读书，想凭学问在当代施展怀抱，但始终不被了解、重用。于是晚年就隐居在光州、黄州之间一个叫岐亭的地方。住在茅草房中吃素食，不与世人来往。抛弃车马、毁掉帽子礼服，徒步来来往往，山中人没有认识他的。人们见他戴的帽子，方形高高耸起，就说："这不就是古代'方山冠'的样式吗?"于是就叫他"方山子"。

余谪居于黄，过岐亭，适见焉〔1〕。曰："呜呼！此吾故人陈慥季常也，何为而在此?"方山子亦矍然问余所以至此者〔2〕。余告之故。俯而不答，仰而笑，呼余宿其家，环堵萧然〔3〕，而妻子奴婢皆有自得之意。

余既耸然异之〔4〕，独念方山子少时，使酒好剑〔5〕，用财如粪土。前十九年〔6〕，余在岐下〔7〕，见方山子从两骑[8]，挟二矢[9]，游西山，鹊起于前，使骑逐而射之，不获，方山子怒马独出[10]，一发得之。因与余马上论用兵及古今成败，自谓一世豪士。今几日耳，精悍之色，犹见于眉间，而岂山中之人哉？

【注释】

〔1〕“余谪居”三句：指元丰三年（1080）正月，苏轼前往黄州贬所，途经岐亭，遇陈慥，停留五天才离去。

〔2〕矍（jué 决）然：惊奇相视的样子。

〔3〕环堵萧然：形容住所简陋，空无一物。堵，墙壁。萧然，空寂的样子。

〔4〕耸然：形容程度之深。

〔5〕使酒：喝酒使性。

〔6〕前十九年：嘉祐八年（1063）苏轼任凤翔签判时，陈希亮继任知府。苏轼即与其幼子陈慥订交，至此正好十九年。

〔7〕岐下：即凤翔，境内有岐山，故称。

〔8〕从两骑（jì 寄）：两位骑手跟随在后。骑，一人一马称为骑。

〔9〕矢：箭。这里泛指弓箭。

〔10〕怒马：犹言策马，使马怒而急奔。

【译文】

我贬居黄州，路过岐亭，恰巧遇到他。我说：“唉！这是我的老友陈慥陈季常啊，为什么你在这里呢？”方山子也惊奇地问我为什么到这里来。我告诉他原因，他低头不回答，又抬头笑了，招呼我到他家留宿。他家里四壁空空，但妻子、儿女、奴婢，都显出自得其乐的神态。

我已是惊讶万分，暗自回想起方山子年少时，喝酒使性，喜欢舞弄刀剑，用起钱财来如同粪土一样。十九年前，我在凤翔，看见方山子身后跟随着两位骑手侍从，手挟两张弓在西山游猎，一只鹊鸟在他前面飞起，他命令骑手去追射，却没有射中，方山子策马独自向前，一箭便射中。于是他和我就在马背上谈论用兵之法及古今成败的缘由，自称是一代豪士。这事到现在好像才过几天，他那精明剽悍的神色，仍然显露在眉宇之间，这怎么会是隐居山中的人呢？

然方山子世有勋阀〔1〕，当得官〔2〕，使从事于其间，今已显闻〔3〕。而其家在洛阳，园宅壮丽，与公侯等。河北有田〔4〕，岁得帛千匹，亦足以富乐。皆弃不取，独来穷山中，此岂无得而然哉？

【注释】

〔1〕世有勋阀：世代有功勋。勋阀，功臣门第。

〔2〕当得官：应当荫补得官。陈慥父陈希亮（字公弼），进士出身，苏轼在《陈公弼传》中说陈希亮有荫补子弟的机会，常让给族中子弟，因此陈慥反而未能得官。

〔3〕“使从事”二句：假如陈慥做官的话，现在已是名声显著了。

〔4〕河：指黄河。

【译文】

但方山子家世世代代有功勋，应当荫补得官，假使他能做官参与政事的话，现在早已名声显赫了。而他的老家在洛阳，宅邸壮丽，与公侯家一样。在黄河的北岸有田产，每年能获得价值千匹帛的收入，也足以过富贵快乐的日子。但都抛弃不要，偏偏来到穷山荒谷之中，难道不是别有所得他能这样吗？

余闻光、黄间多异人〔1〕，往往佯狂垢污〔2〕，不可得而见，方山子傥见之欤〔3〕？

【注释】

〔1〕异人：有特别才能或性格的人。

〔2〕佯狂：假装癫狂。 垢污：涂抹脏物。
〔3〕傥见：偶然相见。傥，同“倘”。

【译文】

我听说光州、黄州一带多有奇异的人，他们往往涂满脏物假装癫狂，常人是看不到他们，方山子或许偶然见过他们吧？

（王水照）

六 国 论

苏 辙

【题解】

苏辙(1039—1112)，字子由，眉州眉山(今四川眉山)人。苏轼之弟。与苏轼同为仁宗嘉祐二年(1057)进士，又同策制举，授商州军事推官。神宗时曾为制置三司条例司僚属，因反对王安石变法，出为河南府推官。哲宗时为右司谏，官至尚书右丞、门下侍郎。后又遭贬。徽宗时以大中大夫致仕，退居颍川，号颍滨遗老。谥文定。

苏辙与父苏洵、兄苏轼并称“三苏”，同列唐宋古文八大家。“其文如其为人，故汪洋澹泊，有一唱三叹之声，而其秀洁之气终不可没”(苏轼《答张文潜书》)。著有《栾城集》。

六国，指战国时与秦国抗衡而先后灭亡的齐、楚、燕、赵、韩、魏六个诸侯国。六国灭亡的原因，是历代文人探讨不衰的论题。苏辙的父亲苏洵也写有一篇题为《六国》的史论，认为六国衰亡的原因在于六国的统治者不敢与秦国抗衡，而采取赂秦以求苟安的政策，即“六国破灭，非兵不利，战不善，弊在赂秦。赂秦而力亏，破灭之道也”。苏辙则从韩、魏两国所处的战略地位出发，也认为六国未能团结一致共同对付秦国，反而目光短浅，见小利而忘大患，彼此间“背盟败约，以自相屠灭，秦兵未出，而天下诸侯已自困矣。”其视角虽然与其父不同，也未能全面论述六国破灭的历史原因；但均是有感而发，出于对北宋面临辽和西夏两个少数民族政权的侵扰的忧患而言，具有明确的现实针对性。本文以史实为论据，从正反两个方面论述，观点鲜明，脉络清晰，分析精当，逻辑严密，体现出苏辙散文气势奔放、笔力雄健的一面。

尝读六国世家[1]，窃怪天下之诸侯[2]，以五倍之地，十倍之众，发愤西向，以攻山西千里之秦[3]，而不免于灭亡。常为之深思远虑，以为必有可以自安之计。盖未尝不咎其当时之士[4]，虑患之疏，而见利之浅，且不知天下之势也。

【注释】

〔1〕六国世家：指《史记》中记载齐、楚、燕、赵、韩、魏六个诸侯国事迹的部分。世家，《史记》中传记的一体，主要叙述世袭封国的诸侯的事迹。

〔2〕窃：私下。用作表示个人意见的谦词。　天下之诸侯：指秦以外的六国诸侯。

〔3〕山西：战国时称崤山（在今河南省西部）以西地区。秦国地处崤山以西。

〔4〕咎：责怪。

【译文】

我曾经阅读《史记》中的六国世家，私下感到奇怪的是，天下的诸侯用五倍于秦国的土地，十倍于秦国的人口，发愤向西进兵，去攻打崤山以西方圆千里的秦国，却竟然不能免于灭亡。我常常对这个问题作认真深入的思考，认为一定有可以使六国保全自己的计策。因此未曾不责怪当时六国的谋士，对于祸患考虑的粗疏，而谋求利益的眼光浅薄，并且不明白天下的形势。

夫秦之所与诸侯争天下者，不在齐、楚、燕、赵也，而在韩、魏之郊[1]；诸侯之所与秦争天下者，不在齐、楚、燕、赵也，而在韩、魏之野。秦之有韩、魏，譬如人之有腹心之疾也。韩、魏塞秦之冲[2]，而蔽山东之诸侯[3]，故夫天下之所重者，莫如韩、魏也。昔者范雎用于秦而收韩[4]，商鞅用于秦而收魏[5]。昭王未得韩、魏之心[6]，而出兵以攻齐之刚、寿[7]，而范雎以为忧，然则秦之所忌者可见矣。

【注释】

〔1〕郊：与下文“韩、魏之野”的“野”同义，泛指国土。

〔2〕冲：交通要道。

〔3〕山东之诸侯：指齐、楚、燕、赵四个诸侯国。山东，指崤山以东地区。

〔4〕范雎(jū 居)：魏国人。入秦后任秦相，向秦昭王提出远交近攻的策略，先取韩国，再逐步吞并其他五国，以使秦国强大起来。

〔5〕商鞅：卫国人，姓公孙，名鞅。入秦后，佐秦孝公变法，奠定了秦国富强的基础。因战功封商(今陕西商县东南)，号商君，因称商鞅。他曾建议孝公伐魏。

〔6〕昭王：指秦昭王，公元前306年至前251年在位。

〔7〕“而出兵”句：秦昭王三十七年(前270)，秦攻齐，取齐邑刚、寿。刚，在今山东宁阳东北。寿，在今山东东平西南。

【译文】

秦国所要与诸侯争夺天下的地方，不在齐、楚、燕、赵，而是在韩、魏的国土；诸侯所要与秦国争夺天下的地方，也不在齐、楚、燕、赵，而是在韩、魏的领地。韩、魏的存在对于秦国来说，就好比人有心腹之患。韩、魏阻塞着秦国的交通要道，而且掩护了崤山以东的各诸侯国，所以天下最重要的地方，没有比得上韩、魏的。从前范雎为秦国重用就建议收服韩国，商鞅为秦国重用就建议收服魏国。秦昭王没有得到韩、魏的归顺，却出兵攻打齐国的刚、寿地区，范雎就认为这是值得担忧的，那末秦国所顾忌的是什么，就可以知道了。

秦之用兵于燕、赵，秦之危事也。越韩过魏而攻人之国都，燕、赵拒之于前，而韩、魏乘之于后，此危道也。而秦之攻燕、赵，未尝有韩、魏之忧，则韩、魏之附秦故也。夫韩、魏，诸侯之障，而使秦人得出入于其间，此岂知天下之势耶？委区区之韩、魏[1]，以当强虎狼之秦，彼安得不折而入于秦哉[2]？韩、魏折而入于秦，然后秦人得通其兵于东诸侯，而使天下遍受其祸。

【注释】

〔1〕委：丢弃，听任。　区区：形容小。

〔2〕折：折服，屈服。

【译文】

秦国对燕、赵用兵，对秦国来说是一件危险的事。因为穿越韩国经过魏国而去攻打他人的国都，燕国、赵国将会在前面抵抗，而韩国、魏国又会乘机在后面攻打，这是一条危险的道路。然而秦国攻打燕国、赵国，却不曾有韩、魏袭击的忧虑，这是因为韩、魏都已归附了秦国的缘故。韩国和魏国，是各诸侯国的屏障，却让秦国人能够往来其间，这难道是明白天下的形势吗？丢下小小的韩、魏，让它们去抵挡虎狼一样凶猛的秦国，它们怎能不屈服而落入秦国手中呢？韩、魏屈服而落入秦国手中，然后秦国人就能够在东方各诸侯国家通行无阻地用兵，从而使天下各国遍受它的祸害。

夫韩、魏不能独当秦，而天下之诸侯藉之以蔽其西[1]，故莫如厚韩亲魏以摈秦[2]。秦人不敢逾韩、魏以窥齐、楚、燕、赵之国[3]，而齐、楚、燕、赵之国，因得以自完于其间矣。以四无事之国，佐当寇之韩、魏[4]，使韩、魏无东顾之忧，而为天下出身以当秦兵。以二国委秦[5]，而四国休息于内，以阴助其急。若此可以应夫无穷，彼秦者将何为哉！不知出此，而乃贪疆埸尺寸之利[6]，背盟败约，以自相屠灭。秦兵未出，而天下诸侯已自困矣。至于秦人得伺其隙，以取其国，可不悲哉！

【注释】

〔1〕藉：凭借，依靠。

〔2〕摈（bìn 殡）：排斥，弃绝。

〔3〕窥：窥伺，窥探等待时机。

〔4〕寇：敌寇。这里指秦国。

〔5〕委：对付。

〔6〕疆埸（yì 易）：疆界。埸，田界，疆界。　尺寸：形容数量很小。

【译文】

韩、魏不能独自抵挡秦国，然而天下的诸侯却要凭借韩、魏来作为他们西方的屏障，所以不如优待、亲近韩、魏来排斥秦国。秦国人不敢越过韩、魏来窥伺齐、楚、燕、赵等国，因而齐、楚、燕、赵等国就能凭借这种形势来保全自己了。由四个没有战事的国家，来帮助面对敌寇的韩、魏，使韩、魏没有东顾之忧，而为天下的诸侯挺身而出抵挡秦兵。让两个国家来对付秦国，而另外四国在后方休养生息，在暗中帮助解决韩、魏的急难。如此就可以应付一切情况，那秦国还能有什么作为呢？不知道运用这个策略，却贪图边界上的一点点利益，背弃、毁坏盟约，以至于自相残杀。秦兵还未出动，而天下的诸侯已经自己陷入困境了。致使秦国人得以钻他们的空子，来夺取他们的国家，能不令人悲叹吗！

（高克勤）

上枢密韩太尉书

苏 辙

【题解】

宋仁宗嘉祐元年(1056)，苏轼、苏辙兄弟随父去京师，在京得到了当时文坛盟主欧阳修的赏识。次年，苏轼、苏辙兄弟高中进士，“三苏”之名遂享誉天下。本文就是苏辙在中进士后写给当时任枢密使的韩琦的一封信。枢密使执掌全国兵权，位同秦汉时的太尉，故此处称其为“太尉”。

本文是求见之信，却无这类文章常见的俗套，通篇无一干求仕进之语，而是从自己作文写起，在论文中表现出自己的识见，以赢得对方的称赏。文章一开头就提出了养气为文的观点，认为文章是气的自然表现；只有通过“养气”，内在充实，发为文辞，才可以达到文章的最高境界。苏辙在文中以孟子和司马迁作为养气为文的典范，指出怎样“养气”的两个方面，即内在修养和外在阅历。相对内在修养而言，苏辙更重视外在阅历的作用，强调山川形胜、奇闻壮观的激发和人物交游的影响对作文的意义。这样，他就很自然地点出了求见韩琦的目的，这与他出仕一样，以丰富自己的阅历，“益治其文，且学为政”。文章从论文始，以论文结，一以贯之，又纡徐曲折。

本文在写作上很有特色，结构严谨而又疏放跌宕。特别是其中“求天下奇闻壮观”的一段文字，铺张扬厉，笔势纵横，体现了苏辙青年时代的朝气和锐气。苏辙写此文时年仅十九岁，却已显示出过人的文学才华。

太尉执事[1]：辙生好为文，思之至深。以为文者，气之所形[2]；然文不可以学而能，气可以养而致[3]。孟子曰："我善养吾浩然之气[4]。"今观其文章，宽厚宏博，充乎天地之间，称其气之小大[5]。太史公行天下[6]，周览四海名山大川，与燕、赵间豪俊交游[7]，故其文疏荡[8]，颇有奇气，此二子者，岂尝执笔学为如此之文哉？其气充乎其中而溢乎其貌，动乎其言而见乎其文[9]，而不自知也。

【注释】

〔1〕执事：指侍从左右的人。旧时书信中常用"执事"或"左右"称对方，意谓不敢直陈，只能向左右执事人员陈述，以示尊敬。

〔2〕形：显现。

〔3〕致：得到。

〔4〕"我善养"句：语出《孟子·公孙丑上》。浩然之气，指刚正博大之气。

〔5〕称(chèn 衬)：相称，符合。

〔6〕太史公：指司马迁。

〔7〕燕、赵：指战国时的燕国、赵国地区，在今河北、山西等地。古称燕、赵多慷慨之士。

〔8〕疏荡：疏放跌宕。指文风纵横恣肆而不受检束。

〔9〕动乎其言：即发于言的意思。　见：同"现"。

【译文】

太尉执事：我苏辙生性喜好写作，对此思考很深。我认为所谓文章，就是作者气质的显现；然而文章不是通过学习就能写好的，气质却可以通过修养而得到。孟子说："我善于培养我的浩然之气。"现在看他的文章，宽厚宏博，充塞于天地之间，与他气概的大小相称。太史公走遍天下，遍观四海名山大川，与燕、赵之间的豪士俊杰交游，所以他的文章疏放跌宕，颇有奇伟的气概。

这两个人，难道是曾经拿笔学习过写作这样的文章吗？这是因为他们的浩气充满在他们的胸中而流露在他们的形貌之外，体现在他们的言语间而表现在他们的文章中，而他们自己却并没有意识到。

辙生十有九年矣。其居家，所与游者不过其邻里乡党之人〔1〕；所见不过数百里之间，无高山大野可登览以自广〔2〕；百氏之书〔3〕，虽无所不读，然皆古人之陈迹，不足以激发其志气。恐遂汩没〔4〕，故决然舍去，求天下奇闻壮观，以知天地之广大。过秦、汉之故都〔5〕，恣观终南、嵩、华之高〔6〕，北顾黄河之奔流〔7〕，慨然想见古之豪杰。至京师〔8〕，仰观天子宫阙之壮，与仓廪、府库、城池、苑囿之富且大也〔9〕，而后知天下之巨丽。见翰林欧阳公〔10〕，听其议论之宏辩，观其容貌之秀伟，与其门人贤士大夫游，而后知天下之文章聚乎此也。太尉以才略冠天下，天下之所恃以无忧，四夷之所惮以不敢发〔11〕；入则周公、召公〔12〕，出则方叔、召虎〔13〕，而辙也未之见焉。

【注释】

〔1〕乡党：泛指乡里。相传周朝的制度以五百家为党，一万二千五百家为乡。

〔2〕自广：指开阔自己的胸襟。

〔3〕百氏：指诸子百家。

〔4〕汩(gǔ 古)没：沉沦，埋没。

〔5〕秦、汉之故都：秦都咸阳(故址在今陕西西安市东)，西汉都长安(今陕西西安)，东汉都洛阳(今河南洛阳)。

〔6〕恣：放纵，尽情。　终南：终南山，在今陕西西安市南。　嵩：

嵩山，在今河南登封。　华：华山，在今陕西华阴。

〔7〕顾：观望。

〔8〕京师：京城。北宋建都汴京，在今河南开封。

〔9〕仓廪（lǐn 凛）：粮仓。　苑囿（yòu 又）：园林。囿，古代帝王畜养禽兽的园林。

〔10〕翰林欧阳公：即欧阳修。他曾任翰林学士。

〔11〕四夷：指四方各少数民族。　发：指侵扰。

〔12〕周公、召公：均为周文王之子、周武王之弟。周公姓姬名旦，召公姓姬名奭（shì 式）。武王死后，他们辅助幼主成王，政绩卓著。

〔13〕方叔、召虎：均为周宣王时大臣，都曾征战有功。

【译文】

我苏辙出生已经十九年了。我住在家中时，所交游的不过是自己邻里和乡间的人；所看到的不过是几百里之间的事物，没有高山旷野可供登临观览以开阔自己的胸襟；诸子百家的书，虽然无所不读，然而其中记载的都是古人的陈迹，不足以激发我的志气。恐怕因此埋没了自己，所以毅然离开了故乡，去寻求天下的奇闻壮观，以了解天地的广大。我经过了秦、汉的故都，尽情观赏了终南山、嵩山、华山的高峻，北望黄河的奔腾巨流，感慨地想起了古代的豪士俊杰。到了京城，瞻仰了天子宫殿的雄伟，以及粮仓、府库、城池、园林的富丽和巨大，然后才知道天下的宏伟和壮丽。见到了翰林学士欧阳公，听了他宏大而雄辩的议论，见了他清秀而俊伟的容貌，与他的门生贤士大夫交往，然后才知道天下的文章都聚集在这里。太尉您以雄才大略称冠天下，天下百姓依仗您而平安无忧，四方各族惧怕您而不敢侵扰；您在内政方面就如同周公、召公那样辅佐君王，在领兵方面就如同方叔、召虎那样御侮安边，然而我苏辙至今还未曾见到您。

且夫人之学也，不志其大〔1〕，虽多而何为？辙之来也，于山见终南、嵩、华之高，于水见黄河之大且深，于人见欧阳公，而犹以为未见太尉也。故愿得观贤人之光耀[2]，闻一言以自壮，然后可以尽天下之大观，而无憾者矣。

【注释】

〔1〕志：有志于。

〔2〕光耀：指人的风采。

【译文】

况且人在学习方面，如果没有远大的志向，即使学得很多又有什么用呢？我苏辙这一次来，于山见到了终南山、嵩山、华山的高峻，于水见到了黄河的巨大和深广，于人见到了欧阳公，但是仍然以没有拜见过太尉您而感到遗憾。所以希望能够看到贤人的风采，听到一句话以使自己志气壮大，这样就可以说是尽览了天下的壮观，而没有什么遗憾了。

辙年少，未能通学吏事。向之来[1]，非有取于斗升之禄[2]。偶然得之，非其所乐。然幸得赐归待选[3]，使得优游数年之间[4]，将以益治其文[5]，且学为政。太尉苟以为可教而辱教之[6]，又幸矣[7]！

【注释】

〔1〕向之来：指先前来京应试。向，以前。

〔2〕斗升之禄：指很微薄的俸禄。

〔3〕待选：等待朝廷选拔。作者当时已进士及第，取得做官的资格，还须参加吏部考试，取中后才能授官。

〔4〕优游：悠闲。

〔5〕治：研究。

〔6〕辱教：屈尊指教。辱，谦词，承蒙的意思。

〔7〕幸：幸运。

【译文】

我苏辙还年轻，未能遍学做官应知道的事情。先前来京应试，并非是为了谋取微薄的俸禄。偶然得到了，也不是我所喜欢的。然而有幸得到恩赐回家等待朝廷选拔，使我能够在几年之间悠闲地度过，我将进一步钻研文章之道，并且学习如何从政。太尉如果认为我还可以指教而屈尊指教我的话，就更使我感到荣幸了。

（高克勤）

黄州快哉亭记

苏 辙

【题解】

宋神宗元丰二年(1079)，苏轼因作诗讥讽新法而被政敌诬陷下狱，获释后于次年被贬为黄州(治今湖北黄冈)团练副使。苏辙受此案牵连，于元丰三年(1080)被贬为监筠州(治今江西高安)盐酒税。苏轼在黄州与友人纵情山水，在其中求得寄托。友人张梦得在寓所西南筑亭以览胜，苏轼遂命之曰“快哉”。苏辙对此非常倾慕，就写了这篇文章来阐发苏轼命名的含义。

本文首先从描写“江流之胜”落笔，交代了筑亭、命名的缘由。接着，围绕“快哉”二字，展开了描写和议论，揭示了快哉亭命名的原因，又从“快哉”二字的来历，引出楚王披襟当风的故事，辨析了“快哉”二字的确切含义。由此，作者阐述了“士生于世，使其中不自得，将何往而非病；使其中坦然，不以物伤性，将何适而非快”的观点，表达了作者与其兄苏轼在逆境中仍保持乐观的人生态度。

本文因亭景而生意，借亭名而出论，围绕着“快哉”二字做足文章。全文以“快哉”起，以“快哉”结，一篇之中“快”字凡七见，结构谨严，无散漫之感。文章熔叙事、抒情、议论于一炉，于汪洋之势中蕴蓄着不平之气。吴楚材等评论此文说：“文势汪洋，笔力雄壮，读之令人心胸旷达，宠辱都忘。”

江出西陵[1]，始得平地，其流奔放肆大[2]。南合湘、沅[3]，北合汉、沔[4]，其势益张[5]；至于赤壁之下，波流浸灌，与海相若[6]。清河张君梦得谪居齐安[7]，即其庐之西南为亭，以览观江流之胜，而余兄子瞻名之曰“快哉”[8]。

【注释】

〔1〕江：长江。　西陵：西陵峡，长江三峡之一，在今湖北宜昌西北。

〔2〕肆大：浩大。

〔3〕湘、沅：湘水和沅水，都在今湖南境内。

〔4〕汉、沔(miǎn 免)：本是一条河流，北源出自今陕西留坝西一名沮水者为沔水，西源出自今宁强北者为汉水，两源合流后通称沔水或汉水，流经湖北，在武汉入长江。

〔5〕张：开廓，盛大。

〔6〕若：似。

〔7〕清河：今河北清河。　张梦得：字怀民，元丰年间谪居黄州，与苏轼交游。　齐安：古代郡名，即黄州。

〔8〕子瞻：苏轼的字。

【译文】

长江从西陵峡流出，方始进入平旷的原野，其江流就变得奔放浩大。在南面汇合了湘水与沅水，在北面汇合了汉水和沔水，水势越加盛壮；流到赤壁之下，波流浸积灌注，犹如大海一样。清河人张梦得君贬官后居住在齐安，在他住宅的西南面修建了一座亭子，用来览观江流的胜景，而我的兄长子瞻命名这座亭子为“快哉”。

盖亭之所见，南北百里，东西一舍[1]。涛澜汹涌，风云开阖[2]。昼则舟楫出没于其前[3]，夜则鱼龙悲啸于其下。变化倏忽[4]，动心骇目，不可久视。今乃得玩之几席之上[5]，举目而足。西望武昌诸山[6]，冈陵起伏[7]，草木行列，烟消日出，渔夫、樵父之舍，皆可指数[8]。此其所以为“快哉”者也。至于长洲之滨[9]，故城之墟[10]，曹孟德、孙仲谋之所睥睨[11]，周瑜、陆逊之所驰骛[12]，其流风遗迹，亦足以称快世俗。

【注释】

〔1〕舍：三十里。古时行军以三十里为一舍。

〔2〕阖（hé 盒）：关闭。

〔3〕舟楫（jí 极）：泛指船只。楫，桨。

〔4〕倏忽：转眼之间。

〔5〕玩之几席之上：指在亭中的几席之上赏玩风光。

〔6〕武昌：今湖北鄂城县。

〔7〕冈陵：山陵。冈，山脊。陵，大土山。

〔8〕指数：一一指点出来。

〔9〕长洲：泛指江中长形沙洲。　滨：水边。

〔10〕故城：旧城。　墟：废墟。

〔11〕曹孟德：即曹操，孟德是其字。　孙仲谋：即孙权，仲谋是其字。　睥睨（bì nì 币腻）：侧目窥察。

〔12〕周瑜：字公瑾，东吴主将，曾在赤壁大破曹操军队。　陆逊：字伯言，东吴名将，曾在彝陵（今湖北宜昌东）等地大破蜀军。后任荆州牧，久驻武昌。官至丞相。　驰骛（wù 务）：即驰骋。

【译文】

大概登亭可见的范围，在南北百里，东西三十里。江面波涛汹涌起伏，江上风云变幻，时而风起云涌，时而风散云消。白天有船只出没在眼前，晚上则有鱼龙在身下悲鸣。景色变化瞬息之间，动人心魄，惊人眼目，使人不能长久地观赏。如今却可以在亭中凭几而坐，尽情赏玩，一抬眼就可以看个够。向西遥望武昌一带的群山，山陵起伏，草木成行成列，当烟霭消散、太阳升起时，渔人和樵夫的房舍，都可以一一指点出来。这就是将亭子命名为“快哉”的原因吧。至于那长洲沿岸，旧城废墟，曹操、孙权曾经窥视谋夺的地方，周瑜、陆逊曾经率兵驰骋的疆场，那些遗风故迹，也足以使世俗之人称快。

昔楚襄王从宋玉、景差于兰台之宫[1]，有风飒然至者[2]，王披襟当之[3]，曰：“快哉此风！寡人所与庶人共者耶[4]？”宋玉曰：“此独大王之雄风耳，庶人安得共之！”玉之言，盖有讽焉[5]。夫风无雄雌之异，而人有遇不遇之变。楚王之所以为乐，与庶人之所以为忧，此则人之变也，而风何与焉？士生于世，使其中不自得[6]，将何往而非病？使其中坦然，不以物伤性，将何适而非快[7]？今张君不以谪为患，窃会计之馀功[8]，而自放山水之间，此其中宜有以过人者。将蓬户瓮牖[9]，无所不快；而况乎濯长江之清流[10]，挹西山之白云[11]，穷耳目之胜以自适也哉[12]！不然，连山绝壑，长林古木，振之以清风[13]，照之以明月，此皆骚人思士之所以悲伤憔悴而不能胜者[14]，乌睹其为快也哉[15]！

【注释】

〔1〕楚襄王：即楚顷襄王，公元前298年—前263年在位。宋玉、景差：皆为楚国大夫、辞赋家。这里襄王与宋玉的对话即出自宋玉《风赋》。　兰台：楚国宫苑名，旧址在今湖北钟祥县东。

〔2〕飒(sà 萨)然：形容风声。

〔3〕披襟：敞开衣襟。

〔4〕寡人：古代诸侯对下的自称。　庶人：指百姓。

〔5〕讽：指用委婉的语言劝谏。

〔6〕中：心中。

〔7〕适：往。

〔8〕窃会计之馀功：意谓利用管理事务的馀暇。窃，偷，这里是偷闲的意思。会计，指掌管征收赋税钱谷等事务。

〔9〕蓬户瓮牖（yǒu 有）：用蓬草编门，用破瓮作窗，喻指贫穷人家的住所。牖，窗。

〔10〕濯（zhuó 浊）：洗涤。

〔11〕挹：舀取。这里为尽情览观的意思。

〔12〕穷：尽。胜：美妙。　适：舒适，畅快。

〔13〕振：动。这里指因风吹而抖动。

〔14〕骚人：诗人。这里指失意的文人。　思士：这里指心怀忧思的士大夫。

〔15〕乌睹：哪里看得出。乌，何，哪里。

【译文】

从前楚襄王让宋玉、景差跟随着游兰台宫，有一阵风飒飒吹来，楚王敞开衣襟，迎着风说："痛快啊，这阵风！这是我和百姓共享的吗？"宋玉说："这只是大王的雄风，百姓怎么能共享它呢！"宋玉的话，大概有着讽谏的意味。风并没有雌雄的差异，而人有遇时和不遇时的变化。楚王之所以感到快乐，与百姓之所以感到忧愁，这就是人所处环境的变化，与风又有什么相干呢？士人生活在世间，假如他心中不悠然自得，那么到哪里才会不感到不舒服呢？假如他心中达观坦荡，不因外物的影响而伤害自己的性情，那么无论到哪里不都会感到快乐吗？现在张君不把贬官当作灾难，利用管理事务的馀暇，让自己放任在山水之间，这表明他的心中应该有超过常人的地方。即使用蓬草编门，用破瓮作窗，他生活在其中也不会感到不快乐的；更何况他能在长江的清流中洗濯，览观西山的白云，尽情让耳目得到美妙的享受以求得自己的舒心快意呢！如果不是这样的话，连绵的山峰，幽绝的沟壑，成片的树林，高大的古树，清风在其间回旋，明月朗照在上空，这些都是失意的文人士大夫之所以悲伤憔悴而感到不能忍受的景色，哪里看得出它们是令人畅快的呢？

（高克勤）

寄欧阳舍人书

曾　巩

【题解】

曾巩(1019—1083)，字子固，建昌军南丰(今江西南丰)人。嘉祐二年(1057)中进士，历任太平州司法参军、馆阁校勘、越州通判等职，又出知齐州、襄州、洪州、福州、明州、亳州等地，官至中书舍人。卒后追谥文定，世称南丰先生。

曾巩是北宋著名的散文家，被后人推为“唐宋八大家”之一。其散文内容丰富，长于议论，精于说理，注重布局，结构谨严，风格婉曲从容。有《元丰类稿》等传世。

本文是曾巩写给欧阳修的一封信，感谢他为其先祖曾致尧撰写墓志铭，作于庆历七年(1047)。欧阳修曾任知制诰。初唐时，知制诰一般由中书舍人充任。曾巩在本文中称欧阳修为“舍人”，或是援引唐例的缘故。

作为一封感谢信，本文却没写多少感谢之言，而从推究铭志的原本落笔，论述只有“畜道德而能文章”之人才能写出“公与是”且“文章兼胜”的墓志。文章抓住这一论题反复论证，由古及今，层层推进，条分缕析，最后才回到感谢欧阳修作铭的题旨，从而将对欧阳修的崇高评价和对欧阳修作铭的深切谢意蕴含于议论之中，阐发了一大篇做人为文的大道理。文章行文“纡徐百折，而感慨呜咽之气，博大幽深之识，溢于言外”(茅坤《唐宋八大家文钞》)，因而被推为“南丰第一得意书”(浦起龙《古文眉诠》)。

去秋人还[1]，蒙赐书及所撰先大父墓碑铭[2]。反复观诵，感与惭并。

【注释】

〔1〕去秋人还：庆历六年(1046)夏，曾巩曾派人送信给欧阳修，请他为其祖父撰碑铭。当年秋，欧阳修写好后，仍请曾巩的使者带回。文中之“人”，即指曾巩使者。

〔2〕赐书：指欧阳修《与曾巩论氏族书》，其中云：“遣专人惠书，示及见托撰次碑文事。” 先大父：指曾巩已故的祖父曾致尧。曾致尧，字正臣，宋太宗太平兴国八年(983)进士，历任秘书丞、转运使、尚书户部郎中等职。卒赠右谏议大夫。《宋史》卷441有传。 墓碑铭：指欧阳修所撰《尚书户部郎中赠右谏议大夫曾公神道碑铭》。神道碑铭是刻在墓道前石碑上的铭，亦称墓碑铭。

【译文】

去年秋天我派去的人回来，承蒙您赐予书信及为先祖父撰写的墓碑铭。我反复读诵，心头真是感激与惭愧交集。

夫铭志之著于世[1]，义近于史[2]，而亦有与史异者。盖史之于善恶无所不书，而铭者，盖古之人有功德、材行、志义之美者，惧后世之不知，则必铭而见之[3]，或纳于庙[4]，或存于墓，一也。苟其人之恶，则于铭乎何有？此其所以与史异也。其辞之作，所以使死者无有所憾，生者得致其严[5]。而善人喜于见传，则勇于自立；恶人无有所纪，则以愧而惧。至于通材达识[6]，义烈节士，嘉言善状，皆见于篇，则足为后法[7]。警劝之道[8]，非近乎史，其将安近[9]？

【注释】

〔1〕铭志：墓铭和墓志。

〔2〕义：意义。

〔3〕“而铭者”四句：《礼记·祭统》云：“铭者，自名也，自名以称扬其先祖之美，而明著之后世者也。为先祖者，莫不有美焉，莫不有恶焉，铭之义，称美而不称恶，此孝子孝孙之心也。”见，同“现”，显现。

〔4〕纳于庙：何焯《义门读书记》云：“碑本以丽牲，故曰‘或纳于庙’。”丽，系也。古代碑制有两种。一种本是用作测量日影的，在祭祀时牵牛羊等牺牲入庙，即系缚于碑。这是庙碑之始。另一种是墓碑，棺木入土时作为下葬用。

〔5〕致其严：《孝经·纪孝行》云：“祭则致其严。”致，表达。严，尊敬。

〔6〕通材达识：博学多才、见识通达的人。

〔7〕法：效法。

〔8〕警劝：警戒和劝勉。

〔9〕安：何。

【译文】

铭志的著称后世，是因为它的意义与史传相接近，但也有与史传不同的地方。大概史传对人的善恶没有不加以记载的，而铭呢，大概是古代功勋道德卓著、才能操行出众、志气道义高尚的人，怕后世人不知道，就一定要刻铭来显扬，有的置于家庙里，有的存放在墓中，其用意是一样的。如果那是个恶人，那么在铭中有什么好刻的呢？这就是铭与史传不同的地方。铭文的撰写，为的是使死者没有什么可遗憾的地方，生者得以表达自己的尊敬之情。而行善的人喜欢自己的言行得到流传，就发奋有所建树；作恶的人没有什么可以记载下来的，就会感到惭愧和恐惧。至于博学多才、见识通达的人，忠义刚烈、节操高尚之士，他们美好的言语和善良的行为，都表现在铭文里，就足以为后人所效法。铭文警戒和劝勉的作用，不与史传相近，那么又与什么相近呢？

及世之衰〔1〕，为人之子孙者，一欲褒扬其亲而不本乎理。故虽恶人，皆务勒铭以夸后世[2]。立言者既莫之拒而不为，又以其子孙之请也，书其恶焉，则人情之所不得，于是乎铭始不实。后之作铭者，常观其人。苟托之非人，则书之非公与是[3]，则不足以行世而传后。故千百年来，公卿大夫至于里巷之士莫不有铭[4]，而传者盖少。其故非他，托之非人，书之非公与是故也。

【注释】

〔1〕世：世道，世风。　衰：衰微。

〔2〕勒铭：把铭文刻在碑上。勒，刻。

〔3〕公：公正。　是：正确。

〔4〕公卿大夫：泛指达官贵人。　里巷之士：指平民。

【译文】

到了世风衰微的时候，为人子孙的，一味地只要褒扬他们死去的亲人而不顾事理。所以即使是恶人，都一定要立碑刻铭，用来向后人夸耀。撰写铭文的人既不能拒绝而不写，又因为死者的子孙的请托，如果直书死者的恶行，就不合人之常情，这样铭文就开始有不实之辞。后代要撰写碑铭的人，常要观察一下作者的为人。如果请托的人不适当，那么他写的铭文就不会公正和正确，就不足以流行于世而传之后代。所以千百年来，尽管上自公卿大夫下至里巷小民死后无不有碑铭，但流传于世的很少。这个原因不是别的，正是请托了不适当的人，撰写的铭文不公正、不正确的缘故。

然则孰为其人而能尽公与是欤？非畜道德而能文章者无以为也[1]。盖有道德者之于恶人则不受而铭之，于众人则能辨焉[2]。而人之行，有情善而迹非，有意奸而外淑[3]，有善恶相悬而不可以实指，有实大于名，有名侈于实[4]。犹之用人，非畜道德者，恶能辨之不惑[5]，议之不徇[6]？不惑不徇，则公且是矣。而其辞之不工，则世犹不传，于是又在其文章兼胜焉。故曰非畜道德而能文章者无以为也，岂非然哉？

【注释】

〔1〕畜：同“蓄”，积聚，包蕴。这里是“富有”的意思。

〔2〕众人：一般的人。　辨：辨别。

〔3〕淑：善良。

〔4〕侈：过分。

〔5〕恶（wù 务）：怎，如何。

〔6〕徇（xún 旬）：曲从，偏私。

【译文】

然而怎样的人才能做到完全公正与正确呢？不是有道德而且善于写文章的人是做不到的。因为有道德的人对于恶人就不会接受请托而撰写铭文，对于平常人则能加以辨别。而人们的品行，有内心善良而表现不这样的，有内心奸恶而外表善良的，有善行恶行相差悬殊而不可以确指的，有实际大过名声的，有名过其实的。好比用人，不是有道德的人怎么能辨别清楚而不受迷惑，议论公允而不徇私情呢？不受迷惑，不徇私情，就能公正和正确了。但是如果铭文的文词不精美，那么仍然不会流传于世，这样又要求铭文的文词也要美好。所以说不是有道德而且善于写文章的人是做不到的，难道不是这样吗？

然畜道德而能文章者，虽或并世而有，亦或数十年或一二百年而有之。其传之难如此，其遇之难又如此。若先生之道德文章，固所谓数百年而有者也。先祖之言行卓卓[1]，幸遇而得铭，其公与是，其传世行后无疑也。而世之学者，每观传记所书古人之事，至其所可感，则往往衋然不知涕之流落也[2]，况其子孙也哉？况巩也哉？其追睎祖德而思所以传之之繇[3]，则知先生推一赐于巩而及其三世[4]。其感与报，宜若何而图之？

【注释】

〔1〕卓卓：突出的样子。

〔2〕衋（xì 细）然：伤痛的样子。

〔3〕睎（xī 希）：仰慕。　繇（yóu 尤）：同“由”，原因。

〔4〕三世：指祖、父与自己三代。

【译文】

但是有道德而且善于写文章的人，虽然有时会同时出现，但也许有时几十年或一二百年才出现一个。铭文的流传其难如此，遇上理想的铭文作者其难又是如此。像先生这样的道德文章，固然是所说的几百年才出现的。先祖的言行不同于众，有幸遇上先生而得以写成碑铭，铭文的公正与正确，它将流传当代和后世是毫无疑问的。而世上的学者，每当阅读传记所载古人事迹的时候，看到其中的感人之处，就往往感伤痛苦得不知不觉地流下了眼泪，何况是死者的子孙呢？又何况是我曾巩呢？我追怀先祖的德行而想到碑铭所以能传之后世的原因，就知道先生惠赐我一篇碑铭而恩泽推及到我家祖孙三代。这感激与报答之情，我应该怎样来期望表示呢？

抑又思[1]，若巩之浅薄滞拙，而先生进之；先祖之屯蹶否塞以死[2]，而先生显之。则世之魁闳豪杰不世出之士[3]，其谁不愿进于门？潜遁幽抑之士[4]，其谁不有望于世？善谁不为，而恶谁不愧以惧？为人之父祖者，孰不欲教其子孙？为人之子孙者，孰不欲宠荣其父祖？此数美者，一归于先生。既拜赐之辱[5]，且敢进其所以然[6]。所谕世族之次[7]，敢不承教而加详焉？愧甚，不宣。

【注释】

〔1〕抑：作语助，用在句首，无义。

〔2〕屯（zhūn 谆）蹶：艰难颠仆、频受挫折的样子。屯，《周易》卦名，表示艰难。蹶，颠仆，引申为遭受挫败。　否（pǐ 匹）塞：困厄不得志。否，《周易》卦名，表示困顿，不通达。塞，困厄。按，曾致尧生前一再遭黜，仕途上颠连困顿，终生不得志，故云。

〔3〕魁闳（hóng 宏）：俊伟。　不世出：不常出现，世不经见。

〔4〕潜遁：避世隐居。　幽抑：抑郁不得志。

〔5〕拜赐：指接受赐予书信及碑文。　辱：有辱于赐者，意为对受赐者来说是荣幸。古人书信中常用作谦词。

〔6〕敢：不敢、岂敢的省词。古人书信中常用作谦词。

〔7〕所谕世族之次：指欧阳修《与曾巩论氏族书》中对曾氏家族的世次等的疑问与推断。

【译文】

我又想，像我曾巩这样学识浅薄、才能庸陋的人，而先生还鼓励我；我先祖这样频受挫折困厄到死的人，而先生还写了碑铭来显扬他。那么世上的俊伟豪杰、世不经见之士，他们谁不愿意投入您的门下；避世隐居、抑郁不得志之士，他们谁不希望名声流传于世？好事谁不想做，而做恶事谁不感到羞愧恐惧？做人父亲、祖父的，谁不要教育好自己的子孙？做人子孙的，谁不想要荣耀显扬自己的父祖？这件件美事，应当全归功于先生。我已荣幸地得到了您的赐予，并且冒昧地向您陈述自己所以感激的道理。来信所论及的我的家族世系，我怎敢不听从您的教诲而加以究察呢？惭愧之至，书不尽怀。

（高克勤）

赠黎安二生序

曾　巩

【题解】

这篇赠序是曾巩应同年好友苏轼的介绍，为黎、安二生所作。文章约作于宋英宗治平四年(1067)，当时曾巩在京师编校史馆书籍。

黎、安二生因乡人讥其迂阔，请曾巩为之辩驳。曾巩没有正面驳斥“迂阔”之诬，却从“迂阔”这二字生发出议论，分析了迂阔的“善”与“不善”，认为自己比二生更迂阔，可谓“借迂阔二字，曲曲引二生入道”(吴楚材、吴调侯评语)。文章欲扬故抑，议论谨密，深入浅出，达到了为二生传道解惑的目的；同时，也是为古文张目，为怀才不遇者吐气，融注着作者自己的愤懑和不平之情。明人茅坤评曰：“子固作文之旨，与其所自任处，并已概见，可谓文之中尺度者也。”(《唐宋八大家文钞》卷一百二)

赵郡苏轼[1]，余之同年友也[2]。自蜀以书至京师遗余[3]，称蜀之士曰黎生、安生者。既而黎生携其文数十万言，安生携其文亦数千言，辱以顾余[4]。读其文，诚闳壮隽伟[5]，善反复驰骋，穷尽事理，而其材力之放纵，若不可极者也。二生固可谓魁奇特起之士，而苏君固可谓善知人者也。

【注释】

〔1〕赵郡：治所在今河北赵县。苏轼的祖先为赵郡栾城（今河北栾城）人，故文中称“赵郡苏轼”。

〔2〕同年：旧称同科考中的人为同年。曾巩与苏轼同为嘉祐二年（1057）进士，故称。

〔3〕“自蜀”句：苏轼于治平三年（1066）丁父忧归蜀，至熙宁二年（1069）还朝。写此信时在蜀，故云。遗（wèi 畏），给。

〔4〕辱：谦词，有“承蒙”、“屈驾”之意。 顾：过访。

〔5〕闳（hóng 宏）壮：宏大。

【译文】

赵郡人苏轼，是我同科中试的好友。他从蜀地写了一封信带到京城送给我，称赞蜀地的读书人黎生和安生。不久黎生带着他的文章几十万字，安生也带着他的文章几千字，屈驾来访问我。我读他们的文章，确实是气魄宏大言辞隽伟，善于上下反复纵横驰骋，详尽透彻地说明事理，而他们才力的奔放恣肆，仿佛没有尽头一样。这两位确实称得上是奇伟卓越的人士，而苏君确实称得上是善于了解人的人。

顷之，黎生补江陵府司法参军〔1〕，将行，请余言以为赠。余曰：“余之知生，既得之于心矣，乃将以言相求于外邪〔2〕？”黎生曰：“生与安生之学于斯文〔3〕，里之人皆笑以为迂阔〔4〕。今求子之言，盖将解惑于里人。”余闻之，自顾而笑。夫世之迂阔，孰有甚于余乎？知信乎古，而不知合乎世〔5〕；知志乎道，而不知同乎俗，此余所以困于今而不自知也〔6〕。世之迂阔，孰有甚于余乎？今生之迂，特以文不近俗〔7〕，迂之小者耳，患为笑于里之人〔8〕。若余之迂大矣，使生持吾言而归，且重得罪〔9〕，庸讵止于笑乎〔10〕？然则若余之于生，将何言哉？谓余之迂为善，则其患若此；谓为不善，则有以合乎世，必违乎古，有以同乎俗，必离乎道矣。生其无急于解里人之惑[11]，则于是焉，必能择而取之。遂书以赠二生，并示苏君，以为何如也。

【注释】

〔1〕补：旧指官吏有缺额时选员补充。　江陵府：治所在今湖北江陵。　司法参军：负责狱讼的地方低级官员。

〔2〕乃：岂，难道。

〔3〕斯文：指当时欧阳修、苏轼等所倡导的古文。

〔4〕迂阔：不切实际。

〔5〕合：同。

〔6〕困：窘迫，不通达。

〔7〕特：只，仅。

〔8〕患：担心。与下文“其患若此”之“患”作“祸害”讲不同。

〔9〕且：将。　重：更加。

〔10〕庸讵：岂，何。

〔11〕其：助词，有“请”、“希望”之意。

【译文】

不久，黎生补官为江陵府司法参军，将要出发，请我写几句话作为赠言。我说：“我对你的了解，已经存在心里了，难道还要求我用外在的言语表达出来吗？”黎生说：“我与安生学习古文，乡里的人都嘲笑我们不切实际。现在请求您的赠言，是为了解除乡里人的困惑。”我听了这话，自己看着好笑。要说世上的不切实际，还有谁比我更严重的呢？我只知道相信古代的东西，而不知道同于当世；只知道有志于道义，而不知道与世俗一致，这就是我所以窘迫于当世却自己还不领悟的原因。世上的不切实际，还有谁比我更严重的呢？现在你们的不切实际，只是因为所写的文章与世俗不相近，这是不切实际的小的表现，所担心的不过是为乡里人所嘲笑。像我的不切实际这样严重，假使你们把我的话带着回去，将招致更多的指责，哪里只是遭到嘲笑而已呢？但是我对你们将说些什么话呢？如果说我的不切实际是好事，那么就会有这样的害处；如果说我的不切实际是不好的，那么就迎合世情，但必然违背古人的信条，和世俗相同，但必然背离道义的准则。请你们不要急于为乡里人解除困惑，那么在这方面，就必然会做出选择和取舍。我就把这些话写下来赠给两位，并请给苏君一看，认为我的看法如何。

（高克勤）

读孟尝君传

王安石

【题解】

王安石(1021—1086)，字介甫，晚号半山，抚州临川(今江西临川)人。曾封荆国公，世称王荆公；卒后谥文，又称王文公。庆历二年(1042)中进士后，历任签书淮南节度判官厅公事、鄞县知县、常州知府、江南东路提点刑狱等地方官职务和三司度支判官、知制诰等中央政府官职。熙宁二年(1069)王安石任参知政事(副宰相)，次年为同中书门下平章事(宰相)。在宋神宗的支持下，王安石从经济、政事、军事和教育科举制度等方面，开始进行了大刀阔斧的改革。新法的推行，引起保守派官僚集团的激烈反对，王安石被迫于熙宁七年(1074)辞职，次年春复相，熙宁九年(1076)冬再度辞职，回到江宁，度过了将近十年的退休生活，直至逝世。

王安石是北宋著名的诗人和散文家，尤以散文的成就著称于世，被后人推为“唐宋八大家”之一。其散文结构谨严，析理透辟，语言简洁，笔力雄健，风格由峭直刚劲渐趋深婉温醇。

孟尝君即田文，是战国时期齐国的公子。他与赵国贵族平原君赵胜、魏国贵族信陵君魏无忌、楚国贵族春申君黄歇，都以好客养士出名，称为“战国四公子”。其中，孟尝君尤以招纳贤士而著称。司马迁在《史记》中记载了孟尝君的事迹。这篇短文，就是王安石在读了《史记·孟尝君列传》后写下的感想。

王安石在文中一反传统的说法，主旨在于驳倒“孟尝君能得士”这个传统观点。王安石认为“士”必须具有经邦济世的雄才大略，而那些“鸡鸣狗盗”之徒是根本不配“士”这个高贵称号的。文章借题发挥，反映了作者豪迈的气魄和自负的志向。

本文是历代传颂的翻案名篇。文章笔力峭拔，辞气凌厉，缓起陡转，承进疾收，写得抑扬反复而转折有力。全文仅九十字，无一句碎言闲语，是短文中的精品。

世皆称孟尝君能得士〔1〕，士以故归之〔2〕，而卒赖其力以脱于虎豹之秦〔3〕。嗟乎！孟尝君特鸡鸣狗盗之雄耳〔4〕，岂足以言得士？不然，擅齐之强〔5〕，得一士焉，宜可以南面而制秦〔6〕，尚何取鸡鸣狗盗之力哉〔7〕？夫鸡鸣狗盗之出其门，此士之所以不至也。

【注释】

〔1〕得士：指孟尝君能“礼贤下士”，与士相得。据《史记·孟尝君列传》记载，孟尝君在他的封地招致食客数千人，无论贵贱，给他们以与自己相同的优厚待遇。

〔2〕归：投奔，归顺。

〔3〕卒：终于。　脱：逃脱。　虎豹：形容凶暴。不少封建史学家笼统地把秦国称为“暴秦”，王安石沿袭了这一观点。

〔4〕特：只，不过。　鸡鸣狗盗：据《史记·孟尝君列传》记载，秦昭王听说孟尝君很贤能，请他作秦相，后因遭谗被囚。孟尝君派人向秦昭王的宠妃求救。那位宠妃要他拿早已送给秦昭王的一件价值千金的狐裘作为报酬。孟尝君手下一个会学狗叫的门客，夜入秦宫盗取狐裘，献给了那位宠妃，才使他们得释逃走。他们一行逃至函谷关时正值夜半，按规定关门要等鸡啼时才开。而这时后面追兵将到，又有门客学鸡叫，骗得开启关门，他们一行才逃回齐国。　雄：首领。

〔5〕擅：据有。

〔6〕宜：应该。　南面：居帝位。古代以面向南为尊位。帝王的座位面向南，故称居帝位为南面。　制秦：降服秦国。意谓使秦国国君向齐国国君朝拜称臣。

〔7〕尚：还。

【译文】

世人都称道孟尝君能够得到士人的欢心，士人因此而投奔他，而他也因此终于依靠士人们的力量从虎豹一样凶暴的秦国逃脱出来。唉！孟尝君只不过是那些鸡鸣狗盗之徒的首领罢了，哪里说得上能够得到士人呢？不是这样的话，他据有齐国强大的力量，只要得到一个士人，就应该并且可以使秦国国君来向齐国国君朝拜称臣，哪里还要用那些鸡鸣狗盗之徒的力量呢？那些鸡鸣狗盗之徒在他的门下出入，这就是士人所以不去投奔他的原因。

（高克勤）

同学一首别子固

王安石

【题解】

本文是王安石在读了友人曾巩(字子固)写给他的《怀友》一文后写的，作于庆历四年(1044)。文章表现了王安石和友人之间互相敬慕、勉励，以期携手共进的情怀；也表明王安石在青年时期就怀有企慕圣人，有所作为的志向。文章在表现手法上的最大特色，是陪衬法的运用。文章一开始便以曾巩和作者的另一友人孙侔(字正之)相提并论，说明他们志同道合，具有共同的言行特点，因此要互相勉励，以实现理想。因此，文章题为“别子固”，却处处以孙正之陪说，写正之即是在写子固，反复强调，交互映发，错落参差，结构紧凑，而不显得单调重复。文章淡淡写来，却显得情真意笃，“淡而弥远，自令人寻味无穷”(吴楚材、吴调侯评语)。

江之南有贤人焉[1]，字子固，非今所谓贤人者，予慕而友之。淮之南有贤人焉[2]，字正之[3]，非今所谓贤人者，予慕而友之。二贤人者，足未尝相过也，口未尝相语也，辞币未尝相接也[4]。其师若友[5]，岂尽同哉？予考其言行[6]，其不相似者何其少也！曰：学圣人而已矣。学圣人，则其师若友必学圣人者。圣人之言行，岂有二哉？其相似也适然[7]。

【注释】

〔1〕江：指长江。

〔2〕淮：指淮河。

〔3〕正之：即孙侔，字正之，一字少述，吴兴(今属浙江)人。一生隐逸不仕。

〔4〕辞：书信。　币：缯帛，古人常用作礼物。

〔5〕若：和。

〔6〕考：查核，引申为考察、观察。

〔7〕适然：应该，恰好。

【译文】

江南有一位贤人，字子固，不是现在通常所说的那种贤人，我仰慕他并以他为朋友。淮南有一位贤人，字正之，不是现在通常所说的那种贤人，我仰慕他并以他为朋友。这两位贤人，足不曾登门相访，口不曾相互交谈，书信、礼物也不曾交换过。他们的老师和朋友，难道都相同吗？我观察他们的言行，彼此不相同的地方是多么的少呀！我说：这是学习圣人的结果罢了。学习圣人，那么他们的老师和朋友必定也是学习圣人的。圣人的言行，难道会有两样的吗？他们的相似也是当然的了。

予在淮南，为正之道子固，正之不予疑也[1]，还江南，为子固道正之，子固亦以为然。予又知所谓贤人者，既相似又相信不疑也。

【注释】

〔1〕不予疑："不疑予"的倒装。

【译文】

我在淮南，向正之介绍子固，正之不怀疑我说的话。回到江南，向子固介绍正之，子固也认为我的话对。我又由此知道被称为贤士的人，既相似又互相信任不疑。

子固作《怀友》一首遗予[1]，其大略欲相扳以至乎中庸而后已[2]。正之盖亦尝云尔。夫安驱徐行[3]，辚中庸之庭[4]，而造于其室[5]，舍二贤人者而谁哉？予昔非敢自必其有至也[6]，亦愿从事于左右焉尔，辅而进之，其可也。

【注释】

〔1〕遗(wèi 位)：赠送。

〔2〕扳(pān 潘)：通"攀"，援引。　中庸：不偏为中，不变为庸，即不偏不倚，循常守则。这是儒家奉行的道德标准。

〔3〕安驱徐行：稳步前进的意思。驱，行进。徐，缓。

〔4〕辚(lìn 吝)：车轮，这里用作动词。

〔5〕造于其室：《论语·先进》："子曰：'由也升堂矣，未入于室也'。"后世便以升堂入室比喻学习由浅入深的两个阶段。王安石在这里化用其意。造，到。

〔6〕必：肯定。

【译文】

子固作了一篇《怀友》送给我，文章的大意是要互相援引以期最终达到中庸之道的境界。正之也曾经这样说过。驾车稳稳地行进，通过中庸的厅堂，然后到达它的内室，除了这两位贤人之外还有谁能做到呢？我从前不敢肯定自己能够达到中庸之道的境界，却也愿意跟随他们去做，在他们的帮助下朝着这个方向前进，也就可以了。

噫！官有守[1]，私有系[2]，会合不可以常也。作《同学》一首别子固，以相警且相慰云[3]。

【注释】

〔1〕守：工作岗位。

〔2〕私：私人。　系：牵制，指系念的琐事。

〔3〕警：警策，勉励。　云：句末助词。

【译文】

啊！做官有典守的岗位，私人有羁绊的琐事，友朋间的相聚不可以经常得到。作《同学》一首留别子固，用来互相勉励并互相安慰。

（高克勤）

游褒禅山记

王安石

【题解】

宋仁宗至和元年(1054)七月，王安石任舒州(治所在今安徽潜山)通判期满，在离任赴京途中路过褒禅山(在今安徽含山县北)，写下了这篇游记。

这是一篇通过记游而说理的名作。全文主要围绕着两个问题来写。一是用登山探洞的亲身经历，具体生动地论述了志、力、物三者之间的关系，指出必须有意志、有能力、有客观物质条件的配合，才能做到深入探索、百折不回，反对浅尝辄止、半途而废；二是由所见残碑，联想到由于古代文献资料的不足，致使后人以讹传讹，弄不清事情的真相，因而提倡学者必须“深思而慎取”。这两点都是从治学的角度来论述的，对其他领域也有启发意义。

本文以游踪为线索，先记游，后议论，议论承上文记游而来，记游为下文议论作铺垫，由具体事实的叙述到抽象道理的议论，转折变化十分自然。在结构上，上述两层意思并不平列叙述，而是以前者为主，后者为从，情理互见，虚实相生，谋篇布局显得灵活而有变化。作者又善于发挥虚词的作用。文中连用二十个“其”字，节奏鲜明，无杂沓繁复之嫌，显得简捷稳健。吴楚材、吴调侯评曰：“借游华山洞，发挥学道。或叙事，或摹写，或道故，意之所至，笔亦随之。逸兴满眼，馀音不绝。可谓极文章之乐。”

褒禅山亦谓之华山。唐浮图慧褒始舍于其址[1]，而卒葬之[2]，以故其后名之曰“褒禅[3]”。今所谓慧空禅院者，褒之庐冢也[4]。距其院东五里。所谓华山洞者，以其乃华山之阳名之也[5]。距洞百余步[6]，有碑仆道[7]，其文漫灭[8]，独其为文犹可识，曰“花山”。今言“华”如“华实”之“华”者，盖音谬也。

【注释】

〔1〕浮图：印度古文字梵文的译音，也译作“浮屠”，有佛、佛教徒或佛塔等不同意义。这里指佛教徒（和尚）。　慧褒：唐朝著名的和尚。他因喜爱含山县北的山格之美，遂筑室定舍。　址：基址，引申为山脚。

〔2〕卒：最后。

〔3〕禅：原为梵文“禅那”的省称，后来泛指与佛教有关的人和物，如禅寺、禅院等。

〔4〕庐冢（zhǒng 肿）：庐舍（禅房）和坟墓。

〔5〕阳：古称山的南面为阳。上句“华山洞”，疑应作“华阳洞。”

〔6〕步：古代一种长度单位，旧制以营造尺五尺为步。这里泛指脚步的步。

〔7〕仆（pū 扑）道：倒在路上。

〔8〕文：碑文。下句“其为文”的“文”，指碑上残存的文字。　漫灭：指碑文剥蚀，模糊不清。

【译文】

褒禅山也叫作华山。唐代和尚慧褒当初在这山脚下盖房居住，而且最后又埋葬在这里，因为这个缘故，在慧褒之后人们就称呼它叫“褒禅山”。现在所谓的慧空禅院，是慧褒的庐舍和坟墓。距离这院子东面五里，有个叫“华山洞”的地方，因它在华山的南面，所以这样命名。距离洞口一百多步，有块石碑倒在路旁，碑文已经模糊不清，只有碑文残存字迹中还可辨认，叫做“花山”。现在念“华”为“华实”的“华”，大概是读音错了。

其下平旷，有泉侧出，而记游者甚众[1]，所谓“前洞”也。由山以上五六里，有穴窈然[2]，入之甚寒，问其深，则其好游者不能穷也[3]，谓之“后洞”。予与四人拥火以入[4]，入之愈深，其进愈难，而其见愈奇。有怠而欲出者[5]，曰：“不出，火且尽。”遂与之俱出。盖予所至，比好游者尚不能十一[6]，然视其左右，来而记之者已少。盖其又深，则其至又加少矣。方是时[7]，予之力尚足以入，火尚足以明也[8]。既其出，则或咎其欲出者[9]，而予亦悔其随之，而不得极夫游之乐也[10]。

【注释】

〔1〕记游者：指在洞壁上题字留念的人。

〔2〕窈（yǎo 咬）然：幽深的样子。

〔3〕穷：尽，这里指走到洞的尽头。

〔4〕拥火：举着火把。

〔5〕怠：怠惰，这里指畏于前进。

〔6〕不能十一：不到十分之一。

〔7〕方是时：当这个时候。指当从洞里退出的时候。

〔8〕明：照明。

〔9〕咎：责怪。

〔10〕极：尽，这里是尽兴的意思。

【译文】

洞下地势平坦旷阔，有股泉水从侧壁流出，而且游人的题字很多，这就是人们所说的“前洞”。沿山而上五六里，有一个幽深的洞穴，走进洞里觉得很冷，问这洞的深度，就是那些喜好游玩的人也不能走到尽兴，人们称之为“后洞”。我与同游的四个人举着火把进去，越到深处，前进就越发困难，然而看见的景致就越加奇妙。有一个退缩了而想出去的人说："如不出去，火把就快要烧完了。"大家就与他一起出来了。大概我所到达的地方，比起喜好游玩的人还不到十分之一，然而看山洞的左右壁，到过这里并记下姓名的人已经很少了。大概洞越深，来的人就越少了。当这时候，我的体力还足以前进，火把还足以照明。已经退出洞后，就有人责怪那个提议出去的人，而我也后悔随他们一道退出，而不能尽情享受这次游玩的快乐。

于是予有叹焉。古人之观于天地、山川、草木、虫鱼、鸟兽，往往有得〔1〕，以其求思之深而无不在也〔2〕。夫夷以近〔3〕，则游者众；险以远，则至者少。而世之奇伟、瑰怪、非常之观〔4〕，常在于险远，而人之所罕至焉。故非有志者，不能至也；有志矣，不随以止也，然力不足者，亦不能至也；有志与力，而又不随以怠，至于幽暗昏惑而无物以相之〔5〕，亦不能至也。然力足以至焉〔6〕，于人为可讥，而在己为有悔；尽吾志也而不能至者，可以无悔矣，其孰能讥之乎？此予之所得也。

【注释】

〔1〕得：心得。

〔2〕求思：探求、思索。

〔3〕夷：平坦。　以：连词，相当于"而且"。

〔4〕瑰（guī 归）怪：壮丽奇异。　非常之观：平时很难看到的景观。

〔5〕相（xiàng 向）：辅助。

〔6〕然力足以至焉：疑这句下面省去"而不能至"之类的话。

【译文】

于是我深有感叹。古人观察天地、山川、草木、虫鱼、鸟兽，往往有心得，这是因为他们思考问题深刻而且处处都能如此的缘故。道路平坦而距离又近，那么游人就多；道路艰难而距离又远，那么到的人就少。然而世上的奇特雄伟、壮丽怪异、不同寻常的景象，常常是在艰险遥远，而又是人们很少到达的地方。所以缺乏意志的人，是不能到达的；有意志，不随着别人中途停止，然而体力不足的人，也是不能到达的；有意志和体力，并且又不随人松劲后退，到了幽深昏暗的地方而没有东西来帮助辨路，也是不能到达的。然而能力足够到达而没有到达，在别人看来是可以讥笑的，而自己也是感到后悔的；尽了我的努力也还是不能到达，那就没有什么可以后悔的了，谁又能来讥笑呢？这就是我的心得。

予于仆碑，又以悲夫古书之不存〔1〕，后世之谬其传而莫能名者〔2〕，何可胜道也哉〔3〕！此所以学者不可以不深思而慎取之也〔4〕。

【注释】

〔1〕以：因。　悲：感叹。

〔2〕传：流传。

〔3〕胜（shēng 升）：尽，完全。

〔4〕慎取：慎重采用。

【译文】

我对于那块倒在路上的石碑，又因此而感叹古代典籍的遗失，后代人以讹传讹而不能弄清真相的事情，哪里能说得完呢！这就是读书人不可以不深刻思考并慎重采用的道理。

四人者：庐陵萧君圭君玉〔1〕，长乐王回深父〔2〕，予弟安国平父、安上纯父〔3〕。

【注释】

〔1〕庐陵：今江西吉安。　萧君圭：字君玉，事迹不详。

〔2〕长乐：郡治在今福建闽侯。　王回：字深父，北宋学者。

〔3〕安国：王安国，字平父，王安石的长弟。　安上：王安上，字纯父，王安石的幼弟。

【译文】

同游的四个人是：庐陵人萧君圭字君玉，长乐人王回字深父，我的弟弟安国字平父、安上字纯父。

（高克勤）

泰州海陵县主簿许君墓志铭

王安石

【题解】

本文是王安石为已故的泰州海陵县(今江苏泰县)主簿许平撰写的墓志铭，作于宋仁宗嘉祐年间(1056—1063)。

本文的墓主许平，生前任掌管文书的主簿，他虽善趋时尚，却未得重用，沉沦下僚以终。王安石在本文中，首先感叹许平虽屡得“大人”、“贵人”的器重荐引却未能一展才能的遭遇；然后由此展开议论，感慨趋时之士亦未必能得重用，从而指出君子应贵于自守，不应遭遇困顿而悔恨。在这大段的议论之后，作者才按体例记叙了许平墓葬的时地及其亲属情况。文章最后一段铭文对全文加以概括，笔调深沉含蓄，无限悲凉。

在写作手法上，本文以议论代叙事，与历来墓志铭以叙事为主的写法不同，而成为王安石所写墓志铭的一个显著特点。清人刘大櫆评云：“以议论行叙事，而感叹深挚，跌宕昭朗。荆公此等志文最可爱。”(《古文辞类纂》卷四十八引)

君讳平，字秉之，姓许氏。余尝谱其世家〔1〕，所谓今泰州海陵县主簿者也。君既与兄元相友爱称天下〔2〕，而自少卓荦不羁〔3〕，善辨说，与其兄俱以智略为当世大人所器〔4〕。宝元时〔5〕，朝廷开方略之选〔6〕，以招天下异能之士，而陕西大帅范文正公、郑文肃公争以君所为书以荐[7]，于是得召试，为太庙斋郎[8]，已而选泰州海陵县主簿。贵人多荐君有大才[9]，可试以事，不宜弃之州县；君亦尝慨然自许[10]。欲有所为，然终不得一用其智能以卒。噫！其可哀也已。

【注释】

〔1〕“余尝”句：指王安石曾撰有《许氏世谱》一文。世家，家族世系。

〔2〕元：指许元，字子春，曾历知扬、越、泰州。《宋史》卷二九九有传。

〔3〕卓荦（luò 洛）：特出。　不羁：不受拘束。

〔4〕大人：对德高望重者的称呼。这里也指权贵人士。　器：器重。

〔5〕宝元：宋仁宗赵祯的年号（1038—1039）。

〔6〕方略之选：宋代为选拔具有治国用兵才能的人而设置的一项临时制举科目，须经近臣推荐方能应试。

〔7〕范文正公：范仲淹，字希文，北宋著名政治家，曾任陕西经略安抚副使等职，卒谥文正。　郑文肃公：郑戬（jiǎn 剪），字天休，北宋大臣，曾任陕西四路都总管兼经略招讨使，卒谥文肃。

〔8〕太庙斋郎：在皇帝的祖庙中掌管祭祀的小官。据《续资治通鉴长编》卷一四一载，庆历三年（1043）五月，以试方略人许平为太庙斋郎。

〔9〕贵人：指大官要人。

〔10〕自许：称许自己。指自负而又自信。

【译文】

君名平，字秉之，姓许。我曾经为他的家族世系编撰过家谱，他就是家谱上所载的现任泰州海陵县主簿的人。许君既与他的哥哥许元以互相友爱而著称于天下，又自小卓越特出、不受拘束，善于辨析论说，与他的哥哥都以智谋才略为当时德高望重的贵人所器重。宝元年间，朝廷开设“方略”的制举科目，用来招纳天下具有特殊才能的人，而陕西大帅范仲淹、郑戬争先将许君所写的文章向皇上推荐，于是许君得以被召应试，任命为太庙斋郎，不久被选任为泰州海陵县主簿。达官贵人大多推荐许君有大才，可任以大事，不应该把他抛弃埋没在州县任上；许君也常常激昂慷慨地称许自己，想要有所作为，然而终于没能得到施展他才智的机会就死去了。唉！多么可悲啊。

士固有离世异俗[1]，独行其意，骂讥笑侮，困辱而不悔。彼皆无众人之求[2]，而有所待于后世者也[3]。其龃龉固宜[4]。若夫智谋功名之士[5]，窥时俯仰[6]，以赴势利之会[7]，而辄不遇者[8]，乃亦不可胜数。辩足以移万物[9]，而穷于用说之时[10]；谋足以夺三军[11]，而辱于右武之国[12]。此又何说哉？嗟乎！彼有所待而不悔者，其知之矣！

【注释】

〔1〕固：本来。　离世异俗：超脱尘世，不同凡俗。

〔2〕众人：指一般人。

〔3〕有所待于后世者：指期望流芳于后世。

〔4〕龃龉（jǔ yǔ 举语）：上下齿不相合。此处比喻与时不合。　宜：当然，应该。

〔5〕若夫：至于。

〔6〕窥时俯仰：指窥测时机，随机应变。

〔7〕赴：奔走以从事。　势利之会：权势和财利的场合。

〔8〕辄：总是，每每。

〔9〕移：改变。这里引申为感化。

〔10〕穷：困。　说（shuì 税）：游说，指劝说别人听从自己的意见。

〔11〕三军：全军，古代军队分为左、中、右三军。

〔12〕右武之国：崇尚武力的国家。

【译文】

士人中本来就有超脱尘世、不同凡俗，只按自己意愿行事，遭到谩骂、讥讽、嘲笑和轻侮，困窘受屈而不悔恨的人。他们都是没有一般人的那些对于功名富贵的追求，而期望流芳于后世的人。他们与时不合乃是必然的。至于那些有智谋、有功名心的士人，窥测时机，随机应变，奔走从事于势利的场合，却总是得不到机遇的人，竟也不可尽数。辩说足以感化万物，却在看重游说的时代遭到困窘；智谋足以降服三军，却在崇尚武力的国家受到屈辱。这又怎样解释呢？唉！那些有所期望而不悔恨的人，大概是悟透了其中的道理吧！

君年五十九，以嘉祐某年某月某甲子〔1〕，葬真州之扬子县甘露乡某所之原〔2〕。夫人李氏。子男瓌，不仕；璋，真州司户参军〔3〕；琦，太庙斋郎；琳，进士。女子五人，已嫁二人：进士周奉先、泰州泰兴令陶舜元〔4〕。

【注释】

〔1〕嘉祐：宋仁宗赵祯的年号（1056—1063）。　某甲子：即某日。古以干支记日。

〔2〕真州之扬子县：真州时属淮南路，州治扬子县（今江苏仪征）。原：墓地。

〔3〕司户参军：州郡的佐吏，主管民户。

〔4〕泰兴：今江苏泰兴。

【译文】

许君享年五十九岁，于嘉祐某年某月某日，安葬在真州的扬子县甘露乡某处的墓地。夫人姓李。儿子许瓌，没有做官；许璋，任真州司户参军；许琦，任太庙斋郎；许琳，为进士出身。女儿五人，已出嫁的二人；分别嫁给进士周奉先和泰州泰兴县令陶舜元。

铭曰：有拔而起之〔1〕，莫挤而止之〔2〕。呜呼许君！

而已于斯[3]。谁或使之？

【注释】

〔1〕拔：提拔。　起：起用。

〔2〕挤：排挤。　止：阻止。

〔3〕斯：代词，指主簿这个小官。

【译文】

铭文说：有人提拔并起用他，没人排挤并阻止他。唉，许君！你却终止在这个官职上。是谁使你落得这样的结局呢？

（高克勤）

卷十二

送天台陈庭学序

宋　濂

【题解】

宋濂(1310—1381)，字景濂，号潜溪，浦江(今属浙江)人。元末荐授翰林编修，辞不就，入龙门山著书。明初奉命主修《元史》，官至翰林院学士承旨知制诰。后因长孙宋慎牵涉胡惟庸案，全家流放茂州(今四川茂汶羌族自治县)，中途病死于夔州。散文简洁，颇有文名，著有《宋学士文集》。

本文是一篇赠序，作者借题发挥，借送别论诗文创作。作者赞同"读万卷书，行万里路"的观点，文章前半部分，主要赞赏川蜀山水名胜之游对陈庭学作诗工力的补益；后半部分，又翻笔作势，更进一程。先自称"余甚自愧"，因种种主客观因素，生平游历不广；又提出"有出于山水之外"的观点，含蓄地提醒陈庭学作诗除游历外，更要注重提高学识修养，使自己"志意常充然，有若囊括于天地者。"本文体现了一位长者对后辈小生语重心长的劝导，全文娓娓道来，恳切诚挚，谆谆善诱之状，令人心折。

西南山水，惟川蜀最奇[1]。然去中州万里[2]，陆有剑阁栈道之险[3]，水有瞿唐滟滪之虞[4]。跨马行篁竹间[5]，山高者，累旬日不见其巅际。临上而俯视，绝壑万仞，杳莫测其所穷，肝胆为之掉栗[6]。水行则江石悍利，波恶涡诡，舟一失势尺寸，辄糜碎土沉，下饱鱼鳖。其难至如此。故非仕有力者，不可以游；非才有文者，纵游无所得；非壮强者，多老死于其地。嗜奇之士恨焉。

【注释】

〔1〕川蜀：四川古为蜀国，秦置蜀郡，三国时又为蜀汉地，故称“川蜀”。

〔2〕中州：泛指中原。

〔3〕剑阁：县名，在四川省北部，剑门关矗立县北，自古以“剑门天下险”闻名。 栈道：又称“阁道”、“复道”等。古代在川、陕、甘诸省境内峭岩陡壁上凿孔架桥连阁而成的一种道路。

〔4〕瞿唐：瞿塘峡，长江三峡之一，在四川奉节县与巫山县之间，长八公里，江面最狭处仅百馀米。江流湍急，山势陡峻，号称“天堑”。 滟滪：即滟滪堆，瞿塘峡江口突起的礁石，旧时是长江三峡著名的险滩。

〔5〕篁(huáng 皇)竹：竹林。

〔6〕掉栗：抖动，颤抖。

【译文】

西南地区的山水，惟独四川境内最为奇特。但它相距中原有万里之遥，陆路有剑阁和栈道那样的险地，水路有瞿塘峡和滟滪堆那样的险滩。骑马行走在密密的竹林间，山势高峻，连行数十天都看不到山峦的峰巅。站在山上向下望去，眼前是万丈深渊，幽深而不见底，让人胆战心惊。走水路溯行，长江中的礁石尖硬锐利，波涛汹涌，漩流诡秘莫测，舟船行驶时稍有一点偏差，往往粉身碎骨，像泥土沉入水里那样，人也掉进江中成为鱼鳖之食。到达那里是如此艰难啊！因此，不是做官有权有势的，不能去那里游览；不是有才学的饱学之士，即使游览了也不会有收获；不是身强体壮者，多半要老死在那个地方。酷爱奇山异水的士子对此常怀遗憾之心。

天台陈君庭学[1]，能为诗，由中书左司掾[2]，屡从大将北征有劳〔3〕，擢四川都指挥司照磨〔4〕，由水道至成都。成都，川蜀之要地，扬子云、司马相如、诸葛武侯之所居〔5〕；英雄俊杰战攻驻守之迹，诗人文士游眺、饮射、赋咏、歌呼之所，庭学无不历览。既览必发为诗，以纪其景物时世之变，于是其诗益工。越三年，以例自免归，会予于京师〔6〕。其气愈充，其语愈壮，其志意愈高，盖得于山水之助者侈矣〔7〕。

【注释】

〔1〕天台：县名，今属浙江省。

〔2〕中书左司掾（yuàn 院）：明初中书省左司的属官。中书左司领吏、户、礼三部，任监督稽核之责。

〔3〕“屡从”句：明初朱元璋为统一北方，多次派遣大将徐达、常遇春、李文忠等北征，进军漠北，征伐蒙元残余军队。陈庭学曾经从军。

〔4〕都指挥司照磨：明代于每一行省设都指挥使司，掌一方军政，直属兵部，照磨为其属官，负责文卷工作。

〔5〕扬子云：名雄，字子云，蜀郡成都（今属四川）人，西汉文学家。司马相如：字长卿，蜀郡成都人，西汉辞赋家。 诸葛武侯：名亮，字孔明，琅琊阳都（今山东沂南南）人。三国蜀汉丞相，辅佐刘备建立蜀汉政权，建都成都，封武乡侯。

〔6〕京师：今南京市，明洪武元年（1367）建都。

〔7〕侈：广，多。

【译文】

天台的陈庭学君，工于诗，以中书左司掾的身份，多次跟随大将北征，建有功劳，被提升为四川都指挥司照磨，从水道去成都赴任。成都，是四川的重镇要地，也是扬雄、司马相如、诸葛亮曾经居住过的地方。历史上的英雄豪杰们战斗和驻守的遗迹，诗人文士们游览眺望、饮酒投壶、吟诗作歌的场所，庭学没有不去游览的。观览后必定要抒发感想吟为诗篇，记述那里的风光景物与时世的变迁，因此他的诗也越写越好。过了三年，他依照朝廷规定请求免职回乡，在京师和我相见。他的精神更加饱满，他的话语更加豪壮，他的志向更加高远，是因为他从山水方面得到的帮助很多吧。

予甚自愧，方予少时，尝有志于出游天下，顾以学未成而不暇。及年壮可出，而四方兵起〔1〕，无所投足。逮今圣主兴而宇内定〔2〕，极海之际，合为一家，而予齿益加耄矣〔3〕。欲如庭学之游，尚可得乎？然吾闻古之贤士，若颜回、原宪〔4〕，皆坐守陋室，蓬蒿没户，而志意常充然，有若囊括于天地者。此其故何也？得无有出于山水之外者乎？庭学其试归而求焉？苟有所得，则以告予，予将不一愧而已也。

【注释】

〔1〕四方兵起：指元末群雄并起。

〔2〕“逮今”句：意为朱元璋统一天下，建立明朝。圣主，指明太祖朱元璋。

〔3〕齿：代指年龄。　耄（mào 冒）：年老。　《礼记·曲礼上》：“八十、九十曰耄。”《盐铁论·孝养》：“七十曰耄。”

〔4〕颜回、原宪：都是孔子弟子。颜回（前521—前490），字子渊，春秋末鲁国人，贫居陋巷，好学忘忧。孔子赞扬他：“贤哉回也！一箪食，一瓢饮，在陋巷，人不堪其忧，回也不改其乐。”原宪（约前515—?），字子思，鲁国人。孔子死后，原宪隐居乡野，安于贫贱，拒不出仕。后代常以颜回、原宪比喻贫穷而不改操守的读书人。

【译文】

我自己很觉惭愧，当我年轻时，曾经立志要出外游遍天下名山大川，只是由于学业还没有成就而得不到空闲。等到壮年能外出时，却是四处战乱，没有地方可以落脚。直到今天圣明的天子出现，天下安定，四海之内，都统一为一个国家，可是我的年纪已经越来越大了。希望像庭学那样的游览，还能做到吗？但是，我听说古代的贤能之士，如颜回、原宪，都是长年安居在简陋的破房，野草遮没了门户，可是他们的志向精神总是充实饱满，就像能囊括天地一样。这是什么缘故呢？是不是他们的修养有超出山水景色之外的呢？庭学回乡后可否尝试寻求一下这其中的道理？如果有了什么心得，就请告诉我，我将不会只是惭愧一下就算了啊！

（张国浩）

阅江楼记

宋　濂

【题解】

这是作者奉皇帝旨意为阅江楼所撰写的一篇应制文。文章开篇由叙述金陵山川王气，引出对当今皇上的歌功颂德，继之以偏安江左的六朝与大明开国伊始的雄壮声势作比，很自然地转到作者所要表达的中心内容：希望朱元璋能居安思危，安抚百姓，励精图治，不要像亡国之君陈后主那样骄纵淫欲，留连光景。

全文结构严谨，写景、叙事、议论融为一体。尤其是推想皇上登楼后的三见三思，虽不免粉饰之言，但作者是借景物抒发感慨，以歌颂之辞寓箴规之意，使文章思想内容得到升华。

金陵为帝王之州〔1〕，自六朝迄于南唐〔2〕，类皆偏据一方，无以应山川之王气〔3〕。逮我皇帝定鼎于兹〔4〕，始足以当之。由是声教所暨，罔间朔南〔5〕；存神穆清〔6〕，与天同体。虽一豫一游〔7〕，亦可为天下后世法。京城之西北，有狮子山〔8〕，自卢龙蜿蜒而来〔9〕，长江如虹贯，蟠绕其下。上以其地雄胜，诏建楼于巅，与民同游观之乐，遂锡嘉名为“阅江”云〔10〕。

【注释】

〔1〕金陵：今江苏南京市。谢朓《入朝曲》云："江南佳丽地，金陵帝王州。"

〔2〕六朝：指三国吴、东晋、南朝的宋、齐、梁、陈，它们都以建康(今南京)为都。南唐：五代十国之一，亦建都金陵。

〔3〕"无以"句：旧时迷信说法，以为帝王受于天命，有统治天下气运，谓之王气。

〔4〕定鼎：即建都。传说夏禹铸九鼎以象征天下九州，夏、商、周三代把九鼎作为传国重器，鼎之所在，即王都之所在，故后人称建都为"定鼎"，引申为建立王朝。

〔5〕罔：无。　间(jiàn)：分隔、隔开。　朔：北方。

〔6〕穆清：指天地清和之气，古代专用以称颂皇帝。《史记·太史公自序》："汉兴以来，至明天子，获符瑞，建封禅，受命于穆清。"集解引如淳曰："受天地清和之气。"

〔7〕豫、游：同义反复，即娱乐、巡游之意。

〔8〕狮子山：在今南京挹江门外。

〔9〕卢龙：卢龙山，在今江苏江宁县西北。

〔10〕锡：赐。　嘉名：美名。　云：句末语助词。

【译文】

金陵是帝王建都的地方，然而从六朝至于南唐，大都是偏安一隅，无法与金陵周围的山水所呈现的帝王之气相适应。直到我朝皇帝在这里建国定都，才完全与它相称。从此，圣朝声威教化所到之地，不分北方和南方。皇上修炼养性，承受天地清和之气，与宇宙天体融为一体。即使是一次娱乐一次巡游，也可以成为天下后世的楷模。京城的西北方有一座狮子山，它从卢龙山蜿蜒曲折地伸展过来，长江如彩虹横贯，盘绕于它的山麓。皇上因为此地形势雄伟壮观，就下旨在山顶建楼，和老百姓共同享受游玩观景之乐，并给楼赐一美名叫"阅江"。

登览之顷，万象森列，千载之秘，一旦轩露。岂非天造地设，以俟大一统之君，而开千万世之伟观者欤？

当风日清美，法驾幸临[1]，升其崇椒[2]，凭阑遥瞩，必悠然而动遐思。见江汉之朝宗[3]，诸侯之述职，城池之高深，关阨之严固[4]，必曰："此朕栉风沐雨，战胜攻取之所致也。"中夏之广，益思有以保之。见波涛之浩荡，风帆之上下，番舶接迹而来庭，蛮琛联肩而入贡[5]，必曰："此朕德绥威服，覃及内外之所及也[6]。"四陲之远[7]，益思有以柔之。见两岸之间、四郊之上，耕人有炙肤皲足之烦[8]，农女有捋桑行馌之勤[9]，必曰："此朕拔诸水火，而登于衽席者也[10]。"万方之民，益思有以安之。触类而思，不一而足。臣知斯楼之建，皇上所以发舒精神，因物兴感，无不寓其致治之思，奚止阅夫长江而已哉[11]！

【注释】

〔1〕法驾：皇帝的车驾。　幸：指皇帝驾临。

〔2〕崇椒：高山。椒，山顶。

〔3〕江汉：长江和汉水。　朝宗：指长江、汉水入海。

〔4〕阨（è 饿）：险要之地。

〔5〕蛮琛（chēn 瞋）：泛指四方的进贡物品。蛮，古代对南方民族的称呼。琛，珍宝。

〔6〕覃（tán 谈）：延及。

〔7〕陲（chuí 垂）：边疆。

〔8〕皲（jūn 均）：手足受冻开裂。

〔9〕馌（yè 夜）：给耕作者送饭。

〔10〕衽（rèn 任）：床席。

〔11〕奚止：何止。

【译文】

当登楼放眼之际，景色万千呈现眼前，宇宙天地间隐藏千年的秘密，顿时显露出来。这难道不是天地神灵有意安排，以等待统一天下的圣明君主，从而展现千世万代的宏伟奇观吗？在风和日丽的时候，皇上御驾亲临，登上山顶，倚着阑干远望，心中必然会悠闲地产生深远的思想。看见长江、汉水滚滚东流奔向大海，四方诸侯到京城报告工作，那城墙和护城河又高又深，关隘坚固，皇上必定会说："这是我沐风栉雨，攻城陷地，夺取天下才获得的啊。"因而想到华夏大地辽阔，更加思考怎样长久平安地保护它。看见长江波浪滔滔，帆船来来往往，外国航船相继前来朝见，各邦使者携带珍宝竞相进献，皇上必定会说："这是我以恩德感化，以威力慑服，影响波及国内外才达到的。"因而想到边远四方的民族，更加思考怎样长久地怀柔抚慰他们。看见长江两岸之间，四方郊野之上，农夫们有夏日冒着炎日、冬天手足冻裂的辛劳，农家女有采桑养蚕、田头送饭的劳累，皇帝必定会说："这是我把他们从水火之中拯救出来，使他们能安稳地睡在枕席之上。"因而想到天下的百姓，更加思考怎样长久地使他们安居乐业。联系到相类的事物展开想象，浮想联翩，不可胜数。我知道这座高楼的建造，是皇上用来调剂精神，由眼前的景致引起感慨，无不寄托着皇上治理天下的思想，哪里只是观赏长江的景色就完了呢？

彼临春、结绮〔1〕，非不华矣；齐云、落星〔2〕，非不高矣。不过乐管弦之淫响，藏燕、赵之艳姬〔3〕，一旋踵间而感慨系之〔4〕，臣不知其为何说也。虽然，长江发源岷山〔5〕，委蛇七千馀里而入海，白涌碧翻。六朝之时，往往倚之为天堑。今则南北一家，视为安流，无所事乎战争矣。然则果谁之力欤？逢掖之士〔6〕，有登斯楼而阅斯江者，当思圣德如天，荡荡难名，与神禹疏凿之功同一罔极。忠君报上之心，其有不油然而兴者耶？

【注释】

〔1〕临春、结绮：南朝陈后主建造的楼阁名。高几十丈，窗户栏杆

皆用檀香木制，上用金玉珠翠装饰。微风吹拂，香飘数里。

〔2〕齐云、落星：楼名。齐云楼，又名飞云阁，唐代曹恭王所建，故址在今江苏吴县。落星楼，三国吴嘉禾元年(232)建，故址在今南京市东北落星山上，共三层，北临长江。

〔3〕燕、赵：战国时诸侯国。燕，今河北北部和辽宁西端。赵，今山西中部、陕西东北角、河北西南部。相传燕赵一带女子多美貌，故燕赵艳姬代指美貌的宫女。

〔4〕一旋踵：转一下足后跟，形容时间快。踵，足后跟。

〔5〕岷(mín 民)山：在今四川北部，是长江、黄河分水岭，古人误以为长江发源于此。

〔6〕逢掖：古代儒士所穿宽袖服装，这里代指读书人。

【译文】

那临春阁和结绮阁，并不是不华丽；齐云观和落星楼，也并不是不高大。可那些不过是演奏繁弦急管的淫艳曲调，隐藏燕、赵之地娇娃美女的场所，因此转瞬间就烟消云散令人感慨万分，我不知道该怎么解释这些啊。虽然是这样，长江从岷山发源，曲折盘旋七千馀里，汇入大海，白浪滚滚，碧波翻卷。六朝的时候，往往倚仗它成为天然的屏障。今天是南北统一为一个国家，人们把它视作平静的江流，而不再用于战争目的。那么，这究竟是靠谁的力量呢？那些穿着宽袖衣服的儒生，有登上这座楼观览长江的，应当回想皇上的恩德浩荡如天，广阔高远，难以形容，同大禹疏导洪水的功绩一样无边无际。对皇上尽忠报答之心，难道不会油然而生吗？

臣不敏，奉旨撰记。欲上推宵旰图治之功者[1]，勒诸贞珉[2]。他若留连光景之辞，皆略而不陈，惧亵也。

【注释】

〔1〕宵旰(gàn 干)：“宵衣旰食”的简称。意谓天未明即穿衣起身，傍晚才进食，比喻勤于政务。

〔2〕贞珉(mín 民)：即贞石，碑石的美称。

【译文】

我不聪慧，奉圣旨撰写此文。心中想到皇上昼夜辛劳、励精图治的功德，把它铭刻在美玉般的碑石上。至于其他如留连风光美景的话，都省略不再叙述，惟恐玷污了皇上的圣意。

（张国浩）

司马季主论卜

刘 基

【题解】

本文选自《郁离子》卷三《天道》篇。作者刘基(1311—1375)，字伯温，号郁离子，处州青田(今浙江青田县)人。元末(1333)进士，做过地方官吏，因受排斥而归隐。朱元璋起兵浙江，被聘为谋臣，受到重用，成为明朝“开国元勋”之一。官至御史中丞，封诚意伯。后被丞相胡惟庸诬陷，忧愤而死。刘基为元末明初一代文宗，他的散文风格古朴，其寓言讽刺小品写得文笔犀利，锋芒毕露，具有较强的社会意义。

本文是一则寓言，约作于刘基入明前隐居时期。作者认为自然界和社会生活始终处于变化之中，祸福相倚，盛衰交替，这一观点源于老庄的物极必反之道，具有一定的合理性，但也不可避免地带有“宿命论”的色彩。本文也反映了作者的思想矛盾。他既不满于自己的仕途坎坷，而又故作达观；他不信占卜，而又鼓吹人处逆境要安时处顺，消极应付。文章广用比喻，用生动具体的形象表达抽象的哲理，把议论和抒情很好地结合起来。并采用设问句式，语言优美流畅而不呆板。

东陵侯既废〔1〕，过司马季主而卜焉〔2〕。

季主曰：“君侯何卜也?”东陵侯曰：“久卧者思起，久蛰者思启〔3〕，久懑者思嚏〔4〕。吾闻之：蓄极则泄，闷极则达〔5〕，热极则风，壅极则通。一冬一春，靡屈不伸[6]；一起一伏，无往不复。仆窃有疑，愿受教焉。”季主曰：“若是，则君侯已喻之矣，又何卜为?”东陵侯曰：“仆未究其奥也，愿先生卒教之[7]。”

【注释】

〔1〕东陵侯：即召平，秦时为东陵侯。秦灭，为布衣。在长安城东种瓜，瓜美，世称之为“东陵瓜”。事见《史记·萧相国世家》。

〔2〕司马季主：西汉时楚人，曾游学长安，善卜。

〔3〕蛰：藏伏。

〔4〕懑(mèn 闷)：烦闷。 嚏：喷嚏。

〔5〕闷(bì 碧)：闭。

〔6〕“一冬”两句：意谓有一个冬天就有一个春天，没有只屈伏而不伸展的。 靡，无，没有。

〔7〕卒：尽，彻底。

【译文】

秦东陵侯召平被汉朝废黜成为平民之后，访问司马季主，请他占卜。

季主问：“君侯您要占卜什么呢?”东陵侯说：“睡得太久的人就想起身，屋里待得太久的人就想把门窗打开，鼻子塞久了的人就想打喷嚏。我听说，水积满了就会溢出来，气憋久了就会透出来，热得过头就会刮风，堵塞得过分就会流通。有一个冬天就有一个春天，没有总是屈伏而不伸直的；有一起就有一伏，没有只去不来的。我心里对自己前途有怀疑，希望得到您的指点。”季主说：“照这么说，君侯您已懂得了这个道理了，又何必占卜呢?”东陵侯说：“我还没有完全弄清它的奥秘，希望先生能透彻地开导我。”

季主乃言曰：“呜呼！天道何亲？惟德之亲；鬼神何灵？因人而灵。夫蓍[1]，枯草也；龟[2]，枯骨也，物也。人，灵于物者也，何不自听而听于物乎？且君侯何不思昔者也[3]？有昔者必有今日[4]。是故碎瓦颓垣，昔日之歌楼舞馆也；荒榛断梗[5]，昔日之琼蕤玉树也[6]；露蛬风蝉[7]，昔日之凤笙龙笛也[8]；鬼磷萤火[9]，昔日之金缸华烛也[10]；秋荼春荠[11]，昔日之象白驼峰也[12]；丹枫白荻[13]，昔日之蜀锦齐纨也[14]。昔日之所无，今日有之不为过；昔日之所有，今日无之不为不足。是故一昼一夜，华开者谢；一秋一春，物故者新。激湍之下，必有深潭；高丘之下，必有浚谷[15]。君侯亦知之矣，何以卜为？"

【注释】

〔1〕蓍(shī 师)：草名，俗称锯齿草，古人取其茎作占筮用。

〔2〕龟：指龟甲。古人用火烤龟的腹甲，根据龟甲的裂纹卜测行事的吉凶。

〔3〕昔者：过去，此指为官之时。

〔4〕今日：现在，此指被废弃之日。

〔5〕榛(zhēn 针)：草木丛生。

〔6〕琼蕤(ruí 绥)玉树：奇花异木。琼蕤，美玉制成的草木景物。

〔7〕露蛬(gǒng 巩)：露水中的蟋蟀。蛬，蟋蟀的别名。　风蝉：风中鸣叫的蝉。

〔8〕凤笙：乐器，其形像凤鸟。　龙笛：马融《长笛赋》："龙鸣水中不见已，截竹吹之声相似。"故又称笛为龙笛。又笛名，笛管首端以龙头为饰。

〔9〕鬼磷：鬼火。实为动物腐朽后骨骼中磷质氧化闪光所致。

〔10〕缸(gāng 刚)：亦作釭，灯。

〔11〕荼：苦菜。　荠：荠菜。　荼、荠嫩的皆可食用。

〔12〕象白：象的脂肪，一说象鼻。　驼峰：骆驼背上的肉峰。相传象白、驼峰味极美，都是名贵食品。

〔13〕荻：多年生禾本植物，秋季开白花，生于路旁和水边。

〔14〕蜀锦：四川出产的锦缎。 齐纨：山东产的细绢。蜀锦、齐纨皆为古代著名的锦、绢。

〔15〕浚谷：深谷。

【译文】

于是季主说道："唉！天道和什么人亲近呢？只有和有德之人亲近；鬼神有什么灵验呢？只有有缘的人才能得到鬼神的灵佑。占卜用的蓍草，不过是几根枯草；龟甲也只是一块枯骨，它们都是物啊。人比物更灵慧聪明，您为什么不听信自己，倒去信那些物呢？再说，君侯为什么不想想过去呢？有过去就一定有现在。所以，现在的破瓦残墙，就是过去的歌楼舞馆；现在的荒草野木，就是过去的琼花玉树；那露水中蟋蟀的叫声和风中的蝉声，就是过去的凤笙和龙笛吹奏出的音律；现在的磷火和萤光，就是过去的金灯彩烛；现在秋天的苦菜和春天的荠菜，就是过去的象脂和驼峰；现在的红枫叶和白荻花，就是过去的蜀锦和齐绢，过去没有的，现在有了不算是过分；过去有的，现在没有了也不算是不足。所以，白昼过去是黑夜，花开了便会凋谢；秋天过去春天来，万物枯萎又重新焕发生机。飞湍的急流之下，一定有深深的水潭；高高的峰巅下，一定有深深的峡谷。君侯您已明白了这个道理，何必还要占卜呢？"

（张国浩）

卖柑者言

刘 基

【题解】

这是一篇优秀的讽刺小品，约作于元朝末年。作者对当时的社会现实有着较为清醒的认识，他借卖柑者之口，尖锐地揭露了那些坐高堂、骑大马，腰金衣紫，神气十足的文武大臣，其实都是些不懂用兵、不会治国的蠢才，如同“金玉其外，败絮其中”的柑子，表现出作者愤世嫉俗之情。本文构思新奇，寓意深刻。结构上采用由远及近，由表入里的方法，使文章层次分明，逐步深入。形式上运用问答的方式，不仅深化了主题，而且使文章情趣、词锋、气势和感情色彩都为之生辉。特别是卖柑者的侃侃陈词，反诘、排比句式连用，二百来字短文，读来有酣畅淋漓之感。

杭有卖果者〔1〕，善藏柑〔2〕，涉寒暑不溃〔3〕。出之烨然〔4〕，玉质而金色〔5〕。剖其中，干若败絮。予怪而问之曰：“若所市于人者，将以实笾豆〔6〕，奉祭祀，供宾客乎？将衒外以惑愚瞽乎〔7〕？甚矣哉为欺也！”

【注释】

〔1〕杭：今浙江省杭州市

〔2〕柑：果名。形状似桔而体积较大，橙黄色。

〔3〕“涉寒暑”句：经过一冬一夏也不腐烂。　涉，经历。

〔4〕烨（yè 夜）然：灿烂鲜艳的样子。

〔5〕玉质而金色：柑子质地像玉石一样润泽，颜色像黄金一样晶亮。

〔6〕笾（biān 边）豆：古代礼器。笾用竹制，盛果脯等；豆用木（或陶、铜）制，盛鱼肉等物；供祭祀或宴会之用。

〔7〕衒（xuàn 渲）：同“炫”。炫耀。　瞽（gǔ 古）：瞎子。

【译文】

杭州城有个卖水果的，很会保存柑子，经过严冬酷暑都不烂不坏。拿出来还是水亮光鲜，玉石一样地滋润，黄金一样灿烂。可是把它剖开来，里面干枯得像破烂的棉絮。我感到奇怪，就责问他：“你卖给别人的柑子，是准备让人装上盆盘，去供奉祭祀、接待宾客呢，还是炫示它的外表去蒙混傻子瞎子呢？你骗人的手段也太过分啦！”

卖者笑曰：“吾业是有年矣〔1〕，吾业赖是以食吾躯〔2〕。吾售之，人取之，未闻有言，而独不足子所乎〔3〕？世之为欺者不寡矣，而独我也乎？吾子未之思也〔4〕。今夫佩虎符、坐皋比者〔5〕，洸洸乎干城之具也〔6〕，果能授孙、吴之略邪〔7〕？峨大冠、拖长绅者〔8〕，昂昂乎庙堂之器也〔9〕，果能建伊、皋之业邪〔10〕？盗起而不知御，民困而不知救，吏奸而不知禁，法斁而不知理〔11〕，坐糜廪粟而不知耻〔12〕。观其坐高堂，骑大马，醉醇醴而饫肥鲜者〔13〕，孰不巍巍乎可畏，赫赫乎可象也〔14〕？又何往而不金玉其外、败絮其中也哉？今子是之不察，而以察吾柑！”

【注释】

〔1〕业是：此为业。　有年：有好多年。

〔2〕食(sì 四)：喂饱，供养。

〔3〕子所：你这儿。

〔4〕未之思：宾语前置，“未思之”的倒文。

〔5〕虎符：虎形兵符。古代朝廷用以调兵遣将的凭证。 皋比(pí 皮)：虎皮，此指虎皮椅。

〔6〕洸(guāng 光)洸：威武的样子。 干城：本义是捍卫城池，后用以代指保国御侮的将领。 具：才能，这里指人才。

〔7〕孙、吴：指孙武和吴起。孙武，春秋时齐人，为吴将，西破强楚，北威齐晋，著《孙子兵法》。吴起，战国时名将，为楚相，行新法，著《吴子》。

〔8〕峨：高耸，用作动词。大冠：指官帽。 拕：同“拖”。 绅：古代士大夫束在腰间的带子。

〔9〕昂昂：态度轩昂的样子。 庙堂之器：治国安邦的人才。庙堂，宗庙之堂，代指朝廷。

〔10〕伊、皋：伊尹和皋陶。 伊尹，商汤的大臣。曾辅佐成汤攻灭夏桀。 皋陶，相传禹舜时执掌刑法的大臣。两人都被后世当作贤臣的代表。

〔11〕斁(dù 妒)：败坏。

〔12〕糜：耗费。 廪：仓库。

〔13〕醇醴(lǐ 礼)：味厚的酒。醇，质地纯厚。醴，甜酒。 饫(yù 玉)：饱食。

〔14〕赫赫：气势壮盛貌。 象：效法。

【译文】

卖柑的人笑道：“我干这个行当有好多年了，我靠它来养活自己。我卖柑子，人家买它，从来没有听说有意见的，却偏偏不合你的心意吗？人世间弄虚作假的不算少呀，难道只有我一人吗？只不过先生你没有想过这个问题。现在那些佩戴着兵符、坐虎皮椅子的人，耀武扬威地真像是保卫国家的人才，他们果真能拿出孙武和吴起的韬略吗？那些头戴高高的官帽、腰上垂着长长的衣带的人，气宇轩昂真像是朝廷的重臣，他们果真能建立起伊尹和皋陶的功业吗？盗贼兴起，不知道怎样防御；百姓穷困，不知道怎样救济；官吏贪赃枉法，不知道怎样禁止；法度败坏，不知道怎样整顿，坐在那里白白地消耗国家的俸禄却不知道羞耻。看他们坐在高堂之上，骑着大马，醉饮美酒，饱吃鱼肉的样子，哪一个不是威风凛凛令人望而生畏，气势显赫让人羡慕效法呢？可是，又有哪一个不是金玉般的外壳、破棉絮的内里呢？现在，你不究责这些，却来究责我的柑子！”

予默默无以应。退而思其言，类东方生滑稽之流〔1〕。岂其忿世嫉邪者耶？而托于柑以讽耶？

【注释】

〔1〕东方生：东方朔，字曼倩，汉武帝时人。常以诙谐滑稽的言谈讽谏皇帝。事见《史记·滑稽列传》。 滑（gú骨）稽：诙谐机智。

【译文】

我沉默了，没有话回答他。回来再想想他这番话，觉得他像是东方朔一类滑稽机警的人物。难道他是愤世嫉俗的人吗？是借用柑子来讽刺世事吗？

（张国浩）

深 虑 论

方孝孺

【题解】

方孝孺(1357—1402)，字希直，又字希古，别号逊志，世称正学先生。浙江宁海人。幼时好学，及长，师宋濂。洪武二十五年，除汉中府学教授。明惠帝即位，召为侍讲学士。燕王朱棣(明成祖)发动“靖难之役”，赶走惠帝，叫他起草登极诏书，不从，掷笔于地，遂被害，并灭十族。他主张著文要“明道立政”，其文醇厚，颇受时人注目。著有《逊志斋集》。

《深虑论》共十篇，本文为第一篇。作者历数历朝兴衰的史实，提出“祸常发于所忽之中，而乱常起于不足疑之事”，目的是要明代统治者引以为鉴，“深虑”长治久安之策。但作者又提出人的智力“不可以谋天”，只能尽人事祈求天佑，这就陷入了唯心主义的泥坑。

虑天下者，常图其所难，而忽其所易；备其所可畏，而遗其所不疑。然而祸常发于所忽之中，而乱常起于不足疑之事。岂其虑之未周与？盖虑之所能及者，人事之宜然，而出于智力之所不及者，天道也〔1〕。

【注释】

〔1〕“盖虑之”四句：认为人的智力只及人事，无法谋天，即“谋事

在人，成事在天”之意。

【译文】

思考治理天下存亡的人，常常谋求解决那些难以处理的事情，而忽略了那些容易处理的事情；防备那些可怕的事情，而遗漏了那些不被怀疑的事情。可是，祸患常常在被忽略的事情之中发生，动乱常常发生于不被怀疑的事情上。这难道是他们考虑还不周全吗？这是由于考虑所能作用到的，是人事上应有的情形，而出于智力所不能达到的地方，那是天意。

当秦之世，而灭诸侯，一天下[1]，而其心以为周之亡在乎诸侯之强耳，变封建而为郡县[2]。方以为兵革可不复用，天子之位可以世守，而不知汉帝起陇亩之中，而卒亡秦之社稷[3]。汉惩秦之孤立[4]，于是大建庶孽而为诸侯[5]，以为同姓之亲可以相继而无变，而七国萌篡弑之谋[6]。武、宣以后[7]，稍剖析之而分其势，以为无事矣，而王莽卒移汉祚[8]。光武之惩哀、平[9]，魏之惩汉[10]，晋之惩魏[11]，各惩其所由亡而为之备，而其亡也，皆出于所备之外。唐太宗闻武氏之杀其子孙，求人于疑似之际而除之，而武氏日侍其左右而不悟[12]。宋太祖见五代方镇之足以制其君，尽释其兵权[13]，使力弱而易制，而不知子孙卒困于敌国[14]。此其人皆有出人之智、盖世之才，其于治乱存亡之幾[15]，思之详而备之审矣[16]。虑切于此而祸兴于彼，终至乱亡者何哉？盖智者可以谋人，而不可以谋天。良医之子多死于病，良巫之子多死于鬼[17]，彼岂工于活人而拙于活己之子哉？乃工于谋人而拙于谋天也。

【注释】

〔1〕一天下：统一天下。

〔2〕封建：周朝分封疆土的制度。周天子把爵位、土地赐给亲属及臣下，让他们在封定的区域内建立诸侯国。　郡县：指秦始皇统一中国后，废除分封制，把全国分为三十六郡，下设县，郡县长官由中央任免，实行中央集权制度。

〔3〕“而不知”二句：指汉高祖刘邦出身低微，但最后推翻了秦朝。汉帝，汉高祖刘邦。起陇亩之中，刘邦出身农家，起兵反秦前，只作过“泗水亭长”（乡村小吏）。　陇亩，犹田野。　社稷，指国家政权。社，土神；稷，谷神。都是古代帝王、诸侯必须祭祀的神灵，象征着国家政权。

〔4〕惩：警戒，以过去的失败作为教训。

〔5〕大建庶孽：指刘邦即位后分封燕、代、齐等十个同姓王。　庶孽，本指姬妾生的子女，这里泛指亲属。

〔6〕七国：指汉景帝时，以吴王刘濞为首的吴、楚、赵、胶东、胶西、济南、临淄七个同姓诸侯王，以诛晁错为名，举兵叛乱，后被汉景帝平叛。弑（shì 士）：古时称臣杀君、子杀父母为“弑”。

〔7〕武、宣：指汉武帝刘彻和汉宣帝刘询。武帝公元前 141 年至前 87 年在位，他进一步加强中央集权，削弱了诸侯国势力。宣帝公元前 74 年至前 49 年在位。

〔8〕王莽：西汉末年外戚，逐渐掌权称帝，改国号为新，后世又称其为“新莽”。　祚（zuò 做）：皇位，国统。

〔9〕光武：光武帝刘秀，公元 25 年至 57 年在位，东汉开国皇帝。哀、平：西汉末二帝。哀帝刘欣，公元前 6 年至前 1 年在位。平帝刘衎（kàn 看），公元元年至 5 年在位。

〔10〕魏：指三国魏。公元 220 年曹丕代汉称帝，国号魏，史称曹魏。

〔11〕晋：指西晋。公元 265 年司马炎代魏称帝，国号晋，史称西晋。

〔12〕“唐太宗”三句：唐贞观二十二年，民间流传：“唐三世之后，女主武氏代有天下。”太宗与太史令李淳风商量，欲将“疑似者尽杀之”。然而，当时武则天就在身旁侍驾，太宗却置若罔闻。唐太宗，李

世民，公元626年至649年在位。武氏，武则天，名曌，十四岁入宫，高宗时为皇后，后废中宗、睿宗，自称圣神皇帝，改国号为周。

〔13〕“宋太祖”二句：指宋太祖赵匡胤建立宋朝后，吸取了五代时方镇势力膨胀挟制君王的教训，召集将领宴会，劝他们多置田地房产，以享天年，将领们闻之大惊，提出辞职。五代方镇，指后梁、后唐、后晋、后汉、后周五代时，藩镇势力膨胀，尾大不掉。

〔14〕“而不知”句：指宋太祖解除武将兵权，中央权力高度集中，造成北宋兵不识将、积弱积贫，屡被西夏、辽、金、元等侵扰，后北宋被金所灭，南宋被元所灭。

〔15〕幾：迹象、预兆。

〔16〕审：周密。

〔17〕巫：古代以为人求神祈福为职的人。

【译文】

秦国强盛的时候，消灭了诸侯，统一了天下。秦始皇以为周朝的灭亡在于诸侯势力的强大，于是改变分封诸侯的做法而代之以郡县制。正当他以为从此可以不再动用武力，皇位可以世代相传时，却不料汉高祖刘邦崛起于田野之中，最终推翻了秦朝。西汉高祖鉴于秦朝王族势孤力单，于是大封诸子及兄弟为诸侯王，以为同姓血缘亲族可以世代相传不会有变故了，却没有想到吴楚等七个诸侯国产生了篡位弑君的图谋。西汉武帝、宣帝以后，逐渐割解各诸侯王的土地，削弱分散了他们的势力，以为这样天下太平无事了，可是王莽终于夺走了汉朝政权。汉光武帝借鉴汉哀帝、汉平帝灭亡的祸患，曹魏政权借鉴汉朝的灭亡，晋朝又借鉴曹魏政权的灭亡，他们各自借鉴了前朝灭亡的缘由，制定了防备的措施，然而，他们的灭亡，都超出了所防备的范围以外。唐太宗听说有个姓武的人，将来要杀害他的子孙，就寻找那些有嫌疑的人，尽数除掉，然而武则天日日在他身边侍候，却没有被觉察。宋太祖看到五代时各方藩镇势力膨胀足以挟制君主，就全部解除了武将们的兵权，使他们势力变小，容易控制，然而，没有想到他的子孙，终于遭受敌国的逼迫。这些帝王都有超出常人的智慧，冠盖一代的才能，他们对于治乱存亡的征候，想得很详尽，防备得十分周密。但是，他们在这方面考虑详尽周密，却在那方面发生祸患，终于发生战乱直至灭亡，这是为什么呢？因为人的智慧只可以谋求人事的成功，却不能用它来谋求天意啊。良医的儿女，大多死于疾病；良巫的儿女，大多死于魔障。难道他们善于救活他人却拙于救活自己的儿女吗？这是因为他们只善于谋求人事而拙于谋求天意啊。

古之圣人，知天下后世之变非智虑之所能周，非法术之所能制，不敢肆其私谋诡计，而唯积至诚、用大德以结乎天心，使天眷其德，若慈母之保赤子而不忍释。故其子孙虽有至愚不肖者足以亡国，而天卒不忍遽亡之〔1〕，此虑之远者也。夫苟不能自结于天，而欲以区区之智笼络当世之务〔2〕，而必后世之无危亡，此理之所必无者也，而岂天道哉！

【注释】

〔1〕遽（jù 剧）：马上，立即。

〔2〕笼络：指当权者用权术谋略驾驭、拉拢人。

【译文】

古代的圣明君主，他们懂得天下后世的变化，不是人的智慧谋略所能用全，不是法令权术所能控制的，因此不敢肆无忌惮地使用阴谋诡术，而是积聚最大的诚心，使用崇高的品德联结天意，使上天眷顾他们的德行，就像慈母保护乳儿一样，不忍心撒手不管。因此，他们的子孙中，虽然有极其愚笨不成器而足以亡国的，而上天终于不忍心立刻让他们的国家灭亡，这就是他们思虑深远的地方。如果自己不能感动上天，而想凭借小小的智谋，驾驭控制人事，还想一定使自己的后代不发生危亡，这在情理上都说不通，又哪里能符合天意呢？

（张国浩）

豫让论

方孝孺

【题解】

豫让是春秋战国间晋国人，曾为中行氏家臣，因不受重用，去而事智伯。赵、韩、魏三家灭晋后，他为智伯报仇，改名换姓，潜入赵襄子宫中，后又以漆身吞炭的办法伪装疯哑，一再行刺，均未成功。被抓获后，他要求赵襄子将衣服给他，他对着衣服，三跃而以剑击之，然后伏剑自尽。

本文认为，豫让这个历来被人赞颂的人物，虽有为报人主之恩而“捐躯殒命”的壮举，但称不上是一位“国士”。真正的忠义之士，应以国家利益为重，敢于直言谏君，使君主能“销患于未形，保治于未然”。而不能仅在祸患之后，凭匹夫之勇，以显忠臣之名。

文章运用了对比手法，层层剖析，逻辑严密，有较强的说服力。

士君子立身事主，既名知己[1]，则当竭尽智谋，忠告善道[2]，销患于未形，保治于未然[3]，俾身全而主安[4]。生为名臣，死为上鬼，垂光百世，照耀简策[5]，斯为美也。苟遇知己，不能扶危于未乱之先，而乃捐躯殒命于既败之后，钓名沽誉，眩世炫俗[6]，由君子观之，皆所不取也。

【注释】

〔1〕名：被称为。

〔2〕忠告善道：诚恳地告诫，善意地劝说。《论语·颜渊》："忠告而善道之。"

〔3〕未然：事然尚未发生。

〔4〕俾：使。

〔5〕简策：指史籍。简，竹简，连编诸简，谓之策。古无纸笔，用刀将文字刻于竹片或木片上。

〔6〕眩世炫俗：迷惑、吓唬世俗之人，引申为欺世盗名之意。

【译文】

君子修养立身，侍奉君主，既然已被称作是君主的知己，就应当竭尽自己的聪明才智，向君主提出忠诚的劝告，并善意地劝说他，把祸患消除在尚未形成之时，在天下太平尚未被破坏时尽力维护它，从而使自身得以保全，使君主平安无事。活着时是有名节的臣子，死后成为不朽的英灵，英名垂范百世，事迹照耀青史，这才是值得称道赞美的。假使遇上了知己的君主，不能在没有发生变乱前辅助他消除危机，却在已经失败之后为主君去死，沽名钓誉，迷惑世俗之人。这种行为，从君子看来，都是不足取的。

盖尝因而论之〔1〕。豫让臣事智伯〔2〕，及赵襄子杀智伯〔3〕，让为之报仇，声名烈烈，虽愚夫愚妇〔4〕，莫不知其为忠臣义士也。呜呼！让之死固忠矣，惜乎处死之道有未忠者存焉。何也？观其漆身吞炭〔5〕，谓其友曰："凡吾所为者极难，将以愧天下后世之为人臣而怀二心者也。"谓非忠可乎？及观斩衣三跃〔6〕，襄子责以不死于中行氏而独死于智伯〔7〕，让应曰："中行氏以众人待我，我故以众人报之；智伯以国士待我〔8〕，我故以国士报之。”即此而论，让有馀憾矣。

【注释】

〔1〕因：根据。

〔2〕智伯：晋大夫，名瑶。曾联合韩、赵、魏三家吞并了范氏、中行氏两家土地，后又向韩、赵、魏索地，被韩、赵、魏三家吞灭，并三分其地。

〔3〕赵襄子：即赵孟，晋国贵族赵简之子。与韩康子、魏桓子共败智伯军，杀智伯而灭其族，尽分其地。

〔4〕愚夫愚妇：指普通老百姓，古代统治阶级对劳动人民的蔑称。

〔5〕漆身吞炭：豫让欲谋刺赵襄子，为智伯报仇，乃漆身变容，吞炭变音。

〔6〕斩衣三跃：赵襄子出行，豫让伏于桥下，谋刺未成被襄子兵所获。豫让曰："今日之事，臣固伏诛，然愿请君之衣而击之，虽死不恨。"襄子义之，持衣给豫让。豫让拔剑三跃，呼天击之，遂伏剑自尽。

〔7〕中行（háng 杭）氏：春秋时晋大夫荀林父之后。荀林父因掌管晋之中行的军队，后遂以官为姓。豫让曾作过中行氏的家臣。

〔8〕国士：一国之杰出人物。

【译文】

我曾经按照这个标准来评说豫让。豫让做智伯的家臣，等到赵襄子杀了智伯以后，豫让要为智伯复仇，忠义的名声显赫如烈火，即使是愚昧无知的百姓，也没有不知道他是忠臣义士的啊。唉！豫让的死自然称得上是忠诚了，只可惜他死的方式也有不够忠诚的地方。为什么这样说呢？我们看他用漆涂身改变容貌，吞食炭块以改变声音，对友人说："我做的这些都是常人难以做到的，我这么做是为了让天下后世作人臣却不忠诚的人感到羞愧啊。"可以说他不够忠诚吗？及至他对赵襄子的衣服三跃而刺，赵襄子指责他不去为中行氏去死，偏偏为智伯送死时，豫让回答说："中行氏以常人的礼节对待我，所以我用常人的礼节回报他；智伯用国士的礼节对待我，所以我用国士的礼节回报他。"就从这点来说，豫让有让人遗憾的地方。

段规之事韩康[1]，任章之事魏献[2]，未闻以国士待之也，而规也、章也，力劝其主从智伯之请，与之地以骄其志，而速其亡也。郄疵之事智伯[3]，亦未尝以国士待之也，而疵能察韩、魏之情以谏智伯，虽不用其言以至灭亡，而疵之智谋忠告，已无愧于心也。让既自谓智伯待以国士矣，国士，济国之士也。当伯请地无厌之日[4]，纵欲荒暴之时，为让者，正宜陈力就列[5]，谆谆然而告之曰："诸侯大夫，各安分地，无相侵夺，古之制也。今无故而取地于人，人不与，而吾之忿心必生；与之，则吾之骄心以起。忿必争，争必败；骄必傲，傲必亡。"谆切恳至，谏不从，再谏之；再谏不从，三谏之；三谏不从，移其伏剑之死[6]，死于是日。伯虽顽冥不灵[7]，感其至诚，庶几复悟[8]，和韩、魏，释赵围，保全智宗，守其祭祀。若然，则让虽死犹生也，岂不胜于斩衣而死乎？让于此时，曾无一语开悟主心，视伯之危亡犹越人视秦人之肥瘠也[9]，袖手旁观，坐待成败，国士之报，曾若是乎？智伯既死，而乃不胜血气之悻悻[10]，甘自附于刺客之流，何足道哉？何足道哉？

【注释】

〔1〕段规：韩康子的谋臣。韩康子，名虔，春秋末晋大夫。智伯曾向韩康子索要土地，韩康子打算拒绝，段规劝他满足智伯的要求。等到智伯从这里得到土地，向别人索要而不能满足要求时，必定会动用武力。这样韩氏家族就可以坐等事态发展。

〔2〕任章：魏献子的谋臣。魏献子，名驹，春秋末晋国大夫。智伯从韩氏获得土地后，又向魏献子索要土地，魏献子也不想给他。任章劝道："智伯无缘无故向别人索要土地，各位大夫定会害怕。我们给他土

地，他定会骄纵，这样，智氏的命运必不长久。”魏献子因此也把土地给了智伯。

〔3〕“郄疵（xì cī 细雌）”句：智伯从韩、魏两家获取土地后，又向赵襄子索要土地，遭到拒绝。智伯逼迫韩、魏出兵，跟自己的军队一起包围赵城晋阳，用水灌城。郄疵劝智伯道：“你领了韩、魏之兵攻赵，韩、魏两家担心赵亡后会波及他们的安危，这样，韩、魏就会反叛我们。”智伯不听。赵襄子派人和韩、魏约定，三家里应外合，终于消灭智氏。不久，韩、赵、魏把晋国一分为三，成立赵国、韩国和魏国，史称“三家分晋”。

〔4〕厌：满足。

〔5〕陈力就列：施展才力，而胜任自己的职位。

〔6〕伏剑：自刎。

〔7〕顽冥：犹言愚昧。

〔8〕庶几：或许能够。

〔9〕“视伯”句：以越人视秦人之肥瘦作比喻，言豫让视智伯危亡而不关痛痒。因秦在西北，越在东南，相去甚远，故用此喻。

〔10〕悻悻：忿恨貌。

【译文】

段规事奉韩康子，任章事奉魏献子，从没听说韩康子、魏献子以国士的礼节对待他们，然而，段规和任章却尽力劝说他们的君主接受智伯的要求，把土地割让给他，使智伯更加骄纵，从而加速他的灭亡。郄疵事奉智伯，智伯也没有用国士的礼节对待他，但是郄疵觉察了韩康子、魏献子的实情，并去规谏智伯。智伯虽然没有采纳他的意见，导致灭亡，但是郄疵的智谋和忠告，已经问心无愧了。豫让既然自称智伯以国士的礼遇待他，而所谓国士，是可以济国安邦的杰出人士啊。当智伯要求他人的土地永无满足的时候，当智伯放纵私欲、昏庸残暴的时候，作为豫让来说，正应当贡献自己的才力，尽人臣之责，诚恳地劝告智伯说：“诸侯和大夫间，应该各自享有自己的封地，不要互相侵略掠夺，这是从古以来的规定。现在您无缘无故地索取别人的土地，假若人家不给，我们就会产生仇恨之心；假若人家给了，那么我们就会产生骄横之心。仇视必然会引起争夺，争夺的结果一定是失败；骄横就一定会目中无人，目中无人就必然会导致灭亡。”如此恳切地劝说忠告，一次劝谏不听从就再劝谏，再次劝谏还是不听，就第三次劝谏，第三次劝谏仍然不听从，就把自己在赵襄子面前斩衣自尽的日子，移到这一天。智伯即使愚昧糊涂到了极点，被他这种至诚之心感动，或许也会重新醒悟过来，跟韩、魏和解，解除对赵地的包围，从而保全智氏的家族，保持智氏宗庙的祭祀。如果能这么做，那么，即使豫让人死了，也会像活着一样让人怀念，难道这不比仅仅刺杀他人衣服再自尽的行为更加高明吗？可是，豫让当时竟没有一句话去开导主君的心智，看着智伯行将灭亡如越人看待秦人的肥瘦一样漠不关心，袖手旁观，坐等双方的成功与失败。国士对君主的报答之情，难道应该是这样的吗？等到智伯死后，他才气愤得控制不住自己，甘愿成为刺客一类的人，这有什么值得称道的呢？这有什么值得称道的呢？

虽然，以国士而论，豫让固不足以当矣；彼朝为仇敌，暮为君臣，腼腼然而自得者[1]，又让之罪人也。噫！

【注释】

〔1〕腼腼然：厚颜无耻的样子。

【译文】

虽然这样，以国士的标准衡量，豫让固然是够不上的；但是，那些在早上还是仇敌，到了晚上就成了君臣，还厚着脸皮洋洋自得的人，又是豫让的罪人了。唉！

（张国浩）

亲 政 篇

王 鏊

【题解】

王鏊(1450—1524)，字济之，明成化年间进士，官至户部尚书兼文渊阁大学士。因武宗昏庸，不理朝政，宦官刘瑾“权控天下”，他愤然辞官而归。刘瑾被诛后，朝廷多次征召，均推辞不受。明世宗即位后曾派人慰问王鏊，为答谢世宗，他写了这篇奏章。

亲政，即亲自执政。明朝自英宗天顺年间以来，皇帝很少过问政事。王鏊希望世宗即位后，能改弦更张，革除宦官弊政，“复古朝之法”，“通远近之情”。文章引经据典，言之凿凿，论证周密，文字朴实通畅。

《易》之《泰》曰〔1〕：“上下交而其志同。”其《否》曰〔2〕：“上下不交而天下无邦。”盖上之情达于下，下之情达于上，上下一体，所以为“泰”；下之情壅阏而不得上闻〔3〕，上下间隔，虽有国而无国矣，所以为“否”也。交则泰，不交则否，自古皆然，而不交之弊，未有如近世之甚者。君臣相见，止于视朝数刻〔4〕；上下之间，章奏批答相关接〔5〕，刑名法度相维持而已〔6〕。非独沿袭故事〔7〕，亦其地势使然。何也？国家常朝于奉天门[8]，未尝一日废，可谓勤矣。然堂陛悬绝，威仪赫奕[9]，御史纠仪[10]，鸿胪举不如法[11]，通政司引奏[12]，上特视之，谢恩见辞，惴惴而退[13]，上何尝治一事，下何尝进一言哉？此无他，地势悬绝，所谓堂上远于万里，虽欲言无由言也。

【注释】

〔1〕《泰》：易卦名。象征通泰。

〔2〕《否（pǐ 匹）》：卦名。象征闭塞不吉。

〔3〕壅阏（yōng è 拥扼）：犹堵塞，堵住。

〔4〕视朝：皇帝临朝以见群臣。　刻：古代计时单位，一昼夜为一百刻。

〔5〕章奏：即奏章，群臣上书于皇帝之文。　批答：皇帝阅群臣奏章，以定其可否，谓之批答。

〔6〕刑名：古代有刑名之学，讲究以名责实，这里指尊君卑臣、崇上抑下的礼法。

〔7〕故事：传统做法，旧时的典章制度。

〔8〕奉天门：明代殿前中门。

〔9〕赫奕：显赫盛大。

〔10〕御史：官名，明设都察院，长官曰都御史，掌管纠劾百官之职。

〔11〕鸿胪（lú 炉）：官名，掌管殿廷礼仪之职。

〔12〕通政司：官署名，负责收转内外奏章，这里指通政司的负责官员通政使。

〔13〕惴（zhuì 坠）惴：恐惧貌。

【译文】

《易经》中的《泰》卦上说："君主和臣民间的意见互相交流，他们的思想就会相同。"《否》卦上说："君主和臣民间的意见不能互相交流，国家就会灭亡。"这是说，君主的思想能传达到臣民，臣民的思想能反映给君主，君主和臣民结成一个整体，因此叫做“泰”；臣民的情意被堵塞而不能反映给君主，君主和臣民有了隔阂，虽然君主名义上掌握着国家政权，而实际等于并没有掌握，因此叫做“否”。上下交流就安泰，不能交流就闭塞不通，从古以来都是这样，然而上下不能交流的弊端，还从来没有像近世这样严重。君主和臣子的见面，仅仅限于在皇上上朝理事的几刻时间里；上下之间交往，不过是臣下上书奏本，君主批文答复的相互接触，依靠法令礼仪制度维持君臣关系而已。所以会这样，不仅仅是因为沿袭旧的规章制度，也是皇帝与臣子间地位悬殊造成的。为什么这么说呢？朝廷日常朝会在奉天门举行，从来没有停止过一天，可以说是勤劳的了。然而皇上所在殿堂与大臣所站立的台阶相隔很远，礼节又极其隆重，又有御史督察群臣是否失仪，有鸿胪检举群臣不合法度之事，有通政使引领大臣到皇上前奏事，而皇上只是接见一下，这臣子就得谢恩告辞，诚惶诚恐地退出殿堂，皇上何曾办过一件事，臣子又何曾说过一句话？这没有别的原因，就是因为皇帝与臣子之间地位悬殊，这就是所说的皇上高坐殿堂，君臣相望如隔万里之遥，即使想说也没有机会说话啊。

愚以为欲上下之交，莫若复古内朝之法。盖周之时有三朝〔1〕：库门之外为正朝，询谋大臣在焉；路门之外为治朝，日视朝在焉；路门之内曰内朝，亦曰燕朝。《玉藻》云〔2〕：“君日出而视朝，退适路寝听政〔3〕。”盖视朝而见群臣，所以正上下之分；听政而适路寝，所以通远近之情。汉制：大司马、左右前后将军、侍中、散骑诸吏为中朝〔4〕，丞相以下至六百石为外朝〔5〕。唐皇城之北南三门曰承天，元正、冬至受万国之朝贡〔6〕，则御焉〔7〕，盖古之外朝也。其北曰太极门，其西曰太极殿，朔、望则坐而视朝〔8〕，盖古之正朝也。又北曰两仪殿，常日听朝而视事，盖古之内朝也。宋时常朝则文德殿，五日一起居则垂拱殿，正旦、冬至、圣节称贺则大庆殿[9]，赐宴则紫宸殿或集英殿，试进士则崇政殿。侍从以下，五日一员上殿，谓之轮对，则必入陈时政利害。内殿引见，亦或赐坐，或免穿靴，盖亦有三朝之遗意焉。盖天有三垣[10]，天子象之。正朝，象太极也[11]；外朝，象天市也；内朝，象紫微也。自古然矣。

【注释】

〔1〕三朝：相传周朝天子与群臣议政有三处地方：外朝，在库门外，皋门内；内朝有两处，一在路门外，一在路门内，统称三朝。库门，天子宫中最外面的一个门；路门，天子宫中最里面的一个门。

〔2〕《玉藻》：《礼记》篇名。

〔3〕路寝：古代君主处理政事及入寝的宫室。

〔4〕大司马：官名，汉为三公之一，掌管全国军事。　左右前后将军：即左将军、右将军、前将军、后将军四种武官，位在大司马之下。侍中、散骑：都是汉代皇帝的近臣。

〔5〕六百石：汉代官秩。

〔6〕元正：即元旦。　冬至：节候名，在阳历十二月二十二、三日。

〔7〕御：登。

〔8〕朔、望：农历每月的初一和十五。

〔9〕圣节：指皇帝、皇后、皇太后等人诞辰的节日，也称“万寿节”。

〔10〕三垣：我国古代把天体恒星区分为三垣二十八宿，三垣即太微、紫微、天市。

〔11〕太极：即太微。

【译文】

我以为想要做到君主和臣下互相交流，不如恢复古代内朝的制度。周朝的时候设有三朝：皇宫最外边的库门之外是正朝，天子在那里向大臣们咨询商议国事；皇宫最里边的路门之外是治朝，天子每天在那里坐朝面见百官；路门之内是内朝，也叫燕朝。《礼记·玉藻》说："君王在日出时临朝会见百官，退朝后在宫内处理政务。"原来临朝会见群臣，是用它来显示君臣上下间的名分；处理政务则去宫中的路寝，是用来沟通君臣间的情意。汉朝的制度是，皇帝接见大司马、左右前后将军、侍中、散骑等官吏为中朝，接见丞相以下至六百石的官吏为外朝。唐朝皇城的北面，朝南向的有三座门，叫承天门，每年元旦和冬至节，皇帝接受天下各国的朝贺和进贡，就在那里坐朝，这就是古代的外朝。它的北面叫太极门，门西有太极殿，每月初一、十五日，皇帝亲临那里会见朝臣，这就是古代的正朝。再向北有两仪殿，皇帝平时在那里坐朝处理政务，这就是古代的内朝。宋朝时皇帝坐朝处理政务在文德殿，每隔五日，群臣向皇帝请安是在垂拱殿；元旦、冬至节、万寿节，群臣前来恭贺在大庆殿，皇帝赐宴群臣在紫宸殿或集英殿，考试进士在崇政殿。侍从以下的官员，每隔五天就有一位上殿朝见，叫做"轮对"，他们一定要在皇帝前陈述时政利弊得失。在内殿召见大臣由太监引领，有时也赐大臣坐下说话，有时免去臣子穿靴入朝。这样做，也有周、汉、唐三朝留下的沟通君臣关系的用意。天上的星宿有三垣之分，皇帝是在模仿上天行事。正朝，是模仿太微垣；外朝，是模仿天市垣；内朝，是模仿紫微垣。从古以来都是这样做的。

国朝圣节、正旦、冬至大朝会则奉天殿[1]，即古之正朝也。常日则奉天门，即古之外朝也。而内朝独缺。然非缺也，华盖、谨身、武英等殿，岂非内朝之遗制乎？洪武中如宋濂、刘基[2]，永乐以来如杨士奇、杨荣等[3]，日侍左右，大臣蹇义、夏元吉等[4]，常奏对便殿[5]。于斯时也，岂有壅隔之患哉[6]？今内朝未复，临御常朝之后[7]，人臣无复进见，三殿高閟[8]，鲜或窥焉。故上下之情，壅而不通；天下之弊，由是而积。孝宗晚年[9]，深有慨于斯，屡召大臣于便殿，讲论天下事。方将有为，而民之无禄，不及睹至治之美，天下至今以为恨矣。

【注释】

〔1〕国朝：指本朝（明朝）。

〔2〕洪武：明太祖（朱元璋）年号。 宋濂、刘基：明太祖的开国元勋。参见本书宋濂《送天台陈庭学序》注和刘基《司马季主论卜》注。

〔3〕永乐：明成祖（朱棣）年号。 杨士奇：名寓。曾在宣宗和英宗初年，与杨荣、杨溥合掌国政，世称“三杨”。 杨荣：字勉仁，福建建安（今福建建瓯县）人。

〔4〕蹇义：字宜之，巴县（今重庆市郊）人。成祖时，曾辅太子监国，历事五朝，死后谥“忠定”。 夏元吉：即夏原吉，字惟哲，湖广湘阴（今属湖南）人。宣宗时拜相，死后谥“忠靖”。

〔5〕便殿：非正式设朝的殿堂。

〔6〕壅隔：堵塞隔离。

〔7〕临御：指皇帝亲临朝政。

〔8〕閟（bì 必）：幽深，此指关闭。

〔9〕孝宗：弘治帝朱祐樘的庙号。公元 1488 年至 1505 年在位。

【译文】

我明朝凡是万寿节、正月初一、冬至节等大规模的朝会，安排在奉天殿，这相当于古代的正朝。平日朝见则在奉天门，这相当于古代的外朝。却唯独缺了内朝。但其实并不空缺，皇上在华盖、谨身、武英等殿接见群臣，不就是古代内朝的旧制吗？太祖洪武年间，如宋濂、刘基，成祖永乐以来，像杨士奇、杨荣等大臣，天天陪侍在皇帝身边，大臣蹇义、夏原吉等人，常常在便殿向皇帝上奏和议答。在这种时候，难道还担心君臣间的隔阂吗？当今内朝制度还没有恢复，皇上平时接见群臣以后，大臣就不再进殿朝见。华盖、谨身、武英三殿高大幽深，臣子们很少能窥视到殿内的情形。所以君主和臣子的想法，壅塞而不通畅；天下的弊端，由此越积越多。孝宗晚年的时候，对此有很深的感慨，多次在便殿召见大臣，研究天下大事。当孝宗正要有所作为之时，可惜百姓没有福分，孝宗就去世了，没来得及看见太平盛世的出现，天下的人直到现在都认为这是一件憾事。

惟陛下远法圣祖，近法孝宗，尽铲近世壅隔之弊。常朝之外，即文华、武英二殿，仿古内朝之意，大臣三日或五日一次起居，侍从、台谏各一员上殿轮对〔1〕；诸司有事咨决，上据所见决之，有难决者，与大臣面议之。不时引见群臣，凡谢恩辞见之类，皆得上殿陈奏。虚心而问之，和颜色而道之〔2〕，如此，人人得以自尽〔3〕，陛下虽深居九重〔4〕，而天下之事灿然毕陈于前。外朝所以正上下之分，内朝所以通远近之情。如此，岂有近时壅隔之弊哉？唐、虞之时，明目达聪，嘉言罔伏〔5〕，野无遗贤，亦不过是而已。

【注释】

〔1〕台谏：指台官和谏官。台官指御史台官员；谏官指谏议大夫，给事中等。

〔2〕道：通“导”。

〔3〕自尽：指全部说出自己的意见。

〔4〕九重：指帝王所居之处。

〔5〕嘉言：美好的、正确的言论。　罔：不。伏：埋没。

【译文】

希望陛下远效太祖和成祖，近学孝宗，彻底清除近代君臣隔阂疏远的弊病。除了常朝之外，能驾临文华、武英二殿，仿照古代内朝的意思，大臣们三天或五天一次轮流恭请圣安，侍从和台谏每次派一人上殿朝见，回答皇上关于政事的询问；各部门有事咨询请示，皇上根据自己的意见作出决断，有难以决断的事情，就与大臣们当面商议。皇上要不定期的召见群臣百官，即使是谢恩、辞行一类礼节性的事务，有关人员也都能够上殿进呈奏文。皇上虚心地询问他们，和颜悦色地引导他们谈话，这样一来，人人都能全部说出自己的意见。皇上虽然深居宫殿之中，天下的事情却能清晰地呈现在面前。以外朝制度用来维持君臣尊卑关系，以内朝制度用来疏通君臣之间情意。这样的话，难道还有近代以来君臣隔阂的弊端吗？唐尧、虞舜时期，尧、舜能做到眼明耳聪，正确的言论不会被埋没，穷乡僻壤里也没有被遗留的贤良之士，其实也不过是我说的这种情形罢了。

（张国浩）

尊经阁记

王守仁

【题解】

王守仁(1472—1528)，字伯安，余姚(今属浙江)人。曾筑室故乡阳明洞中，世称阳明先生。弘治十二年(1499)进士，授刑部主事，后起补兵部主事。正德初，因上疏救戴铣等人，触怒宦官刘瑾，被贬为贵州龙场(今贵州修文县内)驿丞。瑾诛，起为左都御史，因平定南方民变及宁王宸濠叛乱有功，官南京兵部尚书，封新建伯。卒谥文成，赠新建侯。

王守仁是明代著名哲学家，继承并发展了宋代陆九渊一派的主观唯心主义思想，主张人心是宇宙的本体，认为心外无物，心外无理，“心明即是天理”，“专以致良知为主”，形成阳明学派，弟子满天下，对后世影响很大。著作以今人吴光、钱明等人编校的《王阳明全集》(共四十一卷)为最完备。

嘉靖四年(1525)，王守仁在乡守制，会稽郡守南大吉因见旧有的稽山书院荒废已久，令山阴县令重建拓展书院，又建造一座尊经阁在其后，请王守仁做了这篇记文。记文主要阐述了这样的意思：儒家宗尚的六经，就是人们心中本来就存在的永恒真理，人心无所不包，六经尽在人心，心与六经是一致的。所以尊经就必须“求诸其心”。文章开首三段就六经是心之常道这一主旨进行层层深入的论证，句式复沓中兼具变化。其后插入一喻，也很确切，以说明后世人对经的曲解和庸俗化。最后才点出做这篇记文的缘由。全文气势宏大，万壑争流而脉络井然，颇能显示出理学家为文的特色。

经[1]，常道也，其在于天谓之命，其赋于人谓之性，其主于身谓之心。心也，性也，命也，一也。

【注释】

〔1〕经：指后文所提到的《易经》、《书经》、《诗经》、《礼记》、《乐经》、《春秋》等六部儒家经典。

【译文】

经是永恒不变的真理，它行之于天叫做命，授之于人叫做性，主宰于人身叫做心。心、性、命，都是同一样的东西。

通人物，达四海，塞天地，亘古今[1]，无有乎弗具，无有乎弗同，无有乎或变者也，是常道也。其应乎感也[2]，则为恻隐，为羞恶，为辞让，为是非；其见于事也，则为父子之亲，为君臣之义，为夫妇之别，为长幼之序，为朋友之信。是恻隐也，羞恶也，辞让也，是非也；是亲也，义也，序也，别也，信也，皆所谓心也、性也、命也。

【注释】

〔1〕亘（gèn 根$_{去声}$）：贯通。

〔2〕应：应和，因感而发。

【译文】

沟通众人与万物，遍及五湖四海，充塞天地之间，贯通古往今来，无所不备，无所不同，没有丝毫可能变化的东西，这就是永恒不变之道。它反映在人的情感上，就是同情之心，羞恶之心，谦让之心和是非之心；它体现在事理上，就是父子间的亲情，君臣间的恩义，夫妻间的名分，长幼间的次序与朋友间的信义。这同情心，羞恶心，谦让心，是非心；这亲情，恩义，名分，次序，信义，都是上述所谓的心、性、命。

通人物，达四海，塞天地，亘古今，无有乎弗具，无有乎弗同，无有乎或变者也，是常道也。以言其阴阳消长之行〔1〕，则谓之《易》；以言其纪纲政事之施〔2〕，则谓之《书》；以言其歌咏性情之发，则谓之《诗》；以言其条理节文之著〔3〕，则谓之《礼》；以言其欣喜和平之生，则谓之《乐》；以言其诚伪邪正之辨，则谓之《春秋》。是阴阳消长之行也，以至于诚伪邪正之辨也，一也，皆所谓心也、性也、命也。

【注释】

〔1〕阴阳：事物的两种对立变化的方面、力量。　消长：消歇与生长，盛衰。

〔2〕纪纲政事：法制法令与政治事务。

〔3〕条理节文：按礼仪规定的有关的各种法则、伦理制度等。在古代，因为人与人之间等级有别，因此各种人的起居、饮食、婚丧、车马、服饰都有所不同。

【译文】

沟通众人与万物，遍及五湖四海，充塞天地之间，贯通古往今来，无所不备，无所不同，没有丝毫可能变化的东西，这就是永恒不变之道。用它来说明自然界阴阳消长的变化，则称之为《易》；用它来说明政治纲领、政务实施，则称之为《书》；用它来说明歌咏情感表达方式的，则称之为《诗》；用它来说明礼仪制度如何确立的，则称之为《礼》；用它来表现欣喜和平的触发，则称之为《乐》；用它来说明真伪邪正的区别的，则称之为《春秋》。因此，从这阴阳消长的变化，直至真伪邪正的区别，是一样的事儿，都是上述所谓的心、性、命。

通人物，达四海，塞天地，亘古今，无有乎弗具，无有乎弗同，无有乎或变者也，夫是之谓六经。六经者非他，吾心之常道也。是故《易》也者，志吾心之阴阳消息者也[1]；《书》也者，志吾心之纪纲政事者也；《诗》也者，志吾心之歌咏性情者也；《礼》也者，志吾心之条理节文者也；《乐》也者，志吾心之欣喜和平者也；《春秋》也者，志吾心之诚伪邪正者也。君子之于六经也，求之吾心之阴阳消息而时行焉，所以尊《易》也；求之吾心之纪纲政事而时施焉，所以尊《书》也，求之吾心之歌咏性情而时发焉，所以尊《诗》也；求之吾心之条理节文而时著焉，所以尊《礼》也；求之吾心之欣喜和平而时生焉，所以尊《乐》也；求之吾心之诚伪邪正而时辨焉，所以尊《春秋》也。

【注释】

〔1〕志：记。　消息：即上文“消长”的意思。

【译文】

沟通众人与万物，遍及五湖四海，充塞天地之间，贯通古往今来，无所不备，无所不同，没有丝毫可能变化的东西，这就叫做六经。六经不是别的东西，乃是我们心中存在的永恒不变之道。所以《易》这部经，是记述我们心中阴阳消长变化的书；《书》这部经，是记述我们心中法制政事的书；《诗》这部经，是记述我们心中歌咏性情的书；《礼》这部经，是记述我们心中礼仪制度的书；《乐》这部经，是记述我们心中欣喜和平的书；《春秋》这部经，是记述我们心中真伪邪正尺度的书。君子的对待六经，要从自己心中探索阴阳消长变化的道理，而且时时去顺行它，这才是尊重《易》；要从自己心中去探索法制政事，而且时时设法施行，这才是尊重《书》；要从自己心中去探索歌咏性情，而且时时去触发它，这才是尊重《诗》；要从自己心中去探索仪礼制度，而且时时去发扬它，这才是尊重《礼》；要从自己心中去探索欣喜和平之音，而且时时去拨动它，这才是尊重《乐》；要从自己心中去探索真伪邪正，而且时时去区分它，这才是尊重《春秋》。

盖昔圣人之扶人极、忧后世而述六经也〔1〕，犹之富家者之父祖虑其产业库藏之积，其子孙者或至于遗亡散失，卒困穷而无以自全也，而记籍其家之所有以贻之〔2〕，使之世守其产业库藏之积而享用焉，以免于困穷之患。故六经者，吾心之记籍也；而六经之实，则具于吾心，犹之产业库藏之实积，种种色色，具存于其家；其记籍者，特名状数目而已〔3〕。而世之学者不知求六经之实于吾心，而徒考索于影响之间〔4〕，牵制于文义之末，硁硁然以为是六经矣〔5〕。是犹富家之子孙不务守视享用其产业库藏之实积，日遗亡散失，至为窭人丐夫〔6〕，而犹嚣嚣然指其记籍曰〔7〕：“斯吾产业库藏之积也。”何以异于是？

【注释】

〔1〕人极：人世间的道德规范，道德准则。

〔2〕记籍：登记用的簿子。这里作动词用。

〔3〕特：只，不过。
〔4〕影响：非本质的东西，事物表象。
〔5〕硁（kēng 铿）硁然：固执、浅陋的样子。
〔6〕窭（jù 句）人：穷人。
〔7〕嚣嚣然：大声嚷嚷的样子。

【译文】

从前的圣人，为了要扶植人间正道，确立道德法则，忧患后代的世风堕落，就著述了六经，就像富贵人家的父祖，担心他家的产业、积蓄，到了子孙后代手中，有可能散亡流失，最终穷困得无法存身活命，就把家中所有财富登记成册留给子孙，使后人世世代代能保住产业、积蓄，得到享用，以免陷于穷困的危机。所以说，六经就是我们心中的登记簿；而六经的内容实质，则都存在于我们的心中。就像产业、库房中的积贮，包括各种各类的物资，都放在家中一样。其登记在册的，不过是这些物资的名目、状态和数目而已。而世上的学者，不知道应该向自己的心中去探究六经的内容和实质，而只是仅仅去考证一些似是而非的表面东西，斤斤计较于字义之类的细枝末节，就洋洋自得地认为那就是六经了。这就好像那些富家的子孙后代，不去牢牢地看守保住与享用祖上遗下的产业、积蓄，让它逐渐流亡散失，以至于沦为穷人乞丐，却还指着登记簿大声嚷嚷说："这是我的产业和库存积蓄啊！"那些不探究六经内容实质的学者与这班富家子弟的行为有什么两样呢？

呜呼！六经之学，其不明于世，非一朝一夕之故矣。尚功利，崇邪说，是谓乱经。习训诂[1]，传记诵，没溺于浅闻小见，以涂天下之耳目[2]，是谓侮经。侈淫词，竞诡辨[3]，饰奸心盗行，逐世垄断，而犹自以为通经，是谓贼经[4]。若是者，是并其所谓记籍者，而割裂弃毁之矣！宁复知所以为尊经也乎？

【注释】

〔1〕训诂：对汉字字义的解释。

〔2〕涂：蒙蔽、惑乱。

〔3〕辨：通“辩”。

〔4〕贼：伤残，残害。

【译文】

唉！六经这门学问，它在世上不被重视光大，已经不是一朝一夕的事了。崇尚功利，风行邪说，这叫做淆乱经义。钻牛角尖研习文字训诂，讲究记忆诵读之学，沉溺于浅陋的传闻、一孔之见，用来掩塞天下人的耳目，这叫做侮慢经文。肆意用荒唐的言词，竞相用巧舌如簧的诡辩，来掩盖险恶的用心和卑鄙的行为，在世上争逐，谋取厚利，还自以为是精通六经，这叫做残害经书。像这样的人，简直是连所谓的簿籍也一同割裂毁弃了！哪里还知道什么才叫做尊经呢？

越城旧有稽山书院〔1〕，在卧龙西冈，荒废久矣。郡守渭南南大吉〔2〕，既敷政于民〔3〕，则慨然悼末学之支离，将进之以圣贤之道，于是使山阴令吴君瀛拓书院而一新之〔4〕，又为尊经之阁于其后，曰：“经正则庶民兴，庶民兴斯无邪慝矣〔5〕。”阁成，请予一言以谂多士〔6〕。予既不获辞，则为记之若是。呜呼！世之学者得吾说而求诸其心焉，则亦庶乎知所以为尊经也已。

【注释】

〔1〕越城：今浙江绍兴。　稽山书院：宋代时在稽山（在绍兴市东南）越王城遗址建造的一座书院。

〔2〕郡守：州郡的长官，此指绍兴知府。　南大吉：字元善，陕西渭南人。明武宗正德六年（1511）二甲进士，时任绍兴知府。

〔3〕敷政：施政。

〔4〕山阴：今属浙江绍兴市。

〔5〕斯：连词，则，就。　邪慝（tè 特）：邪恶。

〔6〕谂（shěn 审）：规劝。

【译文】

越城从前有座稽山书院，在卧龙山的西山冈上，已经荒废很久了。绍兴知府渭南人南大吉，在治理百姓政务之余，痛感近世学风的颓败，要想使之复归于圣贤之道，就命山阴县县令吴瀛拓展书院，使之面貌一新，又在书院后面建造一座尊经阁，说："经学纳入正道，则百姓就会振兴，百姓振兴了，则邪恶之事就会消灭。"阁建成后，大吉请我说上几句，来劝诫广大的士人。我既然推辞不得，就写下了这样一篇记文。唉！如果世上的学者了解了我的见解，而能从内心去探求六经的真谛，那么他大概就能知道怎样去做才算是尊经了吧！

（丁如明）

象 祠 记

王守仁

【题解】

传说中“五帝”之一的虞舜有位同父异母弟弟象，是个很顽劣的人，曾数度谋害虞舜，皆未得逞。象后来被感化，改恶从善，虞舜封他为有鼻国的国君。本文即从此事生发，阐述了这样一个道理：“天下无不可化之人也。”而这“化”的条件则在于“君子之修德”。也就是说，统治者应看到被统治者有被改造好的一面，应当有这个信心；而统治者本身，也应注意自我修养、政策方面的提高与调整，这样天下才能大治。文章采用逐段深入法，环环紧扣，最后点出主旨，有“图穷匕首见”之妙，深得《孟子》某些篇章的真传。

灵博之山〔1〕，有象祠焉。其下诸苗夷之居者〔2〕，咸神而祠之。宣慰安君〔3〕，因诸苗夷之请，新其祠屋，而请记于予。予曰：“毁之乎，其新之也?”曰：“新之。”“新之也何居乎?”曰：“斯祠之肇也〔4〕，盖莫知其原，然吾诸蛮夷之居是者〔5〕，自吾父、吾祖溯曾、高而上〔6〕，皆尊奉而禋祀焉〔7〕，举而不敢废也。”予曰：“胡然乎？有鼻之祀〔8〕，唐之人盖尝毁之〔9〕。象之道，以为子则不孝，以为弟则傲。斥于唐，而犹存于今；坏于有鼻，而犹盛于兹土也。胡然乎？”

【注释】

〔1〕灵博：山名，在今贵州黔西县境。

〔2〕苗夷：古代对苗族的称呼。

〔3〕宣慰：官名，即宣慰使。明清时的宣慰使都是土司世袭职官，设置于边境少数民族地区，掌军民事务。

〔4〕斯：此。　肇：始。

〔5〕蛮夷：旧时对少数民族的蔑称。

〔6〕曾：曾祖，祖父之父。　高：高祖，祖父之祖父，曾祖之父。

〔7〕禋（yīn 因）祀：祭祀。

〔8〕有鼻：传说是象的封地，地在今湖南道县北。

〔9〕唐之人盖尝毁之：唐元和中道州刺史薛伯高曾毁去鼻亭。见柳宗元《道州毁鼻亭神记》。

【译文】

灵博山上，有座供奉象的祠庙。山下居住着的苗民都把象似神般地祭祀。宣慰使安君顺应苗民的请求，将祠庙房屋修建一新，并请我写一篇记文。我说：“是把它毁掉呢，还是重新修复？”他说：“是重新修复。”“重新修复它，为什么呢？”他说：“这座祠庙的开始建造，其缘由是无人知晓了。但是我们住在这里的苗民，从我父亲、祖父一直追溯到曾祖、高祖以前，世世代代都对它尊奉祭祀，每年都举行祭典，从未取消过。”我说：“为什么会这样呢？有鼻地方的象祠，唐朝人就曾经把它毁废了。象的为人，作为人子则不孝忤逆，作为弟弟则蛮横无理。对他的祭祀在唐代已被人废弃，今天却还有保存着这习俗的；有鼻地方已经废除了祭祀活动，这里却香火盛行。为什么会这样呢？”

我知之矣：君子之爱若人也，推及于其屋之乌〔1〕，而况于圣人之弟乎哉？然则祠者为舜，非为象也。意象之死，其在干羽既格之后乎〔2〕？不然，古之骜桀者岂少哉[3]？而象之祠独延于世。吾于是盖有以见舜德之至，入人之深，而流泽之远且久也。

【注释】

〔1〕“君子”二句：《尚书大传·牧誓·大战》：“爱人者，兼及屋上之乌。”比喻爱一个人，而推爱及与其有关的人或物。

〔2〕干：盾。　羽：雉尾扇。都是古代舞蹈者所执的舞具，武舞执干，文舞执羽。古人舞干羽表示休战和平，讲究文治教化。《尚书·虞书·大禹谟》载，舜命大禹征有苗，一个月后还不能取胜，整师而还，“帝乃诞敷文德，舞干羽于两阶”。感化了有苗，有苗归顺。　格：来，指归顺。

〔3〕骜桀(ào jié 傲杰)：暴戾，不驯服。

【译文】

我知道了其中的道理：君子要是尊爱一个人的时候，就会连及那人住所上面的乌鸦也爱，何况象是舜的弟弟呢？那么照这样说起来，人们是为了舜而举行祭祀的，并非是为了象。猜想起来，象是在苗民归顺以后才去世的吧！不然的话，古代桀骜不驯的人难道还少吗？而单单象的祠庙却保留在世。我由此可以看到虞舜道德的至高无上，感人之深，和他的恩泽惠及世人的久远。

象之不仁，盖其始焉耳，又乌知其终之不见化于舜也？《书》不云乎[1]：“克谐以孝，烝烝乂[2]，不格奸”，“瞽瞍亦允若”[3]。则已化而为慈父。象犹不弟[4]，不可以为谐；进治于善，则不至于恶；不底于奸[5]，则必入于善。信乎象盖已化于舜矣。《孟子》曰：天子使吏治其国，象不得以有为也[6]。斯盖舜爱象之深而虑之详，所以扶持辅导之者之周也。不然，周公之圣，而管、蔡不免焉[7]。斯可以见象之见化于舜，故能任贤使能，而安于其位，泽加于其民，既死而人怀之也。诸侯之卿[8]，命于天子，盖《周官》之制[9]，其殆仿于舜之封象欤？

【注释】

〔1〕《书》:《尚书》，也称《书经》，儒家典籍六经之一，书中记录了上古及夏、商、周的史料。

〔2〕“克谐”二句：引自《尚书·尧典》。烝烝，淳厚。乂(yì义)：善。

〔3〕“瞽瞍(gǔ sǒu 古叟)”句:《尚书·大禹谟》作“瞽亦允若”。瞽瞍，眼睛无瞳仁，此指舜的父亲。传说舜父有目而善恶不辨，协同象谋害舜。允若，顺从。

〔4〕弟：通“悌”，弟敬爱兄称“悌”。

〔5〕底：通“抵”，至。

〔6〕“天子”二句：语出《孟子·万章上》。原文是：“象不得有为于其国，天子使吏治其国而纳其贡税焉。”

〔7〕“周公”二句：据《史记·周本纪》及其他史料载，周武王死后，其子成王年幼。周武王同母弟旦(周公)摄政，镇压了管叔、蔡叔的叛乱。待成王成年后，周公还政于成王。管、蔡指周武王、周公之弟鲜、度，武王灭商后分别被封于管、蔡，因不满周公摄政，和同武庚(商纣王子)一起发动叛乱。

〔8〕诸侯：天子所封各国的国君。　卿：卿士，天子与诸侯所属的最高官职，也由天子任命。

〔9〕《周官》：即《周礼》，记载周代官制的书，相传为周公所著。

【译文】

象的顽劣不仁，大概是他早年间的事，又怎么知道到他晚年时不被舜感化而改恶从善呢？《尚书》上不是这样说吗：“舜能以孝使家庭和睦，全家的人淳厚善良，不至于犯奸作恶”，又说：“舜的父亲也确实和顺了。”那么舜的父亲也变为慈父了。如果象不敬重兄长，那么就不能说家庭和睦；不断加强道德修养，而到达美好境界，就不至于为非作歹；不至于为非作歹，则必定会向善。的的确确，象已经被舜感化了。《孟子》说：天子派官吏去治理象的封地有鼻，使象不能为所欲为。这大概可以看出舜对象的爱护情深和考虑问题的详密，用以辅助象的办法也很周到。不然的话，以周公那样的圣明，还不免发生管叔、蔡叔发动叛乱的事。从这里可以看到象受到了舜的感化，所以能够任用贤能之士，而安于其位，恩泽惠及百姓，死了之后也令人怀念他。诸侯属下的卿士，是由天子任命的，这是《周官》记载的制度，大概是依据舜封象的事制订的吧！

吾于是益有以信人性之善，天下无不可化之人也。然则唐人之毁之也，据象之始也；今之诸苗之奉之也，承象之终也。斯义也，吾将以表于世，使知人之不善虽若象焉，犹可以改；而君子之修德，及其至也，虽若象之不仁，而犹可以化之也。

【译文】

因此我更有理由相信人的本性是善良的，天下没有不可以感化的人。那么由此看来唐代人的毁废象祠，是根据象早年的作为；现在苗人尊奉象祠，是根据象的晚年表现了。这道理我将把它揭示给世人。使人们知道，即使像象那样的不良之徒，还是可以改造的；而君子的完善道德修养如果到了至高无上的境界，即使遇上像象那样的不仁不义之辈，也还是可以感化他的。

（丁如明）

瘗旅文

王守仁

【题解】

明武宗正德初，王守仁上疏救戴铣等人，得罪了宦官刘瑾，被贬为贵州龙场驿丞。本文作于作者抵任后的第三年秋日。这是一篇借他人之酒杯，浇自己胸中块垒、字字血泪的绝世奇文。文中自述贬官以来“吾未尝一日之戚戚也”，说的完全是反话。他的心情应该是郁塞悲苦的，环境恶劣，乡关万里，以忠获谴，寂寞孤苦，久蓄心中，借对与自己同样遭遇的吏目一家三口客死异乡、作者去料理丧葬一事而冲发出来。文章充满了悲愤与感慨，长歌当哭，凄凉萧瑟。其间“繄何人？繄何人？”一语，令人如闻摧肝裂肺的恸哭之声。表面看来，作者似乎是在责备死者不宜忧伤，自丧性命，实则对死者充满了同情。

维正德四年秋月三日〔1〕，有吏目云自京来者〔2〕，不知其名氏。携一子一仆将之任。过龙场〔3〕，投宿土苗家。予从篱落间望见之，阴雨昏黑，欲就问讯北来事，不果。明早，遣人觇之〔4〕，已行矣。薄午〔5〕，有人自蜈蚣坡来，云：“一老人死坡下，傍两人哭之哀。”予曰：“此必吏目死矣。伤哉！”薄暮，复有人来云：“坡下死者二人，傍一人坐哭。”询其状，则其子又死矣。明日，复有人来云："见坡下积尸三焉。"则其仆又死矣。呜呼伤哉！

【注释】

〔1〕维：发语辞，无实义。 正德四年：公元1509年。正德为明武宗年号(1506—1521)。

〔2〕吏目：低级官名，掌管官府文书。明代时在安抚、招讨、市舶、盐课诸司及各州、各千户均有设置。

〔3〕龙场：在今贵州修文县境内。

〔4〕觇(chān 搀)：观察，窥视。

〔5〕薄：迫近。

【译文】

正德四年秋季某月三日，有位据称是从京城来的吏目，不知他的姓名，带了一子一仆将去上任，经过龙场地方，投宿在当地苗人家中。我从篱笆间看到他们，当时正是阴雨天气，昏黑一片，想前去打听北京的情况，没有去成。到明天一早，再派人去察看，说是已经走了。近中午时分，有人从蜈蚣坡来，说："有一老人死在山坡下，旁边有两人哭得很伤心。"我说："这一定是那位吏目死了，真可怜啊！"到傍晚时分，又有人来说："山坡下死了两个人，旁边有一位坐着哭泣。"我问了他所见的情形，知道是吏目之子又死了。到明天，又有人来说："看到山坡下堆着三具死尸。"那么吏目的仆人又死了。唉，真是痛心啊！

念其暴骨无主，将二童子持畚锸往瘗之[1]。二童子有难色然。予曰："噫！吾与尔犹彼也[2]。"二童闵然涕下，请往。就其傍山麓为三坎，埋之。又以只鸡、饭三盂，嗟吁涕洟而告之曰[3]：

【注释】

〔1〕畚(běn 本)：畚箕。 锸(chā 插)：铁锹。 瘗(yì 义)：用土埋葬。

〔2〕尔：你，你们。

〔3〕涕洟(yí 移)：流泪。涕，泪。洟，鼻涕。

【译文】

我顾念他们尸骨暴露在荒郊，无人收敛，就带了两个童仆拿着畚箕和铁锹去埋葬他们。两个童仆脸上露出为难的神色。我说："唉！我与你俩的境遇与他们本来就差不多的啊。"二个童仆听了伤心地流下了眼泪，请求一同前去。于是就靠着山脚下挖了三个坑，把他们埋了。又备了一只鸡、三碗饭，叹息着，流着眼泪，祭告他们说：

呜呼伤哉！繄何人[1]？繄何人？吾龙场驿丞馀姚王守仁也[2]。吾与尔皆中土之产。吾不知尔郡邑，尔乌乎来为兹山之鬼乎？古者重去其乡，游宦不逾千里，吾以窜逐而来此宜也，尔亦何辜乎？闻尔官吏目耳，俸不能五斗，尔率妻子躬耕可有也，胡为乎以五斗而易尔七尺之躯？又不足，而益以尔子与仆乎？呜呼伤哉！尔诚恋兹五斗而来，则宜欣然就道，胡为乎吾昨望见尔容蹙然，盖不胜其忧者？夫冲冒霜露，扳援崖壁，行万峰之顶，饥渴劳顿，筋骨疲惫，而又瘴疠侵其外，忧郁攻其中，其能以无死乎？吾固知尔之必死，然不谓若是其速，又不谓尔子、尔仆亦遽然奄忽也。皆尔自取，谓之何哉！吾念尔三骨之无依而来瘗耳，乃使吾有无穷之怆也。呜呼伤哉！纵不尔瘗，幽崖之狐成群，阴壑之虺如车轮[3]，亦必能葬尔于腹，不致久暴尔。尔既已无知，然吾何能为心乎？自吾去父母乡国而来此三年矣，历瘴毒而苟能自全，以吾未尝一日之戚戚也。今悲伤若此，是吾为尔者重，而自为者轻也，吾不宜复为尔悲矣。吾为尔歌，尔听之。

【注释】

〔1〕繄（yī 衣）：感叹词。

〔2〕驿丞：官名，掌管邮传、迎送事务。

〔3〕虺（huǐ 毁）：毒蛇。

【译文】

唉，可怜啊！你是什么人，什么人啊！我是龙场驿丞、馀姚人王守仁。我与你都出生在中原地区。我不知你是哪郡哪县的人，你为什么要来到此山做一个野鬼？古时候的人不轻易离乡背井，因此出外谋官不超过千里之外。我是因为被贬官流放到这里，理所当然，你究竟是犯了什么过失呢？听说你只不过是一名吏目，俸禄不满五斗，这一点收入，你带着妻儿，在家亲自耕作也能得到，为什么要为了五斗的收入而换掉你七尺之躯呢？这还不够，再要搭上你的儿子和仆人的性命吗？唉，真是可怜哪！你如果确是为了贪图这五斗米的俸禄而来，就该高高兴兴地上路，为什么我昨天看你脸上流露出悲悲戚戚不胜忧愁的样子？冒着风霜雨露，攀登悬崖绝壁，翻越群山顶峰，饥渴劳累，筋骨疲乏，而又外有瘴疠瘟湿之气侵害，内有忧郁攻心，还能不死吗？我本就知道你必死无疑，但是想不到会来得这么快，又想不到你的儿子、仆人也会突然死去。这都是你自取其祸，还有什么可说的？我哀怜你等三具尸骨无处依托而来埋葬，却使我感到无限凄怆。唉，真是可怜啊！纵然我不埋葬你等尸骨，深山中狐狸成群，深邃的山谷中毒蛇粗如车轮，你们也必定会葬身它们的腹中，不至于长期暴露在野。你等既已死去而无知，但我怎能忍心如此？自从我离开父母之邦来到此地已经三年，历尽瘴疠之毒而勉强保全了自己的性命，因为我从未有一天伤心悲戚过。今日我悲伤到这样，这是我为你想得太多，而为自己着想得太少了。我不该再为你忧伤了。让我为你唱一曲挽歌，你听着。

歌曰：连峰际天兮飞鸟不通，游子怀乡兮莫知西东。莫知西东兮维天则同，异域殊方兮环海之中[1]。达观随寓兮莫必予宫[2]，魂兮魂兮无悲以恫[3]。

【注释】

〔1〕环海之中：此指中国。古人以为中国四周环海。

〔2〕达观随寓：乐观，随处可以安身。 宫：此指家。

〔3〕恫（dòng 洞）：惧怕。

【译文】

歌词说：连绵的山峰直插青天啊鸟飞不通，游子怀念家乡啊不辨西东。不辨西东啊却顶着同样的一个天空，虽说是异方他乡啊却同处环海之中。胸襟开朗到处可以为家啊，何必一定要住在自己家乡的屋中。灵魂啊灵魂，不要悲伤惊恐。

又歌以慰之曰：与尔皆乡土之离兮，蛮之人言语不相知兮。性命不可期，吾苟死于兹兮，率尔子仆，来从予兮。吾与尔遨以嬉兮，骖紫彪而乘文螭兮[1]，登望故乡而嘘唏兮。吾苟获生归兮，尔子、尔仆尚尔随兮，无以无侣悲兮！道旁之冢累累兮，多中土之流离兮，相与呼啸而徘徊兮。餐风饮露无尔饥兮，朝友麋鹿暮猿与栖兮。尔安尔居兮，无为厉于兹墟兮[2]。

【注释】

〔1〕骖（cān 掺）：三马或四马拉一车，两边的马称“骖”。这里作驾驭解。紫彪：紫色斑纹小虎。　文螭（chī 痴）：有花纹的无角龙。

〔2〕厉：恶鬼。　墟：村墟。

【译文】

又作了一首挽歌安慰说：我与你都是离乡背井来到这里啊，蛮人的语言听不懂啊。人的寿命难以预料，我如果死在此地啊，你就带着儿子与仆人前来相随啊。我与你一同漫游嬉戏啊，驾着紫彪，乘着文螭啊，登上高冈遥望故乡叹息流泪啊。我如果能活着归去啊，你还有儿子、仆人追随着你啊，不要因为失去了友朋而伤悲啊。道旁累累的坟冢啊，当中埋着的大多是中原流落在此的人啊，你与他们一起呼啸，一起散步逍遥啊。餐风饮露你不会挨饿啊，早上与麋鹿为友，晚上与猿猴一同栖息啊。你在此安分地居住啊，可别化为厉鬼为害这一方村落啊。

（丁如明）

信陵君救赵论

唐顺之

【题解】

唐顺之（1507—1560），字应德、义修，毗陵（今江苏常州）人。二十三岁会试第一。历兵部主事，转吏部，入翰林。后逢倭寇入侵，曾率师抗击，以破敌有功升佥都御史。学问渊博，人称荆川先生。

唐顺之与王慎中、茅坤等人反对明前七子李梦阳、何景明等人所提倡的“文必秦汉”的拟古文学主张，认为“直抒胸臆，信手写出，如写家书，虽或疏卤，然绝无烟火酸馅习气，便是宇宙间一样绝好文字”，为文主张效法唐宋，研求文章“开阖首尾经纬错综之法”，被后世目为唐宋派。有《荆川先生文集》。

本文提出的关于信陵君窃符救赵一事的见解，无论其观点正确与否，作为一篇论述文来说，在写作上是可以给人们提供借鉴的。文章的第一段采用“欲擒故纵”的手法，肯定了信陵君“窃魏之符以纾魏之患，借一国之师以分六国之灾”的做法的客观作用。窃符，“奚不可者”？紧接着作者笔锋一转，就信陵君窃符的用心加以层层深入剖析，指明信陵君的窃符只不过是为了解救一己姻戚的危难，从动机与目的上点明窃符不合封建道德。其间反复论述，正说反说，极尽文章盘旋之能事。第三段，文章荡开一笔，代信陵君、如姬、侯生设谋，论证窃符之不可取。第四段照应第一第二段，说明信陵君有无罪过并不在于窃不窃符，主要应视其动机与目的而定；并由此推导出人臣结党营私、君王失权的历史经验教训，应引起后代君臣的高度重视。此文可作为论述文的范文来读。

论者以窃符为信陵君之罪[1]，余以为此未足以罪信陵也。夫强秦之暴亟矣[2]，今悉兵以临赵，赵必亡。赵，魏之障也，赵亡，则魏且为之后。赵、魏，又楚、燕、齐诸国之障也，赵、魏亡，则楚、燕、齐诸国为之后。天下之势，未有岌岌于此者也[3]。故救赵者，亦以救魏；救一国者，亦以救六国也。窃魏之符以纾魏之患，借一国之师以分六国之灾，夫奚不可者？然则信陵果无罪乎？曰：又不然也。余所诛者[4]，信陵君之心也。

【注释】

〔1〕符：此指兵符，是古代调动军队的凭证，由君王与统帅各执一半。当调动军队时，新统帅或来使与原统帅所执兵符应两相契合，方能调兵或交接军队。　信陵君：战国四公子之一，姓魏名无忌，是魏安釐王之弟，赵相平原君的妻弟。前259年，秦攻赵。前257年，平原君通过信陵君向魏王求救，魏王派将军晋鄙救赵，但又畏秦势大，军队逗留不进。信陵君用侯嬴计策，通过魏王的宠妾如姬窃得兵符，杀死晋鄙，率军与赵国军队合兵击退秦兵，保全了赵国。

〔2〕亟：危迫。

〔3〕岌（jí及）岌：危险的样子。

〔4〕诛：以文辞谴责。

【译文】

作史论者把偷盗兵符作为信陵君的罪过，我认为这不足以成为怪罪信陵君的理由。那强大的秦国暴虐已达到顶点，现在出动全国的军队兵临赵国，赵国必亡无疑。赵国是魏国的屏障，赵国亡了，那么随后魏国也将灭亡。赵国、魏国又是楚、燕、齐等国的屏障，赵国、魏国灭亡了，那么楚、燕、齐等国也将随之而灭亡。天下形势的危急，没有比这时候更严重的了。所以救了赵国，也就因此救了魏国；救了一国，也就因此救了六国。偷盗魏国的兵符以缓解魏国的祸患，借用一国的兵力以分担六国的灾难，这又有什么不可呢？那么照此说来信陵君就真的无罪了吗？我说：又并非如此。我所要谴责的是信陵君此举的动机。

信陵一公子耳，魏固有王也。赵不请救于王，而谆谆焉请救于信陵〔1〕，是赵知有信陵，不知有王也。平原君以婚姻激信陵〔2〕，而信陵亦自以婚姻之故，欲急救赵，是信陵知有婚姻，不知有王也。其窃符也，非为魏也，非为六国也，为赵焉耳；非为赵也，为一平原君耳。使祸不在赵，而在他国，则虽撤魏之障，撤六国之障，信陵亦必不救。使赵无平原，或平原而非信陵之姻戚，虽赵亡，信陵亦必不救。则是赵王与社稷之轻重〔3〕，不能当一平原公子，而魏之兵甲所恃以固其社稷者，只以供信陵君一姻戚之用。幸而战胜，可也；不幸战不胜，为虏于秦，是倾魏国数百年社稷以殉姻戚，吾不知信陵何以谢魏王也〔4〕。夫窃符之计，盖出于侯生〔5〕，而如姬成之也。侯生教公子以窃符，如姬为公子窃符于王之卧内，是二人亦知有信陵，不知有王也。

【注释】

〔1〕谆谆焉：犹谆谆然。谆谆，诚恳殷切的样子。

〔2〕“平原君”句：魏王使晋鄙救赵，晋鄙却按兵不动。赵国的平原君接连不断地派使者告诉信陵君说：赵国的形势已到了朝不保夕的地步，然而魏国救兵还不抵达。我本人固然不值得您重视，您竟不怜惜您的姐姐吗？平原君，赵惠文王弟赵胜，时任赵相。其妻为信陵君之姐。

〔3〕社稷：这里指国家。

〔4〕谢：谢罪。

〔5〕侯生：姓侯名嬴，原是魏国都城城门的看守，因信陵君的一再礼聘，成为信陵君的食客。窃符救赵之计即出于侯生的谋划。

【译文】

信陵君只不过是魏国的一个公子罢了，魏国本来是有国君的。赵国有难不向魏国国君求救，却恳切地向信陵君求救，由此看来赵国人心目中是只知魏国只有信陵君而不知有国君。赵国的平原君利用与信陵君有姻戚关系激发他采取行动救赵，而信陵君也竟因为与平原君有姻戚关系急着想救赵国，这说明信陵君只知考虑姻戚的利益而不知考虑魏王的处境。信陵君的偷盗兵符，不是为了魏国，也不是为了六国，而只是为了赵国罢了；其实也不是为了赵国，不过是为了一个平原君罢了。假如灾难不发生在赵国，而是在别国，那么即使赵国的灭亡要关系到撤除魏国的屏障，撤除六国的屏障，信陵君也不会去救赵国。假使赵国没有平原君，或者平原君并非信陵君的姻戚，即使赵国要灭亡，信陵君也一定不去救援。那么这样说起来，赵王以及国家的重要性还不如一个平原君，而魏国所赖以保卫国家安全的军队，只不过供信陵君救援姻戚之用。侥幸打了胜仗，总算还可以交代；如果不幸打了败仗，作了秦国的俘虏，那简直是用毁灭魏国几百年来建立的基业去为自己的姻戚殉葬，我不知道信陵君怎样去向魏王告罪。偷盗兵符的计策，是侯生出的，经过如姬之手得以实现。侯生教信陵君偷盗兵符，如姬在魏王的卧房内替信陵君偷得兵符，因此这两人心目中也是只知有信陵君而不知有魏王。

余以为信陵之自为计，曷若以唇齿之势激谏于王〔1〕，不听，则以其欲死秦师者而死于魏王之前，王必悟矣。侯生为信陵计，曷若见魏王而说之救赵，不听，则以其欲死信陵君者死于魏王之前，王亦必悟矣。如姬有意于报信陵[2]，曷若乘王之隙而日夜劝之救，不听，则以其欲为公子死者而死于魏王之前，王亦必悟矣。如此，则信陵君不负魏，亦不负赵；二人不负王，亦不负信陵君。何为计不出此？信陵知有婚姻之赵，不知有王。内则幸姬，外则邻国，贱则夷门野人[3]，又皆知有公子，不知有王。则是魏仅有一孤王耳。

【注释】

〔1〕曷若：何如。

〔2〕“如姬”句：信陵君曾经替魏王的宠妾如姬报杀父之仇，所以如姬很感激信陵君，一心想报答他。

〔3〕夷门野人：指侯生。夷门，魏国都城大梁的东门。

【译文】

我认为信陵君要是自己拿主意的话，不如用唇亡齿寒的利害关系去激励劝谏魏王，倘若魏王不听，就用本想战死在秦军阵前的打算改为在魏王面前自杀，魏王一定会感悟过来。侯生替信陵君谋划，不如面见魏王劝他救赵，倘若魏王不听，就用本想为信陵君而死的打算改为在魏王面前自杀，魏王也一定会感悟过来。如姬有意要报答信陵君的大恩，不如趁魏王意思有所松动的机会不论白天黑夜劝魏王救赵，倘若魏王不听，就用本想为信陵君而死的打算改为在魏王面前自杀，魏王也一定会感悟过来。这样，信陵君就不会违背魏国，也不违背赵国；侯生、如姬两人不违背魏王，也不违背信陵君。为什么想不到这条计策呢？信陵君心目中只有与己有姻戚关系的赵国平原君，不知道有魏王。宫内的宠姬，外界的邻国，贫贱的看城门的土老儿，又都心目中只知有信陵君，不知有魏王。那么魏王只不过是个孤家寡人罢了。

呜呼！自世之衰，人皆习于背公死党之行而忘守节奉公之道。有重相而无威君，有私仇而无义愤，如秦人知有穰侯，不知有秦王[1]，虞卿知有布衣之交，不知有赵王[2]，盖君若赘旒久矣[3]。由此言之，信陵之罪，固不专系乎符之窃不窃也。其为魏也，为六国也，纵窃符犹可；其为赵也，为一亲戚也，纵求符于王，而公然得之，亦罪也。

【注释】

〔1〕“如秦人”二句：穰侯魏冉，是秦昭襄王（前306年—前251年在位）之母宣太后的弟弟，曾任将军、相国等职，权势很大。

〔2〕“虞卿”二句：虞卿是战国时的游说之士，曾任赵孝成王（前265年—前245年在位）的相国。他为了解救朋友魏齐，情愿抛弃相印，与魏齐一同出走。布衣之交即指魏齐。

〔3〕赘旒（zhuì liú 坠留）：多馀之物。赘，多馀。旒，同“瘤”。

【译文】

唉，自从世道衰落，人们都对违背大公、努力维护小团体利益的行为习以为常，而忘记了遵守礼节服从国家的大道理。有手握大权的宰相而无威严的国君，有一己之仇而无义愤，就像秦国人只知有穰侯而不知有秦王，虞卿只知有布衣之交的魏齐而不知有赵王，大概那时国君不过像个多馀摆设品的现象为时已很久远了。从这一点来说，信陵君的罪过，本来就不单单在乎偷不偷兵符。他如果是为了魏国的安危，为了六国的安危，纵然是偷了兵符也还是应该的；如果仅是为了赵国安危，为了一己亲属的安危，纵然是向魏王请求兵符，正大光明地得到了它，信陵君也是有罪的。

虽然，魏王亦不得为无罪也。兵符藏于卧内，信陵亦安得窃之？信陵不忌魏王，而径请之如姬，其素窥魏王之疏也；如姬不忌魏王，而敢于窃符，其素恃魏王之宠也。木朽而蛀生之矣。古者人君持权于上，而内外莫敢不肃。则信陵安得树私交于赵？赵安得私请救于信陵？如姬安得衔信陵之恩？信陵安得卖恩于如姬？履霜之渐[1]，岂一朝一夕也哉？由此言之，不特众人不知有王[2]，王亦自为赘旒也。

【注释】

〔1〕履霜之渐：语出《易·坤》："履霜坚冰至。"意谓踩到了霜，那么寒冬即将来临，比喻防微杜渐，及早警惕。

〔2〕不特：不但，不仅。

【译文】

话虽然这么说，论起魏王，他也不是没错的。兵符好好地藏在卧房内，信陵君又怎么能偷得到呢？信陵君不惧怕魏王，而直接向如姬恳求，说明他平时就窥察到魏王的疏忽之处；如姬不惧怕魏王，而敢于偷盗兵符，说明她一贯依仗着魏王的宠爱。木头朽烂了蛀虫才会产生。古时候国君在上手握大权，宫廷内外不敢不肃然听命。那么信陵君怎么能与赵国有私交呢？赵国又怎么能私下向信陵君请求救援呢？如姬怎么能一直牢记着信陵君的恩惠图报呢？信陵君又怎么会利用自己对如姬有恩而求助于她呢？冰冻三尺，岂是一朝一夕之寒所能结成的？由此说来，不仅众人心目中没有魏王，就是魏王也甘心自处于多馀者的地位。

故信陵君可以为人臣植党之戒，魏王可以为人君失权之戒。《春秋》书葬原仲、翚帅师[1]。嗟夫！圣人之为虑深矣！

【注释】

〔1〕《春秋》:鲁国的编年史书,相传由孔子据鲁史修订而成。记载自鲁隐公元年至鲁哀公十四年的二百四十二年间的历史。 书:记载。原仲:陈国大夫,死后由其好友季友私自至陈国将他埋葬。这种行为就是本文中所说的"人臣植党"。 翚(huī 挥):鲁国大夫。鲁隐公四年(前719),宋、陈、蔡、卫等国伐郑。宋国要求鲁国出兵,鲁隐公不同意。翚在未得到鲁隐公命令的情况下,带兵前往。这种行为既表现翚目无君长,也表现了鲁隐公的"人君失权"。

【译文】

所以,信陵君可以作为警戒臣子们结党营私的典型,魏王可以作为警戒君王大权旁落的典型。《春秋》上记载着季友私葬原仲、翚领兵伐郑的事。唉,圣人考虑问题是多么深远啊!

(丁如明)

报刘一丈书

宗　臣

【题解】

宗臣（1525—1560），字子相，兴化（今属江苏）人。明嘉靖二十九年（1550）进士，曾任刑部主事、稽勋员外郎等职。因作文祭悼杨继盛，触忤权相严嵩，出为福建参议。会倭寇侵扰，宗臣与军民奋力抗击有功，迁提学副使。

宗臣是明代复古文学流派团体“后七子”之一，文学主张及实践，也不出该派范围。有《宗子相集》。清人黄宗羲《明文授读》评论说：“其文虽无深致，而方幅整齐。”但是这篇《报刘一丈书》却是值得一读的妙文。这是一封坦述心迹、自抒胸怀的书信，从中我们可以看到宗臣刚直不阿、甘于贫贱、愤世疾俗的品格。文章的重点是叙述当时所谓“上下相孚”世态的一段。嬉笑怒骂，语言无比辛辣。对龌龊小人钻营的丑态，绘声绘影，入木三分；其中连用几个“故”字，又使人忍俊不禁。它也像一幅幽默的漫画，不经意几笔就将权奸、奴才、士人的丑恶嘴脸，惟妙惟肖地勾勒了出来。刘一丈，名玠，字国珍，号墀石，是宗臣之父宗周的朋友。一，排行第一。丈，老丈，长者。《古文观止》选本文删去了最后一段。

数千里外，得长者时赐一书，以慰长想，即亦甚幸矣。何至更辱馈遗[1]，则不才益将何以报焉[2]？书中情意甚殷，即长者之不忘老父，知老父之念长者深也。

【注释】

〔1〕馈遗(kuì wèi 愧位)：赠送(礼物)。

〔2〕不才：我。谦词。

【译文】

数千里之外不时地接到先生的来信，以慰藉我的长久的思念之情，也算是很荣幸的了。何况又蒙您赠我礼品，使我更加不知如何来报答您的大德了。信中情意异常殷切，因此可见先生的不能忘情于我的老父，也可知我父亲对先生的思念之深。

至以“上下相孚，才德称位”语不才〔1〕，则不才有深感焉。夫才德不称，固自知之矣；至于不孚之病，则尤不才为甚。且今世之所谓孚者何哉？日夕策马候权者之门，门者故不入，则甘言媚词作妇人状，袖金以私之。即门者持刺入〔2〕，而主者又不即出见，立厩中仆马之间，恶气袭衣裾，即饥寒毒热不可忍，不去也。抵暮，则前所受赠金者出，报客曰：“相公倦，谢客矣，客请明日来。”即明日又不敢不来。夜披衣坐，闻鸡鸣，即起盥栉〔3〕，走马抵门〔4〕，门者怒曰：“为谁？”则曰：“昨日之客来。”则又怒曰：“何客之勤也！岂有相公此时出见客乎？”客心耻之，强忍而与言曰：“亡奈何矣〔5〕，姑容我入。”门者又得所赠金，则起而入之。又立向所立厩中〔6〕。幸主者出，南面召见〔7〕，则惊走匍匐阶下。主者曰：“进！”则再拜，故迟不起，起则上所上寿金。主者故不受，则固请；主者故固不受，则又固请。然后命吏纳之。则又再拜，又故迟不起，起则五六揖始出。出，揖门者曰："官人幸顾我[8]，他日来，幸无阻我也！"门者答揖。大喜，奔出。马上遇所交识，即扬鞭语曰："适自相公家来，相公厚我，厚我！"且虚言状。即所交识亦心畏相公厚之矣。相公又稍稍语人曰："某也贤，某也贤。"闻者亦心计交赞之[9]。此世所谓上下相孚也。长者谓仆能之乎[10]？

【注释】

〔1〕孚：信任。

〔2〕即：即使。　刺：名片。古时削木片，上书姓名，拜访时用以投递。至明代时，已改用红纸书写，称"名帖"。

〔3〕盥栉(guàn zhì 灌至)：洗脸梳头。

〔4〕走马：骑马奔跑。走，小跑，下文"惊走"之走同义。

〔5〕亡：无。

〔6〕向：过去，上次。

〔7〕南面召见：古时候以坐北面南为尊，此处有轻视干谒者的意思。

〔8〕官人：此指门者。

〔9〕心计：私心领会。

〔10〕仆：我。谦词。

【译文】

至于信中用"上下互相要信任，才能、品德要与职位相称"的话来戒勉我，那么对此我是深有感触的。我的才德与职位的不相称，我本是有自知之明的。至于上下不能相互信任的毛病，在我身上表现得尤其严重。再说时下的所谓相互信任是怎么一回事呢？一天到晚骑着马恭候在权贵家的大门口，门卫故意不进去通报，他就用甜蜜温柔的语言哀求，作出妇人的姿态，并从袖中取出金钱私下赠送给门卫。好容易门卫拿了他的名片走进去了，而主人又不立即出来见客。他站在马棚中，夹杂在仆人与马的中间，恶浊的空气熏人衣服，即使饥寒与毒热令人无法忍受，他也不敢离去。到傍晚时，刚才那私受金钱的门卫出来，对他说："相公累了，谢绝见客，请你明日再来。”到明天，他又不敢不来，夜里披着衣衫坐等天亮，一听到鸡啼就起身梳洗，骑马前去敲门。门卫恶声恶气问道：“是谁啊?”他就回答说：“昨天的客人又来了。”门卫又怒声说：“客人怎么这样勤快啊！岂有相公这么早就出来见客的吗?”他内心也深感羞耻，却强忍着对门卫说：“我也是无可奈何，你且让我进门吧！”门卫又接受了他送的金钱，这才起身进去通报。他又立在昨天站的那个马棚中。侥幸的是今天主人总算出来了，朝南坐着召见他。他便匆忙地跑去趴在石阶下。主人说：“进来！”他便拜了两拜，又故意趴着迟迟不肯起来，站起身后就献上礼金。主人故意不肯接受，他就一再恳求主人。主人又故意装出坚决不肯接受的样子，他又再三再四地恳求。然后主人才命家里的总管接受了礼金。他便又拜了两拜，又是故意地迟迟不肯起身。立起身后又接连作了五六个揖才走出客厅。出来后，又对着门卫作了个揖，说道：“希望您对我多多关照，今后我再来的时候，希望别阻拦我。”门卫还了一揖。他大喜若狂地奔出相公家门。骑在马上遇到他相识的人，就举着鞭子得意地对人说：“我刚从相公家中出来，相公待我好极了，好极了！”而且夸张地描述了一番相公接见他的情形。即便是他相识的人，心里也因相公器重他而对他有所畏惧了。相公又偶尔轻描淡写地对人说：“某人还不错，某人还不错。”听到的人也心领神会，交口称赞他。这就是世上所谓的上下相互信任。先生，您说我能做得到这样吗?

前所谓权门者，自岁时伏腊一刺之外〔1〕，即经年不往也。间道经其门，则亦掩耳闭目，跃马疾走过之，若有所追逐者。斯则仆之褊衷〔2〕。以此长不见悦于长吏〔3〕，仆则愈不顾也。每大言曰：“人生有命，吾惟守分而已。”长者闻之，得无厌其为迂乎?

【注释】

〔1〕岁时：一年四季。　伏：夏伏。　腊：冬腊，为古时重大祭祀

节日。

〔2〕褊衷：心地狭隘。

〔3〕长吏：上司。

【译文】

前文所述的权贵之家，我除了逢年过节的日子投一次名片之外，就整年不上他家的门了。偶然路过他家的门口，便也要捂住耳朵，闭上眼睛，催马飞快地奔走过去，就好像后面有人追赶似的。由此可见我胸襟的狭隘。所以长期不能得到长官的欢心，而我则更加对此不屑一顾了。我常常口出狂言说："人生是由命运安排的，我只有安分守己而已。"先生听了这话，能不讨厌我为人的迂阔吗？

（丁如明）

吴山图记

归有光

【题解】

归有光(1506—1571)，字熙甫，人称震川先生，昆山(今属江苏)人。九岁能文，嘉靖四十四年(1565)进士。授长兴知县，调顺德通判，官终南京太仆寺丞。

归有光是明代卓有成就的古文家，他反对前后七子的拟古形式主义文风，主张作文应取法唐宋，但须有自己的特色，与王慎中、唐顺之、茅坤等称为“唐宋派”。为文即事抒情，朴素简淡。有《震川先生集》。

封建时代，一员地方官将要离任，当地百姓(实际上是一些绅士)必定要搞挽留、立去思碑、送万民伞等闹剧，其为官的德政如何是可以不管的。《吴山图记》写吴县县令魏用晦离任，有“好事者”赠给他一幅《吴山图》。后来魏用晦将图拿给归有光看。归有光出于同僚、乡谊之情，写了这篇文章。这其实是一篇应酬文字，说的都是些门面话，但也表达了小民百姓对贤明父母官的期望。文字雅洁俏净而纡徐有致，话说得很得体。首段仅用寥寥数笔，便将吴地形胜凸现纸上；“夫令之于民，诚重矣”一段，横空结穴，点出了全文的主旨。中间及最后一段，承接自然。这些都充分体现了归有光文章的特色，为后代桐城派古文家所取法。

吴、长洲二县，在郡治所，分境而治。而郡西诸山，皆在吴县。其最高者，穹窿、阳山、邓尉、西脊、铜井。而灵岩[1]，吴之故宫在焉，尚有西子之遗迹[2]。若虎丘、剑池及天平、尚方、支硎[3]，皆胜地也。而太湖汪洋三万六千顷[4]，七十二峰沉浸其间[5]，则海内之奇观矣。

【注释】

〔1〕灵岩：在今江苏苏州市西北。春秋时，吴王夫差曾在此建离宫。

〔2〕西子：西施，吴王夫差的宠妃。西子遗迹，指灵岩山上筑有馆娃宫、响屧廊等。

〔3〕“若虎丘”句：皆为苏州地区风景名胜。剑池为池名，其馀均为山名。

〔4〕太湖：湖名，跨有江苏、浙江两省。

〔5〕七十二峰：泛指太湖中众多岛屿和小山。

【译文】

吴县、长洲两县的县治，在吴郡的郡治所在地，二县划界而治。郡西诸山，都在吴县境内。其中最高的山峰，有穹窿、阳山、邓尉、西脊、铜井等山。灵岩山上，春秋时吴国的故宫就坐落在那儿，还有西施的遗迹。像虎丘、剑池以及天平、尚方、支硎等处，都是名胜所在地。太湖浩浩淼淼，面积三万六千顷，七十二峰在湖中沉浮，真可以算海内奇观了。

余同年友魏君用晦为吴县[1]，未及三年，以高第召入为给事中[2]。君之为县有惠爱，百姓扳留之不能得[3]，而君亦不忍于其民，由是好事者绘《吴山图》以为赠。

【注释】

〔1〕同年：科举制度时同榜考取的人互称同年。　魏君用晦：魏用

晦，名屏山，四川梓潼人。嘉靖四十四年(1565)三甲进士。

〔2〕给事中：明代设吏、户、礼、兵、刑、工六科，每科设给事中，掌侍从规谏，稽察六部的弊误，有驳正制敕之违失、封还章奏之权。

〔3〕扳(pān 攀)：同"攀"。

【译文】

我的同年好友魏用晦任吴县县令未满三年，因考绩列入优等被朝廷召入京城任给事中。魏君任吴县县令期间有恩于民，离任时，百姓设法挽留却未能成功，而魏君也舍不得离开当地的百姓，于是有位热心人画了一帧《吴山图》送给魏君。

夫令之于民，诚重矣[1]。令诚贤也，其地之山川草木亦被其泽而有荣也；令诚不贤也，其地之山川草木亦被其殃而有辱也。君于吴之山川，盖增重矣。异时吴民将择胜于岩峦之间，尸祝于浮屠、老子之宫也[2]，固宜。而君则亦既去矣，何复惓惓于此山哉[3]？昔苏子瞻称韩魏公去黄州四十馀年而思之不忘[4]，至以为思黄州诗，子瞻为黄人刻之于石。然后知贤者于其所至，不独使其人之不忍忘而已，亦不能自忘于其人也。

【注释】

〔1〕诚：确实，的确。

〔2〕尸祝：尸，祭祀时的神主，先秦时用活人代替，后改用画像。祝，主持祭祀者。此处尸祝指祭祀。　浮屠：原指佛或佛塔，此指佛教。老子：春秋时的思想家，这里代指道教。

〔3〕惓(quán 拳)惓：恳切的样子，犹"拳拳"。

〔4〕苏子瞻：北宋文学家苏轼的字。　韩魏公：韩琦，字稚圭，宋相州安阳人，北宋重臣，英宗时封魏国公，故称"韩魏公"。　黄州：明代为府名，府治在今湖北黄冈。

【译文】

县令对于百姓来说，确实是非常重要的，如果县令确实是贤良的，那么当地的山川草木也蒙其恩泽而感到荣耀；如果县令是位不贤之人，那么当地的山川草木也会遭殃，感受到耻辱。魏君对于吴县的山川，可以说是增添了光彩了。今后有那么一天，吴县的百姓将会在青山秀岩间挑选一块名胜宝地，在佛寺或道观里祭祀他，这完全是应该的。那么魏君既然已经离开了吴县，为什么还对这里的名山那样眷恋呢？从前，苏东坡称赞韩琦离开了黄州四十多年，还念念不忘黄州，以至于写下了怀念黄州的诗歌。苏东坡为黄州人把这诗刻在石碑上。由此后人才明白这样一个道理：贤能之士到某一处地方，不单单会使那儿的人民不忍心忘记他，而且连自己也不能忘记那儿的人民。

君今去县已三年矣，一日与余同在内庭，出示此图，展玩太息[1]，因命余记之。噫！君之于吾吴，有情如此，如之何而使吾民能忘之也！

【注释】

〔1〕太息：叹息。

【译文】

现在魏君离开吴县已经三年了，一天与我同在内庭，取出这帧《吴山图》给我看，一边欣赏，一边叹息，就叫我作一篇文章记下这件事。唉！魏君对于我乡吴县，感情是如此的深厚，又怎样能使我们吴县百姓忘记他呢！

（丁如明）

沧浪亭记

归有光

【题解】

园林、亭台的得以传布人口，为后世怀念凭吊，大多是因为经过文人修筑、留驻、题咏的缘故。不然的话，古往今来，声势烜赫的王公贵族、腰缠万贯的富家儿，他们经营了那么多宫馆苑囿，极一时之盛，曾几何时，已为人淡忘，日就荒芜湮灭。或传之千古，或过眼云烟，其间有一定的道理存在。那就是要看经营者其人是否值得后人敬重。本文所要说的主旨也在于此。《沧浪亭记》的风格显然受北宋散文家欧阳修《丰乐亭记》的影响。我们只要将文中“尝登姑苏之台……”一段与欧文“修尝考其山川”一段对读，便可悟得其中消息。

浮图文瑛居大云庵[1]，环水，即苏子美沧浪亭之地也[2]。亟求余作《沧浪亭记》[3]，曰：“昔子美之记，记亭之胜也，请子记吾所以为亭者。”

【注释】

〔1〕浮图：亦作“浮屠”，梵语音译，指佛或佛塔，这里是佛教徒的意思。文瑛：僧人名号，生平不详。

〔2〕苏子美：北宋文学家苏舜钦(1008—1048)的字，梓州铜山(今四川三台)人。因参加范仲淹政治集团，为权贵所忌恨，被除名，后退居苏州。工诗文，与梅尧臣齐名。于庆历五年(1045)建沧浪亭，作《沧浪

亭记》，见《苏学士文集》卷十三。

〔3〕亟：屡次，多次。

【译文】

僧人文瑛，居住在大云庵，此庵四面环水，原是北宋文人苏舜钦起造的沧浪亭所在地。他屡次请我写一篇《沧浪亭记》，并说："从前苏舜钦的记文，是记述沧浪亭的胜迹，请你记下我所以要重新修建沧浪亭的缘由。"

余曰：昔吴越有国时〔1〕，广陵王镇吴中〔2〕，治南园于子城之西南〔3〕，其外戚孙承佑〔4〕，亦治园于其偏。迨淮海纳土〔5〕，此园不废。苏子美始建沧浪亭，最后禅者居之〔6〕。此沧浪亭为大云庵也。有庵以来二百年，文瑛寻古遗事，复子美之构于荒残灭没之馀，此大云庵为沧浪亭也。

【注释】

〔1〕吴越：五代十国之一。唐昭宗景福二年(893)，钱镠任镇海节度使，后据有今浙江及江苏一部分地，于907年被后梁封为吴越王，建都杭州，共传五主，降宋，立国七十二年。

〔2〕广陵王：钱元璙，钱镠之子，曾任苏州刺史，后封广陵郡王。 吴中：古时称苏州地区为吴中。

〔3〕子城：大城所属的小城，此指内城。

〔4〕外戚：指帝王的母族及妻族。 孙承佑：钱镠之孙钱俶纳孙承佑姐为妃，孙得以成显贵。其所筑园林为沧浪亭所在地。

〔5〕淮海纳土：宋太宗太平兴国三年(978)，吴越国献两浙十三州土地归宋，吴越国亡。

〔6〕禅者：僧人。禅，梵语"禅那"的音译，"入定"的意思，指静修，后泛指与佛教有关的人与事。

【译文】

我说：从前五代吴越国建国时，广陵王钱元璙镇守吴中，在内城西南地方修筑园林，他的儿女亲家孙承佑也在旁边建造园林。一直到吴越国把淮南地方献给宋朝时，这些园林还没有荒废。苏舜钦开始在此建造沧浪亭，后来是些僧人居住在这里。这就是沧浪亭变成大云庵的原因。大云庵建成后二百年，文瑛寻访古代遗迹，在该亭荒废残破的基础上恢复修建了苏舜钦所建沧浪亭的旧貌，如此，大云庵又变成了沧浪亭。

夫古今之变，朝市改易。尝登姑苏之台〔1〕，望五湖之渺茫〔2〕，群山之苍翠，太伯、虞仲之所建〔3〕，阖闾、夫差之所争〔4〕，子胥、种、蠡之所经营〔5〕，今皆无有矣，庵与亭何为者哉？虽然，钱镠因乱攘窃，保有吴越，国富兵强，垂及四世，诸子姻戚，乘时奢僭〔6〕，宫馆苑囿，极一时之盛。而子美之亭，乃为释子所钦重如此〔7〕。可以见士之欲垂名于千载之后，不与其澌然而俱尽者〔8〕，则有在矣。

【注释】

〔1〕姑苏之台：即胥台，在姑苏山上，春秋时吴王阖闾所建。后越国灭吴，焚毁此台。

〔2〕五湖：此指太湖，在今苏州西南，横跨江、浙两省。

〔3〕太伯：又作“泰伯”，周太王古公亶父之长子，次子为虞仲。后太伯、虞仲因欲让位与三弟季历（周文王之父），两人逃至江南，建立了吴国。

〔4〕阖闾：名光，春秋时吴国君主。　夫差：阖闾之子，继阖闾为吴国君主。阖闾与夫差都曾与楚、越等国争战。

〔5〕子胥：姓伍名员，字子胥。原为楚国人，后入吴为大夫，曾助吴王夫差伐越。　种：文种，字少禽，越国大夫，曾助越王勾践灭吴。蠡：范蠡，字少伯，越国大夫，曾助越王勾践灭吴。

〔6〕僭(jiàn 见)：超越名分(的享受)。
〔7〕释子：指僧人。
〔8〕澌(sī 斯)然：冰块溶解的样子。

【译文】

时代变迁了，朝廷与市容也发生了变化。我曾经登上姑苏台，眺望浩渺的太湖，苍翠的群山，太伯、虞仲所创建的国家，阖闾、夫差所争逐的地盘，伍子胥、文种、范蠡所经营的事业，现在都已经不复存在，那庵与亭又算得了什么呢？话虽这么说，钱镠乘乱夺取一方，占有吴越之地，国富兵强，延续了四代，子孙亲属乘机享用无度，所造宫馆园林，盛极一时。而苏舜钦所修建的沧浪亭，竟被僧人如此看重。由此可见士人要想千载之后留传美名，不与冰块一起消溶，其中是有一定的道理存在的。

文瑛读书喜诗，与吾徒游，呼之为“沧浪僧”云。

【译文】

文瑛好读书，喜好诗歌，与我们这类人交游，大家称他为“沧浪僧”。

(丁如明)

青霞先生文集序

茅　坤

【题解】

茅坤(1512—1601)，字顺甫，号鹿门，归安(今浙江吴兴)人。嘉靖十七年(1538)进士，累官至大名兵备副使。后入胡宗宪幕府，共筹抗倭之策。他是“唐宋派”古文家之一，为文刻意摹仿司马迁、欧阳修。编有《唐宋八大家文钞》。有《茅鹿门集》。

作为一篇文集的序文，却对其文着墨不多，而是花了较多的篇幅去写文集的作者其人，这是本文的一大特色。这是因为沈青霞并不把自己当作一般文士看待，在茅坤心目中也不把他当一般文士看待，因此文章用了大力气写了沈青霞的孤忠大节，写他的刚正不阿，写他的忧国忧民。同时，作者又并非孤立地写沈青霞的生平与品格，而是处处与《青霞先生文集》联系起来写，若即若离，不即不离，文章写得很沉痛，有一腔忠愤之气涌动在字里行间，有较强的艺术感染力。

青霞沈君〔1〕，由锦衣经历上书诋宰执〔2〕，宰执深疾之，方力构其罪，赖天子仁圣，特薄其谴，徙之塞上。当是时，君之直谏之名满天下。已而，君累然携妻子出家塞上，会北敌数内犯〔3〕，而帅府以下束手闭垒，以恣敌之出没，不及飞一镞以相抗。甚且及敌之退，则割中土之战没者与野行者之馘以为功〔4〕。而父之哭其子，妻之哭其夫，兄之哭其弟者，往往而是，无所控吁。君既上愤疆埸之日弛[5]，而又下痛诸将士日菅刈我人民以蒙国家也[6]，数呜咽欷歔[7]。而以其所忧郁发之于诗歌文章，以泄其怀，即集中所载诸什是也[8]。

【注释】

〔1〕青霞沈君：指沈錬，字纯甫，号青霞散人，会稽(今浙江绍兴)人。嘉靖十七年(1538)进士。为人刚直，曾上书皇帝，历数奸相严嵩十大罪状，被杖责流放，后被严嵩杀害。

〔2〕锦衣经历：锦衣卫经历官。锦衣卫原为明朱元璋设立的护卫皇宫的亲军官署，后来成为专事侦察、搞特务活动的特务机构。经历，官名，掌出纳文移，正八品。 宰执：宰相，此指严嵩。严嵩任武英殿大学士，入阁执政，相当于宰相(明代不设宰相)。

〔3〕北敌：指当时居住在今内蒙一带的蒙古族俺达部，曾多次侵扰中原地区。

〔4〕馘(guǒ 国)：战死者的左耳朵。古代战争以敌方死者的左耳来统计杀敌人数。

〔5〕疆埸(yì 意)：边界。埸，疆界。

〔6〕菅刈(jiān yì 肩义)：杀人如割草似的。菅，一种草本植物。刈，割草。

〔7〕欷歔(xī xū 希虚)：叹息。

〔8〕什：《诗经》的《大雅》、《小雅》、《颂》以十篇诗编为一卷，叫做什。后代用以泛指诗篇或文卷。

【译文】

沈青霞先生以锦衣经历的身份上书皇上，指责宰辅，宰辅非常痛恨他。正想极力陷害他罗织罪名的时候，幸亏皇上仁爱圣明，特地减轻了对他的处分，将他流放至边塞，在这个时候，沈先生敢于直谏的名声已经天下知闻了。不久，沈先生就拖着家累携妻带儿迁居塞外。正碰上北方的敌寇屡次向内地进犯，而帅府以下的各级官吏束手无策，关闭了城垒，任凭敌寇任意进出侵扰，连放一箭抵御入侵者这一点也做不到。甚至等到敌寇退兵后，他们就割下中原阵亡战士及在田野赶路人的耳朵去冒功。那时父亲哭儿子的、妻子哭丈夫的、哥哥哭弟弟的，到处都是，他们又无处可以控告。沈先生对上既痛恨边防的日益松懈，对下又痛心将士们一天天随意杀戮百姓，欺骗朝廷，经常流泪叹息。他就将自己忧郁苦闷的心情寄托在诗歌文章中，以排遣自己的襟怀。文集中所载诸作就是这类作品。

君故以直谏为重于时，而其所著为诗歌文章又多所讥刺，稍稍传播[1]，上下震恐，始出死力相煽构，而君之祸作矣[2]。君既没，而一时阃寄所相与谗君者[3]，寻且坐罪罢去。又未几，故宰执之仇君者亦报罢。而君之门人给谏俞君[4]，于是裒辑其生平所著若干卷[5]，刻而传之。而其子以敬，来请予序之首简。

【注释】

〔1〕稍稍：逐渐。

〔2〕作：发生。

〔3〕阃（kǔn 捆）寄：古代郭门（外城门）以外称阃外。将军出征作战，必需出郭门，所以军事重任称阃外。阃寄就是托以军事重任，这里指边防将领。

〔4〕给谏：给事中的别称。明代设六科给事中，稽察六部百司之事，正、从七品。

〔5〕裒（póu 抔）：聚集。

【译文】

沈先生本来就因为敢于直谏而名重一时，而他所写的诗歌文章对时政又常加讥刺。这些作品渐渐流传开来，朝廷上下深感震惊和恐慌，于是他们开始竭力造谣诬陷，沈先生的杀身之祸就不可避免地发生了。沈先生死后，那些曾一起群起进谗陷害沈先生的军事长官们，不久也因犯了罪被罢官撤职。又过了不久，原来那位仇视沈先生的宰辅也被罢了官。于是沈先生的学生给谏俞君将先生平生所写的诗文收集编为若干卷刻印流传。沈先生之子以敬，来请我写篇序文置于卷首。

茅子受读而题之曰：若君者，非古之志士之遗乎哉？孔子删《诗》[1]，自《小弁》之怨亲[2]，《巷伯》之刺谗以下[3]，其忠臣、寡妇、幽人、怼士之什[4]，并列之为“风”，疏之为“雅”，不可胜数。岂皆古之中声也哉？然孔子不遽遗之者，特悯其人，矜其志，犹曰“发乎情，止乎礼义”，“言之者无罪，闻之者足以为戒”焉耳[5]。予尝按次春秋以来，屈原之《骚》疑于怨[6]，伍胥之谏疑于胁[7]，贾谊之疏疑于激[8]，叔夜之诗疑于愤[9]，刘蕡之对疑于亢[10]。然推孔子删《诗》之旨而裒次之，当亦未必无录之者。君既没，而海内之荐绅大夫至今言及君[11]，无不酸鼻而流涕。呜呼！集中所载《鸣剑》、《筹边》诸什，试令后之人读之，其足以寒贼臣之胆，而跃塞垣战士之马，而作之忾也[12]，固矣。他日国家采风者之使出而览观焉[13]，其能遗之也乎？予谨识之[14]。

【注释】

〔1〕孔子删《诗》：据说《诗经》是孔子从大量的诗歌中删选而成的一部诗集。

〔2〕《小弁》：《诗经·小雅》中的篇名。诗写一个被父亲遗弃者的悲怨。

〔3〕《巷伯》：《诗经·小雅》中的篇名。诗写一遭谗而受宫刑处罚者的悲愤。

〔4〕怼(duì 队)士：心怀怨愤之人。

〔5〕“发乎情”至“闻之者足以为戒”四句：引自《诗经·周南·关雎》毛诗序。

〔6〕屈原：战国时伟大的诗人，楚国三闾大夫，因遭谗言而被放逐，著有《离骚》、《九歌》、《九章》等诗。

〔7〕伍胥：即伍子胥。春秋时吴国大夫，曾劝谏吴王夫差拒绝越国求和，后因谗被迫自杀。

〔8〕贾谊：西汉文学家、政论家，曾官博士、太中大夫。曾多次上疏，主张削弱诸侯王势力，加强中央集权，为权贵所排挤，贬为长沙王太傅，郁郁以终。

〔9〕叔夜：嵇康的字，三国魏时文学家。因不满实际掌权的司马氏集团，常发表一些不利于当权者的言论，为司马昭所杀。

〔10〕刘蕡：唐代幽州昌平(今属北京市)人。他在应考时，在对策中猛烈抨击宦官专权，考官们畏于宦官的权势，不敢录取他。

〔11〕荐绅：又作搢绅、缙绅，古代官员的装束，此代指官员。

〔12〕忾(kài 慨)：愤怒。

〔13〕采风：古代统治者派人到各地采集民间歌谣以考察民情的一种举措。

〔14〕识(zhì 志)：记录。

【译文】

我读了沈先生的著述后写道：像沈先生这样的人，岂不就是与古代仁人志士一脉相传的吗？孔子删订《诗经》，从《小弁》的怨恨亲人、《巷伯》的讥讽谗人诸篇以下，其中忠臣、寡妇、高人、愤世之士等人的作品，一起被收入《国风》，被分入“小雅”一类中的，篇目多得数也数不清。难道这些作品都是合乎中正和平的诗教吗？但是孔子却不轻易地删去它们，正是因为哀怜这些人的不幸遭遇，推崇他们的志向的缘故，也就是：“发自内心，又能以礼义加以约束”，“言者无罪，闻者足戒”的意思。我曾经按次第考察春秋以来的作品：屈原的《离骚》好像多怨愤之情，伍子胥的劝谏之辞好像多警告威胁的口气，贾谊的奏疏好像很激愤，嵇康的诗好像很愤懑，刘蕡的对策好像很激切刚直。但是如果按孔子删订《诗经》的原则去编集他们的作品，看来也未必不能收录它们。沈先生死后，天下的士大夫一直到今天只要提起沈先生，没有一个不鼻酸流泪的。唉！文集中所载《鸣剑》、《筹边》等篇，假使让后人读了，足以使奸臣贼子胆寒，令塞外战士的战马腾跃，而激起同仇敌忾的意气，这是必定无疑的。有朝一日朝廷采集民间风谣的官员出巡各地看到这些作品时，难道能把它们遗漏掉吗？我恭敬地把这层意思记录在此。

至于文词之工不工，及当古作者之旨与否，非所以论君之大者也，予故不著。

【译文】

至于沈先生作品的文采辞藻漂亮与否，以及是否合乎古代作家的写作规范，那些都不是用来议论沈先生大节的东西，所以我就不加论述了。

（丁如明）

蔺相如完璧归赵论

王世贞

【题解】

王世贞(1526－1590)，字元美，号凤洲，又号弇州山人。太仓(今属江苏)人。嘉靖二十六年(1547)进士。授刑部主事，累官至南京刑部尚书。他与李攀龙同为“后七子”的领袖。攀龙死后，独操文柄二十年。才华声望，笼盖海内。提倡“文必西汉，诗必盛唐，大历以后书勿读”，掀起强劲的复古主义浪潮，使摹拟复古之风盛行一时，有《弇州山人四部稿》及《续稿》传世。

蔺相如完璧归赵一事，常为后人称道。蔺相如在这一历史事件中所表现的胆识、气度、智谋，令人钦佩。可是，王世贞偏偏要做翻案文章。他认为，蔺相如在整个事件中表现为不智、不信、不堪，没有什么可以值得称道。文章一开头三句，很有先声夺人的气势。中间采用两两对照的论证方法，如双流激击，而汇合成作者自己的见解，尽管不一定经得起推敲，却给人耳目一新的感觉。

蔺相如之完璧〔1〕，人皆称之，予未敢以为信也。

【注释】

〔1〕蔺相如之完璧：《史记·廉颇蔺相如列传》载：赵惠文王时(前298年—前266年在位)，赵国得到一块宝玉和氏璧，秦昭王得知后，表示愿意用十五城来与赵国交换。蔺相如奉命携璧出使秦国，见秦昭王并

无诚意，就暗地派手下人将璧送回赵国，并在秦庭上斥责秦国的欺诈行为，展开了有理有节的斗争，取得外交上的胜利。

【译文】

蔺相如完璧归赵一事，人们都称赞它，但我不敢苟同。

夫秦以十五城之空名，诈赵而胁其璧。是时言取璧者情也，非欲以窥赵也。赵得其情则弗予，不得其情则予；得其情而畏之则予，得其情而弗畏之则弗予。此两言决耳，奈之何既畏而复挑其怒也！

【译文】

秦国用十五座城的空头支票，妄图欺骗赵国，胁迫赵国献出和氏璧。当时说秦国要诈取和氏璧，这是真情实况，并非秦国要借此试探赵国。赵国如果得知了秦国的这个实情就不给它，不知道这个实情就给它；得知了秦国的这个实情而惧怕它就给它璧，知道了秦国的这个实情而不惧怕它就不给。这件事只要两句话就可以决定下来，为什么赵国既害怕秦国却又去激怒它呢？

且夫秦欲璧，赵弗予璧，两无所曲直也。入璧而秦弗予城，曲在秦；秦出城而璧归，曲在赵。欲使曲在秦，则莫如弃璧；畏弃璧，则莫如弗予。夫秦王既按图以予城〔1〕，又设九宾〔2〕，斋而受璧〔3〕，其势不得不予城。璧入而城弗予，相如则前请曰："臣固知大王之弗予城也。夫璧非赵璧乎？而十五城秦宝也。今使大王以璧故，而亡其十五城，十五城之子弟皆厚怨大王以弃我如草芥也〔4〕。大王弗予城而绐赵璧〔5〕，以一璧故，而失信于天下，臣请就死于国，以明大王之失信。”秦王未必不返璧也。今奈何使舍人怀而逃之[6]，而归直于秦？是时秦意未欲与赵绝耳。令秦王怒而僇相如于市[7]，武安君十万众压邯郸[8]，而责璧与信，一胜而相如族，再胜而璧终入秦矣。

【注释】

〔1〕“夫秦王”句：《史记·廉颇蔺相如列传》：“秦王恐其破璧，乃辞谢固请，召有司按图，指从此以往十五都予赵。”

〔2〕九宾：又称九仪，一种极为隆重的外交礼节，当时只有天子才能用。宾，通傧，傧相。

〔3〕斋：沐浴素食，处于静室，清心寡欲，是古人遇到大事，如祭祀等活动所举行的先期行为，以表示虔诚恭敬。

〔4〕芥：小草。

〔5〕绐（dài 带）：欺骗。

〔6〕舍人：手下人。

〔7〕僇（lù 路）：通“戮”，杀。　市：市集、市口。古代处决犯人都在市集进行。

〔8〕武安君：秦国名将白起，封武安君。　邯郸：赵国都城，今河北邯郸市。

【译文】

秦国要想得到和氏璧，赵国不给它，这两者并无是非曲直可言。如果赵国献了和氏璧而秦国不给十五城，那么理亏在秦国那一面；如果秦国给赵国十五城，赵国却把和氏璧送回国不给璧，那么赵国就显得理亏。要使得秦国理亏，赵国就不如把和氏璧放弃；要是害怕失去和氏璧，就不如不给秦国。秦王既然指着地图明确告知那些城池送给赵国，并且举行了最隆重的礼仪，沐浴斋戒准备接受和氏璧，那种架势是明摆着不得不交出十五城了。这时蔺相如如果献上和氏璧而秦国不交割十五城，那么他就可以上前责问说：“我本来就知道大王是不肯交割十五城的。这块和氏璧难道不是赵国的吗？十五城也是秦国的宝地。现在如果大王因为爱这块和氏璧的缘故而放弃了这十五城，那么十五城的百姓都会深深地埋怨大王，说您把他们像草芥一样地抛弃了。大王不肯交割十五城，而骗取赵国的和氏璧，因一块和氏璧的缘故而失信于天下，我请求在您境内结束自己的生命，以一死来表明大王的失信。”秦王听了就未必不肯归还和氏璧。如今蔺相如为什么要派手下人怀着玉璧偷偷地逃走，而把理直的一方归于秦国呢？当时的情势，秦国还不想与赵国绝交。假使秦王发怒，当众就杀了蔺相如，同时派武安君率领十万大军逼临邯郸，诘责和氏璧的去向与赵国的失信，那么打一次胜仗就可使蔺相如灭族，打两次胜仗那和氏璧终究还是要落入秦人之手了。

吾故曰，蔺相如之获全于璧也，天也。若其劲渑池〔1〕，柔廉颇〔2〕，则愈出而愈妙于用。所以能完赵者，天固曲全之哉。

【注释】

〔1〕劲渑(miǎn 免)池:《史记·廉颇蔺相如列传》载:赵惠王二十年(前279)，秦王与赵王会盟于渑池(今属河南)，秦王在会上屡次欲羞辱赵王，赖蔺相如的机智斗争，秦王终未能如愿。劲，态度强硬。

〔2〕柔廉颇:据《史记·廉颇蔺相如列传》载，蔺相如经渑池会后，被任为上卿，位在廉颇之上。廉颇不服，多次想当众羞辱蔺相如；蔺相如以国事为重，一再采取忍让态度，终于感化廉颇，两人结为刎颈之交。

【译文】

所以我说，蔺相如的能够保全和氏璧，这是出于天意。至于后来他在渑池会上对秦国采取强硬态度，对廉颇又显得那么温和，真是做得越来越好了。赵国之所以能够被保全，这的确是出于老天保全它的缘故啊！

（丁如明）

徐文长传

袁宏道

【题解】

袁宏道(1568－1610)，字中郎，号石公，公安(今属湖北)人。万历二十年(1591)进士。选吴县知县，历国子助教、礼部主事、考功员外郎，迁稽勋郎中，后谢病归，卒于家。

袁宏道与其兄宗道、弟中道合称“三袁”，他们对当时盛行的李攀龙、王世贞等“后七子”推行的摹似复古文风，非常不满，提出不拘格套、独抒性灵的文学主张，被称为“性灵派”。三袁中以袁宏道成就最大，为文清新轻俊，影响甚大。有《袁中郎集》。

这是一篇人物传记。传主徐文长(1521－1593)，名渭，字文清，更字文长，号天池。山阴(今浙江绍兴)人。晚明戏曲家、画家、诗人。这篇传记紧扣“数奇”两字展开，文中“奇”字共出现了十次。才奇而屡试不中，好奇计而无所用之，文奇而不为人知，无刻本传世，一生多才多艺，最后却不得志于时，抱愤而卒。文章用充满同情和惋惜的笔调叙述了徐文长一生的遭际，高度评介了他的文学艺术成就，大有惺惺惜惺惺之意。文章能抓住徐文长生平的几件典型事例，以悲壮淋漓的笔调，生动贴切的语言，连珠式的妙喻，将一个落魄失意的奇才刻画得栩栩如生。最后“无之而不奇，斯无之而不奇也”两句，写出了封建时代中特立独行的知识分子怀才不遇、遭世俗遗弃的普遍现象。

徐渭，字文长，为山阴诸生[1]，声名籍甚。薛公蕙校越时〔2〕，奇其才，有国士之目〔3〕。然数奇〔4〕，屡试辄蹶。中丞胡公宗宪闻之〔5〕，客诸幕〔6〕。文长每见，则葛衣乌巾〔7〕，纵谈天下事，胡公大喜。是时公督数边兵〔8〕，威镇东南，介胄之士〔9〕，膝语蛇行，不敢举头，而文长以部下一诸生傲之，议者方之刘真长、杜少陵云〔10〕。会得白鹿〔11〕，属文长作表，表上，永陵喜〔12〕。公以是益奇之，一切疏计，皆出其手。文长自负才略，好奇计，谈兵多中，视一世事无可当意者。然竟不偶。

【注释】

〔1〕诸生：明清时代经省各级考试录取入府、州、县的学生，称生员。生员有增生、附生、廪生、例生等名目，统称诸生。

〔2〕薛公蕙：薛蕙，明正德九年(1514)进士，直隶武平卫(今河南偃师)人，官至吏部考工郎中。　校越：在越州任学官。按薛蕙于嘉靖二年(1523)免官，至徐渭考中生员的那一年(1539)死去，未担任过浙江学官。此处疑误。

〔3〕国士：一国之中杰出的人才。

〔4〕数奇(jī 基)：命运不好。

〔5〕中丞：明代设立都察院，其副都御史一职与古时御史中丞相近，故称副都御史为中丞。　胡公宗宪：胡宗宪，字汝贞，号梅林，明嘉靖年间任浙江巡抚，因抗击倭寇有功，加右都御史衔。

〔6〕幕：幕府。徐渭在胡宗宪幕府中任书记，主文告事。

〔7〕葛衣：粗布衣。葛，藤类植物，其纤维可织成葛布。　巾：古人包裹头发的巾帻。

〔8〕督数边兵：嘉靖三十五年(1556)，胡宗宪任总督，督江南、江北、浙江、山东、福建诸军事。

〔9〕介胄之士：指军人。介，铠甲。胄，头盔。介胄古代武士的护身装束。

〔10〕方：比方，比做。　刘真长：刘惔(tán 谈)，字真长，东晋简文帝时宰相。　杜少陵：唐代大诗人杜甫的号。两人均不拘小节。

〔11〕白鹿：古代以得白鹿为国家祥瑞，所以胡宗宪要上表奏闻

皇帝。

〔12〕永陵：明世宗嘉靖帝的陵墓名，此代指明世宗（1522—1566 在位）。

【译文】

徐渭，字文长，是山阴县的生员，名声很大。薛蕙任越州学官时，非常赏识他的才情，把他视为国家的杰出之士。但是徐渭命运不佳，屡次考试都不能中第。中丞胡宗宪听说他的情况后，就召他进自己的幕府。徐渭每次进见，都是穿着葛布衣，戴着黑头巾，在胡宗宪面前放言高论天下大事。胡公喜欢极了。这时胡公正统率着数处防区的军队，威镇东南。全副武装的将士在他面前要跪着说话，像蛇似地爬行，不敢抬头，而徐渭以胡公部下一介书生的身份却显得那么高傲。评论的人把他比做东晋的刘惔和唐代的杜甫。适逢胡公获得一头白鹿，让徐渭写一篇表文奏明皇上。这道表文呈上后，嘉靖皇帝看了很高兴。因此胡公对他更器重了。一切奏疏、簿籍，都出自徐渭的手笔。徐渭对自己的才能谋略很自信，好出奇妙之策，议论军事大多能切中要害。在他看来，世上的事没有一件是令他满意的。但是他一身竟没有遇上好的机遇。

文长既已不得志于有司〔1〕，遂乃放浪曲蘖〔2〕，恣情山水，走齐、鲁、燕、赵之地〔3〕，穷览朔漠。其所见山奔海立、沙起雷行、雨鸣树偃、幽谷大都、人物鱼鸟，一切可惊可愕之状，一一皆达之于诗。其胸中又有勃然不可磨灭之气，英雄失路、托足无门之悲，故其为诗，如嗔如笑，如水鸣峡，如种出土，如寡妇之夜哭、羁人之寒起。虽其体格时有卑者，然匠心独出，有王者气，非彼巾帼而事人者所敢望也〔4〕。文有卓识，气沉而法严，不以摸拟损才，不以议论伤格，韩、曾之流亚也〔5〕。文长既雅不与时调合〔6〕，当时所谓骚坛主盟者〔7〕，文长皆叱而怒之，故其名不出于越，悲夫！喜作书〔8〕，笔意奔放如其诗，苍劲中姿媚跃出，欧阳公所谓“妖韶女，老自有馀态”者也〔9〕。间以其馀，旁溢为花鸟，皆超逸有致。

【注释】

〔1〕有司：官吏。古代官吏各有司职，故称。此指考官。

〔2〕曲糵(niè 涅)：酒母。代指酒。

〔3〕齐、鲁、燕、赵：皆春秋战国时国名，后多代指今山东、河北、山西一带地区。

〔4〕巾帼：古代妇女所戴头巾，后代指妇女。

〔5〕韩、曾：韩愈、曾巩，唐宋散文八大家中的作家。　流亚：同一类的人物。

〔6〕雅：素来，一向。

〔7〕骚坛：诗坛。骚坛主盟者指王世贞等人。

〔8〕书：写字，指书法。

〔9〕欧阳公：欧阳修，宋代文学家，唐宋散文八大家之一。　“妖韶女，老自有馀态”：语出欧阳修《六一诗话》，是赞扬梅圣俞诗的句子。原文是：“有如妖韶女，老自有馀态。”

【译文】

徐渭在考场失利、不被考官录取之后，就沉浮在醉乡之中，纵情山水，漫游齐、鲁、燕、赵等地，饱览北方大漠风光。他将所见到的奔腾的山势，壁立的海浪，惊沙奔走，云雷滚动，沙沙的雨声，倒伏的大树，深邃的山谷，繁华的大都市，各色人物，鱼鸟走兽等等，一切令人感到惊讶恐骇的景象，都一一写进诗歌。他胸中又怀着勃发的不可消磨的气概，有着英雄无用武之地的悲愤，所以他作的诗，像发怒，像狂笑，像激流在山峡中轰鸣，像新苗破土而出，像寡妇在长夜哀哭，像游子寒夜惊起。虽然他的诗歌体制与风格时有卑弱的缺点，但是能别出心裁，有王者之气，不是那些无男子汉气魄依附他人之流的诗人所能望其项背的。他的文章具有远见卓识，气象沉郁而法度深严，不因为模拟而有损才气，不因为议论而妨害格调，可视为是韩愈、曾巩一类的杰出人物。徐渭素来不与流行的文风合拍，对当时所谓的诗坛领袖，他都加以斥骂，深表不满，所以他的文名不能超出越地的范围，真可悲啊！徐渭喜欢书法，笔意放纵，就像他的诗歌，苍劲中透出秀媚的笔意，也就是欧阳修所说的“妖艳女子，即使到了老年还是风韵犹存”。间或又以剩馀的精力旁及花鸟画，都画得高妙秀逸而有情趣。

卒以疑杀其继室〔1〕，下狱论死。张太史元汴力解〔2〕，乃得出。晚年愤益深，佯狂益甚，显者至门，或拒不纳。时携钱至酒肆，呼下隶与饮。或自持斧击破其头，血流被面，头骨皆折，揉之有声。或以利锥锥其两耳，深入寸馀，竟不得死。周望言晚岁诗文益奇〔3〕，无刻本，集藏于家。余同年有官越者，托以钞录，今未至。余所见者，《徐文长集》、《阙编》二种而已。然文长竟以不得志于时，抱愤而卒。

【注释】

〔1〕杀其继室：徐渭晚年神经错乱，猜疑心重，杀续配夫人张氏，因此下狱。

〔2〕张太史元汴：张元汴，字子荩，号阳和，浙江山阴人，隆庆五年(1571)进士第一，授翰林修撰，官至翰林侍读，故称太史。

〔3〕周望：陶望龄，字周望，号石篑，会稽人，万历十七年(1589)进士，授翰林院编修。

【译文】

后来，他因为起疑而将自己的续配夫人杀了，被捕入狱，被判死刑。经过张太史元汴的极力营救，方才出了监狱。徐渭晚年，愤世之情更加深了，也更变得喜欢假作疯癫之状了。达官贵人上门，有时他竟拒不接见。他常常带了钱到酒店中去，叫一些仆隶之流的底下人一起喝酒。有时他拿了斧头劈破自己的头颅，血流满面，头骨都骨折了，手一按就能发出响声。有时他又用尖锥刺自己的两只耳朵，刺入一寸多深，竟然没有送命。陶望龄说徐渭晚年的诗文更是奇妙了。他的诗文集没有刻印，手稿藏在家中。我的同年中有人在越地做官，就托他抄录，到现在还没有寄来。我所见到的只有《徐文长集》、《阙编》两种而已。但是徐渭终于因为一生不得志，满怀悲愤地死去了。

石公曰〔1〕：先生数奇不已，遂为狂疾。狂疾不已，遂为囹圄〔2〕。古今文人牢骚困苦，未有若先生者也。虽然，胡公间世豪杰〔3〕，永陵英主。幕中礼数异等，是胡公知有先生矣；表上，人主悦，是人主知有先生矣，独身未贵耳〔4〕。先生诗文崛起，一扫近代芜秽之习，百世而下，自有定论，胡为不遇哉？梅客生尝寄予书曰〔5〕：“文长吾老友，病奇于人，人奇于诗。”余谓文长无之而不奇者也。无之而不奇，斯无之而不奇也〔6〕。悲夫！

【注释】

〔1〕石公：袁宏道自称（石公为其号）。

〔2〕囹圄（líng yǔ 林雨）：监牢。

〔3〕间世：隔世。

〔4〕独：只是，不过。

〔5〕梅客生：梅国桢，字客生，湖北麻城人。万历十一年（1583）进士，官至兵部右侍郎总督宣大、山西军务。袁宏道之友。

〔6〕斯：连词，就，乃。

【译文】

石公说：先生的厄运真是无穷无尽，因此就得了疯病。疯病没有痊愈，就进了监狱。古往今来文人的困苦不平遭遇，没有一个能与先生相比。虽然如此，胡公是绝代的豪杰之士，嘉靖帝是英明的皇帝。徐渭在胡宗宪幕府中受到特殊的礼遇，这说明胡公是了解先生的；白鹿表文上达帝听，皇帝非常赏识，这说明皇上也是了解先生的，只是先生没有做到大官显贵罢了。先生的诗文崛起文坛，扫除了近时的不良习气，百世之后，自然会有定评，怎么能说他不遇于时呢？梅客生曾寄我一信，信上说："徐渭是我的老朋友，他的病比他这人要怪，他这人要比他的诗还怪。"我认为徐渭这人没有一样是不怪的。正因他没有一样不怪，所以无往而不倒大霉。真可悲啊！

（丁如明）

五人墓碑记

张　溥

【题解】

张溥(1602—1641)，字天如，号西铭，太仓(今属江苏)人。崇祯四年(1631)进士，改庶吉士，以葬亲乞假归。好读书，无间寒暑。因组织复社，评议朝政，忤执政大僚，遭到多方迫害。冤狱未成，溥即逝世。敏于诗文，名高一时。编《汉魏六朝百三名家全集》，为撰题记。有《七录斋集》。

明天启年间，以魏忠贤为首的阉党，权倾朝野，祸国殃民，迫害异己，引起人民的强烈不满和反抗。本文即为记述阉党逮捕因不满朝政辞官归里的周顺昌时，苏州人民不畏强暴与阉党斗争，其中五人因此被害事的一篇碑文。文章采用夹叙夹议的写法，热情地歌颂了颜佩韦等五壮士的大无畏气概，批判了一些缙绅士大夫屈服于阉党的淫威，苟且偷生的"辱人贱行"，表现了作者的民主思想。叙事行文简洁有力、生动传神，议论则笔墨酣畅淋漓，极具感情色彩，很有感染力，是晚明时期难得的一篇大手笔。

五人者，盖当蓼洲周公之被逮[1]，激于义而死焉者也。至于今，郡之贤士大夫请于当道，即除魏阉废祠之址以葬之[2]，且立石于其墓之门，以旌其所为[3]。呜呼！亦盛矣哉！

【注释】

〔1〕蓼(liǎo 瞭)洲周公：周顺昌，号蓼洲，吴县(今属江苏)人。明万历四十一年(1613)进士。因不满朝政，辞官归里。天启六年(1626)，遭魏忠贤党羽迫害，下狱被杀。

〔2〕魏阉：魏忠贤，明后期著名太监，权倾一时，各地纷纷为他建立生祠。他死后，这些生祠都被捣毁、废弃。阉，对太监的鄙称。

〔3〕旌(jīng 精)：表彰。

【译文】

墓中这五个人，是在周公蓼洲被逮捕时激于义愤而赴难的。到现在，地方上的开明士大夫请求当局，将宦官魏忠贤的废祠旧基清理后安葬这五个人，而且在其墓前树立石碑，以表彰他们的生前所为。唉，真是够隆重的了。

夫五人之死，去今之墓而葬焉，其为时止十有一月耳。夫十有一月之中，凡富贵之子，慷慨得志之徒[1]，其疾病而死，死而湮没不足道者[2]，亦已众矣。况草野之无闻者欤！独五人之皦皦[3]，何也？

【注释】

〔1〕慷慨得志：此处作贬义用，扬扬自得、踌躇满志的样子。

〔2〕湮(yān 烟)没：埋没。

〔3〕皦(jiāo 骄)皦：有光彩的样子。

【译文】

这五个人的殉难，离开现在入土安葬，为时只不过十一个月罢了。在这十一个月中间，那班出身富贵之家的人，得意非凡官运亨通的人，因为生病去世，死后却无声无息无足称道的，也够多的了，何况那些乡野间默默无闻的小民呢？单单这五位死后，名声却如日中天，那是为什么呢？

予犹记周公之被逮，在丁卯三月之望[1]。吾社之行为士先者，为之声义，敛资财以送其行，哭声震动天地。缇骑按剑而前[2]，问："谁为哀者？"众不能堪，抶而仆之[3]。是时以大中丞抚吴者[4]，为魏之私人，周公之逮所由使也，吴之民方痛心焉[5]。于是乘其厉声以呵，则噪而相逐，中丞匿于溷藩以免[6]。既而以吴民之乱请于朝，按诛五人，曰：颜佩韦、杨念如、马杰、沈扬、周文元，即今之傫然在墓者也[7]。

【注释】

〔1〕丁卯：明熹宗天启七年(1627)丁卯年。据《明史》载，周顺昌是在天启六年丙寅年被逮捕的。　望：农历每月的十五日。

〔2〕缇骑(tí jì 提季)：明代称锦衣卫的官校为缇骑。锦衣卫原为护卫皇宫的禁军，掌出入仪仗，至明太祖朱元璋时，成为一种特务组织，专事侦察，用刑残酷。

〔3〕抶(chì 赤)：击。

〔4〕大中丞：官名，属御史台，明代属都察院。副都御史、佥都御史称中丞。明代时巡抚一般带副都御史或佥都御史衔。　抚吴：巡抚苏州，巡抚是省一级最高行政长官，此指魏忠贤党羽毛一鹭。

〔5〕痛心：痛恨，怨恨。

〔6〕溷(hùn 混)：厕所。　藩：篱笆。

〔7〕傫(lěi 磊)然：堆积的样子。

【译文】

我还记得周公被捕，是在丁卯年三月十五日。我们复社中那些士大夫中的佼佼者，为周公伸张正义，募集钱财，替他送行，一时间哭声震天动地。差役提剑前来喝问说："谁在对他同情哀哭？"众人再也无法忍受了，就把他们打倒在地。当时以大中丞衔任苏州巡抚的毛一鹭是魏忠贤的心腹，周公的被捕就是他主使的，吴地的百姓正对他痛恨之极。于是趁着差役厉声喝问的时候，就大声呼喊着，群起而攻之。毛一鹭吓得躲进厕所，才免遭袭击。后来，毛一鹭以吴民暴动的罪名向朝廷请示，经过缉查，处死五个人，这五位是：颜佩韦、杨念如、马杰、沈扬、周文元，就是现在墓中排着的五个人。

然五人之当刑也，意气扬扬，呼中丞之名而詈之〔1〕，谈笑以死。断头置城上，颜色不少变。有贤士大夫发五十金，买五人之脰而函之〔2〕，卒与尸合。故今之墓中，全乎为五人也。

【注释】

〔1〕詈(lì 利)：骂。

〔2〕脰(dòu 豆)：颈脖，这里代指头颅。

【译文】

但是这五位在临刑时，意气风发，叫着毛一鹭的名字痛骂，谈笑自若，从容就义。断头挂在城墙上，脸色一点也没有改变。有些贤明的士大夫，出了五十两银子，买下五人的头颅用盒子盛好，最后将头与尸身合在一起。所以现在墓中五人的尸身是完整的。

嗟夫！大阉之乱〔1〕，缙绅而能不易其志者〔2〕，四海之大，有几人欤？而五人生于编伍之间〔3〕，素不闻《诗》《书》之训〔4〕，激昂大义，蹈死不顾，亦曷故哉〔5〕？且矫诏纷出〔6〕，钩党之捕〔7〕，遍于天下，卒以吾郡之发愤一击，不敢复有株治〔8〕。大阉亦逡巡畏义〔9〕，非常之谋，难于猝发。待圣人之出〔10〕，而投缳道路〔11〕，不可谓非五人之力也。

【注释】

〔1〕大阉：指大宦官魏忠贤。

〔2〕缙绅：古代官宦将笏插在腰带里，因以缙绅代指做官的。缙，插。绅，束衣的大带。

〔3〕编伍：指平民。古代以五户编为一“伍”。

〔4〕《诗》：《诗经》。《书》：《书经》。这里代指儒家传统教育。

〔5〕曷：何。

〔6〕矫诏：假的诏书。

〔7〕钩党：牵连的同党。东汉后期，宦官专权，将不顺从他们的士大夫诬为钩党。

〔8〕株治：株连治罪。

〔9〕逡(qūn 囷)巡：犹豫不决，迟疑不前。

〔10〕圣人：指明思宗朱由检(崇祯帝)。

〔11〕投缳道路：在途中上吊自杀。据《明史》载，崇祯皇帝即位后，即将魏忠贤放逐凤阳，后又下令将他捕回京城。魏忠贤行至河北阜城，听闻此消息，畏罪自缢身亡。缳，绳圈。

【译文】

唉！魏忠贤为非作歹的时候，当官的能够不改变自己节操的，天下之大，能够有几个呢？而这五位生在平民之家，从来没受过学校的教育，却能激于义愤，置生死于度外，这是什么原因呢？而且这时假传的诏书纷纷下达，受株连而被捕的党人遍及天下，终究由于我们吴郡人的愤怒抗击，使阉党不敢再加以株连治罪。魏忠贤也因此害怕人民的正义力量而畏缩，篡位的阴谋，很难突然发动。到后来圣明天子即位，他不得不在路上上吊自杀了。这一切不能不说是这五人的功绩。

由是观之，则今之高爵显位，一旦抵罪，或脱身以逃，不能容于远近，而又有剪发杜门〔1〕，佯狂不知所之者。其辱人贱行，视五人之死〔2〕，轻重固何如哉？是以蓼洲周公，忠义暴于朝廷〔3〕，赠谥美显〔4〕，荣于身后；

而五人亦得以加其土封，列其姓名于大堤之上。凡四方之士，无有不过而拜且泣者，斯固百世之遇也！不然，令五人者保其首领，以老于户牖之下〔5〕，则尽其天年，人皆得以隶使之，安能屈豪杰之流，扼腕墓道〔6〕，发其志士之悲哉？故予与同社诸君子，哀斯墓之徒有其石也，而为之记，亦以明死生之大，匹夫之有重于社稷也〔7〕。

【注释】

〔1〕剪发：清代以前的男子都留长发，剪短发或剃光头，除了当和尚之外，都被视为不正常。　杜门：关门。

〔2〕视：比较。

〔3〕暴（pù 铺）：表露。

〔4〕谥（shì 示）：古代帝王、后妃、高官或其他有卓异贡献者死后，由朝廷根据其生前事迹，赠予称号，叫做谥。崇祯帝追赠周顺昌为“忠介”。

〔5〕户牖（yǒu 友）：门窗，这里指家。牖，窗。

〔6〕扼腕：握住手腕，表示激动的样子。

〔7〕匹夫：代指平民百姓。　社稷：代指国家。

【译文】

从这一点来看，那么如今那些身居高位的达官显贵，一旦犯罪要受处分时，有的脱身逃走，却无处可以容身，有的把头发剃光了，关起门来，装疯卖傻，不知溜到哪儿去了。他们这些人的卑鄙无耻行为，与这五位相比，究竟哪个伟大，哪个渺小呢？所以，后来周公蓼洲，忠义得到朝廷褒扬，被赠予谥号，美名显焕，死后荣耀无比；而这五个人也得以扩建了坟墓，并将他们的姓名排列于大堤之上。四方人士来此，没有一个不下拜哭泣的。这实在是百代难逢的遭际啊！否则，假使这五人保住了自己的脑袋，老死于家中，以终其天年，人们都可以把他们当奴仆一样使唤，怎么能让英雄豪杰一流人拜服，在墓前扼腕痛心，抒发志士仁人的悲壮情怀呢？所以我与同社的几位仁人君子对这坟墓徒有石碑而没有碑文感到难过，就替他们写了一篇记文，用以阐明正确对待生死的重大意义，以及普通百姓对于国家的重要性。

贤士大夫者，冏卿因之吴公〔1〕、太史文起文公〔2〕、孟长姚公也〔3〕。

【注释】

〔1〕冏(jiǒng 窘)卿：即太仆寺卿，掌管皇帝车马的官。　因之吴公：吴因之，名默，明万历二十年(1592)进士，吴江(今属江苏)人。

〔2〕太史：古代修史官，明清两代称入翰林院的官员为太史。　文起文公：文文起，名震孟，明天启二年(1622)进士，长洲(今江苏苏州)人。

〔3〕孟长姚公：姚孟长，名希孟，明万历四十七年(1619)进士，长洲人。

【译文】

前面所述的贤士大夫是：太仆寺卿吴公因之、太史文公文起和姚公孟长。

（丁如明）